中国经济体制改革年鉴

1992

国家经济体制改革委员会　编

CHINA ECONOMIC SYSTEMS REFORM YEARBOOK

改　革　出　版　社

（京）新登字 053 号
（京）工商广临字 128 号

封面设计　王耀忠
版式设计　张家恕
责任校对　张家恕

中国经济体制改革年鉴（1992）
国家经济体制改革委员会　编

改革出版社出版发行
（北京东城安德里北街 23 号）
汇丰激光照排公司照排制版
新华彩印厂印刷彩图　冶金工业出版社印刷厂印刷正文
787×1092 毫米　16 开本　53 印张　彩图 3 印张　1574 千字
1992 年 12 月第 1 版　1992 年 12 月第 1 次印刷　10000 册

ISBN 7-80072-402-6/F·232　定价：50元

中国经济体制改革年鉴（1992）
顾问名单

总顾问　薄一波

顾　问　李铁映　张劲夫　薛暮桥

陈锦华　安志文　马　洪

贺光辉　刘鸿儒　洪　虎

张彦宁　刘国光　周太和

童大林　廖季立　陶鲁笳

中国经济体制改革年鉴（1992）
编委会名单

白学林（甘肃省经济体制改革委员会副主任）

刘　吉（上海市经济体制改革办公室主任）

刘克圣（青海省经济体制改革办公室副主任）

关维国（沈阳市经济体制改革委员会副主任）

邢伯庄（宁波市经济体制改革办公室副主任）

朱宏凯（西安市人民代表大会常务委员会副主任）

朱国荣（原江西省经济体制改革委员会副主任）

朱　清（云南省经济体制改革委员会副主任）

任　铁（内蒙古自治区经济体制改革委员会主任）

孙延祜（国家经济体制改革委员会政策法规司司长）

孙效良（国家经济体制改革委员会委员）

孙树义（国家经济体制改革委员会生产体制司司长）

宋士合（黑龙江省经济体制改革委员会副主任）

汪贵生（原成都市经济体制改革委员会主任）

汪涤世（原四川省经济体制改革委员会副主任）

李　元（国家经济体制改革委员会分配体制司司长）

李炳辉（广东省经济体制改革委员会副主任）

李　树（吉林省经济体制改革委员会副主任）

李相启（陕西省经济体制改革委员会副主任）

李修义（国家经济体制改革委员会委员兼农村经济体制司司长）

李俊华（北京市经济体制改革办公室副主任）

杜　岩（国家经济体制改革委员会流通体制司司长）

吴天林（山西省经济体制改革委员会副主任）

吴建礼（西藏自治区经济体制改革委员会主任）

陈元虎（重庆市经济体制改革委员会主任）

陈谨之（贵州省经济体制改革委员会副主任）

陈鸿昌（江苏省经济体制改革委员会副主任）

张华贵（河南省经济体制改革委员会副主任）

张　堤（辽宁省经济体制改革委员会主任）

迟福林（海南省体制改革办公室副主任）

郑金沐（厦门市经济体制改革委员会主任）

杨苏民（新疆维吾尔自治区经济体制改革办公室副主任）

杨茂林（宁夏回族自治区经济体制改革委员会主任）

金　凌（福建省经济体制改革委员会副主任）

柏美林（南京市经济体制改革委员会主任）

钟尚须（广州市经济体制改革委员会副主任）

徐景安（深圳市经济体制改革委员会主任）

康　凯（青岛市经济体制改革委员会主任）

黄　海（安徽省经济体制改革委员会主任）

彭传训（湖北省经济体制改革委员会副主任）

韩绍宗（天津市经济体制改革委员会副主任）

董　峰（中国经济体制改革研究会秘书长）

喻昭永（湖南省经济体制改革委员会主任）

傅丰祥（国家经济体制改革委员会委员）

詹　武（中国经济体制改革研究会常务干事）

楼继伟（国家经济体制改革委员会宏观调控体制司司长）

赛自威（大连市经济体制改革委员会副主任）

墨文川（山东省经济体制改革委员会副主任）

中国经济体制改革的道路与基本经验（代序）

高尚全

一、中国经济体制改革的进程与成就

中国实行经济体制改革和对外开放已经13年了。大体上经历了三个阶段：第一阶段，从1978年底到1984年10月，改革首先从农村突破并取得了巨大成功，在城市从扩大企业自主权入手，进行了综合和专项改革试点。第二阶段，从1984年10月到1988年9月，改革的重点从农村转到城市，整个城市改革以增强国有企业活力为中心环节，从微观经济到宏观经济各个领域逐步全面展开并取得了实质性进展，而且扩展到政治、科技、教育体制等方面。第三阶段，从1988年9月到1991年底，中国在经济领域中进行了治理整顿和深化改革。现在，治理整顿的任务已基本完成。从1992年春天开始，在邓小平同志的倡导下，中国又进入了一个进一步加快改革步伐和扩大对外开放的新时期。

13年来，随着中国改革开放的不断深化和扩大，中国经济体制的格局和运行机制已经发生了深刻的变化：

——**初步形成了以公有制为主体，全民、集体、个体、私营经济和“三资”企业等多种经济形式并存的所有制结构**。1991年，在工业总产值中，全民工业占55%，集体占35%，个体、私营、“三资”企业等占10%；在全社会商品零售总额中，全民商业企业占40%，集体占30%，合营、个体和私营占30%。

——**从理顺国家和企业的关系入手，逐步扩大企业生产经营自主权**。根据政企职责分开、所有权与经营权适当分离的原则，在93%的全民所有制工商企业实行了不同形式的承包经营责任制，同时鼓励企业承包企业、企业兼并企业，组建了一批新型的企业集团。为了探索公有制的有效实现形式，在各地进行了各种形式的股份制试验。

——**市场体系不断发育，更好地发挥了市场机制的作用**。在大力发展各类日用工业品、农副产品市场的同时，积极建立培育各种生产要素市场，生产资料市场、长短期金融市场、外汇调剂市场、房地产市场、劳务市场、技术市场和经济信息市场等已初步形成体系。通过价格改革，目前在全社会的商品价格和生产资料价格中，国家定价部分已不足30%，通过市场形成的价格已达70%以上，市场调节作用越来越大。

——**政府的宏观调控体制，正由直接行政控制为主，向综合运用经济、法律手段以间接调控为主转变**。国家指令性计划大大减少，在工业生产中，1979年以前指令性计划占全部工业产值的95%以上，现在减少到16%。国家统一分配的生产资料，已由256种减少到19种；国家计划收购和调拨的一类商品从65种减少到20种。随着计划、投资、财政、金融体制的改革，税率、利率、汇率和货币供应量等已成为调控宏观经济的重要手段

——**初步形成了以按劳分配为主体、多种分配方式相结合的社会分配格局，并开始建立新的社会保障制度**。在国有工商企业中，普遍实行了企业工资总额与企业经济效益挂钩、职工劳动报酬与个人劳动贡献挂钩的办法，开始打破过去"铁工资、铁饭碗、铁交椅"的平均主义分配制度，实行干部能上能下、工人能进能出、工资奖金能高能低的劳动分配制度改革，在职工退休养老保险、待业保险、医疗保险和住房制度改革方面也迈出了新的步伐。

——**改革促进了农村经济全面发展**.我国农村普遍实行了以家庭联产承包为主的责任制，逐步建立起统分结合的双层经营体制，使集体统一经营的优越性和农户承包经营的积极性都得到发挥；在发展集体经济的同时，个体经济、私营经济也有了较大发展，以集体经济为主体的多种经济成分并存的格局已经形成；调整了农产品价格和购销政策，发展了多渠道流通，农村流通体制改革有了良好的开端；科技、教育兴农和农业综合开发取得了新的进展，粮食产量连续上了两个台阶，农林牧副渔各业都有了很大发展；乡镇企业异军突起，吸纳了9000多万农村劳动力，促进了商品经济的发展。农村改革有力地支持了城市的改革和国民经济的发展，促进了社会的安定团结。

——**在对外开放方面，已形成了"经济特区—沿海开放城市和地区—内地"的多层次、全方位、多形式对外开放的新格局**。到1991年底，在我国注册的"三资"企业达37215个，注册资金达460亿美元。通过外贸体制改革，对外贸易经济技术交流与合作迅速扩大，1991年我国进出口总额达1357亿美元，相当于1980年的3.6倍。

改革开放有力地促进了我国国民经济的发展。过去的13年，是我国经济增长最快、综合国力显著增强、人民生活明显改善的时期。从1978年到1991年，按可比价格计算，中国国民生产总值年递增8.6%，大大高于同期世界经济年平均增长3%的速度，也大大高于中国改革前30年期间年递增6.1%的速度。从1980年到1991年，农民人均纯收入由191元提高到710元，城镇居民人均收入由406元提高到1570元。扣除物价因素，城乡居民消费水平平均每年增长6%以上。

二、中国经济体制改革的基本经验

邓小平同志开创的改革开放事业，使中国的面貌发生了举世瞩目的历史性变化。改革开放13年来，我国经济迅速发展，国力大大增强，社会不断进步，人民生活显著提高。实践证明，改革开放是实现国家繁荣富强、人民富裕幸福的必由之路，这条路线已深深扎根于中国亿万群众之中，得到了全国人民的衷心拥护。在当前国际风云变幻中，中国能够牢牢地站稳脚根，保持社会安定团结，经济稳步增长，正是坚定不移地推进改革开放的结果。从国情出发，坚持走建设有中国特色的社会主义道路，在改革开放中巩固、完善和发展社会主义制度，始终是我们改革开放的基本出发点。归纳起来，中国改革的基本经验主要有以下几条：

(一) 坚持以经济建设为中心，把通过改革开放解放和发展生产力作为社会主义的根本任务

从1978年12月党的十一届三中全会以来，在邓小平同志的倡导下制定了党在整个社会主义初级阶段“一个中心、两个基本点”的基本路线，即始终以经济建设为中心，坚持四项基本原则，坚持改革开放。在社会主义基本制度确立以后，还要从根本上改变束缚生产力发展的经济体制，建立起充满生机和活力的社会主义经济体制，促进生产力的发展，这就必须通过改革开放进一步解放生产力，才能发展生产力。因此，必须始终坚持以经济建设为中心不动摇，把解放和发展生产力作为首要任务，使党和国家的其他各项工作服从于和服务于经济建设这个中心，此外没有第二个中心，任何时候都不能干扰和动摇这个中心，不能分散和转移自己的注意力。我们有决心、有信心把这条基本路线坚持100年不动摇。只有这样，我们才能顺利实现在本世纪末达到小康水平，在下一个世纪中叶赶上中等发达国家水平的国民经济发展战略目标。

(二)在改革开放中必须敢于试验，大胆探索，坚持实事求是，在实践中走出一条新路子

改革开放既是一项前无古人的开创性事业，又是一项宏大复杂的社会系统工程，涉及到社会经济生活的各个方面。在我们这样一个发展中的东方大国里搞社会主义现代化建设和改革开放，没有现成的模式可以照搬，只有靠我们自己去实践。邓小平同志反复强调改革开放要进一步解放思想，放开手脚，胆子要大一些，要敢于试验。凡是看准了的，就大胆地试，大胆地闯。没有一点闯的精神，就走不出一条好路，走不出一条新路，就干不出新的事业。改革开放要敢于冒点风险，因为办什么事情都不可能有百分之百的把握，一开始也不可能百分之百的正确，重要的是在实践中不断总结经验，对的就坚持，不对的赶快改，新问题出来抓紧解决。我国深圳的重要经验就是敢闯。我国改革开放13年来，无论是农村改革搞家庭承包和废除人民公社制度，还是城市改革搞企业承包、扩大企业自主权和试行股份制，兴办经济特区和开发区，扩大对外开放，以及进行股票、证券交易市场试点等等，都是依靠各地和基层在实践中大胆闯出来的。对改革开放有不同意见是正常的，我们的政策是允许看，不搞争论，不搞强迫，不搞运动，是为了争取时间干，大胆地试，大胆地闯。我们在城乡改革开放中坚持实践第一的观点，坚持实践是检验真理的唯一标准，主要不是靠书本，而是靠实践，靠实事求是，在实践中逐步统一认识，统一行动，并且大胆吸收和借鉴人类社会创造的一切文明成果，吸收和借鉴当今世界各国包括资本主义发达国家一切反映现代社会化生产规律的先进经营方式、管理方法，为我国社会主义现代化建设服务。判断的标准，主要看是否有利于发展社会主义社会的生产力，是否有利于增强社会主义国家的综合国力，是否有利于提高人民的生活水平。

(三) 正确处理好改革、稳定与发展的关系，抓住时机尽可能使国民经济发展得快一点，争取隔几年上一个新台阶

我们实行改革开放，需要有一个和平的国际环境和稳定的国内条件，这是顺利进行改革开放的前提。否则，如果社会不稳定，到处乱哄哄的，不仅改革开放无法进行，经济发展也

会受到严重影响。因此，在一定意义上讲，稳定是压倒一切的。中国13年来改革开放和经济建设取得了巨大成功，很重要的一条经验就是我们始终保持了社会稳定和全国安定团结。当然，对于我们这样一个发展中的大国来说，经济要发展得快一点，不可能总是那么平平静静、稳稳当当。要注意经济稳定、协调发展，但稳定和协调也是相对的，不是绝对的，发展才是关键，发展要通过深化改革。从我们这些年的经验来看，抓住时机，例如，从1984年到1988年这5年财富有了巨额增加，城乡人民生活水平迅速提高，整个国民经济上了一个新台阶，这是一个非常生动、非常有说服力的发展过程。当然，我们不是鼓励不切实际的高速度，但是，能发展就不要阻挡，有条件的地方要尽可能搞快一点，只要是讲效益、讲质量，搞外向型经济，就没有什么可以担心的。我们要辩证地理解改革、稳定和发展的关系，通过加快改革的步伐，促进稳定，使经济发展隔几年上一个新台阶。

（四）培育和发展市场，尽快地建立社会主义市场经济体制

过去，我国传统经济体制的一个主要弊端，就是集中过多，统得过死，排斥和否定市场机制和价值规律的作用。13年改革开放的实践使我们深刻认识到，计划与市场作为调节经济的手段，不是区分社会主义与资本主义的标志。计划经济不等于社会主义，资本主义也有计划；市场经济不等于资本主义，社会主义也有市场。因此，改革开放以来，我们始终把培育和建立社会主义市场体系，建立健全市场秩序和法规，大胆地把国有企业推向市场，使它们积极参与国际国内市场竞争，作为增强企业活力和搞好整个经济体制改革的重要环节，真正把计划建立在自觉依据和运用价值规律的基础上，使整个国民经济通过社会主义市场体系灵活有效地运行。改革开放13年来，全国共新建立日用工业贸易中心800多个，大型生产资料贸易中心400多家，农副产品批发市场1300多个，城市集市贸易市场7万多个，并已开始在郑州、成都、深圳、北京等大中城市建立粮食、猪肉和有色金属等批发市场，此外，还建立了劳务市场8000多个，技术市场2万多个，在长期资金市场发行各种有价证券2000多亿元，在70多个城市开办证券交易网点500多个，在上海和深圳开办了证券交易所，组建了由10个城市联网的证券交易自动报价系统，在全国开办了40多个外汇调剂市场。一个有中国特色的社会主义市场体系正在开始形成。根据市场发育情况和市场供求状况，采取调放结合的办法积极稳妥地推进价格改革，使价格改革与市场建设同步进行，既保持了市场物价水平的基本稳定，又发挥了市场机制在价格形成中的调节作用，同时避免了猛然放开价格所造成的社会震荡。通过13年坚持不懈的价格改革，到1990年，国家定价的比重，在社会商品零售额中只占29.7%，在农产品收购额中只占25.2%，在工业生产资料中只占44.4%，通过市场形成价格的比重占了绝大部分，给整个经济注入了新的生机与活力，为建立社会主义市场经济新体制打下了基础。

（五）坚持国内改革与对外开放相结合，使两者互相促进，相得益彰

对外开放是我国的一项长期不变的基本国策。80年代以来，我们通过国内城乡改革搞活经济，为进一步扩大对外开放创造了有利条件和奠定了雄厚的物质基础。同时，通过对外开放，引进国外资金和先进技术，学习国外先进的管理经验，推动中国企业参加国际市场的竞

争，也有力地促进了国内改革的深化和经济的发展。实践证明，哪些地方开放得早、改革同开放结合得好，哪里建立新经济体制的步伐就大，经济发展就快。中国的4个经济特区和广东、福建、海南3个改革开放综合试验区的发展已充分证明了这一点。我国外贸体制改革的实践进一步证明，只有通过不断深化国内改革，突破旧的管理体制，更新人们的思想观念，才能使对外开放搞得更好。从1991年开始，我国外贸体制进行了新的重大改革，取消了出口补贴，开始实行了各类外贸企业自主经营、自负盈亏的新体制；鼓励企业开展实业化、集团化和国际化经营，加强工贸结合，赋予有条件的大中型生产企业外贸自主权；继续完善和扩大外汇调剂市场，对汇率进行小步微调，逐步转向有管理的浮动率制；在进口管理体制方面，逐步减少行政性审批，建立根据“关贸总协定”所许可的关税措施以及产业政策来调节和引导进口的新体制。经过一年的实践，1991年全国外贸进出口总额分别比上年增长了19.5%和15.8%。目前，中国已批准有外贸经营权的工业企业440家；我国在海外94个国家和地区建立的非贸易性企业已有898家，中方投资额超过10亿美元，一大批外向型工业企业开始直接参与国际市场竞争，通过外贸体制改革，进一步扩大了中国的对外开放。

三、90年代中国经济体制改革的主要任务

90年代是中国经济发展的关键时期，为了胜利实现我国国民经济发展的第二步战略目标，关键在于继续坚定不移地实行改革开放。中国经济体制改革在今后10年的总目标和方向是：初步建立社会主义市场经济新体制。进一步解放思想，大胆探索，加快改革和扩大对外开放步伐，已成了整个90年代中国经济生活的主旋律。具体地讲，围绕建立社会主义市场经济新体制，90年代改革开放的主要任务是：

1. 加快企业改革步伐。企业是市场的主体，增强企业特别是全民所有制大中型企业的活力，始终是我国经济体制改革的中心环节。重点是转换企业经营机制，大胆把企业推向市场，使企业真正成为自主经营、自负盈亏、自我发展、自我约束的商品生产者和经营者。为此，我们要落实《全民所有制工业企业转换经营机制条例》，全面落实企业生产经营自主权，在继续坚持完善企业承包制、厂长（经理）负责制和企业内部经济责任制的同时，积极进行企业股份制和税利分流的试点，改革企业劳动用工制度和工资制度，促进企业之间的横向经济联合，发展各种企业集团，促进生产要素的合理流动和优化组合，逐步建立起适应商品经济发展要求的新型企业制度。

2. 进一步搞好市场流通体制改革。在继续深化国有商业、物资、供销社改革和外贸体制改革的同时，逐步实行经营、价格、用工、分配“四放开”，大力加强市场体系建设，健全市场法规和秩序，逐步形成高效畅通、竞争开放、运转灵活和法制健全的市场体系，深入搞好价格改革，并不断加强国内市场与国际市场的联系，促进有条件的企业实现国际化经营。

3. 转变政府经济管理职能，强化宏观经济间接调控。90年代我国将进一步改革计划、投资、金融、财政、税收体制，综合运用经济手段、法律手段和必要的行政手段管理经济，主要通过价格、税收、信贷、汇率等经济杠杆调节国民经济的运行。同时要适时进行政府机构改革，转变政府职能，使国家对经济的管理逐步实现直接管理向间接管理过渡，建立新的国民经济决策、管理、运行和监督体系。

4. 积极推进社会保障制度改革。90年代，我国将进一步推进退休养老保险制度、职工待

业保险、医疗保险制度和城市住房制度改革，根据国家、企业和个人合理负担的原则，逐步建立起新的社会保障体系。

5. 进一步扩大对外开放。90年代在继续办好经济特区和沿海开放地区的同时，要逐步扩大陆地沿边境地区和内陆地区的对外开放，采用多种形式吸引外资，鼓励外商成片承包开发。积极发展“三资”企业，深入进行外贸体制、外汇管理体制、关税制度和汇率制度的改革，使我国的经贸活动更加符合国际惯例，鼓励中国企业主动面向国际市场，积极参与国际竞争，大胆到海外去投资办企业，更广泛地开展国际经济技术交流与合作，开创对外开放的新局面。

6. 继续深化农村改革。90年代我国农村改革将在坚持家庭承包制的基础上，进一步完善统分结合的双层经营体制，发展农村社会化服务体系，进一步办好乡镇企业，壮大集体经济实力，加强农村精神文明建设，引导农民逐步实现共同富裕。

毛泽东主席生前曾经讲过：“中国应当对于人类有较大的贡献”。80年代的中国改革开放举世瞩目，90年代我们将面临许多新的机遇和更加严峻的挑战。改革开放是中国繁荣富强的必由之路，我们将继续坚定不移地将邓小平同志开创的改革开放事业坚持进行下去，沿着建设有中国特色的社会主义道路奋勇前进，争取对世界和平与发展事业作出应有的贡献。

目　　录

3 综 合 篇

4 企业改革篇

5 宏观经济体制改革篇

6 流通体制改革篇

7 分配体制改革篇

8 地方改革篇

9 农村改革篇

10 科技教育体制改革

11 对外开放篇

附 录

1 重要文献选篇

中共中央关于进一步加强农业和农村工作的决定

（中国共产党第十三届中央委员会第八次全体会议1991年11月29日通过）

农业是经济发展、社会安定、国家自立的基础，农民和农村问题始终是中国革命和建设的根本问题。没有农村的稳定和全面进步，就不可能有整个社会的稳定和全面进步；没有农民的小康，就不可能有全国人民的小康；没有农业的现代化，就不可能有整个国民经济的现代化。在建设有中国特色的社会主义，全面实现国民经济和社会发展第二步战略目标的过程中，全党同志要努力开创我国农业和农村工作的新局面。

一、80年代农业和农村工作的成就与90年代的主要任务

（一）80年代，我国农村发生了历史性的变化。广大农民在党的领导下，表现了可贵的创业革新精神，农村改革和建设取得了巨大成就。农村普遍实行了以家庭联产承包为主的责任制，逐步建立起统分结合的双层经营体制，有利于集体统一经营的优越性和农户承包经营的积极性都得到发挥；在发展集体经济的同时，个体经济、私营经济也有了较大发展，以集体经济为主体的多种经济成分并存的格局已经形成；逐步调整了农产品价格和购销政策，发展了多渠道流通，农村流通体制改革有了良好的开端；科技、教育兴农和农业综合开发取得新的进展，粮食产量连续登上两个台阶，农林牧副渔各业都有了较快发展，长期困扰我们的农产品供给不足的状况有了明显改善；乡镇企业异军突起，非农产业的产值超过了农业总产值，农村工业产值已占全国工业总产值的三分之一，在国民经济中发挥着越来越大的作用；农民人均纯收入成倍增长，扶贫工作取得显著成效，绝大多数农民温饱问题基本解决；干部和群众的科学文化水平有了较大提高，商品经济意识日益增强，精神面貌发生了新的变化。我国农村的改革和发展，有力地支持了城市的改革和国民经济的发展，促进了社会的安定团结。实践证明，党的十一届三中全会以来，农村改革和发展的方向与基本政策是正确的。

在充分肯定成绩的同时，必须清醒地看到，农村经济和社会的发展很不平衡，还存在着不少问题和诸多制约因素。人口增长过快和耕地减少的趋势尚未有效控制。农业投入不足，物质技术基础脆弱，综合生产能力不高，抗御自然灾害的能力不强。双层经营体制和农业社会化服务体系还不健全，工农业产品比价不合理和农产品流通不畅的问题相当突出，近几年农

民负担过重、收入增长速度减缓，粮食主产区出现增产不增收或增产多增收少的情况。一些地方基层组织软弱涣散，思想政治工作薄弱，社会治安不好，封建迷信等社会陋习重新蔓延，农村社会主义精神文明和民主法制建设还不适应新的要求。全党同志必须对农村的形势有一个全面认识，既要看到农业持续发展的巨大潜力，又要看到农村工作面临的新情况、新问题，任务还十分艰巨。一定要继续认真执行党的基本路线，下更大的决心，采取切实措施，加强农业基础，深化农村改革，发展农村经济。

（二）90年代农业和农村工作要在80年代的基础上取得新的突破。主要任务是：农业综合生产能力和效益要提高到一个新的水平，到本世纪末确保粮食总产量达到五千亿公斤，农林牧副渔各业和乡镇企业持续发展，农村国民生产总值再翻一番；农村改革要有一个新的进展，逐步建立和完善适应社会主义有计划商品经济发展的经济体制和运行机制；农村社会面貌要有一个新的变化，形成经济繁荣兴旺、思想健康向上、社会安定团结的局面。总的目标是：在全面发展农村经济的基础上，使广大农民的生活从温饱达到小康水平，逐步实现物质生活比较丰裕，精神生活比较充实，居住环境改善，健康水平提高，公益事业发展，社会治安良好。

（三）根据新中国成立以来特别是80年代的经验，完成90年代的任务，建设有中国特色社会主义的新农村，进一步巩固工农联盟，必须遵循以下基本原则：

——经济建设，必须始终把农业真正摆在首位，切不可农业状况一有好转，就忽视和削弱农业的基础地位；

——农村改革，必须继续稳定以家庭联产承包为主的责任制，不断完善统分结合的双层经营体制，积极发展社会化服务体系，逐步壮大集体经济实力，引导农民走共同富裕的道路，切不可偏离这一深化农村改革的重点和总方向；

——制定和执行农村政策，必须切实保障农民群众经济上的物质利益和政治上的民主权利，切不可侵犯农民的合法权益；

——推进农业现代化，必须坚持科技、教育兴农的发展战略，多渠道增加农业投入，加快农用工业的发展，切不可放松农业物质技术基础建设；

——发展农村商品经济，必须尊重价值规律，重视流通领域的改革和建设，切不可忽视流通对生产的促进作用；

——农村经济和社会发展，必须严格控制人口增长，严格控制非农占地，合理开发利用资源，保护生态环境，切不可脱离国情，违反基本国策；

——建设社会主义新农村，必须加强以党组织为核心的基层组织建设，加强思想政治工作，发扬自力更生、艰苦奋斗精神，坚持物质文明和精神文明一起抓，切不可一手硬一手软；

——指导农村工作，必须坚持群众路线，一切从实际出发，因地制宜，分类指导，切不可违背群众意愿，不顾客观条件照搬照套，一刀切。

二、稳定和完善党在农村的基本政策继续深化农村改革

（四）我们党在领导农村改革的实践中，逐步形成了一系列基本政策。主要是：实行以家庭联产承包为主的责任制，建立统分结合的双层经营体制的政策；以公有制经济为主体，允

许并鼓励其他经济成分适当发展的政策；以按劳分配为主体，其他分配形式为补充的政策；以共同富裕为目标，允许和鼓励一部分地区和一部分人通过诚实劳动、合法经营先富起来的政策；在确保粮食增产的同时，积极发展多种经营，鼓励和引导乡镇企业健康发展的政策；实施科技、教育兴农，鼓励科技人员深入农村、为农村发展服务的政策；建立国家、集体和农民个人相结合的农业投资体系的政策；推进农产品流通体制改革，逐步理顺农产品价格，实行多渠道流通的政策；扶持老少边穷地区脱贫致富的政策。上述基本政策适应我国现阶段农村生产力发展水平，深受广大农民群众的欢迎，必须长期保持稳定，并根据客观情况的变化不断加以完善，把改革引向深入。

（五）把以家庭联产承包为主的责任制、统分结合的双层经营体制，作为我国乡村集体经济组织的一项基本制度长期稳定下来，并不断充实完善。把家庭承包这种经营方式引入集体经济，形成统一经营与分散经营相结合的双层经营体制，使农户有了生产经营自主权，又坚持了土地等基本生产资料公有制和必要的统一经营，这种双层经营体制，在统分结合的具体形式和内容上有很大的灵活性，可以容纳不同水平的生产力，具有广泛的适应性和旺盛的生命力。这是我国农民在党的领导下的伟大创造，是集体经济的自我完善和发展，决不是解决温饱问题的权宜之计，一定要长期坚持，不能有任何的犹豫和动摇。

完善双层经营体制，包括完善家庭承包经营和集体统一经营。家庭承包经营不是“分田单干”，集体统一经营也不是“归大堆”。这两个经营层次相互依存、相互补充、相互促进，忽视任何一个方面，都不利于农村经济的健康发展。随着技术装备水平和生产专业化程度的提高，有些地方对不同生产项目分别采取承包到劳、户、队、场（厂）等专业承包的形式，也应注意处理好统与分的关系。林区、牧区、渔区的责任制，要充分考虑地区、民族和产业特点，从实际出发，进一步加以完善。

稳定和完善家庭承包经营，要认真完善土地和其他各业的承包合同管理，明确双方的权利、责任和义务。已经形成的土地承包关系，一般不要变动。

目前多数地方集体统一经营层次比较薄弱，要在稳定家庭承包经营的基础上，逐步充实集体统一经营的内容。一家一户办不了、办不好、办起来不合算的事，乡村集体经济组织要根据群众要求努力去办。要做到集体财产有人管理，各种利益关系有人协调，生产服务、集体资源开发、农业基本建设有人组织。这不仅不会影响家庭经营，而且会给家庭经营注入新的活力，推动全体农户共同发展。

（六）积极发展农业社会化服务体系，是深化改革的一个重要任务，是调动社会各方面力量，促进农村生产发展的一项战略措施。农业社会化服务体系，包括乡村集体经济组织内部的服务、其他各种服务性经济实体和国家经济技术部门为农业提供的服务。服务的内容，既包括农林牧副渔各业生产环节和生产资料供应的服务，也包括技术、资金、信息、经营管理以及农产品加工和销售等各项服务。目前这种服务体系有了一定基础，但很不平衡，在一些地方、一些方面还相当薄弱，要认真总结经验，不断充实发展。

乡村集体经济组织是农业社会化服务体系的基础，要努力把农民急需的产前、产中、产后的服务项目办起来，并随着集体经济实力的增强逐步扩展服务内容。同时要积极与其他服务组织联系，发挥其内联广大农户、外联国家经济技术部门和其他各种服务组织的纽带作用。

供销合作社、信用合作社以及各种农产品经销、加工企业和农民自愿组成的服务实体，是农业社会化服务体系的重要组成部分。要以不同的形式分别联系若干乡村集体经济组织和农户，为农业提供专项服务或系列化服务。农户自办、联办的各种服务组织，适应性强，要积极扶持。

国家经济技术部门对农业提供服务，既体现了国家对农业的支持，又是国家对农业进行指导和调控的一个重要手段。这些部门，要改进工作，积极创造条件，兴办农业服务实体，强化为农业服务的功能。

各级党委和政府要做好发展和健全农业社会化服务体系的组织工作，引导各种服务组织发挥各自的特长，相互配合，通力协作，并区别情况，在财政、信贷、税收等方面给以适当优惠。各种服务组织都要以促进双层经营体制的完善和农村经济的发展为目标，提供低利优质服务，不准借服务为名坑农、卡农。

（七）逐步壮大集体经济实力，增加集体可以统一支配的财力和物力，是完善双层经营，强化服务功能的物质基础，是增强集体凝聚力，促进共同富裕，巩固农村社会主义阵地的根本途径。壮大集体经济实力，主要靠利用当地资源进行开发性生产，兴办集体企业，增加统一经营收入；同时要搞好土地和其他集体资产的经营管理，按照合同规定收取集体提留或承包金；还可以发展服务事业，合理收取服务费。总之，应从当地实际出发，依靠生产的发展和自身的积累逐步壮大集体经济实力，决不可急于求成，更不能平调农户的财产。要建立严格的财务、审计、监督等管理制度，防止集体资产流失。对于贫困村发展集体经济，各级政府应在资金、物资、技术等方面给予必要的扶持，使之形成自我发展的能力。

（八）深化农产品价格和流通体制改革，是广大农民强烈要求解决的紧迫问题，是进一步发展农村商品经济的关键环节。要遵循计划经济与市场调节相结合的原则，根据商品经济的一般规律和各类农产品的具体特点，采取恰当的措施，加快改革步伐。

除了国家规定的少数重要农产品实行国家统一收购经营或部分统一收购经营外，其余全部放开，实行市场调节。统的部分，要严格按照国家计划购销调存。要逐步理顺价格，使工农业产品之间和各种农产品之间保持合理的比价，有效地控制农业生产资料价格，在提高工农业劳动生产率的基础上，逐步缩小“剪刀差”。还要随着生产的发展，逐步减少国家统的品种和数量，扩大市场调节的范围。已经放开的农产品，要真正放开经营，反对垄断封锁，撤销一切滥设的关卡，做到货畅其流，发展全国统一市场。

坚定不移地实行多渠道流通。供销合作社和国营内外贸商业是农村商品流通的主渠道，要加快改革步伐，增强经营活力。供销合作社是农民集体所有制的合作商业组织，要真正与农民结成经济利益共同体。进一步鼓励和引导农民进入流通领域。凡是放开的农产品，集体或个体都可以收购、批发、加工、贩运，其中粮油等关系国计民生产品的批发经营，必须经过批准。

国营和集体商业组织、农产品加工企业，要充分发挥资金、技术、设备、信息等方面的优势，同农民建立产供销、种养加、农工商联合体，为农民提供稳定的产品销售渠道，为自己建立可靠的货源或原料基地。有关部门要为各种产供销联合组织的进一步发展创造条件。

加强国家对市场的宏观调控和管理，建立正常的流通秩序，促进市场机制的发育。对重要农产品，中央和地方都要逐步建立必要的储备调节制度，搞好市场吞吐，平抑市场物价。有计划地发展各类农副产品批发市场，扩大商品集散，加快商品流通。各级政府要增加流通设施的投资，并动员各方面力量建设仓储、运销、加工等基础设施。

加快粮食购销体制改革。有计划地解决粮食收购价格偏低和购销价格倒挂的问题。“八五”期间要在稳妥地做到购销同价的基础上，力争基本理顺价格关系，在国家宏观调控下，逐步放开经营。当前，要千方百计解决卖粮难问题。明年粮食定购价格适当上调。在粮食调出省，国家对定购以外的粮食、按保护价积极收购。与此相关的资金、仓储等问题，粮食、计划、财政、银行等部门要和各地方通力合作，尽快解决。在国家建立粮食储备制度的同时，集体和农民也要储粮备荒。

三、继续调整农村产业结构促进农村经济全面发展

（九）确保粮食稳步增长，积极发展多种经营。要警惕和防止放松粮食生产的倾向，始终把粮食生产摆在农业的首位，稳定播种面积，提高单产，提高品质，提高商品率。继续执行各项扶持政策，认真抓好粮、棉、油、肉等商品基地建设。重点扶持商品粮大县，支持它们在保持粮食生产优势的同时，积极发展多种经营和二、三产业，使这些县的经济发展、财政收入和农民收入，在90年代达到一个新水平。继续抓好菜篮子工程，搞好城市副食品的生产和供应。大力发展畜牧业，抓好品种改良、疫病防治、饲料生产和草地建设，提高畜产品的数量和质量。加快渔业技术改造，发展人工养殖和远洋渔业。

林业是农业和水利的生态屏障，对于保障农牧业稳产高产和水利设施发挥效能具有重要作用。要高度重视林业发展，全面实现造林绿化规划，严格执行采伐限额，加强资源培育和森林保护，抓好防护林体系建设和治沙工程，改善生态环境。

进一步办好农垦和其他国营农业企业，发挥它们在农业专业化、商品化、现代化过程中的示范作用。

（十）树立大农业观念，搞好农业综合开发，合理利用农业资源。我国人口多耕地少，要十分珍惜耕地，依法加强土地管理，建立基本农田保护区，严禁乱垦滥伐等破坏资源的行为。要充分利用农业资源调查和区域规划工作的成果，有计划地开发荒地、荒坡、荒山、荒水、荒滩等农业后备资源，扩大农业发展空间，保证本世纪末耕地面积稳定在现有水平上。农业开发以改造中低产田、提高单位面积产量为重点，要集中连片、统一规划、统一实施，采用先进科学技术，山水田林路综合治理，农林牧副渔全面发展，经济效益、生态效益和社会效益并重。

（十一）积极发展乡镇企业是繁荣农村经济、增加农民收入、促进农业现代化和国民经济发展的必由之路。要继续贯彻“积极扶持、合理规划、正确引导、加强管理”的方针，坚持不懈地办好乡镇企业。按照国家产业政策，有步骤地调整产业结构和产品结构，搞好技术改造，提高产品质量和经济效益。对粗制滥造、污染严重、浪费和破坏资源的企业，应抓紧治理。要因地制宜，分类指导。对起步较晚的地区，尽可能给以扶持，有计划地加快发展。鼓励城乡协作，优势互补，以城带乡，协调发展。今后兴建农产品加工业应主要放在农村，适合农村加工的工业品也应向农村扩散。对为国营大中型企业配套、农产品加工、出口创汇和劳动密集型企业，要制定新的扶持政策。引导乡镇企业参加或组建企业集团，对符合条件的外向型企业集团赋予外贸进出口权，鼓励其参与国际竞争。加强乡镇集体企业经营管理，稳定和完善企业经营承包制。引导个体经济、私营企业健康发展，要加强管理，照章纳税，依法经营，保护其合法权益，发挥其积极作用，限制其消极作用。

（十二）妥善安排农村富余劳动力，是保持社会稳定的重大问题。要通过精耕细作，植树种果，发展畜牧业和水产业等多种途径，向农业广度和深度开发，争取在农村第一产业内部多吸纳一些劳动力。有计划地开拓和发展第二、三产业，加强农村工业小区和集镇建设，开辟农业劳动力转移的门路。

四、抓紧实施科技、教育兴农的发展战略

（十三）振兴农村经济，最终取决于科学技术的进步和科技成果的广泛应用。要牢固树立科学技术是第一生产力的马克思主义观点，把农业发展转移到依靠科技进步和提高劳动者素质的轨道上来。省、地、县都应从实际出发，经过科学论证，制订具体规划，认真实施科技、教育兴农的发展战略，提高农村各业的技术水平，提高资源利用率、劳动生产率、投入产出率和经济效益。

（十四）把适用的先进技术送到乡村，普及到千家万户。要采取有效措施，进一步推动“星火”、“燎原”、“丰收”等计划的实施，使科技成果尽快转化为现实生产力。有关科技单位、大专院校，要在农村建立科学实验和示范基地，采取技术承包、有偿服务等多种形式，鼓励和选派科技人员到县乡工作，有条件的地方可以设科技副县长、副乡长。要尽快解决乡镇一级农业技术推广单位的编制和经费来源问题，落实国家计划内农、林、水等院校毕业生到这些单位工作的政策。乡镇技术推广单位，可实行技物结合，兴办经济实体，以增强服务能力和自我发展能力。对在农村从事技术推广工作的科技人员，有条件的地方可以实行基层岗位补贴。要重视推动民间各种专业技术协会、研究会和科技服务机构的发展，充分发挥其在推广适用技术和开辟新产业中的作用。要注意培养农民技术员和科技示范户，加强农业示范村、示范片建设。进一步完善县、乡（镇）、村、户科技推广网络。中央和地方农业建设资金中，要有一部分用于科技推广。

（十五）改革和发展农村教育，提高农民文化科技素质。加快农村教育改革步伐，努力普及义务教育，继续抓好扫盲工作，大力发展职业技术教育，办好农业广播电视及函授教育、农业中等专业学校和农业职业中学；农村普通中学要积极创造条件，增设农业劳动技术课程。农林等高等院校和中等专业学校要根据农业和农村现代化建设的需要，调整专业结构和内容。采取扩大定向招生等措施，改革招生和毕业生分配办法，并制定相应政策，使人才流向农村。省、地两级要建立农业技术培训基地，县、乡要举办各种技术培训班，办好农民文化技术学校，提高农村基层干部、广大农民的科学文化水平；对在乡的中学毕业生和退伍军人，要重点进行专业培训，使他们成为农村科技骨干力量。

（十六）加强科学研究，增加科技储备，提高农业整体科学技术水平。尽管与农业有关的各门现代科学发展很快，但我国农业科技储备不足的问题现在还很突出。有关部门要重视基础研究和应用研究，力求与开发研究、技术推广相结合，按照常规农业技术与现代生物技术结合发展的要求，统筹规划，组织重大项目的联合攻关，尽快推出一批突破性的科研成果。同时，积极参与国际农业科学技术合作与交流。要加强气象科学和各种灾害规律的研究，提高监测预报和防治水平，充分发挥它们在防灾减灾中的作用。中央和地方都要增加经费，改善农业科研装备和科技人员的工作条件、生活条件。对有重大贡献的农业科学研究和推广人员，

要给予表彰和奖励，鼓励他们为我国农业发展做出新的贡献。

五、加快大江大河大湖综合治理广泛开展农田水利基本建设

（十七）水利是农业的命脉，是国民经济和社会发展的基础产业。兴修水利是治国兴邦的百年大计。90年代要加快长江、黄河等大江大河大湖的治理，在水利基础设施建设方面办成几件大事。要兴修一批防洪、发电、蓄水、引水的大型水利骨干工程，加强堤防和防洪排涝工程建设，搞好重点水土流失区的综合治理，抓紧病、险水库的加固处理，提高大中城市防洪标准，增强工矿企业和交通干线的防洪自保能力，逐步缓解北方严重缺水问题。各级政府和有关部门要认真抓好水利建设的综合治理规划和统一管理，发扬社会主义协作精神，贯彻《水法》，团结治水，合理用水。要把治理下游同治理上游、水利建设同林草业发展有机结合起来，切实保护和扩大植被，防止水土流失。

中央和地方都要在"八五"计划的基础上，提高水利基本建设投资比重，同时走依靠社会力量办水利的路子，多方开辟水利建设资金来源。要建立水利专项建设基金，增加长期优惠水利建设贷款，提高利用外资的比重，发行水利债券，完善水利工程有关收费制度。

（十八）发扬自力更生、艰苦奋斗精神，广泛开展农田水利基本建设。各地要按照综合治理、讲求实效、量力而行、合理负担的原则，制定切实可行的中长期规划和年度计划，充分发挥我国农村劳动力多的优势，组织群众年复一年地坚持干下去。努力扩大灌溉面积，积极推广节水型农业，增施有机肥料，大力发展农田林网建设，把有灌溉条件的中低产田大部分建成旱涝保收、稳产高产农田。重视中小河流和低洼易涝区治理。加强现有水利设施管理，切实解决水利工程年久失修、效益衰减的问题。在山区和丘陵区要加强水土保持，搞好小流域治理。积极搞好乡镇供水和牧区水利建设。加强水电建设及其他能源开发，加快农村电网和农村初级电气化县建设。到本世纪末，基本解决缺水地区人畜饮水困难，贫困山区做到人均半亩到一亩稳产高产的基本农田，在全国实现县县通电。

"八五"期间，国家继续采取以工代赈方式，扶持水利、农田基本建设及人畜饮水、交通等基础设施建设，各地要认真组织实施。

我国地域辽阔，自然灾害频繁。中央和地方各级党委、有关部门，都要长期重视防灾减灾救灾工作。

六、较大幅度地增加农业投入加快发展农用工业

（十九）中央、地方、集体和农民都要增加农业投入，逐步建立和健全国家、集体和农民个人相结合的投资体系。国家投入主要用于治理大江大河大湖的骨干工程、农业重点基础设施和商品粮棉基地等建设。农业生产投入和以农田水利为中心的基本建设，主要依靠集体和农民，特别是靠农民的劳动积累。

（二十）国家要逐步增加农业投入。"八五"期间，国家计划内、预算内农业基本建设投资和农用工业投资都要逐年增加，并提高农业利用外资的比重。财政支农资金也要稳步增长。县级机动财力应主要用于农业。已定的农业发展基金和其他各项农业专项资金，都要保证提

足用好。部分财政支农资金继续有偿周转使用。

国家银行要继续把支持农业发展放在信贷工作的首位，确保农业贷款略高于全国银行贷款增长幅度。要扩大专项农业中长期低息贷款，安排好农副产品收购资金，适当增加乡镇企业流动资金和技术改造贷款。信用合作社在交足准备金、留足业务备付金后，适当多存多贷，支持农业生产。

加强各项农业资金的宏观协调，改变目前管理、使用过于分散的状况，健全财务管理和审计监督等制度，提高资金使用效益。

积极发展农村保险事业，扩大险种范围，鼓励农民和集体投保。在各级政府的支持下，建立多层次、相互联系的农村专项保险基金，逐步建立农村灾害补偿制度。

（二十一）大力发展农用工业，推进农业机械化。保证化肥、农药、农用薄膜、农业机械和柴油等农业生产资料的供应量逐年有所增加，并努力调整产品结构，提高质量，降低成本。有计划地新建一批大化肥厂及化学矿山，加快改造中小化肥厂。重点建设一批农药科研开发基地，有计划地改造农药骨干企业。农机工业要根据各地农业生产的实际需要，大中小型协调发展，各类机具成龙配套，促进农业机械的推广和应用。国家对农用工业要实行投资倾斜和其他扶持政策，其所需的原材料和能源，要优先安排、保证供应。

（二十二）乡村集体经济组织要建立健全集体积累制度。集体资金要更多地用于农业基本建设，搞好“以工补农”、“以工建农”。继续办好农村合作基金会。要规定每个劳动力的集体积累工数量，由集体统一组织，本着互助互利的原则，改善当地生产条件和生活环境。引导农民正确处理生产与生活、长远利益与眼前利益的关系，把资金尽可能用于发展生产。

七、做好扶贫和地区间协调发展工作促进共同富裕

（二十三）实现共同富裕，是社会主义制度的本质要求，是广大群众的普遍愿望。在允许一部分地区、一部分农民先富裕起来的同时，必须进一步扶持少数民族地区、老革命根据地、边疆地区经济的发展，帮助贫困地区的农牧民尽快脱贫致富。“八五”期末要使现在尚属贫困地区的群众，基本解决温饱问题。

（二十四）坚持以经济开发为主的方针，做好扶贫工作。国家对贫困县继续实行扶持政策，发放支援不发达地区发展资金和低息、贴息贷款，安排扶贫专项物资，实行以工代赈，在税收、信贷、财政补贴等方面给予优惠。要从当地实际出发，因地制宜地选好扶贫开发项目，加强贫困地区水、电、路、通信等基础设施建设，改善经济发展的条件。

各地要动员社会力量，扶持当地的贫困乡、村、户，积极推动先富带未富。先富带未富，不是“均贫富”，应采取传播经验、经济协作、互助互利的办法。各级党委和政府要加强组织领导，安排有关部门和企事业单位进行对口支援，选派干部到这些乡、村帮助工作。共产党员、共青团员要在带未富、促共富中起模范带头作用。

扶贫工作要改变单纯救济的做法，在国家必要的扶持下，增强贫困地区和贫困户的内在活力和自我发展、自力致富的能力。还要与计划生育结合起来，严格控制人口过快增长。

（二十五）有计划地扶持西部不发达地区。这是关系国民经济协调发展、加强民族团结、巩固边疆、保障国家长治久安的大事，必须高度重视。西部地区要根据自己的特点和优势，积

极创造条件发展经济。要按照优势互补、经济互利的原则，组织东部沿海地区和西部地区的经济联合以及各种形式的利益共同体，促进西部地区经济发展，使东西部地区之间差距拉大的趋势逐步得到缓解。中央各有关部门要加强对西部地区资源的勘探和综合开发，有计划地安排一些大型基础设施建设，为下个世纪西部经济更快发展打下基础。

八、切实加强农村基层组织建设

（二十六）加强以党支部为核心的村级组织配套建设，是巩固农村社会主义阵地，落实党在农村的各项方针政策的组织保证。村级组织建设的基本要求是：有一个能够发挥核心领导作用的党支部；有一个能够贯彻法律、法规、政策，履行自治职能的村民委员会；有一个具备集体经济实力，能够较好地发挥统一经营职能的乡村集体经济组织；有能够发挥作用的团支部、妇代会、民兵等群众组织。

党支部是村级组织建设的重点，要建设成为认真贯彻党的路线方针政策、密切联系群众、纪律严明、富有战斗力的坚强堡垒。要选配一个好的支部书记，建设一个强有力的领导班子。要健全党内生活制度和民主监督、评议党员等制度，按照从严治党的要求，加强对党员的教育和管理，充分发挥党员的先锋模范作用。要坚持标准，保证质量，积极做好培养和发展新党员特别是青年党员、妇女党员的工作。要继续抓好后进党支部的整顿。

村民委员会要在党支部领导下，依法管好本村事务，完成乡镇政府布置的行政任务，组织村民自我管理、自我教育、自我服务，履行依法应尽的义务。涉及全体村民利益的问题，由村民会议讨论决定。要健全村民小组并充分发挥作用。

乡村集体经济组织，无论叫合作社、经济联合社或群众选定的其他名称，都要逐步健全管理机构和各项规章制度，加强农业承包管理、企业管理、财务管理、搞好集体积累，充分发挥其生产服务、协调管理、资源开发、兴办企业、资产积累等职能。

团支部、妇代会、民兵等组织，要加强自身建设，经常开展活动，充分发挥各自的作用。

党支部、村民委员会、乡村集体经济组织的干部，可以交叉兼职，减少补贴干部职数。

（二十七）加强乡镇党委和政府的自身建设，充分发挥乡镇党委领导核心作用，健全乡镇政府职能，使之成为有权威、有效能的基层党委和政权组织。县有关部门设在乡镇的机构，除少数不宜下放的实行双重领导外，一般都要放到乡镇管理。实行双重领导的机构，干部的调动、任免、奖惩应征得乡镇党委的同意。乡镇党委和政府对这些单位要加强领导，使之相互配合，形成合力，共同为农村的经济和社会发展服务。

（二十八）加强干部队伍建设。广大乡村干部，处在农村工作第一线，任务繁重，条件艰苦。各级党委、政府要热情支持他们的工作，帮助他们解决工作、生活方面的困难。县委、县政府要以党校、干校为阵地，培训乡村干部，提高他们的思想、政策水平和工作能力。乡村干部要坚持原则，密切联系群众，廉洁奉公，努力工作。

各地要建立健全乡村干部的选拔、培训、考核、使用、奖惩、监督等制度。村干部的报酬要同工作实绩挂钩，并保证兑现；有条件的地方可实行村干部退休保险制度。乡镇补充党政干部，可根据有关规定，从村干部中择优聘用或录用；乡镇领导干部，要注意从特别优秀的村干部和乡镇企业干部中选拔；县级领导干部，要注重从德才兼备、实绩突出的乡镇领导干部中选拔；县直属机关主要领导干部，一般应有几年乡镇工作的经历。

各级党委、政府要贯彻精兵简政、加强基层的原则，采取轮换、挂职、下派、交流等多种措施，抽调干部到基层工作。上级有关部门不得硬性规定乡镇增设上下对口的机构和人员。县、乡两级要选派得力干部，到后进村任职，帮助改变落后面貌。对下派干部要加强管理；把经过实践考验，确实优秀的干部，提拔到领导岗位上来。

九、继续深入开展社会主义思想教育加强农村精神文明建设和民主法制建设

（二十九）按照中央的部署，各省、自治区、直辖市正在农村集中进行社会主义思想教育。这是全面推进农村社会主义建设和改革的战略任务，是发动和组织农民实现第二步战略目标的一项基础工作，对于加强和改善党对农村工作的领导，提高干部和群众的社会主义觉悟，密切党与农民群众的关系，促进农村物质文明和精神文明建设，巩固农村社会主义阵地，具有深远的意义。各级党委要认真总结经验，严密组织，精心指导，分期分批，用二、三年时间把这次集中教育搞好，并且把社会主义思想教育这项根本性工作长期抓下去。

（三十）这次集中进行的社会主义思想教育的基本任务是：深入开展爱国主义、集体主义和社会主义教育；全面贯彻党的基本路线和党在农村的方针政策，推动农村经济发展；切实加强以党支部为核心的村级组织建设。各地要从实际情况出发，切实解决干部群众普遍关心、影响改革和发展的突出问题，全面完成这三项任务。要把思想教育和解决实际问题结合起来。要坚持思想教育、正面教育、自我教育为主。要根据各村的实际情况提出具体要求，努力做到：干部群众的社会主义信念和国家观念、集体观念明显增强；以党支部为核心的村级组织比较健全，能够积极发挥作用；各业承包合同和集体经济管理制度基本完善，农民急需而又可能做到的服务能够开展；群众反映强烈而又能够解决的问题得到解决；经济发展有了切实可行的规划；社会风气、社会治安状况显著好转。

社会主义思想教育以村一级为重点，也包括乡镇机关、乡镇所属单位和县（市）有关部门设在乡镇的机构。这些单位的教育活动，由当地党委统一领导，上级有关部门要密切配合，认真解决存在的问题。

（三十一）社会主义思想教育一定要加强领导，坚持标准，保证质量，务求实效，防止走过场。集中教育的时间，要服从任务的需要，一般不少于四个月。要严格检查验收。已经集中进行社会主义思想教育，但没有全面完成三项任务、未达到要求的地方，应本着缺什么补什么的原则，重新作出部署。

从中央到地方都应根据实际情况的需要，抽调机关干部，采取组织工作队等形式，由领导干部带领，深入农村参加社会主义思想教育工作。这不仅是搞好社会主义思想教育的需要，也是转变机关作风，培养锻炼干部的需要。还可有计划地抽调一些大专院校青年教师参加。工作队要经过培训，明确任务，掌握政策，遵守纪律，在当地党委领导下，依靠基层党组织和广大干部、群众开展工作。每期工作结束后，要对工作队员作出鉴定，作为考核干部的依据。

为了加强对农村社会主义思想教育的领导，各级党委都要成立领导小组，组成专门工作班子。地、县委领导干部要亲自抓点，到第一线具体指导。

（三十二）抓好经常性思想政治工作，加强社会主义精神文明建设，努力造就一代有理想、

有道德、有文化、有纪律的新型农民。不断提高农民的思想道德素质和科学文化水平，教育农民自觉抵制封建主义残余和资产阶级腐朽思想的侵蚀，破除封建迷信，克服社会陋习，树立社会主义新风尚。深入进行普法教育，增强法制观念。重视农村社会主义文化阵地建设。开展农民喜闻乐见的健康有益的文娱、体育活动，办好农村广播，做好电影下乡和电视转播工作。加强村镇建设，改善居住环境。坚持开展爱国卫生运动，抓紧农村医疗卫生网建设，建立健全合作医疗制度，努力消灭地方病。

（三十三）严格实行计划生育，推行优生优育，控制人口数量，提高人口素质。这是关系经济发展、社会进步和民族振兴的重大问题。计划生育的重点在农村。目前正值人口出生高峰期，特别需要把计划生育工作抓紧抓好，坚决把农村人口控制在预定的目标之内。要加强宣传教育，稳定政策，健全组织，依法管理，做到计划生育工作经常化、科学化、制度化。逐步建立农村社会保障制度。在有条件的地方，逐步开展农村养老保险。

（三十四）坚持专门工作与群众路线相结合，大力加强农村社会治安综合治理。建立健全群众性自防自治的治安保卫组织和人民调解组织，建立治安责任制，制定乡规民约，发动和依靠群众，加强治安防范和民间纠纷的调解工作，及时发现和消除不安定因素。坚决依法打击杀人、抢劫、盗窃、走私、贩毒、聚众赌博、拐卖妇女儿童、制黄贩黄、破坏生产和公共设施等刑事犯罪活动，打击违法的宗教活动，取缔非法组织，保证生产建设的顺利进行，保障国家、集体财产和群众生命财产的安全。

十、进一步加强党对农村工作的领导

（三十五）领导亿万农民坚持走有中国特色的社会主义道路，实现90年代农村改革和建设的宏伟目标，需要做大量艰苦细致的工作。全党要十分重视和深入研究农村问题，加强对农村工作的领导，狠抓各项工作的落实，充分调动广大农民的积极性。中央和省、自治区、直辖市党委要用很大的精力抓农村工作。地、县委更要把工作重心和主要精力放在农村工作上，主要领导同志要亲自调查研究、安排部署、督促检查。县是城乡经济的结合部，对加强农业和农村工作至关重要，应赋予统筹经济发展、协调部门关系所必需的权力。实行市管县的地方，要继续把农村工作放在重要地位。

（三十六）各级领导干部要振奋精神，励精图治，真心实意地为基层服务，为农民服务。要改进工作方法和工作作风，地、县党政领导干部，每年至少要有三分之一的时间，深入基层，调查研究，倾听干部和群众的意见，及时发现和妥善解决农村中出现的新问题，总结和推广行之有效的新经验。继续办好农村改革试验区，为深化改革提供决策依据。

（三十七）加强立法工作，逐步把国家对农业和农村的宏观管理纳入法制轨道。已经颁布实施的法律法规，要认真贯彻执行。同时，要尽快把经过实践证明切实有效的政策、措施用法律形式确定下来。要抓紧制定农业基本法等法律法规，确立农业在国民经济中的基础地位，保障农业持续、稳定、协调发展。

（三十八）各行各业要大力支援农业和农村经济发展。各有关部门要结合自己的业务，制定为农业和农民服务的计划，并认真组织实施。各部门在农村的基层单位，办理涉及农民群众切身利益的事，要公开办事制度和办事结果，接受群众监督，坚决纠正行业不正之风。

（三十九）切实减轻农民负担。目前农民税外负担过重，各种摊派有增无减，不仅直接影响农民增加农业投入，而且严重损害党和政府同农民的关系。各省、自治区、直辖市要在对农民负担的项目和费用进行全面清理的基础上，作出严格的具体规定。农村教育、计划生育、民兵训练、优抚、交通等项民办公助事业所需费用，要由乡政府根据当地经济状况提出预算，乡人民代表大会批准，报县人民政府备案，严格执行定项限额、一年一定、统筹使用、不得追加的规定。除此以外，任何部门和单位不得另行向农民摊派任何费用，坚决制止乱收费、乱摊派、乱罚款，取消一切徒具虚名的“检查评比”活动和不切实际的“达标升级”活动。

（四十）中央号召，全党动员起来，重视农业，加强农业。各地、各部门要广泛深入地宣传本决定精神，结合当地和本部门实际情况，提出明确目标，作出具体部署，动员广大干部群众坚持不懈地贯彻执行，为开创农业和农村工作的新局面而努力奋斗。

国务院关于调整粮食购销政策有关问题的通知

（一九九一年一月十二日）

一九八八至一九九〇年度粮食包干期即将结束。从一九九一年起，国家经济建设将进入“八五”计划时期。粮食工作必须更好地贯彻执行立足国内、自力更生的方针，坚持计划经济与市场调节相结合，加强宏观调控能力，进一步搞活粮食流通，保持粮食稳定增产和粮食市场的稳定，促使主产区不断提高商品率，缺粮区不断提高自给水平，以缓解粮食总需求与总供给的矛盾。近两年，主要是通过稳购、压销、调价、包干，缩小国家粮食收支缺口，逐步解决粮食购销价格倒挂，使粮食流通走上健康发展的轨道。现将调整粮食购销政策有关问题通知如下：

一、继续实行粮食购销调拨包干办法。为了保持政策的稳定性和连续性，一九九一至一九九二年度，国务院对各省、自治区、直辖市的粮食包干指标，按一九九〇年度计划略加调整，继续执行两年。(一) 取消原定非农业销售每年递增1.5%的规定。(二) 取消省间“议转平”大米调拨的指令性计划和销区调入每公斤大米增加三分补贴的规定。销区所需大米通过议价渠道调剂解决。(三) 国家定购和“议转平”粮食的加价款、差价款，以及中央转地方进口粮食的补贴款，继续由中央财政对地方财政实行总额包干。

二、稳定国家粮食定购任务。为了加强粮食计划管理，保证平价粮食供应，从一九九〇年度秋粮收购开始，将粮食合同定购改为国家定购，作为农民应尽的义务，必须保证完成。一九九一至一九九二年度，全国粮食定购数量每年保持五百亿公斤不变。省内地区之间、农户之间、品种之间定购任务不合理的，由各省、自治区、直辖市在定购包干总量内自行调剂解决。

国家粮食定购继续实行奖售平价化肥、柴油和发放预购定金“三挂钩”政策。中央现行的挂钩标准不变。各省、自治区、直辖市要尽可能多安排一些化肥、柴油，用于粮食定购。要切实改进化肥、柴油的兑现供应和预购定金的发放与回收工作，不得克扣、截留或挪作他用。

三、压缩平价粮食销售，保证基本口粮和军粮等供应。必须改变现在平价粮食销售范围过宽、数量过大的情况，通过压销，逐步做到国家定购与平价销售数量大体平衡。近两年内，各地要把城镇食品、副食酿造和饲料等项用粮逐步改为议价供应。属于口粮转化的早点和大众化食品用粮，根据实际情况，可继续安排平价供应。城镇居民口粮定量标准和工种粮，有条件的地区，可借鉴一些地区的改革经验进行适当调整。农村平价粮食销售，除救灾粮、水库移民和边、山、老、少、穷地区的定销粮外，其他各项用粮要积极压缩。对扶持副食品生产和供应的各项政策，要注意保持稳定。各省、自治区、直辖市人民政府要制定分年度的压销方案，报国务院批准后，有领导、有计划地组织实施。

部队粮油供应关系到官兵体质和部队的稳定，必须切实抓好。要继续贯彻执行现行办法，对非稻谷、大豆主产区供应部队的大米、大豆，实行专项补贴。由中央财政将补贴款拨给省级财政部门，省级财政部门拨给同级粮食部门，不得层层下放。

四、压缩平价食油销售，力争做到食油收支平衡。从一九九一年度开始，平价食油销售只保城镇居民定量口油和军供用油，其他各项用油改为议价供应或市场调节。食油继续实行国家定购，定购计划根据平价食油开支需要确定。各省、自治区的食油定购品种自行确定，购销数量自求平衡。京、津、沪三大市购销缺口，中央开支的军供用油以及国家储备，从余油地区安排调拨解决。食油收购、销售和调拨计划，一年一定。在中央增加食油商品储备的同时，各省、自治区、直辖市要根据需要与可能，尽快建立食油商品储备。

五、加强对议价粮油经营的领导和管理，搞好市场调节。随着粮油生产的发展和购销政策的调整，议价经营的范围和数量将不断扩大。要进一步强化国营粮食主渠道和“蓄水池”的作用。粮油议价经营的主要任务是促进生产，调剂余缺，活跃市场，稳定价格，为工农业生产服务，为人民生活服务。各级人民政府必须加强对粮油议价经营的领导和管理。商业部对议价粮油的收购、销售、省间调剂实行指导性计划管理，按年度制定下达分地区的购销计划。

要进一步培育粮食市场，逐步建立和健全粮食市场体系，实现按照经济区域和合理流向组织粮食流通。各地现有的批发市场，要不断总结经验，逐步加以完善，并有计划、有步骤地发展不同品种和区域性的规范化粮食批发市场。各级粮食部门要加强行业管理和行政管理的职能，进一步清理和整顿粮食批发企业，整顿流通秩序。粮食部门内部的议价经营，也要整顿，加强管理。要在粮食主要产区和主要销区发展一些松散型的经济联系和横向联合，逐步向组建企业集团过渡，发挥群体优势。在保证完成国家粮油定购任务的前提下，要坚持多渠道经营，坚持多年形成的供货渠道，把粮食流通搞活，严禁地区封锁。粮食集市贸易，要坚持常年开放，进一步搞活，方便群众，调剂余缺。

六、积极支持产粮区发展粮食生产，促进缺粮区提高自给水平。粮食主产区是国家粮食调出任务的主要承担者，有关政策要向主产区适当倾斜。各级计委、财政、商业、农业等部门在安排农业投资时，要重点扶持调出粮食多的地区，在仓库建设和物资分配等方面也要优先照顾主产区的需要。国家专项储备粮和平价粮食周转库存超定额部分的费用补贴标准，每公斤提高到八分。销区必须大力发展粮食生产，努力提高自给水平，逐步减少调入，增加粮食储备。

各省、自治区、直辖市在抓紧粮食生产，增加有效供给的同时，要采取有力措施，抓好计划用粮和节约用粮。发扬勤俭节约的美德，实行科学管粮、保粮，努力减少损耗，杜绝浪费。要提倡藏粮于民，储粮备荒，动员集体和农户丰年多储存一些粮食。

七、改进粮食财务管理办法。要继续坚持粮食财务分级管理的原则，适当加强中央和省两级粮食主管部门的调控手段，调动各级主管部门加强财务管理和监督的积极性。省、地间的调拨经营费、运费、简易建筑费，应由省、自治区、直辖市粮食部门统一管理，不要下放到地、市、县。国家专项储备粮的费用和补贴，由财政部和商业部、国家粮食储备局联合专项下达给各地财政、粮食部门，并及时转拨给粮食储备单位，任何部门、单位不得挪用、扣留。为了使财政补贴同粮食购销存业务较好地结合起来，各级粮食部门直属企业的财务收支，要由主管部门商同级财政部门归口管理。粮食主管部门要在安排企业粮油购销业务的同时，落实各项财务补贴。凡由地方政府承担的粮食政策性补贴，必须纳入财政预算，不得留有缺口。

八、改善企业经营机制，增强企业活力。粮食工商企业之间要继续推行价拨加工办法，作价明显不合理的要适当调整。粮食企业按照国家计划从事平价粮油经营发生的政策性亏损，国家要给予合理补贴，使企业通过正常经营能够取得合理利润。对农村粮管所（站）实行政策性亏损定额补贴，按照经营数量和补贴定额核定补贴总额；城镇粮店要继续推广、完善批零差经营办法，具体批零差率由各地粮食、财政、物价部门根据微利原则商定。独立核算的粮油仓库，要逐步向栈租经营方向发展，各项补贴标准按经营费用加合理利润核定，利润水平可以比照同一地区工商企业一般利润率进行确定。因企业经营管理不善而发生的亏损，国家不再给予补贴。

粮食基层企业担负着国家粮油购销和活跃市场、保证城乡人民生活的重要任务，要积极开展以粮油食品加工为主的多种经营，方便人民生活。粮库、粮站、粮店的经营设施改造和粮食购销网点的建设，要纳入各地基本建设、更新改造和城镇建设发展规划，切实安排好。有关部门要在用电、燃料、原材料供应、资金、贷款利息、价格等方面给予支持。粮食企业要完善内部经营机制，建立健全各项管理制度，扭亏增盈，降低费用水平，提高企业素质。

九、贯彻粮权集中在中央的精神，增强国家对粮食的宏观调控能力。粮食是关系国计民生的重要商品，要继续实行集中领导、分级管理、统放结合的原则。当前，要在发挥地方积极性的基础上，适当集中一部分粮权，增强中央对粮食的宏观调控能力。（一）要加强粮食计划管理。平价粮食的收购、销售、调拨计划，是指令性计划，必须严格执行。平价粮食的周转库存、专项储备库存、国家储备和国务院委托代购的市场调节粮库存，粮权属于中央，必须服从中央统一调度。各省、自治区、直辖市议价粮食经营，要服从国家计划指导，必要时由中央统一协调和调度。（二）要加强粮油进出口的集中统一管理。粮食进出口，包括计划内和计划外，都要由国家计委会同商业部、经贸部负责综合平衡和安排，报国务院批准。（三）要根据农业收成情况，注意增加国家和地方粮食储备。要建立中央和省两级市场调节粮，根据市场情况进行吞吐，平抑粮价，调节供求。（四）运用信贷、税收、物价等经济杠杆，搞活粮食流通，稳定市场，并从组织上和粮食管理体制上采取措施，加强中央对粮食市场的调控能力。

粮食购销政策的调整涉及面广，工作难度大。各级人民政府必须高度重视，加强领导，周密部署，积极、稳妥、有计划地组织实施，以促进粮食生产的发展，保持社会的稳定。

国务院关于调整粮油统销价格的决定

（一九九一年四月四日）

60年代中期以来，定量供应城镇居民的粮油统销价格一直未作调整，这对稳定市场物价，安定人民生活起了重要作用。一九七九年以后，为促进粮油生产发展，国家多次提高收购价格，粮油购销价格出现倒挂，国家用于粮油的补贴逐年增加，财政负担沉重，影响了流通和粮食企业正常经营，助长了不合理消费。

根据党的十三届七中全会精神，为了进一步深化改革，逐步理顺粮油价格，搞活粮油流通，促进节约用粮，减轻财政负担，决定从一九九一年五月一日起，调整粮油统销价格。

一、适当提高粮油统销价格。三种粮食（面粉、大米、玉米）中等质量标准品全国平均统销价每五百克提高一角；六种食用油（花生油、大槽芝麻油、菜籽油、精炼棉籽油、茶籽油、豆油）实行购销同价，全国平均每五百克提高一元三角五分。其他粮油品种的统销价格也相应调整。

粮油统销价格调整后，销售价格尚未完全理顺，粮食购销价格倒挂部分和粮油经营费用仍由财政给予补贴；城镇居民口粮、口油继续实行凭证、凭票定量供应；居民结存的票证粮油，执行调整后的统销价格。

二、对职工给予适当提价补偿。为了使城镇大多数居民的实际生活水平不因粮油提价受到大的影响，决定按照国家、企业、个人共同负担的原则，给城镇居民适当补偿。这次对职工及其家属的提价补偿纳入职工基本工资。国家机关、事业单位每个职工每月基本工资提高六元，企业单位职工各等级标准工资均提高六元。对离退休人员、解放军和武警干部战士、大中专在校学生、民政优抚救济对象以及其他需要补偿的人员，也给予适当补偿。具体办法由财政部会同有关部门下达。各地区、各部门均不得擅自提高补偿标准。

三、严格控制粮油提价连锁反应。为了尽可能缩小粮油提价的影响，各地区、各部门在粮油价格调整期间要严格控制出台其他提价项目，不得“搭车”涨价。各级人民政府要采取有效措施，稳定生活必需品价格，抓好副食品、日用工业品的生产和供应，确保“菜篮子”价格的基本稳定。各级物价、工商行政管理部门要加强物价监督检查和市场管理，对违反国家价格政策、哄抬物价的要严肃处理。

四、认真做好粮油供应工作，加强粮油票证管理。各级粮食部门要充分发挥主渠道作用，切实做好粮油加工、调运和销售工作，保证市场粮油供应，防止出现脱销，必要时可采取限购措施。要加强粮油票证管理，堵塞漏洞，防止趁调价之机，弄虚作假，套取国家粮油和财政补贴。

五、切实加强领导，周密部署。调整粮油统销价格是深化价格改革的重要步骤，涉及千家万户，关系广大人民群众的切身利益。各省、自治区、直辖市人民政府要切实加强领导，严格按照调价方案，周密计划，精心组织，认真落实。在调价出台以前，要根据国务院办公厅、中共中央宣传部印发的《提高城镇居民定量粮油销售价格宣传提纲》，结合当地情况，广泛深入进行宣传解释，采取内部逐层传达的方式，做到家喻户晓。在调价过程中，要密切注意市场动态，及时解决出现的问题，保证粮油调价工作顺利进行。

附件：

粮油统销价格调整方案

一、粮食。三种粮食（面粉、大米、玉米）全国平均统销价格每五百克提高一角。分品种价格，按照有利于逐步缩小购销价格倒挂的原则安排。各品种（中等质量标准）全国平均每五百克提价金额为：面粉一角；粳米一角五分一厘；籼米一角一分四厘；玉米五分八厘。

主产区大豆的平均统销价格每五百克提高二角二分；其他地区参照主产区的价格相应调整。

二、食用油。六种食用油（花生油、大槽芝麻油、菜籽油、精炼棉籽油、茶籽油、豆油）实行购销同价，全国平均每五百克提价一元三角五分。各品种（中等质量标准）全国平均每五百克提价金额为：花生油一元四角九分；大槽芝麻油一元五角；菜籽油一元三角一分；精炼棉籽油一元一角七分；茶籽油一元四角六分；豆油一元三角四分。

葵花籽油统销价格，也按照购销同价的原则相应提高。

三、地方管理的粮油品种。除中央管理的粮油品种以外，各地纳入计划内统销的其他粮油品种以及原粮、油料、玉米面的统销价格，参照相关品种的调价幅度，由各地按照物价管理权限相应调整。毗邻地区要主动搞好价格衔接。

四、口粮、口油、军供粮油以外的平价粮油。非农业销售中尚未压销的各项用粮，改按调整后的统销价格供应。供应农村的平价粮食，现按定购价或定购价加费用供应的，价格维持不动；现按统销价供应的，改按调整后的统销价或定购价供应。口油、军供用油以外的其他用油，没有压销的地区原则上改为议价供应，个别地区确有困难，可执行调整后的统销价格，逐步改按议价供应。

五、地区差价。直辖市、省会和自治区首府所在地粮油统销价格具体安排，由国家物价局、商业部另行下达。其他城镇的粮油统销价格，凡不安排地区差价的，执行省会城市价格；继续保留地区差价的，原则上在现行统销价格基础上加省会城市提价额确定，并核定全省城镇平均统销价格。

六、等级（品质）差价。各粮油品种继续执行国家规定的质量标准，中等质量标准品以外其他等级（品质）的价格，原则上按现行等级（品质）差率相应调整。

七、粮油制品、其他以粮油为原料的产品和粮油副产品价格。凡属口粮转化的大众化粮油制品（馒头、大饼、油条、挂面、切面、米粉等普通米面制品），在原料进价调整后的基础上，加合理费用和微利核定价格。其他以平价粮油为原料的产品（酱油、醋、糕点、饮食行业粮油制品等）销售价格按照企业合理经营，价格从严掌握的原则安排。粮油副产品价格，由各省、自治区、直辖市根据当地具体情况安排。

八、粮油统销价格调整后的财务处理问题，由财政部、商业部另行下达。

九、尾数处理办法。为了方便群众，方便经营，方便核算，这次调整后的粮油统销价格原则上每五百克保留到分，分以下“四舍五入”。在安排等级（品质）差价、原粮成品粮差价、地区差价时，原则上每五百克差价不足一分的按一分安排，超过一分的按“四舍五入”处理。

十、调整后的粮油统销价格执行时间为一九九一年五月一日。按现行供应办法在月底可以提前购买下月粮油的地区，提前购买的粮油执行调整后的价格。粮油制品、以粮油为原料的相关产品的调价时间，由各省、自治区、直辖市人民政府确定。

十一、广东、福建、海南三省粮油统销价格调整方案另文下达。

各省、自治区、直辖市具体调价方案，报国家物价局、商业部备案。

国务院关于进一步增强国营大中型企业活力的通知

（一九九一年五月十六日）

国营大中型企业是我国现代化建设的重要支柱和骨干力量，是国家财政收入的主要来源。增强企业的活力，特别是国营大中型企业的活力，既是经济体制改革的中心环节，也是实现我国经济发展战略目标的关键所在，直接关系到我国经济的发展和社会主义制度的巩固。党的十一届三中全会以来，国家实行了一系列改革开放的政策，国营大中型企业的活力比过去增强了，各方面都发生了深刻的变化，为国家做出了突出的贡献。但由于多年积累的一些深层次的矛盾和近几年出现的一些新情况的影响，国营大中型企业仍面临着许多困难和问题，主要是经济循环不畅，资金占用增加，各种摊派繁多，企业留利减少，经济效益下降，技术改造能力不强，缺乏发展后劲等。党中央、国务院十分重视增强国营大中型企业活力的问题，要求各地区、各部门和企业要从加强企业内部管理和改善外部环境两个方面采取有力措施，增强国营大中型企业的活力。企业应眼睛向内，加强内部管理，深化改革，挖掘潜力，提高经济效益，增强自我改造和自我发展的能力。为了改善企业的外部环境，自去年底以来，国务院先后采取了一系列增强企业活力的政策措施，有重点地搞活国营大中型企业。根据前一段的工作实践和经验，现将这些政策措施归纳为十一项，并进一步予以明确，特通知如下：

（一）适当增加企业技术改造的投入。除今年国家已确定的银行技术改造贷款外，最近国务院决定，对部分超储积压、冷背呆滞的商品和物资进行一次性降价销售，收回的占压资金要大部分用于技术改造。为了解决国营大中型企业的急需，银行先垫支五十亿元技术改造贷款。按照国家的产业政策，新增的贷款要重点用于能源、交通、原材料等基础行业和加快形成能力的项目，特别是今年要完工的项目，以及有利于调整产品结构、增强出口创汇能力、提高经济效益的技术改造项目。

（二）酌情减少部分企业的指令性计划任务，扩大其产品自销权。对于承担指令性计划任务很重的国营大中型企业，经国家计委批准，可以适当减少指令性计划任务，扩大其指导性计划和企业产品自销的数量，使其进入市场。为了保证国家重点生产建设，减少的指令性计划的部分产品可以导向给重点单位，实行“定点定量不定价”，但企业对国家确定的指令性计划和价格政策必须严格执行。新增自销产品的收入，除纳税、上交利润以外，余下的全部用于技术改造、新产品开发和补充自有流动资金，不得用于扩大个人消费。

（三）适当提高部分企业的折旧率，逐步完善折旧制度。选择一些符合国家产业政策，产品在国际、国内市场上销路好，技术改造和新产品开发任务较重的国营大中型企业，在有消化能力的条件下适当提高折旧率。国务院决定，从一九九一年起增提折旧三十亿元。新增加的折旧基金，在国家下达的定额内免交能源交通重点建设基金和预算调节基金。关于老工业企业的固定资产价值重估问题，由国有资产管理局、财政部和国务院生产办公室等有关部门进一步研究，并选择几个企业进行试点。

（四）适当增加新产品开发基金。对承担新产品开发任务较重、经济效益较好，又有消化能力的企业，经财政部批准，可以适当提高按销售收入提取新产品开发费用的比例。

（五）补充一些企业的自有流动资金。补充企业自有流动资金，要采取多种渠道解决。国务院决定，"八五"期间一些企业要增补自有流动资金四百亿元，按照中央企业中央补、地方企业地方补的原则，由中央和地方各补充一百亿元，企业补充二百亿元。企业因产品提价而使库存商品和物资增值的部分，要按有关规定用于补充流动资金。今后，凡是新建企业，必须按有关规定把铺底流动资金列入工程预算，不给投产后的正常生产经营留下资金缺口。

（六）适当降低贷款利率。银行贷款利率已从四月二十一日起平均降低零点七个百分点，并按照国家的产业政策实行差别利率。

（七）给予部分企业外贸自主权。要充分发挥已经赋予外贸经营权的大中型企业和企业集团的作用。同时，再选择部分具备条件的大中型企业和企业集团给予外贸自主权，使它们直接走向国际市场，参与国际竞争，但出口产品的数量和品种要纳入国家计划。选择的条件是：产品质量好，技术密集程度和附加值较高；在国际市场上有销路，有竞争力；经济效益较好，能够自负盈亏；有合格的对外经贸人员，并具备其他必要的条件；能够提供售后服务等。

（八）进一步做好若干国营大中型企业的"双保"工作。要继续按照一九九〇年试行的"双保"办法，落实"双保"企业的外部条件，并实行倾斜政策。能源和物资部门要及时将用电计划和主要生产资料分配计划专项下达；铁路、交通部门对"双保"企业的物资运输要给予优先保证；人民银行和工商银行对"双保"企业流动资金贷款要给予支持；统计部门要继续对"双保"企业实施跟踪考核。"双保"企业要保证上交国家利税和统配产品任务，千方百计提高经济效益，在行业中发挥带头作用。

（九）继续清理"三角债"。国务院清理"三角债"领导小组要继续抓好清理工作，国务院生产办公室要会同人民银行等有关部门进一步组织清欠。各地区、各部门在全国范围内跨省（区、市）清欠工作中，要按照国务院清理"三角债"领导小组的部署抓紧落实，重点工程建设和技术改造项目资金要按时到位。银行要针对恢复异地托收承付结算方式中出现的问题，完善和制定有关的制度，严格结算纪律，同时要把清理企业拖欠工作列入自己的业务范围。

（十）选择一百个左右大型企业集团分期分批进行试点。企业集团的核心企业对紧密层成员企业要逐步实行统一管理。对于关系国计民生、产品面向全国的企业集团，要在国家计划中实行单列。同时，要给予大型企业集团一些优惠政策，充分发挥它们在国民经济中的骨干作用。

（十一）切实减轻企业负担。要认真贯彻执行《中共中央、国务院关于坚决制止乱收费、乱罚款和各种摊派的决定》（中发〔1990〕16号），同时要切实解决检查多、评比多、会议多和企业负担过重等突出问题。

各地区、各部门要根据本通知精神，把增强国营大中型企业活力列入经济工作的重要议事日程，加强领导，切实解决国营大中型企业的实际困难。各有关经济综合部门要抓紧做好协调工作，围绕贯彻落实上述十一项政策措施，尽快制订具体实施方案。国务院生产办公室要负责组织实施，并协调解决实施中出现的问题。各单位一定要认真贯彻党的十三届七中全会和七届人大四次会议精神，充分发动和依靠职工群众，认真开展“质量、品种、效益年”活动，要从加强企业内部管理和改善外部环境两个方面采取有力措施，狠抓落实工作，务必抓出成效，力争在较短的时间内使国营大中型企业的活力明显增强。

江泽民总书记在全国政协新年茶话会上的讲话

（一九九一年一月一日）

同志们、朋友们：

新的一年开始了。我代表中共中央、国务院、中央军委，向在座各位，向全国各族工人、农民、知识分子和人民解放军、武警部队指战员，向各民主党派和无党派爱国人士，向港澳同胞、台湾同胞和海外侨胞，致以亲切的问候！向一切关心、支持我国现代化建设事业的国际友人致以节日的祝贺！

过去的一年，是我国人民团结奋斗，克服困难，开拓前进的一年。在这一年中，我国安定团结的政治局面进一步巩固，治理整顿、深化改革取得明显成效，国民经济正在向好的方向发展。我们坚持独立自主的和平外交政策，扩大了与世界各国的友好往来。我们的国家渡过了一个比较艰难的时期，继续朝着既定的目标前进。

刚刚闭幕的中共十三届七中全会，通过了《中共中央关于制定国民经济和社会发展十年规划和“八五”计划的建议》，确定了我国实现第二步战略目标的行动纲领，标志着我国社会主义现代化建设将进入一个新的发展阶段。到本世纪末，我们实现国民生产总值再翻一番，人民生活达到小康水平，综合国力大大增强，这具有极为深远的意义。实现这个战略目标，关系到国家的长治久安，关系到人民的富裕幸福，关系到社会主义制度的巩固和发展。我们坚信，全国各族人民一定会以高度的历史责任感和时代紧迫感，积极地投身到建设和改革的伟大实践中去，创造更加美好的未来。

中共十一届三中全会以来，我国人民在中国共产党的领导下，以经济建设为中心，坚持四项基本原则，坚持改革开放，开创了建设有中国特色的社会主义道路，社会主义现代化建设取得了巨大的成就。今后十年，我们面临光荣而艰巨的任务。我们要坚持党的基本路线，振奋精神，团结一致，努力奋斗，沿着有中国特色的社会主义道路继续前进。我们的目标一定能够实现。

在社会主义现代化建设和改革开放中，我们党同各民主党派、无党派爱国人士，亲密合作，风雨同舟。大家在各自的岗位上，做出了重要的贡献。坚持中国共产党领导的多党合作和政治协商制度，巩固和发展共产党和各民主党派长期共存、互相监督、肝胆相照、荣辱与共的关系，是实现中共中央《建议》所确定的各项任务，把建设有中国特色社会主义的伟大事业不断推向前进的必不可少的重要条件。希望大家一如既往，齐心协力，为建设和改革做出更大的贡献。

新年伊始，我们尤为关心祖国的统一大业。我们将坚定不移地坚持“一国两制”的原则，努力推进祖国的和平统一。我们寄希望于台湾当局，更寄希望于台湾人民。我们热切希望一切热爱祖国的人们，包括香港、澳门、台湾同胞和海外侨胞，共同为统一祖国，振兴中华而努力奋斗。

当今世界正处于新旧格局交替之际，旧的格局正在打破，新的格局尚未形成，各国人民都在关注人类社会本世纪最后十年和二十一世纪的和平和发展。中国人民是爱好和平的人民。我们要继续奉行独立自主的和平外交政策，反对霸权主义和强权政治，在和平共处五项原则的基础上，发展同世界各国的友好关系，同各国人民一道，为建立国际政治和经济新秩序，维护世界和平，促进人类进步事业，做出应有的贡献。

祝大家在新的一年里身体健康，合家欢乐，工作顺利！

（原载 1991 年 1 月 2 日《人民日报》）

李鹏总理在天津考察时就如何提高企业效益提出八点意见

（一九九一年一月十四日）

国务院总理李鹏1月14日在天津同市领导同志和部分大中型企业负责人座谈时强调，各级领导，包括中央、地方和企业的领导，要真正地把提高企业效益作为我们今年的工作乃至今后一个时期工作的重点。经济要有一定的发展速度，产值要增长，但这个速度必须建立在提高效益的基础上。如果我们只求速度而没有效益，那么企业就不可能进步。

李鹏在座谈会上就如何提高企业的效益，讲了八点意见：

一、要把提高企业效益作为今年企业工作的重点

李鹏说，今年是执行“八五”计划的第一年，同时又是继续进行治理整顿和深化改革的一年。在这一年，企业的中心任务是要抓质量、品种、效益。过去的两年，我们企业面临的形势比较严峻，可以说是内有困难，外有压力。现在，情况在向好的方向发展。

但是，企业的经济效益下降的趋势还没有从根本上扭转。企业效益不高是长期积累下来的问题。其中企业的商品意识观念不强，“皇帝的女儿不愁嫁”，不重视开发新产品是一个重要的原因；当然，多年来用于企业技术改造的投入比较少，企业发展后劲不足，也是一个原因。

国家地方和企业的领导人从今年始要真正把企业的技术改造放在重要位置上来抓。一个企业没有技术进步是不会有生命力的。

二、运用计划经济和市场调节相结合的原则来推动企业的进步

李鹏指出，要充分发挥计划经济和市场调节二者的优点和长处，更好地发展社会生产力和推动企业的进步。我们是一个人口众多的发展中国家，资源和资金有限，要想在比较短的时间实现现代化，就需要通过计划经济，保持国民经济按比例协调发展和合理配置资源，避免重复建设；集中财力物力办好关系国计民生的重大项目。同时也需要通过市场调节，发挥优胜劣汰竞争机制，激发企业和劳动者的积极性，按照市场需要从事生产经营，促进技术进步和经营管理水平的提高。现在的问题是企业过去长期在过分集中的经济体制下运行，市场

意识比较差。一个企业，不管计划经济比重大小，都要逐步建立市场意识，要把企业置身于市场的海洋中去考验。从今后的方向和趋势看，指令性计划的范围和比重要逐步减少，指导性计划和市场调节的部分将会逐步扩大。价格要由双轨制向单轨制逐步过渡，不合理的价格要逐步调整。企业要非常重视销售问题。一个企业要搞好，不仅要生产出有竞争力的产品，而且要善于把产品推销到市场上去，同时通过市场信息的反馈，使产品适应市场不断变化的需求。

三、搞好经济结构调整

李鹏说，经济结构调整的内容很广泛。一种是产业结构的调整，要解决工农业之间的比例、加工工业与基础产业之间的比例、轻重工业之间的比例等，这种结构调整需要较长时间，而且是动态的，要不断进行。一种是产品结构调整，根据社会需求，开发新产品。一种是企业组织结构调整，如组织企业集团和建立各种不同形式企业的联合，使生产要素合理配制，集中财力、物力、人力进行技术改造。另外还有技术结构和地区经济结构的调整。

四、充分利用对外开放的条件搞好企业技术改造

李鹏指出，企业技术改造要充分利用对外开放的政策和机遇。特别是天津，是港口城市，已经有了一个初具规模的经济技术开发区，要充分加以利用。通过各种不同形式的对外技术经济合作，提高企业的技术水平和经营管理水平。我们的目的不仅是要把自己的产品推向国际市场，更重要的是通过国际市场信息的反馈，不断促进企业的技术进步。

五、在增强企业的活力中处理好内因和外因的关系

李鹏说，目前大中型企业活力不足，有内部的原因，也有外部的原因，必须正确处理好内因和外因的关系，从两个方面做好工作。国家要采取一系列的措施进一步为企业发展创造一个良好的外部条件，包括要在资金方面采取多种渠道有重点、分项目地扶持企业技术改造，但更重要的是靠企业自己挖掘潜力，靠企业奋发向上的精神状态，市场疲软，精神不能疲软，把现在的困难当成机遇，当成动力，促进企业的结构调整、经营管理和技术的进步。

六、建立企业技术后方，搞好新产品开发

李鹏说，一个企业要进步，必须要有新产品的开发，要有一支精干的技术队伍。但是要搞新产品开发，就要有投入，企业要多集中一点资金搞好技术改造，建立技术储备。不能只看到眼前，还要预测到以后的销售情况。市场疲软，最终是落后产品的销售疲软，好货照样畅销。因此，新产品的开发和试制，是企业发展的后劲。

七、加强企业管理，向管理要效益

李鹏强调，我们要向管理要效益，要充分调动广大职工的积极性和创造性。要引进现代化的管理机制，比如全面质量管理，把质量关把在每一道工序上。

在职工分配政策上，李鹏说，总的有两条，一是按劳分配，奖勤罚懒，分配应该有差别，搞平均主义，社会是难以进步的，但差别又不能太大。他指出，企业要进行劳动保险制度、医疗保健制度、住房制度的改革，可以在一部分有条件的企业试行。住房制度改革应采取国家、企业、个人各负担一部分的办法，加速改善职工居住条件。争取在今后十年职工的居住条件有较大的改善。

八、充分发挥企业的政治优势

李鹏强调指出，企业要理顺党政之间的关系，充分依靠和发挥工人阶级主人翁的作用。在我们社会主义社会，国家、企业和个人的根本利益是一致的，要充分发挥这种政治优势。过去一些行之有效的好传统、好方法要继续采用，但要不断地创新和发展。我们要靠深化改革扩大开放来促进企业技术进步，同时要靠自力更生、艰苦奋斗的精神来克服企业遇到的各种困难。党的十三届四中全会以来，以江泽民同志为核心的党中央加强了党的建设，加强了思想政治工作，使企业的政治优势可以进一步得到发挥。

（摘自 1991 年 1 月 16 日《人民日报》）

进一步深化改革，搞活大中型企业[①]

（一九九一年三月一日）

李　　鹏

这次全国经济体制改革工作会议，我认为开得是好的、及时的、必要的。这是一次贯彻党的十三届七中全会精神，在经济体制改革方面加以具体化的会议。在七届全国人大四次会议上，国务院提出的经济和社会发展十年规划和“八五”计划纲要，里面有很大的篇幅讲到了经济体制改革和对外开放问题。体改委的两个文件，经过修改，可以作为十年规划和“八五”计划纲要的配套文件下达。

听了陈锦华同志关于会议情况的汇报和四位同志的发言，我认为都很好，从不同的角度探讨了一些重要的改革问题。对各省、自治区、直辖市的同志在会议中提出的许多好意见，体改委应认真研究，加以采纳。

现在，我根据会议过程中提出的问题，就当前的经济体制改革工作，讲几点意见：

一、进一步加强对经济体制改革工作的领导

从中央、国务院到各省、自治区、直辖市，都要加强对改革的领导并根据需要与可能适当加快改革的步伐。在建设有中国特色的社会主义中，在整个四个现代化建设中，以及在实现第二步战略目标的过程中，经济体制改革都占有很重要的地位。

在党的十三届七中全会通过的《中共中央关于制定国民经济和社会发展十年规划和“八五”计划的建议》中，总结了建设有中国特色的社会主义的十二条基本经验，其中明确了要坚持改革开放，而且讲得比较具体。在今后十年经济发展的战略目标中有三个要求：经济上要实现国民生产总值翻两番；人民生活要达到小康水平；经济体制改革方面，要初步建立社会主义有计划商品经济的新体制和计划经济与市场调节相结合的经济运行机制。也就是说，我们不仅在经济发展上、人民生活的改善上提出了要求和目标，而且在经济体制改革方面，也有明确的目标。看起来实现这个目标的时间好象太长了，但是在社会主义国家，要真正做到把计划经济的优越性和市场调节的优越性结合起来，是非常不容易的事，是前无古人的开拓性的尝试。我们的改革要坚韧不拔地按照七中全会定下的目标前进。

---

① 这是李鹏同志在1991年全国经济体制改革工作会议上的讲话

二、正确认识治理整顿和深化改革的关系

现在国际上有些不了解情况的人，认为中国改革开放倒退了，停滞了。国内有一些同志也有些模糊看法。我们搞治理整顿，是迫于经济形势而采取的措施。因为当时经济过热，出现严重通货膨胀，不得不采取措施，进行治理整顿。否则，我们的改革也难以开展下去。我们一贯强调治理整顿要为改革开放创造比较宽松的环境和比较好的条件。现在我们的改革可以进行得更加深入一些，更加完善一些，改革的步伐可以适当加快一些，就是因为经过这两年多来的治理整顿，经济环境相对来讲比较宽松了。如果仍然是通货膨胀比较严重，经济过热，在这样的情况下，不可能设想价格改革和其他改革的步子可以走得更大。现在，我们确实为进一步改革开放创造了比较宽松的环境，应该抓紧时机多做一点深化改革的工作。但是，环境也是会变化的，还存在着潜在的危机。所以，我们做起工作来还要瞻前顾后。

在治理整顿期间，我们坚持改革的基本方针没有改变，保持了改革措施的稳定性与连续性。比如农村体制的改革，城市企业体制的改革，以及其他方面的一些改革，都是如此。当然也有小的调整，没有一点调整是不可能的。有的调整是有时间性的，例如整顿公司，整顿经济秩序，控制物价，在一段时间内采取了比较集中的措施。

在治理整顿期间，我们出台了相当多的价格改革措施。价格改革是经济体制改革的核心问题。最近两年，棉花、纺织品、粮食、交通运输调整价格的幅度比较大，石油煤炭价格也做了一些调整。更重要的是汇率，经过两次调整，我国的汇率基本上和调剂市场价格已没有多大差距。汇率调整后，经济秩序比较好了，也给企业创造了一个比较公平的竞争条件。以前，有的地区享受的外汇留成多，有的地方留成少，现在都差不多了。我们的目标是逐渐使国家牌价与市场调节价二者接近，但是不挂钩。如果挂起钩来，国际市场上的金融波动对我国金融的影响会是很大的。

在治理整顿期间，克服了经济上的一些混乱现象，砍掉了大部分是流通领域的那些不必要存在的过多过滥的公司。我们大家都赞成按劳分配，如果干好干坏一个样，就调动不起积极性。但分配不公我们不赞成，因为它挫伤大多数人的积极性。这两年，经过治理整顿，分配不公的现象在一定程度上有所缓解，但还远没有完全解决。

所有这些，都说明要正确理解治理整顿和深化改革的关系。当然，我们应该看到，治理整顿也有值得总结经验教训的地方。象任何事物一样，有优点的方面，也有不足的方面。但是，不要把治理整顿和深化改革对立起来，而要把两者有机地结合起来。

三、下一步改革要处理好几个关系

有的同志提出，改革到了“三江口”，意思是说各种改革都进入了深化的阶段，而且互相影响，互相联系在一起，这是有道理的。

在这样的情况下，我们始终要自觉地处理好改革与发展、稳定的关系。三者互为因果，互相影响。改革的目的是为了发展经济，提高生产力。检验改革得失成败的标准是要看改革措施出台以后，对生产是不是起到促进作用，对治理整顿是不是起到好的作用。有的时候，改

革的步伐又不能不受到保持稳定这个条件的限制。特别是1989年下半年到1990年上半年，是我们经济上的最困难时期。当时大家都讲外有压力、内有困难，经济滑坡、市场疲软。经过大家的努力，现在我们的国家政治稳定、社会稳定，最困难时期已经渡过，经济正继续朝着好的方向发展。这一段艰难的历程，给我们提供一些什么经验呢？我认为，最重要的经验之一，就是必须处理好发展、改革与稳定这三者的关系。我们在一定的时候，把稳定放在第一位，现在，随着政治、经济、社会的稳定，思想的一致，我们改革的力度可以加大一点。但是，必须始终自觉地正确处理好三者关系。

其次是必须正确处理好国家、集体和个人的关系。前十年通过改革，国家对企业放权让利比较多，虽然让了放了以后，国家和地方政府又通过各种渠道拿回来一些。但总的讲，还是放的多，拿回来的少。而且放了水以后“鱼”也长大了，生产发展了，生产力提高了。因此，要充分肯定放和让的成果。现在国家和地方财政都很困难，如果再让利，将进一步减少国家和地方的财政收入。有人说，减了以后企业还可以为国家多增多得。这毫无问题是正确的。欲先取之，必先予之，合乎辩证法。但是，这中间有个时间差，当家的人既要考虑长远，也必须考虑眼前吃饭。今年财政赤字比较大，而且地方财政也出现赤字。去年是中央有赤字，地方还有节余，今年地方也有赤字了。所以，更多地让利，把中央已经正式纳入预算的再放回去，就涉及到财政平衡。企业要把改革深入下去，不能单纯地向国家伸手，要求减税让利，因为国家已无力负担。如果能够处理好各方的关系，大家齐心协力，取得群众的理解，如价格、住房、医疗和保险制度的改革力度就可以加大一些。进行这些改革，有一条基本方针，即国家、企业、个人都要负担一些。如果没有这一条，只由国家来承担难，只由企业来承担也难，这些改革就难以顺利进行，所以职工个人也要负担一些。比如住房，现在房租很低，房租占工资收入不到5%，最多10元钱左右，老房子只有5元钱，可以说是象征性的收费。但是，现在一套房子的建筑费用，在北京地区按1平方米2000元计算，50平方米就要10万元左右。南方少一点，按500元1平方米算，也要25000元。还有公用设施，上下水道，煤气等等，也要花钱。我有几个国外的朋友，是一般的工程技术人员，他们告诉我，他们终生奋斗的目标，主要就是两件事：一是要买一套住宅，二是要供子女上大学。我们今后要逐步做到在职工的最佳年龄段多拿出一些钱，积蓄起来，为自己年龄大后作劳动保险。国家出一些钱，企业出一些，个人出一些，使职工取得居住权，或房子的产权。

同志们认为，改革力度要再大一些，但是一些拟定的改革措施是否能如期出台还要审时度势，看形势变化再作决定。如金融情况，春节前发行的大量货币，如不能及时回笼，很多问题就要重新考虑。去年一般企业职工提了一级半到两级工资。一般企业的作法是“两头保”，这头保了税，还了银行贷款，那头保了工资，企业的技术改造资金就成了问题，企业就越来越没有生命力。再过几年以后，就会更加看出企业之间的差别。越是有远见的企业，就越是重视技术改造，重视管理，重视节约挖潜，重视产品结构的调整，这样的企业就有生命力。而靠老产品吃饭的，就没有前途。去年我在陕西开座谈会，有个搞仪表的企业，职工平均工资1700多元，低于左邻右舍企业的水平，但职工队伍却比较稳定。原因之一就是这个企业搞了几项大的技术改造，职工看到这些项目一两年内就会见效，企业会好起来。所以，职工队伍比较稳定。

正确处理好国家、企业与个人三者关系，下一步的深化改革，就能比较顺利地推进。我们是社会主义国家，政府是为人民服务的，党的宗旨也是为了人民的根本利益。所以我们的改革，都要在取得人民支持的情况下进行。上海的住房制度改革方案，要求职工拿出5%的工资存在自己的帐上支持房改，开始时争论也很大，经过全市大讨论，最后市人大常委会一致通过。如不采取这种措施，躺在国家身上，上海的房改就不会有希望。这是第二个关系。

第三个关系是改革还要考虑到国家、企业和个人的承受能力。因势利导，抓住时机，推进改革，这都是对的，条件好的时候要采取果断的措施。但是，必须考虑到国家、企业和个人三者的承受能力。现在企业的困难，一是市场结构性疲软，一批基本建设项目下马，机械行业订货少了，开工不足，这是重要的原因。二是上游产品涨价，铁路、煤、电的价格涨了，但加工行业因为市场疲软无法相应提价，无法把上游产品涨价的因素转移出去。三是去年企业职工长了工资。还有其它一些因素。在各项改革中，要重点抓好物价改革，理顺比价关系，象工农业产品之间，基础工业产品与加工工业产品之间，以及轻工业产品与重工业产品之间的比价关系等等。煤炭价格偏低，全行业亏损。现在国际市场价格是每吨34美元，按现行汇率大致合人民币180元，大大高于国内统配煤的价格。但一下子把煤价格提起来，电价也会上涨，又会推动各行各业涨价。所以，不能不考虑各方面的承受能力。另外，现在理顺了价格，过一段还会变化。国家还要掌握一些价格杠杆来调节生产。去年粮食增产，有许多因素，一是天气好，二是粮食提了价，市场议价粮的价格也比较高，农民感到种粮有利，就向种粮倾斜。今年就不一样了，农民的积极性要开始转向棉花了，估计棉花的种植面积要有所增加，粮食的种植面积要有所减少。粮食产量能否保持去年的水平，能不能继续增产，现在还看不清楚。今年的气候因素，现在也看不清楚。中国的规律，一般是两丰两平一歉。已连续两年丰收，有可能今年气候条件不如去年。如果粮食产量下来了，而我们又把粮价都放开，国家就将失去保持粮价稳定的调控能力。因此，国家还要把一些主要产品的价格掌握在手里。当然，物价改革的目的不仅是理顺价格，还要建立合理的价格形成机制，今后市场调节的比重会越来越大。但也不能忘记我们是发展中国家，有些产品长期有缺口，需求大于供给。不能因为丰收了，就认为粮价放开没有危险了。假如今年粮食歉收，现在的国家储备还顶得过去。如果两年连续歉收，粮价非涨不可。此外，还要考虑人口增长的因素。所以，粮价一定要掌握在国家手里，棉花也一样。一些产品越来越丰富，品种可以满足需要，供给大于需求，或者基本平衡，价格就可以逐渐放开。有些资本主义国家，粮食价格现在还在管制，法国去年才放开。日本对大米的价格至今还是管制的。我们这两年的经验是，在总量大体平衡的条件下，出台一些改革措施，风险不大。去年原来估计物价指数为14%，结果只有2%多一些。物价局的意见，今年物价指数控制在6%左右。今年一、二月的情况还好，但有些大城市，上涨过多。大中城市物价上升，农村平稳，全国没有超过2%。总量平衡是最敏锐的寒暑表，一个反映在货币发行量上，一个反映在物价上。总之，我们在有条件的时候，要抓住机遇，该出台的要出台，要把工作做好。而且要多做少说，或做了不说。改革要瞻前顾后，不能不考虑到国家、企业和个人三者的承受能力。总的来讲，我们倾向于价格改革小步走，一年达不到两年，两年达不到三年，这样做要稳妥一些，以免引起社会较大的震动。

四、关于搞活大中型企业问题

对于搞活大中型企业的重要性、迫切性，大家认识都一致。国务院已经采取了一些措施，大家反映是好的，现在需要抓紧落实，迅速到位。搞活大中型企业，必须处理好外因和内因的关系。从国家来讲，要尽可能为企业创造外部条件，从企业自身来看，也要经过自己的努力，把企业的生产经营搞上去。我今天讲的，主要是怎样才能处理好国家扶持和企业自身努力的关系。现在国家为改善企业的外部条件，已经或正在采取的措施有十一项：

第一，适当增加技术改造资金的投入，包括对一些合乎产业政策的项目实行差别利率。

第二，提高折旧率，进行固定资产重估。

第三，适当降低银行存、贷款利率。

第四，赋予一些大企业外贸经营权。

第五，适当减少一些上交国家的指令性产品，主要是实行价格“双轨制”产品的平价部分产品。

第六，补充一些流动资金。

第七，适当提高新产品开发基金的比例。

第八，切实减轻企业负担。

第九，继续清理“三角债”。现在确实存在“三角债”。前清后欠问题。有些企业似乎欠债有理，遵守经济纪律和法制的观念很差。各省、市、自治区和各部委，都要严肃认真地对待这个问题，下决心把这个“链条”解开。当然，只有把生产和流通搞活，才能真正解开。

第十，关于组建企业集团问题。组建企业集团的目的不是上收企业，是为了促进产业结构的调整和生产要素的合理组合，发挥更大的效益，特别是有利于企业技术改造。企业集团应该实行产供销、人财物一体化，实行统一经营，至少核心集团要实行六统一，否则，只是个生产联合体，发挥不了集团的优势。股份制目前还处于试点阶段。在上海和深圳，进行了股票上市的试点。现在上海、深圳主要流通的证券是国库券，还不是企业股票。实行股份制的一个好处是可以集资，可以筹集部分技术改造甚至部分基本建设所需的资金。但集资也有个限度，如果搞得太多，结果必然造成银行存款“搬家”，扩大基建规模，物资又会紧起来，可能再次发生通货膨胀。另外，股票上市也会引起一些社会与经济问题，有的人一夜之间成为富翁，有的要跳楼，这同社会主义制度也是相背离的。我们搞的股份制，应是社会主义的股份制，要有利于生产力的发展。企业集团搞股份制有它的好处，特别是其核心层，不搞股份制，没有产权界定，利益不能合理分配，就不会做到一条心。股份制是企业集团的组织形式，通过股份制使企业集团核心层实现一体化。总的来讲，搞股份制不要一哄而起，要在总结已有经验的基础上，逐步健康地加以发展，这样开始时似乎慢些，但最后可能会快。我们的干部要努力增加股份制的知识，加强学习，掌握管理它的本领。

第十一，对 234 个企业实行了“双保”，看来是有效果的，可以继续实行。

上述这些政策措施不向地方倾斜，也不向行业倾斜。而是向具体项目和具体企业倾斜。哪个企业需要搞技术改造，我们就针对不同情况实行不同政策，把技术改造费用给它；有的企业自己负担不起，可以增加折旧，折旧要进成本。因此还要看企业有无承受能力，产品是否卖得出去，才能实行。新产品的开发也是这样，产品卖得出去，它才能承受开发基金的增加。

关于银行利息问题，大家都很关心。党的十三届三中全会后，采取了措施，提高了利率，这对治理整顿产生的效果，大家都能看得到。如果金融不稳定，也不会有今天经济稳定的局面。以后，银行两次降低了利率。现在，大家埋怨高利息增加了企业负担，“钱被银行赚去了”，普遍认为银行“腰缠万贯”，对银行意见比较大。从某种程度上来说，这是一种误解。说句公道话，银行也是执行党中央和国务院的政策。当然银行工作也不是没有缺点，还有许多需要改进的地方，但大的决策不是银行自己能决定的。

这里有必要对银行获得的利润的去向作点分析。我们现在有城乡居民储蓄存款7000亿元，存款利息是属于存款者的，国民收入中的相当一部分通过银行付给了存款者。银行从贷款人手中把贷款利息拿过来，其中有很大一部分又付给了存款者。现在人民消费心理比较稳定，存钱有两个因素：一是买房子、孩子上学、结婚、保险、养老等，要存些钱干这些事；二是物价稳定，也不愿意乱花钱。从1988年的抢购中，国家和人民群众都接受了教训，乱抢购也会损害消费者的利益。国家要保持金融稳定，有一个基本点，就是物价指数和利率应该保持适当差距，存款利率应略高于物价指数。只有这样，人民群众才愿意把钱存入银行。银行还实行了保值储蓄制度，这对保护存款者利益也起到重要作用，应继续实行下去。

贷款利率、物价指数、财政收入都是连环套。为了加强宏观调控，中央政府对金融、财政、物价、大型建设项目这四件事不能放任自流，不能不闻不管。这些事情，对于社会主义国家来讲，不管不行。前不久全国出现了“乙烯热”，不少省市都想搞乙烯，但究竟有多少资金，国内有多大的市场，没有考虑，盲目性很大。乙烯工程规模之大决非彩电项目可比，一旦热起来，后果不堪设想。为此，国务院作了决定，乙烯项目要通盘考虑。经过酝酿定了十四个项目，这些项目是今后十年的，也不是“八五”期间都能开工，有的只能做前期准备。当然也要有个范围，不能什么都由国家来管。比如物价，一般商品可以放开。现在大家对“菜篮子工程”比较满意，基本经验就是计划调节与市场调节结合得比较好。农民向城市供应了大量的蔬菜和肉食品，国家又掌握了一定的调控能力，所以市场商品丰富，货源充足，品种齐全，价格又比较稳定。怎样进一步搞好“菜篮子工程”并有所提高，今年准备再开一次会。

以上所讲，总的题目都是处理好内因和外因的关系。我们已经采取了一些措施，要尽快到位，但最根本的还是企业本身。大家提到的待业保险，我是赞成的。前一段，我们对这个问题比较慎重，虽然有《破产法》，也同意搞劳动优化组合，但毕竟有个安定问题。现在国家政治、经济、社会都稳定，企业不能养着人不干活，否则企业不能发展，客观上要求有个待业机制。在这方面，地方上是大有可为的。大部分养老保险费都已经统筹了，下一步就要考虑待业机制的建立问题。关于房改，中央搞一个统一具体的方案，不好操作。各地经济水平和住房习惯不同，具体问题还是分散决策好。中央把大方针定下来，各省市自己搞，但可以交流经验。还有医疗改革，现在浪费太大，大量的福利费都用在医疗上。住房、医疗、保险这三项改革，还有股份制试点等，地方上有很多事情可做。

五、关于政府机构改革问题

政府机构改革要继续进行。国务院已经进行了一些改革，撤销了一些机构，建立了一些新机构，对所属机构普遍进行了“三定”。现在总的方针是，在本届政府任期内，国务院各机构先基本稳定不动。但从今年下半年或明年开始，要着手研究国务院新的机构设置方案。无论设置什么样的机构，总是既有优点又有缺点的。当组建新的机构时，总是讲优点多；要改的时候，总是讲缺点多，都难免有一定的片面性。机构一改就引起人心浮动，影响工作，所以国务院机构先基本稳定不动。省、县级政府的机构改革试点，可以继续搞下去。总的看，政府机构改革是按政企职责适当分开的原则进行的，方向是对的。政府应该管宏观调控，企业应该自主经营，现在这两方面都不够。政府管了不该管的事情，企业也有只负盈不负亏的问题，到了亏的时候就找政府。这两个方面的健全机制都还没有形成。

现在各级政府机构偏大，庙太多，还要精简。中央和省、自治区、直辖市都要层层精简机构，不然财政赤字就很难解决。财政的钱，一是人头费，二是补贴，保了这两项之后，仅剩下少得可怜的一点钱搞建设。现在能搞点建设，主要是靠几项专项基金。机构不精简，财政没有出路；补贴包袱不甩掉，财政也没有出路。

中国的经济体制改革是大有可为的。我们已经确定今后十年要初步建立起社会主义有计划商品经济的体制，有许多工作需要我们去做。从事体改工作的同志是大有可为的，我希望这次会议对今明两年的经济体制改革能有所推动。

关于国民经济和社会发展十年规划和第八个五年计划纲要的报告[①]（摘录）

（一九九一年三月二十五日）

李　鹏

各位代表：

现在，我代表国务院，向大会作关于国民经济和社会发展十年规划和第八个五年计划纲要的报告，请各位代表连同纲要草案一并审议，并请全国政协各位委员和其他列席人员提出意见。

一、制定十年规划和“八五”计划纲要的立足点

中国共产党十一届三中全会以后的80年代，是我国各族人民在党的领导下，沿着建设有中国特色的社会主义道路阔步前进的十年。这十年，我们坚持以经济建设为中心，坚持四项基本原则和改革开放，全面开创了现代化建设的新局面，先后胜利完成了第六个五年计划和第七个五年计划，提前实现了第一步战略目标，为90年代的国民经济和社会发展奠定了比较坚实的基础。

——**农村经济全面发展**。1990年同1980年相比，农业总产值增长84.6%，平均每年增长6.3%。粮食总产量先后登上3500亿公斤和4000亿公斤两个台阶，1990年达到4350亿公斤，棉花、油料、肉类、水产、水果等农副产品产量大幅度增加，为解决人民温饱问题提供了物质保障。农、林、牧、副、渔各业都有很大发展，农村经济结构发生明显变化，非农产业占农村社会总产值的比重由1980年的31.1%提高到1990年的54.6%。乡镇企业异军突起，现在吸纳农村劳动力已达到9000多万人，促进了商品经济的发展，为逐步实现农业现代化开创了一条适合我国国情的道路。

——**工业生产迅速增长**。1990年同1980年相比，工业总产值增长2.3倍，平均每年增长12.6%。主要工业产品产量大幅度增加。1980年到1990年，原煤由6.2亿吨增加到10.8亿吨，原油由1.06亿吨增加到1.38亿吨，发电量由3006亿千瓦小时增加到6180亿千瓦小时，

① 这是李鹏同志在第七届全国人民代表大会第四次会议上的政府工作报告，收录时作了部分删节。

钢由3712万吨增加到6604万吨，水泥由0.8亿吨增加到2.03亿吨。消费品工业的产品更新换代加快，花色品种丰富多采，市场供应充裕，改变了过去那种品种单调和供应紧张的状况。工业技术水平和科研开发能力明显提高，一些产品和产业步入世界先进行列。

——**基本建设和更新改造步伐加快**。十年间全社会固定资产投资完成2.77万亿元，超过前30年的总和。其中，全民所有制基本建设投资1.08万亿元，建成投产包括能源、原材料、交通运输、邮电通信等方面的大中型项目1000多个。投入更新改造资金5470亿元，完成技术改造项目40.9万项。一大批基础工业和基础设施重点项目建成投产，经济的薄弱环节有所加强，产业结构和产品结构有所调整，城乡建设取得明显成就，为国民经济的持续发展增添了后续力量。

——**对外经济技术交流取得突破性进展**。1990年同1980年相比，进出口总额由381亿美元增加到1154亿美元，增长两倍以上。其中出口总额由181亿美元增加到621亿美元，增长2.4倍。出口商品结构有很大变化，工业制成品占出口总额的比重由1980年的49.7%上升到1990年的74.5%。改革开放以来，实际吸收外商直接投资189.8亿美元，兴办外商投资企业2万多家。借用外国贷款458.2亿美元，建设民用机场、铁路、公路、港口码头、油田、电力、化工等项目550个，补充了我国建设资金的不足。引进一大批国外先进技术，促进了国内生产技术水平的提高。对外承包工程、劳务合作以及国际旅游业，也得到很大发展。

——**科技、教育、文化等各项社会事业都有较大发展**。十年间，共取得重大科技成果11万多项，其中获国家奖励的近万项，一些领域已经达到或者接近世界先进水平。共实施专利5万多项，推广了一大批重大科技成果，提高了传统产业的技术水平和经济效益。正负电子对撞机、重离子加速器、同步辐射实验室等大型科研项目的相继投入使用，“银河”巨型计算机的研制成功，水下导弹、“长征二号”大推力捆绑式火箭、“亚洲一号”通讯卫星的成功发射等，表明我国的高能物理、计算机技术、运载火箭技术、卫星通讯技术等方面有了新的突破。社会科学研究的许多领域也有不少进展。到1990年，已经有76%以上的县普及小学教育，多数城市普及了初中教育；中等职业技术教育、成人教育、技术培训迅速发展；高等教育初步形成多层次、多形式、学科门类比较齐全的体系。十年来普通高等学校共培养本专科毕业生435万人，研究生近20万人，成人高等教育共培养374万人，为现代化建设输送了大批人才。文化艺术、新闻出版、广播影视、体育卫生、计划生育、环境保护等各项事业都取得了新的成绩，促进了社会主义物质文明和精神文明建设。

——**人民生活明显改善**。全国绝大多数地区解决了温饱问题，开始向小康过渡；少数地区已经实现小康；温饱问题尚未完全解决的少数地区，人民生活也有不同程度的改善。这是一个伟大的历史性成就。1990年城镇居民人均生活费收入达到1387元，农民人均纯收入达到630元，剔除价格因素，分别比1980年增长68.1%和123.9%。1980年到1990年，城镇人均住房面积由3.9平方米增加到7.1平方米，农村人均住房面积由9.4平方米增加到17.8平方米。城乡居民家庭拥有的电视机、电冰箱、洗衣机等耐用消费品显著增加。全国城乡居民人均储蓄存款余额1980年只有40元，1990年达到615元。这十年是人民生活改善最多的十年。

——**国家经济实力大为增强**。1990年同1980年相比。国民生产总值由4470亿元增加到17400亿元，按不变价格计算，增长1.36倍，平均每年增长百分之九。国民收入由3688亿元增加到14300亿元，按不变价格计算，增长1.31倍，平均每年增长百分之八点七。生产门类更加齐全，资源开发能力明显提高。一些重要工农业产品产量跃居世界前列。钢、化学纤维由世界的第5位升至第4位，有色金属由第7位升至第4位，发电量由第6位升至第4位，煤炭、水泥由第3位升至第1位，乙烯由第15位升至第8位，粮食、棉花、肉类、布匹已居世界首位。由于我国人口众多，产品的人均占有量还比较低，但国家整体经济实力的增强是极为明显的。

80年代，我国社会经济生活中最引人注目的是经济体制改革和对外开放。这是过去十年所发生的最深刻的变化，也是取得上述巨大成就的最基本的推动力。以实行家庭联产承包责任制为主要内容的农村改革的成功，推动了农业和整个国民经济的发展，也推动了其他领域的改革。在城市，以搞活企业为中心，相应进行了计划、财政、税收、金融、物资、商业、外贸、价格、劳动工资等方面的改革。在改革经济体制的同时，科技、教育体制和政治体制也进行了改革。通过改革，经济体制格局发生了重大变化：从单一的公有制结构，逐步变化为以公有制为主体、多种经济成分并存的所有制结构；从单一的分配制度，逐步变化为以按劳分配为主体、其他分配方式为补充的分配制度；过分集中的计划经济体制，逐步变化为计划经济与市场调节相结合的体制。经济体制改革调动了各方面的积极性，促进了社会生产力的发展。对外开放政策的实施，使我国经济大踏步走上世界舞台。我们先后创办了深圳、珠海、汕头、厦门和海南五个经济特区，开放了大连、天津、上海、广州等14个沿海城市，开辟了13个经济技术开发区和长江三角洲、珠江三角洲、闽南三角地区，以及山东半岛、辽东半岛经济开放区。1990年中央又决定开发和开放上海浦东新区。对内陆周边国家的开放正在逐步展开。对外开放为我国经济注入了新的活力。

我们在80年代所取得的成就是伟大的。但是，我们没有任何理由感到自满。在改革开放的历史性深刻转变中，对客观规律的认识和实践经验的积累有一个过程，我们在实际工作中也出现过一些缺点和失误。主要是：一度忽视思想政治教育，存在物质文明建设和精神文明建设"一手硬，一手软"的现象；在经济发展和改革中都出现过求成过急，一度造成经济过热、通货膨胀；国民经济的某些方面过于分散，国家宏观调控能力减弱。十三届四中全会以来，在以江泽民同志为核心的党中央领导下，认真总结经验，正确的加以坚持，不足的加以完善，失误的加以纠正，思想政治领域出现新的转机，治理整顿取得明显成效。通货膨胀得到有效控制，物价指数大幅度回落，农业连续两年获得丰收，工业增长速度基本恢复到正常水平，出口贸易持续增长，经济秩序有所改善。在治理整顿中，改革和开放不仅没有停滞，而且在继续深化和发展，并为进一步改革开放创造了有利条件。国民经济在比较困难的条件下保持了适度增长。1990年国民生产总值增长5%，农业总产值增长6.9%，工业总产值增长7.6%。这些成绩的取得，是全国人民齐心协力，克服重重困难，共同奋斗的结果，是来之不易的。我们也清醒地看到，当前社会经济生活中还存在许多矛盾和问题：产成品积压较多、经济循环不畅的问题还没有完全解决；经济效益差、产业结构不合理的状况还没有根本扭转；国家财政困难，收支矛盾突出；经济体制在许多方面还没有理顺；在安定团结的政治局面下，还存在着某些不安定的因素。我们必须正视这些问题，并且认真加以解决，决不可掉以轻心。

我国80年代改革开放和现代化建设的实践，提供的经验是非常丰富的。集中到一点，就是把马克思主义普遍真理同我国的具体实际结合起来，走自己的道路，建设有中国特色的社会主义。我们在80年代所以能够取得巨大成就，近两年来所以能够在外有压力、内有困难的情况下不断前进，使社会主义中国巍然屹立在世界东方，最根本的原因，就是走了建设有中国特色的社会主义道路。实践再一次雄辩地证明了马克思主义的创造力和社会主义制度的生命力。尽管在前进中还会遇到这样那样的困难，但只要我们坚定不移地沿着这条正确道路走下去，中国社会主义现代化建设事业的成功是大有希望的。

二、主要奋斗目标和基本指导方针

我国社会主义现代化建设大体分三步走的战略部署，正确反映了在我们这样一个经济文化不发达国家实现现代化的客观进程。温饱问题的基本解决，标志着我国社会主义现代化建设已经走过了一个重要的发展阶段。今后十年，我们要实现第二步战略目标，把国民经济和社会发展提高到一个新的水平。这是我国现代化建设更重要的一个发展阶段。

根据《中共中央关于制定国民经济和社会发展十年规划和“八五”计划的建议》精神，《纲要（草案）》规定了实现第二步战略目标的基本要求。主要是：在大力提高经济效益和优化经济结构的基础上，国民生产总值按不变价格计算，到本世纪末比1980年翻两番；全国人民生活从温饱达到小康水平；发展教育事业，推动科技进步，改善经济管理，调整经济结构，加强重点建设，为下世纪初叶我国经济和社会的持续发展奠定物质技术基础；初步建立适应以公有制为基础的社会主义有计划商品经济发展的、计划经济与市场调节相结合的经济体制和运行机制；社会主义精神文明建设达到新的水平，社会主义民主和法制进一步健全。

第二步战略目标的上述基本要求，反映了我国国民经济和社会发展的历史进程，表达了全国各族人民振兴中华、强国富民的迫切愿望和雄心壮志。其主要精神有两点：第一，强调以经济建设为中心，把经济发展作为改善人民生活和促进社会进步的基础。不仅对经济增长的速度和数量有明确的要求，而且更加注重经济增长的质量和国民经济整体素质的提高。第二，强调继续深化经济体制改革和扩大对外开放，加强社会主义精神文明和民主法制建设。这将为实现第二步战略目标和下世纪初叶的持续发展提供经济体制、政治、思想和其他方面的保证。

《纲要（草案）》提出，今后十年国民生产总值平均每年增长6%左右。这个要求是积极的，也是留有余地的。这个增长速度虽然比前十年低了一些，但由于现在的经济规模比十年前大得多，今后每增长一个百分点所包含的绝对量要大得多。达到了这个平均增长速度，就可以实现到本世纪末国民生产总值比1980年翻两番的既定目标。在80年代经济迅速增长的基础上，再连续十年保持6%左右的速度，到2000年，我国国民经济和社会发展就一定能够达到一个新的更高的阶段。虽然那时我国人均国民生产总值还比较低，但由于分配制度比较合理，避免两极分化，坚持共同富裕，可以在总体上使全国人民过上殷实的小康生活。新中国建立后我们大体用了四十年时间基本解决温饱问题，现在要在今后十年从温饱达到小康，这无疑是一项极其宏伟而艰巨的历史性任务。

我国经济还不发达，人口增长的压力很大。要解决各种经济社会矛盾，改善人民生活，逐步实现现代化，没有一定的经济增长速度是不行的。在条件许可的前提下，应该努力争取经济发展有较快的速度。但是，建设不能急于求成。对速度要求过高，往往容易造成经济不稳定。根据历史的经验和现实的经济态势，我国经济发展的关键在于优化产业结构和提高经济效益。今后十年要求保持6%左右的中速增长，就是为了防止片面追求数量和攀比速度的偏差，以便创造条件，保持重大比例关系协调，推动科技进步，从而提高经济增长的质量和国民经济的整体素质。建立在这种基础上的速度，才是实实在在的、没有水分的、有后劲的速度。同时，只有长期保持适当的增长速度，避免大起大落，才能为进一步理顺经济关系创造比较宽松的环境，这也是深化经济体制改革所必需的。

关于十年规划和“八五”计划的基本指导方针，中共中央的《建议》提得非常明确，在今后十年的国民经济和社会发展中要坚定不移地加以贯彻。这些基本指导方针主要是：

第一，坚定不移地走建设有中国特色的社会主义道路。中国共产党十一届三中全会以来，经过十二大和十三大，在深刻总结历史的和当前的实践经验的基础上，形成了党在社会主义初级阶段以经济建设为中心、坚持四项基本原则、坚持改革开放的基本路线，以及一系列行之有效的方针政策。中共中央的《建议》，对建设有中国特色社会主义的基本理论和基本实践，精辟地概括了十二条主要原则，这就是：

——坚持工人阶级领导的以工农联盟为基础的人民民主专政，不断完善人民代表大会制度，不断完善共产党领导的多党合作和政治协商制度，不断巩固和发展最广泛的爱国统一战线，努力加强社会主义民主和社会主义法制建设；

——坚持把发展社会生产力作为社会主义的根本任务，专心致志地搞好现代化建设，不断提高人民的物质文化生活水平；

——通过改革不断完善社会主义的经济、政治体制和其他领域的管理体制，充分调动中央、地方、企业和广大劳动人民的主动性、积极性和创造性；

——采取发展对外经济贸易关系、利用外资和引进先进技术等多种形式，通过举办经济特区、经济开放区和实行必要的特殊政策与灵活措施，不断扩大对外开放；

——坚持以社会主义公有制为主体的多种经济成分并存的所有制结构，发挥个体经济、私营经济和其他经济成分对公有制经济的有益的补充作用，并对它们加强正确的管理和引导；

——积极发展社会主义的有计划商品经济，实行计划经济与市场调节相结合，努力促进国民经济持续、稳定、协调发展；

——实行以按劳分配为主体、其他分配方式为补充的分配制度，允许和支持一部分人、一部分地区通过诚实劳动和合法经营先富起来，鼓励先富起来的帮助未富起来的，以利于全体人民和各个地区逐步实现共同富裕；

——坚持以马克思列宁主义、毛泽东思想为指导，继承和发扬祖国优秀文化遗产，借鉴和吸收世界上一切优秀文化成果，不断提高全民族的思想道德和科学文化素质，建设社会主义精神文明；

——建立和发展平等互助、团结合作、共同繁荣的社会主义民族关系，坚持和完善民族区域自治制度，反对民族歧视和民族分裂；

——按照“一个国家、两种制度”的构想和实践，促进祖国统一大业的逐步实现；

——坚持独立自主的和平外交政策，在和平共处五项原则的基础上发展同一切国家的友好关系，反对霸权主义和强权政治，支持被压迫民族和被压迫人民的正义斗争，维护世界和平和促进人类进步；

——坚持共产党的领导，不断改善党的领导制度、领导作风和领导方法，加强党的政治、思想、理论和组织建设，使党始终成为社会主义事业的坚强领导核心。

这十二条，有些是我们几十年来所一贯坚持的基本原则，在新的历史条件下又有新的发展，充实了新的内容；有些则是十多年来改革开放和现代化建设新鲜经验的总结。这是全党和全国各族人民智慧的结晶，其中凝结了邓小平同志在新的历史条件下继承和发展毛泽东思想的卓越贡献。党的十一届三中全会以来，我们就是沿着以这十二条为基本轮廓的建设有中国特色社会主义的道路走过来的，因而在实践中取得了举世瞩目的成就。实现90年代的奋斗目标，最根本的保证，就是坚持走建设有中国特色的社会主义道路。

第二，坚定不移地推进改革开放。全面落实建设有中国特色社会主义的各项方针政策，关键在于坚定不移地实行改革开放。经过80年代的努力，经济体制改革取得重大进展，对外开放格局已经形成。但是，原有体制的弊端还没有完全消除，在发展过程中又出现了一些新的矛盾和问题。要妥善解决当前经济生活中的诸多矛盾，顺利实现第二步战略目标，在剧烈的国际竞争中立于不败之地，都要求我们继续深化改革，进一步扩大对外开放。我们的改革是社会主义制度的自我完善和发展，目的是为了促进生产力的发展和社会的全面进步，不断增强社会主义的生机与活力。把改革开放和不断巩固、完善社会主义制度有机地结合起来，这是我们最重要的一条经验。国内外的经验都证明，不改革开放不行，改革开放不坚持正确方向也不行。今后要继续坚持社会主义方向，并进一步努力探索，使改革不断深化，开放更有成效。

第三，坚定不移地贯彻执行国家经济持续、稳定、协调发展的方针。这条方针是长期正反两个方面历史经验的总结，是实现到本世纪末奋斗目标的重要保证。持续，就是保持经济每年都有适当的发展速度；稳定，就是稳步前进，避免大起大落；协调，就是按比例发展。持续、稳定、协调三者之间有着紧密的联系。比例协调，是持续稳定发展的基础，按比例的速度才是合理的、效益好的、能够持续稳定发展的速度。实现国民经济持续、稳定、协调发展，最重要的是努力保持社会总需求与总供给的基本平衡，防止急于求成的倾向。我们既要充分发挥各种资源的潜力，促进经济增长，又要防止国民收入超额分配，造成通货膨胀。要坚持速度与效益的统一，始终把提高经济效益作为全部经济工作的中心。

第四，坚定不移地执行独立自主、自力更生、艰苦奋斗、勤俭建国的方针。坚持自力更生与实行对外开放不是对立的，而是统一的。实行对外开放，利用国外的技术、经验和资金，有利于增强我国自力更生的能力。另一方面，只有坚持自力更生，把立足点放在自己力量的基础上，才有条件更好地扩大对外开放。90年代我们要进一步扩大对外开放，争取在对外贸易、利用外资、引进技术和智力等方面取得更大的进展，但也要准备更多地依靠国内资金和自己的力量进行建设。要克服经济建设中资源相对不足和资金短缺的困难，最重要的，是千方百计地节约一切可能节约的财力、物力和人力，努力克服生产、建设、流通、消费等领域中存在的严重浪费现象。今后十年乃至整个现代化建设时期，都必须牢固树立艰苦奋斗、勤俭建国的思想。

第五，坚定不移地贯彻物质文明建设和精神文明建设一起抓的方针。任何时候也不能忘记，我们要实现的现代化，是社会主义的现代化。在推进物质文明建设的同时，必须加强精神文明建设，克服物质文明建设和精神文明建设“一手硬，一手软”的现象。建设社会主义精神文明，既是我们的重要目标，又是促进物质文明建设的重要保证。只有抓好精神文明建设，才能使人们有正确的前进方向，坚定社会主义的信念，增强民族的凝聚力。这是我们的真正优势所在。加强社会主义精神文明建设，需要各个部门、各个方面密切配合，共同努力，尽心尽责，广泛吸引群众自觉参与，把任务真正落实到基层。

上述基本指导方针，指明了继续前进的方向，规定了实现第二步战略目标的正确途径。在今后十年的各项工作中，要始终保持基本的路线和方针政策的连续性和稳定性，并全面加以贯彻。在基本方针不变的前提下，具体的政策措施要不断完善和发展。当前的主要任务，是要通过大量的工作，把已经确定的方针政策和措施落到实处。

提交大会审议的《纲要（草案）》，是把制定“八五”计划和十年规划结合起来考虑的。这是因为，经济和社会发展的许多问题是有连续性的，一些重大建设项目、科技攻关课题以及人才培养等，也往往不是在一个五年计划期间就能够完成的。从今后十年经济发展的总趋势和奋斗目标来确定五年计划，可以把眼光放得更远一些。由于社会经济发展中不确定因素较多，《纲要（草案）》对十年规划不可能定得过细，只能规定主要目标、基本任务、重大方针政策和若干重要指标。“八五”计划因为现在就要执行，规定的指标多一些，项目具体一些，但重点也放在经济和社会发展方向、任务、政策以及改革开放的总体部署上，比较详细和具体的计划将在年度计划中制定。在“八五”计划执行过程中，根据实际情况，还需要对现在规定的指标加以必要的调整和充实。在“八五”后期，还要制定“九五”计划。现在，治理整顿的任务尚未完成，“八五”计划的头一年或更长一点时间，要继续进行治理整顿，在治理整顿中求发展，在转入正常发展以后，还要继续完成治理整顿遗留下来的某些任务。

1991 年是执行十年规划和“八五”计划的第一年，又是继续治理整顿和深化改革的一年，做好今年的工作意义重大。我们要集中精力抓好经济工作，在继续保持总量平衡，调整经济结构，提高经济效益的前提下，保持经济适度增长。要汲取过去丰收以后就放松农业的教训，继续加强和发展农业。要采取坚决有力的措施，力争在搞活国营大中型企业方面尽快取得实质性进展。要认真组织好“质量、品种、效益年”活动，并且年复一年地长期抓下去，切实抓出成效。要加强财政税收工作，控制集团消费，努力增产节约，增收节支，缩小财政收支差额。按照计划经济与市场调节相结合的要求，继续深化改革。在抓好经济工作的同时，加强思想政治工作，促进城乡社会主义精神文明建设。加强社会治安的综合治理，努力保持社会安定和正常秩序，努力为人民提供良好的工作和生活环境。我们要认真做好今年的各项工作，争取“八五”计划有一个良好的开端。

三、关于经济建设

关于今后十年的经济建设，总的出发点是，按照实现第二步战略目标的要求，以提高经济效益为中心，努力保持国民经济持续、稳定、协调发展。《纲要（草案）》着重考虑了以下几个重要问题。

（一）继续努力保持经济总量的平衡

今后十年和“八五”期间，既要保证各方面建设资金的需要，又要使人民生活逐步有所提高，经济总量平衡面临许多矛盾。保持社会总需求与总供给的基本平衡，防止国民收入超额分配和通货膨胀，是一个极其重要的问题。从历史经验看，经济发展出现大起大落，主要是指导思想上片面追求高速度，建设规模过大，消费基金膨胀，导致国民经济总量不平衡和重大比例失调，最后不得不进行调整。从这两年来的现实情况看，治理整顿所以能够取得明显成效，首先是经济总量控制得比较好。今后十年，要保持国民经济的持续、稳定、协调发展，避免出现大的波折，最重要的仍然是要保持经济总量的平衡，特别是保持财政、信贷、外汇收支和物资的各自平衡以及它们之间的综合平衡。经济建设和人民生活的安排，都要量力而行。固定资产投资规模要与国力相适应，生活消费的增长要与生产的发展相适应。由于经济效益的明显提高有一个过程，财政体制“八五”期间仍将基本维持现行财政包干格局，制约着国家财政收入和中央财政收入的增长；另一方面，重点建设投资、国防经费、科学教育事业费必须适当增加，而每年大量的企业亏损和物价补贴，以及其他一些开支，只能逐步压缩下来。因此，财政收支平衡难度很大，每年都还有一定数量的财政赤字。我们必须千方百计开源节流，尽可能减少一些赤字。现在各方面要求财政给照顾、给优惠的呼声比较高，要下决心不再开新的口子，防止出现新一轮的减税让利。银行信贷要继续坚持稳定货币的方针，控制总量，调整结构，把货币发行量和贷款总规模保持在经济发展合理需要的范围内，避免通货膨胀。要及时结汇，努力增加对外贸易收汇和非贸易收 汇，保持适度进口和合理的外债规模。

现在各地区、各部门提出要在今后十年和“八五”期间上的项目，加起来的总规模，已经大大超出资金和物资供应的可能。虽然有些项目从地区或部门的局部来看，是需要上的，其中有的项目也已经过论证，但从全局来看，财力物力就那么大，不能不分别轻重缓急，量力而行，有所取舍。《纲要《草案)》所列的建设项目，是要在五年至十年的时间内陆续开工兴建的，各个年度的投资规模要根据资金的可能，具体加以安排。年度间要保持大体均衡，循序而进，不能一哄而上，打乱仗。

（二）大力调整产业结构，促进产业结构的合理化并逐步走向现代化

经过80年代的经济建设和改革开放，我国产业结构发生了积极的变化。农业和消费品工业得到加强，第三产业发展加快，新兴产业有所发展。但是，长期存在的产业结构不合理状况还没有根本扭转，在发展中又出现了一些新的矛盾和问题。当前产业结构中存在的主要问题是：农业基础仍然比较脆弱；基础工业和基础设施发展滞后；加工工业总规模偏大，技术水平和专业化程度低，第三产业不能适应经济发展和人民生活的需要。今后十年，随着人民收入水平和生活质量的提高，消费领域拓宽，选择性增强，随着工业化的推进和农业人口向非农产业的转移，以及对外经济贸易关系的发展，都要求我们更加注重产业结构的调整。还应该看到，随着科学技术革命的发展，在世界范围内已经发生并且正在发生产业结构的重组和升级。我们能不能抓住机会，加快产业结构调整的步伐，使之上升到新的等级，不仅直接关系到第二步战略目标的实现，而且将对整个现代化建设进程产生长远的影响。

根据这种情况，《纲要（草案）》把产业结构调整放在今后十年经济建设的突出位置。主要要求是：

——**大力加强和发展农业，促进农村经济全面发展**。90年代我们面临着这样的矛盾：一方面，随着人口增加和向小康水平过渡，对农产品的需求不断增长；另一方面，农业综合生产能力不可能很快提高，人均耕地面积还在不断减少，加上受气候等自然因素的制约，发展农业的任务是相当艰巨的。《纲要（草案）》规定90年代粮食产量要先后登上4500亿公斤和5000亿公斤两个台阶，并且对增加棉花、油料、糖料等主要农产品产量和发展林、牧、渔业也提出了明确要求。为了完成农业发展的任务，《纲要（草案）》提出了一系列重要措施，包

括：继续深化农村改革，稳定和完善以家庭联产承包为主的责任制，发展多种形式的社会化服务体系，健全统分结合的双层经营体制，逐步壮大集体经济实力；增加对农业的投入，加强大江大河治理，开展农田水利基本建设，坚持植树造林，搞好防汛抗旱；进一步抓好科技、教育兴农；努力改革和完善农产品流通体制；促进乡镇企业健康发展，等等。切实加强管理、十分珍惜和合理利用土地和水资源，对于农业生产和整个社会经济的发展都具有重要意义，必须高度重视。各级政府要根据这些要求，认真组织实施。

——**加强基础工业和基础设施建设，是今后十年的一项重要任务**。近两年通过治理整顿，调整结构，基础工业、基础设施的紧张状况有所缓和，某些产品在某些地方甚至一度出现过剩的情况，这是经济紧缩条件下的暂时现象。从长远来看，基础工业和基础设施仍然是我国经济发展中的薄弱环节。由于基础工业和基础设施建设周期长，投资大，价格和收费偏低，这就要求我们及早安排，实行投资倾斜政策，采取多种途径，筹集必要的资金。《纲要（草案）》对能源、交通、邮电通信、重要原材料等方面的建设做出了具体安排。我们要像“一五”时期成功地抓156项重点工程建设那样，集中力量，齐心协力，高质量高效益地搞好一批重点工程和建设项目，使它们如期形成综合生产能力。要适当增加银行贷款，并建立煤炭、电力、石油和铁路建设基金，保证重点建设的需要。要逐步调整和理顺基础产品的价格和收费，增强基础工业的发展能力。要加强地质勘查工作，使它同重点建设协调发展。在保证国家重点建设的前提下，在国家政策允许的范围内，地方各级政府也要因地制宜，多方筹集资金，进行基础工业和基础设施的建设。

——**大力改组改造和提高加工工业**。我国加工工业规模已经不小，今后十年的发展重点，是通过深化改革，调整结构，加强管理和技术改造，把现有企业的潜力充分发挥出来，并提高到一个新水平。要压缩一部分超过合理需求的加工工业生产能力，淘汰一批消耗高、性能差、污染严重的落后产品。按照规模经济的要求，对生产批量小，成本高，效益差的企业进行调整，推进专业化分工和联合。积极推广新技术、新工艺，开发新产品，提高产品质量，以更好地适应国内外市场的需要。

——**积极发展建筑业**。从温饱走向小康，人民生活的提高，将较多地体现在居住条件的改善方面。为了适应经济发展和人民生活的需要，《纲要（草案）》规定今后十年建筑业要有一个比较大的发展。根据国内外的经验，建筑业可以成为经济发展的重要支柱之一。建筑业要坚持质量第一的方针，提高技术水平和管理水平。各项建筑都要切实保证质量，力求降低成本。要积极推广立足于国内的新型建筑材料。

——**加快第三产业的发展**。考虑到第三产业在经济发展和人民生活中的重要作用，而目前又比较落后的状况，《纲要（草案）》对第三产业给予了充分的重视。第三产业发展的重点是商业、物资、金融、保险、旅游等为生产和生活服务的行业。第三产业的发展，对缓解就业压力，增加资金积累，活跃城乡经济，促进经济结构的调整，提高国民经济的整体效益和人民生活的质量，都具有很重要的作用。在80年代的发展中，由于经验不足，管理工作没有及时跟上，也产生过一些混乱现象。经过治理整顿，这些混乱现象已经有所克服或者正在克服。我们要积极支持和引导，加强管理，使第三产业得到较快而又健康的发展。

（三）促进地区经济的合理分工和协调发展

生产力的合理布局和地区经济的协调发展，是我国经济建设和社会发展中一个极为重要的问题。我国地域辽阔，各地区经济发展和资源分布很不平衡。正确处理全国经济发展与地区经济发展之间以及地区经济之间的关系，不仅关系到各种优势的发挥和经济的合理发展，而且关系到国家的统一和全国各民族的团结。80 年代全国经济和地区经济都有很大发展，生产力的地区布局也有新的变化，但也存在一些不合理现象和值得注意的问题。主要的问题是，各地重复建设项目过多，产业结构趋同，资源配置不合理，地区封锁和市场分割严重，妨碍了生产的合理协作和商品流通。今后十年，要按照统筹规划、合理分工、优势互补、协调发展、利益兼顾、共同富裕的原则，逐步实现生产力的合理布局。为此，必须处理好以下三个方面的关系：

第一，正确处理发挥地区优势与全国统筹规划的关系。国家要鼓励和支持各个地区发挥优势，加强指导和协调，使各个地区都能够在自己的优势产业上得到发展。同时也必须从提高国民经济的整体效益出发，加强地区经济的合理分工。全国统一的经济体系和统一市场，是发展商品经济和社会化大生产的客观要求，也是发挥地区优势的前提。地区封锁和市场分割，不利于生产力合理布局和资源优化配置，妨碍地区优势的发挥。地区经济发展，要符合国家产业政策的要求，但在制定国家产业政策的时候，也必须注意发挥地区优势，才能促进全国经济和地区经济同时得到发展。

第二，正确处理资源富集地区与加工工业集中地区的关系。加工工业集中地区特别是沿海经济发达地区，要积极发展技术水平较高的产业和出口创汇产品，减少资源消耗。要使那些能源和原材料消耗较高、运输量较大的工业，在能源充足、资源富集的地区得到较快的发展。资源富集地区在加快资源开发的同时，要适当发展一些加工工业。要注意东西走向交通干线的建设，促进沿海与内地在商品、资金、技术和人才等方面的交流。

第三，正确处理经济发达地区与经济较不发达地区的关系。地区之间经济发展不平衡，生活水平有差异，这是由于历史、地理等原因形成的。随着经济的发展，国家和经济发达地区都要努力帮助较不发达地区改变面貌，使各个地区都能得到发展，走共同富裕的道路。要继续贯彻执行扶持民族地区、贫困地区、老根据地和边疆地区发展的各项现行政策，争取在今后十年从根本上解决这些地区贫困群众的温饱问题，使经济面貌和人民生活都有显著改善。国家要继续对这些地区给予财力、物力和技术力量的支持，并将安排一批矿山、水利、交通和工业项目，以带动这些地区的经济发展。今后十年，国家对贫困地区还要继续实行以工代赈政策，增加农民的劳动投入，改造坡地和中低产田，为解决群众温饱问题创造条件。经济发达的沿海省、市应当分别同经济较不发达的省、区签订协议或合同，采取经验介绍、技术转让、人才交流、资金和物资支持等多种方式，在互利的基础上帮助它们加快经济发展。经济较不发达地区要大力发展农、林、牧业，建设公路、电力、水利等基础设施和一些加工工业项目，增强自力更生的能力，使生产和生活条件逐步得到改善。

（四）始终把提高经济效益作为全部经济工作的中心

提高经济效益是今后十年经济建设面临的重大课题。以提高经济效益为中心已经讲了多年，在不少方面也有进步，但总的来说经济效益差的状况还没有根本扭转。生产消耗高，产品质量低，建设浪费大，资金周转慢，劳动生产率低，企业亏损严重，仍然普遍存在。不少技术经济指标不仅明显落后于经济发达国家，有的甚至低于我们历史上曾经达到过的最好水平。同行业中落后企业和先进企业的差距也很大。效益差是我国经济生活中诸多困难的症结所在。今后十年以及整个现代化建设时期，我们面临着人口众多，建设任务繁重，资金短缺，基础工业和基础设施落后，人均资源相对不足的矛盾，浪费资源的粗放经营是没有出路的，必须在提高经济效益上下大功夫，走集约化经营的道路。《纲要（草案）》要求，“八五”期间每万元国民生产总值消耗的标准煤由9.3吨下降到8.5吨，全社会劳动生产率平均每年提高3.5%，预算内国营工业企业流动资金周转天数由127天缩短到95天，还规定了其他一些提高经济效益的指标。我们要采取切实措施，扎扎实实地工作，力争实现这些指标，逐步从根本上扭转经济效益差的状况。

技术改造是提高经济效益的主要手段。我国工业基础不小，企业数量很大，今后十年的生产建设任务主要由现有企业来承担。现在许多企业设备陈旧，技术落后，迫切需要进行技术改进。“八五”时期和今后十年，要用先进的技术装备和生产工艺改造现有企业，围绕生产技术和装备现代化问题，组织好科研和生产攻关。机械制造工业要努力提高水平，更好地满足国民经济各部门对技术装备的需要。《纲要（草案）》规定，“八五”时期国家要选择一批大中型骨干企业和一批重要产品，作为技术改造的主体和突破口，努力使这些企业和产品接近或达到国际先进水平。各地区、各部门也要抓好一批重点企业和重点产品的技术改造，带动中小企业和乡镇企业的技术进步。技术改造的重点，要放在节约能源，减少原材料消耗，降低生产成本，提高产品质量，扩大名、优、新产品和出口产品的生产能力，以及防治污染上来，并加强资源的综合利用。积极推广投入少、效益高、见效快的科技成果，继续实施“星火计划”和“丰收计划”，加快技术成果向生产的转移。在加快传统产业技术进步的同时，继续实施“火炬计划”，办好高新技术开发区，促进高新技术成果的商品化和产业化，及其向传统产业的扩散和渗透。电子工业在整个经济和社会发展中的作用越来越突出，必须把加快它的发展放在重要的战略位置上，并且把它同发展精密机床等机械设备紧密结合起来，推动电子技术在国民经济和社会生活中的广泛应用。要继续积极引进国外先进技术，并下大力量消化、吸收、应用和创新。

加强管理是提高经济效益的重要途径。现在，在生产建设和流通领域，普遍存在着财力、物力和人力的严重浪费，潜力远远没有发挥出来。因此，必须把强化管理作为提高经济效益的重要环节。要加强和改善宏观管理，努力提高国家计划的科学性和有效性，从总体上促进资源的合理配置。要加强企业管理，特别要加强生产第一线的领导和指挥，严格实行责任制度，强化基础工作，全面提高劳动者素质。许多先进企业的经验证明，只要这样做，同样的设备、同样的人，就可以生产出更多更好的产品。要在全社会各个领域深入持久地开展增产节约、增收节支运动，精打细算，反对浪费，少花钱多办事。

（五）推动科技进步，发展教育事业，提高国民经济的整体素质和促进社会的全面进步

科学技术是第一生产力。当今世界各国生产力的发展，综合国力的提高，在很大程度上都取决于科学技术的发展。国际经济竞争也越来越表现为科学技术和人才的竞争。我们要显著地提高经济效益，增强综合国力，逐步缩小同发达国家的差距，就要真正把发展科技和教育放在十分重要的战略地位，使经济建设转到依靠科技进步和提高劳动者素质的轨道上来。

科学技术的发展要继续贯彻“经济建设必须依靠科学技术，科学技术工作必须面向经济建设”的方针。这不仅是为了促进经济的发展，而且也是科学技术本身繁荣与发展的必由之路。要继续深化科技体制改革，逐步建立引进和创新、应用和推广相互结合、相互促进的科

研机制。要把发展国民经济作为科学技术工作的主战场，加快科技成果向现实生产力的转化。在应用技术研究、高技术研究、基础研究三个层次上的科技工作，要统筹规划，合理配置力量，推动我国经济和科学技术的全面发展。要注意跟踪世界新技术发展进程，努力在生物工程、电子信息技术、自动化技术、新型材料、新能源、航空航天、海洋工程、激光、超导、通信等高技术领域取得新的成果。加快科技进步，关键在于稳定和完善促进科技进步的政策，采取切实有效的措施，增加科技投入。逐步建立健全保护知识产权的制度，进一步发挥专利制度在发展科技事业中的作用。

发展教育事业，提高全民族的素质，是社会主义现代化建设的根本大计。我国社会主义现代化事业，需要大批专门人才，也需要亿万受过良好教育的劳动大军。要继续深化教育体制改革，加强教育科学的研究，努力贯彻党和国家的教育方针，培养德、智、体全面发展的社会主义建设者和接班人，为现代化建设事业服务。要根据现代化建设的实际需要，把教育工作的重点放到提高教育质量和办学效益上来。到2000年，要在全国普及初等义务教育，在城镇以及经济比较发达的农村基本普及初中阶段义务教育，在全国范围内基本扫除青壮年文盲；通过大力发展职业技术教育和培训，使绝大多数城乡劳动者掌握必要的知识和技能，在业人员的劳动技能和专业技术水平得到进一步提高；高等教育要在基本稳定规模、合理调整结构的基础上，下大力量重点抓好一批大学，使教育质量和办学效益有明显提高，努力使一批重点学科达到国际先进水平。继续执行和完善出国留学生政策，鼓励留学生学成归国工作。进一步促进国际间的教育交流与合作。要大力加强师资培训，提高教师的业务水平和思想政治水平。各级各类学校都要切实加强德育和思想政治工作，提高教育者和受教育者的社会主义觉悟和道德水平。《纲要（草案）》要求，各级政府要随着经济的发展，逐步增加对教育的投入，同时积极多渠道地筹措教育资金，提倡和支持社会办学，鼓励自学成才，努力促使教育与经济协调发展。

（六）在发展生产的基础上改善人民生活

经济建设的目的是为了满足人民日益增长的物质文化需要。今后十年总的目标，是努力使全国人民的生活达到小康水平。《纲要（草案）》规定，“八五”期间，扣除价格上涨因素，我国职工和农民的收入都要有一定的增长。提高人民消费水平和生活质量的主要措施是：发展轻纺工业和农副产品生产，继续抓好和完善城市“菜篮子”工程，组织好市场供应；积极发展为城乡居民生活服务的第三产业；加快城乡住宅和公用设施的建设；防治环境污染，改善环境质量；发挥城乡集体经济和其他经济成分的作用，积极解决劳动力就业问题，逐步完善社会保障体系；实行计划生育，严格控制人口增长；繁荣文化事业，丰富精神生活；发展卫生体育事业，提高人民健康水平。经过十年时间的稳步提高，到本世纪末我国人民生活将会得到明显的改善。

我们所说的小康生活，是适应我国生产力发展水平，体现社会主义基本原则的。人民生活的提高，既包括物质生活的改善，也包括精神生活的充实；既包括居民个人消费水平的提高，也包括社会福利和劳动环境的改善。在物质生活方面，消费结构和消费方式要符合我国的特点和民族传统。要及时调整产业结构和产品结构，使之适应人民生活从温饱到小康过程中生活质量的提高和消费结构的变化；同时要积极引导消费，建立适合中国国情的合理的消费结构和健康有益的消费方式。

我国是一个经济文化发展很不平衡的大国，全国小康水平的实现，不论从时间上还是地区上，都将是逐渐推进的，不应该也不可能规定一个全国统一的时间表。但2000年实现小康，走共同富裕的道路是确定无疑的。允许和支持一部分人、一部分地区通过诚实劳动和合法经营先富起来，这个方针应当继续贯彻执行。但是，我们什么时候都不能忘记，实行这个方针的目的，是为了促进全国人民和各个地区更好地走上共同富裕的道路。因此，既要反对平均主义，又要防止收入差距过分悬殊。社会主义制度的一项最重要的优越性，就表现在共同富裕上。

实现小康要靠全国人民的艰苦努力。目前我国正处在创业阶段，百业待举。今后十年乃至整个现代化建设进程中，都必须妥善处理积累与消费、国家建设与人民生活的关系，实际工资总额的增长不能高于国民收入的增长，实际平均收入的提高不能超过劳动生产率的提高。我们要长期坚持独立自主、自力更生、艰苦奋斗、勤俭建国，用自己的聪明才智和勤劳的双手，干出一个社会主义的现代化。

各位代表！中国人民解放军、武装警察部队、公安干警是人民民主专政的坚强柱石。80年代，人民武装力量在自身建设方面取得巨大成就，为保卫祖国、保卫现代化建设作出了重大贡献。今后十年，在复杂多变的国际形势下，为了应付各种可能发生的不测事件，保卫国家安全，使经济建设有一个稳定的环境，必须进一步加强国防现代化建设。要根据国家财力的可能，适当增加国防费用，努力发展国防科学技术，有重点地加强新武器装备的研制，提高军队武器装备的现代化水平。继续调整国防科技和国防工业结构，贯彻军品生产能力适当转向民品生产的方针，但要加强统一规划和协调，使军品和民品都得到提高或发展。继续加强国防重点工程建设。大力开展国防教育，增强全民国防观念。要广泛开展拥军优属、拥政爱民活动，进一步增强军政团结和军民团结。人民武装力量要进一步加强革命化、现代化、正规化建设，努力提高政治素质和军事素质，增强战斗力，保卫社会主义现代化建设的顺利进行。

四、关于社会发展（略）

五、关于经济体制改革和对外开放

实现第二步战略目标，必须坚定不移地继续深化改革，进一步扩大对外开放，《纲要（草案）》规定，今后十年，要坚持计划经济与市场调节相结合的原则，围绕解决社会经济生活中的主要问题，有领导有步骤地全面推进改革，初步建立社会主义有计划商品经济的新体制。基本要求是：

——坚持以社会主义公有制为主体，适当发展个体经济、私营经济和其他经济成分，按照生产力发展水平的要求，完善所有制结构。

——实行政企职责分开、所有权与经营权适当分离，逐步使绝大多数国营企业真正成为自主经营、自负盈亏、自我约束、自我发展的社会主义商品生产者和经营者，探索公有制经济多种有效的实现形式，建立富有活力的国营企业管理体制和运行机制。

——进一步完善消费资料市场，扩大生产资料市场，发展资金市场、技术市场、信息市场、房产市场和劳务市场，建立健全在国家指导和管理下的全国统一的市场体系。

——理顺国家、集体和个人以及中央和地方之间的分配关系，形成合理的国民收入分配格局。坚持以按劳分配为主体，其他分配方式为补充，逐步完善个人收入分配制度。

——综合运用经济、行政、法律手段，特别是运用价格、税收、利率、汇率等经济手段调节经济运行，建立和健全直接调控与间接调控相结合的中央与省、自治区、直辖市两级经济调控体系。

要按照这些基本要求，协调配套地搞好企业、流通、价格、财政、税收、金融、外贸、计划、投资、劳动工资、住房、医疗和社会保障等方面的体制改革。

《纲要（草案）》提出再用十年时间的努力，初步建立起新的经济体制，比原来设想的时间要长一些。这决不意味着可以丝毫放松对于改革的努力，而是在总结十多年来改革经验的基础上，对改革的复杂性、艰巨性有了更加清醒和深刻的认识。改革不能照搬照抄别国的模式和经验，而必须从我国的国情出发，在实践中探索完善和发展社会主义制度的现实道路。在改革过程中，必然要经过不断的试验、补充、完善，才能取得成功；也有可能发生失误，那就需要及时纠正，继续前进。因此，改革需要不断总结经验。既要发扬积极进取、勇于探索的精神，抓紧进行改革，又不能轻率从事，急于求成；既要坚持实践证明是好的经验和传统，又要有新的创造和突破。今后要更好地把改革与发展结合起来，一方面，改革的措施与步骤要有利于解决当前与长远经济发展中的突出问题和矛盾，为实现国民经济持续、稳定、协调发展创造条件；另一方面，经济发展的安排，也要考虑为深化改革创造有利的环境。各项改革要统筹规划，一个时期可以有所侧重，但也要兼顾其他方面，不能单项突进。改革措施的出台，要考虑国家、企业和人民群众的承受能力，避免引起过大的社会震动。检验改革措施的标准，不是抽象的原则和模式，而是看它是否有利于促进生产力发展，有利于社会的稳定和进步。在80年代，我们已经积累了丰富的经验，改革总的目标和基本的方针政策，已经明确了。只要积极稳妥地向前迈进，再积十年的努力，初步建立起适应社会主义有计划商品经济发展的、计划经济和市场调节相结合的经济体制和运行机制，是完全可能的。这是一项伟大的历史性事业，关系到我国社会主义的前途命运和成败兴衰，我们有决心有能力把它做好。

下面，我想讲讲经济体制改革中需要着重解决好的几个问题：

第一，继续探索计划经济与市场调节相结合的具体途径和形式。按照发展有计划商品经济的要求，建立计划经济与市场调节相结合的经济运行机制，是深化经济体制改革的基本方向。根据多年来的理论探索和实践经验，对计划经济与市场调节相结合，大体形成了以下一些共同认识：（一）实行计划经济，可以从总体上保持国民经济按比例发展和资源合理配置，避免无政府状态；可以在全社会范围内动员和集中必要的财力物力进行重大建设，防止大的重复建设造成的浪费；可以较好地调节收入分配，走共同富裕的道路，保持社会公正。实行市场调节，有利于开展竞争，发挥优胜劣汰机制的作用，按照市场需要从事生产经营，做到产需结合，促进技术进步和经营管理水平的提高。实行计划经济与市场调节相结合，就是要充分发挥两者的优点和长处，更好地发展社会生产力。改革开放以来，我国在这个方面进行了积极的探索和实践，证明这个原则是符合中国国情的，是正确的。计划经济与市场调节必须结合，而且能够结合，这一点在制定和执行政策时，不应当再有怀疑和动摇。现在的问题，不是要不要结合，能不能结合，而是要进一步研究和探索怎样把两者结合得更好的问题。

（二）不能把计划经济理解为只是指令性计划，指令性计划和指导性计划都是计划经济的具体形式。随着经济体制改革的深化、经济结构的改善和市场的不断发育，应该适当缩小指令性计划的范围，适当扩大指导性计划的范围，更多地发挥市场机制的作用。计划管理也必须自觉遵循经济按比例发展规律和价值规律，考虑市场供求关系，市场调节要在国家总体计划和法规约束下发挥作用。（三）大体来说，国民经济发展目标、总量控制、重大经济结构和布局调整，以及关系全局的重大经济活动等，主要发挥计划的作用；企业大量的生产经营活动，一般性技术改造和小型建设，主要由市场调节。（四）国家计划管理和指导的主要任务，是合理确定国民经济发展的方向、规划和宏观调控目标，制定正确的产业政策、地区政策和其他经济政策，做好国民经济的综合平衡，协调重大比例关系，并综合配套地运用经济、法律和行政手段来引导和调控经济的运行。

以上认识是就总体上说的，至于不同领域、不同方面的经济活动，计划经济与市场调节相结合的方式和范围，是有所不同的。比如说，在生产和流通领域，对大量一般的工农业产品的生产和流通，实行指导性计划或者市场调节；对关系国计民生的少数重要产品中需要由国家调拨分配的部分，其生产、流通实行指令性计划，其余部分也实行指导性计划或者市场调节。再比如说，在建设领域，对固定资产投资规模、结构、重要项目建设及其布点，实行中央、地方政府决策和计划管理，同时，对投资使用、项目设计和施工管理运用市场竞争机制；对其他一般性技术改造和小型建设项目，在国家计划和产业政策指导下，由市场调节。又比如说，在价格方面，少数重要商品和劳务的价格由国家管理，价格调整要符合价值规律的要求，考虑市场供求变化；其他大量商品和劳务价格由市场调节。总之，各个领域、各个方面计划经济与市场调节相结合的方式和范围，不是固定不变的，必须根据实际情况的变化，经常进行适当调整和改进，以便把改革不断推向前进。

第二，进一步增强全民所有制大中型企业的活力。这是深化经济体制改革的中心环节。国营大中型企业是国家财政收入的主要来源，是我国现代化建设的重要支柱和骨干力量。目前国营大中型企业负担较重，困难较多，许多方面的关系还没有理顺。增强国营大中型企业的活力，充分发挥它们的骨干作用，调动广大职工的积极性，直接关系到我国经济的发展和社会主义制度的巩固。经济体制改革能否取得预期的进展，也在相当程度上取决于国营大中型企业改革的成效。从今年起，我们就要十分重视并集中主要精力来抓这个问题，从改善外部环境和加强内部管理两个方面采取有力措施，一项一项地狠抓落实，解决国营大中型企业的实际困难，力争在较短的时间内使这些企业的活力明显增强。为此，应当主要抓好以下几个环节：（一）完善和发展企业承包经营责任制。要处理好国家、企业、个人三者的利益关系，处理好积累与消费的关系，使企业把更多的自有资金用于技术改造。逐步完善企业折旧制度和留利制度。“八五”期间继续实行并完善现行的承包制，同时积极进行“利税分流、税后还贷、税后承包”制度的试点。（二）坚持实行政企职责分开、所有权与经营权适当分离。进一步贯彻落实已经颁布的搞活国营大中型企业的法律、法规和政策，充分尊重和保障企业的自主权。实行所有权与经营权适当分离的具体形式，可视产业性质、企业规模、技术特点而有所不同。改革中出现的租赁制、股份制等，特别是国家控股和部门、地区、企业间参股的企业形式，要继续稳妥地进行试点，不断总结经验。切实加强国有资产管理，逐步建立与社会主义有计划商品经济相适应的管理体制和管理方法。（三）积极发展企业集团。要抓紧制定具体政策和措施，推动企业的改组和联合，促进企业结构的合理化。在平等、互利、自愿的基础上，组建一批跨地区、跨部门的竞争性企业集团，提倡和鼓励组建紧密型企业集团。（四）深化企业领导体制和经营机制改革，加强企业管理。要坚持和完善厂长负责制，正确处理厂长（经理）和企业党委、职代会之间的关系。充分保证厂长对企业行使经营管理职权，充分发挥企业党组织的政治核心作用，全心全意依靠工人阶级，加强职工代表大会的监督作用。健全企业的民主管理，改进人事制度、劳动工资制度、留利分配制度、财务会计制度和审计制度，切实改变企业分配吃大锅饭和留利向个人倾斜的现象，以及纪律松弛的现象。（五）切实减轻企业负担，禁止随意向企业收取费用。

第三，积极推进住房制度和社会保障制度的改革。“八五”期间，要按照国家、集体和个人共同负担的原则，加快住房制度和保险制度的改革。要逐步改变低租金、无偿分配住房的办法，调动各方面的积极性，加快住宅建设，改善人民的住房条件。在城镇各类职工和个体劳动者中，逐步建立养老保险制度，扩大待业保险的范围。在农村，根据各地不同的条件与可能，采取积极引导的方针，逐步建立不同形式的老年保障制度。公费医疗和劳保医疗制度也要改革和完善，以提高医疗质量和减少浪费与损失。在农村继续推行集资办医与合作医疗保险制度。建立和完善工伤保险制度和社会福利制度，保护残疾人的合法权益。搞好住房制度和社会保障制度的改革，是合理引导消费、深化企业改革、保障人民生活的重大措施，对缓解社会分配不公，维护社会安定，顺利推进其他方面的改革，都具有重要的作用。这两项改革，涉及千家万户，直接关系到广大群众的切身利益，要在已有试点的基础上，认真总结经验，因地制宜，分类指导，有步骤地稳妥进行。

第四，增强国家宏观调控能力，正确处理中央与地方的关系。改革以来，改变过去中央过分集中的格局，实行放权让利，调动了地方、企业和劳动者个人的积极性，方向是正确的。但由于一些权力下放不当，宏观管理又没有及时跟上，一些改革措施也不配套，造成经济生活中某些过于分散的现象，国家财政收入占国民收入的比重和中央财政收入占整个财政收入的比重下降过多，以至宏观调控能力减弱。目前这种趋势还在发展，财政收支平衡的矛盾还有所加剧。无论是从经济发展还是从深化改革的要求来看，都需要我们采取必要的政策和措施，适当集中财力物力，来办好一些必须由中央办的关系国家全局利益的大事。这决不是回到过分集中的老路，而是把必要的集中和适当的分散恰当地结合起来。中央要兼顾和协调地方的利益，地方要考虑全局的利益，目的都是为了更好地发挥社会主义制度的优越性，推进现代化建设。

继续实行和完善对外开放政策。经过十多年来的努力，对外开放已经全面铺开，基本格局已经形成。今后在国际环境更加复杂，国际经济竞争日趋激烈的情况下，进一步扩大对外经济技术交流，最重要的是在保持数量稳步增长的同时，更加注重质量和效益的提高，立足于现有基础，把对外贸易、利用外资、引进技术和智力等方面的工作提高到一个新的水平。

出口贸易，要把工作重点放在改善出口商品结构和提高出口商品质量上。现在我国已经初步实现了以出口原料型初级产品为主向出口制成品为主的转变，工业制成品出口额已占出口总额的七成以上。今后的任务，是逐步实现由粗加工制成品出口为主向精加工制成品出口为主的转变，努力增加附加价值高的机电产品、轻纺产品和高技术商品的出口，鼓励那些在国际市场有发展前景、竞争力强的拳头产品出口，做到主要依靠提高出口商品的质量、档次和信誉来增加外汇收入。积极发展国际旅游、劳务输出、对外承包工程和海外投资，增加非贸易外汇收入。要努力巩固已有的市场，积极开拓新的市场，积极发展同周边国家的经济技术合作与交流。为了我国建设的需要和保持国际间的正常贸易往来，我们要保持适度的进口规模，调整进口商品结构，把有限的外汇集中用于引进先进技术和关键设备。

为了提高利用外资的效益，要进一步完善法律法规，改善投资环境。按照国家产业政策，正确引导外资投向，支持办出口创汇型、技术先进型企业，以及一些大中型基础工业和基础设施项目。注意把吸收外商投资与加快企业技术改造结合起来，推动我国传统产业的技术进步和产品的升级换代。

充分发挥沿海地区在对外开放中的优势，进一步发展外向型经济，促进和带动全国经济的发展。"八五"期间，除办好已有的经济特区、对外开放城市和开放地区外，要集中力量，搞好上海浦东新区的开发和开放。要保持对外开放政策的连续性和稳定性，已出台的政策要保持基本不变，并不断加以完善。经济特区、开放城市和地区，要从国民经济全局出发，结合本地优势，合理确定经济发展的方向、重点和布局，发展各具特色的产业，逐步形成合理的地域分工。

为了适应对外开放和外贸发展的需要，对外贸体制进行了重大的改革。要在继续发挥中央、地方和企业三方面积极性的前提下，促使外贸逐步走上统一政策，平等竞争，自主经营，自负盈亏，工贸结合，推行代理制，联合统一对外的轨道。这项改革的意义重大，是保证我国对外贸易稳步发展的根本措施，要精心组织，认真落实。

六、关于国际形势和外交工作（略）

在庆祝中国共产党成立七十周年大会上的讲话

（一九九一年七月一日）

江　泽　民

同志们，朋友们：

今天，我们隆重集会，庆祝中国共产党成立七十周年。我们的目的，就是要在新的历史条件下，继承和发扬党的优良传统，进一步动员全党和全国各族人民，努力实现社会主义现代化建设的第二步战略目标，在建设有中国特色社会主义的道路上继续前进。

下面，我着重讲三个问题。

一、中国共产党七十年的奋斗历程

中国共产党的七十年，是我们党日益发展壮大的七十年，是党领导中国人民开创历史新篇章的七十年，是马克思主义在中国取得伟大胜利的七十年。

1840 年鸦片战争以后，中国逐步沦为半殖民地半封建社会。那时，帝国主义列强横行霸道，操纵着中国的经济和政治。封建统治者丧权辱国，勾结帝国主义残酷压榨中国人民。国家日益贫弱，社会战乱不已，民族灾难深重，人民饥寒交迫。中国人民进行过无数次艰苦卓绝的斗争，都失败了；多少仁人志士苦苦求索，都没有找到解救中国的出路。伟大的孙中山先生领导辛亥革命，推翻封建帝制，是近代中国有重大历史意义的事件。可是政权重新落入封建军阀手中，中国半殖民地半封建的社会性质没有改变，民族民主革命的任务没有完成。在强大的帝国主义和封建势力双重压迫下，软弱的民族资产阶级不可能领导革命取得成功。资本主义的道路、资产阶级共和国的方案在中国行不通。中国革命需要有一个先进思想武装的先进阶级的政党来领导，这就是 1840 年以来中国历史的无可辩驳的结论。

伟大的俄国十月社会主义革命，鼓舞了中国的先进分子，使他们在黑夜中看到了曙光。经过五四运动，马克思列宁主义同我国工人运动相结合，在 1921 年诞生了中国共产党。我们党鲜明地确定了社会主义——共产主义的奋斗目标，制定了经过新民主主义进入社会主义分两步走的革命纲领，领导全国各族人民，在世界的东方谱写了辉煌壮丽的史诗。

我们党站在反帝反封建斗争的最前列，开展工农运动，同国民党合作，进行北伐战争，掀起了国民革命的高潮。1927年国民党反动派发动“四一二”反革命政变以后，以毛泽东同志为代表的中国共产党人，面对敌人的血腥屠杀，纠正陈独秀右倾投降主义错误，继续高举革命旗帜，缔造人民军队，建立革命根据地，实行土地革命，开创了农村包围城市的道路。在革命力量不断壮大的时候，敌人的疯狂“围剿”，加上王明“左”倾冒险主义的错误，使革命陷于极端困难的境地。国内外敌人曾断定我们党要彻底失败。在这个关键时刻，党的遵义会议确立了毛泽东同志在红军和党中央的领导地位，拨正了革命的航船。党及其领导下的红军胜利地完成了两万五千里长征，奇迹般地打开了革命新局面。在日本帝国主义大举入侵，中华民族处于生死存亡的危急关头，我们党首先举起团结抗日的旗帜，伸张民族大义，促成以国共合作为基础的广泛的抗日民族统一战线和全民抗战。我们党和党领导的人民武装，在八年抗战中起了中流砥柱作用。中国人民终于第一次取得了近代以来反侵略战争的彻底胜利。抗日战争结束后，是建立一个新民主主义国家，还是建立一个大地主大资产阶级专政的国家，中国面临着两种命运、两个前途的决战。我们党和人民为争取和平民主做出了很大努力，但是国民党反动派当时在美帝国主义支持下，拒绝和平民主的要求，公然发动内战。我们党领导中国人民进行了气势磅礴的解放战争，推翻帝国主义、封建主义、官僚资本主义的反动统治，取得新民主主义革命的胜利。1949年，建立了中华人民共和国。

中国人民站起来了！

中国历史的新纪元开始了！

新中国诞生后，党和政府依靠人民群众，肃清反动残余力量，战胜帝国主义的封锁、破坏和武装挑衅，巩固了新生的人民政权。我们迅速医治战争创伤，荡涤旧社会的污泥浊水，完成全国土地改革，短短三年内把国民经济恢复到历史最高水平，使人民过上了和平安宁的生活。在这个基础上，我们采取符合中国特点的步骤和措施，不失时机地创造性地实现了对个体农业、手工业和资本主义工商业的社会主义改造，消灭了剥削制度和剥削阶级，全面确立了社会主义制度。这是我国几千年来最深刻、最伟大的社会变革。

社会主义改造的胜利，为全面进行社会主义建设开辟了道路。全国各族人民迸发出空前的建设热情，显示了新的社会制度的强大生命力。我们对社会主义建设规律和社会主义社会主要矛盾的认识，经历了曲折的过程。一段时间里，在“左”的思想指导下，曾经犯过一些错误，特别是出现过“文化大革命”那样的严重挫折。但是，尽管历经坎坷，我们仍然取得了巨大成就，初步奠定了现代化建设的物质技术文化基础。十一届三中全会以来，以邓小平同志为代表的中国共产党人，解放思想，实事求是，拨乱反正，正本清源，把党和国家工作的着重点转移到以经济建设为中心的现代化建设上来，在深刻总结社会主义建设正反两方面经验的基础上，逐步形成了党在社会主义初级阶段的基本路线，找到了建设有中国特色社会主义的道路。这是我们党和国家历史上具有深远意义的转折。十多年来的改革开放，给我国社会主义注入了强大的生机，使现代化建设取得了举世瞩目的成就，整个国家和社会的各项事业都在蓬勃发展。

七十年里，我们党领导各族人民为中国社会的进步，做了许多事情。总起来说，就是三件大事：第一，完成反帝反封建的新民主主义革命任务，结束了中国半殖民地半封建社会的历史；第二，消灭剥削制度和剥削阶级，确立了社会主义制度；第三，开创建设有中国特色社会主义的道路，逐步实现社会主义现代化，这件事情还正在做。

这三件大事，使中国发生了翻天覆地的变化。

——实现了中国人民梦寐以求的国家独立，中华民族以崭新的姿态屹立于世界民族之林，中华人民共和国的建立，废除了帝国主义在中国的一切特权，结束了中国一百多年来任人宰割、受尽欺凌的屈辱历史。从此，中国人民扬眉吐气。我们建立了强大的国防力量，保卫着祖国的主权和安全。我们独立自主地处理国内和国际事务，在维护世界和平与人类正义事业的斗争中，不畏强权，不怕压力，保持民族尊严，赢得了世界人民的尊重。中国在国际舞台上发挥着越来越重大的作用。

——中国人民当家做了主人，真正掌握了自己的命运。我们推翻了封建地主阶级、官僚资产阶级的统治，建立了工人阶级领导的、以工农联盟为基础的人民民主专政的国家政权，建立了以生产资料公有制和按劳分配为主体的经济制度，人民摆脱了被压迫被剥削的境地，走上了自觉建设新生活的道路。社会主义新中国，为人民群众发挥积极性、主动性和首创精神，开辟了广阔的天地和前景。

——结束了近代中国长年战乱和一盘散沙的局面，国家统一和各民族的大团结日益巩固和发展。全体社会主义劳动者和一切爱国者，在建设社会主义和促进祖国统一的目标下，形成最广泛的爱国统一战线。五十六个兄弟民族在根本利益一致的基础上，确立和不断发展平等互助、团结合作、共同繁荣的社会主义新型民族关系。

——改变了旧中国贫穷落后的面貌，初步实现了国家的繁荣昌盛。我国建立起独立的完整的工业体系和国民经济体系，工农业主要产品产量跃居世界前列，经济实力显著增强，综合国力不断提高。现在十一亿人民基本解决了温饱问题，正在向小康生活迈进。新中国经济发展和人民生活水平提高的速度，不仅是旧中国根本不可比拟的，而且同其他国家相比也毫不逊色。

——教育、科技、文化、卫生、体育等事业取得巨大发展。科学技术领域的一些方面达到世界先进水平。人民受教育的程度有了很大的提高。人民群众的民族自尊心、自信心、自强精神和爱国主义热情不断增强。建设有中国特色社会主义的理想，成为推动亿万人民奋发图强的精神力量。

同志们，朋友们！在庆祝中国共产党成立七十周年的时候，我们怀着崇高的敬意，深切怀念为中国革命和建设建立了丰功伟绩的毛泽东、周恩来、刘少奇、朱德等已故的老一辈无产阶级革命家，深切怀念为创立、捍卫和建设新中国英勇牺牲的革命先烈，深切怀念1840年鸦片战争以来为中华民族的解放和进步事业做出贡献的所有先驱！

中国革命和建设的一切成就，是全国各族人民共同奋斗的结果。我代表中共中央，向在各条战线上为社会主义现代化建设贡献力量的工人、农民、知识分子和各民主党派、各人民团体、各界爱国人士致敬！向为保卫人民共和国和社会主义事业建立了功勋的中国人民解放军、武警部队、公安干警致敬！借此机会，我也向致力于统一祖国、振兴中华的港澳同胞、台湾同胞、海外侨胞致以亲切的问候！向一切同我们友好相处、支持中国革命和建设的外国朋友和世界各国人民表示衷心的谢意！

七十年来的历史证明，只有在中国共产党领导下，走社会主义道路，国家才能强盛，民族才能振兴，人民才能富裕。

七十年来的历史证明，我们党是用马克思列宁主义、毛泽东思想武装起来的，坚持独立自主、自力更生，富有革命创造精神的党；是密切联系群众，为中国各族人民的根本利益不断奋斗并做出最大牺牲的党；是坚持真理、修正错误，经得起胜利和挫折、高潮和低潮、顺境和逆境的考验，任何敌人和困难都压不倒、摧不垮的党。历经磨难而不衰，千锤百炼更坚强。我们党不愧是伟大、光荣、正确的党！

在七十年的斗争中，我们党积累了极其丰富的经验，归结到一点，就是把马克思主义的基本原理同中国革命和建设的具体实际相结合，走自己的道路。

马克思主义揭示了世界发展的普遍规律特别是人类社会历史发展的普遍规律，揭示了社会主义必然代替资本主义和建设社会主义、最终实现共产主义的普遍规律，是无产阶级和劳动人民认识世界和改造世界的强大思想武器。中国革命和建设必须以马克思主义为指导。马克思主义不是教条而是行动的指南。我们党的奋斗历史告诉我们，只有把马克思主义的基本原理同中国的具体实际相结合，科学地总结自己的经验，确定符合中国特点的前进道路和战略策略，我们的事业才能不断取得胜利。实现这个结合，关键在于深刻认识和掌握马克思主义，深刻认识和掌握中国的国情，并把两者正确地统一于革命和建设的实践之中。掌握马克思主义，最重要的是掌握它的精神实质，运用它的基本原理和立场、观点、方法观察分析问题。认识中国国情，最重要的是认识对中国革命和建设有重大影响的一切有利的和不利的现实因素，特别是认识中国社会的性质和发展阶段，认识社会主要矛盾和它的变化。在实现两者结合的过程中，必须始终坚持党的一切从实际出发、实事求是的思想路线，勇于探索和创新，在实践中检验真理和发展真理；坚持党的群众路线，从群众中来到群众中去，集中人民群众的实践经验和智慧；坚持独立自主地分析和解决中国的问题，找出适合我国情况的前进道路。

毛泽东思想是马克思列宁主义基本原理和中国革命具体实际相结合的产物，是中国共产党人集体智慧的结晶。毛泽东同志是实践这种结合的光辉典范。他提出的关于新民主主义革命、社会主义革命的理论、路线、方针和原则，他在政治、经济、文化、军事、外交和党的建设方面所做出的不朽贡献，他对社会主义建设一系列重大问题提出的正确思想，都是对马克思列宁主义的丰富和发展，都是我们宝贵的精神财富。毛泽东同志是中国共产党和中国各族人民的伟大领袖，是伟大的马克思主义者，是伟大的无产阶级革命家、战略家和理论家。以邓小平同志为核心的党中央，充分肯定了毛泽东同志的历史功绩和毛泽东思想的指导地位。这对于正确评价我们党和人民的奋斗历史，对于保证党和国家的各项工作继续沿着正确的方向前进，具有重大的深远的意义。中国各族人民将永远铭记毛泽东同志的丰功伟绩。邓小平同志是捍卫、坚持和发展马列主义、毛泽东思想的杰出代表。他提出的关于建设有中国特色社会主义的理论、路线、方针和原则，是集中全党智慧和经验的创造，是在新的历史条件下对马列主义、毛泽东思想的一个最重大的贡献，标志着我们党对社会主义建设规律的认识有了一个新的飞跃，标志着我国社会主义事业的发展和社会主义制度的完善进入了一个新的历史时期。邓小平同志提出的关于以经济建设为中心、坚持四项基本原则、坚持改革开放的论述，关于加强社会主义精神文明建设和反对资产阶级自由化的论述，关于“一国两制”、和平统一祖国的论述，关于国际战略格局和建立国际经济政治新秩序的论述，都是在新的历史条件下，对马列主义、毛泽东思想的丰富和发展。中国共产党人将永远高举马列主义、毛泽东思想的伟大旗帜，把老一辈无产阶级革命家开创的事业进行到底！

二、当代中国共产党人的庄严使命

回顾七十年党的光辉历史，我们深深感到，今后的责任更加重大。当代中国共产党人的庄严使命是：坚持党的基本路线，团结和带领全国各族人民，沿着建设有中国特色的社会主义道路，自力更生，艰苦创业，把我国建设成为富强、民主、文明的社会主义现代化国家。当前的任务是，努力实现党的十三届七中全会提出的制定十年规划和“八五”计划的建议和七届全国人大四次会议确定的十年规划和“八五”计划纲要，实现社会主义现代化建设第二步战略目标，为在下个世纪中叶实现第三步战略目标奠定坚实的基础。

实现我们的使命，必须正确认识中国的基本国情。基本国情包括很多方面，我主要讲三点。第一，我们经过几十年努力，虽然取得了经济建设的巨大成就，但是新中国经济建设是从旧中国一穷二白的基础上起步的，加上人口众多，人均资源相对短缺，地区发展很不平衡，至今经济技术文化水平还比较低。现阶段我国社会的主要矛盾，是人民群众日益增长的物质文化需要同落后的社会生产之间的矛盾。第二，阶级斗争已经不是我国社会的主要矛盾，但是它在一定范围内还将长期存在，并且在一定条件下还可能激化。这种斗争集中表现为资产阶级自由化同四项基本原则的对立，斗争的核心依然是政权问题。这种斗争同国际敌对势力与我们之间的渗透与反渗透、颠覆与反颠覆、和平演变与反和平演变的斗争密切联系、相互交织。第三，社会主义制度已经在中国大地上扎根并初步显示出优越性，但是由于它是一个新生的制度，还不成熟、不完善，生产关系和上层建筑中还存在不适应生产力发展的方面和环节，必须通过深化改革来逐步解决这个问题。

中国的基本国情，决定了我国处在社会主义的初级阶段。社会主义的根本任务是发展社会生产力，在初级阶段，我们更要自觉地坚定不移地把这个任务放在中心位置。邓小平同志说：“一个真正的马克思主义政党在执政以后，一定要致力于发展生产力”。集中力量发展生产力，把国民经济搞上去，实现社会主义现代化，为社会主义制度的巩固和发展打下更加坚实的物质技术基础，不但是我国长期的根本任务，而且在我国现阶段具有重要的紧迫的意义。

十一届三中全会以来，我们党基于对基本国情的正确分析，确立了以经济建设为中心、坚持四项基本原则、坚持改革开放的基本路线。党的十三届七中全会在总结贯彻执行基本路线经验的基础上，又提出了建设有中国特色社会主义的十二条原则，标志着我们党对社会主义现代化建设规律的认识更加深刻了。党的基本路线和这十二条原则，总起来说，就是要通过社会主义制度的自我完善和发展，建设有中国特色社会主义的经济、政治、文化，以适应和促进社会生产力的不断发展和社会的全面进步，实现社会主义现代化。

有中国特色社会主义的经济，必须坚持以生产资料社会主义公有制为主体，允许和鼓励其他经济成分的适当发展，既不能脱离生产力发展水平搞单一的公有制，又不能动摇公有制经济的主体地位，不能搞私有化；必须实行以按劳分配为主体、其他分配形式为补充的分配制度，既要克服平均主义，又要防止两极分化，逐步实现全体人民的共同富裕；必须建立适应社会主义有计划商品经济发展的、计划经济与市场调节相结合的经济体制和运行机制，在国家法律法规和计划的指导下发挥市场调节的积极作用，既要克服过去那种过分集中、管得过多过死的弊端，又不能过于分散和削弱宏观调控。我们应该牢牢把握有中国特色社会主义经济的这些基本要求，并在实践中不断完善各项政策措施，逐步实现国民经济的现代化。

以生产资料公有制为基础的社会主义生产关系，能够从根本上克服资本主义生产方式中生产资料私人占有同生产社会化的基本矛盾，保证生产、流通、分配置于社会的自觉调节和控制下，实现经济有计划按比例地合理发展和社会成员的共同富裕。动摇了生产资料公有制，就动摇了社会主义的经济基础，必将损害全体人民的根本利益，也就谈不上社会主义了。在我国现阶段，适应生产力的现实水平和进一步发展的要求，首先要巩固和壮大社会主义公有制经济，同时需要个体经济、私营经济以及中外合资、合作企业和外商独资企业的适当发展，作为社会主义公有制经济必要的有益的补充。我们要在实践的过程中，经过深入系统的调查研究，采取适当的措施，逐步使得各种经济成分在整个国民经济中所占的比例和发展范围趋于比较合理。要逐步完善财政、税收、金融、价格、劳动工资、社会保障、工商行政管理等政策，保证公有制经济的主体地位，引导其他经济成分健康发展，发挥其积极作用，限制其消极作用。

这里要特别强调两点。第一，国营大中型企业是社会主义经济的骨干力量，它们的状况如何，对整个国民经济的发展和社会主义制度的巩固，具有决定性的意义。必须充分发挥企业党组织的政治核心作用，坚持和完善厂长负责制，全心全意依靠工人阶级，通过深化改革，建立富有生机的国营企业管理体制和运行机制，切实增强国营大中型企业的活力。第二，农业是国民经济的基础。要继续稳定以家庭联产承包为主的责任制，健全和完善统分结合的双层经营体制，积极发展社会化服务体系，逐步壮大集体经济实力，促进农村经济的发展。

按劳分配是社会主义的分配原则，是社会主义公有制的实现形式。我们要继续坚持以按劳分配为主体的多种分配形式。当前在收入分配上既存在平均主义现象，又出现了过分悬殊现象。这种分配不公的问题，挫伤劳动者的积极性，妨碍生产力的发展。属于贯彻按劳分配原则中存在的问题，要通过劳动工资制度的逐步改革加以解决。其他分配形式中存在的问题，要通过完善有关政策和法规加以解决。要继续允许和鼓励一部分人、一部分地区通过诚实劳动和合法经营先富起来，又要提倡先富帮后富。我们保护合法收入。对过高收入，要通过税收等形式加以调节。对违法经营牟取暴利的行为，要依法坚决取缔。现在这些方面的工作做得还不够，必须努力改进。

建立适应社会主义有计划商品经济发展的、计划经济与市场调节相结合的经济体制和运行机制，既要遵循商品经济的一般规律，又要遵循社会主义经济的特有规律。社会主义商品经济以公有制为基础，资本主义商品经济以私有制为基础，两者存在本质区别。计划与市场，作为调节经济的手段，是建立在社会化大生产基础上的商品经济发展所客观需要的，因此在一定范围内运用这些手段，不是区别社会主义经济和资本主义经济的标志。发展社会主义经济，应该从我国实际情况出发，采用那些符合社会化大生产和商品经济发展要求的通用做法，但是必须坚持正确的方向，决不能走发展资本主义经济的道路。计划经济要自觉地运用价值规律。我们既要充分发挥市场调节的积极作用，改变过去那种忽视市场作用、忽视价值规律的做法，同时要加强和改善国家的计划管理和宏观调控。坚持实行计划经济与市场调节相结合，是一项开创性的工作。我们在前几年的改革实践中，已经取得了一定进展，积累了一些经验，也面临着许多新问题，今后要继续探索，进一步寻求结合的具体途径、形式、办法和措施，保证我国经济持续稳定协调发展。

有中国特色社会主义的政治，必须坚持工人阶级领导的、以工农联盟为基础的人民民主专政，不能削弱和放弃人民民主专政；必须坚持和完善人民代表大会制度，不能搞西方那种

议会制度；必须坚持和完善中国共产党领导的多党合作和政治协商制度，不能削弱和否定共产党的领导，不能搞西方那种多党制。我们应该牢牢把握有中国特色社会主义政治的这些基本要求，不断加强社会主义民主和法制建设，发展安定团结、生动活泼的政治局面，保证人民当家作主和国家长治久安。

人民民主专政，是在人民内部实行民主和对人民的敌人实行专政的结合。在中国共产党领导下，工人、农民、知识分子和全体人民作为主人管理自己的国家，享受广泛的民主权利，这是我国社会主义民主的核心，也是同资本主义民主的本质区别。我们要继续坚定不移地发展社会主义民主，增强人民的主人翁责任感。人民民主专政实质上即无产阶级专政，它同四项基本原则中的其他三项具有同等重要的地位。我们所以强调人民政权专政职能的重要性，是因为国内阶级斗争还将在一定范围内长期存在，国际上还存在妄图颠覆我国社会主义制度的敌对势力。1989 年春夏之交的动乱和北京发生的反革命暴乱，就充分证明了这一点。这场惊心动魄的政治风波所提供的历史教训，我们永远不应该忘记。

人民代表大会制度是我国的根本政治制度。人民通过人民代表大会行使国家权力，保障自己当家作主的地位。要进一步坚持和完善人民代表大会的各项制度，加强人民代表大会的立法工作、法律监督和工作监督。要改进和完善选举制度。各级人民代表要密切同人民群众的联系，充分听取和反映群众的意见、要求和呼声。党要在宪法和法律的范围内活动。党的路线、方针、政策是体现人民利益的，应该通过法定程序和法律形式，把党的主张变为国家意志。要加强党对人大工作的领导。各级党委要支持各级人民代表大会依法行使职权。

中国共产党领导的多党合作和政治协商制度，是我国的一项基本政治制度，是马克思主义政党理论和统一战线学说与我国实际相结合的产物，是我国政治制度的一大特点和优点。中国共产党是领导我们事业的核心力量。没有这个坚强的领导核心，就不可能实现社会主义现代化。在几十年革命和建设中，我们党和各民主党派建立了长期共存、互相监督、肝胆相照、荣辱与共的亲密关系。各民主党派是参政党，不是在野党，更不是反对党。中国人民政治协商会议是共产党领导的统一战线的重要组织形式，应该充分发挥它在我国政治生活中的作用。要继续坚持和完善我国的政党体制和政治协商制度，切实发挥各民主党派和各界爱国人士的参政议政和民主监督作用，以利于更好地坚持和改善共产党的领导，以利于更广泛地联系和团结各阶层群众。那种在我国实行西方多党制的主张，实质上是要取消共产党的领导和执政地位。如果那样，人民的政权就要丧失，社会主义制度就要被颠覆，国家就要分裂，人民就要遭殃。全国各族人民决不允许出现这种局面。

统一战线是我们党团结一切可以团结的力量，不断夺取革命和建设胜利的一大法宝。在社会主义现代化建设过程中，要继续巩固和扩大最广泛的爱国统一战线，调动一切积极因素，共同促进经济和社会的发展，促进祖国统一大业的完成。

在社会主义政治建设中，要坚持和完善民族区域自治制度，继续贯彻执行党的民族政策，促进民族地区加快经济文化发展，实现各民族的共同繁荣和进步。要继续贯彻执行党的宗教政策。要巩固和加强民族团结，反对民族分裂，维护祖国统一。

我们要进一步有领导有步骤地推进政治体制改革。努力建立健全一套民主的科学的决策制度和程序，充分走群众路线，广泛听取各方面的意见，做到集思广益。继续推进机构改革，实行精兵简政，提高各级领导机关和职能部门的工作效率，克服官僚主义。充分发挥工会、共青团、妇联等群众团体的作用。加强城乡基层单位的民主建设。进一步健全社会主义法制，加强对群众特别是各级干部的法制教育，做到有法可依、有法必依、执法必严、违法必究，切实保障人民群众依法管理国家事务、经济事务、社会事务的权利和其他民主权利，保证各项事业在社会主义法制的轨道上健康发展。

有中国特色社会主义的文化，必须以马克思列宁主义、毛泽东思想为指导，不能搞指导思想的多元化；必须坚持为人民服务、为社会主义服务的方向和“百花齐放、百家争鸣”的方针，繁荣和发展社会主义文化，不允许毒害人民、污染社会和反社会主义的东西泛滥；必须继承发扬民族优秀传统文化而又充分体现社会主义时代精神，立足本国而又充分吸收世界文化优秀成果，不允许搞民族虚无主义和全盘西化。我们应该牢牢把握有中国特色社会主义文化的这些基本要求，极大地提高全民族的思想道德和科学文化素质，促进社会主义物质文明和精神文明的发展。

坚持马克思列宁主义、毛泽东思想的指导地位，是我们立党立国的根本，也是社会主义文化建设的根本，决定着我国文化事业的性质和方向。只有这样，我们的文化建设才能沿着正确的道路健康发展，抵制和消除一切落后的、腐朽的思想文化影响，不断创造出先进的、健康的社会主义崭新文化，培养出适应社会主义现代化建设需要的有理想、有道德、有文化、有纪律的新人。要坚持进行爱国主义、集体主义、社会主义思想和共产主义理想的教育，进行近代史、现代史教育和国情教育，增强民族自尊、自信、自强的精神，巩固和发展人民内部平等、团结、友爱、互助的社会主义新型关系，移风易俗，使社会主义思想道德蔚然成风。共产党员、共青团员和一切先进分子，必须努力学习和掌握马克思主义的立场、观点、方法，树立共产主义的崇高理想和世界观、人生观，身体力行共产主义道德。我们要保护和发扬一切有利于社会主义现代化建设的积极思想和精神，一切有利于人民团结、社会进步的积极思想和精神。总之，我们要变精神力量为巨大的物质力量，引导亿万人民共同建设有中国特色的社会主义。

我们的文化必须坚持为人民服务、为社会主义服务，充分体现人民的利益和愿望，满足人民不同层次的、多方面的、丰富的、健康的精神需要，激发人民建设社会主义的积极性。“百花齐放、百家争鸣”，“古为今用、洋为中用”，是我们党繁荣社会主义科学文化事业的重要方针。我们要在坚持四项基本原则的前提下，努力创造勇于探索和创新的活跃气氛，提倡不同学术观点、艺术流派的争鸣和切磋，提倡同志式的批评和反批评。要鼓励深入研究我国建设和改革的现实问题，鼓励创作更多的健康文明、积极向上、为人民大众喜闻乐见的作品。在这些作品中，反映社会主义时代精神应该成为主旋律。中华民族是有悠久历史和优秀文化的伟大民族。我们的文化建设不能割断历史。对民族传统文化要取其精华、去其糟粕，并结合时代的特点加以发展，推陈出新，使它不断发扬光大。我们还必须积极吸收人类所创造的一切优秀文化成果，把它熔铸于有中国特色社会主义的文化之中。只有深深植根于中国大地和依靠人民的力量，面向现代化，面向世界，面向未来，才能创造出无愧于伟大时代的社会主义文化。

文化是广阔的领域。我们要适应现代化建设的要求，大力发展教育、科学、文学艺术、新闻出版、广播影视、卫生体育、图书馆、博物馆等各项文化事业和开展多种形式的群众文化娱乐活动。要坚持一手抓整顿，一手抓繁荣，活跃理论研究，繁荣文化事业，丰富群众文化生活，持续开展“扫黄”、“除六害”斗争。

百年大计，教育为本。教育是社会主义物质文明和精神文明建设极为重要的基础工程。它对提高全体人民的思想道德和科学文化素质，对培养一代又一代社会主义事业的接班人，具有重大的战略意义。我们必须加强教育工作，大力发展教育事业。

我们党历来重视意识形态工作。这方面工作做得好不好，直接关系社会主义事业的成败。意识形态领域是和平演变与反和平演变斗争的重要领域。资产阶级自由化同四项基本原则的对立和斗争，实质是要不要坚持共产党领导、坚持社会主义道路的政治斗争，但这种政治斗争大量地经常地表现为意识形态领域的思想理论斗争。思想宣传阵地，社会主义思想不去占领，资本主义思想就必然会去占领。各级党委要重视意识形态工作，加强对意识形态工作的领导，牢牢掌握意识形态各部门的领导权。要以充分的说服力、强烈的感染力和坚强的战斗力，长期不懈地进行坚持四项基本原则、反对资产阶级自由化的教育和斗争。在意识形态领域，大量的矛盾属于人民内部的思想认识问题，必须严格区分和正确处理两类不同性质的矛盾。各级党委要采取具体措施，支持和组织思想文化工作者深入群众，深入建设和改革的实践，引导他们在社会主义现代化建设的广阔天地里汲取营养、施展才华，成为合格的人类灵魂工程师。

有中国特色社会主义的经济、政治、文化，是有机统一、不可分割的整体。加强这三方面的建设，根本的目的是为了充分调动广大人民群众的积极性、推动社会生产力的发展和社会的全面进步。在社会主义现代化建设中，我们始终要以经济建设为中心。党和国家的各项工作都必须服从和服务于经济建设这个中心，而不能离开这个中心，更不能干扰这个中心。要像邓小平同志反复告诫我们的那样，除了爆发大规模战争外，全党同志必须贯彻始终地集中力量进行经济建设，一步一步地实现我们的战略目标。我们一定要把这个雄心壮志在全党全社会牢固地树立起来，扭着不放，毫不动摇。经济发展了，综合国力提高了，人民生活不断改善了，国家更加强大了，社会主义制度的巨大优越性就会更加充分地显示出来，我们抵御和平演变的斗争就会有更加坚实深厚的物质技术文化基础，我们的社会主义制度就会更加立于不败之地。我们要实现国民经济的现代化，极大地提高劳动生产率，就必须实现科学技术的现代化。要充分认识，科学技术是第一生产力，是推动经济和社会发展的强大力量。我们一定要最大限度地发挥科学技术的作用，尊重知识，尊重人才，更加自觉地把经济建设转到依靠科技进步和提高劳动者素质的轨道上来，采取有力措施，把科研成果转化为现实生产力。对于这项重大战略任务，全党同志必须进一步提高认识，狠抓落实。我们是在社会主义制度下发展生产力的。在这个过程中，必须发挥社会主义制度的优越性，高度重视精神对物质、社会意识对社会存在、生产关系对生产力、上层建筑对经济基础、政治对经济的巨大反作用，不能忘记这个辩证唯物主义、历史唯物主义的原理。要记取前几年“一手硬、一手软”的教训，坚持社会主义物质文明和精神文明一起抓的方针，发挥我们党重视思想政治工作的优势，保证有中国特色社会主义的经济、政治、文化的协调发展。

建设有中国特色社会主义的经济、政治、文化，必须在坚持四项基本原则的前提下，坚持改革开放的总方针。只有通过改革，社会主义制度的优越性才能更加充分发挥出来。十一届三中全会以来，我们各方面取得的巨大成就，都是同改革开放分不开的。我们已经确定的建设有中国特色社会主义经济、政治、文化的基本要求，要深入贯彻到实际生活中去，使之具体化、制度化，也都需要通过改革来实现。在实现第二步战略目标，并为实现第三步战略目标打下坚实基础的过程中，我们面临大量新问题，都需要用改革的精神来解决。我们的改革，是一项复杂的巨大的系统工程，包括经济、政治、教育、科技、文化体制等各方面的改革，需要相互协调，配套进行。十年规划和“八五”计划纲要中已经确定的各项改革任务，必须认真组织实施，保证胜利完成。恩格斯早就指出：“所谓‘社会主义社会’，不是一种一成不变的东西，而应当和任何其他社会制度一样，把它看成是经常变化和改革的社会。”社会主义制度只有在坚持这种自身改革的进程中，才能逐步走向健全、走向完善、走向成熟。我们中国共产党人的历史责任，就是要坚定不移地投身改革的伟大事业，通过改革，更好地巩固和发展我国的社会主义制度，为我国经济的发展和社会的全面进步开辟更加广阔的道路，提供更加强大的动力和保证。我们一定要坚持实事求是，解放思想，破除迷信，一切从实际出发，勇于探索，勇于实践，认真总结经验，使改革开放不断深化和不断扩大，更加富有成效。我们的改革，是社会主义制度的自我完善和发展，是发扬优势、革除弊端、大胆创新的过程。我们的开放，要吸收国外先进科学技术、管理经验和优秀文化成果，引进外资，以增强我国经济社会发展的自力更生能力和在国际社会中的竞争能力。不进行改革，就不可能使社会主义制度继续保持蓬勃生机；在改革中不坚持社会主义方向，就会葬送党和人民七十年奋斗的全部成果。要划清两种改革开放观，即坚持四项基本原则的改革开放，同资产阶级自由化主张的实质上是资本主义化的“改革开放”的根本界限。我们的改革必须从我国的实际出发，决不能裹足不前、无所作为，也不能匆忙行事、急于求成。要在党的领导下，依靠广大人民的智慧，有步骤、有秩序地向前推进，采取积极而又稳妥的方针，保证国家政治、经济、社会生活的稳定和发展。

我们党领导的人民解放军是人民民主专政的坚强柱石，是捍卫社会主义祖国的钢铁长城，是建设有中国特色社会主义的重要力量。人民解放军始终坚持全心全意为人民服务的宗旨，在巩固国防、抵抗侵略，捍卫人民共和国和社会主义制度，保卫人民的和平劳动和参加国家社会主义建设事业中，发挥了重大作用，建立了不可磨灭的功勋。没有一个人民的军队，便没有人民的一切。在新的形势下，进一步加强军队和国防建设，对于维护国家的长治久安，保证社会主义现代化建设的顺利进行，具有深远的战略意义。我们要毫不动摇地加强党对军队的绝对领导，始终保持部队的高度集中统一。要随着经济的发展和国力的增强，不断地提高军队装备的现代化水平。武器是战争的重要因素，但不是决定因素。决定的因素是人，是具有高度政治觉悟、高昂士气和掌握现代军事技术的人。我们要进一步加强思想政治工作，加强军事训练，使全军部队做到政治合格、军事过硬，作风优良，纪律严明，保障有力，努力把我军建设成为一支强大的现代化、正规化革命军队。

建设有中国特色的社会主义，需要争取和平的国际环境。现在，旧的世界格局已经打破，新的格局尚未形成，世界处于新旧格局交替的动荡时期。我们要继续坚持独立自主的和平外交政策，积极发展同一切国家的友好关系，特别是保持和发展同周边国家的睦邻友好关系，加强同第三世界国家的团结和合作。在国际事务中，我们永远不谋求霸权，坚决反对任何形式的霸权主义和强权政治，反对使用武力和以武力相威胁，主张通过和平协商解决国际争端，维护世界和平。我们坚决维护中国人民的根本利益，维护国家的主权和民族的尊严，绝不允许任何人干涉我国内政。我们一贯主张在平等互利的基础上，发展同世界各国的经济技术合作和贸易往来。在处理同外国党的关系上，我们要继续坚持独立自主、完全平等、相互尊重、互不干涉内部事务的原则。我们要同世界各国和各国人民一道，为在和平共处五项原则基础上建立国际政治和经济新秩序，做出积极的贡献。

三、进一步加强中国共产党的建设

建设有中国特色的社会主义，关键是加强和改善共产党的领导。在中国这样的大国，要把十一亿人民的思想和力量统一起来建设社会主义，没有一个由具有高度觉悟、严明纪律和自我牺牲精神、真正代表和团结人民群众的党来领导，是根本不可能的。坚持中国共产党的领导，是全国各族人民在长期奋斗实践中深刻认识到的真理。

当前，世界社会主义事业遇到严重挫折。但是，这只是历史长河中的暂时现象。在过去的七十年里，我们党领导中国各族人民战胜无数艰难险阻，一切困难和敌人都没有能够压倒我们，最终却被我们所压倒。近十多年来，我们的各级党委和广大基层党组织贯彻执行党的基本路线，团结和带领群众艰苦奋斗，发挥了政治核心和战斗堡垒作用；绝大多数共产党员和干部勤勤恳恳、兢兢业业地工作，在各条战线发挥了先锋模范和骨干作用。在涉及国家安危的关键时刻，在人民的生命和财产受到严重威胁的时候，大批共产党员和党的干部挺身而出，站在最前面。正是有了这样的党，正是有了这样的党员和党员干部，才有了现代化建设和改革开放的新局面。中国共产党人坚定地相信，社会主义在前进中遇到的暂时困难和挫折，不会也不可能阻止它的继续发展。中国共产党将始终坚持马列主义、毛泽东思想，领导中国人民沿着有中国特色社会主义的道路奋勇前进。

为了把党建设得更好，我们必须对党的建设所面临的形势和党的现状有清醒的全面的认识。毫无疑问，我们党的主流是好的，但是在我国改革开放和发展商品经济的环境中，资本主义腐朽的思想、价值观念、生活方式不可避免地乘隙而入，侵蚀党的肌体。和平演变和资产阶级自由化思潮，对我国的独立和主权，对我们的建设和改革开放。构成现实的威胁。在这种情况下，确有一些党组织软弱涣散，一部分党员和党的干部经不起考验，头脑不清醒，立场不坚定，甚至有的违法乱纪、腐败变质；有的顽固坚持资产阶级自由化立场，丧失国格人格，站到了党和人民的对立面。党在思想、政治、组织、作风方面都存在不少亟待解决的问题。这种情况说明，在新的历史条件下，我们党不仅要继续经受执政的考验，而且面临着改革开放和发展商品经济的考验，面临着反对和平演变的考验。在严峻考验面前，我们一定要紧紧联系党的政治路线和政治任务，全面加强党的建设，始终保持党的工人阶级先锋队的性质和全心全意为人民服务的宗旨，坚定社会主义信念和共产主义理想，筑起抵御国内外敌对势力和平演变的钢铁长城，把我们党建设成为领导全国各族人民实现社会主义现代化的更加坚强的核心力量，更好地担负起历史赋予我们党的伟大使命。

第一，必须努力提高全党的马克思主义水平。面对复杂的国际形势和繁重的国内任务，党必须在理论上更加成熟起来。在建设有中国特色社会主义的崭新事业中，有许多丰富的实践经验需要总结，有许多重大的问题需要解决，有许多未曾认识的领域需要探索。马克思主义是指导我们思想的理论基础。我们要在现代化建设和改革开放的实践中，坚持马克思主义，发展马克思主义。只有大力提高全党的马克思主义理论水平，才能在错综复杂的矛盾和斗争中驾驭全局，掌握主动权；才能更好地坚持实事求是的思想路线，避免犯“左”的或右的错误；才能不断总结群众创造的新鲜经验，做出新的理论概括，把现代化建设和改革开放胜利地推向前进。只有马克思主义才能引导我们深刻认识社会发展的客观规律，把握世界形势变化的本质，不被历史长河中的旋涡和逆流所迷惑。我们要在全党普遍深入持久地进行马列主义、毛泽东思想的教育。党的干部特别是高中级干部，要努力学习和掌握马列主义、毛泽东思想的基本理论，紧密联系实际，加强调查研究，深入认识和把握中国国情，认真探讨和解决当代重大的政治、经济、思想文化等问题。现在，《列宁全集》中文第二版、《毛泽东选集》第二版已经出版发行。这是我国政治生活和党的建设中的大事。共产党员要认真学习马列著作和毛泽东同志的著作，认真学习邓小平同志和其他老一辈无产阶级革命家的著作，认真学习建设有中国特色社会主义的理论、路线、方针和政策。同时，还要努力学习进行建设和改革所必需的科学文化知识。在学习中要坚持理论联系实际，自觉地改造世界观，克服非无产阶级思想，牢固树立共产主义世界观。我们开展的社会主义思想教育已经取得初步的成果，今后要更加广泛深入地进行下去，力争取得更大的成果。要通过学习和教育，划清马克思主义与反马克思主义、社会主义与资本主义、无产阶级思想体系与资产阶级思想体系的界限，增强抵制各种错误思潮侵蚀的能力，提高解决建设和改革中各种实际问题的本领。

第二，必须努力提高全党同志为人民服务的自觉性。全心全意为人民服务是我们党的根本宗旨，密切联系群众是我们党的优良作风。在革命战争年代，我们党能够赢得人民群众的衷心拥护，就在于党以自己的实际行动表明，它是为人民的利益而斗争的。我们党取得执政地位以后，获得了更好地为人民服务的条件，也增加了脱离群众甚至腐败变质的危险。在改革开放和发展商品经济的条件下，这种危险会更大，如果放松警惕，带来的后果也会更严重。我们不能因为今天党内发生的某些消极腐败现象而看不到党的主流是好的，更不能因为党的主流是好的而对存在的问题视而不见，掉以轻心。现在有些党员干部滋长了严重的官僚主义，有些干部为了本地区、本部门、本单位的利益乃至个人利益，而不惜损害国家和人民的全局利益，少数人以权谋私、行贿受贿、贪污腐化。这些现象败坏党的声誉，损害党群关系，同党的宗旨是根本不相容的。党风是关系到党的生死存亡的问题，如果听任腐败现象发展下去，党就会走向自我毁灭。我们党不是生活在真空里。这些消极腐败现象是资产阶级和其他剥削阶级思想作风在党内的反映。党只有坚决清除消极腐败现象，才能在新的历史条件下，进一步密切同人民群众的联系。我们一定要从近年来国内外惊心动魄的严酷斗争中警醒，从严治党，建立健全一套拒腐防变的制度，采取切实有效措施，加强党内监督和人民群众的监督，同一切消极腐败现象进行毫不留情的斗争。各级领导机关和领导干部要以身作则，转变作风，扎实工作，勤政为民，认真解决群众迫切需要解决而又能够解决的问题。要坚持人民的利益高于一切，正确处理局部利益和整体利益的关系，眼前利益和长远利益的关系，国家、集体、个人利益的关系，坚决反对个人主义、本位主义和“一切向钱看”的思想和行为。共产党员毫无疑义应该努力贯彻执行党的现行政策，而执行党的现行政策同坚持党的最高理想是统一的，对共产党员应该按照党员的标准提出更高的要求。发展社会主义商品经济，在经济领域必须重视和运用价值规律，讲等价交换，但决不能把商品交换的原则引入党内政治生活。党的政策允许和鼓励一部分人、一部分地区依靠诚实劳动与合法经营先富起来，目的是为了达到共同富裕。共产党员和党的组织不能只顾个人或本单位、本地区致富，还要关心和帮助其他群众或其他地区共同致富。共产党员不能以权谋私，不能为了谋取个人利益和小团体利益而损害国家和人民的利益。否则，就违背了党的宗旨，就没有资格做一名共产党员。对于那些无视党纪、政纪和法律，胡作非为的人，绝对不能姑息，必须严惩不贷。

第三，必须努力提高党的各级组织的战斗力。我们这样一个有五千万党员的大党，靠什么组织起来并具有强大力量呢？很重要的是靠坚持和完善民主集中制。民主集中制是党的根本组织原则。削弱和否定它，就会损害党的战斗力，以至瓦解党的组织。民主集中制是民主与集中的统一。它要求充分发扬民主，健全民主制度，保障党章规定的党的各级组织和党员的民主权利，使各级党组织和广大党员朝气蓬勃，以自己的积极性和创造性贡献于党的事业，并有效地监督党的干部特别是领导干部。要在充分发扬民主的基础上实行正确的集中，使全党在思想上政治上保持统一，在行动上做到步调一致。党章规定：党员个人服从党的组织，少数服从多数，下级组织服从上级组织，全党各个组织和全体党员服从党的全国代表大会和中央委员会。全党必须严格遵守这些原则，加强纪律观念，坚决纠正无组织无纪律、阳奉阴违、各行其是的现象。党的团结，特别是各级领导班子的团结，是社会稳定、事业发展的决定性环节。全党同志一定要珍惜、维护和加强党的团结。在我们党内决不允许有任何政治派别存在，不允许有任何破坏和分裂党的行为存在。党的基层组织是党的基础，是党的一切工作的落脚点。我们要把基层党组织建设成为认真贯彻党的路线、方针、政策，联系群众，纪律严明，富有战斗力的坚强堡垒，改变一部分基层党组织的软弱涣散状况。要健全组织生活，加强对党员的教育和管理，积极开展批评和自我批评，大力提高党员素质，充分发挥党员的先锋模范作用。要严格标准、保证质量，做好发展党员工作，特别注意在企业、农村生产第一线发展优秀分子入党。

第四，必须努力培养和造就千百万社会主义事业的接班人。早在六十年代，毛泽东同志就高瞻远瞩，向全党提出了这个战略任务。现在，这个任务比过去任何时候都更加紧迫。干部队伍中建国前参加革命的老同志，绝大多数已经或接近离休，建国初期参加工作的同志，也将大批退休。近年来陆续走上领导岗位的中青年干部，亟需在马克思主义理论水平、党性和工作能力方面，有大的提高。今后十年，是我国经济和社会发展的关键时期，也是新老干部交替的关键时期。社会主义事业在中国的前景，很大程度上取决于青年一代的状况。要以对今后十年乃至下个世纪中国社会主义事业的命运高度负责的精神，着眼于培养广大青少年。我们要坚持党的德才兼备的干部标准，继续全面贯彻执行党中央和邓小平同志提出的干部队伍革命化、年轻化、知识化、专业化的方针，在社会主义现代化建设和改革开放的实践中，在反对资产阶级自由化和抵御和平演变斗争的实践中，考察和培养干部。要在各族工人、农民、知识分子中广泛而扎实地进行培养、教育和发现人才的工作。要认真总结干部工作中的经验教训，进一步改革干部人事制度，悉心听取群众意见，把经过实践考验证明合格的优秀中青年干部及时提拔到领导岗位上来，保证党和国家的各级领导权掌握在忠于马克思主义的人手里。做社会主义事业的接班人，不是当官发财、获得谋取私利的权力，而是要继承和发扬老一辈坚持革命斗争的英勇精神，全心全意为人民服务，吃苦在前，享受在后，随时准备为了社会主义事业的胜利、为了人民的利益牺牲个人的一切。

中国共产党在长期奋斗的历史中，根据马克思主义的建党学说，创造了加强自身建设的丰富经验，形成了优良传统。例如，密切联系党的政治路线加强党的建设；把党的思想建设放在首位，强调党员不仅要在组织上、而且要在思想上入党；坚持和发扬理论联系实际、密切联系群众和自我批评的作风；重视党的基层组织建设，注意在实际斗争中培养和造就接班人；按照团结——批评——团结的公式和“惩前毖后、治病救人”的方针，正确处理党内矛盾，等等。在新的历史条件下，我们要继承和发扬党的这些传统，认真解决面临的新问题，创造和总结新经验，把党建设得更好，使党在思想上更加统一，政治上更加坚强，组织上更加巩固。

同志们，朋友们！

完成祖国统一大业，是中华民族的根本利益所在，是全国各族人民包括台湾同胞、港澳同胞和海外侨胞的共同心愿。中国共产党提出“一国两制”的原则后，香港和澳门问题得到解决。我们将继续为香港和澳门的平稳过渡和稳定繁荣进行不懈的努力。为了促进台湾与祖国大陆的统一，我们按照“一国两制”的构想，制定了一系列方针、政策，并采取了许多切合实际的措施，有力地推动了海峡两岸同胞的相互了解和往来。我们也注意到，台湾广大爱国人士包括台湾当局的有识之士，近年来为两岸关系发展做出了努力。最近一段时间，台湾当局几次发表主张国家统一的言论，这是值得欢迎的，但是仍未放弃敌视中国共产党的立场，这是令人遗憾的。当前，台湾局势正处于重大的变化之中，尤其是“台独”思潮有蔓延之势，需要严重注意和警惕。形势的发展，把结束两岸分裂局面、实现祖国统一的任务更加突出地摆在全体中国人民面前。一切有志于国家统一的党派、团体和仁人志士，都应该以民族大义为重，增强紧迫感。中国共产党和中国国民党对国家统一负有重大历史责任。两党应本着对国家对民族负责的态度，派出代表进行直接接触商谈，逐步达成实现祖国统一的原则协议。商谈中，邀请其他政党、团体的代表参加。台湾当局、各党派团体和各界人士关心的问题，都可以提出来商谈。我们希望海内外同胞团结起来，共同奋斗，实现完成祖国统一大业的伟大目标。

同志们，朋友们！

现在，我们有了在实践中证明完全正确的党的基本路线，有了实现现代化的战略部署，有了实现第二步战略目标的行动纲领。尽管在前进道路上还有这样那样的问题和困难，未来也可能出现一些难以预料的情况。但是，目标已经明确，道路已经找到。全党同志要发扬我们党一贯倡导的革命精神，大公无私和先人后己精神，严守纪律和自我牺牲精神，坚持革命乐观主义、排除万难去争取胜利的精神，坚定不移地朝着我们的奋斗目标迈进。

胜利属于伟大的中国共产党！

胜利属于伟大的中国各族人民！

在中央工作会议上的讲活（摘录）

（一九九一年九月二十七日）

江　泽　民

这次中央工作会议的中心议题，是研究如何进一步搞好国营大中型企业问题。李鹏同志代表中央政治局，就这个问题和当前经济形势讲了话。大家进行了认真的讨论，上下交流，畅所欲言，各抒己见，相互切磋，提出了许多好的意见和建议。会议开得很好。

一、关于搞好国营大中型企业问题

搞好国营大中型企业的重要意义和政策、措施，李鹏同志已经讲了，讲得很全面。根据大家讨论的情况，我再讲几点原则性的意见。

（一）要把搞好国营大中型企业作为坚持社会主义道路的一件大事，摆到突出位置，集中精力抓下去

进一步搞好国营大中型企业，不仅是经济问题，而且是政治问题。没有经济的发展、繁荣与稳定，也不可能有政治的稳定。前几年我们采取一些优惠政策，促进个体经济、私营经济和三资企业的发展，这是必要的。我们还要继续引导它们健康发展，使它们更好地成为社会主义公有制经济必要的有益的补充。这十多年来，集体企业有很大发展，国营大中型企业也有较大发展，为现代化建设做出了重要贡献。现在的问题是，有许多国营大中型企业困难比较多，这个问题解决得好不好，涉及经济的全局和社会主义制度的巩固。今后我们要集中力量切实搞好国营大中型企业，使其更好地发挥在国民经济中的主导作用。

（二）要把经济工作真正转移到调整结构和提高效益的轨道上来，体现速度和效益的统一

我们是发展中的社会主义国家，在经济上要赶上发达国家，就要保持必要的发展速度。这种速度，要建立在提高效益的基础上。没有一定的速度，经济搞不上去。但是忽视效益的速度，会造成浪费，增加经济发展的困难，而且也不能持久。历史经验证明，在经济工作中，主观上的急于求成必然造成片面追求速度，不讲效益。当前和今后一个时期，我们必须下功夫调整结构和提高效益，把扩大再生产的重点放在技术改造上，而不能主要靠铺新摊子。经济的发展要依靠科技进步和提高劳动者素质。当然，在农业、能源、交通、原材料等方面还要

上一些新项目。上这些项目，也要尽可能采用先进技术。

中央提出要从内涵上扩大再生产，防止搞大而全、小而全、重复建设、重复引进，这些话讲了多年，但是成效不大。究竟为什么呢？除了体制上的问题以外，恐怕很重要的原因，是同主要用产值和速度衡量经济工作的成绩有关，同有些地方和部门片面强调局部利益有关。发展有计划的商品经济，不能盲目追求产值，而要推动企业去研究市场，研究消费者的需要，开发适销对路的产品，合理地组织生产。要认真总结历史经验，增强效益意识。今后衡量经济工作的成绩，要重视采用综合性的考核指标，要看产值和速度，更要看是以什么代价获得的产值和速度，看生产出来的产品是否质量合格、适销对路。绝对不能追求不讲效益的速度。要下决心关停并转那些效益低下、没有前途的企业。

（三）要给国营大中型企业逐步创造良好的外部环境

李鹏同志讲话中提出的十二条改善国营大中型企业外部环境的具体措施，都很重要。讨论当中，大家有一个比较一致的认识，即当前的一个突出问题是要积极地开拓有效的市场，促使企业有活干。问题是如何去开拓市场，如发展商品房建设，推动企业技术改造，限期更换一部分耗能高耗材多的设备和产品。更换一些老设备，看起来有些可惜，但不这样做，那些“电老虎”开动起来，我们就不得不更多地增加电力的基本建设、煤矿的基本建设，去满足对能源的需要。我国单位国民生产总值的能耗，和发达国家相比要高得多。所以，不仅要限期更换一些设备，有些过分落后的、耗能高的产品也要限制生产，逐步用性能有所改进的产品去代替，还要开发一些适销对路、不会形成积压的产品。我们还要扩大出口，多方位地开拓国际市场。总之，要开拓使投入的资金能很快收回或还贷的市场。开拓这样的市场没有风险，有可能一动百动，财政可以增收，企业困难也可以减少。要维护企业的合法权益，采取切实有效的措施，坚决制止不必要的检查、评比、达标、升级，让企业管理人员专心抓生产经营。要严禁各种不合理摊派，减轻企业负担。各级党委和政府要统筹全局，加强宏观指导，为基层着想，为企业服务，努力提高办事效率，认真落实搞好国营大中型企业的各项措施。还有企业办小社会的问题，这是长期历史形成的，不是一下子能够解决的。我们要采取积极措施，大力发展第三产业和社会化服务，逐步地解决这个问题。从方向上讲还是要逐步实现政企职能分开，该由政府管的事，政府把它管起来；同时，要减少对企业不必要的行政干预，使企业真正成为自主经营、自负盈亏的社会主义商品生产者和经营者。

（四）国营大中型企业要眼睛向内，自立自强

企业要在提高职工素质、提高经营管理水平、提高经济效益方面下功夫，抓好产品结构调整和技术改造，不断挖掘内部潜力。当前企业确实困难很多，但决不能说潜力已经挖尽了。

关于国营企业内部领导体制的问题，概括起来是三句话：充分发挥党组织的政治核心作用，坚持和完善厂长负责制，全心全意依靠工人阶级。它们是相辅相成的。要把企业建设好，这三者缺一不可。这三条，是我们四十多年特别是近十多年来企业领导体制的实践经验的总结，准确地反映了我们企业的社会主义性质。要全面理解，全面贯彻实行。

要加强企业思想政治工作，坚持从严治厂，加强民主管理，全心全意依靠工人阶级。必须充分调动广大干部职工的社会主义积极性和创造性，使他们增强主人翁责任感，正确处理国家、集体、个人三者之间的利益关系，把自己的命运同国家和企业的命运联系起来。我们

一定要充分发挥社会主义制度的优越性，把工人阶级的主人翁地位真正地体现出来。现在有的国营企业已经亏损了，奖金还是照发，甚至还要提高。这样下去就会坐吃山空。所以，我们必须在深化改革的同时，切实加强思想政治工作。要把企业的困难和问题向工人讲清楚，发动全体工人共商大计。这次会上大家都提到，凡是企业的大事，都要同工人商量，使工人知道，如果不好好搞，大家都要受损失。个人收入的增长应该建立在发展生产、增加积累、提高效益的基础上。这一点应该向群众讲清楚，要相信群众。如果不讲清楚，他就以为同他没有关系。有的同志发言中还提到，现在有的厂长在任期之内搞短期行为。要教育干部和职工以国家的利益为重，眼前利益服从长远利益，局部利益服从整体利益，个人利益服从国家利益。

（五）发展经济、搞好企业，要发挥中央和地方两个积极性

毛泽东同志提出十大关系以后，我们党一直强调，搞社会主义建设，发展国民经济，必须有中央和地方两个积极性，不能只有一个积极性。只有中央的积极性，不可能把事情办好。只有地方的积极性，关系国民经济全局的重大建设项目就会受到影响，宏观可能失控，经济不可能顺利发展。要把这个关系处理好，也不容易。这十多年来，通过放权让利等改革措施，改变过去统得过多过死的状况，以发挥地方积极性方面起了很大作用，这是必须肯定的。但是前几年也出现了宏观失控的现象，出现低水平重复建设的问题，造成人力、物力、财力的浪费。宏观调控的问题不解决，我们的经济很难实现持续、稳定、协调发展，也很难有好的效益。解决这个问题，全党同志首先是各级领导干部，尤其是省部级的领导干部，都要树立全国一盘棋的思想，要有全局观念，不能仅仅从地方或部门的角度来考虑问题和处理问题。今后考核干部，除了看他们对本地方、本部门做了什么贡献，还要考核这些同志的全局观念，看他们对全局做了什么贡献。

这里我想重申两点。一是中央必须集中必要的财力、物力，以便把地方办不了、只能由中央办的事办好。如这次抗洪救灾，事情就很明显。难道只让江苏、安徽自己去干，国家就不管了？这当然不行。我们的国防建设，也必须由中央集中必要的财力、物力去办。二是要加强宏观调控。新上的基本建设项目，要经过科学论证和综合平衡，不能盲目拍板。要杜绝首长批条子上工程的现象。在指导思想上要明确，上项目必须进行科学的可行性研究，而不是去做“可批性”研究。我们的省，大的有上亿人口，一般也有几千万人口。各省区市的领导同志都要研究综合平衡问题。中央和省这两级把综合平衡搞好了，国民经济的重大比例关系就会比较协调。发挥两个积极性的问题，实际上就是正确处理集中和分散的关系。该集中的一定要集中，该分散的一定要分散。历史证明，宏观失控，全局不稳，你那个地方、部门的事情也难办，经济一时上去了也维持不久。历史也证明，只强调集中，管得过死，就不可能把各方面的积极性调动起来，事情也办不好。我们有三十个省区市，将近一千万平方公里面积，十一亿多人口，情况千差万别，认识不到这个差别，我们就不是马克思主义者。

（六）搞好国营大中型企业，要继续坚持深化改革、扩大开放

提出改革开放的方针，并把它纳入党的基本路线，是邓小平同志的重大贡献。十一届三中全会以后党和国家工作取得的巨大成就，都是同改革开放分不开的。十三届四中全会以来，在抓治理整顿的过程中，改革开放不但没有停顿，而且取得了新的进展。一方面，结合治理

整顿，采取了一些新的改革开放措施。另一方面，在总结经验的基础上，对已经出台的改革开放措施，加以补充和完善。对于这几年我们在改革开放方面取得的成绩，应该有足够的估计。

当前，我国人民面临的最根本的任务，是把经济建设搞上去。搞好国营大中型企业，发展生产力，关键是继续深化改革，扩大开放。改革开放，主要是做好三个方面的文章：一是发挥我们已有的优势，二是克服过去体制中存在的弊端，三是适应新的情况勇于创新。这三个方面，缺一不可。在这三个方面，都要解放思想，实事求是。

经过多年的实践和摸索，我们逐步认识到，适应发展社会主义有计划商品经济的需要，必须建立计划经济和市场调节相结合的经济体制和运行机制。这已经写入我们党的一系列重要文件。怎么样结合，这几年的实践也积累了一些经验，但还要下大功夫去继续探索。我们一定要把计划经济的长处和市场调节的长处很好地结合起来，千万不能把二者的短处结合起来。要扬长避短，走出发展有中国特色的社会主义经济的路子来。我们在实际工作中，在具体政策的制定和执行中，要坚定不移地按照计划经济和市场调节相结合的原则去办，决不能再动摇。

加强企业内部经营管理和改善企业外部环境两个方面，都离不开深化改革。要以转换企业经营机制为重点，搞好企业自身改革，在经营决策、机构设置、内部分配、劳动用工等方面，进一步落实企业自主权，建立企业的经营机制、激励机制、自我约束机制、监督机制。同时，要加强宏观调控，逐步理顺计划体制、价格体制、财政税收体制、金融体制等。

（七）搞好国营大中型企业，既要抓紧工作，又要有长期打算。

搞好国营大中型企业，涉及许多复杂的因素，有的问题不是一下子发生的，有长期的历史原因，因此不是一年两年能完全解决的。这次会议进一步理出了一些思路，还有许多深层次问题要继续研究。李鹏同志报告中提出，把整个“八五”计划时期列为集中力量增强国营大中型企业活力和提高企业效益的时期，我同意这个意见。把问题看得复杂一点，把困难估计得充分一点，做好长期努力的准备，同时一定要积极抓紧工作，这样比较主动。

这次召开中央工作会议，专门讨论国营大中型企业问题，说明中央十分重视这个问题，希望各级党委、政府也一定要对这个问题给予高度重视。要发挥各方面的积极性、创造性，把国营大中型企业和整个经济工作搞好。

二、关于改进领导工作（略）

关于当前经济形势和进一步搞好国营大中型企业的问题[①]

（一九九一年九月二十三日）

李　鹏

这次中央工作会议的主要议题，是研究如何进一步搞好国营大中型企业的问题。我受中央政治局的委托，讲一些意见，供大家讨论。研究这个问题，离不开经济形势。因此，我想先讲一讲当前经济形势和明年经济工作的安排。

一、关于当前经济形势

我国经济建设是在错综复杂的国际环境中进行的。近年来，国际形势发生了重大变化。旧的格局已经打破，新的格局尚未形成，世界变得更加动荡不安。新的霸权主义和强权政治有所发展，西方敌对势力加紧对社会主义国家推行和平演变战略。面对这种严峻形势，我们坚持执行独立自主的和平外交政策，坚持以和平共处五项原则处理国与国的关系，积极发展同第三世界国家特别是同周边国家的友好关系，在维护地区和平与稳定、推动热点问题的政治解决方面发挥了独特的作用，逐步打破了西方对我国的经济制裁和政治制裁。我们在风云变幻的国际环境中，仍然有很多有利因素和回旋余地。只要我们认真贯彻正确的方针，抓住机遇，做好工作，就能够继续争取到有利于我国现代化建设的外部环境。

从国内情况看，十三届四中全会以来，在以江泽民同志为核心的党中央领导下，坚持邓小平同志开创的十一届三中全会以来的路线、方针和政策，坚持以经济建设为中心，坚持四项基本原则和改革开放，经过全党和全国各族人民的共同努力，我国政治、经济、社会稳定，整个经济形势继续向着好的方向发展。

农业生产在遭到严重自然灾害的情况下，仍然可望取得较好收成。今年农业开局不错，但从6月份以来，安徽、江苏、河南、湖北、松辽平原等地遭受严重洪涝灾害，一些省份发生旱灾。自然灾害给农业生产带来的损失是严重的。在灾害面前，党和政府在人民群众中表现出极大的凝聚力，各族人民表现出团结抗灾的高昂斗志，解放军发挥了极大的作用。港澳同

① 这是李鹏同志在中央工作会议上的讲话

胞、台湾同胞和海外侨胞也表现了很高的爱国热情。抗洪救灾和生产恢复工作，取得了决定性的胜利。由于后期气候条件较好，今年农业生产仍然可以取得较好的收成，粮食和棉花产量接近完成计划，农业总产值将比去年增长2%左右。

工业生产稳步增长。今年头8个月工业生产比去年增长13.7%。各地区全面回升。轻重工业协调发展，产品结构有所调整。多种经济成分继续增长，全民所有制企业的主导作用增强。全年工业生产将增长10%以上。

市场形势继续好转，物价比较稳定。今年以来，城市市场趋向活跃，农村市场也逐步回升。社会商品零售总额预计全年增长12%左右。今年调价措施比较多，但由于供求总量基本平衡，调价工作做得比较细致，零售物价总水平仍然比较平稳，全年物价指数可以控制在6%以内。

进出口贸易持续增长。今年，外贸企业实行自负盈亏的改革，头8个月进出口总额比去年同期增长18.3%。今年外贸计划可以超额完成，国际旅游业回升较快，非贸易外汇收入增加，国家结存外汇年底可以有较多的增长。

固定资产投资增长较快。今年头8个月全民所有制固定资产投资完成较好，比去年同期增长21.7%。投资结构有所改善，农业、基础工业投资有较大幅度增长。重点项目进度高于一般建设项目。值得注意的是，基本建设目前又出现过热苗头，规模过大，新开工项目增加较多，有的不符合产业政策的要求。

金融形势相对平稳。今年金融形势是好的，但贷款规模增长较快。城乡居民储蓄继续增长，目前居民储蓄存款余额已达8000亿元，手持现金近2000亿元。只要采取正确的金融政策，使银行利率和物价指数保持一个合理的差额，高于物价上涨幅度，居民存款就不会对市场造成大的冲击。

人民生活继续有所改善。今年上半年农民人均现金收入比去年同期增长10.7%。从全年看，部分地区遭受严重自然灾害，农业生产收入不会增加很多，但乡镇企业等非农业收入将会增加。预计农民人均纯收入还会比去年有所增长。城镇职工收入继续增加，全年人均货币收入将增长12%左右。

改革开放迈出较大步伐。今年对钢铁、水泥、原油、铁路货运等价格进行了微调，大幅度调整了平价粮油销价，取得了比较满意的效果。企业集团的组建、股份制和租赁制的试点正在继续展开。社会保障制度和住房制度改革的范围不断扩大。“三资”企业和来料加工都有较快的发展，续建和新筹建了一些大型合资项目。上海浦东新区的开发正在积极进行。

以上情况表明，整个经济形势继续向好的方向发展，今年国民经济计划可以完成。国民生产总值将增长6%以上。这些成绩的取得，是正确执行党的路线、方针和政策的结果，是中央和地方各方面共同努力、全国人民团结奋斗的结果。

当然，我们必须清醒地看到，经济生活中还存在着不少的困难和问题。要看到好的一面，充分肯定成绩，树立信心；也要看到困难和问题的一面，把困难和问题分析透彻，找到解决的办法。从各级领导干部来说，宁可把困难和问题看得重一点，这样可以使我们保持清醒的头脑，妥善处理前进中的问题，把各项工作做得更好。

当前经济生活中比较突出的有三个方面的问题，具体表现在：

一是经济效益下降趋势尚未扭转。企业实现利润下降，产成品库存增加。三角债前清后欠。我们一直强调调整结构和提高效益，但实际收效不大。企业亏损面和亏损额都在增加。现在经济生活中的问题不是速度上不去，而是效益提不高。在现有结构和企业经营机制的基础上发展生产，已经不能带来企业经济效益的同步增长。

二是赤字扩大，国家财政困难增加。由于出现了严重的洪涝灾害，增加了救济灾民、恢复水毁工程和进行水利建设的开支，加上部分地区财政减收，征购粮减少，平价粮供应增加，财政赤字将有较多增加。对于这种情况，相信人民是会理解的。现在需要上下一条心，一起来想办法，增产节约，增收节支，以缓解财政困难。

三是一些主要经济关系还没有理顺。突出的是经济结构不合理，国民收入分配过多地向个人倾斜。国家财政收入在国民收入中的比重和中央财政收入在整个国家财政收入中的比重过低。这些问题涉及经济管理体制和经济运行中的深层次矛盾，只有通过深化改革、综合治理来解决，需要有一个过程。

以上三个方面的问题，都同部分国营大中型企业活力不强、效益不高有着直接的关系。我们必须集中力量解决好这个问题，以促进整个国民经济的进一步稳定发展。

今年是执行“八五”计划的第一年。尽管我国经济生活中还存在一些问题，但各方面的情况说明，今年这个头开得不错，同世界上一些国家和地区相比也是好的。社会主义中国的经济充满生机，继续稳步前进。我们坚持改革开放，进行治理整顿，走建设有中国特色的社会主义道路，是完全正确的。

二、关于明年的经济工作

明年经济工作的指导方针是：进一步推进改革开放，在巩固治理整顿成果和继续保持总供给与总需求基本平衡的基础上，把经济工作的重点转移到调整结构和提高效益的轨道上来。

关于明年的计划安排，这里先讲一些初步设想。

——**保持适当的经济增长速度**。国民生产总值增长速度的计划安排不宜过高，其中工业增长速度比今年低一点，农业比今年高一点，第三产业争取有较大的发展。

——**大力加强农业**。农业是国民经济的基础，任何时候都不能忽视，今年局部地区灾害严重，明年尤其要坚持把发展农业放在更加突出的地位。

——**加快大江大河治理**。今年水灾暴露大江大河防洪标准低，有的地方排灌设备不足。加强水利建设顺乎民心，势在必行。首先是治理淮河和太湖。黄河、长江的水害历来是心腹之患，今后也要加快治理。进行水利建设，国家要增加一些投资，要特别注意发挥我国劳动力资源丰富的优势，适当多搞些以工代赈。

——**调整工业结构**。工业生产要防止盲目追求产值，坚持以销定产，坚决把质次价高、货不对路、供大于求的产品生产压下来，避免新的积压。适当增加投资和消费两个方面的最终需求，疏导流通，为企业拓宽市场。

——**加强基础设施建设和技术改造**。明年固定资产投资的重点是基础建设和大中型企业的技术改造。加工工业不铺新摊子，主要搞技术改造。对盲目追求“大而全，小而全”的重复建设，必须严格加以控制。

——**保持物价基本稳定**。价格改革必须坚持进行，目标是逐步理顺价格关系和形成合理的机制。明年应充分重视大灾之后的影响，物价调整从严从紧掌握。对供大于求的下游商品价格可扩大放开部分。为了保持物价的基本稳定，国家要保持必要的专项储备粮和周转粮。

——**继续执行合理的金融政策**。为了继续保持总量平衡，明年的货币发行和信贷规模都要适度控制。关键是合理调整贷款结构，用活用好信贷资金，努力减少工业企业产成品所占用的流动资金。

——**适当调整职工工资**。明年在大灾之后财政困难较多，调整工资的步子不能过大。对企业要严格控制工资总额，加强财务监督和管理。

——**努力压缩财政赤字**。广泛、深入、持久地开展增产节约、增收节支运动，力争明年财政赤字不超过今年的实际数。

——**积极发展进出口贸易**。努力扩大多元化的国际市场，保持对外贸易的继续增长。适当利用结存外汇，购买先进技术和关键设备，主要用于重点项目和技术改造。

——**进一步利用外资和扩大对外开放**。继续办好现有经济特区、沿海开放城市和经济技术开放区，加快上海浦东开发区的建设。支持和帮助办好现有外商投资企业，继续改善投资环境，并按照国家的产业政策，更多更好地吸引外商直接投资。要把利用国外资金和吸引外资，同加强我国基础产业、技术改造更好地结合起来。

——**继续深化改革**。这是我们坚定不移的方针。明年经济环境会比较宽松，深化改革的条件比较好。明年的改革，要继续按照发展社会主义有计划商品经济、计划经济与市场调节相结合的要求，在进一步推进农村改革的同时，以增强大中型企业活力为重点，进行配套改革。计划体制改革，要进一步缩减指令性计划的范围，扩大指导性计划和市场调节的作用范围。投资体制改革，要按产业政策和经济规模审批投资项目，避免重复建设，实行中央、地方、企业共同参与的投资机制。财政体制改革，要实行复式预算制度，经常性预算不打赤字，继续进行利税分流和分税制试点。银行体制改革，要在国家产业政策指导下发放贷款，减少对贷款的行政干预。要以深化商品流通体制改革为重点，促进全国统一市场的完善。要推进劳动工资制度改革，加快住房和社会保障制度改革的步伐。

1988 年 9 月十三届三中全会提出进行治理整顿，1989 年十三届五中全会作出进一步治理整顿和深化改革的决定，提出从 1989 年算起，用三年或者更长一些时间基本完成治理整顿任务。到今年底，三年时间到了。总的看，经过全国人民的共同努力，治理整顿的主要任务已经基本完成。通货膨胀得到有效控制，物价指数大幅度回落。农业得到加强，去年粮食总产和单产都创造了历史最高水平。产业结构调整取得一定进展，能源、交通、原材料的投资比重上升，生产稳定增长，供应紧张状况有所缓解。对外贸易保持了较好的增长势头。国家外汇结存大幅度增长。整个国民经济已经恢复到正常的增长速度。经济秩序有比较明显的改善。城乡人民生活水平继续得到提高。在治理整顿中，改革开放不仅没有停滞，而且在继续深入和发展。事实证明，进行治理整顿不仅为国民经济的健康发展，也为深化改革和扩大对外开放创造了有利条件。

鉴于治理整顿提出的主要目标已经基本达到，经济紧缩政策已经有所调整，经济工作的重点应当在保持总量基本平衡的基础上进一步转向结构调整和提高效益，努力保持国民经济的持续、稳定、协调发展。

三、关于进一步搞好国营大中型企业的问题

在今后的经济工作中，要把增强国营大中型企业活力和提高企业效益的问题，提到突出

的位置上来。

国营大中型企业是国民经济的支柱，国家财政收入的主要来源。我国现有独立核算的国营大中型工业企业一万多个，占全国工业企业总数的2.5%，而它们创造的工业产值却占全国工业总产值的45.6%，上交国家的利税占60%以上。进一步提高国营大中型企业的效益，对于增强我国经济实力，促进社会发展，提高人民生活水平，具有举足轻重的作用。建设有中国特色的社会主义，让社会主义制度的优越性充分发挥出来，从经济上讲，最重要的就要体现在国营大中型企业活力的不断增强和效益的不断提高上。只有这样，才能巩固公有制经济的主体地位，坚定广大人民走社会主义道路的信心，使我们永远立于不败之地。我们要从防止和平演变，巩固和发展社会主义制度的高度，来认识搞好国营大中型企业的重要意义。

坚持在公有制为主体的条件下发展多种经济成分，是建设有中国特色社会主义的一条基本方针。改革开放以来，多种经济成分有了较大的发展，但公有制经济仍然居于绝对优势，而且国营企业还掌握着关系国民经济命脉的重要产业部门。适当发展非公有制经济是完全必要和正确的，现在也决不是要刹车，而是继续鼓励它们适当发展，同时加强管理和引导，使之更好地成为社会主义公有制经济的有益补充。值得注意的是，不少国营大中型企业活力不强，发展速度和经济效益低于其它所有制工业，如果这种趋势任其延续下去，就有可能动摇国营经济的主导地位。

一段时间以来，大家都在谈论搞活国营大中型企业的问题。看来，对企业怎么才算有活力取得比较一致的共同认识，是很有必要的。根据一些搞得好的企业的经验，概括起来，企业的活力主要应该表现在：一，产品有竞争力；二，技术有开发力；三，资产有增殖力；四，对市场有应变力；五，领导班子有团结进取力；六，职工群众有凝聚力。这几点讲得是否准确和完备，还可以讨论。从中央到地方，从主管部门到企业，都应该为企业创造出这样的活力而共同努力。

目前我国国营大中型企业的状况，大体上好、中、差各占1/3，当然各地情况也有所不同。部分企业活力不强，效益不高，发展后劲不足，既有外部原因，也有内部原因，主要的有以下几个方面：**宏观上经济结构不合理**。由于重复生产、重复建设，许多企业开工不足，达不到规模效益。**价格尚未理顺**。能源、原材料价格偏低，一些下游企业又承受不了上游产品价格的上调。**大锅饭和铁饭碗的机制仍然没有得到根本改变**。人浮于事，生产效率不高。**职工个人收入增长速度高于生产增长速度，分配向个人倾斜**。许多企业保两头，即保税、保奖金福利，挤了技术改造和新产品的开发。**企业商品经济意识和市场观念不强**。许多企业产品畅销时要求放开经营，产品积压时又要求国家收购，还没有投身到国内外市场去参与竞争。**企业负担重**。国营企业税负和社会负担高于其他所有制企业，替国家承担了许多社会责任。**市场疲软的影响**。市场疲软的原因，有的是因为压缩基建使需求减少，有的是因为生产能力过大，有的是因为产品不适销对路。

为了增强企业活力和提高企业效益，从根本上说，要靠深化改革、加强管理和进行技术改造，使企业逐步成为自主经营、自负盈亏的社会主义商品生产者和经营者，具有自我改造、自我发展和自我约束的能力。由于部分企业缺乏活力有着多种原因，这就需要进行综合治理，恐怕很难设想靠一两种办法就能奏效。关于如何提高企业活力和效益的问题，有一种意见强调改善企业外部条件，另一种意见强调挖掘企业内部潜力。企业外部条件不可忽视，需要继续改善，但往往同样的外部条件，同样类型的企业，有的搞得好，有的搞得差。按照唯物辩证法，内因是变化的根据，外因是变化的条件，外因只有通过内因才能起作用。作为企业，要积极改革内部机制，通过加强管理和依靠技术进步来挖掘潜力，来提高效益。作为各级政府，应当坚持政企职责分开，少对企业进行不必要的行政干预，努力为企业搞好服务，积极创造良好的外部条件。国务院已提出了改善企业外部条件的十一条措施，正在贯彻落实。下面，我按照十一条的原定顺序具体讲一些意见：

第一，增加企业技术改造的投入。明年国家安排的技改资金有较大的增加。今后每年还要拿出一部分国家外汇结存，用于技术改造。鼓励企业有更多的自有资金用于技术改造。

第二，逐步缩小对国营大中型企业的指令性计划。缩小指令性计划会产生连锁反应，要考虑企业和市场的承受能力，明年将选择一些企业的部分产品加以实施。

第三，适当提高企业折旧。有两个办法，一是提高折旧率，二是进行固定资产重估，增大基数。对大中型企业增提的折旧资金，具体落实到若干技术改造任务重的企业。逐步取消对折旧基金征收"两金"（能源交通重点建设基金和预算调节基金）。准备按国家产业政策，逐步落实到企业，分三年实施。

第四，增加新产品开发基金。要继续实行从销售收入中提取1%作为新产品开发基金，新提的部分免交"两金"。

第五，继续补充企业流动资金。近年来企业流动资金不足，一直没有得到解决。今后，随着市场好转和企业收入的增加，要求企业从自有资金中补充流动资金。计划由国家补充的，由财政陆续补充。

第六，对利率再做些适度调整。降低贷款利率是减轻企业负担的重要措施。经过三次调整，现在的利率已恢复到1988年以前的水平。明年，根据货币回笼的实际情况，对利率再做些微调。

第七，抓紧落实给予部分企业外贸自主权。这样做，可以促使企业加快技术改造，开发新产品，提高产品质量，增强在国际市场上的竞争能力。这件事，方针已经定了，外贸部门也已经拿出办法。要成熟一批，批准一批。

第八，继续对国营大中型骨干企业实行"双保"。"双保"，就是保证资金供应和国家分配的物资。这项工作已经做了两年，对于缓解部分骨干企业的困难，起了积极的作用。继续实行"双保"的企业，要为国家多做贡献，完成上交国家利税和统配产品，提高经济效益，发挥带头作用。随着经济形势的进一步好转，要逐渐减少对企业的"双保"。

第九，抓紧清理三角债。三角债已成为当前经济正常运转的严重障碍。要作为搞活国营大中型企业的突破口，组织力量，进一步解决三角债问题。清理三角债除了靠银行和财政投入资金外，也要靠企业投入自有资金。企业要纠正"欠债有理，欠债有利"的错误认识和做法，积极主动清理拖欠。为了防止前清后欠，要堵住基本建设资金缺口。决定上的项目，除了建设资金必须打足外，要考虑到贷款的利息、物价指数和流动资金。要坚决压缩或停止积压产品的生产。严肃财经纪律，采取托收承付、扣滞纳金等经济手段巩固清欠成果。

第十，进一步做好组建大型企业集团的试点工作。现在已经组建了55个紧密型企业集团，在取得经验后，可进一步扩大。企业集团应有利于生产要素的合理组合，有利于企业技术进步，增强自我发展的能力，从而提高在国内外市场的竞争能力，发挥企业的整体效益。企业集团绝不能搞成行政性公司。

第十一，坚决治理"三乱"。为了切实减轻企业负担，要继续治理"三乱"。乱摊派、乱收费、乱罚款对企业的生产经营干扰很大，必须加以根治。要把治理“三乱”与正在进行的清理整顿公司、廉政建设、纠正行业不正之风、精简机构等结合起来进行。对收费、罚款、集资项目的审批权，要集中到中央和省市两级政府；要坚持收支两条线，不能坐收坐支，罚没款决不能与执法单位的经济收入直接挂钩。要接受群众监督和舆论监督。现在检查评比也很多，企业穷于应付。当然，财政、税收、物价、审计等国家职能部门正常范围之内的监督和检查，是必要的，要依法进行。除此之外，一切干扰企业正常生产经营的检查评比，都要停止。今后要改变方式，由市场和用户去评价企业及其产品优劣。

第十二，降低国营工业企业的所得税率。除了以上十一条外，再增加一条，即在国家财政还十分困难的情况下，仍决定把国营工业企业的所得税率降低到33%，实行多种经济成分公平税负，创造一个平等竞争的环境。考虑到国家财政的承受能力，降低国营企业所得税率，要按照国家产业政策和技术改造的任务，结合扩大利税分流、税后还贷改革的试点，落实到企业，分三年完成。

增强国营大中型企业活力，除改善外部条件外，从企业来说，更重要的是通过进一步深化改革，转换经营机制，加强政治思想工作，加强企业管理，促进技术进步。以下提出八点意见：

第一，坚持完善承包经营责任制。实行承包制，调动了企业的积极性，但也带来了一些问题，比如负盈不负亏，技术改造资金得不到保证，以包代管等。总的看，承包制适合我国目前经济发展的实际情况，中央已经决定，“八五”期间继续实行承包制，但要进一步完善。要兼顾国家、企业和职工个人三者之间的利益，兼顾长远和当前利益。完善企业留利办法，合理确定生产发展基金、福利基金和奖励基金的比例，增强企业发展后劲。企业要按规定提取折旧、大修理基金和新产品开发基金，并正确地加以使用。对某些企业采取虚盈实亏的行为，要加以制止，要防止国有资产流失。同时，要选择一批对国民经济全局有重大影响、符合国家产业政策、经营管理水平较好的大型企业和企业集团，实行投入产出总承包，赋予企业更大的自主权。

第二，继续贯彻《企业法》，健全企业内部领导体制。在企业内部，厂长、党组织和职代会各自的作用，要以十三届七中全会通过的《建议》的提法为准，这就是：进一步发挥党组织的政治核心作用，坚持和完善厂长负责制，全心全意依靠工人阶级。这是健全企业领导体制的关键问题。解决好这个问题，既要有制度保证，也要有党性保证。对那些厂长、书记合作得好的，要予以表扬；长期合作不好的，要采取组织措施加以解决。现在一些地方和企业反映，《企业法》还没有得到很好的贯彻，应当切实改变这种状况。国务院已责成体改委起草《企业法》的实施细则。厂长、经理对企业中层干部有任免权。在行使这项职权时，要求经过党政领导集体酝酿，是为了使干部的任免做得更好，而不是改变厂长的职权。企业自身机构的设置有充分的自主权，各级政府和部门都不得干预，企业对这种干预有权拒绝。对企业在招工、用工和辞退职工方面的自主权，各方面都应该切实予以保障。关于停止不必要的检查评比、治理“三乱”和切实减轻企业负担，方针措施都有了，各级政府和部门要认真贯彻执行。

第三，积极推进劳动工资制度改革。改革开放以来，企业的人事、劳动以及工资制度进行了改革，取得一定成效，但是问题还不少。企业人事劳动制度的改革，主要是搞好优化劳动组合，或称合理劳动组合，主要内容是加强生产第一线，减少富余人员，以提高劳动生产率。由于各地方各企业情况不一，优化组合或合理组合，要因地制宜、因厂制宜，不要强求一律。裁减的富余人员要以企业消化为主，社会调剂为辅。出路是有的，如发展第三产业，厂内培训，厂内待业，提前退休，厂际交流和自谋出路。各级劳动部门要做好就业服务工作，建立和发挥待业保险基金的作用。企业内部要逐步实行全员劳动合同制，管理人员和技术人员逐步实行聘任制。

企业工资制度的改革，必须体现按劳分配原则，着重解决企业内部的平均主义问题。提倡实行以岗位技能工资为主要形式的企业内部分配制度，向苦、脏、累、险岗位和一线生产职工倾斜，真正把劳动报酬与劳动贡献挂起钩来。当前经济生活中的一个突出问题，是职工收入的增长超过劳动生产率的增长，国民收入分配过多地向个人倾斜。这是企业缺乏后劲的重要原因，对整个经济的发展也很不利。因此，企业工资制度的改革乃至社会其他方面的改革，都应该有利于缓解国民收入向个人倾斜，而不能加剧这种倾斜。今后要加强对企业工资总额的管理，凡是经营性亏损和虚盈实亏的企业，不能增发奖金和效益工资。产品无销路或经营混乱而停产半停产的企业，应停发奖金和减发工资。国务院已经成立了分配制度改革委员会，正在组织力量，进行研究，提出进一步改革的方案。

第四，把国营大中型企业推向市场。当前企业缺乏活力的一个重要原因，是市场调节的作用发挥不够。要按照政企职责分开，计划经济与市场调节相结合的改革方向，改善国家对企业的管理方式，逐步放开对企业生产经营、一般性技术改造和小型建设等经济活动的直接管理。缩小企业的指令性生产计划，由企业在国家计划指导下按市场的需要进行生产经营活动。逐步把部分指令性生产计划，改成国家合同订货的形式，做到以销定产。要改变价格形成机制，逐步使国家管理的产品按生产成本、平均利润率确定价格，使大多数产品通过市场形成符合价值规律的价格。国营大中型企业有很多优势，比如技术的优势，装备的优势，规模经济的优势和日益扩大的国内市场。国营大中型企业只要注意发挥优势，积极开拓市场，就不愁不能发展。我国人口多，消费品市场很大，各地消费观念和水平也不一样，企业既要关心城市市场，尤其要关心农村市场。这些年，由于重复建设和重复引进，造成了某些行业生产能力过剩。盲目扩大了的生产能力，超过了市场的需求。当前，机电、轻工、纺织和化工产品积压比较严重。对长线产品势必要进行限制，实行以销定产。在压缩积压产品生产的同时，还要积极促进销售。看来，为了提高国民经济的整体效益，有些长线产品必须限产，有些企业必须关停并转，实行兼并或联合。希望我们这次会议对这个问题形成共同的认识，以便采取坚决的措施。这是一项积极的工作，也是一项政策性很强的工作，必须在各级党委和政府周密指导下进行，妥善处理好改革和稳定的关系。这项工作只能有计划有步骤地进行，并尽量多采取经济手段，而少用行政手段。

国营大中型企业要积极面向国际市场，在国际市场竞争中发展和壮大自己。从发展来看，国际市场的前景是广阔的，要多方面地加以开拓。在继续发展对西方国家贸易的同时，还要积极发展对苏联和东欧国家的贸易，重视中东、非洲、拉美市场，重视周边国家的市场。

第五，进一步加快技术进步。科学技术是第一生产力。加快技术进步，是增强企业活力的重要手段和物质技术基础。凡是前几年技术改造抓得比较紧的，企业活力就强；没有搞技术改造，或者技术改造搞得少的，处境就比较艰难。所有国营大中型企业，都必须积极提高自己的技术开发能力，推广应用新技术、新工艺，使自己的产品更好地适应国内外市场的需要。长期以来，企业在技术改造中搞了不少单纯扩大生产能力的低水平重复的项目，技术水平提高不多，这种状况要改正过来。要坚决淘汰一批消耗高、性能差、污染严重的落后产品。

要特别注意开发和推广高新技术，加快高新技术的产业化和商品化进程。我国每年都有大量的科研成果。把科技转化为现实生产力的工作抓好了，就可以大大提高企业效益。这对于缩小我国同发达国家在技术上的差距，也具有极为重要的意义。

要多渠道筹措技术改造资金。适当提高折旧率、有计划地减免大中型企业的“两金”，以及增加新产品开发基金，都为企业技术改造提供了有利的条件。此外还准备对那些经济效益好、见效快的技改项目，给以利率比较优惠的贷款。还有一笔企业技改专项贷款，要用在工期短、效益好的技术改造项目上。企业还可以通过使用生产发展基金，发行债券等方式，筹集改造资金。吸引外资，要按照国家产业政策，正确引导资金投向，支持办技术先进型和出口创汇型企业。由于国际市场竞争激烈，在引进外资时要注意限制那些与我国争夺出口配额和国内外市场的项目。要注意把吸收外商投资与加快企业技术改造结合起来，推动我国技术进步和产品的升级换代。

第六，坚持从严治厂，加强企业内部管理。这些年来，我国企业管理水平是有提高的，一批企业建立了严格的科学的管理制度，管得井井有条。全国 133 个一级企业，主要产品质量达到国际 80 年代初的水平，资金利税率是大中型企业平均水平的 2.9 倍。4078 个二级企业，产品质量、物质消耗和利税水平都达到本行业先进水平。这说明我们有许多大中型企业还是管理得好的，只要把它们的经验加以推广，使更多的企业进入先进行列，就是一个了不起的力量，也是我们的希望所在。现在，也还有不少企业管理水平低甚至生产秩序混乱，给企业和整个国民经济带来很大损失。要通过改革来加强管理，向管理要效益。当前要着重建立健全企业内部的各种经济责任制，包括财务制度、质量管理制度、考勤制度、安全生产制度等。要加强企业的基础工作，包括各项定额制度、工艺标准和规程、以及班组建设等。企业领导干部要严字当头，敢抓敢管，深入到第一线，关心群众疾苦，倾听群众呼声，解决具体问题，这是加强企业管理的关键所在。同时，要大力提高企业领导干部的素质。要制定规划，加强企业干部的培训，争取在两三年内，对国营大中型企业的厂长、经理轮训一遍。

第七，全心全意依靠工人阶级。中国共产党是中国工人阶级的先锋队。工人阶级是国营企业的主人，他们当中蕴藏着建设社会主义的极大热情。充分发挥广大职工的聪明才智和创造力，是进一步搞活大中型企业的群众基础，也是我们社会主义企业的最大优势。搞活大中型企业，必须尊重群众的首创精神，真正作到职工当家作主，使每一个劳动者在自己的岗位上，以主人翁的姿态工作。要加强企业民主管理，发挥职代会的作用，保证和维护职工的正当权益。要加强职工队伍的建设，采取多种形式对职工进行培训，提高职工的文化素质、技术素质和政治素质。提倡和鼓励工人在工作中自学成才，注意从优秀工人中选拔管理干部。

第八，切实加强对国营大中型企业的领导。增强大中型企业的活力和提高企业效益。是全党的迫切任务，是各级党委、各级政府的责任，要高度重视这项工作，尽心尽力，把它作为一件大事来抓。各级领导干部，都要深入基层，深入群众，加强调查研究，及时总结和推广先进经验，做好协调工作，积极为企业排忧解难，认真帮助有困难的企业解决实际问题。

同志们！增强国营大中型企业的活力，提高企业效益，涉及各个方面，我们既要看到它的紧迫性，又要看到它的艰巨性。现在经济体制正在发生深刻的变化，不少问题需要进一步探索，企业的情况也千差万别，想用一两年时间把企业问题解决是不可能的，需要有比较长期的打算。可以考虑，把整个“八五”计划时期列为集中力量增强国营大中型企业活力和提高企业效益的时期。希望这次会议作为一个新的起点，大家集思广益，统一思想，协调步伐，群策群力，努力搞好国营大中型企业，不断提高企业的效益。相信经过长期艰苦的工作，我们的目的是一定能够达到的。对此，我们应该充满信心。

在纪念辛亥革命八十周年大会上的讲话（摘录）

（一九九一年十月九日）

杨　尚　昆

同志们，朋友们！

我们伟大的祖国已经进入一个新的发展时期。摆在我国人民面前的最主要的任务，就是实现国家的现代化，振兴中华民族。我们一定要使落后的中国富强起来，重新跻入世界先进民族之林，这是一个半世纪以来中国人民的强烈愿望。从某种意义上说，包括辛亥革命在内的整个中国革命，都是一场民族复兴运动。中华人民共和国成立后的四十二年间，特别是实行改革开放的十多年里，我国的现代化事业获得了巨大进步。但是，我们的经济发展和科学技术水平，与世界发达国家相比，还有很大差距。当今世界正在兴起一场广泛而深刻的新的科学技术革命，各国之间综合国力的竞争日趋激烈。落后就会挨打，就会受欺侮，这是全部中国近代史给予我们的基本教训。今后的一二十年，我们干得怎么样，对于我们国家的前途和命运至关重要。我们要保持清醒的头脑，对经济建设这一条要始终扭住不放，除非发生大规模的外敌入侵，都要坚定不移地干下去。所有其他工作都要服从和服务于经济建设这个中心，决不能冲击和干扰这个中心，决不要分散和转移自己的注意力，中国共产党十一届三中全会以来，邓小平同志作为我国改革开放的总设计师，带领全党和全国人民，从中国的实际出发，解放思想，探索出一条建设有中国特色社会主义的正确道路，逐步形成了党在社会主义初级阶段的一整套理论、路线、方针和政策，并在实践中取得了举世瞩目的成就。在国际风云变幻中，我们所以能够站稳脚跟，是同改革开放的伟大成果分不开的。中国人民从改革开放中看到了社会主义的光明前途，看到了民族振兴的希望。改革开放已经深入人心。我们要坚定不移地沿着这条道路走下去，坚持四项基本原则，继续推进改革开放。改革会有风险，这种风险我们能承受；而停止甚至倒退，是决没有出路的。沿着党的十一届三中全会以来的路线，我们才干了十多年，如果再这样干上二十年、三十年、五十年、一直干下去，中国的面貌将会发生多么巨大的变化！国家富强了，我们就能够更加从容地应付各种复杂的局面。现在，一些同志对中国社会主义的前途有些担忧，甚至怀疑。这需要进行教育，但根本的是要把经济搞上去。邓小平同志说得好：坚持社会主义道路，“既是斗争的过程，也是说服教育的过程，但最终说服不相信社会主义的人要靠我们的发展。如果我们本世纪内达到了小康水平，那就可以使他们清醒一点；到下世纪我们建成中等发达水平的社会主义国家时，就会大进一步地说服他们，他们中的大多数人才会真正认识到自己错了。”

进行国家的现代化建设，特别需要发扬爱国主义精神。中华民族绵延五千年的文明史，培育了深厚的爱国主义传统。越是在困难的时候，中华民族越是表现出强烈的爱国主义精神。今年，我国遭受特大水灾时，国内外、海 内外同胞慷慨解囊，踊跃捐献。手足之情，感人至深。爱国主义是凝聚中华民族的伟大力量，是推进中国社会发展的巨大精神动力。实现国家的现代化，是全民族的事业，是十一亿人民的共同责任。每一个中国人，不论什么阶层，不论什么党派，不论什么信仰，只要真心支持和从事国家现代化建设，都可以在爱国主义的旗帜下团结起来，为中华民族的复兴，殚精竭虑，奋斗不息。只有把中华民族的所有力量凝聚起来，发挥出来，现代化事业才有希望。当前，我们正在致力于深化改革，扩大开放。这从总体上说，符合绝大多数人的利益，但是调整和变革旧的体制和机制的过程中，也必然会触及某些人的一些切身利益。我们都要以对国家和民族高度负责的态度，一切从大局出发，理智地对待改革开放和社会发展中的矛盾和困难。实现现代化，必须要有一个稳定的社会环境。世界上没有哪一个国家是在动乱不止的社会环境中搞成现代化的。在我们这样一个东方大国，如果发生动乱，对于我们国家乃至国际社会都会是一场巨大的灾难。稳定是国家和民族的最高利益。全国各族、各阶层人民，都应当达成这样的共识。我们十一亿人民紧密团结，风雨同舟，就能渡过任何激流险滩，到达胜利的彼岸。

在纪念辛亥革命八十周年的时候，我们为祖国的统一事业未能完全实现而深感不安。实现祖国统一，是中华民族根本利益所在，是全国人民包括台湾同胞、港澳同胞和海外侨胞的共同愿望，也是孙中山先生的遗愿。中国共产党提出的“和平统一、一国两制”的方针，是解决祖国统一问题的根本大计，是一项长期的方针。这些年来，海峡两岸关系发生了很大变化，两岸交往日益增多，这对祖国和平统一是有利的。但是，长期以来，台湾当局顽固坚持“反共拒和”，反对直接“三通”，积极推行“弹性外交”，实际上搞“两个中国、一中一台”；某些人士还对“台独”活动姑息纵容。近来台湾岛内“台独”势力气焰嚣张，他们所进行的分裂国家、分裂民族的活动，践踏了海峡两岸同胞的意愿，理所当然地遭到全国各族人民的坚决反对。……我们希望台湾当局明大义，识大局，顺应潮流，做促进国家统一的历史功臣，不做分裂祖国的千古罪人。不然的话，何以面对列祖列宗，何以面对中山先生！我相信，只要海峡两岸人民同心同德，共同努力，祖国统一大业就一定会早日实现。

（摘自 1991 年 10 月 10 日《人民日报》）

2 有关改革的重要文件、法规选篇

中华人民共和国国务院令

第73号

现发布《中华人民共和国土地管理法实施条例》，自一九九一年二月一日起施行。

总　理　李　鹏

一九九一年一月四日

中华人民共和国土地管理法实施条例

第一章　总　　则

第一条　根据《中华人民共和国土地管理法》(以下简称《土地管理法》)第五十六条的规定，制定本条例。

第二条　国家土地管理局主管全国土地的统一管理工作。

第二章　土地的所有权和使用权

第三条　下列土地属于全民所有即国家所有：

(一) 城市市区的土地；

(二) 农村和城市郊区中依法没收、征用、征收、征购、收归国有的土地(依法划定或者确定为集体所有的除外)；

(三) 国家未确定为集体所有的林地、草地、山岭、荒地、滩涂、河滩地以及其他土地。

第四条　集体土地所有者、国有土地使用者，必须向县级以上地方人民政府土地管理部门提出土地登记申请。

集体所有的土地，由县级人民政府登记造册，核发《集体土地所有证》，确认所有权。

单位和个人依法使用的国有土地，由县级以上地方人民政府登记造册，核发《国有土地使用证》，确认使用权。

土地证书式样由国家土地管理局统一制定。

确认林地、草原的所有权或者使用权，确认水面、滩涂的养殖使用权，分别依照《森林法》、《草原法》和《渔业法》的有关规定办理。

第五条　未开发、使用的国有土地，由县级以上地方人民政府登记造册，负责保护管理。

第六条　依法改变土地的所有权、使用权，或者因依法买卖、转让地上建筑物、附着物等而使土地使用权转移的，必须向县级以上地方人民政府土地管理部门申请土地所有权、使用权变更登记，由县级以上地方人民政府更换土地证书。

依法买卖、转让地上建筑物和附着物的，依照国家有关规定办理过户登记手续。

第七条　依照《土地管理法》第十九条规定收回用地单位的土地使用权，应当由土地管理部门报县级以上人民政府批准注销国有土地使用证，并由土地管理部门办理注销土地登记手续。

第八条　全民所有制单位之间、集体所有制单位之间、全民所有制单位和集体所有制单位之间的土地所有权和使用权争议，由土地所在的县级以上人民政府处理。

个人之间、个人与全民所有制单位和集体所有制单位之间的土地使用权争议，由土地所在的乡级人民政府或者县级人民政府处理。

土地所有权和使用权发生争议需要重新确认所有权和使用权的，由县级以上人民政府确认所有权和使用权，核发土地证书。

第三章　土地的利用和保护

第九条　国家建立土地调查制度。土地调查内容包括土地权属调查、土地利用现状调查和土地条件调查。

全国土地调查计划由国家土地管理局会同有关部门制定，报国务院批准后实施。

地方土地调查计划，由县级以上地方人民政府土地管理部门会同有关部门制定，报同级人民政府批准，并报上一级人民政府土地管理部门备案后实施。

土地调查由县级以上人民政府土地管理部门组织有关部门进行。土地所有者和使用者应当配合调查，提供必要的资料。

第十条　县级以上人民政府土地管理部门应当会同有关部门根据土地调查成果评定土地等级。

第十一条　国家建立土地统计制度。县级以上人民政府土地管理部门会同统计部门依法进行土地统计。统计人员依法行使土地统计职权。土地所有者和使用者应当提供统计资料，不得虚报、瞒报、拒报、迟报、不得伪造、篡改。

第十二条　全国土地利用总体规划由国家土地管理局会同有关部门拟订，经国家计划委员会综合平衡后，报国务院批准执行。

县级以上地方人民政府的土地利用总体规划，由县级以上地方人民政府土地管理部门会同有关部门拟订，经同级计划主管部门综合平衡后，由同级人民政府审查同意，报上一级人民政府批准执行。

乡级人民政府的土地利用总体规划，由乡级人民政府编制，报县级人民政府批准执行。

经批准的土地利用总体规划的修改，须经原批准机关批准。

第十三条　开发国有荒山、荒地、滩涂，必须向当地土地管理部门提出申请，由县级以上地方人民政府按照省、自治区、直辖市规定的批准权限批准，法律、法规另有规定的，依照有关法律、法规办理。一次性开发一万亩以上二万亩以下土地的，须经国家土地管理局批准；一次性开发二万亩以上土地的，须经国务院批准。

第十四条　单位和个人将耕地改为非耕地的，须经县级以上人民政府批准。

第十五条　单位和个人承包经营的土地和依法确定给个人使用的自留地、自留山，应当按照规定用途使用，不得擅自建房、建窑、建坟、采矿、采石、挖砂、取土。

在前款所指的土地上从事采矿、采石、挖砂、取土等经营活动的单位和个人，必须向县级以上地方人民政府土地管理部门提出用地申请，经县级以上人民政府批准，法律、法规另有规定的，依照有关法律、法规办理。

第十六条　采矿、挖砂、取土后能够复垦的土地，用地单位和个人必须依照国务院发布的《土地复垦规定》负责复垦，由县级以上人民政府土地管理部门会同有关部门对复垦的土地进行检查验收。

第四章　国家建设用地

第十七条　国家进行经济、文化、国防建设以及兴办社会公共事业，应当节约用地、合理用地。建设项目设计任务书报批时，必须附具土地管理部门的意见。

第十八条　国家建设用地的审批程序：

（一）建设单位持经批准的设计任务书或者初步设计、年度基本建设计划等有关文件，向被征用土地所在的县级以上地方人民政府土地管理部门申请建设用地。

（二）县级以上地方人民政府土地管理部门对建设用地申请进行审核，划定用地范围，并组织建设单位与被征地单位以及有关单位依法商定征用土地的补偿、安置方案，报县级以上人民政府批准。

（三）建设用地的申请，依照法定批准权限经县级以上人民政府批准后，由被征用土地所在的县级以上人民政府发给建设用地批准书，土地管理部门根据建设进度一次或者分期划拨建设用地。

（四）建设项目竣工后，建设项目主管部门组织有关部门验收时，由县级以上人民政府土地管理部门核查实际用地（城市规划区内的建设项目竣工后，由城市规划行政主管部门会同土地管理部门核查实际用地），经认可后依照本条例第二章的有关规定，办理土地登记手续，核发国有土地使用证。

在城市规划区内申请建设用地，建设单位或者个人在取得建设用地规划许可证后，依照前款规定的程序办理。

第十九条 铁路、公路和输油、输水管线等建设项目用地，应当根据建设项目总体设计，一次申请批准，可以分段办理征用、划拨土地手续；分期建设的建设项目，可以根据其设计任务书确定的工期，分段申请批准和办理征用、划拨土地手续。

第二十条 抢险救灾急需用地的，可以先行使用，但事后必须按照规定补办临时用地或者征用、划拨土地手续。

第二十一条 《土地管理法》第二十五条第一款所称征用其他土地二千亩以上，包括一个建设项目同时征用耕地一千亩以下和其他土地一千亩以上合计为二千亩以上。

《土地管理法》第二十五条第二款所称征用其他土地十亩以下，包括一个建设项目同时征用耕地三亩以下和其他土地十亩以下合计为三亩以上十亩以下。

第二十二条 依照《土地管理法》第十九条规定收回使用权的国有土地，县级以上人民政府可以确定给农业集体经济组织耕种。农业集体经济组织在耕种期间，不得在该土地上兴建永久性建筑物或者种植多年生作物，并在国家建设需要使用时按时交还。交还时土地上有青苗的，建设单位应当付给青苗补偿费。

第二十三条 建设单位因施工需要，在征用的土地范围外需要增加临时用地的，应当向当地县级人民政府土地管理部门提出临时用地申请，报同级人民政府批准。在城市规划区内需要增加临时用地的，应当先向城市规划行政主管部门提出定点申请，经审查同意后，向土地管理部门提出临时用地申请。

临时使用集体所有的土地的，依照《土地管理法》第三十三条第一款的规定给予补偿。

第五章　乡（镇）村建设用地

第二十四条 乡（镇）村各项建设应当严格控制占用农业生产用地，不得突破县级以上地方人民政府下达的乡（镇）村建设用地控制指标。

第二十五条 农村村民建住宅需要使用土地的，应当先向村农业集体经济组织或者村民委员会提出用地申请，经村民代表会或者村民大会讨论通过后，报人民政府批准。其中需要使用耕地的，由乡级人民政府审核，经县级人民政府土地管理部门审查同意后，报县级人民政府批准；需要使用原有宅基地、村内空闲地和其他土地的，报乡级人民政府批准。

第二十六条 城镇非农业户口居民建住宅需要使用集体所有的土地的，应当经其所在单位或者居民委员会同意后，向土地所在的村农业集体经济组织或者村民委员会或者乡（镇）农民集体经济组织提出用地申请。使用的土地属于村农民集体所有的，由村民代表会或者村民大会讨论通过，经乡（镇）人民政府审查同意后，报县级人民政府批准；使用的土地属于乡（镇）农民集体所有的，由乡（镇）农民集体经济组织讨论通过，经乡（镇）人民政府审查同意后，报县级人民政府批准。

第二十七条 回原籍乡村落户的职工、退伍军人和离、退休干部，以及回家乡定居的华侨、港澳台同胞，需要使用集体所有的土地建住宅的，依照《土地管理法》第三十八条和本条例第二十五条的规定办理。

第二十八条 依照乡（镇）村建设规划兴建农村集贸市场，需要使用土地的，依照《土地管理法》第四十条的规定办理。

第二十九条 农村承包经营户、个体工商户从事非农业生产经营活动，应当利用原有宅基地；确需另外使用集体所有的土地的，必须持有关部门批准文件，向土地所在的村农民集体经济组织或者村民委员会或者乡（镇）农民集体经济组织提出用地申请，由村民代表会或者乡（镇）农民集体经济组织讨论通过，经乡（镇）人民政府审查同意后，由县级以上地方人民政府按照省、自治区、直辖市规定的批准权限批准。

第六章　法律责任

第三十条　依照《土地管理法》第四十三条、第四十四条的规定，除责令违法者退还非法占用的土地，限期拆除或者没收在非法占用的土地上新建的建筑物和其他设施外，处以罚款的，按非法占用土地每平方米十五元以下的标准执行。

第三十一条　依照《土地管理法》第四十七条的规定，对违法者除没收其非法所得，限期拆除或者没收在买卖或者以其他形式非法转让的土地上新建的建筑物和其他设施外，处以罚款的，按非法所得50％以下的标准执行。

第三十二条　依照《土地管理法》第四十九条的规定，除责令违法者退赔外，处以罚款的，按非法占用款数额30％以下的标准执行。

第三十三条　依照《土地管理法》第五十条的规定，除责令违法者交还土地外，处以罚款的，按非法使用土地每平方米五元以下的标准执行。

第三十四条　依照《土地管理法》第五十一条的规定，对严重毁坏种植条件的，除责令违法者限期治理外，处以罚款的，依照耕地保护法规规定的标准执行；对因开发土地造成土地沙化、盐渍化的，除责令违法者限期治理外，处以罚款的，依照各省、自治区、直辖市人民政府制定的标准执行；对因开发土地造成水土流失的，除责令违法者限期治理外，处以罚款的，依照水土保持法规规定的标准执行。

第三十五条　罚款必须在规定的期限内缴纳；逾期不缴纳的，每日加收相当于罚款数额3‰的滞纳金。

罚款和滞纳金按照国家有关规定上缴国库。

第三十六条　未经批准或者采取荒废耕地等手段骗取批准，非法占用土地建住宅或者从事其他建设的，限期拆除或者没收在非法占用的土地上新建的建筑物和其他设施，责令退还非法占用的土地。

依法受到限期拆除新建的建筑物和其他设施的处罚的单位和个人，继续施工的，作出处罚决定的机关有权对继续施工的设备、建筑材料予以查封。

第三十七条　虚报、瞒报、拒报、屡次迟报或者伪造、篡改土地统计资料的，依照《中华人民共和国统计法》第二十五条和《中华人民共和国统计法实施细则》第三十一条的规定处罚。

第三十八条　侵犯土地所有权或者使用权的，县级以上地方人民政府土地管理部门依照《土地管理法》第五十三条规定作出处理决定后，侵权人在法定期限内不起诉又不履行的，被侵权人可以申请人民法院强制执行。

第七章　附　　则

第三十九条　本条例由国家土地管理局负责解释。

第四十条　本条例自一九九一年二月一日起施行。

国务院关于扩大汕头经济特区范围的批复

（一九九一年四月六日）

广东省人民政府：

你省《关于汕头特区扩大范围的请示》收悉。现对有关问题批复如下：

一、为了理顺汕头经济特区的管理体制，促进外向型经济的发展，同意将汕头经济特区的范围扩大到汕头市区。扩大后的汕头经济特区界线是：东部以韩江支流新津河为界，南部以海岸线为界，西北部以桑埔山分水岭为界，西南部以濠江为界，北部以龙坑山分水岭为界，总面积约二百三十四平方公里。原达濠区的棉花村、马滘街道办事处、浔洄村以及北部的葫芦市地区，因不便监管，划在特区范围之外，但仍属汕头市管辖。

二、为加强特区的管理，汕头经济特区范围扩大到市区后，现行汕头市的行政区划需作相应调整。你省和国务院特区办提出的汕头市管辖澄海、南澳两县的方案及现行汕头市行政区划的调整，请你省根据实际情况和国家有关规定，提出具体方案报国务院审批。

三、汕头经济特区的范围扩大后，汕头市原承担的财政、外汇上缴任务和对原所辖各县的补贴不变。因汕头市区实行经济特区政策所产生的增支减收因素，由汕头市自行消化。

四、汕头市人民政府要按照精简、高效的原则，调整特区管理机构。要继续坚持“开发一片、建成一片、获益一片”的方针，有重点、分期分批地进行开发建设。要处理好新区和老区的关系，充分发挥老区的作用，促进新区的发展。要努力改善投资环境，加快老企业的改造。

五、汕头市人民政府和汕头海关要进一步加强管理，搞好监管工作。汕头经济特区范围扩大后，海关需要增加的人员、装备和设施，请你省会同海关总署提出具体方案报国务院审批。

六、上述调整方案，从一九九一年十一月一日起实施。

各有关方面要在此之前，做好各项准备工作。

中华人民共和国主席令

第45号

《中华人民共和国外商投资企业和外国企业所得税法》已由中华人民共和国第七届全国人民代表大会第四次会议于1991年4月9日通过，现予公布，自1991年7月1日起施行。

中华人民共和国主席　杨尚昆

1991年4月9日

中华人民共和国外商投资企业和外国企业所得税法

（1991年4月9日第七届全国人民代表大会第四次会议通过）

第一条　中华人民共和国境内的外商投资企业生产、经营所得和其他所得，依照本法的规定缴纳所得税。

在中华人民共和国境内，外国企业生产、经营所得和其他所得，依照本法的规定缴纳所得税。

第二条　本法所称外商投资企业，是指在中国境内设立的中外合资经营企业、中外合作经营企业和外资企业。

本法所称外国企业，是指在中国境内设立机构、场所，从事生产、经营和虽未设立机构、场所，而有来源于中国境内所得的外国公司、企业和其他经济组织。

第三条　外商投资企业的总机构设在中国境内，就来源于中国境内、境外的所得缴纳所得税。外国企业就来源于中国境内的所得缴纳所得税。

第四条　外商投资企业和外国企业在中国境内设立的从事生产、经营的机构、场所每一纳税年度的收入总额，减除成本、费用以及损失后的余额，为应纳税的所得额。

第五条　外商投资企业的企业所得税和外国企

业就其在中国境内设立的从事生产、经营的机构、场所的所得应纳的企业所得税，按应纳税的所得额计算，税率为30%；地方所得税，按应纳税的所得额计算，税率为3%。

第六条 国家按照产业政策，引导外商投资方向，鼓励举办采用先进技术、设备，产品全部或者大部分出口的外商投资企业。

第七条 设在经济特区的外商投资企业、在经济特区设立机构、场所从事生产、经营的外国企业和设在经济技术开发区的生产性外商投资企业，减按15%的税率征收企业所得税。

设在沿海经济开放区和经济特区、经济技术开发区所在城市的老市区的生产性外商投资企业，减按24%的税率征收企业所得税。

设在沿海经济开放区和经济特区、经济技术开发区所在城市的老市区或者设在国务院规定的其他地区的外商投资企业，属于能源、交通、港口、码头或者国家鼓励的其他项目的，可以减按15%的税率征收企业所得税，具体办法由国务院规定。

第八条 对生产性外商投资企业，经营期在十年以上的，从开始获利的年度起，第一年和第二年免征企业所得税，第三年至第五年减半征收企业所得税，但是属于石油、天然气、稀有金属、贵重金属等资源开采项目的，由国务院另行规定。外商投资企业实际经营期不满十年的，应当补缴已免征、减征的企业所得税税款。

本法施行前国务院公布的规定，对能源、交通、港口、码头以及其他重要生产性项目给予比前款规定更长期限的免征、减征企业所得税的优惠待遇，或者对非生产性的重要项目给予免征、减征企业所得税的优惠待遇，在本法施行后继续执行。

从事农业、林业、牧业的外商投资企业和设在经济不发达的边远地区的外商投资企业，依照前两款规定享受免税、减税待遇期满后，经企业申请，国务院税务主管部门批准，在以后的十年内可以继续按应纳税额减征15%至30%的企业所得税。

本法施行后，需要变更前三款的免征、减征企业所得税的规定的，由国务院报全国人民代表大会常务委员会决定。

第九条 对鼓励外商投资的行业、项目，省、自治区、直辖市人民政府可以根据实际情况决定免征、减征地方所得税。

第十条 外商投资企业的外国投资者，将从企业取得的利润直接再投资于该企业，增加注册资本，或者作为资本投资开办其他外商投资企业，经营期不少于五年的，经投资者申请，税务机关批准，退还其再投资部分已缴纳所得税的40%税款，国务院另有优惠规定的，依照国务院的规定办理；再投资不满五年撤出的，应当缴回已退的税款。

第十一条 外商投资企业和外国企业在中国境内设立的从事生产、经营的机构、场所发生年度亏损，可以用下一纳税年度的所得弥补；下一纳税年度的所得不足弥补的，可以逐年延续弥补，但最长不得超过五年。

第十二条 外商投资企业来源于中国境外的所得已在境外缴纳的所得税税款，准予在汇总纳税时，从其应纳税额中扣除，但扣除额不得超过其境外所得依照本法规定计算的应纳税额。

第十三条 外商投资企业或者外国企业在中国境内设立的从事生产、经营的机构、场所与其关联企业之间的业务往来，应当按照独立企业之间的业务往来收取或者支付价款、费用。不按照独立企业之间的业务往来收取或者支付价款、费用，而减少其应纳税的所得额的，税务机关有权进行合理调整。

第十四条 外商投资企业和外国企业在中国境内设立的从事生产、经营的机构、场所设立、迁移、合并、分立、终止以及变更登记主要事项，应当向工商行政管理机关办理登记或者变更、注销登记，并持有关证件向当地税务机关办理税务登记或者变更、注销登记。

第十五条 缴纳企业所得税和地方所得税，按年计算，分季预缴。季度终了后十五日内预缴；年度终了后五个月内汇算清缴，多退少补。

第十六条 外商投资企业和外国企业在中国境内设立的从事生产、经营的机构、场所应当在每次预缴所得税的期限内，向当地税务机关报送预缴所得税申请表；年度终了后四个月内，报送年度所得税申请表和会计决算报表。

第十七条 外商投资企业和外国企业在中国境内设立的从事生产、经营的机构、场所的财务、会计制度，应当报送当地税务机关备查。各项会计记录必须完整准确，有合法凭证作为记帐依据。

外商投资企业和外国企业在中国境内设立的从事生产、经营的机构、场所的财务、会计处理办法同国务院有关税收的规定有抵触的，应当依照国务院有关税收的规定计算纳税。

第十八条 外商投资企业进行清算时，其资产净额或者剩余财产减除企业未分配利润、各项基金和清算费用后的余额，超过实缴资本的部分为清算所得，应当依照本法规定缴纳所得税。

第十九条 外国企业在中国境内未设立机构、场所，而有取得的来源于中国境内的利润、利息、租金、特许权使用费用和其他所得，或者虽设立机构、场所，但上述所得与其机构、场所没有实际联系的，都应当缴纳20%的所得税。

依照前款规定缴纳的所得税，以实际受益人为纳税义务人，以支付人为扣缴义务人。税款由支付人在每次支付的款额中扣缴。扣缴义务人每次所扣的税款，应当于五日内缴入国库，并向当地税务机关报送扣缴所得税报告表。

对下列所得，免征、减征所得税：

（一）外国投资者从外商投资企业取得的利润，免征所得税；

（二）国际金融组织贷款给中国政府和中国国家银行的利息所得，免征所得税；

（三）外国银行按照优惠利率贷款给中国国家银行的利息所得，免征所得税；

（四）为科学研究、开发能源、发展交通事业、农林牧业生产以及开发重要技术提供专有技术所取得的特许权使用费，经国务院税务主管部门批准，可以减按10%的税率征收所得税，其中技术先进或者条件优惠的，可以免征所得税。

除本条规定以外，对于利润、利息、租金、特许权使用费和其他所得，需要给予所得税减征、免征的优惠待遇的，由国务院规定。

第二十条 税务机关有权对外商投资企业和外国企业在中国境内设立的从事生产、经营的机构、场所的财务、会计和纳税情况进行检查；有权对扣缴义务人代扣代缴税款情况进行检查。被检查的单位和扣缴义务人必须据实报告，并提供有关资料，不得拒绝或者隐瞒。

税务机关派出人员进行检查时，应当出示证件，并负责保密。

第二十一条 依照本法缴纳的所得税以人民币为计算单位。所得为外国货币的，应当按照国家外汇管理机关公布的外汇牌价折合成人民币缴纳税款。

第二十二条 纳税义务人未按规定期限缴纳税款的，或者扣缴义务人未按规定期限解缴税款的，税务机关除限期缴纳外，从滞纳税款之日起，按日加收滞纳税款2‰的滞纳金。

第二十三条 未按规定期限向税务机关办理税务登记或者变更、注销登记的，未按规定期限向税务机关报送所得税申报表、会计决算报表或者扣缴所得税报告表的，或者未将本单位的财务、会计制度报送税务机关备查的，由税务机关责令限期登记或者报送，可以处以五千元以下的罚款。

经税务机关责令限期登记或者报送，逾期仍不向税务机关办理税务登记或者变更登记，或者仍不向税务机关报送所得税申报表、会计决算报表或者扣缴所得税报告表的，由税务机关处以一万元以下的罚款；情节严重的，比照刑法第一百二十一条的规定追究其法定代表人和直接责任人员的刑事责任。

第二十四条 扣缴义务人不履行本法规定的扣缴义务，不扣或者少扣应扣税款的，由税务机关限期追缴应扣未扣税款，可以处以应扣未扣税款一倍以下的罚款。

扣缴义务人未按规定的期限将已扣税款缴入国库的，由税务机关责令限期缴纳，可以处以五千元以下的罚款；逾期仍不缴纳的，由税务机关依法追缴，并处以一万元以下的罚款；情节严重的，比照刑法第一百二十一条的规定追究其法定代表人和直接责任人员的刑事责任。

第二十五条 采取隐瞒、欺骗手段偷税的，或者未按本法规定的期限缴纳税款，经税务机关催缴，在规定的期限内仍不缴纳的，由税务机关追缴其应缴纳税款，并处以应补税款五倍以下的罚款；情节严重的，依照刑法第一百二十一条的规定追究其法定代表人和直接责任人员的刑事责任。

第二十六条 外商投资企业、外国企业或者扣缴义务人同税务机关在纳税上发生争议时，必须先依照规定纳税，然后可在收到税务机关填发的纳税凭证之日起六十日内向上一级税务机关申请复议。上一级税务机关应当自收到复议申请之日起六十日内作出复议决定。对复议决定不服的，可在接到复议决定之日起十五日内向人民法院起诉。

当事人对税务机关的处罚决定不服的，可以在接到处罚通知之日起十五日内，向作出处罚决定的机关的上一级机关申请复议；对复议决定不服的，可以在接到复议决定之日起十五日内，向人民法院起诉。当事人也可以在接到处罚通知之日起十五日内，直接向人民法院起诉。当事人逾期不申请复议或者不向人民法院起诉、又不履行处罚决定的，作出处罚决定的机关可以申请人民法院强制执行。

第二十七条 本法公布前已设立的外商投资企业，依照本法规定，其所得税税率比本法施行前有所提高或者所享受的所得税减征、免征优惠待遇比本法施行前有所减少的，在批准的经营期限内，依照本法施行前法律和国务院有关规定执行；没有经营期限的，在国务院规定的期间内，依照本法施行前法律和国务院有关规定执行。具体办法由国务院规定。

第二十八条 中华人民共和国政府与外国政府所订立的有关税收的协定同本法有不同规定的，依照协定的规定办理。

第二十九条 国务院根据本法制定实施细则。

第三十条 本法自1991年7月1日起施行。《中华人民共和国中外合资经营企业所得税法》和《中华人民共和国外国企业所得税法》同时废止。

附：

刑法有关条款

第一百二十一条 违反税收法规、偷税、抗税、情节严重的，除按照税收法规补税并且可以罚款外，对直接责任人员，处三年以下有期徒刑或者拘役。

国务院关于设立天津港保税区的批复

（一九九一年五月十二日）

天津市人民政府：

你市《关于将天津港商业性保税仓库扩展为保税区的请示》（津政报〔1990〕34号）悉。现批复如下：

一、同意设立天津港保税区。保税区要充分发挥天津港的优势，积极为扩大对外贸易服务，为拓展转口贸易、过境贸易和加工出口服务，开展为贸易服务的加工整理、包装、运输、仓储和商品展出等业务。但目的在于销往国内非保税区的一般贸易进口货物，原则上不得运入保税区储存，如有特殊需要，需经海关批准。

二、同意保税区设在天津港规划的港界内，东边界为东堤路，南边界为供油北路和四号公路，西边界为东环路，北边界为五号公路（均不含道路），面积为1.2平方公里。保税区四周要按海关要求设立严密的隔离措施，与港口码头间设专用通道，并经海关检查验收。保税区内不得设生活居住区，除安全保卫人员外，其他人员不得在区内生活居住。

三、保税区由海关监管，天津海关应比照国务院批准的《中华人民共和国海关对进出上海外高桥保税区货物、运输工具和个人携带物品的管理办法》，制定对天津港保税区监管实施细则，报海关总署批准后实施。保税区内海关监管用房，由保税区提供。

四、对保税区内从事加工出口的生产性外商投资企业，可减按15%的税率计征企业所得税。

五、在保税区内如需设立金融、保险分支机构，由中国人民银行从严审批。

六、保税区内的外汇管理可适当放宽。区内企业开展业务的外汇收入，允许保留现汇，周转使用，每年年终净外汇收入分别按国家关于贸易外汇和非贸易外汇结汇的有关规定结汇、上缴国家和留成。

七、保税区其他方面的管理，执行所在地现行政策。

国家体改委关于印发经济体制改革十年规划和“八五”纲要的通知

（一九九一年五月十八日）

《经济体制改革十年规划和“八五”纲要》业经国务院原则同意。现遵照国务院指示，作为《国民经济和社会发展十年规划和第八个五年计划纲要》的配套文件发给你们，请参照执行。

经济体制改革十年规划和“八五”纲要

中共中央十三届七中全会通过的《关于制定国民经济和社会发展十年规划和“八五”计划的建议》明确指出：今后十年内要初步建立适应以公有制为基础的社会主义有计划商品经济新体制和计划经济与市场调节相结合的经济运行机制。按照这个基本方向，在总结十二年来我国经济体制改革丰富实践的基础上，特制定《经济体制改革十年规划和“八五”纲要》。

一、九十年代深化经济体制改革的重要性和紧迫性

（一）深化经济体制改革，是实现我国现代化建设第二步战略目标的重要保证。九十年代，是我国经济发展的关键时期。在这个阶段，能否进一步把国民经济搞上去，实现国民生产总值再翻一番，人民生活达到小康水平，不但直接影响中华民族的兴衰，而且关系到整个社会主义革命和建设的成败，意义十分重大。而要把经济搞上去，主要的推动力在于改革。只有通过卓有成效的改革，初步建立起社会主义有计划商品经济的新体制，有效促进结构优化、技术进步、效益和效率明显提高，实现经济的持续、稳定、协调发展，才有现实的可能。因此，在九十年代，继续深化改革，确保改革取得预期的成功，是有关全党、全国人民前途命运的大事，一定要认真抓紧抓好。

（二）从当前国内经济形势看，必须通过进一步改革，经济生活中存在的深层矛盾与问题，才能真正解决。经过两年多治理整顿，社会总供给与总需求趋于平衡，通货膨胀得到有效抑制，农业连续丰收，工业生产逐步回升，市场秩序得到了初步整顿。总的说经济形势是比较好的。但一些深层次的问题和矛盾，并没有解决。如主要商品的比价依然扭曲，经济结构仍然不合理；国家与企业、中央与地方、集体与个人之间的分配关系和管理体制，至今没有理顺；社会生产、流通、分配、消费等基本环节的正常运转，还存在着种种困难；以及财政收支矛盾越来越突出等。这些矛盾和问题，同改革正在进行过程中，新旧体制之间互不协调甚至摩擦有直接的联系。必须通过深化改革，基本理顺主要经济关系，初步建立起一种合理的体制和机制，才有可能逐渐缓解和消除。

（三）从国际经济形势看，只有建立起适应商品

经济发展的新体制，才能在竞争中立于不败之地。现在，世界政治风云虽然变幻多端，但和平与发展仍是主流。无论发达国家，还是新兴国家或地区和发展中国家，都在致力于政策或体制的调整与变革，为迎接新世纪的到来、抢占新世纪经济发展的“制高点”做准备。不同社会制度、不同国家之间的经济、技术竞争日益激烈。与此相适应，各国间的经济联系越来越密不可分，商品、资金、技术、信息的流动规模急剧扩大。同时，经济贸易的区域化、集团化势头也明显增强。这一切，对于我国的经济发展，既是一个难逢的历史良机，又是一种严峻的挑战。九十年代，只有进一步深化改革、扩大开放，建立起能够适应国际经济竞争的新体制，才能充分显示社会主义制度的优越性，更好地推进现代化建设的进程。

二、九十年代经济体制改革的现实基础

（四）九十年代的经济体制改革，应该在八十年代已取得巨大成就和经验的基础上，积极稳妥地推进。我国的经济体制改革，从一九七九年以来，无论在理论和实践上，都已经取得了很大成绩，积累了不少成功的经验。过去十二年的实践证明，党的十一届三中全会所提出的“对内搞活经济、对外实行开放”的总方针，党的十二大、十二届三中全会和十三大所规定的一系列有关改革的原则与政策，是符合我国国情的，是完全正确的。改革既坚持了社会主义方向，又有效促进了生产力发展。九十年代的改革，应当在充分估计过去已经取得的成绩，认真总结经验教训的基础上，按照“对的要继续坚持，失误的要纠正，不足的要加点劲”的原则，根据中央既定的方向和目标，有计划、分步骤地扎扎实实地推向前进。

（五）社会主义的经济体制改革，是一项开拓性的事业，必须有正确的理论作指导。十二年来，我们根据马克思主义普遍真理同中国具体实际相结合的原则，通过深刻总结历史和现实的经验，对改革的一些基本理论和重要思想观念取得了共同的认识。为新时期中国的经济、社会发展和整个经济体制改革，奠定了重要的理论基础。

——根据实践是检验真理的唯一标准的原理，提出并确立了我们衡量各种经济工作、经济政策和经济措施是否符合实际，必须以是否有利于社会生产力的发展为主要标志。

——在正确分析估计我国现阶段生产力和生产社会化水平的基础上，提出并确立了社会主义初级阶段的理论，为我们自觉改革经济基础和上层建筑中不适应生产力发展的部分，提供了最重要的理论依据。

——根据社会主义初级阶段的科学论断，提出并形成了“以经济建设为中心，坚持四项基本原则、坚持改革开放”的基本路线，以及按照这一正确路线，建立有中国特色社会主义的宏伟目标。

——根据初级阶段社会主义经济发展的本质要求和我国经济运行的实际，提出并确立了社会主义有计划商品经济的理论。明确商品经济的充分发展，是社会主义不可逾越的阶段，是实现我国经济现代化的必要条件。为我国的经济体制改革，规定了重要的理论纲领和正确的发展方向。

根据上述基本理论，提出并明确了经济体制改革必须坚持的一些基本指导方针和原则。

——针对过去认为社会主义就是“一大二公”的片面性，提出并明确了要迅速发展社会主义建设事业，必须调动一切积极因素，在坚持公有制为主体的条件下，实行国家、集体、个人一起上的方针，积极发展多种经济成分和多种经营方式。

——针对国家对企业统得过多过死的弊病，提出并明确了必须改变把全民所有制同国家直接经营企业混为一谈，使企业实际成了行政机构附属物的做法，坚持实行政企职责分开和所有权与经营权适当分离。

——针对经济管理中把计划经济等同于指令性计划、排斥市场竞争、否定价值规律作用的缺陷，提出并明确了计划与市场都是有效调节经济、合理配置资源的重要手段，改革必须重视发挥市场的作用，建立计划经济与市场调节有机结合的经济运行机制。

——针对分配中严重的平均主义，提出并明确了社会主义要以按劳分配为主体，其他分配方式作补充，允许和支持一部分人、一部分地区通过诚实劳动和合法经营先富起来，并逐步实现共同富裕。

——针对过去经济上闭关锁国的弊病，提出并明确了必须坚持实行对外开放的方针，积极发展与其他国家或地区的经济技术合作与交流，吸收借鉴当今世界一切反映现代社会化大生产规律的先进经验和管理方法。

（六）经过十二年改革，原有经济体制已经有了明显变化。我国原有的经济体制，是一种同现实社会

生产力发展要求不相适应的僵化的模式。经过八十年代的改革，原有体制已经发生了以下变化：

——在坚持全民所有制经济占主导地位的前提下，积极发展了城市集体经济和农村的乡镇企业，适当发展了个体、私营和其他经济成分，改变了原来那种与现实生产力水平不相适应的单一公有制结构。这对于有效调动各方面的积极性，发展经济，方便生活，安置就业，都取得了很好的效果。

——改革了公有制经济单位的组织形式和企业的经营方式。在农村，通过实行以家庭联产承包为主的责任制，逐步建立统分结合的双层经营体制，为集体经济找到了适应生产力发展的新的组织形式，有力地促进了农村生产和整个国民经济的发展；在城市，按照政企分开、"两权"分离的原则，初步改变了统收统支的国营企业经营方式，使企业的生产经营自主权有所扩大，在实现自我改造、自我发展方面有了一定进步。

——在坚持国家对国民经济进行有效宏观调控的前提下，改革了价格管理体制与形成机制，培育并发展了各类市场，初步发挥了市场调节和价值规律的作用。同时，国家宏观调控的范围、方式有了调整与改进，经济、法律手段的运用开始受到重视，经济运行的活力有所增强。

——在坚持中央政府必要的集中统一的前提下，通过财政、金融、计划、投资等方面的改革，调动了地方发展经济的积极性，城市的经济吸引力、辐射力和综合服务功能有了增强，中心作用开始发挥。这对于打破各种行政分割，培育统一市场，促进区域经济进步，发挥了较好的作用。

——在坚持按劳分配的主体地位的前提下，适当采用了其它分配形式，并注意把一部分人、一部分地区通过诚实劳动和合法经营先富起来的政策，同逐步实现全体人民和各个地区共同富裕的原则结合起来，较好地激发了劳动者生产经营的积极性、开拓精神和竞争意识。

——在坚持独立自主、自力更生原则的前提下，积极推进了对外开放。进出口贸易、利用外资和对外经济技术合作都有了迅速发展。传统的半封闭型经济开始向积极利用国际分工、国际交换的开放型经济转变，初步形成了"经济特区——沿海开放城市——沿海经济开放区——内地"逐步推进的对外开放格局。

（七）从许多方面看，实行改革开放的十二年，是我国经济建设成就最大的时期。

——经济增长率显著提高。从一九七九年到一九九〇年，按可比价格计算，国民生产总值年递增8.7%，显著高于一九五三年至一九七八年每年平均增长6.1%的速度。

——技术进步明显加快。通过改革开放，引进了一批国外先进技术，也加快了国内研究成果转化为生产力的过程，使我国同世界先进水平的差距有所缩小，在经济增长中依靠技术进步所占的比重，同改革前比较有所提高。

——不合理的经济结构有了一定改变。以农轻重为例，农业基本保持了原有比重，主要生产中间产品的重工业比重缩小，主要生产最终产品的轻工业比重扩大；在一、二、三产业比例中，第一产业基本维持，第二产业下降，第三产业上升；经济的地区布局也有所调整，原来那种内地单纯提供初级产品、沿海主要搞加工的局面有了一定改变。这些变化，对促进社会生产力的发展和人民生活提高起了重要作用。

——人民生活大大改善。一九九〇年的居民平均消费水平，扣除物价因素，比一九七八年提高了1.1倍，平均每年提高6.3%；比一九五三年至一九七八年二十六年共提高77%，平均每年提高2.2%要快得多。城乡居民住房紧张的状况有很大缓解。人均居住面积，从一九五三年到一九七八年是下降的；而一九九〇年同一九七八年相比，城市从三点六平方米上升到七点一平方米；农村从八点一平方米上升到十七点八平方米。

（八）已有的改革，尚未实现传统体制向新体制的转换，改革的任务仍很艰巨。社会主义的经济改革，是一项极其艰巨复杂的事业。由于种种原因，传统经济体制的弊病尚未消除，社会主义有计划商品经济的新体制还未建立起来，在改革工作上也存在不少问题和不足。

——企业特别是全民所有制企业的经营机制仍不合理，产权关系尚未理顺，国有资产的管理和经营制度改革明显滞后，政企职责分开、"两权"适当分离的问题没有真正解决，同企业是一个社会主义商品生产者和经营者的要求还有很大距离。同时，企业内部领导制度和管理制度不健全、不稳定，外部经营环境存在着不平等、不合理、严重影响着经营者、劳动者积极性的正常发挥和国营企业经营效益的提高。

——许多价格依然不合理，市场机制仍不健全。一些重要产品的价格，仍然严重背离其价值和供求关系；价格“双轨制”在起到一定积极作用的同时，也带来了诸多弊病。市场发育不平衡、组织不完备、规则不健全、管理不协调，分割封锁现象远未消除，平等有序的竞争难以展开。

——适应有计划商品经济发展要求的宏观调控体系尚未形成，原有以行政手段为主的管理办法仍广泛存在。指令性计划违背价值规律，指导性计划的目标与手段不配套；计划、财政、金融等部门之间，尚未建立起既有明确分工，又能够互相制衡的机制，国家预算收入占国民收入的比重下降过多。不仅难以合理解决国家与企业、中央与地方的基本经济关系，也难以在宏观总量平衡、资源配置和产业结构调整等方面发挥出应有的功能。

——改革工作安排，有时没有做好同发展的要求紧密结合，考虑经济环境的制约条件不够，并且缺乏必不可少的统筹、协调，往往政出多门。已出台的措施，有的不配套，有的相互矛盾，有的缺乏应有的稳定性，特别是在运用法律手段来推动改革方面做得较差，使改革难以收到预期的效果。

三、九十年代经济体制改革的指导原则和基本目标

（九）九十年代的经济体制改革，必须遵循以下指导原则：

——牢牢坚持改革的社会主义方向。我国的经济体制改革是在中国共产党领导下进行的，是社会主义制度的自我完善和发展。目的在于消除生产关系和上层建筑中不适应生产力发展的环节和方面，不断增强经济的生机和活力，更好地发挥社会主义的优越性，而不是要改变社会主义制度。国际上的经验教训和我国的实践都证明，不改革开放不行，改革开放不坚持正确的方向也不行。因此，我们在实行改革的过程中，必须始终坚持社会主义的正确方向，确保改革开放坚定不移地沿着社会主义道路不断向前推进。

——坚持计划经济和市场调节相结合的原则。我们要建立的新体制，应该是计划与市场内在统一、能够有效发挥计划与市场长处的体制。这主要是因为，计划与市场，都是促进资源合理配置的重要手段和形式，是社会化大生产和商品经济发展的内在要求，而不是划分社会主义与资本主义的标志。资本主义有计划，社会主义有市场。社会主义如果不发展市场，不合理运用市场机制，商品生产就不能充分发展，国民经济就很难繁荣兴旺。只有把二者有机结合起来，在改革的各项措施中，既体现国民经济有计划发展的应有优点，又有效发挥市场竞争、优胜劣汰的作用，才有可能真正实现经济的协调发展和良性循环。

——紧紧围绕经济发展的战略目标和社会稳定。到本世纪末，我国经济要实现第二步战略目标，必须解决好两个问题：一是稳定，二是效益。离开了稳定，社会动荡不安，经济不可能顺利发展；离开了效益，继续高投入、低产出，生产力难以迅速提高。而要做到这两点，关键又在于深化改革。因此，必须处理好改革与发展、稳定的关系。坚持在制定改革的规划和方案时，既要考虑有利于解决经济发展中的深层次问题，又要考虑经济发展可能提供的现实环境和基础；在推进有关重要改革措施时，要充分考虑到国家、企业和个人的承受能力，避免引起大的社会震动；在实际执行的过程中，要根据客观情况的变化，及时调整、补充与完善已出台的各项改革措施，使之尽可能保持改革政策的连续和稳定，防止不应有的反复或曲折。

——立足于理顺基本经济关系。九十年代深化改革的关键，是要理顺国家与企业、集体（企业）与个人、中央与地方、城市与农村等基本经济关系和企业的产权关系，并逐步实现其制度化、规范化。推进这些方面的改革，直接涉及各个领域的管理职能、行政权力以及经济利益的调整，矛盾必然增多，难度很大。为此，一方面必须在中央确定基本方向和目标的前提下，认真制定出经济体制改革的总体实施方案，通过强有力的统筹协调，使各项改革措施相互衔接、配套出台，尽可能消除可能存在的摩擦和漏洞。同时，要切实加强思想教育，搞好舆论导向，强调整体效应，提倡顾全大局，尽可能使广大干部和群众，更多地了解改革，理解改革，不断取得各方面对改革的关心、拥护和支持。

——坚持从实际情况出发，从国情出发。我国幅员辽阔，人口众多，还处于社会主义初级阶段。沿海与内地、南方与北方、城市与农村，经济文化发展水平、商品经济意识和干部素质都不一样，地区之间差异很大，改革的内容和进度，不能“一刀切”。应当根据中央所确定的基本政策和总体实施方案，采取

分类指导的工作方法，鼓励各地区、各部门因地制宜，主动灵活、积极探索、实事求是地加以推进。对于国外与其他地区组织社会化大生产和经营管理的经验，可以作为它山之石加以吸收和借鉴，但不能盲目照搬，并注意防止资产阶级腐朽思想的侵蚀，以保证改革健康发展。

（十）九十年代深化经济体制改革的目标。总的是要初步建立起社会主义有计划商品经济的新体制。主要方面是：

——建立以社会主义公布制为主体，多种经济成分共同发展的所有制结构。与社会主义初级阶段生产力状况相适应，继续鼓励支持合作经济，适当发展个体经济、私营经济、外资经济以及不同所有制的混合经济，并依法加强监督和管理。

——建立适应社会化大生产发展的企业制度。除少数特殊行业外，所有竞争性企业，基本做到自主经营、自负盈亏、自我发展、自我约束、优胜劣汰，成为充满生机活力、行为合理的商品生产者和经营者。建立健全全民所有制企业的产权制度，逐步形成公有制经济的多种有效实现形式和有法律制约的行为规范。

——建立统一开放、平等竞争、规则健全的社会主义市场体系。对少数关系国计民生的重要商品和服务收费实行国家定价，其他商品的生产和流通放开，实行市场调节，价格在市场上形成，使之正确反映商品的价值及供求关系。有些商品价格应同国际市场价格衔接。在商品市场充分发展的同时，积极发展资金、技术、信息、劳务、房地产等要素市场，逐步克服要素市场发展滞后的状况。

——建立直接调控与间接调控相结合，以间接调控为主；中央和省（包括自治区、直辖市和计划单列市）两级调控；以中央调控为主的宏观调控体系。正确处理集中与分散的关系。国家行政管理职能和所有者职能分开，政企职责分开。随着职能的转变，相应改革各级经济管理机构。

——建立以按劳分配为主体、其它分配方式为补充的个人收入分配制度和比较完善的社会保障体系，正确处理公平与效率的关系。既鼓励一部分人依靠合法经营和诚实劳动先富起来，又采取有效措施加以必要调节，走共同富裕的道路；既要打破平均主义和“大锅饭”，又要防止贫富悬殊。

四、企业体制改革

（十一）搞好企业改革，为国民经济发展创造良好的微观基础。企业、特别是大中型企业，是我国社会主义现代化建设的重要支柱，是创造社会财富的主要源泉。继续坚持以增强企业活力为中心，努力改善企业的经营机制和外部经济环境，切实加强和搞好企业内部管理，使企业具有自觉发展生产、改善经营、降低成本、提高效益的积极性和创造性，对我国经济的发展和社会主义制度的巩固，都具有特别重要的意义。为此，必须进一步从各方面采取有力措施，深化企业体制改革，逐步形成政企职责分开，两权适当分离，产权关系清晰，法人自主经营、自负盈亏，既有活力、又有约束的现代企业组织管理体制和经营机制。

（十二）进一步完善承包经营责任制，深化企业内部改革。“八五”期间企业将继续实行承包经营责任制，围绕完善承包，要抓好以下改革：

——确保企业应有的经营自主权。凡《企业法》中规定的企业生产经营自主权，都必须坚决贯彻落实。国务院各部门、各级地方政府的有关规定，与《企业法》违背的，应当改正。并且尽快制定《企业法》的实施条例，以保证《企业法》严格执行。

——改进完善承包的办法。主要是：提倡集体承包；完善承包指标体系，实行综合指标承包，但流转税不能列入承包的范围；参照本地区同行业的平均资金利润率，合理确定承包基数，完善和改进工效挂钩办法；按照《承包条例》规定，严格兑现承包合同；明确发包方的责任和义务，严格禁止对企业的乱收费、乱摊派、乱检查、乱罚款，为企业完成承包合同创造必要的外部条件。

——坚持执行《企业法》，完善厂长（经理）负责制。理顺企业内部党、政、工三者的关系，加强党委对思想政治的领导，强化厂长对生产经营活动的统一指挥，切实保证职工的民主权利，党、政、工三者相辅相成，团结一致，共同抓好企业的物质文明和精神文明建设。

——进一步完善企业内部经济责任制。包括：改革企业内部用工制度，继续推进劳动优化组合；认真贯彻按劳分配原则，奖勤罚懒，真正把劳动贡献与劳动报酬结合起来；严格执行《成本法》和《成本管理条例》，强化企业成本管理；加强对承包企业的审计和考核工作，强化约束机制；建立和完善鼓励发明创造、技术革新、合理化建议、节能降耗等各种促进技术进步的奖励制度，加快形成有利于企业技术进步的机制。尽可能提高企业自身的生产经营效益，不能再寄希望于国家减税让利。

——除对石油、石化、煤炭、钢铁、有色金属、铁道等部门，继续实行并完善现行包干办法外，可选择少数符合国家产业政策、有发展前途、管理水平较高的大型骨干企业和企业集团，实行周期较长的投入产出总承包。在投资、新产品开发、要素流动、进出口等方面，赋予其充分的自主权，使其能够主要依靠自己的力量得到持续、稳定的发展。

（十三）逐步实行企业"利税分流、税后还贷、税后承包"办法，建立基本规范的国家与企业之间的利益分配制度。这是把国家对企业的行政管理职能与资产所有化职能分开，实现政企分开、两权分离，为企业创造平等竞争条件所必不可少的改革。"八五"期间，要积极扩大试点，积累经验，完善办法。力争"九五"期间，在多数企业中实行。

为了更好地推进和扩大试点，根据前一段的试点情况，试点办法可适当改进。主要是：适当降低企业所得税税率，并相应合理解决企业税后负担很重的问题；对老贷款适当灵活处理，新增专项贷款本金税后还贷，利息打入成本；税后利润可以实行不同形式的承包上交办法。以既保证必不可少的财政上交任务，又使企业自我改造、自我发展的资金来源，能够得到合理解决。

（十四）根据需要和可能，将一些竞争性行业的全民企业，逐步改组成全民法人持股为主的有限责任公司或股份有限公司，形成同社会化大生产和社会主义商品经济发展相适应的企业组织形式与经营机制。在"八五"期间，由于种种条件还不具备，主要是有计划地推进和扩大试点，为下一步改革做好必要的准备。

——认真搞好不同类型的股份制试点。对三种不同股份制要区别对待：法人持股的股份公司和集体合作股份制，要在进一步规范和完善的基础上有计划地推进；企业内部职工持股的股份制试点，要按照股份制的基本规则加以规范，并在总结经验的基础上适当扩大试点范围；向社会公开发行股票的股份制，选定少数省、市，进行配套改革试点。对一些横向联合企业、多渠道出资兴办的企业和企业集团，可以尽快改为股份制企业，以更好地界定和保护参加者与投资者的应有权益。

——抓紧制定有关法规。主要有：有限责任公司法，股份有限公司法，以及相应的规章、制度和具体办法。使股份制企业的发起组建、股份结构、经营权限、管理体制、利益分配和破产倒闭，都有法可依，防止种种随意性的行政干预。杜绝在试点或推行股份制的过程中，损害和私分国有资产的行为。

（十五）积极推动生产要素流动，促进企业结构合理调整。

——根据结构调整的实际需要和可能，恰当选择生产要素流动的方式。其中包括：企业之间的承包、租赁、兼并、互相参股，以及存量资产合理转让与小企业拍卖等，积极促进企业优胜劣汰与组织结构合理化。

——正确引导生产要素流动的方向。按照符合国家产业政策和发挥优势的原则，积极引导生产要素向需要发展的产业部门和生产优势产品的企业流动。积极创造条件，认真实施企业破产制度。

——研究制定促进生产要素流动的具体政策。信贷、财政、税收、物价、人事、劳动、国有资产和土地管理等部门，都要按照经济结构调整的规划，制定出有效推动生产要素合理流动的政策，并使之成龙配套。

（十六）有计划地发展企业集团。

——发展企业集团，要紧紧围绕实现以下目的：①促进调整和优化结构，提高专业化水平，形成规模经济；②推动生产要素合理流动，实现优势互补，充分发挥现有生产能力的作用；③促进科研、生产相结合，提高新产品开发和技术创新能力，形成综合功能，适应市场变化；④发挥整体优势，提高产品在国际市场上的竞争能力；⑤以骨干企业或拳头产品为核心，推动企业合理组织，有利宏观调控。

——发展企业集团必须具备以下条件，防止一哄而起：①企业集团必须由若干独立的企业和事业单位所组成，而不能只是一个大企业；②企业集团要有核心企业，并形成紧密层、半紧密层、松散层等多层次的组织结构；③集团公司必须具有企业法人地位，不兼政府行业管理职能；④企业集团成员之间要有以资产纽带为主的各种联结纽带，组成一个有机整体。

——要花大力气切实搞好现有企业集团的发育成型、完善提高。主要是壮大集团核心，发展紧密层，强化以资产为主体的联接纽带，以求更好地发挥实际作用。

——“八五”期间要根据经济发展的需要和国家的产业政策，以及生产要素优化组合的要求，用股份制的形式组建一批新的企业集团，主要是跨地区、跨部门、竞争性的大型企业集团。

（十七）继续调整所有制结构，合理发展多种经济成份的企业。

——进一步巩固和发展集体所有制企业（包括乡镇企业）。要真正把集体经济视为社会主义公有制经济的重要组成部分，广泛筹集资金，积极加以发展，以更好地满足生产建设、人民生活和劳动就业的需要。对现有各种形式的集体企业，特别是城镇集体企业要尽快界定产权归属，明确所有者应有的权利和责任，形成符合集体经济性质的企业经营形式和管理方式，真正实现自主经营、自负盈亏和优胜劣汰。保护集体企业的权益，任何部门或个人不得以任何方式或借口，平调、挪用、侵吞或私分集体所有制企业的资金，利润、厂房、设备、原材料、产品、商品等一切资财，使之不断壮大和成长。

——在国家政策允许的范围内，继续发展个体和私营经济，发挥其对公有制经济的补充作用。同时，相应加强引导、监督和管理，兴利抑弊，并保护他们的合法权益，使之健康发展。

——继续鼓励“三资”企业的发展。更多利用外商投资，发展各种“三资”企业，特别是有利于技术进步、进口替代和出口创汇的企业。不仅沿海地区可以发展，内地也可以发展；不仅可以办新企业，也可以把利用外资和老企业的技术改造结合起来，吸收外商入股，试办中外混合持股的股份公司。要认真贯彻落实国家关于发展“三资”企业的法律、法规，保护其合法权益。同时，也要加强对“三资”企业的管理和监督，防止虚亏实盈，非法隐瞒和转移利润。

（十八）建立合理的国有资产管理体制和经营制度，促进国有资产经济效益的提高。

——清理、界定企业产权，明确资产责任。结合在全国范围内有计划地开展清产核资，逐步理顺国有资产的产权关系；通过资产评估，逐步核实各个公司、企业占用国有资产的价值，并搞好产权登记。在此基础上，确立企业经营使用国有资产的基本目标和责任，逐步建立以资本金效益为主考核企业经营成果的方法，以及相应的会计核算、统计报告、评价奖惩等基础管理制度。

——建立合理的国有资产管理体制。将政府行政管理职能与国有资产所有者代表的职能分开，强化专职管理。逐步建立从中央到地方的国有资产管理体系，代表国家专司国有资产所有者的管理职能，保障国家资本金的权益。

——建立国有资产经营体制。积极探索建立各类中介性产权经营组织及其进行资产经营的形式、途径和方法。将各类投资公司、集团公司和行业总公司，逐步发展为控股公司，成为中介性国有资产经营组织。根据授权，代表国家向企业委派股（产）权代表实施管理；并根据股权比例，参予制定企业发展规划和重大经营决策，保证国有资产不断增值。

——发展国有资产的交叉持股和经营。国有资产产权的不同管理主体之间，可以合股投资，相互转让产权，允许中央和地方在一个企业内部实行交叉持股。关系国家经济命脉的重要企业，主要由中央投资或控股，其他企业地方可以投资或控股，其产权收益分别纳入中央和地方的建设性预算。

五、农村经济改革

（十九）稳定完善家庭联产承包制，发展社会化服务体系。

——要把以家庭联产承包为主的责任制作为农村集体所有制合作经济的一项基本制度长期稳定下来，并不断加以完善。在此基础上，发展统分结合的双层经营体制，依靠生产的发展和集体自身的积累，逐步壮大集体经济实力。国家要从政策、资金、物资等方面，支持农村社会化服务体系的建设。并在积极发展乡村合作经济组织服务的基础上，发展各种专业服务组织，逐步形成产前、产中、产后的系列化服务体系，促进农业的现代化。

——完善农村土地管理。在保持土地集体所有，家庭承包这一基本原则的同时，不断完善土地承包办法，既解决基建占地、自然灾害、人口变动等所引起的土地占用不合理，又使承包地块能够长期稳定。在确有条件的地方，根据农民的意愿，可以稳妥地实行多种形式的适度规模经营。建立健全农用土地使用权的合理流转机制，鼓励农民积极增加投入。

（二十）深化农副产品流通体制改革。大力发展以不同规模的批发市场为中枢的多层次农产品市场体系，使其成为联接生产与需要、引导生产、稳定价格的重要环节。继续推进完善供销合作社的体制改革，发展多种形式的农民流通组织，提倡农民在完成税负和国家订购任务后，直接进入流通领域，形成多渠道、少环节、开放式的农副产品流通体制。建立较完备的农产品储备、调节制度，有效缓解大宗农产品市场的大幅度波动。积极推进粮食和副食品的购销体制改革，调整主要农产品产销区域之间的利益结构，制定合理的购销、调拨等经济政策，保护生产者和调出区的积极性。对部分大宗农产品，实行产供销一体化经营，逐步理顺管理体制。

（二十一）进一步深化乡镇企业体制改革。按照国家的产业政策，继续调整产业结构。认真界定并理顺乡镇企业的产权关系，完善企业经营管理，建立健全财务会计制度，强化约束机制。积极推进各种形式的横向联合，鼓励支持城市向农村的产品扩散和延伸，根据生产要素优化组合和市场需要，有计划地扩大乡镇企业生产经营规模。积极引进先进的科学管理制度和方法，促进企业管理现代化，努力提高效益与效率。制定必要政策，促进乡镇企业布局适当集中，把乡镇企业发展与农村集镇建设结合起来。

（二十二）认真搞好林业经济体制改革。实行各级领导造林绿化责任制，建立国家、集体、农民投资和农民投工造林的机制，健全三防（防火、防虫、防止乱砍滥伐和乱捕猎）体系，逐步理顺林业管理体制。建立林价制度，实行森林有偿采伐和利用。稳定山林权属，引导联合经营，大力发展国营林场、乡村林场和股份合作林场，完善林业生产责任制。改革木材和林产品流通体制，发展不同形式的生产、加工和销售一体化经营。

（二十三）切实抓好县级经济改革和农村基层组织建设。

——以城乡一体化和促进县区经济全面协调发展为目标，积极推进县级综合改革，带动县域经济全面发展。依法理顺县乡两级政权之间的关系，精减管理机构，压缩行政编制，节约财政开支，减轻农民负担。力争到“八五”期末，使全国的财政补贴县明显减少；“九五”期间，除少数贫困地区外，基本消灭县级财政赤字。

——加强农村基层组织建设，重点是搞好乡、村两级组织的配套建设，健全乡村合作经济的组织管理制度。改革现行乡镇农村服务与监督管理体制，继续鼓励发展各类专业性合作经济组织和农民专业技术协会，逐步形成有利于农村经济发展的基层组织体系。

六、市场流通和价格体制改革

（二十四）建立健全社会主义的市场体系。发展有计划的商品经济，必须不断开拓各种市场，大力发展流通产业，以利于促进合理的竞争，有效提高经济运行的效率和效益。为此，必须按照计划经济与市场调节相结合的原则，继续推进和深化流通体制改革，进一步搞活商品、物资流通，基本理顺主要比价关系，初步建立起合理的价格体系，高效、畅通、可调控的流通体制和平等竞争、规则健全的商品市场体系。同时，不断扩大完善短期资金市场，逐步发展长期资金市场，积极开拓技术市场和信息市场，认真培育房地产市场和劳务市场，努力消除各种分割封锁现象，逐步形成包括各种要素市场在内的全国统一开放的大市场。

（二十五）继续完善国营商业、物资和供销社的体制改革。

——继续改革商业批发和物资流通体制。主要是积极发展流通领域的横向联合，有步骤地组建跨地区、跨行业的、综合性或专业性的大型商业、物资企业集团和工商联合的生产流通集团公司，有效发挥其吞吐调剂商品、物资的作用，改变地区、部门和企业自成体系的流通格局，积极推进流通社会化。逐步缩小指令性计划分配、调拨的比重，改革指令性计划的实现方式，推行有保障的远期合同制度，稳定产需关系，加快流通速度。健全重要商品、物资储备制度，运用计划和市场两种调节手段，灵活吞吐重要商品和物资，保护生产，稳定市场，满足国计民生的基本需要。

——进一步深化供销社的经营机制和组织体制改革。按照供销社应有的群众性、民主性、灵活性原则，建立真正自负盈亏的机制和管理体制。不断健全和规范国家对供销社的各项扶持政策，充分发挥其灵活经营、合作互助的优越性，以及农村社会化综合服务中心和流通主渠道的作用。

——深化商业、物资企业的改革。坚持多种形式的企业经营方式，除极少数政策性经营企业外，都要做到自主经营、自负盈亏。积极改革企业内部管理体制，在充分试点的基础上，逐步推行经理负责制、管理人员聘任制、劳动合同制、工资浮动制。以有效调动广大职工的积极性、创造性，进一步增强国营商业、物资企业的活力，提高经济效益，减少国家对流通领域的财政补贴。

（二十六）积极发展多种市场组织形式。在农副产品集中产区和集散地，发展省级和国家级的重要农副产品批发市场，并试办商品期货市场。在生产资料重点产销区的中心城市，发展重要物资的现货和期货贸易中心或交易所，逐步取代"骡马大会"式的物资定货会、交易会。在沿海重要城市和内地省会城市，发展拍卖市场或拍卖行，杜绝公物处理中的不正之风。在经济联系密切的省、市、自治区，组织互通有无、互惠互利、有机联系、货畅其流的区域性市场，克服市场的分割和封锁。整顿和规范现有的城乡农贸市场、小商品市场、摊群市场、农副产品批发市场、综合或专业的生产资料市场，促使其更好发展。

（二十七）加强对市场的管理、监督和调控。主要是：改革工商行政管理体制，强化工商管理部门在市场流通中的执法职能，健全执法组织，有效实施监督，并正确行使各经济管理部门应有的行业管理职能；同时，逐步建立健全同业公会、行业协会、消费者协会组织，正确发挥其自我管理和群众监督的作用。清理现有的市场法规，建立健全市场法规体系，逐步做到一切市场行为都有法可依、有章可循、规则健全、管理规范。克服市场流通中的垄断和不正当竞争，取缔不法行为，保护合法经营。建立市场调节基金制度，加强对市场的引导和调控，确保市场的健康发育和发展。

（二十八）积极稳妥地进行价格改革，逐步理顺比价关系，建立合理的价格形成机制。建立合理的价格制度，是建立有计划商品经济新体制的重要组成部分。价格体制改革，对推动整个经济体制改革和缓解财政困难至关重要。为此，必须在保持社会总供求基本平衡，合理控制物价总水平上升幅度的前提下，进一步深化价格改革。在"八五"期间，有计划、有重点地分年分批缓解和理顺一些现在严重扭曲的产品比价关系；"九五"期间，逐步建立起少数关系国计民生和全局发展的商品价格由国家管理，多数商品价格放开由市场机制形成的制度。主要内容是：

——积极、稳妥地推进价格结构调整，使各种比价关系逐步趋于合理。包括：适当提高煤炭、石油等基础工业产品和铁路运输等基础设施的价格，以及城市公用事业收费；适当提高粮食等主要农产品国家定购价格，并逐步过渡为收购任务相对稳定、价格适时调整的制度，扭转主要农产品购销价格倒挂的现象。以逐步解决这些产品价格严重不合理的问题，减少国家财政补贴，适当缩小工农产品剪刀差。在调整基本生活必需品价格时，要制定相应政策，给群众以适当补偿。

——整顿生产资料价格"双轨制"，逐步解决计划内外价差悬殊所带来的种种弊病，为企业创造平等竞争的环境。可以区别三种情况，采取不同的处理办法：对关系国计民生、垄断性强、供求弹性小、资源制约大的产品，通过价格调整逐步并为国家定价；对供求弹性较大、竞争性较强的产品，通过逐步放开计划内价格，并为市场调节价；对少数还不具备并轨条件的产品，可通过分步提高国家定价、采取最高限价等措施，逐步缩小双轨价差。

——坚持能源、交通、少数农产品和工业原材料，以及重要公用设施的价格和服务收费，继续由国家制定或控制，但应该按照价值规律的要求和供求状况适时适度进行调整。以保证经营这些行业的企业，除个别特殊情况外，只要自身经营得好，都有合理利润可得，并有效防止因一些基础行业和基础产品的价格盲目波动而影响经济稳定。

——对绝大部分中间产品和最终消费品的价格，要有计划、有步骤地逐步放开，由市场决定。当前，首先应该把前几年已经放开、近两年又管起来的价格，除个别确实不能放的以外都尽快放开，并着手研究提出"八五"和"九五"期间分步放开的主要目录。具体实施的步骤，可以在年度计划中根据实际情况确定。

七、劳动工资、社会保险和住房制度改革

（二十九）继续改革劳动就业制度。

——进一步改革劳动制度。继续实行劳动部门介绍就业、自愿组织起来就业和自谋职业相结合的就业方针，逐步扩大劳务市场、完善劳动就业社会服务体系。逐步形成社会劳动力、人才合理配置和流动的机制，积极发挥劳动竞争的作用。

——积极发展投资少、见效快、安置就业多的集体所有制企业、特别是第三产业和开发性农业，适当发展个体、私营经济和"三资"企业，积极扩大劳务输出，拓宽就业门路。加强城乡劳动力统筹，有计划、有控制地促进农业劳动力向非农产业过渡。

——积极稳妥地推行全员劳动合同制，建立国家宏观指导、企业自主用工、多种形式并存的用工制度。按照生产需要和劳动优化组合的原则，科学定员

定额，合理配置劳动力，并妥善解决富余人员的出路问题，逐步实现企业和劳动者的双向选择。

——加强对就业人员与企业职工的培训和再培训。坚持实行先培训、后就业、先培训、后上岗、持证上岗制度，提高劳动力的素质。适当推迟就业年龄，初中毕业生必须经过专业培训才能就业。在有条件的地方和企业，可试行每周五日工作，一天学习、培训的办法。

（三十）进一步改革工资制度。

——建立健全工资正常增长和总量有效调控的机制，使工资总额能够随国民经济发展有计划按比例增长。坚持在中长期内，实际工资总额的增长，不高于国民收入的增长；实际平均工资的提高，不超过劳动生产率的提高。企业的工资总额，要继续同经济效益挂钩浮动，并根据情况适当增加资金利润率、劳动生产率、国有资产增值和企业技术进步等挂钩指标；国家机关、事业单位工作人员的工资，应在严格控制定员的前提下，按照国民经济发展和社会收入水平的提高逐步增长。

——逐步形成能够全面反映不同行业、不同岗位职工基本数量和质量的工资制度。在企业，要逐步实行以岗位技能工资制为主要形式的内部分配制度；国家机关，要逐步建立公务员工资制度；各类事业单位，要逐步实行符合各自工作特点的工资制度。并逐步形成国家宏观调控、分级分类管理、企业自主分配的工资管理体制。

——调整职工收入结构。切实改变职工基本工资以外收入比重过大的状况，限制和减少实物分配。结合价格、住房和医疗制度的改革，把一部分福利性补贴逐步纳入工资，提高工资收入的透明度和职工收入中按劳分配部分的比重。

——加强收入分配的管理和调节。统一制定涉及全局的分配政策，扭转现在工资分配政出多门的现象，克服乱发奖金、津贴、补贴等弊病。积极推行个人收入申报制度，严格征收个人收入调节税，加强有效调节，缓解社会分配不公。

（三十一）积极推进社会保险制度的改革。

——改革养老保险制度。区别不同情况，逐步建立费用由国家、企业、个人合理负担的养老保险。对国营企业职工，在完善现行社会统筹制的同时，引入个人缴纳的投保机制，建立按人帐户储存积累制；对集体企业职工，逐步建立社会统筹和按人储存积累相结合的养老保险；对"三资"企业、私营企业职工和私营企业主、城镇个体劳动者，建立费用由个人交纳、按人帐户储存积累和互济基金相结合的养老保险；在富裕农村，建立费用由个人交纳为主、集体补助为辅的养老保险制度。与此同时，补充和完善国家机关、事业单位现行的保险福利制度改革，研究制订国家公务员和事业单位工作人员的保险福利办法。

——扩大和完善职工的待业保险制度。将目前对全民企业职工实行的待业保险，逐步扩大到城镇集体以及其它所有制企业的全部职工。逐步做到所有职工在待业期间，都能得到一定程度和一定期限的待业保险，保证其基本生活和提供转业训练的机会。以有效促进企业组织结构调整和劳动力合理流动。

——适当加快医疗保险制度的改革。在全民和集体单位，试行职工对医疗保险要缴纳一定保险费，并在看病时适当负担医药费的制度。在企业，从首先建立大病医疗费用社会统筹保险开始，逐步转向比较完善的社会医疗保险制度。与此同时，还可以着手推进工伤保险制度改革，逐步建立按不同行业确定工伤保险费率，由企业交纳、社会统筹使用的工伤保险基金制度。

——建立统一协调各种社会保险的组织。为了加强各种社会保险制度改革的规划、组织和指导，应该尽快建立全国统一协调社会保险的机构。现在分部门管理的各类保险机构，要尽快实行政企事分开，节约开支，切实做好保险基金的收集、支付、储备和增值工作，加强其资金运用的监督。

（三十二）加快住房制度的改革。

——有计划地调整公房租金，合理引导住房需求。在统一公房租金标准的基础上，逐步把公有住房租金提高到至少包括维修费、管理费、折旧费三项因素，力争达到包括投资利息、房产税共五项因素构成的成本租金。近期内，新建公房一律实行新的租金标准，对多占住房的面积要实行超标准部分加租。租金提高后，可本着"多提少补"的原则，给租住公房的职工发放一定补贴，并逐步理入职工工资和退休金中，有步骤地提高住房租金在个人工资收入中的比重。

——加快住房商品化进程。建立与城镇居民收入相适应的住房价格体系，并从计划保证、减免税费、完善房地产市场几个方面创造条件，鼓励个人购买住房，逐步提高商品住宅中向个人出售的比例。单位自建住宅，要按成本价先卖后租。积极推进公有旧住房出售，“八五”期末，全国公有旧住房出售的比例要力争达到20%左右。

——改革住房投资与建设体制。按照“统一规划、合理布局、因地制宜、综合开发、配套建设”的原则，建立和发展多种类型的城市房地产综合开发公司，包括主要从事低造价的商品房开发公司和住房合作社，以经营房地产的方式进行城市新区开发和旧城改造。进一步实行国家、企业、个人三方面合理负担的住宅建设投资体制，鼓励职工个人参加多种形式的筹资建房。各级政府应在用地、规划、建材、信贷、税收和设施配套等方面给予必要的优惠。

——建立多层次的住房基金，发展住房金融业务。开展个人购房建房储蓄和贷款业务，实行抵押信贷购房制度，从存贷利率和还款期限等方面鼓励职工个人购房、建房。在有条件的地区，允许部分国营骨干房地产综合开发企业，发行债券、股票，筹集资金，进行股份制试点。

八、对外开放和外贸体制改革

（三十三）坚持扩大对外开放。在对外经济关系方面，九十年代，应当按照平等互利的原则，进一步全方位、多渠道地扩大开放的范围。

——进一步办好经济特区。有关举办特区和经济技术开发区的基本政策不变，继续实行特殊政策、灵活措施。在经济特区，要积极研究、借鉴境外在经济管理方面行之有效的法规，并结合我国国情，制定出有关法规，率先建立起符合国际惯例的经济管理体制和外向型经济运行机制。对特区和开发区内的全民企业，也要促使其逐步真正按照商品经济的原则从事生产经营，积极参与国际竞争，保证经济特区和开发区能够更好更快地发展。

——继续鼓励和支持广东、福建和海南三个改革开放综合试验区的探索试验。在接受中央宏观总量控制的前提下，积极发展各种市场，建立形成比较完善的社会主义市场体系，充分发挥市场机制的作用。使之在实现改革的制度化、规范化和建立社会主义商品经济新体制方面，取得较快的进展。对经济特区，在国家规定的法律和统一政策范围内，可赋予更多一些的改革试验权，以真正起到“改革窗口”的作用。

——进一步扩大开放的范围。在巩固和发展已开辟的经济技术开发区、沿海开放城市和开放地带的同时，逐步扩大内地和内陆周边地区的对外开放。特别是东北、西北和西南地区的边疆省、市，要积极探索发展同周边邻国的经济贸易关系，以有力地促进少数民族地区、贫困落后地区的经济社会发展。加快浦东开发区建设，认真落实中央有关浦东开发的各项政策，进一步发挥上海作为一个国际中心城市的功能。

（三十四）积极引进先进技术和有效利用外资。

——进一步理顺吸收外资的领导体制，尽快形成统一领导、分工负责、运行灵活的管理体制与方便快捷的审批和服务体系。

——要继续争取利用国际金融机构和双边政府贷款，特别是条件比较优惠的贷款。保持合理的贷款结构，选好资金投向，重点用于加强农业、林业、水利、能源、交通、通信、重要原材料等项目的建设。

——进一步改善投资环境，继续采取多种形式，吸引外商投资。完善外商投资的引导政策，尽可能利用外资多办一些出口创汇和技术先进的企业，注意把吸收外商投资与加快企业技术改造结合起来。

——严格执行国家统一颁布的鼓励外商投资的法律法规和政策措施，既应保护其合法经营的权力，又要依法加强必要的监督管理，特别是成本、财务方面的监督。制止违反国家规定，竞相公布地区性的优惠措施，防止肥水外流。

（三十五）进一步改革和完善外贸体制。主要是：

——“八五”期间，根据《国务院关于进一步改革和完善对外贸易体制若干问题的决定》（国发〔1990〕70号文件）精神，逐步建立起一套比较科学健全的外贸管理办法，主要包括：承包指标及考核体系、出口商品分类、进料与来料加工、出口退税和外汇调剂的管理办法等，完善新体制下的外贸承包经营责任制。九十年代，要建立一套基本符合国际贸易规范和准则的，由经营外贸业务的企业自主经营、自负盈亏、工贸结合、平等竞争、联合统一对外的外贸经营体制。

——按照科学、严密、简单易行和便于核查的原则，继续改进和完善外贸计划管理、进出口许可证制度和配额管理办法。并有效运用汇率、关税、税收、出口信贷、贴息制度和进出结合等经济手段，增强外贸企业自负盈亏和出口竞争能力，合理调节进出口贸易。

——积极促进各类外贸经营企业的联合，发展以外贸、工贸专业总公司为龙头的多功能、国际化的外贸企业集团。逐步扩大具备条件的大中型生产企业和紧密型生产企业集团自营进出口业务，鼓励外贸企业和生产企业互相投资、参股，组成各种类型的贸工、贸农、贸技相结合的企业集团，更好发挥外贸收购、自营出口和外贸代理等经营方式的积极作用。大力开拓国际工程承包市场，扩大对外劳务合作，带动建筑材料和机械设备出口，增加外汇收入。

——健全进出口商会组织，完善外贸协调、服务体系。进一步组织好联合统一对外，防止多头对外、自相竞争、抬价抢购和低价竞销。创造一种适合参与国际多边贸易体系的内部环境和体制，保证我国对外经济政策的全面贯彻实施。

（三十六）改革汇率机制和外汇调剂制度。

——改革汇率形成机制。要根据国内外市场变化情况，适时调整人民币汇率，建立形成有管理的汇率浮动机制。在汇率合理的基础上，逐步创造条件，取消双重汇率。

——改革外汇留成和用汇制度。加强对出口收汇的管理，实行跟踪结汇。发展和完善外汇调剂市场，在有控制的外汇市场内，对各类买、卖外汇单位，实行外汇自由调剂。

九、宏观调控体制改革

（三十七）加强宏观经济调控体系的建设。建立健全既有利于实现国民经济综合平衡，又能充分发挥各方面积极性的、科学有效的宏观调控体制，是九十年代深化改革的一项基本任务。为此，必须通过对计划、财政和银行体制的改革，理顺计划、财政、银行以及其它经济部门的关系。逐步形成这三大部门之间，对宏观经济的调控，既有明确职责，合理分工，又互相支持，互相制约的机制。坚持做到计划安排资金不留“缺口”，财政赤字通过发行债券解决，不再向银行透支，真正实现社会总供给与总需求的平衡；并相应建立起一套比较完善的经济、行政、法律手段综合运用的宏观经济调控制度，保证经济的稳定增长与正常循环。

（三十八）逐步转变计划管理的职能和方法。坚持实行总量控制、经济布局和重要结构的调整、以及关系全局的重大经济活动，主要发挥计划（包括指导性计划）作用；企业生产经营、技术改造和一般建设等经济活动，主要由市场调节的原则。随着经济改革的深化和市场不断发育，进一步适当缩小指令性计划的范围，扩大指导性计划的范围，更多地发挥市场机制的作用。逐步用国家指令供货或订货、定点定量不定价的办法，来代替实物产品的指令性计划。国家计划管理的任务，主要是按照有计划按比例规律和价值规律的要求，做好以下工作：

——制定中长期规划和计划，确定经济、社会发展的战略目标、战略重点。

——把握国民经济发展的速度、人口增长率、就业率、物价上升幅度以及人民生活提高的幅度，安排好国民经济发展中各项重大比例关系，如积累与消费、生产与建设、经济与国防及科教文卫事业、不同产业和不同区域之间的比例，保证资源的合理配置等等。

——搞好财政、信贷、外汇和主要物资、商品各自的以及相互间的平衡。控制内债、外债的规模与结构，确保国家债务的偿还。

——制定一套有关经济、科技的重要政策，综合运用财政、税收、金融等间接调控手段和必要的行政、法律手段，保证规划和计划的实现。

——合理确定投资总规模、投资结构以及生产力布局等，加强对社会投资的导向。规定有关重要行业的经济规模及质量、技术标准。

——按照等价交换原则适量掌握一部分重要资源，用于国家重点生产建设、调节市场和战略储备等需要。管理少数重要商品和劳务的价格。

——通过制定相应政策、加强基础设施和市场规则的建设等措施，促进各种市场的发育与发展，引导市场的健康运行。

（三十九）建立科学的计划程序和严格的计划决策责任制。逐步理顺计划、财政、银行之间的关系，坚持按照财政、信贷、预算外资金、外汇收入的可能来确定计划“盘子”，真正做到有多少钱办多少事。合理发挥计划部门协调经济杠杆、保证经济综合平衡的作用。建立健全计划、特别是指令性计划和建设项目的决策责任制，把决策的权力、责任与风险结合起来。明确划分中央与省一级的计划管理权限和责任，逐步形成中央和省（包括自治区、直辖市和计划单列市）两级、以中央为主的综合宏观调控体系。

（四十）改革投资管理体制，加强产业政策的导向作用。

——凡是关系全局的重大建设项目，继续实行直接计划管理，但其投资来源可以多渠道筹措，财政资金可更多用于投资导向，以有效调动地方、企业集资办能源、交通和原材料工业的积极性。一般建设和技术改造项目，在国家规定的投资总规模范围内，可由投资主体自行决策，政府主要运用产业政策、税收政策、财政贴息和信贷政策，进行调控和引导，相应强化投资主体的自我约束机制。对使用贷款进行投资的，必须确保有偿还能力。

——改变现行单纯按生产能力或投资限额划分审批权限的办法，实行按产业政策分行业确定投资审批权限及相应的管理办法。改革现行计划和投资只考核产值增长和投资完成金额的办法，建立并形成一套比较完整的投入产出指标跟踪考核体系。促进工业生产、技术改造和基本建设效益的提高，促进我国经济由速度型向效益型转变。

——完善基本建设基金制，改进基金的管理和使用方式，促进国家投资公司逐步向控股公司方向发展。建立建设项目董事会制度，主要新建和扩建企业，从一开始就要由项目董事会严格履行投资责任制，对用各种渠道投入的资本金，负责经营规划，并对资本金的效益承担责任。发挥市场和竞争机制的作用，进一步推行招标、投标，并建立起相应的严格合同管理和奖罚分明的制度。

（四十一）进一步改革税收制度。总的是，要逐步统一税政，集中税权，公平税负，简化税制。在工业生产环节和商业批发环节，普遍推行增值税，归并增值税税率档次；同时，根据消费政策、产业政策的需要，对部分商品再征一道特别消费税。逐步统一各种不同所有制企业的所得税制度，结合对价格的改革和调整，相应理顺产品税和增值税的税率，扩大资源税的征收范围，以更好地发挥税收对经济的调节作用。完善税务机构双重领导、以上级税务机关垂直领导为主的体制。建立统一发票制和发货票注税制度，逐步推行有奖发票办法。实行税收征、管、查分开的制度，切实加强税收征管，强化税收组织财政收入和宏观调控的功能。

（四十二）改革现行财政大包干体制。逐步实行在明确划分事权的基础上，中央与地方按税种划分财政收入的分税制。这项改革分两个阶段进行。“八五”期间，在有条件的省、市先行试点，“九五”期间结合企业税利分流的推开普遍实施。按照中央和地方事权的划分，合理调整和适当提高国家财政收入占国民收入的比重和中央财政占整个财政收入的比重，正确发挥中央和地方两个积极性，强化财政的宏观调控机能。分税制的基本原则和内容是：

——对地方现有的利益适当照顾，通过经济发展、效益提高、减少洒漏而增加的财政收入部分，多上交中央一些。

——凡涉及宏观控制和结构调整，以及必须由国家统一行使权力的税种，应划为中央税；收入稳定、增长较快、份额较大的税种，应作为中央、地方共享税，中央与各地区实行比例分成；其它税种划为地方税。

——在分税基础上，对收大于支的省、市，可以实行比例分成或递增上交等办法；对收不抵支的省、自治区，实行定额补贴或递减补贴办法。

（四十三）抓紧建立中央与省、市、自治区两级复式预算制。把经常性预算与建设性预算分开，防止互相挤占。坚持经常性预算不打赤字并略有节余，强化财政预算约束。建设性预算除运用税收结余和国有资产收益以外，可举借内外债，但必须有数额限制，保持合理的债务结构，并切实提高使用效益，保证有还本付息的能力。

（四十四）强化中央银行（即人民银行）在宏观调控中的作用。中央银行的主要职能是保证人民币币值稳定，防止通货膨胀或紧缩过度，支持经济持续、稳定、协调发展。为此：

——赋予中央银行调节货币供应量和信贷规模的权力；同时中央银行要加强对宏观经济运行情况的调查研究和预测分析，及时提出有关货币政策、信贷政策的调整意见。

——在控制现金和贷款总量的同时，要建立和监控货币供应量指标，充分运用中央银行对专业银行的再贷款、准备金、基准利率以及债券吞吐等灵活有效的调节手段。并逐步理顺利率体系，形成利率可以根据宏观经济的需要，及时合理调整的制度。

——强化中央银行总行对分行的垂直领导体制，建立有效的稽核系统，制定金融法规，依法加强对专业银行、各种金融机构和金融市场的监督管理，保证金融秩序的稳定。各级中央银行不再直接从事对企业的信贷业务。

——加强外汇、外债集中统一管理。实行统一的外汇、外债管理政策，建立外债管理协调机构，负责外债政策协调和集中管理借债窗口的投资活动。建立偿债基金，保证外债偿还。

——在中央银行领导下，建立资金清算中心和新的转帐体系，统一管理汇差资金，逐步实施同城票据支付自动化清算，异地结算建立电子转帐系统。

（四十五）建立专业银行独立核算、自主经营的企业化经营制度。专业银行在执行国家产业政策、信贷政策和承担某些经济调控职能的前提下，应享有经营自主权，实行自负盈亏、自求平衡、自担风险、自我约束、自我发展的企业化经营。积极探索将政策性金融业务同经营性业务分开管理的办法。对国家计划规定必保的固定资产投资贷款、农副产品和出口商品收购等政策性贷款，在总量上应按计划贷放，具体项目，银行有参予评估和决策权，以保证贷款的安全和效益；对必须支持的企业，可按规定由银行发放政策性低息贷款或实行国家贴息。对一般性贷款，在国家规定的产业政策和贷款规模额度内，可由银行根据企业的效益和信用，择优决定。建立健全专业银行的经营责任制，逐步推行资产负债比例管理和资产风险管理制度。

（四十六）健全完善多种金融机构体系。

——组建和试办专门的长期投资银行或开发银行，通过向单位、个人或金融机构发行债券，筹集长期资金，用于支持国家重点建设。加强完善对信托投资公司的管理，银行不得开办信托投资业务，信托投资公司不得办理银行存款业务。

——在坚持以中国人民保险公司为主渠道的基础上，适当发展一些专业性和区域性的保险公司。根据政企分开原则，国家机关不应直接经营保险业务。

——在坚持独立经营、独立核算、自负盈亏的基础上，按照“群众性、民主性、灵活性”和分类指导的原则，积极推进农村信用社的改革，将农业银行营业所与信用社“合署办公”逐步分开，进一步发挥农村信用社为农民服务、支持农业发展的作用。城市信用社要加强行业管理，有条件的城市，经人民银行批准可以建立联社。

（四十七）进一步发展金融市场。在一些有条件的大城市建立证券交易所。健全金融市场管理法规。逐步完善全国证券交易自动报价系统，尽快实行资金拆借市场和外汇调剂市场的联网，以利于金融市场的规范与统一。在继续吸收居民储蓄、企业存款的同时，扩大直接融资的比重，逐步扩大债券、股票的发行，扩大住房储蓄、住房贷款，发展养老保险金、委托投资等多种融资形式。逐步实现支付工具票据化，实行支票、汇票、本票的流通转让制度。以充分利用社会资金，加速资金流转，提高资金运用的效益。

（四十八）积极稳妥地推进土地和矿产等资源使用制度改革。

在坚持社会主义土地公有制的原则下，进一步理顺土地经济关系，逐步形成合理的地租分配格局。重点是，对城镇国有土地供应分配，要适当减少行政划拨的范围，扩大出让部分的比重。沿海开放城市，要实现从划拨，出让并存的“双轨制”向出让的“单轨制”过渡。同时，加强国有土地使用权有偿转让收入的管理，合理运用这笔资金。对用行政划拨方式取得的土地，在进行使用权转让时，要通过强化地籍管理和运用价格调控手段，解决地租倒流和土地收益大量流失的问题。积极推广农村宅基地有偿使用，抓好村镇企业有偿使用土地的试点，帮助乡村两级建立健全土地使用费管理制度，切实搞好村镇规划，引导村镇建设向适度集中方向发展。

——逐步建立矿产资源有偿开采制度，进一步扩大完善森林和水资源的开发补偿办法。

（四十九）经济管理机构改革。要按照建立有计划的商品经济新体制的要求，逐步建立一个符合现代化管理规律，具有中国特色的功能齐全、结构合理、运转协调、灵活高效的行政管理体系。主要内容是：

——转变政府经济管理职能，政府经济管理的主要职能是搞好科学决策、制订发展规划、完善宏观调控、加强协调监督，减少对企业生产经营活动的具体管理。按照政企分开的原则，各级政府的经济管理部门，要随着各项改革的深化，对企业逐步由直接管理为主转向以间接管理为主。

——调整政府经济管理机构。在转变职能、理顺关系的基础上，合理划分中央与地方各级政府经济管理机构的职责，自上而下、上下结合、分期分批地开展经济管理机构的改革。强化经济综合部门和调节部门，精简合并业务重叠、分工过细的机构，裁减冗员，改进管理，提高办事效率。同时，相应发展行业协会等群众性组织，更多发挥社会管理的作用。

——强化决策功能，完善决策程序。为提高决策的正确性，必须实现决策的科学化和民主化，建立必要的决策辅助机构，吸收优秀专家、学者组成咨询团体，增强信息的收集和处理能力，完善决策程序。同时，健全行政执行体制，提高行政指挥的权威性。

——完善行政监督体制，强化政纪监督、审计监督，以及工商、物价、财政、税务、技术监督等部门对经济秩序的监督，规范行政行为，加强行政管理法制的建设，完善行政管理的运行机制。

（五十）**加快经济法制建设，积极推进改革的规范化和制度化**。逐步建立一套与社会主义商品经济新体制相适应的经济法律、法规体系，使各方面的经济关系和经济活动有法可依。"八五"期间，应抓紧制订《计划法》、《预算法》、《银行法》、《投资法》、《公司法》、《价格法》、《市场法》、《劳动法》、《工资法》、《审计法》、《反垄断与不正当竞争法》、《社会保险法》、《国有资产管理法》等基本经济法律和法规，及时将经过实践证明，比较成熟的改革措施，用规范的制度或法律形式确定下来。有些暂时还没有条件立法的，可以先制定相应的条例，为经济体制改革奠定必要的法制基础。同时，切实加强和完善经济执法和监督工作，提高执法监督部门人员的法律意识和业务水平，作到有法必依、执法必严、违法必纠，保障改革的健康发展。

十、统一认识，加强领导，精心组织，锐意进取

（五十一）**进一步统一思想认识，切实加强各级党和政府对改革开放工作的领导**。今后五至十年，围绕初步建立起社会主义有计划商品经济新体制，我国的经济体制改革要在更广泛的领域和更深的层次上展开。这一进程，必将引起社会各方面权、责、利关系更为深刻的调整，改革的复杂性与风险性也将增大。为此，必须从上到下，进一步统一对九十年代改革开放的重要性与紧迫性的认识，坚定不移地贯彻执行党在社会主义初级阶段的基本路线。在各级党和政府的领导下，全面正确地实行"一个中心，两个基本点"的根本方针，密切结合改革开放的实际，认真加强思想政治工作，搞好精神文明建设。以既维护安定团结的政治局面，使改革有一个良好的社会环境；又有效增强广大干部群众的改革意识和探索精神，团结、带领全国人民不断开拓前进。在这方面，改革以来一些省、市、区已经创造了许多好的做法和经验。如主要领导同志亲自抓改革，经常把改革列入党委和政府的重要议事日程。在条件较好的时候，按照中央总的方针、政策，因地制宜积极推进改革；在条件不太好的时候，注意巩固已有的改革成果，保护干部群众改革的积极性，防止不应有的反复和波动。经实践证明的成功经验，及时加以总结推广；对工作中可能出现的失误或偏差，认真进行修正和吸取教训，等等。这些做法，都很值得我们进一步坚持和发扬。

（五十二）**搞好体改部门的建设，充分发挥体改部门的应有作用**。各级体改部门，是在同级党委和政府领导下，统筹、协调、推进经济体制改革工作的一个综合性政府职能机构。其主要任务，一是按照党中央、国务院的指示，根据我国国情和各地的实际情况，研究制定城乡经济体制改革的规划、方案，并在获得批准后，加以贯彻落实；二是主动和各经济部门加强联系，紧密配合，搞好各方面改革政策措施的协调与衔接；三是抓好一些重大改革的试验和试点，及时总结经验，逐步推广。为此，必须进一步搞好体改部门自身的建设，充实必要的力量，加强调查研究，改进工作作风，不断提高队伍的政治素质和业务素质，使之能够较好地承担起党和政府赋予的工作任务和组织、推进改革的职能。

（五十三）**努力提高改革部署和工作指导的科学性**。

——搞好各级改革规划的研究与制定。有关全国性的改革规划和重大改革方案，涉及全局的改革试验，要由国务院组织制定。各部门拟订的本部门的改革方案，应先送同级体改部门征求意见，经协调后再报国务院或同级人民政府审批。各级政府、各部门都要按照上级统一部署，密切结合本身实际和经济、社会发展的实际状况，制订出积极可行的具体方案。保证改革有领导、有步骤地向前推进。

——加强改革的必要组织工作。对于一定时期内必须推行的某些关系全局的重要改革项目，应该在国家总体规划精神的指导下，组织有关主要部门的力量，制订出专门的方案，统一部署，分工实施。并尽可能事先做好干部培训与宣传解释工作，加强在实施过程中的检查督促，以利于方案的顺利实现。

——认真抓好综合改革试点工作和各种必要的改革试验。凡是新出台的重大改革措施，一般都应该先在小范围内试点或试验，取得经验，然后推广。在进行各种单项改革试点的同时，还有必要选择少数地区进行综合改革试点，争取在一些地方率先建立新的经济体制和运行机制，为全国的经济体制改革探索道路，提供经验。当前，首先应对包括城市计划单列和市领导县改革在内的城市综合改革试点，进行实事求是的总结，对其成就与不足作出全面而正确的评价。同时，进一步加强对城市综合改革试点工作的领导，配套制定解决相关问题的政策措施，以更好地发挥其在经济发展中的作用。

（五十四）鼓励和加强改革的理论研究。经济体制改革，是一项极为复杂的系统工程，既需要实践上的锐意开拓，更需要理论上的大胆探索。要鼓励广大干部群众、特别是理论工作者运用马克思主义的立场观点和方法，从我国的国情出发，进行深入系统的理论研究。在坚持四项基本原则的前提下，结合改革开放的实际，解放思想，实事求是，鼓励探讨不同的看法和改革主张，供有关方面选用。对其中需要实践检验的改革理论，要积极支持其在小范围内进行相应的试验，使各项改革措施，建立在更加坚实的经济理论基础和更广泛的群众建议与实践的基础之上。

（五十五）结合客观经济实际，搞好经济改革的分阶段推进。九十年代经济体制改革的任务繁重，不可能一蹴而就。根据经济和改革的发展趋势，可以大体上分为三个阶段推进。

——“八五”前两年，可以结合治理整顿的情况，适当加快改革的步伐。重点是，围绕搞活企业特别是全民所有制大中型企业，进一步完善企业承包经营责任制，积极推进企业结构调整和生产要素合理流动；适当加快价格改革、住房改革和社会保险制度改革的步伐；逐步扩大各种市场，进一步改进和完善宏观经济调控制度，以及一些重大措施的小范围试点等。尽可能保证经济的稳定增长，效益逐步提高，促进整个经济形势继续向好的方向发展。

——“八五”后三年，在坚持社会总供给与总需求基本平衡的条件下，进一步扩大改革的范围。除对前两年已经推出的改革还要继续深入进行，使之取得更大的成效以外，要切实抓好并扩大几项重要改革的试点，包括企业“利税分流、税后还贷、税后承包”，中央与地方财政收入分税制，企业股份制，建立国有资产管理经营制度的试点；以及广东、福建、海南三个改革开放综合试验区的全面试验等。努力为下一步更深刻的改革探索路子，积累经验，创造必要的条件。

——“九五”期间，改革要在全面总结、吸收已有经验的基础上，向更广的领域、更深的层次系统发展。重点是，要围绕七中全会《建议》规定的合理调整所有制结构，进一步增强国营企业活力，搞好市场体系建设，建立合理的价格形成机制与价格管理体制，理顺各方面的利益分配关系，建立新的宏观调控体系和加快推进以住房为重点的社会保障制度改革等任务，有计划、有步骤、扎扎实实地配套加以推进，并使之逐步形成制度化、规范化。最终基本实现新、旧体制的转换，初步建立起有计划商品经济的新体制和计划经济与市场调节有机结合的经济运行机制。

在党中央、国务院的正确领导下，经过全党和全国人民同心同德、群策群力、坚持不懈地改革实践，到本世纪末，一个有中国特色的社会主义经济新体制，一定会在我国初步建立起来，九十年代经济发展和经济改革的宏伟目标，一定能够实现。

国务院批转国家体改委关于一九九一年经济体制改革要点的通知

（一九九一年五月二十日）

国务院同意国家体改委《一九九一年经济体制改革要点》，现转发给你们，请结合实际情况，认真贯彻执行。

一九九一年是实现国民经济和社会发展十年规划和"八五"计划的第一年。现在，我国政治、经济和社会稳定，为进一步深化改革创造了条件。各地区、各部门要振奋精神，以党的十三届七中全会通过的《建议》和七届全国人大四次会议精神为指针，加强对改革的领导，妥善处理改革、发展与稳定的关系，通过改革促进国民经济长期持续、稳定、协调地发展。

一九九一年经济体制改革要点

国家经济体制改革委员会

（一九九一年四月二十五日）

今年是继续治理整顿、深化改革的重要一年。我国的经济体制改革，必须以党的十三届七中全会通过的《建议》和七届全国人大四次会议精神为指针，振奋精神，积极而稳妥地进行，促进国民经济持续、稳定、协调地发展。

一、当前经济形势与今年经济体制改革的主要任务

（一）两年来，经过全党、全国人民的努力，治理整顿取得了阶段性成果，改革继续深化。压缩了过大的社会需求，有效地控制了通货膨胀，物价总水平稳定；农业获得了历史上最好的收成；工业生产逐步回升，国民经济正在向好的方向发展。当前，经济工作中存在的主要问题是，产业结构、产品结构和企业组织结构调整进展迟缓，市场销售回升缓慢，全民所有制工业企业，尤其是大中型企业困难较多，经济效益下降，国家财政困难较大。经济、财政和企业困难的原因是多方面的，既有企业本身的经营机制和管理问题，也有企业外部环境的因素，包括基本经济关系没有理顺，宏观管理体制不能适应深化改革和扩大对外开放的新情况等。所有这些困难和问题，只有依靠深化改革，才能逐步加以解决。

（二）一九九一年是"八五"计划的第一年，是

"质量、品种、效益年"。经济工作的中心任务是调整经济结构和提高经济效益，把改革与发展紧密结合起来，更多地向生产要素合理流动和结构调整要效益，更多地向技术改造、技术进步和强化企业管理要效益。在继续治理经济环境、整顿经济秩序的同时，要深化改革，不断开拓国内外市场，尽快使企业特别是全民所有制大中型企业提高整体素质和竞争能力，使治理整顿、深化改革和稳定发展迈出新的步伐。

（三）根据经济工作的中心任务，今年的经济体制改革，要在保持现有各项重大改革政策措施的稳定性和连续性的前提下，围绕解决当前经济生活中的突出问题，积极稳妥地进行。经济体制改革的重点，要放在继续增强企业特别是全民所有制大中型企业活力上，改进企业管理，完善企业经营机制，并为此创造必要的外部条件。通过深化改革，促进企业产品结构、组织结构的调整，促进企业面向市场、面向用户，促进经济协调发展和经济效益的提高。

二、改革的重点是搞活企业特别是全民所有制大中型企业

（四）全民所有制大中型企业是社会主义经济的脊梁。搞活企业特别是全民所有制大中型企业，是深化经济体制改革的中心环节，它不仅关系到国民经济的全面发展，而且关系到社会安定的大局。深化企业特别是全民所有制大中型企业改革，要在改善企业经营机制上下功夫，既要增强企业活力，又要提高企业自我约束能力。在完善和发展承包经营责任制的基础上，进一步深化企业内部改革。按照《企业法》的要求，切实落实企业的生产经营自主权。继续坚持政企职责分开，所有权与经营权适当分离，减少政府部门对企业生产经营的行政干预，使企业面向市场，强化经营意识和市场观念，积极开拓国内、国际市场，使企业在国家计划和产业政策的引导下，建立和完善开发新技术、新产品，提高产品质量，开展售前售后服务的一整套管理机制，并使之成为企业自觉的经营行为。

（五）按照稳定政策、稳定企业和坚持完善承包经营责任制的精神，加强对新一轮承包工作的组织领导，并针对存在的问题，做好落实工作。对一些长期亏损、产品无销路、技术管理水平低的企业，可根据自愿互利的原则，由有能力的优势企业承包或兼并，实行企业组织结构的调整。各地要在第一轮承包审计、兑现的基础上，大张旗鼓地宣传和表彰一批作出显著贡献的先进企业和优秀经营者，并认真总结经验，积极加以推广。继续完善工效挂钩办法，在确定和调整挂钩基数和浮动比例时，应参考投入产出比、劳动生产率等指标。进一步落实各种行之有效的经济责任制，进行以岗位技能工资制为主要形式的内部分配制度的试点，工资分配坚持向关键岗位、生产条件差的苦、脏、累、险岗位和一线生产工人倾斜，真正把劳动报酬与劳动贡献挂起钩来。各地应根据企业留利水平，分档次地确定企业留利中生产发展基金的比例，改善企业留利使用办法，要拿出一定比例补充企业自有流动资金，确保企业发展后劲。对以福利基金和奖励基金挤占生产发展基金的，要予以纠正，并相应扣减当年工资总额；对应进入成本的费用该摊不摊，对折旧、大修理和新产品开发基金该提不提，以致造成企业虚增利润的，要追究企业经营者的责任，并相应扣减企业的效益工资或工资总额。各级政府部门，要减少对企业的直接行政干预，制止乱摊派、乱收费、乱罚款和乱检查。要通过运用法律、法规和调控手段，为企业创造良好的外部条件，帮助全民所有制大中型企业稳定发展。

（六）坚持和完善厂长（经理）负责制，保障法律赋予厂长（经理）的各项职权。厂长（经理）作出重大决策之前，要主动征求党组织和职代会的意见，全心全意依靠职工群众，建立健全民主管理制度。企业依据《企业法》设立管理委员会，协助厂长（经理）在经营战略、长远规划、技术改造、分配制度等方面进行正确决策。积极探索在企业内部形成所有者代表、经营者、劳动者集体各负其责、相互激励和约束的机制。在特大型联合企业和有国有股的股份制企业的管委会、董事会中，可试行由国有资产经营或管理机构委派代表参加的办法，也可邀请其他有关专家参加。

（七）有计划、有重点地推进全民所有制大中型企业的技术改造。技术改造的重点应放在节能降耗、改进产品质量、增加新品种、提高劳动生产率、扩大出口创汇和进口替代能力方面，把有限的技术改造资金用在关键部位，防止分散使用财力。采取多种渠道，增加企业技术改造资金的投入，一是对生产适销对路的名优产品和创汇多、换汇成本低的全民所有制大中型企业，在完成承包任务的基础上，超基数部分可以实行多留、多改造的鼓励办法，增强企业后

劲；二是根据国家的产业政策，经过有关部门报经国务院批准，分期分批地提高折旧率；三是根据不同行业允许企业按销售收入的一定比例提取新产品开发基金；四是适时调节固定资产贷款利率，根据国家的产业政策实行差别利率；五是允许技术改造任务重、产品销路有保证、资金短缺、有偿还能力的企业，经过批准，可以发行一定额度的债券；六是把技术改造和引进外资结合起来，经有关部门批准，可以吸收外资入股，也可以直接利用外资进行技术改造；七是在奖金总额中提高技术革新、发明创造、合理化建议、原材料节约等项奖金的比重，逐步形成和加强企业内部促进技术进步的激励机制。

（八）积极推进生产要素合理流动，促进结构调整。生产要素的流动，要符合国家的产业政策，有利于发挥本地区的优势，减少企业亏损，形成规模经济。各地经济体制改革部门要根据调整结构的要求和本地区的特点，制定鼓励生产要素合理流动的规划和办法，并组织有关部门共同落实。生产要素流动的方式可以多种多样，既可以实行设备和人员的单项流动，也可以实行小企业拍卖、企业承包企业、企业租赁企业、企业兼并企业和企业间的横向联合，以及参股、控股等方式。在市场疲软、资金短缺的情况下，要继续贯彻执行《国务院批转国家体改委关于在治理整顿中深化企业改革强化企业管理意见的通知》（国发〔1990〕33号）中的鼓励政策，激发优势企业实施兼并的积极性。各地要研究总结企业兼并的经验和遇到的新问题，积极探索跨地区、跨部门、跨所有制实施兼并的途径。

（九）进一步促进横向经济联合，以大型骨干企业为核心，积极发展企业集团。继续贯彻落实国务院关于推动横向经济联合的有关规定，在自愿互利的基础上，打破部门或地区分割，通过发展横向经济联合和各种形式的经济技术合作，促进资金、设备、人才的优化组合。在横向经济联合的基础上，根据经济发展的需要，组建一批新的企业集团，主要是跨部门、跨地区和有竞争力的企业集团。发展企业集团，要以产业政策为导向，坚持政企职责分开，坚持企业自愿与政府引导相结合的原则，有计划有步骤地进行，防止一哄而起。抓紧现有企业集团的完善提高，壮大企业集团核心，提倡通过参股、控股等形式打破地区、部门和所有制界限，发展紧密层，强化联结纽带。根据国务院重点抓好若干个大型企业集团试点的要求，尽快制定实施方案，分期分批地落实。赋予企业集团核心企业更大的自主权，对具备条件的企业集团，一是经过批准，可以成立财务公司，扩大企业集团内部融通资金的自主权，包括集中一部分折旧基金有偿调剂使用；二是可申请自营出口权，有关部门应适当简化企业集团出国人员的审批手续；三是大型企业集团可视不同情况，实行不同层次的计划单列；四是提倡由企业集团的核心企业“一个头”对上承包，统一制订发展规划，统一进行新产品和新技术的开发。

（十）积极发展城乡集体经济，进一步稳定个体经济和私营经济政策，完善管理办法。加强对城乡集体经济的领导，建立符合集体经济性质的企业经营方式和管理制度，使集体企业真正做到自主经营、自负盈亏。适当发展个体和私营企业，发挥其对公有制经济的补充作用。清理整顿一些名为集体实为个体或私营的企业。进一步加强对个体经济和私营经济的工商行政监督和税收管理，促进其健康发展。

（十一）认真总结“税利分流、税后还贷、税后承包”的试点经验。针对存在问题，本着既有利于增强企业活力和后劲，又保证财政收入逐步稳定增长和偿还贷款的原则，进一步完善试点办法，并逐步扩大试点范围。

（十二）继续稳步地进行以公有制为主体的股份制试点，对不同类型的股份制要区别对待。一是积极推行法人持股的股份制，对多方出资的新建企业，从开始就要办成有限责任公司；对现有的合资企业和联合企业，也应按将要公布的《有限责任公司法》的规定加以规范。二是企业内部职工持股的股份制，主要是完善已有的试点，并逐步加以规范。三是向社会发行股票并上市的股份制，先集中力量搞好上海、深圳两市的配套改革试点。为此，要制定相应的工商登记、税收、会计制度、股票发行与管理、资产评估、国有资产管理等法规，建立健全证券交易机构以及国有资产管理和经营机构。其他省、市已经公开发行股票的企业，要按《国务院办公厅关于向社会公开发行股票的股份制试点问题的通知》（国办发明电〔1990〕37号）的精神，重新履行报批手续。

三、积极稳妥地推进宏观、流通及其他方面的改革

（十三）为搞活全民所有制大中型企业，要创造必要的宏观管理条件。搞好社会总需求与总供给以

及财政收支、信贷收支的总量平衡；更多地通过投资政策、财政政策、税收政策和信贷政策，引导企业进行产业结构、产品结构和组织结构的调整；发挥中央、地方和企业的积极性，在发展经济、提高效益上下功夫，努力把“蛋糕”做大。改进工业生产指令性计划管理办法，在部分行业试行用国家订货和企业之间的经济合同，替代部分工业生产指令性计划。改变现行按生产能力和投资限额划分项目审批权的办法，实行按产业政策分行业、分产品确定项目的审批权限。调整现行技改项目审批权限的范围，适当扩大全民所有制大中型企业技改项目的决策权。简化技改项目审批程序和办法。鼓励企业多渠道筹集技改资金，包括利用外资进行技术改造。

（十四）在控制贷款总量的前提下，搞活金融，促进生产发展。更多地运用基础货币和准备金率、利率等手段调节货币供应量。扩大票据贴现和抵押担保贷款的比重，缩小信用放款的比重。积极发展和完善资金市场，包括资金拆借市场、证券市场和外汇调剂市场。在人民银行的指导和不突破信贷总规模的前提下，加强省、市一级专业银行之间信贷资金的横向融通，适当增加地方人民银行的贷款指标，用以调剂地区专业银行之间的规模余缺。经有关部门批准，部分全民所有制大中型企业可以在证券市场发行浮动利率的债券，发展股票、住房储蓄、养老保险金、委托投资等多种融资工具和融资形式。改变国库券全部由行政分配发行的办法，试行一部分国债由银行代理推销，也可以由非银行金融机构承购包销，并研究企业持有的国库券流通的方案。在少数有条件的大城市搞好证券交易所的试点，研究制订一套符合我国国情的证券市场管理条例。银行要采取灵活多样的结算方式，加快资金周转。积极帮助企业清理“三角债”，减少资金占用，缓解企业资金短缺的困难。在清理“三角债”的同时，加快推行商业信用票据化的步伐。

（十五）完善财政包干体制，减少财政补贴的压力。选择一些地方，试行分税包干制试点。开征固定资产投资方向调节税，强化税收征管工作，建立发货票注税制度，适当上收减免税的管理权限，严格控制减免税，努力增加财政收入。要大力实行精兵简政，减少行政事业费，严格控制非生产性财政支出，压缩各级财政支出。通过改革，逐步减少财政补贴。制止一些部门、单位擅自搞机构升格、扩大编制的行为。停止县级市的审批工作。

（十六）为搞活全民所有制大中型企业，要创造较为宽松的市场环境。认真研究下一步适当缩小指令性物资分配调拨计划的问题，有重点地扩大企业的产品自销权，特别是企业投资新增生产能力部分的产品自销权。积极鼓励和发展产供销之间的联营、联购、联销等多种形式的横向联合。逐步推行国家订购、国家组织产需衔接和定点定量不定价，以及有保障的远期合同等新型购销方式。组建规范化的物资交易所，改革物资订货会，选择某些品种作为突破口，通过固定城市、固定场所和制定法规、稳定购销关系的办法，使之成为商流、信息流的中心。充分发挥国合商业主渠道作用，按照自愿互利的原则，打破部门和地区分割，发展商业、物资企业集团，大力开展商品和物资的配送、流通加工、信息服务和投资开发，更好地为加工企业和原材料生产企业服务。对已下放的各级批发企业，不要随意上收。不断完善、发展各类消费品和生产资料市场。

全面落实《国务院关于进一步改革和完善对外贸易体制若干问题的决定》（国发〔1990〕70号）的精神，着重改善外贸企业经营机制，逐步建立起统一政策、平等竞争、自主经营、自负盈亏、工贸结合、推行代理制、联合统一对外的管理体制和运行机制；继续整顿外贸经营秩序；改进汇率形成机制；推进外贸企业组织结构的调整和改革，推动外向型企业集团的建设；严格执行和继续完善出口退税办法；改善进出口商品计划、配额和许可证管理制度；加强对出口收汇的管理，改进外汇分成办法，实行出口跟踪结汇制度。

（十七）积极推进农产品流通体制改革。按照“稳购、压销、调价、包干”的原则，稳步推进粮食购销体制改革。压缩平价粮销售，各省、自治区、直辖市人民政府可根据具体情况分散决策，报经国务院批准后有计划地组织实施。推广天津经验，全面深化粮食企业经营机制改革，把粮食企业的政策性亏损和正常经营分开，实行盈亏两条线，缓解平价粮购销矛盾，减少财政补贴。继续扩大城市副食品产销一体化改革的试点。继续坚持多种经济成分、多种经营方式和多条经营渠道并存的方针，扩大基层流通企业经营自主权，促进农产品流通。在完善鲜活产品批发市场的同时，积极发展其他农产品批发市场，理顺农产品流通体制。对粮食、油料等主要农产品，在完成国家定购任务后，实行放开经营、多渠道流通，对放开价格的农产品，在国家宏观政策指导下实行市场调节，并制定具体的措施，切实加强管理，做到活而有序。逐步建立粮食等重要农产品储备调节制度或风险基金制度，避免农产品价格和市场供求大幅度波动。

（十八）积极稳妥地推进价格改革。继续坚持“既要稳定物价，又要振兴经济”的方针，在控制物价总水平上涨的前提下，深化价格改革。要有计划地调整价格结构，重点是缓解能源等基础产品国家定价偏低的矛盾。要结合价格管理分工目录的重新修订，进一步放开一些生产厂家多、更新换代快、市场供求大体平衡的商品价格。对过去已经放开价格而这两年又实行限价管理、差率控制和提价申报、调价备案制度的商品，除个别品种外，取消上述管理办法，放开搞活，尽量发挥市场调节的作用。应该下放给企业的定价权，要真正落实给企业。要结合开展“质量、品种、效益年”的活动，推行优质优价政策，鼓励企业开发新产品，生产适销对路的品种。整顿生产资料价格“双轨制”，现在不能并轨的，要通过价格调整、加强管理逐步缩小轨距；对有条件并轨的，要进行并轨。

（十九）配合产业结构和企业组织结构的调整，深化劳动制度改革。继续坚持“三结合”的就业方针，采取多种渠道，拓宽就业门路，减轻就业压力。进一步完善劳动合同制，选择有条件的城市和全民所有制企业进行全员劳动合同制的试点。对优化劳动组合后的富余人员，应在企业内部采取多种经营形式进行安置，也可采取其他办法妥善安排。严格控制“农转非”。进一步培育劳务市场机制，建立健全职业介绍机构，并动员社会各方面力量，广泛开展职业介绍、职业培训活动。继续开展城市服务社会化改革，积极探索生产领域服务社会化的路子。

（二十）积极推动社会保险制度特别是养老保险和待业保险制度的改革。选择江西、广东、上海、大连、青岛等省市，进行全省（市）养老保险综合改革试点。积极推动城镇集体企业职工退休费用社会统筹。在富裕农村，搞好以个人交费主为、集体补助为辅的储蓄基金式的农民养老保险的试点。对“三资”企业、私营企业职工和个体工商户，也要进行养老保险试点。扩大待业保险的试点范围，在全民所有制企业，主要是将待业保险对象扩大到全部职工；在其他所有制企业，逐步建立待业保险制度。在海南、深圳等特区着手实施社会保险制度综合改革的试点。各级体改部门要负责社会保险制度改革的综合协调工作。现在的各类保险经办机构，按照政事分开的原则，逐步实行社会化管理，理顺社会保险管理体制。

（二十一）加快城镇住房制度改革的步伐，以合理引导消费，推动产业结构、消费结构的调整，从根本上拓宽市场容量，不断改善城镇居民的住房条件。要按照国家、集体和个人共同负担的原则，积极稳妥、因地制宜、方式多样地推动这项改革。各省、自治区、直辖市都要选择三、四个市（县），采取多种形式，加快推进住房制度综合配套改革和住房商品化的进程。各地可根据当地的实际情况，适当提高住房租金，继续推广新房新制度，鼓励职工购买公房。要逐步建立国家、城镇、单位、个人等多级住房基金，发展住房储蓄、住房抵押信贷和住房保险等多种融资方式。通过多种形式、多种渠道筹集住房资金，鼓励合作建房。出售公房要严格执行国家有关政策规定。总结和完善烟台、唐山、蚌埠等市住房改革试点经验，搞好上海住房制度改革试点。

（二十二）深化农村改革，坚持稳定和完善家庭联产承包责任制，发展社会化服务体系，完善统分结合的双层经营体制。在坚持土地承包基本稳定的前提下，进一步完善土地承包管理办法。明确发包方和承包方双方的权利义务，因地制宜地解决承包地占有不均的问题，并及时总结和推广这方面的经验和做法。加强乡、村集体统一经营层次的职能和实力，积极发展和健全产前、产中、产后的社会化服务体系。发展集体经济，主要采取开发新的资源、增加新的财富的办法，不能搞“一平二调”。发展社会化服务体系的形式和内容要因地制宜、多种多样，并逐步把国家经济技术部门的服务，乡、村合作组织的服务与农民自办服务联成一体。继续稳定乡镇企业各项政策，完善乡镇企业承包制。同时，探索合理划分企业所有权与经营权的不同办法，以保证企业的集体所有制性质和企业经营的灵活性。改善乡镇企业的经营环境，培育和建立生产要素市场。根据国家的产业政策，对出口创汇的乡镇企业和生产名、特、优产品的企业及部分骨干企业所需的主要原材料，应加强计划指导。继续抓好县级经济综合改革试点工作。

四、振奋精神，加强对改革工作的领导和综合协调

（二十三）今年经济体制改革的任务十分繁重。为了保证各项重要改革措施的顺利实施，防止政出

多门、相互脱节，各地区、各部门要切实加强对改革工作的领导，振奋改革精神，把经济发展中的难点作为改革的重点，从改革中寻找克服困难的办法，以改革促发展。根据中央确定的总的方针和原则，各地要因地制宜，分类指导，不搞“一刀切”，扎扎实实地把改革推向前进。新出台的重要改革措施，一般都要先经过试验，取得经验后，再逐步推广。

（二十四）沿海开放地区的基础设施已初具规模，当前重点要建设良好的投资软环境，减少审批环节，提高工作效率，以推动沿海地区外向型经济的稳步发展。协调沿海开放地区与毗邻地区之间的经济关系，缓解沿海与内地在资金、市场和某些原材料供应方面的矛盾。深圳、珠海、汕头、厦门、海南五个经济特区和广东、福建省两个改革开放综合试验区，要着力进行深层次综合改革的试验，在建立以间接调控为主的经济管理体制和商品经济运行机制方面先行一步。主要是，积极推进价格改革，发展商品市场和金融、劳务、房地产、技术等生产要素市场，发挥市场调节的作用；研究借鉴境外经济管理方面行之有效的法规，并结合我国国情和当地实际，以资产经营管理和市场规则为重点，尽快制定法规，率先建立符合国际惯例的商品经济管理体制；认真总结引进和利用外资工作的经验，加强对“三资”企业包括成本、财务监督在内的管理，进一步理顺“三资”企业管理体制，简化办事程序；积极推行新的会计制度改革试点，健全会计、审计等社会监督服务体系；建立健全行业协会、商会等社会中介组织，充分发挥它们的协调作用。积极做好上海浦东新区的开发和开放的起步工作，大胆探索率先建立新体制的路子。在经济特区和有条件的沿海经济技术开发区，继续搞好保税工业区、保税仓库的试验。有关部门要大力支持这些地区进行深层次综合改革的试验，并及时总结经验，加强协调工作。

（二十五）边疆少数民族地区要进一步落实中央已经给予的各项政策，在中央的方针、政策指导下，根据《民族区域自治法》，从本地区的实际情况出发，积极稳妥地深化改革。要充分发挥本地的资源优势和区域优势，积极开展外引内联，发展边境贸易，努力探索适合边疆少数民族地区特点的对外开放和对内地开放的路子。通过改革开放，推动社会经济结构的调整，培养造血功能，促进边疆少数民族地区经济的发展。

（二十六）认真贯彻《国务院办公厅关于加强经济体制改革协调工作的通知》（国办发〔1991〕4号）的精神，加强对重大经济体制改革措施的综合协调。各级体改部门负责拟订经济体制改革的总体规划和方案，统筹、协调和指导城乡经济体制改革工作，推进企业改革，组织重要改革措施的试点和推广。国务院各部门拟订的本部门或行业的全国性改革规划、方案，除党中央和国务院领导同志直接审理的以外，在报国务院审批前，应先送国家体改委征求意见。属于全局性的重大改革试点，由国家体改委、国务院有关部门或有关省、自治区、直辖市以及计划单列市提出，共同拟定，报国务院批准后实施。各省、自治区、直辖市和计划单列市，要按照《国务院办公厅关于加强经济体制改革协调工作的通知》的精神，加强对改革工作的领导，加强体改部门的综合协调能力，更好地发挥重大改革措施的协调作用，主动积极地开拓改革工作的新局面。深化改革要充分发挥中心城市的作用，协调好各方面的关系，在促进城乡经济一体化方面迈出新步伐。

（二十七）加强各级体改机构建设。各级体改部门要适应改革形势和任务的要求，主动争取党委、政府的领导，进一步加强自身的思想、组织和作风建设，培养和造就一支立志改革、振兴中华、政治思想好、业务能力强、作风扎实的体改队伍，当好党委、政府的参谋和助手。从事体改工作的同志要加强马列主义、毛泽东思想和邓小平同志著作的学习，及时总结改革经验，增强改革意识，主动与有关部门密切配合，深入实际，调查研究，及时发现问题，共同提出解决问题的对策或建议。

（二十八）加强改革的立法工作和制度建设。各级体改部门在宣传、执行现有的有关改革的法律、法规的同时，要积极参与国家和地方重要法律、法规的制订。今年，要抓紧制订《有限责任公司法》、《预算法》、《税收征管法》、《农业承包合同管理条例》、《企业集团组织管理条例》等一批基本法规，把实践证明行之有效的改革办法，逐步用法规的形式确定下来，以促进经济建设和改革开放事业的稳定发展。

国务院关于企业职工养老保险制度改革的决定

（一九九一年六月二十六日）

我国企业职工的养老保险制度是五十年代初期建立的，以后在一九五八年和一九七八年两次作了修改。近年来，各地区适应经济体制改革的需要，又进行了以退休费用社会统筹为主要内容的改革，取得一定成效。按照国民经济和社会发展十年规划和第八个五年计划纲要的要求，在总结各地经验的基础上，国务院对企业职工养老保险制度改革作如下决定：

一、根据我国生产力发展水平和人口众多且老龄化发展迅速的情况，企业职工养老保险制度改革要处理好国家利益、集体利益和个人利益，目前利益和长远利益，整体利益和局部利益的关系，主要是对现行的制度办法进行调整、完善。考虑到各地区和企业的情况不同，各省、自治区、直辖市人民政府可以根据国家的统一政策，对职工养老保险作出具体规定，允许不同地区、企业之间存在一定的差别。

二、随着经济的发展，逐步建立起基本养老保险与企业补充养老保险和职工个人储蓄性养老保险相结合的制度。改变养老保险完全由国家、企业包下来的办法，实行国家、企业、个人三方共同负担，职工个人也要缴纳一定的费用。

三、基本养老保险基金由政府根据支付费用的实际需要和企业、职工的承受能力，按照以支定收、略有结余、留有部分积累的原则统一筹集。具体的提取比例和积累率，由省、自治区、直辖市人民政府经实际测算后确定，并报国务院备案。

四、企业和职工个人缴纳的基本养老保险费分别记入《职工养老保险手册》。

企业缴纳的基本养老保险费，按本企业职工工资总额和当地政府规定的比例在税前提取，由企业开户银行按月代为扣缴。企业逾期不缴，要按规定加收滞纳金。滞纳金并入基本养老保险基金。

职工个人缴纳基本养老保险费，在调整工资的基础上逐步实行，缴费标准开始时可不超过本人标准工资的3%，以后随着经济的发展和职工工资的调整再逐步提高。职工个人缴纳的基本养老保险费，由企业在发放工资时代为收缴。

五、企业和职工个人缴纳的基本养老保险费转入社会保险管理机构在银行开设的“养老保险基金专户”，实行专项储存，专款专用，任何单位和个人均不得擅自动用。银行应按规定提取“应付未付利息”；对存入银行的基金，按其存期照人民银行规定的同期城乡居民储蓄存款利率计息，所得利息并入基金。积累基金的一部分可以购买国家债券。

地方各级政府要设立养老保险基金委员会，实施对养老保险基金管理的指导和监督。委员会由政府主管领导任主任，劳动、财政、计划、审计、银行、工会等部门的负责同志参加，办公室设在劳动部门。

六、职工退休后的基本养老金计发办法目前不作变动，今后可结合工资制度改革，通过增加标准工资在工资总额中的比重，逐步提高养老金的数额。

国家根据城镇居民生活费用价格指数增长情况，参照在职职工工资增长情况对基本养老金进行适当调整，所需费用从基本养老保险基金中开支。

七、尚未实行基本养老保险基金省级统筹的地区，要积极创造条件，由目前的市、县统筹逐步过渡到省级统筹。实行省级统筹后，原有固定职工和劳动合同制职工的养老保险基金要逐步按统一比例提取，合并调剂使用。具体办法由各省、自治区、直辖市人民政府制定。

中央部属企业，除国家另有规定者外，都要参加所在地区的统筹。

八、企业补充养老保险由企业根据自身经济能力，为本企业职工建立，所需费用从企业自有资金中的奖励、福利基金内提取。个人储蓄性养老保险由职工根据个人收入情况自愿参加。国家提倡、鼓励企业实行补充养老保险和职工参加个人储蓄性养老保险，并在政策上给予指导。同时，允许试行将个人储蓄性养老保险与企业补充养老保险挂钩的办法。补充养老保险基金，由社会保险管理机构按国家技术监督局发布的社会保障号码（国家标准GB11643—89）记入职工个人帐户。

九、劳动部和地方各级劳动部门负责管理城镇企业（包括不在城镇的全民所有制企业）职工的养老保险工作。

劳动部门所属的社会保险管理机构，是非营利性的事业单位，经办基本养老保险和企业补充养老保险的具体业务，并受养老保险基金委员会委托，管理养老保险基金。现已由人民保险公司经办的养老保险业务，可以维持现状不作变动。个人储蓄性养老保险由职工个人自愿选择经办机构。

十、社会保险管理机构可从养老保险基金中提取一定的管理服务费，具体的提取比例根据实际工作需要和节约的原则，由当地劳动部门提出，经同级财政部门审核，报养老保险基金委员会批准。管理服务费主要用于支付必要的行政和业务等费用。养老保险基金及管理服务费，不计征税、费。

社会保险管理机构应根据国家的政策规定，建立健全基金管理的各项制度，编制养老保险基金和管理服务费收支的预、决算，报当地人民政府在预算中列收列支，并接受财政、审计、银行和工会的监督。

十一、本决定适用于全民所有制企业。城镇集体所有制企业可以参照执行；对外商投资企业中方职工、城镇私营企业职工和个体劳动者，也要逐步建立养老保险制度。具体办法由各省、自治区、直辖市人民政府制定。

十二、国家机关、事业单位和农村（含乡镇企业）的养老保险制度改革，分别由人事部、民政部负责，具体办法另行制定。

企业职工养老保险制度改革，是保障退休职工生活，维护社会安定的一项重要措施，对减轻国家和企业负担，促进经济体制改革以及合理引导消费有重要作用。这项工作政策性强，涉及面广，各级政府要切实加强领导，根据本决定的精神，结合实际抓紧制定具体的实施方案，积极稳妥地推进企业职工养老保险制度的改革。

中华人民共和国国务院令
第85号

现发布《中华人民共和国外商投资企业和外国企业所得税法实施细则》，自一九九一年七月一日起施行。

总　理　李　鹏

一九九一年六月三十日

中华人民共和国外商投资企业和外国企业所得税法实施细则

第一章　总　　则

第一条　根据《中华人民共和国外商投资企业和外国企业所得税法》(以下简称税法）第二十九条的规定，制定本细则。

第二条　税法第一条第一款、第二款所说的生产、经营所得，是指从事制造业、采掘业、交通运输业、建筑安装业、农业、林业、畜牧业、渔业、水利业、商业、金融业、服务业、勘探开发作业，以及其他行业的生产、经营所得。

税法第一条第一款、第二款所说的其他所得，是指利润（股息）、利息、租金、转让财产收益、提供或者转让专利权、专有技术、商标权、著作权收益以及营业外收益等所得。

第三条　税法第二条第一款所说的外商投资企业和税法第二条第二款所说的在中国境内设立机构、场所，从事生产、经营的外国公司、企业和其他经济组织，在本细则中，除特别指明者外，统称为企业。

税法第二条第二款所说的机构、场所，是指管理机构、营业机构、办事机构和工厂、开采自然资源的场所，承包建筑、安装、装配、勘探等工程作业的场所和提供劳务的场所以及营业代理人。

第四条　本细则第三条第二款所说的营业代理人，是指具有下列任何一种受外国企业委托代理，从事经营的公司、企业和其他经济组织或者个人：

(一) 经常代表委托人接洽采购业务，并签订购货合同，代为采购商品；

(二) 与委托人签订代理协议或者合同，经常储存属于委托人的产品或者商品，并代表委托人向他人交付其产品或者商品；

(三)有权经常代表委托人签订销货合同或者接受订货。

第五条　税法第三条所说的总机构，是指依照中国法律组成企业法人的外商投资企业，在中国境内设立的负责该企业经营管理与控制的中心机构。

外商投资企业在中国境内或者境外分支机构的生产、经营所得和其他所得，由总机构汇总缴纳所得税。

第六条 税法第三条所说来源于中国境内的所得，是指：

（一）外商投资企业和外国企业在中国境内设立机构、场所，从事生产、经营的所得，以及发生在中国境内、境外与外商投资企业和外国企业在中国境内设立的机构、场所有实际联系的利润（股息）、利息、租金、特许权使用费和其他所得。

（二）外国企业在中国境内未设立机构、场所取得的下列所得：

1. 从中国境内企业取得的利润（股息）；

2. 从中国境内取得的存款或者贷款利息、债券利息、垫付款或者延期付款利息等；

3. 将财产租给中国境内租用者而取得的租金；

4. 提供在中国境内使用的专利权、专有技术、商标权、著作权等而取得的使用费；

5. 转让在中国境内的房屋、建筑物及其附属设施、土地使用权等财产而取得的收益；

6. 经财政部确定征税的从中国境内取得的其他所得。

第七条 不组成企业法人的中外合作经营企业，可以由合作各方依照国家有关税收法律、法规分别计算缴纳所得税；也可以由该企业申请，经当地税务机关批准，依照税法统一计算缴纳所得税。

第八条 税法第四条所说的纳税年度，自公历一月一日起至十二月三十一日止。

外国企业依照税法规定的纳税年度计算应纳税所得额有困难的，可以提出申请，报当地税务机关批准后，以本企业满十二个月的会计年度为纳税年度。

企业在一个纳税年度的中间开业，或者由于合并、关闭等原因，使该纳税年度的实际经营期不足十二个月的，应当以其实际经营期为一个纳税年度。

企业清算时，应当以清算期间作为一个纳税年度。

第九条 税法第八条第三款、第十九条第三款第（四）项和本细则第七十二条所说的国务院税务主管部门，是指财政部、国家税务局。

第二章 应纳税所得额的计算

第十条 税法第四条所说的应纳税的所得额，其计算公式如下：

（一）制造业：

1. 应纳税所得额＝产品销售利润＋其他业务利润＋营业外收入－营业外支出

2. 产品销售利润＝产品销售净额－产品销售成本－产品销售税金－（销售费用＋管理费用＋财务费用）

3. 产品销售净额＝产品销售总额－（销货退回＋销货折让）

4. 产品销售成本＝本期产品成本＋期初产品盘存－期末产品盘存

5. 本期产品成本＝本期生产成本＋期初半成品、在产品盘存－期末半成品、在产品盘存

6. 本期生产成本＝本期生产耗用的直接材料＋直接工资＋制造费用

（二）商业：

1. 应纳税所得额＝销货利润＋其他业务利润＋营业外收入－营业外支出

2. 销货利润＝销货净额－销货成本－销货税金－（销货费用＋管理费用＋财务费用）

3. 销货净额＝销货总额－（销货退回＋销货折让）

4. 销货成本＝期初商品盘存＋〔本期进货－（进货退出＋进货折让）＋进货费用〕－期末商品盘存

（三）服务业：

1. 应纳税所得额＝业务收入净额＋营业外收入－营业外支出

2. 业务收入净额＝业务收入总额－（业务收入税金＋业务支出＋管理费用＋财务费用）

（四）其他行业：参照以上公式计算。

第十一条 企业应纳税所得额的计算，以权责发生制为原则。

企业下列经营业务的收入可以分期确定，并据以计算应纳税所得额：

（一）以分期收款方式销售产品或者商品的，可以按交付产品或者商品开出发货票的日期确定销售收入的实现，也可以按合同约定的购买人应付价款的日期确定销售收入的实现；

（二）建筑、安装、装配工程和提供劳务，持续时间超过一年的，可以按完工进度或者完成的工作量确定收入的实现；

（三）为其他企业加工、制造大型机械设备、船

舶等，持续时间超过一年的，可以按完工进度或者完成的工作量确定收入的实现。

第十二条 中外合作经营企业采取产品分成方式的，合作者分得产品时，即为取得收入，其收入额应当按照卖给第三方的销售价格或者参照当时的市场价格计算。

外国企业从事合作开采石油资源的，合作者在分得原油时，即为取得收入，其收入额应当按参照国际市场同类品质的原油价进行定期调整的价格计算。

第十三条 企业取得的收入为非货币资产或者权益的，其收入额应当参照当时的市场价格计算或者估定。

第十四条 税法第二十一条所说的国家外汇管理机关公布的外汇牌价，是指国家外汇管理局公布的外汇买入价。

第十五条 企业所得为外国货币的，在依照税法第十五条规定分季预缴所得税时，应当按照季度最后一日的外汇牌价折合成人民币计算应纳税所得额；年度终了后汇算清缴时，对已按季度预缴税款的外国货币所得，不再重新折合计算，只就全年未纳税的外国货币所得部分，按照年度最后一日的外汇牌价，折合成人民币计算应纳税所得额。

第十六条 企业不能提供完整、准确的成本、费用凭证，不能正确计算应纳税所得额的，由当地税务机关参照同行业或者类似行业的利润水平核定利润率，计算其应纳税所得额；企业不能提供完整、准确的收入凭证，不能正确申报收入额的，由当地税务机关采用成本（费用）加合理的利润等方法予以核定，确定其应纳税所得额。

税务机关依照前款规定核定利润率或者收入额时，法律、法规、规章另有规定的，依照其规定执行。

第十七条 外国航空、海运企业从事国际运输业务，以其在中国境内起运客货收入总额的5%为应纳税所得额。

第十八条 外商投资企业在中国境内投资于其他企业，从接受投资的企业取得的利润（股息），可以不计入本企业应纳税所得额；但其上述投资所发生的费用和损失，不得冲减本企业应纳税所得额。

第十九条 在计算应纳税所得额时，除国家另有规定外，下列各项不得列为成本、费用和损失：

（一）固定资产的购置、建造支出；

（二）无形资产的受让、开发支出；

（三）资本的利息；

（四）各项所得税税款；

（五）违法经营的罚款和被没收财物的损失；

（六）各项税收的滞纳金和罚款；

（七）自然灾害或者意外事故损失有赔偿的部分；

（八）用于中国境内公益、救济性质以外的捐赠；

（九）支付给总机构的特许权使用费；

（十）与生产、经营业务无关的其他支出。

第二十条 外国企业在中国境内设立的机构、场所，向其总机构支付的同本机构、场所生产、经营有关的合理的管理费，应当提供总机构出具的管理费汇集范围、总额、分摊依据和方法的证明文件，并附有注册会计师的查证报告，经当地税务机关审核同意后，准予列支。

外商投资企业应当向其分支机构合理分摊与其生产、经营有关的管理费。

第二十一条 企业发生与生产、经营有关的合理的借款利息，应当提供借款付息的证明文件，经当地税务机关审核同意后，准予列支。

企业借款用于固定资产的购置、建造或者无形资产的受让、开发，在该项资产投入使用前发生的利息，应当计入固定资产的原价。

本条第一款所说的合理的借款利息，是指按不高于一般商业贷款利率计算的利息。

第二十二条 企业发生与生产、经营有关的交际应酬费，应当有确实的记录或者单据，分别在下列限度内准予作为费用列支：

（一）全年销货净额在一千五百万元以下的，不得超过销货净额的5‰；全年销货净额超过一千五百万元的部分，不得超过该部分销货净额的3‰。

（二）全年业务收入总额在五百万元以下的，不得超过业务收入总额的10‰；全年业务收入总额超过五百万元的部分，不得超过该部分业务收入总额的5‰。

第二十三条 企业在筹建和生产、经营中发生的汇兑损益，除国家另有规定外，应当合理列为各所属期间的损益。

第二十四条 企业支付给职工的工资和福利费，应当报送其支付标准和所依据的文件及有关资料，经当地税务机关审核同意后，准予列支。

企业不得列支其在中国境内工作的职工的境外社会保险费。

第二十五条 从事信贷、租赁等业务的企业，可以根据实际需要，报经当地税务机关批准，逐年按年末放款余额（不包括银行间拆借），或者年末应收帐款、应收票据等应收款项的余额，计提不超过3%的坏帐准备，从该年度应纳税所得额中扣除。

企业实际发生的坏帐损失，超过上一年度计提的坏帐准备部分，可列为当期的损失；少于上一年度计提的坏帐准备部分，应当计入本年度的应纳税所得额。

前款所说的坏帐损失，须经当地税务机关审核认可。

第二十六条 本细则第二十五条第二款所说的坏帐损失，是指下列应收款项：

(一)因债务人破产，在以其破产财产清偿后，仍然不能收回的；

(二)因债务人死亡，在以其遗产偿还后，仍然不能收回的；

(三)因债务人逾期未履行偿债义务，已超过两年，仍然不能收回的。

第二十七条 企业已列为坏帐损失的应收款项，在以后年度全部或者部分收回时，应当计入收回年度的应纳税所得额。

第二十八条 外国企业在中国境内设立的机构、场所取得发生在中国境外的与该机构、场所有实际联系的利润（股息）、利息、租金、特许权使用费和其他所得已在境外缴纳的所得税税款，除国家另有规定外，可以作为费用扣除。

第二十九条 税法第十八条所说的资产净额或者剩余财产，是指企业清算时的全部资产或者财产扣除各项负债及损失后的余额。

第三章 资产的税务处理

第三十条 企业的固定资产，是指使用年限在一年以上的房屋、建筑物、机器、机械、运输工具和其他与生产、经营有关的设备、器具、工具等。不属于生产、经营主要设备的物品，单位价值在二千元以下或者使用年限不超过两年的，可以按实际使用数额列为费用。

第三十一条 固定资产的计价，应当以原价为准。

购进的固定资产，以进价加运费、安装费和使用前所发生的其他有关费用为原价。

自制、自建的固定资产，以制造、建造过程中所发生的实际支出为原价。

作为投资的固定资产，应当按照该资产新旧程度，以合同确定的合理价格或者参照有关的市场价格估定的价格加使用前发生的有关费用为原价。

第三十二条 企业的固定资产，应当从投入使用月份的次月起计算折旧；停止使用的固定资产，应当从停止使用月份的次月起，停止计算折旧。

从事开采石油资源的企业，在开发阶段的投资，应当以油（气）田为单位，全部累计作为资本支出，从本油(气)田开始商业性生产月份的次月起计算折旧。

第三十三条 固定资产在计算折旧前，应当估计残值，从固定资产原价中减除。残值应当不低于原价的10%；需要少留或者不留残值的，须经当地税务机关批准。

第三十四条 固定资产的折旧，应当采用直线法计算；需要采用其他折旧方法的，可以由企业提出申请，经当地税务机关审核后，逐级上报国家税务局批准。

第三十五条 固定资产计算折旧的最短年限如下：

(一) 房屋、建筑物，为二十年；

(二) 火车、轮船、机器、机械和其他生产设备，为十年；

(三) 电子设备和火车、轮船以外的运输工具以及生产、经营业务有关的器具、工具、家具等，为五年。

第三十六条 从事开采石油资源的企业，在开发阶段及其以后的投资所形成的固定资产，可以综合计算折旧，不留残值，折旧的年限不得少于六年。

第三十七条 本细则第三十五条第(一)项所说的房屋、建筑物，是指供生产、经营使用和为职工生活、福利服务的房屋、建筑物及其附属设施，范围如下：

房屋，包括厂房、营业用房、办公用房、库房、住宿用房、食堂及其他房屋等；

建筑物，包括塔、池、槽、井、架、棚（不包括临时工棚、车棚等简易设施）、场、路、桥、平台、码头、船坞、涵洞、加油站以及独立于房屋和机器设备之外的管道、烟囱、围墙等；

房屋、建筑物的附属设施，是指同房屋、建筑物不可分割的、不单独计算价值的配套设施，包括房屋、建筑物内的通气、通水、通油管道，通讯、输电线路，电梯，卫生设备等。

第三十八条 本细则第三十五条第(二)项所说的火车、轮船、机器、机械和其他生产设备，范围如下：

火车，包括各种机车、客车、货车以及不单独计算价值的车上配套设施；

轮船，包括各种机动船舶以及不单独计算价值的船上配套设施；

机器、机械和其他生产设备，包括各种机器、机械、机组、生产线及其配套设备，各种动力、输送、传导设备等。

第三十九条 本细则第三十五条第(三)项所说的电子设备和火车、轮船以外的运输工具，范围如下：

电子设备，是指由集成电路、晶体管、电子管等电子元器件组成，应用电子技术（包括软件）发挥作用的设备，包括电子计算机以及由电子计算机控制的机器人、数控或者程控系统等；

火车、轮船以外的运输工具，包括飞机、汽车、电车、拖拉机、摩托车（艇）、机帆船、帆船以及其他运输工具。

第四十条 固定资产由于特殊原因需要缩短折旧年限的，可以由企业提出申请，经当地税务机关审核后，逐级上报国家税务局批准。

前款所说的由于特殊原因需要缩短折旧年限的固定资产，包括：

(一) 受酸、碱等强烈腐蚀的机器设备和常年处于震撼、颤动状态的厂房和建筑物；

(二) 由于提高使用率，加强使用强度，而常年处于日夜运转状态的机器、设备；

(三) 中外合作经营企业的合作期比本细则第三十五条规定的折旧年限短，并在合作期满后归中方合作者所有的固定资产。

第四十一条 企业取得已经使用过的固定资产，其尚可使用年限比本细则第三十五条规定的折旧年限短的，可以提出证明凭据，经当地税务机关审核同意后，按其尚可使用年限计算折旧。

第四十二条 固定资产在使用过程中，因扩充、更换、翻修和技术改造而增加价值所发生的支出，应当增加该固定资产原价，其中，可以延长使用年限的，还应当适当延长折旧年限，并相应调整计算折旧。

第四十三条 固定资产折旧足额后，可以继续使用的，不再计算折旧。

第四十四条 企业转让或者变价处理固定资产的收入，减除未折旧的净额或者残值及处理费用后的差额，列为当年度的损益。

第四十五条 企业接受赠与的固定资产，可以合理估价，计算折旧。

第四十六条 企业的专利权、专有技术、商标权、著作权、场地使用权等无形资产的计价，应当以原价为准。

受让的无形资产，以按照合理的价格实际支付的金额为原价。

自行开发的无形资产，以开发过程中发生的实际支出额为原价。

作为投资的无形资产，以协议、合同规定的合理价格为原价。

第四十七条 无形资产的摊销，应当采用直线法计算。

作为投资或者受让的无形资产，在协议、合同中规定使用年限的，可以按照该使用年限分期摊销；没有规定使用年限的，或者是自行开发的无形资产，摊销期限不得少于十年。

第四十八条 从事开采石油资源的企业所发生的合理的勘探费用，可以在已经开始商业性生产的油(气)田收入中分期摊销；摊销期限不得少于一年。

外国石油公司拥有的合同区，由于未发现商业性油（气）田而终止作业，如果其不连续拥有开采油(气)资源合同，也不在中国境内保留开采油(气)资源的经营管理机构或者办事机构，其已投入终止合同区的合理的勘探费用，经税务机关审查确认并出具证明后，从终止合同之日起十年内又签订新的合作开采油（气）资源合同的，准予在其新拥有合同区的生产收入中摊销。

第四十九条 企业在筹办期发生的费用，应当从开始生产、经营月份的次月起，分期摊销；摊销期限不得少于五年。

前款所说的筹办期，是指从企业被批准筹办之日起至开始生产、经营（包括试生产、试营业）之日止的期间。

第五十条 企业的商品、产成品、在产品、半成品和原料、材料等存货的计价，应当以成本价为准。

第五十一条 各项存货的发出或者领用，其实际成本价的计算方法，可以在先进先出、移动平均、加权平均和后进先出等方法中，由企业选用一种。

计价方法一经选用，不得随意改变；确实需要改变计价方法的，应当在下一纳税年度开始前报当地税务机关批准。

第四章　关联企业业务往来

第五十二条　税法第十三条所说的关联企业，是指与企业有以下之一关系的公司、企业和其他经济组织：

（一）在资金、经营、购销等方面，存在直接或者间接的拥有或者控制关系；

（二）直接或者间接地同为第三者所拥有或者控制；

（三）其他在利益上相关联的关系。

第五十三条　税法第十三条所说的独立企业之间的业务往来，是指没有关联关系的企业之间，按照公平成交价格和营业常规所进行的业务往来。

企业有义务就其与关联企业之间的业务往来，向当地税务机关提供有关的价格、费用标准等资料。

第五十四条　企业与关联企业之间的购销业务，不按独立企业之间的业务往来作价的，当地税务机关可以依照下列顺序和确定的方法进行调整：

（一）按独立企业之间进行相同或者类似业务活动的价格；

（二）按再销售给无关联关系的第三者价格所应取得的利润水平；

（三）按成本加合理的费用和利润；

（四）按其他合理的方法。

第五十五条　企业与关联企业之间融通资金所支付或者收取的利息，超过或者低于没有关联关系所能同意的数额，或者其利率超过或者低于同类业务的正常利率的，当地税务机关可以参照正常利率进行调整。

第五十六条　企业与关联企业之间提供劳务，不按独立企业之间业务往来收取和支付劳务费用的，当地税务机关可以参照类似劳务活动的正常收费标准进行调整。

第五十七条　企业与关联企业之间转让财产、提供财产使用权等业务往来，不按独立企业之间业务往来作价或者收取、支付使用费的，当地税务机关可以参照没有关联关系所能同意的数额进行调整。

第五十八条　企业不得列支向其关联企业支付的管理费。

第五章　源泉扣缴

第五十九条　税法第十九条第一款所说的利润、利息、租金、特许权使用费和其他所得，除国家另有规定外，应当按照收入全额计算应纳税额。

提供专利权、专有技术所收取的使用费全额，包括与其有关的图纸资料费、技术服务费和人员培训费，以及其他有关费用。

第六十条　税法第十九条所说的利润，是指根据投资比例、股权、股份或者其他非债权关系分享利润的权利取得的所得。

第六十一条　税法第十九条所说的其他所得，包括转让在中国境内的房屋、建筑物及其附属设施、土地使用权等财产而取得的收益。

前款所说的收益，是指转让收入减除该财产原值后的余额。外国企业不能提供财产原值的正确凭证的，由当地税务机关根据具体情况估定其财产的原值。

第六十二条　税法第十九条第二款所说的支付的款额，是指现金支付、汇拨支付、转帐支付的金额，以及用非货币资产或者权益折价支付的金额。

第六十三条　税法第十九条第三款第（一）项所说的从外商投资企业取得的利润，是指从外商投资企业依照税法规定缴纳或者减免所得税后的利润中取得的所得。

第六十四条　税法第十九条第三款第（二）项所说的国际金融组织，是指国际货币基金组织、世界银行、亚洲开发银行、国际开发协会、国际农业发展基金组织等国际金融组织。

第六十五条　税法第十九条第三款第（二）项、第（三）项所说的中国国家银行，是指中国人民银行、中国工商银行、中国农业银行、中国银行、中国人民建设银行、交通银行、中国投资银行和其他经国务院批准的对外经营外汇存放款等信贷业务的金融机构。

第六十六条　税法第十九条第三款第（四）项所规定的特许权使用费减征、免征所得税的范围如下：

（一）在发展农、林、牧、渔业生产方面提供下列专有技术所收取的使用费：

1．改良土壤、草地，开发荒山，以及充分利用自然资源的技术；

2. 培育动植物新品种和生产高效低毒农药的技术；

3. 对农、林、牧、渔业进行科学生产管理，保持生态平衡，增强抗御自然灾害能力等方面的技术。

（二）为科学院、高等院校以及其他科研机构进行或者合作进行科学研究、科学实验，提供专有技术所收取的使用费。

（三）在开发能源、发展交通运输方面提供专有技术所收取的使用费。

（四）在节约能源和防治环境污染方面提供的专有技术所收取的使用费。

（五）在开发重要科技领域方面提供下列专有技术所收取的使用费：

1. 重大的先进的机电设备生产技术；

2. 核能技术；

3. 大规模集成电路生产技术；

4. 光集成、微波半导体和微波集成电路生产技术及微波电子管制造技术；

5. 超高速电子计算机和微处理机制造技术；

6. 光导通讯技术；

7. 远距离超高压直流输电技术；

8. 煤的液化、气化及综合利用技术。

第六十七条 对外国企业在中国境内从事建筑、安装、装配、勘探等工程作业和提供咨询、管理、培训等劳务活动的所得，税务机关可以指定工程价款或者劳务费的支付人为所得税的扣缴义务人。

第六章 税收优惠

第六十八条 根据税法第六条规定，对国家鼓励的外商投资企业，需要在企业所得税方面给予税收优惠的，依照国家有关法律、行政法规的规定执行。

第六十九条 税法第七条第一款所说的经济特区，是指依法设立或者经国务院批准设立的深圳、珠海、汕头、厦门和海南经济特区；所说的经济技术开发区，是指经国务院批准在沿海港口城市设立的经济技术开发区。

第七十条 税法第七条第二款所说的沿海经济开放区，是指经国务院批准为沿海经济开放区的市、县、区。

第七十一条 税法第七条第一款所说的减按15%的税率征收企业所得税，仅限于税法第七条第一款所规定的企业在相应地区内从事生产、经营取得的所得。

税法第七条第二款所说的减按24%的税率征收企业所得税，仅限于税法第七条第二款所规定的企业在相应地区内从事生产、经营取得的所得。

第七十二条 税法第七条第一款、第二款和第八条第一款所说的生产性外商投资企业，是指从事下列行业的外商投资企业：

（一）机械制造、电子工业；

（二）能源工业（不含开采石油、天然气）；

（三）冶金、化学、建材工业；

（四）轻工、纺织、包装工业；

（五）医疗器械、制药工业；

（六）农业、林业、畜牧业、渔业和水利业；

（七）建筑业；

（八）交通运输业（不含客运）；

（九）直接为生产服务的科技开发、地质普查、产业信息咨询和生产设备、精密仪器维修服务业；

（十）经国务院税务主管部门确定的其他行业。

第七十三条 税法第七条第三款所说的可以减按15%的税率征收企业所得税，适用于：

（一）在沿海经济开放区和经济特区、经济技术开发区所在城市的老市区设立的从事下列项目的生产性外商投资企业：

1. 技术密集、知识密集型的项目；

2. 外商投资在三千万美元以上，回收投资时间长的项目；

3. 能源、交通、港口建设的项目。

（二）从事港口码头建设的中外合资经营企业。

（三）在经济特区和国务院批准的其他地区设立的外资银行、中外合资银行等金融机构，但以外国投资者投入资本或者分行由总行拨入营运资金超过一千万美元、经营期在十年以上的为限。

（四）在上海浦东新区设立的生产性外商投资企业，以及从事机场、港口、铁路、公路、电站等能源、交通建设项目的外商投资企业。

（五）在国务院确定的国家高新技术产业开发区设立的被认定为高新技术企业的外商投资企业，以及在北京市新技术产业开发试验区设立的被认定为新技术企业的外商投资企业。

（六）在国务院规定的其他地区设立的从事国家鼓励项目的外商投资企业。

属于前款第（一）项所列项目的外商投资企业，

应当在报国家税务局批准后，减按15%的税率征收企业所得税。

第七十四条　税法第八条第一款所说的经营期，是指从外商投资企业实际开始生产、经营（包括试生产、试营业）之日起至企业终止生产、经营之日止的期间。

按照税法第八条第一款规定可以享受免征、减征企业所得税待遇的外商投资企业，应当将其从事的行业、主要产品名称和确定的经营期等情况报当地税务机关审核；未经审核同意的，不得享受免征、减征企业所得税待遇。

第七十五条　税法第八条第二款所说的本法施行前国务院公布的规定，是指国务院发布或者批准发布的下列免征、减征企业所得税的规定：

（一）从事港口码头建设的中外合资经营企业，经营期在十五年以上的，经企业申请，所在地的省、自治区、直辖市税务机关批准，从开始获利的年度起，第一年至第五年免征企业所得税，第六年至第十年减半征收企业所得税。

（二）在海南经济特区设立的从事机场、港口、码头、铁路、公路、电站、煤矿、水利等基础设施项目的外商投资企业和从事农业开发经营的外商投资企业，经营期在十五年以上的，经企业申请，海南省税务机关批准，从开始获利的年度起，第一年至第五年免征企业所得税，第六年至第十年减半征收企业所得税。

（三）在上海浦东新区设立的从事机场、港口、铁路、公路、电站等能源、交通建设项目的外商投资企业，经营期在十五年以上的，经企业申请，上海市税务机关批准，从开始获利的年度起，第一年至第五年免征企业所得税，第六年至第十年减半征收企业所得税。

（四）在经济特区设立的从事服务性行业的外商投资企业，外商投资超过五百万美元，经营期在十年以上的，经企业申请，经济特区税务机关批准，从开始获利的年度起，第一年免征企业所得税，第二年和第三年减半征收企业所得税。

（五）在经济特区和国务院批准的其他地区设立的外资银行、中外合资银行等金融机构，外国投资者投入资本或者分行由总行拨入营运资金超过一千万美元、经营期在十年以上的，经企业申请，当地税务机关批准，从开始获利的年度起，第一年免征企业所得税，第二年和第三年减半征收企业所得税。

（六）在国务院确定的国家高新技术产业开发区设立的被认定为高新技术企业的中外合资经营企业，经营期在十年以上的，经企业申请，当地税务机关批准，从开始获利的年度起，第一年和第二年免征企业所得税。设在经济特区和经济技术开发区的外商投资企业，依照经济特区和经济技术开发区的税收优惠规定执行。设在北京市新技术产业开发试验区的外商投资企业，依照北京市新技术产业开发试验区的税收优惠规定执行。

（七）外商投资举办的产品出口企业，在依照税法规定免征、减征企业所得税期满后，凡当年出口产品产值达到当年企业产品产值70%以上的，可以按照税法规定的税率减半征收企业所得税。但经济特区和经济技术开发区以及其他已经按15%的税率缴纳企业所得税的产品出口企业，符合上述条件的，按10%的税率征收企业所得税。

（八）外商投资举办的先进技术企业，依照税法规定免征、减征企业所得税期满后仍为先进技术企业的，可以按照税法规定的税率延长三年减半征收企业所得税。

（九）在国务院已经发布或者批准发布的其他规定中有关免征、减征企业所得税的规定。

外商投资企业依照前款第（六）项、第（七）项或者第（八）项规定申请免征、减征企业所得税时，应当提交审核确认部门出具的有关证明文件，由当地税务机关审核批准。

第七十六条　税法第八条第一款和本细则第七十五条所说的开始获利的年度，是指企业开始生产经营后，第一个获得利润的纳税年度。企业开办初期有亏损的，可以依照税法第十一条的规定逐年结转弥补，以弥补后有利润的纳税年度为开始获利年度。

税法第八条第一款和本细则第七十五条规定的免征、减征企业所得税的期限，应当从企业获利年度起连续计算，不得因中间发生亏损而推延。

第七十七条　外商投资企业于年度中间开业，当年获得利润而实际生产经营期不足六个月的，可以选择从下一年度起计算免征、减征企业所得税的期限；但企业当年所获得的利润，应当依照税法规定缴纳所得税。

第七十八条　从事开采石油、天然气、稀有金属、贵重金属等资源的企业，除国务院另有规定外，不适用税法第八条第一款的税收优惠规定。

第七十九条　依照税法第八条第一款和本细则

第七十五条规定，已经得到免征、减征企业所得税的外商投资企业，其实际经营期不满规定年限的，除因遭受自然灾害和意外事故造成重大损失的以外，应当补缴已免征、减征的企业所得税税款。

第八十条 税法第十条所说的直接再投资，是指外商投资企业的外国投资者将其从该企业取得的利润在提取前直接用于增加注册资本，或者在提取后直接用于投资举办其他外商投资企业。

在依照税法第十条规定计算退税时，外国投资者应当提供能够确认其用于再投资利润所属年度的证明；不能提供证明的，由当地税务机关采用合理的方法予以推算确定。

外国投资者应当自其再投资资金实际投入之日起一年内，持载明其投资金额、投资期限的增资或者出资证明，向原纳税地的税务机关申请退税。

第八十一条 税法第十条所说的国务院另有优惠规定，是指外国投资者在中国境内直接再投资举办、扩建产品出口企业或者先进技术企业，以及外国投资者将从海南经济特区内的企业获得的利润直接再投资海南经济特区内的基础设施建设项目和农业开发企业，可以依照国务院的有关规定，全部退还其再投资部分已缴纳的企业所得税税款。

外国投资者依照前款规定申请再投资退税时，除依照本细则第八十条第二款、第三款的规定办理外，应当提供审核确认部门出具的确认举办、扩建的企业为产品出口企业或者先进技术企业的证明。

外国投资者直接再投资举办、扩建的企业，自开始生产、经营起三年内没有达到产品出口企业标准的，或者没有被继续确认为先进技术企业的，应当缴回已退税款的60%。

第八十二条 税法第十条和本细则第八十一条第一款规定的再投资退税，其退税额按下列公式计算：

退税额＝再投资额÷(1－原实际适用的企业所得税税率与地方所得税税率之和）×原实际适用的企业所得税税率×退税率

第七章 税额扣除

第八十三条 税法第十二条所说的已在境外缴纳的所得税税款，是指外商投资企业就来源于中国境外的所得在境外实际缴纳的所得税税款，不包括纳税后又得到补偿或者由他人代为承担的税款。

第八十四条 税法第十二条所说的境外所得依照本法规定计算的应纳税额，是指外商投资企业的境外所得，依照税法和本细则的有关规定扣除为取得该项所得所应摊计的成本、费用以及损失，得出应纳税所得额后计算的应纳税额。该应纳税额即为扣除限额，应当分国不分项计算，其计算公式如下：

$$\text{境外所得税税款扣除限额}=\text{境内、境外所得按税法计算的应纳税总额}\times\frac{\text{来源于某外国的所得额}}{\text{境内、境外所得总额}}$$

第八十五条 外商投资企业就来源于境外所得在境外实际缴纳的所得税税款，低于依照本细则第八十四条规定计算出的扣除限额的，可以从应纳税额中扣除其在境外实际缴纳的所得税税款；超过扣除限额的，其超过部分不得作为税额扣除，也不得列为费用支出，但可以用以后年度税额扣除不超过限额的余额补扣，补扣期限最长不得超过五年。

第八十六条 本细则第八十三条至第八十五条的规定，仅适用于总机构设在中国境内的外商投资企业。外商投资企业在依照税法第十二条的规定扣除税额时，应当提供境外税务机关填发的同一年度纳税凭证原件，不得用复印件或者不同年度的纳税凭证作为扣除税额的凭据。

第八章 税收征管

第八十七条 企业在办理工商登记后三十日内，应当向当地税务机关办理税务登记。外商投资企业在中国境外设立或者撤销分支机构时，应当在设立或者撤销之日起三十日内，向当地税务机关办理税务登记、变更登记或者注销登记。

企业办理前款登记，应当按规定提交有关文件、证照、资料。

第八十八条 企业遇有迁移、改组、合并、分立、终止以及变更资本额、经营范围等主要登记事项时，应当在办理工商变更登记后三十日内或者注销登记前，持有关证件向当地税务机关办理变更登记或者注销登记。

第八十九条 外国企业在中国境内设立两个或者两个以上营业机构的，可以由其选定其中的一个营业机构合并申报缴纳所得税。但该营业机构应当具备以下条件：

（一）对其他各营业机构的经营业务负有监督管

理责任；

（二）设有完整的帐簿、凭证，能够正确反映各营业机构的收入、成本、费用和盈亏情况。

第九十条 外国企业依照本细则第八十九条的规定，合并申报缴纳所得税的，应当由其选定的营业机构提出申请，经当地税务机关审核后，依照下列规定报批：

（一）合并申报纳税所涉及的各营业机构设在同一省、自治区、直辖市的，由省、自治区、直辖市税务机关批准；

（二）合并申报纳税所涉及的各营业机构设在两个或者两个以上省、自治区、直辖市的，由国家税务局批准。

外国企业经批准合并申报纳税后，遇有营业机构增设、合并、迁移、停业、关闭等情况时，应当在事前由负责合并申报纳税的营业机构向当地税务机关报告。需要变更合并申报纳税营业机构的，依照前款规定办理。

第九十一条 外国企业合并申报缴纳所得税，所涉及的营业机构适用不同税率纳税的，应当合理地分别计算各营业机构的应纳税所得额，按照不同的税率缴纳所得税。

前款所说的各营业机构，有盈有亏，盈亏相抵后仍有利润的，应当按有盈利的营业机构所适用的税率纳税。发生亏损的营业机构，应当以该营业机构以后年度的盈利弥补其亏损，弥补亏损后仍有利润的，再按该营业机构所适用的税率纳税；其弥补额应当按为该亏损营业机构抵亏的营业机构所适用的税率纳税。

第九十二条 虽有本细则第九十一条的规定，当负责合并申报缴纳所得税的营业机构不能合理地分别计算各营业机构的应纳税所得额时，当地税务机关可以对其应纳税的所得总额，按照营业收入比例、成本和费用比例、资产比例、职工人数或者工资数额的比例，在各营业机构之间合理分配。

第九十三条 外商投资企业在中国境内设立分支机构的，在汇总申报缴纳所得税时，比照本细则第九十一条和第九十二条的规定办理。

第九十四条 企业根据税法第十五条的规定分季预缴所得税时，应当按季度的实际利润额预缴；按季度实际利润额预缴有困难的，可以按上一年度应纳税所得额的四分之一或者经当地税务机关认可的其他方法分季预缴所得税。

第九十五条 企业在纳税年度内无论盈利或者亏损，应当依照税法第十六条规定的期限，向当地税务机关报送所得税申报表和会计决算报表。在报送会计决算报表时，除国家另有规定外，应当附送中国注册会计师的查帐报告。

企业遇特殊原因，不能按照税法规定期限报送所得税申报表和会计决算报表的，应当在报送期限内提出申请，经当地税务机关批准，可以适当延长。

第九十六条 分支机构或者营业机构在向总机构或者向合并申报缴纳所得税的营业机构报送会计决算报表时，应当同时报送当地税务机关。

第九十七条 企业在年度中间合并、分立、终止时，应当在停止生产、经营之日起六十日内，向当地税务机关办理当期所得税汇算清缴，多退少补。

第九十八条 企业所得为外国货币并已按照外汇牌价折合成人民币缴纳税款的，发生多缴税款需要办理退税时，可以将应退的人民币税款，按照原缴纳税款时的外汇牌价折合成外国货币，再将该外国货币数额按照填开退税凭证当日的外汇牌价折合成人民币退还税款；发生少缴税款需要办理补税时，应当按照填开补税凭证当日的外汇牌价折合成人民币补缴税款。

第九十九条 外商投资企业进行清算时，应当在办理工商注销登记之前，向当地税务机关办理所得税申报。

第一百条 除国家另有规定外，企业应当在中国境内设置能够正确计算应纳税所得额的会计凭证、帐簿。

企业的会计凭证、帐簿和报表，应当使用中国文字填写，也可以使用中、外两种文字填写。

采用电子计算机记帐的企业，其由电子计算机储存和输出的会计记录，视同会计帐簿；凡未打印成书面记录的磁带、磁盘应当完整保留。

企业的会计凭证、帐簿和报表，至少保存十五年。

第一百零一条 企业的发票和收款凭证，须经当地税务机关批准，方可印制、使用。

企业的发票和收款凭证的印制和使用管理办法，由国家税务局制定。

第一百零二条 企业所得税申报表和纳税凭证，由国家税务局统一印制。

第一百零三条 企业缴纳税款期限和报送报表期限的最后一天是星期日或者其他法定休假日的，

以休假日的次日为期限的最后一天。

第一百零四条　对税法第十九条第二款和本细则第六十七条规定的扣缴义务人，税务机关可以按照其扣缴税额的一定比例付给扣缴手续费，具体办法由国家税务局制定。

第一百零五条　纳税义务人或者扣缴义务人未按照规定接受税务机关检查的，或者未按照税务机关规定的期限缴纳滞纳金的，当地税务机关可以根据情节轻重，处以五千元以下的罚款。

第一百零六条　企业违反本细则第八十七条、第九十条第二款、第九十五条、第九十六条、第九十七条、第九十九条、第一百条、第一百零一条规定的，税务机关可以根据情节轻重，处以五千元以下的罚款。

第一百零七条　税法第二十五条所说的偷税，是指纳税义务人有意违反税法规定，涂改、伪造、销毁票据、记帐凭证或者帐簿，虚列、多报成本、费用，隐瞒、少报应纳税所得额或者收入额，逃避纳税或者骗回已纳税款等违法行为。

第一百零八条　税务机关根据税法和本细则规定对纳税义务人或者扣缴义务人处罚时，应当制作处罚决定书。

第一百零九条　任何单位和个人对违反税法的行为和当事人都有权举报。税务机关应当为举报者保密，并按照规定给予奖励。

第九章　附则

第一百一十条　税法公布前已经办理工商登记的外商投资企业，在按照税法规定的税率缴纳所得税时，其税收负担高于税法施行前的，可以在批准的经营期内按其原适用的税率缴纳所得税；未约定经营期的，可以在税法施行之日起五年内，按照其原适用的税率缴纳所得税。但在上述期间，发生年度的税收负担高于税法规定的，应当自该纳税年度起改按税法规定的税率缴纳所得税。

第一百一十一条　税法公布前已经办理工商登记的外商投资企业，凡是依照税法施行前的法律、行政法规享有免征、减征企业所得税优惠待遇的，可以继续执行，直至免征、减征期满为止。

税法公布前已经办理工商登记的外商投资企业，尚未获利或者获利未满五年的，可以依照税法第八条第一款的规定，给予相应期限的免征、减征企业所得税待遇。

第一百一十二条　税法公布后、施行前办理工商登记的外商投资企业，可以参照本细则第一百一十条、第一百一十一条的规定执行。

第一百一十三条　本细则由财政部、国家税务局负责解释。

第一百一十四条　本细则自《中华人民共和国外商投资企业和外国企业所得税法》施行之日起施行。《中华人民共和国中外合资经营企业所得税法施行细则》和《中华人民共和国外国企业所得税法施行细则》同时废止。

中华人民共和国国务院令

第87号

现发布《全民所有制企业招用农民合同制工人的规定》，自发布之日起施行。

总　理　李　鹏

一九九一年七月二十五日

全民所有制企业招用农民合同制工人的规定

第一章　总　　则

第一条　为了深化全民所有制企业（以下简称企业）劳动制度改革，进一步完善劳动合同制，保障企业和农民合同制工人的合法权益，提高劳动生产率和经济效益，制定本规定。

第二条　企业招用的农民合同制工人是指从农民中招用的使用期限在一年以上、实行劳动合同制的工人，包括从农民中招用的定期轮换工（以下统称农民工）。

第三条　企业招用农民工必须在国家下达的劳动工资计划之内，用于国务院劳动行政主管部门确定的需要从农村中招用劳动力的生产岗位和工种。矿山企业招用农民工须报经省、自治区、直辖市人民政府或其授权的设区的市或相当于设区的市一级（以下简称市）人民政府批准，其他企业招用农民工须报经省、自治区、直辖市人民政府批准。

第四条　农民工在企业工作期间，与所在企业其他职工享有同等的权利。

农民工不转户粮关系，但国家法律、行政法规另有规定的除外。

第二章　招收录用

第五条　企业招用农民工应当公开招收、自愿报名、择优录用，并到当地劳动行政主管部门办理录用手续。

农民工的基本条件是：现实表现好，年满十六周岁，完成规定的义务教育，身体健康，能够适应本岗位工作。

第六条　企业招用农民工应当遵循就地就近和选择群众生活困难、劳动力富余的地区招收的原则，需要跨省、自治区、直辖市招收的，须经有关各方的省级劳动行政主管部门批准。

第七条　农民工的试用期一般为三至六个月，不同工种的具体试用期，由企业根据实际情况确定。

第三章　劳动合同的签订、变更、终止和解除

第八条　企业招用农民工，应该直接与农民工本人签订劳动合同。劳动合同一经签订，即具有法律约束力。

签订劳动合同，必须遵守国家有关规定，坚持平等自愿、协商一致的原则。

劳动合同签订后，企业应当向当地劳动行政主

管部门备案。

第九条 劳动合同的内容应当包括：

(一) 合同期限，试用期限；

(二) 生产、工作岗位及应当完成的任务；

(三) 生产、工作条件；

(四) 劳动报酬及保险福利待遇；

(五) 劳动纪律；

(六) 违反劳动合同的责任；

(七) 双方认为需要规定的其他事宜。

第十条 劳动合同期限应当根据生产、工作需要和保护劳动者身体健康的原则，由企业与农民工协商确定。劳动合同期限届满应即终止，经双方当事人同意，可以续订。

第十一条 国务院劳动行政主管部门确定的有害身体健康的工种、岗位，必须招用定期轮换工。企业与轮换工签订的劳动合同期限一般为三至五年；经企业主管部门同意，报经省、自治区、直辖市人民政府劳动行政主管部门或其授权的市人民政府劳动行政主管部门批准，合同期限最多可为八年。合同期限届满应即终止。

第十二条 企业经其主管部门批准转产或者调整生产任务，经劳动合同双方当事人协商同意，可以变更合同。

第十三条 有下列情形之一的，企业可以解除劳动合同：

(一)试用期内发现不符合录用条件的；

(二)无故不能完成合同所规定的生产、工作任务的；

(三)患病或者非因工负伤，医疗期满不能从事原工作的；

(四)企业经其主管部门批准转产或者调整生产任务，人员多余的；

(五)企业宣告破产或者濒临破产处于法定整顿期间的；

(六)按照国家有关规定应予辞退的。

符合本条第(四)项规定解除劳动合同时，须报当地劳动行政主管部门批准。

农民工患有职业病或者因工负伤并经劳动鉴定委员会确认，属于全部或者大部分丧失劳动能力的，以及女农民工在孕期、产假和哺乳期间的，企业不得因此解除劳动合同。

第十四条 农民工被开除、劳动教养或者判刑的，劳动合同自行解除。

第十五条 有下列情形之一的，农民工可以解除劳动合同：

(一)企业不履行劳动合同，或者违反国家政策、法规，损害工人合法权益的；

(二)经企业同意，自费考入中等专业以上学校学习的；

(三)在其户口所在地应征入伍的。

第十六条 任何一方解除劳动合同，必须提前三十日通知对方。

解除劳动合同，除第十三条第二款规定的情形外，企业应当报当地劳动行政主管部门备案。

一方擅自解除劳动合同给对方造成经济损失的，应当予以赔偿。

第十七条 农民工因劳动合同期满，劳动合同终止执行，或者属于第十三条第(三)、(四)项和第十五条的规定解除劳动合同时，企业应按照其在本企业工作年限，每满一年发给相当于本人一个月标准工资的生活补助费，但最多不超过本人十二个月的标准工资。

第四章 工资、保险福利及其他待遇

第十八条 农民工在试用期内享受城镇合同制工人的工资待遇(不含15%左右的工资性补贴)；试用期满考核合格的，按照国家有关规定定级，工资形式由企业确定。

农民工的奖金、津贴、保健食品、副食品价格补贴 以及节假日等待遇，与城镇合同制工人相同，但国家另有规定的除外。

第十九条 农民工患病或非因工负伤，企业应当根据劳动合同期限长短给予三至六个月的停工医疗期。停工医疗期间的医疗待遇和病假工资与城镇合同制工人相同。停工医疗期满不能从事原工作被解除劳动合同的，由企业发给相当于本人三至六个月标准工资的医疗补助费。

农民工供养的直系亲属，不享受半费医疗待遇。

第二十条 农民工非因工死亡的(含因病死亡)，由企业发给丧葬补助费和一次性供养直系亲属救济费。具体发放标准由省、自治区、直辖市人民政府规定。

第二十一条 农民工因工负伤，由企业给予免费医疗。医疗期间，该农民工原标准工资照发。医疗终结经医院证明，并经劳动鉴定委员会确认不能从事原工作的，送回农村妥善安置，由企业按下列办法发给因工致残抚恤费：

（一）完全丧失劳动能力的，按照城镇合同制工人的抚恤费标准，按月发给，直至死亡；

（二）大部分丧失劳动能力的，按照该农民工原标准工资的70%，按月发给，直至死亡；

（三）部分丧失劳动能力的，根据其伤残程度一次性发给。具体标准由省、自治区、直辖市人民政府规定。

第二十二条 农民工因工死亡的，由企业按照城镇合同制工人享受的同等待遇，发给其家属丧葬补助费和供养直系亲属抚恤费。

第二十三条 第二十一条第（一）、（二）项和第二十二条规定发给的各项费用，经双方协商同意，企业也可以采取一次性支付的办法。具体办法由省、自治区、直辖市人民政府规定。

第二十四条 农民工患职业病的，其医疗和生活待遇，与城镇合同制工人相同。

第二十五条 企业招用农民工，实行养老保险制度。其中，招用农民轮换工，实行回乡生产补助金制度。实行养老保险制度和回乡生产补助金制度的具体办法由省、自治区、直辖市人民政府规定。

第二十六条 农民工在工作期间的劳动保护用品，由企业按照同工种城镇合同制工人的标准发给。农民工离开企业时劳动保护用品未满使用期限的，应当归还企业或者由企业作价卖给个人。

第二十七条 农民工在工作期间的口粮，按照同工种城镇合同制工人的标准由当地粮食部门根据保量不保价的原则予以保证，其口粮与平价粮的差价部分由企业负担。具体办法由省、自治区、直辖市人民政府根据实际情况规定。

第二十八条 矿山企业根据生产、工作需要，每年可在国家下达的农业户口转为非农业户口的计划指标内，按照不超过合同期限为八年的农民轮换工人数3%的比例，将从事井下采掘生产劳动五年以上的农民轮换工中经业务技术培训考试或考核合格的技术生产骨干，转为城镇户口合同制工人，但须报经省、自治区、直辖市劳动行政主管部门批准后，再到公安、粮食部门申报农业户口转为非农业户口的户粮关系。

第五章 组织管理

第二十九条 企业应当对农民工加强管理，做好思想政治工作，进行安全生产和操作规程教育，组织文化技术培训。

农民工应当积极参与企业管理。

第三十条 根据生产需要，企业可与县、乡签订劳务合同。签订劳务合同的县、乡，应当协助企业做好农民工的招收、更换、伤亡事故处理，以及思想政治和安全教育等项工作。

企业应当按月交给签订劳务合同的县、乡不超过农民工当月标准工资3%的管理费。

第三十一条 农民工应当交给所在集体经济组织不超过本人标准工资5%的公益金。农民工所分责任田、自留地应予保留。农民工应当享受与其他村民同等的待遇。

第三十二条 履行劳动合同发生劳动争议时，应当协商解决；协商不成的，按照国家有关劳动争议处理的规定办理。

第三十三条 各级劳动行政主管部门负责监督检查本规定的执行。违反本规定的，应当视情节轻重，由劳动行政主管部门给予经济处罚或者提请有关主管部门对直接责任者给予行政处分。经济处罚的具体办法由国务院劳动行政主管部门会同国务院有关部门规定。

第六章 附 则

第三十四条 省、自治区、直辖市人民政府可以根据本规定制定实施细则。

第三十五条 本规定由国务院劳动行政主管部门负责解释。

第三十六条 本规定自发布之日起施行。一九八四年六月三十日国务院发布的《矿山企业实行农民轮换工制度试行条例》，一九八四年十月五日国务院批准、一九八四年十月十五日劳动人事部和城乡建设环境保护部发布的《国营建筑企业招用农民合同制工人和使用农村建筑队暂行办法》，一九八四年十二月十九日国务院批准、一九八四年十二月二十七日劳动人事部发布的《交通、铁路部门装卸搬运作业实行农民轮换工制度和使用承包工试行办法》同时废止。

国家科委、国家体改委关于印发《关于深化高新技术产业开发区改革，推进高新技术产业发展的决定》的通知

（一九九一年九月五日）

最近，邓小平同志号召我们要“发展高科技，实现产业化”；江泽民、李鹏同志多次强调，为实现我国经济发展第二步、第三步战略目标，必须充分发挥科技第一生产力的作用，发展高新技术产业，带动传统产业技术改造，把国民经济建设真正转移到依靠科技进步和提高劳动者素质的轨道上来。国务院已正式作出了建立一批国家高新技术产业开发区的决定。

为贯彻落实党中央、国务院的指示精神，国家科委和国家体改委研究制定了《关于深化高新技术产业开发区改革，推进高新技术产业发展的决定》，进一步明确了开发区改革的基本方向、原则和思路。现将《决定》印发给你们，请根据国家有关政策、法规和本决定精神，结合具体情况，认真组织实施，把改革与发展紧密结合起来，并把工作中的经验、问题、建议等及时通报我们。

国家科委、国家体改委关于深化高新技术产业开发区改革，推进高新技术产业发展的决定

发展高科技，实现产业化，使更多的科学技术成果转化为现实生产能力，对我国产业结构的调整和综合国力的提高，实现经济发展的第二步、第三步目标，具有十分重大的战略意义。为了贯彻国务院关于建立国家高新技术产业开发区，推进高新技术产业发展的战略决策，特作如下决定：

一、从一九九一年起，在国家高新技术产业开发区，坚决地、有步骤地推进综合改革

改革的目标是根据发展社会主义有计划商品经济的要求，促进计划经济与市场调节相结合，在开发区内建立起符合商品经济运行规律，适应高新技术产业发展要求和国际贯例的体制、机制和环境条件，以最大限度地解放科技生产力，促进经济繁荣昌盛。企业制度、管理体制、劳动人事制度、社会化支撑服务体系以及社会保障体系等方面的改革，都要围绕这个目标来开展。

改革的重点是：在生产资料所有制方面，探索如何做到坚持以社会主义公有制为主体的多种经济成分共同发展；在分配制度方面，如何做到以按劳分配为主体，既能克服平均主义，又能防止两极分化；在计划经济与市场调节相结合方面，探索将计划与市场两者长处相结合、相辅相成的具体政策、措施和形式。

改革中要充分利用多年来我国科技进步创造的有利条件，认真贯彻国家鼓励开发区发展的各项政策，吸取经济特区和经济技术开发区的成功经验，借鉴国外高技术园区的一些有益做法，努力把开发区建成高新技术成果商品化、产业化的基地，高新技术向传统产业渗透的辐射源，对外开放的窗口，深化改革的试验区和示范区，优化小环境，形成大气候，促进我国高新技术成果的商品化、产业化和国际化。

二、改革企业管理体制和经营机制，使高新技术企业在国家政策、计划引导下，面向市场，自主经营，平等竞争

高新技术企业是开发区的主体和基础。这些在改革中新建的经济实体，具有建立新体制和新机制的有利条件。开发区的各项改革政策措施的中心目的是进一步创造环境条件，保证企业按照新的运行机制开展生产经营活动。企业的生产经营活动应以市场为导向，主要由市场调节。企业与各方面的关系主要是经济关系。要使企业按照国家宏观经济的政策导向和“自筹资金、自愿组合、自主经营、自负盈亏、自我发展、自我约束”的原则，根据国外内市场的需求，自主确定发展战略，拓宽经营范围，实行技工贸、技农贸一体化。要在坚持以公有制为主体的前提下，创造条件，使不同经济成分的企业平等竞争、优胜劣汰。企业自主确定以按劳分配为主的多种形式的内部分配办法，实行全员劳动合同制。

在理顺资产关系和责权利关系的前提下，企业可以实行合伙企业、合作企业、有限责任公司和股份有限公司等组织形式。提倡法人之间相互参股、控股，鼓励以专利、技术成果等知识产权入股，有计划地引导企业职工持股，积极吸引外资入股。通过柜台交易，允许股票转让和流通。推行产权有偿转让和企业破产制度，发展生产要素市场，通过兼并、承包、租赁、拍卖等方式推动生产要素的合理流动和优化组合。在企业与企业之间、企业与职工之间逐步建立新型的责权利关系。

高新技术企业要牢固树立商品经济观念，强化竞争意识，改善经营管理，在不断提高产品的技术附加值上下功夫，主动开拓国内和国际市场。

三、加强对高新技术产业发展的引导和调控，形成合理的产业结构，推进高新技术产业化

发展高新技术产业，必须依靠现有工农业基础，充分发挥国防军工的高技术优势，要通过提供现代化的系统设计、工艺和装备等形式，加强高新技术对传统产业的辐射渗透，推动传统产业的技术改造和结构调整，加快高新技术产业化的进程。开发区要创造良好的体制、机制和环境条件，把我国自主研究开发和引进的高新技术成果，源源不断地转化成商品，努力上质量、上水平、上规模，使开发区成为我国高新技术产业的摇篮和基地，发挥示范和推动作用。

高新技术产业的项目选择工作必须立足我国具体国情和国力，对具有优势或国际上空白、薄弱的环节要优先选择、重点发展。开发区项目安排要与经济、科技发展计划相衔接，同时要不断提高开发区企业的研究开发能力，强化中试环节，促进科研、设计、生产、经营一体化。要研究和改进有关政策，制定新的措施和办法，鼓励科研院所、大专院校、大中型企业到开发区创办高新技术企业或以参股、联营等形式进入开发区，同时要充分发挥民办科技企业的作用。鼓励开发区内的企业与区外企业特别是经济技术开发区、经济特区的企业，实行多种形式的联产、

联营或联合投资，优势互补、共同开发。各开发区要因地制宜，充分运用本地的资源和技术优势，开发各具特色、各有专长的高新技术，防止搞低水平的重复项目。在此基础上，大力开发拳头产品，发展以高新技术企业为主导的企业集团，形成支柱产业和规模经营，努力提高产业化程度。

计划部门和行业主管部门确定基本建设和技术改造项目，要密切配合高新技术产业的发展，通过以政府订货形式优先购买高新技术产品，发布行业和产品技术标准，限制淘汰落后产品和技术等措施，扩大高新技术产品的市场需求。要运用财政补贴、差别利率、差别税率、贷款贴息等经济杠杆，鼓励和引导传统产业运用高新技术进行技术改造。

要根据国家的产业政策、科技政策，综合运用信息服务和经济手段，加强对开发区发展的引导和调控，防止低水平重复和产业趋同。各开发区要立足当地资源与技术优势，结合传统产业技术改造的需要，制定好发展规划和计划，加强引导和信息服务，重点发展支柱产业，形成地区产业特色，形成符合我国国情的合理的高新技术产业结构。国家科委将加强对高新技术在研项目的内容、进展情况和市场前景等信息的发布工作，并通过国家科技发展计划的实施和开发区发展规划的审定，调控和引导高新技术产业的发展方向和投资重点。地方科委要在高新技术企业和项目的认定审批上把好关。

四、扩大开放，推动高新技术产品走向国际市场，加快高新技术产业国际化的进程

现代高新技术产业具有生产要素在国际范围内优化组合的特点，技术附加值、创新程度、投入强度越高的高新技术行业或环节，对国际化程度的要求也越高。高新技术产业只有在国际市场的竞争中求生存、求发展，才能真正实现产业化和国际化。要实现我国高新技术产业国际化，必须贯彻科技合作与经济合作并举、民间合作与官方合作并举、双边合作与多边合作并举的全方位对外开放方针，加强对现代高新技术产业国际化特点和发展趋势的研究，确立正确的发展战略；同时要在开发区建立健全适应国际惯例的体制、机制和环境条件。

各开发区经有关部门批准应设置技贸进出口公司及海关分支机构，设立保税仓库、工厂或保税区，以适应当代国际技术经济贸易的需要。要鼓励高新技术企业向外向型发展，充分利用经济技术开发区和沿海经济特区已有的对外窗口，加快高新技术产品进入国际市场特别是第三世界市场的步伐。要根据需要赋予有条件的企业和企业集团更多的外贸经营自主权，鼓励它们到国外、境外设立分支机构和销售服务网点，简化进出口业务的审批手续。对高新技术重要行业，出口创汇和替代进口的高新技术产品，要在关税和外贸配额、许可证等方面给予优惠和保护。从事高新技术产品开发的科技人员应能直接参与对外贸易洽谈业务。要认真贯彻落实国家关于简化高新技术企业部分人员多次出国审批手续的规定，切实解决实施中的具体问题。

进一步优化开发区投资环境，积极吸引国外、境外投资者到开发区独资、合资创办高新技术企业或进行风险投资。要切实保护国外、境外投资者合法的技术经济权益，协助他们依法在我国申请专利，对我国法律尚不保护的领域，要通过控制生产许可证发放范围等行政措施，防止成果的非授权使用与转让。

五、广泛吸引人才，在开发区创造一个人才辈出、人尽其才的良好环境

开发区的建设与发展，需要一大批优秀的企业家、专业技术人才和管理人才为之奋斗拼搏。要贯彻“尊重知识、尊重人才”的方针，鼓励科技人员相对集中特别是任务尚不饱满的科研院所、大专院校、大中型企业实行人才分流，有组织地到开发区创办、联办高新技术企业和校办产业，支援开发区建设。开发区要制定优惠政策，通过招聘等形式，吸引各类人才特别是中青年科技骨干、学有所成的出国留学人员、确有专长的海外华人专家到开发区工作。

对到开发区工作的专业技术人员，在按照国家有关规定进行技术职称评聘的同时，可实行企业内部技术职称评聘制度。对人才流动中发生的技术权益纠纷，一方面要加强遵纪守法和职业道德教育，另一方面要加强协调和仲裁工作。在高新技术企业按照国家有关规定留足发展基金、严格计征个人收入调节税的前提下，可从优核定企业工资总额，并切实贯彻按劳分配的原则，拉开个人收入分配的档次。通过推进住房商品化和建立健全社会保障体系，解决人才流动中的住房、福利、待业等方面的问题。

要按照高新技术成果商品化、产业化、国际化的要求，加强培训工作，尽快造就一批适应高新技术产业发展需要，懂技术、懂外语、会管理、善经营的企业家和管理人才。要十分珍惜和爱护高新技术企业家及为开发区建设和高新技术产业发展作出突出贡献的有关人员，并给予应有的荣誉和物质奖励。

六、建立多渠道、多形式的融资体系，增加对开发区的投入，改革投资方式，提高投资效益

高新技术成果商品化、产业化需要高投入，具有高风险的特点。必须逐步增加对开发区的投入并建立风险投资机制。

中央和地方要采取匹配资金等方式，在计划投资、财政拨款、信贷和固定资产投资规模等方面向开发区倾斜，支持高新技术企业发展。

要拓宽融资渠道，建立健全社会化融资体系。主要利用社会资金（股票、债券、保险金等）和政府匹配的部分资金，同时积极吸引外资投入，建立高新技术产业化的风险投资基金。要增加对重点行业、企业和产品的投入强度，支持信息咨询、中介服务等支撑服务体系建设。要健全资金管理制度，建立投资管理网络，逐步做到资金使用的目标管理和全过程监控，提高投资和资金运营效益。经过有关部门批准，高新技术企业集团可以建立财务公司。

七、逐步建立社会化支撑服务体系和社会保障体系，为高新技术企业的发展创造条件

为建立新的企业运行机制，避免企业走小而全、大而全和企业办社会的老路，各开发区必须建立培育高新技术企业和为企业发展服务的社会化服务体系和保障体系。

努力办好高新技术创业服务中心，为掌握具有商品化前景的高新技术成果的创业者提供研究开发、试制生产等所必要的条件，代理工商、税务、信贷、保险等方面的业务，培育高新技术企业。建立综合性、专业性咨询服务机构，为企业提供国内外技术经济信息、可行性论证、项目评估等方面的服务，帮助企业制定正确的研究开发计划和经营发展战略。要制定必要的优惠政策，鼓励这类软科技产业的发展。要发展人才、技术、资金、物资、房地产等要素市场，建立法律事务、会计事务、合同仲裁、外贸代理等服务机构，为企业发展提供必要的中介、咨询、代理服务。各开发区的上述机构要加强业务联系，逐步形成全国性的高新技术产业信息、中介和服务体系。

在开发区推进住房制度改革，逐步实行住房商品化和社会化管理。允许房地产开发公司向社会筹集资金，利用现有的金融机构，积极开展企业和个人购房储蓄和贷款业务。逐步建立按人账户储蓄积累的养老、待业保险制度和社会统筹的医疗保险制度，向国家、集体、个人合理负担和社会化管理的方向过渡。

八、按照精简、高效、服务的原则，建立和完善开发区新型管理体制，促进高新技术成果商品化、产业化和国际化

各开发区要因地制宜地建立决策、管理机构，赋予相应的权限，代表当地政府行使行政职权，统一对内对外，集中有效地协调解决开发区发展中的重大问题，并在工商、税务、财政、金融、国际合作交流、外贸、进出口等方面形成配套、高效的服务功能，为企业提供综合服务。

开发区所在地各级人民政府要认真贯彻落实国发〔1991〕12号文件，根据实际情况，制定开发区的发展规划和计划，制定开发区管理条例和细则，建立健全政策法规体系，掌握指导高新技术产业发展的主动权；做好组织、协调和服务工作，积极培育市场，充分发挥市场机制的调节作用，为增强高新技术企业的活力创造环境条件，保证开发区的改革和发展顺利进行。

九、切实加强对开发区综合改革的领导，进一步解放思想，大胆实践，开拓前进，推动改革向深度和广度发展

开发区的综合改革，是对各项改革的深化，是经济体制改革和科技体制改革在深层次上的结合，事关高新技术产业发展的成败，必将对我国的社会主义现代化建设事业产生广泛影响。各级人民政府要把改革与发展密切结合起来，根据国家有关政策、法规和本决定精神，结合具体情况，在自己的权限内积极试点、试验、示范，及时研究改革中出现的新情况、新问题，不断总结经验，推动改革逐步深化。各政府部门要大力支持和配合开发区的改革和建设，按照是否有利于解放科技生产力，是否有利于高新技术产业发展的标准调整有关政策和制度。国家科委将加强对开发区的归口管理工作。国家体改委和国家科委将会同有关部门，进一步研究有关配套政策，指导和协助地方研究制订开发区综合改革方案，并选择少数开发区重点予以推进。各地科委和体改委要在当地政府的领导下，通力合作，大胆探索和实践，通过深化改革，促进高新技术产业的发展。

党中央、国务院对高新技术产业的发展高度重视并寄予殷切期望。各开发区要充分认识自己肩负的历史责任，发扬中华民族自尊、自强、自立精神，勇于探索，不断进取，做出应有的贡献。

中华人民共和国国务院令

第88号

《中华人民共和国城镇集体所有制企业条例》已经一九九一年六月二十一日国务院第八十六次常务会议通过，现予发布，自一九九二年一月一日起施行。

总　理　李　鹏

一九九一年九月九日

中华人民共和国城镇集体所有制企业条例

第一章　总　则

第一条　为了保障城镇集体所有制经济的巩固和发展，明确城镇集体所有制企业的权利和义务，维护其合法权益，制定本条例。

第二条　本条例适用于城镇的各种行业、各种组织形式的集体所有制企业，但乡村农民集体举办的企业除外。

第三条　城镇集体所有制经济是我国社会主义公有制经济的一个基本组成部分，国家鼓励和扶持城镇集体所有制经济的发展。

第四条　城镇集体所有制企业（以下简称集体企业）是财产属于劳动群众集体所有、实行共同劳动、在分配方式上以按劳分配为主体的社会主义经济组织。

前款所称劳动群众集体所有，应当符合下列中任一项的规定：

（一）本集体企业的劳动群众集体所有；

（二）集体企业的联合经济组织范围内的劳动群众集体所有；

（三）投资主体为两个或者两个以上的集体企业，其中前（一）、（二）项劳动群众集体所有的财产应当占主导地位。本项所称主导地位，是指劳动群众集体所有的财产占企业全部财产的比例，一般情况下应不低于51%，特殊情况经过原审批部门批准，可以适当降低。

第五条　集体企业应当遵循的原则是：自愿组合、自筹资金，独立核算、自负盈亏，自主经营、民主管理，集体积累、自主支配，按劳分配、入股分红。

集体企业应当发扬艰苦奋斗、勤俭建国的精神，走互助合作、共同富裕的道路。

第六条　集体企业依法取得法人资格，以其全部财产独立承担民事责任。

集体企业的财产及其合法权益受国家法律保护，不受侵犯。

第七条　集体企业的任务是：根据市场和社会需求，在国家计划指导下，发展商品生产，扩大商品经营，开展社会服务，创造财富，增加积累，不断提高经济效益和社会效益，繁荣社会主义经济。

第八条 集体企业的职工是企业的主人，依照法律、法规和集体企业章程行使管理企业的权力。集体企业职工的合法权益受法律保护。

第九条 集体企业依照法律规定实行民主管理。职工（代表）大会是集体企业的权力机构，由其选举和罢免企业管理人员，决定经济管理的重大问题。

集体企业实行厂长（经理）负责制。

集体企业职工的民主管理权和厂长（经理）依法行使职权，均受法律保护。

第十条 中国共产党在集体企业的基层组织是集体企业的政治领导核心，领导企业的思想政治工作，保证监督党和国家的方针、政策在本企业的贯彻执行。

第十一条 集体企业的工会维护职工的合法权益，依法独立自主地开展工作，组织职工参加民主管理和民主监督。

第二章 集体企业的设立、变更和终止

第十二条 集体企业的设立必须具备下列条件：

（一）有企业名称、组织机构和企业章程；

（二）有固定的生产经营场所、必要的设施并符合规定的安全卫生条件；

（三）有符合国家规定并与其生产经营和服务规模相适应的资金数额和从业人员；

（四）有明确的经营范围；

（五）能够独立承担民事责任；

（六）法律、法规规定的其他条件。

第十三条 集体企业章程必须载明下列事项：

（一）企业名称和住所；

（二）经营范围和经营方式；

（三）注册资金；

（四）资金来源和投资方式；

（五）收入分配方式；

（六）组织机构及其职权和议事规则；

（七）职工加入和退出企业的条件和程序；

（八）职工的权利和义务；

（九）法定代表人的产生程序及其职权范围；

（十）企业终止的条件和程序；

（十一）章程的修订程序；

（十二）章程订立日期；

（十三）需要明确的其他事项。

第十四条 设立集体企业应经省、自治区、直辖市人民政府规定的审批部门批准，并依法经工商行政管理机关核准登记，领取《企业法人营业执照》，取得法人资格后，方得开始生产经营活动。

设立集体企业的审批部门，法律、法规有专门规定的，从其规定。

集体企业应当在核准登记的经营范围内从事生产经营活动。

第十五条 集体企业的合并、分立、停业、迁移或者主要登记事项的变更，必须符合国家的有关规定，由企业提出申请，报经原审批部门批准，依法向原登记机关办理变更登记。

第十六条 集体企业的合并和分立，应当遵照自愿平等的原则，由有关各方依法签订协议，处理好债权债务、其他财产关系和遗留问题，妥善安置企业人员。

合并、分立前的集体企业的权利和义务，由合并、分立后的法人享有和承担。

第十七条 集体企业有下列原因之一的，应当予以终止：

（一）企业无法继续经营而申请解散，经原审批部门批准；

（二）依法被撤销；

（三）依法宣告破产；

（四）其他原因。

第十八条 集体企业终止，应当依照国家有关规定清算企业财产。企业财产按下列程序清偿各种债务和费用：

（一）清算工作所需各项费用；

（二）所欠职工工资和劳动保险费用；

（三）所欠税款；

（四）所欠银行和信用合作社贷款以及其他债务。

不足清偿同一顺序的清偿要求的，按照比例分配。

第十九条 集体企业财产清算后的剩余财产，按照下列办法处理：

（一）有国家、本企业外的单位和个人以及本企业职工个人投资入股的，应当依照其投资入股金额占企业总资产的比例，从企业剩余财产中按相同的

比例偿还；

（二）其余财产，由企业上级管理机构作为该企业职工待业和养老救济、就业安置和职业培训等费用，专款专用，不得挪作他用。

第二十条 集体企业终止，必须依照《中华人民共和国企业法人登记管理条例》的规定办理注销登记并公告。

第三章 集体企业的权利和义务

第二十一条 集体企业在国家法律、法规的规定范围内享有下列权利：

（一）对其全部财产享有占有、使用、收益和处分的权利，拒绝任何形式的平调；

（二）自主安排生产、经营、服务活动；

（三）除国家规定由物价部门和有关主管部门控制价格的以外，企业有权自行确定产品价格、劳务价格；

（四）企业有权依照国家规定与外商谈判并签订合同，提取和使用分成的外汇收入；

（五）依照国家信贷政策的规定向有关专业银行申请贷款；

（六）依照国家规定确定适合本企业情况的经济责任制形式、工资形式和奖金、分红办法；

（七）享受国家政策规定的各种优惠待遇；

（八）吸收职工和其他企业、事业单位、个人集资入股，与其他企业、事业单位联营，向其他企业、事业单位投资，持有其他企业的股份；

（九）按照国家规定决定本企业的机构设置、人员编制、劳动组织形式和用工办法，录用和辞退职工；

（十）奖惩职工。

第二十二条 集体企业应当承担下列义务：

（一）遵守国家法律、法规，接受国家计划指导；

（二）依法缴纳税金和交纳费用；

（三）依法履行合同；

（四）改善经营管理，推进技术进步，提高经济效益；

（五）保证产品质量和服务质量，对用户和消费者负责；

（六）贯彻安全生产制度，落实劳动保护和环境保护措施；

（七）做好企业内部的安全保卫工作；

（八）维护职工合法权益，尊重职工的民主管理权利，改善劳动条件，做好计划生育工作，提高职工物质文化生活水平；

（九）加强对职工的思想政治教育、法制教育、国防教育、科学文化教育和技术业务培训，提高职工队伍素质。

第二十三条 集体企业有权按照国家规定自愿组建、参加和退出集体企业的联合经济组织，并依照该联合经济组织的章程规定，享受权利，承担义务。

第四章 职工和职工（代表）大会

第二十四条 凡本人提出申请，承认并遵守集体企业章程，被企业招收，即可成为该集体企业的职工。

第二十五条 职工依照法律、法规的规定，在集体企业内享有下列权利：

（一）企业各级管理职务的选举权和被选举权；

（二）参加企业民主管理，监督企业各项活动和管理人员的工作；

（三）参加劳动并享受劳动报酬、劳动保护、劳动保险、医疗保健和休息、休假的权利；

（四）接受职业技术教育和培训，按照国家规定评定业务技术职称；

（五）辞职；

（六）享受退休养老待遇；

（七）其他权利。

第二十六条 职工应当履行下列义务：

（一）遵守国家的法律、法规和集体企业的规章制度、劳动纪律，以企业主人的态度从事劳动，做好本职工作；

（二）执行职工（代表）大会决议，完成任务；

（三）维护企业的集体利益；

（四）努力学习政治、文化和科技知识，不断提高自身素质；

（五）法律、法规和企业章程规定的其他义务。

第二十七条 集体企业必须建立、健全职工（代表）大会制度：

（一）一百人以下的集体企业，建立职工大会制度；

（二）三百人以上的集体企业建立职工代表大会制度；

（三）一百人以上三百人以下的集体企业，建立职工大会或者职工代表大会制度，由企业自定。

职工代表大会代表由职工选举产生。代表应当是思想进步、工作积极、联系群众、有参加民主管理能力的职工。

第二十八条 集体企业的职工（代表）大会在国家法律、法规的规定范围内行使下列职权：

（一）制定、修改集体企业章程；

（二）按照国家规定选举、罢免、聘用、解聘厂长（经理）、副厂长（副经理）；

（三）审议厂长（经理）提交的各项议案，决定企业经营管理的重大问题；

（四）审议并决定企业职工工资形式、工资调整方案、奖金和分红方案、职工住宅分配方案和其他有关职工生活福利的重大事项；

（五）审议并决定企业的职工奖惩办法和其他重要规章制度；

（六）法律、法规和企业章程规定的其他职权。

第二十九条 职工（代表）大会依照企业章程规定定期召开，但每年不得少于两次。

第三十条 集体企业的职工代表大会，可以设立常设机构，负责职工代表大会闭会期间的工作。

常设机构的人员组成、产生方式、职权范围及名称，由集体企业职工代表大会规定，报上级管理机构备案。

第五章 厂长（经理）

第三十一条 集体企业实行厂长（经理）负责制。厂长（经理）对企业职工（代表）大会负责，是集体企业的法定代表人。

第三十二条 厂长（经理）由企业职工代表大会选举或者招聘产生。选举和招聘的具体办法，由省、自治区、直辖市人民政府规定。

由集体企业联合经济组织投资开办的集体企业，其厂长（经理）可以由该联合经济组织任免。

投资主体多元化的集体企业，其中国家投资达到一定比例的，其厂长（经理）可以由上级管理机构按照国家有关规定任免。

第三十三条 厂长（经理）应当具备下列条件：

（一）懂得有关法律、法规和方针、政策，坚持企业的社会主义经营方向；

（二）熟悉本行业业务，善于经营管理，有组织领导能力；

（三）热爱集体，廉洁奉公，联系群众，有民主作风；

（四）法律、法规规定的其他条件。

第三十四条 厂长（经理）在法律、法规的规定范围内行使下列职权：

（一）领导和组织企业日常生产经营和行政工作；

（二）主持编制并向职工（代表）大会提出企业的中长期发展规划、年度生产经营计划、固定资产投资方案；

（三）主持编制并向职工（代表）大会提出企业机构设置的方案，决定劳动组织的调整方案；

（四）按照国家规定任免或者聘任、解聘企业中层行政领导干部，但法律、法规另有规定的，从其规定；

（五）提出企业年度财务预算、决算方案和利润分配方案；

（六）提出企业的经济责任制方案、工资调整方案、劳动保护措施方案、奖惩办法和其他重要的规章制度；

（七）奖惩职工；

（八）遇到特殊情况时，提出召开职工（代表）大会的建议；

（九）企业章程规定的其他职权。

第三十五条 厂长（经理）有下列职责：

（一）贯彻执行党和国家的方针、政策，遵守国家的法律、法规，执行职工（代表）大会的决议；

（二）组织职工完成企业生产经营任务和各项经济技术指标，推进企业技术进步，提高经济效益，增强企业发展能力；

（三）严格遵守财经纪律，坚持民主理财，定期向职工公布财务帐目；

（四）保护企业的合法权益和职工在企业内的正当权利；

（五）办好职工生活福利和逐步开展职工养老、待业等保险；

（六）组织落实安全卫生措施，实现安全文明生产；

（七）定期向本企业职工（代表）大会报告工作，听取意见，并接受监督；

（八）法律、法规和企业章程规定的其他职责。

第六章 财产管理和收益分配

第三十六条 集体企业应当按照本章规定进行清产核资，明确其财产所有权的归属。

第三十七条 集体企业的公共积累，归本企业劳动群众集体所有。

第三十八条 集体企业的联合经济组织的投资，归该联合经济组织范围内的劳动群众集体所有。

集体企业联合经济组织设立的互助合作基金，应当主要用于该组织范围内发展生产和推进共同富裕。

第三十九条 在企业、事业单位、社会团体等扶持下设立的集体企业，其扶持资金可按下列办法之一处理：

（一）作为企业向扶持单位的借用款，按双方约定的方法和期限由企业归还扶持单位；

（二）作为扶持单位对企业的投资，按其投资占企业总资产的比例，参与企业的利润分配。

企业、事业单位、社会团体等的扶持资金的来源，必须符合国家财政主管部门的有关规定。

企业、事业单位、社会团体等与其扶持设立的集体企业，应当明确划清产权和财务关系。扶持单位不得干预集体企业的经营管理活动，集体企业也不得依赖扶持单位。

第四十条 职工股金，归职工个人所有。

第四十一条 集体企业外的单位和个人的投资，归投资者所有。

第四十二条 职工股金和集体企业吸收的各种投资，投资者可以依法转让或者继承。

第四十三条 集体企业必须保证财产的完整性，合理使用、有效经营企业的财产。

第四十四条 集体企业的收益分配，必须遵循兼顾国家、集体和个人三者利益的原则。

第四十五条 集体企业必须执行国家有关财务、会计制度，接受审计监督，加强企业内部的财务管理。

第四十六条 集体企业的税后利润，由企业依法自主支配。企业应当按照国家规定确定公积金、公益金、劳动分红和股金分红的比例。

第四十七条 集体企业职工的劳动报酬必须坚持按劳分配的原则。具体分配形式和办法由企业自行确定。

第四十八条 集体企业的股金分红要同企业盈亏相结合。企业盈利，按股分红；企业亏损，在未弥补亏损之前，不得分红。

第四十九条 集体企业必须依照国家规定提取职工养老、待业等保险基金。职工养老、待业等保险基金按国家规定在征收所得税前提取，专项储存，专款专用。

第七章 集体企业和政府的关系

第五十条 各级人民政府应当把发展城镇集体经济纳入各级政府的国民经济和社会发展计划，从各方面给予扶持和指导，保障城镇集体经济的健康发展。

第五十一条 国务院城镇集体经济的主管机构，负责全国城镇集体经济的宏观指导和管理，其主要职责是：拟订城镇集体经济的发展政策和法律法规，协调全国城镇集体经济发展中的重大问题，组织有关方面监督、检查集体企业政策、法规的执行情况。

第五十二条 市（含县级市，下同）以上人民政府应当根据城镇集体经济发展的需要，确定城镇集体企业的指导部门，加强对集体企业的政策指导，协调当地城镇集体经济发展中的问题，组织有关方面监督、检查集体企业政策、法规的执行情况。

第五十三条 政府有关行业管理部门，应当依照法律、法规的规定，在各自的职责范围内，负责本行业集体企业的行业指导和管理工作。

第五十四条 各级人民政府的其他有关部门，依法对集体企业进行监督和提供服务。

第五十五条 国家保护集体企业的合法权益。

任何政府部门及其他单位和个人不得改变集体企业的集体所有制性质和损害集体企业的财产所有权，不得向集体企业摊派人力、物力、财力，不得干预集体企业的生产经营和民主管理。

第八章 法律责任

第五十六条 集体企业有下列行为之一的，由工商行政管理机关依照国家有关法律、法规的规定给予行政处罚：

（一）未经审批和核准登记，以集体企业名义进行活动的；

（二）登记时弄虚作假或者不按规定申请变更登记的；

（三）违反核准登记事项或者超越核准登记的经营范围从事经营活动的；

（四）利用分立、合并、终止和清算等行为抽逃资金、隐匿和私分财产的；

（五）其他违法行为。

第五十七条 集体企业因生产、销售伪劣商品，给用户和消费者造成财产损失和人身伤害的，应当承担赔偿责任；构成犯罪的，对负有直接责任的集体企业领导人员和其他直接责任人员依法追究刑事责任。

第五十八条 任何单位或者个人违反本条例规定，向集体企业摊派或者侵吞、挪用集体企业财产的，必须赔偿。对负有直接责任的主管人员和其他直接责任人员，由有关主管机关根据情节轻重，给予行政处分；构成犯罪的，依法追究刑事责任。

第五十九条 集体企业领导人员滥用职权，侵犯职工合法权益，情节严重的，由上级管理机构按照干部管理权限给予行政处分；滥用职权，假公济私，对职工进行报复陷害的，依法追究刑事责任。

第六十条 集体企业的领导人员或者政府有关部门的工作人员，因工作过失给企业造成损失的，由企业的上级管理机构或者政府有关部门按照干部的管理权限给予行政处分。

集体企业的领导人员和政府有关部门的工作人员玩忽职守，致使集体企业财产、利益遭受重大损失，构成犯罪的，依法追究刑事责任。

第六十一条 集体企业违反本条例有关集体企业领导人员的产生、罢免条件和程序规定的，上级管理机构应当予以纠正，并追究直接责任人员的行政责任。

集体企业上级管理机构违反本条例有关集体企业领导人员产生、罢免条件和程序规定的，其上一级主管部门应当予以纠正；情节严重的，应当追究直接责任人员的行政责任。

第六十二条 阻碍集体企业领导人员依法执行职务的，由公安机关依据《中华人民共和国治安管理处罚条例》予以处罚；构成犯罪的，依法追究刑事责任。

第六十三条 扰乱集体企业的秩序，致使生产、营业、工作不能正常进行或者无法进行的，由公安机关依据《中华人民共和国治安管理处罚条例》予以处罚；构成犯罪的，依法追究刑事责任。

第九章　附　则

第六十四条 集体企业联合经济组织的组建和管理办法，另行制定。

第六十五条 集体所有制的各类公司的管理，按照国家有关公司的法律、法规执行。

第六十六条 城镇中的文教、卫生、科研等集体所有制事业单位参照本条例执行。

供销合作社的管理办法，另行制定。

第六十七条 劳动就业服务性集体企业应当遵循本条例规定的原则，具体管理办法按国务院发布的《劳动就业服务企业管理规定》执行。

集中安置残疾人员的福利性集体企业的管理办法，根据本条例的原则另行制定。

第六十八条 军队扶持开办的集体企业的管理办法，由中国人民解放军总后勤部根据本条例规定的原则另行制定。

第六十九条 各省、自治区、直辖市人民政府和国务院各行业主管部门，可以根据本条例并结合本地区、本行业的具体情况，制定本条例的实施细则。

第七十条 本条例自一九九二年一月一日起施行。

国务院关于加强农业社会化服务体系建设的通知

（一九九一年十月二十八日）

加强农业社会化服务体系建设，是深化农村改革，推动农村有计划商品经济发展的一项伟大事业，对于稳定和完善以家庭联产承包为主的责任制，健全双层经营体制，壮大集体经济，实现小康目标，促进农业现代化，具有极其重要而又深远的意义。全国各地对于发展农业社会化服务体系做了大量工作，取得了明显成效，积累了一定经验。现在的问题是，要认真总结经验，进一步明确发展方向和原则，采取切实有效的政策措施，使农业社会化服务体系更快更健康地发展起来，在农村经济中发挥更大的作用。现就加强农业社会化服务体系建设中的有关问题，通知如下：

一、明确农业社会化服务体系建设的方向和原则

农业社会化服务，是包括专业经济技术部门、乡村合作经济组织和社会其他方面为农、林、牧、副、渔各业发展所提供的服务。近几年来，农业社会化服务在全国范围内蓬勃兴起，对促进农村经济发展起到了重要作用。

农业社会化服务的形式，要以乡村集体或合作经济组织为基础，以专业经济技术部门为依托，以农民自办服务为补充，形成多经济成分、多渠道、多形式、多层次的服务体系。从现实情况看，大体包括五个主要方面：一是村级集体经济组织开展的以统一机耕、排灌、植保、收割、运输等为主要内容的服务；二是乡级农技站、农机站、水利（水保）站、林业站、畜牧兽医站、水产站、经营管理站和气象服务网等提供的以良种供应、技术推广、气象信息和科学管理为重点的服务；三是供销合作社和商业、物资、外贸、金融等部门开展的以供应生产生活资料，收购、加工、运销、出口产品，以及筹资、保险为重点的服务；四是科研、教育单位深入农村，开展技术咨询指导、人员培训、集团承包为重点的服务；五是农民专业技术协会、专业合作社和专业户开展的专项服务。这五个主要方面构成了当前农业社会化服务体系的雏形。对此，要肯定下来，坚持下去，不断完善发展。同时，鼓励各地方、各部门在实践中勇于探索和创造，努力建设一个适合不同地区生产力发展水平的、多样化的农业社会化服务体系。

农业社会化服务的内容，是为农民提供产前、产中和产后的全过程综合配套服务。各地涌现的贸工农一体化、产供销一条龙的系列化综合服务组织，很受农民欢迎，应鼓励发展。在

具体发展步骤上，要从各地实际情况出发，选择农民最急需的服务项目入手，注重实效，积极创造条件，逐步地由单项服务向多项服务、系列服务乃至综合配套服务发展。提倡在县、乡政府统一领导和协调下，理顺部门关系，实行多部门服务功能配套，优势互补，在生产、加工、销售中形成合力，加快农村商品经济发展。

发展农业社会化服务的原则：(一) 农民接受服务实行自愿的原则。服务组织要根据农民的需要开展服务，通过提高服务质量和服务效益吸引农民，不要代替农户做那些自己可以决策和自己干得了的事情，或者暂时不愿接受的事情。(二) 服务体系的发展实行量力而行的原则。既要抓紧，又不要操之过急，不强求一律，要从不同地区的实际情况出发，因地制宜，积极稳步发展。(三) 基本实行有偿服务的原则。服务实体要根据保本微利的要求，合理收取服务费用，不以盈利为目的。属于国家和集体经济组织对农民的扶持，以及协调组织方面的工作，实行无偿服务。

二、大力发展集体经济，不断壮大乡、村服务实力

壮大集体经济实力，是搞好乡、村服务的基础。凡是乡、村服务搞得好的，一般是集体经济实力比较强大的地方，乡镇企业比较发达的地方。要通过发展集体经济，强化农业服务，完善双层经营，进一步发挥家庭经营的活力。集体经济发展了，不仅有了建设服务体系的力量，而且有利于巩固基层政权，减轻农民负担，增强集体经济组织的凝聚力。发展集体经济，主要是靠进一步发展乡镇企业，开发新的农业资源，开辟新的生产门路，扩大新的财源，以及按承包合同规定收取提留和承包金等办法，逐步增加集体积累，决不能采取“一平二调”的办法，违背农民意愿收回承包地的办法。

发展农业生产服务，是壮大集体经济的重要途径。凡是服务搞得好的地方，就可以使双层经营的功能得到充分发挥，集体经济力量不断壮大。在集体经济薄弱的地方，不能等到经济实力强大以后再去办服务，可以从主要做好组织协调工作和技术推广等服务项目开始，也可以从收益较高、有利于服务组织自我发展的产后运销抓起，通过发展服务壮大集体经济。

三、充分发挥专业经济技术部门的职能作用

有关专业经济技术部门以及与农业直接相关的企事业单位，都是农业社会化服务体系的依托力量，要调动他们开展农业社会化服务的积极性，切实发挥他们的职能作用。

要加强乡级技术推广机构建设。为了鼓励大中专毕业生到农村第一线服务，决定把乡级技术推广机构定为国家在基层的事业单位，其编制员额和所需经费，由各省、自治区、直辖市根据需要和财力自行解决。对此，人事部会同农业部等有关部门要研究制订具体实施方案。要提高基层技术推广机构人员的素质，牢固树立为农民服务、为生产服务的观念，不断改进工作作风，提高服务质量，同时实行承包服务责任制，打破“大锅饭”。对有突出贡献的基层农业技术推广人员要进行表彰和奖励，优先考虑工资晋级。

农村供销合作社有数十年的经营历史，积累了丰富经验，培养了大批人才和具有相当的服务设施，有条件为农民提供综合服务。农村技术推广机构，拥有大批的技术人员和推广手段，农业技术教育日益发展壮大，是科教兴农的重要力量。要搞好农商结合，农科教结合，充

分发挥各自的优势，为推进农业社会化服务共同努力，做出更大的贡献。

要允许农业、林业、水利等部门所属事业单位根据有关规定，兴办农业服务实体，国家原有的事业费保持不变。开展有偿服务增加的收入，主要用于改善工作条件，进一步发展农业社会化服务。

要鼓励科研、教育单位和科技人员到农村去，开展各种有效的农业技术服务。他们的智力投入应当同产生的经济效益挂钩，取得合理报酬。他们的职称评定和晋级要与实际贡献结合。

在国家政策允许的前提下，要鼓励农产品加工企业与原材料产地直接挂钩，与农户结成利益共同体，围绕拳头产品搞产供销一条龙服务。在企业与集体经济组织、农户之间通过合同方式，形成稳定的供求关系。工商行政管理机关要加强对合同的监督和管理。

四、积极支持农民自办、联办服务组织

近年来，许多地方特别是在经济不发达的地区，大量涌现出由农户自办、联办的服务组织，以及各种专业技术协会、研究会等民办服务组织，在发展农业社会化服务中起着不可忽视的补充作用。各级政府对农民自办、联办服务组织要积极支持，保护他们的合法权益，同时要加强管理，引导他们健康发展。金融、科技、商业等部门，对户办、联户办、其他民办的服务实体，要在资金、技术、生产资料供应等方面给予支持。

五、建立服务体系建设的资金保证制度

农业社会化服务体系建设的资金，除了管好用好现有各个渠道资金以外，主要依靠集体经济组织和服务组织自身积累，国家在财政和信贷资金方面给予必要的扶持。

乡镇企业以工补农建农资金，在使用上要把支持乡、村集体服务体系建设作为一个重点。乡村集体服务组织除自身需要办成经济实体，开展有偿服务外，还可以按照国家产业政策的规定，兴办一些加工企业，解决服务资金不足问题。

各级财政要调整现有支农资金的使用结构，把支持服务体系建设作为一项重要任务。今后中央和地方财政都要在预算中适当增加服务体系建设资金，专项用于那些乡、村服务刚刚起步而经济又比较落后的地区。同时，在农业基本建设项目（特别是商品基地建设投资）、农业综合开发、扶贫开发等资金的使用上，也要增加服务体系建设的比重。

农村信贷要把服务体系建设作为投放的一个重点。随着服务体系发展，人民银行每年要适当增加新的农贷规模和资金，不断增强支持力量。对乡、村集体服务实体要方便开户和结算，对新办服务实体所需贷款的自有资金比重可适当降低，同时相应落实贷款安全保证措施。

六、在工商管理和税收方面实行扶持政策

工商行政管理机关对各类服务实体办理注册登记时，应给予支持和照顾。农业服务实体实行低偿服务，通常收入较低，自我积累能力较弱。因此，税务部门对经营有困难和新开办的服务实体，以及乡、村集体服务组织为解决经费开支、减轻农民负担而创办的企业，要在

税收上给予优惠。

七、把支持技术服务和完善生产资料专营结合起来

中国农业生产资料公司和各级供销社的农资经营单位，是化肥、农药、农膜等农业生产资料专营的主渠道。为了支持基层技术推广机构实行“技物结合”，科学地用肥用药，更好地为生产服务，供销社农资部门要根据技术推广的需要，批发给一定份额的生产资料，具体品种、数量由供销社农资部门和技术推广机构双方商定。国发〔1989〕87号文件中关于“属中央和地方指令性计划以外的化肥、农药，在与农资部门计划衔接后，可与生产厂家直接订货”的规定，继续贯彻执行。技术推广机构销售的化肥、农药、农膜等，只用于接受技术服务的农户，零售价格执行统一规定的标准，并同基层供销社一样免征营业税。

八、加强农业社会化服务体系建设的领导和协调

各级政府要把农业社会化服务体系建设摆到农村工作的重要位置上，坚持不懈地抓下去。力争在“八五”期间，把以乡镇为重点的农业社会化服务体系，在全国农村多数地区逐步建立起来，开展有成效的生产服务。在大中城市郊区和经济较发达地区，“八五”期间要以县为单位，在县、乡、村三级建立起服务功能比较齐备的农业社会化服务体系，逐步开展全程化、系列化服务，使受益农户基本普及。

省、市、县、乡政府都要建立农业社会化服务协调制度，确定一位负责同志主持协调工作，定期召开有关部门参加的联席会议，总结交流经验，及时解决问题，统一规划和指导，促进农业社会化服务的健康发展。

国务院关于进一步搞活农产品流通的通知

（一九九一年十月二十八日）

随着我国农村商品经济的发展，农产品流通对于保持农业生产稳定增长，增加农民收入，促进城乡市场繁荣和社会安定，具有越来越重要的作用。近年来，为搞活农产品流通，中央和地方在调整购销政策，建立储备制度，开办批发市场等方面，做了大量工作，并取得明显成效。但是，当前农产品流通滞后的问题仍然十分突出，很不适应农村商品生产发展的需要，亟待进一步采取措施加以解决。现就深化流通体制改革，进一步搞活农产品流通的有关问题，通知如下：

一、进一步完善农产品放管结合的购销政策

遵循计划经济与市场调节相结合的原则，国家对农产品流通问题，总的要求是：随着农村商品经济的发展，适当缩小指令性计划管理，完善指导性计划管理，更多地发挥市场机制的作用。

粮食，在保证完成国家定购任务的前提下，长年放开经营。取消“大米由粮食部门统一收购，其他部门、单位和个人不得经营”的规定。中央和地方实行专项储备粮制度，当市场价格下跌时，政府按保护价定额收购储备，保护生产者的利益；当市场价格过高时，政府按合理价格抛售一部分储备粮，以稳定市场，保护消费者的利益。国家专项储备粮的指标分配要适当集中，重点照顾商品率比较高的主产区和出售国家定购粮较多的农户。随着市场发育，专储粮要逐步过渡到通过市场吞吐，以保持粮食市场和价格稳定。粮食压销继续由省、自治区、直辖市分散决策。

棉花，继续由供销合作社统一收购，统一经营。其中棉花良种繁殖区的棉花委托良棉厂收购。提倡销区到产区投资，联合开发宜棉荒地，生产的棉花五年内不纳入分配计划。

烟草，蚕茧，以及麝香、甘草、杜仲、厚朴四种中药材，继续由国家指定的部门统一经营。南方集体林区的木材（竹材、松脂）和天然橡胶、边销茶，仍按国务院现行规定办理。

食油（油料）、食糖（糖料）、生猪、绵羊毛、黄红麻等产品的购销实行指导性计划，通过规定指导性价格，建立和完善购销合同制，引导生产和流通。为了保证国计民生的需要，国营商业和供销合作社对油、糖、猪肉、绵羊毛、黄红麻，必须保持一定的合同收购量和国家

储备量，以稳定市场。

有条件的地方，生猪可以完全放开经营，其决策权归省、自治区、直辖市政府。

其他农产品，各地根据不同情况，逐步实行市场调节，放开价格，多渠道、少环节自由购销，同时加强宏观指导和管理。

凡属放开经营的产品，未经国务院批准，不准纳入部门或地方的计划管理。

二、打破地区封锁，撤掉滥设的关卡，保证货畅其流

为了建立全国统一的农产品市场，保证农产品流通的正常秩序，国务院重申：严禁地区封锁，任何部门和地方不得干预流通部门执行国家计划和合法的经营活动；对放开经营的农产品外运，任何地区和部门都不得加以限制；各地在交通线上设置的检查站，必须持省、自治区、直辖市政府重新审查后颁发的许可证，无证的检查站一律撤除；坚决制止一切乱收费、乱罚款的非法行为。各省、自治区、直辖市政府要依上述精神发布通告，并监督执行，违者严肃处理。

三、继续发挥供销合作社和国营商业在农产品流通中的主渠道作用

供销合作社和国营商业是国家农产品流通计划的主要执行者，是稳定和繁荣城乡市场的主导力量。要继续深化改革，完善企业经营机制，增强企业自我发展的能力。要逐步实现政府调控职能与经营职能的分离，除政策性经营亏损由国家补贴外，均应实行自主经营、自负盈亏。

供销合作社是农民集体所有制的合作商业组织。凡是放开经营的产品和农民生产生活需要的商品，供销合作社都可以经营；其他部门专营的农产品，应委托基层供销社代购，不必另设收购网点。各级政府和有关部门要积极指导和扶持供销合作社的发展，切实解决供销合作社特别是基层社的困难。必须坚决制止一些地方政府平调供销合作社资金、物资，任意改变隶属关系和限制经营范围的错误做法，维护供销合作社的合法权益。

供销合作社和国营商业要适应农村商品经济发展的需要，积极与农民以及其他购销组织实行多种形式的联合与合作，更好地为农业生产和农民生活服务。

四、鼓励集体和个人进入流通领域，发展多渠道经营

近年来，农村集体经济组织和农民个人以多种方式组织起来进入流通领域，对于搞活农产品流通，促进农业生产发展，方便农民群众生活，发展农村第三产业等方面发挥了积极作用，各有关部门应给予热情支持，指导其合法经营。凡是放开经营的农产品，集体商业和个体工商户都可以经营，可以长途贩运，也可从事批发业务，其中粮、油等关系国计民生产品的批发经营必须经过批准。对申请从事农产品流通活动的集体和个人，要准予注册和领取营业执照。要允许它们在银行或信用合作社开户、结算，并建立风险保证金制度。对进城从事农产品流通活动的农民，有关部门要在经营场地等方面提供方便。要通过引导、服务、管理和健全有关法规，逐步提高多渠道流通的规范化和组织化程度。

五、积极发展产销一体化经营组织

目前我国农村已经出现一批贸工农一体化、产供销一条龙的经营组织，对于联结千家万户建立专业化商品生产基地，提高农产品生产组织化程度，减轻市场风险，发挥了重要作用。国营商业、外贸企业、供销合作社、农产品加工企业、农业（畜牧、水产）科技推广部门、乡镇企业等，凡有条件的都可以不受行政区划的限制，牵头或参与产销一体化经营活动。国家统一经营和国家定购部分以外的农产品，可以通过产销一体化经营组织，使产区直接与销区挂钩，以销定产，签订合同，建立长期稳定的供求关系，逐步形成合理的区域分工。各部门对其参与产销一体化经营组织的下属单位，应当鼓励支持，原有的资金、物资供给不变。

六、逐步建立和完善以批发市场为中心的农产品市场体系

建立农产品市场体系是我国流通体制改革的一个重要方面。要继续发展多种形式的农产品初级市场，同时有计划地建立若干主要农产品的批发市场，逐步形成以批发市场为中心的农产品市场体系。要采取措施积极引导农产品批发交易活动在市场内进行，逐步减少场外交易。粮食等重要农产品，要在现货交易的基础上，逐步向远期合同和期货贸易发展。农产品批发市场实行统一的交易规则，市场的管理者不得参与市场交易。工商行政管理机关要加强市场管理和合同管理。农产品批发市场的建设，在政府统一组织协调下，有关部门参加，制定批发市场发展规划，并纳入各地经济发展和城乡建设总体规划，作为公共事业来办。在统一规划下，鼓励多方兴建，多渠道筹资，调动各方面办批发市场的积极性。对按统一规划建设的农产品批发市场的固定资产投资，税收上要给予优惠。

七、加强农产品流通基础设施建设

目前，我国农产品收购、储藏、运输等基础设施，远远不能适应农村商品经济发展的需要，必须尽快解决。今后国家基本建设计划中，农产品流通设施建设的投资比例要有较大幅度的提高，各级计委都要作出相应安排。重要的农产品和农业生产资料的国家储备库、中转库的建设和公路建设，由国家和地方安排专项资金。大型农业开发项目和农业商品粮基地建设，要相应增加农产品流通设施建设的投资。为了支持供销合作社和经营农产品的国营商业尽快改变流通设施陈旧和不足的状况，对其投资新建和改建的流通设施，在贷款利率和税收方面给予优惠。鼓励集体和个人建设储藏设施，经营储藏业务。各部门的仓储设施要逐步向社会开放，实行栈租制，作为企业来经营，自负盈亏。合理调节粮食调出地区和调入地区之间的利益。粮、油销区要严格按计划调入，分担产区储藏的困难，逾期不按计划数量调入的，要承担贷款利息和保管费；如产区待价而沽，不按时调出，应承担给对方造成的经济损失。铁路、公路运输企业，在农产品购销旺季，对农产品主产区和大型批发市场所需运力，要给予重点照顾，大力支持。

八、大力发展和合理调整农产品加工业

根据国家当前产业政策的要求，大力发展和合理调整农产品加工业，不仅有利于解决农产品的买难、卖难问题，而且可以为国内外市场提供多种多样的适销产品，为农产品商品生产的发展开辟更加广阔的前景。

要在统筹安排、全面规划的基础上，调整农产品加工业布局。积极扶持农产品主产区发展农产品初加工工业，逐步改变财政困难，以及农民收入不高，生产后劲不足的状况。银行要相应增加乡镇工业贷款规模。城市一般不再发展新的农产品初加工能力，对现有农产品加工企业，要加快技改步伐，提高产品质量和档次，增加花色品种，实现精加工、深加工，带动农村农产品初加工工业的发展，逐步形成农产品加工业的合理分工。要防止一哄而起，避免重复建设。国家对需要重点支持的农产品加工业继续实行优惠政策。同时严格控制棉花及其他原料供应不足、加工能力已经过剩的加工业。

九、切实安排好农产品收购资金

近几年，一些地方不断出现收购农产品"打白条"的现象，挫伤了农民的生产积极性。各地农产品收购所需要的资金，要由政府牵头，银行、财政、商业企业分头筹措，包干负责，按时到位。人民银行和有关专业银行要在贷款规模资金供应上保证粮、棉、油等主要农产品的收购，并把资金管好用活。对已转为国家储备的农产品所占用的临时贷款，要及时转为年度性贷款。要尽快解决在工商银行和农业银行两行开户、汇路不畅的问题。各级财政对粮食企业的各项拨补款必须保证按时足额到位。要对粮食企业不合理的资金占用认真进行一次清理，对挤占挪用的收购资金要限期追回，并追究领导责任。

十、各级政府要像抓生产那样抓流通，加强宏观调控

农产品流通涉及部门多，政策性强，工作量大。各级政府都要切实加强领导，把搞活农产品流通当做一件大事来抓，要像重视农业生产那样重视农产品流通。今后各级政府都要建立协调制度，由政府主管负责人定期召集各有关部门协商，及时解决农产品流通方面的问题。

要坚持和完善重要农产品储备调节制度。中央和地方要根据需要，研究确定关系国计民生的重要农产品的储备量，建立储备基金。除国家储备外，还要积极引导企业和农民采取多种办法，进行必要的储备，建立多级储备体制。对重要农产品，各地要逐步建立和完善风险基金制度，以保护生产者、消费者和经营者利益。

要搞好内外贸的协调与平衡。对主要供出口的农产品，外贸企业要提前同产区和农民签订合同，引导生产，对不执行合同所造成的损失，违约者必须承担经济责任。对主要面向国内市场的农产品，外贸企业要在稳定国内市场价格的情况下，随行就市收购出口。内外贸都不得抬价抢购，以保持市场和生产的稳定。

各地要在国家总体改革规划的指导下，根据实际情况，积极进行农产品流通体制改革的试验，不断深化改革。

全国人民代表大会常务委员会关于批准武汉、九江、芜湖港对外国籍船舶开放的决定

（一九九一年十月三十日通过）

第七届全国人民代表大会常务委员会第二十二次会议，审议了国务院、中央军委提出的关于提请批准武汉、九江、芜湖港对外国籍船舶开放的议案，决定批准将武汉、九江、芜湖港对外国籍船舶开放。今后，我国再有其他内河港口需对外国籍船舶开放时，授权国务院审批。

国务院关于调整食糖经营管理有关政策的通知

（一九九一年十一月七日）

一九九〇跨一九九一年度（一九九〇年十月至一九九一年九月）全国食糖生产形势很好，产糖量超过了历史最高水平。一九九一跨一九九二年度制糖期已经来临，预计这个制糖期的食糖总资源将继续大于总需求。在这种形势下，为了搞活流通，调动各方面经营食糖的积极性，以保护糖业的正常发展，有必要对现行有关食糖的经营管理政策做适当调整。其基本方针是坚持计划经济与市场调节相结合的原则，适当加大市场调节的成分，即：改革计划管理形式，放活价格，促进购销，开拓市场。为此，国务院确定，从这个制糖期起，对食糖经营管理政策做如下调整：

一、改革计划管理形式。国家计委下达的食糖收购调拨计划由指令性计划改为指导性计划，取消工商企业食糖收购比例，适当放开运输流向。国家鼓励完成食糖调拨计划的糖奖粮政策，以上一制糖期实际完成的数量为基数，再维持一年，以后视情况逐步取消，调整出来的财政补贴资金用于修建食糖仓库和食糖储备贷款的贴息。具体办法由财政部商有关部门制定。“八五”期间要注意老糖厂的技术改造，控制新建糖厂。

二、适当调整食糖购销价格政策。为保护糖农种糖积极性，要稳定糖料收购价格，现有的糖料种植面积，也不宜再盲目扩大。各地扶持糖料生产的鼓励政策是否保留，由各地自行确定。放活食糖出厂价格，食糖出厂价格由国家定价改为国家指导价，工商企业可按照国家指导价在上下浮动10%的幅度内协商定价，优质优价。食糖的调拨价、批发价也相应放活。放开食糖零售价格。

三、实行多渠道经营。食糖生产企业、糖酒公司和其他国营、集体商业企业均可多渠道、少环节地经营食糖批发业务。商业各级批发公司、零售店、供销社和工业用糖单位均可直接从产区的工商企业进货。商业部门要减少中间环节，降低流通费用，实行季节差价、地区差价，自主经营、自负盈亏。禁止私营企业和个体工商户经营食糖批发业务。国家将在南方和北方各建立一个食糖批发市场，逐步建立市场调节机制。

四、扩大食糖销售。放开食糖零售价格后，对城乡居民的食糖销售实行敞开供应，特别是要开拓农村市场。要适当增加糖制食品的生产，以促进食糖转化。化工、轻工等部门要控制压缩糖精生产。食品、卫生部门要制定限制生产食品、饮料使用糖精的规定，有关部门要严格监督检查。

五、建立中央、地方两级食糖储备制度。为了以丰补欠，增强调控市场能力，国家建立中央、地方两级食糖储备制度。食糖储备的原则是中央进口糖由中央储备，国内生产糖由产区和销区分别储备，并逐步实现国家储备与商业经营分开。食糖储备的具体办法，由商业部、财政部会同有关部门制定。

以上各项，请各地区、各部门认真贯彻执行。

国务院办公厅
转发国务院住房制度改革领导小组
关于全面推进城镇住房制度改革意见的通知

（一九九一年十一月二十三日）

国务院住房制度改革领导小组《关于全面推进城镇住房制度改革的意见》，已经国务院同意，现转发给你们，请结合实际情况贯彻执行。

关于全面推进城镇住房制度改革的意见

国务院住房制度改革领导小组

（一九九一年十月十七日）

为了落实七届全国人大四次会议通过的《中华人民共和国国民经济和社会发展十年规划和第八个五年计划纲要》中有关改善居民居住条件的要求，贯彻《国务院关于继续积极稳妥地进行城镇住房制度改革的通知》（国发〔1991〕30号）的精神，经全国住房制度改革工作会议认真讨论，现就全面推进城镇住房制度改革提出以下意见：

一、城镇住房制度改革的总目标

城镇住房制度改革是经济体制改革的重要组成部分，其根本目的，是要缓解居民住房困难，不断改善住房条件，正确引导消费，逐步实现住房商品化，发展房地产业。按照社会主义有计划商品经济的要求，从改革公房低租金制度着手，将现行公房的实物福利分配制度逐步转变为货币工资分配制度，由住户通过商品交换（买房或租房），取得住房的所有权或使用权，使住房这种特殊商品进入消费品市场，实现住房资金投入产出的良性循环。

二、城镇住房制度改革的分阶段目标

（一）“八五”计划期间的目标。以改变低租金、无偿分配为基本点，公房租金计租标准力争达到实现简单再生产的三项因素（维修费、管理费、折旧费）的水平，逐步增加家庭收入中住房消费支出的比重；紧紧围绕“解危”、“解困”，重点解决危险住房和人均居住面积在三至四平方米以下的住房困难户以及无房户的住房问题，使人均居住面积达到七点五平方米，住房成套率达到40%至50%；房改方案

正式出台的城市，要建立城市、单位和个人三级住房基金，并使之合理化、固定化、规范化，保证住房建设有稳定的资金来源，通过改革奠定机制转换的基础。

（二）十年目标。到二〇〇〇年，公房租金计租标准要努力达到包括五项因素（维修费、管理费、折旧费、投资利息和房产税）的成本租金水平；住房成套率达到60%至70%，城镇人均居住面积达到八平方米，群众居住条件和居住环境得到明显改善；发展房地产市场，建立和健全住房资金的融资体系，加速机制的转换，初步实现住房建设资金投入产出的良性循环。

（三）长期目标。住房租金计租标准要达到包括八项因素（在前述五项因素基础上再增加土地使用费、保险费和利润）的商品租金水平；住房成套率大大提高，每户有一套舒适的住房；健全房地产市场，完善住房融资体系，完成住房商品机制的转换，实现住房商品化、社会化。

三、城镇住房制度改革的基本原则

（一）坚持国家、集体、个人三者共同负担的原则。在保持现有建房资金渠道的前提下，增加个人在住房建设投资中的比重。

（二）坚持租、售、建并举的原则，形成一个提高租金、促进售房、回收资金、推动建房的良性循环。

（三）坚持在统一政策下因地制宜、分散决策的原则。全国房改的目标方向是一致的，但各地房改的步骤、办法和措施不能一刀切，要在国务院有关文件规定的统一政策下，因地制宜、分散决策、分步实施。

（四）坚持机制转换的原则。首先，要改变现行资金分配体制，把住房资金从作为积累形式的计划实物分配变为消费形式的商品交换分配，把住房基金逐步纳入正常渠道，使目前实际用于职工建房、修房的大量暗补资金转化为明补资金，并逐步纳入职工工资；其次，要把现行的住房作为固定资产投资的计划管理体制变为住房作为商品生产投资的指导性计划管理体制；再次，要通过财政、税收、工资、金融、物价、房产管理和土地使用制度等方面的配套改革，在理顺目前围绕住房所发生的各种资金渠道的基础上建立住房基金，逐步形成能够实现住房资金良性循环的运行机制；最后，要通过调整产业结构，开放房地产市场，发展房地产金融和房地产业，把包括住房在内的房地产开发、建设、经营、服务纳入整个社会主义有计划商品经济的循环体系。

四、城镇住房制度改革中的有关政策问题

住房制度改革涉及面广、政策性强，是一项长期的工作。需要重申和进一步明确的有关政策是：

（一）提租与补贴问题。合理调整公房租金是住房制度改革的核心环节。提高房租要着眼于租售比价的合理化；提租次数和提租幅度由各地根据物价指数控制目标和群众承受能力等因素统筹安排。各地要坚持“多提少补”的原则，一些地区在理顺租金、小幅度提租的前提下也可以不补。明后两年，对出租公房的租金按统一标准进行调整，这个标准至少要包含两项因素，有条件的应争取达到三至五项因素；同时，应把计算租金标准和补贴所依据的各项参数统一在一九九〇年底实际发生的水平。

（二）售房问题。向居民个人出售新旧公房是推行住房商品化的基本措施之一。出售公房的价格要合理，既要考虑到职工的购买能力，又不能定得过低。住房价格区分为标准价和市场价，标准价包括住房本身的建筑造价以及征地和拆迁补偿费。在起步阶段，为鼓励群众买房，按标准价计价时，征地和拆迁补偿费暂可以考虑由单位适当负担。出售公有住房的价格，要经评估机构评估，国有资产、房地产和物价管理部门核定，报所在省、自治区、直辖市人民政府审查批准，严禁以过低的价格出售公有住房。按市场价格出售的住房，出售对象主要是高收入者，要按体现国家宏观调控的原则定价。要重视降低住房造价，把不应摊入住房建设的费用划分出来。对拆迁户的安置用房应按国务院有关规定，结合住房制度改革，以合理价格有偿提供。要加强公房售后维修、管理和服务。

（三）新房新制度问题。对从一九九二年起投入使用的新房，全面贯彻先卖后租、新房新租、有偿租房的原则。租金要在贯彻“多提少补”的原则下较大幅度地提高。对新房交纳租赁保证金或认购住房债券，要作出适合于本地区情况的具体规定。新房实转的住房券资金来源，企业可进入成本，机关、事业单位可列入财政经费预算。

（四）住房基金问题。为了建立城市、单位和个人三级住房基金，要把基建投资中的住房投资划出来，并把住房的修缮拨款固定下来，划入城市住房基

金；把企业用于生产和住房消费的资金分列，使企业住房基金规范化；并通过逐步提高公房租金、收取租赁保证金、发行住房债券、组织住房储蓄等形式，增大个人筹资在住房投资中的比重。各级人民政府要切实做好住房资金筹集和转化工作，凡是房改方案出台的城市，都要把住房基金建立起来，并把基金管好用活。公积金是建立个人住房基金的有效方式，各地区要紧密联系各地区的特点和经济能力，正确引导，逐步推行。

（五）住房金融问题。要逐步建立集中调度、统筹使用、可供融通的住房信贷资金，使资金有借有还、有偿使用、滚动循环。要办好抵押贷款，使分散、分期实现的居民家庭收入，能适应集中、一次性支付的住房购置的需求；住房建设单位要通过住房的出售尽快收回投资，投入建新房，加快资金周转。在住房金融管理体制上，要区别政策性信贷和经营性信贷。政策性业务要划分出专项资金来源，建立房改信贷基金，单独核算、自主经营、自负盈亏、自求平衡、就地完税，国家在计划安排、信贷规模、利率、税收等方面给予优惠。经营性业务要充分发挥各金融机构的积极性，按现行规定拓展房地产开发信贷业务。继续开展职工购房保险配套工作。烟台、蚌埠两市成立了住房储蓄银行，要继续积极探索、总结经验。

（六）住房投资和建设体制问题。住房投资和建设体制的改革，就是把现行由国家、企业统包的住房投资体制，转换成国家、集体、个人三方面共同负担的住房投资体制。各地政府应大力支持单位或个人的集资、合作建房，特别是结合“解危”、“解困”进行的集资、合作建房。计划、金融、财政、税收、城建、规划、土地等有关部门应该积极配合、支持，通过减免税费等扶持政策，努力降低建房造价。要正确引导和改革现行房产开发的建设体制，确立政府对住房价格的有效调控和制约机制。要形成指令性和指导性计划相结合的住房建设计划管理体制，除指令性计划安排的住房建设外，对个人集资与合作建房的部分可以不受规模的控制，实行指导性计划。

（七）住房管理问题。各地可以采取逐步引导、渐进过渡的办法，逐步实现公有住房的社会化管理。先在企业内部实行分离，把对消费性住房的管理从以往的与生产性房产的混合管理中分离出来，专项核算，自成体系，独立经营。再以信托方式把这部分住房委托给由社区组织的，或由若干企业单位的房产部门合并而成的经济实体进行具体经营管理。

（八）住房权属问题。职工购买公有住房，在国家规定标准面积以内的，实行标准价。购房后拥有部分产权，即占有权和使用权、有限处分权和收益权；可以继承，可以在购房五年以后进入市场出售或出租，原产权单位有优先购买权和租用权。售房收入扣除有关税费后所得收益，按政府、单位、个人的产权比例进行分配。职工拥有部分产权的住房，在自用和自住时受到法律的保护；奖优惠购买的住房投放市场时，则受到法律的约束，不得高价出售或出租。各地在推行按标准价和部分产权原则出售公房时，要结合本地实际，拟定公房出售后的产权管理办法，把公房出售继续推行下去

（九）房地产市场问题。在房地产市场的推进过程中，要加强法制建设，建立法规体系，把房地产市场纳入法制轨道。既要形成一个以传递信息、促成交易、余缺互补的交易场所，又要严格交易程序，严格交易人的资格审查，打击非法倒买倒卖行为。要搞好房地产的价格评估和价格调节，保护合法收入，调节过高收入，取缔非法收入，形成一个可调控的住房出租、出售、交换和抵押的房地产市场。

（十）条块、点面关系问题。中央和国务院各部门要积极支持所属企事业单位进行房改，地方政府也要适当照顾到各部门的特点。试点地区和单位要继续先行改革，摸索经验。对于不同市、县，不同单位在提租补贴等方面出现的交叉和辐射问题，要坚持后改的支持先改的，改革步子小的支持改革步子大的。

（十一）房改中的减免补问题。住房制度改革中对低收入职工、离退休职工、政府民政部门确定的社会救济户和非在职的优抚户等，在一定时期内可以实行减免补政策。各地要严格控制减免补的范围。

（十二）机关干部要在统一政策下参加房改，并要以身作则，起表率作用。

五、城镇住房制度改革明后两年的总体部署

各省、自治区、直辖市要根据党中央、国务院提出的“八五”计划期间“要积极推进住房制度改革”和“住房制度改革要统筹规划、因地制宜、分类指导、稳步向前推进”的要求，按照房改的统一目标、统一政策和基本原则，从实际出发，制定切实可行的房改总体方案，选择适合本地实际情况的起步方式，抓住有利时机，有计划地在明后两年内分期分批地

实行住房制度改革。

建议直辖市、各省会（自治区首府）城市、沿海城市和有条件的城镇在一九九二年底以前率先进行全面配套的住房制度改革；其余的城市和城镇凡是有条件的，力争在一九九二年底以前起步。

已经进行住房制度改革试点的城镇、企事业单位要按既定政策、原则和办法继续推行改革。

各省、自治区、直辖市的房改方案经国务院住房制度改革领导小组会同有关部门审查批准后实行。

六、加强对城镇住房制度改革工作的领导

住房制度改革的全面推开，是一项艰苦而细致的工作，直接关系到人民群众的切身利益。各级人民政府要高度重视和加强对这项工作的领导，领导同志要亲自抓房改工作，取得房改的直接经验。

要认真对群众进行宣传教育和解释工作，向群众说明改革的政策、方法和步骤，讲清改革中所出现的困难和问题，真心实意地听取群众意见，吸取群众智慧。

推进住房制度改革，必须正确处理局部与全局、当前与长远的关系，必须正确处理改革与稳定的关系，把住房制度改革纳入整个经济体制改革中去，结合企业、工资、价格、以及宏观调控体制的改革，统筹规划，协调配套地进行。同时要制定相应的法规，做到有法可依。

住房制度改革工作，要有强有力的领导班子和必要的人力来抓。要有规划、有安排，切实抓好干部的培训工作。

各级宣传部门要积极、准确地宣传房改政策，引导群众参与房改、支持房改。在起步以后，适当加大改革的份量，加快改革的步伐，不断总结经验，使住房制度改革顺利健康地发展。

国务院批转国家计委、国家体改委、国务院生产办公室关于选择一批大型企业集团进行试点请示的通知

（一九九一年十二月十四日）

国务院同意国家计委、国家体改委、国务院生产办公室《关于选择一批大型企业集团进行试点的请示》，现转发给你们，请认真贯彻执行。

企业集团是适应我国社会主义有计划商品经济和社会化大生产的客观需要而出现的一种新的经济组织。为了促进企业集团的健康发展，国务院决定，选择一批大型企业集团分期分批进行试点。做好大型企业集团的试点工作，对于促进企业组织结构的调整，推动生产要素的合理流动，充分发挥国营大中型企业的主导作用，形成群体优势和综合功能，提高国际竞争能力，进一步增强国家宏观调控的有效性，具有重要作用。组织企业集团要有利于生产力的发展、新产品的开发、效益的提高、资源和技术力量的合理组合。发展企业集团是一项长期的任务，各地区、各有关部门要加强对这项工作的组织领导，通过实践认真总结经验，正确引导；并要慎重稳妥，注意自愿原则，切忌一哄而起，以便使我国的企业集团随着国民经济的发展逐步壮大。

关于选择一批大型企业集团进行试点的请示

国务院：

根据国务院关于选择一百个左右大型企业集团进行试点的精神，国家计委、国家体改委和国务院生产办公室共同进行了研究，现就有关问题请示如下：

一、选择一批大型企业集团进行试点，要达到以下目的

（一）促进企业组织结构的调整。主要是解决企业“大而全”、“小而全”，专业化水平低和分散、重复生产，以及达不到经济规模的问题，并带动产业结构和产品结构的调整，从总体上提高经济效益。

（二）推动生产要素合理流动。特别要打破地区、部门界限，实现企业之间的优势互补，充分发挥现有生产能力。

（三）形成群体优势和综合功能。既充分发挥大企业的主导作用，集中资金实行统一规划，又调动成员企业的积极性，并促进科研、生产、流通、服务相结合，提高新产品、新技术开发能力，更好地适应市场需求的变化。

（四）提高国际竞争能力。稳定占领并逐步扩大国际市场，成为参加国际竞争的主力。

（五）提高宏观调控的有效性。国家通过调控一批以大型企业为核心的企业集团，可以更加有效地引导大量中小型企业的经济活动。

二、为保证达到预期目的，试点企业集团必须具备以下条件

（一）必须有一个实力强大、具有投资中心功能的集团核心。这个核心可以是一个大型生产、流通企业，也可以是一个资本雄厚的控股公司。

（二）必须有多层次的组织结构。除核心企业外，必须有一定数量的紧密层企业；最好还要有半紧密层和松散层企业。

（三）企业集团的核心企业与其他成员企业之间，要通过资产和生产经营的纽带组成一个有机的整体。核心企业与紧密层企业之间应建立资产控股关系。核心企业、紧密层企业与半紧密层企业之间，要逐步发展资产的联结纽带。

（四）企业集团的核心企业和其他成员企业，各自都具有法人资格。这是企业集团与单个大型企业的重要区别。

试点企业集团应按上述条件组建，现有试点企业集团还不具备这些条件的，要积极完善提高。

三、选择试点企业集团要遵循以下原则

（一）符合国家经济发展战略和产业政策，在生产建设、出口创汇中占有重要地位。

（二）提倡采取公有制企业间相互参股的形式，协调中央和地方、核心企业与成员企业之间的利益关系，充分调动各方面的积极性。

（三）提倡发展跨地区、跨部门的竞争性企业集团，不搞行业垄断和地区封闭。

（四）坚持政企职责分开，企业集团的核心企业不能承担政府的行业管理职能，也不能把行政性公司翻牌为企业集团。

（五）发展和选择试点企业集团，既要积极引导，又要慎重稳妥，切忌一哄而起。

根据上述原则，确定了第一批试点企业集团名单（见附件）。

四、试点企业集团具备计划单列条件的应区别不同情况在国家或省级计划中实行单列

对关系国计民生和产品面向全国、跨地区的企业集团在国家计划中实行单列，由行业主管部门管理，发挥行业主管部门计划管理的职能。对在国家计划单列的企业集团，其国家计划，由国家计委等有关部门会同行业主管部门审定后，在国家计划中的行业项下戴帽下达；属于行业主管部门管理的计划，由行业主管部门综合平衡后下达。

其他的企业集团，可在省级实行计划单列，由地方政府管理，并与国家有关部门建立直接联系。

计划单列的范围，包括核心企业和紧密层成员企业，不包括半紧密层和松散层企业。

计划单列的内容，主要包括：(1) 主要产品产量计划；(2) 基本建设和技术改造投资计划；(3) 利用外资和技术引进计划；(4) 主要物资、能源分配计划；(5) 科技计划和教育计划；(6) 劳动工资计划；(7) 财务计划。

现在财务计划在地方的试点企业集团，需要上划到国家计划单列的，要与有关地方政府充分协商逐个确定，由财政部负责办理。

对在国家计划中实行单列的企业集团的管理：

行业主管部门管理主要包括：(1) 按照国家计划要求所确定的行业规划，指导和审查企业集团的发展规划和计划，并送国家计委、财政部、物资部、劳动部、教委等部门进行综合平衡，属于行业主管部门管理的计划，由行业主管部门研究确定；(2) 指令性计划的组织实施，考核、检查、监督各项计划的完成情况和合同的执行情况；(3) 对企业集团生产经营中的问题进行协调；(4) 对企业集团实行行业归口管理。

国家计委主要负责：(1) 审批企业集团的总体发展规划和大中型基本建设项目，会签限额以上技术改造项目；(2) 会同行业主管部门拟订和安排企业集团的国家计划；(3) 协调行业主管部门与财政部、物资部、劳动部、教委等部门在拟订计划方面的不同意

见和有关问题。

国务院生产办公室主要负责：(1)按照国家计划，协助行业主管部门组织落实能源、原材料、运输、资金等主要生产条件，协助行业主管部门督促、检查计划完成情况及合同执行情况，协调生产经营中行业主管部门解决不了的问题；(2)经商行业主管部门，并经国家计委会签后，审批企业集团限额以上技术改造项目；(3)制定在国家计划单列的企业集团总承包的具体办法，与财政部共同协调落实对国家的总承包方案。

财政部主要负责：(1)核定试点企业集团的财务体制，调整各部门、地区之间的利益关系；(2)审批试点企业集团的财务计划；(3)与国务院生产办公室共同协调落实对国家的总承包方案。

国家计委、财政部、物资部、劳动部等部门根据行业主管部门的审查意见进行综合平衡后，纳入国家计划，分别下达给行业主管部门和企业集团。

对要求在国家计划单列的企业集团，成熟一个审批一个，具体实施细则由国家计委商有关部门另行制定。

五、试点企业集团核心企业对紧密层企业的主要活动实行“六统一”

“六统一”的基本要求是：既要保证实现企业集团的统一发展战略和发展规划，又不能影响成员企业的独立法人地位和积极性。

“六统一”的主要内容是：(1)发展规划、年度计划，由集团的核心企业统一对计划主管部门；(2)实行承包经营的，由集团的核心企业统一承包，紧密层企业再对核心企业承包；(3)重大基建、技改项目的贷款，由集团的核心企业对银行统贷统还，目前实行有困难的要创造条件逐步实行；(4)进出口贸易和相关商务活动，由集团的核心企业统一对外；(5)紧密层企业中国有资产的保值、增值和资产交易，由集团的核心企业统一向国有资产管理部门负责；(6)紧密层企业的主要领导干部，由集团的核心企业统一任免。

集团的核心企业对紧密层企业的“六统一”，可以通过多种途径来实现：(1)核心企业向紧密层企业投资入股并达到控股，建立起母子公司关系，以母公司的身份对子公司实行“六统一”；(2)核心企业对紧密层企业实行承包或租赁，以承包者或承租者的身份对成员企业实行“六统一”；(3)如果同为全民所有制企业，经有关各方同意，也可以把紧密层企业划归核心企业管理，但仍保留其法人地位；(4)结合国有资产管理体制的改革，经国有资产管理部门授权，进行把紧密层企业的国有资产交由核心企业经营的试点。

六、试点企业集团的管理体制

试点企业集团的管理体制，应按重大问题集体讨论，总经理或董事长负责日常经营管理的原则办。具体管理方式（如董事会、监事会、管理委员会等）可区别不同情况确定。

对试点企业集团的行政领导班子的管理：(1)在国家计划单列、由行业主管部门管理的试点企业集团，其行政领导班子由国务院管理；(2)不实行国家计划单列的，按现行隶属关系进行管理；(3)试点企业集团的主要领导干部（总经理或董事长）在看文件、听报告、参加会议及学习培训方面分别享有副部级、正局级的政治待遇（不包括工资、医疗保健、住房、用车等生活方面的待遇）。政治待遇只限试点企业集团主要领导干部本人，不涉及企业集团的级别，也不涉及内部机构及各层次成员企业的级别，不得因此搞机构升格和人员升级。

关于试点企业集团党委书记的政治待遇及管理问题，建议请组织部门参考以上原则另行规定。

七、试点企业集团要坚持税利分流的改革

已经实行税利分流办法的要继续执行，尚未实行的要逐步做到税利分流。

八、试点企业集团要逐步建立财务公司

财务公司的主要任务是在企业集团内部融通资金，包括建设资金。要适当扩大融资手段，经批准可以发行债券和股票。成立财务公司要具备一定的条件，按中国人民银行的规定报批，要积极创造条件，成熟一个审批一个。

九、要逐步赋予试点企业集团自营进出口权

自营进出口的范围，是指本集团生产的产品出口，自用技术、设备和原材料的进口。有条件的也可以组织本企业集团产品为主的成套设备出口。第一类商品进出口计划由国家计委会同经贸部等有关部门确定。

自营进出口要具备一定的条件，并按经贸部的规定报批。要积极创造条件，成熟一个审批一个。

企业集团核心企业享有自营进出口权后，紧密层成员企业就不能再有自营进出口权。与核心企业不在同地的紧密层企业，可由核心企业指定在当地或就近口岸办理报关手续。

根据试点企业集团的规模、在国民经济中的地位和出口创汇额的大小，对具备条件的，经国务院批准，赋予以下外事审批权：在其业务范围内，可自行审批核心企业、紧密层企业人员出境和邀请境外人员来华事项，其中企业集团的正副职领导出境由主管部门审批。副部级以上人员出访，仍按现行规定办理审批。

简化试点企业集团因商务活动出国人员的审批手续。可根据企业集团出口创汇额的大小，确定核心企业和紧密层企业一定数量的经贸业务人员，对其实行一次审批，一年内多次有效的办法。具体规定和办法由国务院外事办公室制定。

十、试点企业集团的审批

试点企业集团的确定，由核心企业提出申请，行业主管部门审查推荐，国家计委、国家体改委和国务院生产办公室共同核定后报国务院批准。

列入这次试点名单而尚待组建的企业集团，还须履行企业集团的审批手续，由核心企业提出申请，经行业主管部门审查同意，由国家计委、国家体改委和国务院生产办公室共同审批。

组建试点企业集团的工作，由国家计委、国家体改委和国务院生产办公室共同负责。审批工作，由国家计委牵头；组建后的具体实施，由国务院生产办公室牵头。有关体制方面方针政策的拟定和协调，由国家体改委负责。

十一、要抓紧研究制定政府对试点企业集团管理的具体办法

企业集团不同于单个企业、联营企业和一般的松散联合体，企业集团内部又有着广泛的参股控股关系，政府对现有企业的管理办法已经不能适应实际需要，各有关部门要抓紧研究制定对企业集团的具体管理办法，主要有：国有资产授权经营办法，企业集团的登记管理办法，财务会计制度和管理办法，行政领导班子、劳动工资管理办法，企业集团的统计办法，财政、税收、物资管理办法等，并尽快发布实行。

国家计划委员会
国家经济体制改革委员会
国务院生产办公室
一九九一年八月二十八日

3 综　合　篇

1991年我国经济体制改革在稳定发展中加快步伐

国家体改委综合规划和试点司

1991年是"八五"计划的第一年，也是经济体制改革在80年代改革开放取得巨大成就基础上承前启后、继续发展的一年。在这一年里，经过全国人民的共同努力，我国国民经济一度出现的工业速度回落、市场疲软的窘境已经摆脱，治理整顿的任务已经基本完成。社会总供求在正常增长的条件下保持基本平衡，市场物价总水平基本稳定，经济结构调整取得进展，金融形势相对平稳，国民经济正走上正常发展轨道。稳定宽松的经济环境，为进一步深化改革创造了良好条件。1991年以来，很多重要领域都有新的改革政策和措施出台，全国各地的改革实践蓬勃发展，人们明显感到改革的气氛越来越浓，改革的社会舆论随着时间的推移在适度升温。不难看出，1991年经济体制改革，在整个社会经济生活中占据了重要的位置，改革的步子在加快，力度在增强。

一、1991年经济体制改革中的大事要览

在1991年经济体制改革的进程中，有几件重要的事件是需要首先说明的。第一件大事是，根据党的十三届七中全会《关于国民经济和社会发展十年规划和"八五"计划的建议》，3月召开的七届人大四次会议通过了《中华人民共和国国民经济和社会发展十年规划和第八个五年计划纲要》。这两个重要的历史文件，充分肯定了过去10年经济改革和发展的成就和经验，明确了今后10年奋斗的目标、方针和政策，明确了深化经济体制改革和扩大对外开放的部署和措施，对我国实现国民经济和社会发展第二步战略目标具有重大的意义。

第二件大事是，2月国务院召开了全国经济体制改革工作会议。会上李鹏总理提出要处理好改革与发展、稳定和开放的关系，处理好国家、集体和个人的关系、在国家、单位、个人能承受的情况下，选准可行方案，适时加大有关改革的力度，加快改革的进程。会议通过的《经济体制改革十年规划和"八五"纲要》，经国务院原则同意，作为国家《规划纲要》的配套文件印发全国。这个文件总结了80年代改革取得的巨大成就和基本经验，具体阐述了90年代改革的目标、指导原则和主要任务，成为未来10年改革的指导性文件。会后转发的《1991年经济体制改革要点》，进一步明确了当年改革的重点。9月，国家体改委在四川成都召开了城市改革试点工作座谈会，交流了各地搞活大中型企业，转换企业经营机制的经验和具体措施。10月，召开了第二次全国住房制度改革工作会议，研究在全国范围内推进住房制度改革的方针政策和具体措施。这三个重要会议，对指导和推进全年改革工作起到重要作用。

第三件大事是，10月中共中央召开了工作会议，专门讨论搞好国营大中型企业问题。这在我党历史上还是第一次。会议在认真分析当前经济发展和改革形势的基础上，提出了增强企业活力的20条措施。各地区、各部门认真贯彻中央会议精神的同时，高度重视企业体制改革，创造性地工作。这就使得增强企业特别是国营大中型企业活力这个中心任务，再一次摆到改革开放实践中的头等位置。

第四件大事是，11月召开了中共中央十三届八中全会。这次全会专门讨论了农业和农村工作，通过了《中共中央关于进一步加强农业和农村工作的决定》。《决定》指出，90年代农村改革的基本原则是，继续稳定以家庭联产承包为主的责任制，不断完善统分结合的双层经营体制，积极发展农业社会化服务体系，逐步壮大集体经济的实力，引导农民走共同富裕的道路。农村改革是一项长期任务，这次全会对农村改革的安排和部署，将保证和推动我国农业生产和农村改革再上一个新的台阶。

第五件大事是，各地加强了对体改工作的领导和协调，继年初国务院决定国家体改委实行大委员会制，加强经济体制改革的协调工作以后，江苏、广西、河南、山东、黑龙江、广东等省（区）都发文，进一步明确体改委职责，有的还建立大委员会制，有利于改革的协调工作。黑龙江省规定，11个有关部门的副职任体改革委兼职委员；新疆、苏州等地将体改办改为体改委，强化对改革的组织领导。有的体改委（办）还举办培训班，建立了干部培训、考核和交流制度，促进体改队伍素质的不断提高。国务院一些部门，如冶金部、能源部、水利部、纺织部、国土局、工商局、建设部等，都按全国体改工作会议精神安排，部署了本部门的改革工作。

二、1991年经济体制改革的主要特点

从全国宏观形势看，1991年各地区、各部门改革意识在不断增强，改革步伐在不断加快，整个经济体制工作呈现出以下几个主要特点。

第一，在风云变幻的国际环境中，我国的改革坚定不移地走有中国特色的社会主义道路。

近年来，国际形势发生了重大变化，社会主义事业面临着前所未有的严峻挑战，西方敌对势力加紧对我推行和平演变战略。在外有压力、内有困难的情况下，我国的改革一如既往，牢牢地把握住社会主义方向，继续坚持以公有制为主体，允许和鼓励其他经济成份适当发展；坚持以按劳分配为主体，其他分配形式为补充，走共同富裕的道路；坚持发展社会主义有计划的商品经济和计划与市场相结合的改革目标。从1991年初李鹏总理在全国体改工作会议上提出搞好国营大中型企业11条政策开始，到9月中央工作会议决定搞好国营大中型企业的20条政策、措施，党中央、国务院一直把搞好国营大中型企业摆在十分突出的地位。这对于壮大公有制经济，推动各个领域改革的深化，巩固和发展社会主义制度，都具有重要的经济意义和政治意义。各地区、各部门在中央工作会议以后，对搞好国营大中型企业不仅在认识上有很大提高，而且普遍制定了相应的具体措施和办法，积极组织落实。北京、天津、四川、江苏、辽宁等省市认真清理了与《企业法》不一致的文件，切实维护企业生产经营自主权。一些省市还选择了一批企业进行转换经营机制的试点。

第二，探索计划与市场相结合的具体途径和方式有新的进展。

初步建立起社会主义有计划商品经济新体制和计划与市场相结合的运行机制，是我国90年代经济体制改革的目标。对计划与市场相结合问题，在认识上，1991年有一个明显变化，人们认真总结了13年改革的实践经验，已经从论述要不要结合转到深入探讨如何具体结合上来，基本认识已趋向一致。在实践上，一方面重视宏观调控体系的完善与企业经营机制转换的衔接；另一方面重视培育各类市场，特别是批发市场和生产要素市场，1991年都有新发展；许多地区、行业和企业创造了不少好经验，找到了一些结合的具体方式和途径。郑州粮食批发市场开业一年来有了很大发展，进场交易省份发展到20多个，同时又相继开业了长春、武汉、哈尔滨、九江、芜湖、长沙、威海7个区域性粮油批发市场，开始形成了由中央批发市场、区域性批发市场和初级市场构成的三级粮食市场网络。广东、福建、海南三省基本实现了粮食购销同价，开始形成新的机制。石家庄等一些城市试办了物资配送中心，走出了一条物资流通社会化的路子。天津市粮食企业政策性经营与正常经营两条线运行的改革；重庆市国合商业企业“四放开”的经验，效果都比较好，影响也比较大。长期资金市场发展较快，到1991年10月各种有价证券累计发行额为2478亿元，交易额为181亿元。在对人民币汇率进行有控制的微调的同时，取消了出口补贴，实行了各类外贸企业自主经营、自负盈亏的新体制，不仅提高了外贸经济效益，也促进了出口产品和对外贸易的大幅度增长。

第三，治理整顿与深化改革相辅相成，改革、稳定、发展三者的关系处理得比较好。

治理整顿取得的明显成效，为深化改革创造了良好的环境，国务院和一些地方相继出台了一些重大改革措施。价格改革，大幅度调整了25年未动的

平价粮油销价；钢铁、水泥、原油、铁路货运等价格作了微调；对统配水泥、橡胶、镀锡薄板和冷轧硅钢片实行了计划内外价格并轨。这些改革措施出台，有利于理顺价格体系，促进经济的发展。由于改革方案设计稳妥，工作细致，没有引起社会经济震动，市场稳定，国内外反映都很好。

第四，改革有了中长期规划的指导，目标明确，重点突出，保持了各项重大改革措施的连续性和稳定性

1991 年，国务院批准了《经济体制改革十年规划和"八五"纲要》，并批转了《1991 年经济体制改革要点》，使全年的改革工作，既保持了与以往重大改革措施的连续和衔接，又注意适应形势变化和今后改革目标的要求，相机推出了一些新的改革措施。围绕搞好国营大中型企业这个中心任务，进一步改善了宏观经济调控，更多地运用经济手段调节经济的运行，如再次调低了存贷款利率，以促进生产回升；部分国库券由金融机构承购包销，改变了过去完全靠行政分配的办法。

第五，各地体改部门因地制宜，结合实际，创造了许多新的经验。

在普遍制定本地区改革中长期规划的同时，各地在研制 1992 年改革要点时各具特点。上海市重点抓了住房制度，主副食价格、企业体制、社会保险制度及金融体制五方面的改革；四川省强调以搞活大中型企业为中心环节，着力于完善和深化已出台的改革开放措施，注意改革的配套协调，在经济体制和运行机制转换上迈出新路子；安徽省以农村改革为重点，同时推动企业制度，流通体制和住房制度的改革。在实践中，重庆、陕西等地在流通领域方面；天津在城市粮食经营体制方面；北京在企业体制方面都创造了很多好的经验。

三、1991 年经济体制改革的主要成效

在各级党委、政府的领导下，1991 年我国经济体制改革进展顺利，成效显著，主要表现在：

(一)全民企业第二轮承包顺利完成，并有了新的进展

据对全国 28 个省、自治区、直辖市和 7 个计划单列市的初步统计，实行承包经营的预算内工业企业有 33312 户，占企业总数的 90%。除少数企业实行税利分流试点外，1991 年应转入新一轮承包的企业 32511 户，截止第一季度末，95%以上的企业签定了新一轮承包合同，两轮承包的衔接工作基本完成。新一轮承包在总结经验的基础上有进一步的完善与发展。

一是探索建立多种形式的承包体系和方法。包括以资产、利润率指标为主的经济效益指标，以技术改造为主的发展后劲指标和以提高企业素质为主的管理指标，形成了配套的综合指标体系。建设部改进了"百元产值工资含量包干"办法，并通过推广鲁布革经验，使一些建筑企业向智力密集型总承包企业转化。江苏等省决定采用一套新的效益指标取代目前以产值为主的指标体系，为从 1992 年起在全省推广，已经着手进行准备与培训。

二是承包基数趋向科学合理，方式多样化。黑龙江推行以"达标进档"为特点的承包办法，吉林、广东、山东等地的"分档分级递增自选"办法，都注意按不同承包基数划分档次，将"要我包"变成"我要包"，增强激励机制，调动了承包人的积极性。山东淄博市实行这个办法后，企业积极选高档基数承包，不到 40 天全市承包工作就顺利结束了。

三是承包经营者比较稳定并相应调整，风险抵押机制增强。就全国来看，大多数承包者都重新或是续签了承包合同，四川省有 80%的企业是由原经营者继续承包。同时，据对全国 1000 多家企业抽样调查，承包形式变厂长(经理)个人承包为企业领导班子承包的企业占 73%，比第一轮承包上升 21.6 个百分点，全员承包的范围有所扩大；风险抵押承包也比上轮承包提高 4.4 个百分点。

四是完善承包责任制开始与加强企业内部管理，促进企业技术改造结合起来。将承包指标层层分解，落到实处，提高了企业的整体素质和竞争能力。许多企业从建立健全企业内部各种责任制入手，提高了企业的经营水平和竞争能力。例如，北京市大力推广以首钢为主的稳定承包经营责任制的经验；中国石化总公司自 1985 年实行投入产出总承包以来，发挥集团化经营优势，增强了企业活力；山东济宁市按照"税保财政，利活企业"的思路，完善承包，显示出较强的发展势头；山东省对行政性公司转体改造，发展集团形成规模优势，并开始参与国际竞争；深圳石化集团公司从抓管理入手，优化产品结构，使集团内 5 家企业扭亏为盈。

(二)搞活全民大中型企业有了良好的开端

1991年9月中央工作会议之前,国务院已提出搞活大中型企业的11条措施。每一条都有相应的部门负责落实,全国很多省、自治区、直辖市和国务院有关部门都制定了本地、本部门搞好大中型企业和深化企业改革的措施和办法,企业外部条件有较大改善。第一,国家增加对企业技术改造的投入。1991年已有50亿元技术改造贷款,按照重点用于能源交通、原材料等基础行业的原则,主要安排到上海、天津、辽宁、沈阳、黑龙江、湖北、四川等省市的老基础工业区。第二,部分企业增提折旧,1991年增提折旧30亿元。国务院有关部门已决定对896户国营大中型骨干企业的生产设备,加速折旧10～30%。其中中央企业182户,地方企业714户。并决定对增提的折旧,逐步免征“两金”。第三,一些企业开始补充自有流动资金。国务院有关部门确定对国家“双保”企业和承担统配产品任务重、上交利税大、出口创汇多的国营大中型企业,及铁路、交通、邮电和部分军工重点企业,共计500多户,作为第一批补充流动资金的企业。通过这项工作,企业自我发展的能力将明显增强。第四,“双保”企业工作取得成效。1991年国家通过资金、能源、原材料、交通等方面继续实行倾斜,以及企业深入开展“质量、品种、效益年”活动,内部挖潜,使“双保”企业生产经营形势较好,销售增长高于生产增长。第五,国家逐步减少国营大中型企业指令性计划任务,开始国家合同定货试点。第六,第一批55家试点的企业集团已经组建,并相应赋予外贸自主权。第七,对有条件的大中型企业给予外贸自主权。国务院有关部门正抓紧审定工作,目前已有40余家企业获得外贸自主权。第八,清理“三角债”的工作取得重大进展,重点从“三角债”源头清起,已取得了注入1元,清欠3元的效果,相当一部分企业的生产经营活动力开始正常运转。第九,对长期经营性亏损和拖欠严重的企业进行关、停、并、转的试点。目前全国已有二十几个省、区、市选取数量不等的企业进行试点。如江西、河北、安徽、辽宁、北京等地通过试点,不同程度地取得了抑制经济效益下滑的局面。第十,治理“三乱”工作也取得很大进展。据不完全统计和结算,通过清理乱收费,大体可减轻企业和群众负担30多亿元。

企业内部改革有较大进展。表现在:第一,企业市场竞争机制日趋完善。上海、北京、山东、四川等地先后选择了一批基础较好的大中型企业,进行了全面落实企业自主权的试点工作。同时,随着《企业法》的贯彻落实,以及企业外部环境的改善,指令性计划的减少,劳务、资产等各类市场的建立,把大中型企业推向市场已成为搞好国营大中型企业的一个重要手段。第二,企业内部配套改革,转变企业经营机制方面有新突破。在工资分配方面,变现行的单一等级工资制为由岗位工资、技能工资、劳效工资和特殊工资四个单元组成的岗位技能工资制;实行工效挂钩,同时建立工资储备金制度,以丰补歉。把职工收入与劳动成果紧密挂钩,工资分配开始向生产第一线苦、脏、累、险工种岗位倾斜。在劳动人事制度方面,实行全员劳动合同制管理,无论是工人还是干部,都取消原来的身份界限,企业职工都要通过优化组合与企业签订劳动合同。职工和企业可以根据劳动合同提出辞职和辞退。与之相配套,国家有关部门已出台了国营企业职工养老保险社会统筹和国营企业职工待业保险制度。逐步建立企业内部“岗位和竞争”机制,建立厂内待业制度等。

(三)流通体制改革迈出了较大步伐

一是以转换企业内部经营机制为重点深化流通企业改革。从1991年下半年开始的流通企业第二轮承包、续包工作已经基本完成。针对企业的不同情况,分别采取了“到期重新承包、续租”、“流动延期承包”、“目标责任管理”等方式,促使企业狠抓基础管理,建立健全规章制度,分层落实经济责任制,提高承包经营的效果。重庆市从1991年年初开始在国合商业零售企业中试行经营、价格、分配、用工“四放开”,体现了“放而有度,活而有序”、“政府放权,企业管严”的原则,实质是按《企业法》对企业自主权的规定,让企业“四搞活”。在国家体改委和商业部联合召开的搞好国合商业座谈会上,重庆市的经验受到充分肯定。

各种形式的流通企业集团发展又有了新进展。继1990年国家体改委、物资部和国务院发展中心批准苏州物资贸易中心进行企业集团试点后,1991年三部门又批准了辽宁物资贸易中心也进行企业集团试点。商业部和国家体改委又先后将大连食品集团和上海新亚集团作为流通企业集团改革试点。一些省市也在积极探索和组建区域性流通企业集团。如北京市1991年成立了百货大楼、西单商场和友谊商店三个流通企业集团。11月,国家体改委召开了座谈会,会同有关方面共同研究发展流通企业集团的有关政策。

二是市场调节比重增大,市场体系发展较快。消费品市场向多层次、规范化发展。到1991年底,农副产品批发市场已发展到1500多个,城乡集贸市场发展到74600多个;日用工业品贸易中心发展到800多家,工业小商品市场发展到3000多个。消费品市场建立较早、规模较大的市场,如北京大钟寺农副产品批发市场、山东寿光县蔬菜批发市场等在有关部门支持下,进一步扩大规模,加强规划化管理。生产资料市场有了新探索。目前,大型生产资料贸易中心发展到400多家,钢材市场发展到290多个。在改革订货会、建立固定化、规范化的物资交易所方面作了新的探索,新建立了深圳有色金属交易所和北京金鹏交易所。各种要素市场进一步发展。金融市场,全国已建立外汇调剂市场90多个,各种可以办理证券交易业务网点2000多个,股票交易所2个。各种长、短金融市场继续发挥着融资、筹资的重要作用。全国劳务市场的服务机构已达8000多个,技术市场开发和交易机构2万多个,房地产市场已在住房制度改革试点市和其它一些大中城市建立起来。

三是政府管理部门在微观搞活、宏观管住的改革过程中进一步转变职能,改革管理体制。陕西、贵州等省市成立了"市场协调委员会"或流通体制改革协调领导小组,对市场建设、市场秩序进行规划和管理,破除了条块分割的弊病,对社会主义统一市场的建设和发展发挥着重要作用。陕西、甘肃、云南、四川、山西、河南、重庆、哈尔滨、西安等省市政府结合本地实际情况制定了搞活流通、搞好流通企业以及发展企业集团的若干政策意见,在落实企业自主权、为企业创造良好外部环境的同时也转变政府职能,更好地发展社会主义的统一大流通市场。

(四)外贸体制进行了重大改革,对外开放进一步扩大

从1991年1月起,外贸体制进一步改革经营机制,取消出口补贴,逐步建立"统一政策、平等竞争、自主经营、自负盈亏、工贸结合、推行代理制,联合统一对外"的管理体制和运行机制,结束了外贸长期"吃补贴"的历史,外贸企业被实实在在地推向了重视效益、自负盈亏的道路,一年来的实践取得了明显成效。首先体现在外贸的经济效益明显好转。外贸企业资金周转加快,费用水平下降,出口成本得到控制;大部分外贸(工贸)总公司和一部分省市自负盈亏后有盈利,其余也大部分可以做到当年的盈亏基本持平;全国出口收汇增长幅度几年来首次超过出口增长速度。出口费用水平1至10月份比1990年同期下降12.6%,流动资金周转次数比1990年同期加快6.3%。其次,在讲求效益的基础上,进出口贸易保持增长势头,按海关的统计,全国出口719亿美元,比1990年同期增长15.8%;出口额637亿美元,增长19.5%。第三,进出口秩序明显好转,一度治而不愈的出口商品"抢购大战"没有在1991年重演;同时出口商品对外销价有所提高,进口秩序也有好转。

根据国家工商局统计,到1991年底,我国外资企业累计达3.7万户,其中中外合资企业2.2万户,中外合作企业8400户,外商独资企业5900户,其中生产型约占95%。我国利用外资也已初步形成规模。到1991年底,累计共签订对外借款协议额为1216.6亿美元,实际使用796.28亿美元。这些外资主要用于国民经济和社会发展急需的重点项目。

(五)社会保障制度和住房制度改革初步形成气候

在社会保障制度改革方面,本着国家、集体、个人三方面合理负担的原则,经过几年来的试点,目前全国已有5000万国营企业固定职工和1400万合同制工人参加了养老保险。全国有2273个市县实行了养老保险统筹。国营企业职工待业保险制度也初步建立起来。1991年以来,全国各地,各部门对推行社会保障制度改革的积极性很高,国务院已经成立了分配制度改革委员会,主要任务是从总体上研究社会分配制度改革问题。正在组织力量,进行研究,提出进一步改革的方案。民政部在20个县进行农村养老保险制度改革的试点;人事部组织了涉外企事业职工养老保险;河南推行了个体、集体职工的养老保险;海南、沈阳等地成立了社会保障制度改革领导小组,统筹领导这项重要改革。

在住房制度改革方面,目前全面出台进行住房整体配套改革的有12个城市、13个县镇,还有300多个城镇进行了单项改革。全国瞩目的上海市住房制度改革从1991年5月份开始实施。由于上海房改方案和实施细则具有科学性和可操作性,得到市民的普遍接受,被认为上海住房建设走上良性循环的

关键性一步。第二次全国住房制度工作会议前后，北京、湖南、江苏、安徽、广西等地也积极扩大房改试点，加快了全国房改大气候的形成。湖南省104个县市中已有64个县市开展了全面或单项改革，参加房改的职工已占城镇租住公房职工的20%以上。江苏省11个市中，有7个市做出计划，于年内推出房改方案，全省的改革方案已经省委讨论。

（六）农村改革在稳定中深化和完善

1991年是农村改革的第12个年头。年初召开的全国农村工作会议，确定了在进一步稳定和完善家庭联产承包制的前提下，建立健全社会化服务体系，推进农产品价格体制和流通体制改革的方针，各地结合实际认真贯彻。首先是完善土地承包制度和承包合同落实集体提留。针对人口变动后土地占有不均和承包办法不完善的问题，结合土地调整，完善土地承包制度。江苏省已有80%的村调整了土地，70%的村实行了"两田制"，基本解决了承包地块分割零碎、人口占有不均的问题。同时，各地把明确发包方和承包方的权力和义务作为完善承包合同的主要内容。山东省统一了合同文本，使承包合同的完善达到一个较高水平。在完善承包合同中，各地都把落实集体提留作为重要内容，使联产承包制真正做到"交够国家的，留够集体的，剩下都是自己的。"

其次是加强统一经营层次的建设。针对集体统一经营层次薄弱这一普遍问题，各地把加强统一经营层次的实力和功能，作为完善联产承包制的重点。通过加强统一经营层次的建设，解决一家一户无法承担的职能，促进了家庭经营层次作用的发挥。江苏省推广"集体包服务，农户包任务"的双包责任制；黑龙江推广集体和农户"双保责任制"；天津市推广"统种分管"；河北省通过健全村级合作组织实行服务的规范化管理，开展村级服务达标竞赛活动，极大地推动了集体统一经营层次作用的发挥。

第三是健全乡村合作组织，壮大集体经济。四川、广东、陕西、浙江、福建等较早抓这项工作的省，明确合作经济组织机构的已占90%以上。在发展壮大集体经济方面，浙江、湖南等省从1987年就开始设立扶持穷队发展基金，并派工作队帮助发展集体经济。4年多来浙江省村级集体开发性农业生产项目面积已达92.5%万亩，新办村级集体经济项目11400个；黑龙江省注重解决集体经济空白村，无集体企业村由1990年的58%降为1991年的32%；北京市集体经济较为发达，这两年主要抓了集体经济的民主管理、财务管理、承包管理，收到成效。

第四是发展社会化服务体系。浙江省通过在乡镇建立农业综合服务站，使国家各部门的服务力量在乡镇形成合力；四川省明确提出"以县为中心，乡为纽带，村为基础"的发展社会化服务的方针，注重提高县级服务的水平；山东省大力推广诸城市"商品经济大合唱"的经验，围绕当地的龙头产业形成了服务中心；黑龙江省以县为单位，大力发展贸工农一体化。

第五是深化农产品流通体制的改革。1991年，国家缩小了粮食购销差价，对定购以外的粮食实行保护价，建立了粮食专项储备；农副产品批发市场建设有了较大发展，达到1500多个。除粮食批发市场，四川成都开办了猪肉批发市场，山东威海开办了花生等油料批发市场，集市贸易等初级市场也进一步扩大。1991年国务院颁布了进一步搞活农产品流通的通知，其作用将逐步显示出来，必将对加快农产品流通体制改革起到积极作用。

（七）金融、财税体制改革有新进展

在金融改革方面，继前两年4次调整存款、贷款利率和调整人民币汇率之后，1991年又采取了一些措施，主要是对人民币汇率采取了微调的办法，并再次调低了存贷款利率。自1981年以来，我国的汇率已有4次大幅度贬值。这次微调提高了外贸出口企业的经济收益率，有利于今后建立有管理的浮动汇率制。1991年，在建立包括金融市场报价、交易、信息系统在内的金融市场体系方面进行了初步探索。目前，比较规范的以同业拆借市场、贴现市场、证券市场和外汇调剂市场为主要内容的金融市场体系，已经初步形成。1991年，证券市场初步完成了调整。发行市场中，首次由59家金融机构使用承购包销办法发行国库券，这是我国国债发行的重大转变。同时，各种金融债券、企业债券、投资债券相继出台，股票种类有所增加。流通市场中，上海和深圳交易所成立，自动报价系统落成，开始向规范化方向发展。

在财税体制改革方面，财政部开始在一些省市进行分税包干制试点的测算。同时，出台了"固定资产投资方向调节税"，取消了原来的建筑税；完成了涉外企业两个所得税法的合并工作，并经人大通过正式颁发。在"税利分流"试点方面，自1988年重庆，厦门和湖南益阳市率先进行税利分流改革以来，目前已有27个省市(包括计划单列市)选择了近2000户企业进行试点。湖北荆门市57户试点企业中,仅仅9个月有46户盈利,实现利润1285万元,比1990年同期增长25.4%,应交所得税318.5万元,比1990年同期增长26.1%。1991年11月在重庆召开了税利分流座谈会,财政部和国家体改委联合颁发了《国营企业实行税利分流、税后还贷、税后承包的试点办法》,总结完善试点办法,为今后推广摸索经验。11月,国务院发布了《国家预算管理条例》,规定国家预算将由单式预算改为复式预算,将全部收支分为经常性预算和建设性预算两部分,为1992年在全国实行复式预算体制打下了基础。

(八)各项改革试点工作有了进一步发展

自从1981年确定湖北沙市进行城市综合改革试点开始,10年来城市改革试点不断深入,范围越来越宽、内容越来越丰富、难度也越来越大。72个综合改革试点市和一批单项改革试点市勇于探索、大胆开拓,把中央的方针政策与本地实际情况结合起来,紧紧围绕增强企业活力这个中心环节,使城市改革试点取得了明显成效。1991年9月,在成都召开的全国城市改革试点工作会议,18个省、自治区、直辖市的37个试点城市在总结过去经验的基础上,提出下步工作是把转变企业经营机制作为城市改革试点的"重头戏"。同时又提出长江和珠江三角洲、沿海、内地、边疆少数民族地区城市等4种不同类型的不同要求,形成新的各具特色的试点格局。

在股份制试点方面,按照经济体制改革《要点》的要求,1991年主要是搞好上海、深圳两市向社会发行股票并上市的配套改革试点。在加强领导和管理、完善法规制度的基础上,上海新上市的股份制企业由原来的8户增加到12户,其中准备发行人民币特种股票(B股)的1户;深圳由原来的6户增加到19户,其中准备发行人民币特种股票的13户。同时,福建、广东等省市也进行了其他几种股份制试点:一是在新组建的集团公司实行股份制;二是创建中外混合持股公司;三是发行"可转让债券";四是对部分小企业试行职工内部持股的有限责任公司方式。

在完善工业企业承包的同时,各地都建立了国有资产管理机构,开展了清产核资、资产评估试点,提出了确保国有资产增殖保值的指标和意见,使国有资产管理更加规范和有效。

高科技试验区有了进一步的发展。为了贯彻邓小平同志指出的"发展高科技,实现产业化"的指示,1991年3月国务院批准了27个国家高新技术产业开发区。10月国务院批转了国家科委、国家体改委《进一步深化高新技术开发区改革,推进高新技术产业发展的决定》,要求在国家高新技术产业开发区,坚决地、有步骤地推进综合改革,促进我国高技术成果商品化、产业化和国际化,使高新技术产业在计划与市场结合上走出一条新路。现已商定,北京、沈阳、武汉、重庆和中山5个城市作为高新技术产业开发区试点的重点联系点。

总之,在过去的1991年,发展与改革的形势都是好的,但是经济生活中还存在一些突出的问题:一是企业尤其是全民大中型企业的经济效益差、活力不足;二是经济结构不合理的状况还没有根本好转;三是国家财政困难很大。导致这些问题产生的原因是多方面的,但深层次的原因,则是体制和机制问题。当前,影响经济发展和企业活力的主要因素是:全民大中型企业的指令性计划仍然偏多,难以面向市场、参与竞争;政府管理经济的职能还没有根本转变,行政干预过多,企业生产经营自主权还没有真正落实;价格体系不合理,市场机制不健全,影响了市场调节作用的发挥;企业内部缺乏有效的经营机制,缺乏动力和压力;中央与地方、国家与企业、集体与个人的关系还没有理顺,社会分配不公和分配上的平均主义"大锅饭"同时并存,影响了劳动群众的积极性。要解决这些问题,光靠简单地让利或增加投入是难以奏效的,根本出路在于深化改革,促进企业经营机制的转换,促进经济结构的调整和经济效益的提高。展望新的一年,我国的经济体制改革面临着新的机遇和挑战。鉴于治理整顿任务已经基本完成,经济工作重点开始变化和调整,我们一方面要更多地采用间接调控手段,更好地发挥市场调节的作用,更快地推动新旧体制的转换;另一方面,目前社会环境和市场秩序比较宽松和稳定,社会供求关系比较缓和,深化改革有着比前两年好的条件。只要我们在党中央、国务院的领导下,根据经济体制改革十年规划和"八五"纲要的要求,进一步解放思想,努力探索,我国的经济体制改革一定会开拓出新局面,迈出新步伐,取得新成效!

(许东　执笔)

1991年我国经济形势综述

国家统计局

一、经济建设取得新成绩

1991年，我国各族人民坚决贯彻治理整顿和深化改革的方针，取得了明显成效。整体经济形势明显好转，国民经济稳定增长，社会供求总量基本平衡，改革开放迈出较大步伐，结构调整取得进展，治理整顿的主要目标已基本实现，为超额完成“八五”计划创造了一个良好的开端。

（一）社会总供求在正常增长的条件下保持基本平衡，关系进一步改善

1991年，社会总供需之间依然保持了基本平衡的格局。全年需大于供的差率为4%，属于正常范围。市场物价总水平基本稳定。

——经济在稳定中保持适当的增长速度。全年国民生产总值达19759亿元，按可比价格计算，比上年增长7.3%，这与世界经济出现不景气状况形成了鲜明的对照。

——工业生产增长较快。年初以来，伴随投资、消费和出口需求的回升，工业生产保持较快、均衡的增长势头，进入11月以来，由于限产压库，工业生产速度有所回落。全年乡及乡以上工业总产值达23121亿元，比上年增长12.9%。如包括村及村以下工业，全年增长14.2%。质量、品种、效益年活动取得一些成绩，企业经济效益下滑的趋势得到初步遏制。

——农业取得了较好收成。粮、棉产量均为历史上第二个高产年。全年粮食总产量4353亿公斤，比上年减产110亿公斤；棉花产量568万吨，比上年增产117万吨；油料总产量达1638万吨，与上年基本持平；糖料，烤烟产量可创历史最高水平。畜牧业、渔业持续增长，其中猪牛羊肉总产量达2724万吨，比上年增长8.4%；水产品产量达1335万吨，增长7.9%。全年农业总产值8157多亿元，比上年增长3.7%。

——固定资产投资需求明显回升。全年全社会固定资产投资达5513亿元，比上年增长23.9%。

——国内市场销售全面回升，趋向基本正常。全年社会商品零售总额达9416亿元，比上年增长13.4%，扣除物价上涨因素，实际增长10.2%。生产资料市场也进一步转旺，物资销售额达到3129亿元，比上年增长24.5%。城市市场销售增长较快，比上年增长17%；农村市场销售回升，增长10.5%。

——对外经济进一步发展。全年出口总额719亿美元，比上年增长15.8%；进口总额638亿美元，增长19.5%。进出口相抵，扣除不收付外汇货物，出大于进124.5亿美元。随着我国经济、政治、社会稳定和投资环境的改善，外商投资明显增加，国际旅游业兴旺，国际收支状况继续好转。年末国家现汇结存217亿美元，比年初增加106亿美元。

——居民收入增加。全年城镇居民人均生活费收入1544元，扣除物价因素比上年增长5.9%。全年农民人均纯收入709元，扣除物价因素增长2%。

（二）结构调整取得进展

——国民经济重大比例保持基本协调。积累与消费比例有所调整，积累率回落到31%左右，但积累内部固定资产积累所占比重有所提高。农轻重比

例基本合理，主要农产品丰收使工农之间的关系继续处在比较协调的范围，重工业发展加快，使轻重工业的比例进一步改善。生产与使用比较协调，社会库存增长恢复到基本正常水平。

——工业内部结构有所改善。全民所有制工业、大中型企业开始改变前两年徘徊的状态，生产增长有所加快，分别比上年增长8.4%和9.2%。全民所有制工业新增产值占全部工业新增产值的43.2%，比上年提高10.6个百分点。工业产品结构的调整取得新进展，主要原材料和能源的生产均好于上年，其中，原油、原煤、发电量、钢等产品产量创历史新纪录。主要轻纺产品中，畅销产品保持增长，滞销产品有所减产。企业结构调整工作也开始起步，据不完全统计，已有1000多家企业被关停并转。随着需求的回升和产品结构的调整，1991年下半年以来工业品销售趋于基本正常，产成品资金占用明显减少，年末预算内国营工业产成品资金占用1130亿元，比年初下降1.7%。

——投资结构继续改善。基础产业部门投资比重上升。全民所有制单位完成投资额中，农业、原材料工业、运输邮电业等所占比重由上年的33.1%提高到35.2%。更新改造投资比上年增长17.3%，增幅提高12.1个百分点。在更新改造投资中，用于提高产品质量、增加品种、节能降耗和"三废"治理的投资比重由27.1%提高到29.6%，而用于增加产量的投资比重则由35.2%降低为31%。

（三）金融形势相对平稳

1991年各项贷款增加较多。年底银行、信用社各项贷款余额为19828亿元，比年初增加3287亿元，比上年多增加239亿元。存款继续保持较快增长，各项存款余额为16676亿元，比年初增加3628亿元(其中企业存款增加1060亿元)，比上年多增加643亿元。存贷差进一步缩小，存款增加额大于贷款增加额341亿元(上年为贷大于存63亿元)。贷款结构进一步改善，有效地促进了最终需求的增长。银行、信用社各项贷款增加额中，流动资金贷款所占比重由上年的74%下降到63.7%；固定资产贷款所占比重则由14.4%提高到24.4%。随着经济的发展和需求的回升，货币投放规模扩大，全年货币净投放533亿元，比上年扩大233亿元。

（四）改革迈出较大步伐

1991年，在社会安定和经济环境相对宽松的条件下，重要的改革措施陆续出台，改革的步伐加快，物价、外贸等领域改革取得了明显效果。原油、成品油、钢材、铁路货运、粮食等调价措施，对解决基础产品价格偏低，促进基础产业发展，减轻财政补贴产生了积极作用。外贸企业实行自负盈亏，加上微调汇率，促进了出口结构的调整，竞相抬价收购的现象明显减少，提高了经营效益，财政对外贸的亏损补贴，比上年减少100多亿元。深化企业改革出现良好势头，有关措施正在落实。农村在继续稳定家庭联产承包为主的责任制的同时，不断完善统分结合的双层经营体制，积极发展农业社会化服务体系。在住房、劳动工资、社会保障制度、医疗和证 券市场试点以及加强宏观调控体系等方面的改革也开始迈出步伐。

综上所述，表明前一时期以总量调控为主的宏观政策已取得明显成效，国民经济恢复了正常运行，为克服发展中的矛盾和深化改革创造了相对宽松的环境。当前经济生活中存在的突出问题是：经济结构调整进展较慢，经济效益不高，财政困难增大，这些问题的实质又是经济体制、经济机制问题。

二、宏观决策、宏观管理的几个认识问题

（一）关于经济发展是否已经出现过热的问题

1991年经济总量指标增长较快，有些同志认为，我国经济发展又出现了过热现象，并警告不要重蹈历史的覆辙。我们认为，1991年生产、建设、消费等经济总量是在前两年治理整顿中回升的，带有明显的恢复性，整体上尚未过热。

从社会总供求之间的关系看，治理整顿以来连续3年保持了基本平衡的格局，1991年社会总需求超过总供给的差率仍控制在5%的正常范围之内。信贷、物资、外汇收支也保持平衡。

从供给看，农业连续3年丰收，工业生产稳定增长，市场商品货源充足。据商业部对1991年下半年705种商品供求形势的分析，供求基本平衡的占60.4%，供过于求的占27.4%，供不应求的只占12.2%。

从需求看，国内需求回升相对平稳，消费需求保持正增长，居民消费心理基本正常，储蓄稳定增加，

年末城乡居民储蓄存款余额达到9110亿元，比年初增加2076亿元，居民购买的各种债券、股票等金融资产也明显增多。全社会固定资产投资增长基本合适。当年投资增长和经济增长是相适应的，与国家适当增加即期需求的政策取向及清理“三角债”从投资缺口入手的方针是相一致的，是建立在1989年以来的低基数上的，带有明显的恢复性，3年累计名义投资增长12.4%，实际工作量还下降10%左右。出口需求增长较快，占总需求增量的比重由上年的24.8%提高到41.2%，这有利于改善国内产业结构，提高对外支付能力。

市场物价涨幅不高。全年零售物价总水平比上年上升2.9%，低于计划上涨6%的水平。

当然，在治理整顿任务基本完成之后，宏观调控要注意经济增长惯性，防止出现过热。主要是因为新开工项目增势猛，在建项目总规模偏大。全年全国新开工5万元以上基建和更改项目7万多个，比上年增加2万多个，新开工项目中不符合产业政策要求的占1/4，不符合审批权限的占2/3。年末全民所有制单位在建总规模将达14000亿元，如加上超概算因素，实际规模将高达18000亿元，与年度投资完成额的比例由1988年的4：1提高到5：1。这一趋势必须引起高度重视，不能任其发展下去。

（二）关于潜在的通货膨胀是否会转化为现实的高通货膨胀的问题

在前两年银行贷款增加较多的基础上，1991年又新增2895亿元，年末广义货币供应量比年初增长26.8%，略低于上年27.9%的增幅，这表明通货膨胀压力在继续加大。有些同志认为，这种压力可能转化为现实的危险。我们认为，短期内转化为现实的高通货膨胀的可能性还不大。一是随着经济恢复正常增长，有效供给增加，供求关系保持基本平衡。二是新增加的贷款一部分形成生产储备、新增固定资产、产成品资金而沉淀了。三是目前市场物价的上涨主要还是受价格结构性调整的影响，需求的拉动作用仍比较小。四是城镇居民消费没有出现新的热点，农村居民因购买力增加有限和消费条件的限制，使消费增势较平缓，对市场物价的上涨具有制约作用。

当然，对潜在的通货膨胀也要保持警惕。主要原材料、动力购进价格连年上涨，职工工资也连年大幅度增长，利息开支增加，直接推动了企业产品成本的连年上升，在上年上升7%的基础上，1991年又比上年上升5.2%。成本上升的压力可能由近两年的企业内部消化转为依靠提价转嫁负担，导致物价上涨。目前大中城市物价涨幅已经较高。全年35个大中城市职工生活费用价格上涨8%，远高于全国平均水平，已开始影响一些消费者的心理预期。

（三）关于经济的发展与财政困难加剧的问题

1991年经济总量指标发展都较正常，但国家财政困难进一步加剧。有些同志认为，这是经济状况恶化的表现。我们认为，经济形势与财政形势存在较大的反差，确应引起重视，但也不能因此而认为经济形势没有好转。

首先，财政的困难是伴随着经济稳定发展出现的，是在信贷、物资、外汇收支平衡基础上，而不是在经济萧条情况下产生的，国家财政赤字扩大是在收入增长而支出增长更快下造成的。因此，它是前进中的困难。

其次，社会资金格局有了明显的变化。改革开放以来，随着经济的搞活，财政资金的主导地位已逐渐转变为财政预算内、预算外、信贷资金“三足鼎立”的格局。据测算，社会资金中，财政资金所占比重由1978年的68.1%下降到1990年的32.6%，预算外资金所占比重已上升到31.4%，信贷资金所占比重上升到36%。

第三，各种所有制经济对经济发展与财政增收的影响发生了较大变化。改革开放以来，非国营经济发展加快，如80年代，全国工业平均每年增长12.6%，其中，由非国营工业拉动近8个百分点，占63.2%，但由于前一时期国家对非国营经济的减税、低税、免税等优惠政策，以及收入分配宏观调控机制不健全，税收等手段不力，使其经济发展未能与对国家财政的贡献同步增大，1990年非国营工业产值占全部工业产值的45.4%，但在财政工商税和企业所得税中，非国营企业仅占1/4左右，从而加剧了财政收入增长与经济发展之间的反差，加上国营企业经济效益低，也影响财政收入增长。

第四，随着经济的发展，全社会财力越来越大是相对充裕的。出现了“三个并存”：即预算内困难与预算外相对宽松并存；财政赤字与外汇结余并存；国家财政困难与居民储蓄增多并存。

（四）关于经济效益改善慢的问题

从广义上、从全社会、从宏观经济的角度而言，效益是在逐步改善的，近两年人均国民生产总值平均每年实际增长4.5%左右；人均国民收入平均每年增长4%左右。现在人们对效益改善慢担心主要是从狭义的微观的效益而言。即使如此，效益也开始改善。1991年伴随着经济的回升，“速度型效益”已有显现，从下半年以来，效益下滑趋势得到初步遏制。全年预算内国营工业实现利税比上年增长8%，劳动生产率提高7.4%。但效益低下的局面仍未根本改观。企业亏损面仍高达29.7%，如考虑潜亏因素，实际亏损面还要大，亏损企业亏损额在前两年成倍上升的基础上，全年继续上升10.6%。企业盈利水平依然较低，全年实现利润比上年还下降14.2%。销售利润率、资金利润率仍为近几年最低水平。

造成企业低盈利运转的原因首先是成本上升，利润转移问题。治理整顿期间，国家较大范围内进行价格改革，提高职工工资，调整汇率，试行住房、社会保险改革，增加提高粮、油销价的补贴，扩大税种等一系列措施，成为企业的一些新的减利因素。由于受市场制约，企业难以象治理整顿前那样靠涨价来转嫁负担，相反还有不少产品降价销售，加上高库存带来的高贷款，利息负担重，使企业的一部分利润向工业以外部门和个人转移。其次，治理整顿前重复建设、盲目引进带来的“后遗症”尚未消除，不少价高利大的加工产品生产能力大量闲置，利用率只有50%左右，使规模效益受到了很大制约。当然，企业经营管理水平较低，经营机制还不适应发展有计划商品经济的新形势，社会保障制度不健全，价格关系尚未完全理顺，企业不能优胜劣汰，也影响了资源配置的优化。从根本上说，企业低效益是计划与市场相结合的经济体制和机制不健全的综合反映。这说明要真正提高企业效益，必须进一步深化各项改革。

(五)关于收入分配向个人倾斜的问题

随着公有制为主体、多种经济成分并存局面的形成，加上分配手段和方式的多样化，我国社会财富的分配格局发生了很大变化，传统计划经济体制下集中分配的模式逐渐为有计划商品经济多元分配模式所替代。就国家、企业、个人三者收入分配关系而言，国家所得比重由1978年的31.6%急剧下降为1990年的14.5%；企业所得由19.1%逐步上升为23.8%；个人所得由49.3%急剧上升为61.7%。1991年三者比例变化不大，估计国家、个人所占比重略有降低，企业所占比重有所提高。从总体上看，收入分配向个人倾斜是明显的。这种明显的变化，又由于分配不公，使收入分配向一部分人的倾斜度更为加剧。社会上出现了一类较高收入的人，甚至少数暴发户，其中有的收入为非法手段所得。此外，企业尚缺乏有效的约束机制，出现国家让利给企业、企业又通过各种“漏斗”流到了个人手上。收入分配向个人倾斜，国家应通过财政、税收、银行、物价等再分配的手段和来渠道缓解。

三、1992年宏观经济政策取向

在新的一年里，宏观政策取向要以深化改革为主导，管好总量，优化结构，提高效益，以保持国民经济的持续、稳定、协调发展。

(一)加快改革投资的融资渠道步伐，适当加大增量结构调整力度，保持需求总量的稳定增长。在消费心理相对稳定的情况下，科学把握固定资产投资力度，把一部分消费需求转化为投资需求。执行计划中，要严格控制在建总规模。

为缓解投资缺口矛盾，建议除征收各种重点建设基金外，可围绕财政资金和个人储蓄及手存现金做好筹集资金工作。

一是强化国家财政投资的贴息政策。据测算，如果建设周期为5年，把100亿元财政直接投资改为贴息资金，按10%的贴息率计算每年至少可增加300亿元的固定资产投资规模。财政贴息投资要重点用在骨干企业的技术改造和见效快、效益好的生产性建设的项目上。

二是尽快建立储蓄转化为投资的各项制度，使融资渠道通畅，重点是增加国库券、债券，适当扩大股票发行，实现居民金融资产的多元化。

三是正确处理好利率、物价、债券收益率等经济杠杆的相互关系。物价涨幅与存款利率之间，可在全国保持2个百分点的正利率前提下，加大价格改革的力度，通过价格手段筹集一部分建设资金。存款利率与贷款利率之间，可按贷大于存1个百分点的利率水平来调控。存款利率和债券收益率之间，可按债券收益率高于储蓄存款利率1个百分点的差距来调控。此外，还要注意协调投资回收率与贷款利率的关系，保证企业有合理的投资收益，鼓励其增加自筹投资。

四是在适当收紧信贷总量的同时调整结构，使年度贷款规模增幅控制在13～15%之间，固定资产投资贷款占新增贷款的比重在25%左右（一年约700亿元）。

（二）加大农产品流通体制改革力度。在搞活农村供销社的同时，加速主要农产品的期货市场建设，积极组织农产品销售的服务体系，缓解卖难矛盾。进一步推进农产品价格体系的改革，除了调整粮食的购销价格外，还要确定主要农产品合理的比价，避免轮番涨价，加剧农产品生产的不正常波动。严格控制农村工业品的价格涨幅，改变近几年出现的工农产品价格剪刀差扩大趋势，努力增加农民收入。

（三）大力推进企业经营机制的转换，保持工业生产的适度有效增长。坚定不移地落实《企业法》，加快企业内部劳动、分配制度的改革。加快工业品价格和社会保障制度改革，创造使企业进入市场的经济和社会环境。大力提高企业的管理水平，强化企业的技术进步，降低物质消耗，改善经济效益。强化市场机制对生产的调节作用，把信贷投入与企业产品销售状况挂钩，协调好限产压库与正常生产的关系。

（四）加强分配体制改革，缓解国家财政困难的矛盾。对收入的初次分配改革，主要是解决一个透明度问题，使各经济主体的收入规范化和法制化。对收入的再分配改革，要适当强化各种经济杠杆作用，调节各经济主体的收入，促使其合理化。要严肃税法，加强税收管理，健全个人收入所得税制度，堵塞财源流失漏洞。与此同时，要逐步改变国家包揽过多的局面，根据国家、集体、个人三者分别负担的原则，逐步减少各种补贴。

此外，要深化外贸体制改革，继续实行鼓励出口的各项优惠政策，继续对汇率实行微调措施，适应国外市场多样化的需要，有计划组织多层次商品生产，保持出口的稳定增长，进一步扩大对外经济往来。

四、1992年发展趋势展望

根据对1991年经济运行实况的分析，综合预测新一年可能出现的各种有利和制约经济发展的因素，如宏观调控措施和力度不变，按目前发展趋势，全年整个国民经济主要指标将明显突破计划要求。经济运行中潜伏着以投资高增长为先导，生产资料市场由松变紧、价格波动较大、信贷投放偏多为特征的社会总供求关系逐步趋紧的可能，但仍在客观条件所允许的范围内。初步预测结果如下：

——经济增长率将上一个新水平。全年国民生产总值可达23000亿元左右，按可比价格计算，比1991年增长10%左右。

——农业生产好坏将主要取决于气候条件，估计将是一个平收年。全年农业总产值为8500亿元左右，比上年增长3.5～4%。

——工业生产将呈现以重工业为主导的增长格局，轻工业生产持续平稳。全年工业总产值将达32500～33000亿元，增长17%左右。

——投资规模将呈现高增长态势。全社会固定资产投资总额将达6900亿元左右，比上年增长25～27%。

——对外经济将有较大发展。全年进出口总额可望达到1600亿美元，比上年增长18%左右；其中出口820亿美元，增长14%；进口780亿美元，增长22%。全年利用外资将明显增加，国家外汇储备将基本维持现有水平或略有下降。

——信贷投放进一步趋向松动，财政形势喜中有忧。全年新增银行贷款和货币发行量均将明显突破计划要求。财政收入可望随经济的明显回升而保持一个稳定的增长势头，但由于进入还债高峰年，各项支出难以缩减，全年收支不平衡的矛盾依然较突出。

——城乡居民收入水平稳步提高。全年职工工资总额将达3850亿元，增长15.8%，职工平均货币工资2650亿元，扣除生活费用价格上升因素，实际工资增长5～6%；农民人均纯收入将达760元左右，扣除物价变动因素，实际收入增长5%左右。

——国内市场销售将呈现消费品平稳增长、生产资料快速增长的“一稳一快”格局。全年社会商品零售总额将达10750亿元左右，增长14.5%左右；全年零售物价总水平涨幅可望控制在6%左右的计划范围，职工生活费用价格将上涨7～8%；生产资料销售额将比去年增长30%左右，价格涨幅可能突破10%。

——社会总供求关系将趋紧。初步测算，全年需求大于供给的差率将在8%左右，比正常水平约高出3个百分点。尽管年内尚不至于构成经济大的波动，但从发展趋势看，有可能对明后两年的经济稳定协调发展产生一定程度的不利影响。

（邱晓华　执笔）

贵在起步，贵在坚持

——稳步推进城镇住房制度改革

陈 锦 华

住房制度改革是经济体制改革的重要组成部分。改革开放12年来，在我国经济领域进行全方位、多层次改革的同时，住房制度改革一直循着自己的轨道不断向前推进。从理论上的准备到实践中的探索，从政策的形成到具体措施的实施，住房制度改革在城乡取得了可喜的进展。总结经验、统一认识、下定决心，在已有成绩的基础上进一步推进住房制度改革，这是实现国民经济和社会发展第二步战略目标、人民生活达到小康水平的要求，是当前摆在我们面前的一项迫切任务。

一、住房制度改革的紧迫性和必要性

建国40年来，党和政府一直在为解决城镇人民的住房问题而不懈地努力，特别是党的十一届三中全会以来，城镇住房建设有了较大的发展，城镇居民的住房条件得到了较大改善。1979～1990年的12年中，全国城镇新建住房15亿平方米，建房投资累计2800多亿元，分别为1950～1990年新建住房及投资总和的74%和88.3%，人均居住面积由1979年的3.6平方米提高到1990年的7.1平方米。中国的住房建设成就是举世公认的，世界银行考察报告曾这样评论：中国的住房建设成就即使从国际标准来看也是创纪录的。

尽管如此，城镇住房的供需矛盾并没有从根本上解决。目前全国城镇仍有无房户和住房困难户800万户，其中人均居住面积在2平方米以下的特困户50万户，还有5000万平方米的危房、6亿平方米解放前遗留下来的和五、六十年代建造的简易房需要改造，此外每年有200万对新婚青年需要住房。还要看到，改革开放使人民群众生活水平大大提高，人们在解决温饱之后，迫切要求改善住房条件。这种对住房需求的压力，使住房短缺的矛盾更加突出。

长期以来我国实行的低租金、高补贴的住房分配制度严重阻碍着住房问题的解决。1985年以来，国家每年花在城镇居民建房和维修方面的资金高达300亿元。它既给国家造成沉重压力，也是一笔低效益的资金的投入。这种住房制度不能从经济机制上制约不合理的扩张性住房需求；住房资金回收率很低，投资不能实现自身积累，包袱越背越重，不能形成良性循环。显然，国家现在和将来都不可能把居民的住房包下来，在人们的收入水平和对住房的需求提高后，又缺乏一个有效的机制引导居民在购房、建房上投入资金。

城镇住房的低租金、高补贴制度，还使住房消费在居民消费构成中所占的比例越来越不合理。从1982年起，农民有的住房消费支出比重超过“用”的比重，1984年又超过“穿”的比重而进入第二位。而在城镇，居民的消费顺序没有发生变化，相反住房消费的比重却由1975年的2.3%降为1990年的0.74%。这种住房福利制，使国家支付的高额补贴间接转化为个人的实际收入，刺激了人们多占房、占好房的欲望，助长了以权谋房的不正之风。所有这些，都从客观上要求对现有住房体制进行改革。

实行改革开放以来，随着改革的不断深入，特别是为深化企业改革创造适宜和宽松的外部社会环境，迫切要求把住房制度改革提到议事日程上来。1980年4月，邓小平同志提出了住房制度改革的总

体构想。同年6月，党中央、国务院批准公布关于住房商品化的政策。随后在一些城市开展了出售住房和公有房补贴出售的试点。1986年国务院确定烟台、蚌埠、唐山等为住房制度改革的综合配套试点城市。1987年7月国务院批准烟台市“提租发券、空转起步”的方案，接着国务院又相继批准了蚌埠、唐山市的房改方案出台实施。在总结试点经验的基础上，1988年1月，国务院召开了全国住房制度改革工作会议，会后印发了国务院住房制度改革领导小组《关于在全国城镇分期分批推行住房制度实施方案》(国发[1988]11号文件)，确定了整体方案设计，住房制度改革进入了扩大试点的阶段。1990年12月，党的十三届七中全会明确提出了2000年实现小康生活水平的战略目标，把改善城镇居民居住条件作为一项重要内容，并要求通过住房制度改革，适当加快房地产综合开发和住房商品化的进程。今年6月，国务院发布了《关于继续积极稳妥地开展城镇住房制度改革的通知》(以下简称《通知》)，在总结前10年住房制度改革试点经验的基础上，对国发[1988]11号文件作了进一步改善和发展。《通知》的发布，对于深化住房制度改革，加速住房建设，实现今后10年人民“居住条件明显改善”的目标，必然起到极大的推动作用。

12年来我国的住房制度改革，尽管遇到了这样和那样的实际困难，但住房制度改革始终没有停顿，特别是一些试点城市的许多城镇、企业坚持不懈地推进房改，取得了明显的进展。

改变了人们旧的住房观念，住房商品化意识明显增强，消费结构开始调整。我们看到，凡是在进行了住房制度改革的地方，人们的住房观念都发生了很大的变化：住房是商品的观念；多住房多付钱，量力住房，合理消费的观念；购买住房，既是消费行为，也是投资行为，既可满足现实住房的需求，也可以保值增值的观念。人们开始注意调整消费结构，有的已把买房作为重点消费投资方向。

抑制了不断膨胀的过高的住房需求，有利于纠正不正之风。部分试点城市和单位较大幅度地提高公有住房租金，有的将每平方米使用面积月租金由原来不到1角提高到1元以上，相当于五项因素构成的成本租金的70～80%。这就使房租成为家庭消费的重要构成因素，形成了住房消费支出与收入水平之间明显的制约关系，从经济机制上抑制了不合理的住房需求。烟台、唐山、蚌埠和一些改革低租金的城镇都出现了退出多占房、大房换小房和控制住房单元面积的趋势。

有利于房屋出售，加快资金周转。随着住房观念的转变，一些城镇通过提高房租，调整租售比价以及制定优惠政策，调动了居民购买住房的积极性。深圳市以提高租金为前提，鼓励职工购买公房，回收资金4.56亿元，同时回收租金约1000万元，加快了资金周转，初步实现每两年循环一次。广东花县实行房改两年多来，共向职工出售公房5673套，有90.16%的职工买了住房，收回住房资金3832万元。

立足于现有资金转化，建立了城市、单位、个人三级住房基金，有些产权单位开始步入投入产出良性循环的轨道。部分试点城市通过资金转换，把围绕住房生产、经营、消费过程中的资金集中起来，建立住房基金，实行专户存储，定向使用，使住房建设资金逐步由无序变为有序，实现合理化、固定化、规范化。烟台、蚌埠分别已有95%和85%以上的单位建立了住房基金制度。国营江南机器厂、冶金部第五冶金建设公司将消费基金与生产基金分离开来，建立专项住房基金，保证了提租补贴和住房建设的资金来源。上海市的公积金制度开辟了一条单位和个人相结合筹集住房基金的新路子。唐山市房改后产权单位年租金收入达1.22亿元，除去维修管理费外，每年可纳入住房基金8500多万元，可用于建造2500套住房，能满足当年新增住房需求量的55%。

促进了住房金融体制的配套改革。住房制度改革要求金融系统提供融资手段。目前建设银行设置了1269个房地产信贷部，工商银行已有32个省(自治区、直辖市)、计划单列市的分行建立了1000多个营业机构，它们积极为房改服务，办理住房存、贷款业务和抵押贷款业务；保险部门还积极开展了住房保险业务。经国务院同意和中国人民银行批准试点的烟台、蚌埠两家住房储蓄银行，3年来积极服务于当地房改，在理顺住房资金，建立住房基金制度，办理住房低息低押贷款和各种结算业务等方面，进行了有益的探索和实践。

结合“解危”“解困”，开展集资合作建房，建房步伐加快，居住水平有所提高。呼和浩特市积极推行集资建房办法，国家扶持部分占30%、单位投资占33%、个人投资占37%、每户居民集资在4500～7000元之间。北京菊儿胡同的危旧房改造第一期工程所需的300多万元资金主要来源为：个人负担部分占26%，其它部分通过政府的税费减免和房地产经营所得收入来解决。河南巩县的集资建房经历了一个由政府、单位补贴集资建房到完全依靠个人集资建房的过程，近几年来共集资8829万元，建造住房37.2万平方米，县城人均住房面积已由1982年的3平方米达到目前的13平方米，住房问题已基本得到解决。此外，北京、沈阳、武汉、上海等地近30个城镇组织的住房合作社，在政府政策的扶持下，调动社会的力量，协助无建房能力的企业事业单位解决职工住房困难，也取得了明显的效果。

我国住房制度改革的初步实践表明，住房制度改革取得了很大的经济效益和社会效益，是一件利国利民的大事。现在，改革的紧迫性和必要性已被越来越多的人所认识，得到了人民群众的广泛理解和接受。广大群众自觉、主动地参与房改，已经为在全国范围内逐步推开住 房制度改革奠定了思想和社会基础。与此同时，经过12年改革开放特别是近3年的治理整顿，我国经济正向好的方向发展，社会政治经济环境稳定，人民群众的生活水平明显提高，具有一定的物质承受基础。经过几年的改革试点，住房制度改革政策和措施渐趋完善，还培养和锻炼了一支房改工作队伍。特别是党中央、国务院和各级党政领导的重视和推进住房制度改革的决心，广大群众对房改日益迫切的要求，已在全国上下开始形成了房改的大气候。我们要趁这个有利的时机，积极稳妥地在全国范围内推进住房制度改革。

二、房改的目标和基本政策原则

为贯彻落实七届人大四次会议通过的十年规划和“八五”计划纲要提出的各项任务，国务院今年6月在《通知》中再次重申，“住房制度改革是经济体制改革的重要组成部分，也是人民群众十分关注的重大问题，其根本目的是要缓解居民住房困难，不断改善住房条件，正确引导消费，逐步实现住房商品化，发展房地产业。”

要想达到这一根本目的，就要按照社会主义有计划商品经济的要求，通过住房制度改革，转换机制，实现住房商品化。具体讲，就是从改革公房低租金制度着手，将现在的实物福利制度逐步改变为商品货币制度，由住户通过商品交换(售房或租赁)，取得住房的所有权或使用权，使住房这个大商品进入消费品市场，实现住房资金投入产出的良性循环，从而走出一条既有利于加快住房建设和解决城镇居民住房问题，又能促进房地产业、建筑业和建材工业发展的新路子。

我国住房制度改革应当确定以下几个具体的分阶段目标：

“八五”目标。以改变低租金、无偿分配为基本点，房屋租金标准应力争达到实现简单再生产的三项因素(维修费、管理费、折旧费)计租水平，逐步增加家庭住房消费支出的比重；紧紧围绕“解危”“解困”，重点解决危险住房和人均居住面积达到7.5平方米，使住房成套率达50%左右；房改方案正式出台的城市，要全部建立城市、单位和个人三级住房基金，使之合理化、固定化、规范化，保证住房建设有稳定资金来源，并通过改革奠定机制转换的基础。

十年目标。到2000年住房租金标准应努力达到五项因素(维修费、管理费、折旧费、投资利息和房产税)的成本租金水平，使家庭消费结构基本趋于合理；大力发展住房成套率，使之达到60～70%之间，城镇人均居住面积达到8平方米，群众居住条件和居住环境得到明显改善；发育房地产市场，建立和健全住房资金的融资体系，加速机制的转换，初步实现住房建设资金投入产出的良性循环。

长期目标。住房租金标准要达到八项因素(前述五项因素基础上加土地使用费、保险费和利润)即商品租金水平，家庭住房消费更加合理；住房成套率大大提高，每户有一套舒适的住房，形成房地产市场和住房融资体系，完成住房商品机制的转换，实现住房商品化、社会化。

实现上述三个阶段的目标，任务十分艰巨，可能要经过几代人的共同努力才能达到。今后10年，我们肩负着实现解危解困和本世纪末达到人均8平方米居住水平的双重任务。为此，“八五”期间平均每年要新建住房1.5亿平方米，“九五”期间每年要新建住房1.8亿平方米，10年共需新建住房16.5亿平方米，以1990年不变价格每平方米300元计算，每年需投资450～540亿元。如此大的住房建设资金从哪里来？如果按旧体制，完全靠政府和企业，是无法实现的。不改革、不转换机制，就不可能吸引城镇居民在住房建设上的资金投入。

因此，我国进行住房制度的改革，首先要坚持政府、单位、个人三者共同负担的原则。实行这个原则，目的在于通过发挥三个积极性，在保持现有建房资金渠道的前提下，增加个人在住房建设投资上的比重，更多地筹集建房资金，加快住房建设步伐，加速缓解住房问题上的供需矛盾。几年来各地进行集资、合作建房的实践已充分证明了这一点。有的地方建房以单位和个人为主体，政府给予扶持；有的以个人为主体，政府和单位给予扶持；有的由政府组织有偿“解困”，政府、单位和个人都出点，合作改建旧房，等等。

其次要坚持租、售、建并举的原则。提高房租、促进售房是房改中的重要环节和内容，如果其它的配套改革跟不上，提租不卖房不足以加速资金的回收；卖房不提租不能解决建立住房商品化的新机制。改变建房单一的投资体制为各级政府、企事业单位、开发公司、合作组织、职工个人等多元化投资体制，加快住房建设也是房改的一项重要内容。因此，各地在制定方案和实施房改中，必须坚持租、售、建并举，形成一个提高租金、促进卖房、回收资金、促进建房的联带序列。

第三要坚持统一政策下的因地制宜、分散决策的原则。房改试点地区的经验说明，由于各地经济发达程度不同，承受能力不同，房改的具体办法也应有所差别。这种特有的国情、省情、市情决定，全国房改目标方向是一致的，但改革的步骤、办法和措施，不能一刀切，只能走因地制宜、分散决策的路子。

第四要坚持机制转换的原则。住房制度改革就是要转换传统体制下的运行机制，形成一种适应社会主义有计划商品经济要求的新的住房制度和运行机制，逐步实现住房商品化。机制转换首先要改变现有资金分配体制，把住房投资从作为积累形式的计划分配变为消费形式的商品分配，把住房消费基金逐步纳入正常渠道，使目前实际用于职工建房、修房资金的大量暗贴转化为明贴，并逐步纳入职工工资；其次把现行的住房作为固定资产的计划管理体制变为住房作为商品生产投资的指导性计划管理体制；再次要通过财政、税收、工资、金融、物价和房地产管理等方面配套改革，在理顺目前围绕住房所发生的各种资金渠道的基础上，建立住房基金，逐步形成能够实现住房资金良性循环的运行机制；最后要通过调整产业结构，开放房地产市场，发展房地产金融和房地产业，把包括住房在内的房地产开发、建设、经营、服务纳入整个社会主义有计划的商品经济大循环体系。

住房制度改革要始终遵循上述基本原则，并围绕这些原则，切实掌握好住房制度改革中的有关政策。国务院在《通知》中强调指出，“住房制度改革涉及面广、政策性强，是一项长期的工作”，“各地要严格按照国家有关住房制度改革的统一政策规定执行”。房改中必须明确以下几点具体的政策：

提租与补贴问题。合理调整公房租金是住房制度改革的核心环节。提高房租要着眼于租售比价的合理化。我们要力争在本世纪末，随着收入水平的提高，将租金提高到五项因素成本租金水平，使家庭住房消费基本趋于合理。这就涉及到提租次数和提租幅度问题。提租幅度大，次数少，要求财政和企业住房资金转换能力强，个人的经济承受能力也相应的高；提租幅度小，次数多，较能适应当前财政、企业和个人的承受能力，但振动次数多也有一定的副作用，而且往往受到客观环境各种因素制约，不能按时完成提租规划。但从贵在起步意义上讲，也不失为一种良策，关键在于起步后再创造条件加快提租的步伐和幅度。提租必然涉及到居民的承受能力问题，补贴就成为大幅度提租的必要条件，也是实现住房由实物福利分配向货币工资分配转换的中介环节，这是结合工资改革推动住房制度改革的有效途径。根据三者共同负担的原则，各地要坚持“多提少补”的办法，这样即使增支户的面大一些，只要增支额控制在群众承受能力之内，也会得到群众的理解和支持。考虑到个人收入增长而房租没有变动的情况，有的地区小幅度提租起步时在做好群众思想工作的前提下也可以不补。要严格禁止“少提多补”，这既不符合国务院有关文件精神，又势必加重财政、企业负担，改革也难以持续下去。

售房问题。向居民个人出售新旧公房是推行住房商品化，加快住房制度改革的基本措施之一。出售的公房价格要合理，要考虑到职工的购买能力。但也不能定得过低，否则既无益于机制的转换，也不利于住房资金的回收。在起步阶段的最初一、两年内，为鼓励群众买房，按标准价计价时，可以考虑征地和拆迁补偿费暂由单位适当负担。各城镇的售房价格要严格管理，售房的价格要经所在省、自治区、直辖市人民政府审查批准，严禁以过低的价格出售公有住房。至于按市场价格出售的，这种住房出售的对象，主要是高收入者，要按国家宏观调控的价格要求进行。

为了降低住房售价，必须重视降低住房造价，切实改变住房建设中乱摊费用和非法提高土地价格的现象。各地要采取切实措施，把城市基础设施建设与住房建设区分开来，由政府单列计划；住宅区内公共建筑，凡属经营性设施(如商店、粮店、邮局和储蓄所等)，应由使用单位购买或租凭，其它非经营性房屋配套的市政设施投资，应逐步通过理顺渠道加以解决。拆迁户的安置，都应按国务院有关规定办理，并结合住房制度改革，以合理价格有偿提供。通过以上措施，把全国城镇(特别是大城市)的住房造价大幅度压下来，使租售比价较快地趋于合理，以促进向职工个人售房。

要鼓励发展国营、集体、个人多种经济形式的维修、装饰、管理、服务等第三产业，引进投标、招标的竞争机制，加强公房售后维修、管理、服务。

新房新制度的问题。为了使新建住房不再进入旧的住房体制，对新竣工的公有住房(包括迁出腾空的旧公房)，实行先卖后租、新房新租、优先出售或出租给无房户和住房困难户等办法。新房新租实转所发住房补贴的资金来源，企业可以进入成本，机关、事业单位可以列入财政经费预算，这就为新房实行较大幅度的提租提供了资金保证，从而较快地进入新机制运转。

住房基金问题。目前，我国用于住房建设投资的资金来源构成中，国家财政(中央和地方)约占23%，企事业单位自筹的约占60%，个人出资的部分约占17%。问题在于，政府的住房投资往往是连同基本建设投资一起下达的；修缮费用零星下拨；企业的住房投资又和留利中的生产发展资金混在一起，互相挤占；个人对住房的投资主要发生在县镇和小城市，大中城市尚未形成有组织的个人筹资的相应条件和气候。因此，建立城市、单位和个人三级住房基金是十分必要的。应当把政府的基建投资中属于住房投资的那一块划出来，并把住房的修缮拨款固定下来，划入城市住房基金；把企业用于生产和住房消费的资金分列开来，将无序筹集的住房投资，经过合理核定固定来源，规范化地纳入企业住房基金；并通过逐步提高公房租金，收取租凭保证金、发行住房债券、组织住房储蓄等形式，增大个人筹资在住房投资中的比重。各级人民政府应切实做好住房资金筹集和转化工作，凡是住房改革方案出台的城市，都应把三级住房基金建立起来，成立住房资金管理机构，统筹安排、规划使用住房基金，并把住房基金管好用活。

公积金是建立个人住房基金的有效方式。从今年以来，许多城市、特别是大城市采取了公积金办法。这种办法比较符合大城市、特大城市的特点，它为住房建设集聚了稳定的建房资金和个人购房资金，有利于集体企业、小企业和微利企业建立住房基金，解决职工的住房困难问题，有利于体现政府、单位和个人共同负担的原则。目前公积金还正处于初创和探索阶段，各地区应紧密联系各地区的特点和经济能力，正确引导，逐步推开。

住房金融问题。住房金融是为住房建设筹集资金，为居民购买住房融通资金的重要方式。住房制度改革迫切要求建立一笔集中调度、统筹使用、可供融通的住房信贷资金，做到资金有借有还、有偿使用、滚动循环。当前重要的是办好抵押贷款，这种制度使得分散、分期实现的居民家庭收入，能适应集中、一次性支付的住房购置的要求；同时住房建设单位通过住房的出售能够一次性收回投资，尽快投入建新房，从而有助于资金回笼，对推行住房商品化具有重要意义。还要进一步开展对住房开发的信贷业务，以加快住房建设，扩大住房供给。

在住房金融管理体制上，要区别政策性信贷和经营性信贷。政策性信贷是指划分专项资金来源，单独管理，在计划安排、信贷规模、利率、税收等方面给予优惠，并积极探索建立有助于协调条块之间的关系，发挥地方政府和银行两个积极性的金融管理体系。经营性信贷是发挥各金融机构的积极性，按现行规定拓展房地产信贷业务。同时要继续开展职工售房保险配套工作，推进住房建设，更好地为房改服务。烟台、蚌埠两市成立了住房银行，要继续积极探索、总结经验。

住房投资建设体制问题。住房投资建设体制的改革，实际上就是把现行由国家和企业包的住房投资体制，转换成政府、单位、个人三方面共同负担的住房建设投资体制。

首先要积极发展个人集资、合作建房，这是解决中低收入者住房问题的重要方式之一。各地政府部门，应大力支持单位或社会组织的集资、合作建房，特别是结合“解危”、“解困”进行的集资、合作建房。计划、金融、财政税收、城建、规划、土地等有关部门应优先予以安排，政策上适当倾斜和扶持，并通过税费的优惠政策，努力降低建房造价。

其次各级政府要鼓励、引导改革现行房产开发的建设体制，要从创建经济实用的住房开发着手，确立政府参与房屋价格的有效调控和制约机制。现行房价过高，既有不合理的摊派因素，同时也与某些开发企业的经营指导思想有关。加强对开发企业的整顿、监督管理是必要的。要改变开发企业直接隶属于某些行政部门的状况，创造公平竞争的市场环境，以优胜劣汰的市场机制去抑制房价不合理上涨的势头；同时，要把对开发企业的管理纳入法制轨道，端正经营思想，保障其合法收益。

另外，要形成住房建设指令性和指导性计划相结合的计划管理体制，除计划安排的住房建设受固定资产规模控制实行指令性计划外，对个人集资与合作建房的部分可以不受规模的控制，实行指导性计划。

住房管理和权属问题。首先，要逐步实现公有住房的社会化管理。无论是由政府直管的公房，还是各单位自管的公房，这些公房投资渠道有所不同，但实际上已形成了各单位分割的公房管理的格局，影响了职工的横向流动，使得企业领导人陷于建房难、分房更难的境地。因此，企业改革本身也要求把厂长经理从分房、建房、管房等事务中解脱出来，集中精力抓企业经营，逐步实行住房的社会化管理。同时，单位自管房屋中的住户，由于人员调动、家庭组合变更等因素，导致了大量交叉居住现象，其本身也要求实现住房社会化管理。当然，实现这种管理体制上转换不可能一蹴而就，要有一个逐步推进的过程。各地可以采取逐步引导、渐进过渡的办法实现。第一步，先在企业内部实行分离，把对消费性住房的管理从以往的与生产性房产的混合管理中分离出来，专项核算，自成体系，独立经营。第二步，以信托方式把这部分企业住房委托给由地区组织的、也可以是由若干企业的管理部门或人员合并而成的某种经济实体，来进行具体经营管理。

职工购买公有住房，在国家规定面积以内，实行标准价，购房后拥有部分产权，可以继承和出售。但须在购房5年以后方可进入市场出售，同时原产权单位有优先购买权，售房收入扣除有关税费后所得收益按政府、单位、个人的产权比例进行分配。各地在推行按标准价和部分产权原则出售公房时，应结合本地实际，找出切实可行的办法，把公房出售继续推行下去。

房地产市场的发育问题。房地产市场是社会主义市场体系中重要组成部分。随着用地制度和住房制度改革的推进，房地产交易将日益频繁发生。因此，培育和健全房地产市场是一项非常重要的工作。在发展房地产市场时，要加强法制建设，建立全国乃至地方性法规，把房地产市场纳入法制轨道，既要形成一个以传递信息、展示行情、促成交易、余缺互补的交易场所，又要严格交易程序，严格交易人的资格审查，打击非法倒卖行为。搞好房地产的价格评估和价格调节，综合采取经济、行政、法律手段，保护合法收入，调节过高收入，取缔非法收入，形成一个公开的、规范化的、可调控的房地产市场。促进住房出租、出售、交换和抵押市场的形成，创造职工流动的条件和环境。

条块、点面关系问题。在同一市、县的房改政策、办法和实施步骤应当统一，所有单位，不论隶属关系如何，都应服从当地人民政府对住房制度改革的统一部署。中央所属部门要积极支持所属企事业单位进行房改，要顾全大局，尽可能适应地方政府的决策，这对形成区域性而不是分割的房地产市场有利。地方政府也要适当照顾到条条的体制特点，使条块之间的利益有所兼顾和协调。

在住房制度改革10年的时间里，特别是近几年，许多试点地区和试点单位做出了有益的改革探索，要鼓励试点地区和单位继续先行改革、摸索经验。对于不同市县、不同单位在住房制度改革推进中出现的交叉和辐射问题，要坚持后改的支持先改的，改革步子小的支持改革步子大的，形成一个互相带动和促进的局面。

房改中的减免补问题。住房制度改革涉及到低收入职工、离退休干部和职工、政府民政部门确定的社会救济户和非在职的优抚户等，他们的承受能力脆弱，对这部分职工和家庭，在一定时期内可以实行减免补政策。各地要严格控制减免补的范围，一般说来，在时间上不得超过3年。在这期间，要对减免补的对象进行归类，并逐步纳入正常优抚、救济和单位困难补助的渠道。

三、今后两年房改工作的主要任务和基本要求

根据党中、国务院关于“八五”期间“要积极推进住房制度改革”和“住房制度改革要统筹规划、因地制宜、分类指导、稳步向前推进”的要求，今后两年住房制度改革的主要任务是：

——对出租公房的租金按统一标准进行调整，这个标准至少包含两项因素，有条件的应争取达到三至五项因素。

——全面贯彻先卖后租、新房新租、有偿租房的

原则，对交纳租赁保证金或认购住房债券的额度，作出适合于本地区的具体规定。各地要在遵循标准价的原则下，积极推动公房的出售，积极试行抵押贷款售房和售房保险的办法；扩大售房房源，在推动个人购买新旧公房方面取得一定实效。

——要加快住房建设，鼓励集资、合作建房，特别是结合"解危""解困"进行的住房建设；要加强售后服务，积极发展各种所有制形式的住房管理、维修、装饰的经营实体，推动住房的社会化服务。

——建立三级住房基金制度，积极转化资金，并使住房基金投入运转，健全管理机构、管理办法，使住房基金使用的方向明确，办法切实可行。

——在积极办好和拓展现有的经营性住房信贷业务的同时，逐步建立住房金融的政策性信贷体系和管理制度，特别要对单位和个人建房、购房信贷，以及抵押贷款的售房保险的具体办法做出规定，进而在开展个人住房储蓄贷款业务方面跨出更大的步子。

——发展房地产市场，促进房地产交易，各地区要制定出相应的地方性法规并设置相应的管理机构，以活跃住房的市场交易并实施必要的宏观调控。

住房制度改革的全面推开，是一项艰苦而细致的工作，为了切实做好住房制度改革工作，各级人民政府应从以下几个方面入手，抓紧工作，使全国各地住房制度改革能全面、持续、有序地推进：

——领导的改革决心是推进住房制度改革的关键。住房制度改革的政策性和配套性很强，难度很大，涉及到各个方面和各个部门，单靠哪一个部门，都很难搞好。因此，各级党委和政府应当高度重视，加强对这项工作的领导，特别是主要领导亲身投入房改的实践和取得房改的直接经验，对推进房改具有关键性的意义。住房制度改革涉及经济利益的调整，为保证房改方案的顺利实施，各级领导必须以身作则，带头执行房改的各项政策规定，以自己的模范行为来推动房改。

——推进房改必须坚持从群众中来到群众中去。要对群众进行反复的宣传教育和解释工作，耐心细致地向群众说明改革的政策、方法和步骤，并如实地告诉群众改革中所出现的困难和问题，提高群众对房改必要性和迫切性认识，增强群众对改革的支持程度。

——住房制度改革是一项长期性的任务，县以上各级人民政府都应建立政府主管领导主持的、有关部门领导参与的房改领导机构，赋予相应的决策权力和协调责任，有专门的机构去抓，有稳定的队伍，使住房制度改革有组织上的保证。

——各级政府应在党中央、国务院规定的关于住房制度改革的目标、基本原则和政策要求下，从实际出发，制定切实可行的房改方案，选择适合自己情况的起步方式，充分发挥自己的主动性和大胆探索精神，不断总结经验，逐步完善房改的具体政策、措施和办法。

——推进住房制度改革必须正确处理局部与全局，当前起步和长远发展的关系，把住房制度改革纳入整个经济体制改革中去，结合企业、工资、价格、以及宏观调控体制的改革，统筹规划，综合配套地进行，同时要制定相应的法规，做到有法可依。

——住房制度改革是一个系统工程，其总体构思和政策衔接相当复杂。为有效地推进房改，必须抓紧干部培训。各省、自治区、直辖市房改部门要有规划、有安排，切实抓好干部的培训工作。从而使住房制度改革有一支政治思想好、业务素质高、作风扎实的房改队伍。

（原载《中国经济体制改革》
杂志 1991 年第 11 期）

稳步发展我国企业跨国经营

袁 木

坚定不移地实行对外开放，是我们建设有中国特色社会主义的一项基本国策。党的十一届三中全会以来，党中央和邓小平同志对我国的对外开放问题作出了一系列的重要指示和决策，使我国经济摆脱了原来的封闭半封闭状态，大踏步地走上世界舞台。在对外开放的过程中，我国的海外投资事业也稳步地得到发展，一批企业积极跻身于国际竞争，发展跨国经营，不仅以良好的业绩为我国的海外投资事业赢得了较高的声誉，而且也为建立有中国特色的跨国公司，促进外向型经济的蓬勃发展，探索了道路，积累了宝贵的经验。

进行海外投资和跨国经营，是当代生产社会化发展的必然趋势。在当今世界，科学技术发展迅猛，经济技术交流日益扩大，资金、技术、人力以及其他资 源的配置，已经突破国家间的界限，争夺国际市场和投资机会的竞争也愈来愈激烈。在这种潮流中，任何国家都不可能闭关锁国，置身其外了。如果我们不扩大对外开放，积极参与这种竞争，大胆地走出国门，就不可能抓住机遇，利用国际经济发展中所存在或可能提供的各种有利因素，最大限度地发挥自己的优势，促进我国经济的发展，也难以适应世界经济技术发展的挑战。国际经验表明，对于发展中国家来说，从发展对外贸易到对外进行直接投资，从在海外发展贸易型企业到创立非贸易型 企业的过程，既是经济发展的必然结果，又是逐步走向现代化的必要条件。在这个过程中，商品和劳务的贸易将引起资金和技术的引进和输出，而后者又会反过来促进前者的进一步发展，并带动国内相关产业的进步。从我国的实际情况来看，在坚持改革开放，促进社会主义有计划商品经济发展的过程中，有一大批企业增强了活力，开拓了视野，具备了面对国外市场进行竞争的能力，也需要在国际范围内更广泛地寻求进一步发展的机会。可以说，我国企业，特别是国营大中型企业的海外投资和跨国经营，是深化改革、扩大开放的产物，也是促进现代化建设的条件之一。

《中共中央关于制定国民经济和社会发展十年规划和“八五”计划的建议》和《中华人民共和国国民经济和社会发展十年规划和“八五”计划纲要》已经明确地提出了今后十年我国进一步扩大对外开放的目标和任务。在最近的中央工作会议上，围绕进一步搞好国营大中型企业的问题，江泽民同志和李鹏同志都作了重要讲话，提出要“多方位地开拓国际市场”，“要把利用国外资金和吸引外资，同加强我国基础产业、技术改造更好地结合起来”等要求。我觉得，在总结经验的基础上，进一步完善政策，促进我国的一部分国营大中型企业向跨国经营的方向发展，直接面对国际市场，在国际竞争中开拓市场，引进资金、技术和管理经验，完善机制，增强活力，是落实这些目标、任务和要求，进一步搞好国营大中型企业的一个重要方面。

我国的一部分国营大中型企业要不要发展跨国经营，能不能发展跨国经营，对于这个问题，我们的认识要有战略眼光。

从必要性看，发展非贸易型海外企业对振兴国民经济所起的积极作用主要在于：

其一，有利于更好地利用国外资源。我国的对外开放政策是包括引进外资和走出国门两个方面的整体。我们不仅欢迎外商来华投资，也鼓励我国有条件的企业到海外去开办各种合资或合作企业、独资企业。在这方面，我们已经取得了一定成效。据统计，截至今年年初，我们通过对外直接投资的方式利用外资达 13.74 亿美元。1990 年 1 至 10 月批准的 119 项海外投资项目中，中方协议投资占总投资额的44%，其中又有60%是以设备、技术作价的，剩下的40%主要是靠在当地就地筹资解决的。从投资的方向看，我国在海外的大项投资，又以开发和利用当地的资源优势为重点。如中冶公司与澳大利亚合资开采的恰那铁矿，全部建成投产后，每年可运回近千万吨国内短缺的优质铁矿石，据估算，若在国内开发相同规模的铁矿，需要在澳投资的几倍。又如中信公司采取“贷款租赁”方式在澳大利亚波特兰合作投资的铝厂，全部资金都是利用外资，也取得了可观的效益。这些实例说明，在海外投资和跨国经营中，利用外资的路子是很宽的，是可以和开发利用国外资源结合起来的。

其二，有利于促进国营大中型企业引进国外先进技术和管理经验，提高企业素质。我国已有一些大型企业通过收购发达国家的企业或一部分股份，直接进行或参与经营管理，吸收了其中的先进技术、专有技术和新工艺，吸取了行之有效的管理经验和方法，用以改造和提高国内企业的技术和工艺水平，改善企业内部管理，缩短了和发达国家的差距，提高了经济效益。

其三，有利于我们消化和转移国内过剩加工能力和传统技术，加快产业结构和产品结构的调整。近几年来，我国一些传统加工产业的国内市场已经面临饱和，亟待进行调整。随着今后国民经济的发展和技术进步，还会不断地出现过剩的加工能力和技术。这就需要在大力开拓国外产品市场的同时，通过大力开拓国外投资业务来消化和吸收国内过剩的加工能力。特别是在产品出口受到限制的情况下，设备和技术的输出就显得更为重要。发展跨国经营，可以转移国内一部分加工能力和适用技术，也可以通过吸引外资和先进技术来改造我国的传统产业，从而有助于形成产业结构调整和技术转换的良性循环。在这方面，国外已经有成功经验，我们可以借鉴。

其四，有利于增强国营大中型企业的实力和活力。国际经验和我国的实践都表明，跨国经营往往同时也是多角经营，这对增强企业的实力和竞争能力是十分有益的。企业通过跨国投资的扩展，可以及时而又广泛地掌握国际市场的信息，抓住各种有利的机遇，根据不同国家和地区的社会环境、资源条件和市场需求，进行不同产品的综合开发和经营，集工、贸、金融、运输为一体，既能获取不同国家的政策和资源之利，又能有效地分散投资和经营风险，同时带动国内生产和出口创汇。

其五，有利于加强南南合作，绕过一些国家和地区的贸易壁垒，打破西方敌对势力对我国的经济封锁和制裁。从这个意义上说，促进海外非贸易性投资和跨国经营的发展，将有可能给我国今后的对外经济交往带来更大的回旋余地，创造更多的机会。

那么，我国有没有可能在这方面迈出更大的步子呢？我认为是完全有可能的。

第一，我国已经有了一批具备一定实力和优势、有能力在海外进行非贸易投资，参与国际竞争的大型企业。

第二，我国有一些技术比较先进而国内市场又已经饱和或趋于饱和的装备，在某些技术领域和价格方面，我们有自己的优势，特别是一些适用技术，对发展中国家有较大的吸引力。

第三，伴随着科学技术迅速发展而出现的结构转换，既使国际竞争日益激烈，也创造出更多的投资机会和市场条件，而比较发达的海外融资市场又为筹集资金提供了条件。这些机会和条件，别人可以利用，我们也可以利用。

第四，在改革开放过程中，我国的一些企业已经培养和锻炼了一批熟悉国际惯例和市场环境，有能力在海外从事生产、经营和管理的人才，也摸索和积累了一些经验和教训，为我国拓展海外投资事业奠定了初步基础。

可见，无论是从客观条件还是从主观条件来看，推动我国企业的海外投资和跨国经营，都不仅是有必要的，而且是有可能的。我们应当以更加积极的姿态，促进和引导这项大有希望的事业的发展，使我国的企业在国际经济舞台上扮演更加重要的角色。

当然，我们对自己的实力和面临的困难也要有正确的估计。应当看到，从总体上看，我国企业的海外投资还处在起步阶段，目前的投资规模，无论是与发达国家相比，还是与我国的潜力相比，都还很小，经营和管理方面也存在一些这种那样的问题。近几年来，海外企业的发展既有成功的经验，也有失败的教训，在进一步发展中，也存在内外两方面体制或环境的制约。因此，认真地总结经验教训，分析各种有利和不利因素，对于我们进一步完善政策，少走弯路，促进我国企业跨国经营的健康发展将是十分有益的。

在此我想提出几点意见，供同志们讨论参考。

第一，发展海外投资和跨国经营，既是一项长期的任务，也要经过一个逐步推进的过程，既要有积极的态度，又要有科学的态度，量力而行，稳步前进。对于投资的市场环境和潜力、资源条件、东道国的法律和政策规定、筹资的成本和收益、各种可能的风险等，要认真做好可行性分析，在此基础上慎重决策。决不能一哄而起，盲目投资，以免给国家造成损失。

第二，要注意更多地利用外资和国内现有设备和技术，注意利用国外合法的避税规定，尽可能地降低筹资成本和风险。我国是一个发展中国家，国内建设资金，尤其是外汇资金不足的状况将长期存在。因此，我国企业在海外进行实业投资目前既不宜、也不可能依靠国内外汇资金的输出，而应采取灵活多样的筹资方式和投资方式，更多地利用东道国或第三国的资金。例如，以国内设备和技术入股、项目担保贷款、贷款租赁、贷款参股或合作等等。这方面的路子很宽，我们的一些企业也有一些成功的经验，可以相互借鉴。

第三，要选择好合作或合资伙伴，善于借用东道国的管理和技术人才。应该看到，目前我国在海外进行独资经营，不仅人才和经验不足，也会碰到一些不容易处理的具体问题，如劳资纠纷、与东道 国政府和公司的关系等。采取合资和合作方式参股投资，逐步过渡，不仅有利于分散风险，避免矛盾，也有利于学习和借鉴外国公司的管理经验，并可减少外派人员和开支。

第四，要注意培养人才，提高外派人员的政策和业务素质。从长远看，我们需要一大批热爱社会主义祖国、勇于开拓、踏实肯干、有强烈事业心和责任感、有较高业务能力的海外企业家，这就需要注意有步骤有计划地培养人才。对政治可靠、业务能力强的业务骨干，要大胆使用，让他们在国际竞争中经风雨见世面，增长才干，更好地发挥作用。

第五，要制定和完善鼓励和引导我国进行海外投资的政策和法律，加强对海外投资的宏观调控和必要的行政管理。在这方面，我们总的来说还很薄弱。在今后的发展中，要结合国民经济发展规划，有计划有重点地扶持和引导一些大中型企业进行跨国经营，同时完善有关审批、融资、税收和外汇管理的政策，加强信息开发和服务，加强协调和管理，保护合法经营，防止盲目投资。我们希望有关部门做好这方面的调查研究，也欢迎各方面人士提出建议。

第六，要切实加强对海外企业国有资产的管理，采取有效措施，防止和纠正在海外投资中损害国有资产及其权益的行为。我们的许多海外企业的投资和财务管理是好的或比较好的。但也有相当一些企业不同程度地存在着管理混乱的现象，造成国有资产及其收益的流失。这种现象如果任其发展，不仅不利于海外企业的健康发展，而且会给国家和民族声誉带来严重损害。我们希望有关部门制定和完善管理制度，切实加强监督和管理，保障国家在海外投资的权益。

第七，要进一步深化改革，扩大企业经营自主权，打破地区和部门的界限，组建一批有中国特色的大型跨国企业集团，形成综合优势，增强国际竞争能力。

我国面对着一个风云变幻的国际环境，国际经济竞争和政治较量将长期存在，发展海外投资和跨国经营事业并不是轻而易举的事。但是，只要我们认真贯彻正确的方针，坚定不移地深化改革，扩大开放，总结经验，完善政策，抓住机遇，做好工作，充分发挥社会主义制度的优越性，就一定能够使这项事业不断得到发展，在加速社会主义现代化建设的进程中做出应有的贡献。

（原载 1991 年 11 月 9 日
《经济日报》）

认真总结经验，积极稳妥地推进企业三项制度改革

张彦宁

一、企业劳动人事、工资分配和社会保险制度改革的现状

党的十一届三中全会以来，经过十几年的积极探索，企业三项制度改革已经取得了一定的成效，主要表现在以下几个方面：一是思想观念上有了转变。许多企业的内部改革，是从打破"大锅饭"、贯彻按劳分配原则开始的。现在，对平均主义束缚职工积极性，阻碍社会生产力发展的消极作用开始有了比较一致的看法。二是随着《企业法》的出台，承包制和工效挂钩的普遍推行，企业开始有了一定程度的自主用人权和自主分配权，为企业进行内部改革创造了必要的条件。三是引入竞争机制，实行优化劳动组合、聘任制和劳动合同制，使原有体制中"大锅饭"、"铁饭碗"、"铁交椅"等弊端受到冲击，一些内容丰富、行之有效的内部用人形式和分配形式不断涌现，"岗位靠竞争"、"收入凭贡献"的新机制在部分企业的改革实践中初步得到确立。对这些成绩应该给予肯定。

当前，从企业的整体看，改革发展很不平衡，有时也出现一些反复，多数企业尚未建立起能够适应社会主义有计划商品经济需要的企业内部机制，改革的任务还很艰巨。在劳动制度上，企业普遍存在的机构臃肿、人浮于事、劳动纪律松懈、劳动效率低下的状况严重制约着企业的发展，造成职工队伍素质的下降。在人事制度上，"论资排辈"、"铁交椅"、"终身制"还在抑制人才的发现和培养，管理人员和技术人员的主动性、创造性难以充分发挥。在工资制度上，一些实行工效挂钩的企业，存在着工资只能升，不能降的问题，这种状况不符合国家推行工效挂钩政策的初衷，既不利于工效挂钩本身的顺利发展，也不利于形成企业自我约束的机制。在企业内部，职工工资水平虽然不断增长，但企业内部分配中平均主义仍然是主要倾向，职工收入未能按劳动成果拉开差距，致使内部经济责任制在一些企业里流于形式，没有起到应有的作用。在保险制度上，虽然在职工养老保险费用、待业保险费用统筹方面做了一些工作，但在保证企业劳动工资制度改革方面尚需进一步推进和完善。这种状况与中央对转换企业经营机制的总体要求有很大差距，是目前制约企业深化内部改革的重要因素，因此，必须加快企业三项制度改革的步伐，争取有大的突破。

企业内部改革中出现的这种状况，其原因是多方面的，有企业自身努力不够的原因，也有企业自主权不落实、政策不配套、上级领导支持、推动不够等原因。所以，推动企业三项制度改革深入发展，不仅是企业的事，也是全社会的事。只有企业与各级政府和有关部门形成共识，政策上进行必要的配套，全社会给予积极支持，才能取得大的进展和好的效果。

二、企业内部改革的主要做法和经验

近几年，一些先进企业在比较困难的外部条件下，坚持内部改革，较好地调动了职工积极性，提高了管理水平，促进了生产的发展，他们的主要做法是：

（一）破除“铁饭碗”，改革用工制度。北京制药厂、淄博第二毛纺织厂等企业积极实行内部优化劳动组合。他们针对内部“一线紧、二线肿、三线松”的状况，采取“先科室、后车间，先干部、后工人，先二三线、后一线”的做法，从精简机构入手，科学地进行定编、定员、定岗，然后引入竞争机制，平等竞争，公开考核，择优上岗。宝山钢铁总厂以创造世界第一流的劳动生产率为目标，引入竞争机制，实行动态劳动管理，每年对全厂各岗位劳动负荷进行科学测定，凡劳动负荷达不到6.5小时（八小时工作制的80%）即进行并岗、撤岗。3年中平均每年减少定员2000人，钢产量每年增加20万吨，实现利税连年翻番，走出了一条对引进现代化设备实行现代化劳动管理的新路子。本溪钢铁公司开展严格劳动定员，优化劳动组合，安置富余人员，提高劳动生产率的“三位一体”改革活动，“七五”期间劳动生产率每年递增5%，扩建技改工程210多项，所需人员全部靠内部挖潜解决。

（二）引入竞争机制，改革企业人事制度。博山水泥厂、株洲火花塞厂等一些企业的做法是，变干部的任命制为聘任制。把公开考试、考核与职工民主评议结合起来，破除工人与干部的界限，量材聘用，工资随着职务走，待遇随着岗位变。

（三）贯彻按劳分配原则，搞活内部分配。一些企业改革原有的等级工资制，结合企业生产经营的实际需要，采取形式多样的内部分配办法。如武钢、湘钢实行的岗位结构工资制；博山水泥厂实行的岗位工资制；青岛电冰箱总厂、醴陵国光瓷厂实行的以质量否决为特征的计件工资制。上海、安徽纺织系统在新五岗岗位工资制的基础上，对生产职工普遍实行全额计件工资制。上海汽轮机厂实行“滚动式千瓦效益工资制”，在八级工资制的基础上，形成了一套新的正常升级制度。这些分配办法把职工的收入与劳动贡献紧密地联系起来，拉开了内部分配差距，较好地体现了按劳分配的原则。这批企业在搞活内部分配办法的同时，普遍注意自我约束，做到企业工资总额的增长低于经济效益的增长，职工实际平均工资的增长低于劳动生产率的增长。这种着眼于转换机制，不盲目攀比的改革做法，值得其他企业认真学习。

（四）内部消化为主，妥善安置富余人员。许多企业在改革中重视富余人员的妥善安置工作，采取了开辟新的生产渠道、开办第三产业、岗位培训、厂内退休、厂内待业等多种形式进行安置，部分企业还建立了厂内劳务市场，促进劳动力在厂内的合理流动。宝山钢铁公司成立了专门安置富余人员的新事业公司，实行无条件地接受下岗人员，无条件地输送生产岗位需要人员，成为生产岗位劳动力调剂的“蓄水池”和“中转站”，保证了总厂劳动制度改革的顺利进行和劳动生产率的大幅度提高。但从整体和长期看，目前采用的完全由企业自身消化富余人员的做法，已不能适应更多的企业深化改革的需要了，还要从加快社会待业保险制度改革方面采取措施。

一些地区和企业在改革过程中已积累了丰富的成功经验，很值得我们认真学习和提倡。这些经验归纳起来，主要有以下几个方面：

1.提高认识，转变观念。搞好国营大中型企业的重要意义，江泽民总书记和李鹏总理在中央工作会议上做了全面的论述，各级领导都要树立搞好企业，特别是搞好国营大中型企业的紧迫感。实践证明，哪个地区企业改革进展得快、成功率高、效果显著，往往与那里的领导决心大、政策掌握得好有直接关系。因此，增强各级领导的改革意识和信心，是推动企业深化三项制度改革的关键。同时，三项制度的改革必然会触及到广大职工的切身利益，还必须通过细致的思想政治工作，从转变职工的传统观念入手，提高职工的心理承受能力和积极参与改革的意识，这也是先进企业改革中的一条重要经验。

2.不等不靠，主动改革。当前企业确实困难很多，许多先进企业正是在比较困难的条件下，不是消极地等待外部环境的改善，依靠上级部门给予多少优惠政策，而是主动改革内部管理制度，调动职工的积极性，依靠自身的努力，在改革方面迈出大的步伐。这种不等不靠，主动改革的做法值得大力提倡。现在，各级政府都在积极为搞好企业创造外部条件，但外部条件的改善总是相对的，并且是要有一个过程的，如果只是强调改善外部条件，不发挥主观积极性，改革难以深化，企业也难以发展。

3.突出重点，配套改革。近几年，企业内部改革的一个特点是，根据本企业的实际情况，围绕着一个重点，配套进行改革。改革初期，许多企业把主要精力放在改革分配制度上，也取得了一定的成效。但劳动人事制度改革的滞后，往往使分配制度改革事倍功半。实践使许多同志认识到，要贯彻按劳分配的原则，必须加快劳动人事制度改革的步伐。现在许多企业是以劳动人事制度改革为基础，以分配制度改革为杠杆，以保险制度改革为保证，综合配套，取得了较好的效果。

4. 总体设计，分步实施。一些企业的改革之所以成效明显，反复较少，一条重要的经验是，他们都有一个切实可行的总体规划和具体的分步实施方案，不搞花架子。改革的总体规划与企业经营战略目标相结合，改革的分步实施方案与企业经营阶段目标相结合，既考虑长远发展，又着眼于当前实际。这种围绕生产经营目标搞改革，扎扎实实推进改革的做法，避免了盲目性，保证了成功率。

三、关于深化企业三项制度改革的几点意见

(一)明确改革的目标。深化企业劳动人事、工资分配和保险制度改革是转换企业经营机制的重要内容，三项制度改革的目标必须与转换企业经营机制的目标相一致。转换企业经营机制是指通过逐步实现政企分开，促进企业逐步建立自主经营、自负盈亏、自我发展、自我约束的经营机制，成为社会主义商品生产者和经营者。与此相适应，企业三项制度改革的目标应该是建立起“干部能上能下、职工能进能出、工资能升能降”的企业内部机制。为了达到这个目标，就必须将企业的用人主体和分配主体由政府转向企业。政府在通过宏观调控政策、承包合同、工效挂钩和依法征税等形式进行总量调控的前提下，只对企业进行必要的指导和依法监督，不再直接干预企业内部的用人和分配。这个目标明确之后，现有的企业劳动人事、工资分配和社会保险制度和政策应逐步向这个方向转换和调整。

(二)完善现行的有关宏观调控办法。当前，完善宏观调控在分配方面的重点是完善现行的工效挂钩办法。按劳动分配，即把劳动数量、质量和效益同报酬直接挂钩，使职工从分配上关心自己的劳动成果。企业实行工效挂钩的方向是正确的，但由于实施办法不完善和执行不严格，所以也确实存在不少问题，要从三个方面加以改进：首先，要坚决执行工资随经济效益浮动的政策，实行挂钩的企业都要做到工资总额能升能降，特别是当效益下降时，工资总额必须下浮，做不到的不能搞工效挂钩。退出挂钩的企业要相应核减原上浮的工资。其次，对挂钩工资总额基数以外的各种奖金、津贴进行清理，不合理的要取消，合理的要纳入到挂钩工资总额基数内，制止乱开口子发奖金的现象。第三，改变单一效益指标挂钩的做法，普遍推行复合指标挂钩，企业之间的效益水平要横向比较，分档确定浮动比例，促进企业平等竞争，防止“鞭打快牛”。当前，对盈利企业、亏损企业和虚盈实亏企业应当考虑分别提出更为明确和严格的要求。对亏损企业的分配要制度严格的、具体可行的政策。如可以考虑对经营性亏损企业一律停发奖金及浮动工资；停止厂长行使3%的职工晋级权；停止执行经营者收入可高于职工平均收入1～3倍的规定；取消核入工资总额中的加班费。对当年新发生亏损或超出控亏、减亏指标的企业，职工标准工资根据亏损幅度分档下浮，企业领导要带头下浮工资。对政策性亏损企业，凡超过控亏指标的，按经营性亏损企业的工资、奖金处理办法办理。对亏损企业扭亏为盈的，工资奖金可以照发。对虚盈实亏、弄虚作假的企业，一经发现，除追回多发工资、奖金外，还要给予必要的处罚。

同时要加快社会待业保险制度改革的步伐，保证待业职工得到基本生活费用。目前，对企业裁减的富余人员在坚持企业内部消化为主的同时，积极探索社会调剂为辅的形式。可以考虑动用一定比例的待业保险基金，用于解决关停企业待业职工和改革劳动制度过程中分离出企业的少量富余人员的安置。

(三)结合企业的生产经营特点进行改革。企业内部改革是为生产经营服务的，目的是提高企业的劳动生产率和经济效益。由于每个企业所在地区不同、所属行业不同，并且生产方式、设备状况、产品和市场情况各不相同，生产经营的特点有很大的差异。企业在改革中，既要学习其他企业好的经验，又要结合本企业的实际。企业内部的用工形式、分配形式要体现每个企业的生产经营特点。因此，企业内部改革的形式应该适应企业经营目标的变化，改革的重点也要因厂制宜，不要强求一致。要引导企业把改革的重点放到转变经营机制上，改革的成果要体现在经济效益上，注重实效，避免单纯追求形式，搞形式主义。

(四)做好政策配套，指导服务工作。目前，企业对进行三项制度改革热情很高，进展也比较快，但在体制上、政策上也会遇到一些亟待解决的问题。各地经委(计经委、生产委)对企业改革的热情要积极支持，特别是对本地区确定的超前改革试点企业积极做好指导服务工作。近期主要做好三方面的工作：

1. 深入基层，解决实际问题。各地经委同志要深

入到企业中去调查研究，帮助企业解决实际困难，办实事、重实效。同时，要把企业三项制度改革与从严治厂、加强内部管理和扭亏增盈等活动结合起来，特别要通过转变企业经营机制，调动广大职工的积极性，促进企业严格管理，发展生产，提高经济效益。

2. 协调政策，为企业改革服务。各地经委对企业在改革三项制度过程中反映出来的问题，属于自己职责范围的要及时提出解决意见；属于有关部门的，要主动提出建议，配合有关部门研究解决意见；重大的政策问题要及时向当地政府汇报，当好参谋、助手。通过我们的主动工作，使各项改革的政策和宏观调控办法能够与企业改革的进展同步，为企业服好务，推动企业改革的深入发展。

3. 抓好经济责任制的落实。今年3月，国务院生产委、企指委下发了《关于坚持和完善企业内部经济责任制的意见》(生企[1991]13号)，对完善企业内部经济责任制提出了工作要求。各地经委要以三项制度改革为动力，抓好企业内部经济责任制的落实，特别要突出抓好内部经济责任制的考核和奖罚兑现，严肃厂规厂纪，使内部经济责任制在实践中发挥更大的作用。

（作者系国务院经贸办公室副主任、原国务院生产办公室副主任，本文是他1991年12月13日在全国企业劳动人事、工资分配、社会保险制度改革经验交流会上的讲话内容）

解放思想，转变观念，开创商业改革新局面

胡 平

1991年是我国商业改革取得重大进展的一年。在党的改革开放路线指引下，全国商业战线广大干部职工，认真贯彻党的十三届七中全会精神，加快改革步伐，加大改革力度，为建立有中国特色的社会主义商品流通体制进行了广泛探索，打破了几年来的沉闷局面，无论“东南西北中”，都出现了一批各具特色的成功经验，取得了新的进展和突破。

一是以转换企业经营机制为核心，进一步把企业推向市场。重庆市国合商业率先实行了经营、价格、分配、用工“四放开”改革，为转变企业经营机制提供了重要经验。全国各地积极推广，出现了“四放宽”、“四搞活”、“六自主”等多种改革形式，加快了商业企业经营机制的深刻变化。

二是加快批发市场建设，完善商品流通市场体系。继郑州中央粮食批发市场之后，又陆续兴建了一批粮食、生猪、食糖、蔬菜批发市场，工业品批发市场已开始起步，各类专业、综合批发市场的建立，为搞活工农产品流通发挥了重要的集散、调节作用。

三是提高商业组织化程度，探索新型商业形式。各地组建了一批具有相当规模、辐射范围广的商业企业集团，有的已被列为国家体改委、商业部的试点单位。此外，各地还创办了一批具有新功能、新特点的连锁店等新型商业组织，显示了国营商业的蓬勃生机。

四是改革价格管理体制，进一步扩大市场调节范围。1991年以来，两次调整粮油统销价格，市场没有出现大的问题，为理顺粮油统销价格积累了成功经验。各地还相继出台了一批工农产品价格改革措施。目前大部分城市的生猪、蔬菜价格已基本放开。

五是加强了农业社会化服务体系建设，供销合作社系统选定了105个县作为试点示范县，新建了一大批农村综合服务站等服务组织，许多地方推广了吉林“双卡”（生产生活资料需要卡，农副产品销售卡）服务的经验，支持了农村商品经济的发展。

六是实行政企职责分开，县级商业行政管理体制改革迈出了新步伐，一些县市商业局改为商业总公司，开始向经济实体转变。

1991年的商业改革取得了显著进展，但仍然面临着许多深层次的矛盾和问题，已有的改革发展也很不平衡。为了适应国民经济发展的新形势，必须进一步解放思想，转变观念，加快改革步伐。要象邓小平同志在南方视察时指出的那样，改革开放的胆子要再大一点，步子再快一点。当前，商业改革的任务，集中体现在以下几个方面：

一、解放思想，坚定不移地坚持市场取向的改革

小平同志指出：“革命是解放生产力，改革也是解放生产力”。深化商业改革，首先要解放思想。13年来，商业改革的实践证明，商业改革必须坚持以市场为取向，在国家宏观调控下，扩大市场调节的作用和范围，培育、健全市场机制。现在，坚持市场取向改革，发展市场经济的思想还不能说已为人们普遍接受，有些同志仍习惯于把计划经济等同于社会主义经济，把市场经济看作是资本主义的东西，在市场

取向改革，推行经营市场化的进程中，胆子不大，步子不快，僵化守旧的产品经济思想依然存在，“左”的思想还未完全解脱，“等靠要”等消极情绪仍然阻碍一些同志大胆投身改革。其实，计划和市场只是资源配置的两种手段和形式，计划多一点还是市场多一点，并不是社会主义与资本主义的本质区别。小平同志早在1979年就明确提出，社会主义也可以搞市场经济。市场经济不是资本主义独有的。资本主义在发展商品经济中的成功经验和科学的经营管理办法，包括经营方式和管理方式等，只要有利于发展社会主义生产力，有利于增强综合国力，有利于提高人民生活水平，都可以大胆地借鉴。事实上，13年来商业改革中采取的一些措施，如租赁、兼并、股份制等，就是资本主义国家发展商品经济广泛采用的形式。因此，商业改革不能局限于原有的条条框框，要大胆地试，大胆地闯。改革本身就是一个破旧立新的过程，没有突破就不叫改革，也就建立不起新的机制、新的体制。

解放思想，很重要的一条就是要坚持实事求是，从国情出发。目前，我国生产力发展水平还很低，许多先进资本主义国家的管理方式、管理手段和管理办法，我们还不懂、不会、不理解，随着改革开放步伐加快，更多地吸收和借鉴当今世界各国，包括资本主义发达国家的一切反映现代化生产规律的先进的知识、技术和经验，是社会主义经济体制改革的必然要求。对不懂的东西，我们要研究、学习，剔其糟粕，取其精华。那种不懂装懂，把自己没有见过，还不了解的东西，断然说成是资本主义的做法，是十分错误的。当然，解放思想，也不是违背客观规律的胡思乱想，瞎闯蛮干，而是要敢于承认自己的差距，从中国国情和商业的具体情况出发，吸收资本主义发展中对我有益的东西，如债券、股票、及一些经营方式等。绝不能把资本主义国家采用的东西都看作洪水猛兽，要大胆地借鉴、利用，使之为发展社会主义生产力服务。

解放思想，加快改革，并不是要全盘否定过去。不同的历史时期有不同的情况，过去按产品经济模式建立的商品流通体制，在当时的情况下发挥了重要作用。现在，我国经济已进入社会主义商品经济发展的新时期，商业工作也必须与此相适应，要按照商品经济发展的客观要求，大胆改革，勇于创新，建立有中国特色的社会主义商品流通体制，对此，必须坚定不移，这是时代赋予商业改革的一项重要任务。

二、转变观念，积极投身市场

几年来，国合商业处境艰难，经营机制不活，究其原因，重要的一条，就是观念转变不快，仍在留恋过去产品经济条件下那一套经营管理模式。为了实现商业改革的目标，商业行政管理部门和企业必须尽快转变观念，树立商品经济条件下的市场观念，竞争观念，积极投身市场。

一要树立市场观念。要从产品经济下形成的地区、部门观念下解放出来，按商品经济的客观规律组织商品流通，打破地区部门封锁，树立大市场、大流通观念，积极开拓国内国际两个市场，只有这样，才能在日益激烈的市场竞争中占得一席之地。

二要转变对市场负责的观念。几十年来，国营商业为稳定市场、平抑物价做出了巨大贡献。但改革发展到今天，计划管理商品已很少，国合商业虽然仍在稳定市场、丰富商品供应上发挥重要作用，但仅限于少数国家计划控制的商品和专营专卖的商品。同时，对市场负责的内涵也有了本质的不同，过去靠行政命令、分配办法对市场负责，现在是用经济办法、综合措施对市场负责。为此，随着市场范围扩大，市场调节机制增强，国合商业必须挣脱原有旧观念的束缚，消除分配型思想的影响，在市场竞争中发挥更大的作用。

三要转变主渠道观念。主渠道是在多种经济成份商业发展的背景下提出的，提出后，曾被赋予平抑物价、稳定市场和“蓄水池”的重要职能。但现在，主渠道内涵及人民对主渠道的要求都发生了新的变化：其一，不是所有的商品都要求国合商业保障供应；其二，发挥主渠道作用的方式也不再是大包大揽，除少数品种外，大多数商品要靠市场调节；其三，商业库存更加讲求效益，而不是“蓄水”越多越好。因此，国合商业必须更新原有体制下的主渠道观念，树立通过竞争确立主渠道地位的观念。

四要树立竞争观念。目前，商品流通领域里“八仙”过海，各显神通，多元化竞争格局已经形成。国合商业在转变原有体制下各种旧观念的同时，必须树立商品经济条件下的竞争观念，改变吃环节饭、分配饭、补贴饭的思想，积极投身市场，参与市场竞争。竞争是无情的，优胜劣汰是客观法则，国合商业要打破原有经营、价格、分配、用工等各方面的限制，培育企业竞争机制，在竞争中实行有进有退的策略，该发展的发展，该退让的退让。只有这样，才能在竞争中发展壮大。

三、加快步伐，开创商业改革新局面

1991年，商业改革取得了多方面的突破，有了一个良好的开端。1992年，商业改革的环境更为有利。小平同志南巡谈话发表后，整个经济体制改革步伐加快，一些长期阻碍改革配套进行的矛盾可能快一些解决，宽松的外部环境已经出现。现在，各级地方政府非常重视流通，“要象重视生产一样重视流通”、“抓流通，促生产”等思想被越来越多的人所认识，商业改革必须牢牢抓住这一机遇，加快步伐，开辟商业改革的新局面。

（一）转变机制，推动企业走上市场

转变机制，就是彻底破除旧体制下阻碍社会主义商品经济发展的弊端，建立独立自主、自负盈亏、结构合理的企业经营机制，多层次、全方位开放的商品运行机制和精干高效的行政管理机制。

第一，要继续坚定不移地推行“四放开”。“四放开”突破了原有改革措施的局限，工商、税务、物价、财政等部门协调配套，将松绑放权与加强管理，改善企业外部环境与增强企业内在活力结合起来，是使企业改革由单向突进走向综合配套，进入市场的重要途径，也是打破“三铁”的重要步骤，要继续积极推进，大面积推广。

第二，要继续坚持多种企业改革形式，建立企业内部自主经营、自负盈亏、自我发展、自我约束机制。承包、租赁等行之有效的改革形式要进一步完善，克服企业行为短期化；“税利分流，税后承包”、企业兼并、股份制等形式也要加快探索。特别是股份制，有利于明确规范企业产权，促进经营权和所有权的分离，真正实现政企分开；有利于形成投资主体多元化，促进企业风险社会化，保证企业稳定发展；有利于更深层次地把企业推向市场，促进生产、经营要素的合理组合。要进一步扩大试点，总结经验，在条件成熟时推广。

第三，要加快批发体制改革。批发体制的问题较多，要彻底打破按行政区域建制的格局，按大市场、大流通要求重建。批发企业的大架子、大库存、大结构要进行脱胎换骨的改造，向少环节、快周转、多档次、方便用户的方向发展。企业结构要按集团化发展要求进行调整，向工业和零售渗透。以经济效益好、有发展前途的企业为龙头，组建各类企业集团；经济效益较好、有发展前途的企业要在转变营销方式上有所突破；有些包袱重的老企业可以实行母体裂变的办法，甩掉包袱，轻装上阵，建立新企业；县级商业要走商业总公司的路子，发挥批零合一的优势。

第四，要加快商业行政管理体制的改革。行政管理部门要从部门管理，转向统管全社会商业，从直接管理转向间接管理，为基层改革创造条件，为基层服务。同时，要在建立健全国家宏观调控制度，加强商业法规建设，规范商品流通秩序等方面迈出新步伐。

第五，要加快市场建设。一方面要加快建立和规范各类有组织的、公开竞争的商品市场。农副产品三级市场体系要进一步发展、完善，中央级批发市场要发展中远期合同交易业务，由现货交易向期货市场过渡，区域性批发市场和农村初级市场要着重加强硬件建设。工业品要加快综合性批发市场和专业批发市场的探索。另一方面，要抓紧制定市场管理法规和市场交易法规，保证各类批发市场的健康有序发展。

（二）转变战略，壮大国合商业实力

转变战略，就是要转变国合商业过去那种守摊子、被动挨打的局面，走积极进取、开拓创新的路子，找回阵地，占领市场，发展商业事业。采取新的经营战略，学会在日趋激烈的市场竞争中保护自己，壮大实力。除办好现有集体商业外，还要组织、倡导、积极发展新型集体商业，使之有较大活力，参与市场竞争。

一是立足流通，开发实业。国合商业要从原有部门分工的束缚下解放出来，向流通的深度和广度进军，大胆向生产领域和其它领域渗透。抓住机遇，建设网点和其他流通设施，占领“黄金地段”，增强竞争实力。同时，兴办各种实业，如办工厂、林场、牧场、市场等。商办工业要及时调整产品结构，依靠技术进步，创立自己的名牌、拳头产品，通过兴办新的实业，调整加强现有实业，或借“鸡”下“蛋”，利用工业的力量，打商业的牌子，扩大商业阵地。

二是向新的经营、服务领域延伸。流通的发展使商业经营服务领域不断扩大。国合商业要在恢复和保持原有经营服务项目，搞好售前、售中、售后服务的基础上，根据自身优势，扩展新的服务领域。供销社系统要继续完善为农村商品经济服务体系。

三是立足国内，向外开拓，发展外向型经济。在大商业、大流通、大市场的格局中，国合商业要突破现行内外贸分工的限制，坚持内外贸结合，主动投身国际市场，把竞争的触角伸向国外，利用沿海特区宽松政策，开拓互补市场，把外资引进来，活跃国内商业，把商品打出去，开拓国际市场。

四是创办新的商业形式，采用新的营销方式。企业集团、超级市场、连锁商店是随现代商品流通发展而出现的新型商业组织形式，已显示出很强的竞争力，要继续发展和完善；综合商社、产销一体、批零合一等形式也要加快发展。在进销方式上发展总经销、总代理，商品交易要向更方便、更直接的方向发展，打破三尺柜台做买卖的传统，根据各地情况，逐步推行开架售货、邮购、函购、预约定购以及信用卡售货等新的营销方式。

商业改革任重道远，只要我们坚持党的十一届三中全会路线不动摇，解放思想，大胆探索，就一定会取得新的更大进展。

（作者系商业部部长）

关于社会主义商品经济理论的几个问题

刘 国 光

社会主义商品经济理论问题范围很大，本文主要论述以下六个问题：(1)对有计划商品经济的不同理解；(2)公有制与商品经济的关系；(3)能不能提社会主义市场经济？(4)怎样理解“市场取向”的改革；(5)破除迷信，存利去弊；(6)对“国家调控市场，市场引导企业”公式的再认识。

一、对有计划商品经济的不同理解

社会主义商品经济理论是改革以来我国经济理论界最重要的突破性成果，它就是讲社会主义经济是有计划的商品经济，这个理论也是经济改革最重要的理论基础之一。考虑到马克思、恩格斯等经典作家过去曾经设想未来社会主义社会不再有商品经济了，以及几十年社会主义实践当中，在一个相当长的时期里是排斥商品经济的这样一个历史背景，十二届三中全会关于经济体制改革的决定，明确地提出社会主义经济是公有制基础上有计划的商品经济论断，可以说是有划时代意义的。同时，这样一个结论也是得来不易的，是经过长期的理论与实践的探索得来的。这对于统一大家对社会主义性质的认识，统一大家对于经济体制改革方向的认识，是非常重要的。

十二届三中全会以后，对于究竟什么是有计划的商品经济，人们的理解，包括经济理论界的理解，并不都是一样的。对于“有计划的商品经济”这样一个命题，有的同志强调“商品经济”这一面，有的同志则强调“有计划”的这一面。比如前些年北京大学一位教授在一篇文章当中这样写道：“改革的基本思路，社会主义首先是商品经济，然后才是有计划发展的经济。”很明显，他把强调的重点放在商品经济方面，而不是有计划方面，当然他也不否定有计划的这一面。另外人民大学一位教授当时也发表了一篇文章，他是这样讲的：“计划经济或者计划调节，应该始终在社会主义经济中占主导地位。”他是把重点放在计划经济方面，而不是商品经济方面。强调的重点不同，对社会经济的本质特征的理解也会有差异。除了公有制和按劳分配这两个大家公认的社会主义基本特征之外，是不是还有第三个基本特征？如果有，这第三个基本特征是什么？是计划经济，还是商品经济？这就有不同的认识。这个问题的讨论近两三年来还在继续。在1989年春夏之交政治风波以前，有一段时期理论界的风向偏向于强调社会主义经济的商品经济这一面。在这以后，理论的风向又曾经偏向到强调计划经济这一面。比如有一篇文章里说，社会主义经济本质上是计划经济，只不过在现阶段还带有某些商品属性罢了。又有文章说，社会主义经济就其本质来说是一种计划经济。这个说法是近两三年来比较典型的一种说法。但是另外一种意见仍然存在，就是仍然坚持商品经济是社会主义经济的实质。比如有一篇文章说，社会主义商品经济同公有制、按劳分配一样，都是社会主义实质所在。双方的论据都没超过前几年，这是一个老问题。

十三届七中全会以后，理论界越来越多的同志认识到计划经济与商品经济或者计划与市场，并不是划分资本主义同社会主义的标准，社会主义需要有市场的运转，资本主义也要有政府的计划或干预。所以不少的经济学者倾向于不再把计划经济或者商品经济同社会主义经济的本质或者资本主义经济的本质问题联系在一起。他们认为，把社会主义同资本主义区别开来的基本特征不在这里，还是要按照经典作家讲的两条，一条是所有制，一条是分配制度。社会主义的所有制就是公有制为主体，分配制度是按劳分配为主体。至于计划、市场，这是经济运行机制、资源配置方式的问题，不是本质性的问题。

大家知道，十二届三中全会的《决定》，对于发展商品经济的定义和作用讲得很清楚。《决定》指出：商品经济的发展是社会主义发展不可逾越的阶段，是实现我国现代化的一个重要的条件。薛暮桥同志在《中国社会主义经济问题研究》这本书的修订版日文译本的跋中发挥了这个思想。他说：没有商品经济的发展就没有社会化的大生产，而没有社会化的大生产，就没有社会主义的生命。

近几年在讨论商品经济的作用当中，针对薛暮桥这段议论，出现了“批判商品经济神话”的提法。1989年有一篇文章以《打破商品经济的神话》为题，文章说：商品经济的作用一度被夸大为人类历史发展的决定力量，从而演化出商品经济的神化。这篇文章作者的主观意图也许是要正确地评价商品经济的作用，但是他提出的一些观点给人们以贬低商品经济的印象。作者在1991年发表的另外一篇文章里说：商品等价关系跟社会主义本质利益对立。因为社会主义的本质利益关系是马克思讲的等量劳动交换关系，而不是等价交换关系。他还认为，现在的工资不是真正的工资，是“劳动券”。而大家知道。“劳动券”概念是马克思在《哥达纲领批判》中对未来非商品经济社会提出的一种非商品经济的，或产品经济的概念。这种非商品经济的观点现在已经不是普遍为大家所接受的，但理论界还仍然存在这种观点，所以这是值得我们研究的。

二、公有制与商品经济的关系

这几年讨论比较多的一个问题，就是公有制同商品经济是不是相容。这个问题好象也是个老问题，从一般层次意义上来看，似乎已经解决了，因为十二届三中全会的《决定》已经确认社会主义经济是以公有制为基础的有计划的商品经济。照这样的提法，公有制同商品经济当然是可以相容的。本来是已经解决的问题，这样一个论点也是普遍被接受的一个论点。但是在前几年也有人从不同的角度一再提出公有制同商品经济互相矛盾，并且得出不同的结论。大致有三种代表性的看法。

一种是用传统的看法来看这个问题。认为商品经济是私有制的产物，社会主义既然以公有制为基础，就不应该也不可能实行商品经济。这种观点把社会主义经济同商品经济对立起来，口头上仍有流传。

第二种观点从相反的论点来看这个问题。持这种观点的人同样认为公有制同商品经济不能相容，也是认为商品经济只能在私有制基础上发展。但是他们得出来的结论相反，他们认为要发展商品经济就得把公有制改变为私有制，实际上就是利用公有制同商品经济矛盾的命题，来宣扬私有化的主张。如果说前一种观点是以坚持公有制来反对商品经济，那么后一种观点就是在赞成商品经济的名义下来反对公有制。这两种从相反的角度提出商品经济同公有制存在矛盾，互不相容的观点，当然我们理论界的绝大多数同志都是不能接受的。但是也有一些经济学者认为，不能因此完全否定、完全抹杀公有制同商品经济之间存在着某些矛盾。有的经济学者这样说：改革以来，理论研究的一个进展，就是认识到现在的公有制同发展商品经济之间有矛盾，不仅统包统配的公有制不适合商品经济发展的需要，就是政企不分的有些集体所有制也要改革。改革就是要按照商品经济的要求来构造市场，来构造企业的模式。

应该指出的是，这种观点所讲的与商品经济相矛盾的公有制，指的不是公有制一般，而是现存的公有制的实现形式，也就是公有制的传统的实现形式。这里确实有一些弊病，有一些与发展商品经济要求相矛盾的东西，比如政企不分，两权不分，行政单位的附属物等。这些当然同商品经济不相容，是现存的公有制里的一些弊病，所以需要改革。改革的不是公有制本身，不是否认公有制，而是改革现在的公有制的实现形式，使公有制适应商品经济的发展。这种观点认为，公有制现存的实现形式同发展商品经济有一定的矛盾，所以需要改革。这种观点同主张私有化的观点当然有区别，它还是坚持公有制，完善公有制的。

与此有关的还有一个问题。有些同志认为，如果用按照发展商品经济的要求来改造公有制这样提法，就产生了一个问题，究竟是所有制决定商品经济，还是商品经济决定所有制？这些同志的看法是，按照发展商品经济的要求来改革所有制是违背马克思主义原理的，马克思主义原理认为所有制更是基础的东西。对于这个提法也有的同志写了文章，作了回答。文章里说：从根本上来说，是所有制决定商品经济，但是商品经济会反过来影响所有制。我们的改革，既然是社会主义制度的自我完善，为什么不可以按照发展商品经济的要求来改革和完善社会主义的所有制关系呢？我个人认为后一种看法还是更有道理一些。

在更广阔的范围上，经济体制改革同发展商品经济的关系问题，我在1986年一次形势报告会上也谈过。当时讲了两条，一条是我们要发展商品经济，就必须对妨碍这种发展的经济体制进行改革；另一条是，我们现在进行经济体制改革，怎么改革？就是要遵循发展商品经济的要求来改革，也就是按照社会主义有计划商品经济的要求来进行经济体制的改革，包括对于所有制结构、企业机制的改革，对于经济运行机制、市场体系以及宏观管理体制的改革。所有制的改革当然要按照发展有计划商品经济的要求来进行。

三、能不能提社会主义市场经济

近来，在社会主义商品经济理论讨论当中有一个问题，就是可不可以把“社会主义的商品经济”叫做“社会主义的市场经济”？或者把“有计划的商品经济”叫做“有计划的市场经济”？人们对这个问题争论得比较多。过去有一些经济学家认为，商品经济同市场密切不可分，既然承认社会主义是有计划的商品经济，就无异于承认社会主义经济是有计划的市场经济。这些同志他们各人的说法并不完全相同，但是在承认可以用社会主义市场经济这个概念上他们是相似的。比如马洪同志在为1988年出版的《社会主义初级阶段的市场经济》这本书写的代序中说：“我们通过改革要建立的社会主义有计划的商品经济，是一种有宏观管理的市场配制资源的经济，我认为，在这个定义上也可以叫做社会主义的市场经济”。还说：“把商品经济同市场经济对立起来，引导人们去反对市场经济，那就会在实际上反对商品经济。”

另外一些同志，主要是一些认为市场经济、计划经济是制度性的概念，市场经济是资本主义、计划经济是社会主义的同志，他们认为“市场经济”并不等于“商品经济”，有“市场”或者有“市场调节”，并不等于就是市场经济，因为据说他们查了字典。有一本《日本经济事典》引用的说法和联合国统计上分类，都把中央计划经济的国家等同于社会主义国家，而把市场经济国家等同于资本主义国家。所以反对用社会主义市场经济概念的同志认为，市场经济是私有制为基础的，社会主义市场经济的提法不科学。有的同志说，只有在资本主义生产方式的条件下，商品经济才是市场经济。混淆市场调节和市场经济的不同性质，必然产生否定计划经济的错误认识。

薛暮桥同志为代表的不少经济学家还有异议。在1991年1月11日《特区时报》记者采访的时候，暮桥同志说：“市场调节跟市场经济是不是不能混淆的两种本质，我看尚待讨论。我认为本质相同，都不能够等同于资本主义，只要保持生产资料公有制为主体，就不能说它是资本主义的市场经济。所以还是以公有制来划分，不是以市场、计划来划分。”暮桥同志在答问当中还说：“这个问题现在还不清楚，有些还可能视为禁区，科学研究不应当有禁区，应当允许自由讨论，认真讨论这个问题，而不是回避这个问题”。

这场争论使我回想起已故经济学老前辈孙冶方同志在50年代也提出一个问题，能不能提社会主义的利润。当时提出这个问题也引起了一场轩然大波。利润的概念究竟是制度性的概念，还是非制度性的概念?利润是不是资本主义专有的概念?还是跟社会化生产、商品生产共有的概念?争论的曲折和结局我们许多同志都是经历过来的。

我还回想起改革的初期，甚至我们在十一届六中全会总结建国以来历史经验的时候，当时主导的意见是，对于社会主义社会来说，只能讲存在着商品生产和商品交换，不能把社会主义经济概括为商品经济，如果把社会主义叫商品经济的话，那就会模糊有计划发展的商品经济和无政府状态的资本主义经济之间的差别，模糊社会主义经济和资本主义经济的本质区别。这种观点实际上还是把商品经济等同于资本主义经济。对于这场争论，1984年十二届三中全会的决定做出了结论，判明了是非。

回顾社会主义经济理论史上类似的争论，再考虑到近来，特别是十三届七中全会以来，人们越来越多地把计划和市场的问题认作是资源配置方式、经济运行的方式的问题来看待，而不把它看作区别资本主义和社会主义的制度性的问题来看待。考虑到所有这些情况，我个人认为对社会主义市场经济或有计划的市场经济这个概念到底能不能在社会主义的经济学理论当中有一席之地，我想这个问题是不难作出预见或者结论的。（邓小平同志1992年初南巡重要谈话，为我们进一步解放思想，正确解决这个问题，提供了理论依据——作者补注)社会主义市场经济这个概念难以一下子被普遍地接受，正如社会主义商品经济的概念，在当初的社会主义政治经济学当中也并不是一下子站住脚跟的。随着改革的前进，我们不断地刷新理论认识，不断地丰富社会主义经济学的内容。我们逐渐地认识到，社会主义经济是公有制基础上的有计划的商品经济，不能没有市场，不能没有市场调节，需要把市场同计划结合起来，于是出现了种种不同的关于计划和市场关系的研究和提法以及争论，包括对社会主义市场经济概念到底能不能用的讨论。这些讨论都关系到我们对于社会主义经济内涵的正确认识，也关系到我们对于改革方向的正确把握，看来还要继续深入进行下去。

四、怎样理解“市场取向”的改革

关于计划和市场的关系，过去有种种提法，我们现在正式的提法是计划经济与市场调节相结合，理论界对此提法议论不少。但在公开发表的文章当中，还是肯定计划经济和市场调节相结合的这种提法，并且努力给予论证的。特别是在强调计划经济是社会主义经济本质特征的同志，他们着重论证这一提法的科学性。比如有的文章这么说：这个提法同以往的“计划经济为主，市场调节为辅”的提法衔接起来了，这表明我们的改革不是削弱和放弃计划经济，而且要在坚持计划经济制度的前提下，实行一定的市场调节。

这种在计划和市场关系问题上反对计划跟市场两者平起平坐，强调计划经济为主，市场调节为辅的“主辅论”，在1984年以后，在十一届三中全会的决定出来以后有一段时间没有多提了，但最近两三年这种论点重新活跃。对于计划与市场平起平坐从另外一个角度来反对，这样的意见也是有的。前几年有一位知名的北京大学的学者提出“二次调节论”，认为首先应该是市场调节，市场调节搞不好的地方然后才是政府计划调节。政府的计划调节是用来补充市场调节的不足之处的。他也反对计划和市场平起平坐，但主张首先是市场，然后才是计划。这种观点同主张计划为主、市场为辅的观点正好相反，实际上是主张市场为主、计划为辅。这种观点当时引起不少同志的非议、争论。近年来也有主张市场作为资源配置的主要方式的经济学者。有一位知名学者在文章里这么写：“我国经济体制改革的实质就是资源配置机制的转换，就是以市场机制为基础的资源配置方式取代以行政命令为基础的资源配置方式”。持这种主张的学者并不否定国家对资源的行政管理和计划指导的必要性，而是不把国家对资源的行政管理和计划指导放在资源配置的主要位置上，是把市场的调节放在主要位置上。比如在一个杂志上发表的笔谈中这样写道：“从经济运行状态上说的计划性即自觉地保持平衡，完全可以通过在市场配置的基础上，加强国家的宏观管理和行政指导的办法来实现”。这里并未反对国家宏观管理和行政指导，但其基础是市场配置。这里一方面把市场配置做为资源配置的基础形式，同时也指出加强国家宏观管理和行政指导必要性。

主张把市场调节做为资源配置主要方式的同志，往往把自己的主张叫做“市场取向”的改革。采用“市场取向”概念的还有不少经济学者，不同的学者对“市场取向”概念赋予的含义不尽相同。而把计划与市场看作制度性概念的经济学家则反对“市场取向”的提法。有的同志甚至把市场取向与非市场取向纳入社、资两条道路斗争的范畴中去。究竟应当怎样看待“市场取向”概念呢？有的经济学家，把我国的经济体制改革的取向归纳为三种思路：计划取向论、市场取向论、计划与市场结合论。这种归纳给人以简洁明快的印象，但不尽确切、不完全符合经济理论界的实际分野。现在，经济理论界都承认计划与市场可以结合，而且应该结合。照上述的划分，前两种思路似乎不赞成计划与市场的结合，好象只有第三种思路才赞成结合，这是不符合实际的。其次，理论界提出“市场取向”的改革是见诸文字和发言的，但未见有哪一位同志明确提出“计划取向”的。文字上见到的和讨论中听到的强调计划的一面是有的，但“计划取向”提法却是没有的。提出上面三种划分法的同志可能对改革取向的含义有自己特殊的理解，似乎改革取向就是指对改革的目标模式中的计划与市场合作的重点选择问题，计划为主是计划取向，市场为主是市场取向，两者平起平坐就是计划与市场结合论。我认为，改革取向并不是指改革模式目标中计划与市场的重点选择问题，而是指改革的动向或趋向，即改革中新老模式转换方向：做为改革起点的模式与改革目标的模式在转换过程中的转换方向。从总体上讲，改革使我国经济体制模式所发生的变化，从本质上说，从根本上说，是从过去自然经济、产品经济为基础的、排斥市场的、过度集中的计划经济的体制，向着引进市场机制并按商品经济市场规律的要求来改造我们的计划机制的方向转化。一方面我们要引进商品经济，扩大市场调节范围；另一方面，我们在对传统的计划机制进行的改造中要更多考虑商品经济、市场规律的要求，以此实现向计划与市场相结合的有计划商品经济或市场经济的新体制过渡。这种由原来排斥市场经济、否定商品经济到引进市场机制并按照商品经济和市场规律的要求来改造计划经济，简单说就是从排斥、限制市场机制作用到发挥和强化市场机制作用的改革，从一定的意义上讲，不是不可以看作是"市场取向"的改革。改革的成果首先表现在我国计划经济在市场取向上的进步。

我们知道，在改革以前，由于所有制结构的单一化，越大越公、越纯越统就越好。那时经济运行机制主要是实行指令性计划管理和直接的行政控制。这种体制在建国初相当时期是必要的，而且起了其积极作用的。但这种体制在本性上是排斥市场和市场机制作用的。改革以后，我国所有制出现了以公有制为主体的多元所有制结构，公有制内部企业自主权有了扩大，这为企业能按市场规律进行活动提供了一定的条件。同时，我们的市场体系、市场机制也逐步地发育成长，宏观经济管理开始注重间接管理。所谓"间接管理"说到底无非是通过市场、利用市场机制、利用价值杠杆进行管理。经济体制改革的这些变化，处处表现为改革的进程就是市场取向不断扩大和深化的过程。当然，市场取向不是以私有制为基础的，而是以公有制为基础的；不是取向到无政府主义的盲目市场经济中去，而是取向到有宏观控制、计划管理的市场体系中去。所以，前述三分法的同志，把市场取向作为与计划相对立的概念，给"市场取向"赋予了反计划的含义，这至少是出于一种不甚精确的理解。至于为什么社会主义经济改革中的市场取向必须是有计划指导和宏观控制的？如何从理论上说明这个问题？我在后面还要讲到。

在过去12年，我国的改革取得了巨大进展和成就，究竟是加强行政指令计划的结果还是扩大市场作用、参照市场价值规律要求来改造传统计划经济的结果呢？答案可能偏向于后者，并且可能是不错的答案。中国的改革与苏联过去的改革相比，为什么中国取得了成功，而苏联则蜕化变质？除了苏联搞"公开化"而搞乱了思想、搞多元化动摇了党的领导之外，很重要的一条是在经济上。中国这些年来进行市场取向的改革，尽管遇到了这样或那样的困难，但在改革中取得了真正的进步，而苏联都没有做到。改革以来，中国的经济生活相当地活跃，市场商品十分丰富，人们得到了实惠。苏联改革则没有这些，其经济甚为困难，市场商品比过去所谓短缺经济更为匮乏。尽管前几年在经济上提了不少口号，提出加速战略等等，但从来没有认真地搞市场取向的改革。再从我们国内情况看，哪一个地区、部门、企业的市场取向越大，其经济就越活跃。治理整顿后，从1990年3月份起，经济回升。回升比较快，比较早的经济成分、经济部门、经济地区主要是同市场联系比较紧密的部分。而与市场比较疏远、渗入市场比较少的、利用市场比较差的部分的经济回升和发展就比较慢。这些都是明摆着的事实，不能回避的。因此看来，今后十年，我们的改革还要朝着前十一二年走过的改革道路，即有宏观控制、有计划指导的市场取向改革的方向前进，在已取得相当程度的基础上，把市场取向的改革推向前进，扩大市场的作用，按商品经济市场规律的要求进一步改造我们的计划工作，逐步建立起计划与市场有机结合的有计划的商品经济或市场经济新体制。这样看来，改革取向的理论分类可分为两类：一种是主张以上含义的市场取向，一种是反对一切市场取向提法的。在实践中，赞成市场取向改革的人不少。在理论界，反对市场取向提法的人也不少。反对的理由：第一，认为市场取向就是搞市场经济，就是搞资本主义；第二，认为前几年宏观失控和目前经济生活中出现的问题都是直接、间接同强调市场的作用有关系。前一理由是意识形态方面的争论。若我们按小平同志最近讲话精神，不把计划与市场问题同划分资本主义与社会主义问题联系起来，这个问题可以不去讨论。对于第二个理由即经济生活中出现的宏观失控等不正常的现象，有的同志认为这不是市场搞的太多的结果，而是我们现在的市场很不完善（这直接间接同传统计划体制改造不够有关），是对旧的计划体制进行市场取向的改革还不彻底、还不配套所致。所以，出路还是继续培育市场机制和改造计划机制，建立计划与市场相结合的社会主义新经济体制。

五、破除迷信，存利去弊

建设计划与市场相结合的经济体制，目的是要把计划与市场两者的长处、优点都发挥出来。计划的长处就是能在全社会的范围内集中必要的财力、人力、物力干几件大事情，还可调节收入，保持社会公正；市场的长处就是能够通过竞争、优胜劣汰来促进技术进步和管理的进步，实现生产和需求的衔接。但是，在实践中，计划与市场往往结合得不好，不是把两者长处结合起来，而是往往把两者短处结合起来了，形成了一统就死、一放就乱的状况。计划与市场结合难度很大。我们主观上要把计划与市场很好结合起来，但实际生活中出现了既无计划（或有计划贯彻执行不下去），又无市场，优胜劣汰的竞争机制根本运转不起来。有鉴于此，经济学界特别是国外有人认为，计划与市场根本结合不起来。我们认为是可以结合的，但要正确把握计划与市场各自的优缺长短。在讨论建立关于计划经济和市场调节的运行机制问题时，我曾提出两点意见，一是要坚持"计划调控"，但不要迷信计划；二是要推进"市场取向"的改革，但不能迷信市场。总之，要破除两种迷信。首先讲讲不要迷信市场。

所谓市场调节，就是亚当·斯密讲的"看不见的手"，即价值规律的自发调节。我们应当重视价值规律，但不要认为价值规律自己能把一切事情管好，并把一切事情交给价值规律去管。我想，至少有这么几件事情是不能交给或者不能完全交给价值规律去管的。第一件事是经济总量的平衡——总需求、总供给的调控。如果这件事完全让价值规律自发去调节，其结果只能是来回的周期震荡和频繁的经济危机。第二是大的结构调整问题，包括农业、工业、重工业、轻工业，第一、二、三产业，消费与积累，加工工业与基础工业等大的结构调整方面。我们希望在短时期内如10年、20年、30年，以比较少的代价来实现我国产业结构的合理化、现代化、高度化。通过市场自发配置人力、物力、资源不是不能实现结构调整，但这将是一个非常缓慢的过程，要经过多次大的反复、危机，要付出很大的代价才能实现。我们是经不起这么长时间拖延的，也花不起沉重的代价；第三件事是公平竞争问题。认为市场能够保证合理竞争，是一个神话，即使是自由资本主义时期也不可能保证竞争，因为市场的规律是大鱼吃小鱼，必然走向垄断，即不公平竞争。所以，现在一些资本主义国家也在制定反垄断法、保护公平竞争法等；第四件事是有关生态平衡、环境保护以及"外部不经济"问题。所谓"外部不经济"，就是从企业内看是有利的，但在企业外看却破坏了生态平衡、资源等，造成水、空气污染等外部不经济。这种短期行为危害社会利益甚至人类的生存。对这些问题，市场机制是无能力解决的；第五件事，公正与效率关系问题。市场不可能真正实现公平，市场只能实现等价交换，只能是等价交换意义上机会均等的平等精神，这有利于促进效率，促进进步。但市场作用必然带来社会两极分化、贫富悬殊。在我们引进市场机制过程中，这些问题已有一些苗头，有一些不合理现象，引起社会不安，影响一些积极性。政府应采取一定措施，防止这种现象的恶性发展。以上所列举的五个方面，是不能完全交给市场由那只"看不见的手"自发起作用的，必须有看得见的手即国家、政府的干预来解决这些事情。完全的、纯粹的市场经济不是我们改革的方向。所谓完全的、纯粹的市场经济在西方资本主义国家也在发生着变化，通过政府的政策或计划的干预使市场经济不那么完全、不象十九世纪那么典型。有些年轻人提出完全市场化的主张，这种主张撇开意识形态方面不妥不说，至少是一种幼稚的想法。我们实行有计划商品经济更不能迷信市场，要重视国家计划、宏观调控的作用，也就是要看到"笼子"的作用。当然，计划管理的"笼子"可大可小的，要看部门与产品，根据具体情况而定。"笼子"也可用不同材料如钢、塑料、橡胶等制成，如指令性计划是钢性的，指导性计划是弹性的。总之，实行市场取向改革的时候，不能迷信市场，不能忽视必要的"笼子"即政府管理和计划指导的作用。所谓市场取向的改革本身就包含着计划经济体制的改革，计划要适应商品经济发展，加强有效的计划管理。

另一方面，我们要坚持"计划调控"，但也不能迷信计划，迷信计划同样会犯错误。社会主义经济只是在公有制的基础上提供了自觉地按比例发展的可能性，但不能保证经济按比例发展的必然性。若不考虑客观规律特别是市场供求、价值规律等，同样会出现失控、失误。在这方面，我们有很多经验教训。在过去传统计划经济中，我们不止一次地出现过重大的比例失调，大起大落，如50年代后期的"大跃进"，60年代末的几个突破，70年代后期的"洋跃进"，80年代后期经济过热等。这几年，县以上项目的审批权都在各级政府手里，是各级计划机构审批的。我们现在有160多条彩电生产线、90多条电冰箱生产线、许许多多乳胶手套、啤酒生产线等等，重复上马。有些企业的利用率不到百分之五六十。这些生产线的重复引进、盲目上马都是各级政府计划机构审批的，同样发生失误。计划工作是人做的，难免有局限性，有许多不可克服的矛盾。如主观与客观的矛盾，这是计划工作中的一个主要矛盾。第一，由于主观的局限性，对客观形势、客观规律的认识有一个过程。在这方面，我们曾犯过脱离国情、急于求成的错误；第二，由于客观信息本身的局限性，计划工作依靠信息，信息的搜集与传递任何时候都不可能完善、不可能很及时。即使将来计算机经过几次更新换代，性能更高、更普遍化了，也不可能把所有的经济信息及时搜集、加工、处理。有些信息等我们加工处理之后，形势已经过去了；第三，在利益关系上，观察问题的立场和角度上有局限性。计划机构、宏观管理机构不是属于这个地区就是属于那个地区，不是属于这个部门就是属于那个部门，不是站在这个角度就是站在那个角度，各自代表一定利益关系，受到一定利益关系的约束。政府领导和计划工作人员都不可能超越这种局限性。综合部门也有不同的角度，他们各自代表一定的利益关系并受其约束。政府领导和计划工作人员都不可能是万无一失的。上述各种局限性使他们的行为不能完全符合却有可能偏离客观规律，甚至有可能大大偏离，造成计划工作和宏观管理上的重大失误。这是我们几十年来不止一次已经历过的事情。

因此，坚持计划调控，就要不断提高我们自己的认识水平，不断改进我们的计划工作，使计划工作符合客观规律和客观形势的要求，特别是要考虑市场供求形势及价值规律的要求。

总之，我们要坚持计划调控，但又不能迷信计划；要实行市场取向的改革，但又不能迷信市场。要通过计划与市场的结合，不仅发挥两者的长处和优点，还要克服两者的短处和缺点。这是一个非常复杂的任务，需要做很多方面的探索和研究，需要计划部门、财政部门、银行部门、市场部门、商业部门、物资部门以及中央、地方上上下下等各个方面的共同努力，逐步解决好这一问题。

六、对“国家调控市场，市场引导企业”公式的再认识

经过12年改革实践和理论探索，我们对于计划和市场概念的认识已经大大深化了，目前，人们更为关心的是从实质上研究探讨计划与市场间到底怎样结合，结合的方式、途径是什么样的？要把研讨引到这方面来。

关于计划与市场结合的方式，过去也有多种分析和提法，有的提法着眼于理论的模式，有的提法着眼于管理操作。这些分析和提法在近些年的讨论中都有进展。我这里举几个例子。

过去对于计划与市场结合的不同层次的剖面分析进行了综合。比如，对于国民经济的管理，一方面分为指令性计划、指导性计划和市场调节三个部分；另一方面又把国民经济划分为宏观经济和微观经济两个层次。这两重分析在逻辑概念上还是有交叉重复的。现在有的专家对这两重分析进行了综合，提出所谓“双层次分工结合论”。一方面在宏观和微观两个层次上的计划与市场的分工和结合，另一方面专就微观经济内部分析计划与市场的分工和结合。前一方面依然沿用过去那种分析，宏观层次的经济决策主要由政府来进行计划调节。微观层次的经济决策主要由市场调节。这里比较有新意的一点，就是把过去对整个国民经济的管理形式剖析为指令性、指导性和市场调节三块限制在微观层次里。当然，在微观层次里确实有一部分还需要指令，大部分需要指导性，现在还要扩大市场调节这部分。所以说，三分法适用于微观经济。为什么保留指令性计划这一块？为什么不得不实行这种板块式结合？在理论上进行解释，就是我们的经济是非均衡的市场，特别是一些资源性的产品是短缺的，这种短缺不是用市场调节一下子就能解决的，因此还要保留这部分。还有一点就是我们在管理上还有两重因素，即一方面用价格进行管理，另一方面用数量来管理，对于某些非均衡市场现象，光价格不行，还需要直接的数量管理，这就是指令管理。

我认为，对于计划与市场的分工和结合所作的这些横剖面的综合分析，有助于加深我们对这一问题的认识。

再从纵剖面看，就是从时间的演化、计划与市场的关系在改革过程中的演变看。过去曾有过这样一种看法，认为我们在计划与市场相结合的种种模式（板块式结合、渗透式结合、有机内在结合），与其说是互相排斥的选择目标，不如说它们是互相衔接的发展阶段。我们改革的整个过程：第一阶段，改革以前是大一统的计划统制模式；到第二阶段，是改革初始阶段，开始出现一块作为补充的市场，这个市场发展为计划与市场板块地结合；到第三阶段，随着改革的深入，出现了计划与市场两块互相渗透和部分重

叠。到第四阶段，发展到计划与市场在整个国民经济范围内胶体式地有机结合。这种有机的内在的结合已不是两块，而是一块了。所谓“计划与市场都覆盖全社会”的说法就是这样提出来的。在十三大报告中，还表述为“国家调控市场，市场引导企业”这样的公式。上面谈到的几种理论模式，我们与其说选择其中的一种，不如说它们是互相衔接的发展阶段。这样一种关于改革进程的描述，尽管在总体上说是不错的，但是不能过于机械地看待这个进程，就是说不能那样界限分明地划分出发展阶段。比如我们不能认为最后我们建成新的体制时，只有一种覆盖全社会胶体式结合的模式，完全就是国家调控市场，市场引导企业，而板块式、渗透式结合就不复存在了。现在看来，板块式、渗透式两种结合最终都不会完全消失，在一定范围里还会长期存在。诸如某些自然垄断性的东西，供求弹性很小的东西，公益性很强的东西，对它们国家还要实行直接管理。

实行直接的计划管理，当然也要尊重价值规律的要求。从这个意义上说，板块式结合同渗透式结合是分不开的。界限分明的纯板块的结合在过去传统的计划经济里存在过，但经过改革，不会再有了。还要指出，实行直接管理这一块也不可能象一般我们现在所设想的完全按照价值要求解决问题。如果真正能够按照价值规律、市场规律解决问题，也就不需要直接计划了，可以直接转变为间接调控了。强制性的行政干预，直接的指令性计划之所以必须存在，就是因为我前面讲的市场调节不是万能的，市场机制有种种缺陷。有些具有长远和全局意义的事情，不可能完全按照市场价值规律的要求去办，否则就会危害社会的利益，这些事情必须要有国家的直接干预。国家在直接管理经济的部分，要考虑市场因素，但不是通过市场去管理，它可以直接下命令，让行政机关去管理。从这个意义上说，“国家调控市场，市场引导企业”的公式没有覆盖全社会的意义。但是，在将要成为宏观管理主要方式的间接调控的范围内，总是要通过市场进行管理，通过调控市场来引导企业。就这个意义讲，“国家调控市场，市场引导企业”的公式是绕不开的，它在计划经济与市场调节相结合的新经济运行机制中的重要地位是不能忽视的。

（作者系中国社会科学院副院长，本文是他于1991年10月5日在中央党校所作学术报告的部分内容）

1991年我国经济体制改革理论研究概述

国家体改委综合规划和试点司理论宣传处

1991年，经济体制改革理论工作者在“解放思想、深化改革”的方针下，总结了80年代改革开放的实践经验，并对3年治理整顿任务基本完成后的改革开放新时期和90年代经济体制改革的目标、任务等，进行了一系列的理论研究和创新，在所有制、计划与市场的关系、市场体系、企业制度改革等问题上，都有不同程度的进展和突破。

一、所有制结构与公有制的实现形式

随着搞好国营大中型企业问题提到改革和经济工作的首要位置，所有制理论研究也十分活跃和有了新的观点。

（一）所有制结构

在《国民经济和社会发展十年规划和“八五”计划纲要》中，明确提出了坚持以社会主义公有制为主体的多种经济并存的所有制结构，发挥个体经济、私营经济和其他经济成份对公有制经济的有益的补充作用，并对他们加强正确的管理和引导。理论界对党的文献中关于所有制结构的这一新提法，普遍赞同。有人指出，目前对公有制基本规定性已成为理论研究的当务之急，因为经过数十年的改革，经济生活中出现了很多新的现象和问题，如国有非国营、国有经济的机制与活力、国有经济的效率与市场竞争等问题，都使原来意义上的公有制界定变得相对模糊了，因此，必须研究和探讨公有制的基本规定性，才能真正确立公有制的主导地位和界定所有制结构的发展。对所有制结构，也有几种不同看法：一种意见认为，确定不同经济成份在国民经济发展中的数量界限是必要的，其尺度是我国生产力水平和实际需要，以及不同经济成份在国民经济发展中的地位和作用。另一种观点认为，硬性规定其数量界限，既无必要也难以确定。只要国家掌握了有关国民经济命脉的重要部门和重要产品，国有制经济比重下降并不可怕。第三种观点认为，以公有制为主体并非以国有经济为主体，应当包括集体经济（其中也包括乡镇企业）在内，而且是从整体上或全国范围来说的。对于不同地区和行业的所有制结构，应允许从各自实际出发，优化选择。第四种观点认为，以公有制经济为主体、非公有制经济为补充的所有制结构，并不是一个简单的数量界限和比例关系问题。而是要从理论上说明两类所有制经济的相互关系。如后者对前者的补充作用，是在什么范围和领域？补充在经济生活中究竟起什么作用？这种作用益处何在？以及什么是主体作用？如何发挥主体作用等。这些问题若不从理论搞清楚，就容易引起政策上的摇摆。

（二）公有制经济的实现形式和组织形式

公有制经济的实现形式关系到社会主义优越的发挥和兴衰。有人指出，将马克思对社会主义公有制的提法归纳起来有三种，即国家所有制、社会所有制和自由人联合体。一种观点将公有制的实现形式归纳为国有制，因为社会主义国家建立时普遍采取这种形式，它也为奠定社会主义物质基础起到了重要作用。但也有人认为，随着生产力的发展，把这种所有制形式作为唯一或主要的社会主义实现形式，弊端很多，这种所有制形式既不等于社会所有制，更不等于自由人联合体。另一种意见认为，过去传统理论将公有制视为全民所有制，从我国 30 多年的实践看，全民所有制就其外延和内涵来看都是模糊不清的，特别是财产如何占有和支配，存在许多严重问题。所以，很有必要探索社会主义公有制的实现形式。十年规划和“八五”计划纲要中指出，“探索公有制经济多种有效的实现形式”，这在所有制理论上是个突破，打破了单一传统的公有制实现形式，将公有制的实现形式拓宽为多样化地合理有效配置资源，这为转换经济机制和建立新体制奠定了基础，也为公有制的组织形式提供了依据。有人提出了公有制组织形式的四种典型的构思：第一种是完全由政府直接控制（直控型）；第二种是政府直接控制为主间接控制为辅（直控—间接型）；第三种是政府间接控制为主直接控制为辅（间接—直控型）；第四种是完全间接控制（间控型）。其中后两种是所有制组织形式的再造和改革的主要内容。

（三）产权及产权制度

所有制关系的具体化，涉及到了产权及产权制度问题。对产权制度的含义与产权制度改革，也有几种不同意见：一种意见认为，产权是经济关系的法律表现形式，它包括财产所有权、实际占有权、支配权、使用权、收益权和处置权。产权制度是体现这“六权”关系的法权形式，是维系和稳定商品经济社会条件下经济秩序的有效手段。改革前，我国产权制度中的其他五权都隶属于所有权，因而产权内部是缺位和错位的。改革后，“两权分离”理论也仅限于所有权与经营权，而且在实践中企业的经济法人制度远未到位。所以，我国产权制度改革必须从健全对“五权”的认识开始，矫正经济秩序中产权缺位与错位的历史缺陷。第二种观点认为，从目前改革的实践看，产权制度改革的重点应是所有权与经营权分离。因为现阶段劳动和资本不协调、经济发展不平衡、市场机制发育不全、生产要素不能自由流通以及破产机制未建立起来等，要进行宏观与微观改革，首要的是使企业摆脱政府附属物的地位，实行政企分开，经营权与所有权分离。第三种观点认为，产权起源于商品经济条件下资产流动与重组的市场交易。改革前，我国的资产流动与重组不发生市场交易行为，不存在产权问题，因而也不存在产权模糊，不明晰等问题。改革后的实践提出了重构产权和产权制度问题。对此，借鉴西方产权制度是可以的，但它是建立在私有制基础上的，不能照搬。因此，要从我国实际出发，建立我们自己的公有产权理论。第三种观点认为，我国现行产权制度种种弊端根源于单位产权制度。具体表现为：产权主体的单一化与社会化大生产不相适应；产权主体的行政化与政企分开不相适应；产权主体的分散化与资源合理配置的要求不相适应；产权制度的封闭性与增强企业活力不相适应；产权转移的无偿性与商品经济发展不相适应；产权主体的模糊性与强化所有权的约束不相适应等等。由此而选择和构建我国产权制度的目标模式应是“共有产权制度”。其实现途径和特点是：企业产权应是多元共有或以多元共有为主；企业应是自主经营、自负盈亏的主体；强化所有权约束；形成产权转移市场。

二、计划与市场的关系及计划经济与市场调节相结合的经济运行机制

（一）关于计划与市场的关系

在计划与市场的关系上，理论界在以下几方面取得较一致的看法：第一，计划与市场是配置资源的两种方式和调节经济运行的两种机制，不是划分社会主义与资本主义的标志。资本主义有计划，社会主义有市场。这一基本看法，在计划与市场关系理论上是一突破和创新；第二，计划与市场都是社会化大生产和商品经济的共同要求；第三，计划与市场有机结合的基础是有计划的商品经济；第四，我国实现计划与市场的有机结合，矛盾的主要方面在计划；第五，计划与市场的功能是互补的，两者的有效结合在于能最大限度地发挥他们各自的长处；第六，计划与市场结合的形式是灵活多样的；第七，计划与市场结合的基本取向是市场取向。虽然理论界取得了以上共识，但在计划与市场的关系上也有一些不同的看法。一种意见认为，计划经济与市场调节相结合的表述，是人们认识上的逐步深化，同以往的提法并不矛盾。这种表述概括了我国有计划商品经济的管理体制和运行机制，划清了同西方市场经济的界限，同时也明确了计划经济同市场调节并不是互相排斥的，区别于传统的体制。另一种意见认为，计划经济与市场调节相结合的提法从理论上不能成立，因为前者是经

济形态，后者是运行机制或调节手段，两者不是一个层次的问题，无法有机结合，而应是计划与市场相结合，或者是计划经济与市场经济相结合。第三种意见认为，计划经济与市场调节的提法，在理论上是倒退，而且计划不能作为配置资源的手段和方式，资源配置只能在市场上，只有市场这一手段和方式，而计划只能作为间接调控市场的手段之一，在这个意义上，可以把计划与市场的关系规定为计划与市场经济相结合。

（二）计划与市场改革取向的选择

在社会主义有市场、资本主义有计划这样一个带有根本性的命题得到各方面认同后，那么计划与市场还存在着一个改革取向的选择问题。一种观点认为，有计划商品经济强调的重点是有计划，我国现阶段的经济困境就在于改革进程中过份强调了市场调节，忽视了计划的主导作用。相应的改革取向只能是完善计划经济，即“计划取向改革论”。第二种现点认为，有计划商品经济是计划经济与商品经济的统一体，无主次之分，两者从不同侧 面反映了社会主义经济的本质特征和属性，两者统一的现实基础是公有制，相应地改革取向就是把社会主义计划经济的计划性和商品经济的市场性相结合，并在实践中努力寻找二者的最佳结合点，即“计划—市场双向改革论”。第三种观点认为，有计划商品经济及二者有机结合的共同基础是公有制前提下的社会化商品经济。相对于原有排斥商品经济、忽视市场作用的体制弊端，以及使公有制的优越性更好地更有效地发挥出来，就要在竞争性的市场上决定社会资配分配与流向，建立以公有制为主体的有计划的市场经济。即本质上是一种市场取向的经济，也叫市场取向改革。第四种观点认为，我们实行市场取向的改革，并不是要一味削弱乃至否定和放弃计划经济。计划经济是社会主义经济制度的本质特征之一，如果在改革中不坚持计划经济，片面强调和强化市场调节的作用，有计划的商品经济就会蜕变成完全的市场经济，最终改变社会主义经济的性质，从而意味着改革离开了社会主义方向而走向岐路。因此，只能在坚持计划经济的条件下发挥市场调节的作用，即计划为主、市场为辅的改革取向论。

（三）计划与市场结合的条件与形式

关于计划与市场的结合以及结合的形式也有很多不同的看法。对于两者结合的前提与条件，一种看法认为，社会主义公有制为二者结合提供了客观前提和制度保障。另一种看法认为，二者结合需具备与其适应的企业制度、市场体系和宏观调控系统等条件。第三种看法是，二者结合应根据不同的所有制、不同的地区、不同的行业、企业、产品等，选择不同的结合形式、范围、程度等。第四种看法认为，二者结合寓于矛盾之中，只有不断协调矛盾才能实现二者的结合。关于结合的形式选择，也有很多不同看法，归纳起来有：(1)“多形式结合论”认为，两者的结合是通过板块与条块、指令性计划、指导性计划与市场调节等多形式、多空间的途径实现的。(2)“计划取向结合论”认为，计划与市场的关系本质上是计划系统内部各组成部分之间的结构形式与功能互补关系，二者结合关系的本质是计划系统内部一种经济计划与另一种经济计划的相互衔接与协调，结合的主导方面和途径是计划体制的自我完善。(3)“市场取向结合论”认为，目前人们提出的板块论、时空论、渗透论、胶体论、双层调节论等，大都是从两体合一的思路上考虑的结合问题，事实上并没有摆脱板块式的思维禁锢。实现两者有机结合可行的和合理的途径是建立社会主义的市场经济机制，因而要进一步推进企业、制度、市场体系和宏观调控体系的配套改革。(4)“计划调节市场论”认为，计划通过调节市场而与市场相结合。其途径一是计划通过宏观经济体系调节宏观活动，再通过启动市场调节机制，使市场具有计划性；二是运用公有制经济力量，调节企业的市场行为，以求得两者的结合。(5)“主辅结合论”认为，把国民经济活动总体按重要程度分为两块，关系国计民生的重要经济活动由计划管理，次要的经济活动和品种繁多的小商品生产由市场调节，即以计划为主、市场为辅或大计划、小市场实现两者的结合。(6)“体制渗透结合论”认为，将两者结合的客观要求贯彻到整个体制中，以体制驾驭并实现两者的结合。(7)“中观主导结合论”认为，以迄今两者结合薄弱环节的中观经济管理为主导，探索两者结合的新途径。

（四）计划与市场结合需进一步探索的问题

有人提出，无论我们对于理论研讨作何种理想的企盼，也会面临一些难以解开又无法绕开的难点。目前当务之急是克服和矫正理论研究上的薄弱环节与实践中的缺陷，主要有：(1)如何在计划和市场的“摩擦”中，实现计划和市场的有效率的结合，将计划指导国民经济持续稳定协调发展的特点与市场的优胜劣汰的特点进行互补，将摩擦与矛盾在互补中得到缓解或解决。(2)如何在现存不合理的计划与市场格局中，逐步求得计划和市场的合理结合。有人认为，这个问题只能在现有体制的基础上寻求解决的途径。为了避免计划调节和市场调节双重失效，应在培育市场和扩大指导性计划两方面相互促进与发展。(3)如何解决当前社会经济环境与不断深化经济体制改革之间存在的矛盾，避免计划与市场结合的探索陷入“一放就乱，一乱就收，一收就死，一死就放”的循环中。(4)如何克服高度集中的计划经济体制带给人们思想和行为的惯性以及其它不良的非经济因素影响，形成规范的、科学的计划和市场的结合关系。

三、市场发育的现状、问题及对策

（一）我国市场发育现状的总体判断

总的说改革十多年来，我国经济生活已迈入了有计划商品经济的轨道，市场有了一定程度的发育，社会主义市场雏型业已形成。主要表现在：①联产承包制的农村改革促进了农村市场的发育；②随着城市经济体制改革的推行，依照农产品——工业品——生产要素的序列，市场逐步由浅层向纵深发展；③市场机制在国民经济中生产、交换各环节的作用明显增强，各类商品中放开价格的产品比重逐步加大，特别是“四放开”实行以来，市场机制的作用愈益显著。也有人认为，市场发育的主要标志是：①农产品、工业消费品和生产资料价格经过调放结合的初步改革，已经部分地具备了市场竞争性和灵活性；②消费品市场已发展到较高的程度；③生产要素市场得到了不同程度的发育，资金市场有了一定发展，劳动力市场、技术市场、信息市场已具雏形；④国内市场和国际市场的关系越来越密切，范围也越来越大。

对我国市场状况的总体评价，一种意见认为：①初步形成了市场体系的框架，但呈现不同的明显层次性，各市场之间发育不平衡；②前期市场发育实际上是市场机制对计划机制的一种主动吸纳，呈现出一种明显的计划外市场发育格局；③市场发育不是过头了，而是发育不足，导致了经济的周期性波动以及相伴随的市场秩序和流通秩序混乱。另一种意见认为，通观市场发育的程度和难点，基本估计是：①市场机制开始发生重要的调节作用但仍需逐步完善；②市场主体开始出现，但对政府仍有较大依赖；③商品市场、要素市场的发育差距较大，难以形成市场体系应有的整体功能；④市场虽有一定进展，但市场机制还缺乏正常的生长和作用环境；⑤外向型经济与国内经济发展之间还存在着一些矛盾。我国市场在总体上还处于不平衡、不完善和不稳定的状态。

（二）目前我国市场发育存在的问题和原因

关于市场发育中存在的问题，一种意见认为：①市场不规范，政企不分；②市场不完整，各分类市场的发育不平衡，有先有后；③市场不统一，区域之间市场分割，要素市场与生产发展不相适应。第二种意见认为：从总体的市场发育状态观察，由于目前经济的双轨运行，使市场导向失真乏力，市场参数僵滞脱节，从而使市场体系极不健全；同时也并存着市场主体身份不明；市场资源配置失当；市场秩序严重混乱；市场管理政出多门；市场行政性区域分割。第三种意见认为，市场发育存在的主要问题是：①宏观调控体系在方式和手段上还不能适应商品经济发展的需要；②市场波动过于激烈，缺乏自行缓解机制，使宏观调控难度增大；③自主经营、自负盈亏的市场主体还未真正到位，市场地区封锁和行政分割限制了市场主体的发展；④市场组织结构不合理，规则不统一，要素市场中资金市场、劳动力市场发育滞后，影响了市场体系的形成。

一些理论工作者认为，导致以上问题的主要原因有三个方面：①市场经济理论研究落后于市场经济发展实际。当前理论界依然存在“恐市场症”，如理论上摇摆不定，争论的问题脱离改革实践，要素市场发育滞后、劳动力市场难以发展等问题都在于传统理论的束缚。市场发育中的难点要求对产权问题、劳动力是否是商品问题等在理论上作出新的探讨和突破。②传统体制作用对市场发育形成障碍。主要表现为市场主体在旧体制的强行干扰下难以形成，使市场主体呈现出明显的双重人格身份。在市场疲软时期，本应是把企业推向市场的良好时机，但国家却对企业在财政、信贷各方面实行保护性措施，强化了市场主体对政府的依赖性。也有人认为，市场发育中存在的问题与目前我国的体制状况有直接关系，如双重运行体制和运行规则加剧了计划和市场的外在冲突，损害了经济运行的整体功能，影响了市场发育。因此，对市场发育中的体制障碍，应引起高度重视。③政策上的失误和偏差，也不同程度地障碍和影响着市场的发育。一种意见认为，在经济建设上急于求成的“超高速”，恶化了市场环境；各项宏观经济政策的协调性、配套性未处理好，影响了市场发育。第二种意见认为，市场发育的障碍主要是宏观政策存在以下缺陷：计划和市场两张皮，缺乏共同基础，一定程度上抑制了市场发育；财政政策在中央和地方分配关系上不顺、不清，导致了政府强化对企业的经济干预；税收政策上实行多重所得税率，使得企业不能开展公平竞争；金融政策上对信贷资金的行政性分配和管理，以及在财政软约束基础上的信贷约束日益严重，两者极大地阻碍了市场主体的形成。

（三）今后培育市场和完善市场机制的思路

90年代，是改革和发展的重要时期，要解决目前的体制和运行机制的深层次问题，培育和发展市场体系是至关重要的，在以往市场发展的基础上，今后应着重从以下几方着手建立和健全市场机制和市场体系：①把市场主体到位问题作为90年代培育市场的中心环节和重点。以往市场发展的问题核心是市场主体缺位，要改变这种状况，应在政企分离基础上加快实行产权制度改革，建立与市场运行相适应的资产占有、使用、收益和转让制度，使企业真正成为市场主体。如何形成市场主体，一种意见认为，以利益调整为主，实行还权于企业的新一轮放权，并建立相应的保障机制，确保这些权限不再被截留，使企业有参与市场竞争的能力和活力。第二种意见是以转换企业经营机制为主，将企业真正成为自主经营的商品生产者。②进一步建立健全市场组织形式。提高市场组织程度是90年代最具可行性的措施之一。在产权转让和联合的基础上，组建一批以大中型企业为龙头的企业集团是今后的方向之一，但要防止超经济的垄断组织，企业集团应按市场原则而不是按政府的意愿形成。在交易方式上，要逐步规范化。③进一步深化价格改革。价格改革的中心环节是积极稳妥地放开价格，促成价格形成的市场机制。一种意见认为，放开价格的时机选择很重要，目前正是加大价格改革份量的好时机，但当前放开价格并不是一切都放，对于少数重要产品和公共产品可由政府定价，大部分商品价格放开。第二种意见认为，过去某些由政府定价的商品，如航空、铁路运价等可由企业决定，定价机制的转变可带动这些产业的发展。第三种意见是，农产品价格改革要同农产品流通体制改革协同进行，要特别注意保护农民的生产积极性，逐步解决购销倒挂难题，促使农民增产增收。④建立起区域市场、统一市场和国际市场有机联系的大市场。首先要打破地区封锁，打破封锁在市场体系外部，应通过政企分离，建立中央和地方事权明确的制衡机制，规范和约束各级政府行为，消除产生封锁的主要根源；在市场体系内部，通过发展跨区域的市场组织、市场网络，建立有地区分工、不含行政边界的区域市场，从而发展真正意义上的全国统一市场。其次，培育市场应分层次、分时序、分区域来进行。也有人认为过份强调特殊性会导致背离市场统一性原则。⑤宏观调控要坚持以间接调控为主的方向，以培育和促进市场发育。一种意见认为，当前的重点一是要解决宏观调控政策的力度搭配上，二是要解决政府行为的规范化上。第二种意见认为，国家在供求总量和结构的调控上绝不是无能为力的，这种调控将直接为市场的发育创造必要的条件。第三种意见认为，在政府职能还没有转换的现阶段，行政手段的使用要有节制，不能成为培育市场体系的障碍。

（张丽娜　执笔）

加快发展第三产业，推进城市服务社会化

郑定铨

一、城市服务社会化试点的提出和发展

长期以来，由于我国第三产业发展缓慢，服务社会化程度低，许多企事业单位和科研院校只好自办后勤服务工作，“小而全”“大而全”使单位领导的精力分散、负担很重。从1986年以来，先后有11位全国人大代表和全国政协委员连续4年提出提案，建议进行服务社会化的改革试点。人大和政协将这些提案批给国家体改委办理。国家体改委经过研究，确定选择南京、沈阳、武汉、黄石4个城市作为服务社会化的试点城市，于1988年8月发了文件，部署了试点工作。试点城市市委、市政府领导对此项工作极为重视，市里组成了试点领导小组，选择在一、二个城区先行试点，然后由点到面展开。4年来试点工作已取得一定进展。表现在：一是4个试点城市组织了2300多个单位（占企事业单位总数80%）向社会开放了礼堂、托儿所、食堂、浴室等8400多项生活服务设施，在相当程度上弥补了当地社会服务设施的不足，同时促进了这些后勤部门逐步实行独立核算、改进服务、提高效益。二是逐步拓宽生活服务领域、扩大生活服务范围，健全社区服务网络，开展多种形式、多种内容的便民服务，深受居民欢迎。近几年社区服务工作有较大的发展，在组织上，已由民政部门独家管发展为各部门、各企业单位和全社会齐抓共管；在服务对象上，已由优抚助残扩展为全社区的居民服务；在服务内容上，逐步拓宽到居民生活的方方面面；在服务手段上，也开始由自助、互助向保障型、经营型发展。三是大力发展生产资料市场、农副产品市场和金融、科技、咨询、劳务等市场，加强了城乡交流，扩大了劳动就业。黄石市劳动服务公司开办各类服务点，1991年安排就业2549人。南京市3年来劳务市场共安置待业人员10万人次。全市平均待业率降到2.48%，低于国家要求3%的指标。四是把服务社会化试点与深化城区综合改革结合起来，增强了城区的活力。沈阳市沈河区从转变职能入手，增强服务意识，多层次全方位拓展服务社会化领域，为搞活企业和区级经济创造了良好的环境，促进了全区经济的发展。五是试点城市在推进服务社会化的过程中，加强了服务设施的建设，组建了一批服务实体和商业服务集团。值得注意的是有些实体从一开始就按新体制的要求组建和运行。六是创办了一批新型的服务行业，开展特色服务。如武汉市近几年大力发展房地产开发、科技、信息、投资、法律、审计、会计等社会咨询服务业。南京市成立了搬家公司，为市民提供搬家、装饰、维修一体化服务，开办了高楼清洗公司，设立安怀医院，对危重病人进行“临终关怀”，还成立家教服务中心、大楼综合服务公司，为10幢办公大楼提供清洁、送开水、代办邮件、值班等系列化服务。4年来试点市已开了3次试点工作交流会议，并邀请了10多个大城市或城区的同志参加，共同研讨和交流服务社会化的经验。国家体改委印发了两期简报，向各省市通报了这项改革的进展情况。现在，服务社会化的改革已在大连、青岛、西安、重庆、广州、哈尔滨等一些计划单列市和大中城市展开，同样取得明显成效。许多城市反映这是一项少花钱、多办事、办好事的工作，群众是欢迎的，改革已取得较好的经济效益和社会效益。这项试点工作已受到全国人大、全国政协和

国务院有关部门的关注和重视。试点的第二年，全国政协钱伟长副主席在政协七届二次会议的报告中指出：政协七届一次会议以来，共收到委员各类提案2005件，其中28%已被采纳，如建议把服务工作社会化作为城市改革的一项重要内容的提案，已开始产生积极的社会效果。1991年，国家体改委抓了此项提案办理情况的信息反馈，特地请南京市体改委拜访了全国政协周立三委员，通报了试点进展情况并听取意见；同时国家体改委还派人会同黄石市体改委拜访了全国政协周亚特委员。这两位委员都是11位提案人之一，他们对试点工作给予了肯定，并提出了指导性意见。全国政协办公厅认为试点城市拜访提案人沟通情况，推进试点的做法很好，在政协简报上摘登推荐。

总的说来，城市服务社会化的试点开展4年来是有成绩的。4个城市积极承担试点任务。和10多个大城市一起进行了不少探索，通过试点推进了面上的改革，总结了一些很好的经验。在肯定成绩的同时，还应该看到进行服务社会化的改革难度很大，要经过一个较长的发展过程，现在还处于起步阶段，无论在社会化的广度和深度上，还是在服务设施的硬件和软件上与发达国家比，都还有很大的差距。90年代这项改革有待进一步深化，不限于在4个试点城市进行，要在全国各个大中城市中普遍展开。

二、建立城市服务社会化体系必须加快发展第三产业

进行服务社会化试点的目标是什么？通过改革试点，要在城市的管理运转中建立起一个服务社会化的体系，它应该为现代化的大生产、大流通的各种经济活动提供高效的服务；也为城市的社会活动和正常运转提供保证；为居民日益增长的物质、文化生活需要提供多层次、多样化的服务。

一个城市要建立服务社会化体系，必须有发达的第三产业作保证，诚然服务社会化与第三产业之间不能划等号。但第三产业的兴起和建立，是实现服务社会化的重要前提。可以说第三产业发达之日，也就是服务社会化实现之时。

第三产业是社会生产力发展、物质生产部门劳动生产率不断提高、科技不断进步、生产专业化和协作日益加强、消费需求结构变化和人民生活质量不断提高的必然产物，是现代经济中的一个重要部门。这些行业虽然不提供物质产品，但它提供的劳务往往直接或间接地参与了物质生产过程，是第一、二产业发展的必要保证。

第三产业范围广、种类多。大致可分为流通部门和服务部门两大部分。具体又可分为四个层次：第一层次是流通部门，包括交通运输业、邮电通讯业、商业饮食业、物资供销仓储业等；第二层次是为生产和生活服务的部门，包括金融、保险业，房地产业，公用事业，居民服务业，旅游业，咨询信息服务业和各类技术服务业等；第三层次是为提高科学文化水平和居民素质服务的部门，包括教育、文化、广播电视业，科学研究事业，卫生、体育和社会福利事业等。第四层次是为社会公共需要服务的部门，包括国家机关、政党机关、社会团体，以及军队和警察等。我国统计口径只采用上述前三个层次，西方国家统计包括第四个层次。第三产业发达与否，是衡量一个国家国民经济的重要标准之一；也是衡量一个城市综合功能的重要标志之一。

我国第三产业的发展起步较晚，第三产业发展慢有多种原因，主要原因有两条：一是长期以来，我国以产品经济理论为指导，对三次产业协调发展的内在要求和客观规律认识不足，对发展第三产业的重要作用认识不足。二是在经济建设中重生产、轻流通，轻基础设施建设，国家对第三产业投入少，对发展第三产业没有摆到应有的重要位置。因此，城市的交通和生活设施欠债太多。我国目前第三产业的发达程度同发达国家及一些发展中国家比差距很大。1987年国内生产总值中第三产业所占的比重，世界发达国家平均为65%，中等收入发展中国家平均为49%，低收入发展中国家平均为31%。如美国68%、法国66%、新加坡74%、日本57%、印度40%，而同期我国仅25．6%。1990年上升到27．2%。1991年，我国部分地区遭受严重自然灾害，但农业总产值仍比上年增长3%，工业总产值增长14．2%，国民生产总值增长7%，而第三产业仅增长5．3%。第三产业的增长低于国民生产总值和工业的增长速度，也低于今后十年计划要求第三产业年递增9%的速度。我国第三产业落后突出表现在：发展速度慢、基础设施和技术装备差、结构不合理、行业不全、社会化程度不高、服务质量低等方面。

我国国民经济现已进入一个新的发展阶段，11亿人民的温饱问题已经基本解决，正在向小康目标迈进。最近邓小平同志提出要加快改革开放步伐，力

争国民经济隔几年上一个台阶。在这一新形势下，加快发展第三产业有重要的意义：

1. 第三产业的发展可以推进我国农业现代化和工业现代化的进程，有利于加快对外开放步伐

第三产业中交通、邮政、电讯等行业承担着为第一、二产业提供优良的基础设施和外部条件的任务。随着我国对外开放步伐的加快，国民经济持续、稳定、协调发展，第二产业的发展越来越依赖于第三产业能否提供方便的交通、及时的信息、更新的技术、优良的服务和适用的人才。我国传统的农业要向现代化农业进军，也有赖于知识、信息、技术及各种产前、产中、产后的服务。经济特区和沿海开放城市在跨入第二个十年之时，要按照发展外向型经济的要求进一步调整好产业结构和产品结构，增强国际竞争能力，改善投资环境，更有效地吸收外商投资，这些都有赖于第三产业的发展提供基础设施和外部条件。

2. 第三产业的发展可以扩大就业领域，吸收更多的劳动力，有利于社会安定

现在有些服务性的行业没有人干；而另一方面，许多人又没有事干。机构庞大，吃皇粮的人愈来愈多。1990 年底国家机关、党政机关和社会团体人员达 1079 万人，比 1988 年增加 200 万人。国家行政管理费支出增长 39．3％。企业中富余人员一般多达 20％左右，最近各地“破三铁”，将有一批职工进入待岗。城镇还有 300 多万待业人员，农村中约有 1 亿的富余劳动力。如何妥善解决好就业是关系到社会安定的重大问题。主要出路在于发展第三产业。目前一些发达国家第三产业就业人数占整个就业人数的 60％左右，如日本为 58％，美国 70％，我国仅为 18.6％。可见第三产业容纳劳动就业的潜力很大。

3. 第三产业的发展可以为企业提供良好的服务，有利于增强全民大中型企业的活力

随着《企业法》的贯彻，企业自主权的落实，国家指令性指标的减少，企业决策所需要的信息，实现再生产所需要的物资、资金、技术、人才等要素，开展经营活动所需要的正常经济秩序，都需要第三产业中商业、金融业、保险业、租赁业、咨询业、广告业和法律事务等提供服务。因此，加快第三产业的发展将为企业走向市场，转换企业经营机制提供必要条件。

4. 第三产业的发展有利于提高城市的综合服务功能，充分发挥城市的中心作用

随着改革开放的发展，城市的地位、作用不断提高。许多大中城市不仅是工业中心，还是贸易中心、金融中心、信息、技术和人才开发中心。城市不仅要提供先进的物质产品，还要提高综合服务功能，通过提供知识、技术、信息、人才来带动周围地区和全国经济的发展。城市上述功能和作用的发挥要通过发展第三产业来实现。

5. 第三产业的发展，有利于改变消费结构，提高人民生活水平，促进社会主义精神文明建设

随着人民收入的不断提高，消费需求将从量的增加转向质的提高；从单一化、低档化转向多样化、高档化、个性化；从物质领域延伸到精神领域；人们对科学、文化、教育、艺术、医疗卫生、文娱体育、旅游等方面也不断提出新的要求。只有大力发展第三产业才能有效地满足多层次、多样化的需要，才能促进社会主义物质文明和精神文明建设。

三、改革与建设结合，推进第三产业发展

七届人大四次会议批准的《国民经济和社会发展的十年规划和“八五”计划纲要》提出：到 2000 年，我国第三产业在国民生产总值中的比重，由现在的四分之一左右提高到三分之一左右。根据上述目标，从中央到各省市都在加紧研究加快第三产业发展的政策措施。近几年许多大城市坚持改革与建设相结合，在发展第三产业方面作了许多新的探索，具有以下特点：

1. 从本地实际出发，发挥区域优势，制定 90 年代加快发展第三产业的规划

上海市确定以商业为重点，按照国际大都市现代化商业和大市场、大流通、大商业的要求，“八五”在全市集中建设六大商业中心，1992 年商业基本建设有 371 个项目开工，其中重点项目 47 项，总投资约 20 亿元。同时充分发挥金融在上海经济发展和浦东开发中的作用，积极开展各种房地产业、旅游业、信息咨询服务业。天津市为充分发挥北方商贸港口城市的作用，在 1991 年召开了第三产业发展研讨会，市政府制定了加快发展第三产业的若干政策规定，并确定了分行业的发展目标。武汉市 1991 年第三产业已占全市国民生产总值的 35.1％，1992 年初制定了新的十年发展目标，年内有 20 个大项目起步

实施。其中包括兴建7个全国性、区域性的综合和专业工业品批发市场；8个粮油、农副产品批发交易市场；新建和完善一批多功能商业购物中心；建成12条各具特色的商业“一条街”等。按照规划，武汉市平均每年要增加商业网点3000个。到本世纪末，武汉将成为我国中部开放型、多功能的全国性商业大都市。

2. 把发展第三产业与调整产业结构结合起来，与城市改革结合起来

目前第三产业的发展面临缺场地、缺人员、缺资金的困难，而第二产业中的某些行业，低水平重复生产严重，产品滞销，企业亏损，有些行业的富裕人员达四分之一左右。如何对产业结构进行战略性的调整，把第二产业中的富裕场地和人员转办第三产业是一个大课题。由于涉及跨部门，跨行业的调整难度相当大，需要省市领导同志果断决策。产业结构调整不能只局限于第二产业内部，或某一个行业内部进行小修小补，还必须着力于二、三产业之间，从提高整个社会的经济效益出发，下大决心，动大手术。最近北京市有新的突破，北京东安集团兼并北京手表二厂，利用原手表厂的地理优势和厂房，开办大型现代化商场和东来顺分店，填补了首都西北城区商业设施的不足。这种打破行业界限的兼并，具有重要意义，有利于提高社会经济效益，应大力提倡。

在经济特区和各种类型的经济技术开发区内建立的“三资”企业，不再走“小而全”“大而全”的老路，按照新体制的要求，由城市统一制定与开发区相配套的第三产业发展规划，对开发区生产、生活服务工作进行统筹安排，走集约化、专业化、社会化的道路，这也是新的突破。目前深圳、珠海、厦门等特区已在向这个方向迈进。

发展物资配送服务，促进物流社会化，这是物资系统近几年改革的新突破。1986年以来，石家庄、无锡、沈阳等20多个城市的物资流通部门按生产企业订货要求和生产进程，对所需物资进行配套与加工，定时、定量、定点送交生产企业，减少了工厂物资的库存，加速了资金周转。如石家庄市机电公司对11家企业实行物资配送。过去，这11家企业每年库存物资占用资金达141万元，现在下降到35.5万元。石家庄市接受燃煤配送服务的20家企业，采购人员普遍减少了50%。看来，物资配送服务对工厂，对物资流通，对国家都有益，应积极推广。

3. 引进外资，办第三产业有新的突破

在邓小平同志南巡发表重要讲话后，各地加大改革力度，扩大对外开放出现了前所未有的大好局面，尤其可喜的是在引进外资，发展第三产业方面有重大突破。过去，我国的零售商业、金融业和对外贸易等领域，是外商投资的“禁区”，现在这种局面正在被打破，已允许外资更多、更广泛地进入第三产业。日本八佰伴国际集团有限公司是率先进入中国零售商业的外商。该公司现已获准与上海第一百货商店(集团)公司在上海浦东新区合资兴建大型零售商场。这一商场占地面积将达12.2万平方米，总投资1亿美元，规模之大，引人瞩目。与此同时，北京、天津、广州、深圳等地，也正在商讨建一批中外合资的大型商场。王府井这块宝地是北京的“窗口”，最近，北京市已与香港签订协议改建王府井地段的大甜水井地区，规划征地3.37公顷，建筑面积14万平方米，改造后这里将成为亚洲第一流商业中心。地处王府井口的中美合资“麦当劳”快餐厅，已在1992年4月开张，“麦当劳”快餐厅在世界60多个国家开了分店，在王府井开设的是第12747家分店，它们的特点是以快速、友善、可靠的服务，清洁、舒适的环境取胜，每天接待顾客几千人，最多时达1万多人。有选择地开放部分国内商业市场，可以更好地把握国际市场动向，带动国内商品的升级换代，促进国内商业设施的现代化，提高零售商业的管理水平和服务水平。此外，我国金融领域的对外开放也在不断发展。目前，在深圳、珠海、汕头、厦门、海南5个经济特区和上海市已有外国银行驻华代表处、外国银行分行等各类金融机构270多家，其中，可以开展存贷外币业务和保险、财务业务的外国银行分行、独资银行和保险公司共49家，总资产达42亿美元，它们主要是为“三资”企业服务。由于外资银行贷款大于存款，因此达到了引进外资，扩大对外开放的目的。

4. 第三产业企业正在转换经营机制，提高竞争能力

去年总结推广重庆市商业四放开经营的经验后，到目前为止，全国已有17个省、市、自治区发文部署了国合商业企业放开经营，据初步统计放开经营的商业企业已达9234家，约占全国国合商业企业总数的20%。上海市商业企业进行了“六自主”经营。总的说来，国合商业的放开经营在一些地区取得了成效，但从全国看，效果还不显著。1991年全国国营商业出现全行业亏损，平均每一个商业职工要赔10元钱。有些省市厅局，对商业企业经营放权还没有落实，对某些产品规定“专营”及价格的控制，反映的意见颇多。当前应按照小平同志的指示，要走给下面放松的路，不要走 给下面卡紧的路，进一步为放开经营创造必要条件，落实国合商业企业的自主权。

值得引起注意的是，现在有一些集体、私人和民办的第三产业，经营机制灵活，效益好，竞争力强，受到群众的普遍欢迎，这对国营商业的官商作风是一个挑战，同时也值得国营企业研究和借鉴。青岛市有一家以货运为主的私营企业——青岛众兴实业有限公司，这家公司讲信誉，重服务，不断发展。6年前从一部旧货车起家，如今已拥有各种汽车60余部，年营业额达1000多万元。他们为货主提供良好的服务，每天24小时营业，货主随来随用车，开办电话托运，货物的装、运、卸均由公司负责，对承运的货物，由公司出资办理保险。司乘人员不许吃货主的饭，不许索要钱物，不许与货主争吵，违者要处罚。如今这家公司越办越兴旺，已成为青岛地区最大的私营运输企业，最近，被授予“青岛市私营企业先进单位”称号。现在许多大城市由城区的居委会和街道自己办第三产业，发展各项便民服务也很有特色。如北京东城区安德里的734户居民，哪家需要请人洗被子、打扫房间，只要到居委会登个记，“公用”保姆便会按用户需求定时上门服务。天坛街道由居民自筹、自办、自用的消费合作社，经过4年的发展，1991年营业收入已达300万元，受益者遍及全街道2.1万户居民。这种民办民用商业网点几乎没有固定的营业时间，大大方便了群众。

5. 根据市场的需要，恢复和新建一些新的服务行业

我国有一些大城市解放初期第三产业比较发达，建国后，在产品经济体制和“左”的思想影响下，有些服务行业由萎缩到取消。例如，解放前，上海市的拍卖行、典当、广告业相当发达。早在1874年，英国商人就在上海四川路上开设了我国第一家拍卖行——鲁意斯摩拍卖公司。嗣后，英国的瑞和洋行、法国的三法洋行、日本的新泰洋行、丹麦的宝和洋行也纷纷在上海挂牌，开展拍卖业务。到解放初期，上海共有拍卖行25家，都是私商，公私合营后合并为7家，到1958年全部关闭。事隔30年，才在上海复苏。国家体改委在《1989年改革要点》中指出“在若干中心城市试办拍卖市场，开展各类公物的拍卖业务”。1989年12月，上海在威海路开设了上海拍卖行，开办两年多来已公开拍卖了18次。现在我国各地的罚没物资很多，在一些大城市增开几家拍卖行，并逐步扩大拍卖的范围，不仅可以增加国家收入，还可防止私分公物等不正之风。近年来成都、天津先后试办典当行，也初见成效。这些都是国际上通行的行业，我们要加快研究，通过试点，总结经验，进行立法，正确引导，促进发展。

90年代，我国一些名牌产品要扩大国内市场，扩向国际市场，发展广告业也必不可少。一些发达国家为了打开产品销路，不惜工本搞广告。据国际广告协会的统计1989年美国的广告费为1239.3亿美元，人均广告费499美元；日本为367.6亿美元，人均299美元；而同期我国的广告费为2.88亿美元，人均广告费仅0.3美元。还落后于印度、巴基斯坦等发展中国家的水平。

与方便人民生活切身有关的一些新兴服务业，也正在一些大城市兴起。一些家庭进入小康水平后，迫切要求减轻家务劳动。北京、广州、南京等创办的搬家公司，有的还提供装饰、维修、搬家等一体化服务，收费低，服务好，深受欢迎。1991年以来广州市还开办了3家“钟点工服务公司”，提供各种便民服务。如大通生活服务专业社，是广州规模最大、服务项目最齐全的“钟点”服务机构。经过培训，录用了专职和兼职的钟点工2700多人，在市内设立了150个业务预约点，打个电话，就可上门提供多种服务。此外，在北京、南京等地新开办的临终关怀医院也引人瞩目。首届东西方临终关怀国际研讨会前不久在天津召开。会上成立了中国心理卫生协会临终关怀专业委员会，标志着我国“临终关怀”事业已经起步。

6. 在开辟新的服务行业，增设新网点的同时，充分利用现有的设备和设施，挖掘潜力

要做到这一点，关键是要打破部门分割、地区分割和条块分割，从改革旧的管理体制入手，从而提高社会整体效益。以交通运输业为例，目前许多城市“乘车难”的问题很突出，一方面交通车辆严重不足，另一方面各单位自备的大客车大增，而车辆利用率很低。这几年大连市、贵阳市打破了多年来城市公交独家经营的状况，转变为社会投资、投车，充分利用现有车辆联合办公交的新格局，从而取得良好的社会效益。又如我国的长途汽车运输跑单程的多，据有关部门1988年的测算，全国从事长途运输的160万辆货运汽车，空驶率高达47.9%，年损失人力、物力、汽油等达59亿元。前几年南通市与省内11个市的14家汽车运输公司实行营运配载，形成新的运输网络，效益显著提高。青岛新建的中外合资第二啤酒厂，是目前国内规模最大、自动化程度最高的现代化啤酒厂，建厂时砍掉了专用货运车队，自己不办运输，将全部运输任务包给市运输一公司，不仅节约了运输设施一次性投资1937万元，还减少了300名职工，每天可减少运费及节约工资开支240万元。同时市运输公司的生产能力得到了充分利用。现在企业办社会的状况相当普遍，青岛市企业内部自备车辆年平均递增13%，已达1.5万辆。据调查这些车辆空驶情况严重，与此同时，各专业运输公司却任务不足陷入"无米可炊"的境地。为改变这种状况，1991年青岛市在总结二啤厂和全市煤炭包运试点经验后，明确规定：全市工商企业、物资部门与专业运输公司实行定点合同运输，有计划地先组织年货运量3万吨以上的企业分步实施。新建、扩建企业其主要运输任务，交给骨干专业运输企业承担，不再添置大型货运汽车或搞自管车队；除专业运输企业外，全市营运汽车只进行报废更新，总车数不再增加。目前，青岛市已有63家企业与14家专业运输公司开展了合同运输。

7. 借鉴海外经验，发展第三产业

中央领导同志十分注意研究和借鉴世界发达国家和地区，尤其是亚洲"四小龙"发展第三产业的经验。早在1988年5月邓小平同志在一次接见外宾时指出：现在不仅仅是一个香港，我们内地还应创造几个香港。1989年北京发生政治风波期间，小平同志又一次重申，要在内地创造几个香港。1992年初邓小平同志在考察深圳时更明确提出，广东要力争用20年时间赶上亚洲"四小龙"，不仅经济要上去，社会秩序、社会风气也要搞好，两个文明建设都要超过他们，这才是有中国特色的社会主义。小平同志还指出，新加坡的社会秩序算是好的，他们管得严，我们应该借鉴他们的经验，而且比他们管得更好。亚洲"四小龙"共同的优势是：地处交通要冲，港口优良，劳动力资源丰富。共同的劣势是：资源贫乏、境内市场狭小。他们扬长避短，发挥优势，从大力发展第三产业入手，改善投资环境，吸引外资，促进全方位开放，使经济起飞。新加坡面积只有621平方公里，人口270万，还没有南京市大（南京市市区加郊区面积947平方公里）。北京市海淀区426平方公里、朝阳区407平方公里，两区合计830多平方公里，比新加坡国土大1/3。新加坡原是一个偏辟的渔村，1819年沦为英国殖民地，1942年日寇侵入，1959年获得自治，1965年独立为共和国。当时面临住房紧张和严重失业两大难题。经过20多年时间，新加坡经济已腾飞，社会安定。1988年11月，联合国开发计划署为我国在新加坡举办了一期城市管理讲习班。经李鹏总理批准，国家体改委组织17个大中城市的市长和体改委主任共41人的代表团赴新加坡，听取了新加坡专家、教授、政府官员系统介绍，并实地进行了考察。给大家最深刻的印象有三条：第一，新加坡是个小国，缺乏资源，全国上下时刻充满着一种危机感，强调个人要自力，企业要自力，国家要自力，在竞争中求生存、求发展；第二，新加坡善于扬长避短，发挥优势。他们利用得天独厚的地理位置，大力发展第三产业，提倡第一流服务，实行全方位开放，从而引进了大量资金、技术和人才；第三，新加坡政治稳定，城市管理严，社会秩序好。新加坡第三产业占国民生产总值的74%，1990年人均国民生产总值为12718美元，居"四小龙"之首；香港12069美元，居第二；台湾7990美元，南朝鲜5569美元。新加坡在发展金融、交通、社会保险、居民住房和旅游业等方面有许多成功的做法和经验，对我们提供了很好的启示，如新加坡的"居者有其屋"政策和中央公积金制度引起我国有关部门和经济特区、沿海大城市的重视，近几年多次派出团组到新加坡进行专题考察，上海住房制度改革和深圳、海南的社会保险制度改革试点，已借鉴了新加坡公积金制度的某些做法。

另外，新加坡、香港的旅游业近几年迅猛发展，1990年到新加坡旅游的人数达530万人，创汇42亿美元。1991年接待游客541万人，创外汇收入54亿美元。1991年到香港的游客达603万人。近几年我国旅游事业发展也很快，1990年接待国外来访、国际活动及游客达3336万人次，旅游外汇收入为28.4亿美元，虽然创历史最高水平，但只占新加坡创汇的三分之二。新加坡、香港所以能吸引大量游客，外汇收入高，一是地理位置好，交通方便，新加坡樟宜国际机场每年接待乘客1100万人次。香港是亚洲空运的轴心，启德国际机场每周有40多家国际航空公司的900班次飞机起降。二是，新加坡和香港都是亚洲重要的国际会议中心和展览中心。这两个"中心"，既促进了旅游，又增加了外汇收入。1990年在新加坡举办的国际会议与展览有2708次，与会者50.9万人次。按每人在新停留5天，平均花费1500

美元计，1990年仅会议展览一项，就给新加坡带来7.6亿美元收入。1992年春在新加坡举办的亚洲航空展，共吸引世界1100家企业参展，仅这一次展览，就有上亿美元的收入。三是旅游设施齐全、配套，提供第一流的服务。我国旅游资源丰富，关键是交通、基础设施及相应的配套建设不能适应，服务质量、服务水平都比较差。进入90年代以来，我国重点旅游省、市如杭州、苏州、西安、青岛、泰山、黄山等旅游城市、地区都在积极研究"四小龙"的经验，采取措施，准备开辟旅游开发区，制定促进旅游事业发展的有关政策，加强基础设施建设和人员培训，在旅游服务的硬件和软件上，达到一个新的水平，力争在"八五"时期上一个新台阶。

我国少数民族地区经济体制改革情况综述

国家民族事务委员会经济司

我国是一个统一的多民族国家，民族问题始终是我国革命和建设中的一个重大问题。少数民族人口虽少，但地大物博，目前虽较贫困，但资源丰富，具有很大的发展潜力，在建设有中国特色的社会主义现代化过程中，少数民族和民族地区已显示出越来越重要的地位和作用。改革开放以来，民族地区的经济和社会发展取得了很大成绩，但与内地和沿海经济较发达地区相比，还存在较大差距，也低于全国的平均发展水平。在改革开放过程中，民族地区还存在一些特殊情况和问题，需要更好地实行因地制宜，分类指导，从而更好地推进少数民族地区的改革。

一、对我国少数民族地区改革的简要回顾与分析

我国经济体制改革已进行了13个年头，取得举世瞩目的成就。少数民族地区的改革，沿着全国改革的总体思路，从农村到城市，从生产领域到流通分配领域，从微观搞活到宏观加强管理，从所有制形式、经营方式到政府机构职能转变，从沿海开放到沿边开放，都进行了不同程度的改革，同样取得了很大成就。农村家庭联产承包责任制、牧区草畜双承包制、企业承包经营制等在少数民族地区也普遍推开，调动了广大少数民族和民族地区干部群众的积极性；以公有制为主体的多种经济成分并存发展，计划与市场相结合，社会主义商品经济有一定发展，商品观念、竞争意识等有所增强；边境贸易和对外开放发展较快，如云南的瑞丽、畹町、内蒙古的满洲里、二连，新疆的喀什、伊犁，吉林延边的珲春，广西的凭祥、东兴等地，积极开展了同邻国的边境贸易和经济技术合作，增加了当地财政收入，带动了其他产业和少数民族群众的脱贫致富，走出了一条“利国、富民、睦邻、安邦”之道。一些民族地区的改革试验区和试点，如内蒙古呼伦贝尔盟经济体制改革试验区，贵州毕节地区扶贫开发、生态建设试验区，湖南怀化地区的农村综合改革试验区，广西玉林市的粮食改革试点，内蒙古察右前旗和卓资县的县级综合改革试点等等，通过试验，从不同的角度，不同的层次摸索了经验，努力探索民族地区改革开放的新路子，取得了明显的成效。改革开放促进了民族地区生产力的发展，经济实力进一步增强。以内蒙古、广西、新疆、宁夏、西藏、云南、贵州、青海8省区为例（以下简称8省区），1990年国民生产总值比1980年增长1.4倍，平均每年增长9.13%；工农业总产值增长1.5倍，平均每年增长9.4%；国民收入增长1.4倍，平均每年增长8.79%。新疆农业连续13年丰收，粮、棉、油等自给有余。云南烟草行业崛起，财政收入有了较大提高。广西的糖、铝，新疆的石油、天然气，内蒙古的煤炭、电力等重点产业和行业已初具规模。少数民族贫困地区的温饱问题得到不同程度的缓解，生活水平有了一定提高。民族团结进一步增强，安定团结的政治局面得到巩固。总的看，少数民族地区的改革和全国一样，取得的成绩和改革带来的成就是巨大的。

但是，在取得成绩的同时，民族地区的改革还存在一些特殊情况和问题。一是民族地区受产业结构、产品结构的限制、指令性计划约束较多，加上交通不

便、信息不灵、旧的传统观念等限制，民族地区商品经济发展缓慢，市场调节作用弱。二是全民所有制经济比重大，集体和个体等其它经济成份比重小，发展缓慢，乡镇企业刚刚起步。三是经济结构不合理。广大少数民族地区大多以农、牧业为主，工业很少。轻重工业比重中，重工业为主，加工增殖少。加上价格扭曲，比价不合理，民族地区自我积累、自我发展的机制难以形成。四是某些改革措施与《民族区域自治法》衔接不够，一些过去对民族地区行之有效的优惠政策被取消或随体制的变化而自行消失。如财政“三项照顾”、民贸“三项照顾”、对口支援政策、财政10％递增补贴、外汇留成照顾等，有的被取消、有的因体制的变化而难以落实。对民族地区的一些企业，盈利上收，亏损下放，不征得当地自治机关的同意、隶属关系经常改变等等。五是某些改革的政策和措施出台，对少数民族地区经济基础、产业结构和产品结构、技术管理等方面的差异考虑不够，缺乏分类指导、区别对待，使民族地区一时难以承受和适应。其结果往往是赶“末班车”，错过发展的有利时机。如拨改贷后，民族地区承贷还贷能力差，信贷资金投入不足，待刚学会使用贷款，又遇控制信贷规模；利改税后，资金利税率低的民族地区企业留利少、难以积累资金扩大再生产。紧缩银根和压缩基建规模，使刚刚起步的乡镇企业和急需发展的项目受到限制。调整结构，使一些发挥当地资源优势、经济社会效益都较好的小型企业或计划外小厂，面临关停并转的困境等等。以上情况和问题，集中表现在民族地区与全国平均发展水平的差距进一步扩大。以8省区为例，其人均社会总产值、人均工农业总产值、人均国民收入与全国平均水平的差距，1989年分别比1985年扩大843元、626元和205元，分别比1980年扩大差距3.3倍、2.9倍和2.3倍。1990年，虽然8个民族省区的主要经济指标完成较好，有的增长速度都高于全国平均水平，在全国总量中的份额也有所提高，但由于基数小，绝对值少，人均占有量与全国的差距继续拉大。1990年8省区人均国民生产总值、人均国民收入和人均工农业总产值比1989年全国平均水平分别扩大差距6.2％、1.5％和3.3％。差距还表现在财政非常困难、利用外资少、基础设施差、商品观念和改革开放意识有待进一步加强等方面。以上数字和情况说明，差距拉大是客观存在的。对于差距问题，我们应有一个正确的认识，应该看到，差距问题在地区经济非均衡发展中是普遍存在的，也是正常的，在我们这样地域辽阔、情况各异的大国更是如此。共同富裕不等于同步富裕，有一个先富与后富的过程。但是差距是可以缩小的，不能让其自由发展，差距过分拉大，而且越拉越大则属不正常了。一是差距过分拉大，超过少数民族和民族地区的承受能力，经济问题很可能诱发成政治问题，影响民族团结和社会的稳定。二是差距过分拉大，势必加剧地区经济发展的不协调，势必拉四化建设的后腿，影响改革开放的进程。三是差距过分拉大，不符合我国社会主义共同富裕的本质要求。因此，面对目前的差距问题，我们要高度重视，要充分认识到90年代民族地区在全国政治、经济中的特殊地位和作用，为实现第二步战略目标而努力奋斗。但缩小差距也不能操之过急，实现各民族的共同繁荣是一个长期而艰巨的任务，期望短期内要消除差距是不现实的。可以相信，有党和国家的重视和扶持，有兄弟省市的支援帮助，民族地区发扬自力更生、艰苦奋斗的精神，进一步深化改革、扩大开放，发展中的差距问题会得到逐步解决，各民族的共同繁荣一定会实现。

二、1991年少数民族地区经济体制改革情况

1991年是“八五”计划的头一年，我国国民经济和社会发展十年规划和第八个五年计划纲要中，对少数民族地区的发展做了专门的安排部署，国务院国发〔1991〕27号文件中，对1991年少数民族地区的改革提出了专门的要求。这一年，少数民族地区在党中央、国务院的领导下，认真贯彻治理整顿、深化改革的方针，围绕着调整结构、提高效益这一经济工作的中心任务，重点搞好本地骨干企业，深入开展“质量、品种、效益年”的活动，克服困难，使经济结构和环境有所改善，工业生产逐步回升，农业稳定增长，固定资产投资有所增加，投资结构有一定改善，流通领域市场秩序稳定，居民收入增加，人民生活水平有所提高。

（一）经济结构有所调整、经济实力进一步增强

据统计，8个民族省区1991年国民生产总值达1938亿元，比上年增长7.4％；国民收入达1611亿元，比上年增长7.1％；工农业总产值达2850亿元，比上年增长9％；粮食总产量达5319.4万吨，比上

年增长3.5%；全社会固定资产投资总额达489.68亿元，比上年增长22%，其中全民所有制单位固定资产投资达390.65亿元，比上年增长32.4%；社会商品零售总额达912.58亿元，比上年增长13.3%。在工农业总产值中，工业比重有所上升，工业总产值占工农业总产值的比重为62.6%，比1990年上升1.7个百分点；工业内部，轻重工业比为48∶52，仍以重工业为主；主要工业产品产量中，钢和发电量比上年有所增加，原煤、布、卷烟、电视机比上年有所减少。在工业总产值中，全民、集体、城乡个体、乡镇、村办等多种经济成分的工业产值均比上年有较大的增长。农村在稳定家庭联产承包责任制的基础上，积极开展统分结合的双层经营，建立健全产前、产中、产后社会化服务体系。农业生产在部分省区遭受严重自然灾害的情况下，仍获得较好的收成，农村经济持续发展，农业内部结构进一步调整。1991年8省区农业总产值达1066亿元，比上年增长6.3%。开展"质量、品种、效益年"活动取得初步成效，但1991年8省区地方预算内国营工业企业与上年相比，实现利税均有所减少，企业经济效益没有明显好转，亏损额和亏损面居高不下，限产压库、转变企业经营机制等有所进展，但任务还很艰巨。

（二）对外开放迈出新步伐

1991年，少数民族地区利用区位优势和资源优势，外引内联，积极扩大了对国内和国外的开放，迈出了新的步伐，取得了新的进展。对内广泛开展经济技术协作和横向经济联合，制定各项优惠政策，吸引内地和沿海经济较发达地区的资金、技术、人才等到民族地区投资、办厂等。对外边贸起步、产业联动，积极开展同周边国家的贸易和经济技术合作。内蒙古自治区目前已有水陆口岸11个，临时过货点3个，1991年易货贸易进出口总额3.75亿元瑞士法郎，比上年增长44.3%，现汇贸易出口总额达3亿多美元，有300多种商品进入国际市场；云南省的三资企业、利用外资迅速兴起，出口创汇以16.3%的速度增长，全省边贸出口总额已达15亿元；新疆外贸日趋活跃，1991年全区签约的边贸总额即达15亿瑞士法郎；地处世界屋脊的西藏自治区，近几年与不丹、尼泊尔等国的边贸开展活跃，尤其是旅游业直线上升。随着中越关系正常化，地处中越边境的广西、云南等边境县市积极开展了对越边境贸易。广西边贸进出口总额由1989年的4亿元上升到1991年的20亿元，收缴税费从1989年的5890万元增加到1991年的1.2亿元；云南对越边贸额从1989年的4000万元增加到1991年的1.1亿元，收缴税费从1989年的208.4万元上升到1991年的1299.4万元。主要出口商品有：柴油机、手扶拖拉机、水泥、平板玻璃、缝纫机、布匹、啤酒、小五金等；主要进口商品有：棕油、聚丙烯、煤、化工原料、南药、尿素、锰矿石、黄藤、海产品、农副产品等。

（三）少数民族地区的改革试验区和试点取得新的进展

1991年，一些少数民族地区的改革试验区和试点，加大了改革的力度，加快了改革的步伐。如内蒙古呼伦贝尔盟和乌海市自1988年开始搞经济体制改革试验区以来，取得较大成绩，呼盟以发展对前苏联贸易为突破口，加强基础设施建设、改善投资环境，大力发展边境贸易，1991年边贸额已占全自治区的三分之二。并与国内26个省、区建立了经济技术合作关系，4年来，鉴定协作项目91个，引进资金1.24亿元，人才628人次。企业改革，农村牧区改革都有了新的进展。乌海市4年来初步探索了一条以改革促开放、以开放促开发的路子，尤其是在粮食流通体制改革和市矿结合、联合发展等方面的改革取得了明显成效。湖南怀化地区农村改革试验区，围绕山区综合开发，进行土地制度、流通、农科教一体化等方面的改革，取得初步成效，贵州毕节地区"开发扶贫、生态建设"试验区自1988年建立以来，针对少数民族贫困山区粮食、生态、人口三大问题，坚持改革与开发紧密结合，在发展中试验、以试验促发展，在控制人口、恢复生态环境和开发性扶贫等方面取得明显成效。青海省民和县民族经济改革试验区自1989年经省委、省政府批准试验以来，在深化农村改革、企业改革、商业流通改革、建立开发小区，制订优惠政策吸引国内外投资等方面取得一定成绩。青海格尔木市资源开发试验区试办一年多来，以补偿贸易和企业股份制为主的灵活方式，吸引外来资金5000万元，开发了7个较大项目，其中还建成了格尔木市第一家中外合资企业。另外还有广西玉林市的粮食改革试点，内蒙古察右前旗、卓资县的县级综合改革试点，贵州安顺市多种经济成分共生繁荣试点等等，都有突破性的进展。

（四）加强了对少数民族地区改革的宏观指导和研究

经国务院批转的国家体改委关于1991年经济体制改革要点中指出:“边疆少数民族地区要进一步落实中央已经给予的各项政策，在中央的方针政策指导下，根据《民族区域自治法》，从本地区的实际情况出发，积极稳妥地深化改革。要充分发挥本地的资源优势和区域优势、积极开展外引内联、发展边境贸易、努力探索适合边疆少数民族地区特点的对外开放和对内开放的路子。通过改革开放，推动社会经济结构的调整，培养造血功能，促进边疆少数民族地区经济的发展。”这是根据少数民族地区的特殊情况，国家给予的特殊考虑，体现了我党实事求是的思想路线和党和国家对少数民族地区的重视和关怀，有利于加强因地制宜、分类指导。为促进少数民族地区的改革，1991年底，国家民委和国家体改委首次在京召开了民族地区改革座谈会，国家民委副主任文精同志、国家体改委副主任贺光辉同志出席会议并做了讲话。会议总结交流了改革开放以来少数民族地区取得的成绩和经验，研究分析了少数民族地区在改革中出现的特殊情况和问题，探讨了今后改革的思路和重点。国家在研究和出台改革政策和措施时，也考虑了民族地区的特殊性，给予区别对待。如在我国固定资产投资方向调节税暂行条例中，第十五条明确规定:“少数民族地区投资方向调节税的优惠办法另行规定”。为扶持和发展民族贸易和民族用品生产，国家在资金、物资、税收、财政等方面给以了特殊的照顾。在扶贫方面，扶贫资金和重点向少数民族贫困地区倾斜等等。

三、深化少数民族地区改革开放的几个问题

国务院国发〔1992〕12号文件关于1992年经济体制改革要点的通知中，对少数民族地区的改革开放提出了新的要求，指出:“从民族地区的实际情况出发，坚持因地制宜、积极探索、试点先行、稳步发展的原则，通过改革，增强自我发展的能力……。”前不久，党中央、国务院召开的中央民族工作会议，江泽民总书记和李鹏总理的重要讲话中，都强调了要加快少数民族地区的改革开放。目前，随着中央2号文件的传达贯彻，我国改革开放又进入一个新的发展时期，少数民族地区面临新的挑战和机遇。根据党中央、国务院的精神和要求、结合少数民族地区的实际，在深化少数民族地区的改革过程中，要注意考虑以下几个问题。

（一）进一步解放思想，大胆探索

李鹏总理在中央民族工作会议讲话中指出:“为了适应改革开放形势的需要，少数民族和民族地区的广大干部，要进一步解放思想，积极探索路子。”少数民族地区的改革开放滞后于全国，除了受客观条件限制等因素外，很重要的一条是思想还不够解放、观念还有待进一步更新。

解放思想、更新观念，一是要继续破除自给自足的自然经济的观念，彻底改变“养牛为耕田、养猪为过年、养鸡为换盐”的小农经济思想、打破保守、封闭、平均主义等旧的观念，大力宣传发展社会主义商品经济的理论，使广大少数民族干部和群众提高对发展社会主义商品经济重要性的认识，逐步树立与社会主义商品经济相适应的公平竞争观念、统一市场观念、按劳分配的观念等等。二是要转变把改革与边疆的稳定相对立的观念。国家的统一是关系国家长治久安的大事，是我们搞经济建设的重要保障，少数民族地区的改革要服从并服务于这个大局。但不要把两者人为地对立起来，过分的求稳怕乱。改革和稳定是可以结合和相互促进的。目前，民族问题更多地表现在少数民族和民族地区迫切要求加快发展，缩小与全国和沿海地区的差距的问题上，只有通过改革加快少数民族地区经济的发展，经济搞上去了，人民生活提高了，边疆的稳定才有坚实的物质基础。反过来，边疆的稳定、国家的安定才能更好地推进改革开放。因此，应在维护祖国统一和边疆稳定的前提下，积极推进改革开放。三是要大胆探索、勇于试验。要用足用好中央给予少数民族地区的各项优惠政策，善于把中央的大政方针和政策措施与民族地区的实际情况结合起来，创造性地贯彻执行。凡是有利于少数民族地区生产力发展，有利于民族团结进步事业，有利于提高少数民族群众的生活水平的各种改革方案和措施，如建立各类开发区、开放城市、保税区，及各种单项改革试验等，都可以积极探索，大胆试验。

（二）坚持因地制宜、分类指导

实事求是、一切从实际出发，是马克思主义的精髓，是我党的思想路线。几十年的民族工作实践证

明，民族地区的各项工作不能脱离各民族地区的历史条件和不同的实际，只有把党的路线、方针、政策同民族地区的实际情况相结合，才能取得预期效果。江泽民总书记在中央民族工作会议讲话中指出："民族地区的改革应坚持从实际出发，注意吸收外地的好经验，但不能简单地套用。要区别情况，分类指导，快慢得当、慎重稳进。今后凡是与少数民族和民族地区密切相关的重大改革方案，必须重视各个地方和民族的特殊情况，注意听取当地的意见，先试点后推行。"这为今后因地制宜推进民族地区改革开放，提出了明确指导思想，我们应很好地加以贯彻。少数民族地区从全国来说，存在着特殊性，少数民族地区内部及地区之间也各不相同，改革开放自己和自己比虽然有了很大的发展，但与全国平均水平相比还有很大的差距，与沿海经济较发达地区更是形成强烈的反差。因此，要加深对少数民族地区的再认识，既要看到民族地区的进步，又要看到它仍然落后，既要看到它的困难和不利的一面，又要看到它的优势和有利的一面。在改革中，时刻注意少数民族和民族地区的特殊性，要根据少数民族地区的产业特点、地区特点和民族特点，坚持按照"因地制宜、积极探索、试点先行、稳步发展"的原则进行改革。在改革的内容上，要区别情况、分类指导，在实施步骤上要快慢得当、积极稳妥。既要大胆探索，克服等待观望思想，积极推进改革，又要充分考虑民族地区的承受力，重大改革措施出台前，都应在民族地区进行试点，取得成功后再逐步推开，避免急于求成，"欲速则不达"。切实保障民族地区的改革能因地制宜，积极稳妥地进行下去。

（三）把改革与全面贯彻执行《民族区域自治法》有机地结合

我国是一个统一的多民族国家，共有5个自治区、30个自治州和124个自治县（旗），还有1700多个少数民族聚居的民族乡；全国共有少数民族人口9120多万人，占全国总人口的8.04%，民族地区的面积占国土总面积的64%。民族区域自治制度是解决我国民族问题的基本的独具特色的政治制度，《民族区域自治法》是这一制度的科学总结和法律表现，是仅次于宪法的基本法之一。自1984年，《民族区域自治法》颁布实施以来，对于加强民族团结、维护祖国统一、加快民族地区经济文化建设，建立和完善平等、团结、互助的社会主义民族关系起到了重要的推动作用。民族区域自治的核心是自治权问题，即在中央的统一领导下、保证民族自治地方有权独立自主地处理本民族、本地区的内部事务。包括可以根据自己的实际情况和特点制定自治条例和单行条例，上级国家机关的决议、决定、命令和指示如有不适合民族自治地方实际情况的，自治机关可以报经该上级国家机关批准，变通执行或者停止执行。并在计划、基建、财政、税收、体制改革、对外开放等方面也享有一定的自主权。但据一些民族地区反映，近些年民族区域自治法在执行过程中还存在一些问题，自治权难以落实，尤其是有关经济方面的权益得不到保障，影响了民族区域自治制度的优越性的发挥。究其原因是没有把改革与贯彻实施民族区域自治法很好地结合起来，条块矛盾突出，产业倾斜和地区倾斜结合不够。1991年国务院70号文件"关于进一步贯彻民族区域自治法若干问题的通知"就进一步贯彻落实民族区域自治法有关经济和社会发展的问题作出了11个方面的规定，并要求中央有关部门和各级政府都要制定实施自治法的规定或措施。江泽民总书记在中央民族工作会议上的讲话中指出："涉及少数民族和民族地区的政策、法规，要体现自治法的精神，有助于自治法的实施。要抓紧制定自治条例和单行条例。到本世纪末，要形成比较完备的社会主义民族法规体系和监督机制。"因此，深化民族地区的改革，要与全面贯彻实施民族区域自治法有机地结合起来。要按照自治法的有关规定，在改革中继续体现党和国家的帮助扶持，过去在少数民族地区行之有效的政策措施要继续实行并不断完善，新出台的改革政策措施要符合民族地区的实际，有利于民族地区生产力发展，对某些不符合民族地区实际的政策措施，应允许民族地区报上级批准变通执行或停止执行。要通过深化改革，适当扩大民族地区的计划、投资、财政、税收、物价、对外开放等方面的自主权和给予灵活的政策，抓紧制定民族区域自治法的实施细则和自治条例、单行条例。逐步形成与民族区域自治制度相适应的、计划与市场相结合的经济体制和运行机制。

1991年我国经济立法综述

国家体改委政策法规司

1991年，我国经济立法工作在继续治理整顿、深化改革的形势下，取得了可喜成绩。经济立法的进展主要表现在两个方面。

一、制订90年代的立法规划，明确立法目标

李鹏总理在七届全国人大四次会议所作的《关于国民经济和社会发展十年规划和第八个五年计划纲要的报告》(以下简称《规划和纲要》)中，对我国的经济立法工作进行概括性的总结，并明确了我国今后十年经济立法工作的主要任务。报告指出：现在我国以宪法为基础的社会主义法律体系初步形成，国家政治经济活动和政府工作逐步走上法制轨道。但是，在经济和行政管理立法方面，还有一些重要的法律、法规尚未制定出来。要在积极推进改革开放的同时，抓紧起草计划法、预算法、银行法、投资法、公司法、价格法、劳动法、审计法等一批重要的法律草案，并根据改革开放和行政管理的需要，加强行政法规和规章的制定工作，使国家行政管理工作进一步规范化，法制化。

党的十一届三中全会以来，我国的经济立法是同改革开放、经济建设的伟大实践同步进行、相互推进的。改革开放和经济建设为经济立法提供丰富的实践基础，经济立法又保障、推动了改革开放和经济建设的顺利前进。自1979年以来，除1982年通过的新宪法外，全国人大及其常委会共已通过法律114件，修改补充法律的决定19件。国务院发布了近600件行政法规。目前，我国已初步形成了包括综合经济法律如《企业法》、《经济合同法》、《会计师》、《统计法》，民事法律如《民法通则》、《专利法》、《商标法》，行业管理法律如《森林法》、《草原法》，涉外经济法律如三资企业法、《涉外经济合同法》，诉讼程序法律如《民事诉讼法》、《行政诉讼法》等在内的、门类比较齐全、内容涉及广泛的经济立法体系，这些法律、法规对我国经济生活起着重要作用。

由于我国的改革开放事业正处于发展中，一些基本的经济关系，要随着经济体制改革的不断深入，而逐步理顺，一些新的经济关系要在改革试点中逐步建立。因此，仍有一批重要的经济法律法规，虽已开始研究和起草工作，但目前尚未出台。而今后十年，我国的经济体制改革，将在更深的层次，更广泛的范围展开，有计划商品经济的新体制，将逐步形成。所以，抓紧制订出一系列调整我国基本经济关系的法律法规，成为深化改革，加快经济建设步伐的迫切需要。为此，七届全国人大四次会议通过的《国民经济和社会发展十年规划和第八个五年计划纲要》将李鹏总理报告中列举的法律制订工作，列入“八五”和今后十年的工作规划之中，并且明确提出，在“‘八五’期间和90年代，要逐步建立比较完备的经济法规体系，使各方面的经济关系和经济活动，有法可依。”同时，切实加强经济监督和经济司法工作，改变有法不依的现象。《规划和纲要》不仅对我国“八五”期间和90年代的国民经济、社会发展和改革开放事业，作出了总体的规划和布置，而且也明确我国

今后十年经济立法的目标和基本任务，预示着今后十年将是我国经济立法逐步形成完备体系的时期。

在《规划和纲要》的全面规划和部署下，经国务院批准的《经济体制改革十年规划和“八五”纲要》进一步阐明了在90年代，加强经济立法与深化经济体制改革的关系。这个文件明确提出，在90年代的改革中，要“加快经济法制建设，积极推进改革的规范化和制度化。”“八五”期间，应抓紧制定一批基本经济法律和法规，及时将经过实践证明，比较成熟的改革措施，用规范的制度或法律形式确定下来。有些暂时还没有条件立法的，可以先制定相应的行政法规，为经济体制改革奠定必要的法制基础。在深化经济体制改革的同时，逐步建立一套与社会主义商品经济新体制相适应的经济法律、法规体系。按照这个文件的内容，在“八五”期间和90年代应强化五个方面的经济立法。一是企业立法，抓紧制定《公司法》，完善《企业法》及配套的法律法规，如《转换全民所有制工业企业经营机制暂行条例》；二是市场立法，要制定《市场法》、《反垄断与不正当竞争法》及各项市场管理法规；三是宏观管理立法，要制定出《计划法》、《投资法》、《银行法》、《预算法》等；四是经济监督立法，要制定《审计法》、《税收征收管理法》等；五是农业立法，制定《农业基本法》、《农业投资法》等。

为保证立法任务的完成，加快我国立法工作的步伐，保证国家立法工作更好地贯彻党的基本路线，适应我国改革开放和建设事业的需要，在新的历史时期，要加强党对国家立法工作的领导，支持国家立法机关行使立法权，把党的方针、政策通过国家立法形式，按照法律程序，转变为国家意志，成为对全社会有普遍约束力的行为规范。

目前，全国人大常委会制定了1992年至1993年的立法规划。国务院也正在制定“八五”期间的经济立法计划。

二、1991年颁布的一批经济法律、法规概述

1991年，全国人大和国务院制定和颁布了一批经济法律、法规。全国人大及其常委会先后审议了17件法律草案，已通过12件法律。其中，七届全国人大四次会议，通过了《中华人民共和国民事诉讼法》和《中华人民共和国外商投资企业和外国企业所得税法》。国务院共发布行政法规或批准发布行政法规22件。这些行政法规，在完善我国的经济管理制度，保障经济建设顺利进行，巩固治理整顿成果，促进深化改革和扩大对外开放，完善引进外资的法律环境，健全科技立法、保障科学技术发展，保护职工合法权益等方面，进一步补充、完善了我国经济法律、法规。

1. 在完善经济管理制度，保障经济建设顺利进行方面 国务院发布了《中华人民共和国土地管理法实施条例》。这部条例，作为《中华人民共和国土地管理法》的实施细则，具体规定了土地所有权和使用权注册登记办法，申请、核发、更换、注销土地证书的条件和手续，合理利用和保护土地的登记制度、统计制度、规划制度和审批制度及违反土地管理法规的责任。为了加强水库及设施的安全管理，保障人民生命、财产的安全和社会主义建设事业的安全，国务院发布了《水库大坝安全管理条例》，规定了各级政府主管部门对大坝安全实施监督的职责分工，大坝建设和管理措施，险坝处理办法及对毁坏大坝行为的法律处罚。为保证我国大、中型水电工程建设的顺利进行，国务院发布了《大中水利水电工程建设征地补偿和移民安置条例》，规定水电工程建设征地补偿和移民安置的原则和具体办法。

2. 在巩固治理整顿成果，促进深化改革方面 为实行烟草专卖管理，提高烟草制品质量，维护消费者利益，保证国家财政收入，全国人大制定了《中华人民共和国烟草专卖法》。为理顺城镇集体企业的基本关系，巩固和壮大集体所有制经济，国务院发布了《中华人民共和国城镇集体企业条例》。为了贯彻国家产业政策，控制投资规模，引导投资方向，调整投资结构，加强重点建设，防止盲目投资和重复建设，国务院发布了《中华人民共和国固定资产投资方向调节税暂行条例》，该条例对固定资产投资方向税的征收范围，征收办法及税率等作了规定。

3. 在对外开放方面 为了在对外开放中防止动植物传染病、寄生虫病和植物危险性病，虫、杂草以及其它有害生物传入、传出国境，保护农、林、牧、渔业生产和人体健康，促进对外贸易的发展，全国人大制定了《中华人民共和国进出境动植物检疫法》。

4. 在科技立法方面 国务院发布了《专利代理条例》，对设立专利代理机构和取得专利代理人资格的条件，专利代理机构的职责及其承担的义务和责任等作了规定。国务院还批准国家科委等部门发布

了《技术合同仲裁机构管理暂行规定》、《国家高新技术产业开发区高新技术企业认定条件和办法》、《国家高新技术产业开发区若干政策的暂行规定》、《国家高新技术产业开发区税收政策的规定》。

5.**在维护公民职工合法权益方面** 国务院发布了《企业职工伤亡事故报告和处理规定》，这个法规对于及时报告、统计、调查和处理职工伤亡事故，积极采取预防措施、防止伤亡事故的发生，作了规定。为了制止非法招用童工，保护少年、儿童的身心健康，保障少年、儿童受教育的权利，国务院发布了《禁止使用童工规定》，明确规定禁止国家机关、社会团体、企业事业单位和个体工商户、农户、城镇居民使用未满16岁的童工，特殊单位招用16岁以下的文艺工作者，运动员和艺徒时，须报劳动部门批准。为进一步完善企业招工制度，保障企业和农民合同制工人的合法权益，国务院发布了《全民所有制企业招用农民合同制工人的规定》。这个规定指出了企业招用农民工须遵守的原则和审批程序，农民工在企业工作期间与其他职工享有同等的待遇，并规定了农民工的条件、农民工的劳动合同及其工资、保险、福利待遇等。

6.**在企业管理和工业生产方面** 国务院发布了《中华人民共和国产品质量认证管理条例》。该条例对产品质量认证的主管部门、认证机构以及办理产品质量认证的条件和程序，有关的法律责任作了规定，对于保证产品质量，提高产品信誉，保护用户和消费者的利益，起了重要作用。国务院还批准国家工商局发布了《企业名称登记管理规定》，对企业名称管理作了统一的规范。

三、几个重要经济法律、法规简介

（一）《中华人民共和国民事诉讼法》

民事诉讼法是国家的基本法律之一，是国家的一个大法。它肯定、总结、吸收了1982年以来，《民事诉讼法（试行）》的基本规定精神和执行过程中积累的经验，特别是适应这些年来改革开放和社会主义商品经济发展的新情况、新问题，作了必要的调整、补充和修改。新制定的《民事诉讼法》规定了民事诉讼的基本原则，人民法院审理民事案件的具体程序和诉讼参与人在诉讼中的权利义务，便于当事人依法行使诉讼权利，便于人民法院依法正确、及时地审理民事案件，保证民事法律以及与民事有关的法律的正确实施。它对于保障公民、法人和其他组织的合法民事权益，维护社会稳定，促进社会主义商品经济秩序的健全发展，保障改革开放和社会主义现代化建设的顺利进行，都具有重要的意义。

新制定的《民事诉讼法》共4编，29章，270条。主要内容包括总则、管辖、诉讼参加人、民事强制措施、审判程序、执行程序、涉外民事诉讼程序的特别规定。与原《民事诉讼法（试行）》相比较，新法总的保持了原法的基本内容，增加了适应社会主义商品经济发展需要的内容，加强了对当事人诉讼权利的保护，强化了人民法院的审判职能，增强了对民事审判工作的监督。

1. 确立了民事诉讼的基本原则，包括：人民法院独立审判民事案件的原则；以事实为根据，以法律为准绳的原则；当事人有平等的诉讼权利的原则；调解的原则；依照法律规定，实行合议、回避、公开审判和两审终审制度；各民族公民都有使用本民族语言、文字进行民事诉讼的权利；当事人有权进行辩论；当事人有权在法律规定的范围内，处分自己的民事权利和诉讼权利；人民检察院有权对人民法院的民事审判活动实行法律监督。

2. 在管辖问题上，针对有些地方法院受地方保护主义影响的情况，规定：合同的双方当事人可以在书面合同中协议选择被告住所地、合同履行地、合同签订地、原告住所地、标的物所在地人民法院管辖。同时，第37条规定："人民法院之间因管辖权发生争议，由争议双方的人民法院协商解决；协商解决不了的，报请它们的共同上级人民法院指定管辖。"

3. 关于诉讼当事人，规定公民、法人和其他组织可以作为民事诉讼的当事人。法人由其法定代表人进行诉讼，其他组织由其主要负责人进行诉讼。当事人有权委托代理人，提出回避申请，收集、提供证据，进行辩论，请求调解，提起上诉，申请执行。当事人可以查阅本案有关材料，并可以复制本案有关材料和法律文书。同时，针对近年来发生的侵害众多人的民事权益案件，规定当事人一方人数众多的共同诉讼，可以由当事人推选代表人进行诉讼，代表人的诉讼行为对其所代表的当事人发生效力。但是，代表人变更、放弃诉讼请求或者承认对方当事人的诉讼请求，进行和解，必须经被代表的当事人同意。

4. 关于督促程序、公示催告程序和企业法人破产还债程序。规定：债权人要求债务人给付金钱、有价证券，债权债务关系明确、合法的，可以依法申请法院向债务人发出支付令，因票据（汇票、本票、支票）被盗、遗失或者灭失，票据持有人可以依法申请公示催告，主张票据权利；集体企业、私营企业、外商投资企业等破产还债程序，依本法进行，全民所有制企业的破产程序依照破产法进行。

5. 关于妨害民事诉讼的强制措施，规定：人民法院对必须到庭的被告，经两次传票传唤，无正当理由拒不到庭的，可以拘传；对哄闹、冲击法庭、扰乱法庭秩序的人，可以由人民法院分别情形予以训诫、责令退出法庭、罚款、拘留或者依法追究刑事责任。

6. 针对执行难的问题，规定强制执行可以采取如下措施：一是法院有权向银行、信用合作社和其他有储蓄业务的单位查询被执行人的存款情况，冻结、划拨被执行人应当履行义务部分的存款；有权扣留、提取被执行人应当履行义务部分的收入；二是法院有权查封、扣押、冻结并依照规定拍卖、变卖被执行人应当履行义务部分的财产；三是法院有权对隐匿财产的被执行人及其住所或者财产隐匿地进行搜查；四是申请人发现被执行人有其他财产和收入的，可以随时申请人民法院执行；五是被执行人应当加倍支付迟延还债期间的债务利息。

（二）《中华人民共和国外商投资企业和外国企业所得税法》

《外商投资企业和外国企业所得税法》是将《外国企业所得税法》和《中外合资经营企业所得税法》的有关内容修改、调整后加以合并而成的。该法自1991年7月1日起施行，同时将原来两法加以废止。《外商投资企业和外国企业所得税法》是为了更好地适应对外开放的需要，把有关外商投资企业所得税的法律、法规合并，制定统一的税法。这部法律从总体上看，是以不增加税收负担，不减少税收优惠为原则，并根据近十年的实践制定的，同时，参考了国际上的通行做法，充实和调整了一些条文的内容，这是改善外商投资环境的有力法律保障。

该法共30条，主要内容包括：外商投资企业和外国企业税收管辖权；所得税税率和征收形式；按不同行业、地区实行不同的税收优惠规定；关于减征、免征所得税的条件、范围；税收征管的有关办法；防止关联企业之间转移利润避税以及新老税法的衔接问题。

1. 关于纳税人范围。该法规定，中外合资经营企业，中外合作经营企业，外资企业，在我国境内设立机构、场所从事生产、经营的外国公司、企业和其它经济组织，以及在我国境内虽未设立机构、场所而有来源于我国的股息、利息、租金等项所得的外国企业都是纳税人，都要依法缴纳所得税。

2. 关于税率。规定采用比例税率，这种税率形式简单明了，透明度高，便于投资者进行可行性分析和预测投资的经营效益，还可以避免因价格和外汇比价的变动引起适用税率档次的提高或降低。对中外合资经营企业、中外合作经营企业、外资企业以及外国企业在我国境内设立的从事生产、经营的机构、场所一律适用30%的比例税率，另征税率为3%的地方税。

3. 关于税收优惠政策的规定，有三种情况。一是适应对外开放、吸引更多外资的需要，规定对设在经济特区的外商投资企业，在经济特区设立机构、场所从事生产、经营的外国企业和设在经济技术开发区的生产性外商投资企业；对设在国务院规定的其他地区的外商投资企业，属于能源、交通、港口、码头或者国家鼓励的其他项目的；对设在沿海经济开放区和设在经济特区、经济技术开发区所在城市的老市区的生产性外商投资企业给予降低税率、延长减免税期限的优惠。二是为了体现国家产业政策，正确引导外资投向，规定只有生产性的外商投资企业，经营期在10年以上的，才能享受“二免三减”的优惠待遇。三是规定了从新从优，不增加税负、不减少税收优惠的原则，即在本法公布前成立的外商投资企业，其优惠原则上适用新税法，但是若在税率、减免税方面不如原税法的，则继续在一定期限内适用原税法。

4. 关于防止关联企业之间转移利润避税问题。本法规定“外商投资企业或者外国企业在中国境内设立的从事生产、经营的机构、场所与其关联企业之间的业务往来，应当按照独立企业之间的业务往来收取或者支付价款、费用。不按照独立企业之间的业务往来收取或者支付价款、费用，而减少其应纳税所得额的，税务机关有权进行合理调整。”

（三）《中华人民共和国烟草专卖法》

烟草专卖法是我国烟草专卖管理的基本法律，

也是促进和保障烟草专卖品的生产和经营，提高烟草制品质量，维护消费者利益，保证国家财政收入的重要法律。该法的发布实施将对我国烟草业的发展和烟草经营程序的整顿发挥积极的作用。

烟草专卖法共4章，24条。主要规定了烟草专卖的基本原则，管理机构，烟叶的种植、收购和调拨，烟草制品的生产，烟草制品的销售和运输，烟草生产、销售的义务及法律责任。主要内容是：(1)烟草专卖品指卷烟、雪茄烟、烟丝、复烤烟叶、烟叶、卷烟纸、滤嘴棒、烟用丝束、烟草专用机械。烟草实行专卖许可证制度。(2)国务院烟草专卖行政主管部门主管全国烟草专卖工作。省、自治区、直辖市烟草专卖行政主管部门主管本辖区的烟草专卖工作，受国务院烟草专卖行政主管部门和省、自治区、直辖市人民政府的双重领导，以国务院烟草专卖行政主管部门的领导为主。(3)烟草种植要因地制宜地培育和推广优良品种；烟叶收购根据国务院计划部门的计划执行；要签订烟叶收购合同，按国家规定的收购标准、价格统一收购；烟叶、复烤烟叶的调拨属于省级之间的，由国务院计划部门下达；属于省、自治区、直辖市辖区内的，由省级计划部门下达。(4)开办烟草制品生产企业，必须经国务院烟草专卖行政主管部门批准，取得许可证，并经工商行政管理部门核准登记。经营烟草制品批发业务的企业，必须经国务院烟草专卖行政主管部门或者省级烟草专卖行政主管部门批准，取得许可证，并经工商行政管理部门核准登记。(5)禁止下列行为：在广播电台、电视台、报刊播放、刊登烟草制品广告；生产、销售未经核准注册商标的卷烟、雪茄烟和有包装的烟丝；非指定的企业印制烟草制品商标标识；无准运证而承运烟草专卖品；超过国务院有关主管部门规定的限量邮寄、异地携带烟叶、烟草制品；超过国务院有关主管部门规定的限量个人进入中国境内携带烟草制品的。

（四）《中华人民共和国城镇集体所有制企业条例》

该条例是国务院发布的第一部关于城镇集体企业的综合性行政法规。它以宪法和民法通则为依据，对长期以来城镇集体企业发展的实践经验加以概括、总结，通过法规形式，把党和国家发展城镇集体所有制的一系列方针、政策加以肯定，对于城镇集体企业的性质、地位，应遵循的原则及各种权利、义务等一系列问题作出了具体规定，明确了企业内部的经营机制和外部管理体制，调整和理顺了企业内部和外部的各种经济关系。它的发布和实施，对于保障城镇集体企业的改革与发展，维护其合法权益，规范企业的经营管理活动，推动集体经济在法制化的轨道上发展，具有十分重要的意义。

该条例共9章70条，主要内容是：

(1)明确了集体所有制企业的性质与任务。规定城镇集体所有制经济是我国社会主义公有制经济的一个基本组成部分；集体企业是财产属于劳动群众集体所有、实行共同劳动、在分配方式上以按劳分配为主体的社会主义经济组织。集体企业的任务是：根据市场和社会需求，在国家计划指导下，发展商品经济，扩大商品经营，开展社会服务，创造财富，增加积累，不断提高经济效益和社会效益，繁荣社会主义经济。(2)明确了集体企业应遵循的原则是：自愿组合、自筹资金，独立核算、自负盈亏，自主经营、民主管理，集体积累，自主支配，按劳分配，入股分红。(3)明确了财产管理和收益分配。规定集体企业的公共积累，归本企业劳动群众集体所有；联合经济组织的投资，归该联合经济组织范围内的劳动群众集体所有；职工股金，归职工个人所有；集体企业外的单位和个人的投资，归投资者所有。集体企业必须执行财务、会计制度；税后利润，由企业依法自主支配；职工的劳动报酬坚持按劳分配的原则；股金分红要同企业盈亏相结合，企业盈利，按股分红；企业亏损，在未弥补亏损之前，不得分红。(4)明确了集体企业与政府的关系，即主管部门、指导部门、行业管理部门及其它有关部门的权利与义务；(5)明确了集体企业的10项权利与9项义务；(6)明确了职工和职工(代表)大会的权利、义务及有关制度；(7)规定集体企业实行厂长(经理)负责制。产生厂长的方式有选举、招聘或任免。厂长应当具备的4项条件，厂长有9项权限与8项职责。

此外，条例还规定了集体企业的设立、变更和终止，法律责任等问题。

（庞铁、戴家宏　执笔）

4 企业改革篇

1991年深化企业改革的新进展及前景

国家体改委生产体制司

一、1991年企业改革新进展

回顾1991年的企业改革，各部门、各地区改革意识明显增强，创造了不少好的经验，取得了新进展。

（一）承包制进一步完善发展

1990年底以前第一轮承包到期的预算内工业企业3.3万多户，占承包企业总数的90%。除少数企业实行税利分流试点外，应转入新一轮承包的企业3.2万多户，占到期企业的98%。截止到1991年一季度末，两轮承包的衔接工作基本结束，95%以上的企业签订了新一轮承包合同。新一轮承包在总结经验的基础上有了完善与发展：一是形成了包括效益、发展后劲和企业管理三大指标体系在内的综合承包指标体系。二是承包基数确定方式多样化，采用了“分档达标”等十多种方式，也比较科学合理，不仅注意了企业自身发展的纵向比较，也注意了同行业内不同企业的横向比较；全国承包基数总水平提高5.5%。三是进一步提高了风险意识，风险抵押机制有所增强。新一轮承包由厂长（经理）个人承包转为企业领导班子承包的企业比例扩大，全员承包的范围有所扩大，风险抵押承包比例明显上升。此外，不少地区把国有资产保值、增殖纳入承包范围，吉林等省、市试行了资产承包。

当前，实行承包制存在的问题，主要是经营机制还未能根本转变，企业负盈不负亏，分配上向个人倾斜，有的企业以包代管，发展后劲严重不足等。

（二）以转换企业经营机制为重点，搞好国营大中型企业有了良好开端

1991年全国经济体制改革工作会议重点研究了搞好国有大中型企业问题。5月，国务院下发《关于进一步增强国营大中型企业活力的通知》，提出了搞好国有大中型企业的11条措施。9月，中央工作会议进一步完善为搞好国有大中型企业的20条政策、措施。这一系列重大决策，对转换企业机制，增强企业活力起了重要作用。总的看，关于搞好国有大中型企业的政策措施已经和正在落实，有的已经取得初步成效。北京、天津、四川、江苏、辽宁、山东、陕西等省、市认真清理了与《企业法》不一致的文件，把有关部门截留、上收企业的经营自主权还给企业。

各省、市都选择了一批企业进行转换经营机制的试点。仅据对上海、北京、辽宁、四川等12个省区市和两个部门的初步统计，已确定的转换企业经营机制的试点企业近2000家。在转换机制试点中，绝大多数省、市都以劳动、人事、分配三项制度的配套改革为突破口，把竞争机制引入企业，努力在企业建立“干部能上能下，人员能进能出，工资能高能低”的机制和相应的制度。吉林省选择了50家国有大中型企业进行放开经营、转换机制的试点。北京市确定企业转换机制的8种改革试点形式，目前已有8批共400多家企业进行了试点。此外，还有178个企业坚持动态劳动优化组合；123个企业试行全员

劳动合同制，职工12万人。上海市选择部分大中型企业按照“三资”企业管理办法进行试点；对50多户企业进行经营方式和全员劳动合同制改革试点，对68户企业进行以上岗合同为中心的工资制度改革试点。

各省、市都采取了改革措施调整经济结构，对一批长期亏损、扭亏无望的企业实行关停并转或破产。据对全国26个省、市的不完全统计，到1991年底，预算内工业企业有1097户实行了关停并转或破产，其中关闭39户，停产、半停产417户，转产229户，兼并410户，破产2户。

国务院批准了55家大型企业集团进行转换经营机制试点。国务院下发了《关于搞好大型企业集团试点工作的通知》，充分肯定了发展企业集团在促进企业组织结构调整，发挥群体优势和综合功能，形成规模效益，提高国营大中型企业的竞争能力，以及对壮大公有制经济，巩固社会主义制度具有的重要作用。要求计划、财政、金融、外贸、物资、劳动、人事、统计、税收、国有资产、工商行政管理等部门提出具体改革措施，推动打破条块分割、打破“三不变”，即“所有制不变、行政隶属关系不变、财政上交渠道不变”，促进企业集团经营机制的转变和健康发展。参加试点的企业集团要壮大核心企业实力，扩大紧密层企业，强化资产联结纽带，处理好企业集团内部管理和外部关系。

（三）国有企业“利税分流”和股份制改革试点范围在扩大

1991年8月，财政部和国家体改委联合下发《国营企业实行“税利分流、税后还贷、税后承包”的试点办法》，对税利分流试点有进一步的推动。截止到1991年底，已进行税利分流试点的省、市（包括计划单列市）、自治区和中央部门约35个，试点企业2000多户。其中经财政部批准试点的省、市、自治区和中央部门20个，试点企业近1600户。各地自行批准试点的城市15个。这些试点取得的初步成效是：(1)国家和企业的利润分配格局趋向稳定，提高了企业上交国家的比例；(2)发挥了所得税的弹性调节功能，初步实现了国家与企业利益共享、风险共担；(3)促进了企业自我约束机制的形成，企业盲目争投资、争项目的现象有所转变。但是，目前税利分流试点企业面临着许多困难和问题。为搞好试点，还必须加快配套改革的进程，如建立国有资产管理和经营体系，实现国家作为所有者和社会经济管理者的职能分开，实施分税制改革，并进一步完善税利分流试点办法。

股份制试点正朝规范化方向发展。据对全国34个省、自治区、直辖市和计划单列市的不完全统计，目前共有股份制试点企业3220多家（不包括乡镇企业中的股份合作制企业）。其中工业企业1764家，商业企业942家，金融性企业171家，建筑企业57家，交通运输企业26家，其它行业企业240多家。主要有三种形式：一是以企业内部职工持股为主，有2751家，占总数的约86%，职工个人持股金额近3亿元；二是以法人间相互持股、参股为主，有380家，占总数的约12%；三是向社会公开发行股票的，截止到1992年3月底，共有89家。其中上海、深圳34家。据1991年前公开发行股票的69家企业统计，共有股金总额34.57亿元，其中国家股20.72亿元，占59.9%；法人股8.97亿元，占26%；个人股4.57亿元，占13.2%；其它股0.31亿元，占0.9%。69家企业共向社会公开发行股票9.21亿元，占股金总额的26.6%。前不久，上海、深圳又有一批企业向社会发行股票。上海还发行了相当于人民币1亿元，面向海外人士和企业的人民币特种股票（B种股票）。国家已分别批准了上海和深圳两市的股份公司暂行规定，两市对向社会公开发行股票和上市交易的股份制配套改革试点工作加强了管理。

（四）积极推进了企业劳动人事、工资分配、社会保障和住房制度改革

全国企业合同制职工已达1400多万，占职工总数的14%左右。在企业职工与国家分配关系方面，推行了工效挂钩办法。目前实行工效挂钩的国有企业有95000多个，职工3875万人，约占国有企业职工总数的53%。云南、福建两省和黑龙江省佳木斯市还试行了地区总挂。目前，工效挂钩正从单一利润指标挂钩向复合指标（即利润指标、资产指标和管理指标）挂钩，同时，正在解决挂涨不挂落、挂上不挂下的问题。在国有企业实行养老保险社会统筹的市、县已达2272个，占96%，还有1200个市、县的集体企业也实行了养老社会统筹。全国参加统筹的在职职工达5700多万，离退休职工1200多万。自1986年国务院决定对企业部分职工实行待业保险以来，已有20多万职工享受了待业保险。医疗、工伤保险制度改革试点也取得了初步成效。1991年，住房制

度改革在原有唐山、烟台、蚌埠等城市试点的基础上逐步扩大。上海、北京、江苏、江西、天津、陕西等省、市房改方案相继出台。许多企业根据自身实际情况进行了不同办法的房改，取得了明显成效。

以上这些方面的改革，为减轻企业的社会负担，引导和调整消费结构，促进企业转换经营机制和走向市场创造了良好的社会环境。

二、我国企业改革的前景展望

我国经济体制改革是社会主义制度的自我完善和发展，最终目的是为了促进社会生产力的发展，充分发挥社会主义制度的优越性。《国民经济和社会发展十年规划和第八个五年计划纲要》明确规定，90年代中国经济体制改革的总目标，是初步建立社会主义有计划商品经济新体制和计划经济与市场调节相结合的经济运行机制。与之相适应，要建立与社会化大生产和商品经济发展相适应的企业制度。除非竞争领域外，企业都应该成为自主经营、自负盈亏、自我发展和自我约束的具有活力的商品生产者和经营者。具体来说，要做好如下工作：

（一）按《企业法》的规定，全面落实企业自主权，转换企业机制

1988年4月，国家颁布了《企业法》。它是改革以来企业改革成功经验的结晶，将历年来搞活企业的有关法规、政策概括为13条权利：即生产计划权、要求调整不必要的指令性计划权、产品销售权、物资选购权、产品定价权、对外经济活动权、留用资金使用权、资产处置权、内部分配权、用工权、机构设置权、拒绝摊派权、联合经营权等。《企业法》规定的企业应享有的这些权力，实际上是把企业构造成独立的商品生产者和经营者的必要条件。落实《企业法》的过程，也就是使企业转变机制，适应有计划商品经济的客观要求，形成既有内在动力又有竞争压力的企业运行机制的改革过程。当前，企业改革特别应该强调的是政府部门要放开企业的生产经营，减少直接管理，按照政企分开原则，把《企业法》规定的企业自主权真正还给企业。企业内部改革最重要的是：打破“大锅饭”，建立自负盈亏机制；打破“铁饭碗”，建立收入能高能低的分配机制；打破“铁交椅”，建立能进能出、能上能下的劳动用工和干部管理制度；克服国民收入过多向个人倾斜和盲目投资的倾向，建立分配、投资约束机制；完善激励机制和监督机制。

（二）采取切实措施把国有企业推向市场

把国有企业推向市场，是搞好国有大中型企业的一条重要措施，也是经济体制改革的重要内容，对于建立有计划商品经济新体制具有重要意义。它涉及到政府、市场和企业等多方面的改革，一是要把国有企业构造成市场活动的主体；二是要发育和健全统一的市场体系，包括商品市场、生产资料市场、资金市场、技术市场、信息市场、劳务市场及产权市场等；三是要建立宏观间接调控体系，核心问题是要在计划和价格体制方面进行较大改革，改变国家对企业的宏观管理方式，形成国家调节市场、市场引导企业的格局；四是加快社会保障制度的改革，减轻国有企业的社会负担，创造平等竞争的条件。

将国有企业推向市场，就是要按照政企分开和所有权、经营权分离的原则，转换企业机制，按计划与市场相结合的改革方向，进一步发挥市场调节的作用，使国有企业在国家计划指导下，自觉地根据市场需求从事生产经营活动，在市场竞争中实现优胜劣汰，促使产业结构、产品结构和企业组织结构调整，实现资源的合理配置，提高国民经济的整体效益。

（三）完善企业承包经营责任制和内部经济责任制

在完善企业承包体系和工效挂钩办法的基础上，结合“清产核资”，逐步由利润承包转向资产承包，促进国有资产的保值和增殖；加强承包企业的横向比较，如行业资金利润率等指标的比较；使企业自觉追求长远发展和技术进步。这是承包制完善和发展的方向。同时，强化约束机制，经营性亏损企业不得发放奖金，限期未扭亏的，减发工资。对按规定该摊成本不摊，该提折旧、新品开发基金和大修理费不提，造成企业虚增利润甚至虚盈实亏的，要扣减企业职工工资总额，并追究厂长责任。

选择少部分对国民经济有重大影响，符合产业政策、经营管理水平较好的大型企业和企业集团，经过批准，实行投入产出总承包。将承包期限同技术改造、还贷计划相衔接，在投资、要素流动、进出口等方面赋予其充分自主权，多创、多留、多积累，形成

再投入、再产出、再受益的良性循环。

（四）适当扩大“税利分流”的试点范围

扩大“税利分流”试点范围：一是已有试点的地区要适当扩大试点；二是国家批准试点的企业集团，除确定实行投入产出承包的外，都要实行“税利分流”；三是一些部门也要选择部分企业进行试点。把降低所得税率、折旧基金减免能源交通基金、预算调节基金的措施与扩大“税利分流”试点结合起来。对1990年以前的老贷款区别对待，部分税后还贷。根据贷款期限，新贷款利息在工期以内打入工程成本，项目投产后打入生产成本；本金一律税后还贷。目前试点要注意解决三个问题：一是减轻企业的税费负担；二是统筹研究解决还贷任务过重的问题；三是要搞好分税制和国有资产管理体制改革试点，使其与“税利分流”改革配起套来。

（五）抓紧制定股份制试点的有关政策规定，对多种形式的股份制试点进行分类指导

股份制试点总的原则是，进行分类指导。为促进企业组织结构的合理调整，积极推进法人持股的股份制。全民所有制企业在发展横向联合、组建企业集团时，可以互相参股；中央和地方、地方和地方、政府和企业共同出资新建的企业，有条件的要办成法人持股的有限责任公司；有条件的全民企业可吸收非全民企业投资入股，办成合资的有限责任公司。有计划、有步骤地扩大企业内部职工持股的股份制。

在总结经验，加强管理的基础上，搞好向社会公开发行股票的股份制试点。除上海、深圳两市要扩大上市企业数量外，广东、福建、海南三省也可进行向社会公开发行股票的试验。

多种形式转换经营机制，大中型企业分批“上船”

北京市经济体制改革委员会

1991年9月，中共中央在京召开的关于搞好国营大中型企业的工作会议之后，中共北京市委、市政府结合本地企业改革与发展的实际情况，研究部署了贯彻落实中央工作会议精神的具体措施与步骤，下发了《关于进一步搞好国营大中型工业企业的若干政策》(即“十五条”)，确定了允许企业选择的8种改革形式，“造出”了以转换国营大中型企业经营机制为目标的8条“船”。随后，市政府新成立了搞好国营大中型企业办公室。他们与各有关部门积极协作配合，研究制定了企业上“船”的具体方案和政策。1991年11月16日，首批6家工业大中型企业率先上了“船”，与市政府的主管部门、综合部门签订了新的协议书。截止1991年底，已经上“船”的国营大中型企业共计110家，占地方国营预算内企业的29%，占职工总数的34.2%，固定资产原值的45.5%，实现利税总额的39.2%。从此，北京市的企业改革迈入了以上“船”为标志的新阶段。

企业上“船”的具体形式有以下8种：

1. 投入产出总承包 1991年已登上这条“船”的企业共有9家(其中含两家整体上“船”的企业集团公司)。投入产出总承包的主要特点，是把明确企业发展责任、增强企业投入能力，建立在“包死基数，超收全（多）留”的基础上。在“八五”承包期内，企业要按照核定的承包基数和递增比例，确保完成上缴财政收入任务；上缴采取照章纳税的方式，超过承包指标的上缴利润由市财政用地方财力全部或部分返还给企业，主要用于企业发展生产。在承包期内国家新出台的税费，作为企业实际上缴财政收入，计算在承包数内。实行这种承包办法的目的，是促使企业通过自身的努力，在“八五”期间逐步形成自我发展的机制，增强投入能力，确保企业技术进步和国有资产增殖。企业要按照协议书中规定的指标，完成固定资产投资及自筹资金额。上这条“船”的都是北京市工业的重点企业。如首批实行投入产出总承包的北京人民机器总厂，是我国生产印刷设备的主要厂家之一。主要产品胶印机在国内市场的占有率多年保持在60%以上。目前产品已经远销国外20多个国家和地区，在国际市场上有较好的声誉。上“船”之后，虽然上缴财政收入的递增比例高达8%，但企业干部、职工的信心更足了。预计“八五”期间他们的投入将在2亿元以上。

2. 比照中外合资企业部分政策的改革试点 上这条“船”的企业共有6家，所比照实行的主要政策是：企业按照中外合资企业执行的工商统一税的税目、税率计算交纳增值税、营业税；按照33%的税率交纳所得税，新增固定资产贷款实行税后还贷；企业固定资产折旧，按合资企业折旧年限的规定计算和提取。与企业原来执行的政策和其它“船”型相比，这条“船”的主要特点有：一是流转环节的税率略有降低，二是企业加速折旧的提高比例较大。这条“船”适于产品技术附加值较高、新产品开发及销售前景较好的企业。如北京电表厂，“八五”期间不仅要保持两个系列工业自动化仪表生产的领先地位，还要开发或引进适应我国工业高效自动化控制需要的可编程器及集散系统；这次上“船”，为企业增强技术改造、产品开发的能力创造了有利条件。

3. 税利分流、税后还贷　税利分流，实际上就是企业不再实行定额承包上缴利润的办法，按33%的比例税率计征所得税（原为55%）；企业上“船”后新增固定资产贷款一律实行税后还贷，老贷款原则上实行50%税前、50%税后归还。企业可实行加速折旧，在原有基础上提高1～3个百分点；固定资产折旧和留利中用于归还银行贷款部分免征“两金”；税后留利各项基金的分配比例由企业自主决定。这种改革形式对企业贷款“包袱”较轻、技术改造投资强度较小的企业较为适合。1991年登上这条“船”的大中型工业共计10家。

4. 实行北京市发展高新技术政策的改革试点　企业上这条“船”，要具备相应的条件，即要有生产开发高新技术产品的能力。企业申请上此“船”，先要经过市科委会同财政、税务等有关部门按规定条件进行资格审批，发给高新企业证书。1991年进入这种试点的企业有5家。对上这条“船”的企业，实行北京市海淀科技开发区对高新技术企业的优惠、扶植政策，即企业按开发区的政策交纳所得税，并可在一定时期内予以免税、减税；减免税款要专项用于高新技术产品的研究、开发和生产。另外，企业在出国人员审批、新产品定价、固定资产折旧等方面，具有更大的自主权。在上“船”协议书中，明确规定了企业主要产品在“八五”期间所应达到的国际水平，以及产品中替代进口和产品、技术出口所应达到的比例。已经实行试点的有北京医用射线机厂、北京计算机三厂等。

5. 股份制试点　由于审批权限的限制，1991年上了这条“船”的企业只有1家——北京丽源日化公司，原来的试点企业之一。按照此次上“船”协议书的规定，经国务院有关部门批准后，允许企业向社会公开发行股票；企业实行董事会领导下的总经理负责制，并成立由政府、企业党委、工会和行业管理机构等有关方面组成的监事会；按33%的税率交纳所得税，原则上实行税后还贷。目前，北京市体改委等部门正在帮助这个试点厂家申请股票公开发行权。

6. 完善“两保一挂”承包经营责任制　“两保一挂”承包制，是北京市“七五”期间在国营大中型企业普遍实行的承包形式。其基本内容是：一保企业上缴利润；二保企业技术改造项目，实行企业工资总额与经济效益指标挂钩。根据企业经营发展的实际情况，部分企业愿意继续实行这种承包办法。完善“两保一挂”承包经营责任制的主要措施，是通过市政府有关部门与企业重新签约，落实中央和市里制定的有关政策，落实企业自主权。如提取新产品开发基金、提取补充企业自有流动资金、加速折旧等具体措施。在坚持企业“八五”期间的上缴总额不低于“七五”的原则下，对部分企业的承包指标及返还比例重新做了规定。已登上这条“船”的企业共88家。

7. 减亏承包责任制　适用对象是扭亏、补亏有望的亏损企业。已上了这条“船”的企业共有51家。实行减亏承包的企业，在“八五”期间要按照签定的协议完成减亏、补亏指标。企业免交流动资金占用费，工资总额与减亏额挂钩浮动。另外，根据企业改善经营状况、提高效益水平、进行技术改造的具体需要，在政策、资金等方面给予一定的扶持。对扭亏无望的企业，坚决实行关、停、并、转，并依法进行企业破产的试点。

8. 扩大对外开放，与外商合资、合作，引进资金、技术、智力和管理经验　这条“船”有它的特殊性。前面7种形式，都是采取由政府和企业签订协议书的方式，而这条“船”则是鼓励企业积极利用对外开放的条件，根据经营发展的需要引进资金、技术、智力和管理经验，兴办中外合资、合作企业，加快技术进步，转换经营机制。

为了促进国营大中型企业转换经营机制，加快改革的步伐，北京市还对上“船”企业制定了一些普遍实行的政策措施。诸如：

——允许企业根据市场需求自行编制生产经营计划，进行多种经营；经认可，企业有权调减没有物资保证或没有买方的指导性计划；除国家明确规定的外，企业有权自定产品价格。

——在国家产业政策、本市规划的指导下，由企业自主确定投资额在500万元以下的基建和技术改造项目。

——帮助具备条件的企业申请自营进出口权。

——企业有权自定内部机构设制、人员编制、工资和奖金分配制度。上“船”企业要实行优化劳动组合与全员劳动合同制。企业实行全员劳动合同制后，可按当年工资总额的4%增提工资性补贴，其中2%用于补充职工个人养老保险（由企业代存），按每人每月1元的标准交纳待业保险金，其余纳入企业工资收入分配。

——企业有权决定是否参加国家规定之外的检查评比，等等。

北京市正在全市国营大中型企业中迅速推开的企业上“船”工作，有几个特点：一是由市政府直接领导和组织实施，从造“船”到审议具体方案，都是由市长、副市长主持研究，由市“搞好国营大中型企业办公室”负责日常具体工作。二是这次上“船”原则上采取由市政府的各有关部门与企业直接签约，不再采取过去那种先由市里与企业主管部门（局、总公司）签订合同，再由主管部门对企业分包签约的办法，将来兑现也是直接对企业。三是各个综合部门密切配合，每一批推荐企业确定后，采取合署办公的方式，马上核定并草签专项内容，提高了办事效率。

目前，企业审报“上船”的审议工作正在抓紧进行。按照市里的计划，工业大中型企业的上“船”要在1992年一季度基本完成；商业、外贸、建筑、市政、农业等系统的大中型企业，也要确定、实行多种改革形式，分批上“船”。

（苏小冬　执笔）

转变机制，增强活力
——天津市搞活国营大中型企业改革试验的探索

天津市经济体制改革委员会

1991年，天津市政府根据党中央、国务院关于搞好国营大中型企业的指示精神和政策措施，本着“分类指导、分批分步推进”的工作思路，围绕转变企业经营机制，选择了一批管理基础好，内部潜力大，有发展前途的国营大中型企业进行改革试验，以探索一条在新旧体制转换过程中搞活国营大中型企业的路子。

一、改革试验的基本情况

1991年4月，天津市委、市政府转发了《关于搞活国营大中型工业企业改革试验的意见（试行）》，其内容包括转变企业机制和为试验企业提供外部条件两个方面，共十六条措施。在转变企业机制方面，涉及干部任免、机构设置、劳动管理、工资分配、技术改造、协作联合、外贸出口、生产经营等8项内容。其中有些不是新政策，如干部任免、机构设置、协作联合等，但在实施中由于各种原因没能真正落实，要求在试验企业确保落实；有些规定对试点企业比面上适当放宽，如在确保完成承包的上缴利润和以利还贷任务的前提下，适当增提业务活动经费、技术开发费、折旧和大修理基金；企业在工资分配、产品定价、筹措资金、外贸出口等方面也有不同程度地放宽；有的内容带有突破性，例如允许企业实行“全员劳动合同化管理”，实行“厂内待业”、“厂内退休”制度，在有条件的分厂或车间实行“一厂两制”，模拟合资企业经营管理方式。为试验企业提供的外部配套措施也有8条，主要包括落实《企业法》赋予企业的自主权，保持试验企业领导班子的相对稳定，依法保护企业领导干部执行职务，维护企业正常的经济活动，在资金、物资、能源、技术改造、销售等方面给予必要的扶持，严格控制对企业的各种检查、评比、表彰活动，严禁乱收费、乱罚款和各种摊派等。试验期限为1991年～1993年。

为了切实加强对改革试验工作的领导，市政府成立了由主管工业的副市长为首、13个部门负责同志参加的领导小组，下设办公室，各主管局和公司、试验企业也建立了推动这项工作的专门班子。在组织实施过程中，对试验企业制定的改革方案采取了联合审查、一户一议的办法，分三个层次，逐个审批，逐个落实。各企业的改革试验方案一般都包括六个方面的内容：一是企业基本情况；二是企业“八五”发展目标；三是影响企业发展的主要问题；四是深化内部改革的主要内容；五是组织领导和实施步骤；六是需要各综合部门解决的问题。

经过企业自愿申请，层层审批，市政府从200多户报名企业中分两批确定了117户为改革试验企业，其中工业系统109户（内有大型企业28户，中型企业79户，小型企业2户）。这些企业户数虽然不多，但其产值、利润等经济指标的比重和地位是举足轻重的。1990年，工业系统109户试验企业各项指标占地方预算内工业企业的比重分别是：企业户数占16.2%；企业职工人数31.7万，占41.3%；固定资产原值为79.1亿元，占54.5%；固定资产净值54亿元，占56.5%；固定资产贷款余额为37.8亿元，占68.2%；实现利润为11.14亿元，占87.24%；上交利润为3.9亿元，占87.2%；以利还贷3.2亿元，占96.35%。除上述企业之外，还有交通航运企业2

户，畜牧企业1户，商办工业企业3户，外贸所属工业企业2户。

二、改革试验取得的初步成效

天津市搞活大中型企业改革试验工作从4月份到年底，虽然只有半年多的时间，但是发展势头是好的，效果是明显的。主要表现在以下四个方面。

1. 带动了企业经营机制的转换 改革试验企业在实施过程中，先后制订了转换内部机制的措施，主要包括机构设置、干部聘任、劳动用工、内部分配、经营管理、民主管理等16大类共498项。其中已经进入实施阶段的有301项，占60.4%；已经在制订实施细则准备实施的有197项，占39.6%。改革正在按计划有领导、有步骤地推进。全市约有40%的试验企业改革步子比较大，效果比较好，涌现出一批好的典型。像积极推行精简机构、实行干部聘任的塘沽阀门厂、华北氧气厂；带头推行全员劳动合同化管理的美纶化纤厂；大胆实行合理劳动组合、建立内部劳务市场的机床电器总厂；内部分配制度改革成效较好的自行车胎厂、厨房设备厂；首先推出"一厂两制"并逐步向新机制过渡的印铁制罐公司；推行销售、技术改造、新品开发单项承包卓有成效的通信广播公司、铝合金厂、合成洗涤剂厂；积极开辟深加工渠道、发展多种经营、消化多余人员效果显著的肉类联合加工厂等。

2. 促进了生产的发展和经济效益的提高 1991年117户改革试验企业完成工业总产值189.11亿元，比上年增长10.74%；实现销售收入184.03亿元，增长20.12%；交纳产品销售税金11.10亿元，增长6.17%；实现利润总额12.70亿元，增长8.82%；如果加上企业按政策增提的费用和消化资金水份的金额，按同口径计算，117户企业实现利润总额为14.15亿元，比上年增长21.26%；其中工业系统109户试验企业1991年完成工业总产值164.11亿元，比上年增长10.05%；实现销售收入175.00亿元，增长20.42%；交纳销售税金10.96亿元，增长6.69%；实现利润总额11.93亿元，增长8.97%；上交利润40032万元，增长7.29%，完成年计划的103.59%；以利还贷39597.2万元，增长21.92%，为年计划的113.73%。总起来看，试验企业的各项主要经济指标均大大好于面上的企业。

3. 兑现鼓励政策，增强了企业发展的后劲 1991年，117户改革试验企业，除14户没有增提"四项费用"外（指业务活动经费、技术开发费、折旧基金、大修理基金，下同），其他103户企业均或多或少地增提了"四项费用"，合计为19225.7万元，其中增提一项的有23户；增提两项的有25户；增提三项的有26户；增提四项的有29户（其中有10户提足了应增提的四项费用）。另外，一些试验企业还消化资金水份2600万元，补充流动资金1624万元。

4. 推动了有关部门工作职能和工作作风的转变 政府各部门以及各级党委、工会等组织都根据企业改革的要求，制订了支持改革试验的政策和措施，为企业提供配套服务，搞好支、帮、促。到1991年底已经有化工局、一轻局、机械局等工业局制定了转变机关工作作风、服务企业的明文规定。有19个经济综合部门和非经济部门共制订166条支持改革试验的具体政策和措施。比如：工商银行与52个试验企业订立互保合同，实行了贷款倾斜；市财政局举办试验企业学习班，讲解财务政策，解决疑难问题，帮助企业用足用好各项政策；市物价局对试验企业397种产品定价权进行了调查分析，适当地对试验企业放开市管产品定价权，使试验企业自行定价产品由原来的19%，增加到56%。

（朱振华 执笔）

关键是转变企业经营机制

——哈尔滨赛格电子公司放开经营的调查

哈尔滨市经济体制改革委员会

1990年9月8日，全民所有制的深圳赛格集团租赁了哈尔滨无线电四厂，更名为哈尔滨赛格电子公司，简称“哈赛”。租期15年，租赁期间财产所有权不变，纳税渠道不变；按固定资产净值的2.28%上交租金，每年递增10%；向哈尔滨市交纳所得税、能交基金；税后利润哈尔滨市与赛格集团四六分成。

一年多来，在各方面的支持下，经过全体职工的共同努力，“哈赛”取得了明显的成绩。从当年9月8日租赁，到年末仅有3个月零22天，“哈赛”就摘掉了亏损帽子。1991年企业更上一层楼，创产值5000万元，销售收入3000万元，实现利润202万元。

“哈赛”和原无线电四厂相比，所有制没有变，人员没有变，设备也基本没有变，为什么会在短短的几个月里，发生如此显著的变化？通过深入地调查研究，我们感到，原因有以下几个方面：

1. 政府给企业自主经营创造宽松环境 哈尔滨市政府首先将原无线电四厂的债权、债务包袱卸掉，由政府按有关规定处理，使“哈赛”能够轻装发展。市政府还在企业的人事制度、劳动工资、经营管理、进出口、效益分配等方面给予优惠政策。租赁合同规定，“哈赛”除按协议依法向市政府交纳应交税金、租金和利润分成外，只对深圳赛格集团负责，其经营状况、财务审计工作也由深圳市负责。这样就保证了“哈赛”可以放开手脚，按特区的政策规定自主经营。

2. 赛格集团采取了全新的领导方法 赛格集团对所属企业采取“五自”、“三不”的管理原则。“五自”是：自愿加入集团、自由退出、自主经营、自负盈亏、自我发展；“三不”是：对企业不搞行政干涉、不截权、不收费。赛格集团对“哈赛”的管理，主要是抓经营发展战略、年度生产计划和总经理、副总经理的选拔。对企业的机构设置、中层干部选聘、企业日常生产经营活动不加干预。对该管的就一定管好。对经营者的选拔他们十分谨慎认真。他们做了大量的调查工作，在职工中进行了民意测验，进行了干部考核，最后选聘了曾任过无线电四厂厂长、有开拓进取精神、精通业务的冯连弟任总经理。赛格集团只派了一名副总经理和两名部长，现在只有一名部长在哈工作，其余两名均调回深圳。赛格集团还注意运用经济规律指导企业，通过各种途径，在信息、资金和产品开发方面为基层服务。1990年“哈赛”成立时，赛格集团帮助开发两种适销对路的产品，协调200万元资金，解决了“哈赛”的燃眉之急。

3. 企业内部精简机构，提高工作效率 “哈赛”在管理机构上，由过去机构臃肿，人浮于事，转变为机构精干，效率提高。“哈赛”成立不到一个月，就根据企业的实际需要进行了机构改革，精简人员。把原来的18个科室改为6个事业部，管理人员由127人减为47人，干部占职工总数的比例由14.5%下降到5.4%，领导职数也大大减少，总公司只设一名总经理（兼党委书记）、一名副总经理，职能科室除经理部设部长助理外，其余各部及各分厂均设一职，促使每个人都努力提高业务能力和工作效率，也杜绝了扯皮现象。

4. 引人竞争机制，能者上，庸者下 在人事制度上，破除了干部终身制，干部实行聘用制，工人实行合同制，并实行双向选择：职工可以根据自己的特长选择岗位，领导可以根据岗位的特点选择职工，使人尽其才。于福安原是无线电四厂生产科长，后调到无线电十三厂任副厂长。"哈赛"成立后，他主动要求回到管理混乱、工作比较差的三分厂担任厂长。他以身作则，克服各种阻力，整顿了厂容，加强了基础管理，使分厂面貌有较大改变。

用人不论资排辈，采取竞争聘任。29岁的青年工人杨春祥由于思想开拓，讲究科学管理，善于做思想工作，经过全面考核，被聘为公司主要分厂二分厂的厂长。中专毕业生韩峰今年23岁，他技术熟练，事业心强，工作踏实肯干，被聘为工段长。经过实践检验，确实不胜任的干部就坚决换掉。原三分厂厂长，市场观念差、不注重产品质量，在企业处于半停产的情况下，拿不出什么新招法，被免了职。

5. 物质鼓励和精神鼓励相结合，充分调动职工积极性 在分配体制上，由过去的平均主义变为按劳分配，多劳多得。他们对市场部的销售人员实行全额全员承包。取消了销售人员的基本工资，按市场销售的平销水平制定了定额承包办法。按承包计划，产品当月出库、当月回款，销售人员的收入按销售额的1.5%提取；等到第四个月回款，就要扣罚0.5%，日期拖得越久扣款越多。实行这种办法，促使销售人员日夜兼程，马不停蹄地奔波于各地的用户。一位女销售员出差十几天，早上6点下火车，8点钟赶到厂里处理业务，第二天又奔向新的出差地。

"哈赛"还改革了3个分厂的分配办法。一分厂实行了效益工资；二分厂、三分厂的部分岗位实行了计件工资，职工收入和效益挂钩，多劳多得。工人月收入最高的410元，最低的只有48元。据统计，实行计件工资后，工人的工作效率平均提高3倍。工人过去任务饱满时，每天实际劳动时间也只有3小时，现在日平均实际劳动时间在7小时以上。

6. 健全制度，严格考核，奖罚分明 "哈赛"建立和完善各项规章制度，严格进行考核，把考核的结果作为分配的依据，做到赏罚分明，不搞下不为例。实行重奖重罚，对参加新产品开发有功的工程技术人员，根据所开发产品的社会效益和经济效益实行一次性奖励。移植3033卡拉OK后，奖励每个工程技术员500元，开发9188产品后，奖励1万元。对违反规章制度者给予罚款。1991年初，经理部负责保卫工作的同志忘记排夜间值班表，虽然他和部长及时代为值班，还是按规定罚款100元，并在全公司通报批评。

7. "哈赛"能够排除干扰，自主经营 "哈赛"成立后，由于市政府给予宽松外部环境和赛格集团的开明，《企业法》给企业的13项权利基本上得到了落实。企业自己承担风险。他们根据自己制定的"立足深圳，依托内地，面向世界"三点一线的经营方针，按照市场的需要，制定发展规划、采取改革措施、开发新产品。"哈赛"一成立就从深圳赛格集团引进第一代产品3033型电子混响卡拉OK机，当月引进当月生产，生产了3个月；引进开发第二代产品3308型仅用了2个月，也只干15天生产了2000台；当第二代产品正处于销售旺盛的时候，他们又推出了在国内同档次产品中首先采用先进线路技术的第三代产品9188型，从造型设计、制造模具、确定工艺到正式投产只用了5个月的时间。1991年6月16日试生产，7月份已生产了3000多台。这3种产品都做到了无积压、无库存。第四代产品镭射式卡拉OK，是高档次电子音响，研制工作已经完成，1991年11月份试生产1000台。为了给1992、1993年生产做准备，又提出50万元资金开发新产品，做到了生产一代、储备一代、开发一代、调研一代。

1991年，他们又瞄准国际市场，发展苏东贸易。"哈赛"利用哈市对苏贸易的地理优势，积极组建赛格集团苏东贸易部，初步成为对前苏联出口的加工基地和人才基地。1991年已对苏出口了8152台录音机，换回国内紧缺的矽钢片、电焊条、盘圆等物资，易货销售收入达1100多万元。经批准已经同前苏联的雅洛斯拉夫尔市签定合资建立年产10万台的汽车收放机厂，同敖德萨、基辅两市初步达成建立两个收录机系列产品厂的协议。

"哈赛"由亏损变盈利的事实给我们启示：国营大中型企业完全可以搞活。搞活企业的关键是转变企业的经营机制。"哈赛"总经理冯连弟说得好："哈赛"的变化不在于租赁这种形式，而是通过租赁，经营机制起了变化。

转换企业经营机制更需要企业自身的努力。企业要克服单纯靠政府扶持的依赖思想，排除各种干扰，着眼于挖掘企业内部潜力，着眼于独立自主，自主经营，从根本上增强企业的活力。

转换企业经营机制需要良好的客观环境。政府需要转变职能，实行政企分开，经营权和所有权分离；企业主管部门应该在宏观上加强企业管理，微观上放开促进企业搞活。要多方面为企业服务，像赛格集团那样，做开明的"婆婆"。

（王骞、王庆莉　执笔）

从“一厂两制”到“全厂新制”

天津印铁制罐公司

天津印铁制罐公司是一个具有50多年从事马口铁包装物品印刷及制造的老企业，现有职工720多人。自1988年起，公司进行了以转换企业机制为中心的改革探索，从“一厂一制”、“一厂两制”到“全厂新制”，有力地促进了企业的发展和经济效益的提高。1991年与1988年相比，产值由2731万元达到7200万元，增长了163%；利润由437万元达到1225.5万元，增长了180%；税金由137万元达到438.6万元，增长了220%；全员劳动生产率由40761元达到108108元，增长了165%；企业由原来的微利小厂，一跃成为生产6大类产品，辖8个独立的经济实体的企业性公司，并位居于天津市经济效益最佳企业前25名行列，在全国同行业国营企业中，其技术装备水平、产品种类、质量、产值、利润等主要经济技术指标均列榜首。

一、“一厂两制”探索改革

1988年10月，天津印铁制罐公司抓住从德国引进一条价值300多万美元的喷雾罐生产线这一契机，把喷雾罐生产线和1986年引进的皇冠瓶盖生产线安装在新建的厂房内，封闭起来，作为分厂。按现代化生产的需要，我们对这个分厂的用工和分配制度进行了大胆的改革，实行新的管理体制。这样，在一个企业内部形成了两种不同的内部管理体制，我们把它概括为“一厂两制”。

1. 引进竞争机制，择优录用上岗人员　根据生产需要，上岗人员依据文化、技术、劳动表现，在企业内部公开招聘，择优录用，并经专业技术培训合格后上岗。

2. 实行全员合同化管理　职工被分厂录用后，签定录用合同，同时，与总厂办理停薪留职手续。合同中明确了企业、职工的权力和义务，同时规定了企业与职工之间可以双向选择，职工可凭借自己的优势在企业内自谋职业，企业可以奖励提升优秀职工，对不称职者可随时解聘。

3. 实行岗位工资，取消各种补贴　原来的工资及全部福利待遇全部“挂”起来，存入档案。新分厂按不同的岗位、不同的工种、技术高低、责任大小、实行从120元至200元不等的6个工资等级，日计月发。取消人人有份的补贴、补助；取消中夜班费、加班费，工人在分厂内不同岗位上流动，相应地领取不同的收入。

4. 现场管理突出“严”字　新分厂参照德国同类企业管理标准，制定了一整套严格的定岗、定员、定额、工艺规程、工艺纪律、劳动纪律等管理细则。职工上下班打卡，提前10分钟上岗，每班有效工时达7.5小时。班上必须衣帽整齐，固定岗位线，出线即为脱岗。为了确保产品质量，对产品进行逐个检验，不少于7%的跟班抽检和每小时两个随机进行的破坏性实验的三检制。对违反管理规定的职工，对照合同，视情节分别扣罚工资、奖金或解聘，对执行好的则给予奖励。

新的管理制度加上严格的管理，收到了显著的效果，喷雾罐生产线设计生产能力是年产1000万支，而我公司投产3年已累计生产3800多万支，产品合格率为99.7%，达到欧洲的先进水平。分厂人均劳动生产率达到70多万元，人均利税19万元，分别相当于全公司平均数的9倍和12倍，职工收入也比1988年前提高了一倍多。

二、"全厂新制"深化改革

1991年，以分厂的做法为主体，由"一厂两制"逐渐向"全厂新制"过渡，在全公司实行全新的管理办法。

1. 实行全员合同化管理 (1)打破干部、工人界线，根据实际工作需要划分管理岗、辅助管理岗、技术岗、技术工人岗、普通工人岗，实行双向选择，合理劳动组合，能者上岗。(2)全公司签订劳动合同，由法人代表和职工签定合同，双方严格执行。

2. 实行岗位技术职务收入全额浮动制 (1)将全公司职工的原工资存入档案。根据职工现在的岗位，确定相应等级的工资，实行日工资制，日计月发。(2)收入全额浮动，上不封顶，下不保底。

3. 完善内部待业、内部退休、放长假、停薪留职制度 (1)内部待业：对一时无法安置和合同期满不再续聘的富余人员，劳资部门负责调配介绍工作，由双方自选。内部待业期限为6个月，超期按停薪留职对待。(2)内部退休(工人男55岁，女45岁)：因身体不佳可自愿申请内部退休，按国家规定待遇，工龄连续计算。(3)放长假制度：对有1.5岁以内的孩子的女职工，发档案工资；1.5岁至3岁的发70%，超期按待业对待。(4)停薪留职：由本人申请，企业批准并核定期限，每月按档案工资的50%交纳留职费。

4. 建立三个基金，解除职工的后顾之忧 (1)劳动保险基金：职工每月从个人收入中拿出5%存入保险基金，作为解决职工因病或其它原因不能上班时的生活费。(2)住房基金：用于建房和为职工买房，职工每月从收入中拿出3%存入基金，按职工人头列帐，使用时为借款，未使用者退休或调出时按存入数计息退发。(3)医疗保险基金：职工每月从收入中拿出3%存入基金，作为劳保医疗改革后职工医疗的储备金。

5. 录用人员 (1)国家统一分配的大中专学生，主要安排在生产一线，并按专业分口管理。(2)劳教、判刑人员除名。(3)调入企业人员一律实行试用期制度。

6. 试行内部晋级制 资金来源为年效益工资的50%，一般调级面在25%左右。调级以出勤、完成任务、质量、获奖、评选先进等为依据，按A、B、C级进行：A级上调两级，B级上调 一级，C级不动。

经过一年来的运转，"全厂新制"取得了明显的效果。1991年，天津印铁制罐公司产值、实现利润、税金分别比1990年增长了16%、32%、38%。

(王作汉 执笔)

转换经营机制，增强企业活力
——厦门塑胶总厂参照“三资”企业管理方式配套改革成绩显著

厦门市经济体制改革委员会

厦门塑胶总厂的前身——厦门圆珠笔厂由于管理不善、设备陈旧、产品结构不合理和质量低劣，导致企业亏损，人心涣散。1989年初，在主管部门的支持下，该厂改组了领导班子，并被厦门市定为市首批参照“三资”企业管理办法管理企业的试点单位。试点单位主要享有“五权”（经营管理自主权、产品定价自主权、人事劳动安排权、机构设置权、收入分配权）“两优”（对试点企业服务优先、能源供应优先）的政策。按照“三资”企业管理方式去管理企业，实质上是在企业内部形成责、权、利紧密结合的企业经营机制，使企业全体人员在经营者的统一组织下，完全按照经济管理的原则进行企业的组织协调、计划监督和运作，充分发挥管理手段作为协调人的活动的机制作用，使企业真正成为自主经营、自负盈亏、自我发展和自我约束的商品生产者和经营者。厦门圆珠笔厂领导充分意识到改革的必要性和迫切性，积极发挥主观能动性，先后确定出一整套行之有效的改革方案，大刀阔斧地进行改革：

一、参照“三资”企业管理方式打破“三铁”，促进企业经营机制顺利转换

劳动、人事、分配制度的改革，是企业经营机制转换的重点。厂领导从实际出发，首先按“科学、合理、精简、效能、协调”的原则实行优化劳动组合，对各生产岗位科学地制定人员定额和物资消耗定额。其次是软化职务。打破干部和工人的使用界限，实行“能者上、平者让、庸者下”。先后提拔7名工人任中层干部。其三是活化工资。将职工的工资、奖金、福利与职工的岗位职能、工作态度、贡献大小相挂钩，逐步拉开劳动的分配档次，有意识地将较高收入分配向脑力劳动、高技术工种、重、脏、累工种倾斜。例如，厂里根据不同岗位工作特点，分别制定不同政策：对销售人员实行产品推销责任制；对模具制作技术人员实行新产品开发奖励制；对管理职能部门和无生产定额人员实行岗位奖金系数分配制；对有生产定额的一线工人实行超产奖励制等，真正做到按劳取酬、多劳多得、奖优罚劣、奖勤罚懒。科学的内部管理和奖罚制度使企业的劳动生产率获得显著的提高。笔芯分厂在1989年以前原有职工103人，1991年度在没有增加设备的情况下精简人员至63人，人员裁减39%，而产量却由1989年月产笔芯200万支增加到1991年月产笔芯400万支，翻了一番，产品的合格率也由84%上升到97%，企业呈现出勃勃生机。

对优化组合产生的富余人员，厂里遵循内部消化为主的原则，根据不同的情况，分别给予妥善处理，保证了职工队伍的稳定和精干。

二、抓住战略重点，强化营销机制

该厂领导高度重视营销工作，把营销工作视为企业的生命线。他们认真研究产品销售特点，制定“产品推销责任制”，进一步完善销售制度。厂里根据

小商品营销特点，重视货款回笼。在财务核算上，改变了过去发出商品即作为销售完成依据的做法，以货款实际回笼数作为计算销售收入和利润的依据，使企业的经济效益不含水份。厂里则将货款实际回笼数作为对销售人员工作实绩的考核依据。新核算方法实施以后，产品的销售量每年都大幅度地增长，促进了企业经济运转的良性循环。在狠抓产品推销的同时，厂里还加强销售工作的基础管理，制定和健全销售台帐，建立合同分类档案，加强对产、供、销各个环节基础数据的收集管理，便于即时利用这些信息制定生产计划和营销方针，适应市场变化的需要，使企业立于不败之地。

三、发展“合资企业”，实行“一楼两制”

1989年，原圆珠笔厂通过狠抓治理整顿和强化制度管理，使企业摆脱了困境，生产稳步发展。为了把企业办成厦门市的外向型骨干企业，该厂积极利用外资改造老企业，从厂里划出一部分厂房与特区贸易公司、港商合资创办新丽塑胶制品有限公司(以下简称“新丽”)，主要生产经营新丽牌塑铝百叶窗帘。在同一幢工业楼里用两种体制治理工厂，在厂史上还属首次。这有利于国营与“三资”企业管理办法相互借鉴，取长补短，发展创新。“新丽”在管理体制上，实行“三资”企业管理方式，同时还引进国营企业思想政治工作的传统方法，并在公司里增设党、工、团、妇、计划生育等机构，归总厂统一领导；在生产上，“新丽”以总厂为依托，利用总厂的人员及设施为其生产百叶窗帘塑料制品配件；在人事安排上，对总厂派到“新丽”的职工可以根据工作需要来回调动；在后勤服务上，“新丽”的食堂、托儿所、医疗保健所等后勤服务设施，由总厂统一提供服务。厦门圆珠笔厂就是这样巧妙地将“三资”企业灵活有效的经营管理方式与国营企业的政治思想工作传统做法结合起来，取长补短，合理经营，使得企业蓬勃发展。

先进的管理带来高质量、带来高效益。“新丽”从试产起产品质量一直名列全国同行业前茅，1990年他们生产的百叶窗帘荣获武汉首届“三资”企业精品“优质杯”大展评的最高荣誉奖“金杯奖”、中国旅游商品国际博览会金奖。高质量的产品引来了客户，带来了效益。在企业试产后一年半就将该公司135万美元的投资全部收回，超过了预期的经济效益。

四、通过企业兼并，进一步扩大企业的发展规模

近两年来，随着企业生产的稳步发展与规模的进一步扩大，该厂领导深深感到：生产场地的不足与人才的缺乏是制约企业进一步发展的重要因素。而企业兼并是解决生产场地不足、人才缺乏、优化产业结构和企业结构的好办法。1991年4月份，在市经委的支持和该厂的努力下，该厂和市轻工机械厂合并，并更名为厦门塑胶总厂。总厂领导根据市计划会议提出的“调整经济结构，引导生产要素向优势产业、优势产品、优势企业流动”的精神，确定了以塑胶加工和模具加工为企业发展目标，分别设立制笔、笔芯、电镀、轻工机械4个分厂，企业兼并进一步充实了塑胶总厂的经济实力和提高了竞争能力。

经过塑胶总厂全体职工3年来的共同努力，企业的经济效益有大幅度地提高。1991年完成工业总产值3688万元，利税总额963.69万元，利润735.72万元，产品销售收入2759.42万元，分别比1990年增长113.9%、119.8%、105.7%、115.4%。

企业经济实力增强了，职工的经济收入和福利也有相应的改善和提高。1991年全厂职工人均收入4500～5000元，比1988年翻一番半。建厂以来新盖的第一幢3000平方米的职工宿舍楼也已峻工并分配完毕，实现了企业30多年来自建宿舍的“零的突破”。

改革给厦门塑胶总厂带来了生机，也使该厂获得了荣誉，1991年度该厂被评为“厦门市文明单位”、市“质量品种效益先进单位”、市“AAA级信用优良企业”、市“治安综合治理先进集体”等称号。

优势互补 比翼齐飞
——安徽桐城县国营企业与乡镇企业双向引入对方机制

林 桐

近年来，安徽桐城县在国营企业和乡镇企业之间开展了“双向引入，优势互补”工作，即国营企业引入乡镇企业平等竞争，灵活经营的机制；乡镇企业引入国营企业严格内部管理，强化质量意识等长处，取得了成效。

从1984年起，桐城县的乡镇企业异军突起，产值、利税连年增长，1990年在县内纳税突破1200万元，一跃成为全县财政收入的主体，工商税收的“半壁河山”。而县属国营企业由于内部机制缺乏活力，一度发展缓慢。面对这种形势，桐城县从实际出发，引进乡镇企业灵活经营、平等竞争的机制，大胆改革和探索县属国营企业的领导体制、用工制度、分配制度和经营方式。

改革首先从干部人事制度和用工制度入手。全县国营骨干企业的厂长人选，近1/3从招标承包的竞争中产生，再由企业主管部门考察任命。新任承包经营者对企业原来的领导班子的成员可以组合，也可以不予组合。凡是没有被组合的原班子成员的职务自行消失，一般不易地安排。用工普遍采用乡镇企业招收合同工的办法，突破所有制和商品粮的界限。新进厂的合同工没有端“铁饭碗”的优越感，激发了他们争上游的紧迫感。

在分配制度上，全县国营企业普遍实行了乡镇企业按件计酬、工效持钩的办法。企业又对岗位制订了能反映职工劳动量的计酬办法。如县纺织厂从1985年起实行计件加级别补差工资制。县内燃机配件厂实行一线车间全计件工资，行政科室人员实行岗位工资和职务工资。

为加快和扩大产品销售，县属国营企业还大胆引进乡镇企业“联销计酬”、“销售承包”的做法，对企业销售人员实行销售成本和销售收入全额承包，承包合同兑现后的提成收入，全部由承包人自主使用。

另一方面，为了增强乡镇企业的发展后劲，我们还注意把国营企业严格内部管理、强化质量意识的优势和特长引入乡镇企业，使之不断迈上新台阶。

针对乡镇企业基础管理弱、产品质量差的不足，我们曾多次组织乡镇企业人员到国营企业参观取经，并采取举办厂长培训班、召开管理经验交流会等形式，帮助乡镇企业强化基础管理，提高产品质量。近两年来，全县有轴瓦厂等4个乡镇企业，先后创出了6个省优、1个部优产品。

“船小掉头快”是乡镇企业的长处，而“船大能远航”则是国营大中型企业所具有的规模优势。为了帮助乡镇企业上规模，几年来，我们十分重视对乡镇企业的投入。目前，该县乡镇企业生产的柴油机、汽车配件无论在批量上还是品种上，已经在全省同行业中占有举足轻重的地位。

发挥“统”的服务功能，引导乡镇企业走上规范化，是我们运用国营企业经验的又一做法。乡镇企业由县工经委统筹，加强对乡镇企业的指导和服务。一是实行新产品开发和结构调整“一体化”，统筹考虑新项目布点、资金投入等；二是企业考核标准化，把乡镇企业与县办企业按县里制订的同一标准进行考核评比，并帮助后进企业拟定升级、达标规划；三是财务管理规范化，乡镇骨干企业一律按照农业部和财政部的要求建立健全财会制度，实行规范化管理。

双向交流，优势互补，使全县的国营企业和乡镇企业携手并进。在整个“七五”期间，全县县办工业固定资产由1241万元增加到2439万元。

（林桐 执笔）

集科研、开发、生产、营销为一体，积极把企业推向市场

郦 梅 生

苏州长城电器集团公司建立于1989年。公司以苏州电扇总厂为核心，联结了50家成员企业。改革开放以来，公司坚持以市场为导向，努力转换企业经营机制，集科研、开发、生产、营销为一体，使企业的生产经营逐渐步入良性循环运转。1980年以来，企业发生了如下巨大变化：

——固定资产从1980年的315.7万元，发展到1991年拥有6223.15万元，增加6000多万元；

——产量从1980年的1个月1万台，发展到1991年1天1万台，年产322万台；

——销售收入从1980年的1个月150万元，发展到1991年1天150万元，全年52556.65万元；

——利税总额从1980年的1个月50多万元，发展到1991年1个月近500万元，全年6009.22万元（含内外销差价）；

——产品品种从过去单一的电扇产品，发展到现在以电扇为主和小家电产品两大门类的通风器具、电热器具、厨房器具、燃气器具、美容保健器具等五大系列产品；

——产品质量连续5年保持台扇、落地扇国家银质奖；

——我们在全国电扇行业夺得了“五个第一”：即第一家国家一级企业；第一家全国“五一”劳动奖先进集体；第一家“七五”期间国家级企业技术进步企业；第一家全国思想政治工作优秀企业；第一家全国职工教育先进企业。

一、调整产品结构 加快新产品开发

为了适应市场变化，几年来我们积极调整、优化产品结构，丰富产品品种门类，推出了一批又一批适销对路的电风扇及小家电新品。电扇的高、中、低档产品开发比例，从1989年的7∶3调整到1990年的3∶7，产品品种扩大到五大门类上百余个品种。拓展了“长城”电扇 的市场适应性。

在立足电扇主产品调整的同时，我们还大力开发有广阔市场的小家电产品，目前已经形成了20万台的小家电生产能力。几年来，我们开发的产品“以新取胜”，并闯出一条整体开发之路。主要做法：一是有效组织，加快节奏。我们组建了由100多名专业技术人员组成的新品开发队伍，每年投资数10万开发费。新品任务定人、定时、定部门承包落实，对获奖产品的集体和个人给予物质和精神奖励。有效的组织大大缩短了新品开发的周期，实现了产品当年设计、当年定型、当年投产，形成了“长城”独特的“短平快”式的开发节奏。从而使我厂的产品既充满新鲜活力，又满足了消费者的更新需求。

二是着眼“四高”，争创一流。在提高新品开发层次上，我们把着眼点放在高起点、高质量、高效益、高技术含量的产品上。几年来，我们开发的电子间隙选时、钟控电子选时、电子音乐报时电子温控扇、国内第一台五通道电脑遥控“黑马王子”电扇都体现了不断向高层次产品开发冲刺的原则。

二、更新营销策略，搞活市场营销

我们通过广泛与各地商业部沟通信息，分析预测市场竞争可能出现的多种困难，围绕占领市场力求“早”，开拓市场力求“宽”，营销策略力求“活”，促销服务力求“优”，全面搞活市场营销。

1. 占领市场力求“早” 每年年初，我们都抓早抓紧，主动出击，分头奔赴全国各地商业单位，衔接安排春季电扇市场。与此同时，在全国29个省（市）举办“长城电扇四新产品大展评”，并伴之以全国范围交叉立体式的企业与产品形象宣传，取得了先入为主，先声夺人的市场与宣传促销效应。由此一来，各地商业批发单位纷纷提前要求早进货、多进货，使“长城”电扇在销售旺季前就分流到各主要市场。

今年7月中旬，我们在苏州举办了“92年新产品评估展示会”，作为“长城”第二代支柱产品的多门类、多品种、多规格小家电与新一代系列电扇在会上同台亮相。通过征询各地商业行家意见，对其中部分新品的款式、颜色、功能、价格做了合理的调整。这些“长城”系列精品，不仅让全国商界一睹我们企业新品开发、研制方面雄厚的技术后劲，也为9月份召开“长城电器92年全国供货会”，实现一次成交400万台合同、完成7亿元销售额奠定了基础。

2. 拓展市场力求“宽” 经过多年的营销努力，“长城”在全国已经初步形成了以国营商业零售、批发主渠道为基本依托，共约400余家的定向、定点经销网络。我们针对我国边远地区和广大农村电扇市场起步晚，户均拥有率低这一潜在销势，专门组织销售人员积极去开拓农村、边远两个市场，从1989年年底到1990年春季，我厂在新疆、内蒙、宁夏、甘肃、江西、湖南、湖北、海南等省（自治区）新建了销售网点50多个。使“长城”电扇真正遍及了除台湾外的全国29个省、市、自治区。另外，在坚持依靠各地大、中型零售商店和专业批发公司两大国营主渠道的同时，我们在原有同“贸联会”、“经联会”、“新联会”长期合作的基础上，又发展建立了同全国沿海城市“华联商厦集团”、全国“百货公司商业联合会”、全国供销社系统的合作经销关系，在国内零售商业之间形成了多层次、全方位的营销网络。1992年，我们又大胆尝试，并初步在全国军队系统和大型厂矿建立了两条营销专线，把市场营销的触角，伸向尚未引起同行注意、具有极大购买力的潜在市场。

3. 营销策略力求“活” 由于市场疲软，生产厂家与商业单位都有困难。又由于电扇供大于求，不少同行相应采取低价竞争，并伴之以名目繁多的“活手段”以期倾销，在这样情况下，我们坚持“工商一家，风雨同舟、互惠互利”的宗旨，对地区不同，要货量不同，进货期不同，品种不同，特别是经营能力和商业信誉不同的经销单位，采取了不低于出厂价为前提的灵活的供货差价，并及时掌握各商业单位进货、营销的信息，主动配合商界，做好商业网点之间的品种货源调剂工作。1991年2月底，我们特邀了全国180家年销“长城”电扇万台以上的经销大户，在苏州召开了“全国市场营销研讨会”。我们根据市场的实际情况在会上公布了三条应变措施，一是对所有二级站在供价上实行平调补贴；二是遇有政策性调价而影响经销单位的效益，其亏损部分全部由厂方补贴；三是旺季过后各批发单位的合理库存利息，统一由厂方承担。我们这种“宁可企业担风险，不给商业添困难”的营销策略，在国内商界震动很大，进一步增强了商业多销快销“长城”电扇的信心。

每年在旺季到来之际，我们与有关单位合作，举办各种促销活动，如“酬谢用户”活动，“全国评展联销服务月”活动，“长城电器新产品电视广告有奖问答活动”等等，既扩大了新产品形象在国内市场的宣传，又掌握了各地商界与广大消费者对“长城”产品的需求心理，为进一步开发、研制适应多层次消费心需求的新产品，积累了可靠的信息依据。

4. 促销服务力求“优” 我们在电扇旺季开始后，组织起一支100多人的售前、售中、售后服务队伍，分赴全国各地主要经销点站柜台，搞服务，兼做市场调研预测。与此同时，我厂在用户服务上还专门建立起跨地区、跨系统的全国36个“长城电扇技术维修服务中心”，调整、充实固定了316家特约维修服务点。1987年，我们在全国企业中率先建立了苏州长城电器集团公司（苏州电扇总厂）“保护消费者利益委员会”。我们还根据重点销区产品占有率高，覆盖面广的特点，在东北、华北、苏北等市场专门配备了“长城电扇维修专车”，随时随地为当地消费者巡回服务。另外，1990年又增设了跟踪服务专线电话，凡有用户来电反映产品质量问题或要求上门维修服务的，我们尽量尽快一一予以满足。

近年来，我们在开展信誉竞争、强化促销全方位服务上，做了新的探索。

我们精心选择了50家经营能力强、市场信誉好，“长城”销量大的商业单位，在全国电扇同行中率先试行“工商共保联销”。凡“长城”的共保联销单位，我们在供货的品种、数量、时间、价格、结算以及维修配件上，首先给予倾斜优惠。工商双方把经济效益、社会效益、特别是市场信誉上紧紧地捆在一起，真正体现了工商一家，风雨同舟的合作精神。

此外，我们在组织大型展销活动时，都主动与各地消费者协会和用户委员会联系，请他们参与监督，并通过新闻媒介印发“质量跟踪评议表(卡)”，这种做法，受到了各界人士和广大用户的一致好评。

(本文作者系苏州长城电器集团公司总经理兼苏州电扇总厂厂长)

以深化改革为先导，加速老企业技术改造

丹东化学纤维工业公司

丹东化学纤维工业公司是1939年建立的老企业，1956年复工建厂。之后，我们企业虽然进行过多次改造，但老企业的“三老”（即设备老、厂房老、工艺技术老）现象始终没有从根本上得到改变。改革开放以来，我们解放思想，一抓企业改革，二抓技术改造，走出了一条内涵与外延相结合的扩大再生产的道路。从1981年起，先后投资4.9亿元，实现较大的技术改造项目27项，给企业带来了深刻变化。“七五”期间，我们开发、研制了20个新品种，投入市场，有的成为拳头产品，有的打入了国际市场。固定资产原值由1986年的18884万元，增加到1991年的33927万元，增长1.8倍；净值由1986年的11204万元，增加到1991年的21987万元，增长1.9倍，累计实现利税39891万元，平均每年以18.85％的速度递增。

“七五”期间，我们先后被授予“国家投入产出先进单位”、“国家设备管理优秀单位”、“纺织部质量管理先进单位”、“全国技术进步先进单位”等各种荣誉称号65项。1989年晋升为国家二级企业。

几年来，我们在技术改造的实践中，从本企业实际出发，始终坚持了“四抓一靠”的方针。

一、抓主攻方向，改革传统扩大再生产的模式

近几年来，我们在总结过去经验教训的基础上，把抓技术改造的长远规划和短期目标结合起来，我们抓长远规划，一改过去那种填平补齐，修修补补的传统作法，从企业长远发展的战略高度出发，制定了《企业发展十年（“六·五”～“七·五”）规划》和《技改十年（“六·五”～“七·五”）规划》，使企业技术改造纳入科学管理轨道。我们抓短期目标，根据市场对产品的需求，以少量的资金投入，集中力量对那些改造周期短、见效快的老设备进行改造。依靠这些“短平快”的技术改造项目，提高产品质量，开发新产品，出口创汇增效益，从而积蓄更多的资金，引进技术软件和关键设备，加快设备更新换代步伐，保证和促进企业技术改造长远规划的实现。

我们首先从资金来源的渠道着手，对传统的扩大再生产模式进行改革。我们靠三种途径自筹资金。第一种是靠少量的资金投入，打“短平快”，提高部分老设备降耗提质功能，开发适销对路的新产品，超额完成承包经营指标，提取更多的技术改造资金。“七五”期间，我们年年超额完成合同指标。共投资1.4亿元，用于技术改造。第二种是靠党的对外开放政策，开展以出顶进，补偿贸易，反租赁等形式筹措资金。“七五”期间，我们靠这种方式，共筹措资金2000万元用于技术改造。第三种是向社会和公司内部发放技术改造债券，筹措资金。

二、抓管理体制，改革传统技术改造的组织体系

1984年以来，我们强化了技术改造这个轮子，对传统的技术改造的管理体制，进行了一系列改革：

首先，在组织上强化技术改造的管理体系。抽调整了大批技术骨干，建立了以总工办、设计院、科研所、大项目办为主体的技术改造和开发的管理体系。

并制定了一整套从可行性研究、立项、设计、制造、施工安装调试到开车生产的全过程工作标准和技术标准，公司专门配备一名副经理全面负责技术改造工作。从而形成了配套齐全的组织网络体系。

其次，在管理上把技术改造纳入目标管理。每年把技术改造列入公司方针目标、专题研究，把技术改造放在与生产经营并重的位置上，做到“三同时”。在制订生产经营目标的同时，制订技术改造目标；在研究生产经营任务的同时，研究技术改造任务；在落实生产经营计划的同时，落实技术改造计划。

第三，在制度上纳入议事日程。我们实行近期与长期相结合的原则，即月有项目，季有计划，年有规划，长期有设想。在具体实施中我们主要抓住“三会”：一是市场信息会。根据市场对产品的需求信息，定期召开技术改造调查研究会。主要课题是以市场为导向，以信息为基础，制订“短平快”技术改造项目或调整技术改造实施方案。二是技术改造立项会。每个技术改造项目实施前，都要召开有关职能处室负责人、工程技术人员和有实践经验的工人参加立项会，对即将实施的技术改造项目进行可行性研究和论证，然后组织实施。三是成果评审会。每个项目完成后，组织项目参加者，有关工程技术人员和试车生产的单位，对项目进行实地考核验收，确定技术改造成果，然后开车生产。

三、抓“课题承包”，改革传统技术改造项目的“指令”模式

1981年以来，我们把竞争机制引入技术改造项目中，实行“课题承包”，把技术改造的项目、周期、成果、资金、奖励以承包合同的形式公布于众。对中标的承包人，除按“承包”完成情况兑现奖励外，还根据节省下来的资金提取一定比例的奖励基金，调动了“能人”的积极性，促进技改任务的完成。

1987年，我们从联邦德国引进“闪蒸”装置，由于整套引进，价格比较昂贵，我们考虑到公司财力和科技实力，只引进了主机，对辅机我们决定自己制造。为了加快配套生产，我们在全公司工程技术人员中“招标”。很快得到一部分工程技术人员的响应。他们按照“承包”规定的内容和要求，克服了一个个困难，缩短了近一半的时间，节省资金近50%，改造后的整机设备，其性能完全符合生产要求，外商见了以后，称赞我公司工程技术人员了不起。

另外，向大专院校和科研单位“招标”，使他们的科技成果为我们所用。“七五”期间，我们先后与北京大学、北京航空航天大学、航空航天部六〇六所等大专院校和科研部门“招标”，经他们帮助改造和研制的技术改造项目有6项。其中，北京航空航天大学帮助我们从联邦德国引进的芒硝焙烧炉进行消化吸收的课题，他们设计出的新型芒硝焙烧炉的性能，超过了进口设备。

四、抓奖励落实，形成技术改造的激励机制

几年来，我们坚持精神激励与物质奖励相结合的原则，对推进和完善技术改造的动力机制，做了一些尝试：

一是把技术改造成果与物质奖励结合起来。我们相继制订了《技术改造成果奖励标准》、《技术改造成果奖励兑现的办法》等奖励制度，对每个技术改造成果给予一定物质奖励。例如，我们搞1700吨粘胶长丝厂项目验收时，同时对该项目的主持者颁奖5000元，主要参加者分别得1000元或1500元奖金。

二是把技术改造成果与精神激励结合起来。一方面，我们充分利用电视台、广播、杂志、公司自办报纸等宣传形式，弘扬技术改造工作中做出突出贡献的有功人员的奉献精神，为他们举办各种形式的报告会、庆功会，激励他们搞技术改造的积极性和创造性。另一方面，我们把在技术改造工作中的贡献大小，作为晋升工资、评聘职称、选先进的重要依据之一。1986年以来，我们先后为取得技术改造成果的108人晋升了三级或一级固定工资和浮动工资，12人被破格提拔为工程师或工人技师，36人次被评为公司级以上各类标兵和模范。

五、依靠工人群众的聪明才智，全方位攻克技术改造难关

我们在调动工程技术人员搞技术改造的同时，把工人中的技术改造骨干组织起来，按专业分工，组成11个专业技术攻关队，并通过有计划的培训，提高他们的专业知识和理论水平，拓宽技术改造攻关区域。如1990年工人技术骨干改造设计的粘胶短纤维纺丝机新型外压烛型滤器，每年增产节约价值达50多万元。

完善承包，转换机制，搞好国营企业

——1991年企业承包经营责任制进展情况综述

国务院经济贸易办公室企业局

1991年是"八五"计划的第一年，也是企业承包经营责任制在全国普遍推广的第五个年头。第一期承包已经到期，两期承包衔接工作已经基本结束，新一期承包又开始了。

一、继续坚持和完善企业承包经营责任制

"七五"期末，由于企业外部环境发生了较大变化，加上多年积累的一些深层次矛盾的影响，经济循环不畅，资金占用增加，各种摊派繁多，企业留利减少，经济效益下降，技术改造能力不强，发展后劲不足，严重影响了整个经济的发展。进一步增强企业活力，特别是国营大中型企业的活力，既是我国城市经济体制改革的中心环节，也是实现我国经济发展战略目标和巩固社会主义制度的关键所在。

鉴于当时经济和企业的情况，1990年12月13日至17日。国务院生产委员会和国务院企业管理指导委员会在昆明召开了《全国企业两期承包衔接及内部经济责任制座谈会》。1991年1月24日下发了《全国企业两期承包衔接及内部经济责任制座谈会议纪要》和张彦宁同志在会上的讲话（生企〔1991〕3号，以下简称《纪要》）。会议《纪要》指出，承包制在促进企业经营机制的转变，带动经济体制改革深入进行，促进生产力发展方面所起的作用，是不可低估的。随着改革的深入以及经济形势的变化，承包制经历了一次又一次的考验。特别是在当前企业外部环境非常困难的情况下，承包机制充分显示出了它的威力。《纪要》明确提出，要统一认识，增强信心，做好两期承包的衔接工作，认真系统地总结经验，进一步完善承包制，使新一期承包在"八五"期间对国民经济的发展，发挥出更大的作用。

1991年2月7日，国务院在北京召开了《全国企业工作会议》，这是有史以来第一次专门研究企业工作的全国性会议。邹家华副总理在会上作了《振奋精神，以提高经济效益为中心，开创企业工作新局面》的报告。他在报告中指出，企业改革，重要的是要消除过去在一定历史条件下形成的经济体制的弊端，探索适应社会主义有计划商品经济发展的、适合我国国情和现阶段生产力水平的企业经营机制。近年来，在这方面的办法有：一是完善和发展企业承包经营责任制。现在全国共有90%以上的预算内国营工业企业，实行了多种形式的承包经营责任制。有效地保证了国家财政收入的增长。1990年，企业承包经营责任制基本上经受住了外部环境困难的考验，各地区狠抓了两期承包衔接的工作，现在首轮承包到期的企业已经有85%签订了新的合同。二是坚持推行厂长负责制。三是比较普遍地推行了企业工资总额同经济效益挂钩的办法。四是缩减指令性计划，逐步把企业推向市场。他在报告中还指出，深化企业改革，进一步落实企业的自主权，首先，要继续完善和发展企业承包经营责任制。

在企业工作会议上，国务院生产委员会提出了《关于进一步搞好大中型企业的几点意见》。共有10条，其中第二条强调，"八五"期间要继续把承包制作为搞活国营大中型企业的主要经营形式，并在实践

中不断发展和完善。要充分运用承包制激励与约束相结合的经营机制，鼓励企业多创多留，调动企业和广大职工的积极性，使大中型企业在保证国家财政收入稳定增长的同时，逐步具有自我积累、自我改造、自我发展的能力，实现投入与产出的良性循环。同时还强调，新一期企业承包，要切实把技术改造、还贷、补充流动资金、加强管理、提高经济效益等各项任务纳入承包合同，落到实处，克服短期行为。要建立健全企业内部经济责任制体系，把企业对国家承包的各项任务，通过内部经济责任制，落实到车间、班组和个人，体现全员参与承包，共担风险的精神。

全国企业工作会议的召开，加快了两期承包工作的顺利进行。到1991年3月底，有90%承包到期的企业签定了新一期的承包合同。到1991年上半年，全国两期承包衔接工作基本结束。

1991年3月25日，全国七届人大召开了第四次会议，李鹏总理在《关于国民经济和社会发展十年规划和第八个五年计划纲要的报告》（简称《纲要》）中，就进一步增强全民所有制大中型企业的活力问题，提出要抓好五个环节，其中第一条进一步重申了党的十三届七中全会决议中有关完善承包制的内容，即：完善和发展企业承包经营责任制。同时还指出，要处理好国家、企业、个人三者利益关系，处理好积累与消费的关系，使企业把更多的自有资金用于技术改造。“八五”期间继续实行并完善现行的承包制，同时积极进行“税利分流、税后还贷、税后承包”制度的试点。

4月9日，七届人大四次会议讨论通过了《纲要》，并在“八五”期间经济体制改革的主要任务和措施中，对继续坚持和完善企业承包经营责任制，提出了更明确的要求。即：在进入新一期承包时，要在稳定现行承包办法的基础上，合理调整承包基数和上交比例，实行比较规范的综合指标承包制，确保国有资产的完整和增殖，并逐步发挥竞争机制、风险机制的作用。要采取得力措施，防止和纠正企业利益分配过分向个人倾斜。

二、不断总结经验，完善发展承包制

为了贯彻党的十三届七中全会和七届人大第四次会议关于进一步完善企业承包经营责任制的精神，总结承包制的经验、提出完善办法，国务院生产委（1991年7月11日，国务院第81次常务会议决定，撤销国务院生产委员会，成立国务院生产办公室）和国家体改委于6月至8月之间，先后在承德、北京和吉林市召开了三次有关承包制的会议，从理论和实践上对“七五”承包进行了系统的总结。

1. 承德会议。6月24日，两委联合举办《企业承包经营责任制理论与实践研讨会》。北京、吉林、河北等省市部分大专院校的理论专家、政府机关研究人员以及在全国第一批实行承包制的企业（如首钢、吉化、一汽、二汽等）参加了会议。会议就承包制的历史地位、理论依据和作用等进行了探讨；来自企业的代表总结了承包实践中取得的效果、经验和存在问题。与会的多数代表达成这样的共识：一是承包制是我国大多数企业所实行的一种企业经营方式；二是承包制推动了我国经济的增长，扭转了效益滑坡的严重局面；三是承包制促进了企业内部改革的深入，带动了其他体制的配套改革；四是我国经济发展不平衡规律是实行承包制的客观依据，承包制能实行多长时间，不取决于人们的主观愿望，而取决于承包制的完善程度和有没有更好的替代形式出现。因此，承包制将贯穿新旧体制转换的全过程。

2. 7月9日至19日，两委（办）在北京分别听取了6个省、市，3个地区级市和2个部门及14户企业关于“七五”承包和两期承包衔接的情况汇报。这些省、市和企业在充分肯定“七五”承包成绩的基础上，介绍了搞好承包制、稳定经济、确保财政收入稳定增长和转换企业经营机制等方面的经验。如北京市把继续坚持和不断完善承包制，当作克服当前困难的主要措施，提出生产经营顺利时要承包，困难时更要承包。湖北省总结“七五”承包的经验：一是始终保持承包政策的连续性和稳定性；二是必须抓好从承包合同的签订到兑现的全过程管理；三是把承包制与强化企业管理和技术进步结合成一个整体来抓好；四是加强承包企业的思想政治工作。吉林省总结了“六五”和“七五”的承包经验：一是坚持自费改革搞承包；二是把竞争、风险机制和法制引入承包；三是以“内包”保“外包”，搞好内部配套改革；四是积极进行全员资产承包等完善承包制的试点。山东省济宁市总结了“税保财政，利活企业”搞活经济的承包经验，承包后完成的技术改造投资相当于“六五”投入总和的4倍，财政收入平均每年递增25.4%，由承包前每年吃国家3000多万元财政补贴，变为每年向国家上缴1亿多元。

各地在总结中就承包制存在的问题和企业改革中普遍遇到的难点进行了分析，指出：企业承包经营责任制，是与现阶段我国经济发展状况相适应的企业经营方式，是现实的选择；在坚持承包制的同时，必须看到其自身还存在许多问题，需要进一步完善。同时也不可否定其他经营形式，积极探索我国企业改革的有效途径。

3．吉林会议。8月13日至16日，国务院生产办和国家体改委在吉林省吉林市召开了《部分省市企业承包经营责任制座谈会》。16个省、市、地区和15个企业的代表参加了会议。这是1987年全面实行企业承包经营责任制以来的一次重要的会议。会议的主要任务：一是对"七五"期间企业承包制进行回顾性总结；二是分析承包制存在的问题，研究新出现的情况和新问题；三是按照党中央十三届七中全会和七届人大四次会议的要求，研究"八五"期间如何完善和发展企业承包制，以及如何进一步搞活国营大中型企业。

国务院生产办副主任张彦宁同志在《完善发展承包，增强企业活力》的报告中，对"七五"承包制的成效、存在的问题和完善的办法，进行了比较全面的总结。

关于"七五"承包制的成效，一是承包制促进了企业经营机制从产品经济的生产型向有计划商品经济的经营管理型的逐步转变。二是承包制较好地兼顾了三者利益，保证了财政收入稳定增长，使企业具有了一定的活力。三是承包制促进了企业投资主体的转变，促进了企业技术改造，为国家增加了资产。据统计，"七五"比"六五"，全国预算内工业企业新增固定资产原值增长了一倍半，固定资产净值增长了近两倍，新增的净值中，有三分之二是靠银行贷款，有三分之一是靠企业留利和折旧来自我积累进行改造增殖的。四是承包制促进了企业产品结构和企业组织结构的调整。五是承包制促进了企业内部配套改革和管理的加强，竞争机制的引入，优化劳动组合等项改革，对于打破干部终身制、"铁饭碗"和克服平均主义，都起到了积极的作用。六是通过"七五"承包，培养和造就出一大批经营管理人才和优秀企业家。总之，承包制的理论基础是两权分离，承包制是目前情况下，实现两权分离的有效形式。

关于承包制在实践中的问题和完善的办法。会议认真分析了承包制本身、实行承包的过程和经济环境发生变化后出现的新问题及原因。一是"承包基数包不死"。主要原因是新出台了各种税费和"基金"，逐步挤占企业利润；国家价格、利率、汇率等经济政策的调整，加重了企业的负担。二是企业发展后劲逐渐减弱，负债越来越重。主要原因是企业净留利减少（利润转移）；还贷能力减弱；"一保"（上交财政）硬，"二保"（技术改造）软；工效挂钩指标单一。三是承包的约束机制弱于激励机制，一些企业出现短期行为、个人收入是刚性发展。主要原因是一些企业主管部门存在"以包代管"；一些经营者素质不高，以及工作中缺乏经验和有效的管理办法。四是承包制是经营责任意义上的负亏，在财产上只是有限的负亏，最终解决负亏问题，还有待于企业改革的进一步发展。

针对承包制存在的问题，会议提出改进和完善的一些办法。一是区别不同情况，按照《承包条例》及国务院有关规定，解决"死基数与活环境、活政策"的矛盾，不少地区还提出实行"投入产出总承包"，真正包死基数。二是改进工效挂钩办法，实行工资总额与经济效益、资产增殖双挂钩或复合承包、复合挂钩，把资产增殖作为效益因素来考核，三是建立承包风险基金，逐步增强企业"以丰补欠"的能力，逐步做到企业自己负亏。四是完善承包合同和承包效果评价方法，既规定企业投入的责任，也规定投资后的补偿措施和还贷责任；通过企业新增资产与上缴利润之和与资产负债的对比，来评价企业的经营状况等等。

会议还提出，要加快企业改革的步伐，在改革中完善和发展承包制。一是进一步落实《企业法》，减轻企业负担；二是加大企业改革的力度，创造良好的改革舆论气氛；三是加快社会保障制度建设，为结构调整创造条件；四是抓好第二期企业承包工作，强调要把完善承包制与搞活国营大中型企业结合起来，把增强企业发展后劲，作为完善承包制的重点内容，健全内部经济责任制，抓好对承包企业的监督、管理和指导。

在承德、北京和吉林市召开的一系列关于承包制的会议，不仅在理论上和实践上总结了"七五"承包的经验，而且还为"八五"承包提出了完善的意见。

三、转换机制、搞活企业，完善"八五"承包

1991年9月23日至27日，中共中央在北京召开了中央工作会议。会议的主要议题是，着重研究如何进一步搞好国营大、中型企业的问题。李鹏总理受

中央政治局委托，作了题为《关于当前经济形势和进一步搞好营大、中型企业的问题》的讲话。中央工作会议为搞好国营大中型企业，创造了良好的外部条件。会议决定采取12条措施。即：增加企业技术改造的投入；逐步缩小指令性计划；适当提高企业折旧；增加新产品开发基金；继续补充企业流动资金；对利率再做适度调整；抓紧落实给予部分企业外贸自主权；继续对国营大、中型骨干企业实行“双保”；抓紧清理“三角债”；进一步做好组建大型企业集团的试点工作；坚决治理“三乱”；逐步降低国营工业企业的所得税率。

会议还要求国营大、中型企业在坚持完善承包经营责任制、坚持贯彻《企业法》健全内部领导体制、推进劳动工资制度改革、投身国内外市场、全心全意依靠工人阶级、加快技术进步、坚持从严治厂和加强企业内部各项管理制度等八个方面下若功夫、花大力气，特别是要做好经营机制的转换工作。

中央工作会议把坚持完善承包经营责任制作为企业内部改革的第一项工作，并进一步明确强调：“实行承包制，调动了企业的积极性，但也带来了一些问题，比如负盈不负亏，技术改造资金得不到保证，以包代管等。总的看，承包制适合我国经济发展的实际情况，中央已经决定，在“八五”期间继续实行承包制，但要进一步完善。要兼顾国家、企业和职工三者之间的利益，兼顾当前和长远利益。完善企业留利办法，合理确定生产发展、福利基金和奖励基金的比例，增强企业发展的后劲。企业要按规定提取折旧、大修理基金和新产品开发基金，并正确地加以使用。对某些企业采取虚盈实亏的行为，要加以制止，要防止国有资产流失。同时，要选择一批对国民经济全局有重大影响、符合国家产业政策、经营水平较好的大型企业和企业集团，实行投入产出总承包，赋予企业更大的自主权。”

为了多种途径探索企业改革的不同方式，吸取各种企业改革的长处，10月30日至11月3日，国务院生产办和国家体改委及财政部在重庆市联合召开了《税利分流试点座谈会》。会议总结和交流了试点的情况和经验，探讨了进一步抓好试点工作的方法和措施。同时也对税利分流和承包制在转换企业经营机制等方面，进行了分析和比较。

国务院生产办副主任张彦宁同志在会议总结时指出，坚持和完善承包经营责任制与进行税利分流试点，都是中央一再明确的企业改革的任务，都必须认真搞好。他进一步指出，税利分流和承包制一样，在企业负亏机制问题上，都面临着相同的问题，需要进一步研究解决。承包制在调动企业和职工的积极性，促进生产发展，转变企业经营机制，提高经济效益等方面发挥了重要的作用。在当前国家财政和企业经营“两难”的情况下，特别需要坚持实行承包制，充分发挥承包制的激励机制作用，调动企业发展生产的积极性，鼓励企业把“蛋糕”做大。从目前各地税利分流试点的情况看，工作搞得好，确实有助于实行多种经济成分公平税负，创造比较平等的竞争环境，也有利于确保财政收入的稳定增长，有利于转变企业的投资体制；逐步建立和完善企业的自我约束行为，还可以为建立国有资产管理体系创造条件。但实行税利分流，需要有完善的市场体系和价格体系，进行各方面的配套改革。从企业的技术改造投入和发展后劲及试点中的情况看，目前我国国营企业还不具备大面积推行税利分流的条件。因此，对于企业改革，也要区别不同情况，进行分类指导。对产品完全放开，价格随行就市，基本步入市场的企业，可以实行税利分流的经营方式，充分发挥竞争机制的作用，把企业进一步推向市场；对面上的企业，要继续实行承包制，并不断加以完善。

经过不断总结和反复比较，企业承包经营责任制在我国经济发展中的地位、在搞活企业转变经营机制方面的作用，得到了进一步的肯定。1991年12月27日，国务院生产办公室和国家体改委联合发出了《关于“八五”期间进一步完善企业承包经营责任制的意见》（国生企业〔1991〕114号），提出了9条完善承包制的意见。一是统一思想认识，保持政策的连续性、稳定性；二是坚持正确原则，把完善承包制与深化改革、提高效益结合起来；三是按照企业的不同特点，实行分类指导；四是科学合理地确定承包基数，解决死基数与活环境的矛盾；五是完善企业工资总额与经济效益挂钩办法；六是进一步强化企业的约束机制；七是加强对承包企业的监督、管理；八是明确发包主体，规范发包方行为；九是采取切实措施，认真兑现承包合同。这些意见，为地方和部门完善“八五”承包，提供了指导性意见。

随着搞活企业，转换企业经营机制等各项改革的深入，企业承包经营责任制，仍是“八五”期间企业改革的主要形式。

（贾小梁 执笔）

行业包干体制在实践中不断改进和完善

国家体改委生产体制司行业体制处

按照《国民经济和社会发展十年规划和第八个五年计划纲要》提出的“八五”期间“对石油、石化、煤炭、钢铁、有色金属、铁道等部门继续实行包干体制，并对现行包干办法加以完善和改进，兴利除弊”的要求，冶金部、铁道部、中国石油化工总公司、中国有色金属总公司、中国统配煤矿总公司、中国石油天然气总公司等6个部门认真总结“七五”承包经验，根据各个行业的特点，不断改进和完善行业包干体制，积极稳妥地制定和实施“八五”承包方案。

一、“七五”行业包干取得了一定的成绩

“七五”期间，6个部门根据行业的不同特点和条件，实行了不同形式和内容的包干体制。总的来看，“七五”承包方案的执行情况是好的。主要情况是：

原石油部从1981年开始对国家实行1亿吨原油包干，1986年调整为原油产量递增包干，即在1亿吨基础上每年递增200万吨。1988年成立中国石油天然气总公司后，指标核定为年包干1.06亿吨（含0.035亿吨贡献油）。“七五”期间承包指标为5.24亿吨，实际产量达6.78亿吨，超额30%完成任务。

石化总公司从1985年开始实行投入产出承包，承包期为6年。承包内容主要是：6年基建和技改项目投入300亿元，完成相应的包干生产能力指标；产出为6年实现利税900亿元，上缴财政742.7亿元，9种主要产品产量产值完成计划指标。6年来，实际总投入442亿元，剔除价格等因素，相当于包干指标300亿元的水平。产出方面，6年累计实现利税946.9亿元，超额完成46.9亿元；上缴国家财政775.39亿元，超过33.7亿元。由于原油供给不足，比承包的原油加工量少加工735万吨，受其影响，除乙烯、尿素超额完成承包任务外，其他主要产品产量只完成包干指标的90%左右。

原煤炭部从1985年开始实行统配煤矿投入产出总承包。1988年撤销煤炭部后，统配煤矿分为中国统配煤矿总公司和东北内蒙古煤炭联合公司两块，继续分别执行投入产出包干。承包内容为“三包”，即：包统配煤产量，6年累计26.28亿吨；包基建投资与规模，“七五”期间投入315亿元，完成相应的生产能力与规模指标；包亏损，以1985年亏损3.49亿元为基数，超亏不补。6年来，统配煤矿累计原煤产量为27.09亿吨，超额完成8178万吨。基建投入310.73亿元，缺口4.27亿元，如按物价上涨后的实物工程量计算，实际少投入150多亿元，因而未完成生产能力和规模指标。六年共亏损294.42亿元，虽然财政增加亏损指标，仍超亏165.45亿元。

冶金部从1985年开始实行投入产出总承包。承包内容为“五包三保”，即：冶金部对国家包上交统配钢材，以1980万吨为基数，每年递增100万吨；包吨钢综合能耗；包提高质量、扩大品种；包完成固定资产投资的总进度；包经济效益高于产量和产值的增长。国家对冶金部保指令性计划所需的条件；保400亿元固定资产的投资；保技改、基建和生产维修所需统配材、设备和外部配套、协作条件。从产出看，“七五”期间钢铁工业增长较快，每年钢产量平均增长380万吨。按承包方案，上交统配钢材应为13980万吨，但由于煤、电等指令性计划供给不足等原因，

根据欠供少交调整为11634.62万吨，实交11662.35万吨，每年都完成了调整后的上交任务。综合能耗降到了承包标准以下。产品品种、质量有所改善，经济效益有了增加。从投入看，400亿元总投资中国家贷款定为212亿元，实际执行中，每年投资额度和计划贷款都不足，只给了139.5亿元，不到计划的三分之二，缺口72.5亿元。虽然企业自筹投资总额达450亿元，但由于工程造价上升等原因，没有达到固定资产投资的规模和进度。

有色金属总公司从1984年开始实行定比包干，具体方案为按应纳所得额交财政37%，留利63%，后分别调整为38.5%和61.5%。执行结果是，“七五”基建投入98.7亿元，与计划相比，缺口21.3亿元；产量提前三年完成“七五”计划低限指标，到1990年超额完成“七五”计划高限指标，1990年直属生产企业10种有色金属产量为146.58亿吨；实现利税36.24亿元，上交财政利税19.52亿元。承包期间3项指标与1983年相比，分别每年递增6.81%，12.8%，13.22%。

铁道部“七五”期间实行全行业投入产出、以路建路经济承包责任制。承包内容为“五包一挂”：一包运输任务，二包机车车辆生产，三包基建规模和形成运输能力，四包基建投资和车辆购置费，五包缴纳税款；一挂是吨公里工资包干。执行情况是：①货运量完成70.3亿吨，为承包任务的99%，比“六五”增长21%，客运完成54.8亿人，完成承包任务的85.6%，比“六五”增长5.1%，客货周转量完成6.3万亿吨公里，比“六五”增长47.1%；②新造内燃机车2105台，为承包任务的93.1%，比“六五”增长1.1倍；③完成基建及购车资金投入521.45亿元，超过承包任务68.83亿元，由于工程和设备造价上升，与计划建设规模相比，资金缺口85亿元；④建设铁路线（新线、复线、电气化线）7600公里，完成承包任务的74.8%；⑤向国家上缴营业税80.04亿元，比承包方案增加了11.04亿元。

总之，6个部门的承包都取得了一定成绩，体现了国家重点扶持能源、交通发展的产业政策，加强了基础产业的建设，促进了经济的稳步发展。有色金属近8年的发展差不多相当于前32年的发展；钢产量5年增长2000多万吨，而改革前增产同样数量的钢却用了10年时间；石化工业的原油加工能力从1980年前的世界第7位上升到第4位，乙烯产量由世界第15位上升到第8位；石油产量稳住了年产1亿多吨，并有所增长；统配煤矿为经济的发展和人民生活的改善提供了充分的有保障的能源；铁路重点建设项目进展加快，运输装备由大量进口变为立足国内，开始输出。

二、行业包干存在的问题

6个部门“七五”承包既取得了一定的成绩，也存在一些问题。这些问题，既有承包体制不完善带来的，也有外部环境变化引起的。

从承包体制不完善来看，主要有以下两个问题：

第一，部门包干和搞活所属企业的关系尚未理顺。4个总公司作为企业，仍代行着政府的某些管理职能，冶金部、铁道部本身就是政府部门。6个部门代表所属企业对国家实行承包后，使其实行政企职责分开带来了一定的困难，因而在实行管理时，经济手段和行政手段往往同时并举，有时妨碍了所属企业的积极性的发挥，需要在承包过程中正确处理好集权与分权的关系。如统配煤矿在较大范围调整级差收益与企业自主权的矛盾。统配煤矿总公司在确定所属企业承包基数时，虽然考虑了不同级差，由于情况复杂、变化较大，只得不断调节盈亏指标进行调剂，要求条件好的企业多交利润弥补条件差、经营不善的企业所造成的严重亏损，条件好的企业认为应有的自主权被削弱了。

第二，“包”、“保”双方的责权关系还不明确。6个部门承包初期实际上是一种部门经济责任制，缺乏具有约束力的承包合同。一方面，谁代表国家落实6个部门的承包不明确，更谈不上代表国家的部门在承包中应负什么责任。当国家保证的条件不落实、或承包出现问题时，没有一个部门代表国家进行统筹协调，调剂生产所需保证物资，制定外部条件变化时的应急措施和对策，因此给承包的执行带来了一些困难。另一方面，6个部门承包任务完成得好坏，也没有明确的责任。因而往往是保的条件不落实，包的指标难兑现。承包方案中确定保证的统配能源、原材料供应逐年减少，与计划相差甚远。

从承包的外部条件看，主要有三个问题：

（一）投资缺口大，后续生产能力不足

实行投入产出承包的4个部门，除石化自筹资金弥补了预算内集资缺口外，都存在投资缺口，铁道

为85亿元，冶金为72.5亿元，统配煤矿为139.67亿元。其结果是基本建设投资规模未完成，将严重影响"八五"、"九五"的生产和运输能力。如统配煤矿开工规模比计划少9192万吨，投产能力比计划少5371万吨，结转规模比计划少3768万吨，分别只完成包干任务的48.9%、67.8%和74.8%，使得一些老矿井改扩建和新井建设任务没有如数安排，导致煤炭生产后劲严重不足。

（二）价格不合理，导致企业利润下降

石油天然气总公司1990年吨油生产成本为177.6元，加上各种赋税达220.58元，而吨油平均售价仅为171元，全年亏损64.5亿元。统配煤矿吨煤成本加赋税为65.07元，而吨煤售价为30.65元，亏损指标已从1985年的3.49亿元上升到1990年的56.66亿元，而实际亏损则从1985年的5.05亿元上升到1990年的116.99亿元。铁道部在"七五"承包期间因生产资料涨价、税种税率和汇率变动，比原承包方案多增加支出284.4亿元。按现行运价计算，1993年将出现全行业亏损，预计"八五"期间运营亏损244亿元。

（三）积累减弱，债务负担沉重

"七五"期间由于各种税费增加和管理不善，导致成本上升，积累减弱。如1986年铁路收入积累率为4.5：1（即4.5元的运输收入可提供1元的建设资金），1989年下降到11.9：1。统配煤矿为了补亏，6年累计动用自有资金185.59亿元，其中动用了维持简单再生产费用31.18亿元，更谈不上自我积累和发展的能力。这些部门为了完成基建技改项目，不得不大量举债，背上了沉重的债务包袱。到1990年底，6个部门固定资产投资负债高达1615亿元，其中铁路210亿元，钢铁270亿元，有色总公司115亿元，石化总公司340亿元，统配煤矿总公司343亿元，石油天然气总公司337亿元。

三、改进和完善行业包干的一些思考

虽然国务院没有像批准"七五"行业包干方案那样正式批准6个部门"八五"期间的承包方案，但对承包中的一些问题已多次进行研究。随着企业生产经营自主权的落实和企业转换经营机制的进行，行业承包的环境和条件有了明显的改善。进一步改进和完善行业包干体制。以下几个问题值得思考。

（一）按照发展社会主义市场经济的要求，探索部门包干的合理运行机制

6个部门的包干所涉及的不单单是一个计划、投资和财务体制问题，它是发展社会主义市场经济的一种具体形式，是改进国家管理经济方式的一种尝试。在完善"八五"包干方案时，除了要合理确定具体的包干指标外，还应认真研究如何适应社会主义市场经济的要求，形成一种符合改革方向的合理的运行机制，使部门包干更趋完善。为此，要处理好以下三个方面的关系：

（1）要处理好计划与市场的关系。6个部门是我国能源、原材料、交通的重要部门，是国家实行计划经济的重点，承担着较重的指令性计划任务。因此，在这些部门如何建立起计划与市场相结合的运行机制，是完善部门包干体制的一个核心问题。为此，需要研究各部门在包干中，哪些方面需要加强计划管理，哪些方面可由市场调节，计划和市场如何有机结合。对重大的投资决策、重要项目安排及其布点、需要由国家直接分配的重要产品，应实行计划管理。基层企业在政策法规的指导下，从事生产经营活动，参与市场竞争。另外，还要研究改进指令性计划管理的办法，可以考虑在6个部门中实行国家订货的试点，克服指令性计划与需求脱节的现象。

（2）要处理好部门包干与搞活基层企业的关系。部门包干成功与否，最终要看企业是否搞活了，生产力是否发展了。只有把基层企业搞活，才会有行业的发展。因此，部门包干的着眼点要放在搞活基层企业上。一是应继续坚持政企职责分开的原则。目前，4个总公司还没有完全变为经济实体，政企职责如何分开，是部门包干必须解决的一个现实问题。部门对所属企业的管理要从过去的老框框中跳出来，运用经济手段，通过经济、技术、信息、服务，建立与所属企业的新型关系，形成多层次的管理体制和适应商品经济发展的运行机制。二是应实行集权与分权相结合的原则。6个部门在执行包干计划时，既要保证实现统一发展战略和发展规划，又不能干预基层企业的生产经营自主权。一般情况下，重大经营决策、重大投资项目的确定、主要管理人员的任免等要加强集中统一管理，而具体的生产经营活动应由基层企业自主决定，充分尊重和落实《企业法》赋予企

业的自主权。

(3) 要处理好保证外部条件与完善内部机制的关系。"七五"包干期间，6个部门都有成本上升的问题，应该看到，这既有能源、原材料涨价和税费增加等外部因素，也有企业自身管理不善、管理费用增加、职工收入增长大大超过劳动生产率增长等内部原因。"八五"包干，在改善外部环境的同时，应积极引导企业挖掘内部潜力。在推进技术进步和提高管理水平上下功夫，认真搞好企业内部用工、人事、分配等各项制度的改革，完善各种经济责任制，改进和完善工效挂钩制度，真正把职工的积极性、创造性调动起来，使每个企业的经济效益都有新的提高，这样，才能为完成部门包干任务奠定一个坚实的基础。

(二) 根据行业特点，改进和完善行业包干体制

石油、石化、煤炭、有色金属行业的承包范围只是4个总公司所属的企业，实质上是企业承包的一种形式。应根据这4个总公司带有行业性的特点，按照企业承包的形式完善承包方案。4个总公司应进一步按政企职责分开的原则，真正办成经济实体，向大型企业集团的方向发展。石油、煤炭两个总公司由于受价格扭曲的影响较大，在近期内办成经济实体有一定难度。因此，石化、有色金属两个总公司可先行一步，国家在政策上要支持这两个总公司调整企业组织结构，建立适应计划与市场相结合的运行机制，使它们真正成为国民经济发展的主力军，到国际市场上去竞争的"国家队"。

钢铁工业的承包具有两重性：冶金部对国家承包的主要指标是统配钢材，通过指标分解，下达到所属企业。企业在承包统配钢材产量的同时，还要向地方政府承包利润，因此，承包的主体是钢铁企业而不是冶金部。据统计，十大钢厂钢产量占行业的51.1%，实现利税占59.1%。另外，宝钢、攀钢、鞍钢、武钢拟组建企业集团实行计划单列。因此，"八五"钢铁工业的承包应逐步把冶金部对国家承包变为企业集团和大型企业直接对国家实行投入产出承包，这样既有利于冶金部加强行业管理，也有利于企业完善承包经营责任制。

铁路具有全网、全程、全系统的特点，实行全行业大包干是必要的。铁路内部不宜层层搞利润承包，应进一步完善以完成指令性计划为中心的综合指标管理与考核办法。

上述6个部门的承包期限要与十年规划、"八五"计划纲要规定的目标相衔接，要有一个长时间稳定透明的环境，以利于承包单位制定长期发展规划，进行长远决策。各个部门应在"七五"承包的基础上，科学合理地制订产品产量指标和生产能力指标。针对"七五"保的条件不落实，包的指标打折扣的情况，应根据国家计划的实际调控能力，逐步调减6个部门"包"、"保"的指令性计划的指标，加大市场调节的比重。此外，应把资金效益指标和积累指标纳入承包内容，可作为"八五"承包的参考指标，为今后进一步发展和完善承包打下基础。

(三) 行倾斜政策，改善部门包干的外部条件

(1) 完善投资体制，保证建设资金。"八五"承包一个突出的问题就是投资不落实。各个部门都提出了筹集资金的措施，如提高产品价格，增加产品自销比例，免交"两金"，建立矿山发展基金、铁路建设基金等等。需要对6个部门提出的要求进行通盘考虑，认真落实"八五"承包所需的资金来源。建议允许6个部门经过批准，通过发行债券直接向社会筹集建设资金。在投资体制上，要解决统配煤矿生产与基建脱节的问题，理顺投资公司和承包部门的关系，适当扩大承包部门安排投资项目的权限。

(2) 统筹安排调整价格，改革价格形成机制。由于价格严重扭曲，能源、原材料、交能运输价格偏低，致使石油、煤炭行业不仅没能获得行业平均利润，而是出现全行业亏损。铁道行业也将出现全面亏损。这种不合理现象，既影响了这些部门干部群众的积极性，也使这些部门丧失了自我积累，自我发展的能力。煤炭、石油、铁路"八五"建设资金来源有相当比重涉及到价格，3个部门提价要求与"八五"价格计划安排差距较大。因此"八五"期间应本着调、放结合的原则，逐步理顺产品价格。应控制石油、煤炭的亏损补贴支出，通过逐步提高产品价格解决新增亏损和老亏损的问题。"八五"期间应选择时机，适当上调过低的石油、天燃气、煤炭价格和铁路运价。在价格没有调整到位以前，对政策性亏损要认真核定，新增亏损哪些补、哪些不补应规范化，坚决克服用政策性亏损掩盖经营管理不善所造成的效益下降的现象。

(3) 赋予和扩大4个总公司和一些大型钢铁企业外贸自主权。石油、石化、有色、煤炭等几个总公

司以及冶金部在座谈时都提出了外贸自主方面的要求。目前，石化、煤炭、有色总公司已有部分外贸自主权，石油总公司和一些大型钢铁企业没有外贸自主权。随着几个总公司逐步向经济实体过渡，为了使它们能够成为国家队，尽快走向世界，参与国际竞争，应赋予和扩大4个总公司和一些大型钢铁企业充分的外贸自主权。当然，对石油、煤炭，有色金属这些不可能再生的重要战略资源的进出口，国家加强控制与管理是完全必要的，但控制与管理的方式应改进。应本着既保护战略资源、又合理发挥优势的原则，根据现有储最、分布、质量和品种，制定进出口政策，加强指导和管理，使4个总公司根据国家的政策，在一定范围内灵活自主经营。

（王颖　执笔）

鸡西市推行“进档达标”承包制改革的实践与探索

黑龙江省经济体制改革委员会
鸡西市经济体制改革委员会

“七五”以来，黑龙江省鸡西市认真贯彻国家和省关于经济体制改革的一系列方针政策，从搞活企业这个中心环节出发，对企业承包经济机制改革进行了大胆的实践与探索。从1986年开始，先后在市直工交、城建、财贸等企业推行了“进档达标”承包制。实践证明，推行“进档达标”承包制，极大地调动了企业增产增收的积极性，增强了企业自我积累、自我发展的能力，保证了地方财力的稳定增长，有力地促进了鸡西的经济和社会各项事业的发展。

一、“进档达标”承包制的产生与实施

鸡西市是依托煤炭生产发展起来的重工业城市。长期以来，结构单一，企业技术落后，设备陈旧，改造乏力，效益低下。加上煤炭生产长期亏损，致使地方财政长期处于低收、低支状态，地方工业发展十分缓慢。1985年，在地方工业中，产值不足100万元、利税不足10万元的小企业占88%，全市预算内企业1971年至1982年连续12年亏损，亏损累计达5185万元。

如何摆脱这种状况，使煤城经济走上良性循环的轨道，中共鸡西市委、市政府经过深入细致的调查研究和科学论证，确立了“立足资源，全面开发，依托煤炭，多元发展”的经济发展战略。围绕实施这个战略，确定了“富市先兴工”的改革措施，决定对企业实行“放水养鱼”的政策。从1986年开始，先后在市直工交、城建、财贸等企业开展“进档达标，争做贡献”活动。之后，经过几年实践，与企业承包制相结合，逐步发展为具有鸡西地方特色的“进档达标”承包经营责任制。

所谓“进档达标”，就是把企业实现的利润和上缴的税金（主要是流转税、增值税）捆在一起，作为衡量企业对国家贡献大小的主要考核指标，在确定企业上缴利润承包基数的同时，也确定企业“进档达标”利税考核基数，目的就是以承包保地方财政收入的税收增长，以“进档”实现不同企业的平等竞争，促进企业增产增收，以“达标”鼓励企业攀高，培植财政支柱。

二、“进档达标”承包制的基本做法

1. 建立激励企业奋发向上的新机制，调动企业努力增产增收的积极性 根据国家提出的“包死基数，确保上缴，超收多留，欠收自补”的原则，对企业确保上缴的前提下，在“超收多留”上做文章。工交企业实行五种不同形式超收让利政策：一是对重点扶持发展的大中型企业实行利润基数递增包干，超基数利润全部留给企业用于技术改造、还贷和产品开发。二是对其它重点骨干企业实行基数递增包干，超基数利润（视进档情况）与财政实行“三七”或“二八”分成，大头留给企业，用于还贷或补充企

业的自有资金。三是对新建或改扩建的企业，实行利润基数递增与还贷包干，超收全留。四是对生产比较稳定的微利企业，实行包死基数，超收全留。五是对亏损企业实行亏损包干，超亏不补，减亏留用。

"七五"期间，鸡西市通过实行"进档达标、放水养鱼"的政策，将全市地方工业企业超基数利润的83.5%都留给了企业，让企业卸"包袱"，搞技术改造和扩大再生产。仅市直预算内工业企业用于还贷和处理"包袱"的资金就达7978万元，占实现利润的50.1%，1988年至1990年的第一轮承包中，市直地方预算内工业上缴财政净收入比前1988年前3年增长53%，上缴财政的比例仅占企业实现利润总额的12.5%。

2. 建立约束机制，规范企业行为　为了克服一般性承包容易诱发的短期行为和"以包代管"等不良倾向，鸡西市建立了与"进档达标"相配套的约束机制。(1)建立风险约束。对完不成上缴利润基数的企业，要用自有资金和风险金抵补，对经营者给予处罚。对完不成利润基数的企业，要相应扣减工资总额。(2)建立指标约束。在制定以利税为主要考核指标的同时，还规定了补充企业自有资金、处理"包袱"、还贷与补欠指标，固定资产增殖，技术改造和新产品开发等后劲指标，以及企业升级、安全生产等管理指标，企业少完成一个指标，就给予经营者一定的经济处罚。(3)建立分配约束。对企业留成资金的使用作了必要限制，规定企业超收部分必须"先缴后退"，企业超基数分成或留用资金的60%，主要用于卸历史"包袱"、还贷、补充发展资金。在奖励工资指标分配上，明确规定了经营者在承包期内不得连续享受工资晋级指标。(4)建立权力约束。规定企业经营者每半年向职代会和发包方作一次述职报告，由企业职工公开评议厂长（经理）的政绩。

3. 合理确立和调整承包基数　在确定企业上缴利润基数的同时，也确定了"进档达标"的利税考核基数。确定基数时充分考虑了企业的现有能力、新增能力和外部因素。在实施中，鸡西市坚持从动态管理的观点出发，做到科学合理地调整基数。

4. 实行物质鼓励和精神鼓励相结合　市政府对当年进档企业发奖状，进三档以上发奖旗，达标授牌匾，并授予相应的荣誉称号。对进三档的企业厂长记功，进五档记二等功，进八档的记一等功。同时规定在下一年度达不到相应利税标准的企业，取消荣誉称号及各种待遇。实行物质奖励和精神鼓励同时并举，经济手段和政治手段有机结合，经营竞争与劳动竞争融为一体，较好地解决了一般性承包中的"一手软、一手硬"的问题。

三、"进档达标"承包制的完善与发展

为了更好地发挥"进档达标"对搞活企业的积极作用，鸡西市针对实践中存在的问题，如死基数与动态活市场的矛盾，考核指标不够完善，技术进步指标弱化等，在新一轮承包中出台并实施了新的进档达标承包制方案。

1. 突出了企业自选基数的自主性，采取了"基数自选，超收分成，一年一定"的办法　即在确定企业实现和上缴利润基数时，分设了4个等级的基数，各等级基数由承包方根据企业的实际情况自主选择，发包方认定。同时实行了"高基数重奖轻罚，低基数轻奖重罚"，高基数低比例上缴，低基数高比例上缴的双向制约办法。

2. 注重资金效益的重要性　采用"分级进档，利税达标"，将企业按资金利税率水平划分几个等级，以资金利税率考核企业达标。

3. 注意承包指标体系的完整性　承包指标除包实现和上缴利润外，还把企业的技术改造和产品开发投资额及其技术进步新增利税占总利税比重作为主要考核指标。

4. 体现了三者利益的合理性　企业无论选择哪一级的基数承包，都可以保证财政收入基数的完成。企业选择的基数越高，得到的利益就越大，财政收入也会越多。

5. 强化了约束机制的有效性　建立承包风险金制度，对风险金的来源、数额、使用、保管及返还等都提出了明确具体的要求；坚持民主管理企业制度，明确了企业扩大职工对承包经营的监督管理的方式、方法；坚持承包审计制度，强调了先审计后调离，确保经营成果的真实性，解决了过去承包缺乏有效的约束机制问题。

6. 坚持了"放水养鱼"政策的连续性　对于企业实现利润的基数，仍然明确规定了符合企业实际的上缴比例，从而保证了企业自我发展能力。

四、"进档达标"承包制取得的成效

"七五"以来，鸡西市实施"进档达标"承包制，

取得了显著成效。一是企业的经济效益逐年提高。1991年同1985年相比，全市地方工业实现利税由1985年的4967万元提高到1991年的1.58亿元，年平均递增21.3%，其中，实现利润由2632万元，提高到9863万元，年平均递增24.6%。市直预算内工业实现利税由1985年的2256万元，提高到1991年的8773万元，年平均递增25.4%，其中实现利润由1227万元提高到5012万元，年平均递增26.4%。特别是1991年在企业生产经营形势不景气的大环境下，鸡西市地方预算内工业实现利润的绝对额，仍居全省各地、市之首。二是企业上缴利税逐年增加。"七五"以来，仅市直预算内工业上缴财政收入由1985年的215万元增加到1991年的611万元(不含亏损退库等)，平均每年以19%的速度增长。三是企业实力明显增强，从1986年至1991年的6年中，市直预算内工业企业上缴财政收入占实现利润的14.3%。由于大头留给了企业，增强了企业还贷能力。6年中，市直预算内工业税前还贷9279万元，占实现利润的44.3%。四是企业的技术改造投入逐年增加。"七五"期间，全市地方工业技术改造项目204个，总投资达3.5亿元，其中企业自筹资金投入达5027万元，占15%。

五、几点体会

鸡西市推行进档达标承包制，取得了令人瞩目的成效。回顾几年来的实践，主要有以下几点体会：

1. 必须从实际出发，确定承包形式和档次标准

各地情况各异，企业情况千差万别，在承包形式的选定、基数的确定和企业档次的划分上都要按企业的类型、利税水平和财政体制的特点灵活掌握。

2. 必须注重"进档达标"同其它改革措施的综合配套 一是要把"进档达标"与深化企业内部改革、加强企业管理等结合起来；二是同城市各项综合改革结合起来，以"进档达标"为链条，在设计、实施、调整、再实施的循环过程中，始终坚持以系统工程原理为指导，形成整个城市经济体制改革的"大配套"。

3. 必须坚持政府职能的服务性 实行"进档达标"承包制，把经营权放给企业之后，企业在生产经营中，不可避免地会遇到一些问题，需要政府及时研究帮助解决，以解除企业的后顾之忧。

4. 必须坚持改革的连续性和稳定性 实行进档达标，不能因各级、各企业领导人更换而废止，要始终坚持连续性和稳定性。本着"大稳定、小调整"的原则，针对每一阶段出现的新情况、新问题进行适当调整，以保护企业的积极性，使"进档达标"健康发展。

以成本为中心，变“速度型”承包为“质量效益型”承包

陕西彩色显像管总厂

陕西彩色显像管总厂是国家“六五”和“七五”期间从日本、美国等6家公司成套引进技术的重点建设和扩建项目，也是目前我国唯一的从生产荧光粉、荫罩、玻壳及其它零部件到彩管总装配的综合性、特大型企业。总投资15亿元。主要产品有37厘米、47厘米、54厘米平面直角和56厘米彩管等品种，年产彩管能力达290万只。

我厂在1982年建成投产以来，一方面坚持消化吸收引进技术，推动技术进步，另一面积极进行内部机制改革，工厂的产值和利税大幅度上升，1990年产值比上年增长59%，实现利税比上年增长18%，1991年产值又较1990年增长112.16%，利税增长49.95%。

我厂从1983年开始推行承包责任制，承包方式主要是以产量产值为中心的“速度型”承包。几年来，这种承包方式为工厂生产任务的完成起到了积极的促进作用，但是，随着经济形势的变化，工厂因资金的原因不得不限制产量，在此情况下再延用联产承包的方式显然已失去意义。那么如何在限产的情况下使企业的经济效益不断提高呢？我们认为，企业经济效益的提高必须由“速度效益型”向“质量效益型”转变，即在产量一定的情况下提高产品质量，降低物耗，这是提高效益的有效途径。而物耗的降低程度则直接反映在成本中的可变部分——可变成本。因此，经过充分的调查研究，确定了新的承包方式，即以成本为中心，变“速度型”承包为“效益型”承包。主要抓了三项工作。

一、搞好调查摸底、核定承包基数和各项指标

实行以成本为中心的“质量效益型”承包，需要情况明、底数清。为此，成立了总厂承包小组。该小组由计划、生产、财务、企管、劳资等部门组成，对下属各生产分厂历年的成本资料进行调查摸底和测算，制定出工厂内部的计划可变成本，并以此作为承包基数，承包单位在完成承包基数时，才能得到基本奖金。奖金分配上实行上不封顶、下不保底，承包单位在完成基数成本且比基数成本有所下降时，则根据效益的大小，实行台阶奖励。即职工的奖金分配直接与效益挂起钩来，反之，如完不成成本基数则奖金按台阶奖励幅度比例下浮基本奖。其计算公式为：

$$分厂应得奖（P）=\left[\begin{array}{l}人均年\\基本奖\end{array}+\left(1-\frac{实际可变成本}{计划可变成本}\right)\times效益奖金含量\right]\times平均定员$$

这个公式中可变成本是作为承包单位的主要挂钩指标的，但是生产工厂实行全部奖，则必须全面完成产量、品种、质量等指标，其计算公式为：

生产分厂实得奖＝P×Q×C×J

其中：P——为按可变成本计算的应得奖。

Q——为质量指标全年平均得分（有否决权，大于100分时给予嘉奖）。

C——为产量、品种全年平均完成率（按不抵补原则计算）。

J——为经济责任制12大类20项指标考核得分（采用100分制，满分倒扣）。

其它一些指标如技安指标，要求全年安全无事故；工资总额指标采用按定员计算的加班工资，各种津贴、临时工工资包干使用，减员不减奖，增人不增奖。同时为了加快资金周转，流动资金实行有偿占用，按照财务部门核定的定额进行考核，实际占用超定额或节约的部门按贷款利息3‰计算利息，根据利息的收支调整实得奖。

经过充分的调查研究，核定各项承包指标后，采用“经营承包合同书”的形式，由总厂与各生产工厂双方代表签字，总厂厂长批准后执行。企业内部承包合同的签订，使内部责、权、利明确、透彻，目标具体，通过这种形式的承包，进一步理顺了关系，使承包单位逐渐形成了责、权、利相结合的主体，有力地调动了广大职工的生产和工作积极性。同时各生产厂的厂长被推到经营者的位置，承受来自两方面的压力：一是内部效益如何提高？如不提高，职工连基本奖都保不住；二是职工期望值的压力，单位之间进行横向比较，这就促使其想办法搞好内部管理，降低物耗。从1990年的效益承包看，效果比较明显，好的单位可变成本下降10.34%，最差的也下降0.43%。1991年可变成本比计划下降了2.92%。

二、建立承包保证体系，全面落实增利措施

为克服以包代管，从企业整体性管理要求出发，突出方针目标的主线作用，总厂实行以生产工厂签订承包合同考核为主，管理科室经济责任制考评为辅的“双线考核，综合计奖”办法，全面提高企业素质。

1. 建立健全内部承包的组织保证体系

总厂成立了承包经营领导小组，由总厂厂长任组长，成员由企管、生产计划、财务、劳资等部门领导及业务人员组成，负责承包的日常管理工作及合同双方发生争议时的仲裁。

2. 分解指标，明确责任

承包合同签订后，生产工厂将承包指标层层分解，责任到人，变承包厂长的压力为全员的压力，这样使职工的效益观念明显增强，如过去职工考虑的是多出产品就能多出效益，而今更多的考虑到要走投入少、产出多、效益高的发展道路。

3. 完善经济责任制考核办法

1990年，在1989年的基础上，进一步完善了经济责任制的考核细则，细则共分12大类20项指标，每月进行考评，并将考评结果公布全厂。同时为进一步调动职工提高产品质量、降低物耗的积极性，把质量、原材料、能源、零部件消耗指标单列，实行专项奖罚，并且制定了专项奖罚考核细则。总的原则是“谁节约，奖励谁，谁超耗，罚谁”。奖罚可直接兑现给班组个人，或单位、车间。这样，生产工人除得到效益奖励外，节约了原材料、零部件，提高了产品质量又可得到额外的奖励，虽然这部分奖励额很小，但由于奖罚到人起的作用很大，当年仅零部件一项就节约41.3万元。

三、强化“五项管理”，开展“班组达标”，促进“生产速度型”向“质量效益型”承包顺利过渡

1989年末和1990年初，工厂面临极为严峻的生产经营形势，在确定承包方式向“质量效益型”转轨后，从总体上确立了“抓管理、挖潜力、增效益”的经营思想，制定了“以质量效益活动为中心，提高管理整体水平”的方针，采取了“上抓五项管理，下抓班组达标，强化生产现场，全员推进管理”的运行模式，为了保证承包工作达到预期的目的，制定了具体配套措施。

1. 以“五项管理”为突破口，强化专业管理

工厂成立了“五项管理办公室”，从人财物几个主要环节入手，分析工厂资金、质量、物耗、劳动人事和厂容厂貌的实际现状，提出了32项管理整顿内容，采取了70条对应措施，制订了强化五项专业管理的目标实施计划。根据工厂强化五项专业管理的目标，各业务部门和生产单位层层分解落实制定相应的实施细则。同时，健全和完善了强化五项专业管理的各级保证体系。一是强化资金管理，采取“抓两头”（物资供应和销售）、带中间（生产环节）、实行厂长一支笔审批制度和厂内资金使用大户费用承

包；充分发挥了厂内银行的纽带作用，变事后核算为事前监督，变无偿占用为有偿占用，变领用制为买卖制，有效地控制了资金的合理投向和均衡流动，达到了少投入多产出。二是强化质量管理，以产品质量为中心，以工序质量和工作质量为保证，对全厂208个关键工序管理点，每月进行跟踪考核，重点控制，进行了频度的条件管理，随时监督在制品的质量；健全完善质量管理体系，推行质量成本管理，执行质量审核制度，形成了从原材料采购到售后服务的全过程质量控制；严格工艺管理，实施“工艺突破口”工作奖惩办法，健全完善了工艺管理体系。三是强化物耗管理，以定额考核为核心，严格执行“节奖超罚”；用目标成本控制消耗，围绕降低消耗目标，猛攻材料、零部件和能源消耗三关，健全节材、节能和降耗网络。四是强化劳动人事管理。利用“模特排时法”对一线进行定编定员测定，优化“动作”分析，老线裁员406名补充到新线；严格劳动纪律，组织全厂性、经常性的检查，并在有的单位实行“打卡”制度，全厂每月通报迟到早退情况，对中层干部进行分期分批岗位培训，考试合格者颁发培训结业证；组织党、政、工联合对中层干部实行“动态”业绩考核。五是强化厂容厂貌管理，分步聚、分层次对生产现场的环境卫生进行综合治理，做到文明生产。

2. 以“模范班组达标”为基础，强化基础管理

班组是企业的最基本单位，企业管理整体水平的提高是通过班组的管理工作反映出来的。而且，我厂是一个建厂历史不长，一线的管理者和生产者80%都是35岁以下的年轻人，因此，抓好班组建设是落实强化“五项管理”推进管理整体水平提高的根本保证。从1990年开始，在全厂开展了“模范班组达标”活动。变少数人的管理为群体管理，变间断性管理为持久性管理，变被动管理为主动管理。

根据我厂强化“五项管理”的目标内容，对应地制定出“模范班组达标”标准和考核细则，形成了一套可操作性的标准体系。

为了保证“模范班组达标”活动的顺利进行，工厂成立了达标活动领导小组，各分厂成立工作小组，按照“分层管理、分口考核”的原则，坚持每月定期检查和考核，年终进行终审通过，并予以嘉奖。“模范班组达标”活动的开展，不仅带动了工厂基础管理工作的进一步深化，而且提高了广大职工的管理意识，改变了过去的“要我管理”为现在的“我要管理”。

由于1990年、1991年实行了以成本为中心的效益承包，并通过强化“五项管理”和“班组达标”等项配套措施，使工厂管理的整体水平走上一个新的台阶，生产经营出现了产销两旺的局面，收到了显著的成绩和效益。

1991年我厂共生产彩管282.3679万只，完成国家计划的117.65%，为1990年全年完成数的169.33%；工业总产值完成17.7198亿元，比上年增长2倍多；实现销售收入17.5642亿元，位居全国百家电子企业第二名；实现利税总额4亿元（二期产品基建纯收入1.96576亿元包括在内），创汇774万美元。工厂可比产品成本较上年实际降低了1407.8万元；职工收入增长，资金占用降低、资金周转加快，使工厂的经营活动走向了良性循环，步入“国家一级企业”的行列，并荣获“国家级企业技术进步奖”。1992年，工厂在中央二号文件精神的鼓舞下，将进一步深化改革，继续推行并扩大、细化成本承包，实行全部成本与奖金挂钩的承包，力争使产品成本较计划成本降低3%，增收节支3000万元，进一步抓紧抓好原材料、零部件国产化，节约资金5000万元。

实行投入产出包干，企业效益迈大步

新疆八一钢铁总厂

“七五”期间，新疆八一钢铁总厂（以下简称八钢）在自治区党委、人民政府和冶金工业部的关怀支持下，实行了投入产出包干政策，进行了较大规模的技术改造，使昔日这个“厂老规模小、人多摊子大、设备不配套、经济效益差”的老厂焕发出青春与活力。1988年八钢进入全国500家最大工业企业的433位，1989年为326位，1990年是自治区大中型企业唯一进入全国500家的企业，为338位，并且成为自治区50家大中型企业中上交税收最多的企业之一。

一、1985～1990年，八钢取得了显著进步

一是发展了生产力：综合产钢能力已达40万吨/年，经过“八五”完善配套，1995年有可能达到年产钢50万吨；1990年工业总产值（按当年价计算）达到36380万元，6年间平均递增23.73%；全员人均占有装备，1984年为1.74万元，1990年达到3.50万元，提高一倍；装备新程度，1985年为56.03%，在提高折旧率后，1990年仍达到71.22%，提高15.91个百分点。

二是做出了较大贡献：“七五”比“六五”多为社会提供钢材35.72万吨，多供生铁11万吨，多供焦炭19万吨；八钢上交国家的各项收入，“七五”比“六五”净增加13518万元，是“六五”上交的2.06倍；“七五”期间企业固定资产净增37889万元，是“六五”末固定资产的1.80倍。

三是职工得了实惠：6年间增加住房约20万平方米；6年间提供了约4400人就业机会；职工收入人年平均由1984年的1473元增加到1990年3182元。

以上证明，实行投入产出包干的各项政策是成功的。

二、搞活大中型企业，关键在于转换企业运行机制

过去，企业是按照统一计划、统一调拨、统一分配、统负盈亏的轨迹运行的。城市改革以来，国家要求企业自主经营，自负盈亏，自我积累、自我发展。改革10年来，我们始终把主要精力放在建立和完善新的企业运行机制上。不是一次次地要钱、要项目，而是要企业的必要运行条件，使外部环境与企业系统紧密结合，达到自行运转，良性循环。

八钢能够初步实现企业运行机制转换，政府给了很大支持。1979年实行了定额补贴经济责任制；1980年给予了企业产品营销权；1984年八钢首批实行了工效挂钩。1984年政府和冶金部对八钢实行了投入产出包干，并赋予配套政策，包括：增产钢材允许自销并每吨提取500元改扩建资金，提高折旧率，改扩规划一次批准而分年项目自行安排，自筹资金随存随用，规划建设项目免征建筑税。1986年实行了承包经营责任制，1989年批准了用部分新增税金归还改扩建贷款；1990年批准“七五”投入产出包干政策延续到“八五”继续执行。

八钢能够初步实现企业运行机制转换，自身也作了巨大努力。主要是正确运用政府赋予的好政策，深化企业内部改革，以推行承包经营责任制为契机，在国家计划和产业政策的引导下，面向市场、自主经营、逐步实现经营机制的转换，使企业搞活，得到发展。其具体做法：

第一，建立了企业内部责任制体系，把责权利的统一落实到人。通过建立内部责任制，将国家与企业的责权利关系转化为企业与职工的责权利关系，把对全民资产的责任建立在对企业和职工个人利益的关心上，从而解决了全体职工当家做主的问题。

首先是将总厂年度生产经营目标，层层分解到二级厂、处，再分解到车间、班组和个人，形成“千斤重担众人挑”的责任网络。二是从联合企业整体利益出发，结合各二级单位的实际，分别制定不同的承包经营责任制形式，例如，对焦化厂实行产供销相对独立经营承包，对处于联合企业“卡脖子”地段的轧三车间实行风险抵押承包，对技改项目实行设计、施工、受益单位三位一体承包等等，都取得了较好的成效。

第二，顺应企业转换经营机制的需要，不断深化企业内部的改革。八钢实行投入产出包干之后，意味着老企业从产品生产者转变为商品生产者，它必然要求企业其他方面的工作都要转到以经济效益为中心上来。八钢顺应了这一客观要求，在企业内部进行了配套改革。

——进行了领导体制的改革。首先是根据企业扩大自主权后，决策责任和风险加大的新形势，从总厂到各二级单位都建立了职工代表大会和工厂管理委员会；二是认真贯彻《企业法》，保障经营者独立行使日常经营管理权，强化了生产指挥系统的权威性；三是把党的政治领导贯穿到企业经营发展目标中，落实到提高企业经济效益上。

——进行了干部制度的改革。干部实行聘任制，建立了干部考核办法和民主评议制度，每年按德、能、勤、绩对全体干部进行考核，对副处级以上领导干部进行民主评议、监督、聘任，形成了干部能上能下的“小气候”。

专业技术职称评定上，我们在上级没有下达规定前，把政工系列职称作为企业内部“粮票”和专业技术职称评定同步进行，享受同样待遇，调动了广大政工干部的积极性。

为了鼓励近年来新分配来厂的大中专毕业生在基层锻炼成长，又实行在基层工段、生产大班中设置工程师、助理工程师和技术员的专业岗位。

——改革管理方式，全心全意依靠工人阶级。我们坚持抓了三个环节：一是保证职工群众参政议政。凡属于生产经营计划、企业长远规划、重要技术改造项目、内部改革方案，都提交职代会讨论，广泛听取意见。二是搞好民主监督，通过民主监督，把职工群众普遍关心的“热点”，变为密切干群关系，增强企业凝聚力的动力。三是政策向一线倾斜，完善激励机制。在政治上突出一线职工的政治地位，注意在一线优秀工人中提拔干部；在奖金分配上，提高一线职工的分配系数，一线比二线高 33.7％，二线比三线高 24.32％，总厂副处级以上领导干部的奖金定期在文件上公布，接受群众的监督。同时，我们还在主线厂设立了艰苦岗位津贴，稳定了一线队伍。

——始终保持和发扬党的思想政治工作的优良传统，保证企业改革和生产经营的顺利进行。我们把王震副主席给八钢的题词“艰苦奋斗、创建八钢”作为企业精神，凝聚了八钢 17000 多名各族职工的意志和力量。我们坚持不断地进行民族团结教育，增强了各民族职工的大团结。

第三，在技术改造上，我们立足八钢的厂情、吸取八钢“三上三下”的教训，坚持“量力而行，尽力而为”的指导思想，不铺大摊子，不拉长战线，改造一项、投产见效一项，滚动发展。在具体操作上，把企业内部的生产经营与技术改造有机结合起来，建立不断追求技术进步的机制，尽快地使企业的科技进步转化为生产力。八钢投入产出包干 6 年，先后进行了 11 项主体技术改造项目，使八钢的规模能力由 1984 年的 15.46 万吨，提高到 1990 年的 33.17 万吨。

第四，在实现八钢经营机制转变中，我们特别重视产品销售和开拓市场。我们制定了“立足新疆，占领西北、扩大中原，延伸沿海并积极参与国际竞争”的经营、销售战略。我们通过广泛的市场调查，发现区内外广大农村兴起的“建房热”不仅对钢材的需求量不断增加，而且它不受基建计划的影响，这是一个有巨大潜力的市场。因此，我们把销售重点放在直接为农村服务的地、县级物资部门，先后与区内外近 300 家用户建立了供求关系，产品覆盖 18 个省区，在 1989 年、1990 年市场疲软的严峻形势下，我们的钢材没有积压。同时，我们还利用八钢产品配套的优势，两次在国际招标中中标。

三、实行投入产出包干，国家得了大头

1985～1990 年八钢依据政府政策，从增产钢材中筹集技改资金 1.85 亿元。其中真正属于国家让的利是：流转税 2788.59 万元；“两金” 3090.76 万

元；建筑税1850万元。合计为7729.35万元。

由于发展了生产，国家从中获得的新利更大。包干前，1984年八钢总上交只有1817万元，以此为基数6年之和是10902万元；而1985～1990年实际上交是22855万元，比原基数多上交11953万元。到1990年，八钢固定资产比1984年净增3.79亿元，扣除尚未还贷1.97亿元，6年给国家净上交固定资产1.82亿元。

仅此两项，包干6年多给国家上交3.015亿元，是让利数的3.9倍。加上八钢每年多上交的计划内钢材差价，基本上是让1个利交4个钱。

不断完善企业内部经济承包责任制

西宁钢厂

西宁钢厂是全国9家独立大型特殊钢企业之一。它座落在青海省西宁市西郊。目前，全厂职工总数12915人。固定资产原值45005万元，设备总重2.9万吨。“七五”以来，全厂生产经营出现了前所未有的良好态势。主要经济技术指标连续5年创历史最好水平。1991年完成工业总产值58115万元；钢产量33.15万吨，钢材产量27.59万吨，上缴利税7912万元。这些成绩的取得，与本厂建立了一套较完善、切实可行的内部经济承包责任制是分不开的。

一、不断完善基础工作和各种承包形式

1987年我厂与省政府签定了“两保一挂”的承包经营合同。接着我们将对国家承包的指标，层层分解，逐级落实到车间、工段、班组和个人。为了推动内部经济责任制的实行，我们做了以下几项工作：

1、强化基础工作。我们花了很大精力，经过几次整顿完善，健全原始记录1350种，各类定额34195个，制定汇编全厂科以上管理标准195个，工作标准592个。为了分清上下车间成本超降的责任，我们在内部建立了计划成本和内部利润指标考核，将全厂一切横向原材料、半成品和劳务转移，制订了几万种计划价格和固定价格，消除价格变动带来的相互影响，形成了一套完整的内部核算体系。

2、完善承包形式。几年来，我们针对各个二级单位的职责范围、操作环境、劳动强度差异，逐步完善为14种承包形式。下面举几种形式为例：

(1)总指标承包。对于厂领导，实行对全厂产量、品种、质量、利税、安全等总指标的全部承包，规定加、扣奖比例，落实责任。改变过去“决策层”只负行政责任而不承担经济责任的状况。

(2)分管综合指标承包。适用于计划、技术、财务等处室。如计划处承包全厂产量、利税、销售收入等指标，技术处承包合格率等质量指标，财务处承包利税、销售收入、成本、资金等指标。考核办法为完成指标得奖，超额加奖，完不成按比例扣奖。使各处室分管指标年年有突破，保证全厂综合指标的超额完成。

(3)“三包一挂”承包。对全厂钢材的生产车间，采取了包产量、包内部利税、包工资总额。实现利税总额与工资总额浮动挂钩形式。其挂钩比例从1：0.3到1：0.45不等。承包的内部利税额是依据计划产量、品种结构所对应的内部价格计算得来的。对于既增加企业经济效益又增加社会效益的高合金，厂内部价格给予优惠。同时，将定货、销售权放给车间，鼓励增产。这样调动了车间的积极性。高合金钢及省、部、国优产品逐年增产。

(4)技术承包。对于技术部门，实行新工艺、新技术、新产品的科技承包及技术改造项目承包。每年厂部与科技人员鉴定20份以上承包合同，严格考核，兑现奖惩。如技术改造项目承包，二轧钢车间650连轧工程，总投资1500万元，承包合同签定后，科技人员仅用125天就完成了一期工程，14个月全部投产并达到设计能力。

二、完善考核体系

1、把好“三关”。第一关是内部经济责任制所有指标和条款都落实了考核单位，按月提供第一手

考核资料报厂企管处；第二关是企管处将全部考核资料汇总，提报厂责任制考核仲裁小组；第三关是小组讨论决定后，综合汇总资料提供劳资处计算当月奖金，计算结果提供财务处提取奖金。这些考核程序和制度，使基层考核、汇总考核、仲裁考核层层把关、相互制约、避免漏洞。

2、横向考核。我们在通用考核规则中，规定了全厂各个二级单位相互协作的定量指标。生产车间互供钢锭、钢坯的质量、数量，下工序考核上工序。生产车间考核辅助单位检测、运输、供能指标。

3、逆向考核。生产班组操作者对机台上安装的计器仪表运转率、准确率对厂计控处提供考核。另外，我们实行了“满意率考评法”。即生产、辅助单位对行政、党政处室的工作态度、工作质量、工作效率的好坏，每月在“信息反馈单”上进行评分并加评语。兑现经济奖惩。

4、兑现奖惩。由于承包指标先进合理，完善了考核体系，兑现奖惩就有了根据。厂对各个二级单位的考核，以制度为依据，多劳多得，兑现奖惩。二级单位对工段，班组的经济责任制，也严格执行规定。1992年二轧钢车间实行了投入产出一条龙承包。对原料投入到产出全过程的产量、质量、消耗、费用等指标承包给大班，并进行严格考核。2月份各大班奖金差距很大，最高的人均248元，低的人均10.20元。

三、几个主要特点

1、落实“三全”。我厂的内部经济责任制作到了全方位、全系统、全员落实。对于各个二级单位“个性”的指标，采取了14种承包形式，起到了“纵向到底”的作用；对于全厂“共性”的指标，如协作关系、生产、设备、方针、目标、安全等专业管理，以定量指标纳入通用规则，起到了“横向到边”的作用。

2、实行“双挂”。1990年起，在工资分配方面，总体上实行工资总额包干，向执行完成承包指标的生产车间、辅助单位发给工资总额，由二级单位自主分配，实行增人不增工资总额，减人不减工资总额。同时还采取了承包指标与工资总额浮动挂钩和与浮动晋级工资双挂钩的办法。即实行生产车间利税总额增减与工资总额按比例浮动挂钩；实行效益指标与晋升工资挂钩。如果全厂利税总额完不成对省政府承包的指标，全厂则不搞浮动晋升工资；但某个生产车间完成了对厂承包的利税指标，则不影响浮动升级。如果全厂完成了，而某个二级单位未能完成承包的利税或成本、费用指标，该单位则不能浮动升级或按比例扣减晋升工资比例。各职能处、室及厂领导的晋升工资比例，也随着生产车间完成承包利税指标的多少，按比例递减晋升工资比例。

3、突出重点。一是突出质量的考核。1991年我们设立了“核定质量奖”，实际额度为60.9万元，用于产品质量的奖金。采取了质量系数公式。当各系数乘积大于1时，可实行“核定质量奖”；小于1时，首先否决“核定质量奖”，然后再否决一定的综合奖。二是加强资金占用额的考核，按核定资金指标检查，降低和超占额按折算利息额的一定比例加奖和扣奖。

（张继林　执笔）

1991年税利分流试点情况综述

国家体改委生产体制司企业体制处

一、税利分流的基本内容和政策

税利分流，是指企业实现利润分别以所得税形式和利润形式上交国家一部分，其余部分留给企业。1989年初，国家体改委、财政部下发了〔89〕财改字第二号文件《关于国营企业实行税利分流的试点方案》(下简称2号文件)，主要内容是：

1. 降低所得税税率，强化所得税制 试点地区改变现行大中型企业按55%的比例税率和小型企业按八级超额累进税率交纳所得税的办法，即有盈利的国营企业，一律改按35%的税率交纳所得税。所得税必须硬化，依率计征，不搞所得税承包。

2. 取消企业用所得税前的利润归还固定资产投资借款和提取福利基金和奖励基金的规定 为照顾历史上形成的固定资产投资贷款余额过大的实际情况，2号文件对税前还贷改为税后还贷实行了区别对待的政策。即以1988年底为界，把固定资产投资贷款分为新老贷款。对老贷款本息除要求用企业留用资金归还外，有困难的企业还从税前和税后利润中各留出一部分给企业用于还款。1989年后新贷款的本金则一律由企业留用资金归还，其利息则区别情况处理。在贷款期内，企业支付的在建项目的贷款利息，计入在建固定资产的造价；企业支付已峻工投产项目的贷款利息，计入企业生产成本，在贷款期限内，未能偿还的逾期贷款的利息，均用企业自有资金支付，不得计入企业的生产成本。2号文件还规定，企业新借款项目形成的固定资产投产后，可根据国家的产业政策，经财政部门批准，在分类折旧的基础上，适当加速折旧。

3. 取消现行的调节税税种，实行所得税后上交利润承包 降低所得税税率，取消调节税税种后，将原来应交的调节税额并入所得税后利润，并将原来含所得税在内的上交利润承包改为所得税后上交利润承包，推行多种形式的承包办法。所得税后承包的上交利润，以企业1988年的实现利润，扣除按35%税率计算的所得税、核定的企业归还老贷款的基数和1988年实际留利(含还款、提取“两金”)后的余额，作为承包基数。

1991年8月，财政部和国家体改委联合颁发的《国营企业实行“税利分流、税后还贷、税后承包”的试点办法》，主要提出了两条政策：“坚持比例税制，税率降为33%”，与1989年规定的35%税率相比，企业可减少两个百分点的所得税税负。“坚持税后还贷的机制，适当放宽几项具体政策”。在还贷的相关政策上，作了三项调整。一是将新老借款的划分界限，由1988年底推迟到1989年底，并规定以后不论何时试点，老借款基数不得超过1989年末的借款余额，对企业的还款政策进一步放宽。二是企业用于归还借款的留用资金免征两项基金。三是企业从1991年起(今后新试点的单位从试点年度起)新投产的固定资产所提的折旧免征两项基金。这两条免征两项基金的政策执行后，企业的利益情况如下：(1)在税后归还的老贷款和新贷款都不交两项基金，与原来在税前还款利润不存在两项基金问题相比，政策上是拉平的。(2)企业原来除税前还贷外，还有部分贷款是用各项留用资金还的，留用资金原来是交两项基金的，而按试点办法可以免交。全国预算内工业生产企业1990年留用资金还款68.6亿元，交两项基金17.2亿元，如果全面实行税利分流，企业可增加

17.2 亿元的还贷资金来源。(3) 按新增固定资产的折旧全部免征两项基金测算，1987～1990 年固定资产平均递增 13.2%，折旧平均递增率大体相同，假定以后 3 年新增固定资产折旧仍以此率递增，全国普遍实行税利分流，那么，1991 年可免交两项基金 13.5 亿元，1992 年可免交 29 亿元，1993 年可免交 46.5 亿元。

二、各地开展税利分流试点概况

党中央、国务院和全国人大对税利分流改革十分重视，在各种会议和文件中，多次要求“积极进行税利分流、税后还贷、税后承包”改革的试点。所以税利分流改革自 1988 年在重庆率先试点以来，试点面逐步扩大。截止 1991 年底，已进行税利分流试点的省、自治区、市（包括部分计划单列市和省辖市），和中央部门 38 个，试点企业约 2200 多户，其中大型企业 400 多户。经财政部批准试点的省、自治区、市和中央部门共 21 个，试点企业近 1700 多户。其中包括第一汽车制造厂和第二汽车制造厂等大型企业。

重庆市预算内企业 1240 户（包括工业、商业、粮食和非工业企业），有 630 户进行了试点，占 50.8%。其中市预算内工业企业 512 户，实行试点的 258 户，占 50.4%。按 1989 年度决算口径，实行税利分流的工业企业产值占预算内工业企业的 81.5%，销售收入占 83.5%，实现利税占 91.1%。同年经财政部批准，福建省厦门市对全部市属预算内工业企业 67 户；经湖南省政府批准，益阳市对市属 37 户预算内国营工业企业中的 25 户，也相继进行了税利分流改革的试点。

经财政部批准试点的有 12 个省市的 1368 户企业。它们是：重庆市、厦门市、成都市市属机械、化工、医药 3 个行业的 49 户国营工业生产企业，黑龙江省牡丹江市 124 户市属国营企业，河南省南阳市 46 户市属国营企业和南阳地区 27 户地直国营企业，吉林省大安市 60 户直属国营企业，辽宁省本溪市市属部分国营工业企业，湖北省荆门市 57 户市属国营企业和老河口市 43 户市属国营企业，江苏省常熟市 28 户国营工业生产企业，武汉市市属有色金属行业国营工业企业，山西省原平、临猗、沁水 3 县和省石油公司、物资系统的国营企业以及杏花村汾酒厂、山西维尼纶厂、晋华纺织厂 3 户省直国营企业、陕西省汉中市、省石油公司和秦川机床厂，耀县水源厂两户省直国营工业生产企业等。

各地自行批准试点的省市有 15 个，选择了 500 多户企业试点。它们是：北京市（建材行业）、内蒙古自治区（区直属物资企业）、大连市（秋林公司）、上海市（日化、机电行业和 5 户市直属国营工业企业）、浙江省（上虞市和平湖市）、福建省（松溪县）、江西省（横峰县）、山东省（日照市和茌平县）、湖南省（益阳市）、四川省（富顺县和部分省级公司）、贵州省（都匀市）、西安市（西电集团）、甘肃省（酒泉市）、青海省（省石油公司）、海南省（建省前已有的国营企业）。

1991 年又有 13 个地区和部门约 500 多户企业进行了税利分流试点。

从各地试行税利分流的实践来看，税利分流的优越性主要体现在以下几个方面：

1. 有利于理顺国家和企业的分配关系 在企业效益保持正常增长的情况下，税利分流办法既有利于保证国家财政收入的稳定增长，又有利于企业留利的增加，增强企业发展后劲。国家按 33%税率征收的所得税同企业上交的承包利润相比，税占大头。又由于在依率计征的前提下，国家对经济效益下降的企业征收所得税减少，而对经济效益好的企业则可以征收较多的所得税，丰欠互补，保证了财政收入的稳定增长。南阳市企业 1990 年效益指标基本上处于下降态势，虽然上交税利总额有所下降，但上交比重仍明显提高。盈利企业上交财政占实现利润的比重 1990 年为 37.4%，比 1989 年增加 3.2 个百分点，比 1988 年增加 5 个百分点。1991 年上交所得税 664 万元，比 1990 年 698.7 万元下降 5.2%。1991 年上交承包利润 345 万元，比 1990 年 306.7 万元增长 12.7%。1991 年上交所得税和利润合计 1009 万元，比 1990 年的 1005.4 万元略有增长。益阳市试点企业所得税实际负担率 1990 年为 26.6%，比 1987 年增加 6.1 个百分点，突破了税负长期徘徊在 20%左右的界限。厦门市虽然实行 15%的比例税，但企业应交所得税和利润占当年实现利润的比例，1988、1989 年保持在 28%左右，1990 年达 32%，扭转了试点前几年实现利润逐年增加，而上缴财政却逐年下降的不正常现象，初步形成“水涨船高、水落船低”的利益格局。如四川省富顺县试点企业实现利润 1991 年比 1990 年下降 18%，上交财政下降 20%；四川省级试点企业实现利润 1991 年比 1990 年上升

1.41％，上交财政上升3％。其它城市的试点企业也都不同程度地提高了上交财政的比重。

2. 强化了税制，使所得税的调节作用得到发挥

税利分流以企业实现利润为课税依据，国家以统一的标准参与利润分配，做到税负公平。如益阳市农药厂过去生产一直不景气，连续3年靠减免税度日，近年来由于控制了农药进口，市场供不应求，销价上升1.1倍，加之从1988年7月起，国家对部分农药免征产品税，致使该厂多方受益，两年来获利541.5万元。按承包合同应交利润91.5万元，而按税利分流办法则应交所得税125.6万元，多交了34.1万元，合理调节了该厂由于价格因素和政策因素增加的部分利润。又如益阳达人袜厂由于近年材料价格猛涨，能源供应紧张，处于半停工状态，加之小针织厂竞争激烈，工厂效益急速滑坡。1988年盈利99万元，仅完成承包数的45％。1989年继续恶化，全年亏损135.8万元。按税利分流计算虽在1988年只上缴所得税32.8万元，两年比承包少缴123万元，但为该厂的技术改造和新产品开发提供了条件，使之在1990年开始走出困境。上海第二纺织机械厂，实行税利分流试点后，随着经济效益的提高，财政收入逐年增长，企业积累"七五"期末比"七五"期初增加了3.4倍。1990年全厂用于技术开发、技术改造的再投入资金相当于1986年末全厂固定资产原值的51.7％，1991年的投入资金又比1990年增加了46.66％。

3. 有利于企业自我约束机制的形成，企业盲目争投资、争项目的现象有所转变 现行的投资体制，实质是企业投资受益、国家财政承担投资风险的责权利相脱节的机制。税利分流、税后还贷使投资主体发生了转移，投资责任更加明确，企业投资风险相应增大。这就促使企业更加重视新上项目的建设周期和经济效益。厦门市属国营工业企业实行税利分流后，企业技改和还贷的进程明显加快。1988、1989两年共偿还银行贷款18442万元，其中1988年还贷7920万元，1989年还贷10522万元，分别比1987年增长25.7％和67％。据对重庆市25户试点工业企业调查，1986年实际投资超计划74.6％，1987年实际投资超计划101.8％，1988年实行税利分流后，实际投资超计划7.6％。这25个企业，1988年贷款投资比上年下降25％，而用于技改投入的资金却增加了21.6％。一些地区的试点企业在留利的分配上，也适当调整了生产发展基金、职工福利基金和奖励基金的比例。1990年成都市机械、化工、医药3个行业试点企业的三项基金比例，分别为67％、22％和11％；牡丹江市试点工业企业的三项基金比例分别为60.5％、35.3％和4.2％。

税利分流的试行，对于理顺国家与企业的收入分配关系，增强投资约束，公平企业负担，加强财务监督等方面起到了积极的作用。但在试点过程中，由于受经济效益及有关政策的影响，试点工作面临许多困难。从各地试点情况和测算方案中，也反映出税利分流方案尚存在一些问题。

第一，企业经济效益差，承受能力低，有相当一部分企业尚难以真正做到税利分流。以重庆市为例，占市属预算内企业50.8％的630户试点企业中，所得税后有承包利润上交的企业468户，占75％；承包利润为零的企业83户，占13％；承包利润为负数即纳税后保不住留利基数和还贷基数，须由财政退库的企业有79户，占12％。也就是说，在经过挑选的试点企业中有25％无法实行税后承包，有12％的企业连税后还贷的机制都无法建立。而占重庆市属预算内企业49.2％的非试点企业，大多为微利、亏损企业，更是难于推行税利分流试点方案。

据国家体改委原经济管理研究所在国内较大范围的调查，以1987年的财务决算数字为依据，对9个省市、6个行业的594户企业的测算分析，按35％（现已改为33％）税率征收所得税后，不仅能保持1987年的留利水平，而且可以保证如期偿还贷款的企业有294户，占49.1％；只能保证留利水平，无力偿还贷款的225户，占39.7％；既不能保持1987年留利水平，又无力偿还贷款的73户，占12.3％。也就是说，大约有一半的企业难于推行目前的税利分流改革方案。这样的测算结果与重庆市的情况大致相符，基本上能反映我国企业对税利分流的承受能力。

第二，老贷包袱重的地区和企业，推行税利分流改革有困难。如重庆市老企业多，技改任务重，企业投资效益不高，投资失误项目多，背上了沉重的老贷包袱。1986年末的老贷余额中，盲目投资、贷款失误余额达3.6亿元；拨改贷遗留2.79亿元；外汇比价变化增大贷款额度1.925亿元，共计8.325亿元，占全部老贷款余额的48.2％。这些无效益或低效益的老贷款，无疑是建立税后还贷机制的一大障碍。重庆市虽然进行了3年试点，但目前真正一步到位实行税后还贷的企业不多，没有取得实质性进展。

第三，试点企业与非试点企业负担程度相差较大，不利于试点推进和扩大。由于税利分流与以往的分配制度改革思路不同，着眼于理顺关系，而非放权让利，因此试点企业与非试点企业相比，不仅在投资环境上处于不利地位，而且在留利水平上有较大差距。各地测算数据表明，税利分流试点企业的实际税负一般界于二步利改税和承包制之间，比二步利改税低一点，但比承包制要高。以吉林省大安市的测算为例，26户试点工业企业1988年实现利润633.4万元，税前还贷136万元，占实现利润的21.5%，上交财政承包利润145.4万元，占实现利润的23%，企业留利352万元，占实现利润的55.5%。若按税利分流办法测算，税前还贷68万元，占实现利润的10.7%，上交财政所得税和利润243.2万元，占实现利润的38.4%，企业留利254.2万元，占实现利润的40.2%。税利分流需上交财政比承包增加15.4个百分点。南阳市试点的盈利企业留利占利润总额比重1988年为30%，1989年为27.7%，1990年为24%，1991年为19.8%。益阳市试点企业1990年实际负税率达26.6%，而非试点企业基本上未上缴利润，造成新的税负不均，影响试点企业积极性。

第四，税后利润上交，没有改变国家与企业的分配关系中一个企业一个办法的状况。按照税利分流的原则，国家对税后利润的收取是以国有资产所有者的名义进行的。但实际上承包基数的确定，不是以企业占用国有资产数量为依据，而是按企业当时经营成果的好坏确定的。因此，难以避免“讨价还价”的现象。实际执行中由于市场变化及技术改造等原因，税后上交措施也不强硬。如益阳市1988年有10家试点企业应上交税后利润42万元，结果仅有两家企业上交利润4万元。

三、对今后税利分流工作的展望

几年来围绕着税利分流和企业承包一直存在着争议，主要有四种观点：

一种观点认为，“税利分流、税后还贷、税后承包”改革，理论根据充分，方向正确，应该尽快推广。他们的主要论据是：(1)推行税利分流，有利于国家作为社会管理者与资产所有者双重职能的分离，可为建立具有中国特色的国有资产管理体制和管理办法，促进政企职责分开、所有权与经营权的分离，理顺国家与企业的分配关系创造条件。(2)有利于促进财政税收体制的改革及其调节经济作用的发挥，可为硬化税收、公平税负、不同所有制企业之间的平等竞争创造条件。(3)有利于在统一税率的基础上，推动生产要素的合理流动和优化组合，促进不同所有制企业之间的经济联合。

一种观点认为，实行“税利分流、税后还贷、税后承包”是对现行承包制的否定。他们的主要论据是：(1)增强企业活力是改革的中心环节，企业活力的源泉是企业经营者和职工的积极性。现行的“包死基数、确保上交、超收多留、欠收自补”的承包经营责任制，透明度高，激励性强，最有利于调动企业和职工的积极性，理应是企业改革坚持的方向。(2)实行税利分流后，国家首先要通过征收所得税从企业实现利润中拿走一块，然后企业还要税后还贷，可以承包的利润所剩无几，相当一部分企业甚至无利可包，要财政退库。企业多创不能多留，必将丧失承包制所具有的激励作用。

一种观点认为，企业承包经营责任制是现实的选择，税利分流是今后改革的方向。他们的主要论据是：(1)税利分流改革不可能单兵突进，必须辅以国有资产管理体制、分税制、投资体制等配套改革，在配套改革条件尚不具备的情况下，盲目推进税利分流的做法不可取。(2)尤其在当前国家财政困难、企业生产经营困难的情况下，燃眉之急是提高企业的经济效益，而不是改变国家与企业的分配方法。企业的效益上不来，再好的方法也无济于事。因此，当前仍需要进一步发挥承包制的激励作用。

一种观点认为，承包制、税利分流和股份制是不同范畴的概念。他们的主要论据是：(1)承包制是一种经营管理制度，体现国家与企业作为所有者代表与经营者之间的经营责任关系。(2)税利分流主要体现的是国家与企业之间的两种不同职能的分配关系。(3)股份制是一种财产组织制度，是处理不同所有者之间所有权关系的一种形式。因此，三者可以互相兼容，并非相互排斥。

还有的同志认为，税后还贷是投资体制改革的内容，税利分流是财税体制改革的内容，税后承包是实行税利分流后采取的企业经营方式。因此，税后还贷不一定要与税利分流、税后承包联系在一起，应该与金融信贷、计划投资体制一起统盘考虑。这样处理，可减轻企业税后还贷的重负，将有利于税利分流改革的推行。

税利分流改革从理顺国家、企业利润分配入手，进一步明确国家的两种职能，所有权和经营权相分离，强化了国有资产管理的理论基础及实践体系，促进企业经营机制的转化。多数同志认为，税利分流是今后改革的方向，但需要有一个各方面都能接受的方案。目前应从四个方面进一步研究与探讨有关的理论、政策问题，以完善税利分流的试点办法，逐渐扩大税利分流试点范围。

1. 加快配套改革的进程，为税利分流改革创造条件

从各试点单位的实践看，加快与税利分流有关的配套改革的进程，已成为能否使税利分流的试点取得实质性进展的关键。为此，当前要认真贯彻中央搞好企业特别是大中型企业的指示，立足于转换企业机制，从三个方面来做好配套改革工作：(1) 搞好与税利的增收、管理、使用有关的配套改革；(2) 搞好增强企业活力的各项配套改革，千方百计转换企业机制；(3) 要搞好宏观方面的配套改革，当前，最迫切的是要建立国有资产管理与经营体系，推进分税制改革，进一步完善和规范企业财务和成本制度，从而为企业创造平等竞争的条件。

2. 研究改进税率

目前，试点地区除厦门、海南、汕头等特区实行15%比例税率，重庆、南阳市等少数地区实行5级累进税率外，其它地区大多实行35%（有的已按新办法改为33%）比例税率，这些地区普遍反映税率偏高。试点地区，一般国营小企业多，亏损和微利企业多，国营小企业在试点前实行的是8级累进税率。实行33%的比例税看上去比较公平，实际上适应性比较差，有相当一部分小企业反映承受不了，有些地区只好采取财政退库的办法。这一方面软化了税收的作用；另一方面又增加了操作的复杂性和难度。因此，有的同志建议将33%比例税改为5级超额累进税，最高一级定为33%。可否将这个建议，作为在大面积上推行税利分流时的过渡措施，值得认真考虑和研究。

3. 从总体上研究解决企业税后还贷包袱重的问题

企业改造任务重、还贷包袱重是个普遍问题。有相当一部分企业无论实行税前还贷还是税后还贷都无法还清贷款。这个问题应该从总体上研究解决办法。对老贷款宜采取多种办法解决。实行税后还贷后，国家对重大技术改造等要加以扶持。可以采取财政贴息贷款、银行优惠利率、减免所得税、适当降低承包比例、提高折旧率、实行加速折旧等多种方法增加重点企业的投入。

4. 研究税后承包向规范化过渡的办法

由国家以国有资产管理者的身份，采用如分红、占用费等形式进行分享，以避免一户一核定的上缴办法。

（王柏林　执笔）

1991 年企业三项制度改革的新进展

国务院经济贸易办公室企业局

1991 年企业劳动人事、工资分配、社会保险制度改革有了比较大的进展，改革的步伐明显加快。各地区、各部门和企业围绕搞活大中型企业、转换企业经营机制，积极采取措施推进企业三项制度改革，取得了显著的成效和丰富的经验。

一、企业三项制度改革不断向广度深度发展

1991 年企业深化三项制度改革的外部环境较好。中央召开工作会议明确提出搞好国营大中型企业和积极推进劳动工资制度改革的要求。12 月底，劳动部、国务院生产办、国家体改委、人事部、全国总工会 5 个部委联合在京召开企业三项制度改革经验交流会并联合发文，提出从 12 个方面加快企业三项制度改革，转换企业经营机制，逐步形成职工能进能出、干部能上能下、工资能升能降的机制。各省市按照中央的统一部署，也都先后制订了具体政策，推动改革深入发展。外部环境的改善，极大地调动了企业职工的积极性。1991 年企业劳动制度改革，发展迅猛，出现了不断向广度和深度发展的局面。据不完全统计，截止 1992 年 2 月底，进行劳动人事、工资分配、保险制度综合配套改革的企业有 1564 户，职工 240 万人；开展全员劳动合同制试点的企业有 2930 户，职工 450 万人，其中国营大中型企业 1190 户；进行优化劳动组合的企业有 35218 户，职工 1077 万人。通过上述三种形式改革，参加劳动制度改革的企业数达到 39712 户，职工 1767 万人，占全国企业职工人数的 17.7%。各项改革裁减富余人员共 98 万，占参加改革职工人数的 5.47%，其中 88 万人已被妥善安排。

1991 年劳动制度改革步伐较快，力度大，特别是一些经济较发达，改革基础较好的省市如北京、上海、天津、辽宁、山东、浙江、河北、吉林、广东、江苏等地改革进展快。一些受经济环境影响、困难较大的地区，如宁夏、青海、海南、甘肃等省改革也开始起步。各地和企业的做法主要是以下几个方面：

1. 引入竞争机制，改革用工制度 长期以来，原有体制中的“大锅饭、铁饭碗、铁交椅”严重地影响着企业职工积极性的发挥和企业经济效益的提高，是束缚企业活力的桎梏。1991 年许多企业积极探索，大胆改革用工制度，实行优化劳动组合、聘任制和全员劳动合同制，逐步形成了“岗位靠竞争、收入靠贡献”的新机制。

北京制药厂积极实行内部优化劳动组合，针对内部“一线紧、二线肿、三线松”的状况，采取“先科室、后车间，先干部、后工人，先二三线、后一线”的做法，从精简机构入手，科学地进行定编、定员、定岗，然后引入竞争机制，公开考核，择优上岗。由于条件公开、透明度高，改革得到了广大职工的拥护。

在改革“一次分配定终身”的旧用工制度时，一些企业还注意避免“一次优化组合定终身”的弊端。山东淄博第二毛纺厂在车间设立“岗下待工预备队”，随时参与岗位竞争。把优化劳动组合变成了“动态优化、动态组合”，从而使生产工人保持旺盛的竞争意识。通过引入竞争机制、动态组合，激发、调

动了职工的劳动热情和生产积极性，为企业的生产和发展创造了良好的内部环境。1991年，该厂产值、产量、全员劳动生产率、利税总额分别比上年递增7.03%、1.69%、5.48%、32.8%。

上海宝山钢铁总厂坚持劳动制度改革，以创造世界第一流的劳动生产率为目标，引入竞争机制，实行动态劳动管理，每年对全厂各岗位劳动负荷进行科学测定。凡劳动负荷达不到6.5小时（八小时工作制的80%）即进行并岗、撤岗。3年来平均每年减少定员2000人，钢产量却每年增加20万吨，实现利税连年翻番。宝钢之所以下如此大的决心进行定员合理化，是因为他们感到“人浮于事就是灾。”哪怕少量的人浮于事，也会造成责任不清、松散怠慢和职工素质下降，给企业造成浪费和巨大的损害。

2. 贯彻按劳分配，积极进行工资制度改革 正确处理好国家与企业的分配关系，继续坚持和完善工效挂钩办法。1991年，全国实行工效挂钩的企业已有95000多户，职工近4000万人，占国营企业职工总数的55%。国营大中型企业基本上都实行了挂钩办法。在建立国家对企业工资实行分级管理体制方面也进行了探索，26个产业部门、6个企业集团和福建、云南两省相继对国家实行了“工效总挂钩”。从挂钩执行情况看，挂钩企业经济效益普遍好于未挂钩企业。1990年，全国预算内工业企业上缴税利下降12.7%，实现税利下降22.2%，而挂钩企业上缴税利增长3.4%，实现税利下降14%。这说明工效挂钩对企业既有一定的激励作用，也有一定的约束作用。

1991年企业在实行工效挂钩时注意了坚持挂钩原则，完善挂钩办法，克服“挂上不挂下”、“挂涨不挂落”现象。湖南株洲市对市属40家没完成挂钩效益指标的企业实行工资下浮，下浮比例最多的达20%，平均为15.3%。吉林四平鼓风机厂实行的工资总额同上缴税利、固定资产增殖、全员劳动生产率和设备完好率四挂钩，在完善挂钩办法，变单一指标挂钩为复合指标挂钩方面进行了有益探索。

上海第二纺织机械厂在工资改革上实行有别于工效挂钩的新办法，即把工资、奖金全部进入成本，税后留利中不设奖励基金。在坚持两个低于（企业工资总额的增长低于上交利税的增长，职工实际平均工资增长低于全员劳动生产率的增长）的前提下，自主决定工资总额的增长和企业内部分配办法。这种做法把原来由国家对企业工资增长的约束改为企业自我约束，进一步理顺了国家与企业在工资分配上的关系，初步建立了与企业改革相联系的工资增长调节机制。

在改进和完善工效挂钩办法的同时，一些企业结合生产经营的实际需要，还采取了形式多样的内部分配办法，增强了企业的内在活力。如武钢、湘钢实行的岗位工资制，太原橡胶厂实行的全方位岗位工资制，兰州铝厂等实行的岗位技能工资制，这些分配办法把职工的收入与劳动贡献紧密地联系起来，拉开了内部分配差距，较好地体现了按劳动分配原则。其中岗位技能工资制的实行有了较快的发展。据对21个省、8个部门统计，截止1991年底，各地试行岗位技能工资制的企业已达579户，职工人数约158万人。

3. 加快社会保险制度改革步伐 社会保险主要包括养老保险、待业保险、工伤保险和医疗保险等。1991年社会保险制度改革也取得一定的进展。

第一，提高了退休费用统筹的社会化程度。至1991年底，除少数边远地区外，全国已基本实现企业职工退休费用市、县统筹。其中福建、江西、吉林、山西、河北、北京、天津、上海等地实行了省级统筹。全国参加统筹的在职职工6000多万人（包括合同制工人），离退休人员1200多万人，分别占国营企业在职职工总数和离退休人员总数的82%和95%。此外，集体企业职工退休费用社会统筹已在1200多个市县实行，占全国市县总数的52%。1991年8月国务院决定建立基本养老保险、企业补充养老保险和职工个人储蓄性养老保险相结合的制度，改变了养老保险完全由国家和企业包下来的办法，实行国家、企业、个人三方共同负担，开始形成养老保险多层次、基金来源多渠道的社会养老保险体系。大连市一直把改革养老保险制度当作事关全社会经济发展的大事来抓，现在已基本形成管理机构统一、不同所有制类型企业和不同用工形式的所有城镇企业参加的“全方位、一体化”的养老保险体系。

第二，扩大了待业保险范围。截止1991年底，全国参加待业保险的职工6922万人，参加待业保险的企业除少数特殊困难的企业外，都积极按照规定缴纳待业保险金。1991年各地按照国务院要求积极调整产业结构，对一些确实不符合国家产业政策、经营长期亏损的企业采取关停并转措施。为保障企业关停后被精简职工的基本生活，劳动部、国务院生产办联合发文对关停企业被精简职工实行待业保险，扩大了待业保险范围，对企业搞活用工制度，加强待业人员管理和促进其再就业起到了积极作用。

第三，试点企业开始将一定比例的富余人员推向社会。目前辞退到社会的职工已不仅仅局限于违纪职工，一些试点企业开始将一部分富余人员(不超过职工总数的1%)辞退到社会，加快了劳动制度改革的步伐。

第四，医疗、工伤保险工作也在起步。目前，全国绝大多数省、自治区、直辖市都对医疗制度改革进行了探索，参加改革的企业面达80%以上。工伤保险制度正在10个省的30个市县进行试点，已有2000多个市县建立健全了劳动鉴定委员会。

二、企业三项制度改革的特点

1991年企业三项制度改革取得很大成效，归结起来主要有以下特点：

1. 三项制度改革得到全社会的共同关心 1991年中央召开工作会议，提出加快企业劳动人事、工资分配和社会保险制度改革的要求，引起了各级政府和大多数企业的高度重视。在各级政府的统一领导下，各有关部门结合当地的实际情况，积极制订推进企业改革的政策措施，各地普遍形成了关心企业改革、支持企业改革的良好社会环境。大多数企业也都结合自身的生产经营特点，制订了深化内部改革的具体方案，在加快企业三项改革步伐上，社会各方面的认识逐步趋向一致。

2. 企业三项制度改革有了明显的进展 第一，试点企业的数目较大。许多省市试点企业数从过去的几户猛增到几十户甚至几百户。北京市从1991年初的23户增加到现在的426户；辽宁从12户增加到300户。许多企业是经过反复争取后才列入试点企业的，反映了企业积极要求改革的迫切性。第二，同以往有所不同的是，不仅效益比较好的企业积极进行改革，效益比较差的企业也在积极改革，立足于深化改革，转换机制，调动职工的积极性，依靠自身的力量走出效益的低谷。如徐州就是在亏损增加的情况下把改革与扭亏增盈结合起来，取得了明显的效果。

3. 紧紧围绕转换企业经营机制进行改革 1991年转换经营机制开始成为企业改革的主要内容，围绕转换企业经营机制，实现企业自主经营、自负盈亏，各级政府积极采取措施，逐步把用工自主权、干部管理权、工资分配权落实到企业，使企业真正成为用人主体和分配主体。长期以来企业反映自主权不落实的状况有了明显好转。企业进行内部劳动、人事、工资制度改革的主动性大大提高，竞争机制开始形成。

4. 注意各项改革的衔接配套，发挥改革的整体效率 1991年企业三项制度改革的一个突出特点是注重了衔接配套。一方面注意将企业的劳动人事、工资分配和社会保险制度改革与企业组织结构调整、价格改革、市场培育等改革结合起来，改变过去三项制度改革孤军深入、单兵突进的局面，使各项改革的落脚点统一在增强企业活力、提高企业效益上；另一方面注重将企业用人制度、分配制度和保险制度三项改革配起套来。在企业内部，坚持劳动制度与人事制度改革、用人制度与分配制度改革同步进行。在企业外部，加快保险制度改革的步伐，在继续完善待业、养老保险制度改革的同时，工伤保险和医疗保险制度改革也开始迈出新的步伐。现在许多企业都是以劳动人事制度改革为基础，以分配制度改革为杠杆，以保险制度改革为保证，综合配套，取得较好的效果。

三、企业三项制度改革存在的问题

尽管1991年一些企业在三项制度改革方面积极探索，有较大突破。但从总体上看，企业经营机制还不具备走向市场的需要，多数企业人员“能进能出”的机制还没有形成、分配上的平均主义仍然存在、社会保障尚未形成一套完整的体系，特别是新旧体制的摩擦在企业中还普遍存在，对企业改革的进一步深化影响很大。当前存在的突出问题有以下三方面：

1. 对企业三项制度改革的认识不尽一致 一是一些企业对改革的必要性和紧迫感认识不高，不是从本企业的实际出发，而是看左邻右舍的企业改到什么程度自己跟着走，不求有功，但求无过。二是一些企业希望靠上级统一布置改革方案，企业只是简单照办，既省力，又不承担风险。三是少数企业的同志对现在的铁工资、铁交椅、铁饭碗的管理方式仍有留恋，认为是优越性，不愿改。社会上也有的同志存有疑虑，担心现在搞三项制度改革职工承受不了，会引起社会震荡。因此，加强宣传教育，提高人们对改革的认识，仍然是下一步深化改革的重要任务。

2. 富余人员安置仍是劳动制度改革的难点　企业在深化三项制度改革中遇到的最大难题是富余人员的安置问题。中央工作会议提出企业的富余人员要"企业消化为主，社会调剂为辅。"目前企业安置富余人员的出路是发展第三产业、厂内培训、厂内待业、提前退休、厂际交流等。但由于几十年积压下来的富余人员较多，短期内企业难以全部消化。由于社会保障体系不健全，现仍有大量富余人员滞留在企业内，影响了企业改革的深化和企业经济效益的提高。要从根本上解决企业富余人员的问题，需要经过一段比较长的时期。因此，企业劳动制度改革仍应由优化劳动组合为主，只在部分企业中试行全员劳动合同制。同时，要积极探索社会调剂的有效形式。

3. 社会保障制度配套改革滞后　当前，虽然社会保险制度改革进展很大，也取得一些效果，但由于尚未形成一套比较完整的社会保障体系，制约了企业改革的进一步深化。如企业有权辞退职工，但待业保险制度不健全，待业后再就业困难，因此企业有权也不敢用。要搞活大中型企业，转换企业经营机制，必须赋予企业充分的自主权，政府应该在放权的同时把该管的管起来，如对企业精简的富余人员，在坚持企业内部消化为主时逐步转向社会调剂为主，这是加快企业劳动人事、工资制度改革的必要条件。

深化企业劳动人事、工资分配和社会保险制度改革，是搞好国营大中型企业，促进企业经营机制转换的重要内容。企业三项制度改革应紧紧围绕搞活企业这个中心开展，以市场为导向，把竞争机制引入企业，逐步形成企业"工人能进能出、干部能上能下、工资能升能降"的机制，建立健全社会保障体系。当前要抓紧有利时机，进一步解放思想，加快改革步伐，增强改革力度，使企业三项制度改革在新的一年里取得新的进展和突破。

（邓实际　执笔）

深化企业内部配套改革的突破口

——辽宁省进行劳动制度综合配套改革试点

辽宁省经济体制改革委员会

1991年，辽宁省在部分企业中进行了劳动制度综合配套改革试点。在省、市政府及有关部门的精心设计和指导下，经过试点企业努力工作，取得了丰硕的成果，为深化企业内部配套改革打开了突破口，在社会上产生了良好的反响。

一、劳动制度综合配套改革试点的基本情况

1990年下半年，省政府针对辽宁生产和效益下滑幅度大的严峻经济形势，组织了专题调研，对大中型企业厂长（经理）问卷调查，召开了各种类型的研讨会，对辽宁的经济发展和改革进行了认真的分析。1991年初，省政府提出要以提高企业经济效益为中心，抓住搞活企业这个中心环节，选择一部分企业进行劳动制度综合配套改革试点。我们明确提出，企业要进行工资制度改革，实行岗位技能工资制，就必须进行劳动制度综合配套改革，特别是要搞好用工制度改革，实行全员劳动合同制。于是，在全省14个市中，选定了22户大中型企业作省级试点单位，选择了71户企业作为市级试点单位。接着起草了关于《劳动制度综合配套改革试点方案》，于5月份正式出台。到9月份有5户省级试点企业改革方案经审批实施，到年底，大多数试点方案经省、市审批实施。

二、劳动制度综合配套改革的基本内容和主要做法

（一）深化企业用工制度改革

主要是通过巩固、完善和发展劳动合同制，逐步建立起“国家宏观调控、企业自主用工、多种形式并存、全员劳动合同”的新型劳动用工制度。

1. **实行企业职工制度** 现有的全民固定工人、劳动合同制工人和计划外用工（指混岗的集体工人），都通过与企业签订劳动合同的形式，取消原来的职工身份，统一转为企业职工。实行企业职工制度以后，企业按职工基本工资总额4%的比例，在工效挂钩的工资基数之外提取风险补偿金，2%发给职工个人，2%由企业统一掌握，用于职工的待业补偿，以减少职工的后顾之忧。原劳动合同制工人重新签订劳动合同后，不再实行医疗期制度，家属亦可享受半费医疗，同时取消15%的工资性补贴。

2. **搞好编制定员，合理劳动组合** 企业本着精干、高效的原则，科学地定编，精减机构，压缩管理人员。在劳动力使用上引入竞争机制，对管理人员实行民主推荐、平等竞争、层层聘用的办法，打破干部与工人的身份界限；对工人实行考核上岗合理组合，并实行试岗和厂内待岗制度，对多次厂内待岗（一般按3次）或厂内待岗超过一定期限（一般按半年）仍未上岗者，即解除劳动合同，辞退到社会上待业。在

工资待遇上，试岗人员低于正式上岗人员，厂内待岗人员低于试岗人员。对不愿与厂签订劳动合同的和企业不予签订劳动合同的人员，实行“双辞”制度，其社会待业保险期限比国家现行规定多一年。对接近退休年龄的老、弱、病、残人员不能上岗的，在本人自愿的前提下，实行厂内离岗休息，生活待遇参照退休职工计发退休费的有关规定执行。

3. **签订岗位责任承包书** 即把企业承包和经营管理的各项经济技术指标逐级分解落实，逐层签订岗位责任承包书或上岗合同，明确职工的岗位责任、权利和待遇。

4. **在增人不增工资（除政策规定的以外）的前提下，放开企业用人计划** 企业可以根据生产经营需要，按国家政策规定自行决定用人多少。计划外用工，在经过认真定岗、定员后被组合上岗的，可以签订企业职工合同，在企业内部与其他职工同等对待，调出试点企业时，按劳动合同制工人介绍。

（二）改革企业工资制度

企业工资制度的改革，主要是改革现行单一的等级工资制，实行以岗位技能工资制为主要形式的基本工资制度。

1. **认真进行岗位测评** 以劳动强度、劳动责任、劳动条件和岗位技能要求四大要素作为评价标准，采用工作日写实、仪器测量和专家、群众相结合评价分析等方法，综合确定岗位劳动差别，划分岗位等级，为确定岗位工资提供依据。

2. **合理设置基本工资的单元结构** 企业一般都设岗位（职务）工资、技能工资、劳效工资和特殊工资等4个基本工资单元，另外还可设奖金、计件超额工资等辅助工资单元。岗位（职务）工资等级和标准由企业根据实际情况确定。工人的技能工资是根据实际达到的技术水平确定的工资，具体等级标准由企业确定。为了使技能工资能够与技术等级相一致，又加设了劳效工资单元，对那些虽然技术水平没有提高，但劳动贡献较大的人员，或工资等级线较低的非技术工人中表现优秀者，通过晋升劳效工资给予鼓励。特殊工资单元主要是一些不能纳入岗位工资、技能工资单元之内的价格补贴，以及企业在基本工资总额之内自行设置的其他工资单元（如特殊岗位工龄津贴等）。

3. **合理调整企业内部的工资关系** 这次工资改革，在增加工资水平上，普遍体现出向一线生产工人特别是艰苦岗位职工倾斜，向高技术岗位倾斜，保证他们较多地增加工资。有的企业在原来执行的艰苦岗位津贴纳入岗位工资以后，又使艰苦岗位职工增加50元左右，而后勤服务人员增加几元钱。鉴于这些年来少数企业领导干部增加工资较快，这次工资改革，严格控制企业领导干部增加工资水平，一般按一线职工平均增加工资水平控制。

4. **实行总量控制，分配自主** 劳动部门主要控制企业的基本工资总量，即首先规定企业的基本工资总额基数，再按国家要求核定这次改革需要的基本工资增加额。企业在不突破基本工资总量的范围内，可以自行决定工资单元的设置，自行决定工资等级和标准，自行决定除领导干部以外的各类人员的增加工资关系，自行决定向新工资制度过渡的办法等，各级劳动部门只给予必要的指导。

（三）加强职工培训、考核

培训、考核职工，主要是建立健全管理人员的岗位规范和考核制度，加强工人技术培训，认真贯彻《工人考核条例》；建立培训、考核、使用、待遇相结合的新机制，全面提高职工素质。

1. **加强工人岗位技术培训和对工人、管理人员的全面考核** 对技术工人的应知培训按中央各部制订的初、中、高三个技术等级的理论考试标准进行；应会培训在国家没有新的考核标准以前，一般按原八级制的技术标准进行，也有的企业（如本溪钢铁公司等）自己重新制订了应会技术等级标准。对工序工和非技术工人，多数企业都制订了岗位规范，按照岗位规范的要求进行岗位培训和上岗考核。这次工人技术考核，主要进行本等级考核，对本等级考核合格的，根据考核成绩和本人要求，可以进行升级考核；经补考仍不合格的，降一级技术等级。

对管理人员根据岗位责任和业务要求，建立健全考核制度，对其工作成绩、业务能力进行严格考核。

2. **考核与使用、待遇相结合** 在使用方面，安排高技术岗位工人和选拔班组长时，要根据考核结果来确定。对经考核不适合本岗位技术要求的，要调整工作岗位或安排试岗、厂内待岗。在待遇方面，企业制订的技能工资等级，原则上与技术等级相对应，工人技术等级高于技能工资等级的，有的企业这次改革即按技术等级晋升了技能工资，有的企业在以后安排职工升级时优先晋升；对技术等级低于技能工资等级的，暂时予以保留，待今后技术提高进行升级时予以冲销。对经考核劳动贡献突出的和非技术工种劳动表现好、贡献较大的，可以晋升劳效工资。对管理人员，根据岗位规范和工作成果进行考核，多数企业根据考核结果分为优秀、胜任、基本胜任和不胜任几个档次，不胜任者不予聘任，已聘任者也要根据考核档次确定非领导职务，并和工资待遇挂钩。

（四）改革社会保险制度

1. 基本养老保险实行个人少量交费制度，缴纳数额暂为月基本工资的 3%，由单位在职工工资中扣除并代为上交当地社会保险机构，作为社会养老保险基金的一部分统一使用。

2. 工资基金充足的企业，为职工实行补充养老保险，补充养老保险金的数额根据奖金支付能力确定。补充养老保险金交由社会保险机构存入银行专户，并根据个人贡献大小，直接把分配记到个人名下。企业补充养老保险与个人储蓄保险挂钩，否则，企业不给其进行补充养老保险。有的企业把补充养老保险金分配给已经退休的职工一部分。

3. 扩大待业保险范围，将终止和解除劳动合同的职工、按全员劳动合同有关条款辞职和辞退的职工、按《国营企业职工奖惩条例》规定除名的职工列入待业保险范围。

4. 改革医疗保险制度。本着加强管理、保证医疗、克服浪费的原则，由个人少量负担医药费。多数企业实行医疗费定额包干发给个人，实际发生医疗费按比例报销，个人负担超过一定数额以后全部报销的办法。也有的企业根据实际情况实行其它改革办法。

三、劳动制度综合配套改革取得的初步成效

1. 建立了风险机制和竞争机制，“铁饭碗”、“铁交椅”被打碎 这次在用工制度改革中，据对 17 个试点企业的不完全统计，通过干部聘用和工人优化组合，共精减机构 67 个，减下管理人员 614 人，剥离富余人员 1905 人（占职工总数的 3%），其中有 313 人试岗，269 人待岗，205 名职工被辞退。改革使企业内部形成了竞争机制，管理岗位靠竞争，能者上、平者让、庸者下；高技术和关键性生产岗位靠竞争，素质高，表现好的工人受到重用。从此，每个职工都不能像过去那样吃太平饭了，每个人都存在着一定的风险，都产生了压力感和危机感，出现了人人积极向上、竞争上岗、拼搏保岗的新局面。

2. 合理拉开了岗位之间的工资差距，稳定了一线职工队伍，工资能多能少的机制已经形成 在这次工资制度改革中，建立了岗位工资单元，艰苦岗位、关键性岗位与轻便岗位的工资拉开了差距，一般企业最高与最低岗位工资相差 40 元左右，最多的相差 70 元。一线职工、特别是艰苦岗位职工队伍得到稳定，职工流向由原来的一线向二、三线流动出现了返流，据 17 个企业统计，有 667 名二、三线职工充实到一线岗位。

3. 培训、考核、使用、待遇相结合的新机制初步形成，职工学习技术的积极性空前高涨 现在利用业余时间办培训班，职工主动要求参加，很多企业都出现报名参加培训人数超过计划数，培训教材和场地不足的现象。现在，尊重师傅，虚心学习技术在工人中蔚然成风。

4. 班组建设得到加强，职工劳动纪律明显改善

通过改革，企业形成了一整套约束机制，职工严格自我要求，精神面貌焕然一新。

5. 促进了生产发展和经济效益的提高 很多企业改革以后，职工生产积极性提高，超额完成生产任务。沈阳啤酒厂新制度运行以后，啤酒产量和实现利润都超过历史最好水平，而且几个月连续保持高产量、高效益。据对 17 个企业统计，1991 年劳动生产率比上年提高 5.6%，上缴税利比上年增长 10.7%。

建立激励机制，实现内涵挖潜

——广州味精食品厂以分配制度改革为突破口，进行企业内部各项改革

广州市经济体制改革委员会

广州味精食品厂是我国南方最大的味精生产企业。近几年来，企业通过深化改革，转换经营机制，依靠科技进步和科学管理，使生产和经济效益持续稳步增长，各项经济技术指标均达到或超过国家一级企业标准，处于国内同行业先进水平。从1986年到1990年的5年中，年均味精产量递增22%，工业总产值递增28%，销售收入递增35%，实现利润递增19.5%，上缴税金递增21.5%，全员劳动生产率递增33%，人均创利税递增25%。1991年该厂创造了历史最好水平，产值、销售、税利分别比上年同期增长61.63%、50.29%和41.15%，人均创税利达30600元/人，增长40.56%，劳动生产率达243700元/人，提高60.96%，生产成本下降7.85%，企业进入良性循环。

该厂主导产品双桥牌99%结晶味精1988年荣获国家金质奖。1990年荣获全国先进集体称号，被全国总工会授予“五一”劳动奖状。1991年1月被国家审定为国家一级企业。1992年被选定为广东省100家放开经营综合改革试点企业之一。

该厂发生如此巨大的变化，其中一条很重要的经验，是在改革开放的大潮流中，厂的领导班子以分配制度改革为突破口，大胆地、创造性地进行企业内部各项配套改革，推动企业经营责任制、岗位责任制和企业各项基础工作的落实，逐步建立起一个富于活力的经营机制。

该厂的经营机制改革，体现了一个“活”字，讲求一个“效”字，狠抓一个“实”字，突出一个“严”字。

一、体现一个“活”字

该厂的分配制度改革，是从企业的生产经营实际出发，采用不同的分配方式，不搞一刀切。一是对主要生产车间实行全额承包，把工资、奖金、补贴捆在一起全浮动，实行多劳多得，不劳不得。在工资、奖金来源有保证的情况下，上不封顶，下不保底，拉开档次，认真克服分配上的平均主义；二是对辅助车间等其他车间实行百分计奖法或超定额计奖；三是对职能科室实行“二次系数”法。职能科室干部实行浮动的职务津贴和浮动的奖金系数，厂根据“效率、效果、效益”来考核干部，克服过去对科室干部考核长期存在的那种只看工作量、不看工作质量、效果、效益的片面做法和旧的思想观念，逐步树立每件工作都要讲究效果和效益的新观念，有效地提高干部的管理和业务水平；四是设置单项奖，重点是围绕各项技术经济、物质消耗和销售等指标超基数额外给予奖励，鼓励职工为企业提高经济效益多作贡献；五是除了正常的生产经营奖励外，凡是对企业生产经营作出了重大贡献的职工，厂长有权公开给予一次性物质奖励或荣誉奖。

二、讲求一个"效"字

如何有效地促进企业经济效益的增长，是分配制度改革的关键点和立足点。广州味精食品厂在分配上，实行"三挂钩"：一是把职工收入与降低成本，提高企业劳动生产率和人均创利税挂钩；二是把职工收入与职工的工作质量挂钩，把职工收入与落实各种管理制度挂钩。同时，对厂里重点生产班组和关键环节实行倾斜分配政策。

发酵"倒罐"是味精生产过程中最大的经济损失，"倒罐"一次要损失十多万元，有时碰到霉雨季节，甚至会一个月倒罐高达10次，损失百万多元。发酵班是味精生产的关键工序，厂里对其实行"高贡献、高效益、高风险、高收入"的四高分配制度，把他们的质量、产量、效益与个人收入挂钩，重赏重罚，高负盈也高负亏。实施这一制度后，几年来"倒罐"事故逐年减少，特别是从1990年至今已完全消灭了倒罐事故，打破了味精行业一贯认为"倒罐"不可避免的传统观念，大大提高了企业经济效益。发酵班由于生产搞好了，一般月收入平均达700多元，有时工作特别突出的月收入平均可达1200多元，但生产没有搞好，质量差，收入就少。有一次全班总收入才304元，人平月收入只有20元。

销售是整个企业经营活动的起点，千方百计动员一切力量做好产品促销工作，保持产销良性循环，是实现企业产品价值的极其重要的一个环节。广州味精厂的领导围绕销售工作，对销售人员实行了聘任制。在分配上，实行了特殊的政策：把分配制度与销售人员的销售成果挂钩。1991年在不增加人员的情况下，销售额达到1388亿元，销售人员的平均月收入比厂领导还高出200多元。

三、狠抓一个"实"字

该厂在经营机制的转变中，改革了企业内部的管理组织体制，强化科室管理职能，精简了机构，有效地改变了机构臃肿、人浮于事、效率不高的弊病，使干部队伍精干、高效。在人事安排上，他们不看"牌子"，不讲关系，不搞论资排辈，重在表现、重在贡献、任人唯贤、唯才是举。使一大批人才在实际工作中脱颖而出。

他们坚持从厂情出发，紧紧围绕提高经济效益这个中心，抓住经营管理的重点、难点和弱点，积极推广、应用各项现代化管理方法，又扎扎实实做好各项管理基础工作，强化目标管理，质量管理，营销管理和现场管理等。厂长通过"五五六"（掌握五大情况，审阅五种报表，亲躬六个会议）重点控制法和实行动态管理，提高管理的实效性，使企业内部的人、机、物、法、环、信（信息）等各种生产要素处于可控状态，实现最佳配置和高效运转。从而充分挖掘内部各种潜力，保证了生产经营目标的实现。

四、突出一个"严"字

该厂在抓以分配制度为突破口的企业内部改革中，建立了以承包经营责任制为主的经济责任制，完善了责任制的指标体系、考核体系和保证体系。他们还对原有的规章制度进行了修订，形成了几十万字的工作标准和管理标准。并且以此作为依据来管理企业，考核职工。他们实行量化管理，每台设备、每个阀门、每片玻璃窗，都落实到每位职工。在考核上，实行一级考一级，层层负责，严格考核，严格兑现，从而做到奖罚分明。发酵班有一位工人，因责任心不强，违反了操作程序，并在原始记录上弄虚作假，车间领导和厂部都给这个工人进行了严厉的批评并给予严厉的扣罚。

严格考核，对领导也不例外。1991年初，锅炉班的管理工作没有做好，供汽质量差，影响了全厂生产任务的完成。厂部对失职事故进行了严格的处理。对该车间主任扣罚了奖金，还下浮二级工资，对车间副书记和副主任分别扣罚奖金以及下浮一级工资。

（张学奎　李伦树　执笔）

在不断深化改革中争创一流企业

兰州铝厂

兰州铝厂是国家“二五”期间投资兴建的大型铝冶炼企业。现在年产5万吨铝锭，3万吨阳极糊，固定资产17443万元，是全国十大铝厂和500家最大工业企业之一。

党的十一届三中全会以来，我厂以深化企业改革为动力，抓管理、上等级、增效益，产量、产值、利税从1985年开始，连续6年平均分别以4.88%、4.69%（按1980年不变价）和15.62%的速度增长，产品质量好于日本、美国等领先国家。从1966年复建投产到1991年底，累计生产铝锭81.66万吨，累计实现利税5.8011亿元。1988年，我厂被评为“全国先进集体”，荣获“五一”劳动奖状，1989年被评为“全国优秀思想政治工作企业”，1990年，在深化改革中，被甘肃省委、省政府树立为甘肃省企业改革管理标兵，1991年元月晋升为国家一级企业。

1985年实行厂长负责制以后，我们在深化企业内部配套改革中，积极、稳妥、有效、持续地进行人事、劳动用工、分配三项制度改革，推行全员劳动合同制，彻底破除了“一大三铁”，在企业内部建立完善了干部能上能下，岗位能进能出，工资能升能降的新机制，适应了把企业推向市场的客观要求，给兰州铝厂不断注入了生机与活力。

一、打破干部和工人的界限，建立平等竞争、择优聘用的人事管理制度

1985年起，我们在干部任用上实行了“双聘制”。我们坚持“公开、平等、竞争、择优”的原则，打破干部与工人的界限，不论有无文凭，资格深浅，没有附加条件，不搞长官意志，不搞平衡照顾，对中层干部和技术干部实行聘任制，一般干部实行聘用制，使一大批优秀干部脱颖而出，走上各级领导和管理岗位。7年来，从工人中聘任到各级领导岗位上的有86人，占副科级以上干部总数的43%，从工人中招聘为一般干部的有99人，占20.5%。同时，我们建立了严格的民主评议管理人员制度，把考核、评议、晋职、奖罚等制度有机地结合起来；同时实行干部“两聘制”的动态管理，符合管理人员条件并受聘上岗的为正聘，因缺员补充上岗的管理人员为试聘，享受不同的待遇，并保持合理流动。正聘管理人员不合格者随时可以列入待岗或者安排当工人，管理岗位缺员公开招聘、公开答辩、张榜公布。

在改革人事管理制度的同时，我们按照“精干、高效”的原则和企业走向市场的需要，精简机构，压缩非生产人员。部级单位由原来的27个精简为22个，减少18.5%，7名部级、副部级干部安排低聘职务，14名科级、副科级干部降为一般干部，全厂管理人员由504人减少到434人，减少了13.9%。对空岗的10个副科级以上干部岗位，30个一般干部岗位，实行公开竞争，有70多名职工踊跃报名，竞争答辩。体现了兰铝职工敢于竞争的勇气和强烈的主人翁观念。

搬掉“铁交椅”，大大增强了各级干部的责任心和进取心。1991年，我们把改革精神融汇到各项管理之中，进一步完善经济责任制和方针目标管理，宣传贯彻**GB/T**10300系列国家标准，重新修订管理标准218个，技术标准377个，工作标准159个，岗位工作标准654个，苦练基础管理、现场管理、班组建设三个基本功，切实做到了事事有人管、人人有专责、行动有准则、事后有考核，使企业管理走上了标

准化、程序化的轨道，实现了连续15年零9个月安全文明生产。

二、实行全员劳动合同制管理，建立择优上岗、能进能出的劳动用工制度

1985年以来，我们还改革了单一的国家固定工制度，开始实行固定工、合同制工人、集体工、农民轮换工等多种用工并存的制度，较好地解决了铝冶炼企业劳动强度大、环境差、劳动力更新快的问题。我们在用工制度管理中严格劳动纪律，几年来先后辞退了15名由于长期旷工、表现不好的工人，为彻底砸掉"铁饭碗"奠定了良好的基础。

针对企业各种用工形式并存的特点，我们实行了全员劳动合同制管理，消除了固定工和其他用工的界限，形成了岗位能进能出的机制。对签订了全员劳动合同的职工，按"科学定员、平等竞争、发挥特长"的原则，自上而下逐级进行优化合理组合。劳动技能好、热爱本职工作的为正岗，不够条件的列为待岗。待岗人员经过上岗培训，具备条件的，转入试岗，试岗期3～6个月。"三岗制"的实行，明显增加了职工"上岗靠竞争"的意识，增强了企业对职工的凝聚力和约束力，同时也为用工主体由国家向企业的根本转换创造了优越的条件。

砸掉"铁饭碗"，有效地增强了职工的主人翁意识，各级干部带头学习应用现代化管理知识，职工积极学习业务技术，形成了优质、均衡、安全、高效的生产经营秩序。一年来，全厂实现双增双节1072万元，人均增收节支2973元。

三、改革分配制度，实行以岗位工资为主体的结构工资制度

1988年，我们改革了传统的等级工资制，实行以岗位工资为主体的结构工资制，工资结构由基础工资、岗位工资、技能工资、年功工资、辅助工资和奖金等6个单元组成。这项改革既适合我们铝冶炼企业工种岗位多、岗位劳动差别悬殊的特点，又有利地解决等级工资制度下分配不公的突出矛盾，以岗定薪，岗动薪动，有效地解决了艰苦岗位缺员和企业冗员并存的问题。

实行全员劳动合同制后，我们在工资、奖金分配上，进一步加大改革的力度，一是拉开正岗（聘）、试岗（聘）和待岗人员的工资收入差距，职工在待岗期间，停发岗位工资、生产奖、内部工种粮贴，试岗后岗位工资只发常数部分，奖金减半，上岗后才能拿全工资；二是用好、用活奖金，取消了平均发放的综合奖和年终奖，突出质量、安全、节能，设立了质量奖、安全奖、节能奖、原材料节约奖、超产奖、合理化建议奖等单项奖。专奖专用，充分体现按劳分配的原则，激发职工的主人翁意识和生产积极性。1991年，电解一线工人所得奖金比机关人员高出一倍以上，较好地体现了分配政策向一线、向苦、脏、累、险岗位倾斜的原则，对稳定一线职工队伍、稳定企业起到了积极作用。

改掉"铁工资"，极大地激发了蕴藏在职工中的社会主义积极性。1991年，我厂开展了抓科技、提质量、保安全、降成本、增效益的社会主义劳动竞赛，全厂上下齐心协力，克服了国内外铝市场疲软、三角债困扰等重重困难，始终保持了较好的销售势头，全年获质量品种效益854.434万元，实现销售收入3.77亿元，稳定了用户，增强了企业竞争力。

三项制度改革促进了企业经营机制转变，强化了企业管理，提高了企业经济效益。1991年，我厂能耗物耗指标持续下降，效益指标稳步上升，全年共生产铝锭52623吨，比上年超产958吨；生产阳极糊29505吨，比上年超产9505吨；铝锭一级品率连续8年100%；优质品产值率达到95.62%；原铝直流电耗14336**kWH/T**，比上年降低89.31**kWH/T**，全年定比节电3319万**kWH**，价值431.59万元；原铝氧化铝消耗1932.58**kg/T**；原铝阳极糊消耗521.04**kg/T**，分别比上年降低6.1**kg/T**和5.61**kg/T**，节约价值48.96万元；全员劳动生产率154893.3元/人年，比计划提高14893.3元/人年，增长10.64%，全年实现利税5877万元，保持了国家一级企业指标水平，被国家命名为首批质量效益型企业。

（关建立　许　礼　执笔）

1991年企业管理工作的新进展

国务院企业管理指导委员会办公室

1991年企业管理工作，是在贯彻党的十三届七中全会提出“要把全部经济工作切实转到提高经济效益的轨道上来，力争工业生产质量、品种、效益有一个明显进步”的方针和贯彻落实国务院决定在1991年开展质量、品种、效益年的活动中进行的。1991年是执行第八个五年计划的第一年，在企业管理方面，不少工作是“七五”期间强化企业管理的继续和发展。一年来的企业管理工作又有了新的进展。

一、“质量、品种、效益年”活动在全国范围内开展

1991年2月1日，国务院发出了关于开展“质量、品种、效益年”活动的通知，决定1991年为“质量、品种、效益年”，目的是通过在全国广泛深入地开展这一活动，尽快改变企业经济效益下降、亏损增加的局面，大力提高我国企业的经济素质和经济效益，使企业逐步走上投入少、产出多、质量好、消耗低、效益高的发展道路。通知要求每个地方、每个行业、每个企业都要抓住自己的薄弱环节，找准主攻方向，制订明确的奋斗目标；并把开展这一活动与继续治理整顿、深化改革等项工作紧密结合起来，确保活动年目标的实现。

从1991年年初开始，各地区、各部门积极响应国务院的号召，把开展“质量、品种、效益年”活动摆到经济工作的重要议事日程。在进行思想发动的基础上，结合自己的实际情况，找准主攻方向，制定了明确的工作目标和措施，并层层分解落实到企业，作为考核的基本内容。各级领导经常到基层调查研究，及时交流经验，把工作重点放在扭亏增盈、加快结构调整、强化质量管理和监督上，并加强了对生产的组织领导。国务院“质量、品种、效益年”领导小组先后召开了两次全国电话会议，交流经验和做法，根据实际情况和突出矛盾，提出了不同要求。邹家华同志在第一次全国电话会议上指出，质量、品种、效益是经济工作的一项长期的、战略性的任务，要坚持不懈地抓下去，1991年要有个突破性进展。朱镕基同志在第二次电话会议上，总结了各地区、各部门开展“质量、品种、效益年”活动的主要经验和做法，肯定了成绩，提出1991年要实现的三项目标，即：“三角债”清理1000亿元左右，产成品资金占用减少200亿元，企业亏损面和亏损额不得超过1991年6月末水平。下半年，国务院在清理“三角债”、限产压库、调整产品结构、推进企业技术进步等方面采取有力措施，使这一活动取得了新的进展。

一年来，产品质量和品种结构有了一些改善，机电、轻纺行业中的积压滞销产品，如自行车、照相机、录相机、家用电冰箱、吸尘器、纱、化纤、卷烟、啤酒等产品的生产均有不同幅度的下降。一些市场急需的短线产品得到增产。如冶金行业重点抓的14个短线钢材，1991年增长14.5%，研制的28个新品种，其中高强度钢板、船用钢板等13项已经转入批量生产；连铸比由1990年的22.4%上升到1991年26.38%，取得较大增长。1991年下半年以来，工业经济效益开始有所好转。全国预算内工业企业全年累计完成产值比上年增长8.4%，销售收入增长17.4%。实现利税比上年增长8%，其中，1～6月增长6%；7～12月增长16.9%。实现利润227.96亿元，比上年下降14.2%，其中上半年比上年同期下降17.5%，下半年比上年同期增长2.8%。

在开展“质量、品种、效益年”活动中，各地区、

各部门认真加强了企业管理工作。根据"八五"国民经济发展的需要，提出了"八五"期间企业管理工作的目标、工作重点和措施，狠抓现场管理，推动企业的基础管理和专业管理，加强班组建设。不少地区和部门推广了一批好的典型经验。如上海市学上海第二纺织机械厂，化工系统学吉林化学工业公司，石油系统学大庆，石化系统学燕山石油化学总公司等，带动了地区和行业管理水平的提高。

二、企业升级机制进一步激励企业提高产品质量、降低物质消耗、提高经济效益

"七五"期间开展的企业升级工作是一个群众性的"提质、降耗、增效"活动，已成为促进企业加强管理，全面提高企业素质的一种有效的激励机制。企业升级直接瞄准国际国内先进水平，通过标准导向、量化考核，促使企业之间、企业内部形成比学赶超的局面，成为综合评价企业技术、经济和管理水平的统一尺度。这项工作已经引起国内外经济界的重视。1991年在全国范围内开展"质量、品种、效益年"活动使企业升级获得了新的推动力。从前一段的实践看，企业升级机制能否发挥作用，关键在于有没有一个真正能代表先进水平的升级标准。标准太高，难以达到；标准低了，唾手可得，起不了促进作用。还在于企业升级的考核审定程序和其他业务部门对企业的多项考评是否简化易行，切实减轻企业负担，有些考评有无必要？考评过繁过杂，必然给企业增加不必要的负担，引起不良后果。

为了进一步改进企业升级工作，国务院企业管理指导委员会、国务院生产委员会在3月14日向各地区、各部门发出的《关于强化企业管理、全面提高企业素质的意见》中，肯定了"七五"期间开展的抓管理、上等级、全面提高企业素质的工作，取得了很好成效，要求继续坚持开展和完善企业升级标准；改进和简化企业升级的考核办法，切实减轻企业负担；严肃纪律，维护企业升级的声誉。

按照这一安排，部门和地区着手认真修订企业升级标准；并在改进考核审定办法的基础上，认真审批了一批新的国家级企业和省级先进企业。1991年，全国共审批国家一级企业58个，国家二级企业668个，还有一批省级先进企业。连同"七五"期间审批的国家级企业和省级先进企业累计，全国共有国家一级企业191个，国家二级企业4802个，省级先进企业15000多个。这批企业都逐个达到或超过了国家或省市规定的各该等级的产品质量、物质消耗、经济效益、安全工作的具体指标和管理工作要求，分别达到了国际、国内和省内的先进水平。李鹏总理1991年9月23日在中央工作会议上肯定了全国一级企业和二级企业的先进水平，指出"我们有许多大中型企业还是管理得好的，只要把它们的经验加以推广，使更多的企业进入先进行列，就是一个了不起的力量。"

为了说明这批国家级企业的先进水平，现以1991年审定的58个第三批国家一级企业为例，作一简要分析：

1. 产品质量

58个企业考核的314种（类）主要产品质量全部达到国际70年代末、80年代初的先进水平，其中达到当代国际先进水平的有47种（类），占15%。主要特点是：（1）坚持按国际先进标准组织生产。如机电部的4个电子企业主要产品执行国际标准覆盖率达到90%以上。（2）产品实物质量达到世界先进水平，具有较强的竞争力。如哈尔滨电机厂生产的各类水电、火电发电机组质量分别达到美国西屋公司、GE公司、德国西门子公司、挪威KB公司水平，达到当代国际水平。（3）产品开始向深加工、高档次、多品种、系列化方向发展。如国营无锡市第二棉纺织厂生产狭幅、中幅防羽布及涤棉防羽布、缎纹、斜纹防羽布等，满足了不同层次、不同用途的需要，保证了市场常年经销不衰。

2. 物质消耗

58个企业的物质消耗大大低于国内同行业消耗水平，处于领先地位。如冶金部3个企业的吨钢可比能耗为599.3公斤标煤，比冶金行业重点钢铁企业的平均值低397.7公斤标煤。

3. 经济效益

58个企业考核的三项经济效益指标明显高于全国的平均水平。其资金利税率平均为61.59%，人均实现利税为54758.52元/人，全员劳动生产率为70472.95元/人，分别是国营预算内工业生产企业的3.15倍，14.92倍和2.73倍。

4. 安全生产

58个企业的安全生产指标，普遍好于国内行业的平均水平。按平均计算的千人死亡率为0.02‰，千人重伤率为0.072‰，仅为国营预算内工业生产

企业平均值的十分之一和四分之一。

5. 企业管理

58个企业的管理工作很有特色。一是技术进步与企业管理同步发展。有11个企业获“七五”期间国家级企业技术进步奖。二是把管理工作重点放在狠抓基础管理、提高专业管理水平上。这批企业普遍建立了以技术标准为主体，包括工作标准和管理标准在内的标准化体系。定额管理工作达到国内同行业先进水平。三是现代化管理取得成效。这批企业全部采用了计算机辅助企业管理，有近三分之一的企业已实现厂内计算机局部联网。四是重视精神文明建设，充分发挥企业职工的积极性和创造性。

以上是对1991年考核审定的第三批58个国家一级企业的水平分析。其他国家二级企业和省级先进企业的水平分析，由于篇幅有限，不再列举。

任何事物都是一分为二的。5年来，企业升级越来越引起各经济部门的重视，企业升级的考核审定办法也日益为其他部门和单位所仿效。当然，对企业的考核审定办法由来已久，不是企业升级所特有。即使不搞企业升级，对企业的考评办法依然存在。不可忽视的事实是：近几年来，政府有关部门和社会团体对企业的各种检查评比活动越来越多，一些业务主管部门还强制要求企业设置对口机构，配备对口业务人员，严重干预了企业经营自主权，增加了企业负担，干扰了企业的正常生产经营活动，助长了不正之风的蔓延。根据这些情况，国务院于1991年12月5日发出了《关于停止对企业进行不必要的检查评比和不干预企业机构设置的通知》，要求“各地区、各部门和社会团体对企业的各种评比和评比性检查，包括各种升级、评优及各类专项奖等活动，要立即停止进行。正在进行的上述各项活动的善后工作，由主办单位妥善处理。”按照国务院这一通知的精神，企业升级工作不再进行，但已经命名的国家级企业和省级先进企业的称号继续有效，企业管理工作需要进一步加强。各省市都作了具体安排，根据各地情况，提出了加强企业管理工作的具体作法。

三、把加强现场管理和基础工作提到重要议事日程

在“七五”期间，我国企业在“抓管理、上等级、全面提高企业素质”工作中，开始注意加强和改善生产现场管理和基础工作，取得了一定成效。主要是：一些部门、地区和企业逐步认识到搞好现场管理的重要性；在企业升级管理工作综合评价中突出现场管理的要求；抓了各种不同类型企业的试点，积累了不少经验；越来越多的企业现场管理状况得到改善。就全国来讲，现场管理搞得好的企业只是少数，且在地区与地区、部门与部门、企业与企业之间，发展也不平衡。不少同志对现场管理的理解还不一致，有的把现场管理仅仅理解为打扫卫生，搞好文明生产。不少企业规章制度不全，岗位责任不清，劳动纪律松弛，不按标准、工艺规程进行生产。有的企业物流不合理，设备失修，维修保养不良。这些状况严重地制约着经济效益的提高。

为了搞好全国企业的现场管理，有必要统一明确现场管理的内容和基本要求。国务院企业管理指导委员会办公室于1991年3月23日至26日在西安飞机工业公司召开的加强企业现场管理专题座谈会上，明确了“现场”，应包括生产现场、经营现场、生活现场等诸方面。当前，首先要把生产现场抓好，要用科学的管理制度、工艺流程、标准和方法，对生产现场内的生产力诸要素进行合理配置，对生产全过程进行有效地计划、组织、协调和控制。从而建立文明生产现场和良好的生产秩序，使人流、物流、信息流合理、高效地运转，实现均衡、安全、文明生产，达到优质、低耗、高效的目的。

明确了生产现场管理的主要内容，是包括从投入到产出，直接生产和辅助生产全过程、全方位的系统管理。按生产力要素可分为对人（管理者、操作者）、机（设备、工装、计量器具等）、料（原材料、在制品、半成品、能源等）、法（操作规程、规章制度）、环（工作环境等）、信（原始记录等各类信息）的管理。

对生产现场管理的基本要求是：

1. **环境整洁**　各种设备、物品实行定置管理。厂区和车间地面整洁，道路畅通，标记明显，生产环境达到作业要求，环保符合国家规定，消除现场“脏、乱、差”状况，保持文明整洁的生产环境。

2. **纪律严明**　工艺规程、操作规程和安全规程齐全、合理，并得到严格执行；关键岗位、特殊工种实行持证上岗，劳动保护用品按规定配备齐全，使用得当；职工坚守岗位，严格遵守劳动纪律。

3. **设备完好**　遵守设备操作、维护、检修规程，各类设备及附件保持齐全、完好、整洁，设备运行正常。完好率达到规定要求。

4. **物流有序** 现场流动物实行定量化，按规定及时转序或入库，减少或消除各种无效劳动。各种物品摆放整齐、标志清楚，帐、物、卡相符。

5. **信息准确** 各种原始记录、台帐、报表达到规范、工整、准确、传递及时。

6. **生产均衡** 工艺布局、劳动组织合理，岗位责任明确，生产条件准备充分，按工艺流程、期量标准有节奏地进行生产，生产岗位、生产线的负荷被动达到最低限度。

这次会上还提出了加强现场管理的主要措施，要求各部门、各地区和企业提高认识、统一思想；全面规划，分步实施；确定目标，落实责任；加强协调，面向生产。

一年来，各地区、各部门和企业把加强企业现场管理摆到重要议事日程上，并且与开展“质量、品种、效益年”活动和加强企业管理基础工作结合起来抓。如安徽省把工业企业开展现场管理、基础管理、专业管理“三项管理达标”活动作为搞活企业特别是大中型企业的一条重要措施，共确定586个企业为1991年全省规划达标企业，层层落实到基层。山东省针对省内各行业管理特点，确定机械行业重点推广定置管理，以定置管理带动现场管理；化工行业按照化工部的统一部署，着重开展学吉化活动，等等。江西省列出100个企业进行现场管理跟踪，以点带面，真抓实干，涌现了一批加强基础工作，改变脏乱差现象的先进典型企业。

四、《“八五”企业管理现代化纲要》已经制订印发

国务院企业管理指导委员会、国务院生产委员会组织起草的《“八五”企业管理现代化纲要》，是根据党和国家的有关方针政策以及《国民经济与社会发展十年规划和第八个五年计划纲要》制订的，它是“八五”时期推行企业管理现代化的指导性文件。这个纲要的内容是按照我国企业管理现代化的实践进程和发展趋势，在企业管理基本实现由单纯生产型向生产经营型转变的基础上，围绕以提高经济效益为中心，进一步由粗放经营为主向集约经营为主转变这一基本思想，分层次地展开的，着重解决管理现代化的一些战略性问题，以启发思想，确定目标，指明方向，理顺路子。属于战术性、具体的操作性问题，由各部门、地区和企业结合自己的实际加以解决。

《纲要》内容分为13个部分，即：指导方针与战略目标；战略管理；促进经营机制的完善；企业管理整体优化；管理基础工作与现场管理；技术进步的管理；计算机管理信息系统；现代管理方法的普及和提高；集团式经营；外向型管理；人才开发；企业精神文明建设；领导与措施。国务院企业管理指导委员会、国务院生产委员会已于1991年6月12日将这个《纲要》印发给各地区、各有关部门研究执行。

五、行业企业管理规范的研讨起草工作有了好的开端

制订行业企业管理规范是在“七五”后期提出来的。当时的指导思想是，企业升级的激励机制虽然得到国内外的重视和众多企业的欢迎，但升级的企业毕竟是少数。为了更广泛地调动全国所有企业加强管理的积极性，引导企业逐步实现管理工作规范化，很有必要按行业制订行业企业管理规范，由行业进行分类指导。企业升级工作停止后，考虑到我国企业，特别是中小型企业，由于历史文化的原因，小生产的经验管理的积习很深，规章制度很不健全。虽然经过多次整顿，管理水平有所提高，但由于对企业的生产经营活动及其管理缺乏一个统一的、规范化的要求，管理的随意性很大，反复也很大。这种状况与我国经济发展的要求越来越不适应。为了引导全国所有企业普遍提高生产技术和管理水平，使企业管理工作逐步实现规范化、标准化、制度化。这就需要各主管部门在摸清情况的基础上，按照行业特点和要求，分行业制订企业管理工作规范。

国务院生产办公室、国务院企业管理指导委员会明确了行业企业管理规范的主要内容，包括企业经营决策、计划、生产、质量、技术、物资、劳动人事、成本财务、营销等项管理工作要干什么、应达到的要求和必须遵循的政策法规。规范内容的结构、重点及行业的划分，由各部门根据实际情况确定。对企业如何实现规范化管理，不强求统一的模式。

还明确了制定行业企业管理规范应遵守的原则是：必须适应深化改革、转换企业经营机制的要求，巩固和发展改革成果，切实保障企业自主经营，有利于增强企业活力，把企业推向市场；必须符合国家的有关方针、政策、法规，特别要把《企业法》作为制定规范的主要依据；要按照科学系统的原则，统筹规

划各项管理工作的职能、内容和要求，协调好各项管理工作的关系，发挥企业管理的整体功能；行业划分宜粗不宜细，内容要突出重点，注重实效，使规范对全行业的企业（包括国营企业、集体企业、乡镇企业）具有普遍的指导作用；必须坚持先进、科学的原则，广泛吸收和借鉴国内先进管理办法，特别是本行业行之有效的管理经验。随着行业企业管理水平的提高，改革的深化，科学技术的发展，还要适时对行业企业管理规范进行修订、提高，使之不断适应新形势的要求。在制订行业企业管理规范时，既要使规范对企业改善和加强经营管理起到指导作用，但又不要束缚企业手脚。一年多来，一些部门已经着手制定行业企业管理规范，化工、汽车、船舶等部门已经起草出规范初稿。这项工作已经有了一个良好的开端。由于这是一项新的工作，还没有成熟的经验，需要进一步探索。

（冯心言　执笔）

“创优、分核、联利”网络管理法的创造与推行

河南省宋河酒厂

河南省宋河酒厂座落在春秋古城、老子故里——鹿邑县枣集镇古宋河之滨，始建于1968年。现有职工2500多人，厂区占地面积34万平方米，固定资产7200万元，年产曲酒万吨以上。从1980年至1991年的12年间，我厂产值由200万元增加到1.2亿元，增长59倍，税利由130万元上升到5056万元，增长39倍；曲酒产量由800吨上升到10000吨，增长12.5倍；固定资产增长了40.8倍。12年来，我厂累计实现税利1.6亿元，上缴国家1亿元。产品质量四度夺魁，其主导产品“宋河粮液”创省优、部优、国家金奖、国际金奖；企业管理水平由省一级企业晋升为国家二级企业；连续4年获省经济效益显著单位，1989年至1991年3年间，利税年均递增率为47.2%；1990年荣获全国500家、同行业50家最佳效益企业的称号之一。这些成绩的取得，与我厂首创并推行“创优、分核、联利”网络管理法有着直接关系。

“创优、分核、联利网络管理法”的主要内容与运作方法如下：

“创优、分核、联利网络管理法”（以下简称“优核利”）是针对我国白酒生产行业的特点，运用系统原理，面向市场，以争创优质产品为核心，以分级经济核算为手段，以综合指标联系利益分配为动力，硬化企业内部管理，充分利用科技进步，不断提高质量效益的融合型的现代化管理方法。这种管理方法，运用价值规律，把企业模拟为商品市场，把国家银行在宏观经济管理中的结算、监督、控制和调节职能引入企业管理，使企业整个生产经营过程，变为企业内部模拟的商品交换过程，变车间以及班组之间连续性生产的工序及供领关系为按厂内价格结算的商品买卖关系。其核心是适应和占领外部大市场，建立和管好内部小“市场”（即模拟市场），将生产过程转换为分层的资金流通过程，以交换职能控制生产职能，使两个“市场”形成网络循环，并将模拟商品交换与等量劳动交换分层次融合，将价值增殖和价值实现过程以及按劳分配过程通过经济核算的分层网络控制，紧紧联结在一起。从而全方位调动全员职工生产、科研、管理的积极性，在创优、挖潜、增产、节支诸方面提高企业的经济效益。

一、整体质量优化

整体质量优化，是以提高产品质量为中心，进行全方位的优质管理。

一是科学决策促质量。为在激烈的市场竞争中求得生存和发展，我厂在广泛征求各方面意见的基础上，结合本厂实际，运用科学的方法，对稳定提高产品质量，进行了以下几个方面的决策：（1）全面推行**TQC**管理方法，上质量；（2）优化工艺操作规程，促质量；（3）调整产品结构，保质量。

二是向管理要质量。为保证产品质量的稳定提高，在管理方面：建立了质量保证体系；优化工艺操作规程；将利益分配机制纳入质量管理的全过程。

三是购进原材料保质量。厂对供应科实行计划购进控制、限价、保质采购。各类物资都制定相应的质量标准，由质量技术检验科负责进厂物资的检验，

不符合标准的物资一律拒收。原材料进厂后，供应科出据报检单，质检人员按照规定的质量标准进行检验，填写质检单，然后检斤入库，仓储科填写入库单，内部银行凭报检单、质检单、检斤单、入库单，办理结算手续，财务科凭上述手续付款。这样，就把采购质量、物流和资金流融为一体，确保产品的“先天”质量。

四是加强现场管理上质量。生产现场管理是企业管理基础工作的重要组成部分，是生产第一线的综合性管理，它包括从投入到产出，基本生产和辅助生产的全过程，是各项基础工作和专业管理在生产现场的有机结合。推行了定置管理，治理现场环境；调整作业布局，做到物流畅通；优化劳动组合，提高生产效率；强化基础管理，保证信息畅通；协调专业管理，综合治理现场；搞好班组建设，加强班组的基础建设和民主管理，制定班组工作标准和岗位工作标准，严格劳动纪律和工艺纪律，开展形式多样的班组竞赛活动等工作。

二、分级核算控制

我厂实行的是三级核算四级管理，即厂部、车间、班组、核算到人。我们把车间（班组）和工厂其他单元模拟成“商品生产者”，将生产过程变为资金循环过程，并以厂内部银行为枢纽，在企业“同步市场”里，形成“小循环”中的“内循环”（指企业内部的资金循环）和“微循环”（指车间内部的资金循环系统和经济关系）系统。

分级核算控制，按照全面经济核算的要求，以财务核算为中心，以目标成本控制为内容，以厂内银行核算为依托，以审计监督为保证，以不断提高经济效益为目的而建立起来的系统管理网络。

1. 设立厂内银行。厂财务科与内部银行在统一方法、统一时间、统一原始凭证、统一核算内容、统一会计科目的基础上，实行双轨制核算。财务核算按照资金在企业运动的轨迹，实行分步、分阶段核算，计算产品实际成本。财务成果，编报财务表，对报表进行全面分析，为领导的经营决策提供依据。

在双轨核算制的基础上，建立和完善了企业内部的网络核控体系，厂内银行是企业内部核算的中心，各核算单位设有核算小组，班组设有核算员，把财务核算和厂内银行核算有机地结合起来，使之互相补充。

2. 分级核算，全过程控制。厂部核算是按照年度工厂目标，将产量、质量、消耗、费用、成本、利润等指标按照各核算单位的生产能力，分解到各有关单位，车间核算是将生产活动过程中，实际投入和产出进行比较，计算劳动成果，将工资收入通过核算分配到个人。

全过程控制，就是跟踪资金在企业运动的轨迹分为产前控制、产中控制、产后控制和行政管理控制四个方面。

三、联利无级分配的实施

联利无级分配是以提高产品质量和劳动效率为中心，取消以往工资等级分配办法（将原工资等级变为档案工资）。将按劳分配具体化为以质量效益为主的分配，即按实现的劳动价值成果分配。其分配依据主要是每个人当月实际完成的不同质量的产量，考核指标包括产量、质量、消耗、成本和效益等。

联利无级分配方法是：目标成本的核算以一个月为计算期。月终厂部和车间进行目标成本核算分析，总结经营成果，利益与质量、效益挂钩。分配分为3个层次：厂部对车间，车间对班组，班组对个人。

厂部与车间之间的分配：车间应得工资总额＝当月实际产量（区分优质酒和一般曲酒）×吨酒工资含量±内部分成利润。

车间对个人的分配：个人月工资＝班组工资总额÷班组总分数×个人当月得分；

厂部对管理部门的分配：部门月份应得工资总额＝按定员人数核定的标准工资总额＋基础奖金±厂实际月完成利税总额÷厂月计划利税总额×100%×1元×单位核定人数。

联利无级分配的原则：该厂的无级分配，在核定目标成本，确定工资基数时，以年工资总额增长10%左右为标准，并且打破了三种界限：一是工人与干部的界限；二是工种界限；三是工资级别界限。坚持三个原则，即一线高于二线，二线高于行政管理的原则；经济效益与个人利益挂钩的原则；利润留成不得分光吃净的原则。

四、网络操作

“优核利”法的实施，采取以网络运行的形式为主要操作系统，处理好目标、动力与运行序列的关系，使各个管理点联成线和互约的网络。

1. 目标制约全过程 作为网络操作的“牛鼻子”，主要是明确总体目标、分解实施目标。总体目标为：质量—创金牌、保金牌；效益—每年一个台阶。通过三次反馈，然后分解下达，使各个“内循环”、“微循环”系统与整体之间达到运行的最佳状态，实现企业经营的良性循环和效益的螺旋上升。

2. 实施过程中动力机制系统的运用 为使动力机制网络化，实施该管理法中由指挥台（厂长、党委）统一调度，政治思想、劳动工资、生产销售、科技管理等系统及工会和各个群众团体，从不同侧面运用各种动力机制，围绕管理目标运行，并同深化改革结合起来，形成动力运行网络。

一是精神激励。通过全员教育，重点解决职工的主人翁责任感，提高对推行该管理法意义的认识，运用表彰方法鼓励先进，鞭策后进。

二是物质激励。改革等级分配制度，实行“无级分配”，分层操作，分层奖励，并改革福利制度（如住房制度改革），解除职工的后顾之忧，丰富职工的文化生活，提高职工推行该管理法的主动性。

三是制度激励。改革劳动人事制度，打破旧的等级制、终身制，实行全员合同制，增强职工的奋进精神。

四是环境激励。创造一个舒适、安全、整洁、美好的生产工作场所，保证职工精力充沛地进行创造性的劳动。

3. 运行模式 “优、核、利”法是由“点（圆心）、线（纵横）、面（网）”三组轨迹线组成的相对封闭的运行轨道。（1）“优”为企业的生命，处于“核心”地位，是整个运行图的圆心，企业的一切工作都要围绕创优质、夺金牌这一中心。（2）“核”、“利”是手段和动力，两者在企业的创优质、夺金牌活动中，既有纵向的核算控制与利益激励，又有横向的核算控制与利益激励，两者使企业内部形成了纵横交错的核控与利益分配网络。（3）企业的“内循环”和车间的“微循环”既与整体保持紧密联系，又在其独立操作中处在相对封闭状态中运行。“优、核、利”三者纵横交错，有序融合，纵向到底，横向到边，信息连结，形成了相对封闭的网络圆形运行轨道。

总之，“优核利”网络管理法的基本内涵，是突出产品质量，争创国家名牌；抓住企业管理中的薄弱环节，硬化经济核控；克服平均主义的分配办法，全面实行“无级分配”，极大地调动了全体职工的积极性，从而使宋河酒厂的管理跨上了一个新台阶。

强化现场管理，提高企业素质

西安化工厂

西安化工厂是全国22个重点氯碱企业之一。现有职工3128名，固定资产1.1亿元，产品主要有烧碱、电石、聚氯乙烯、液氯等10余种。30多年来，一直担负着为全国380余家企业提供化工原料的重要任务。

近几年来，我厂通过狠抓现场管理，加强了企业管理的各项基础工作，增强了广大职工的主人翁责任感，同时也提高了企业管理的水平。我厂先后荣获国家能源管理二级企业、国家设备管理二级企业、全国学吉化先进单位、化工部无泄漏工厂、清洁文明工厂、陕西省省级先进企业、陕西省企业管理优秀奖、西安市环境保护先进单位、西安市思想政治工作优秀企业等称号。1991年4月我厂供水二工段被评为全国先进班组，荣获“全国五一劳动奖状”。

我厂加强企业管理的具体做法是：

一、坚持从严治厂，狠抓建章整纪

我厂坚持“严”字当头，实行严格标准，严格要求，严格管理，严格检查。一是由厂整顿办公室深入基层，检查各单位抓现场管理的总体情况；二是由厂部职能科室按主管业务进行专业检查；三是厂领导带领有关人员进行综合大检查；四是组织工人代表不定期地检查科室机关；五是车间领导每天对本单位全面检查。多年来，我们努力使现场管理工作制度化、标准化、规范化，基本坚持了每旬进行一次专业检查，每月进行一次综合大检查。我厂还狠抓了建章整纪，先后修订完善了岗位责任制、安全生产制、巡回检查制、岗位练兵制、设备维护保养制、质量负责制、经济核算制和岗位交接班制；制定了科室人员工作标准。另外，还制订下发了《全面整顿劳动纪律的规定》、《治理厂容、厂貌脏乱差的通知》、《严格交接班，恢复班前、班后会制度》、《开展两严三防安全活动的通知》和《修订工艺报表及进一步加强工艺纪律检查的通知》等，建立了检查制度和检查标准，即：“干部作风、劳动纪律检查标准，设备、机电、仪表管理检查标准”等。

二、坚持常抓不懈，重视基础管理

我们根据本厂的实际，从整顿劳动纪律、工艺纪律和治理脏、乱、差、跑、冒、滴、漏现象入手，开展生产现场管理工作。一是全面整顿劳动纪律。要求职工提前15分钟到岗，召开班前会，实行公开考勤。对违反劳动纪律的现象规定了明确的处罚办法。二是认真整顿工艺纪律。要求原始记录报表字体仿宋化；建立巡回检查挂牌制；实行预检列队交接班，做到十交、五不交（十交）：(1)交本班生产和任务完成情况；(2)交设备、仪表运行和使用情况；(3)交对不安全因素采取的预防措施和事故处理情况；(4)交三级过滤和工具的数量及缺损情况；(5)交工艺指标执行情况和为下班做的准备工作情况；(6)交原始记录是否准确完整；(7)交原始记录使用和产品质量及存在问题；(8)交上级指示要求和注意事项；(9)交岗位区域卫生；(10)交跑、冒、滴、漏情况。五不交：(1)生产不正常、事故未处理不交；(2)设备问题不清楚不交；(3)卫生区域不干净不交；(4)记录不整齐、不清楚、不准确不交；(5)车间指标任务未完成不交。三是治理脏、乱、差、跑、冒、滴、漏，消除“七害”。我厂还制订了室外环境和室内的卫生达标要求：室外环境无卫生死角；室内做到细化、优化、整洁化、规范化。室内主要整顿“三室”、“三箱”，即操作室、更衣室、办公室和工具箱、更衣箱、文件资料箱；同时大搞设备卫生，严格按无泄漏的要求，堵绝设备、管道的跑、冒、滴、漏，做到轴见光，设备见本色，完善设备承包机制，实行“四定一挂”制度，即定人、定时、定点、定检查路线和挂牌检查制。

我厂还将安全管理作为整顿的重要内容，规定工人持证上岗，整齐着装，上岗朗读安全誓词，并规定消防器材定位放置，安全警句悬挂醒目等。

三、坚持全员发动，重视班组建设

为了使生产现场管理工作落到实处，使现场管理成果不断巩固和提高，我厂在班组建设上狠下功夫，采取了七条措施：一是成立班组建设领导小组，主要领导亲自抓，各级领导层层抓，党政工团齐抓共管；二是配齐班组的两长八大员，形成班组的核心力量，使班组管理工作从组织上得到落实；三是采取举办班组长学习班和走出去学习、请进来帮教的方法，提高班组长素质；四是制订班组工作全面规划和分段实施目标任务，制订班组现场工作的要求、考核标准及班组达标工作的验收细则；五是实行车间党、政、工领导及业务人员分片包干，把班组工作达标情况同经济责任制挂钩；六是厂部定期组织验收，并按规定对班组及包干领导予以奖罚；七是每月由车间自查，厂部抽查，按标准进行打分，以此作为竞赛评比和班组验收的依据。

四、坚持以人为本，重视培养作风

在狠抓现场管理的过程中，我们紧紧抓住“人”这个关键因素，把加强思想政治工作，努力培养“四有”职工队伍作为企业管理的重要内容，重点抓好三个加强；一是加强中层以上领导干部的思想作风建设；二是加强对全厂党员和班组长以上骨干的培养和教育；三是加强对全体职工的经常性教育，培养一支素质高、作风好、能打硬仗的“四有”职工队伍。我厂在职工中大力倡导“开拓进取、务实奉献”的企业精神，以增强职工的主人翁责任感。我们还举办班组长培训班、管理知识讲座和各种形式的技术业务培训、岗位练兵和竞赛活动，提高了职工的技术、业务素质和操作技能。

改革促管理，管理出效益

刘家峡化肥厂

改革开放使刘家峡化肥厂面貌发生了巨大的变化。企业由亏损变成利税大户，主产品尿素质量合格率从不足70%提高到100%，其中一级品率从零提高到90%以上。在1985年和1988年全国中氮企业尿素质量评比中，均获总分第一名，被评为部优产品，并一直保持这一荣誉。化肥催化剂由当年的6种老产品发展到11种新产品，其中5种为省、部优产品。1991年，优质产品产值率达83.34%。合成氨耗电、耗油，尿素耗氨等指标，在同类型企业中一直处于领先地位，连续6年被评为节能先进单位，两次受到国家表彰，1987年被评为国家二级节能企业，1991年，万元产值综合能耗为18.38吨标煤。产值、利税平均以每年11.25%和22.08%的速度递增。近年来，在每年平均消化500万元左右涨价因素的前提下，仍取得了较好的经济效益，1991年实现产值1亿元，利税966.8万元。13年来，共获省、部级以上部门授予的荣誉称号153项，其中国家级的25项，成为全国思想政治工作先进单位、甘肃省企业改革管理标兵。

我厂的迅速发展，得益于企业经营机制的转换和企业管理体系的健全。我厂在正确处理改革与管理的关系，坚持“以改革促管理，用管理保改革”方面做了以下几项工作：

一、夯实基础，为改革架桥铺路

改革前，我厂的管理工作基础很差。改革一开始，我们从零点上起步，一点一滴地积累，抓住一点，巩固一点，落实一点，不断充实基础工作的内容。

一是健全管理制度。从强化工艺纪律、安全纪律和劳动纪律入手，建一项制度，抓一项落实，逐步完善。共建立健全各类制度119章379条。进而在全厂各个岗位建立起了岗位责任制，在各系统建立起了系统管理制度，使制度形成了体系。

二是推行标准化管理。我们瞄准国际先进水平，结合我厂实际，从原材料进厂到产品生产、销售，从个人工作到部门管理等各个环节共建立了2104项技术标准和管理标准，形成了一个完整的标准化体系。

三是建立信息网络。我们先后共建立9个信息分中心，充分利用计算机等工具，形成了一个全行业、多层次、国内外信息互通，管理、经济信息并蓄，图象、数据并重的信息管理网络。

四是搞好“双定”。我们比照先进的定员、定额水平，每年修订一次标准，使定额面达95%，大大提高了劳动生产率。1991年全员劳动生产率达到48433元/人·年，比1979年提高了31654元/人·年。

二、转换机制，全面深化改革

在深化企业的改革中，我们围绕束缚企业生产力发展的领导制度、干部制度、用工制度、分配制度，进行了全面配套改革。

1、改革企业领导制度 我厂的领导制度改革，是分为三个步骤进行的。第一步，实行中层领导聘任制。即变由上级任命为厂长聘任，并且根据受聘人的“德、能、勤、绩”，随时解聘。这就打破了长期形成的“领导干部终身制”，各级领导班子焕发出了前所未有的生机与活力。第二步，实行聘任和招标承包相结合。变厂长要我干为我自己要干，增强了责任感和竞争意识，形成风险共担、利益共享的新机制。第三步，实行全面考察，滚动承包，分步到位的办法。即到承包期满时，对原班子进行全面的组织考察、民主评议，最后提交党政联席会议上研究，对成绩好的继续聘任，对不称职的予以调整。对新提拔的领导干部，按以上程序通过后，还要实行“代理制”，锻炼、考察一年后再到位。这就使选拔的领导干部更加稳妥、可靠。在改革领导制度的同时，对全体干部实行的聘任、考聘制和选聘制，真正形成了“能上能下，能官能民”的新机制，初步建成了一支勇于开拓、作风过硬、政治可靠的干部队伍。

2、改革劳动制度 我厂以“在岗、试用、编余、编外、厂内待业、辞退”六步劳动组合法为基础，对职工采取动态优化组合，在岗位用工上做到有进有出，不搞一次定终身。首先，建立健全了优化组合运行机制，对6个档次相应确定不同的工资、奖金待遇。根据职工业务水平、劳动态度等因素，实行动态运行。其次，建立健全了上岗有条件、在岗有责任的考核机制。为避免“亲化”组合，我们对所有岗位都制定了工作标准和技术要求，制定了《岗位规范》，定期检查月考核，逐步完善考核机制，使劳动用工管理更加规范化、科学化。第三，逐步建立健全层层签订合同的法律约束机制。结合企业内部承包经营，从厂长到每一名工人，都要层层签订合同，合同中明确规定每名职工的生产、安全、消耗、质量及精神文明建设等指标，以契约的形式，进一步明确全体职工的责、权、利，实行全员合同化管理。

3、改革分配制度 在分配制度改革上，我们始终坚持以下原则：第一，差别的原则。根据不同岗位，不同人员及所付出的不同劳动，使其收入形成差别。主要体现在“四个倾斜”上，即向一线倾斜，向有特殊贡献者倾斜，向刻苦钻研业务者倾斜和向科技成果倾斜。第二，连动的原则。职工收入与经济效益相挂钩，而且不断提高挂钩基数，筑起了国家利益——企业效益——职工贡献的“命运共同体”。第三，奖罚分明的原则。在对有特殊贡献者奖励的同时，对违犯厂规厂法或因工作失误给企业造成损失的人员，实行降工资等一套严厉的处罚措施。

三、改革、管理同步配套，促进企业不断发展

1、在时间上同步 我厂自1984年全面推行改革以来，在每推行一项改革的同时，跟上一套管理。1987年，我厂开始实行承包经营责任制，这时出现了一种以“包”代管，包而不管的现象。我们坚持了改革和管理并举，并逐步摸索出了一套以改革促管理，用管理保改革的成功经验。

2、在措施上配套 在进行劳动用工制度改革的过程中，我们相应地修改了经济责任制，定员、定额及管理标准、工作标准等，使它们不断适应改革的需要。我们在每年进行经济责任制方案修改时，都结合“六步劳动组合法”中的每一个档次，确定其相应的收入待遇，并逐步形成标准，使改革与管理互相配套。

3、在组织上统一 改革和管理，是我厂党、政、工、青、妇的工作重点，各自在不同角度、从不同侧面开展工作，拧成一股绳，同唱一台戏。厂里的中心工作由厂长亲自挂帅，党、政、工主要领导参加组成领导班子，各主要职能科室的领导组成工作班子，统筹兼顾，为深化改革和强化管理提供了有力的组织保证。

（曾钦刚、胡耀　中执笔）

以优取胜，以管促优

——中山市威力洗衣机厂深化改革、加强管理成效显著

李 伦 树

几年来，中山市威力洗衣机厂经过强化管理，深化企业内部改革，走内涵发展道路，狠抓技术进步和技术革新逐步建成一个起点高、发展快、产品优、效益好的国家一级企业，成为全国洗衣机主要生产基地之一。

1985年至1991年，该厂工业总产值从9153万元增至5.8亿元，增长6倍多；产量、产值、销售收入、完成利税和全员劳动生产率，连续6年居全国同行业之首。

1990年全国洗衣机市场疲软、滞销，该厂的产品却产销两旺，一枝独秀。1990年该厂洗衣机产、销量第一次突破百万大关，达110.3万台。总产值5.3亿元，销售收入4.83亿元，分别比上年增长66.6%、61.1%。1991年生产突破第二个百万大关，全年生产128万台，占全国洗衣机生产总量的18%以上。

中山市威力洗衣机厂在市场疲软中为何能产销两旺，其主要经验和体会是：

一、以优取胜

优，是指产品优、价格优、服务优。

产品优：该厂生产的主导产品是双桶普及型和全自动型两个系列4个品种的洗衣机。其中**XPB**20—**S**型双桶洗衣机1988年获国家银质奖，1989年经轻工部检测，该产品各项质量指标全部达到**A**级，即达到国际先进水平。

为了保证质量，该厂建立了“三关”检测制。一是生产过程中的自检、互检和车间总检，保证不合格的产品不出车间；二是出厂前的电脑检验，保证不合格的产品绝不流入市场；三是产品出售前的开箱检查关。该厂产品一次开箱检查合格率达到99%以上。

价格优：1989年下半年，全国销售市场疲软，该厂库存2万台，商业客户积存10万台。该厂为了打开销路，对市场和用户作了广泛的社会调查，发现群众有“持币待购”的心理，即等待商品降价才买。为此，该厂经过核算，决定让利出售。把以往的“优质优价”改为“质优价廉”，一次性把双缸洗衣机售价下调80元。与国内同类产品相比，威力洗衣机的价格是最低的。降价后，商业部门积存的产品差价1000多万元全部由厂补回，从而赢得了信誉，赢得了用户，打开了销路，夺回了市场。

服务优：目前该厂拥有用户超过500万，遍布全国城乡各地。该厂除了采用派人巡回维修的办法外，逐步在全国各地建立了489个维修点、站，并在主要大城市设立了维修总站，统管这些星罗棋布的维修点。维修人员由当地推荐，该厂负责技术培训，这样就在全国形成了一个维修网络，随时可登门为用户服务。1991年10月份，该厂为华东受灾用户举办了“洪水无情威力有情，用户有难威力尽责”的服务月活动，免费维修和更换零配件，深受用户称赞。

二、以管促优

管，是指管理要严、实、细。

中山市威力洗衣机厂根据日本“**CPS**”管理方法，经过消化、吸收，建立了一套自己的管理方法，

即“**WMS**”管理方法。用这个方法对全厂各个部门、车间、个人实行统一管理。这个方法要求，把该厂各个时期的目标，以计划任务、规章制度、职工手册等形式，进行纵横分解，落实到全厂领导班子、各个部门、各个岗位和每个生产、工作环节。全厂实行闭路电视监控、电脑管理和标准化、制度化、规范化的定置管理。不论厂长、部门领导还是职工，都要按此进行生产和工作，不论任何人（包括书记、厂长），如完不成任务或违犯规章制度，都要按章受罚。因此，全厂形成了一个“连动机”，每个人都是这个“连动机”上的一颗“螺丝钉”，每个人都要自觉、高度负责地把自己这颗“螺丝钉”拧紧，保证每个环节上都不出现差错。

三、以技保质

技，即技术革新和技术进步。

1990年以来，该厂发动职工对原有设备进行了多项技术革新和技术改造。模具车间主任徐有泉，亲自设计和制造了一系列复杂的模具、专用设备和改造了洗衣机分水槽，使生产效率提高1倍，产品合格率达99.5%，每年直接经济效益超过50万元。机电班长梁钢成，改进了日本进口的大型注塑电脑控制系统，采用国产元件，既节省了大量资金，又甩掉了“洋拐棍”，打破了过去出现故障要请日本人来修理的被动局面。总装车间也对流水线进行了成功的技术改造。由于这些技术革新和技术进步，使产量直线上升，洗衣机装配速度从原来的28秒一台缩短到17秒，又再缩短到11.3秒一台；单班产量从800台提高到1600台，又再提高到2100台，计时产量工时从8小时压缩到6.5小时。这三项技术效能均超过国外同行业的先进标准。

为了使企业多元发展增强后劲，该厂依靠科技力量，建立了威力模具中心，现在这个中心已经具备了模具设计和生产能力。

1991年，他们集中技术力量，加快新产品开发，拓宽国内、国际市场。结果在很短的时间里，他们推出了品种、规格、档次完整的系列新产品。这些产品不仅满足了城市各个不同消费层次的需求，而且深受广大农村用户的青睐，也受到了一些发展中国家人们的欢迎。今年初推出的全塑大容量洗衣机，由于款式新颖、结构独特，首批产品全部为外商定购，而且订货的合同不断增加，出口产品出现了供不应求的局面。

由于该厂不断进行技术革新和技术改造，大大提高了劳动生产率，人均实物生产率远远超过国外同行业的600～800台的标准，达到1113台。而且单台成本比原来又下降了72元。1991年该厂被国家评为“质量效益型”先进企业。

吉林省大力推进企业组织结构调整

吉林省经济体制改革委员会

吉林省企业组织结构调整工作是伴随着企业改革和治理整顿的不断深化而逐步展开的。在全省大面积推行承包制的基础上，使企业扩大了经营自主权，从而带来了企业间的产品、技术、资金、管理乃至企业的整体横向转移。全省企业包企业、企业租企业、企业兼并和发展企业集团十分活跃，对促进全省治理整顿目标的实现、经济的发展和改革的深化起到了有力的推动作用。

一、发展趋势健康，效果明显

1. 企业生产要素流动和优化组合的规模由小到大，范围逐渐拓宽 全省企业已同28个省市产生了经济协作关系，有60%县以上工业企业和76%的预算内工业企业开展了各种形式的联合，企业间的承包、租赁、兼并正在向纵深发展。全省已有73户企业承包了75户企业，有15户企业租赁了15户企业，有318户企业兼并了443户企业，有21户企业实行了拍卖，组成较大企业联合体239个，其中较大的企业集团52个。

2. 企业生产要素流动和优化组合的方式、手段由浅入深，向多样化发展 从调整方式上看，出现了由生产要素的单项流动发展为企业的整体流动及集团化的趋势；从调整的内容上看，从企业经营一体化，发展到资产经营一体化；从调整手段上看，出现了行政划转和产权有偿转让相结合（其中包括购买式、承担债务式、参股控股式、吸收股份式）的方式和手段。

3. 生产要素流动和优化组合的目标和任务，逐步明确和深化 最初，生产要素的流动仅仅作为扭亏增盈和救活劣势企业的一种手段，到了后来，已把调整结构作为提高自我发展、自我改造能力的一种有效途径。如吉林市和辽源市的化工、医药企业同吉化公司的联合，就是基于这样认识的自觉行动。

4. 生产要素流动和优化组合中政府的推动作用、市场的导向作用，呈现逐步强化和相互促进的趋势 各级政府和主管部门加强了对这项工作的领导，成立了领导机构；同时，一些地方还强化了市场调节的功能，并首先在辽源市建立了产权转让市场。目前，这种市场已发展到18户。

二、积极组织，大胆探索，工作中积累了不少经验

1. 把企业组织结构调整和完善发展承包制结合起来，利用承包制的激励机制、风险压力和基数调节作用，增强企业的发展意识 承包制最本质的内容是推动企业向“四自一独”的方向迈进。正是有了这种机制，企业才不断地增强发展意识，产生联合、兼并的内在动力。同时政府还充分利用承包基数这个调节杠杆，有意识地培育投资主体，增强企业自我发展、自我调整的实力。在上一轮承包中，吉化、通钢、铁合金厂的承包发展和扩张，充分显示了承包制与结构调整相结合的巨大威力。

2. 把企业组织结构调整同技术改造和技术进步

结合起来，走先改组、后改造的调整路子 一汽、吉化公司、通钢和铁合金厂就是在改组的基础上进行改造的，不仅主体企业增强了实力，集团内的其他企业也都有了较大发展，形成了行业优势。

3. 把企业组织结构调整同新产品开发结合起来，从调整企业产品结构入手，启动企业组织结构的调整 几年来，吉林省一直把拳头产品、名优产品作为企业组织结构调整的“内核”。机械、电子、轻工、纺织、医药、冶金等重点行业出现的一批企业集团和联合体基本上是围绕这些产品产生的，形成了规模效益和群体优势。

4. 把企业组织结构调整同资源优势结合起来，依靠资源优势，发展支柱产业，促进结构的优化 以黄龙公司为代表的粮食深加工、精加工和粮食转化等工商、工贸、农工贸企业集团正在向着形成群体优势的方向迈进。梅河口医药集团和省医药公司等联合开发的人参集团，围绕长白山药材资源，大力开发新产品，使企业组织结构正在走向优化。

5. 把企业组织结构调整同解决现实经济、社会的实际问题结合起来，通过优势企业带动劣势企业，加快调整步伐 通过企业间的联合和承包救活企业99户，通过兼并消化亏损企业244户。

三、调整目标明确，工作路数清晰

吉林省企业组织结构调整一直是有组织有计划进行的。

1. 确立了企业组织结构调整的目标和指导原则 从总体上讲，企业组织结构调整目标就是提高“三个合理化”程度，即企业规模合理化、专业化协作与分工合理化、企业布局合理化。具体来说，就是在全省建立一批在国内具有较强竞争能力的企业集团；扶持和发展一批应用新技术、开发高附加值和优质名牌产品的小型高效企业；对不符合产业政策要求的企业实行关停并转。调整中，始终坚持服从全局的原则；实事求是的原则；存量调整与资产增量调整相结合的原则；利益兼顾的原则；科研与生产相结合的原则；实行全方位、开放式调整的原则；统筹规划、积极稳妥的原则。

2. 明确了企业组织结构调整的工作路数 吉林省在企业组织结构调整中，坚持从实际出发、树立长远观点和全局观念，进行统筹规划、精心指导，不搞“急功近利”。

第一，围绕我省已形成的支柱产业优势，发展多形式、多层次的经济技术联合与配套协作，带动我省相关企业发展，壮大支柱产业的经济优势。吉林化学工业公司在巩固已有成果基础上，积极发展与吉林油田的联合，逐步实现“采、炼、加”一体化，并正在围绕新上的30万吨乙稀和30万吨合成氨，配套进行系列化生产，使一批中小企业围绕吉化进行专业化配套生产。在汽车工业发展上，正围绕一汽“八五”期间新上的轻型车、高尔夫轿车，在汽车零部件、油漆、塑料、橡胶、玻璃等方面为一汽搞好配套，从而带动了地方企业的发展。如长春市出现了一批为一汽汽车生产配套的汽车零部件厂、轮胎、钢化玻璃、油漆、塑料等相关企业，使汽车工业成为左右长春市经济的支柱产业，产值占全市工业总产值的30%，实现利税占全市利税的28.6%。

第二，围绕发挥资源优势进行企业组织结构调整，迅速提高开发、生产能力，使资源优势尽快转化为产品优势和产业优势。以医药工业为例，该行业在吉林省有很大的发展潜力，化学制药，中成药和生物制药在吉林也具有丰富的原料优势和加工能力。吉林省在现有基础上，准备形成三大生产体系：一是以吉化公司、四平联合化工厂为原料基地，组建化学制药集团；二是以长白山地区的自然资源和养殖、种植等中成药原料为基地，以中医学院等科研单位为依托，发展集约化、一体化的企业集团；三是以生物研究所、白求恩医大为依托，建立生物制药联合体。

第三，围绕骨干企业进行企业组织结构调整，发挥优势企业的作用，带动和影响相关企业的发展。对一些有一定经济实力和发展潜力的企业，一方面，通过企业组织结构的调整，推动这些企业更快发展；另一方面，发挥这些企业的技术、管理、产品优势，带动相关企业的发展。具备条件的，核心企业功能较强的可以直接组建企业集团。吉林省汽车配件公司以一汽为依托，联合若干汽车配件企业成立了吉林省汽车配件集团，为推动汽车工业的发展起到了积极的作用。

第四，围绕名优新产品进行企业组织结构调整，组建以名优新产品为龙头的企业集团和联合体。吉林市电冰箱总厂1987年正式投产，1988年产品被评为部优。1989年经过技术改造，该厂开发出电冰箱蒸发器新产品。为了适应企业的大发展，1989年10月，又以电冰箱产品为龙头，与58个工业企业、

11个商业企业、10个科研和外贸企业，组建了有核心层、紧密层、半紧密层、松散层和跨地区、跨行业、跨所有制的吉诺尔电器集团，从而使该企业成为吉林市的利税大户。

3. 确立了企业组织结构调整的实施步骤 就全省来说，吉林省调整工作划分两步走。

第一阶段是1991年、1992年。主要任务是搞好规划和思想发动，进行典型试验和局部实施。首先，整顿、完善和巩固已有的企业集团；其次，要完善发展基本符合条件的企业集团，使其尽快达到标准、发挥作用。这两年拟发展10个较大集团。

第二阶段是"八五"后3年，全省企业调整要大见成效，建立起一批各具特色的竞争能力较强的企业集团。拟定建立36个企业集团，69个紧密型和半紧密型的经济联合体。

四、切实加强领导，把工作落到实处

吉林省在大力推进企业组织结构调整中，不仅设计精心，而且真正做到真抓实干。

1. 从省情出发，认真搞好调整规划 一是统一政策。把规划统一到国家产业政策上来，统一到国家和省经济发展战略上来，在此基础上，统一制定全省的企业组织结构调整的总体规划。二是条条为主，条块结合。先后组织省直12个厅局，按照全省统一规划，以行业主管部门为主，条块结合，根据产品结构调整及企业间优化组合的方向对现有企业进行分类排队，确定调整方向、目标和对象，研究制定调整规划。省里还专门成立了行业规划审查组，指导行业企业组织结构调整规划的制定工作。三是优选方案，通过权衡利弊后，确定最佳规划方案，加以实施。四是统筹兼顾将企业组织结构调整与"八五"规划结合起来。

2. 针对调整中的具体问题，制定相应的配套政策 比如在计划管理上，对通过联合、兼并、转让等形式，实现资产经营一体化的大型企业和集团，计划渠道要相应变动，有条件的企业和企业集团实行计划单列。在财政体制上，属于同一地区、同一财政级次的全民所有制企业，资产可以无偿划转。对分属不同地区、不同财政级次的全民所有制企业，上一级财政部门做税利指标和上缴渠道的划转工作。在劳动力、工资、工效挂钩、统计等方面也都制定了促进调整的相应政策。几年来省政府先后下发了《关于促进企业集团发展的意见》、《关于进一步搞活大中型企业的意见》、《吉林省关于国有资产评估暂行办法》、《关于鼓励企业优化组合的规定》、《关于企业兼并的暂行办法》等，为企业结构调整创造了较好的外部环境。通过这些配套政策的制定，克服了企业结构调整上的障碍，使调整工作逐步走上制度化和规范化。

3. 切实加强了领导，把企业组织结构调整纳入到各级政府和有关部门的议事日程 从省到县都成立了企业组织结构调整领导小组，政府主要领导亲自抓，具体组织工作由各级体改委牵头，国有资产管理局、计经委、财政、经协办、税务、银行以及工业主管厅局分工负责，建立了目标责任制。从而保证了企业组织结构调整工作的顺利开展。

（果敢　执笔）

上海工业系统企业兼并工作的回顾和展望

上海市经济委员会

一、概　　况

近年来，上海工业部门积极贯彻市委、市政府关于在调整工业结构中求发展、增效益的指示精神，把支持企业兼并，推动生产要素合理流动和配置工作，作为深化企业改革和治理整顿的重要内容。在国家产业政策的指导下，他们抓紧工业结构的调整，从主要依靠物资投入转向主要依靠技术进步；以改组改造现有企业组织结构为依托，加速产品的升级换代，发挥规模效益和优先发展产品的增产；结合工业布局的调整，初步打破了行业、部门和所有制的界限，并通过对现有生产能力的逐步调整，提高了国有资产的运营能力，发挥了生产要素存量的产出效益。从1989年至1992年3月底，工业系统有219户企业实施了兼（合）并工作，约占企业承包户数的17%。其中跨所有制的为56户，跨地区的为2户，跨主管局范围的有6户。它们分别涉及化工、机电、仪表、纺织、轻工、医药、有色、二轻、汽车工业总公司等部门。据对1989年至1991年3年内被兼并的188户企业的统计，在兼并方企业的帮助下，有9.49亿元固定资产被逐步摆脱闲置和半闲置状态，提高了运营能力；有74553名职工逐步得到妥善安置，并解决了重点优先生产产品的劳动力不足的问题。通过产品结构和生产布局的调整，不少场地和厂房得到了利用。通过优势互补，在这些企业中，开始出现了以外延为主的速度效益型向以内涵为主的效益型发展的好势头。

上海工业部门为了抓好企业兼并工作，在强化企业为主体的同时，把工作的重点主要放在调整的规划和政策的协调及制定上。各工业局（公司）和经济综合部门，按照市政府下达的《关于今明两年本市工业结构调整工作的意见》，提出了“关、停、并、转”企业的实施方案和目标，确定了一批被兼并的企业。这些企业主要是产品不适销对路，生产任务不足，长期经营性亏损，与城市环境保护的矛盾尖锐。另外，为了发挥行业优势，形成规模效益，他们对一些经营较好的企业也分期分批进行了调整和改组。由于在实施企业兼并的过程中，涉及到取消法人资格、产权转移、调整产品结构、承包基数、商标继用、经营范围、职工培训和安置、分配等一系列问题。为了顺利地实施企业兼并，较好地处理出现的问题，市经委、市财政局、市人民银行联合颁布了《关于贯彻落实有关支持企业兼并，促使生产要素合理流动的实施办法》，配套地推动了兼并工作的开展。

上海市在企业兼并工作中，把企业自愿与政府引导有机地结合起来，创造出了4种行之有效的企业之间的优化组合的形式：一是对被兼并企业的债权、债务情况和清产核资进行评估后，支付产权转让费，实行产权转让；二是优势企业承包劣势企业，行使经营权，被承包企业的全部债权、债务及承包任务均由承包企业承担；三是由主管部门协调牵线，把经营不善和产品发展没有前途的企业与有产品市场、但是缺乏场地的企业联姻；四是企业在自愿和互惠互利的基础上达成协议，主管部门根据产品结构调整的内容批准实施。

二、上海企业兼并工作的特点

上海市在治理整顿和深化改革的形势下，进行的企业兼并，与解放后上海工业前三次的企业改组、改造工作相比，呈现出以下新的特点：

1. 这次企业兼并把上海城市的改造和规划紧密地结合起来，明确规定本市中心地段被"并、转"后的企业，一律不得生产有碍于环境保护的产品，并要求座落在市中心7.5平方公里区域内的运输量大、噪音重的企业，向新开发的工业区和中山环路外迁移。

2. 以往的调整改组主要是"从无到有，从小到大"地铺摊子。这次调整是在紧缩的条件下，围绕调整产品结构，以效益为中心，有保有压，不贪大求全，突出全市关键的重点产品和项目，引导有限的能源、资金、原材料向最合理方向流动。

3. 按照商品经济发展的规律，充分重视和发挥产品和企业的牌誉作用，不是简单地按行业归口或工艺相近，"装袋子，梳辫子"地进行改组和联合，而是按照市场的消费要求，进一步增强产品的竞争能力。

4. 适应改革开放的要求，突破从本市范围出发构成的工业结构，而是按照国家的产业政策，发挥上海的优势，重构合理的、有利于良性循环的产业结构和企业组织结构。

5. 突破行业、部门和所有制的界限，实施企业兼并，进行优化组合。市政府撤销了市集体事业办公室的建制，由市经委统管全市的工业，在使生产要素合理组合的同时，凡集体企业兼并的方向符合市工业结构调整计划、法人地位取消、成建制地被全民企业兼并的这些企业职工，可以享受全民职工的待遇并改变原来身份。

6. 把调整与改革有机地结合起来，互相促进和推动。原来的企业兼并和改组，由于是在"大锅饭"的体制下进行的，职工仅是工作调动，没有利益格局的摩擦和调整。现在由于对企业实行了承包和工效挂钩，职工对利益的关心十分敏感，这就必须伴随着改革同步地进行。

三、上海企业兼并工作的成效和前景

上海市采用兼并形式推动企业间优化组合，在不少企业中已初步显示出一定的成效：

1. 促进了重点产品的发展　上海沪光灯具总厂生产的节能光源是国际上70年代末出现的一种新型节能产品，该厂兼并大庆光学仪器厂后，迅速调整产品结构和生产场地，加速和扩大增产节能灯具，1990年比上年增产137.2%，灯管产量比上年增加2.4倍。

2. 加快了技术改造的步伐　由上海模锻厂、上海汽车钢板弹簧厂和吴淞锻造厂合并组建的上海汽车锻造总厂，着眼于发展高技术的锻造技术，形成专业化分工，合理调整布局和人员结构，保证和加快了桑塔纳轿车曲轴连杆锻造生产线项目的竣工和其他技改项目的实施。

3. 增强了出口创汇的能力　上海球厂生产的皮制篮、排、足三种球，由于工贸双方通力合作，努力开拓国际市场，几年来，外商订货量不断增加。1990年外商订货量超过了该厂的生产能力。要进一步扩大生产规模，光靠原有的厂房和设施有不少困难。上海球厂合并了上海永力皮件厂和跃进皮件厂后，利用几个厂家的条件，不断增产，产值由原来的2400万元提高到3000万元，利税从原来的632万元提高到850万元，出口创汇从原来的600万元提高到800万元。

4. 加速了产品更新换代　上海晨光服装厂在承包新渲鞋厂的基础上，又合并了新渲鞋厂。之后迅速调整减少在市场上不适销对路的塑料拖鞋产量，组织生产附加价值高的出口服装，合理利用旧厂房、旧设施，使1990年出口创汇比1989年增长20%以上。

5. 有利于节约投资发展生产　上海永和橡胶总厂是由永和橡胶厂合并大众橡胶厂后组成的。永和橡胶厂生产出口胶球，外商订货量剧增。这个厂苦于场地狭小、厂房拥挤、劳动力紧张，而大众橡胶厂生产产品单一，任务不足。这两个厂子合并后，双方互补优势，1990年产量比1989年增加86.3%，实现利润由原来的210万元，增加到380万元。

6. 提高了国有资产的运营能力　据化工局财务部门的统计，1990年1～12月份，已实行兼并的企业的固定资产原值（不包括正泰、大中华橡胶厂）占全局的32.7%，但是实现的利润却占全局总数的41.38%；全局产值增长率为4.2%，而合并和兼并企业的产值增长率达到近31%。这说明了已经被合并和兼并企业所产生的效益，同占用的固定资产相比，高于全局平均水平。

7. 有利于企业扭亏增盈 不少被兼（合）并企业由于产品不适销对路，受技术、设备和管理等因素影响，在竞争中缺乏生存和进一步发展的条件，亏损严重。被经营好的企业兼（合）并后，在主体厂的帮助下，调整产品结构，使企业摆脱了困境。

8. 加快了支柱产业的形成 上海汽车工业总公司所属59个企业以前很大部分是老企业，厂房陈旧，设备老化，又分散于市内各地。这对整个公司的总体效益提高和合理布局带来了影响，难于形成规模经济。为了使上海汽车工业成为上海第一支柱产业，该公司在加速技术改造的同时，把企业组织结构调整，生产要素的优化组合作为形成支柱产业的依托。三年来，他们调整了37户企业，为形成桑塔纳桥车15万辆生产能力，走出了一条以增量与存量调整相结合发展的道路。

9. 有利于城市改造 上海老企业较多，一些企业在居民区内，生产与居民的生活矛盾较多，同时也加剧市区运输紧张的矛盾。企业兼并可以缓解和逐步解决这个矛盾。如地处上海大厦附近的上海打字机二厂被兼并后，原厂房暂借上海家用化学品厂作为经营部的办公用房；上海重车厂通过兼并结合进行"三废"治理，都有助于逐步解决"扰民"问题。

10. 有利于企业合理规划和工艺布局 上海汽车底盘厂兼并上海佳声乐器厂后，根据佳声乐器厂地处上海汽车底盘厂的心脏地位的状况，破墙平地，重新规划和调整生产的布局，为合理安排工艺流程，加快技术进步创造了条件。

进入90年代，上海工业要从改革开放的"后卫"转向前沿阵地。这就对企业兼并工作提出了新的要求：即从适应性调整向战略性调整方向转变，要按照"中华牌"国际化的要求，在企业兼并方面，促使企业组织结构的重组和升级，形成在新技术基础上的工业结构合理化：

一是要把企业兼并工作作为巩固、完善和发展企业集团工作的重要内容，进一步冲破行业和部门的界限，壮大优势企业实力，形成企业集团核心层，通过聚变能量，扩大上海的拳头产品。

二是要进一步扶优限劣，优势互补，克服企业组织结构中的扶贫助劣现象，坚持按经济规律办事，凡符合上海经济发展战略实施的行业，应重点扶植其行业的排头兵，并在资金、能源、原材料方面给予倾斜政策。对行业中落后企业则停止"输血供氧"，促进优胜劣汰。

三是要把企业兼并工作与城市改造规划、浦东开发开放相结合，一方面要扩大浦东新区企业的规模，另一方面要改善浦西中心区企业布局不合理的状况。按照新的发展规划，一部分企业将迁往浦东和新开发的工业区，而企业兼并将是这一转换的推进器。

随着改革的深化以及国有资产管理体系的变革，企业兼并工作将逐步走上规范化、法制化的轨道。

（于成　执笔）

优化组织结构，形成规模经济

——江西汽车制造厂走联合、兼并之路

熊中平　未　然　肖　岗

近年来，江西汽车制造厂不断改革和发展，使企业成为国内规模最大、发展最快的轻型汽车厂家。目前全厂职工人数为6200余人，工厂占地面积为65公顷，固定资产1.2亿元，经济效益由1984年累计亏损5000余万元转为累计赚回9个5000多万元，1991年实现利税总额1.89亿元。成为全国汽车行业的利税大户。

江西汽车制造厂之所以能获得成功，很重要的一条就是大胆改革，勇于实践，闯出了一条符合国情、省情的专业化、规模化、集约化经营的联合、兼并之路。

一、以联合打基础

汽车行业是技术密集、资金密集、人才密集的现代化产业，具有投入大、产出大、周期长的特点。江西汽车制造厂坚持高起点、专业化、大批量和大联合的发展汽车工业的方针，以产品更新换代为契机，以技贸结合、技术引进的方式，开发出具有国际先进水平的日本五十铃 **NHR**542**LW** 轻型双排卡车。为了使产品迅速占领市场并形成批量生产能力，他们在资金没有保证的情况下，敢冒风险，艰苦创业，负债经营。"七五"期间，他们一方面按专业化要求，在主厂区重点规划五十铃驾驶室和全车总装等项目，投资1.7亿元，全套引进日本五十铃驾驶室模具，先后建成面积达4.5万平方米的驾驶室冲压、焊装、涂装、总装、模具等主要车间，形成1.5万辆的综合生产能力；另一方面，他们积极开通企业横向联合，促进专业化协作和配套。将整车60%以上的零部件扩散到许多厂，组织联合生产。并严格按"没有过硬的质量就不能配套"的准则，把配套件质量作为联合协作的第一考核标准，同时考查配套厂家的批量能力、技术水平、供货期和信誉等；对一些关键厂家还在技术、资金等方面积极给予扶持，使其提高生产能力和技术水平，尽快达到日本质量标准。目前，江西汽车制造厂有配套企业150余家，专业化协作生产网络遍及全国，涉及几十个不同行业。因此，从1984年起，江西汽车制造厂发起组建的江西最早的联合体——"江西轻型汽车工业联营公司"就应运而生。至1988年8月，又使协议联合向经营联合发展，成立了"江西汽车工业集团公司"。1991年7月，企业的联合进一步发展到资产联合的高级阶段，成立了"江铃汽车集团"。通过股份制形式，形成了具有控股和参股的母子公司格局。集团实行省级计划单列，核心企业对紧密层企业的主要活动实行"六统一"即：发展规划、年度计划统一对上；统一承包经营；基建、技改贷款统贷统还；商务经贸统一对外；国有资产统一管理和负责；主要领导干部统一任免。新组建的企业集团还在"强强"联合上有新的突破，他们利用龙

头产品——江铃汽车的辐射力，与专业技术力量雄厚的南昌柴油机厂、南昌齿轮厂联合，合资兴建轻卡柴油发动机、变速箱工厂。最近又在中汽总公司及国家有关部委的协调下与庆铃汽车有限公司联合，互相协作配套，开发柴油发动机。企业联合的不断发展和壮大，打破了行业、地区、所有制的界限，推动了生产要素的优化组合；使核心企业的产品优势、资金优势与各配套企业的专业技术优势互补，迅速形成了新的生产力，较好地解决了专业化分工和同步技改的问题，取得了前所未有的经济效益。"七五"期间江西汽车制造厂已经偿还了全部债务，并为以后的发展奠定了坚实的基础。

二、以兼并求发展

江西汽车制造厂进行集团化建设的同时，产生了强烈的发展意识和兼并冲动。厂领导始终认为企业兼并和联合可以效应互补，同时前者在资源配置方面还具有后者不可替代的作用。在方式上，它可以将企业间契约短期型资源配置方式变为受保护的长期型配置方式，能有效地突破"三不变"原则；在内容上，它能打破现有企业间存量资产不合理的格局，有效地重组企业间有形和无形的存量资产；在效应上，被兼并的企业无力利用的土地、厂房、设备、劳动力等资源，在转向汽车生产以后，短期内可以实现价值的增殖。江西汽车制造厂果断地抓住发展时机，于 1988 年，一举兼并了两家中等规模的国营企业——南昌缝纫机厂和江西拖车厂。兼并后，根据两个厂的特点，很快调整到位。南昌缝纫机厂有职工 965 人，厂区面积 7.1 万平方米，无流动资金，帐面亏损和潜亏达 600 多万元，企业濒临崩溃。根据这个厂厂房破陋、设备陈旧等特点，兼并后作了重新规划。第一步把它变成一个生产井岗山汽车产品和加工五十铃柴油发动机、装配进口散件 **CKD** 的过渡车间；第二步再组建与发动机生产配套用的刀、量、夹工具车间。而江西拖车厂兼并前拥有职工 623 人，厂区面积 11.8 万平方米，固定资产原值 380 万元，流动资金 62 万元，经营持平。根据这个厂家与总厂距离近、以及它的管理基础、生产技术与汽车制造生产相近的特点，兼并后，被定为五十铃轻卡前桥分厂，保留其相对独立的自主权。

在 1991 年 7 月江西汽车制造厂又采取了第二次兼并。这次兼并了附近的南昌钢圈厂和江西钢窗厂。钢圈厂为全民企业，有职工 500 人，厂区面积 6.2 万平方米，固定资产原值 435 万元，流动资金 48 万元。主要产品是为工程机械、农业机械配套的钢圈，企业累计亏损 280 万元，拖欠债务 270 万元。兼并后的钢圈厂改为车轮分厂。在边生产车轮钢圈的同时，着手规划年产 60 万只车轮总成的设计。钢窗厂为集体企业，有职工 570 人，占地面积 5.14 万平方米，固定资产原值 427 万元，流动资金 44 万元，亏损 200 余万元。钢窗厂由于原产品的生产技术与生产汽车产品技术不同，兼并后必须重建一栋面积为 3.5 万平方米的大型联合厂房，才能将汽车车架总成（6 万台纲领）和老产品井岗山汽车（5000 辆纲领）移至这里生产。该厂区恰与原兼并的缝纫机厂连成一片，留有较大的面积可供今后发展。

三、兼并效果：一加一大于二

通过企业联合、兼并，取得了 1+1>2 的效果，形成了比原来企业生产能力大得多的新的生产能力。江西汽车制造厂原有的生产空间得到了充分的拓展和延伸。由于把老产品和江铃产品的前桥、车轮、车架移地制造，使主厂区以生产江铃汽车驾驶室总成、发动机总成和全车总装为主，产品结构和物流趋于合理，劳动生产率和经济效益大幅度提高，产品质量得到有效的保证。这种走联合、兼并之路的意义，不仅在于使企业以少量的资金在短期内扩大了自身优势产品的经济规模，较快地为市场提供更多的适销对路产品，还在于挽救了一批经营窘迫的劣势企业，全方位地优化了资源配置，提高了资产存量的产出效益，并为国家财政减轻了负担。特别是提高了劣势企业职工队伍的素质，为劣势企业注入优秀企业文化，使之枯木逢春。实践证明，江西汽车制造厂乘改革东风，走联合、兼并之路，不要国家一分钱投资，仅用三五年时间，靠自有资金 1.7 亿元，就达到 1.5 万辆汽车的综合生产能力，使企业初具现代规模。比起新建一个相同规模的新工厂，建设周期要快一二倍，投资要节省 2～3 亿元，资金效益要高出数倍。

（熊中平、未然、肖岗 执笔）

1991年企业集团发展情况综述

国家体改委生产体制司横向联合处

1991年我国经济体制改革的重点是搞好国营大中型企业，提高经济效益。组建和发展企业集团对实现这一目标有着重要的作用。1991年企业集团发展的实践进一步表明，组建和发展企业集团可以推动生产要素的合理流动，优化企业组织结构，组织专业化生产，形成经济规模，提高经济效益；有利于发挥大企业的主导作用，形成科技开发、生产、流通、服务综合功能，依靠群体优势，增强国内外市场的竞争能力；有利于提高国家宏观经济调控的有效性。国家通过调控一批以大型企业为核心的企业集团，引导大量中小型企业的经济活动。

1991年，党中央、国务院对组建和发展企业集团十分重视，把它作为搞好国营大中型企业的一项重要措施。国务院决定选择100个左右大型企业集团进行试点。企业集团工作得到了各方面的重视和支持。1991年3月，由国家体改委、国家计委和国务院生产委联合召开了全国企业集团工作座谈会，总结了工作，交流了经验，研究了进一步支持企业集团发展的政策措施。1991年12月，国务院批转下发了国家计委、国家体改委和国务院生产办公室《关于选择一批大型企业集团进行试点的请示》。纵观1991年，是我国企业集团蓬勃、健康发展的一年。各地各部门陆续组建了一批新的企业集团，原有的企业集团进一步完善提高、发育成型，大型企业集团的试点工作进入了实施阶段，我国企业集团进入了一个新的发展时期。主要的进展与特点是：

一、我国企业集团有了新的发展

（一）企业集团不仅数量上有较大增长，而且质量上进一步完善提高

企业集团在我国出现虽然时间还不长，但发展比较快。尤其是近两年来，结合企业组织结构的调整和搞好国营大中型企业，在企业自愿和政府引导下，各地又陆续组建了一批新的企业集团。据1988年底统计，经地、市以上政府部门批准，在工商部门登记的企业集团有1630个。但由于当时没有明确企业集团的条件，因此统计边界不清，在这个统计数字中，有的名为企业集团，实际上还是一个松散的经济联合体，也包括了一些翻牌的行政性公司。经进一步调查分析，在1630个企业集团中，有核心企业和紧密层企业的只占15%多些，也就是说只有280多个初步具备了企业集团的条件。前两年没有作统计。1991年我们对全国企业集团的发展现状作了一次比较全面的统计调查。这次统计调查明确了企业集团必须具备以下条件：即①有一个经济实力较强的核心企业，这个核心企业可以是一个生产、流通企业，也可以是一个控股公司；②必须有多层次的组织结构，除核心企业外，还要有一定数量的紧密层企业（包括核心企业的全资、控股子公司，长期承包、租赁的企业以及通过行政划转由核心企业实行“六统一”管理的

企业)，为使企业集团发挥更大作用，最好还要有一批半紧密层和松散层企业；③核心企业和各成员企业都具有法人资格；④核心企业不兼政府行政管理职能，不能是行政性公司。据25个省、自治区、直辖市和14个计划单列市的统计，共有企业集团1000个左右。经对这1000个企业集团进行进一步分析，有的核心企业经济规模太小，只有数百万元资产；有的紧密层企业数量太少，只有一二个，实际上还是一个发育过程中的企业集团。如果按以下条件进行规范：①核心企业达到中型企业的规模；②紧密层企业必须3个以上。这样，符合条件的企业集团共有431个。这与1988年统计的280个比较，不仅数量上增长66%，而且由于规定了核心企业的经济规模和紧密层企业必须达到的数量，所以更重要的是有了质的提高。

(二)企业集团正向跨地区、跨部门、跨所有制方向发展

一是打破地区界限，发展跨地区的企业集团。我国企业集团的发展，从地区分布来看，先是从广东、上海、江苏、山东等东部沿海省市发展起来的，现在内地各省市都组建了一批企业集团。从企业集团核心企业分布来看，主要还是集中在经济比较发达的地区。广东、上海、江苏、山东4省市的企业集团数就占全国企业集团总数的47.1%。企业集团的成员企业逐步由核心企业所在地向全国各地发展。如"解放"、"东风"汽车集团的成员企业几乎遍布在全国各省市。有的企业集团不仅在国内，而且向海外发展。如"中化"、"五矿"、"中远"、"赛格"等集团，创办了一批海外企业，向跨国公司方向发展。

二是打破行业界限，向一业为主多种经营方向发展。我国企业集团的发展，起步较早的是机械、电子、轻工、纺织等行业，后来逐步发展到冶金、能源、建材、化工、商贸、旅游等行业。目前企业集团数量比较多的还是机械、电子、轻工、纺织等行业，这4个行业的企业集团占全国企业集团总数的65.4%。随着企业面向市场，为了提高市场应变能力，都从原来的单一行业，生产比较单一的产品，逐步向一业为主、多种经营的方向发展，而且"副业"的种类和比重不断扩大，在瞬息万变的市场竞争中，做到"东方不亮西方亮"。如广州白云山集团公司，以医药业为主，同时还生产经营食品、化工、包装品、电子电器、装修工程、服装、玩具、建筑及房地产开发等。又如天津立达集团公司经营进出口贸易、易货贸易、金融债券、国货租赁、房地产、建筑装修、水产养殖、矿产采掘、钢材加工、轻纺、食品、旅游饭店、综合商场、包装印刷、仓储运输等20多行业，目标是办成一个综合商社型的企业集团。

三是打破所有制界限，向多种所有制结构的方向发展。过去企业集团核心企业的所有制成份比较单一，绝大多数是单一的国家所有制。近两年来采用了股份制，改变了这种单一的所有制结构，出现了有限责任公司和股份有限公司形式。

(三)企业集团的组织结构不断完善

企业集团是一个具有多层次组织结构、多法人的企业联合组织。首先要有一个实力强大的核心企业——集团公司。过去有的名为集团公司，实际上是各成员企业出资办的一个联营公司，其主要功能是为成员企业服务，没有投资中心功能，起不到核心作用。其次，企业集团必须有一定数量的紧密层企业，紧密层企业数量越多，则在发挥企业集团调整经济结构，实现生产要素的优化组合作用就越大。在企业集团发展的初期，紧密联合的企业少，松散联合的企业多，因此，限制了它的作用的发挥。近两三年来，对原来起不到核心作用的联营公司作了结构上的重组，使核心企业到位。紧密层企业太少的企业集团，核心企业通过投资控股、兼并、划转、承包、租赁等多种形式发展了一批紧密层企业，从而使企业集团的组织结构逐步完善、发育成型。如原三江集团，其集团公司实际上是由仪征化纤工业联合公司等若干企业出资办的一个联营公司，实际上很难起核心作用，现改组为以仪征化纤工业联合公司为集团的核心企业，做到了依托一个大企业办集团。并通过兼并、控股、承包发展了4个紧密层企业，从而完成了从松散的联合体向企业集团发展的过渡。又如吉林化学工业公司，通过兼并、承包及长期补偿的办法，发展了一批紧密层企业，从一个大公司发展为集团公司。据统计，全国431个企业集团中，紧密层企业3～10个的企业集团有261个，占企业集团总数的60.9%，紧密层企业10个以上的企业集团有170个，占39.1%。

(四)强化资产联结纽带，建立母子公司关系

企业集团是以母子公司为主体的企业群体。核

心企业与成员企业之间是靠资产、生产经营纽带，把众多企业联合起来，形成一个有机的整体。特别是要通过资产为联结纽带，使核心企业与紧密层企业之间建立起母子公司关系，才能使企业集团发挥更大的作用。但由于客观条件的限制，我国企业集团核心企业的资金、实力有限，一时难以都形成资产纽带。目前核心企业，有的靠行政划转，有的用承包、租赁方式实现对紧密层企业主要生产经营活动的统一管理。由于产权关系没有解决，因此，不可能做到像母公司对子公司那样的集中统一管理，难以实现集团统一的发展战略、发展规划，也起不到企业集团应起的作用。因此，可以说，上述的办法只是一种过渡办法，应逐步向资产纽带方向过渡。目前，核心企业在发展紧密层企业时，普遍重视建立资产纽带，在可能条件下，采用控股、兼并等办法。原来用承包、租赁方法的，现在有的与股份制相结合，在承包、租赁期间，核心企业不断的向被承包、租赁企业增加新的投入，如将超承包基数的收入作为核心企业的入股，或以添置新设备；或派人进行管理、转让技术，用无形资产折股投入，逐步由承包、租赁，向参股、控股过渡，最后将承包、租赁的企业变为控股子公司。“仪化”、“吉化”、“赛格”集团都在进行积极的探索。这二三年来，通过参股、控股、兼并，强化了资产联结纽带。据统计，在431个企业集团中，以资产为主要联结纽带的企业集团有165个，占企业集团总数的38.2%；以行政划转实现“六统一”管理为主要联结纽带的有117个，占27.08%；以承包、租赁为主要联结纽带的有26个，占6.02%。

（五）核心企业的经济实力不断壮大

要形成一个实力强大的企业集团，首先要有一个实力雄厚的核心企业。组建集团时需要有一个大型企业为核心，组建后还要不断壮大。这对于增强集团公司投资中心功能和市场竞争能力，增加集团凝聚力有着重要作用。一年来，通过强强联合、兼并、股份制改造等形式，不断壮大集团核心。所谓强强联合，是由两个以上实力较强，效益较好的大企业实行合并成为一个新的集团公司，如上海正泰橡胶厂和大中华橡胶厂合并，成为上海轮胎橡胶集团公司。采取兼并的更多，如北京东安集团公司兼并了北京手表二厂。采用股份制改造的，如南通机床股份有限公司，它是由南通机床厂等18个企业入股形成。目前已有像“解放”、“东风”、“吉化”、“仪征化纤”集团等一批实力较强的企业集团。据统计，在全国431个企业集团中，核心企业的规模达到大型企业以上的有261个，占60.88%；核心企业固定资产原值在10亿元人民币以上的有27个，占6.3%，在1至10亿元之间的有144个，占33.6%，在5000万至1亿元之间的有83个，占19.1%；核心企业年销售收入在50亿以上的有7个，占1.6%，在10亿至50亿之间的有40个，占10.7%，在1亿至10亿之间的有243个，占55.8%，1亿元以下有141个，占31.9%。

（六）科、工、贸、金融相结合，综合功能进一步发挥

企业集团之所以比单体企业具有更强的竞争力，发挥出更大的作用，就是因为通过组建企业集团，把科技开发、生产、销售服务、金融等有机地结合起来，实现优势互补，形成综合功能。一年来，在实现科技开发与生产、生产与贸易、金融与产业相结合，都有些新的作法与经验。

1. 科技开发与生产相结合

企业集团组建后，普遍重视了科技开发，增加了科技投入，招聘科技人才。并以多种形式，实行生产企业与科研院所的结合。一是企业集团与科研单位合办研究开发机构。如厦门华夏集团公司与机电部15个电子专业研究所在厦门合办了15个分所，共同开发新产品，为华厦集团发展外向型经济发挥了重要作用。二是企业集团与科研院所合办经济实体。如深圳科技工业园，实际上是一个高科技企业集团，有50多个企业，其中有一部分就是研究所结合成果推广与集团公司合办的高科技企业。三是科研院所进入企业集团，如秦皇岛玻璃研究院、秦皇岛玻璃设计院进入跃华玻璃集团的紧密层。

2. 生产与贸易相结合

随着我国进一步改革开放，越来越多的企业走向国际市场。实现工贸结合，优势互补，是参与国际市场竞争的客观需要。在实践中，探索了多种结合形式。一是赋予生产型企业集团自营进出口权；二是生产型企业与外贸企业合并，形成工贸一体的集团公司，如天津服装工业公司与服装进出口公司合并；原杭州兔毛纺织品进出口公司与杭州第一毛纺厂、杭州针织厂和杭州第三针织厂合并组成新的杭州兔毛纺织品集团公司；三是贸易型企业办实业。如“中化”、“五矿”集团在海内外创办了一批生产型企业，形成以外贸为龙头的企业集团；四是工贸联营。如江

苏南通纺织品联合进出口公司，就是由一批工、贸企业，通过资金、人员、经营的联合形成的。

3. 金融与产业相结合

金融是企业的血液，金融与产业的结合是搞活企业的一个重要措施。交通银行积极探索金融与产业结合的路子。它们选择了一批企业集团，交通银行与企业互相参股。银行在信贷上给企业集团以重点支持，同时还开展证券、租赁等融资业务。中国人民银行对于具备了条件的国家试点企业集团准予建立财务公司、融通内部资金，充分发挥资金的效率。

（七）股份制为企业集团的发展提供了一条广阔的道路

促进企业集团的发展，关键是突破地区、部门和所有制的界限。采用股份制，可以做到投资各方利益共享、风险共担，较好地处理各方面的利益关系，因此是发展跨地区、跨部门、跨所有制企业集团一条有效的途径。股份制还有利于促进政企职责分开，转换企业经营机制，实现企业的自主经营、自负盈亏、自我发展和自我约束；通过股份制，开辟了新的融资渠道。一年来，各地区、各部门都在积极探索用股份制组建和发展企业集团。一是通过控股、参股，发展紧密层、半紧密层企业。如深圳赛格集团，核心企业控股、参股的企业已有80多家。山东浪潮电子信息产业集团核心企业控股企业就有19家。二是用股份制的办法组建集团的核心企业——集团公司，如深圳市石油化工集团公司，原是单一的全民所有制企业，现公开发行股票，上市交易，使集团公司成为股份有限公司。南京中山集团公司拟改造为由中央国有资产，地方的国有资产和集体资产用法人持股组成有限责任公司。也可通过发行股票或吸收法人入股，达到壮大集团核心企业的目的。

二、大型企业集团的试点工作进入实施阶段

1991年，发展企业集团的一件大事，就是国务院决定选择100个左右大型企业集团进行试点。1月初李鹏总理宣布了国务院的这一决定，随着国家体改委、国家计委、国务院生产办公室研究了贯彻落实的具体办法，会同有关部门研究制定了支持企业集团发展的政策措施，提出了分期分批进行试点的步骤，并推荐了第一批试点的名单，1991年12月14日，国务院批转下发了三委办《关于选择一批大型企业集团进行试点的请示》。经过近一年的酝酿、准备，自国务院批转下发三委办的《请示》，标志着大型企业集团试点工作进入了实施阶段，在我国企业集团发展史上揭开了新的一页。

（一）试点的目的要求

企业集团在我国出现的时间还很短，总的来说还处于初创阶段。通过试点，就是为探索一条适合我国国情的发展企业集团的路子。组织和发展企业集团，涉及计划、财政、金融、经贸、物资、劳动、人事、统计、国有资产管理、工商管理、税收等方方面面的改革，需要从体制、机制和内部管理等方面提出试点方案，通过实践，不断总结经验，引导和促进企业集团的健康发展。国家试点的企业集团都是由大型、特大型企业为核心组建起来，这批企业集团的组建和发展，对于国民经济建设和参与国际市场竞争具有重要意义。

（二）试点企业集团的选择

试点企业集团选择的对象，主要是以关系国计民生，在国民经济建设和出口创汇中具有重要地位和作用的生产型企业为核心组建的。第一批试点的有55个企业集团，包括机电行业16个，能源7个，航空航天6个，冶金、化工、建材、林业各4个，民航3个，交通、经贸各2个，纺织1个。多数已经是企业集团，也有部分是尚待组建的集团。

（三）支持企业集团发展的政策

对于试点企业集团一是要扶植，二是要求多作贡献。只有扶植它们更快发展了，才能要求多作贡献。为此，国家制定了以下政策，支持企业集团的发展。

1. 计划单列。对于具备条件的试点企业集团可以在国家计划中单列，国家为企业集团发展提供必要的条件，并扩大企业集团的自主权。政府转变职能，减少行政干预，主要任务是“规划、协调、服务、监督”。

2. 给具备条件的试点企业集团自营进出口权。出口本集团生产的产品，进口自用技术、设备和原材料。有条件的也可以组织本企业集团产品为主的成套设备出口。

3. 赋予有条件的企业集团（核心企业）外事审批权，在其业务范围内，可自行审批核心企业、紧密层企业人员出境和邀请境外人员来华事项。并简化商务活动出国人员的审批手续，确定一定数量经贸业务人员，实行一次审批多次有效的办法。

4. 试点企业集团要逐步建立财务公司，在集团内部融通资金，包括建设资金。经中国人民银行批准，可以发行债券和股票。

5. 理顺内部关系，实行"六统一"。企业集团是以母子公司为主体的企业联合体，为充分发挥企业集团的群体优势，母公司对子公司在计划、财务、人事等方面必须集权，同时对日常生产经营活动，子公司应有充分的自主权，以发挥子公司的积极性。因此，必须集权与分权相结合。目前，我国企业集团核心企业与紧密层成员企业之间尚未完全建立资产关系，作为过渡，提出了核心企业对紧密层企业在主要生产经营活动方面实行"六统一"，即：①统一规划、年度计划；②统一对上承包；③重大基建、技改贷款由核心企业统贷统还；④统一对外进出口；⑤国有资产的保值增殖由核心企业统一对国有资产管理部门负责；⑥统一任免紧密层企业主要领导干部。

三、今后发展企业集团的任务

今后发展企业集团的主要任务：一是为企业集团发展创造更加良好的外部环境，改进政府对企业集团的管理，转变职能，促进企业经营机制的转变。二是完善企业集团内部管理体制，建立公司型体制，形成投资中心、利润中心、成本中心，实行集权与分权相结合。三是制定法规性文件，使我国企业集团逐步规范化。主要工作是：

（一）努力抓好企业集团的试点工作

三委办与有关部门一起，抓好国务院批准的第一批55家企业集团试点的组织实施，制定相应的配套政策和管理办法。试点企业集团要根据国家试点的要求，结合自己的实际情况，提出改革的方案和发展规划。在实践中不断总结经验，对于面上企业集团发展起示范和指导作用。各地也可选择若干企业集团进行试点。

（二）在抓好试点的同时，积极引导面上企业集团健康发展

当前发展企业集团主要不是追求数量，而是现有企业集团的完善提高、发育成型。完善提高的主要任务是壮大集团核心，发展紧密层企业，强化资产联结纽带。股份制是突破地区、部门、所有制界限发展企业集团和实现现有企业集团完善提高的有效途径，应大力提倡。要积极支持企业集团走向国际市场，使我国企业集团在国民经济建设和发展外向型经济中发挥更大的作用。

（顾士师　执笔）

发挥集团优势，不断深化改革

上海轮胎橡胶（集团）公司

上海轮胎橡胶（集团）公司以上海大中华橡胶厂和上海正泰橡胶厂为核心，于1990年6月联合组建成立。年产轮胎300万套，出口50万套，出口额3000万美元，主要产品已获得美国交通运输部（**DOT**）和欧洲经济委员会（**ECE**）的认可证书。

我们把公司成立之日作为进一步深化改革的起步之时。1991年我们进行了三个方面的改革：

一、理顺内部关系，完善组织结构

公司为了发挥规模效益和积极走向市场，实行了统一经营，集中管理，增强投资、开发、营销功能，强化质量、消耗、成本控制。调整和理顺公司本部与核心层工厂的关系，制订了原则意见和各项实施细则、管理制度，积极稳妥地进行经营管理职能的转换。通过理顺关系，使公司本部集中精力抓好规模经营和技术进步，使核心层工厂集中精力抓好生产管理和队伍建设，执行各项标准、定额，管好、用好设备，完成生产任务；形成了国外大企业普遍采用的“大公司，小工厂”的模式。1991年我们走了第一步，把规划、投资、供销、财务集中到公司本部统一经营管理；对工厂主要领导的人事管理权由化工局下放到公司；由公司统一制订方针、目标和对工厂的考核办法。顺利实现了由一个头承担经济责任、核算利润、上缴财政、掌握工资与效益挂钩和统贷统还。

公司还开展了理顺和完善企业集团组织结构的工作。企业集团的四个层次已经形成，目前有紧密层企业16家、半紧密层企业6家，由公司及原核心层工厂投资的全资、控股或参股的工业企业、工贸公司、三产企业等组成；松散层由参加“回力集团”、“双钱集团”的59家企业（单位）和40多家特约经销、联销企业组成。1991年公司又兼并了上联橡胶厂、上海炭黑厂两家企业。

二、为股份制试点、扩大开放做好准备

1991年，公司还为争取股份制试点做了充分准备。完成了可行性研究、方案制订、股份制企业章程的拟定、资产评估等工作，已向有关政府部门报批。实行股份制的预期目的，是理顺资产关系，促进政企职责分开，完善企业领导体制，形成自主经营、自负盈亏、自我发展和自我约束的机制。并为逐步建立和理顺企业集团内部以资金为纽带的关系奠定基础。同时，吸收社会闲散资金，使部分消费资金转化为生产资金。通过向社会募股、溢价发行股票所筹集的资金，缓解公司发展资金不足的矛盾。在扩大开放方面，与法国“米许林”所属有关公司开展了进一步合作的探讨。

三、进行转换机制、放开经营的改革试点工作

公司是上海市7家转换机制、放开经营的改革

试点单位之一。于1991年9月26日首批与政府有关部门签订了改革试点协议。现在，所有职工已与企业签订了劳动合同，几十年的“铁饭碗”从此打破。下一步要逐步推行上岗合同制及配套的分配改革、机构改革，进一步打破“铁交椅”、“铁工资”和“大锅饭”。会计制度和财税方面的改革已经实施，1991年已按新规定进行年度会计结算和纳税。从1992年起将开始自营进出口业务。

公司通过深化企业改革，理顺内部关系、转换经营机制，在以下三个方面初步显示了效果：

1. 增强了市场应变力和产品的竞争力

第一，公司经营管理职能的转换，为企业真正抓好质量，提供了组织结构的保证。特别是加强了制造过程的质量管理，使各项质量指标全面达到和超过国家优质品标准。优质品产值率达到93.5%，比上年提高5.7个百分点。产销平衡率达到了102.2%，从而保证了满产满销。

第二，通过生产要素的合理调整、组合，开发和增产适销、紧销产品。子午线轿车胎和9.00—20轮胎分别比上年增产22.6%和19%。新开发的10多种新产品，已经有7种完成了试制任务。批量生产的11**R**22.5新产品轮胎已出口美国。为上海市南浦大桥专用公交车辆设计的11.00**R**20轮胎，已经成批装车使用，获得好评。

第三，集中供销以后，定额流动资金周转率比上年加速10%，周转天数达到57.2天；节约利息支出665.5万元。同时，加强了营销工作，根据市场变化，及时采取相应的经营策略；调整、完善包括40多家特约经销、联销点的国内销售网络；统一售后服务、用户访问、广告策划和广告费使用，提高了效果；派出巡回服务队，经5个省，在13个市和地区开展技术服务和广告宣传活动，使营销工作活力增强，企业更积极主动地走向市场。

2. 推进技术开发、实现资产增殖

转换经营机制的改革，使企业开始走上依靠科技进步和提高劳动者素质的轨道上来。1991年公司为筹措改造发展基金，共签约贷款3.6亿元，其中外汇2802.6万美元；共归还项目贷款本息（全部税后还贷）9527.3万元，其中外汇1507万美元，比上年多还贷8301.3万元、1295.5万美元；1991年共完成项目投资24163万元。主要用于引进国外先进技术和设备的“30万套全钢丝子午线载重轮胎项目”和“140万条子午线轿车胎项目”。

3. 增强了领导班子的凝聚力及职工群众的进取心

公司的万名职工深切地感受到：改革，确实是企业发展的基本推动力，它同自身的利益紧密相关。1991年深化改革后，提高了干部群众的积极性，使企业实现了生产、效益的稳定持续增长。生产轮胎比上年增长14.71%；工业产值增长8.35%；销售收入增长7.98%。

（范思浩、龚家本　执笔）

发展企业集团，实现医药工业集约化经营

东北制药集团公司

东北制药集团是目前我国医药行业规模最大的制药企业集团，是国家所列55户试点企业集团中一类企业集团。集团除核心层企业外，还拥有紧密层、半紧密层、松散层等不同层次计112家企业。东北制药集团公司是东北制药集团的核心企业。公司由原东北制药总厂、东北第六制药厂、沈阳第一制药厂、沈阳克达制药厂、沈阳第五制药厂、沈阳抗生素厂、沈阳药用玻璃总厂及沈阳医药供应销售公司等8家全民大中型医药企业组成。集团公司拥有职工2万余人，年工业总产值10.8亿元；主要生产经营抗生素、维生素、磺胺、激素、抗结核、心血管、解热镇痛等原料药百余种，生产粉针、水针、片剂、输液、生化制剂、口服液等400余种制剂产品以及药用玻璃、卫生材料、兽药、饲料添加剂等产品。

公司拥有外贸自主权，主要产品除内销外，还销往美国、德国、香港等世界50多个国家和地区，年出口创汇额达4500万美元，居全国同行业之首。

公司成立伊始，确定了集团公司作为资产经营的决策层和投资中心，集团所属企业是经营中心和利润中心，是资产经营的执行层，公司对所属企业实行分公司管理的管理体制。现在所属企业在集团公司的统一领导之下，在经营承包、资金信贷、年度计划、发展规划、干部任免、进出口业务等六个方面实行统一管理。新的经营机制，激发了新的活力，产生了新的效果。1991年公司实现销售收入10.1亿元，较上年增长了9.3%；实现利税8430万元，较上年增长46.61%；实现利润4706万元，比上年同期增长75.93%；出口创汇实现4456.5万美元，较上年同期增长6.6%；完成工业总产值10.8亿元，较上年增长4.3%，实现了效益增长高于速度增长。

东北制药集团公司运行一年多来的实践证明：建立和完善企业集团，对于发挥国营大中型企业优势，促进生产要素优化组合，合理调整产品结构，形成适应生产力发展的新格局和规模经济，提高企业知名度、产品竞争力和整体经济效益，具有重要作用。

一、实行资产一体化，有利于挖掘存量资产潜力

公司成立以后，针对所属企业产品结构不合理情况，组织力量，对全公司产品进行了认真调查、分析。公司首先限产和停产了市场前景暗淡、技经指标落后的长线产品，按照推进科技进步的原则，积极挖掘现有存量资产的潜力，投入资金，组织所属企业生产和扩产新产品，提高了公司产品市场占有率。如：利福平是集团公司所属东北制药总厂的一个金牌产品，市场供不应求；但是多年来，由于工厂受设备、场地、能源等客观因素限制，年产量一直在50吨左右徘徊，没有形成经济规模。集团公司成立以后，利用所属企业抗生素厂热电、厂房和设备等资源优势，将东北制药总厂的利福平中间体**S－Na**部分移植到抗生素厂生产，形成年产40吨**S－Na**生产能力，为东北制药总厂配套，使公司利福平的年产量扩大到100吨。目前，该产品在国内市场上的占有率已由29%提高到46%。

二、实行统筹规划，有利于增量资产合理投入，加速技改步伐

沈阳是以化学合成为主、兼有一部分制剂的老

的医药工业基地，在国内外医药工业竞相发展的形势下，面临着繁重的改造和发展任务。集团公司成立后，实行了统一规划、统贷统还，从而避免了资金分散、重复上马的情况，使公司加快了技术改造和产品开发的步伐。以青霉素为原料生产β—内酰胺类半合成抗生素，国家每年需要从国外大量进口。发展青霉素工业盐及其系列产品，对于改善我国医药产品结构，顶替进口，发展出口具有重要意义。东药集团公司成立以后，显示了技术、人才、资源等诸方面的组合优势。在较短的时间内项目建议书获得了国家的正式批复。该项目被列为国家"八五"的重点建设项目，总投资5亿元。在公司的统一规划下，分别在公司所属五家企业组织建设，计划到1995年陆续建成投产，投产后，年增加产值7亿元，利税2亿元。

三、实行优化组合，有利于专业化分工协作，提高总体经济效益

多年来，由于受产品经济的制约，沈阳医药工业的生产布局很不合理。主要表现在原料药和制剂生产不协调。一是生产比重失衡，原料药生产比重大，制剂生产比重小，深加工比例低；二是原料药厂和制剂厂的配套性差，产品结构对应性差。在这种情况下，一方面作为全国主要的原料药生产基地，公司所属东北制药总厂、东北第六制药厂每年把大部分的原料药运往全国各地，让外省、市去加工增值，另一方面公司一些制剂厂还要到全国去找米下锅，这样就严重地影响了地区综合经济效益的提高和沈阳医药工业的发展。公司成立后，立即把这个问题提到重要议事日程，逐步调整和完善生产布局，提高产品深加工比重。迅速组织公司所属部分骨干企业开发投产霉素钠这种新型抗生素，形成了从原料药生产、制剂加工到销售成龙配套，1991年原料药产量增加到26吨，新增产值4000万元，实现综合经济效益700万元。1992年，根据市场发展趋势，实际产量将再翻一番。

四、实行综合调控，有利于以强帮弱，以老带新，增强群体活力

组成集团以后，原来几个分散的独立的企业成为一个统一规划、统一调控的经济实体，企业的生产要素在集团内合理调配和流动，增强了群体活力。公司先后在集团所属的骨干企业抽调干部到相对落后的其它企业工作，有力提高了公司整体管理水平。如：为了救活年亏损额达1688万元的沈阳抗生素厂，集团公司从总厂、六厂等骨干企业为其调派了厂长、党委书记、生产副厂长、经营副厂长和27名技术管理骨干；公司还协调所属企业优先有偿转让了S—Na、哌嗪等产品技术，并负责援助建设和试车生产。除此而外，还组织专门服务组帮助工作。经过上下共同努力，沈阳抗生素厂1991年完成工业总产值5670万元，全年减亏1414万元，实现了含税持平。目前该厂生产经营管理工作已走上了正常发展轨道。

五、实行统一对外，有利于提高国际竞争力，发展外向型经济

东北制药集团公司的组建，引起了国内外同行的关注，提高了企业在国际市场上的竞争力和影响力，促进了外向型经济的发展。集团公司统一对外的管理体制，吸引了日本卫材制药株式会社来华进行经济合作，并促其和沈阳克达制药厂联合成立了"沈阳卫材制药股份有限公司"，引进了先进技术、产品和管理方式。按照沈阳千吨青霉素项目的总体规划，集团公司分别在所属东北第六制药厂、沈阳第一制药厂与外商合资成立了"辽东制药股份有限公司"和"星港制药股份有限公司"。集团公司逐步统一进出口贸易，带动所属企业，尤其是中小企业进入了国际市场，参与了国际经济循环。集团公司所属供销公司通过集团外贸窗口直接进口成品药，减少了流通环节，提高了经济效益。沈阳抗生素厂也和外商签订了出口S—Na的供货合同，迈出了该厂外向型经济的第一步。

现在，东北制药集团公司正在积极完善管理体制，并逐步实现跨行业多角经营。目前，已经开始筹建科技开发总公司、物资服务公司和房地产开发公司等企业，并通过股份制的深化和扩大，组建财务公司，进一步增强集团总体的技术开发能力和经济实力。在本世纪最后的10年中，东北制药集团公司将迅速发展完善公司紧密层、半紧密层、松散层企业，逐步建设成为一个集科、工、贸和金融一体化，跨行业、跨地区、跨所有制，一业为主、多种经营，具有多层次、多功能、多元化、全方位的综合性外向型制药工业集团。

走集团发展道路，壮大企业经济实力

青岛双星集团公司

青岛双星集团公司是1984年以青岛橡胶九厂为主体组建起来的，跨地区、跨行业、跨部门、跨所有制，集生产、经营、科研、教育、商业于一体的，多层次、综合性、全方位的资产经营一体化集团公司。公司组建以来，按照社会主义商品经济规律办事，自我滚动、自我配套、自成体系地向前发展，成功地探索出了适应我国制鞋业发展的道路。其主要特点：

一是跨度大。集团形成了跨地区、跨行业、跨所有制的局面。集团成员企业中，既有省内企业、又有省外企业；既有国营企业，又有集体企业；既有镇办企业，又有村办企业；既有中外合资企业，又有内联企业。

二是多层次。有核心层、紧密层、半紧密层和松散层等几个层次。集团现有成员企业75家，其中核心层企业27家，紧密层企业23家，半紧密层17家，松散层6家，合资企业2家。拥有1.8万名职工，2亿元固定资产，年生产能力4000万双以上，其中出口量占60%。

三是全方位。目前集团已经形成了产、供、销一条龙，工、贸、商一体化综合配套的新格局。双星集团不仅能生产高级胶鞋、高级冷粘鞋、高级注射鞋，而且还能生产皮鞋、布鞋、塑料鞋、雨鞋、拖鞋。集团配套产业已初具规模，并形成配套能力。有织布厂、印刷厂、纸箱厂、印染厂、服装厂、鞋带厂、鞋帮厂、鞋跟厂、胶料加工厂、饮料厂、机修厂，以及运输公司、电脑公司、旅游公司、装璜公司、服务公司、科研中心、职工医院、大、中专学校及商场、宾馆、饭店等。

四是技术力量雄厚。集团现有工程技术管理人员1200多人。其中，有高级职称人员120多人，中级职称400多人。具备皮鞋、布鞋、胶鞋、塑料鞋四鞋全套技术及冷粘、硫化、注射各种制鞋工艺。

一、以横向经济联合为依托，发展企业集团

青岛双星集团公司主体企业青岛橡胶九厂是一个具有70年建厂历史的老厂。由于企业“四老”（厂房老、设备老、产品老、工艺老），经济陷入困境。为了使企业走出困境，我们采取了三种方式，组建集团。(1)双方投资，联合发展。集团公司在崂山区与王哥庄镇双方投资兴建一座年产8000吨的崂山双星矿泉水饮料厂，总投资100万人民币，其中集团公司投资65万元，王哥庄镇投资35万元。经双方协商，由双星统一管理、统一计划、统一销售，利润分配按投资比例分配。(2)采取租赁的方式，实现“两突破、一不变”。在青岛开发区和胶南市、黄岛区租赁了7个乡镇企业，建成双星印刷厂、纸箱厂、织布厂等配套企业。这些企业突破了原来的财政结算渠道和隶属关系，保留了原来企业资产所有权。在租赁期内，双星根据生产发展的需要，改造扩建厂房，并投资安装设备。这种以租赁为主租赁方同时追加投资的方式，既加强了集团紧密联合，又扩大了生产规模，增强了经济实力。(3)采取合并的方式，壮大核心力量。经市政府批准，将青岛布鞋厂无偿合并给双星集团，“产、供、销、人、财、物”由集团统一管理，既壮大了集团的实力，又完善了集团组织层次结构。

二、调整组织结构，完善经营机制

为了增强集团在市场上的适应能力，按照“灵

活、实效”的原则，对核心层企业和紧密层企业的经营机制进行重大的改革。一是改革企业组织机制。将原来的生产车间按照专业化原则进行调整，撤销车间建制，改为生产厂制。把产、供、销、人、财、物“六权”全部下放给生产厂，使各生产厂从原材料投入到产品销售形成一条龙管理体系，各生产厂自主经营、独立核算。相继改建了出口鞋厂、运动鞋厂、注射鞋厂等10个配套成龙、自成体系的生产厂。二是调整管理机构。本着精减、效能的原则，将原来23个职能处室，调整为“三办”（总经理办、三总师办、企管办）、“三公司”（生产经营信息公司、供应公司、劳动服务公司）、“七个处”（技术质量管理处、设备基建处、武保车管处、后勤处、财务处、外协处、劳动人事处）。管理人员的比例由原来的11.8%压缩到现在的7.8%。同时，采取三种方式聘任各级管理人员：(1)直接聘任，对公司副职和专业技术要求比较强的部门主要负责人，由组织部门考核，由总经理直接聘任；(2)招标聘任，对经济指标、工作任务明确的生产分厂，实行公开招标，择优聘用；(3)承包聘任，对劳动服务公司、运输公司等相对独立经营的部门，择优选择承包人。通过择优选聘、公开竞争，使一批懂经营、会管理的人才脱颖而出，走上管理岗位。公司600多名管理人员中，有60%是从工人中选拔上来的，形成了一个协调一致、运转高效的管理机构。三是强化调控功能。集团对紧密层企业统一调控、统一管理，实行“九统一”的管理方法，做到了大权集中、小权分散、分级管理、单独核算。(1)统一编制安排年度、月度生产计划，保证均衡生产；(2)统一调控重大技术改造资金，统贷统还；(3)统一编报物供计划，统一供应、统一订货、统一储备；(4)统一产品销售，统一产品价格和售后服务，统一召开订货会；(5)统一进出口经营，统一谈判，统一结汇；(6)统一固定资产折旧率，统一税后利润分配，统一财会制度和报表；(7)统一质量标准，建立了完整的质量检验体系；(8)统一使用和管理双星商标，集团各成型厂和配套厂生产的产品，统一使用“双星”牌商标；(9)统一制订集团长远和近期发展规划、统一组织实施。

三、优化产品结构，增强市场竞争力

市场竞争主要体现在产品竞争上，所以要求企业必须树立名牌意识，以“名、优、新、特”取胜。为适应市场的变化，我们提出了以“新”开拓市场，以“快”占领市场，以“优”巩固市场，以“活”扩大市场的经营销售方针，强化销售工作，在全国大中城市建立了18个销售分公司，1000多个销售网点。为及时掌握市场对产品需求的信息，每年都组织设计人员，对国内外市场进行考察、了解。同时，集团每年举行一次新产品设计大奖赛，选拔设计人才。每年对设计人员分期分批进行培训。目前集团产品已经形成了36个系列，300多个产品、1000多个花色的双星产品体系。为达到以“名、新、优、特”取胜的目的，我们狠抓了技术改造和技术进步。“七五”期间我公司技术改造投资达2600万元，完成了122项重大技术改造项目，其中热硫化鞋生产线已经达到世界先进水平，并获国家专利；引进与自制相结合的冷粘鞋生产线已经达到国际先进水平。“七五”期间有10项发明获得了国家专利，60多项技术改造和技术革新获得省、市科技奖励。技术装备水平的提高，带来经济效益的增长。“七五”期间，投资新增产值3.7亿元，投入产出1∶14，“七五”末较“六五”末产值翻两番；利税增长了3倍，使原来的“四老”企业，变成了“四新”企业。

四、发展外向型经济，参与国际竞争

我们在立足国内市场的同时，发展外向型经济，参与国际竞争。一是努力拓宽产品出口渠道。坚持“多口岸、多渠道、多形式、多客户、多品种”的出口方针，采取来料、来样、补偿贸易等灵活经营方式，高档鞋实行原材料供应、产品销售两头在外。目前我们先后与国外110多家外商建立了长期贸易关系，产品行销30多个国家和地区。二是到国外办厂，寻求发展外向型经济新路子。我们与泰国达成了合资建生胶加工厂的意向，到目前先后有巴特公司等在国际商界上有一定影响的公司愿意与我们合作办厂。

（王冰涛　执笔）

完善管理机制，强化集团功能

深圳市石油化工（集团）股份有限公司

深圳市石油化工（集团）股份有限公司，是由市属国营企业改组为公众性股份公司的。目前，下属全资及中外合资、内联的工业、贸易和房地产开发企业共33家，是一个多元资本结构和多元产业结构的综合性企业集团。

过去，由于在集团内部的组织和管理上，没有建立起有效的监控协调机制，管理失控，经营混乱，几年中就发生资产流失和经营性亏损1亿多元。

1990年8月，我们针对集团属下41家企业中有15家亏损（年亏损额达1176万元）的严重问题，制订了"消灭企业亏损，消灭亏损企业"的整治方案，采用转让、撤销、归并等方法，消灭亏损。与此同时，又结合安排落实1991年生产经营计划，制订了"一保两挂"的净资产承包经营责任制，有效地保障了国有资产的安全和增殖。在股份化改组过程中，我们以提高企业总体素质、适应股份化要求为目标，强化集中管理，全集团出现了经济效益不断提高的好势头。1991年，在提前两个月突破7000万元年利润计划指标的基础上，全年实现利润7312万元，为上年的2.62倍，相当于公司成立8年以来利润总和的106%；全员劳动生产率为13.84万元/人·年，位列全国化工系统百家大型企业第二名。各属下企业的管理水平普遍提高，有2家获国家二级企业称号，2家获省级先进企业称号，5种产品分别被评为部优、省优产品，1种产品获1991年北京国际博览会金奖。集团公司被评为1991年全国质量效益型先进企业、全国化工系统内部审计先进企业。

我们在适应股份化要求，完善内部管理机制，强化集团管理功能方面，建立和形成了五个"中心"的集中统一管理格局：

一、建立强有力的生产经营指挥系统，形成权威性的管理中心，彻底改变管理松散的状态

我们根据本集团的实际情况，移植内地大型联合企业的成功管理经验，并结合特区的环境条件，使之与国外的先进管理方法和手段有机地融为一体。以实行目标管理为龙头，以生产经营调度网络为主体，通过巡回检查、经济责任制大检查和调度会、经济活动分析会等形式，建立起一整套动态协调指挥机制，有力地强化了集中管理。

集团上下紧紧围绕企业方针目标，抓住生产经营的主要环节，逐步地把全集团的生产经营活动推上了目标化、规范化的轨道。并且以深入开展学吉化活动为契机，以加强现场管理为突破口，以"吉化"的经验为标尺，坚持从严治内，抓住那些反映思想作风上的小问题，大挑毛病，录相曝光，引起震动。搞得企业的经理、工人都坐不住了，纷纷行动，自查整改。与此同时，还采用多种方式把思想政治工作渗透到生产经营活动的全过程中，激励广大职工不断发扬"团结、开拓、求实、奉献"的企业精神，努力为争当深圳石化行业的"排头兵"做贡献。

二、强化内部资金运作功能，建立财务结算中心，充分发挥资金效益

针对属下企业大部分资金拮据，而有的企业资金又大量沉淀的矛盾现象，我们成立了集团公司内部财务结算中心。在组织上采用紧密型核算形式，防止资金"体外循环"；在运作方式上实行统存统贷、统

一结算，不进行任何对外融资。结算中心主动到集团属下企业上门服务，手续简便，方便快捷；成立一年来，资金融通额达22.6亿元，提高了集团内部整体资金的使用效益。同时，结算中心还发挥了资金使用的监控调节管理功能，对影响资金利润率变动的各项因素，实行监控，提高了资金使用的安全性，保障了企业资金的良性循环。

为了使监控措施得以完全落实，集团公司实行了财务部长下管一级的制度，解决了企业财务人员“顶得住的站不住，站得住的顶不住”的问题。

三、集中必要的财力，形成投资中心，增强集团整体发展能力

为了保证集团发展战略和整体效益的实现，必须集中必要的财力，形成集团公司投资中心，以保证对资金投入实行有效控制和调节，使资金投向主要用于对集团发展具有决定意义的新市场开拓、新产品开发和新产业的开辟上。因此，我们规定，限额以上的固定资产投资、企业追加投资、技术改造投资的决定权，都集中于集团本部。

最近，我们通过股份制改组，向社会和境外发售股票所筹得的资金，主要投向为三个方面：一是已确认的高科技项目和有发展前途的项目，重点抓节能空调机、丙纶抽丝和房地产开发；二是对需要改造、扩建的老企业，拿出一定的资金予以支持，同时结合规模经济运作，扩大发展精细化工生产；三是集中力量，支持参股25%的年产300万吨炼油厂的建设，为形成以石油化工为主体的生产格局创造条件。

四、加强内部资产管理协调，形成资产经营中心，保证资产的安全增殖

我们十分重视对现有资产的管理协调，不断调整、重组、优化集团的存量资产结构，适应市场变化，提高资产收益。在对前几年资产流失情况进行调查分析和治理整顿的基础上，统筹考虑资产经营运作方案，采取内联、拍卖等方式，使亏损企业在新的条件下逐步活起来。

在对现有企业进行技术改造的同时，进一步调整产业结构；逐步将现有小型企业按照优化组合生产要素的原则，归并为具有较强的自我发展和抗风险能力的较大型企业。我们规划在“八五”期间，逐步形成一批产值过亿（元）、利润过千（万元）的骨干企业。

五、健全机构和制度，形成服务中心，增强集团公司的凝聚力和感召力

集团公司把为企业服务作为自己工作的主导思想，为企业生产经营排扰解难。在服务机构设置上，设立培训中心，无偿为属下企业培训职员；设立维修中心，为企业维修机器设备，提高设备在用的可靠度；设立进出口管理部门，为企业提供报关、结汇、退税等各项服务。在服务制度上，集团公司明确要求机关各部门，要坚持面向企业、下基层现场办公，能在下面解决的问题就不带上来；领导成员身体力行，定期带领各部门人员到基层去，与属下企业领导面对面地讨论解决问题，对一时解决不了的问题，回机关从速研究解决，做到事事有回音、件件有结果，从而增强了集团公司的凝聚力和感召力。公司本部提出要求、作出部署，下属单位一呼百应，不打折扣。整个集团上下，出现了一个为管理上水平、产量上规模、效益上台阶而争做贡献的生动活泼的新局面。

（王肇文　执笔）

走出一条增强企业活力的新路

——哈尔滨医药集团股份有限公司在深化改革中发展

哈尔滨市经济体制改革委员会

哈尔滨医药集团股份有限公司（简称医药集团）是在改革开放中发展壮大起来的新型企业，集产、供、销、科、工、贸一体化。1991年集团公司实现工业总产值123894万元，销售总额103309.3万元，分别是11年前的13.7倍和10倍；实现利税12923.2万元，11年间利税年均递增19.9%；出口创汇1092万美元，比11年前增长24倍；产品由1980年的300余种增加到1100余种，市级以上优质产品的产值占工业总值的一半以上。目前，在全国大城市同行业中，集团公司的产值顺位已由11年前的第8位跃居第3位，成为哈尔滨经济的支柱行业之一，被市政府命名为哈尔滨市工业战线的一面旗帜。

一、更新思想观念，自觉地向有计划商品经济方向转变

几年来，医药集团从实际出发，坚持生产力标准，围绕着增强企业活力，提高经济效益这个中心，重点抓了“三个观念”的转变：一是破除产品经济模式的影响，解决部分干部单纯抓生产不注意企业经营和市场的问题，推动企业由生产型向生产经营型转变。二是破除单纯依赖国家投入，只抓当前不抓长远的倾向，解决部分干部不敢“负债改造”，不敢竞争的问题，促进企业由速度型向效益型转变。三是破除盲目自满，安于现状的思想，解决部分干部视野不宽，缺乏紧迫感危机感的问题，引导企业由内向型为主向内外结合型转变。

思想观念的不断更新，使医药集团出现了三个变化：

一是敢于参加市场竞争。许多企业干部随着思想观念的更新，在实践中进一步增强了竞争观念，他们提出“有标必攀、有牌必夺，一元钱的市场也要去占领”。有些企业内部也进行了竞争。制药六厂为了搞好销售，设立了三个销售科，人员、目标、奖罚条件一样，不划分市场范围，相互间开展竞争，大大促进了销售任务的完成。二是更加重视信息。许多企业积极开辟信息渠道，及时了解各方面的信息，明确自己在国内外同类企业中的位置和努力方向，适时调整企业的发展战略。三是强化销售管理。许多干部不仅注意抓好生产，更注意产品销售。他们说，不占领市场就没有生产力。医药集团的销售工作，由总经理全面抓，一名副经理分工抓，企业由厂长全面抓，一名副厂长分工抓，医药集团的销售人员由500多名增加到902名。目前医药集团在全国范围内已初步形成销售与回款、零担发运与中转、租用库房与借用库房、送货到家与登门服务相结合的一条龙式的销售集团网络。

二、适应新形势需要，大胆起用素质好有业绩的经营者

增强企业活力，关键要有一大批懂经营、善管理、勇于开拓的经营者。医药集团公司在新形势下，

改革用人制度，竭力培养一支适应社会主义商品经济发展的企业家群体。

第一，坚持干部“四化”标准，不拘一格选拔人才。他们选拔干部着重看素质和业绩。现在医药集团所属企业的经营者，年龄最大的58岁，最小的只有32岁，既有科班大学毕业的专业人才，也有在实践中锻炼出来的工人出身的经营者。制药三厂厂长全国医药系统优秀企业家毛春旭，1982年任厂长以来，年年有新的业绩，今年已经58岁，在签定新一轮承包合同时，医药集团领导希望他干满5年承包期。相反，对于那些看摊守业，打不开局面的经营者，他们顶住各种压力坚决进行调整。有个时期中药二厂经济效益下降，他们在不到2年时间就调整了3次经营者，最后选派了杨忠臣当厂长。这位勇于开拓，善于团结群众的厂长，在任职5年中，使该厂的产值、利润翻了两番，被评为全国中医药系统的优秀企业家。

第二，对经营者热心培养，严格要求。1985年以来，先后培训了厂级干部36人，选拔了3名厂级干部到美国学习企业经营管理，使他们开阔了眼界，更新了知识。同时经常是语重心长地教育干部要经得起商品经济的考验，不要被新形势下的“糖弹”击中。

第三，帮助经营者总结经验教训。医药集团领导对于在贯彻政策中遇到的问题，敢于承担担子。有一个时期企业实行的销售包干受到了种种指责，医药集团领导明确表态，销售包干是根据上级指示公司领导同意制定的，上级没有明文规定取消之前不能轻易变动，错了由公司领导负责。这样既保持了政策连续性，又保护了企业领导和销售人员的积极性。对于在改革中由于经验不足，出现的失误，只要不是钻改革空子中饱私囊的，医药集团领导都帮助总结经验教训，鼓励他们更好地工作。

三、调整结构，增强企业的发展后劲

为了使企业适应大生产、大市场的发展要求，医药集团围绕优势发展战略，积极进行企业结构、产品结构、技术结构调整，以优质产品为主导，形成独具特色的医药产品体系。

第一，医药集团针对原来的企业规模小，不经济的特点，通过企业联合兼并，优化了企业结构。1986年以来，他们从整体规划出发，采取系统内兼并、跨行业兼并、兼并区街企业等形式，一共兼并了12家企业。哈尔滨制药三厂在医药集团的帮助下，兼并了药用包装材料一厂，从而形成了整体优势，提高了产品的竞争力，在全国300多个同类产品厂家激烈竞争的情况下，三厂的产品一直畅销。

第二，医药集团根据大多数企业品种单一、档次不高、结构不合理的问题，采取引进一批、移植一批、自研一批的办法，全面地优化产品结构。他们开发新产品的特点，一是起点高，见效快，坚持引进移植，最低要达到国际上“70年代末80年代初”的先进水平。二是扬长避短，勇于创新，引进和创新相结合。他们既引进先进的西药产品，又在发展我国中药优势上做文章。中药二厂经过一年多的努力，研制成功全国首创的中药粉针产品“双黄莲粉针剂”，开拓了中药西制的新纪元。三是结合实际，形式灵活，切实提高企业的经济效益。在引进和移植中，他们根据市场的需求、企业的实际，采取不同的方式，有的是引进整套设备，有的只引进部分设备，有的购买技术，有的购买原料，以取得最好的效益。

第三，医药集团本着“当了裤子也要上”的决心，坚持立项要准确、起点要先进、布局要合理的三条原则，有步骤分期分批地进行“负债改造”。10年期间，确立技术改造和引进项目91项，总投资近4亿元，形成了“厂厂有改造，家家有引进”的局面。哈尔滨制药厂先后投入5460万自行改造了青霉素生产的公用工程，把发酵罐的体积由原来的30立方米扩大到100立方米，同时投入250万元引进意大利的先进菌种和微机控制发酵合成过程的新技术，成功地实现了国内技术与国外技术的对接。目前这个厂已挤进我国青霉素生产的“四大家族”之一。

四、充分尊重企业的自主权，真心实意地为企业服务

企业是独立的经济实体。医药集团在组织经营活动中，充分尊重企业的自主权，真心实意地为企业服务，促进企业活力不断增强。

第一，集中力量抓好关系全局的重大的经济活动，不干预企业日常生产经营活动。他们说，我们要抓好自己该抓的，剩下的放手让企业去干。医药集团主要抓好科学决策、制订企业发展规划、方针政策的贯彻落实、企业厂长（经理）的选拔和职工素质的提高，帮助企业想到应当解决的一些重大问题。经营发

展战略是决定集团发展命运的重大问题。医药集团根据国家产业政策和我市的优势发展战略，瞄准国内外两个市场，经过反复论证和研究制订了明确的“三圈”经营发展战略：第一圈，建好哈尔滨医药集团公司这个大本营，使企业产品优化，结构合理，生产能力充分发挥；第二圈，在内地和沿海城市建立联营企业，编织功能齐全的销售网点，进一步扩大国内市场；第三圈，是直接到国外建厂布点，让“哈药”跻身国际市场。对于企业内部的机构设置、分配方式、中层干部任免、日常经营活动，不加干预，以保证各个企业生产经营活动的多样性，灵活性和进取性。

第二，努力提高工作效率。真心实意地为企业排忧触难。医药集团领导反复强调，公司的干部要说实话、办实事，办事效率要高，解决问题要快，扎扎实实为企业排忧解难。他们明确规定，企业来请示工作每件事都要有回音，有关部门3天内必须答复；需要市里有关部门解决的问题，集团公司要帮助企业协调。

第三，适应形势需要，不断改进领导方法。医药集团改变了过去那种单纯压产值、追进度的做法，采取“对标”（与国内国际先进水平对比）、“反思”（总结经验找差距）、“经济活动分析”（分析形势，研究对策）活动，引导企业干部扩大视野，明确方向，增强信心，积极主动地开展工作。

五、实行“两分四自”综合改革，促进经营机制转换

为了使企业迅速成为市场主体，医药集团在调整企业结构、产品结构、技术结构的同时，加快了转换企业经营机制的步伐，按照哈尔滨市委、市政府决定要求，医药集团从1992年开始对市政府实行投入产出总承包，一定10年不变。承包指标以1991年上缴利税为基数，年递增率分别为6.5%和9%，超收全留，欠收不补。并在此基础上实行以政企分开，所有权与经营权适当分离，企业自主经营、自负盈亏、自我发展、自我约束为内容的“两分四自”综合试点。

围绕“两分四自”的改革内容，企业外部成立了市医药管理办公室，行使政府对医药行业的管理职能；市国有资产管理局对医药集团实行了资产委托经营，根据《企业法》赋予企业机构设置、人事、管理、劳动用工、产品定价、资金筹集、技改基建等12项权力。为政企分开，“两权”分离奠定了基础。企业内部，一是改革了现行用人、用工、分配制度，打破了工人和干部的界限，以及职工身份所有制界限，实行了全员合同制管理。二是依据按劳分配的原则，实行岗位技能工资制，分配向生产一线苦、脏、累、险的关键岗位倾斜，拉开奖金档次，上不封顶，下不保底。三是医药集团建立劳务市场，负责所属企业间的人员流动；四是建立医药集团领导体制，实行董事会领导下的总经理负责制，企业行政人员实行逐级聘任，党群干部实行下管一级的原则，按规定程序选举、任免。五是坚持以公有制为主体，实行集体所有制、合资、合作、独资等多种形式并存的股份制经营体制。按照“内外结合、综合治理；区别对待、分类指导；统筹规划、分步实施。”的原则，确定了哈尔滨制药厂等5户企业为人事、劳动、分配制度首批试点单位。

医药集团实行“两分四自”一方面扩大了企业自主权，为转换经营机制，企业成为市场主体创造了必要的外部条件；另一方面也为发掘企业的内部潜能提供了压力，使企业产生了经营机制转换的内动力，企业展现出新的面貌。1992年一季度生产经营出现了前所未有的好势头，产值、销售收入、利税指标分别比上年同期增长19.1%、21.3%和40.1%，实现了“三个同步”增长。

（许强廷、王其元　执笔）

1991年企业股份制试点工作概述

国家体改委生产体制司所有制结构处

1991年，我国的企业股份制试点在治理整顿中继续稳步发展。

一、股份制试点情况

1. **全国的情况**　根据国家体改委对全国34个省、自治区、直辖市和计划单列市的不完全统计，到1991年末，上述地区共有各种类型的股份制试点企业3320家（不含乡镇企业中的股份合作制和中外合资企业、国内联营企业），其中法人持股的试点企业380家，占总数的12%；内部职工持股的试点企业1751家，占86%；向社会公开发行股票的试点企业89家，只占股份制试点企业的2%。

企业内部职工持股的股份制试点，主要是一些国有企业和集体企业向职工募股后转变成的股份制企业。这些企业主要是为了解决企业资金短缺的困难，为了进一步提高企业的凝聚力，使职工关心企业资产的增殖。其资金来源，有的是把承包风险抵押金转帐，有的是职工拿出现金。每个职工入股金额相差不大，并不得转让，离开企业时可以退股，职工有一些分红。这类企业在数量上占股份制试点企业的大多数，但企业规模一般不大，职工持股金额约3亿元，占企业股金总额的比例平均不到20%。

公开向社会发行股票的89家试点企业，共有股金总额58.1亿元，其中国家股27.4亿元，占47%，其他企业投资的法人股16.8亿元，占29%，吸收个人股8.3亿元，占14%，外资股5.3亿元，占9%，前几年形成的少数企业的“企业股”0.3亿元，占1%。这类企业在股份制改组时，其存量资产的折股部分一般仍由原企业隶属部门持有，不印发股票；通过募股形成的增量部分，即个人股和部分法人股印发股票，共计公开发行人民币股（**A**股）12.86亿元，人民币特种股票（**B**股）2.8亿元。

在3320家股份制试点企业中，工业企业有1781家，占55%，商业企业有942家，占30%，另外金融企业有171家，建筑企业有58家，交通运输企业有28家，其他行业企业有240家。

在3320家股份制试点企业中，原来是集体所有制的企业占63%，全民所有制的企业占22%，其他类型（包括国内联营、合资等不易划分成单一所有制的）企业占15%。

2. **上海的情况**　上海的股份制试点始于1984年，到1991年底，经上海市政府有关部门正式批准，有比较规范的股份有限公司11家，其中向社会公开发行股票的有8家，另外3家全部由法人持股，不向社会公开发行股票。1990年12月，经中国人民银行批准，上海证券交易所成立，上述公开发行股票的8家企业上市交易。1991年第四季度，经国务院“股票市场办公会议”审定，上海增加9家向社会公开发行股票的试点企业，另一家上市公司——上海真空电子器件股份有限公司还发行了人民币特种股票1亿元，这是我国首次发行**B**股。

3. **深圳的情况**　深圳的股份制试点始于1986年，到1991年底，共有股份公司108家，其中新组建的有90家，由原有企业改组的有18家。1991年7月，经中国人民银行批准，深圳证券交易所成立，有6家向社会公开发行股票的企业在证券交易所上市交易。同年第四季度，经“股票市场办公会议”审定，深圳增加11家向社会公开发行股票的试点企业。

二、股份制试点的作用

股份制试点虽然面还不广，时间不长，但已经发挥了一些积极作用。

1. **围绕经济建设的需要筹集资金** 向社会公开发行股票的89家试点企业，共筹集58.1亿元资金，投入到企业中去，同时把8.3亿元的群众手中的消费基金转化为建设资金。

在股票市场比较完善的情况下，股份制的集资功能还可以发挥得更好一些，因为可以通过股票的溢价发行筹集更多的建设资金。例如，1991年四季度上海市新推出的9家试点企业，即通过向社会溢价发行面值总计1.3亿元的股票，筹集到3.5亿元资金；深圳新推出的11家试点企业，通过向社会溢价发行面值总计2.4亿元的股票，筹集到7亿元资金。此外，国家还可以从股票交易中征税，增加财政收入，深圳市仅1991年，即从股票交易中征收了印花税2000多万元。

2. **实现了国有资产的保值增殖** 深圳物业发展股份有限公司，原是一家由工程兵转业军人队伍为骨干的企业，通过几年艰苦奋斗，积累了净资产约1亿元。在这次改组为股份公司的过程中进行资产评估，增加到1.8亿元；再通过溢价发行股票，使资本进一步增加到6亿多元。这家企业通过募股集资扩大营业规模，国家还可以从分红中得到更大的收益。据初步估算，国家每年分红可达1000万元左右，相当于原企业每年承包的上缴利润100万元的10倍。

3. **有利于协调地方、部门、企业各方的利益关系，促进企业集团的发展** 突破地区、部门和所有制的界限发展企业集团，一直是一个难点。股份制提供了一个克服这一难点的新途径。例如南通机床厂是一家出口量居全国机床行业前列的全民企业，但它的生产能力不足，急需扩大。南通市有7个相关的工厂，但有的是全民企业，有的是集体企业，有的是乡镇企业，全民企业中又有市属企业和区、县属企业。为了把这7个企业合成一个大公司，他们采取了股份制的办法合股经营，组成企业集团的核心。即由7个厂的所有者代表，把企业资产折资入股，组成南通机床股份有限公司。有关方面按股分红，通过参加董事会参与决策。这种办法的好处是，既突破了部门和所有制界限，发展了企业集团，又做到了利益协调，发挥各方面的积极性。

4. **有利于促进转换企业经营机制** 根据各地的经验，股份制对转换企业经营机制，是能够起到积极的促进作用的。据深圳的一项资料统计表明，在1989年工业企业出现大面积效益下滑的情况下，股份公司的平均资金利润率为16.77%，高于全市工业企业平均资金利润率13.73%的水平。其中5家上市公司，在1988年至1990年的3年中，利润平均年增长97%，净资产年增长1.3倍。能够取得这样好的经济效益，与股份制企业具有较好的经营机制是分不开的。较好的经营机制表现在：第一，企业可以通过发行股票自主筹集资金，迅速形成新的生产能力，适应市场需要；第二，加强企业自我约束机制；第三，从根本说，股份制为企业真正的自负盈亏提供了基础。

三、存在的问题

1. **股份制试点的有关法规跟不上** 自从“十三”大提出进行股份制试点后，各地纷纷开始行动，但是有关法规一直没有出台。为了指导股份制试点工作，正在制定地方性法规。上海、深圳两市政府，制定了《股份有限公司暂行规定》，已经国家体改委、财政部、中国人民银行、国家国有资产管理局批准，以期两市的股份制试点可以依法进行。其他省市，有的也搞了一些规定，但水平各不相同，繁简程度有很大的差别，有些基本概念和一般规则互不通用，作为指导性的法规还要进一步完善。

此外，与法规相配套还需要有一系列管理办法。目前我国的各种管理办法，都是按企业所有制性质分别制定的，而股份制企业从所有制性质的角度看，属于一种“复合所有制”，因此，现行的财务会计、工商注册、人事、劳动、工资管理等方面的管理办法，都不能适应股份制企业，必须重新制定。

2. **有些试点企业没有按股份制的基本规则办事** 一些试点企业违背了股权平等、同股同利的原则，对国家、法人和个人股实行不同的分红率，一般是个人股高于国家、法人股。相当一部分试点企业的股票既保息又分红，股息进成本，混淆了股权和债权、股票收益和利息收入的区别，失去了股票应有的作用。相当一部分企业没有开过股东会，董事会不健全或者形同虚设，内部管理体制上还是老一套，董事会仍由上级主管部门任命。

3. **有些试点企业资产未进行评估** 在企业内部职工持股的股份制试点企业中，大多数是以企业帐面净资产折股，既未计算设备重置价值，也未考虑企业无形资产。原有资产低估的结果，是个人股侵占部分国家股的收益。

4. **对公有制为主体的股份制企业的领导体制，还需要在实践中加以探索** 在股份制试点中，一些由全民、集体企业改组而来的股份企业，对党组织的地位和作用进行了探索，但总的来说，这个问题还没有解决，需要在借鉴国际经验的同时，根据我国的情况进行探索和创造。

5. **股票的发行和交易，还存在不少问题需要认真解决，特别是在防止过度投机、股票向少数人集中等方面要进一步研究措施** 上海、深圳的证券交易所的管理，也要逐步规范化，改变分割状态。

四、进一步搞好股份制试点需要研究和解决的几个问题

1. **建立和完善有关法规** 搞好股份制试点工作，首先要结束无法可依的局面，有关试点的主要法规，包括两个层次：第一个层次是有关股份制的基本法规，既包括有限责任公司法和股份有限公司法，为股份公司的组织和管理提供法律依据；也包括证券法，为股票的发行和交易，以及股票市场的建立和运行，提供法律依据。第二个层次是与基本法规相配套的具体法规，如股份公司的登记注册办法；股份公司的财务会计制度；有关资产界定和评估的办法；政府各级管理部门对股份公司的管理办法等。这些法规中，有限责任公司规范意见和股份有限公司规范意见等一系列法规已经正式颁发，有的正在拟订或还在酝酿阶段。有关法规颁布之后，就要严格依法管理，解决现在股份制试点中各种不规范的问题。

2. **对三种类型的股份制，实行分类指导的方针**

鼓励发展法人持股的股份制，主要是解决两个问题：一是通过股份制协调各方的利益关系，做到分散的资金能够集中使用；二是通过股份制发展企业集团，以便于打破部门、地区和所有制界限，使现有资产重新组合，调整和优化结构。这些都是当前经济发展中迫切需要解决的问题。同时法人持股牵涉到的问题也比较少，没有什么风险，因此，应该采取积极推进的方针。

发展内部职工持股的股份制，主要是为了增强企业的凝聚力，调动职工的积极性，也有利于加强职工的主人翁责任感。但是容易出现变相发奖金、低估国有资产等问题。我们采取的方针是，在完善已有试点的基础上，有计划、有步骤地扩大试点范围。

向社会公开发行股票的股份制，牵涉的问题较多，过去一直在上海、深圳两市进行配套改革试点。所谓配套改革，就是包括选定一批合乎条件的企业公开发行股票，健全证券市场，改革与股份企业有关的各项管理制度和办法。

对三种不同类型的股份制，我们采取区别对待的方针，既考虑到了现实的情况，也考虑到了改革的实际进程，所以它是比较积极稳妥的。

3. **要研究解决股票异地上市、异地交易的问题**

在“十三”大提出试行股份制之后，明确规定公开发行股票的股份制只限于在上海、深圳试点之前，其它省、市已有一部分企业向社会公开发行了股票。但是这些企业公开发行的股票长期不准上市交易，起不到股份制应有的积极作用，还可能引起负作用。因此，必须考虑允许异地上市交易，即到上海、深圳证券交易所上市。这个问题已经提了出来，国务院已经原则同意，并写入了《1992年经济体制改革要点》。

4. **发展机构投资，即通过机构把个人的钱集中起来转化为投资** 目前重点应抓两件事：一是发展保险业，增加对个人的社会保障和保险种类；二是建立投资基金，或叫合作基金，也可叫投资合作社，个人自愿入股，统一经营和核算，由机构出面买卖有价证券，有了收益按股分红，照章纳税，可以避免个人进入证券市场出现的问题。

5. **要专门研究一下高技术企业的股份制试点工作** 我国开辟了一些高新技术产业开发区，但是在开发区的一些“民办科技企业”中，出现了创业之后的守成现象。他们不愿再求大的发展，后期动力不足。为了解决这个问题，我们会同国家科委发出了《关于深化高新技术产业开发区改革，推进高新技术产业发展的决定》，准备在理顺资产关系和责权利关系的前提下，实行有限责任公司和股份有限公司等组织形式，提倡法人之间相互参股、控股，鼓励以专利、技术成果等知识产权入股，有计划地引导企业职工持股，积极吸引外资入股，通过柜台交易，允许股票转让和流通等，以求推动高新技术产业更快发展。

（刘岩　执笔）

上海真空电子器件股份有限公司在全国首发B种股票

上海真空电子器件股份有限公司

在我国全民所有制工业企业中，率先公开向社会发行股票试行股份制的上海真空电子器件股份有限公司（以下简称真空电子公司），1991年又以开拓、创新的精神，在全国首家发行人民币特种股票（**B**种股票），进行一种新的股份制探索与实践，引起了国内外的广泛注目与赞赏。

一

真空电子公司成立于1987年1月，有6个工厂1个研究所，15000余名职工，生产经营以显像管、荧光灯、汽车灯为主导产品的真空电子器件。年产各种显像管300万只，荧光灯1100万支，汽车灯140万只，钨钼丝3.5亿米。1988年，公司利用发行**A**种股票筹集的5000余万元人民币资金，与香港永新技术开发公司合资建设了上海永新彩色显像管有限公司，年产100万只18英寸彩色显像管，1991年实现利润1亿6千万元。为了适应市场需求，经国家批准，由上永公司再建一条年产70万只25英寸大屏幕彩管生产线。同时，国家还要求上海自行解决彩管玻壳等关键配件的国产化问题。彩管玻壳等关键配件，几乎都是高技术和投资密集型的产品，必须从国外引进先进技术和关键设备，对公司的有关工厂进行改造，需要再投入数以亿计的人民币外汇资金。

这样大笔的外汇资金从哪里来？不可能仅依靠国家拨给，特别是上海重点工程多，需要用外汇的地方也多。向外国政府或银行贷款，还本付息的压力和风险也很大。他们经过多方考虑，根据国务院1988年7月和1990年8月发布的关于鼓励台湾同胞、鼓励华侨和香港澳门同胞投资的两个规定，国外华侨和台、港、澳投资者可以通过购买企业股票的形式来大陆进行投资，其在增内投资举办的企业可参照执行国家有关涉外经济法规，享受外商投资企业待遇。为此，他们向政府主管部门提出了运用公司已试行股份制的有利条件，采用向境外投资者发行股票的办法吸收外资，用于彩管玻壳等关键配件生产技术改造的请求。这一请求得到了上海市经济体制改革办公室、外国投资工作委员会、计划委员会、经济委员会、仪表局和人民银行等有关部门的支持。他们认为，这样做，一方面可解决真空电子公司彩管坡壳等关键配件技术改造所需的外汇资金来源；另一方面可开辟一种吸收利用外资的新途径，即运用股票形式吸收境外的投资机构、工商企业及个人向境内进行投资。这种形式使外资来源及与外商的合作方式、规模具有更广泛的社会性、国际性和灵活性。

二

真空电子公司原有人民币股票总额2亿元（200万股）。经公司申请，中国人民银行和上海市人民政府批准，1991年增资发行了面值总额1亿元（100万股）的**B**种股票。这1亿元（100万股）**B**种股票与原发行的**A**种股票一样，每股面值100元，均为普通股，一律记名，但由境外法人和自然人以现汇折合认购。公司发行1亿元**B**股后，股金总额从2亿元增至3亿元（300万股），其股份构成为：国家持有A股1.5亿元，占股金总额50%；境内企业事业法人单位持有A股0.02亿元，占股金总额0.67%；境内城乡居民持有A股0.48亿元，占股金总额16%；境外法人和自然人持有B股1亿元，占股金总额33.33%。公司保持了以公有制为主体的社会主义企业性质。

关于B股的发行价格，由于公司是老企业增资发行股票，公司已经过4年多时间的经营，资本增益存量和实有资产的重置价值增加，故采取溢价发行的办法。具体由政府国有资产管理部门通过对公司资产的重估价值、证券市场上公司A股的交易价格和公司今后的盈利能力等因素，以高于面值4倍的价格发行，由境外投资者以现汇美元按发行首日的上一个星期上海外汇调剂市场美元与人民币交易的加权平均价折成人民币认购。发行方式由公司委托上海申银证券公司牵头，组织境内的海通、万国证券公司和境外的瑞士银行亚洲金融有限公司、美国所罗门兄弟国际有限公司、香港新鸿基投资服务有限公司，以全额包销形式包销发行。发行结果共获得6750万美元现汇。

三

真空电子公司发行B股后，由于公司的3亿元股金总额中有1亿元是境外投资者以现汇所购买，即公司的注册资本中有33.33%是外资。为了积极鼓励境外投资者以购买B种股票的形式到国内来投资，上海市人民政府和国家有关部门根据国务院的有关规定和国家已有的中外合资企业法规，批准了该公司为中外合资性质的股份有限公司，同意该公司按国家颁布的中外合资经营企业的一系列法规政策来从事各项生产经营活动，并同意迁址到上海浦东新区，成为上海和全国首家通过发行B股建立的中外合资企业。这是该公司在改革开放中，通过股份制试点，深化企业改革，转换经营机制的又一大胆实践。

真空电子公司发行B股，是在我国深化经济体制改革，扩大对外开放的形势下应运而生的。它标志着我国在筹措和利用外资上又探索到一种新的形式。它是贯彻国务院关于鼓励台、港、澳同胞、海外华侨以购买企业股票形式来国内投资政策的具体体现，也是上海继设立全国第一家证券交易所和若干家外资银行后，在金融改革上的又一重大突破。它将会对我国的经济体制改革，特别是企业体制、投资体制、资产管理体制的改革和转换企业经营机制，搞好大中型企业，产生深远的影响。

海南化学纤维厂实行股份制规范化改组

徐晓平　陈　琳

海南化学纤维厂是海南化纤工业股份有限公司的前身。该厂是1984年由海南省开发建设总公司和中国纺织工业对外经济技术合作公司共同投资兴办的全民所有制内联企业，它是海南省开发建设的重点项目，总投资8600万元，从联邦德国、日本引进整套生产设备、检测仪器及软件技术，原设计生产能力为年产5000吨涤纶长丝。主要产品为“海虹牌”涤纶丝及**POY**、**DTY**纸筒、纸箱。产品畅销全国。该厂投产以来，努力拓展市场、开发产品、加强生产管理，获得了较好的经济效益和社会效益。1988年、1989年、1990年实现利润分别为1011万元、1427万元和2038万元，是海南省现有企业中盈利大户之一。1990年创利税在全国化纤工业系统中列第18名。

为了转变企业经营机制，进一步增强企业活力，提高企业的应变能力，充分发挥职工的主人翁精神和积极性，为企业筹集更多的资金，促进企业进一步发展，1991年9月经省股份制试点联审办公室审批，报省政府同意核准，海南化学纤维厂进行了股份制规范化改组。

一、海南化纤工业股份有限公司的成立及内部发行股票的具体做法

1. 认真进行全面的资产评估　按照省股份制试点领导小组的统一部署，根据《海南省全民所有制企业股份制试点暂行办法》，海南省财税厅于1991年6月5日委托海南省资产评估事务所对海南化学纤维厂进行资产评估并界定产权。经过海南省资产评估事务所将近两个月的全面评估，并得到海南省财税厅的最后确认，海南化学纤维厂截至1991年5月31日止，全部资产总额为人民币1.59252亿元。

2. 有组织、有步骤地开展改制及内部发行股票的各项筹备工作　原海南化纤厂董事会根据海南省股份制试点领导小组的指示，于1991年6月17日作出“关于海南化纤厂进行股份制改组及内部发行股票的决定”，并成立了筹备委员会。在海南省体制改革办公室的具体指导下迅速开展各项筹备工作。

3. 认真制定“改制方案”等有关申请文件材料　按照海南省体制改革办公室的要求，筹委会向海南省股份制试点领导小组上报了“改制方案”、“章程”、“内部发行股票的可行性研究报告”、“招股通函”、“发展计划和溢利预测报告”等文件。并于1991年9月4日正式向海南省股份制试点领导小组提交“申请报告”及上述5个主要文件。

4. 向海南省人民银行等有关部门办理内部发行股票的有关手续　海南省人民政府办公厅以“琼府办函〔1991〕86号”文批准海南化纤厂进行股份制改组成立海南化纤工业股份有限公司及内部发行股票后，他们按照国家有关规定，办理了工商注册登记等有关手续，1991年9月16日，完成了向海南省人民银行申请内部发行股票的报告工作。海南省人民银行以“琼银〔1991〕管字第130号”文批准该公司本次内部股票总发行额为1亿元，每股面值人民币1元，计1亿股。其中原有股东6896.5万股，增发新股3103.5万股，增发的新股中，向企业法人发售1120万股，向职工个人发售1983.5万股。

二、改制后的成效

1．董事会按股份公司的要求发挥作用

海南化纤工业股份有限公司于1991年9月成立后，企业就按股份公司的要求进行运作。9月26日召开了股东会第一次会议，通过了公司章程，选举产生了公司第一届董事会，并确定了监事会的人选。9月27日召开第一届董事会第一次会议，选举产生董事长、副董事长、秘书长，聘任了公司总经理。

董事会一成立就按章程的规定，开始行使董事会的职权，首先调整了1990年的利润分配方案，确定了1991年的各项经济技术指标。组织公司有关部门制订了“海南化纤工业股份有限公司会计制度试行务例”、“资金管理制度”、“材料管理制度”。1991年12月5日召开了第一届董事会第二次会议，总结了内部股票发行工作，决定成立企业体制改革领导小组，着手对公司机构设置及管理体制进行深化改革。

2．改制大大提高了企业的知名度

通过股份制改造和发行“海南化纤股票”，大大地提高了海南化纤工业股份有限公司的知名度，进一步改善了企业的外部环境，为企业筹集了3100万元的长期投资。

3．改制大大地增强了企业的向心力和凝聚力

实行股份制，企业员工都购买了一定数量的股票，他们既是企业的劳动者，又是企业的所有者，真正成为企业的主人（股东），他们获得的工资、奖金和股息、红利，都是自身创造的价值。同时由于成为股份制企业，使企业有了资金进行更新改造，增加新品种，扩大生产规模，企业的经济效益得到大幅度提高，这不仅促使股票的市价愈来愈坚挺，作为股票拥有者职工本人也更加关心企业的发展，职工利益与企业命运紧密相连，职工与企业同享利益，共担风险，极大地激发了员工的积极性和责任感，增强了企业的向心力和凝聚力。

4．生产稳定发展，经济效益进一步增长

公司领导借股份制改革的东风，按股份制企业的要求，重新组建了生产经营指挥系统，重点加强了对财务、供销工作的管理。由于股份制调动了职工生产的积极性，改制后的生产比上年同期均有较大幅度的增长。1991年9、10、11、12月，仅化纤产品就分别完成利润207万元、263万元、160万元、168万元。全年生产涤纶长丝5748吨，工业产值1.246亿元，实现利润2160万元，比上年增长9.4%，创历史最高水平，在省工矿企业中居第二位，在省内同规模的三家涤纶长丝厂中居第一位，占省三家涤纶长丝厂利润总额的49.3%。

5．股份制改组，为企业的人事管理引入了新的机制

改制后，股份公司打破了“铁饭碗”，实行聘任制，公司有权自行招收职工，有权辞退不合格员工，公司领导可根据生产需要对劳动力实行优化组合和满负荷工作法，精减人员，多余人员实行下岗培训。实行这种人事管理制度，在职工中形成了一种压力和动力，保证了公司各项生产任务的顺利完成。

5 宏观经济体制改革篇

1991年加强宏观调控情况综述

国家体改委宏观调控体制司

随着1990年国家宏观经济调控的政策着眼点逐步后移到启动最终需求，1991年经济形势出现了明显的回升，而且没有引发曾经令人担心的通货膨胀。从总体上看，1991年国民经济稳定增长，通货膨胀得到有效控制，改革开放迈出较大步伐，治理整顿的主要任务已基本完成，为实现“八五”计划创造了一个良好的开端。全年国民生产总值比上年增长7%，农业总产值增长3%，工业总产值增长14.2%。但是，结构调整进展缓慢，经济效益不高，财政困难大，仍是经济运行中的主要问题。

一、经济形势明显好转

1991年，国民经济在进一步治理整顿中步入了正常发展轨道，供需总量基本平衡，主要比例关系有所改善，促进了经济循环的好转。初步测算，1991年社会总需求23358亿元，增长13%。

对比近3年情况，1991年总需求与总供给的基本平衡有其明显的特点：

首先，达到了适度的增长。从1989年情况看，国家综合运用各种手段，坚决实行财政、金融双紧政策，紧缩力度偏大，致使总需求增长水平大幅度回落，当年总需求仅增长4.8%，增幅比上年下降23个百分点。导至工业生产增长速度回落过猛，市场销售疲软，企业经济效益明显下降，国家财政困难加剧。自1990年开始，国家的宏观经济调控政策从财政、金融“双紧”转到了“从紧方针不变，适当调整紧缩力度”的方向上，陆续出台了一些适时调整紧缩力度的措施，主要是在价格、信贷、利率、投资等方面的政策适当放宽。其结果，1990年总需求增长了16.9%，国民经济基本恢复正常发展。1991年，在继续加大固定资产投资需求和积极扩大对外贸易的作用下，经济保持了增长势头，总需求增长13%，达到了适度水平上的增长。

其次，1991年的总供求基本平衡是在较低物价水平上实现的，因此更具有实质意义。1989年的情况是，全年全国零售物价总指数上涨幅度达17.8%，全社会总供求差额基本上被上涨的物价所吸收，因此当年全社会总供给与总需求实现基本平衡。而1990年全年物价上涨幅度为2.1%，1991年为2.9%，特别是1991年现价总供给与上年价总供给的比值是近年来最低的一年，全社会总需求与总供给之间的关系得到了进一步的改善。

从农业生产看，1991年入夏以来，我国部分地区先后遭受了洪涝、干旱、风雹等多种自然灾害，灾情之重，危害之大是历史上少见的。受灾总面积虽属中等偏重年份，但涝灾面积却是建国以来的最高年份。对江苏、安徽等局部地区来说，则是百年不遇的特大洪涝灾害。但由于党和政府充分重视农业生产，国家财政支援农业资金大幅度增加，银行、信用社发放农业贷款余额比上年末也有较多增加，加上建国以来兴建的水利设施，特别是近几年来搞的农田水利基本建设和兴建的农业生产基础设施，都对防灾抗灾起到了重要作用。尤为重要的是，在农村实行了十余年的家庭联产承包制，在抗洪救灾中表现出顽强的生命力。因此，在全国人民有力支援下，农村广大干部群众顽强奋战，努力开展生产自救，终于战胜了自然灾害，夺得了农业生产的较好收成。粮食虽略有减产，但仍然是历史上第二个高产年。棉花大幅度增产，油料、糖料、烤烟产量再创历史最高水平。

从工业生产看，终于摆脱了持续两年之久的低增长阶段，增长速度稳定升高。全年工业总产值比上年增长14.2%，其中全民所有制工业新增产值占全部工业新增产值的比重由上年的37.8%。提高到43.1%，大中型企业生产也开始摆脱前两年徘徊的状况，比上年增长9.2%。究其原因，1991年最终需求的明显增长对此起到了至关重要的促进作用。这是国家宏观调控采取一系列措施的结果，特别是1991年国务院生产会议和中央工作会议采取的一系列搞活企业措施已初见成效。同时，1991年国家再次下调贷款利率等宏观金融政策，也推动了工业生产的增长。

二、具有恢复性质的需求增长

1991年的社会需求增长幅度较大，对生产增长起了关键作用。但联系对比治理整顿头两年需求增长过低的情况而言，1991年的需求增长具有较为明显的恢复性质。从宏观经济调控角度看，这也是“适当调整紧缩力度”的一个预期效应，是1991年需求增长未引发通货膨胀的一个重要原因。

1991年社会需求的增长具有三个主要特点：一是在国内需求稳步增长的情况下，固定资产投资需求比上年增长18.4%，大大改变了前两年负增长和低速增长的局面；二是消费需求增长幅度大于投资需求增长幅度；三是国外需求继续维持了较快的增长速度。

1989年全社会固定资产投资比1988年下降8%，成为导致市场疲软的重要原因。1990年国家开始增加即期需求，但上半年全社会固定资产投资仍是下降趋势，全年也只增长3%。1991年国家确定了适度增加投资需求，继续调整投资结构，努力提高投资效益的方针，上半年全社会固定资产投资就完成1740亿元，比上年同期增长14%，与上年同期下降3%的状况相比，回升17个百分点，居近年来同期增长速度的中上水平，这一增长幅度基本正常。同期工业增长13.4%，社会商品零售总额增长12.8%，生产、建设、消费全面增长，三者速度差距明显缩小。按季观察，一季度投资增长10.3%，二季度增长25.7%，三季度增长22.3%，四季度增长23.8%，可以说投资已步入正常增长阶段。特别是在国家适当增加更新改造投资政策指导下，各地区、各部门更加重视现有企业的技术改造，全年完成更新改造投资比上年增长20.1%，与全民基本建设投资增幅21.8%相比，仅差1.7个百分点，是改革开放以来，增幅相差最少的一年。但从全社会投资实物量上看，仍低于1988年水平。1989年和1990年投资增长率扣除价格因素后，分别为近－20%和不到5%，1991年投资实际增长率不到10%，3年累计的实际增长率仍低于1988年约5～6个百分点。因而1991年的投资需求增长带有明显的恢复性质。

从统计数字看，1991年社会商品零售总额比上年增长13.2%，现价增长率比1990年的2.4%高出10.8个百分点，而1991年固定资产投资现价增长率高出1990年约11个百分点，二者接近。但考虑到1991年全社会零售物价总指数为2.9%，而固定资产投资价格比上年上升9.5%，实际消费增长超过了投资增长的幅度。这是国家一系列宏观调控措施的必然结果。如：国家松动社会集团购买力，使这个一向约束最差的消费需求迅速上升，1991年年初以来其增长率保持在10%以上，个别地区甚至超过30%。又如：4月21日国家再次下调存款利率，使居民储蓄倾向有所改变，储蓄增长势头趋缓，同期相比，其增长率已由年初的36%回落至10月份的29.6%。就总体而言，1991年消费需求的增长也带有恢复性质，扣除价格因素后，1989年至1991年的3年累计实际增长率仅比1988年高1个多百分点。

1991年，在国内需求稳步增长的同时，国外需求继续维持较快增长速度，其增长率超过国内需求增长率约18个百分点，保持了近两年国外需求超前发展的格局。1991年我国外贸体制实行了重大改革，取消了国家对外贸出口补贴，使外贸经营逐步走上了平等竞争、自主经营、自负盈亏的良性发展轨道，促进了外贸的发展。1991年进出口全面增长，其中，出口总额719.1亿美元，增长15.8%，进口总额637.9亿美元，增长19.5%，进出口相抵，顺差81.2亿美元。出口额占国民生产总值的比重又提高2.8个百分点，达到17.4%，改革使外贸又上新台阶。

最终需求回升加快，使经济循环当中整体活力有所增强，社会产品价值实现状况开始有所好转，流通环节的库存也开始消肿。一度困扰我国经济正常发展的最终需求不足等浅层次矛盾已经明显缓解，宏观调控措施基本上达到了预期目标。

三、抓住搞活企业这个中心环节

随着最终需求的逐步启动，国家还采取多方面措施，以保证有效供给的不断增加。这些措施主要有：(1) 在全国范围内开展“质量、品种、效益年”活动；(2) 进一步增强国营大中型企业活力；(3) 严格控制企业继续生产积压产品；(4)适时调整并放开了部分价格。

为了把全部经济工作切实转到提高经济效益的轨道上来，力争工业生产的质量、品种、效益有一个明显进步，国务院决定1991年为“质量、品种、效益年”，以大力提高我国企业的经济素质和经济效益，使企业逐步走上投入少、产出多、质量好、消耗低、效益高的发展道路。国务院要求每个地方、每个行业都要抓住自己的薄弱环节，找准主攻方向，要有具体明确、分步实施的目标，并要求计划、财税、金融、物资、商贸、物价等部门要积极为企业创立良好的外部环境。国家从宏观上制定了一系列政策以支持企业开展这一活动。比如，在新产品开发方面，规定对实行承包的盈利企业，在完成承包上交任务的前提下，可从销售收入中提取不超过1%的技术开发费。又比如，在固定资产管理方面，鼓励国营企业合理处理闲置的固定资产，促其发挥作用，“八五”期间对机械行业的1000多户重点企业生产线上使用的机器设备，继续实行折旧年限加速30%的政策，并再选择部分大中型企业提高固定资产折旧率。还有，在资金管理方面，帮助企业清理拖欠。但据国务院研究室工交组和国家体改委宏观司组织的一次经济专家调查问卷结果的分析，80%的专家认为质量、品种、效益年取得的效果一般，他们主张这方面要想抓出成效，必须和经济体制改革的深入有机地结合起来。

为了进一步深化改革，增强全民大中型企业活力，1991年上半年，国务院提出了增强全民大中型企业活力的11条措施，下半年中央工作会议又制定了20条措施。这些措施逐步得到落实。如，适当增加了企业技术改造的投入，减少了部分企业主要是承担指令性计划任务很重的国营大中型企业的指令性计划任务，扩大其产品自销权，提高了部分企业的折旧率，新增加的折旧基金，在国家下达的定额内免交“两金”，增加了企业新产品开发基金，降低了企业贷款利率，选择了一批大型企业集团进行试点等。这些措施的采取已经初见成效，全民所有制工业企业特别是大中型企业生产摆脱徘徊状况，呈现较快增长势头，从动态上看，下半年各项效益指标也普遍好于上半年。但工业经济效益一定程度的改善，是在前两年连续大幅度下滑基础上的改善，因而只是初步的，同时由于结构不合理，体制不顺等深层次问题依然存在，效益改善的基础仍然脆弱，全年预算内国营工业企业销售利税率和资金利税率仍处于近几年来的“谷底”。

为克服单纯追求生产速度，导致产品大量积压、经济效益低下的痼疾，国务院从1991年下半年开始，采取措施限产压库。国务院要求各地区提出停止、限制贷款和停止、限制供电、供气或抽回老贷款的企业和产品的名单，交给银行和电力等部门实施。并进一步完善压贷挂钩办法，根据企业不同需要实行压缩产成品的库存与技改贷款或流动资金贷款挂钩的政策，先完成压库任务，并收回相应贷款，才可以再发放流动资金贷款。从时间上看，这些措施出台晚了一些。实际上，产品积压是从1989年开始背上的包袱，主要是工业生产的增长与最终需求的增长在幅度上不同步、在时间上不衔接和生产结构不合理造成的。1990年3月份开始，国家采取微调措施适当放松需求，增加固定资产投资，但由于资金到位较迟，形成生产回升在先，需求回升在后，造成新的积压。1991年这种情况在延续。由于产品大量积压，使得工业生产成果无法实现，企业之间结算困难，形成互相拖欠的债务链。因此，产成品积压和“三角债”拖累，是社会再生产循环不畅的两个表现，互相联系，互相影响。1991年，国家还下大力气组织清理“三角债”。至1991年10月底止，银行已注入清欠贷款约300亿元，清理了拖欠资金约1000亿元，达到了注入1元清理3元的要求。

为了进一步支持工业生产特别是基础产业发展，国家先后调整了钢材、生铁、原油、成品油、煤炭、铁路货运等价格，并对水泥价格实行并轨，地方也相继出台了一些调价项目。与上年相比，原材料、燃料、动力购进价格全年平均上涨9.1%，工业品价格结构有了较大改善。1991年还大幅度调整了居民定量粮油销价，市场平稳，取得成功。这些措施，为解决基础产品价格偏低的矛盾迈出了重要一步。

四、金融宏观调控的改善

1991年，国家金融部门进一步改善了对金融的宏观调控，贯彻执行“控制总量、调整结构、强化管理、适时调节、提高效益”的货币信贷方针，以促进国民经济的良性循环，并积极发展证券市场，深化金融体制的改革。

1991年全年银行和信用社新增贷款3287亿元，控制在调整后的信贷计划之内。虽然信贷增长超过了年初计划，但联系实际经济发展需要来看，尚属正常范围。如，为清理“三角债”，银行注入了300多亿元贷款作为启动资金；为支持抗洪救灾，银行专门增加了100亿元贷款；由于粮棉获得历史上第二个高产年，农副产品收购贷款比原计划多增加200亿元；国家实行粮食、食糖、橡胶、有色金属等重要物资的专项储备制度，银行增加贷款100亿元等。

信贷结构也进一步得到了调整。1991年银行和信用社贷款增加额中，流动资金贷款比重由上年的74%下降到63.7%，固定资产贷款比重由上年的14.4%增加到24.4%，特别是其中技术改造贷款比重由5.3%上升到10.8%，从而扩大了投资需求，带动了市场销售的回升，缓解了市场疲软，促进了企业技术进步和产品更新换代。

为了减轻企业特别是国营大中型企业负担，促进经济回升，国家于4月21日下调了存贷款利率，调整后的一年期定期存款利率从8.64%下调到7.56%，流动资金年贷款利率从9.36%下降到8.64%，整个利率水平基本恢复到1988年上半年水平。国家还对人民币汇率实行了有管理的浮动，小幅度经常性向下调整外汇牌价，人民币对美元汇价由1990年11月17日大幅贬值后的5.22元陆续下调到1991年底的5.43元，不仅增强了企业对汇率变动的应变能力，还促进了出口贸易的增长。

1991年我国的证券市场蓬勃发展，取得了某些突破性进展。1991年经国家批准发行的各种有价证券624亿元，年底余额达2000多亿元，品种从过去单一的国库券发展到国债、企业债、金融债和股票等多种形式。部分国库券的发行方式采取了国际通行的承购包销方式，消除了过去行政分派方式所具有的行政命令和行政干预色彩，提高了国库券的信誉。1991年深圳和上海两市股票市场试点也取得了较大进展，至年底，一年内有上海的10家股份有限公司、深圳的11家股份有限公司向社会公开发行了股票，使两市公开发行股票的股份有限公司增加到35家，缓解了股市供求矛盾。1991年我国发行了人民币特种股票，即B种股票，这是我国国内企业首次通过发行股票从国际资本市场上筹集资金，开辟了吸收外资的新途径。1991年我国还制定了一些证券市场的法规制度，包括一些地方性的法规，从而加强了国家对证券市场的宏观管理。

综观1991年的宏观经济调控，在各个方面都取得了进展，为我们加快改革开放步伐，加速经济发展，把经济建设搞上去，都创造了较为有利的条件。但也应该看到，由于当前的经济增长已经提高了宏观操作的难度，因而改善宏观调控变得比以往更为紧迫。我们应当提高认识，增强紧迫感，力争使我国经济有一个效益比较好的、稳定协调的较快发展时期，不失时机地把经济建设搞上去，迈上一个新台阶，把我们的社会主义事业推向前进。

（范文晖　执笔）

1991年计划体制改革概况

国家计委政策研究室

1991年的计划体制改革，在贯彻以经济建设为中心，坚持四项基本原则、坚持改革开放基本路线的基础上，围绕巩固和发展治理整顿的成果，进一步推进改革开放，努力调整经济结构、提高经济效益，促进国民经济的良性循环和适度增长，保持经济与社会的协调发展，重点做了以下几方面的工作：

一、进一步改革和完善对外贸易体制

为了继续贯彻执行治理整顿、深化改革的方针，加快改革开放的进程，在发挥中央、地方和企业三方面积极性的前提下，国务院于1990年12月9日颁布了《关于进一步改革和完善对外贸易体制若干问题的决定》，以提高出口商品质量和经济效益，努力扩大出口，调整进口结构，持续、稳定、协调地发展对外贸易。

1. 建立自负盈亏机制，统一全国外贸政策 国务院决定从1991年1月1日起，取消国家对外贸出口的财政补贴，建立自负盈亏机制，使外贸逐步走上统一政策、平等竞争、自主经营、自负盈亏、工贸结合、推行代理制、联合统一对外的轨道。各地方、各部门必须遵从全国统一的外贸法规和方针、政策，制定和修改有关外贸的地方法规及各种规章、制度，不得自行其是。

2. 改革外汇分成办法，加强出口收汇管理 对各类外贸出口企业实行全额分成；政府间记帐协定贸易的出口，不再实行现汇分成；外贸企业的留成外汇，主要用于外汇调剂和自营进口，以补偿出口亏损。加强出口收汇管理，实行按出口核销单、报关单进行核销的出口收汇制度，跟踪结汇。

3. 继续实行外贸承包经营责任制，逐年核定出口总额、出口收汇和上缴中央外汇额度任务 根据“八五”计划对外贸发展的要求和全国外贸出口的实际情况，逐年核定各省、自治区、直辖市及计划单列市人民政府和各外贸、工贸专业进出口总公司及其他外贸企业等承包单位向国家承包的出口总额、出口收汇和上缴中央外汇额度任务。国家下达的各项承包指标均是指令性计划，各承包单位必须保证完成，由经贸部负责督促检查。

4. 继续执行并完善现行各项扶持、鼓励出口的优惠政策 现行各项出口奖励、出口退税和对外贸企业贷款的优惠利率及其他扶持、鼓励出口的优惠政策和措施，继续执行。为了促进和鼓励进料加工复出口和“三来一补”业务的发展，目前各种行之有效的政策和措施，继续贯彻执行，对前苏联和东欧国家贸易由协定记帐贸易改为现汇贸易后，要继续鼓励发展与这些国家之间的国家专项易货贸易和地方易货贸易。继续扶持鼓励机电产品出口。

5. 改善出口商品的计划、配额和许可证管理 经贸部要继续对出口商品实行发类和计划列名管理。第一、二类出口商品目录基本保持稳定。第一、二类出口商品通过各地方经贸主管部门和各专业总公司实行双轨制计划管理和双轨统计；第三类出口商品中实行计划列名管理的商品，由各类外贸企业按经贸部批准的经营范围和出口计划经营。计划列名的出口商品，全部实行出口许可证管理，由经贸部门严格按计划核发出口许可证；非计划列名的出口商品，亦可根据需要实行出口许可证管理。对实行主动配额或被动配额的商品，继续实行配额加许可证管理。

6. 改善出口经营，加强协调管理，联合统一对外 第一类出口商品，由指定的一家或几家专业总公司统一经营、统一管理，或由专业总公司与地方外贸专业公司联合经营、统一成交。第二类出口商品在经贸部统一计划安排和专业总公司全面协调管理下，由各专业总公司和地方外贸专业公司按照经贸部批准的经营范围经营。其他各类外贸企业，不得经营第一类出口商品，原则上也不经营第二类出口商品。第三类出口商品，实行按专业或产品类别分工，由经过批准的有进出口经营权的各类外贸企业，按照核定的经营范围，有管理、有秩序地自主经营。

7. 做好外汇计划平衡，办好外汇调剂市场 加强中央外汇和地方、部门自有外汇的平衡工作。国家计委要逐步建立、健全国际收支计划的编制和管理制度。继续办好外汇调剂市场，做到既要搞活调剂，又要加强管理。在完成上缴中央外汇额度计划任务后，允许外汇额度进入调剂市场，并跨省调剂；各地方、各部门不得用行政手段干预外汇资金的横向流通；要调节外汇供求，稳定外汇调剂价格。

8. 适当调整进口政策，完善进口管理办法 进口商品按照自主经营、自负盈亏的原则实行分类经营、分级管理。现行进口商品分类经营和管理的办法基本不变，易货贸易进口的商品可不受进口商品分类目录和经营分工的限制。中央外汇进口要继续推行代理作价的办法，在全面实行代理作价之前，国家对中央外汇部分进口商品的补贴办法不变。合理调整进口商品结构，按照国家产业政策有计划地逐步调整进口税率。

9. 实行新的外贸体制后的基本情况 第一，出口保持较大幅度增长，进口逐步回升。1991年，全国外贸进出口额达994.7亿美元。其中，出口完成609.2亿美元，比上年增长17%；进口完成385.5亿美元，比上年增长16.6%。1991年1～10月，出口收汇334.1亿美元，比上年同期增长24.7%。同时，出口商品结构继续优化。1991年1～9月，工业制成品在出口总值中所占比重为70.3%，比上年同期上升3.3个百分点。第二，利用外资呈现良好发展势头。1991年1～10月，新批准外商投资协议金额85.3亿美元，比上年同期增长80.6%；实际投入金额29.6亿美元，比上年同期增长20.3%。对外借款新签协议金额47.9亿元，比上年同期增长3.7%。已投产开业的“三资”企业经营状况改善，出口达到67.7亿元，比上年同期增长60%。第三，技术进出口有较大幅度增长。1991年1～10月，技术进口合同成交金额27.5亿美元，技术出口合同成交金额9亿美元，分别比上年同期增长33.8%和50%。第四，对外承包工程和劳务合作稳步发展。1991年1～9月，新签对外承包工程和劳务合作合同21.9亿美元，完成营业额13.7亿美元，分别比上年同期增长10%和27%。第五，积极参与国际多边贸易体系活动和联合国发展系统多、双边合作。为了推动我关贸总协定缔约国地位谈判的进程，1991年以来我们对一些发展中国家和欧共体、日本等主动开展工作，恢复了双边磋商和高层互访对话，并对我国外贸体制方面的进一步改革进行了研究，在平等互利的基础上作出了必要的承诺，争取更多的国家支持我恢复关贸总协定缔约国地位。

10. 实行新的外贸体制后出现的问题 第一，部分企业和行业的某些商品自负盈亏难以实现，导致外贸企业继续出现亏损的局面。第二，前3年外贸承包期间经营超亏挂帐包袱问题，制约了新体制下外贸企业的经营能力。据统计，3年承包期间和1987年以前外贸部门积累下来的亏损近100亿元，长期挤占银行贷款，在自负盈亏的条件下，全部让企业自行消化确有一定难度。第三，创汇与创利的矛盾仍很突出，企业和利益分配与经营效益不挂钩，造成企业往往追求创汇，而不注重创利，导致经济效益普遍下降。第四，外贸企业补亏的运筹措施还不落实，已出现的出口亏损没有拨补来源。由于收购出口产品的价格降不下来，苏东由记帐贸易改现汇贸易后，削弱了部分外贸公司以记帐贸易的盈利弥补现汇贸易亏损的能力，加上外汇额度调剂价格疲软，出口商品退税不及时等原因，到1991年4月底，外贸企业发生的新亏损已达22亿美元。第五，出口计划层层加码，将带来难以承受的后果。据对全国30个省、市、区的初步统计，1991年国家下达的出口计划338亿美元，而各省、市要求完成402亿美元，比中央计划增加64亿美元。其后果将带来亏损挂帐的大窟窿。第六，出口退税制度还不完善，在退税手续和技术上还有一些较为复杂的问题。第七，支持出口与控制亏损相互矛盾。到1991年4月，外贸出口换汇成本已达5.38元，比汇率水平高出近一角，出口愈多，亏损愈大，在亏损补贴来源不落实的情况下，大量亏损挂在银行帐上，给银行资金周转带来很大压力。

二、改进计划方法制度，试编两年滚动计划

1991年7月13日，国务院批转国家计委《关于试编两年滚动计划暂行办法的通知》，决定从1992年起在全国范围内组织试编两年滚动计划。这是计划方法制度上的一项重大的改进措施，有利于计划工作更好地瞻前顾后，在年度计划安排上多看一步，用以保持计划的连续性，提高经济工作的预见性，保证宏观经济政策的稳定性，使年度计划与中长期计划更好地衔接，促进整个国民经济持续、稳定、协调地发展。

（一）两年滚动计划的基本形式

所谓两年滚动计划就是把两个年度计划衔接起来，一次编制，连续滚动。每一年都编制两个年份的年度计划。第一个年度计划即是目前所编制的年度计划；第二个年度计划是框架计划，带有宏观导向和预安排性质。下一年再次编制两年滚动计划时，通过对框架计划的修正充实，形成新一年的年度计划，并续编第二个年度框架计划，逐年滚动，连续进行。两年滚动计划的编制，应从长期规划和五年计划总的安排出发，结合现实经济运行情况来进行。第一个年度计划是全面完整的执行计划；第二年度计划为框架计划，只对宏观经济发展作出轮廓性安排，而不是全面完整的年度计划。

（二）框架计划的主要内容

主要包括计划期的主要任务、计划目标、重大政策措施、国民经济和社会发展主要总量指标以及少数重要的分地区、分部门生产建设计划。其中的指标体系大体是：

1. 国民经济和社会发展主要总量指标 主要有（1）经济增长：国民生产总值、国民收入、工农业总产值；（2）投资规模：全社会固定资产投资、全民所有制投资、集体所有制单位及个体投资；（3）财政信贷：全国的财政收支、信贷收支；（4）商业外贸：社会商品零售总额、外贸进出口总额；（5）利用外资：当年借用中长期国外贷款预测数；（6）劳动工资：职工增加人数、工资总额增加数；（7）物价：全社会零售商品价格总指数；（8）社会发展：普通高等学校招生数、年末总人口、人口自然增长率；（9）经济效益：全民所有制工业企业全员劳动生产率、预算内国营企业资金利税率、节能量等。

2. 分地区、分部门计划指标 （1）农业生产：粮食、棉花、油料、糖料等；（2）工业生产：原煤、原油、发电量、钢、钢材、铁矿石、10种有色金属、木材、水泥、化肥等；（3）运输：铁路货运量、沿海主要港口货物吞吐量；（4）全民所有制基本建设投资计划：包括基本建设投资规模计划、续建大中型项目计划、拟新开工大中型项目计划；（5）全民所有制技术改造投资计划：包括技术改造投资规模计划、续建的限额以上项目投资计划、拟新开工的限额以上技术改造项目投资计划；（6）国家重点科技攻关项目计划：包括继续执行的项目计划、拟新列项目计划；（7）人口计划：包括年末总人口、人口出生率、人口自然增长率。

（三）两年滚动计划的编制

两年滚动计划同时布置编制，一次完成。第一个年度计划仍按现行年度计划的方法编制；第二年度的框架计划，要在对第一个年度计划及执行情况分析预测的基础上进行。两年滚动计划由国家和省、自治区、直辖市以及计划单列市进行编制。编制的程序大体为：（1）每年的7月初到8月中旬，为计划编制的准备和提出初步方案阶段。（2）8月中下旬到10月底，为计划的具体编制阶段。（3）11月上旬到第二年3月，为计划讨论、审议和下达阶段。编制两年滚动计划，计划部门和其他有关综合部门必须进一步加强协作配合，才能保证编制工作的顺利进行。特别是编制第二年框架计划，计划、财政、银行、物价等综合部门要密切合作，及时提出第二年的财政收支、信贷收支、物价调整等计划的初步安排和重大政策措施。

三、围绕调整结构、提高经济效益，巩固治理整顿的成果，进一步控制投资规模，提高投资效益

经过两年多的治理整顿，全国建设领域内的总量失衡、结构失调的状况已经有所改善。但1991年以来，基本建设规模又开始出现增长过快的势头，一方面建设单位拖欠资金问题严重，另一方面新开工项目又大量增加。据国家统计局统计，1991年1～5月，新开工5万元以上的基本建设项目个数和总投资分别比上年同期增长了近一倍和80%，楼堂馆所

和一些不符合国家产业政策的项目有所增加。为了迅速扭转这种局面，1991年8月9日，国务院发出《关于继续严格控制固定资产投资新开工项目的通知》，对治理整顿期间固定资产投资规模作了进一步的明确。

1. 治理整顿期间允许新开工建设的项目：(1)农业、水利、能源、交通、重要原材料及教育、卫生、科学、电子、国防军工、粮库和住宅建设项目。(2)符合国家产业政策，新增土建面积不超过原有建筑面积30%和土建工程的投资不超过总投资20%的技术改造项目。对上述允许新开工范围内的项目，要继续按照在建项目总投资规模和当年计划投资规模双重控制的规定严格审批。凡有拖欠建设资金的中央各部门和地方各行业，在偿还拖欠资金以前，原则上不得新开工建设项目。

2. 继续执行1989年以来国家制定的关于适当集中新开工项目审批权限的有关规定。(1)大中型基本建设项目由国家计委统一审核后报国务院审批；限额以上技术改造项目经国家计委会签后，由国务院生产办公室审批，并报国务院备案。(2)小型和限额以下项目：属于地方项目，总投资在100万元及其以上的，报省、自治区、直辖市人民政府审批；总投资在100万元以下的，由省计委或省、自治区、直辖市人民政府授权的省直单位审批。属于中央项目，均由项目主管部门审批。(3)小型和限额以下项目，凡总投资在1000万元及其以上的，要报国家计委备案，凡越权审批项目的，要追究审批者的责任，并视情况对项目进行处理。

3. 新开工项目所需的能源、运输、原材料等建设和生产条件必须具备，建设投资要纳入国家下达的固定资产投资计划，建设资金要经审计部门审计并确认资金落实、来源正当以后，才能批准开工。

4. 继续严格控制楼堂馆所的建设。原则上不得新开工建设，已经停缓建的不得恢复建设。确因情况特殊急需建设的，必须经过严格审核后报有关部门批准。凡建筑面积在5000平米及其以上的，须经国家计委和国务院清理固定资产投资项目领导小组办公室统一审核后报国务院批准；建筑面积在5000平米以下的，一律由省、自治区、直辖市及计划单列市人民政府批准。

通过贯彻国家产业政策，下决心缓建一批项目，使投资结构得到了有效的调整。在全民所有制单位投资中，生产性建设项目投资的比重持续增长，由1988年73.5%上升到1991年的76.3%。在控制投资规模过程中，对停缓建项目进行了全面复查、妥善处理。1991年4至10月，各地区、各部门对1988年以来停缓建项目进行了全面复查，分别提出了撤销立项、继续停缓建、需要恢复建设的意见，并清理了已经复工的项目。从1991年的情况看，控制固定资产投资规模还存在一些问题，固定资产投资规模回升过快，新开工项目数量大幅度增长，全年共新开工5万元以上基本建设和技术改造项目7万多个，比1990年增长40%，年末全国在建总规模实际达到18000亿元，基本建设又有过热的苗头。有的部门和地方没有钱也上项目，形成大量的“三角债”。

四、促进企业组织结构调整，推动生产要素的合理流动，做好大型企业集团的试点工作

企业集团是适应我国社会主义有计划商品经济和社会化大生产的客观需要而出现的一种新的经济组织，为了促进企业集团的健康发展，1991年12月14日，国务院批转国家计委、国家体改委、国务院生产办公室《关于选择一批大型企业集团进行试点请示的通知》，决定对55家大型企业和企业集团进行试点。

1. 选择大型企业集团进行试点的目的 (1)促进企业组织结构的调整。主要解决企业“大而全”、“小而全”，专业化水平低和分散、重复生产，以及达不到经济规模的问题，并带动产业结构和产品结构的调整，从整体上提高经济效益。(2)推动生产要素的合理流动。特别要打破地区、部门界限，实现企业间的优势互补，充分发挥现有生产能力。(3)形成群体优势和综合功能。既充分发挥大企业的主导作用，集中资金实行统一规划，又调动成员企业的积极性，并促进科研、生产、流通、服务相结合，提高新产品、新技术开发能力，更好地适应市场需求的变化。(4)提高国际竞争能力。稳定占领并逐步扩大国际市场，成为参加国际竞争的主力。(5)提高宏观调控的有效性。国家通过调控一批以大型企业为核心的企业集团，可以更加有效地引导大量中小型企业的经济活动。

2. 选择试点企业集团的原则和条件 选择试点企业集团的原则应是：(1)符合国家经济发展战略和产业政策，在生产建设、出口创汇中占有重要地

位。(2)采取公有制企业间相互参股的形式，协调中央和地方、核心企业与成员企业之间的利益关系，充分调动各方面的积极性。(3)发展跨地区、跨部门的竞争性企业集团，不搞行业垄断和地区封闭。(4)坚持政企分开，企业集团的核心企业不承担政府的行业管理职能，也不能把行政性公司翻牌为企业集团。试点企业集团必须具备下列条件：(1)必须有一个实力强大、具有投资中心功能的集团核心。(2)必须有多层次的组织结构。(3)企业集团的核心企业与其他成员企业之间，要通过资产和生产经营的纽带组成一个有机的整体。(4)企业集团的核心企业与其他成员企业都具有法人资格。

3. 试点企业集团的计划单列 对关系国计民生和产品面向全国、跨地区的企业集团在国家计划中实行单列，由行业主管部门管理，发挥行业主管部门计划管理的职能。其他的企业集团，可在省级实行计划单列，由地方政府管理，并与国家有关部门建立直接联系。计划单列的主要内容包括：(1)主要产品产量计划；(2)基本建设和技术改造投资计划；(3)利用外资和技术引进计划；(4)主要物资、能源分配计划；(5)科技计划和教育计划；(6)劳动工资计划；(7)财务计划。对在国家计划中实行单列的企业集团的管理包括下面几个方面：第一，行业主管部门的管理包括：(1)按照国家计划要求所确定的行业规划，指导和审查企业集团的发展规划和计划，属于行业主管部门管理的计划，由行业主管部门研究确定；(2)指令性计划的组织实施，考核、检查、监督各项计划的完成情况和合同的执行情况；(3)对企业集团生产经营的问题进行协调；(4)对企业集团实行归口管理。第二，国家计委主要负责：(1)审批企业集团的总体发展规划和大中型基本建设项目，会签限额以上技术改造项目；(2)会同行业主管部门拟订和安排企业集团的国家计划；(3)协调行业主管部门与财政部、物资部、劳动部、教委等部门在拟订计划方面的不同意见和有关问题。第三，国务院生产办公室主要负责：(1)按照国家计划，协助行业主管部门组织落实主要生产条件，协调生产经营中行业主管部门解决不了的问题；(2)经商行业主管部门，并经国家计委会签后，审批企业集团限额以上技术改造项目；(3)制定在国家计划单列的企业集团总承包方案，与财政部共同协调落实对国家的总承包方案。第四，财政部主要负责：(1)核定试点企业集团的财务体制，调整各部门、地区之间的利益关系；(2)审批试点企业集团的财务计划；(3)与国务院生产办公室共同协调落实对国家的总承包方案。

4. 试点企业集团的管理体制 试点企业集团的管理体制，应是重大问题集体讨论，总经理或董事长负责日常经营管理。对试点企业集团的行政领导班子的管理做到：(1)在国家计划单列、由行业主管部门管理的试点企业集团，其行政领导班子由国务院管理；(2)不实行国家计划单列的，按现行隶属关系进行管理；(3)试点企业集团的主要领导干部在看文件、听报告、参加会议及学习培训方面分别享有副部级、正局级的政治待遇。

5. 逐步赋予试点企业集团自营进出口权 自营进出口的范围，是指本集团生产的产品出口，自用技术、设备和原材料的进口。有条件的也可以组织本企业集团产品为主的成套设备出口。企业集团享有自营进出口权后，紧密层成员企业就不能再有自营进出口权。与核心企业不在同地的紧密层企业，可由核心企业指定在当地或就近口岸办理报关手续。根据试点企业集团的规模、在国民经济中的地位和出口创汇额的大小，对具备条件的试点企业集团，经国务院批准，赋予以下外事审批权：在其业务范围内，可自行审批核心企业、紧密层企业人员出境和邀请境外人员来华事项，其中企业集团的正副职领导出境由主管部门审批。副部级以上人员出访，仍按现行规定办理审批。简化试点企业集团因商务活动出国人员的审批手续，根据企业集团出口创汇额的大小，确定核心企业和紧密层企业一定数量的经贸业务人员，对其实行一次审批，一年内多次有效的办法。

6. 试点企业集团的审批 试点企业集团的确定，由核心企业提出申请，行业主管部门审查推荐，国家计委、国家体改委和国务院生产办公室共同核定后报国务院批准。组建试点企业集团的工作，由国家计委、国家体改委和国务院生产办公室共同负责。审批工作，由国家计委牵头；组建后的具体实施，由国务院生产办公室牵头。有关体制方面方针政策的拟定和协调，由国家体改委负责。

7. 第一批试点企业集团名单 解放汽车集团、东风汽车集团、重型汽车集团、哈电集团、东电集团、上电集团、西电集团、东北输变电集团、一拖集团、长城计算机集团、长江计算机集团、振华电子集团、第一重型机械集团、第二重型机械集团、四联仪表集团、嘉陵集团、攀钢集团、鞍钢集团、武钢集团、宝钢集团、仪征化纤集团、华能集团、华北电力集团、东北电力集团、华东电力集团、西北电力集团、东北内蒙古煤炭集团、中远集团、长航集团、吉化集团、天津渤海化工集团、南化集团、乐华胶片集团、新型建材集团、非金属矿集团、耀华玻璃集团、洛阳玻璃集团、内蒙古大兴安岭森工企业集团、黑龙江大兴安岭森工企业集团、黑龙江森工企业集团、吉林森工企业集团、西飞集团、南动集团、上海航空工业集团、贵州航空工业集团、贵州航天工业集团、湖北航天工业集团、中化集团、五矿集团、东北制药集团、华北制药集团、中国国际航空公司、中国东方航空公司、中国南方航空公司。

（柳泽伟　执笔）

青岛市对大中型骨干企业实行计划单列取得明显效果

青岛市经济体制改革委员会

青岛市有大中型工业企业220个，占全市乡以上工业企业总数的7.4%，工业产值占全市乡以上工业产值的56.7%，实现利税占全市乡以上工业实现利税的71.4%。大中型企业在全市国民经济中占有举足轻重的地位。自1988年以来，青岛市先后对16户大中型骨干企业在市计划中实行单列，进一步扩大了这些企业的生产经营自主权，发挥了大中型企业的骨干作用，并取得了明显效果。

一、选择具备条件的企业，实行计划单列

青岛市规定，实行计划单列的企业应当具备以下四个条件：一是生产规模属大型企业（企业集团）或产值超过1亿元，利税超过2000万元，创汇超过300万美元的生产经营发展势头较好的中型骨干企业（企业集团）。二是企业领导群体力量较强，厂长（经理）有开拓创新精神，能处于中心地位，起中心作用。三是企业管理水平较高，基础工作扎实，能够完成承包指标，经济效益较好。四是企业内部改革取得明显成效，深化改革的思路清晰，方向明确。

按照上述条件，青岛市先后选择了青岛电视机厂、电冰箱总厂、第二橡胶厂、第六橡胶厂、第九橡胶厂、化工厂、碱厂、手表厂、印刷厂、捷能动力集团公司等16户企业在市计划中实行了单列。单列的主要内容是：企业的经济发展年度计划、中长期计划在市单列户头。企业的各项计划可以直接上报市计委等经济综合部门，纳入全市计划统筹安排；单列指标，可以直接下达到计划单列企业；企业可以直接参加全市的计划会议和有关会议；凡是下发到市直属企业的有关文件、简报、资料，同时下发到计划单列企业。企业的物资计划在市单列户头。供给企业的物资采取大额直达、小额由物资部门直供的办法，不再经企业主管部门转拨。企业的财政计划在市单列户头。企业的外贸计划在市单列户头。经批准享有自营进出口权的计划单列企业，其进出口计划在市单列；不享 有自营进出口权的计划单列企业，其出口商品收购计划在市单列。企业的劳动人事工资计划在市单列户头。企业的党政正副职、纪委书记、工会主席以及“三总师”，由市政府党组进行管理，副厂级行政领导由厂长提名。劳动工资计划由企业直接上报市劳动局，由市劳动局直接下达给企业。

对企业实行计划单列，不是“婆婆”的变更，而是管理方式的转变，即由过去由企业主管部门直接实行行政领导，转为由市综合经济部门协调服务。市政府要求，各部门要最大限度地减少对计划单列企业的行政干预，把属于企业的权利坚决放还给企业。为了保证单列企业各项权利的落实，市经委、人事局等部门分别制定了配套政策，市计委、市体改委负责综合协调单列企业在政策、体制方面的问题，保证这项改革的顺利实施。

二、赋予单列企业较大的生产经营自主权

青岛市赋予16户计划单列企业在计划、物资、

财政、外贸、劳动人事工资等方面相当于市直属企业的管理权限。为了发挥沿海开放的优势，鼓励企业发展外向型经济，青岛市上报经贸部批准了5户计划单列企业享有自营进出口权。这些企业经市政府批准，可以自行组团出国考察经济技术，进行业务洽谈、推销本企业产品和售后服务，并可以在国外设立办事机构、举办独资或合资、合作经营企业；计划单列企业可以用现有的场地、厂房、设备、工业产权和自有资金以及用于企业技术改造的资金作为出资，与外商合资、合作经营，也可以将多余的场地、厂房（需办理手续）、设备出租给外商单独经营。在基本建设和技术改造方面，青岛市还赋予计划单列企业相当于市直属企业的审批权。对限额以下的企业基建和技术改造项目，只要符合城市总体规划，资金、物资、能源三落实，不需要市里综合平衡的，可以自行审定。在价格管理方面，产品属于市管价格的，计划单列企业可以依据实际情况自行定价。计划单列企业的厂长（经理）有权自主决定由谁向上级各种检查评比团组汇报工作。为了减轻企业负担，增强企业自主经营、自我发展的能力，青岛市规定计划单列企业的留利不再上缴其主管部门，同时加大了对单列企业的技术改造的投入。4年累计已经对16户计划单列企业安排技术改造项目103个，投入资金6.43亿元，约占全市同期技术改造总投资的22%。

三、实行计划单列，使大中型企业的优势得到发挥

实行计划单列，增强了企业的活力，促进了大中型企业经济效益的提高。1991年16户单列企业实现利税5.07亿元，比1987年增长13.49%，增长幅度比全市独立核算工业企业高出8.8个百分点，所占比重由1987年的19.3%提高到21.2%；销售收入完成23.94亿元，比1987年增长97.49%，增长幅度比全市独立核算工业企业高出17.4个百分点，所占比重由1987年的14.6%提高到16.1%；全员劳动生产率平均为100272元/人，比1987年提高31.25%，提高幅度比全市独立核算工业企业高出14.2个百分点。

实行计划单列，增强了企业的自我发展能力，促进了大中型企业向集团化方向转变。16户单列企业已经有7户发展成为企业集团。特别是以单列企业为依托、以名优产品为龙头的企业集团，正在向大型化、高层次方向推进，带动了经济结构的调整优化。如国家一级企业——青岛电冰箱总厂，实行单列后，组建了琴岛海尔集团公司，充分发挥技术、设备、产品、管理和自营出口权等优势，利用琴岛——利勃海尔这一中国驰名商标的名牌效应，不断壮大集团实力。目前已经将青岛空调器厂和青岛电冰柜总厂等6个企业发展为该集团的紧密层。“八五”期间，该集团将达到年产电冰箱60万台、冰柜10万台、空调器10万台，年销售收入16亿元，实现利税1.5亿元的规模。青岛第九橡胶厂在市计划中单列后，组建了青岛双星集团公司，目前成员企业已经发展到75家，其中紧密层企业23家，形成了跨行业、跨地区、跨所有制，实现工、贸、商一体化的企业集团。它是我国目前制鞋行业最大的外向型企业集团。“八五”期末，该集团公司年产值将突破10亿元，创汇将达1亿美元。经市政府批准，“琴岛海尔集团公司”和“双星集团公司”已经成为市直属企业，享有市直主管局的管理权限。

实行计划单列，增强了企业深化改革的内在动力，促进了大中型企业走向市场。单列企业积极深化内部改革，普遍精减了管理机构，建立了适合各自特点的劳动人事制度和分配制度，职工的生产经营积极性明显提高。有5户单列企业被青岛市确定为“自主经营、自负盈亏”试点单位，生产经营自主权扩大以后，开始走向了市场。单列企业的管理水平也有明显提高，有3户企业被市委、市政府命名为“青岛市标杆企业”，其先进经验得到推广。

（李希琨　执笔）

调整产品结构，实现军转民的战略转变

哈尔滨飞机制造公司

党的十一届三中全会之后，哈尔滨飞机制造公司（简称哈飞公司），在调整国民经济结构的大气候中，由于老产品相继停产，生产任务严重不足，曾一度陷入困境，濒临亏损。面对严峻形势，我们坚持“航空为本、多种经营、军民结合、以民为主”的经营方针，投身于商品经济的海洋，根据国家和市场的需求建立“军民结合”的产品结构，解决生产任务不足，增强企业发展后劲。经过10余年的耕耘，哈飞公司从过去长期习惯于计划经济和单一军品生产模式的航空企业，转变成为一个以飞机、汽车、医药包装机械和轧钢设备及备件等4大类产品为主的，有着较强市场竞争能力的“军民结合”型企业。1980至1991的12年，完成工业总产值21.24亿元，民品产值16.11亿元，实现利税2.08亿元，分别为前28年完成额的1.79倍、13.4倍和3.21倍，分别占本企业创建40年完成额的64.2%、93%和76.26%；累计创汇8687.1万美元。

哈飞公司调整产品结构的主要作法是：

一、改革单一军品生产的旧意识，树立“军转民”、“军民结合”的新观念

哈飞公司自1980年起，老产品相继停产，新产品尚无着落，企业生产陷入无米下锅的困境。为了改变单一军品生产的格局，我们从思想教育入手重点解决了三个认识问题。

1. 彻底丢掉靠军品和单一计划经济过日子的思想 随着经济体制改革的深入发展，单一计划经济的体制在我国已经结束，代之的是计划经济与市场调节相结合。由于商品经济的发展，产品的开发和销售主要靠企业自己，企业的经营要进一步转向市场，包括国内外两个市场。对此必须提高到战略决策的高度来认识，更新观念，当机立断，以市场为导向，以满足需求为目标，发挥航空企业技术优势，“军转民”、“内转外”，大上民品，以“民”养“军”。

2. 抛弃“等、靠、要”和怕担风险的思想 “军转民”不是可以“等”来和“靠”来的，更不是可以伸手“要”来的。实现证明，愈“等”愈困难，愈“靠”愈被动，愈“要”愈没希望。因此，必须横下一条心，瞄准国内外两个市场，主动出击，开发技术密集、附加值高、适销对路的高、精、尖产品和替代进口产品，靠观念更新主动进取，加快“军转民”的进程。

3. 适应经营环境变化，实现四个突破 即：突破军工多品种、小批量的生产格局，建立民品专业化生产线，组织大批量生产；突破“大而全、小而全”封闭式的生产经营方式，广泛开展横向联合；突破高度集中统一的管理体制，给分厂（车间）一定的自主经营权，把基层放开搞活；突破四平八稳的官商经销方式，增强市场观念，积极参与市场竞争。

二、把工作重点放在产品开发上

产品是企业生产经营的龙头，产品开发是企业兴衰存亡的关键。对产品开发这一重大问题，我们在具体实施中坚持了以下五条原则。

1. 坚持高标准、高起点的原则 为使产品具有技术上的先进性和适应市场需求变化的预见性，我

们在产品开发上，瞄准国内外两个市场，立足高标准、高起点，使开发的产品具有当代一流水平，在国内外市场上具有较强的竞争力。如，鉴于国内直升机老机种停产而新机种尚无的状况，以全额贷款的形式从法国引进了具有当今世界先进水平的法国海豚直升机生产专利，研制开发了直九飞机；按照国际适航条例，自行设计研制了运十二飞机；引进日本铃木公司微型汽车技术，研制开发了松花江牌微型汽车。这些产品，由于具有较高的技术水平并与市场的需求变化相一致，因而投产后都很快打开了销路，扩大了市场，成为替代进口产品。

2. 坚持既要进行业的“笼子”，又不和“行业队”争嘴的原则 为使所开发的产品得到行业的认同和支持，不与行业的生产厂家争嘴抢饭吃，在产品开发决策时，充分发挥大军工企业的技术优势，扬己之长，补彼之短，急别人之所急，干他人之所不能干。如“七五”期间，针对国内医药包装机械急需更新换代，而行业厂家制造技术和生产能力都无力满足的状况，我们通过投标等形式承揽开发了安瓿机、拉管机、胶囊分装机、管制瓶机、抗生素粉针生产联动线等6种12个型号的医药包装机械。这些产品的开发，提高了我国医药包装机械的档次和水平，支援了医药工业技术改造，为国家节省了大量外汇，被国家医药总局定点为“医药包装机械制造工程中心”。

3. 坚持多方位、多层次、多品种、系列化的原则 多方位，是指在产品开发方向上，坚持航空为本、军民结合、亦军亦民，使所开发的产品能适应多方面的需要，在市场上具有较强的竞争力。多层次，是在产品开发组织体系上，发挥公司、厂（车间）、科室各级的积极性，形成多层次的梯次结构，使公司既有飞机、汽车、医药包装机械等大宗主导产品，又有各厂（车间）自己的支柱产品。多品种，是在产品开发的种类上坚持多样化，既开发航空产品，又开发非航空产品，既开发军品亦开发民品，以多品种减少经营风险，并为在市场变化时能及时转产创造条件。系列化，是根据市场需求，使已开发的产品形成产品系列，满足不同用户的需求。注意发挥现有产品的技术优势，充分利用现有生产设备，努力开发与现有产品相近或相似的系列产品，做到少投资多创效益。如直九飞机、运十二飞机、微型汽车等，均在基本型的基础上开发出4个型号以上的系列产品。通过系列化，加速更新换代，保持较强的竞争优势，实现优势的延伸。

4. 坚持当前与长远相结合的原则 为了解决因大宗主导产品从设计、研制到投放市场需要几年的时间，出现当年或三五年内不能取得经济效益的问题，在产品开发上坚持当前与长远相结合。一是开发时间差较大的产品时，使其在时间上形成梯次，保持每年都有新产品“处在生产、研制、预研的不同阶段，并使每个主导产品都有后继产品。二是在开发大宗主导产品求得长远效益的同时，开发一些投资少、周期短、见效快、机动灵活的“短平快”产品，使大宗主导产品与“短平快”小支柱产品互相搭配，保持满负荷工作状态，保证经济效益稳步增长。

5. 坚持质量第一，信誉至上的原则 我们在产品开发上，恪守创名牌、争优质这一战略原则。直九、运十二飞机，质量一直稳定在较高水平上，一次试飞合格率均达100%。运十二飞机，取得国际适航权威机构之一英国民航局（CAA）颁发的型号合格证和单机适航证，被评为“国优金奖”，荣获第十六届国际最佳信誉奖，已销往国外近30架。松花江微型汽车，在全国首届国产轻、微型汽车质量测试赛中，一举夺得微车系列的3项金杯奖，已出口俄罗斯和东欧国家。医药包装机械系列的胶囊分装机和卧式安瓿机，分别荣获国家高技术军转民奖和优秀奖，并同时出口泰国。产品质量的保证，为扩大产品知名度，提高市场占有率创造了条件。

三、推进技术进步，加快技术改造

为适应产品结构调整，我们在开发产品的同时狠抓技术改造和引进项目的消化吸收工作。

1. 大搞技术改造，提高生产能力 10年来，先后投资近亿元，购置了用以辅助设计、制造、管理的大型电子计算机和若干微机及三坐标、四坐标数控机床，三坐标数控测量机；建立了计算中心，数控加工中心、复合材料厂和汽车大批量专业化生产线。通过技术改造，公司的工艺技术、检测手段有了较大提高，基本具备了研制生产国际先进直升机、中小型运输机和其它先进产品的能力，增强了企业的技术实力和发展后劲。

2. 加速引进技术的消化吸收，提高国产化率 对引进技术尽快组织“吃透消化”，通过“吃透消化”，全面提高了技术管理水平。直九飞机一次国产化率达71.9%，已于1992年1月16日首飞成功；运十二飞机，除发动机和柯林斯电子设备外基本实现国产化；微型汽车和医药包装机械大部已实现国产化；吸收日本、奥地利及德国技术研制的塑料圆编机和防爆除尘机组国产化率达 100%。公司的产品已由 50 年代的技术水平提高到国际 80 年代的技术水平，一跃跨越了 30 年。现在基本具备了按照国际标准研制产品的能力，其产品技术水平接近或达到国际先进水平。

（苏廷全　执笔）

1991年财税体制改革概况

财政部财税体制改革司

1991年是我国执行十年规划和“八五”计划纲要的第一年，通过改革继续探索计划经济与市场调节相结合的具体途径和形式，协调配套地搞好企业、流通、价格、财政、税收、金融、外贸、住房、社会保障等方面的体制改革，进一步增强全民所有制大中型企业的活力、增强国家宏观调控能力，是这一年经济体制改革工作的中心。根据党中央和国务院的有关指示精神，财政部在财务管理、税收制度、预算管理、国有资产、国债管理、会计制度、财政立法等方面做了大量的改革与改进工作，主要有以下十个方面的内容：

一、进一步搞好国营大中型企业，改进工交企业财务管理

（一）制定落实搞好国营大中型企业的若干财政政策

1. 适当增提折旧　我部与国家计委、国务院生产办联合颁发了《关于下达实行加速折旧的部分大中型企业名单的通知》，确定对896户国营大中型企业实行加速折旧，1991年增提折旧基金30亿元，同时对实行加速折旧的企业在国家规定的额度内免征“两金”；我部会同机电部对1271户机械骨干重点企业实行优惠折旧政策，1991年增提折旧基金1亿元，以增强大中型企业的技术改造和还贷能力。

2. 增提新产品开发基金　为了增加企业技术开发的资金投入，我部下发了《关于国营大中型企业提取技术开发费财务处理的问题的通知》，规定对有技术开发任务和消化能力的国营大中型企业，可按销售收入的1%提取技术开发费，其中对承担国家重点新产品、新技术开发任务重，经济效益好又有消化能力的国营大中型企业可再增提0.5%的技术开发费。同时对企业提取和增提的技术开发费免交能源交通基金，从1991年7月1日起又免征预算调节基金。

3. 补充流动资金　1991年9月我部会同国务院生产办、中国人民银行联合下发《关于部分大中型骨干企业补充流动资金问题的通知》，对103户中央企业和1006户地方工业企业实行按销售收入1%提取补充流动资金的办法；对石化企业规定用调减指令性计划增加议价销售所得的差价收入补充流动资金；另外规定企业因国家调价造成的库存物资升值相应增加流动资金，还要求企业的留利要有一定比例用于增补流动资金。

4. 免征折旧基金“两金”　1991年底，我部会同国务院生产办研究确定1992年全国国营工交企业免征折旧基金部分的“两金”40亿元的方案。其中，对煤炭、石油、交通、邮电、铁道、民航、兵器、核工业、航天、船舶系统以及原材料矿山企业的“两金”全部减免；电力系统能源交通基金免交；对部分列入国家1992年重点技术改造计划的企业折旧基金交纳的“两金”免交。

5. 降低国营工业企业所得税率　根据中央工作会议精神，按照国家产业政策和技术改造政策的要求，结合税利分流试点，研究提出了从1992年起用3年时间分批将国营大中型企业所得税率降低到33%，实行税利分流的第一步实施方案。

（二）继续扩大税利分流改革试点

为了继续扩大税利分流改革试点，1991 年初在河南召开了税利分流试点分析会，10 月财政部又与国家体改委、国务院生产办在重庆召开税利分流座谈会，进一步明确了改革方向，推动了税利分流理论和实践的发展；加强了税利分流试点情况的宣传报导工作。当年批准了 13 个地区和部门的 490 户企业进行试点。还有一些地区选择了部分行业和企业自行试点。截止 1991 年底，已有 33 个省、自治区、直辖市、计划单列市和 5 个中央部门进行了税利分流试点，试点企业 2200 多户，其中大中型企业约 400 户。经财政部批准试点的有 21 个地区和 5 个中央单位，试点企业 1700 多户。与此同时，为了支持企业技术改造和技术进步，增强企业还款能力，财政部与国家体改委修订了税利分流试点办法，调整了有关政策和税收负担，联合下发（91）财改字第 4 号文，进一步调整完善税利分流试点办法：(1) 所得税税率降至 33%；(2) 调整了划分新老借款的时间；(3) 经财政部批准试点的地区、部门（或行业）的试点企业，用于归还借款的留用资金免交两项基金；(4)扩大了固定资产折旧免征两项基金的范围。这些政策在一定程度上减轻了试点企业的负担，有利于改革的推进。

（三）完善新一轮承包经营责任制财务办法

到 1990 年末，绝大多数预算内工业企业第一轮承包到期，先后进入新一轮承包。各地区、各部门本着继续完善的原则，在第一轮承包的基础上确定第二轮承包的财务体制，承包期限宜长则长、宜短则短，在承包合同和考核指标方面作了较大改进，增加了一些有关技术进步、资产保值增值、质量、安全等项指标。

（四）制定完善工交企业财务管理制度

一是根据企业集团试点工作的职责分工，在广泛征求各地区、各部门意见的基础上印发了《关于企业集团财务公司财务管理试行办法》，同时着手研究起草企业集团的财务管理办法；二是为了加强对中外合资企业中方投资的财务管理和监督，促进中外合资（合作）经营企业健康发展，我部制定了《关于中外合资(合作)经营企业中方投资若干财务问题的通知》。

二、配合商贸金融体制改革，改进完善财务管理办法

（一）完善商业财务管理制度

1. 参与并帮助企业做好削价处理商品的财务工作　国务院决定从 1991 年 4 月 1 日起到 8 月 31 日止，对全国国营商业和供销合作社、外贸、物资、医药等部门的批发企业(含批零兼营企业)库存中冷背呆滞、质次价高、超储积压的一般消费品、物资和需削价销售的中、西药品进行一次性削价处理，财政部于 1991 年 3 月 29 日和 1991 年 7 月 8 日，分别对涉及的有关财务问题做出了相应规定和补充规定，明确了专项商品削价损失以及有关的财务会计处理办法。

2. 完善国营商业企业成本管理办法　为贯彻国务院《国营企业成本管理条例》，健全和完善国营商业企业成本管理办法，加强成本管理、降低消耗，财政部颁布了《国营商业企业成本管理办法》，并规定从 1991 年 1 月 1 日起执行。新的办法为适应商业企业新体制的特点和要求，打破了过去商业企业成本只是商品流通费的老观念，重新明确了商业企业成本包括商品流通费和商品进价，推动了商业企业成本管理工作开展。

（二）改进粮食企业财务管理制度

1. 配合粮油购销体制改革，做好相应的财务处理工作　国务院国发〔1991〕18 号《关于调整粮油统销价格的决定》中规定：从 1991 年 5 月 1 日起，凡低于现行比例价销售的粮油一律提高其统销价格。为配合粮油销售价格改革方案出台，财政部在财务处理及成本核算等方面做了相应的规定。

2. 不断完善国家粮食储备制度改革中的财务管理办法　1990 年 9 月，国务院决定建立国家专项储备粮食制度以促进我国粮食生产持续、稳定发展。同时还指出，不仅中央要建立粮食储备制度，地方也要建立。为支持完善粮食储备制度的改革，根据国务院国发〔1990〕44 号《关于加强粮食工作的通知》和国发〔1990〕55 号《关于建立国家专项粮食储备制度的决定》的精神，1991 年财政部对有关财务问题

做了相应的规定。同时，为支持和完善粮食储备制度的改革，中央财政和地方财政都相应增加了财政支出。

（三）改革外贸企业财务管理体制

1990年12月国务院发出《关于进一步改革和完善对外贸易体制若干问题的决定》，从1991年起，对外贸体制实行了取消出口补贴、推行自负盈亏的改革。为此，我部会同有关部门对外贸企业财务体制进行了相应的配套改革：

1. 进一步理顺外贸企业的财务关系，继续实行并完善外贸承包经营责任制　(1)在1988年部分外贸、工贸公司及其附属生产（加工）企业下放地方管理的基础上，进一步明确了中央外贸、工贸总公司及地方外贸、工贸企业的财务隶属关系归口同级财政预算管理、监督；(2)从1991年1月1日起国家取消对外贸出口的补贴，实行新的外汇分成办法，由外贸企业自负盈亏。1988年国家下达各地政府和其他承包单位的出口补贴基数全部收回。各承包单位继续向国家承包出口总额、出口收汇和上缴中央外汇额度任务，继续实行承包经营责任制。各级财政、经贸主管部门在贯彻国家产业政策的前提下，按财务隶属关系分别对企业的盈利和亏损核定承包指标，并在企业间进行适当的盈亏调剂。

2. 统一外贸企业的利润分配政策，正确处理国家与企业的分配关系　(1)继续实行外贸出口奖励的留利办法；(2)明确外贸企业承包收入的分配比例和办法；(3)积极消化超亏挂账，解决债权债务遗留问题。

3. 实行有偿上缴中央外汇额度的人民币资金补偿办法　对有偿上缴中央的30%外汇额度，其人民币补偿资金由财政部按月预拨给经贸部，再由经贸部对下层层进行补偿，补偿价格由国家外汇管理局按月公布，补偿金实行按季结算，年终清算。

4. 适应外贸经营体制改革需要，完善外贸企业成本管理办法　财政部制定《国营企业进口成本管理办法》，从1991年1月1日起执行。该办法改进了进口成本核算的传统做法，要求进口成本按进口采购和销售两个环节核算；对代理进口成本核算问题，划清进口方和委托方的各项费用负担界限，对代理进口使用的贷款、支付的税金、费用等结算工作，制定了明确依据。

（四）加快金融保险企业财务改革

1. 本着“指标包干、超支自补、节余分成”的原则，对部分金融、保险企业实行综合费用率包干办法。

2. 为积极推进金融保险企业实行企业化管理，在《金融、保险企业成本管理实施细则》的基础上，制定下发了《金融、保险企业成本管理办法》。

3. 为加强对非银行金融机构的财务管理，制定了《非银行金融机构财务管理暂行规定》，对有中央企业参股的联营或股份制金融机构实现的利润，按“先税后分”原则进行分配，保证国家财政收入不致流失。

4. 对人民银行所属印制公司实行在“税利分流、税后还贷、税后承包”基础上的“三保一挂”承包经营责任制，即保国家货币印刷品种、数量、质量的指令性指标，保基建和技改任务的完成，保交纳所得税及税后承包上缴利润，实行工效挂钩，承包期为3年。

5. 为加强对专业银行委托代办储蓄手续费的管理，制定并颁发了《银行支付委托代办储蓄手续费管理具体办法》。

三、改革农业财务管理体制，进行改革试点

（一）财政支持广东农垦系统试办农业保险

根据中共中央关于“农场要积极试行农牧业保险制度”的指示精神，改变传统的政府救济方式，增强国营农场的抗灾能力，稳定职工生活，保障农场经济的健康发展，财政部会同农业部和中国人民保险总公司研究决定：在广东农垦系统开展由保险公司经营、农垦企业参与管理的保险试点，确定了“取之于农、用之于农、不以盈利为目的”的经营原则，并就经营范围和实施办法等做出规定。

（二）支持产粮大县搞好财源建设试点

为了解决重点产粮地区财政困难，提高发展粮食生产的投入能力，财政部门1991年调整了支农资金的投入结构，改进了投入方法，并选择13个产粮大县进行试点，由中央财政、省级财政和县级财政共

同安排一定量的资金，用于县级财源建设，举办能够利用当地资源，具有明显增强县级财力的国营和乡镇企业。

四、进一步完善现行税制，改进健全税收征管制度

（一）合并、规范涉外税法

随着对外开放政策与利用外资工作的深入贯彻和发展，我国1980年和1981年先后公布的《中外合资经营企业所得税法》和《外国企业所得税法》已与实际情况不相适应，既影响外商投资也不利于维护我国的经济权益，为此，将《中外合资经营企业所得税法》和《外国企业所得税法》合并为《中华人民共和国外商投资企业和外国企业所得税法》。主要内容有：(1)纳税人是设在中国境内的外商投资企业和外国企业及其他经济组织；(2)征收对象为从事生产、经营的外商投资企业和外国企业取得的生产、经营所得和其他所得；(3)采用比例税率征税。外商投资企业税率30%，另征3%地方所得税；对在中国境内未设立机构、场所的外国企业而有来源于中国境内的应税所得的，则按20%税率征收所得税；(4)对生产性外商投资企业经营期在10年以上的，从开始获利的年度起，在第一年至第五年内分别给予免税或减税的税收优惠。合并后的涉外税法其特点是：(1)实行统一的比例税率；(2)实行统一的税收优惠，对定期减免税优惠按照产业政策区别对待，并限定于生产性企业；(3)统一税收管辖权原则；(4)增加了反避税条款。

（二）开征固定资产投资方向调节税

固定资产投资方向调节税是对原建筑税的重要改进，与建筑税相比扩大了征税面，拓宽了调节、监督范围，以实现对全社会固定资产投资的全方位调控，确保国家的重点建设。同时按照国家产业政策、产品发展序列和经济规模的要求，依据投资项目的具体性质，本着长线产品与短线产品有别、生产性投资与非生产性投资有别、基本建设与更新改造有别的原则设置了差别税率，利用税率的高低，对不同的投资项目实行鼓励或者限制，配合计划管理贯彻落实国家产业政策，对投资规模和投资结构进行宏观调控。

（三）扩大了资源税的征税范围

煤炭产品的资源税原来只对30多户大型统配煤矿征收，1991年改为对统配矿、地方矿、集体个体煤矿全面征收资源税，纳税人增加到15000多户。在普遍征收煤炭资源税的基础上，降低了大中型统配煤矿的税负，增强了大中型企业的活力。此外，在深入调查研究并与有关部门反复协商的基础上，提出了对铁矿石征收资源税的方案，经批准于1992年1月1日起执行。

（四）调整个别产品税率

为了解决东北林区困难，对东北、内蒙林区原木的产品税减按5%征收；对采伐、加工中的剩余物综合利用在税收上给以适当照顾；对民贸企业和民族用品生产企业在营业税和增值税上分别给以适当照顾；对燃料、全胶鞋、特种试剂、小化肥、农药、农膜生产企业给予定期减税或免税照顾。

（五）全面进行税收会计改革的试点工作

1991年，在个别地区进行扩大核算范围的税收会计改革试点基础上，全国普遍进行了税收会计改革的试点工作，目的是为了进一步明确税收会计的核算对象和任务，充分发挥税收会计在税收工作中的监督作用，结合征管改革，建立健全税务部门的管理机制。改革试点的主要内容有：(1)扩大核算范围，即在现行税收会计核算的基础上延伸核算起点，实现对纳税人从申报到实际入库、查补、减免税全过程的控制；(2)理顺税收会计核算单位的关系，即按照税收征管业务的不同对象，划分为上解单位、入库单位和双重业务单位；(3)将“收付记账法”改为“借贷记账法”。

（六）进行税收征管改革

针对税收征管工作中存在的管理偏松、监督不力、偷税漏税严重等问题，国家税务局从1988年起在湖北、河北、吉林三省和武汉市进行了征管改革试点，1990年各省、直辖市和计划单列市进行了改革试点工作，1991年在全国范围内全面推行了新的征管模式。主要内容是：(1)变“一员到户，征管查一人负责”为“征、管、查相分离或征管与检查相分离”的征管形式，改专管员上门催（收）税为纳税人

主动申报纳税；(2) 建立了征收系列、管理系列、检查系列的工作规程，建立了税收征、管、查各个系列间的工作关系、资料传递、资料管理以及信息反馈等制度，建立健全了各个系列、各个岗位的目标责任制和考核奖励制度以及公开办税制度等；(3)建立了严密的税收监控网络，与司法部门配合强化司法监督，与银行、工商、邮电、交通、铁道、民航等部门配合强化税务稽查，依靠群众协税护税，加强综合治理，提高了征管质量，较好地发挥了税收的职能作用。

五、改革预算编制方法，制定分税制改革试点方案

（一）为全面实行复式预算做准备

根据中共中央《关于制定国民经济和社会发展十年规划和“八五”计划的建议》中提出的“国家预算实行复式预算制，把经常性预算与建设性预算分开”的要求，研究和解决了分编预算的一些技术性难题。我部从 1990 年第四季度开始着手试编 1991 年国家复式预算（草案），从 1991 年第四季起正式编制 1992 年国家复式预算（草案），分别编制中央级复式预算和省级复式预算（草案），提请全国人民代表大会审议。

我国的复式预算，将各项预算收支按其不同的资金来源和支出性质，划分为经常性预算和建设性预算两部分。将国家以社会管理者身份取得的一般收入和用于维持政府活动的经常费用、保障国家安全稳定、发展教育科学文化卫生等各项社会事业以及用于改善和提高人民生活方面的支出，列为经常性预算；将国家以所有者身份取得的收入、债务收入和专项用于建设方面的某些收入以及直接用于国家建设方面的支出列为建设性预算。预算编制由过去的单式预算制改为复式预算制，这是我国预算制度的一项重要改革。其主要优点是：(1) 编制顺序是先经常性预算后建设性预算，可以更好地体现“一要吃饭，二要建设”的方针。经常性预算坚持收支平衡并争取有较多的结余用于经济建设，建设性预算坚持量力而行，如有差额可以通过发行适度的国债和借款来弥补；(2)将各项财政收支按其性质划分为经常性预算和建设性预算，用特定的预算收入保证特定的预算支出，在预算收入和预算支出之间建立了比较稳定的对应关系，便于分析各种资金的征集和使用情况，加强预算管理和监督，提高资金使用效益；(3)可以较为具体地反映出国家预算的平衡情况，特别是财政赤字形成的原因和数字，使各方面更清楚地了解我国财政的实际情况，为政府的宏观决策提供较为明确的信息，以便统一认识，群策群力，共同探索加强财政工作，解决财政困难的途径和措施。由于经济体制正在改革之中，现行的复式预算还不够规范，需要进一步搞好配套改革，加以完善。

（二）研究制定分税制改革试点方案

中央与地方的财政体制改革的方向是实行分税制，但目前客观条件还不成熟，因此只能根据分税制财政体制的基本要求扩大分税范围，为逐步向分税制财政体制过渡创造条件。我部在 1988 年实行多种形式财政包干办法的同时，着手做了大量的测算工作，在广泛听取各方面意见的基础上，于 1991 年提出了“分税包干”的财政体制方案。并与有关地区进行财政体制试点工作的实质性商谈，为 1992 年实施“分税包干”财政体制试点创造了条件。

“分税包干”财政体制是在总结现行财政包干体制利弊的基础上提出的，与现行体制比较有以下特点：(1)在收入划分方面扩大了地方财政固定收入范围和数额，缩小了中央财政和地方财政共享收入的范围和数额；(2)对各地区的实有财力进行了适当压缩用于调剂，解决一些地区支出基数不合理的问题；(3)在共享收入的分享比例上继续照顾民族地区，使民族地区从增量收入中多得好处。

六、改革国有资产管理体制，建立健全管理制度

建立与社会主义有计划商品经济相适应的国有资产管理体制和管理方法已列入《经济体制改革十年规划和“八五”纲要》，国有资产管理体制改革正在逐步进行。

（一）制定国有资产保值增值指标，开展国有资产产权登记与评估工作

为了完善企业承包经营责任制，许多地方的国有资产管理部门参与了第二轮承包，制定考核国有资产保值增值指标。为了在企业中保障所有权、落实经营权，国有资产管理部门会同财政、工商管理等部门在 20 个省、自治区、直辖市和一些部门试行了产

权登记工作，为全面进行国有资产产权登记工作做了必要准备。为了适应深化改革和商品经济的发展，使资产评估工作制度化，国务院发布了《国有资产评估管理办法》，国有资产的资产评估报告制度正在逐步建立。

（二）围绕搞好国营大中型企业，积极探索建立国有资产管理新体制

国务院在确立55家企业集团试点的文件中，明确规定：紧密层企业中国有资产的保值、增值和产权交易，由集团的核心企业统一向国有资产管理部门负责，结合国有资产管理体制的改革，经国有资产管理部门授权，进行把紧密层企业的国有资产交由核心企业经营的试点。并在深圳、海南、天津、上海等地区开展建立国有资产管理体制和管理方法的探索。

七、改革国债发行手段，完善国债管理措施

（一）实行承购包销，促成国债发行的初级市场

1991年国库券发行采取了承购包销方式，国债发行由行政手段向经济手段发行方式过渡。财政部组织了中央承购包销团，与一些非银行金融机构签订了承购包销合同，各地财政部门也与当地的承销机构签订了承购包销合同。采用承购包销方式发行国库券，加快了缴款进度、缩短了发行周期，在国内外引起了强烈的反响。国库券“发行难”向“国债热”转变，成为紧俏的金融商品。

（二）全面开放国债流通转让市场

自1991年3月起，开放第三批国债流通市场，全国地市级以上城市和地区所在的县级市（西藏除外）全面开放了国债流通转让市场，有力地推动了国债工作的开展，加强了国债对证券市场的影响。国债流通转让市场的扩大对维护国债信誉、增强群众投资意识发挥了积极作用。

（三）拟定规范化的国库券条例

国库券发行11年来，每年颁发一次国库券条例，而条例内容除期限、利率等具体发行条件有变化外，其他内容变动不大。从近几年的实践及今后的发展看，国库券发行呈不断扩大趋势，发行次数也由一年一次向一年多次过渡。为此需要制定一个适用性强的规范化的国库券条例，每年除国库券的发行数额和发行条件另由财政部以公告形式对外公布外，其他内容都以条例的形式固定下来，简化了立法程序，有利于根据市场变化情况及时调整国库券的发行条件，保证国库券发行工作顺利进行。

此外，1991年8月成立中国国债协会，强化财政部门对国债工作的行业管理，1991年12月我部与广播电影电视部和中央电视台密切合作，举办了一次财政债券知识竞赛，采用电化教育形式普及和提高国债知识、增强了人民群众的投资意识，取得了较好的社会效应。

八、加强会计改革，完善会计制度

（一）制定颁发会计改革纲要

为了指导会计改革的全面进行，1991年7月29日财政部颁发了《会计改革纲要（试行）》，提出了我国会计改革应遵循的基本原则、指导思想以及会计改革的总体目标、实施步骤等，并对会计电算化、注册会计师、会计人员、会计理论研究和会计改革的组织领导等提出了原则性和方向性的要求，这是全面指导我国会计改革的纲领性文件。

（二）加快会计核算制度的改革

1991年根据《会计改革纲要（试行）》确定的目标，加快了会计核算制度改革的步伐。为适应对外开放和转换企业经营机制的要求，参照国际惯例，制定具有中国特色的会计准则，草拟了《企业会计准则第1号——基本准则（草案）》，并广泛征求意见。制定了《外商投资企业会计制度（草案）》。对企业集团、股份制企业会计核算制度进行广泛的调查研究，并为制定这两项会计制度作了准备。

（三）进行建立会计信息中心的试点

为改进会计报表，加强及时性、真实性和多用性，按照会计信息“数出一门，资料共享”的改革目标，1991年9月在部分省市进行了建立会计信息中心的试点工作，取得了初步成效。

（四）实行会计专业技术资格考试

根据国务院和人事部关于职称改革的精神，从我国会计队伍的特点和现状出发，在总结以往会计专业职务评聘工作经验、教训的基础上，提出了改革会计专业职务评聘制度。根据会计专业职务聘任制与确认会计专业技术资格相区别，对初中级会计专业职务实行以考试办法来确认资格的设想，草拟了《会计专业技术资格考试暂行规定》，这是我国会计专业职务评聘制度的一项重大改革。改革的基本思路是：实行会计专业技术资格考试，实行专业技术资格与聘任（任命）专业职务分开的“双轨制”，会计专业技术资格考试由人事部、财政部共同领导、分工进行。

（五）改革会计管理体制

为了进一步加强会计管理工作，充分保障会计人员依法行使职权，一些地区从理顺会计管理关系入手，密切会计管理部门与基层会计单位和会计人员的联系，相继成立会计局（一般为受财政局领导的二级局，业务工作具有一定的独立性），在加强会计事务管理工作，促进会计人员维护财经纪律、参与经营管理等方面有显著成效，是会计管理体制改革的重要尝试。

（六）实行注册会计师资格统一考试

为了推动注册会计师事业的发展，提高注册会计师队伍的整体素质，根据我国注册会计师事业的发展现状，比照国际惯例，提出对注册会计师进行统一考试。1991年12月，1万多人参加了全国统一考试。

九、重视财政立法工作，建立健全财政法规

1991年是我国财政立法取得重要进展的一年。一年中来根据财经改革和发展的要求，从建立健全财政法规出发，制定了近100件财政法规，其中：由全国人大制定的法律有1件，由国务院发布的行政法规有6件，这些重要法律、法规的发布、实施，尤其是《国家预算管理条例》（1991年10月21日国务院发布）、《中华人民共和国外商投资企业和外国企业所得税法》（1991年6月30日国务院发布）、《中华人民共和国固定资产投资方向调节税暂行条例》（1991年4月16日国务院发布）和《国有资产评估管理办法》（1991年11月16日国务院发布）4个法规的发布，对强化财政工作，促进经济发展和整个经济体制改革，包括财政改革有着十分重要的意义。

十、支持参与其他改革，理顺各种分配关系

（一）积极支持配合价格改革

国务院决定从1991年5月1日起调整粮油统销价格，以利于逐步理顺粮油价格、搞活粮食流通、促进节约用粮、减轻财政负担。粮油统销价格提高后，为了不使城镇居民实际生活水平受到大的影响，按照国家、企业、个人共同负担的原则，给城镇居民适当补偿。补偿形式不采取过去按居民发放办法，而是把对职工及其家属的提价补贴纳入职工基本工资。同时对离退休人员、解放军和武警干部战士、大中专在校学生、民政优抚救济对象以及其他需要补偿的人员，也给予适当补偿。为此，财政部会同劳动部、人事部、民政部、国家教委联合下发了《关于提高粮油统销价格和适当增加职工工资等问题的通知》。

（二）主动参与住房制度改革

各级财政部门一年来主动参与、配合了住房制度改革，参加了全国第二次住房制度改革工作会议。财政部起草了房改配套文件《关于住房资金筹集、使用和管理的暂行规定》（1992年3月与房改领导小组、建设部联合颁布施行）。各级财政部门，并在财力上支持了城市房改试点工作。上海市财政局参与了上海市房改实施方案的研究，提出了用住房折旧基金交纳公积金的办法，并制定了住房制度改革中有关会计业务处理的规定。烟台、蚌埠等房改试点城市的财政部门还专门成立了住房资金的管理机构，从事住房资金的筹集、转化、使用、管理和监督工作。

（三）支持并参与国有土地使用制度改革

为了支持各地的土地开发工作，财政部将土地出让收入上缴中央财政后返还各地的政策延期到

1992年底，支持各地继续搞好土地开发工作。为了支持上海浦东开发区的改革开放，上海浦东开发区外高桥保税区10平方公里、金桥出口加工区4平方公里、陆家咀金融贸易区1.5平方公里，以土地入股方式与外商合资兴办开发公司，财政部在土地出让收入方面给予了一定的优惠政策。

（王　征、王长福　执笔）

1991～1992年：中国证券市场的回顾与展望

中国证券市场研究设计中心（联办）
国家体改委宏观司经济形势分析处

1991年，随着宏观经济的好转，中国的证券市场获得了长足发展。作为经济体制改革的结合部及国民经济发展的风向标，证券市场的成长和运作，举世注目，影响深远。因此，回顾1991年证券市场的发展、展望1992年证券市场的前景，我们将会对中国宏观经济发展的未来和经济改革的方向产生更深刻和清晰的认识。

一、1991年中国证券市场发展概况

（一）发行市场

1991年，经国家批准发行的各种有价证券达624亿元，其中国库券为170亿元，占27.24%，财政专项债券为70亿元，占11.22%，转换债券为70亿元，占11.22%，财政向金融机构发行的债券和向企业定向发行的债券各10亿元，分别占1.6%，投资债券为100亿元，占16.03%，金融债券为70亿元，占11.22%，企业债券为120亿元，占19.23%，新上市股票约4亿元，占0.6%。

（二）流通市场

全年各种有价证券转让总额为554.7亿元，其中，①国家债券为447.9亿元，占80.7%，在国家债券中，国库券为414.0亿元，国家建设债券为3.3亿元，重点建设债券为0.3亿元，保值公债为30.4亿元；②基本建设公债为2.2亿元，占0.4%；③金融债券为7.8亿元，占1.4%；④地方债券为24.6亿元，占4.4%；⑤企业股票为45.1亿元，占8.1%；⑥大额定期存单为1.0亿元，占0.2%；⑦企业短期融资债券为10.1亿元，占1.8%。

（三）集中交易市场

在集中交易市场中，各种债券、股票交易总金额为142.92亿元，其中，债券交易金额为91.37亿元，占63.93%，股票交易金额为51.55亿元，占36.07%。三个集中交易市场的分别情况是：①上海证券交易所1991年共有39种有价证券上市交易，其中，债券为31种，股票为8种。1991年，该所各种有价证券成交总金额为91.00亿元，占集中交易市场总成交额的比重为63.67%，其中，债券交易额为75.00亿元，占该所成交金额比重为82.33%。1991年7月15日，该所开始公布上海股票指数，当年最后一个交易日，上海指数为292.76，公布以来共上升了159.62点。②深圳证券交易所1991年共有6种股票上市交易，全年成交金额为35.55亿元，占集中交易市场总成交额的比重为24.87%，占全国股票总成交额的比重为68.96%。1991年最后一个交易日，深圳股票指数为110.3688%，全年指数共上升10.3688点。③全国证券交易自动报价系统

(STAQ 系统)1991 年共有 6 种债券上市交易，系统会员共 40 家，分布全国 13 个城市，全年成交额为 16.37 亿元，占集中交易市场总成交额的比重为 11.45%，占全国债券总成交额的比重为 17.92%。

(四) 业务与管理机构

到目前为止，能够办理证券业务的机构状况大体是：全国较大的证券公司约 50 家，信托投资公司约 300 家，各种可以办理证券业务的网点约 2000 多家。1988 年机构改革以前，证券市场的管理分工主要以分券种管理为特征，国家债券的发行和转让管理主要由财政部负责，各类投资债券主要由国家计委组织发行和管理，金融债券及短期融资债券主要由中国人民银行负责，上市股票主要由国家体改委会同中国人民银行审批。1988 年机构改革以后，国务院机构改革办公室制定了《国家计委、财政部、人民银行在宏观经济管理方面的分工意见》(以下简称《分工意见》)，国家计委据此增设了证券市场管理机构，并于 1989 年起，开始编制年度债券发行计划。其中，政府债券由财政部统一组织发行管理，国家投资债券由国家计委组织发行，金融债券和短期融资债券由人民银行负责管理，用于固定资产投资的地方企业债券由国家计委和人民银行共同管理，前者负责确定发行规模和发行项目，后者则侧重于发行和上市审批管理。这样，1988 年以后，我国证券市场的管理逐步向统一计划协调、分类分级管理的证券管理体制方面发展。

二、1991 年中国证券市场发展中的特点

证券市场作为经济体制改革的重要环节和资本市场发展的主要形式，1991 年产生了许多可喜的变化，不仅在发行量和流通量上有了显著的增长，而且对国家宏观调控方式、建设资金筹集、企业机制转换等方面都产生了重要影响。这些变化主要表现在：

(一) 国债发行迈开了市场化的步伐

1991 年国债发行首次采取了承购包销的国际通用形式，迈开了发行方式市场化的步伐。4 月 20 日，国债发行承销签字仪式在人民大会堂举行，中国证券市场研究设计中心受财政部委托，担任承销过程中的总协调，中国工商银行信托投资公司为总干事，此次承销总额为 25 亿元人民币，占国债总发行额的 14.7%。国债发行在以往行政发行渠道之外，第一次开辟了市场发行的渠道，促进了国债市场零售与批发业务的分离，对连接发行市场和流通市场的价格起到了一定的纽带作用，极大地提高了国债的信誉在证券市场的发展过程中，这是一件具有历史性意义的事件：首先，它标志着在国债发行中一直沿用的行政摊派方式即将结束，证券市场经营机制已经发生根本性的转变，国债发行最终走向国际化、规范化和市场化的日子已经为期不远。其次，国债发行的承销方式不仅提高了国债本身的信誉，使国债在居民的一揽子金融资产中，由一种滞销品变成一种畅销品，而且也带动了其它券种的发行方式变革，企业债券、金融债券、建设债券、股票等都采用了承销这种方式，国债市场发行的变革带来的实际上是一场革命，从观念到行动，现在都发生了重要的变化，承销的观念已经被普遍接受，同时它也指明了今后国债发行中的必由之路。第三，国债发行的市场化，培育和加速了二级市场的发展，而后者又为发行市场的扩大和深化提供了条件和可能，随着国债信誉的提高和流通性的增强，国家在建设资金的筹集上又开辟了新途径，同时也为中央银行转变职能，增强宏观调控能力提供了更好的条件。

(二)“两所一网”的建立为证券流通市场奠定了基本格局

1990 年底，上海证券交易所、深圳股票交易所和全国证券交易自动报价系统(两所一网)相继落成并投入运转。“两所一网”的建立奠定了中国证券集中交易市场的基本格局，对 1991 年证券流通市场的发育、壮大和完善产生了重要影响。(1) 二级市场表现出明显的层次性，集中交易和柜台交易相结合，场内交易和场外交易相补充，全国性的电脑网络交易和零散的地区交易互为一体，由此使得证券的流通市场遍及全国，在培养证券投资者的同时，也培养了居民的金融意识，丰富了居民的金融资产组合，扩大和稳定了全国的金融体系。(2)“两所一网”培育了大批的机构投资者，锻炼和扩大了金融投资队伍，提高了证券投资的专业化水平，大大增强了市场的流通性，特别是，全国证券交易自动报价系统 10 月 7 日开始实行“做市商”制度，实行国际上成熟的证券市场通行作法，简化报价交易程序，适时建立“销售服务小组”，使各地会员公司主动联系，传递信息，协助交易，促进流通，对市场的发育和完善收到了重要

的效果。(3)市场运作逐渐走向规范化。上海交易所成立以后，对证券商从事自营、代理交易的管理、对上市公司定期披露公司财务状况的要求、对证券交易结算方式现代化的改进、对股市日常运作的管理都日益走向市场化和规范化，而深圳交易所在取消股票涨跌限价规定、探索股票无纸化运作(指股票交易时不用实物交割，由交易所集中保管并出凭证)、取消资金专户优惠等方面所采取的措施，则是对证券交易奉行的公平、公开原则的努力。STAQ系统实行做市商制度、改革结算程序、推出无实物国库券交易、开发新的交易品种等办法，同样是走向市场运作现代化的重要步骤。从全国证券市场的发展过程来看，它正在日益突破地区性和局限性，向更高的层次发展。

（三）人民币特种股票的发行标志着中国证券市场正在逐步走向国际化

1991年11月30日，上海真空电子器件股份有限公司与以上海申银证券公司为主承销的承销团签定了发行100万股人民币特种股票(B股)的承销协议，这是我国企业第一次通过发行股票向国际资本市场筹资，它标志着中国证券市场向国际化方向迈出了第一步。80年代以来世界资本市场的国际性表现出以下特点：(1)世界债券市场迅速膨胀，通过国际市场发行的债券从80年代初的每年几百亿美元发展到近几年的每年几千亿美元的规模，今天的世界资本市场已经变成公司、政府和国际性机构(如世界银行)筹集资金的重要源泉。(2)投资基金及其他机构投资者日益在全球范围内进行组合投资，国际性的组合投资使这些机构和基金得以实现其在国内市场无法实现的降低风险的战略。(3)世界经济发展的不平衡也为在国际市场上的投资者提供了较高的回报。在证券市场国际化的大趋势下，作为发展中国家新兴的中国证券市场，国内资金有限，特别是外汇资金更不足，因此，采取向境外发行股票的方式筹措资金，介入证券市场的国际化进程，应该说是一个明智之举。通过B股发行，我国既能取得促进企业发展的宝贵资金，又能使中国的证券业在国际交往中了解和掌握国外发展证券市场的先进经验和技术，为今后全方位的开放证券市场进行了必要的准备。

（四）股市异地连通，促进了证券市场一体化的发展

由于证券市场信息传播渠道的建立及沪深两地股市投资的逐步对外开放，中国股市的异地连接逐步形成，证券市场发展的一体化步伐不断加快。1991年初，上海股市建立以后，深圳股民携大量资金入沪，促进了上海证券市场的繁荣。9月份，深圳股市一度在低谷中徘徊半年多以后，开始复苏，这与上海及其他地方资金的大量流入也不无关系，另外，全国证券交易自动报价系统通过现代化的电脑网络，将13个城市、40家会员、6种“系统证券”(即经过系统执委会批准在系统内报价交易的金融工具)紧密地联结起来，目前STAQ系统正在发展成为全国最大、流通性最好的国债市场。由三大集中交易市场为中心，众多零散交易柜台为辅助的多层次、多功能、一体化的证券市场已经初步形成，这对我国资本市场的发展和金融体系的构造都将产生了重要的影响和显著的推动作用。

三、1991年中国证券市场发展中的困难和问题

1991年，虽然中国的证券市场获得了阔步跃进，但是，这个新生儿诞生以后，在其成长和发育过程中也暴露出许多缺陷和不足，在其发展的道路中也遇到各种困难和问题，这些情况主要有：

（一）期限结构单一化

目前在国债市场上流通的基本上都是3年债，没有3年以下的短期债和5年以上的长期债，投资债、金融债也是以3年期为主，企业债也是3年债，没有发行地方债，由于发行品种较少，因此在债券市场上形成了明显的期限结构单一化的现象，这种现象无论对发行者还是投资者，都带来不利的影响。由于缺乏一个短期市场，使出现短期资本盈余或亏损的企业难以在资本市场上调剂余缺，只有把目光都盯在银行的信贷资金，在目前信贷行为软约束的情况下，增加了银行的风险；另外，全国的银行体系无法连成一个整体，限制了利率的调节作用。长期资本市场也没有形成，由于已发国债的兑付周期短，不能用于一些大型的建设项目。期限结构的单一还造成

债券的还本付息时间相对集中,增加了财政的负担,也带来了财政支出的不平衡性。

(二)股市供求严重失衡

在企业体制改造中,股份制试点刚刚起步,发行股票上市流通的企业更是屈指可数,因此在短期内造成了股票供求的严重失衡,这种现象的后果是:①股票价格受需求影响,直线上涨,在上海市场中,飞乐股份有限公司股票的市盈率在1991年末达到538.7倍,价格严重背离价值,成为世界上最贵的股票,价格上涨的倍数甚至超过金价,这无疑为今后股市的暴跌埋下伏笔,同时对股市的成熟发展也是极为不利的。②由于股价暴涨,供给不足,管理部门没有有效的手段平抑需求,不得不求助于行政限价的方法管理市场,而行政干预的结果是:首先,行政干预越强,市场越容易发生歧变,如上海市场在流量控制法的管制下,好的股票由于股民惜售,交易量达不到涨价标准,因此价格上涨缓慢;而企业管理较差,经营情况不好的股票,因有人抛售,交易量能够达到涨价标准,因此价格反而上涨较快,大大超过优良股的价格涨幅。其次,由于对股价采取行政干预,结果造成股价升不见天,跌不见底,投资者失去了判断的准则,只能随市场盲目而动,增加了投资风险。第三,这种不正常的股市给投机创造了有利条件,特别是投资大户,通过抛售少量股票,即可控制市场,增加了散户投资收益的不稳定性。③在供求严重失衡的股市中,股票价格与企业经营相关度较小,股票投资者也不关心股票发行企业的经营状况,他们只关心资本的利得收益,股票市场对企业经营的内在压力不够,这种现象背离了股份制建设的初衷。

(三)市场的流通性不足

市场的流通性不足是股市供求严重失衡反映出的另一方面问题,这种问题的产生和我国目前的股份制企业的股权结构及股票的流通方式不无关系。目前在我国股票市场上流通的只是个人股,在现已发行股票并上市流通的股份制企业的股权结构中,50%以上是公有股(国家股+法人股)。按照国际惯例,几乎所有的股票都应该允许在二级市场上公平买卖,只是因为法人股的数额大,对市场交易影响较大,交易方式可以与个人股略有区别,但是无论买方是法人还是个人,价格是一样的。实际上,由于法人股的买卖金额较大,尽管个人也有购买的机会,交易执行的实际结果是,新的法人持股者通常还是法人。我国是社会主义公有制,在公有股转让时存在着所有权的转移问题。为了避免个人控制企业的所有权,可以先试行法人股在法人之间的转让。这种流通方式需要二个重要的前提条件即允许机构投资者买卖个人股和增加股票的发行量。机构投资者的资金量大,具备长、短资金皆有的优厚条件,其入市是金融市场久盛不衰的重要因素之一。为了避免机构投资者与散户之间造成不平衡关系等弊害,可以建立投资合作基金和限制机构投资者的入市资金量。投资合作基金是把数额零小的散户资金集中起来,由专业人员运行。这样可以在市场上与其他机构投资者并驾齐驱,减少小股股民的投资风险。限制机构投资者的入市资金量是为了保证各家公司其他业务的正常运行,这也是发达资本主义国家采取的惯例之一。

(四)上市企业会计制度混乱

会计制度的混乱和处理原则不统一是目前证券市场发展中存在的又一问题。以上海上市企业情况为例,目前有多种会计制度存在,既有乡镇企业会计制度、国营大中型企业会计制度、合资企业会计制度、商业企业会计制度、还有房地产业会计制度。众所周知,股份制企业通行的是以股东权益为基础的会计核算方法,每股股票的实际价值通过这种会计核算方法在资产负债表和损益表中反映出来,而现行的会计制度的缺点是:①采用"资金占用=资金来源"的平衡式,难以反映股票价值的变动,投资者无法通过它来评估企业的经营状况,确定自己的投资方向;②财务管理按企业的所有制性质来进行,不同所有制的企业,即使企业类型相同,也会出现其会计制度缺乏统一性的问题,因此导致企业提供的会计报告缺乏可比性,难以为投资者提供权衡比较的依据。对上市的股份制企业来说,会计制度的重要性是显而易见的。首先,由于所有权和经营权的分离,由广大公众组成的股东并不直接参与企业经营,他们主要通过财务报告来评估他们投资的公司的经营状况,因此这种报告不仅要有准确性、时间性,而且要有可比性(即采用统一的会计标准准则)。其次,上市公司的财务报告的真实性和质量是提高投资公众信心的基本要素之一,在健全发展的股市中,缺乏质量的财务报告是难以从证券市场中筹集到资金的,这种企业的股票肯定缺乏流动性,扩股增资的可能性也不大。第三,具备较严格、完备的财务会计制度,这应是证券交易所或其他立法机构对上市公司的法律要求，一个缺乏严格、完备财务会计制度的企业是很难有效经营的。

（五）税率不统一，税赋过重

从上海试点的11家股份制企业情况分析，目前征收的所得税税率有四种：①55%的所得税，税前还贷；②35%的所得税，税后还贷；③八级累进税；④按试行股份制的上一年度实际税赋核定出一个50.25%的税率。由于税率不统一、税赋过重，特别是在国家征收所得税后，企业还要在税后向国家缴纳15%的能交基金和10%的预算调节基金，进一步加重了企业的负担，使股份制企业在利润分配上难以为继。

（六）法律、法规不健全

从目前情况看，虽然上海、深圳两地制订了《上海市证券管理办法》、《深圳市股票发行与交易管理暂行办法》等一系列地方性证券市场管理条例和法规，但是，迄今为止，在全国范围内尚未制订《证券法》、《证券交易法》、《投资信托法》、等根本大法。由于缺乏法律保障，投资者的权益得不到保障，证券市场的无序和混乱也在所难免。投资者风险的避免很难做到。随着股票和企业债的发行量不断增大，《股份制公司法》的出台势在必行。具备什么条件的企业才能允许发行股票和债券以及控制其他公司的股权，这些问题都急需得到明确的解释。制订《从业人员守则》也是保证证券市场的健康发展、保护投资者利益的重要措施之一，尤其是销售人员的职业道德，单靠自觉性和良心是无济于事的，只有利用法规来制约，才能有效地、长期地维护市场的公正性。

（七）投资者风险意识淡薄

1991年，深圳、上海两地都先后出现过万人空巷，争购股票的现象，这确实是股市投资热逐渐兴起的一种表现，但是，据调查，也有许多排在购买股票队伍里的人，不知股票为何物，只认为众人抢购的东西一定是好的。这说明，股市投资者风险意识的淡薄是一个不容忽视的现实，许多散户，对股市波动心理准备不足，盲目跟风，追跌赶涨，一旦出现意外，对他们心理的打击胜过经济上的损失。造成股市投资者风险意识淡薄的主要原因除了股民对股票本质的主观认识偏颇以外，还受以下客观事实影响：①在供求失衡的情况下，股价一度只升不降，先期投资者比较容易地获取巨额收益，这种示范作用强烈地诱导着众多投资者进入股市。②由于在股票已上市流通的企业的股权结构中，公有股比重多数较高，公众普遍认为，在现行政策下，国家会保护这类企业，其破产的可能性很小，因此，投资者的政策预期使他们淡化股市风险。③目前，企业经营和股市运作相关性很小，国家对个人股分红的政策规定不能得到有效执行，在平均化倾向的影响下，无论企业经营状况好坏，个人股都能得到平均15%的红利收益，高于银行一年期储蓄利率一倍以上，稳定的股息收益使投资者免除后顾之忧。④由于既无公司法又无权威的证券资信评估机构，同时，企业公布的财务报告又缺乏统一性，投资者缺乏正确评估企业经营状况的标准，因此对风险的把握根据不足。

四、1992年：中国证券市场的发展与完善

证券市场已经不仅仅是一个筹资的工具，而且正在成为宏观调控的一个重要手段，国民经济发展对证券市场的内在依赖性日益明显。首先，巨额财政赤字、已发债的还本付息、国家建设资金的严重缺口，都要求证券市场加快发展。其次，证券市场在推动企业经营机制转换、评价企业经营成果等方面都起到了一定的示范作用，特别是，投资体制、财税体制、金融体制等方面的改革，通过证券市场，加强了彼此之间的内在相关性，证券市场作为各项改革措施的内在结合部的特征日趋可见。再者，证券市场为加强我们同国际经济组织的联系开辟了一个新的窗口。

1992年我国证券市场的更长足发展已成必然，但是，从1991年证券市场的发展过程观察，存在的问题和缺陷是不容忽视的，完善证券市场的任务还很艰巨，为此我们建议：

（一）继续扩大股票发行，缓解供求矛盾

扩大股票发行问题，可以从以下三个方面寻找解决问题的思路：①增加新股发行，这就要求增加允许发行股票上市交易的股份制公司的数目。②适当放宽对公有股比重的控制，调整股权结构，在一些不是关系国家产业结构的调整和国民经济的发展与稳

定的部门和行业中,应允许适当降低公有股的比重,增加个人股的数量,活跃市场。③允许法人股上市流通及与个人股对换。这是增加市场流通性的重要方法之一,法人股与个人股的互换,不会减少国有资产的数量,国家可以利用这部分资金在其它领域参股或控股,这也是增加生产要素的流动性,进行合理的产业结构改造的重要措施之一。

(二) 完善证券法规,理顺证券体系

没有法规规范的证券市场是一个混乱、危险的市场,完善证券法规的建设刻不容缓,加紧制定《证券法》、《证券交易法》、《股份制公司法》、《投资信托法》、《股份制企业会计制度》、《上市证券的注册审批制度》、《中介人登记制度》、《从业人员守则》等法律规定,对完善1992年的证券市场,意义重大。在完善法规建设的同时,理顺证券管理体系也十分必要。现在的证券业管理体系,在很多方面既存在交叉重迭,也存在真空地带,一旦出现问题,管理部门的相互扯皮、推诿现象难以避免,这样将不利于证券业的发展。另外,证券业和银行业既有联系,也有分工,划清两者关系很有必要。

(三) 尽快建立全国性的证券资信和企业资产评估机构

目前,由于中央和地方的财政关系没理顺,所以在短期内还不具备发行地方债的条件,企业债和金融债的流通带有明显的地区性。如果想改善这种状况,没有全国性的资信评估机构是不行的,这种机构对保护投资者利益、约束证券发行者行为都是不可缺的。在美国,标准普尔公司和穆迪公司是两家最有权威的评级公司。投资者在购买非国库券之前都参考它们发行的评级手册,究明此债券是优良债(AAA+级到A+级),还是中等债(A级到BBB+级)或劣等债(BBB级以下)。债券持有者和二级市场时刻注意评级公司新近发表的消息,评级手册上的级别一旦有变动,市场上的债券价格就随之上下波动。通常,评级公司每年都对已评过级的公司和金融机构进行资信重估,重新定级。只有建立全国统一的评级标准和运行机构,才有可能使全国各地的投资者对各个地区发行的企业债、金融债券和融资券有所了解,进行投资。

(四) 开拓香港市场,推动证券业的进一步发展

1997年为期不远,进一步加强大陆与香港的经济联系很有必要,而大陆股票和债券在香港上市则可能成为加强二者联系的重要经济纽带。另外,中国股票债券在香港上市也是推动中国证券业发展的又一有利措施,其意义深远。①可以进一步加强大陆与香港之间的经济联系,巩固香港证券市场在亚洲的地位、提高联交所的市场资本化程度,使其成为发达的市场。②通过在港上市,大陆企业可以逐步习惯于公开企业内部资料的制度,有助于改善企业形象,使更多的投资者了解企业,以获得更多的企业合同,提高企业的资信等级。③可以有助于推动内地的证券交易业务,一方面可以提高内地公司的上市管理和交易水平,另一方面也可以使在港的上市公司到内地上市交易。④国营企业若有能力在香港证券市场自筹资金,国家就可以减少对企业的贷款或补贴,从而减轻中央财政压力。⑤通过大陆股票债券在香港的上市,可以进一步推动中国证券业走向国际化,这种措施也有助于加强中国经济和世界经济的联系,通过香港市场,筹集国际资本,为中国内地经济的发展服务。

(五) 采取多种措施,降低证券风险

证券业在我国是个新兴行业,市场参与者都经验不足,市场也不成熟。为了减少投资风险,除了建立健全证券交易法规和财务制度之外,还需要开发和利用新的金融工具,在技术上减少风险。期货交易即是这种工具之一。期货交易即远期交易,它的主要作用是保值。期货交易的出现和期货市场的迅速发展促进了西方发达国家巨额国债的发行。美国每年有三、四次国债招标发行,券种多样,短至二年,长到三十年。虽然有时市场环境不好,但是还是吸引了国内外机构投资者的踊跃参加,其主要原因之一是投标者巧用期货交易而减少投资风险。期货交易不但有利于发行市场而且还能大大增强流通市场。由于利用期货交易可以减少投资风险,其结果缩小了买进价与卖出价之间的差价。在美国的国库券市场上,买卖之间的最小差价从期货市场出现之前的1/16元减少到1/32元。现在我国国库券的买入价与卖出价之间的差价通常在三毛钱左右,如果我国也将开展期货交易,必定会缩小价格,增加交易

量，促进国库券的流通。

减少投资风险的另一个方法是利用新闻媒介以增强公众的金融意识。首先应该培养一批懂行的新闻工作者。国外一些著名的报社都拥有一批胜过专业人员的老记者。从证券交易员到千千万万个投资者每天都从他们的文章中受到启发，常常从记者那里得到对市场影响大的重要消息。目前我国各地掀起了空前的证券热。出版的有关证券投资书籍一直畅销不衰，各地频繁举行的证券知识培训班以及会计制度培训班都很受欢迎。为了正确引导刚刚入市的股民和债券持有者正确进入市场，促进证券市场发展的规范化，需要从报刊杂志、广播电台和电视等各种渠道介绍专业知识、综合性信息和市场走势，尽快使广大证券投资者的金融知识水平从启蒙阶段向专业化水平过渡。

总之，中国的证券市场发展还处于起步阶段，必须不断地总结经验，完善、培育这个市场的发展。证券市场既是中国经济发展的重要组成部分，也是各种经济体制改革的综合试验场，从中我们将会感受到中国经济发展的脉博，寻找到中国经济发展的方向和途径。

（黄运成　宋丽萍　王励弘
林　雯　执笔）

上海市的金融体制改革

上海市经济体制改革办公室

1991年是上海改革开放得到较大进展的一年。上海金融体制改革本着为改革开放提供良好金融环境的原则，在引进外资、建立多层次金融体系；发展证券市场；用直接信贷和票据转让贴现形式清理三角债；试行专业银行走企业化经营的道路等方面进行了大胆的试验，促进了经济的稳定发展，推动了金融体制改革的深化，取得了很好的效果。

一、发展多元化的金融格局

1978年以来，经过10多年的改革开放，上海已经初步形成了多元化的金融体系，除了专业银行之外，还形成了由综合性银行、投资信托公司、财务公司、租赁公司等近30家金融机构组成的商业化金融经营体系。但是，上海要恢复远东金融中心的地位，增强城市经济的辐射能力，必须进一步发展多元化的金融格局。随着浦东开发，出口创汇、转口贸易、土地批租、现汇留存等国际业务和国际操作手段的发展和运用，浦东金融业外汇存贷、结算等国际业务将大幅度增加，原有的金融体系和金融体制已经不相适应。1991年，上海按照多层次、多渠道发展金融体系和金融格局的要求，结合引进外资，在浦东陆续增设了一批中外金融机构。一年来，上海市人民银行上报中国人民银行，先后批准美国花旗银行、日本三和银行、法国里昂银行、法国东方汇理银行、美国美洲银行、日本兴业银行、日本东京银行等8家外资银行在上海设立分行，加上上海原有的华侨、东亚、汇丰、麦加利分行，全市共有12家外资和侨资银行的分行，及上海国际财务公司、上海联合财务公司等2家中外合资的财务公司。这为上海引进外资、带来客户、传递信息，使上海金融业向国际化发展创造了条件。同时，国内的工商银行、农业银行、中国银行、建设银行、交通银行等五大银行也先后在浦东开设了分行，加上招商银行、投资信托公司等，共在浦东建立了12家中资金融机构。至1991年底，20家中外金融机构在上海浦东注册落户，注入20亿资本金，浦东的金融从业人员已从1000多人增至3000多人。20家中外资银行在浦东增设金融机构，使上海金融格局发生了较大的变化。不仅表现为外资银行进入后带来了先进的金融技术，增加了中资银行的压力和竞争；同时突破了传统的金融体制，使之逐步朝着建立一个能适应浦东开发、筹集、融通大规模资金需求的上海金融新体制的方向发展，形成以中央银行为领导，国营金融机构为主体，集体的金融机构为补充，侨资和外资银行同时并存的多层次、多形式的金融体系，进一步拓宽了浦东开发的融资领域。据对工商银行、中国银行、建设银行、农业银行、交通银行等5家浦东分行统计，一年中先后吸收54亿元存款，并有近64亿元人民币的贷款投入。如浦东工行、建行、交行3家分行联手组成银团，对目前世界上最大的斜拉桥——杨浦大桥项目贷款3.5亿元；浦东工行还与建行牵头，组织上海44家金融机构、银行团贷款2亿元支持建造450米高的上海电视塔。日本兴业银行还参加由交通银行牵头的向上钢五厂重大技术改造项目益昌薄板工程贷款5000万美元，有力地支持了浦东开发和搞活国营大中型企业。

二、进一步发展证券市场

积极发展证券市场，是上海金融体制改革的重要方面。从1986年上海开办证券交易业务到1990年已初步形成遍及全市的证券市场，特别是1990年12月19日，上海证券交易所正式开业，标志着上海证券市场发展进入了一个新的阶段。此后全市形成以证券交易所为中心的专营和代理三个层次，经营证券机构25家，网点50多个。上海证券交易所开业一年来运转正常，大大增加了吸纳功能。一是扩大了市场交易规模。1990年12月26日，国务院办公厅发出了《关于向社会公开发行股票的股份制试点问题的通知》，明确了上海、深圳两地开展向社会公开发行股票的股份制试点，进一步推动了上海股票市场发展。1991年，在上海市人民政府的组织领导下，上海公开向社会发行股票的股份制试点取得了实质性进展。上市公司从11家扩大到20家。股本金总额从9.05亿元扩大到20.15亿元，增加1.2倍。其中国家股从6.63亿元扩大到9.79亿元，增长47.6%；企业股从1.65亿元扩大到5.77亿元，增加2.49倍；个人股从0.77亿元扩大到2.04亿元，增加1.64倍；另外，开创性地首次向境外发行了1亿元面值的人民币特种股票，从而使证券市场空前活跃。一年中全市证券交易量达到120亿元人民币，其中交易所成交各类证券100亿元人民币。交易量是上海证券市场开市以来最高的一年，既保持了以债券交易为主的特点，同时股票交易量也大幅度上升，达到16亿元，所占的比例从以往的最高5%左右，上升到占交易所总成交量的16%。二是价格走势正常。以1990年12月19日开盘价与1991年12月31日收盘价相比，成交证券的价格变动情况分两种走势，债券价格稳定上升，增幅一般在0.5%至12.5%不等；股票价格上升较快，证券交易所开业一年，股票指数突破200点。三是促进了市场管理，交易所按市场集中和竞价交易原则，用电脑自动交易、交割和清算的手段组织和管理交易业务，提高了交易的公开性和公正性，同时因集中控制股票过户，对未经交易所交易的股票一律不予过户，使黑市交易的股票成了一张“废纸”，导致上海股票黑市在短短20多天内瓦解。四是促进了统一证券市场的形成。外省市证券公司在上海的证券机构加入交易所后，增强了市场的活力，带动了外地的资金进入上海，有利于上海建设资金的筹措和金融中心的形成。在证券市场发展的同时，上海外汇调剂市场也得到了进一步的发展，逐步由地区性向区域性、全国性方向发展，增强了对外省市的辐射功能。1991年12月1日起，国家外汇管理局上海分局决定，在原本市居民外汇调剂试点工作的基础上，拓展范围，扩大网点，批准同意在上海有关银行内开设79个居民外汇调剂代办处，具体管理居民外汇调剂业务。

为了加强对证券市场的管理，上海市人民政府实行了一系列有效的措施。

1. 制定一系列法规，依法管理。根据上海市的实际情况，1990年以来，特别是证券交易所开业后，先后有上海市人民政府颁布的法规有《上海市股票管理暂行办法》、《上海市债券管理暂行办法》；由上海市人民银行颁布的法规有《上海证券柜台交易管理暂行办法》、《上海证券机构管理暂行办法》。为了打击黑市交易，上海市人民银行还会同上海市公安局、工商行政管理局联合制定关于取缔证券黑市交易的规定；并由证券交易所制定，并经上海市人民银行批准实施了《交易市场业务试行规则》、《关于经纪人管理办法》、《关于证券上市、审批的有关规定》、《关于会员管理规定》等12个自律管理的法规。

2. 加强对股价的控制。为了严防股市价格大起大落，在股票上市数量不多的情况下，作了两项规定：一是每日股票价格上涨和下跌的幅度，严格控制在1%以内，并且规定必须达到3‰的流量才能涨跌翻牌。二是个人出让股票要委托经纪人在交易所上市挂牌，起点数限制在10股（金额在1000元人民币）；单位委托数量起点数50股（金额在5000元人民币），不满起点数，由经纪人并股交易，这样就有效地防止了少数人以少量股票来操纵市场。

3. 压缩库存。为了防止证券公司囤积证券，尤其是股票，根据中国人民银行的有关文件精神，上海市人民银行分行发文规定，各证券公司储存的证券数量与资本金要有一定的比例，超过比例要限期压缩，否则上海市人民银行分行将按照规定予以处罚。这样可使证券交易更加趋于正常。

4. 加强对证券发行的管理。在股票发行的价格上，采取溢价发行的办法，同时采取招标的形式，由某家中标的证券公司当经理公司，组织承销团；在发行对象上，股票尽量多出售给单位内的投资者。另外向社会发行股票，采取发放有价认购证和抽签中奖的办法，做到公平买卖；在股票的种类上适当发行一些优先股，多发行普通股；对发行股票的对象优先照顾因浦东开发、调整结构、技术改造和国外贷款急需筹集资金的项目。

三、用推行信用贷款和商业承兑汇票方式清理“三角债”

清理“三角债”是上海市搞好国营大中型企业，强化金融调控手段的一项重要工作。1990年起，上海市先后组织和参加市内、华东地区和全国范围3次大规模的清欠“三角债”活动，银行注入专项资金40亿元，帮助企业清理应收、应付货款130亿元左右。其中：市内清欠80亿元，华东地区清欠13.4亿元，全国范围清欠24.03亿元，其它专项清欠12.6亿元，总数约占全国清理拖欠总额的十二分之一，这对于启动和促进生产，扩大流通，缓和资金供求矛盾，起到了一定的作用。但由于没有建立资金循环的正常机制，以及清欠手段不力，致使资金投入不少，花费精力很大，仍未能从根本上解决问题，前清后欠的情况继续发生。至1991年5月底，上海地方预算内国营工业企业应收货款已达124.6亿元，比1990年底增加12.7亿元，应付货款13.5亿元，增加1亿元。

在总结前阶段清欠工作的基础上，上海市人民政府组织有关部门专题研究和分析了“三角债”前清后欠的原因。主要是：(1)部分企业产品积压占用了大量流动资金，无力支付维持生产所必须的燃料、原材料、零部件的购进货款，形成企业间的相互拖欠。(2)财政困难加剧，不能按时如数拨付财政应付款项如粮食补贴，外贸亏损补贴和出口退税等，影响了企业的正常支付。(3)有的建设项目投资资金不到位，一是在建项目材料设备的储备资金不足；二是项目建设普遍超概算，而超出的投资资金来源没有解决；三是有些项目的投资来源没有完全落实就开工或超过计划进度施工，造成工程拖欠。(4)企业经营性亏损大量增加，自身无力解决，挪用挤占各种资金，使企业资金周转困难，也加剧了企业之间的拖欠。(5)结算纪律松弛，金融制度不健全，无偿占用他人资金，形成拖欠。

针对存在的主要问题，上海市一方面深化企业改革，堵住基建投资缺口，加快结构调整，压缩产品积压，减少企业亏损；另一方面从深化金融体制改革入手，在全面推行信用贷款和商业承兑汇票方式，强化清欠手段方面采取一系列措施。

1、根据“源头投入，链尾收回”的清欠原则，上海市人民政府组织有关部门对以冶金、商业、批发、外贸公司、建筑施工企业为“源头”的债务链，采用信用贷款和商业承兑汇票方式，注入资金2.2亿元，开出期票2.49亿元，清理系统内债务链13条，清欠金额22亿。

2、确定化工、纺织、轻工、仪表、机电、粮食等10多个重点系统的清欠方法。清欠与日常信贷分开，清欠专项资金用直接信贷和票据转让贴现两种形式从“源头”投入资金4.5亿元，链尾收回资金21.7亿元。

3、按照“先系统内、后系统外，先市内后市外，分级清理”的清欠要求，建立有市政府委办、主管局、银行及基层单位的清欠工作网络，并且明确各级的职责。严格执行结算纪律，加强银行结算监督，促使企业守合同、重信誉，对违反结算纪律的行为，银行给予相应的处罚。

由于上海市采取改革办法，用信用贷款、商业承兑汇票、票据背书转让等方式清理三角债，达到治旧欠、堵新欠、标本兼治的目的，1991年全市共清欠三角债71.4亿元。至年底全市应付、应收款已下降到历史最低水平，有力地支持了搞活国营大中型企业。

四、专业银行试行企业化经营

1991年以来，上海市根据国家金融体制改革的方向，在专业银行进行企业化经营的试点，目的是消除传统体制的弊端，克服以往信贷中用行政手段贷款的办法带来消极的影响，增强银行的风险意识，逐步使专业银行走上自主经营、自负盈亏、自我发展的道路。1990年底，上海市人民银行发文通知，允许各专业银行及部分金融机构在浦东设立分行或分公司，允许这些分行或分公司的业务相互交叉，允许信贷指标在一定范围内浮动。1991年起，上海市工商银行、中国银行、建设银行、交通银行在浦东的分行，以及投资信托等金融机构试行信贷指标在一定范围内浮动以及以存定贷、自主经营、自担风险的试点，上海市在农业银行浦东分行试行资产负债管理等，鼓励专业银行以存定贷，走自我发展、自我约束的道路，一年来收到很好的效果。

1. 有利于专业银行政企分开，增强活力 各专业银行在浦东分行和分公司试行以存定贷，自主贷款，自担风险以摆脱了行政贷款的干预，调动了自身的积极性。如工商银行上海市浦东分行在浦东新区增设了10多个网点，积极组织存款，开办外汇业务，同时还投资支持浦东新区大中型企业技术改造和商业建设，先后投入10亿元信贷资金，支持浦东新区重大商业项目的兴建和改造。该分行在注入资金的同时，还将在商业信贷上采取更为开放灵活的做法，商业网点设施贷款，期限从1～3年放宽至5年；对用于新扩建项目的土建部分，从原有的按投资总额的10%，放宽至20%；对商业各项固定资产性质的贷款，实行综合配套使用。

2. 促使专业银行提高贷款效益　浦东地区专业银行自主经营后，贷款风险意识增强，进一步提高了专业银行的贷款效益。如1991年农业银行浦东分行同浦东新区60多家三资企业，建立了信贷业务，支持这些企业发展高新产品，扩大出口创汇。1991年这60多家企业产品出口均达到70%以上，经济效益在全区135家“三资”企业中名列前茅。还有浦东工商银行对新区内上海上菱冰箱厂试行国际上通用而国内尚无先例的循环贷款及透支贷款；因银行惯例被打破，从而增加了运作难度，但是，企业却大大受惠。1991年上海上菱冰箱厂实现利税达到历史最好水平，成为全市创利大户。

3. 有利于银行业务间的竞争和发展　浦东地区专业银行自主经营后，进一步增进了银行间的竞争能力。如中国银行浦东分行迅速开展外资业务，同外资银行进行竞争和合作。他们联合外资银行投资1亿元美元筹建国际金融大厦；积极参与上海首家中外合资的上海国际财务有限公司；与中银集团联手参与开发外高桥、陆家嘴和金桥3个开发区的建设；1991年还提供1亿美元支持浦东基础设施的建设。此外，中国人民银行浦东分行还全面开展国际结算业务，促使浦东新区的对外经济逐步同国际经济接轨，受到外向型企业的欢迎。

（耿鸿福　执笔）

1991年国有资产管理改革进展概况

国家国有资产管理局政策法规司

1991年，各级国有资产管理部门或机构在继续抓好贯彻落实国务院〔1990〕38号文件提出的各项工作任务的基础上，以党的十三届七中全会《关于制定国民经济和社会发展十年规划和“八五”计划的建议》和七届人大四次会议政府工作报告为指针，奋力开拓，勇于进取，使国有资产管理改革各项工作取得了明显的进展。这年4月，在北京召开了第二次全国国有资产管理工作会议。会议期间，李鹏总理对加强国有资产管理工作作了重要指示，王丙乾国务委员进一步明确了现阶段国有资产管理的专职工作。根据领导的指示和要求，国家国有资产管理局总结了国务院38号文件发布以来国有资产管理工作的新进展和新经验，部署了最近两年的工作。下半年，根据中央工作会议的精神，又进一步突出和加强了如何围绕搞好国营大中型企业，推进国有资产管理体制改革的工作。一年来，各级国有资产管理部门坚定不移地遵循“逐步建立适应有计划商品经济的国有资产管理体制和管理方法”的正确方向，克服各种困难，紧紧围绕保卫国有资产的权益，提高国有资产的效益这两项基本任务，努力推进各项业务工作和进行建立新体制的探索，基本上实现了全年工作的各项任务，有些方面还有突破，为进一步开创国有资产管理的新局面，打下了较好的基础

一、积极做好各项国有资产管理基础工作

1. 认真贯彻落实党中央、国务院关于开展清产核资的决定和指示，抓紧做好清产核资的前期准备工作，积极稳妥地推进试点工作的开展。清产核资是“八五”期间我国经济工作中的一件大事，也是加强国有资产管理的一项重要基础工作。为贯彻党中央、国务院关于开展清产核资的决议和指示精神，国家国有资产管理局抽调人员于1990年底组建了局清产核资办公室，向财政部和国务院提出关于清产核资前期准备工作的初步设想，同时做了大量的基础工作，对在全国范围内开展清产核资工作的有关政策、目的、范围、内容、步骤及组织方法等进行了初步研究，提出了《清产核资总体方案》、《清产核资办法》(初稿)，并组织设计了清产核资统计报表和《清产核资统一资产目录》(初稿)。国务院清产核资领导小组成立后，局清产核资办公室根据国务院清产核资领导小组的决定，迅速组建了清产核资办公室。国务院清产核资领导小组办公室成立后积极进行了相应的工作，为迅速选择第一期试点单位、召开全国清产核资试点工作会议创造了条件。在行政事业单位开展国有资产清查方面，国家资产局拟定了《行政事业单位国有资产清查登记工作方案》、《关于实施行政事业单位国有资产管理清查登记工作方案若干问题的规定》、《行政事业单位国有资产清查登记表》发给各地区、各部门征求意见，并要求各地参照上述3个文件组织试点。吉林、黑龙江、内蒙、青海、山东、辽宁、河北、河南、浙江、四川、北京、天津等16个省、区、市在不同范围里开展了行政事业单位的资产清查登记工作。其中黑龙江全省清出帐外资产41.8亿元。贵州省直单位清查后帐面资产增长幅度为69.96%。现在，行政事业单位国有资产清查登记工作已纳入国务院清产核资轨道，并选择了海关总署、水利部、国家教委、卫生部、陕西省、辽宁省盖县为行政事业单位清产核资第一期试点单位。

2. 在大多数地区和一些部门组织了产权登记工作，取得了经验，研究完善了登记办法，为全面进

行国有资产产权登记做好了准备。1991年有20多个省、区、市试行了产权登记工作。截止1991年12月底，据部分省市不完全统计，已办理67537户企业产权登记，国有资产金额达2338亿元。中央直属企业也进行国有资产产权登记试点工作，并办理了380户企业产权登记，国有资产金额达1135亿元。在产权登记中发现帐外资产达100多亿元，及时做了纠正，从而维护了国有资产权益。为了更好地进行产权登记工作，1991年分别在山东曲阜，河南安阳，河北石家庄召开产权登记工作座谈会，了解掌握各地试行产权登记的情况，总结工作经验，对《国有资产产权登记管理办法》（试行）进行了修改，并草拟了实施说明，为了1992年在全国范围内开展国有资产产权登记工作，拟出了向国务院办公厅的请示报告，附上修改后的办法，与财政部，国家工商局联合会签后上报，并准备在1992年二季度召开全国国有资产产权登记工作会议，财政部已以〔1992〕财办字第3号下发了《关于委托国有资产管理部门办理资产信用证明的通知》，这个文件对全国的产权登记工作的开展和加强国有资产管理工作将起到很好的作用。

按照国务院办公厅〔1989〕54号文件的要求，督促各地区、各部门基本上完成了驻港澳机构以个人名义注册产权办理委托协议公证的手续，已将完成情况向国务院办公厅作了专题报告，还向国务院上报了《关于加强我驻港澳机构国有资产管理工作的请示》。

3. 在承包企业中落实国有资产保值增殖指标。为了贯彻国务院〔1990〕38号文件，先后四次召开中央企业主管部门座谈会，研究部署中央承包企业的国有资产保值增殖问题，要求各部门按国有资产局国资工字〔1990〕52号文件和国资工字〔1991〕30号文件规定报送本部门所属企业的国有资产保值增殖指标方案，由国有资产局审批后下达执行。目前已批复11个部门的承包企业国有资产保值增殖指标。另外，中国包装公司已全面落实国有资产局提出的五项国有资产保值增殖指标，并制定了具体办法，成为全国第一家用国有资本金利润率为主要指标进行承包考核的企业。各地在进一步完善企业承包经营责任制过程中，落实资产的保值增殖指标。仅据辽宁、黑龙江、山西、江苏、湖北、哈尔滨、大连、武汉、成都等省市的不完全统计，国有资产管理部门参加发包并制定了国有资产保值增殖指标的企业达10566户。湖北省资产局配合财政部门对全省90%的国营工业企业、92%的国营商业企业签订了包括财务和资产指标的承包合同。山西省预算内1500户企业已有近90%的企业在承包合同中增加了保值增殖指标，在二轮承包中省直预算内65户工交企业承包期保值率100%，增殖额为2.8亿元，总增殖率为10.1%，年平均增殖率为2.65%。

4. 为适应深化改革和商品经济的发展，资产评估工作向制度化、规范化迈进。制定和修改了《国有资产评估管理办法》，该《办法》经国务院办公会议通过，已由李鹏总理签署并以国务院令形式发布。起草了《国有资产评估管理办法实施细则》提交第二次全国国有资产管理工作会讨论，并继续进行修改；建立了资产评估报告制度，要求各地按季度报送资产评估项目、价值、评估机构、人员状况、培训情况。截止1991年10月，据31个省、区、市统计，评估项目已有2347项，评估价值250亿元，平均升值62%，其中，中外合资企业对中方投入资产评估项目513项，评估价值81.5亿元，平均升值77.8%，经过评估中方投入资产增加了36亿元，维护了国家资产权益。迄今为止，经省以上国有资产管理部门批准已向全国157家评估机构颁发了“资产评估资格证书”。培训人员3000多人，全国评估人员已达5000人，评估队伍初具规模，评估水平逐步提高。

5. 地方机构建设和队伍建设取得明显进展。第二次全国会议以后，由于各级政府的重视，全国44个省、自治区、直辖市和计划单列市国有资产管理机构正在逐步建立和健全。据不完全统计，现在全国国有资产管理部门的专职工作人员已达8000多人。

6. 国有资产管理政策法规工作取得进展。积极探索建立适应有计划商品经济的国有资产管理体制，在深入调查研究、广泛征求意见的基础上，进一步修改完善了《国有资产管理十年规划和“八五”纲要》，其主要内容纳入了经国务院批转的《经济体制改革十年规划和“八五”纲要》，为今后推进工作、制定法规提供了基本依据。初步完成了各项急需的立法计划，制发或参与制定了《企业国有资产管理所有权界定的暂行规定》、《关于加强承包经营责任制企业国有资产管理的试行办法的补充规定》、《关于在股份制试点中加强维护国有资产权益的通知》、《关于向社会公开发行股票的股份制企业重新履行审批手续的通知》、《关于用国有资产开办的集体企业或经营单位产权归属问题的通知》、《关于国营农场向家庭农场转让国有资产的若干暂行规定的通知》、《关于委托国务院机关事务管理局管理中央国家机关国有资产的通知》。此外还拟定了《国有资产管理暂行条例》(征求意见稿)、《三线搬迁单位国有资产处置的若干意见》、《关于境外国有资产以个人名义注册产权办理委托协议公证的规定》、《境外国有资产产权登记管理办法》、《境外企业资产产权和财务管理暂行办法》等，其中有些正在有关部门会签。同时召开了全国首次国有资产管理法制会议，总结了3年来国有资产管理法制工作，交流了各地法制工作的经验，找出了工作中存在的问题，明确了下一步工作方向。根据有关部门的要求，制定了《国有资产管理“八五”立法规划和立法体系》和《国有资产管理系统法制宣传教育五年规划》，并着手建立地方法规备案制度和行政复议制度。

7. 组织对闲置资产的调剂利用，积极推动资产的合理流动。全国部分城市如武汉、长春、成都、无锡、郑州、齐齐哈尔等建立了资产交易市场。据辽宁、江苏、河南等7省不完全统计，处理闲置资产达19823万元。辽宁省在抓好大中城市、大中型企业之间闲置资产调剂的同时，注意组织闲置资产向中小企业、乡镇企业流动。据该省11个市资产局统计，累计调剂利用闲置设备1772台，金额5902万元。吉林省8个地、市都建立了产权转让市场，全年处置闲置资产调剂大会，一次就调剂了价值2100万元的设备。

8. 继续治“乱”，保护国有资产不受侵害。各地在治乱工作中，采取了多种措施。一是加强对全民办集体企业中的国有资产管理。据北京、天津、江苏、浙江以及南京等几个地方的不完全统计，集体企业占用国有资产就达8.29亿元。一些地方资产管理部门，按国家规定研究了加强管理的办法。河南省新乡市资产局针对国营企业兴办集体企业中出现的问题，制定了加强财务管理的若干规定。二是积极参与产权变动、资产报废、报损的审批工作。据河南、湖北、河北等7省的不完全统计，共审批1054项。三是辽宁、黑龙江等地配合财务大检查，对损害国有资产及其权益的违法违纪行为开展大检查，并进行必要的处理。四是积极参与固定资产投资的监督、管理。北京、辽宁、广西等地的一些资产局在配合有关部门促进投资效益提高方面都做了一些工作。五是上海、山西、广东等省市继续做好清理整顿公司中撤销和保留公司的产权登记。六是黑龙江、四川等地通过摸底调查，加强了对境外资产的监督和管理。

9. 进一步扩大了国有资产报表的汇总范围，改进了统计和汇总方法，完成了1990年度国有资产报表的汇总工作。1991年初分别在厦门市和北京市召开地方和中央1990年度报表布置会，两次到辽宁汇总报表，年底在西安召开1991年度报表布置会，并对3年来的报表工作进行了小结。经汇总，1990年度国有资产总量为22500亿元(1989年度国有资产统计范围为预算内国营企业、行政事业单位；1990年度的统计范围扩大到预算外国营企业和行政事业单位、国营建设单位、中外合资企业、股份制企业)。

10. 加强了国有资产管理的宣传教育和信息工作，建立了国有资产管理信息网络。

11. 加强对外合作交流工作，按计划完成了13个项目，包括出国研修，召开国际研讨会和讲习班等。

二、下大力气，抓紧推进建立国有资产管理新体制和新方法的各项试点工作

1. 积极围绕搞好国营大中型企业，进行大中型企业集团国有资产管理试点工作。国有资产管理局为在“一汽”、“二汽”、“东方电站”和“重汽”等企业集团实施把资产管理和财务管理结合起来的国有资产授权经营试点，多次与各部委进行磋商和交流，就试点工作统一认识。国务院在确立55家企业集团试点的文件(国发71号)中对国有资产局提出的企业集团国有资产管理改革思路予以肯定，即文件第五条规定：“紧密层企业中国有资产的保值、增殖和产权交易，由集团的核心企业统一向国有资产管理部门负责”；“结合国有资产管理体制的改革，经国有资产管理部门授权，进行把紧密层企业的国有资产交由核心企业经营的试点。”这就用文件形式进一步明确了国有资产局在企业集团试点工作中的职责。现国家资产局已草拟出《企业集团国有资产产权登记和国有资产保值增殖考核试行办法》、《企业集团国有资产授权经营试行办法》，正与12个部委协商。

2. 积极推进股份制企业试点工作，同时规范股份制试点中的一些做法，以维护国有资产合法权益。国家资产局与国家体改委、财政部、人民银行和税务局联合发布了《关于在股份制试点中加强维护国有资产权益的通知》，明确国有资产管理部门对国家股行使所有权，负责组织收取国家股的分红收入，并承

担相应股权管理责任。1991年底，根据这一《通知》精神，国家资产局又制定了《关于对股份制试点企业清理情况进行检查的通知》，以加强对股份制试点企业中国有股份的产权管理，防止和纠正在公有制为主体的股份制试点中损害国有资产权益的行为，规范和完善股份制改革试点。

3. 境外企业集团国有资产管理试点。经财政部批准，选择了在香港的招商局集团有限公司和康力投资有限公司作为境外国有资产管理的试点企业。与交通部联合深入公司实地调查，进行磋商，拟定了招商局的试点方案。

4. 地方的综合试点工作。在上海市政府和国家资产局领导的倡议和支持下，共同确定在上海进行国有资产管理改革试点，并做好了准备工作。同时，加强了对深圳、珠海、襄樊等试点城市的联系与支持，并准备在海南省进行综合试点。

5. 探索在各部门建立国有资产管理分代表的途径。国有资产局与能源部多次反复研究，确定在能源部进行设立电力国有资产管理分局的试点。关于委托中国石油天然气总公司实行国有资产行业归口管理试点工作，也正在进行。

6. 召开了自然资源产业化与资产管理理论研讨会。会上，关于我国自然资源管理存在的严重问题，引起与会的专家学者以及有关部门的高度关注和重视，地矿部已经与国家资产局达成了共同研究解决这一问题的初步意向。

7. 积极参与税利分流改革试点。税利分流是涉及到今后开展国有资产管理工作方向的一项重要工作，为了了解当前全国试点工作情况，国家资产局派人前往成都、重庆等地进行了税利分流调研工作，并与财政部、税务局一起参加了税利分流试点工作分析会，并参与了12个地区税利分流试点方案的会签和批复。

三、存在的问题与对策

一年来，经过国有资产管理系统广大干部职工的努力，做了一些工作，但由于工作上缺乏必要的手段，难以对国有资产管理工作进行有效的监督和检查，所有权专职管理仍比较薄弱；另一方面，与有关部门的工作关系也未完全理顺，部分省市机构也不健全。由于国有资产管理体制改革滞后和不配套，使国有资产管理和经营中存在诸多问题，主要是：

1. 国有资产保值增殖难以保障。一是企业为完成承包上缴基数，实现工效挂钩，压低成本虚增利税，不提或少提折旧，致使固定资产耗费不能得到必要补偿。1990年，国营企业少提折旧的面达76%。二是现行财务会计制度不合理，国有资产在运用过程中不能得到保值。三是用应当作为资本金支出的各类专项基金搞福利，超分配。四是从折旧基金中提取“两金”。

2. 国有资产管理混乱，流失严重。一是“全民办集体”。如长春市工业主管部门及企业共兴办集体企业500多户，占用国有资产4000多万元，大部分属于无偿占用。二是在“关、停、并、转”过程中随意变卖、处置国有资产，辽宁省1个县7户“关停”企业的固定资产比关停前一年减少40%，有的甚至被个体户占用。三是在境内外投资经营活动中，隐瞒资产，私分收益。如江苏某企业到1989年底共向境外投资1600万元，而决算报告中仅反映35万元。有一个省在港澳开办158户企业，其中未经政府有关部门审批的竟有103户，占境外企业总数的65%。这些企业大都是境外企业再投资形成的子公司或孙公司。有关部门对这类公司的投资总额、资产总值、效益状况等，均无底数。四是在中外合资经营中，中方资产不经评估，以帐面净值作价入股，一般要损失50%左右的资产价值。五是在股份制改革中，无偿划拨部分国有资产设置“企业股”，变国有资产权益为集体所有。六是租赁企业不上交租金，无偿占用国有资产。

3. 国营企业财务结构恶化，负债大幅上升。1990年预算内国营企业负债资金比1989年增加35%；从负债结构看，流动资金贷款余额比上年增加27.7%；基建贷款和专项贷款余额比上年增加16.3%，以当年税前还贷200多亿元能力计，即使今后贷款余额不再增加，要还清现有贷款的本息，需要15年以上。以某省为例，全省地方预算内国营企业全部资产1990年末为1253.63亿元，比上年增加190.9亿元，增长18%，其中负债为810.41亿元，比上年增加194.25亿元，增长31.5%。也就是说，1990年的资产占用增加全部是用负债形成的，企业的自我积累、自我发展能力已经到了最低限度，当年企业资产负债率高达64.7%，比上年上升6.7个百分点。这类情况比较普遍。黑龙江省资产局对9个地市107户企业调查，到1989年底，资不抵债的企业占14.8%。

4. 国有资产经济效益下降。1990年国营企业实现利税2000多亿元，按可比口径算，比上年下降8.5%，由于利润下降和资金占用上升，全部资金利润率大幅下降。国营工业生产企业百元固定资产提供利润仅2.6元，比上年减少4.7元。1990年全国国营企业亏损额达1000多亿元，比上年增长38.4%，其中预算内工业企业亏损200多亿元，比上年增长1.28倍。某省全省预算内国营企业1990年利润总额为3.85亿元，比上年的38.03亿元减少34.18亿元，当年资金利润率仅为0.4%，比上年的6.07%下降5.67个百分点，其中工业企业为2.28%，比上年的7.25%下降5.24个百分点。其他地方的情况也大同小异。除帐面反映的亏损外，还存在大量潜亏等等。

对上述问题，需要通过加快改革步伐，加强对国有资产所有权全过程的专职管理，并进行相应的配套改革，尽快建立起适应社会主义有计划商品经济的国有资产管理新体制和新方法来加以根本解决，以巩固和发展社会主义公有制经济。

（杨立新　执笔）

深圳市产权转让的发展与运作

深圳市经济体制改革委员会

一、深圳市产权转让的发展情况

深圳特区是商品经济较为发达的地区，企业的产权关系比较明确，不少企业都是以股权形式设置的有限责任公司。但是随着商品经济的发展，许多企业也萌发了产权转让的需求。在1989年以前，深圳市的产权转让，主要表现为企业的部分股权转让。1989年以后，深圳市产权转让的工作有所发展。深圳市政府制定了《深圳市国营企业产权转让的暂行规定》，并由朱悦宁、张鸿义副市长牵头，体改委、经济发展局、投资管理公司、劳动局、人事局等有关单位参加，组成了产权转让领导小组，指导和协调产权转让工作，制定产权转让的政策，解决产权转让中的重大问题。领导小组下设产权转让办公室（设在体改委市场处），负责产权转让的牵线搭桥和具体组织、实施工作，审核产权转让的申请和产权转让合同，会同有关部门提出需要强制转让产权的企业的名单。深圳市产权转让办公室已经加入全国产权交易信息网络，可以为国内外企业在深圳收购企业，以及深圳市企业在国内其他省市收购企业提供信息和中介服务。

到1991年底为止，经产权转让领导小组批准，我市已有43家企业实行了整体产权转让，转让资产约16400万元。在已经实行产权转让的企业中，既有亏损的也有微利的，有的资大于债，有的资不抵债。参与产权转让的企业，既有全民、集体所有制性质的，也有股份制企业、私营企业和外商投资企业，产权转让的形式也是多样的。

二、深圳市产权转让的运作

目前，我市产权转让主要有三种运作方式，一是“自由恋爱”式，即由企业自找产权转让对象，然后在产权转让办公室的指导下完成产权转让的交易；二是“牵线搭桥式”，即产权转让办公室充当产权转让的中介人，为买卖双方牵线搭桥，并在产权转让办公室的直接参与下，完成产权转让交易；三是“强制转让”式，即产权转让办公室会同银行、法院等部门，对长期不能清偿债务，经营状况很差的企业，以及根据产业政策需要限制发展的企业，提出强制转让产权的建议，报产权转让领导小组批准后实行。

上述三种方式的审批程序基本相同，其中第二种方式较为普遍。下面以第二种方式为例，详细介绍产权转让的具体运作方式。

1. 登记。有转让和购买企业意向的单位，可以先到产权转让办公室登记，转让企业的单位要填写产权转让办公室统一印制的被转让企业的情况调查表，购买企业的单位要填写购买企业登记表。产权转让办公室将充分利用其信息网络，根据企业的需求，为产权转让双方牵线搭桥。

2. 洽谈。产权转让双方经过产权转让办公室牵线搭桥后，即可进行初步洽谈，了解双方的资信情况，以及被出让企业的资产、债务、人事、位置、经营范围、经营方式等情况。

3. 资产评估。双方经过洽谈达成产权转让的初步意向后，必须委托市政府认可的资产评估机构，对被转让企业进行资产评估。资产评估的结果将作为产权转让的底价。

4. 签订协议并公证。产权转让双方在资产评估所确定的底价的基础上，就转让的成交价格、付款方式、人事实排、债权债务的处理等情况，进一步进行洽谈，最后形成产权转让的正式合同。产权转让合同必须经公证处进行公证。

5. **审批**。产权转让的合同签订并公证后，出让产权方应将合同、资产评估报告、转让双方的营业执照、被转让企业的政府批文和营业执照等有关材料，报送到产权转让办公室审批。审批的基本程序是，集团公司、总公司和市直属公司的产权转让，由投资管理公司提出申请，区、县、直属公司由区、县财政局或投资管理公司提出申请，二级公司的产权转让由集团公司、总公司征得投资管理公司同意后提出申请；二级公司和区、县直属公司以下的企业的产权转让，由企业的上级公司征得其主管公司同意后提出申请，非市属企业（如集体企业、内联企业、股份制企业、外商投资企业等）的产权转让，由董事会、投资单位或主办单位提出申请，产权转让办公室统一受理整体产权转让申请，并按有关规定进行审核，后报市产权转让领导小组批准。产权转让合同批准后，受让方企业可凭批文前往工商局、税务局、劳动人事等部门办理相关的手续。

三、深圳市产权转让的运作规则

1. **产权转让的范围**。允许跨行业、跨地区转让。购买方可以是国营企业、集体企业、乡镇企业、股份制企业、外商投资企业、私营企业、合伙团体和个人。

2. **产权转让的形式**。企业出让产权可以采取协议、招标和拍卖形式，企业购买产权可以采取出资购买，承担债务，吸收股份等形式。

3. **资产评估及转让价格**。产权出让方可以对转让产权企业的资产进行核查，提出转让价格。该价格必须经过资产评估机构评估，并根据评估后的资产现值、经营状况、债务状况、地理环境、职工安置、转让费用等因素，确定产权转让的底价。

4. **成交方式**。购买产权的企业是一家的，可直接洽谈，协议成交。如有多家购买，则应引入竞争机制，以招标或拍卖方式实行转让。企业产权以招标方式出让的，由产权转让办公室发布公告，组织实施，所需费用由出让产权方承担。

5. **情况核查**。产权转让双方有权对对方的人、财、物、产、供、销、信誉、环境等情况进行核查，双方均应如实提供有关资料，通力协作。

6. **签订合同**。转让产权成交后，当事人各方必须签署《企业产权转让合同》，由公证机关公证，并经产权转让领导小组批准后生效。

7. **财产交接**。由产权转让双方、公证机关等单位派员，共同进行产权转让的财产交接工作，并凭实填列《财产交接清册》，会签后交由各有关部门存档。产权转让期间，被转让企业的领导和职工应坚守岗位，确保生产经营活动的正常进行。不得私分公物，滥发奖金、实物，违者给予严肃处理。

8. **产权转让的产权关系**。企业转让后的产权，谁出资归谁所有。购买方可以按企业原经营范围重新登记注册，组成新的法人，其性质和隶属关系随购买方而定。市属国营企业出售产权的收入归国家所有，由出让产权企业的主管公司经营使用。被转让企业重新登记注册后，按新办企业对待，享受新办企业的优惠待遇。

9. **产权转让的职工安置和户籍管理**。被转让企业的职工，原则上由购买方安排，职工的所有制身份可暂时保持不变。被转让企业职工的行政关系，按购买方企业管理，户籍关系不变。

10. **强制产权转让**。对长期依靠减税让利扶持，而经营状况没有好转的企业，财政税务部门可以直接向产权转让办公室提出转让这些企业产权的建议。产权转让办公室也可以会同有关部门，对长期不能清偿债务，经营状况很差的企业，以及根据产业政策需要，对限制发展的企业，提出强制转让产权的建议，报产权转让领导小组批准后实行。

（郭维平　执笔）

进一步推进机构改革和行政管理体制改革

国务院机构改革办公室

1991年是机构改革从理论到实践，具有突破性进展的一年。如果说1988年中央一级机构改革突破了过去就机构论机构、就编制论编制，单纯地裁并机构，精简编制的框框，确定了以转变职能为关键，与经济体制改革相适应，通过转变职能进行机构改革；那么1991年则是从理论到实践，突破了机构改革的框框，从行政管理体制的全局进行改革，从行政体制与经济体制的关系，提出行政管理体制改革的新构思，在深化改革和扩大开放的大环境中，对行政管理体制改革进行了大胆的试验，并取得了可喜的进展。机构改革仍然是行政管理体制改革的重点，同时要求将行政体制改革中其他方面，尤其是公务员制度的推行及行政管理科学化、法制化，和机构改革相结合进行，这将对今后的政治体制和经济体制的改革产生重大影响。

一、行政管理体制改革方向的确立

1990年12月30日党的十三届七中全会通过了中共中央关于制定国民经济和社会发展十年规划和“八五”计划的建议，进一步明确了作为经济体制改革的保证，要积极稳妥地推进政治体制改革。同时，作为政治体制改革的重要组成部分，在中央全会通过的历史性文件上，第一次明确了要改革行政管理体制，指出：“进一步改革行政管理体制，理顺各级政府职能部门之间的关系；继续改革干部人事制度。采取坚决有力的措施，继续加强廉政建设，纠正不正之风，精简机构，减少层次，裁减冗员，转变作风，提高办事效率。特别要长期不懈地同各种腐败现象进行坚决的斗争。”

1991年4月，七届人大四次会议，根据七中全会精神，同样提出了要改革行政管理体制，提高政府工作效率的明确方向。

1991年7月1日，江泽民同志在庆祝中国共产党成立七十周年大会上，作了一次历史性讲话，提出了当代中国共产党人的庄严使命，就是：坚持党的基本路线，团结和带领全国各族人民，沿着建设有中国特色的社会主义道路，自力更生，艰苦创业，把我国建设成为富强、民主、文明的社会主义现代化国家。提出了建设有中国特色社会主义的经济、政治、文化。为了建设有中国特色的社会主义政治，我们要进一步有领导有步骤地推进政治体制改革，努力建立健全一套民主的科学的决策制度和程序，继续推进机构改革，实行精兵简政，提高各级领导机关和职能部门的工作效率，克服官僚主义。

七中全会明确提出要进行行政管理体制改革，标志着突破了长期以来只是进行机构改革的框框，提高了改革的广度与深度。这就使我们进一步解放了思想，开阔了眼界，在深化改革、扩大开放的大环境下，1991年在政治体制改革领域里，机构改革逐步在理论和实践两方面拓宽到了行政体制改革的范围和高度展开。对于政府系统来说，行政体制就是行政责权划分、行政组织结构、行政制度与行政方式、行政运行机制的总和，简要地说，就是政府的责权结构及其运行方式。政府的全面改革就是行政体制改革。对于党的工作机关和人大、政协、检察院、法院等其他国家机关，仍然可以沿用机构改革的概念，但可借鉴政府行政体制改革，拓宽改革的内容，进行各系统的全面改革。

党的七中全会还明确指出，根据经济体制改革的方向，即按照发展社会主义有计划商品经济的要求，建立计划经济和市场调节相结合的经济运行机制，国家经济管理的主要任务，是合理确定国民经济发展的计划、规划和宏观调控目标，制定正确的产业政策、地区政策和其他经济政策，做好综合平衡，协调重大比例关系，综合配套地运用经济、法律和行政手段引导和调控经济的运行。从政府管理经济任务及其管理方式的变化，要求各级政府工作系统对行政责权、行政机构、行政人事、行政制度、行政方法、行政机制等行政管理体制的各个方面，进行全面改革。

1991年9月下旬，中央召开工作会议，专门研究如何进一步搞好国营大中型企业，提出：为了增强企业活力和提高企业效益，从根本上说，要靠深化改革、加强管理和进行技术改造，使企业逐步成为自主经营、自负盈亏的社会主义商品生产者和经营者，具有自我改造、自我发展和自我约束的能力。作为企业，要积极改革内部机制，通过加强管理和依靠技术进步来挖掘潜力，来提高效益。作为各级政府，应当坚持政企职责分开，少对企业进行不必要的行政干预，努力为企业搞好服务，积极创造良好的外部条件。

中央工作会议为搞好大中型企业，提出了十二条深化企业改革的重要措施，其中行政体制改革是一个重要方面。政企分开是企业体制改革的关键，也是行政体制改革的关键。要按照政企分开、计划经济与市场调节相结合的改革方向，来转换企业经营机制，转变政府管理职能。转换企业经营机制和转变政府管理职能是两个紧密联系的改革过程。政府不转变管理职能，政企不分，企业就不可能转换经营机制。反过来，企业不转换经营机制，政府也就不能转变管理职能。政企分开的过程，也就是企业转换经营机制的过程和政府转变管理职能的过程。

中央工作会议的精神，对行政体制改革提出了明确的要求。当前的行政体制改革要以搞活企业尤其是搞活大中型企业为中心，按照政企分开的原则，调整政府的职权结构和职责任务，向企业下放微观经济管理职能，使企业放开经营，把企业推向市场，政府职能转向宏观管理和行政管理职能，同时调整综合部门之间、综合部门与专业部门之间的关系，划清中央与地方的职责权限，建立中央与省、自治区、直辖市两级经济调控体系。职权结构和职责任务的调整，必然涉及政府管理方式的调整。主要是：缩小指令性计划，一般性技术改造和小型建设由企业自主决策，企业在国家计划指导下按市场的需要自主决定生产经营活动，逐步把指令性生产计划改成国家合同订货；改变价格形成机制，国家管理的价格，按生产成本和平均利润率确定价格，大多数产品通过市场形成符合价值规律的价格；培育市场，建立市场程序，为企业服务，通过市场引导企业的生产经营活动；要少用行政手段，尽量采取经济手段，综合运用财政税收、金融货币、工资价格等经济杠杆，调节社会经济生活。政府管理方式的改革，必然涉及管理观念的转变、管理技术的进步和管理人员结构的调整。

随着政企分开、所有权与经营权分离，政府还必须加强对国有资产的管理。政府对社会经济生活的行政管理职能，要与政府对国有资产的管理职能分开。按此原则，综合部门的职能转变，要从主要管理国营企业和指令性计划转向主要对全社会经济活动的管理，面向各种经济成份的企业，从宏观上管理社会经济生活的管理职能；专业部门要从主要管理直属企业或本系统企业，转向主要对全行业企业的行业管理；国有资产管理部门要按照两权分离的原则，强化对国有资产所有权的管理职能，但这并不要去直接管理实物形态的国有资产，而是在企业引入产权机制的条件下，制订国有资产管理法规，通过社会中介组织的资产经营实现对价值形态的国有资产进行间接管理，确保国有资产的保值和增殖，并通过资本金调控企业经营行为，按产业政策调整产业结构和企业结构，提高经济效益。

1991年11月下旬，中共中央召开了八中全会，审议并通过了《中共中央关于进一步加强农业和农村工作的决定》。全会强调，要坚定不移地深化农村改革，继续稳定以家庭联产承包为主的责任制，不断完善统分结合的双层经营体制，积极发展农村社会化服务体系，发展多种经营，积极稳妥地推进农产品价格改革，搞活流通，发展乡镇企业。适应深化农村改革，促进农村经济的全面发展，要进一步加强和改进党对农村工作的领导，中央和省市党委要用很大精力抓农村工作，地县委要把工作重心放在农村工作上，各级政府要通过行政体制改革，适应农村工作的需要。

从七中全会，经七届人大四次会议、中央工作会议，到八中全会，党和国家明确了改革行政管理体制的方向并把它作为政治体制改革的一个重要领域，为今后改革的全面展开确立了理论基础，明确了方向和主要内容，这将把我国的行政体制改革以至整个政治体制改革大大向前推进一步，为今后10年抓住时机把经济建设搞上去，提供有力的组织保证。

二、深化机构改革，逐步展开行政管理体制改革

为了给深化机构改革并逐步展开行政管理体制改革创造条件，党中央于1991年7月采取了两项重要措施，一项是成立中央机构编制委员会，一项是冻结机构编制。

党中央明确指出，为了加强中央对全国机构编制工作的领导，理顺各方面的关系，加强集中统一管理，严格控制机构编制膨胀，推进机构改革和行政管理体制改革，决定成立中央机构编制委员会。

成立中央机构编制委员会，明确了三项艰巨的任务。一是推进机构改革和行政体制改革。中央编委成立以后，立即着手了深化机构改革与展开行政管理体制改革的准备工作。根据党中央、国务院关于经济体制改革和政治体制改革的要求，着手拟订机构改革和行政管理体制改革的方针、原则和方案，对中央一级，经批准后组织实施，对地方各级，在中央确定的方针、原则下，进行指导。同时要根据机构改革和行政管理体制改革的进程与需要，制订机构编制管理的法规，使行政改革与行政管理逐步走上法制化的正常轨道。二是加强领导，实行集中统一管理。中央编委为了加强领导，提高了层次，充实了力量，吸收了中央党政部门以及人大、政协、法院、检察院的领导同志参加，机构改革与机构编制的管理，不仅包括党政机关，还包括了人大等其他国家机关，各部门事业单位与全国性人民团体，充分体现了党对国家政治生活的领导，从而不仅为理顺党政各部门之间、中央各部门与地方之间的关系创造了条件，而且为理顺党政关系，党与其他国家机关的关系，以及政府与其他国家机关的关系创造了条件。三是严格控制机构编制的膨胀。

近年来，机关、事业单位的机构编制膨胀问题十分突出，尤其是各级地方的机构编制，由于多年未进行改革，膨胀问题尤为突出，不仅增加国家财政负担，降低工作效率，助长官僚主义，而且容易滋生腐败现象，必须采取果断措施予以坚决制止。为此，党中央、国务院决定，各级党政群机关的机构、编制实行冻结，停止增设机构、提高机构规格、增加人员编制和领导职数。事业单位的机构、编制也原则上实行冻结。对于那些擅自增加机构、提高机构规格，增加临时人员等违法违纪行为，坚决予以制止，并追究有关领导的责任。实行冻结，首先是抑制机构编制的膨胀，同时，着手研究精兵简政的措施和方案，为下一步精兵简政和机构改革作好准备。

中央两项决定下达以后，各地机构编制管理部门作为党政领导的助手与参谋，配合党政各部门机关，对机构编制情况进行了清理，一方面制定了消肿的规划，并积极组织实施，取得了可喜的效果；另一方面为下一步深化机构改革并开展行政管理体制改革做了大量准备工作，组织力量，调查研究，研讨行政改革的一系列重要课题，也取得了一定成果。

为了深化机构改革并展开行政管理体制改革作好准备，从1991年初开始，即在党的七中全会以后，就着手筹备由各省市、各部门和理论界参加 的研究地方机构改革和行政管理体制改革的研讨会，并于1991年5月，在江西南昌召开。通过研讨，对地方机构改革和行政体制改革的基本思路，提出了框架性意见。

根据党的十三大及十三届七中全会和七届人大一、四次会议的精神，机构改革和行政体制改革的长远目标是，逐步建立具有中国特色的功能齐全、结构合理、运转协调、廉政高效的行政管理体系。实现这个目标需要经过长期努力。地方的改革，要按照党政职能分开、政企职责分开、政事分开和精简、统一、效能的原则，根据经济体制改革和政治体制改革的进程和要求，着重理顺关系、转变职能、调整结构、精简人员。以理顺上下之间、部门之间、政企之间的关系为重点，以转变政府职能、加强宏观调控为关键，对省、地、市、县、乡各级机关的改革统一规划，对党委、政府、人大、政协、法院、检察院、群众团体的工作机构以及中央部门垂直领导和双重领导以中央部门为主管理单位的改革同步进行。通过改革，初步建立起有利于加强和改善党的领导、有利于发展社会主义商品经济和适应于计划经济与市场调节相结合的经济运行机制需要的行政管理体系，初步改变地方党政机关职能配置不合理、机构设置不科学和行政效率低下的状况。

地方机构和行政改革的基本思路，考虑了以下几个基本问题：

——为实现现代化建设的第二步战略目标，把国民经济的整体素质与社会生活的各个方面提高到一个新的水平，按照发展社会主义有计划商品经济

的要求，建立与完善具有中国特色的行政管理体制。这是改革的基本方向。

——政企职责分开。适应所有权与经营权适当分离、建立富有活力的国营企业管理体制、经营机制和自我约束机制的需要，继续落实企业生产、经营自主权，积极发展企业集团和工业公司，政府对企业要转向国有资产的有效管理，保证国有资产的保值、增殖和收益。在此基础上，转变地方各级政府专业经济管理部门的职能，减少政府机构对企业经营活动的不必要的干预，加强为企业服务，强化国有资产与资源管理，逐步建立有利于增强企业活力、以间接管理为主、直接管理为辅的地方各级政府管理经济的体制。

——加强宏观管理。按照建立和健全直接调控与间接调控相结合的、中央与省、自治区、直辖区两级经济调控体系的要求，强化省级政府宏观调控职能与机构，明确划分中央与省级的调控权，适当扩大省级政府运用经济杠杆的权限，完善经济、行政、法律手段，建立综合配套的省级宏观调控制度，理顺各调控部门之间的关系。同时，适应建立与健全全国统一市场和商业、物资、外贸体制改革的需要，加强地方各级政府对市场与外贸的组织管理职能和机构，加强和改进市场监督管理职能和机构，弱化直接参与经营管理的职能和机构。

——坚持政事分开。地方各级政府要将社会性、群众性、公益性的事务尽可能从政府机关中划出，交由相应的事业单位和中介组织承担。对于目前机关承担的一些辅助性、服务性的事务也应尽可能地划出或集中管理，以精干机构。对于科、教、文、卫、体和社会保障等事业，地方政府的各有关主管部门要下放权力，通过多种形式增加事业单位活力和积极性，改变以往包得过多、统得过死的做法，通过政策和规章制度完善对事业单位的管理。

——按照行政管理体制改革的要求，理顺上下级政府之间、同级政府各部门之间的关系，明确划分职权，合理配置职能。在强化全国政令统一的前提下，充分发挥中央和地方两个积极性，划分中央与省、省与地市县各级之间的职责权限，理顺上下关系。下决心解决一批同级政府各部门之间长期扯皮的问题，理顺部门之间的关系，建立科学的行政决策、行政执行与信息反馈体系。

——坚持精简、统一、效能的原则，精兵简政，减少层次，清理非常设机构，重新审定编制，精简人员，明确领导职数，逐步实现机构设置和编制使用的规范化、科学化。加强机关制度化建设，提高工作效率，推进依法行政。

——按照廉政建设和勤政建设的需要，把直接为社会和群众服务的各级基层组织机构的改革放在重要位置，增强政务分开，提高服务质量，改进工作作风，纠正行业不正之风，加强党纪、政纪、经济和技术监督，使各级政府机构真正实现廉洁高效。

为了进一步深入地研究深化机构改革并展开行政管理体制改革，在京的政治学、经济学、行政学等有关方面 30 多位著名专家、学者，于 1991 年 11 月召开了“90 年代行政管理体制改革研讨会”，对机构改革和行政管理体制改革中的方针、原则以及其他重大问题，展开了讨论，并提出了各自的看法与建议。归纳起来，主要是：

——“行政管理体制改革”的提法比“机构改革”的提法更科学。学者们普遍认为，党的十三届七中全会明确提出“推进行政管理体制改革”，这是非常重要的，在理论提法上比仅提机构改革更加科学，表明党中央对改革的提法又深化了一步。许多专家指出，中国的体制不同于西方，中国的特点是功能高度融合，政府集社会、经济、政治职能于一身，政府机构的任务变动都涉及到整个管理体制的变动，不象西方可以单纯调整机构、精简人员。我国多年实践也证明，单纯砍机构、减人员是行不通的。1988 年国务院机构改革以职能转变为关键，是抓住了要害，比以前是前进了一步，但在理论提法上还不够准确。现在使用“行政管理体制改革”的提法，可以更准确地把转变职能，理顺政企、党政、政事关系，理顺中央和地方关系，科学配置职能，加强制度化和法制建设等改革内容概括起来，可以更加清晰地表述机构调整与经济体制改革和政治体制改革的联系，避免就机构论机构、就编制论编制的倾向。

行政管理体制改革的概念，拟界定为国家管理主体自身组织体制的改革，包括在国家政治生活和经济生活中起管理作用的各个组织的改革，如党委、人大、政府、政协、高检、高法及各人民团体等。从内容上来说，行政管理体制改革包括各个组织的职能、管理范围、结构、组织方式、运行程序、各个组织之间以及上下之间的关系等方面的改革。也有的学者认为行政管理体制改革还应包括干部人事制度改革和行政预算制度的改革。

——行政管理体制改革的目标就是提高行政效

率。也有的学者提出，改革的目标除了要提高政府办事效率外，还要看政府提供服务的质量，看整个社会的效益，因此，应把发展生产力作为改革的目标。

中国行政体制改革要把握住三个方向：一是不能削弱中央政府权威，如果改革使中央权威流失了，改革就是失败的；二是不能使市场出现分割，不能搞诸侯经济，更不能搞诸侯政治；三是保证中国经济合理化进程不被打乱。

——行政管理体制改革的方法，要注意三个问题：一是思想方法上要反对经验主义，注重理论指导，没有理论的改革是盲目的改革；二是在改革过程中要反对机会主义，不能一碰到困难就缩回来，一有风险就放弃；三是防止改革过后的唯法律主义，很多事情有法也解决不了，尤其在制度创新阶段，想一下子定死也是不现实的。

行政改革不能一次性按一套理想方案去改，而应该采取渐进式的、成熟一个改一个的办法进行，应是一种"被动式"的改革，即适应经济体制和政治体制而需要的改革，不能搞"主动式"改革，即超前经济体制和政治体制而进行的改革。主动式改革打破了政治经济的动态平衡，而且往往以削弱自我权力为代价。实行渐进式的改革，矛盾暴露充分、群众基础好，震动性小，而且可使改革力量稳步壮大。因此，改革应选择有限的目标，通过渐进的方式进行。

三、地方机构改革的试点取得成效，为全面展开行政管理体制改革提供了有益的经验

国务院确定哈尔滨、青岛、深圳、武汉 4 个计划单列市和华容、卓资、宝安、藁城、原平、定西、邛崃、滑县、上虞 9 个县为全国机构改革试点单位。经过两年多的努力，试点工作取得了不同程度的进展和成效，为全国市县改革提供了经验。

各试点单位在上级党委和政府的领导下，克服困难，坚持改革，积极探索，进展比较顺利。哈尔滨、华容、卓资、宝安、藁城等市县的改革已告一段落，成效比较显著；青岛、原平、定西、滑县、邛崃等市县的改革方案已经实施；深圳、武汉、上虞等市县正在拟制方案。在已经实施改革的试点市县中，哈尔滨是工业发达的大城市，卓资是贫困县，华容是中等发展水平的县，宝安是经济发达的县，都有一定的代表性。

各试点市县经过一段时间的试点和探索，积累了一些经验。主要是：

——以发展经济为中心，根据市情、县情，探索各自不同特点的改革路子。各试点单位在中央、国务院有关机构改革的方针指导下，十分重视从实际出发，从本地的经济发展状况出发，制定改革方案，进行改革实践。哈尔滨市针对本市大中型企业多和管理部门层层截留企业自主权的问题，明确转变政府直接管理经济的职能是改革的关键，精简经济专业管理机构是改革的重点，力求通过机构改革，扩大企业的经营自主权，减少政府直接管理经济的事务，为经济发展和体制改革提供组织保证。宝安县为了适应外向型经济发展的需要，着重改革对外经济管理机构，强化政府的外经管理职能，理顺外经管理与各方面的关系，完善各项服务功能，提高办事效率，从而改善了外商投资的"软环境"，促进了"三来一补"企业的发展。华容县从本身是农业县的实际出发，将改革的重点放在加强农业和为农村服务上，主要是改革农业系统机构设置过细、层次过多和条块分割的弊端，实行农、林、水统一管理，并建立和完善农业服务体系，增强为农业发展的服务功能。卓资县根据贫困县的特点，为了减轻负担，改变财政困境，大刀阔斧地精简机构、裁减冗员，把有限的资金尽量用到发展生产和各项事业上。

——转变职能，理顺各方面的关系。各试点市县按照发展有计划商品经济的要求，坚持政企职责分开的原则，转变政府管理职能，向企业放权。哈尔滨市为增强企业活力，先后制定 400 多条简政放权的规定和措施，对大中型企业实行"松绑"，对小型国营企业放开经营。卓资县在进一步稳定完善家庭联产承包责任制的基础上，改革包括粮油在内的农副产品购销体制，放开价格，建立市场调节机制，从而将农口的兽医、水保、草原、农业各机构从政府部门中分离出来，变为服务性经济实体，使政府从繁忙的事务中解脱出来。

各试点市县在明确各部门职责分工的基础上，注意理顺党政工作部门之间、政府各工作部门之间以及上下级机关之间的关系。哈尔滨市根据党政职能分开的原则，合理划分党委与政府的职责，先后撤销与市政府有关部门业务重叠交叉的文教部、工交部、农委、老干部局等机构。青岛市按照同样的思路，撤销了市委的企业工作部等机构。宝安县通过改革，在党员教育、干部管理、办理案件、文化管理、华侨

事务等方面，明确分工，划清各部门职权，理顺相互间关系。

——认真贯彻精兵简政方针，精简机构人员。通过改革，哈尔滨市党政机构减少20个，市直机关人员减少1182人；卓资县党政机构减少25个，机关人员减少247人；华容县党政机构减少10个，机关人员减少151人；宝安县党政机构减少7个，机关人员减少136人。其它试点市县都作了不同程度的精简。

在精简机构人员的同时，各试点市县都很重视妥善安置富余人员。其做法是：(1)加强基层组织。卓资县采取鼓励措施动员干部到基层去工作，县机关先后有300多人下放到乡镇。哈尔滨市从市直机关抽调400多名处、科级干部充实区街机关。(2)充实生产第一线力量。藁城县将县级机关100多人转移到企事业单位；华容县先后有94人转到企事业单位工作，直接为发展生产服务。(3)兴办各种为农业服务的实体。华容县在改革农口机构时，组建了6个服务实体，为各乡农业生产提供产前产中产后的系列化服务和技术推广工作，从而减少了机关人员，也强化了服务功能。(4)充实需要加强的部门。哈尔滨市先后将近百名干部调整充实到综合协调、信息咨询和执法监督部门。此外，卓资县还探索干部走出机关、面向社会的路子，陆续有10名机关干部、33名事业单位的干部自愿离开机关和事业单位，兴办第三产业或承包企业。

——结合机构改革改进工作方法，改变工作作风，提高办事效率。各试点市县由于管理职能发生了变化，机构人员相对精干，促使了机关工作方法和工作作风的转变。主要表现在，一是加强调查研究工作。华容县通过改革，县委、县政府集中时间和精力对制约全县经济发展的能源、交通、水利、财政等问题，进行深入的调查研究，提出了缓解办法。二是克服文山会海。卓资县过去是党政每个部门都办简报，现在精简为两份；会议也比以前大大减少，做到可开可不开的会议坚决不开。华容县改革后，会议比原来减少40%。三是加强机关制度化建设。宝安县在对外经济管理方面形成了一套比较完善的规章制度，如对每一个企业进出口产品的报关、结汇都设立档案，对逾期不办的及时予以提醒，深受外资企业称赞。

——党政主要领导亲自挂帅，也是试点工作的一条重要经验。机构改革涉及到权益的调整和许多干部的重新安排，难度很大，党政领导必须高度重视，亲自挂帅，加强领导。宝安县被确定为试点后，成立了由县委书记、县长直接领导的机构改革小组，具体负责改革的组织工作。卓资县在改革遇到很大阻力时，自治区党委书记亲自去考察，肯定了他们的改革方向，并要求有条件的地方加以试行，扩大探索范围。1991年上半年，华容县收到10多份上级部门要求增设机构、扩大编制的文件，压力很大。这时原国家编委的负责同志和省、市编委的领导及时给予了支持，派人到华容县帮助研究问题，解决困难，从而坚定了华容县坚持改革、不走回头路的信心和决心。

（顾家麒　执笔）

加强行业管理的探索与思考

尹光华

1991年，经济管理部门在加强行业管理方面进行了大胆地探索，取得了可喜的进展。1988年的国务院机构改革，抓住了转变职能这个关键，提出了加强行业管理的要求，不少经济管理部门开始研究，如何从微观管理转向宏观管理，从部门管理转向行业管理，从直接管理转向间接管理问题。如果说1988年到1989年是各经济管理部门明确职能，确定内设机构，落实编制的阶段，1990年到1991年就是转变观念，探索加强行业管理的新路子，初见成效的阶段。不少专业经济部门开始打破了部门、地区、所有制的界限，适应有计划商品经济新体制的要求，研究了行业管理的特点、内容和手段。有些行业在落实产业政策，加强行业的监督、服务，引导企业健康协调发展方面，取得了一定的成效。

一、充分认识加强行业管理的必要性、紧迫性，是探索行业管理新路子的前提

在高度集中的产品经济体制下，根据企业生产的主导产品，中央与地方分别成立若干个专业经济部门，直接管理所属企业的具体经营活动，这就是通常所说的部门管理。当时中央与地方企业，全民与集体企业，各部门间所属企业的界限都是难于逾越的，部门、地区直到企业都是大而全、小而全的封闭体系，形成了条块分割的经济格局。

中央的改革开放政策，调动了中央、地方、企业建设社会主义的积极性，实现了经济的高速发展。但在条块分割的体制没有完全打破的情况下，重复建设、重复引进就越来越严重，经济结构就更加不合理。建设资金过多地向价高利大、投资规模偏小、回收较快的加工工业倾斜。在整个工业中，加工工业的比重，从1980年的73.9%提高到1990年的78.4%。据估算，这些年重复建设、重复引进造成各方面的投资损失高达400亿元以上，同时导致了企业经济效益低下。以机械工业为例，1985年每百元资金实现利税为22.88元，1990年减到6.98元，平均每年下降21.1%。彩电生产，“七五”计划安排700万台，但截止到1990年，全国引进彩电生产线166条，生产能力达到2125万台，而市场实际需要量仅相当生产能力的一半以下，1991年只生产彩电1080万台，产成品库存却高达290万台，超过正常库存70万台。铝型材行业，“七五”期间从3家增至202家，挤压机从30台增加到400台，其中国外引进200多台，挤压机的数量之多，超过了铝型材产量和消费量高出我国数十倍的日本，铝型材的生产能力已经达到40多万吨，而国内市场最高需求年份只要8万吨，生产设备利用率不到20%，以致不少企业亏损，有的已经停产。要改变这种状况，靠原来部门管理的老办法已经无能为力，必须打破部门、地区、所有制的界限，加强行业的规划与协调。因此加强行业管理就成为刻不容缓的任务。

再从深化企业改革的发展趋势看，随着企业的放开搞活，部门的界限、地区的界限乃至行业的界限逐步被冲破。当前企业改革的方向是十分明确的，就是要按照计划经济与市场调节相结合的原则，转换经营机制，真正成为自主经营、自负盈亏、自我发展、自我约束的商品生产者和经营者。要做到这一点，企业就要按照市场的需要，不断拓宽经营范围，分散经营，就要通过市场竞争，优胜劣汰，兼并企业，组成跨行业、跨地区、跨国经营的企业集团。如有些军工企业，民品生产已占工业总产值的70%以上，而民

品生产又是横跨许多行业的。又如首钢公司从开展多种经营，到横向联合，到兼并企业，已经形成跨行业、跨地区、跨国经营的企业集团。截止1991年，首钢已兴办了44家国内联营企业和13家中外合资企业，44家联营企业分布在16个省、市、自治区，13家中外合资企业的外方投资者，来自6个国家和地区的14家公司或金融组织，国内外的经营范围，横跨钢铁、机械、电子、化工、纺织、航空、旅游、建材、农牧、商贸、饮食服务等11个行业，这样的企业集团很难说清应由哪个专业部门管理。因此按企业的隶属关系进行部门管理的路子已经越来越走不通了，以企业或企业集团作为直接管理的对象也行不通了，只能运用法律的、经济的间接管理手段，从行业的总量、结构、布局等方面进行引导。

因此，加强行业管理是发展社会主义有计划商品经济的客观需要，是保证国民经济健康发展，避免重复建设，有效利用资源的需要，是实行政企分开，搞好国有大中型企业的需要。而且随着改革开放步伐的加快，经济建设步伐的加快，更显示出其紧迫性。

二、明确行业管理的性质、特点、内容和手段，统一各级领导认识，是加强行业管理的关键环节

行业管理的性质、内容和手段，与部门管理是截然不同的，它决不是部门管理范围的扩大和延伸。部门管理是高度集中的产品经济条件下的管理层次，它是在国家所有、国家经营的指导思想下，把企业当成国家机关的附属物，进行大包大揽的管理。而行业管理是社会主义有计划商品经济条件下的管理层次，它是把企业当成自主经营、自负盈亏的商品生产者和经营者的条件下，宏观经济管理的延伸，是对微观经济活动进行的引导性管理，是实现宏观经济管理，微观经济放开不可缺少的管理层次。

行业管理的内容主要是规划、协调、监督、服务。

规划：系指在国民经济发展战略与国家产业政策的指导下，研究行业发展战略和发展规划，通过规划，落实国家的产业政策，对行业的总量、结构、布局、生产要素配置等进行协调平衡，监督规划的实施等。

协调：系指行业之间、行业内部地区间、企业间规划、政策方面的协调，行业中的一些共性的突出的问题，与政府相关部门的协调等。

监督：制定行业政策、法规；制定行业标准，包括产品、装备、工艺的技术标准、质量标准、环境保护的标准等，并依法对企业进行监督。

服务：包括行业的情况统计与分析，信息的交流，人才的培养，新技术的推广，引进技术的消化，先进管理经验的总结宣传等。

实行行业管理的手段，也完全不同于部门管理，它无法再用分钱、分物、批项目等行政手段来控制企业，而主要是通过法律、法规，对企业实行监督；运用经济手段，引导企业适应市场的需要；通过提供市场信息，协调企业间、地区间的关系，为企业服务。行业管理的手段，不再是以行政手段为主的直接管理，而是以法律的、经济的、信息的手段为主，辅以少数的行政手段。

各部门对行业管理的认识，也是逐步深化，逐步统一的。如地质矿产部将全部的职能分为四项，即地质勘查的行业管理；矿产资源的综合管理；矿产资源开发利用监督管理；地质环境监督管理。这四项职能中，第一项是行业管理，后三项是社会管理。他们对行业管理提出两方面的目标：一是代表国家利益，组织团结全行业为全国经济建设和社会发展服务；二是代表全行业的根本利益和长远利益，协调内外关系，为全行业协调健康发展创造良好的条件。为了统一认识，他们在机构改革后，新机构运行之初就做了四件事。一是对四项职能之间的内在联系，以及每项职能的性质、主要任务作了分析，特别是对行业管理的基本导向作了原则规定。二是对各司局职能作了大致分类。三是各司局作出转变职能，开展工作的设想。四是召开全国工作会议，邀请本行业的主管部门参加，并向兄弟部门表示，对于行业管理，愿意认真负起责任，主动搞好协调；在地矿部还直接管理着40万人的勘查队伍，没有完全作到政事分开的条件下，进行勘察登记和协调项目纠纷时，一方面要高姿态，发挥谦让精神，另方面实行公开的管理。几年来，该部每年都以正式文件发布《地质勘查登记通报》，主动接受兄弟部门的监督。3年来的实践表明，10多个有勘查队伍的兄弟部门，对地矿部的行业管理是支持的，也是比较满意的。

轻工部经过大量调研工作，于1990年10月公布了《全国轻工业行业管理暂行规定》，明确了中央和地方行业管理的职责、范围以及实施的手段，为实行行业管理打下了基础。

三、编制行业规划，是进行业务管理的依据，是宏观经济实现总量平衡的基础

编制行业规划在一些重点行业、资金密集型行业中，已经开始起步。机电部、冶金部曾做了大量工作，并取得一定成效。如机电部把全行业分为四个方面军，即机电部的力量，使用部门的机械电子工业力量，军工部门的机械电子工业力量，地方的机械电子工业力量。这四个方面的力量，横向分属50多个部门，纵向分属六个层次，据1990年统计，机电工业共有企业10.48万个，占全国县以上企业的25.1%，职工2062万人，占全国职工总数的26.9%，固定资产原值2720.6亿元，占全国国有企业资产的18.9%，实现利税345.5亿元，占全国的17.9%。为了加强对行业规划工作的领导，1990年9月成立了机电行业统筹规划领导小组，由综合部门、专业经济部门、制造和使用部门共30个单位、37人组成，机电部部长任组长，领导小组下设办公室和29个分行业规划组，各组的牵头单位，由分行业归口部门承担。通过编制全行业规划，减少了一批不合理项目，为国家节省了大量投资。据对29个分行业规划组初审情况的统计，减少不合理项目和投资各占37%，最多的分行业组砍掉一半以上的项目和投资，少的也有10%左右。为了提高行业规划的约束力和权威性，规定了凡未纳入行业规划的项目，“一律不得立项、审批和列入年度计划；各级银行不予贷款；经贸部门及海关不予批准引进；不得享受减免税收等优惠政策”。逐步实现“政策一个令，规划一本帐，资金多渠道，审批多层次”。

冶金部为了加强对地方规划的指导，由部长带队，有关司局长参加，对各省的冶金行业“八五”规划，逐项调查，并提出了三项原则：即在建设规模和项目安排上，要作到量力而行；要处理好发挥“七五”建设项目效益和“八五”新上项目的关系；要注意从本地区全局出发，发挥整体优势。该部遵循这些原则，与有关省长交换了意见，最后形成“纪要”，如有变动，要取得行业部门的同意。这种高层次的协议，增强了规划的约束力。现该部已经进行了16个省市的对话。

四、建立行业法规，完善行业标准，实施质量监督，是提高全行业素质的重要措施

为适应行业管理的要求，必须充分运用法律武器，对行业内的企业依法进行监督。如地矿部设计了《地质矿产法规体系基本框架》；该框架以《宪法》为基本大法，以三部基本法为牵头法，包括已颁布的《矿产资源法》、《环境保护法》和正在起草的《地质勘查法》，在此基础上分立国务院法规和地矿部门规章。其中地勘行业管理法规共16项，现已颁布2项，部门规章12项，已发布5项，促进了行业依法监督。

许多专业部门都注重发挥科研院所集中、专业人才集中的优势，制订了一系列产品、装备、工艺的技术标准、质量标准、安全环保标准，分层次经有关部门批准，在各部门、各地方广泛实施。如轻工部，近年来共制订发布了国家标准480个，经国家技术监督局批准后实施，专业标准219个，行业标准331个，对规范企业生产起了促进作用。

在质量监督方面，有的部门打破隶属关系的界限，对各地的质量检测中心，实行业务指导，统一检测标准。行业内的任何产品，不分部门、地区，在检测面前一律平等，并将检测结果及时公布，扶优限劣，对提高全行业产品的质量水平，起了促进作用。地质矿产部组织培训了行业的全面质量管理骨干队伍，建立了质量监督体系，开展了对国家重点项目的质量抽查监督活动。现已完成了对吉林、河北、陕西、黑龙江、青海等省的重点项目联合抽查工作，开展了质量管理的经验交流活动。

五、强化行业服务职能，是提高行业管理凝聚力的有效办法

行业管理中，要冲破部门、地区界限、传统观念和习惯势力，从服务入手加强管理，是减少阻力的有效措施。不少专业经济部门，注意了信息服务、新技术交流服务、引进技术消化推广服务等，增强了行业的凝聚力。如国家建材局将本系统的统计数据与国家统计局的数据综合起来，形成了全行业的统计信息，向全行业发布，对企业的发展起了导向作用。地矿部针对全行业一些突出的共性问题作了大量协调疏通工作，并取得了实质性的进展。如为缓解铜矿资源的供需矛盾，征得了国家计委同意，从1990年开

始建立3年的铜矿地质工作专项补贴费；征得国家税务局的同意，对地勘行业各单位地质市场活动，暂时按15%减征所得税，并下发了国税函发〔1990〕394号文；征得国家计委、财政部、建设银行的同意，在“八五”期间每年从地勘费提5%的资金，作为扶持全行业发展多种经营活动的垫付周转金；征得商业部的同意，要求各地充分考虑地勘工作流动分散的特点，由工作所在地的粮食主管部门，保证地勘单位的粮油供应，并下发了粮字〔1990〕1024号文。

六、行业管理中几个值得思考的问题

首先是各级领导对加强行业管理的紧迫性、艰巨性还缺乏足够的认识。近年来重复建设、重复引进、重复生产的问题十分突出，已给国民经济的发展带来严重的后果。但从国家管理经济的总体上看，行业管理工作仍未提到应有的高度，未予以足够的重视。有的综合调控部门，没有把行业管理当作加强宏观管理的一部分来看待，工作上不衔接、不支持；有的专业经济部门习惯于本系统的微观管理，对行业管理还停留在一般号召上；许多部门和地区用部门管理的旧观念看待行业管理的新问题。有的专业经济部门过分强调体制不顺，权力不多，手段很少，难于开展工作；而行业管理是一件打破原有体制、跨部门、跨地区的宏观管理工作，绝对不能简单地靠行政手段进行，对这方面的艰巨性认识不足。

其次是现行的管理体制和管理方法，与行业管理不协调、不配套。“分灶吃饭、地方包干”的财政体制，强化了地方利益，严重阻碍了行业管理的实施。当行业规划、布局与地方利益发生矛盾时，行业管理部门缺乏有力的协调和否定措施，增加了管理难度。部门利益不断强化的趋势，阻碍着行业管理的实施。有的部门搞封闭式的产品开发和建设，保护本系统的落后企业和落后产品，使经济结构、产品结构、企业组织结构难于优化，布局难于合理。

综合管理部门沿袭按垂直系统管理、直接管理的老办法，与行业管理不衔接。如技术监督部门比较重视发展自己的检测中心，对发挥行业检测中心作用考虑较少。统计部门至今没有建立石化行业的数据，乡镇企业、军工企业至今是按口统计，行业的数据很不完整。

再是专业经济管理部门的转变职能工作，与行业管理的要求，相距甚远。专业经济管理部门是实行行业管理的重要部门，要削弱其部门管理职能，明确其行业管理的责任与权限。但加强行业管理职能，决不是回到分钱、分物、批项目和直接管理的老路上去，而是要建立起新的机制。目前需解决的：一是界定综合部门与专业经济部门之间、经济调节部门与专业经济部门之间、专业经济部门之间、专业经济部门与地方之间在行业管理中的职责，建立起行业管理组织网络。二是明确行业管理应承担的责任，把软任务变成规范的硬要求，由有关部门向国务院负责。三是赋予专业经济部门进行行业管理的必要的权力和手段，如全行业的统筹规划权，限额以上固定资产投资项目初审权，热门重点产品许可证发放权，重点产品国家质量标准的制定、监督、检查权，调整有关产品税率、价格、利率等参与权，并明确相应的办事程序，进行规范化管理。

综上所述，加强行业管理是一个复杂的系统工程，从管理的部门看，涉及综合部门、监督调控部门、专业经济部门；从管理和服务的对象看，涉及到各行各业上百万个企业；从加强管理的内容看，涉及到观念的转变，职能的转换，网络的建立，手段的完善等，当前只是处于探索阶段，与改革的进程是不相适应的。加快其改革步伐，将是机构改革的重要内容之一。

围绕主导产业　改革管理体制
——隰县探索脱贫致富、机构消肿的新路子

山西省经济体制改革委员会

山西省隰县位于晋西黄土高原残垣沟壑区，是全省50个贫困县之一。全县有8.7万人口，耕地43万亩，加上宜林宜牧山坡地，每个农业人口拥有的土地资源近30亩。尽管土地资源比较丰富，但到1987年，农民人均收入仅247元，财政收入260万元，保证最低限度的财政支出则需六七百万元，县财政的自给能力10年平均只有22%。

1988年4月，隰县被省委、省政府确定为全省6个县级综合改革试点县之一。试点的目的，就是要探索出一条靠改革脱贫致富的路子。

一、改革的主要内容和做法

1988年以来，隰县从县情出发，确定了脱贫致富综合改革基本思路：一是从开发五大主导产业需要出发，首先改革与本县经济发展不相适应、但又直接相关的涉农部门；二是在涉农部门原有机构、职能的基础上，以搞开发性生产、组建开发性服务实体为突破口，赋予所组建的开发性服务实体以管理、服务、经营三种职能，使单纯的行政机构逐步演变为新的经济服务机构；三是从增加县财政收入和减少社会振荡的考虑，一方面使新的开发服务实体发展成为财政增收的渠道，另一方面又不急于减少财政对他们的原有的负担，待条件成熟后再实行与县财政整体脱钩，实现机关消肿。

隰县依据以上改革思路，围绕粮、油、果、牧、烟五大主导产业，依托政府涉农部门，组建了农技、林业、牧工商、果树、烤烟、科技、农机、农田建设、油料、人畜饮水10个开发服务中心。各服务中心从组建形式上分为三种类型：第一种是转变政府管理部门职能建立起来的，与原来的部门实行“一套人马，两块牌子”，部门职能转变，干部转向服务；第二种是由一个部门牵头，打破行业界限，合并相关单位组建的；第三种是根据产业发展的需要，从各部门抽调部分干部，吸收安排城镇待业青年重新组建的。无论哪种组建形式，这些中心从机构设置到运转环节，都尽力做到政、技、物优化组合，产、供、销服务配套，为适应主导产业的系列化开发，进行专业化全程服务。

服务中心组建后，县里首先确定了职责和任务：一是负责制定产业开发的总体规划并组织实施；二是负责该产业开发的考察论证、报批立项和资金筹措；三是承担该产业项目开发的产、供、销一体化综合服务，包括资金投放、技术推广、产品收购、加工销售、信息提供等；四是负责产业开发项目贷款的承贷承还；五是负责对乡（镇）、村、户开发项目的考察审批、贷款发放和指导监督。同时，赋予各中心管理、服务、经营三种职能，明确提出以服务为根本宗旨，坚持低偿、自愿、方便、互惠的原则，在管理中突出服务，在服务中实施管理，以经营增强服务功能，并实行财务单列、独立核算、自主经营。为了保证服务中心拥有经济实力，增强服务功能，对各中心规定了10条政策：一是允许搞有偿服务，获取合理低额报酬；二是允许创办自营创收的生产基地；三是允许围绕本产业的开发从事收购、调运、批发、零售等经营活动；四是允许承包或租赁农作物、果园和加工企业，按合同获取报酬；五是允许围绕本产业的开发兴办加工企业；六是经劳动部门批准，可以安排待

业青年就业，也可以使用农民合同工；七是经政府批准可以使用间歇资金搞经营；八是各服务中心与相应的业务局实行财务单列，建立专账，独立核算，自主经营；九是中心有使用资金、人员调动、机构设置等方面的自主权；十是县直各综合经济职能部门以及有关单位，必须按县上所给的特定政策为各中心登记发证，给予支持。各服务中心对千家万户的服务，可概括为六句话：农民需要资金，由中心筹措；农民需要技术，由中心传授；农民需要人才，由中心培训；农民需要物资，由中心供应；农民需要信息，由中心提供；农民所产产品，由中心销售。

对于到各开发服务中心工作的干部，为了减轻他们的心理压力，隰县采取了“三变三不变”政策。一是各部门原来的行政机构不变，但单位职能有变，实行“一套人马，两块牌子”。二是干部原有待遇不变，但个人领工资的渠道有变，变通的办法是从各中心的经营收入中，提取行政事业人员的工资上缴财政，然后由财政统一发给。中心和原单位实行财务两本帐，一本是原来行政事业单位的收支帐，把好财政减支关；一本是经济开发帐，把好经营收入关。经济服务实体与财政的关系是“收支两条线”，经济服务实体随着收入的增加，相应增加上缴的款额，一般5年左右自求平衡同财政脱钩。三是参加中心的干部原级别不变，但具体工作有变，待中心的经营能力和经济实力增强了，即可彻底转向经济实体。

二、改革取得的主要成效

隰县的改革经过几年的实践，取得了较为明显的成效：

——产业结构布局趋向合理，相对集中连片的主导产业初具规模。全县建成11万亩商品粮基地，3万亩油料基地，3万亩烤烟基地，10万亩果树基地和4大畜牧基地。初步形成了农林牧比重合理，远中短效益兼顾，五大主导产业协调发展的农村经济新格局。

——经济发展后劲增强。全县综合治理国土面积20.4万亩，新建高标准基本农田5.6万亩，累计人均基本农田达到1.6亩，户均速生木材树803株，户均水果树5.4亩，大牲畜发展到1.5万头。

——农村经济实现了“四个增长一倍”。1990年与1987年相比，全县粮食总产达到5483万公斤，增长了1.65倍，人均占有粮食750公斤；农业总产值达到6773万元（90年不变价），增长1.08倍；财政收入达到609万元，增长1.34倍；农民人均收入达到509元，增长1.06倍。1991年在遭受严重自然灾害的情况下，全县粮食总产4200万公斤，农业总产值7100万元（90年不变价），农民人均收入515元，财政收入700万元。

——群众脱贫致富进入了由温饱型向富裕型迈进的新阶段。1990年全县200元以下的贫困户，由1987年的5717户减少到229户，脱贫率为96%。

——转变县级机关职能，建立服务性经营实体，为干部转移、机关消肿开辟了道路。到目前，在10大服务中心工作的干部职工达828名，其中行政干部318名，已有170名干部与财政脱了钩。到1993年，将有500名干部与财政整体脱钩，约占全县干部总数的36%，届时行政管理体制将会水到渠成。

隰县几年来的改革实践，最有借鉴意义的，就是密切结合本地实际，把县级综合改革与发展商品经济、与改变贫困地区落后面貌紧紧地联系起来，走出了一条依靠改革脱贫致富、发展经济的路子。隰县之所以在机构改革、精减冗员这个难点上取得了突破，也就在于他们不是就机构论机构、就精简而精简，而是把机构的改革和人员的精简放到整个发展生产力、带领广大农民群众脱贫致富这个大范围内解决；把机关干部的前途命运同广大农民群众的前途命运紧紧地联系在一起；把机构改革和人员精简服从于和服务于发展贫困山区商品经济这个大前提。隰县的改革实践，为贫困地区摆脱贫困落后面貌找到了方向，为县级机构改革和干部分流开辟了道路，使我们看到了在贫困山区发展商品经济的广阔前景。

（杨大涛　执笔）

建立内陆边疆地区旗(县)级新体制的探索与实践

韩振祥

察右前旗是内蒙古自治区首批旗(县)级综合配套改革试点旗之一。1987年以来，我们在农村第一步改革后，从内陆边疆少数民族贫困地区工业基础薄弱、农业粗放经营、市场不发育等实际出发，围绕经济建设这个中心，全旗上下开展了以“精简上层，充实基层，转变职能，强化服务”为基本思路的综合配套改革，现在已经取得了明显的经济效益和社会效益。

一、改革管理体制，理顺部门关系

我们在旗县级管理体制改革方面进行了大胆的探索，经历了三步曲：

第一步是分解职能，理顺关系，撤局建委，实行行业管理。我们撤销了农、牧、林、水等15个局，新组建了城乡工业经济、城乡农业经济、城乡商业经济等5个委员会，由过去的部门管理转向了行业管理。

第二步是转变职能，强化服务，组建公司，实行行业性企业化管理，形成农工商综合经营的新机制。为了适应商品经济发展的客观要求，专业部门直接演变或参与，组建了54家专业公司，打破了部门、所有制和城乡界限，将生产、经营企业以产品和行业分别划归专业公司管理，由“管”字当头转向服务为主。

第三步是以职能定机构，将宏观调控职能向综合部门转移，实行大系统管理。一是合并党政重叠职能，以职能定机构。将宣传部演变为宣传工作委员会，统一承担党政意识形态部门的行政职能，报社、党校、文体委、广播局等作为二级事业单位；将纪检委与监察局合并，成立了纪律监督检查委员会，统一负责党纪、政纪的检查监督；将司法局并入政法委员会作为内设机构；将团委、工会、妇联组合为群工委。二是强化政府宏观调控和监督职能，将统计局和监察局的效能监察职能合并到计划委员会，组建计划统计目标管理委员会，把计划的制定、效能监察、统计监督、目标兑现等几个环节有机地结合起来；财政局设立了会计事务所和国有资产管理公司；进一步强化审计职能，组建了审计委员会，并设立了审计事务所，使审计工作社会化。政府管理经济的行为由微观管理转向宏观管理，由直接管理转向间接管理。

全旗机构已经形成了四大管理系统和三大经济运行体系。四大管理系统是：(1)政治保障系统。主要由纪律监督检查委员会、群工委、组织部、统战部、宣传工作委员会、政法委员会等组成。(2)行政事务和社会服务系统。主要由办公室、体改办、劳动人事局、民政局、民委、教委、卫生计划生育委员会等组成。(3)社会经济发展和组织系统。主要由工经委、农经委、商经委、科委、建委、计统委、交通局、扶贫开发局等组成。(4)经济监督和调节系统。主要由财政局、税务局、物价工商标准计量局、审计委等组成。三大经济运行体系：(1)以宏观调控部门为中枢的组织、协调、指挥体系。(2)以各类专业化公司为链条的城乡服务体系。(3)以农户和企业为基础的商品生产体系。截止目前，全旗党、政、群机构只有28个，其中政府机构20个；先后共精简了局级单位35个，占原机构总数的57%，其中有17个专业管理部门从政府系列中分离出去，变为经济实体，与财政脱钩。具体形式有三种：一是“上脱下管”，有法定收入的单位与财政脱钩后，通过收取管理费，实现自养；二是“上脱下靠”，有下属经济实体的单位与财政脱钩后，依靠实体单位，实现自养；三是“上脱下办”，技术服务部门与财政脱钩后，创办经济实体，通过从事开发性生产或服务、经营活动，实现自养。有18个二级事业单位全部与财政脱钩，实行企业化管理

二、围绕发展城乡商品经济，健全服务体系，转移消化编余人员

机构精简之后，以职能定岗位，以岗位定编制，内部实行优化组合，留下了适合机关工作的人员，调整、转移了专业技术人员和擅长从事经济工作的人员。我们的做法是开渠与放水同步。我们组建了专业公司，为转移消化编余人员开辟了广阔的空间。有一部分行政事业人员随专业部门整建制转入了实体公司，从事经营、管理、服务工作；另一部分按其专长充实到了专业公司、厂矿企业和乡镇服务实体，进入了城乡服务体系，从事生产和技术服务工作。截止1991年底，在4年新增统配人员1035人的情况下，行政人员压缩到了4059人，转移消化人员1938人，不仅为财政节约开支357万元，而且创收336万元。1992年第三步机构改革后，又有766人与财政脱钩，预计可节约开支100万元。目前，党政事业人员压缩到了3320人，先后共消化人员2704人。

三、强化政府组织功能，启动城乡商品经济

政府既要把企业推向市场的海洋，又得教会他们游泳，这个“教练员”就是通过行政手段建立起来的组织系统——各家专业公司。政府经济管理体制的运行是：经济管理部门只负责指导、平衡、协调、监督、服务等宏观管理职能，而企业的原料基地建设、生产发展、技术进步、产品质量则由专业公司承担。专业公司大体可分为两种类型，一种是企业集团性的专业公司，按行业将国营、二轻、乡镇企业划归专业公司，与原主管部门脱钩；另一种是以生产基地为基础，以加工企业为骨干，以公司为纽带的农工商联合体。专业公司成为上联经济技术部门，下联企业和农户的纽带；成为沟通小生产与大市场的桥梁。

启动城乡商品经济，既要有强有力的组织保证，又必须有切实可行的宏观调控手段。为此，主要采取了五项措施：

一是加强宏观协调指挥，加速产业开发。为了扶持专业公司尽快发展壮大和加速商品生产步伐，专门成立了养殖业、林草业、滩涂开发、水产开发等10个行政性专业指挥部。每个指挥部分别由一名旗级领导任总指挥，各围绕某一项产业和一方面工作专抓、专管，实施全面领导，协调各部门集中人力、物力、财力统一组织全旗产业开发。

二是通过目标责任制的形式，把政府职能部门和公司紧密地联合起来，共同组成城乡社会化服务体系，为商品生产提供系列服务。围绕经济总目标用三条“红线”将各部门连在一起，即以计划统计、目标管理委员会牵头的行政目标线；以各家专业化公司牵头的服务目标线；以科干局牵头的技术目标线。全旗干部全部实行岗位结构效益工资制，将行政节余奖和10%的基本工资和技术干部职称工资当月扣除，实行浮动，年终视目标完成情况，随同晋级、农转非、招工等指标兑现。

三是改革计划管理体制。首先是突破了传统的计划管理体制，增加了计划的内容，在速度性指标的基础上，又增加了效益性指标。按照市场信号制定计划目标，突出了对区域经济发展的计划指导。其次为有计划地协调微观经济与宏观经济的相互关系，把计划调节的重点放在了流通领域，既向行政渠道下达计划，又向专业公司下达计划。

四是运用经济杠杆调节经济运行。首先是保护农民主体利益。我们对商品生产基地建设，优先安排信贷资金，并实行利率倾斜；对专业大户按比例减免农业税；建立以工补农制度，凡农副产品加工企业，都要按比例提取贴农金；建立了市场风险基金。其次是调节参与农工商一体化经营部门之间的内部利益关系，建立互惠互利的新规范。各家专业公司都分别建立了调节基金和制定了有偿服务费的提取办法等。

五是运用法律手段调节。在基地建设上，专业公司按照市场需求，安排生产，并与农户签订期货交易合同，实行契约化管理，明确数量、质量、交货时间以及双方议定的价格等，做到了对内在计划指导下，合同定购，未销已购；对外在市场调节中，期货交易，未购已销。

四、围绕发展抓改革，通过改革促发展

察右前旗从改革的一开始，就把加快生产力发

展作为改革的出发点和落脚点。围绕这一目标，改革了影响和阻碍生产力发展的各种旧体制和不适应生产力发展的一切条条框框，打破了“大锅饭”，解放了生产力，促进了经济的发展。目前，甜菜、生猪、肉鸡、蔬菜等10大基地初具规模，种植业各类商品基地已达25万亩。全旗已形成了制糖、造纸、肉鸡加工、肉食品、编织、油脂加工、蔬菜加工、果品加工等14条生产系列，其中肉鸡、生猪、制糖等三大系列的综合效益，分别占工农业总产值、财政收入和人均收入的30%以上。1991年工农业总产值达到了2.8亿元，财政收入突破1000万元，农民人均纯收入突破500元，分别是1987年的3.4倍、3.7倍和2.5倍。

（作者为中共内蒙古察右前旗委员会书记）

6 流通体制改革篇

1991年我国市场体系进一步发育情况综述

国家体改委流通体制司

一、1991年我国市场体系发育出现了全面推进的好形势

经过3年努力，我国治理整顿取得明显成效，经济环境大大改善，市场秩序开始好转。随着国民经济全面增长，消费需求回升加快，零售物价基本稳定，国内市场处于正常运行状态。这些都为我国市场体系的进一步培育创造了良好的前提和条件。1991年我国市场体系发育出现了全面推进的好形势，主要表现在：

（一）党中央、国务院采取一系列重大改革步骤，促进社会主义统一市场的发育

1. 建立和培育市场体系，是90年代经济体制改革的一项重要任务

党的十三届七中全会和七届人大四次会议全面系统地总结了我国80年代改革开放的经验教训，确定了“争取经过十年的努力，初步建立起适应社会主义有计划商品经济发展的，计划经济与市场调节相结合新的经济体制和运行机制”的改革目标，并提出，建立和健全全国统一的市场体系，是90年代深化经济体制改革的一项重要任务。根据多年来的理论探索和实践经验，对加强市场建设的重要性和紧迫性，人们的认识有了重要变化：计划多一点还是市场多一点，不是社会主义与资本主义的本质区别。计划经济不等于社会主义，资本主义也有计划；市场经济不等于资本主义，社会主义也有市场。计划和市场都是经济手段。这个观点取得越来越多的共识，为我们在当前和今后相当长的一个时期内，注重培育社会主义市场体系，更大程度地发挥市场机制的作用，奠定了重要的理论和思想基础。

2. 改革粮油等重要农产品的购销体制

1991年5月，国务院较大幅度地调整了平价粮油的销售价格，打破了长期以来平价粮油价格偏低、25年未动的局面。国务院还先后批准了广东、海南、福建三省基本实现粮食购销同价的粮改方案。此后，国务院又决定调整食糖经营管理政策，改革食糖计划管理形式，放活价格，促进购销。这些重要的改革措施，对于改革我国主要农产品价格管理体制，完善价格形成机制，推动市场的建立和发育，起到了良好作用。

3. 进一步搞活农产品流通

1991年9月、10月，国务院根据我国农业生产稳定增长而农产品流通滞后的情况，先后发出了搞活农产品流通和加强农业社会化服务体系建设两个通知。明确提出，随着农村经济的发展，要逐步减少指定性计划管理，完善指导性计划管理，扩大市场调节的比重。规定除国家定购的粮食、棉花、烟草、4种中药材，继续由国家指定的部门统一经营外，食油、食糖等8种产品退出指令性计划，实行指导性计划，除指令性计划和指导性计划管理的品种外，其他农产品全部实行市场调节。

1991年11月召开的党的十三届八中全会，科学地总结了十一届三中全会以来的农村工作，为90年代的农业发展和农村改革制定了全面完整的政策，指出深化农产品价格和流通体制改革，是进一步

发展农村商品经济的关键环节。

这些重要的通知和文件，对完善农产品放管结合的购销政策，打破地区封锁，发展多渠道经营，逐步建立和完善以批发市场为中心的农产品市场体系，进一步指明了方向。

4. 努力把企业推向市场

1991 年 9 月召开的中央工作会议提出了搞好国营大中型企业、把企业推向市场的重要措施。李鹏总理指出，“当前企业缺乏活力的一个重要原因，是市场调节的作用发挥不够。“把企业推向国内外市场，对于推动经济结构特别是企业结构和产品结构的调整，提高企业素质和经济效益，满足城乡人民的物质文化需要，扩大出口，都具有重大的现实意义。同时也对深化流通体制改革、培育市场体系提出了新的要求。

（二）各地政府从抓流通入手，大力加强市场的组织建设

1. 把流通改革和市场建设摆上各级政府的重要议程

经过 13 年改革，特别是 3 年治理整顿，各地从现实的经济生活中更深刻地认识到，建立高效、畅通、可调控的市场体系，是发展社会主义有计划商品经济的客观要求，是实现十年规划和“八五”计划的重要保证，是解决经济生活中深层次矛盾的重要出路。因此，都把培育市场作为一项重要工作来抓。

1991 年 7 月，陕西省人民政府在作了大量调查研究的基础上，制定了《关于进一步搞活流通若干问题的决定》，坚持大商业、大流通、大市场的思路，加强了对流通改革的领导和市场建设的统筹协调。省政府组建了市场协调委员会，全省 10 个地、市及其所属县也建立了相应机构。《决定》发布后，省、地、市放开了原管理的大部分商品价格。目前，全省 3 种价格形式在社会商品零售总额中的比重发生重大变化：国家定价占 17.4%，国家指导价占 5.4%，市场调节价占 77.2%。放开商品价格的比重比 1990 年扩大了 16.1 个百分点，高出全国平均数 24.2 个百分点。省、地两级撤除各种阻碍流通的关卡壁垒 2289 个，促进了货畅其流和市场发育。1991 年全省新建各类市场 143 个。新建、改建、扩建商业网点 680 个，其中大中型商业网点 50 多个，下伸农村批零网点 148 个。城乡物资网点和联营代销点增加 129 个。

国务院领导十分重视陕西省的经验，国务院办公厅转发了陕西的文件。这个文件在全国引起强烈反响。继陕西之后，甘肃、云南、四川、河南、吉林、宁夏、江苏、重庆、哈尔滨、西安等省市，针对现实经济生活中的问题，先后制定了深化流通改革、加快培育建设市场的若干政策措施，普遍加强了市场建设的组织领导。江苏省成立了“市场组织指导协调委员会”，贵州省成立了“流通体制改革协调小组”。许多省、市已将市场体系的培育建设纳入社会经济发展规划。

2. 大力推进各类市场的建设和成长

处于改革开放前沿地带的广东省，“七五”期间先后投资 10 亿元用于各类市场的建设，5 年间共新建综合市场 106 个，专业市场 164 个，小商品市场 256 个。商品零售网点建设规模与日俱增，从 1980 年平均每 503 人拥有一个网点，增加到 1990 年为平均每 89 人一个网点；饮食网点从平均 3359 人一个增加到平均每 819 人一个。从而在全省城乡建成了星罗棋布的商品流通网络，大大促进了商品流通。

位于长江三角洲经济发达地带的苏锡常地区，近几年，适应城乡商品经济的发展，已建成各类常设市场近 1200 个。其中有一批是辐射面比较广、凝聚力比较强的区域性或全国性的批发交易中心。苏州物资贸易中心、常熟招商场、吴江东方丝绸市场、吴县渭塘珍珠市场，被人们誉为“四大明星”市场。从总体上看，苏锡常地区的市场体系已开始形成。

山东省到目前集贸市场发展到 6994 个，其中专业批发市场 720 个。建立各类生产资料市场 164 个。威海市建立了全国第一家区域性食油批发市场。淄博市以城市为依托，先后建立了建材、电器、泵类、陶瓷、服装、丝绸、纺织品、沙发、瓜菜、副食品等十大类专业批发市场，云集了全国十几个省市的客商，商品覆盖省内外许多地区。

不仅在我国沿海地区，而且在广大的内陆省份，市场体系也有了长足的发展。市场发育开始走出传统商品市场的范围，向生产要素市场拓展，并在加强省内市场与省外市场、国内市场与国外市场的联系方面，也取得了相当大的进展。

（三）全国市场体系逐步形成，不断完善

1. 消费品市场基本形成，商品交易空前活跃

——多种经济成份、多种经营方式、多条流通渠

道并存的开放式的市场格局取代了独家经营、渠道单一、封闭分割的产品经济的商品分配格局，初步形成了市场主体的多元化。目前绝大数工业消费品的统购包销已被废除。重要农产品的统购派购制度也由国家定购和市场议购所取代。工业品自销规模不断扩大。多种经济成分的商业结构逐步趋向合理。到1991年底，国营经济零售额占社会商品零售总额的比重为40%，集体经济的比重为30%，合营和个体的比重为20%，农民对非农民零售额的比重为10%。

——各种形式的消费品交易市场蓬勃兴起，迅速发展。传统的城乡集贸市场已发展到7.46万个，其中城市1.39万个，农村6.07万个，年成交额超过亿元的有162个，6到10亿元以上的有8个。专业或综合的农副产品批发市场1509个，涌现出像深圳布吉、北京大钟寺、山东寿光这样规模较大的农产品蔬菜批发市场。工业品批发市场411个，浙江义乌市小商品市场年成交额达10.12亿元，位居榜首。沈阳市五爱市场、石家庄新华市场、成都荷花池市场等也很典型。这些大型的批发市场已成为商品的重要集散地和区域贸易中心。此外，在12个城市建立或恢复了拍卖市场，使这种传统的交易方式重放异彩。

——规范化的重要农产品批发市场相继建立。1990年10月，我国第一家中央粮食批发市场在郑州开业，自从出现远期合同以来，"郑州价格"已开始成为全国粮食交易的指导价格。此后，在九江、芜湖、吉林、武汉、长沙、哈尔滨、长春等粮食产区和集散地试办了区域性粮食批发市场。成都试办了生猪批发市场。在广州、天津试办了食糖批发市场。正规化的有组织市场的培育，标志着我国商品市场逐步走向完善。

——大型商业企业集团在商品流通中发挥着日益重要的作用，为适应流通格局的新变化，一大批商业企业集团应运而生，北京四大商场集团、上海新亚集团、天津立达集团、大连和广东食品集团等，依靠自身的活力，不断开拓进取，在集团化经营方面创出了一条新路。

2. 生产资料市场不断发展，市场调节范围逐步扩大

——生产资料作为商品进入流通领域，打破了长期以来生产资料不是商品而由物资部门进行实物分配的格局，物资流通渠道和物资商业网点迅速增加。到1990年底，全国城乡物资商业经营网点发展到4.2万个，比1978年增加1.1倍。从全国生产资料的销售量看，目前大体上已形成物资部门、工业企业自销和其他物资经营企业各占三分之一的局面。

——指令性计划分配物资迅速减少，企业通过市场购进部分显著增加。到1990年，国家统配物资的品种，已从过去的256种减少到22种，其中重要原材料由国家统配部分所占的比重也大为减少，如1980年至1991年，钢材由73.4%降到42.5%，煤炭由57.9%降到42%，木材由80.9%降到23%，水泥由35%降到12%。目前，国家计划分配物资主要用于重点建设，各部门、地方和企业的一般需要，主要通过自有资源和市场解决。

——各个层次的生产资料市场遍布全国，物资流通方式出现多样化。全国已建成各类专业或综合的生产资料市场1000多个，年成交额达500亿元；钢材市场294家，成交量占计划外钢材的1/3；物资联合组织8200多个。

——发展物资企业集团和建立物资交易所的工作初见成效。苏州、沈阳、四川物资贸易中心先后进行了组建企业集团的试点，融生产、流通、科研、外贸、金融为一体，发展社会化大流通，显示了强大的生命力。深圳有色金属交易所、上海金属交易所破土而出，一个以标准化、规范化和公开化交易为特点的交易市场已经出现。

3. 金融市场稳步发展，规范化的股票交易所已经出现

——短期资金市场发展迅速。中国的短期资金市场主要由票据贴现市场和同业拆借市场所构成。1985年票据贴现和再贴现业务正式在全国开放，1989年贴现总额达到207亿元，如今，它不仅成为短期资金融通的重要途径，而且也是中央银行实施货币政策的重要手段。同业拆借市场于1986年在全国兴起，现已发展成纵横交织的全国性网络。据估计，同业拆借市场融资规模已达市场融资总量的90%以上，因而堪称中国短期资金市场乃至整个金融市场的主要形式。

——证券市场跨步推进。1988年我国开始形成以国债交易为主的证券流通市场。从1981年到1991年底，全国通过银行和其他金融机构发行的各种长期债券，包括国库券、国家建设债券、基本建设债券、重点企业债券等，累计已达3370亿元。企业发行的股票和债券累计额达300多亿元，其中经批准向社会发行股票总金额（票面额）达33亿元。随着发行市场的逐步扩大，集中交易市场开始出现。1990年12月，上海证券交易所、深圳股票交易所和全国证券交易自动报价系统（已形成网络）相继成立并投入运转。“二所一网”的建立，奠定了中国证券集中交易市场的基本格局。目前我国已初步形成了由上述三大集中交易市场为中心，众多零散交易柜台为辅助的多层次、多功能、一体化的证券市场，对推动我国长期资金市场的发展和金融体系的构造都将产生重要的影响。

——外汇调剂市场的规模不断扩大。自从1985年在经济特区试办以来，到1989年，全国各地已建立90多个外汇调剂市场，并在北京设立了全国性外汇调剂中心。1990年，全国外汇调剂市场成交额达131亿美元，1991年1至11月达181亿美元。外汇调剂成交量的增加，表明我国开始运用市场机制来调节外汇供求。

4. 劳务市场有所发展，劳动力资源流动初见成效

——改革传统的统包统配的劳动就业制度，建立新型的按照商品经济原则运行的劳动就业机制和劳动力流通渠道。从1986年10月开始，我国全民所有制企业新招工人全部实行合同制，并实行待业保险制度。全国2700多个县以上社会保险机构，为10万多待业职工提供待业救济金。近几年，一些地方和企业采取择优上岗、厂内待业、合同化管理等办法，把竞争机制引入固定工内部。

——各类劳务市场以有组织的形式发展壮大。目前我国劳务市场大体有4种主要形式。一是由劳动部门和企事业单位举办的旨在为劳动就业、提供就业培训的劳动服务公司，这是劳务市场的主要形式；二是由劳动部门或企事业单位举办的职业介绍所和技术工人交流中心；三是由人事部门和科委系统举办的人才交流中心；四是其他各种类型的人才交流市场，包括有关部门组织的外企服务公司或对外劳务输出等。据不完全统计，到1991年底，全国各级劳动服务公司增加到6.5万个，从业人员800万人。职业介绍所1万多个，培训中心2000多个。国营企业中1500万劳动合同制职工（占国营企业职工总数的14.5%），3600万集体所有制企业职工，包括三资企业在内的200多万职工，以及2000多万个体劳动者、私营企业从业人员，基本上或主要通过劳务市场实行就业和流动。我国劳务市场的建立和发展，促进了劳动力的合理流动和劳动资源的合理配置，在培育统一市场和社会经济生活中起着日益重要的作用。

5. 技术市场日渐兴旺，科技成果的应用率迅速提高

——随着我国经济的发展和科技体制改革的深入，科学技术是第一生产力、科技成果是商品已被人们所普遍承认，遍及全国各地的技术市场成为社会主义统一市场的重要组成部分。

——技术交易规模持续扩大。到1991年底，全国共有各类技术经营机构2万多个，技术合同成交额94亿元，比上年增长25%，实现了持续4年增长，其中，北京地区技术合同成交额就达22.4亿元，占全国近1/4，高居全国之首。技术交易活动开始走出国门，进入到亚太、北美、西欧等地区和国家。

——科技成果转化为生产力的进程明显加快。现在，全国工业科研成果推广应用由改革前的20%至30%，提高到60%至70%。1987年至1990年科研单位出让技术成果的有偿服务合同金额平均占总数的41.5%。技术市场已经成为沟通经济与科技结合的重要渠道、科技成果进入物质生产领域不可缺少的桥梁。

伴随着商品市场、资金市场、劳务市场和技术市场的相继出现和发展，其他要素市场也处于培育之中。特别是住房制度改革和房地产事业的兴起，推动了房地产交易市场的发展。现在，一个包括城镇国有土地使用权出让、转让、房屋买卖、租赁、房地产抵押、信托、拍卖等多种经济活动在内的房地产市场已初具规模。迄今全国已建立了1500多个房地产交易所，房地产开发公司3700家，经营公司4700家，职工300万人，固定资产达90亿元，年产值近8亿元。“七五”期间，全国开发公司共完成房地产开发工作量1027亿元，平均每年递增率为39.3%，每年销售商品住宅面积1.32亿平方米，销售收入686.5亿元，房地产交易总额达124.6亿元。1991年完成商品房开发工作量335亿元，竣工商品房面积5200万平方米，商品房销售收入224亿元。80年代初，咨询、信息作为一种产业开始为人们所认识，并得到发展，到1990年，全国信息服务企业超过1万家，从业人员约15万人，年营业额达20亿元，信息市场初露端倪。企业联合和企业兼并的发展，带动了企业产权交易市场的逐步形成。1990年，全国已有8个城市建立了场所、机构固定的企业产权交易市场。分布在武汉、成都、广州、郑州、济南、哈尔滨、太原和徐州市。

我国各类市场发展的情况是基本上符合发展中国家市场关系的发展顺序的，即首先发展商品市场，其次是资金市场、劳务市场和其他要素市场。

我国市场体系的进一步发育，促进了企业经营机制的转换，为把企业推向市场、真正实现自负盈亏创造了必不可少的条件。同时也促进了政府经济管理职能的转变，为实现间接宏观调控提供了必要的前提。市场体系的发育还促进了国民经济的迅速发展，改变了我国商品供应长期匮乏的局面，开辟了一条迅速推进中国现代化进程的有效途径。社会主义市场体系的进一步发展在我们面前展现出广阔的前景。

二、在市场体系建设中存在的问题和进一步改革的主要措施

经过十几年改革，我国市场体系有了较大的发展，计划与市场相结合的经济运行机制正在形成之中并发挥着越来越重要的作用，但目前仍存在一系列矛盾和问题。

（一）我国市场体系目前面临的矛盾

1. 价格体制不适应

市场问题，主要是价格问题，市场机制的核心是价格机制。价格形成机制不转换，价格关系不理顺，社会经济活动最重要的参数就不规范，市场机制就无法充分发挥作用。因此，继续推进价格改革，是进一步培育市场体系的关键环节。1978年以来，我们下放了部分价格管理权限，调整和放开了相当部分的商品价格，但从总体上看价格改革与市场体系的建设还不适应。如基础产品价格偏低和价格的结构性矛盾，虽有一定程度的缓解，但没有完全解决，由此所造成的价格信号失真和价格功能紊乱，影响了资源的有效配置和生产者、经营者、消费者的合理行为。

2. 市场调控体系不健全

发展社会主义市场体系，发挥市场机制的作用，实际上对宏观经济管理提出了更高的要求，如何综合地运用经济的、法律的和行政的手段有效地调控市场，还需要在实践中进一步探索。像建立有关国计民生的重要商品的储备制度、价格调节基金制度和市场管理法规等。

3. 市场发育不完善

现阶段的主要表现是：地区分割和市场封锁在短时期内难以完全打破，商品的自由流通受到限制；市场规则不健全，市场的监督管理和法制建设也很薄弱，不法交易行为、假冒伪劣商品还得不到有效制止；市场建设缺少统筹规划，还没有纳入整个社会经济发展规划；生产要素市场发展相对滞后，影响了生产要素的合理流动和资源的优化配置。

4. 作为市场主体的企业缺乏自主能力

企业是市场的主体，只有使企业成为真正意义上的自主经营、自负盈亏的商品生产者和经营者，以平等的身份参加市场竞争，并按市场规则行事，统一市场的建立才会有坚实的基础。但目前企业制度中仍存在一些严重的缺陷：企业预算约束软化、负盈不受亏的问题没有解决；企业受来自行政方面的干预仍然过多，目标紊乱；企业组织结构调整步履维艰，难以引进优胜劣汰机制；企业经营机制还不能适应市场竞争的要求，对市场的调节信号作出积极反映，从而影响到建立“国家——市场——企业”的双向调节机制。

我国市场培育过程中出现的问题，有的是作为一个阶段过程不可避免的，有的是由于体制改革不配套造成的，有的是市场规模扩大与市场监督管理不同步产生的。这些问题的解决还有赖于商品经济的进一步发展和经济体制改革的不断深化。

根据党的十三届七中全会通过的《关于制定国民经济和社会发展十年规划和“八五”计划的建议》和国家体改委提出的《经济体制改革十年规划和“八五”纲要》的要求，90年代市场体系发展的目标是，建立统一开放、平等竞争、规则健全的社会主义市场体系。主要内容包括：建立和完善市场流通组织体系、市场流通调控保障体系、市场法规体系和市场监督管理体系四个相互联系的方面。

（二）进一步建立和培育社会主义市场体系应当采取的主要措施

1. 建立统一开放的社会主义商品市场体系

粮食和农副产品市场。在农产品重要产区和集散地建立不同层次、不同规模的初级市场、批发市场和期货市场。粮食批发市场，初期以现货批发为主，逐步向期货交易过渡，发展标准化有保障的远期合同，形成合理的价格预期，减少市场波动，保护农民的正当利益。

日用工业品市场。在工业消费品生产的集散城市建立商品批发市场、贸易中心和商品交易所。把大中城市的贸易中心逐步改造成为公平交易、平等竞争、常设的商品交易市场。

生产资料市场。在能源、原材料的重点产区和经济中心城市建立专业或综合性的生产资料批发市场、配送中心和规范化的物资交易所。逐步发展通讯订货、期货交易，改革目前大型订货会议制度。

中央市场和区域市场，对关系国计民生的大宗商品，建立若干中央级批发市场，以保证这些商品在全国范围内合理流动。在经济联系密切的省市区边界地区，按照产品的合理流向和平等互惠的原则，建立各种专业或综合性的区域市场，实行区域内外双向开放、区域内自由流通的方针。

拍卖市场。在沿海重要城市和内地省会城市发展公物拍卖或拍卖行，杜绝公物处理中的不正之风，促进廉政建设。近几年内，应在经过试点并制定相应法规的基础上，在公物处理任务较多的城市普遍推开。

2. 建立高效、畅通、可调控的商品、物资流通体系

发展一批跨地区、跨行业的全国性或区域性的大型商业、物资贸易集团，有效地提高流通的组织化程度，逐步形成以集团为中心的纵横交错、大中小批发结合的新的商业、物资批发网络。发展一批以大型零售企业为龙头的连锁商店，形成遍布城乡、多种经济成分并存，大中小结合的零售网。

3. 建立适应有计划商品经济发展的完备的生产要素市场

在发展商品市场的同时，进一步建立和健全生产要素市场，并把它们作为全国统一市场的重要组成部分不断加以完善。

金融市场。在建立跨地区、跨系统的资金市场的基础上，形成全国资金拆借中心。进一步扩大证券市场，重点培育二级交易市场，逐步建立起风险与收益相结合的市场机制。

技术市场。与深化科技体制改革紧密结合，不断提高技术商品对市场的适应能力，发展一批具有不同功能的技术中介组织，加强对技术市场的宏观管理。

劳务市场。进一步改革现行的工资制度和劳动用工制度。建立能保证劳动力合理流动的各项法律制度，包括养老保险和待业保险制度，全面开放劳务市场。

房地产市场、信息市场等其他要素市场也应当有较快的发展，与统一的市场体系相协调。

4. 建立灵活有效的稳定的市场调节、保障体系

建立商品、物资储备制度。对关系国计民生的重要商品和物资，要建立中央与地方两级储备制度；以有效吞吐、调节供求，避免生产大起大落和市场大幅度波动。

建立市场调节基金制度。大中城市要从本地实际出发，建立平抑物价的市场调节基金，主要用于对吞吐储备商品的贴息，对生产者、经营者、消费者的一次性补贴，对开发商品物资基地建设的有偿投资。

建立完善科学的市场信息网络：要以经济中心城市和大型商业、物资贸易集团为依托，建立全国性或区域性的信息网络，并实行联网，搞好商品信息的收集、传递、处理和反馈，指导生产经营，引导社会消费，减少生产、经营、消费者的风险。

5. 建立比较完备的市场法规体系和有效的监督管理体系

要把在流通体制改革中出现的比较成熟的新经济关系和经营方式，用法规形式确定下来，使一切市场行为都做到有法可依。强化工商行政管理部门在市场流通中的执法职能，加强对各类交易市场的监督和检查，改变多家执法的混乱现象。发挥行业协会、同业公会、消费者协会等组织的群众管理和监督作用。

6. 把企业推向市场，建立适应有计划商品经济发展的现代流通企业制度

除少数政策性经营企业外，大多数流通企业都要实行政企职责分开，建立起自主经营、自负盈亏的企业经营机制。国营大中型商业、物资、外贸企业，要结合自身的特点，积极发展多种形式的企业经营方式。企业内部，在充分试点的基础上，逐步推行经理负责制、管理人员聘任制、劳动合同制、工资浮动制、内部责任制。国有小型商业企业，继续推行“改、转、租、卖”等多种形式改革。供销合作社，要按照“官办改民办”的方向，完善内部经营机制，恢复民办经济组织性质，在农村社会化综合服务中起主渠道作用。

（孙志新　执笔）

陕西省采取得力措施搞活流通领域

陕西省经济体制改革委员会

1991年7月，陕西省人民政府制定并颁布了《关于进一步搞活流通若干问题的决定》(以下简称《决定》)，使三秦大地流通领域出现了畅通、活跃的好势头，促进了全省经济的发展，标志着陕西流通体制改革进入了一个新阶段。

一

党的十一届三中全会以来，陕西省认真贯彻党中央、国务院关于改革开放的一系列方针政策，积极推进流通体制改革。经过10余年的努力，全省商品流通打破了集中过多、统得过死的计划调拨旧体制和国合商业独家经营、三级流转的传统模式，初步形成了多种经济成份、多条流通渠道和多种经营方式并存的新格局。但就全省而言，流通体制改革还带有明显的浅层次和阶段性特点，流通体系如何体现计划经济与市场调节相结合的原则还没有得到很好解决，流通不畅不活，产品“买难”“卖难”问题相当突出，与建立有计划商品经济新体制的要求还很不适应。主要表现在：

1. 政府对流通行政干预过多，管得过死。列入计划管理的商品层层加码，拿重要消费品来说，中央列入计划管理的36种，陕西省增加到42种，西安市增加到62种。国家管理的价格过多过死，市场调节的范围过小，一些地方甚至对瓜果类鲜活商品还实行调价申报制度，市场运行机制无法形成。

2. 国家与企业的关系没有理顺，改革中放给流通企业的经营、价格、用工、分配等自主权不落实，企业自主决策受到多种限制，难以做到自主经营、自负盈亏。

3. 流通企业历史包袱沉重。到1990年底，全省流通企业政策性亏损挂帐近20亿元，财政无力弥补，迫使企业增加银行贷款。仅此一项，每年付给银行利息达1.7亿元。企业流动资金困乏，省商业厅系统企业自有流动资金仅占定额流动资金的7.7%，每年支付银行流动资金贷款利息2亿多元。

4. 企业经济效益不高，出现连年下滑趋势，亏损十分严重。1990年，省商业厅系统亏损单位472个，亏损总额1.19亿元；省供销社系统亏损单位773个，亏损总额1.12亿元，当年汇总全行业亏损5128万元。

5. 乱设卡、乱收费的现象较为普遍，流通不畅的矛盾十分突出，地方工业品大量积压，农副产品“卖难”的问题没有得到妥善解决，严重挫伤了企业和农民的生产积极性。

面对这种状况，为了尽快解决流通领域存在的突出问题，在省长白清才同志的直接主持下，省政府从10多个厅局抽调了20多名厅、处级干部，组成流通问题调查组，对全省10个地、市进行了为期4个多月的调查研究，并考察学习了山东、山西、四川、上海及沿海一些省市的改革经验。在此基础上，草拟出了《决定》征求意见稿，多次征求各地（市）、省级各部门和部分企业经理的意见，经省政府常务会议正式讨论并原则通过后，又提交省委召开的地、市委书记会议讨论修改，于1991年7月20日在《陕西日报》正式公布。从调查研究到《决定》颁布的半年时间里，白清才同志先后9次听取汇报，并作了许多重要指示。

《决定》公布以后，在省内外引起了比较强烈的反响。全省流通领域广大干部职工深表欢迎和鼓舞。《人民日报》、中央人民广播电台等新闻媒介分别作了报道。国务院主要领导同志对《决定》作了重要批示。国务院办公厅《参阅文件》〔1991〕17号作了摘要转发，并加按语指出："陕西省政府对搞活流通制定了若干措施，很有针对性，抓住了要害"。

二

《决定》按照发展社会主义有计划商品经济、建立计划经济与市场调节相结合经济运行机制的基本要求，针对陕西流通领域存在的主要问题，采取理论性与操作性结合的方法，比较系统地论述了搞活流通的指导思想、改革目标、方针政策和基本措施。全文共分11个部分，其主要内容是：

1. 在思想认识上，要求进一步解放思想，转变观念，克服"轻商"、"抑商"思想和产品统购包销体制的影响，纠正重生产、轻流通的倾向，增强流通与生产一样必要的观念、社会主义统一市场的观念、按照市场需求组织生产的观念和市场竞争观念。象重视生产一样重视流通，把进一步深化改革、搞活流通作为发展社会主义商品经济的长远大计来抓，抓住流通这个"活跃经济的中心链条"，促进国民经济持续、稳定、协调发展。

2. 在流通体制改革目标的确定上，明确要求"建立开放、畅通、灵活、高效、可调控的流通体系"。开放、畅通，就是要打破生产与流通的分割、流通领域内部的分割和行政区域的分割，面向国际、国内两个市场，促使商品自由流通，做到货畅其流。灵活、高效，是指不断提高企业经营的灵活性和对市场反应的灵敏性，保持较高的运转效率、经济效益和社会效益。可调控，是要求政府综合配套的运用经济、行政、法律等各种手段，有效地对市场实行宏观管理和适时调控。

3. 在计划管理与市场调节上，适当减少了指令性计划品种，扩大了市场调节范围。对重要消费品，属治理整顿期间国务院计划管理的36种放开了10种，省管的11种全部退出计划管理。对重要工业生产资料，国务院指导性计划管理的14种和省管的10种，都全部放开。

4. 在价格改革上，总体构想是：属于中央管理的价格管住管好，属于省内管理的价格大部放开。省级管理的商品价格，除定量面粉、小米、粳米、药品、市场用煤（含成型煤）、化肥、农药、农用薄膜、木材等9种外，其余125种商品的出厂价、批发价和零售价全部放开，定价权放给生产、经营单位，并取消价格申报制度。价格放开后，全省按社会商品零售总额计算的3种价格形式所占比重分别为：国家定价占17.4%，国家指导价占5.4%，市场调节价占77.2%。放开商品价格所占的比重比1990年扩大了16.1个百分点，高出全国平均数24.2个百分点。

5. 在打破封锁分割、确保货畅其流上，对未经批准设立的关卡，坚决撤掉；原先经批准设立的，也先停止检查，重新进行审查。确需保留的检查站（所、卡、岗），必须报省政府批准，并将其位置、任务和收费标准向全社会公布，由所在地挂牌，接受群众监督。对非法设卡收费的，按侵犯生产经营者权益论处，追究审批人的责任，造成经济损失的要给予赔偿。原出省须经审批的粮食、生猪、猪肉、棉纱、坯布、羊绒、羊毛、蚕茧等8种商品，一律不再报批，由经营者直接向运输部门办理手续。

6. 在强化产品营销上，要求按照市场需求和销、供、产的顺序安排组织生产，开展全方位的促销活动。选调一批有营销实践的职工和大专毕业生充实推销队伍，大力宣传、表彰和奖励优秀推销人员。对推销地产品实行适当鼓励政策，允许国营商业按进销差率的2%、工业企业按收回销售货款的1‰至3‰提取推销费，进入成本，也可实行不同形式的销售包干。在搞活乡镇企业产品和农副产品流通上，进一步支持和引导农民进入流通领域。凡推销当地供过于求农副土特产品特别是鲜活商品的，经批准可给予减免税照顾。

7. 在企业经营机制改革上，对国营零售商业和饮食服务业，区别情况，实行改、转、租、包、卖。企业可以打破行业界限，互相渗透，一业为主，综合经营。企业用工实行劳动合同制、干部聘任制和内部待业制。在职工人均收入增长幅度不高于经济效益增长幅度的前提下，允许企业自主分配，职工收入上不封顶、下不保底。

8. 在恢复供销社民办性质上，要求理顺政府及县联社与基层社的关系，理顺领导工作人员与社员大会的关系，避免不必要的行政干预。积极扩大社员股金，明确供销社的产权构成，防止对供销社资产设施的平调。对供销社因承担政府委托的某些重要商品任务而发生的政策性亏损，哪一级政府委托的由哪一级政府补贴。

9. 在搞活粮油经营上，实行平议价经营分开，政策性亏损与正常经营分开。平价经营，城市粮店实行合理的批零差价，农村粮站试行定额费用包干。议价经营，把企业与地方财政利润“二八”分成改为倒“四六”分成，六成留给企业，主要用于经营设施建设和补充流动资金。

10. 在增补国合商业自有流动资金上，明确规定以下渠道：从税后留利中提取10%至15%；国营批发企业从超承包基数上交财政返还的利润中提取40%；从销售额中提取0.1至1%；经营地产工业品所得税减征10%的部分。上述提取的资金均免交能源交通基金和预算调节基金。

11. 在税、费征收方式上，国合商业批发企业代扣零售环节营业税、随购代征生产者的农林特产税和育林基金，分别改由税务、财政和林业部门直接向纳税人征收。

12. 在市场培育和建设上，坚持国家、集体、联营、个体四个轮子一起转，多种形式、多种渠道一起上。多方筹集资金，积极发展固定的零售市场和辐射远、集散快、吞吐量大的专业批发市场。各类市场，工商部门、厂矿企事业单位、乡村经济组织和私人都可以办，农民还可与其他经济成份联办，实行谁投资、谁受益。加强流通设施和商业网点建设，凡用银行贷款建设或改造的流通基础设施和大型商业网点，3年内不纳入财政预算，新增的税利全部用于还贷。

解决流通问题的关键在于进一步放开搞活。《决定》以深化流通体制改革为主线，把进一步放开搞活作为主旋律，较好地处理了计划管理与市场调节的关系，主渠道与多渠道的关系，城乡市场、内外市场、消费品市场与生产要素市场之间的关系，生产与营销的关系，微观搞活与宏观调控的关系，符合党的十一届三中全会以来的路线、方针、政策，符合邓小平同志视察南方谈话精神和党中央关于加快改革开放步伐的要求，切合本地的实际，成为指导陕西流通体制改革的一个纲领性文件。

三

为了全面贯彻落实《决定》精神，加快流通体制改革的步伐，尽快建立商品流通的新体系，使《决定》中的各项规定和要求付诸实施，变为全省人民的实际行动，陕西省主要采取了以下几项措施：

1. 统一思想，加强领导。思想是行动的先导。贯彻落实《决定》，关键在于提高全省人民特别是各级领导干部的思想认识。在《决定》下发前后，省、地、县各级和有关部门都分别召开会议，以及采取其它形式，组织各级领导干部学习《决定》，统一认识，转变观念，正确认识和处理生产与流通的关系、对上级主管部门负责和对发展地方经济负责的关系、对原有规定负责和建立新的流通体系的关系。各部门、各单位、各企业也都集中一段时间，组织广大干部职工学习《决定》，领会文件的精神实质，上下左右形成贯彻《决定》的合力。省、市报纸、电台、电视台还发表社论、短评员文章，开辟专栏，宣传贯彻落实《决定》的目的意义，交流各地流通体制改革的经验，为贯彻《决定》鸣锣开道。

2. 层层成立机构，落实工作责任。省、地(市)、县各级都分别成立了市场协调委员会，下设办公室。委员会成员包括计委、体改委、财政、工商、物价、商业、物资、经委、农办等部门的领导同志，主任一般都由政府分管流通工作的领导同志担任。办公室有的设在财办，有的设在体改委，还有的设在商委或经委。委员会的主要任务是负责对辖区内市场的统筹协调和宏观调控，具体抓好对贯彻《决定》的督促检查和有关配套政策的制定，及时研究解决《决定》执行过程中的新情况和新问题。对于流通方面的工作，凡是市场协调委员会能够决定拍板的，都不再提交政府常务会或办公会讨论研究。

3. 结合陕西实际，制定配套文件。过去一些基层单位习惯听命于上级主管部门，设有条条的指令，政府的红头文件很难发挥作用。针对这种情况，在贯彻落实《决定》中，省市场协调委员会指定省级18个部门，围绕《决定》中的有关条款，制定相应的配套政策和实施细则。经过两个月的工作，共草拟配套文件54个。到年底时，已经省市场协调委员会审定下发的有《陕西省城市商业网点建设的管理规定》、《关于加强零售环节营业税征收管理的通知》、《关于印发计划管理商品目录及管理的基本原则等有关问题的通知》等10多个。不少地、市结合本地实际，也提出了具体贯彻意见。

4. 督促检查，典型引路。1991年8月和11月，省上先后两次抽调40多名处级以上干部，分赴10个地、市检查了解贯彻《决定》情况。9月下旬，还召开了地(市)市场协调委员会主任会议，汇报贯彻《决定》的措施和问题。省、市、县各级政府在商业、粮食、供销、医药、物资、外贸等系统选择900多户企业先走一步，进行典型引路。宝鸡市还把陇县确定为山区流通试验区，以推动贫困边远地区的流通体制改革。在各地学习贯彻《决定》中，省体改委按照省政府的指示，在工作基础比较好、贯彻《决定》成绩显著的咸阳市召开了全省流通体制改革座谈会，交流贯彻落实《决定》的经验，安排部署进一步深化流通体制改革工作。

四

《决定》贯彻执行以来，短短几个月时间，陕西流通领域发生了显著变化。

1. 全社会重视流通的局面初步形成。各级领导以马克思主义再生产的理论为指导，把搞活流通提到战略高度，作为实现"八五"计划和10年规划的重要保证以及发展社会主义有计划商品经济的长远大计来对待。省政府多次召开常务会议，研究解决流通领域的重大问题。省人大、省政府也都分别听取流通体制改革情况汇报，组织搞活流通方面的调查研究，并提出许多重要意见和建议。省、地、县许多领导干部深入基层检查工作，也都同时检查流通领域的工作，帮助企业解决贯彻《决定》中的问题。广大干部职工通过学习《决定》，重生产、轻流通的观念有所转变，象重视生产那样重视流通的风气正在形成。

2. 市场培育和商业网点建设步伐加快。1991年，全省国合商业新建、改建、扩建商业网点680个，其中新建、改建大中型网点50多个，下伸农村批零网点增加148个。全省新建各类市场143个，集贸市场总数达到2277个，市场商品成交额比上年增长21.3%，相当于全年社会商品零售总额的24.8%。已建成一批辐射面广的大型专业批发市场，为把企业推向市场创造了条件。

3. 打破封锁、撤除关卡的工作成效显著。《决定》一公布，省、地两级即出动公安干警1590人次，撤除各类道路检查站卡2289个。经重新审查批准的184个站卡，也向社会公布，挂牌接受监督，有力地制止了乱检查、乱收费，促进了货畅其流和统一市场的初步形成，使流通企业的外部条件得到很大改善。

4. 流通企业活力增强，效益提高。随着《决定》的贯彻执行，流通企业的经营环境有所好转，经营机制初步转换，企业在经营、价格、用工、分配等方面的自主权进一步扩大，经营效果明显好转。1991年，全省社会商品零售总额达到203.4亿元，比上年增长10.3%，其中贯彻《决定》后8～12月比上年同期增长13.6%。国营商业实现利润6013万元，比上年增长32.4%。供销社系统盈亏相抵后，减亏3399万元，减亏幅度达66.7%。省外贸系统进出口总额达到8.14亿美元，比上年增长40.9%。省粮食系统经营议价粮油实现利润增长了1倍，食品经营利润增长9.4%。物资、医药、烟草等行业经营状况良好，经济效益显著提高。

（李相启　杨智清　执笔）

改革商品流通体制，发展社会主义市场

广州市经济体制改革委员会

广州市商品流通体制的改革，以“搞活流通”为突破口，经过12年的改革，流通体制正从传统的产品经济的模式向社会主义有计划的商品经济的模式转变。1991年，广州市按照大商业、大市场、大流通的思路，进一步推进流通体制改革，搞活市场，搞活流通，使市场形势在经历了近年来出现的过热和疲软两个阶段之后，实现了在总量上的供需基本平衡，趋向良性循环，并进入了建国以来最繁荣兴旺的时期。

一、生机盎然的广州市场

（一）消费品市场日益扩大

广州市的农副产品市场迅速发展，1991年新建城乡贸易、批发市场21个，目前有肉菜市场58个，农贸市场362个。市区主要副食品的零售量，1991年为48万吨，比上年增长8%，其中肉类、鲜蛋、水产品分别为15.6万吨、2.38万吨、9.27万吨，比上年增长8.28%、12.11%和6.35%。蔬菜供应做到淡季不淡，每天上市保持有40多个品种，170万公斤左右，丰富了市民的“菜篮子”。

工业品市场繁荣，有自己的特色，形成以5个一级（大型）商业群为中心，8个二级（中型）商业群为骨干，70个三级（小型）商业群为基础的多层次群体网络。1991年广州市日用工业品市场，穿和用的商品零售量，分别比上年增长24.4%和15.57%，工业品市场日常供应的商品品种近10万种，销售额占社会商品零售总额的70%。

1991年，广州市的社会商品零售总额为177.39亿元，比上年同期增长14.95%，若剔除物价上升因素，实际增长12.7%，是1985年以来，扣除物价因素，实际增长速度最高的一年。全市社会商业收购商品额为175.68亿元，比上年增长10.61%，其中收购工业品为140.86亿元，增长11.68%，收购农副产品为31.46亿元，增长6.08%。目前，广州市的商业服务网点10.5万个，商业服务人员60.92万人，每百人平均拥有1.8个商业网点，商业服务人员10.25人。

由于市场物资的丰富，广州市日用消费品已全部敞开供应。限量供应的项目已经基本取消。过去广州市居民凭票供应的农副产品、日用工业品等有65种，到1991年止，仅剩下粮食、液化石油气两种。这两种商品的供应，同时实行凭票证供应和市价供应两种办法。

（二）生产资料市场初具规模

1991年广州市围绕发展生产资料市场，进行了一系列的探索，进一步完善现有的钢材交易中心、机电贸易中心、化工贸易中心、木材交易中心、建材交易中心和物资贸易中心、三资企业生产资料市场等等。生产资料市场以国营物资企业为主渠道，以生产企业自销渠道、供销和商业部门兼营渠道、基建部门购销机构渠道、集体所有制及乡镇的物资经营渠道、中央及外地驻穗单位以及外地与本市有关部门联营的供销企业等，组成纵横交错的生产资料交易网络；新建立了开放式、多功能的“广州市生产资料交易市场”和“广州市石牌生产资料综合市场”。

（三）其他生产要素市场逐步建立

金融市场进一步发展。1991年末，城乡居民储蓄存款余额达到245.91亿元，比年初增加64.75亿元，增幅达36.52%，居全国十大城市第三位。以经营同业拆借业务为主的广州市金融市场正式开业，成交活跃。全市累计拆借74.66亿元，其中拆出59.85亿元，拆入14.81亿元。市外汇调剂中心增加了营业场地和人员，添置了电子通讯设备和交易工具。1991年外汇调剂总额达10.4亿美元，个人外汇调剂额买入516万港元，19万美元；卖出342万港元，3万美元。证券市场不断发展。广州证券公司扩大了营业规模。目前，全市有承办证券代理发行和转让业务和金融机构49个，证券代办机构27个。1991年共发行各类证券19.18亿元，柜台成交买卖8.67亿元。1991年我市国库券发行采取新的办法，市18家专业银行的信托投资公司、信用社与财政部门签订了承购包销我市国库券发行任务的协议，数额为1.4亿元，占总发行量的87.5%。

科技市场迅速扩大，加速科学技术向生产力的转换。据1991年底统计，全市共设立技术商品经营机构286个，技术咨询机构316个，技术合同金额8663万元，比上年增长31.2%。技术市场不断发展，除了市内常设的技术市场继续发展之外，在广州举办的全国技术交易市场取得了新的成绩，1991年这个交易市场成交额达14亿多元，参展新技术新产品3000多项，其中获国家级和部级奖励及专利的技术占30%，比前两届增长10%，广州市1991年在国外举办了6次科技新产品新成果展销会，参展项目277项，展销成交额比上年大幅度增加。

初步形成了劳务市场体系，实行企业同劳动力双向选择。各区、县建立职业介绍所及劳务市场服务部等常年性固定劳务市场。全市有各类劳动服务公司700多个。

房地产市场不断发展。成立了房屋交易中心。到1991年底为止，市区通过房屋交易中心和房地产开发公司各自售房，共交易房屋67423套，面积517万平方米。通过住房制度改革，积极组织公有住房出售，到1991年底止，在市区共出售公房3万套，面积173万平方米，回收资金2亿多元。部分土地实行了有偿出让和转让。

开设了产权转让市场、闲置设备转让市场和拍卖市场。全市有119户劣势企业被优势企业兼并，闲置设备通过市场调剂成交的约有5000多万元。通过拍卖市场开拍成交有40万元。

信息市场异军突起。现已有300多家信息咨询机构，开展各种信息咨询业务。全市有经纪服务所9个，持证经纪人874人，创办3年来成交中介商品1.1亿元。

二、几点做法

广州的市场之所以能发生这么大的变化，主要是在坚持社会主义方向的前提下，抓了以下几项工作：

（一）敞开城门，搞活流通

首先，大力发展城市农贸市场，兴办各种农副产品批发市场和行栏栈，为农副产品进入广州市场提供良好的环境。从而使农民完成国家定购任务外的粮食以及禽蛋、水产、水果等农副产品源源不断地涌进城市，使广州的消费品市场得到迅速发展。1991年的集市贸易成交额为48.96亿元，比上年增长14.4%。

第二，向全国敞开大门，加强同各地的经济联系。放宽对外地来穗开办企业的政策，简化手续，采取多种办法鼓励外地企业来穗设店经营。到1990年，外地企业来广州开店办企业的有上万家。1991年，全市实施横向经济联合协作项目173项，实际投资1.75亿元，协作项目产值22.77亿元，利润总额1.79亿元，比上年增长8.44%。市属国合商业从市外生产部门购进商品37.48亿元，比上年增长14.61%；从市外商业部门调入商品总值47.44亿元，比上年增长19.09%。

第三，对外敞开大门，“引进来”、“打出去”，把广州市场同国际市场衔接起来。1979年以来，广州逐步扩大对外开放，采取多种形式，积极利用外资，引进先进技术设备和管理经验，兴办技术先进型和出口型的工业项目及创汇型农业，扩大出口。1991年，我市利用外资项目2678项，利用外资合同金额8.75亿美元，实际利用外资金额3.77亿美元；外贸出口总额18.41亿美元，比上年增长27.57%，提前142天完成全年的出口计划；已经登记注册的“三资”企业1985家，比上年末增加485家。

（二）以国营商业为主导，集体、个体商业一齐上

我们坚持在以国营商业为主导的前提下，积极发展集体商业，适当发展了集体、私营、个体零售商业。市政府颁发了《关于积极支持发展集体和个体经济的通知》、《广州市发展私营企业的若干规定》等文件，放宽政策，要求各有关部门积极配合，帮助集体、个体工商户解决生产经营中所需的商品、原材料、用地、资金等问题。目前，初步形成了以公有制为主体的多种经济成分并存的多元化商业结构。从1978年到1991年，全民所有制商业占社会商品零售额的比重，从86.1%下降到49.51%。集体商业的比重从占8%上升到18.09%；个体、私营商业几乎从零上升到占19.16%；合营商业也是从零上升到占4%；农民对非农业人口经营的商业从占1.5%上升到9.24%。个体、私营经济的发展，成为国营集体商业重要的补充。使商业网点遍布街头巷尾，方便了人民生活，扩大了劳动就业。过去长期存在的理发难、做衣难、吃饭难、买东西难等问题，得到了解决。

通过发展多种经济成分来搞活流通，国营肉菜市场的改革是一个很好的例子。过去国营肉菜市场只有国营独家经营，商品花色品种少，质量差，职工服务态度也不好。开放了农贸市场后，有一段时间，国营竞争不过个体，国营肉菜市场顾客少，显得冷清。为了解决这个问题，我们在国营肉菜市场引进了个体户，由国营、集体、个体同场经营，同场竞争，这就促使国营店档改进了服务态度，拓展了多种经营，提高了商品的质量，从而使整个国营肉菜市场活跃起来。去年全市国营肉菜市场引进了个体摊档，均收到了比较好的效果。

（三）落实企业经营自主权，增强企业的活力

首先是扩大企业自主权。逐步把国家对企业的所有权与企业的经营权适当分开，政府部门对商业企业从直接管理为主，转为间接管理为主。改革了购销等管理体制，使企业在计划、价格、经营、财务、人事、分配等方面有了较大的自主权。同时，推行和不断完善各种形式的承包经营责任制，基本理顺了国家和企业的利益分配关系。其次是深化企业内部的改革。改革了企业领导体制，大力实行内部经济责任制，实行工资总额与经济效益挂钩，试行全员风险抵押承包经营，并相应地精简机构和行政人员，改革用工制度，优化劳动组合，加强民主管理。发展工商、农商、商贸、商商联合，完善和筹建新的商业集团公司。1991年我市在不断完善6个商业集团公司的同时，着手筹建4个新的集团公司。通过上述改革，调动了企业和职工经营的积极性，增强了企业自我改造和自我发展的活力。

（四）改革商业购销体制

改革开放后，我们改革了购销体制，实行多渠道、少环节的购销体制，允许人不分公私，地不分南北，自由购销，产销见面，就地交易。商业企业可以开展综合经营，厂店挂钩。还实行了商商、农商、工商、贸商联合等等。如南方大厦百货商店过去仅从18个单位进货，现在进货挂钩单位达2000多个，经营品种从18600种增加到75000多种。

蔬菜的购销，采取三项放开措施：放开品种的指令性种植任务，品种由生产者自行安排；放开价格，实行产销见面，议价成交；放开流通渠道，允许国营、集体采用多种形式经营蔬菜，允许个体商贩、菜农参加经营，实行多渠道流通。这一做法，效果十分显著：一是调动了菜农的积极性，增加了有效供给。蔬菜的生产品种，由改革前的三四十种，增加到目前的100多种，上市蔬菜的可吃率由过去的40%～50%提高到90%以上。二是流通领域多渠道竞争搞活了市场，提高了服务质量。国营、集体、个体商贩、联合体、菜农等发挥各自的经营优势，减少了流通环节，降低了损耗，提高了经济效益和社会效益。

（五）尊重价值规律，推进价格改革

1991年，广州市的价格改革，充分利用治理整顿、经济复苏的有利时机，调整了一批收费项目，对16种生产资料实行了并轨，从而为进一步深化改革，搞活企业、发展社会主义商品经济创造了条件。针对我市公共汽车票价偏低的情况，先后调整了出租汽车、公共汽车票价；并调整了电话、托幼、车辆保管收费；继续理顺粮食购销价格；调整了牌价大米价格，并考虑到职工承受能力适当增加了职工的补贴；还放开了居民生活用煤的价格。与此同时，强化了物价管理，加之社会总需求与总供给趋于基本平衡，从而有效地控制了物价总水平的上涨幅度。1991年市消费品零售物价指数仅比上年上升2.0%。1991年，全市农副产品除合同定购的粮食和牛奶仍

实行国家定价，收购基数内的甘蔗实行国家指导价格外，其余农副产品的价格已经全部放开。工业消费品价格方面，所有日用小商品价格也全部放开；对大宗工业消费品先后作了重大调整；先后放开了缝纫机、手表、电风扇、收录机、铝锅等价格。放开卷烟、食糖、啤酒、汽水、火柴、灯泡、电筒、电池等价格。与此同时、对仍保留国家定价的食盐、棉布、汗衫背心、洗衣粉等价格，作了适当的调整，并有计划地扩大了日用工业消费品的质量差价、地区差价和城乡差价。农产品价格通过调放，使农产品价格基本上反映了它的价值和供求关系。农产品的季节差价，比改革前扩大20～50%，初步实现优质优价，初步改变了过去那种价格严重偏低的状况。

通过价格的调、放、管，逐步改变了过去价格严重扭曲、购销倒挂等不正常的现象，减少了财政补贴。目前广州市取消了财政补贴的有糖、鱼、蛋、食油以及一批日用小商品；减少了财政补贴的有蔬菜、猪肉等。1990年，全年用于对农副产品补贴51890万元，为当年财政收入35.95亿元的14.4%，为当年财政支出22.91亿元的22.6%。其中，用于粮食差价补贴34724万元，占补贴总额的66.9%；猪肉价差补贴2400万元，占4.6%；生活用煤价差补贴8556万元，占16.5%；蔬菜渡淡补贴1400万元，占2.7%。

（张学奎　执笔）

苏、锡、常地区社会主义市场体系日趋完善

江苏省经济体制改革委员会

苏州、无锡、常州位于江苏南部，三市共辖12个县（市）和12个城、郊区。苏、锡、常地区通过实行计划经济与市场调节相结合，两者相互渗透，优势互补，使区域内国民经济和社会发展取得了长足进步，社会主义市场体系日趋完善。苏、锡、常地区的总面积和人口，分别只占全省面积、人口的17%和19．26%，但其国民生产总值、国民收入已占全省的34．8%，工农业总产值占全省41．87%，外贸收购总额、地方财政收入分别占全省55．45%和41．67%。

一、苏、锡、常地区发展社会主义市场体系的基本情况

改革开放以来，苏、锡、常地区的商品经济发展速度一直比较快。其中一个很重要的原因，就是这个地区十分注重狠抓市场的培育和建设。截止1991年底，苏、锡、常地区共有各类商品市场1200多个，各类生产要素市场1500多个，基本上形成了与本地区经济发展水平和人民生活需要相适应的社会主义市场体系。从市场种类看，不仅有发达的农副产品、日用工业品、生产资料等各类商品市场，而且已经有了金融、人才、劳务、科技、信息等生产要素市场。特别是在商品市场中，不仅有适应城乡人民生活需要的以零售为主的各类综合市场，而且有适应生产、经营者购销需要的、以批发为主的专业市场，诸如丝绸、纺织、服装、针织、粮食、果品、水产、珍珠、机械、电子、钢材、竹木、家具、陶瓷等各类专业市场。从市场功能看，有以拓宽销售渠道，以推销本地产品为主的产地市场，也有以吸引内地能源、原材料为本地生产服务的销地市场。从市场层次看，有主要是适应人民生活、集体企业、乡镇企业和私营个体经济购销需要的、层次比较低的初级市场，亦有适应大中型企业购销需要的大型批发市场，诸如苏州物资中心、江苏纺织市场、武进物资中心、常州机械电子交易市场、江阴纺织市场、苏州机电产品市场等高层次、远辐射的生产资料和日用工业品批发市场。从市场规模看，虽然苏、锡、常地区绝大部分市场仍处在建设发展之中，但就现有的1000多个商品市场来看，有一定经营规模，有一定辐射能力，在沿海地区乃至全国有一定影响的市场，就有100多个。其中年经营额超过5000万元以上的就有35个，在1亿元以上的就有25个。从市场分布看，基本上形成了与本地区经济发展水平、经济结构、经济特点和人民生活要求相适应的种类比较齐全、布局比较合理的市场体系，初步形成了生产资料和各种要素市场分布区、县，农副产品和日用工业品市场遍及城乡的市场网络。

二、培育建设市场，是苏、锡、常地区发展社会主义商品经济的基础

江苏资源短缺，以加工工业为主，特别对苏、锡、常地区来说，集体、乡镇企业比重占大头。到1991年底，苏、锡、常地区共有集体、乡镇企业12100多个，占全部乡以上工业企业总数的88%，工业总产值为568．6亿元，占全部乡以上工业总产值的60．6%，加上村办工业，则占71．9%。而1991年国家

下达的主要工业品生产计划合计为25项，其中为苏州、无锡、常州三市共有的仅有13项，属于国家计委下达的计划仅有8项。国家指令性计划产品的工业产值只占全地区工业产值的5%，国家计划分配的物资只占整个物资消耗的10%左右。在这样的情况下，苏、锡、常地区要保持经济持续稳定地发展，只有培育发展市场、搞活流通，让企业面向市场，在市场中求生存，求发展。

集体、乡镇企业在没有国家计划制约的情况下，可以充分发挥其经营机制灵活的特点，冲破城乡、地区、部门、行业之间的界限，打通国内市场，发展多层次、多形式、多领域、全方位的横向联合，沟通企业产、供、销的渠道。可以运用价值规律，开展市场竞争，获得稳定充足的能源、原材料供应，生产出价廉物美、适销对路的产品。为了适应众多的企业面向市场的需要，苏、锡、常地区各级政府部门都不失时机地及时引导和大力培育建设市场。他们先从抓农贸市场起步，从抓小商品市场、零售市场逐步转向抓各类大中型专业批发市场，从抓商品市场逐步转向抓各类生产要素市场，积极发展和全国各地市场的联系。特别是利用苏、锡、常地区对外开放的契机，通过发展"三资"企业的途径，直接或间接地与国际市场沟通，扩大同国际市场的联系，以适应发展外向型经济的需要。

三、得天独厚的地理位置和较为典型的经济环境，为苏、锡、常地区的市场发育提供了良好的条件

苏、锡、常地区地处长江三角洲腹地，气候温和，土地肥沃，地理位置十分优越。水、陆、空交通十分便利。再加上苏、锡、常地区是我国民族工业发展比较早的地区之一，以丝织品为主的商品生产和商品交换自古以来就比较发达。这都为搞活流通，培育市场，发展经济提供了极为有利的条件。

党的十一届三中全会以来，特别是1984年《中共中央关于经济体制改革的决定》发表以后，使本来就有比较强烈的商品经济意识的苏、锡、常地区的人们如虎添翼，加上受上海经济、技术的直接辐射和影响，私营、集体、乡镇企业开始兴起并迅速得到发展。由于这些企业产、供、销无计划，要生存，必须面向市场，这就为政府培育和建设市场创造了良好的条件。在市场机制作用下，企业灵活组织生产、经营和销售，从而锻炼了企业对市场的应变能力和适应能力，使企业在市场中不断处于主动的地位。这个地区的经验表明，政府培育市场，市场引导生产。苏州物资贸易中心、吴江东方丝绸市场、常熟招商场、常州机械电子产品市场、宜兴生产资料市场、江阴纺织市场、吴县渭塘珍珠市场等，就是在这样得天独厚的经济环境中培育出来的闻名全国的市场。无锡的小天鹅洗衣机、常州的金狮自行车和苏州的长城电风扇、香雪海电冰箱、春花吸尘器、孔雀电视机等，都是由几家集体企业在激烈的市场竞争中创造出来的名牌产品。

四、通过培育市场，促进苏、锡、常地区的经济发展

苏、锡、常地区之所以经济发展比较快，一个重要的原因，就是在坚持计划经济的前提下，充分发挥了市场调节的作用。具体表现在以下几方面：

一是保供。苏、锡、常地区除极少数关系到国计民生的基础工业的能源、原材料依靠国家供应外，绝大多数企业的能源、原材料都是从市场取得的。如苏州物资贸易中心和全国29个省市的30多个中心城市、9000多个物资、生产企业建立了贸易联系，年成交额超过100亿元。苏州市2万多个企业的1/3原材料都是靠这个市场获得的。宜兴生产资料市场年经营额达9.9亿元，解决了苏、浙、皖，特别是无锡地区工农业生产的急需。1991年苏州、无锡两市的金融市场从全国各地拆借资金60多亿元，在企业资金相互严重拖欠的情况下，缓解了资金供求紧张的矛盾。苏州市人才、劳务市场建场后交流了人才5884人次，介绍就业88500人次，调剂了人才余缺，缓解了就业矛盾。

二是促销。通过市场的导向，促进了地方工业产品结构的调整，拓宽了产品销售渠道，稳定了销售基础。如吴江东方丝绸市场建场5年来，为地方丝绸工业的发展立下了汗马功劳。1991年这个市场的丝绸化纤平均日销售量达20～40万米，年销售额已突破10亿元。全县400多家丝绸化纤织造业，按照市场提供的信息进行生产，适销率达95%以上，至今没有一家企业亏损。

三是带动。办一座市场，兴一门产业，活四处经济，富八方群众。常熟招商场从1985年开业以来，带动了常熟地区针织、服装业的大发展，目前已形成

10万人的生产大军。现在是天天万商云集，日日车水马龙，年成交额已达4亿元，截止1991年底，已累计上交财政5496万元，在招商场周围还形成一个门类齐全、多功能、多层次的服务群体。

四是稳定。通过发展市场，促进了生产，搞活了流通，调剂了社会供求的平衡，保证了社会经济的稳定。1991年苏、锡、常地区遭受了百年未遇的特大洪涝灾害，常州市1．2万亩疏菜受淹。在居民疏菜供应受到很大威胁的情况下，常州市万福桥等疏菜批发市场，充分发挥了市场的调节功能，正当5500多亩良田疏菜绝收的时刻，通过市场将外地疏菜源源不断地流进了常州，每日上市疏菜7～8万斤，有效地缓解了全市疏菜供应紧张的局面，安定了民心。

五、遵循市场建设的基本原则，建立健全市场管理规则

经过10多年的探索和实践，苏、锡、常三市在市场建设上，博采众长，兴利除弊，研究总结出一套有利于市场建设健康有序发展的做法和经验。这些做法和经验主要是：

1．因地制宜，因势利导。培育建设市场一定要按照客观规律办事，从本地经济发展对市场流通的客观要求出发，兴办不同类型、具有地方经济特色的市场，才能更好地促进本地区的经济发展。政府在培育市场中，要注意发现市场萌芽，及时地扶持引导，为市场的培育创造条件。

2．实事求是，量力而行。市场的培育一般要由小到大，由低到高，逐步发展。在经济不发达地区，应先从抓农贸市场和小商品市场建设起步，在工业较发达的地区，则可从抓商品零售市场转向抓专业批发市场，抓重点发展各类生产要素市场的建设。

3．统筹协调，优化结构。培育建设商品市场，必须符合本市、本地区经济发展的布局和产业结构的调整。统筹兼顾，合理分工，优势互补，协调发展。要克服各自为政，防止力量的抵消和分散。苏、锡、常地区在培育市场乃至整个经济发展上，三个市既是竞争对手，在同一地区、同一条件的市场环境里，互相竞争，互不示弱，同时又是很好的合作伙伴。在培育建设大型、高层次、远辐射的市场上，他们能注意合理分工、充分发挥各自的经济优势，带动3个市的发展，形成优势互补的利益共同体。

4．坚持开放，公平竞争。在实践中，他们深深地体会到，发展商品经济一定要全方位开放，允许不同地区、不同所有制的生产者和经营者进场交易，打破地区封锁和条块分割，打破人为的行政壁垒；真正做到货畅其流，公平竞争，鼓励先进，鞭策落后，以增强企业市场的竞争实力和市场应变能力，促进整个社会的进步和发展。

5．政府组织，部门主办，经营管理两分开。经过多年的探索和总结，他们认识到，统一、开放是市场的本质要求。市场只有由政府组织、部门主办，坚持经营管理两分开，才能防止垄断，保持竞争，充分发挥市场机制的作用，使整个经济充满生机和活力。同时为了减少国家财政的压力，苏、锡、常地区把市场作为事业单位，进行企业化管理，实行服务性经营，以场养场，以保持市场的正常运转和发展。

6．建立、健全市场服务管理体系。为保证市场交易能健康有序地进行，必须建立、健全市场管理的各项规章制度。经过几年的实践和总结，苏、锡、常地区绝大部分市场都制订了市场管理办法和市场交易规则。有条件的市场内部都建立了由工商、税务、物价等部门参加的市场联合管理办公室，以加强对市场的监督和管理，做到使市场交易公开化、规范化、合法化，使之活而有序、放而有度、管而有法。

随着改革开放步伐的加快和江苏以市场调节为主的新的经济运行机制的逐步建立，苏、锡、常地区社会主义市场体系的建设将会进入更新更高的层次。

（阎怀民　潘赤峰　执笔）

1991年价格改革概述

国家物价局

1991年，是我国国民经济治理整顿的第三年，也是“八五”计划的第一年。在党中央、国务院的正确领导下，在全国人民的共同努力下，通货膨胀继续受到抑制，全国全年零售物价总水平上升幅度为2.9%；与此同时，国家抓住有机时机，积极稳妥地推进价格改革，无论在价格结构性调整方面，还是在价格管理体制改革方面，都迈出了重要步伐。价格改革的深化，对支持农业生产，加强基础产业，调整经济结构，减轻财政负担，搞好国营大中型企业，促进国民经济的稳定回升，起了重要作用。

一、粮油价格改革取得重大突破

1991年5月1日起，国务院决定提高城镇居民定量供应的粮油统销价格。这是国务院在全面分析经济形势和粮食形势的基础上，做出的重大决策，是我国价格改革进一步深化的重要标志。

长期以来，为保证城镇居民的基本生活，国家对城镇居民实行凭证、凭票定量供应粮油的办法，价格一直保持不动。这次调价前的定量粮油价格是60年代中期按照购销同价的原则制定的。那次粮油调价幅度很小。例如，1966年8月1日调整粮食统销价格，27个省会以上大城市平均玉米面每500克提价2分，大米每500克提价1分多一点，面粉每500克降价5厘3。1966年那次调价后，25年过去了，粮油统销价格一直未做调整。但是，1978年党的十一届三中全会以来，国家为了调动农民的生产积极性，促进粮油生产发展，曾先后多次提高了粮油的收购价格。1990年与1966年比，粮食和食用植物油的国家收购价格分别提高了1.5倍和2.1倍，以致购价大大高于销价，购销价格倒挂差额以及粮食部门的经营费用都由国家补贴。这一措施，对稳定市场物价、安定人民生活曾起了重要作用。但随着生产的发展和改革的深入，其弊端也越来越明显，主要是：

第一，定量粮油购销价格倒挂严重，加重了国家财政负担，影响了粮油生产和流通。这次调价前，面粉、大米、玉米3种粮食，国家定购价格全国平均每500克近3角，而供应给城镇居民，每500克只有1角4分多，购销价格倒挂1角5分多。加上粮食经营费用，城镇居民每购买500克定量粮食，国家需补贴3角左右。6种食用油（花生油、芝麻油、菜籽油、棉籽油、茶籽油、豆油），国家定购价格全国平均每500克为2.14元，而供应给城镇居民，每500克只有0.8元左右，购销价格倒挂1.35元左右。加上食油经营费用、城镇居民每购买500克定量食油，国家需补贴近2元。随着粮油购价和经营费用的上升，国家用于粮油的补贴逐步增加，1978年为36亿元，1980年上升到108亿元，1990年高达400亿元。财政负担日益沉重，从长远看，影响了国家对农业给予更多的资金投入，对粮油生产的发展不利。同时，定量粮油购销价格倒挂，导致粮油企业政策性亏损严重，影响了粮油正常流通，不利于粮油企业改善经营管理。

第二，粮油销价城乡倒挂，给工农关系和城乡关系带来了不利影响。从1985年起，国家返销给农村的粮油改为购销同价，此后随着收购价格的变动，对销价作了相应调整。但供应城镇居民的定量粮油销价一直未动，以致粮油销价城镇低于农村，形成了城乡价格倒挂。例如，国家设在诚市近郊区的粮店，供应同样的粮食，吃返销粮的农民购买价格高于城镇居民购买价格。这种状况如长期维持下去，不利于改善工农关系和城乡关系，需要采取措施，逐步加以解决。

第三，粮食销价偏低，不利于节约用粮。我国是一个拥有11亿人口的大国，耕地面积少，人均粮食占有量较低，粮食还不宽裕。但另一方面我国浪费粮食的现象也很严重。据有关部门初步统计，全国每年仅餐桌上浪费的粮食就达25到30亿公斤，这与粮食销价偏低有很大关系。

以上情况充分说明，城镇定量粮油销价长期偏低，不仅加重了国家财政负担，影响了粮油生产和流通的发展，而且不利于改善工农关系和城乡关系，不利于树立爱惜粮食、节约粮食的良好风尚。这个问题已经到了非解决不可的时候了。

长期以来，粮油购销价格倒挂的矛盾虽然已经很突出，但没有条件解决。经过10多年的经济体制改革和两年多治理整顿，改革粮油销价的时机成熟了。一是社会稳定，人心安定，通货膨胀受到抑制，市场物价持续平稳；二是粮油连续两年丰收，粮油货源充足，市场粮油价格稳中有降；三是随着人民生活水平的提高，粮食在居民生活消费中的比重已由1978年的17%下降为5%左右，提高粮油价格对居民的影响程度较之过去大大减少；四是经过10多年改革，广大群众的商品意识增强，对价格改革的心理承受能力增强，普遍认为粮价确实偏低，对提高粮油价格有一定思想准备。国务院抓住这一有利时机，果断决定把粮油价格改革推向前进，事实证明这一决策是完全正确的。

鉴于定量粮油统销价格偏低，购销价格倒挂是多年积累下来的问题，只能逐步解决。如果提价幅度过大，部分地区提价连锁反应要加大，物价总水平要多上升，对职工要多补贴，企业和居民的负担要多增加。考虑到整个经济还处在回升阶段，有些地区企业亏损面还在扩大，甚至连职工的基本工资都发不足。上述情况制约着调价的步子不宜过大。国务院综合考虑到国家、企业和个人的承受能力，经过反复研究决定：

1. 定量供应城镇居民的3种粮食（面粉、大米、玉米、标准品）的统销价格，全国平均（下同）每500克由0.147元提高到0.247元，提高0.10元，提高幅度68%。其中，标准粉每500克由0.177元提高到0.277元；大米每500克由0.143元提高到0.266元（粳米每500克由0.16元提高到0.311元，籼米每500克由0.138元提高到0.252元）。玉米由每500克0.09元提高到0.148元。

2. 定量供应城镇居民的食用植物油统销价格提高到现行定购价水平，实行购销同价。6种食用植物油全国平均每500克由0.79元提高到2.14元，提高1.35元，提高幅度170%。其中，花生油每500克由0.82元提高到2.31元，芝麻油每500克由0.89元提高到2.38元，菜籽油每500克由0.76元提高到2.07元，茶籽油每500克由0.89元提高到2.35元，精炼棉籽油每500克由0.73元提高到1.9元，豆油每500克由0.81元提高到1.34元。

3. 城镇居民定量粮油提价后，供应给饮食、糕点、酿造等行业用的平价粮油的价格也相应提高。因此，属于口粮转化的粮油制品（如馒头、油条、切面、挂面等），以及部分地区仍以平价粮油为原料或辅料的相关产品（如酱油、醋、糕点等），其价格也相应有所提高。各地人民政府按照企业合理经营，价格从严控制的原则进行了具体安排。

4. 鉴于广东、福建、海南三省是改革开放综合试验区，粮油价格改革的步子可以比全国其他地区步子更大一些。广东、福建两省的籼米（三级标二），价格在原来已经高于全国平均水平的基础上，这次每500克又提价0.15元，比全国统一部署多提0.05元。这样，不仅率先实现了购销同价，而且经营费用还得到一定补偿。其中每500克籼米广东可补偿费用0.093元，福建可补偿0.079元。对海南省，允许单独提高粮食定购价格，每500克稻谷由0.25元（折大米0.36元）提高到0.35元（折大米0.50元）；按购销同价安排，籼米销售价格每500克由0.16元提高到0.50元；同时规定上述购销价格均为中准价，允许海南省根据情况在上下不超过5%的幅度内浮动。

应当说，国务院最后确定实施的上述调价方案，是一个积极稳妥的方案。从食用植物油看，其定购价格经过近几年的提高，特别是上年大幅度的提高，已经基本上提高到了合理的水平，与现行议购价格差距不大，实行购销同价的条件已经成熟。这次购销同价后，迈了一大步，国家只补贴经营费用，再走一小步，价格即可基本理顺。从定量口粮看，购销价格现行倒挂一角五分，这次先解决一角，作为“还老帐”，也算走了一个中步。为今后随着粮食定购价格的提高，购销价格联动，新帐不欠，老帐逐步还，为进一步实行购销同价开辟了道路，打下了基础。

定量粮油销价提高后，为使广大城镇居民实际生活不受大的影响，同时考虑到目前国家和企业都有一定的困难，国务院决定，按照国家、企业、个人共同分担的原则，给城镇居民以适当补偿。根据党的十三届七中全会提出的"结合价格、住房和医疗保险制度的改革，把一部分福利性补贴逐步纳入工资"的精神，这次粮油提价补偿，不采取按居民发放价格补贴的办法，而是把对职工及其家属的补偿纳入职工基本工资，给每个在职职工增加工资6元。对离退休人员，按照在职职工的标准给予补偿；大中专学生，因无赡养负担，给本人适当补偿；对解放军和武警干部战士、民政优抚救济对象及其他有关人员，也给予适当补偿。

这次粮油价格改革，由于党中央、国务院决策正确，各级政府高度重视、精心组织，物价、粮食、财政、劳动、人事、商业、工商等部门通力合作，广大人民群众理解和支持，出台非常顺利，达到了预期目的，受到了国内外的好评，树立了中国政府坚持改革开放的良好形象。

二、调整基础产品价格继续迈出新的步伐

价格改革的重要任务之一是，改变能源、原材料、交通运输等基础产业国家定价偏低的状况。治理整顿以来，国家在这方面已经迈出了较大的步伐。1991年，国家抓住供求总量基本平衡，市场物价持续平稳，重要物资库存充裕的有利时机，有张有弛地继续推出了一系列措施。主要有：

1. 从1月1日起，提高原油出厂价格。80年代我国主力油田陆续进入中后期开采，产量衰减，成本递升，油田全行业亏损，国家每年补贴40多亿元。勘探开发基金严重不足，影响发展后劲。为了缓解原油生产困难，1988、1989、1990年已连续3年提高原油出厂价格。但企业仍然亏损，勘探基金仍有缺口。国务院决定1991年继续提高原油出厂价格。全国平均，计划内平价原油每吨由171元提高到205元，提高34元，其中10元作为石油勘探开发基金。计划内高价原油平均每吨也提高34元，其中，大庆、吉安、滇黔桂、冀东、江苏油田高价原油每吨由555元提高到589元，其他油田高价原油每吨由485元提高519元。这项措施提价总额为44.3亿元，其中新增开发基金13亿元。

2. 从2月1日起，提高钢铁系列产品价格。1984年以来，钢铁产品全国统一出厂价格基本未作调整，国家主要通过制定临时出厂价格和对部分计划内产品实行"保量不保价"的措施来缓解生产企业的困难。采取这些临时措施虽然起了积极作用，但同时也造成计划内同一产品价格既多又乱，甚至一厂一价，使计划内产品比价越来越不合理，各方面对此反映强烈。同时，随着1990年提高煤、电、油、运价格，钢铁系列产品成本大幅度上升，计划内产品亏损面已达90%以上。计划外产品由于受供求缓和和市场疲软的影响，价格下跌，盈利减少，已难以弥补计划内产品亏损，一些大中型钢铁企业已由盈利大户变为亏损大户。为此，报经国务院批准，在整顿钢铁系列产品价格混乱的前提下，适当提高计划内钢铁系列产品价格，同时，取消各种临时价和整顿"保量不保价"，适当降低计划外钢铁产品最高限价。对铁矿石、生铁、铁合金、炭素制品、钢坯，全国统一调整出厂价格：铁精矿（含铁品位62%）由现行每吨97元提到115元，每吨提高18元；炼钢生铁由现行每吨484元提到610元，每吨提高126元；铸造生铁由现行每吨555元提到650元，每吨提高95元；碳素结构钢钢坯由现行每吨出厂价800元提到950元，每吨提高150元。鉴于目前重点炼铁企业生铁成本相差悬殊、用铁企业的承受能力也不相同，为适应市场供求变化的需要，对生铁实行浮动价格制度，即以国家统一出厂价格为基价，上下浮动幅度为10%。对各种钢材品种，由实行全国统一出厂价格改为大型企业与其他企业分别制定钢材两类统一出厂价格，平均每吨提价150元。其中，鞍山、本溪、武汉、攀枝花、太原、首都、马鞍山、包头等八大钢铁联合企业生产的钢材，执行国家Ⅰ类统一出厂价格；重庆、唐山、宝山、上海、天津等钢铁公司、钢厂等重点企业以及地方骨干钢铁企业生产的钢材，执行国家Ⅱ类统一出厂价格。经过调价、整顿，计划内钢材的同一品种，由几十种价格统一为两种价格。这项措施提价总额23亿元。

3. 从3月1日起，提高铁路货物运价。铁路是国民经济的"动脉"。80年代铁路建设和运营取得很大成绩，但面临的形势又是严峻的。近10年，由于资金缺口较大，铁路新线建设严重迟缓，年均新增营业里程343.7公里，仅为前30年间年均增加926公

里的三分之一多一点。如不采取综合措施对这种状况加以改善，将影响90年代国民经济持续稳定协调发展。从价格方面来说，1989年9月和1990年3月分别较大幅度提高了铁路客运和货运价格，运价水平有了一定提高，但铁路客货运价提高的速度赶不上运输成本提高的速度（1985至1990年，前者年均提高6.7%，后者年均增长12.6%），使铁路仍然缺乏自我积累、自我发展的能力。为了支持铁路建设，铁路货物运价每吨公里平均提高2厘（把不提价项目少提的金额平摊到提价项目上，吨公里实际提价2.5厘）。全年计算提价总额约20亿元。

4. 从3月起，提高成品油厂销价格。原油出厂价格提高后，对成品油的厂销价格也做了相应调整。为了减轻对农民的影响，其中，农用柴油、生产化肥用石脑油和重油不提价，其少提价部分分摊到汽油和其他非支农油品的提价额上。平价成品油出厂价格，汽油每吨由617元调到717元，提高16.2%，柴油每吨由335元调到462元，提高27.2%，重油每吨由123元调到198元，提高61%。高价成品油出厂价格，汽油每吨由835元调到905元，提高8.4%，柴油每吨提高80元，航空煤油每吨提高50元，石油焦每吨提高200元。平价和高价成品油出厂价格提价总额合计为54亿元。成品油出厂价格提高后，各类油品市场销售价格相应提高。全国平均销售价格，汽油每吨由725元调到845元，提高17%；煤油每吨由668元调到775元，提高16%；柴油（非农用）每吨由550元调到697元，提高29%。

5. 从3月10日起，适当提高管道输油、输气运价。随着石油工业品发展，管道输送油气已成为我国五大运输方式之一。调价前的管道运价是70年代初参照铁路运费率制定的。20年来，铁路货物运价已多次调整，但管道运价始终没有变动。而管输成本受电价、油价、钢材价格和货款利率提高的影响大幅度上升，致使全国大部分管线运营已发生亏损，影响了石油管输业的发展。在原油、成品油提价的同时，经研究决定，适当提高管输运价。其中，管道输油运价由平均每吨公里由2.64分调整为3.29分，提高6.5厘，提价幅度为25%；管道输气运价每立方米由3分提高到3.3分，提高3厘，提高幅度为10%。同时，改革了现行不合理的运价结构，按管径大小、输距长短合理安排差价。提价总金额为3.1亿元。

6. 从12月10日起，提高计划内统配煤炭出厂价格。自1979年改革以来，通过调放结合的途径，煤炭价格有较大提高，其中，统配煤计划内价格1990年与1978年比提高了近2倍。但是，由于开采条件逐年恶化，生产成本逐年上升，企业的社会负担日益沉重，加之管理、技术方面的问题，使统配矿企业生产经营仍然相当困难。1990年财政对统配矿亏损补贴54亿元。1990年下半年，每吨煤炭提价10元，暂时缓解了统配矿的困难。但煤炭行业欠帐较多，维简费严重不足，成本每年递升，生产缺乏后劲。为了既缓解统配煤炭生产困难，又不至引起过大连锁反应，国务院决定在年度调价计划之外追加适当提高统配煤价格的措施。统配矿计划内综合商品煤（含原煤、选煤、洗煤）出厂价平均每吨提高5元。其中3元用于弥补亏损，2元作为专项维简费（1元用于治理瓦斯防尘，1元用于塌陷危房改造、搬迁补助资金）。同时改变指导性计划煤炭的计价办法，使计划内煤炭平均每吨再提高约1.4元。地方国营煤矿出厂价格不提高，只在价外平均每吨加收2元专项维简费。上述措施提价总金额32.5亿元。

7. 从12月10日起，提高硫铁矿、磷矿、硫酸、黄磷、赤磷出厂价格。现行硫铁矿、磷矿的出厂价格是1984年制定和1988年修定的。近年来，随着矿山开采使用的木材、炸药、钢材、电力等原辅料、能源价格上涨，以及矿山的深部开采和矿石品位下降，造成矿石生产成本逐步增加，使企业处于保本甚至亏损状态。为了促进化学矿山的发展，合理调整比价，决定适当提高两矿价格。其中，硫铁矿（含硫量35%）出厂价格由现行每吨55元调为90元，提高63.6%；磷矿石（含五氧化二磷30%）出厂价格由现行每吨55元调为70元，提高27.3%。硫精矿、硫酸、磷精矿、赤磷、黄磷出厂价格也适当提高。为了进一步增强企业活力，使生产和销售更好地适应生产成本和市场供求变化，决定将上述产品的价格管理形式由国家定价改为国家指导价。企业可在新的出厂价格基础上，按上下浮动不超过10%的幅度自主定价。确需超过10%幅度的，报国家有关部门批准。上述措施，提价总金额1.2亿元。

原油、煤炭、钢材等计划内价格的提高，使基础产品价格偏低的状况进一步得到改善。据统计局统计，1991年采掘工业品价格比上年上涨12.8%，原材料工业产品价格上涨11.8%，加工工业产品价格上涨3.8%，三者综合比价由上年的1∶0.98∶0.95变为1∶0.99∶0.91。这种价格涨幅的梯形递减态势，说明工业品内部价格结构继续向合理化方向发展。

三、治理双轨价格初显成效

前几年，由于受经济过热和严重通货膨胀的冲击，一方面使计划外生产资料价格一度发生普遍的暴涨，另一方面对计划内价格国家又不得不强化控制，偏低的价格又难以及时调整，致使双轨价差普遍急剧扩大。例如，1989年与1987年比，重要生产资料出厂价格计划内外价差率（计划外价格高出计划内价格的百分点），统配矿商品煤由122.9%扩大到263.1%，扩大了140.2个百分点；电解铜由4%扩大为112.1%，扩大了108.1个百分点；铝锭由39.5%扩大为98.3%，扩大了58.8个百分点；统配木材由145.9%扩大为199.7%，扩大了53.8个百分点。

1991年，一方面，随着过大的基本建设规模受到压缩，过快的工业增长速度回落，物资供求逐步缓和，再加上对计划外生产资料实行了最高限价，加强了管理，计划外生产资料价格在1990年已经有所回落的基础上又有明显回落。1991年6月与1989年末比，计划外生产资料平均出厂价格，木材降低18.6%，钢材降低了14.4%，水泥降低了13.9%，铝锭降低了14.7%，统配矿商品煤降低了11.5%。另一方面，如前所述，重要生产资料计划内价格在1990年有较大幅度提高的基础上，又有新的提高。计划外价格回落，计划内价格提高，结果使双轨价差大幅度缩小。1991年6月与1989年比，重要生产资料出厂价格的双轨价差率，统配矿商品煤、电解镍、木材、原油、柴油、铝锭、纯碱累计分别缩小140.1，119.9，117.4，92.8，75.3，65.2，64.6个百分点。到1991年底，除原油、木材、煤炭、电解镍等部分采掘产品双轨价差仍然过大（超过50%，有的甚至超过1倍）外，一般原材料和其他生产资料双轨价差开始接近正常水平，有些品种甚至基本接近，其中纯碱、烧碱、铸造生铁、部分钢材、铝锭等计划内外差价已回缩到20%以内。双轨价差的缩小，缓解了双轨价格运行带来的摩擦和矛盾，抑制了其弊端的恶性膨胀，有利于生产、经营秩序的正常化和价格秩序的好转。双轨价差从急剧扩大到明显回缩的变化，也说明治理双轨价格，关键在于加强总量控制，抑制通货膨胀，同时，坚定不移地推进价格改革，不断提高或放开偏低的计划内价格。

1991年，结合价格调整，还对统配水泥、橡胶、部分钢材品种等建材和工业原材料试行计划内外价格并轨。尽管并轨执行过程中还有不尽人意之处，但总的看取得一定效果。例如，武汉钢铁公司生产的冷轧电镀锡薄钢板、冷轧硅钢板计划内外价格并轨后，扭转了这两个产品计划内部分长期严重亏损的局面，刺激了这两个短线产品的生产，调动了生产企业向薄规格、高牌号方面努力，优化产品结构的积极性；同时，也抑制了流通环节不正当的倒买倒卖行为，用户反映良好。对统配水泥企业生产的水泥，采取整顿临时价、地区价和适当提高计划内价格相结合的办法，实行计划内外统一出厂价格。并轨前统配水泥出厂价格，计划内为每吨129.3元，计划外每吨为189.47元，综合平均价格为146.12元。并轨后的统一出厂价格为每吨157.49元，比并轨前的计划内外综合价每吨提高11.37元，提价额低于成本增加额，企业消化部分成本提高因素。根据并轨后水泥供求状况的变化以及生产、流通中的问题，国家有关部门进一步把统配水泥的并轨价改变为国家指导价，允许企业以出台的并轨价为中准价，根据供求情况在5%的幅度内上下浮动，灵活作价。统配水泥价格采取上述措施后，减少了价格混乱状况，拉开了与中小水泥的质量差价，保证了国家重点建设的需要，同时又扩大了企业定价自主权，为进一步放开统配水泥价格创造了必要条件。

四、转换价格形成机制步伐加快

1991年，在调整价格结构继续迈出较大步伐的同时，围绕搞好国营大中型企业，改革价格管理体制，转换价格形成机制的步伐开始明显加快，从中央到地方都放开放活了一批产品价格，进一步扩大了市场调节价的范围。

国家物价局抓紧修定国务院有关部门管理价格的商品目录。并经国务院批准放开了食糖、卷烟的零售价格，以及絮棉价格。近两年，食糖生产发展较快，供求由有较大缺口变为供大于求，市场自发降价，国营商业经营相当困难。为了鼓励多渠道流通，搞活经营，同时又能适当保护生产，国务院经过慎重研究决定，糖料收购价格继续实行国家定价；食糖出厂价格改为国家指导价，允许在国家规定的幅度内适当浮动；食糖的零售价格放开，由经营者根据市场供求灵活定价。1988年放开13种名烟价格后，打击了黑市活动，增加了财政收入，促进了质量提高，总的效果是好的。但出现了“二名烟”黑市价格大幅度高于国家定价的现象，一些中低档卷烟又大量滞销积压，国营零售商店由于不能灵活浮动卷烟价格，购进的少量好烟摆不上柜台，剩下大量低档烟又很难销，经营发生了亏损，被迫纷纷退出经营，而个体摊商好烟突破国家定价卖高价，差烟削价处理，实际上主导着卷烟市场，国家税收大量流失。近几年，广东、海南、福建、浙江等部分地区放开了卷烟的零售价格，取得了良好效果。在总结这些地区经验的基础上，国务院决定从第四季度开始，由地方分散决策，选择适当时机放开卷烟零售价格，有条件的地方同时放开三级批发。价格放开后，国营商业可以平等地参与市场竞争，并利用货源渠道、经营规模和信誉等优势，发挥主渠道作用，打击了黑市交易，缓解了供求矛盾，增加了国家税收，市场基本平稳，群众反映较好。

各地物价部门在当地人民政府领导下，也有计划分步骤地积极推进价格管理体制的改革，在下放价格管理权限或放开价格方面迈出了较大步伐。例如：

年初，重庆市率先在部分商业零售企业进行“经营放开、价格放开、用工放开、分配放开”的试点。规定在试点的零售企业，除6类30种商品（主要有凭票供应的粮、油以及民用煤、食盐、药品、化肥、农膜、汽油、柴油等）外，其余商品的零售价格放开，由企业自主定价。并遵循“政府放宽，企业管严，放而有度，治而有序”的原则，加强了企业内部的价格管理，配备了专职或兼职的物价人员，建立健全了价格台帐，指导企业管好用好定价权。这项改革，有助于把企业推向市场，转变企业经营机制，搞活了经营，扩大了购销，增加了适销对路的商品，取得了明显的经济效益和社会效益。

北京市物价局制定了13条进一步搞好国营大中型企业的措施。对市管的国家定价商品，将其中奶粉等5种改为国家指导价，卫生纸、毛毯等32种改为市场调节价；对市管的国家指导价，将其中火柴等24种改为市场调节价；根据当前的供求状况，取消了对部分商品经营差率、限价和提价申报等控制。

上海市物价局经市政府批准修定颁布了新的《上海市价格管理目录》，进一步放宽价格管理权限，促进国营企业转换经营机制。修定后的地方管理价格的商品和劳务项目，由396种减少为146种，减少63%。其中，农副产品由50种减少为19种；轻工产品由101种减为38种；重工产品由227种减为71种；此外还有经营性收费18种。

陕西省人民政府在《关于进一步搞活流通若干问题的决定》中，对省有关部门管理的149种商品，除定量供应的粮食、药品、市场用煤、化肥等品种外，其余省管的125种均放开价格。西安市除保留牛奶、属于口粮转化的大众化早点外，其余市管的60多个品种零售价格放开，由企业自主定价。

吉林省物价局对省有关部门管理的591种商品和劳务价格，除111种继续省管外，5种下放市、州管理，其余475种放开各环节价格或者放开部分环节价格。

河南、甘肃、山东、江苏、广西、云南、辽宁、湖南等省、自治区、直辖市物价部门都不同程度、不同形式放开或下放了一批商品和劳务价格管理权限。从全国范围看，经过1991年的改革，我国价格管理体制向着“少数重要商品和劳务价格由国家管理，一般商品和劳务价格放开由市场调节”的目标迈出了重要一步。

（马凯　执笔）

1991年福建省的价格改革

福建省经济体制改革委员会

10余年来，福建省把价格改革始终作为整个经济体制改革的重头戏不断深化。到1990年，福建的价格改革已经有了很好的基础：(1)价格形成机制发生了深刻变化，少数商品和收费实行国家定价，多数商品实行国家指导价和市场调节价的价格形成机制有了雏形。1990年福建省3种价格形式的比重，国家指令价的商品已从1979年的89%缩小到28.8%，国家指导价的商品由0.3%提高到19%，市场调节价的比重由1.4%扩大到52.2%。(2)比价关系有了重大调整，在较大程度上缓解了价格结构性矛盾。仅“七五”期间，福建省的价格改革调价总额达63亿元，调价的品种主要是粮食、肉禽蛋、甘蔗，以及铁路、航空、水运、煤炭、电力、钢材等，据调查统计，“七五”时期，农副产品收购价格累计上升77.5%，原材料、燃料、交通运输等提价水平在50%左右，钢材等个别价格提高1倍以上。比价关系的调整，一是使工农业产品综合比价有了很大缩小，1989年与1978年相比，农产品收购价格提高2.65倍，同期农村工业品零售价格仅提高76.4%；二是使原材料工业和加工工业品比价有所改善，1978年至1989年，采掘工业产品价格上升1.38倍，原材料工业品价格上升1.2倍，同期加工制造业价格只上升63%，长期以来原材料工业品价格偏低状况有所缓解：三是减轻财政负担，改善财政状况。“七五”期间，通过放开副食品价格和调整粮油、食糖、民用煤等价格，改革迈出很大步子，但财政对物价的补贴额基本控制在原有水平，随着财政基数的增长，实际物价补贴占财政收入的比重逐年下降，1986年为25.8%，1987年降至23.9%，1988年为19.3%，1989年进一步降至13.4%，1990年只占10.4%，这对改善财政收支状况起了明显作用。

1991年，福建省的价格改革继续向前推进，主要分三大块进行：一是提高粮油销售价格，二是改革生产资料价格“双轨制”，三是继续调整基础产品价格。这一年，全省累计调整85种（类）商品价格和收费标准，净提价额约10亿元，而全省零售物价总水平仅上升4%，全年的价格改革对进一步理顺比价关系，促进财政收支状况改善，优化产业结构和产品结构，稳定和提高人民生活水平等方面具有积极意义。

一、调整粮油销售价格

1991年，国务院决定从5月1日起调整粮油统销价格。根据国务院精神和本省情况，福建省政府决定，按统一时间出台粮油价格改革方案。大米、面粉和口油的销售价格，福建提价的幅度高于全国，但给职工和居民的物价补贴按全国同一标准。同时调整销售体制、压缩计划供应指标，对遗留的酿造、医药、纺织等行业用粮，价格全部放开。鉴于水产品已完全放开经营，原以农村回销粮价供应给渔民的口粮和农村饲料粮改按议价供应。

这一改革执行结果是很好的。调整后的销价和市场价已很接近，大米每500克相差5分钱左右；食油每500克相差3角到5角。由于自由市场的大米档次高、质量好，更适合居民口味，因而越来越多的人退出从粮店购米的行列，转而到自由市场购买。这样，使用和流行了几十年的带有产品经济特征的最后一种票证——粮票，经过这次改革，在福建基本上不起作用了。由于计划价格与市场价格贴近，基本实现购销同价，为最终放开粮油销价、彻底解决粮油购销价格倒挂，减轻财政负担，奠定了坚实基础。对企业职工的物价补贴，允许计入成本，多数企业可以承担，对个别困难企业由财政专门解决。由于提高销价后，国营粮油企业的销售减少，因而改革过程中也要相应给予这些企业以财政和其它政策支持（如对企业的政策性和经营性亏损予以补贴等），这样就能解决改革过程中的企业承受能力问题，使改革方案顺利实施。由于粮食是基础产品，其价格的提高必然带动其它产品价格变动。为了缓解这种变动可能带来的不利影响，几年来，省财政每年拨出3000万元左右的专款，用于建设副食品基地和其它“菜篮子工程”，如对商品猪基地和上调城市的菜猪实行斤猪斤粮，肉料挂钩；对基地生产者给予必要的贴息扶持；建立生猪生产基金制和猪肉储备制；对蔬菜的经营亏损予以补贴，在资金上支持国营蔬菜公司掌握6～8种大路菜，保证具有经营40%销量的能力，等等。这些措施，有效地保证了粮油销价改革顺利出台，避免引起其他副食品价格上涨。从1991年5月1日改革出台后，整个市场平稳，购销正常，生活消费品价格上升仅为3.2%，大大低于人均收入上升10.8%的水平。

1991年，福建省的粮油价格改革比全国先行一步，而石狮市的改革在全省又是最快的。

石狮市是福建省的新建市，商品经济发达，市场机制发育较快，经济发展水平和人民生活水平较高。1990年，全市农业人口人均消费888元，非农居民人均消费1834元。居民对改革心理承受能力和经济承受能力较强。同时石狮是典型的销粮区，粮食年产量6000万斤，年消费1.6亿斤，每年需调进1亿斤，因此理顺粮油价格关系，改革粮油统购统销体制，在石狮市是迫切需要解决的问题。作为福建综合改革试验区，石狮市其它方面的率先改革，也为深化粮油价格改革创造了良好条件。从1991年8月1日起，在石狮市率先进行了粮油购销同价、价格放开改革，也就是粮油定购和销售价格，在国家计划管理下，按价值规律和市场供求关系，由粮食部门自主合理确定，石狮市承担的国家粮油定购和农业税征收任务保留不变，保留城镇居民的户粮关系。粮油价格提高后，给干部职工以适当补贴。

经过这次根本性改革，石狮彻底理顺粮油购销价格关系，大大减轻财政负担，仅从8月1日出台到年底，改革方案执行5个月，财政节支300万元，如果包括处理陈粮悬帐90万元，经济效益更大；对农民来说，定购粮按市场价计算，增加了收入，调动了他们的积极性。

石狮市的粮油价格改革，改革方案比较缜密，政策得法。主要表现在：配套措施得力，由市财政核付相应的储备费用，建立粮食储备制度和风险基金；政策上允许国营粮食企业开展以粮油为主的多种经营；允许从粮食平转议价差收入中提取一定的比例，补充粮油企业自有流动资金和网点，仓储及其他经营设施建设等等。由于有财政和政策的保证，使国营粮油企业的裁员和扩大就业能够顺利进行。全系统原有职工270人，改革后，按军供、侨供和组织购销调存正常业务只需90人，其余180人通过增设网点和自谋出路予以消化。全市粮油点由7个增加到14个，大大方便了群众；企业改变经营方式，成立粮油贸易中心、开展内引外联，新建12个商业店面，添设高级大米真空包装等档次高、效益好的企业项目。由于财政的支持，企业增加20万元的经营设施费用和100多万元临时性流动资金，8～12月共销售24051吨，比上年同期增长100%，多年累积的4000多万斤陈粮在5个月销出3000多万斤，年末企业上缴财政68万元利润。通过改革，企业初步走上自主经营、自负盈亏、自我发展轨道。

二、选择试点，实行县（市）工业生产资料价格“并轨”

随着改革的进展，福建省生产资料供需格局有了重大改变：1990年全省指令性计划的品种由1980年的256种减少到20种，在价值量中的比重为25%；在县（市）一级，计划供应的品种更少、数量只占10%左右，企业生产经营所需的原辅材料绝大部分靠市场调节，但是另一方面价格“双轨制”引起的不正之风和企业不平等竞争，仍然影响企业生产。因此，1991年我省把改革生产资料价格“双轨制”作为深化改革的一个重要内容。早在1987年我省龙海、漳浦等县，都已实施了工业生产资料计划内外价格并轨的实践，并取得好的结果。鉴于生产资料供需矛盾较为缓和，以及计划内外价差缩小的现实，在县（市）推行工业生产资料价格并轨的时机已经成熟。

省体改委会同有关部门选择了一批县市进行并轨试点，对列入指令性计划管理，并由物资部门经营的全部工业生产资料，进行计划内外同一销价，对于品种具体价格由试点县物资部门根据生产资料进货成本加上合理的运杂费和综合费率来确定。为调动改革积极性和解决实际问题，并轨后价差全部留在所在县，设立专户，统一管理，统一使用。主要用于因生产资料价格并轨而特别困难的生产企业，和以有偿使用的形式，支持物资企业开发产品和组织货源。

从已经实行生产资料价格并轨的几个试点县（市）看，计划部门能从分钱分物的具体事务中解脱出来，更好地把精力放在制定经济发展规划和对社会经济主要指标进行总量平衡，同时也有利于机关廉政建设；对生产企业来说，价格优惠取消后，外部竞争条件趋于一致，外部压力促使企业进一步提高经营管理水平；而对物资企业来说，则要转换经营机制，走向市场，直接参与市场竞争，在竞争中求得生存和发展。另一方面，价差集中、统一管理，统一使用，对符合产业政策方向而又资金不足的企业能够给予扶持，实际上增加了政府调控经济的手段。因此，并轨试点是成功的。1992年，福建省把工业生产资料价格并轨由少数试点县扩大到全省所有县市，同时，选择试点，在地市一级实行并轨试验。

三、价格结构性调整持续有步骤进行

合理调整比价关系是价格改革的重要目标之一。1991年，福建省除按国务院统一部署，提高原油、成品油、钢铁货运价格外，还根据福建本省情况，先后提高了沿海和内河货运价格，提高尿素等部分化工产品以及部分黑色金属产品价格和对部分收费标准进行调整，调整运杂费和综合费率，仅重工类产品净提价额达3亿元，以上这些改革的出台，尤其是基础产品价格的提高，对促进产业结构调整，缓解我省交通、能源和基础原材料价格偏低的矛盾，具有一定的促进作用。

四、对价格改革的几点体会

1. 保持物价长期基本稳定，根本的办法要靠改革理顺价格关系。用大量的财政补贴，把过高的物价水平“稳定”下来，只能在短时间内奏效，长期积蓄下去，矛盾会更尖锐，通过改革，建立起合理的价格形成机制，理顺比价关系，更多地体现价值规律，才能促进生产和流通，改善宏观经济环境，实现物价基本稳定。

2. 理顺多年累积造成的比价关系严重扭曲的状况，要经过一个渐进的过程。从当前的经济环境看，试图在短期内根本解决是不现实的。同时，改革利益的调整不能只由国家或企业、个人单一负担，而要实行国家、企业、个人都负担一点的办法。价格改革，目的是理顺比价关系，促进生产流通，不能只把它看作是用来甩掉财政包袱，而不顾企业和个人的承受能力。只有调动三者的积极性，让三者在改革中都负担一点，改革才能顺利实施。

3. 价格改革综合性强，要发挥各有关部门作用，进行积极的、多方面的研究，提出多种方案，选取最佳方案实施。福建省这几年几项重大改革得以顺利实施，都是多方案比较的结果。

（陈德津　执笔）

1991年粮油价格改革取得成功

——深化价格改革的重要步骤

国家体改委分配体制司价格处

1991年，按照《国民经济和社会发展十年规划和“八五”计划纲要》中规定的方针和原则，全国成功地调整了粮油统销价格。这是自60年代中期以来，也是改革开放以来，第一次改革粮油统销价格。这项改革，对于逐步理顺粮油价格，减轻财政负担，促进粮食节约起了重要作用，是深化价格改革的重要步骤。

一、粮油购销价格倒挂的成因和弊端

粮油是关系国计民生的重要商品。80年代，根据农业生产力发展水平和社会经济承受力状况，粮油等主要农产品价格改革同时兼顾两项任务：一方面，为了加强农业，促进粮油生产发展，国家不能不提高偏低的粮油收购价格；另一方面，为了稳定市场物价，安定人民生活，国家不能不采取价格补贴方式来稳定居民口粮口油的统销价格。采取高价收购、低价出售的措施，是80年代主要农产品价格改革的一个显著特征。

农产品价格改革是价格体制改革的一个重要方面。由于历史的原因，在过去很长一个时期，我国主要农产品由国家统购统销，价格定得很低，制约了农业生产的发展。1978年12月党的十一届三中全会以来，国家为了调动农民的生产积极性，促进粮油生产发展，曾先后6次提高了粮油的收购价格。(1) 1979年粮食的统购价格比上年提高20%，同时将超购加价的幅度从30%扩大到50%。(2) 1984年粮食统购价格提高35%。(3) 1985年进行农产品收购制度改革，粮食等少数重要农产品按合同收购部分执行国家定价，其余部分实行议价或市场调节价，粮食收购价格总水平有所提高。(4) 1987年粮食定购价格提高8%。(5) 1988年北方小麦、稻谷定购价每50公斤分别提高1.5元和2元，南方玉米提高1.52元。(6) 1989年粮食定购价格提高16%。“油随粮走”，食用植物油收购价格也有了一定的提高。1990年与1978年相比，稻谷、小麦、玉米3种粮食的国家定购价格平均提高了1倍，加上农民按议价和市场调节价出售部分，实际收购价格总水平提高了2.25倍；国家定购食用植物油的收购价格提高了1.5倍。粮油收购价格的提高，极大地调动了农民的生产积极性，粮食产量大幅度增长，基本上解决了我国11亿人口的吃饭问题。

粮油定购价格提高后，为保障城镇居民的基本生活，国家对定量供应的粮油销售价格一直没有调整。销价和购价之间的差额以及粮油企业的经营费用都由国家补贴。采取价格补贴措施，是在处理价格改革与稳定物价的关系上，运用经济杠杆来调节生产和消费之间，国家、企业和个人之间的利益矛盾，可以缓解调价连锁反映引起的震动，保持物价的基本稳定，有利于安定人民生活，这在当时是十分必要的。“六五”时期，党和政府在解决历史上遗留下来的人民生活问题上作了极大努力，使我国出现了生产建设同人民生活改善相互协调、相互促进的新局面。事实证明，不动粮油统销价格的决策是正确的。

“七五”期间，居民家庭的消费水平普遍提高，食品消费由谷物为主的“主食型”向营养较为齐全的“副食型”转变。但是，由于通货膨胀逐步加剧，使全面进行价格改革的设想未能得以实现。

粮油购销倒挂，实行价格补贴，是在价格背离价值的前提下，国家调节经济运行的特定产物。这个质的规定性，决定了它在社会经济生活中所起作用的局限性和双重性。随着生产的发展和改革的深入，其弊端也越来越明显。一是定量粮油购销价格倒挂严重，加重了国家财政负担。随着粮油购价和经营费用的上升，国家用于粮油的补贴逐年增加，1978年为36亿元，1980年上升到108亿元，1990年高达400亿元，加剧了财政困难。二是制约了粮油收购价格的调整，使购价不能适时合理提高，从而影响了农民种粮的积极性。三是对粮油价格的大量补贴，实质上是对城镇居民的一种福利政策，具有明显的“大锅饭”色彩。四是统销价格过低，刺激了粮食需求，不利于节约用粮。粗略计算，全国每年仅饭桌上被浪费掉的粮食就有30亿公斤。五是粮食企业政策性亏损掩盖了经营性亏损，不利于粮食企业改善经营管理，影响了粮油正常流通，1990年末粮油企业亏损挂帐累计达400多亿元。

二、粮油价格改革的基本情况

1991年5月1日，粮油调价方案出台平稳、实施顺利，全国没有发生大的异常情况。在粮油旺销的同时，不少省市与粮油相关的商品和一些生活必需品的销量也比平日有所增长，但由于各地对此都有所准备，这些商品的货源充足，市场几乎没有出现波动。

过去说“一粮动百价”。人们普遍担心粮油调价会带动物价大幅度上涨，但实际执行结果比预料的要好。一是物价指数没有预计的那样高。二是肉禽蛋、鲜菜以及各类工业消费品的零售价格没有“搭车涨价”。这次粮油调价力度较大，城镇居民定量供应的粮食和食用油销价分别提高66.7%和159%。粮油价格上调后，除粮油相关制品价格随之上涨外，肉禽蛋、鲜菜以及各类工业消费品均未“搭车涨价”。6月份与调价前的4月份相比，穿用工业消费品零售价格只上涨了0.4%，包括肉禽蛋、鲜菜在内的副食品零售价格还下降了3.2%。1991年全国零售物价总水平仅比上年上涨2.9%，其中粮食上涨影响零售物价总水平上涨占0.66个百分点，远远低于4个百分点的测算预计数。

调整粮油销价，按照国家、企业和个人三方合理分担的原则，减少了财政补贴。初步测算，粮油提价总金额为105亿元，扣除对居民的补偿后，财政可以减少补贴支出30多亿元。这样，国家财政便可以腾出资金用于支持农业。这对于促进粮油生产是有利的。

这次统销价格的调整是成功的。没有引起社会上的震动，国外反映也持积极态度。香港和海外报纸说：粮油加价，体现改革未停。并援引中国一位大学讲师的话说：这次价格调整是积极的，有意义的。

三、粮油价格改革的基本经验和启示

调整粮油统销价格，是一项重大改革。这项改革取得成功，为深化价格改革提供了经验。其基本经验主要有四个方面：(1)各级党政高度重视，思想统一、行动统一、部署周密。对这次粮油调价，各级党委、政府都非常重视，把它当作一件大事来抓。4月初，国务院召开全国粮油价格改革工作会议，统一部署粮油调价方案及有关配套措施。全国会议结束后，各地省委、省政府立即召开了会议，研究贯彻落实国务院的决定，并及时向政协、人大通报了情况，取得了支持。各省、地、市、县普遍成立了领导班子，从方案出台前的准备到正式实施，都一抓到底。(2)条件成熟、时机适宜、方案稳妥、准备充分。目前，社会稳定，人心安定；通货膨胀受到抑制，市场物价平稳；粮源充足，市场粮价稳中有降；蔬菜等副食品供应充裕。这次改革是综合考虑了国家、企业和个人的承受能力而确定的。口油实行购销同价，再走一步即可基本理顺；口粮走了一个中步，老帐逐步还，再走一步就可以实现购销同价。(3)粮食部门组织得力，措施严密，有关部门密切配合、通力协作。各地粮食部门积极做好粮油调运、加工和销售工作。商业部门还采取了相应措施，保证了其他容易引起争购的生活用品的供应工作。物价、财政、劳动、工商行政管理和党的宣传部门，也都做了大量的工作。(4)大多数居民理解、支持粮油价格改革。近年来，国家连续调整了一些直接关系到群众日常生活的商品价格，但粮油一直低价供应。因此，这次粮油调价的决定向群众传达后，绝大多数群众都表示理解和支持。

粮油价格改革取得成功的重要条件是，具备了较强的物质基础和承受能力。第一，国民经济的稳定增长，为进一步深化改革创造了良好环境。过去说，社会主义经济的基本特征是短缺经济。然而改革开放时至今日，这一特征基本消失。买方市场已经出现。农业连续3年获得丰收，使市场“米袋子”、“菜篮子”商品供应丰富，“手中有粮，心里不慌”。近几年粮食储备都在2000亿斤以上，而实际消费在1500亿斤左右，粮食供给大于需求。工业消费品供给也是大大多于需求。第二，居民收入来源多元化的变动趋向，改变了低工资收入的状况。“七五”期间，职工的奖金收入增长明显快于工资性收入增长。1989年与1985年相比，工资性收入增长了64%，而非工资收入的增幅达1.15倍，使居民生活有了较强的货币支付能力。1991年末城乡居民储蓄存款总金额达9110亿元，一年净增额突破2千亿元。目前储蓄分流趋势明显，居民的金融投资，由持币待购转向购买股票、债券和参加住房、保险等融资。

价格改革是经济体制改革的关键。按照生产、流通、分配、消费相互作用的观点，90年代完全有条件进行新的价格改革。粮食、煤炭、石油等基础产品的价格偏低，不利于这些行业的发展，应当尽快理顺。理顺价格体系的基础，在于使少数重要产品的价格更多地体现价值要求，大多数商品的价格更多地体现供求关系的变化，消除比价复归的循环。其关键是改革价格形成机制。应当改变注重调整价格的行政行为，即允许一部分价格变动，而控制另一部分价格不动，或者是所有的上游产品都必须由国家定价，而中下游产品有条件的才能放开。这种按系列调整价格和划段放开价格的作法，是人们总是试图“自觉运用价值规律”的反映。关于价值规律的实现形式，马克思主义已经作过精辟的论述。“只有通过竞争的波动从而通过商品价格的波动，商品生产的价值规律才能得到贯彻，社会必要劳动时间决定商品价值这一点才能成为现实。”（恩格斯：《哲学的贫困》第1版序言）因此，我国进一步深化价格改革，必须在改革的内容上、形式上，步骤上进行新的转变。

（雷武科　执笔）

海南省粮食购销价格改革进展顺利

海南省体制改革办公室

为了保护和调动农民的种粮积极性，尽快实现省内口粮基本自给，解决粮食购销价格倒挂问题，减轻财政负担，搞活银行信贷资金，节约用粮，实现粮食产供销的良性循环，为特区经济建设奠定良好的基础，海南省在1990年顺利地压销了城镇居民平价口粮供应指标20%的基础上，按照国家物价局的批复精神，从1991年5月1日开始，继续深化粮食购销价格改革，改粮食的国家定价为国家指导价，实行购销同价。

一、选准改革的时机

海南省选择从1991年5月1日开始对粮食购销价格进行改革，是因为当时的时机较好。第一，海南省的工业、副食品、饲料等用粮的价格1988年以前已放开，绝大部分农副产品的价格也已经放开，因此，粮价变动，对市场连锁反应小。第二，全国和海南省粮食都连年丰收，粮源充足，有物质基础。第三，海南和全国一样，宏观经济相对宽松，零售物价指数平稳，主要食品价格稳中有降。1990年对城镇居民压销20%的平价粮供应量以及放开平价食油购销价格后，由于粮食市场供应保证，粮食价格不仅没有上涨，还比上年有所下降。第四，海南建省办特区3年多来，陆续出台了许多改革项目，生活资料和生产资料价格大部分已逐步放开，实行市场调节，全省的主要生活资料价格已放开81%，国家规定的16种主要生产资料价格放开的比例占销量总量的72.8%，较大地促进了经济的发展。市场繁荣、供应保证、物价稳定，不仅为群众的日常生活提供了极大的方便，而且较大地提高了群众的生活水平。广大群众都从实践中感受到，改革虽也会遇到一些困难和问题，但都给群众带来好处。改革意识已较深地在广大群众中扎根。第五，国务院决定从1991年5月1日起在全国范围内进行粮价改革，把粮食销售价平均每公斤提高0.2元，改革的大气候较好。

二、制定切实可行的改革措施

为了保证粮食购销价格改革顺利进行，海南省根据中央的有关指示精神，并结合本省的实际情况，深入调查，反复认真地研究论证，制定切实可行的改革措施。这就是，改粮食的国家定价为国家指导价，实行购销同价，把国家定购粮价格每50公斤三级稻谷25元提高到35元；与此相适应，把城镇居民口粮销售价格三级标二大米每50公斤16元提高到50元。改革粮食购销价格后，城镇居民口粮、农村定统返销粮等，按改革后的价格，继续凭粮簿到原购粮点购粮。国家定购粮任务不变，按调整后的价格，继续由粮食部门收购。公粮仍按原政策规定继续执行。军队供粮按国家规定执行。

城镇居民定量口粮销价提高后，为使广大城镇居民实际生活不受大的影响，同时考虑到目前国家和企业都有一定困难，本着国家、企业、个人三者共同负担的原则，对有关人员采取不同形式给予适当补偿。补偿标准按平均每人、每月平价粮供应指标10公斤（干部职工还包括赡养系数）计算确定，干部、职工的补偿标准为每人每月10元，城镇社会优抚救济对象和列入招收计划的大中专学生，每人每月补偿6.8元。补偿资金按照全国统一规定的办法，由国家、企业、个人三者共同负担。城镇居民的粮差补偿资金按“谁吃粮，谁负担”的原则，分别由财政、企业给予补偿，具体划分是：

行政事业单位工作人员、城镇社会优抚救济对象和列入招收计划的大中专学生的粮食差价补偿，按现行的财政体制分别由省、市、县财政负担。

水库浸区移民，由市、县财政按原规定的供粮量补偿粮食差价。

城镇居民中一些无劳动能力的家庭，吃定、统、返销粮的农村五保户、困难户以及菜农、盐民、渔民、经济作物农中的困难户，由乡镇政府（街道办事处）会同粮食、民政部门认真调查、摸底，提出补偿意见，经市、县财政局审核后拨出专款，由市、县民政部门给予适当的救济。菜农、盐民、渔民、经济作物农中的非困难户的粮食差价自行消化。城镇个体户粮差自行消化。

军队招待所、医院、修理厂等单位和人武部人员、军队离退休老干部及移交地方管理的人员的粮差补偿，按不同的粮食关系办理。即粮食关系在军队的，按供应军队的粮食办法办理，粮食关系在地方的，按地方的补偿规定办理；随军家属子女的粮差补偿资金，由省财税厅与军队协调解决。

教师“农转非”家属，如确因粮价改革造成实际困难，可以采取干部福利补助的办法给予解决。即由本人向所在单位提出申请，按审批程序批准后，由市、县财政拨出专款，所在单位给予适当补偿。

企业职工的粮差补偿，可按照所在市、县行政事业单位发放的标准执行，为了确保企业职工粮差补偿的兑现，企业职工的粮差补偿资金，允许在税前列支。为了保证停产、半停产的国营企业职工粮差补贴的兑现，省委、省政府还决定，可由地方财政担保，由企业向银行贷款解决粮差补贴，待以后企业经济效益好转后才还贷。对停产、半停产的集体企业职工的粮差补贴，分别不同情况处理。第一，企业停产、半停产后，职工已离开企业自谋出路，生活无困难的，自行消化。第二，企业停产、半停产后，职工没有自谋出路，又没有生活来源，或虽自谋出路，但生活困难者，可按城镇居民困难户的解决办法，由县、市民政部门给予适当的救济。

对农垦系统职工的补贴，除按全国统一出台的粮改方案规定，由农垦系统每年从自有资金中解决的外，在全国统一出台的粮改方案基础上，海南省的粮改方案使农垦系统增加的补贴部分，由海南省财政给农垦系统以适当的补助，帮助农垦系统落实对干部、职工的粮差补贴。

为了保证粮食市场稳定，海南省对粮食经营和粮食价格管理也作出了有关规定，只准国营粮食部门经营粮食的批发业务，其他经营部门和个体户要经营粮食的零售业务，必须经粮食部门批准，由工商部门发放营业执照。对粮食价格加强监督检查，对哄抬粮价的行为按规定予以严肃处理。

三、改革进展顺利，成效显著

从改革8个月的实践看，海南省粮食购销价格改革进展顺利，成效显著。

1. 粮价平稳，市场物价稳定 粮食购销同价后，海南省粮食市场相当稳定，全省集市贸易粮的平均价格不但没有上升，还比改革前略有下降。改革前每50公斤三级标一大米销售价66.05元，三级标二大米为62.05元，到1991年12月底，分别为53元和49元，分别下降了19.75%和21%。没有出现粮食短缺、抢购、倒买倒卖、囤积居奇、套购等情况。与粮食有关的其他副食品以及甘蔗、水果、水产品等农副产品价格没有受到多大影响，也没有出现乘机搭车乱涨价的现象。

2. 有效地调动了农民种粮和卖粮的积极性，促进了粮食生产的发展 粮食购销同价后，由于提高了国家定购粮价格，按全省年国家定购粮0.6亿公斤（贸易粮，折算为原粮0.9亿公斤）计算，全省农民增收1800万元左右，提高了种粮的比较收益。广大农民奔走相告，都说这次粮价改革给他们带来了实惠。1991年全省早造虽普遍干旱，但广大农民积极抗旱夺丰收，粮食仍比1990年同期增产15160吨，晚造又获得丰收。1991年全省粮食总产量达183.44万吨，比1990年增产14.49万吨，再次创历史最高水平。另外，粮改调动了农民卖粮的积极性。往年各级政府都要下大力气，派人下乡催交公购粮。1991年广大农民纷纷主动把粮食运到粮食部门，并要求多收购。全省粮食入库进度快、质量好。

3. 减少了粮食购销价格倒挂，减轻了财政负担 粮食购销同价改革后，在很大程度上减少了粮食购销价格倒挂，理顺了财政、粮食部门和银行之间的关系，减轻了财政负担，搞活了部分银行信贷资金。1991年全省粮食购销价格只倒挂3762万元，比

1990 年减少 13735 万元，占当年倒挂金额的 78.5%。

4. 有利于节约粮食 粮食购销价格调高后，平议差价缩小，有效地遏止了城镇居民浪费粮食的现象，节约了用粮。据初步了解，粮改后一个普通家庭（4 口之家），每年可节约一至一个半月口粮消费量，可使全省节约大量粮食（约 0.3 亿公斤）。

5. 促使粮食企业改进经营管理，转变经营作风，参与市场竞争 对粮食实行购销同价改革后，由于把城镇居民口粮的销售价格调高到与市场价基本接近的水平，粮食部门的陈米在销售中，难以与市场上议价的优质米竞争。因此，他们努力改善经营管理，提高服务质量，开拓经营门路。现在粮食部门严格控制人员调入，扩大销售网点，延长营业时间，组织优质米供应市场。全省有 21 家粮食加工厂进行了技术改造，调整加工产品结构，搞深加工、精加工，以适应市场变化的需求。此外，在搞好本业的同时，充分利用粮仓前后的空地，发展热带种植业和养殖业，搞多种经营，到 1991 年底止，全省粮食系统共种槟榔、橡胶、胡椒等各种经济作物 2254 亩，种热带水果 438 亩，造林 1040 亩，同时积极养鸡、鸭、鹅、猪、牛、羊，搞淡水养殖等，并积极发展第三产业，大大提高了经济效益。

6. 促进了市场的发育 农业是海南省经济的基础，粮食又是基础的基础。对粮食实行购销同价改革后，进一步促进了海南省粮食市场和农副产品市场的发育和完善。由于城镇居民口粮销售价同市场粮价相差不大，有相当一部分城镇居民宁肯多花点钱买市场的优质米而不买粮店的次质米，使海南省粮食的市场调节量从 36%增大到 56%。一个开放的粮食市场正在形成，并为生产资料市场、劳务市场、技术市场等的培育和发展提供了示范，奠定了基础。

四、进一步深化改革的设想

尽管海南省的粮食购销价格改革取得了显著的成效，但从总体上看，从更高的要求看，粮食流通体制还不能适应改革的要求，主要是粮食经营机制和宏观调控不适应粮价改革的需要，致使国营粮食企业经营运转不灵，致使其经营的计划内粮食销量下降 40%左右，粮食库存积压增加，仓储暴满，国家定购任务外的粮食卖难，国营粮食企业经营粮食的贷款余额还在逐步增加。共主要原因：一是改革不配套，粮食经营管理体制没有改变，政企不分，大锅饭仍未打破。二是价格改革不到位。为此，需要在购销同价改革的基础上，进一步深化海南省的粮食流通体制改革。要对粮食实行在国家宏观计划指导下的议购议销，由市场调节，建立健全粮食批发市场；对粮食系统实行政企分开、政府职能和经营职能分开；把政策性亏损同经营性亏损分开；粮食企业实行一业为主、多种经营，以增强后劲和竞争力；要妥善处理好粮食经营亏损挂帐问题，逐步甩掉历史包袱，尽快实现海南省粮食产供销的良性循环。

（云汉屏　执笔）

1991年国合商业改革的新进展

国家体改委流通体制司市场和商业体制处

1991年，国合商业继续坚持深化改革的方针，以转换企业经营机制为重点，进一步推进改革，主要有以下几方面特点。

一、在总结经验的基础上，稳步推进承包经营责任制

1991年初，商业企业完成了第二轮承包合同鉴定，占企业总数98%的国合商业企业转入新一轮承包期。这一轮承包在总结经验的基础上，做了一些完善和发展；承包内容和承包指标更加科学合理，建立包括承包基数和经营目标、工效挂钩三大系列的承包考核体系；承包形式根据行业、企业的实际情况，主要采用上交利润基数递增和上交利润基数包干超收分成等形式；进一步提高了风险意识，干部、职工风险抵押承包面有所扩大，风险观念增强；由过去经理个人承包转为企业领导班子或职工全员承包。此外，不少地区逐步由利润承包转向资产增值承包，强化了约束机制。

二、逐步推行“四放开”，进一步落实企业自主权

“四放开”首先在重庆市试点和推广。1991年初，重庆市国合商业的一部分企业试行了经营、价格、分配、用工制度的“四放开”。同时，企业内部强化管理，转换经营机制，取得了明显的效果。此后不久，全市由点到面推广了这项改革。党的十一届三中全会以来，随着流通体制改革的不断深入，流通领域已经呈现出多元化的竞争格局。百业经商的激烈竞争对国合商业是一个严峻的挑战。市场竞争中，一边是被“捆绑”着的国合商业，另一边是放开手脚的其他各种社会商业，竞争环境极不公平，致使国合商业亏损企业增多，经济效益严重滑坡。如重庆市于1988年全市国合商业系统实现利润2.8亿元，1989年减少到2.2亿元，下降21.4%，1990年又大幅度下滑到5400万元，比上年下降了75%。企业如何摆脱这种困境，走出低谷？现实可行的选择只能是“四放开”。即从落实企业权力的四个关键方面入手，进行综合配套改革。重庆市在进行“四放开”工作时，动员了政府各部门支持，如组织物价、劳动、人事、公安、财税、银行等部门充分研究，共同探讨企业的出路，并制定了相应的措施。由于重庆市政府注意了企业改革与其他部门改革配套，使这一工作由点到面逐步推开，短短几个月时间，“四放开”取得了明显效果。据重庆市对100户试点企业的初步统计，从1991年1月至9月，累计商品销售额比上年同期增长21%；实现利润增长31%；上交税利增长32%；职工个人收入增长17%。几项主要经济指标普遍高于全市国合商业的平均水平。

为了推广重庆市的经验，搞好国合大中型商业企业，国家体改委和商业部于1991年11月在重庆市联合召开了搞好国合商业企业座谈会。会后，各地结合本地实际情况，积极推广重庆经验，有的省市实行“三放一改”，有的地方推行“四放活”或“四放宽”，还有的地方推行“六自主”，基本点都是贯彻《企业法》，落实向企业放权，促进企业经营机制转变，把企业推向市场。到1992年一季度止，全国推

行“四放开”的商业企业，约占企业总数的20%左右。实践证明，推行各种形式“四放开”的企业，大多数都取得了很好的效益，销售额、实现利润及上交利税的增长幅度都很大。如贵州省纺织百货公司实施方案两个月，取得了好的开端，销售额比上年同期增长44%；上交税金增长30.8%；实现利润增长28.6%。广西南宁市日杂公司在1992年一季度也取得了好的效益，完成销售额、实现利润、上交营业税和所得税，分别比上年同期增长9.2%、12.5%、14.8%和12.6%。

在推行“四放开”过程中，地方政府和主管部门普遍比较重视，措施比较有力。重庆会议后，多数省（区）市及时召开了会议，认真传达会议精神，研究贯彻措施，进行广泛动员。湖南省政府把“四放开”改革内容写进了1992年《政府工作报告》，经人大通过。南宁、青岛等市把推行“四放开”，转换企业经营机制，列为商业改革的首要工作。吉林、河南等省政府领导挂帅，成立了领导小组，由体改、财政、商业、供销社、工商、物价、劳动、税务等部门参加，加强组织领导，搞好规划、协调。各地政府的综合部门都积极支持和配合，制定了配套政策措施，主动为企业创造良好的外部环境。

三、深入调查研究，探索批发企业改革的路子

近年来，由于国家经济政策逐步调整以及其他因素的影响，国营大型批发企业的处境十分困难。特别是1989年下半年开始的市场疲软，使原来掩盖着的一些矛盾集中暴露出来。具体表现为：购销额逐年下降，市场占有率越来越低。据商业部调查组对上海、天津两地13家大型日用工业品批发企业（原商业部所属的中央一级站）调查，1990年如剔除物价上涨的因素，购销分别比1985年下降57%和71%。经济效益恶化，利润严重滑坡。这些企业1990年与1985年相比，主要经济指标出现了“五升五降”的严峻局面，即流动资金占用上升，销售总额下降；结算资金比重上升，商品资金比重下降；税费负担上升，利润水平下降；流动资金周转天数上升，百元资金利税率下降；百元资金工资奖金含量上升，人均劳效、人均税利水平下降。1990年上海6家批发企业共盈利1.6亿元，比1989年减少2.8亿元，比1985年减少5.8亿元，其中有的企业是虚盈实亏。天津7家批发企业有5家亏损，共亏2.1亿元，企业没有发展后劲。1990年上海6家批发企业没有一家完成利润承包基数，目前共欠国家税利219亿元。天津5家批发企业由于亏损挂帐，全年仅利息就要支付2000万元。许多企业无法补充自有流动资金和提取发展基金，有的企业的发展基金和福利基金出现赤字。还有的企业资不抵债，负债经营。上海、天津13家批发企业面临的问题，对原来国营商业的一、二级站，尤其是产地批发企业来说，具有代表性。这一情况，引起了各级政府的重视。1991年，商业部委托中国综合开发研究院立项研究《完善日用工业品批发体制的对策》课题，对上海、江苏等地进行调查。商业部还派调查组对上海、天津日用工业品批发企业进行调查研究。天津、上海等市也分别成立了专题调查组，进行调查并提出方案。大连市就批发怎么办开展了大讨论，其他许多省市都在讨论这个问题。

在此基础上，为了贯彻落实国务院《进一步增强国营大中型企业活力》的通知精神，结合商业系统批发企业面临的突出问题，商业部于1991年8月份向各省市商委、商业厅（局）及部直属有关公司发出了《关于搞活国营大中型日用工业品商业批发企业的通知》，共13条，包括：(1)转变思想观念，实现转轨变型。国营大中型日用工业品商业批发企业必须认清形势，适应变化了的情况，在经营思想、经营战略、经营方式和组织结构等方面做根本性的转变，加速转轨变型。(2)进一步落实企业自主权。要根据《企业法》的规定，切实落实企业自主权，继续坚持政企职责分开，使企业成为面向市场需要、自主经营、自负盈亏、自我约束和自我发展的社会主义商品经营单位。(3)提高国营商业的组织化程度，实行规模经营。要广泛地开展工商、批零、批批、国合之间的横向和纵向联营、联合，积极组建以批发为龙头的紧密型或半紧密型的产销、经销、联销集团。同一或相近专业的站司，条件成熟的可以采取合并、兼并、相互参股等办法，成立批发集团公司，实行统一领导、内部专业划细、分级管理的组织形式。(4)积极培育、建设批发市场。建立多形式、多层次、开放式、少环节、公开交易、平等竞争的批发市场。逐步建设、完善我国日用工业品批发市场体系。(5)以市场为导向，努力开拓经营。(6)建立健全企业的激励机制和约束机制。(7)实行规范化管理，向管理要效益。(8)推进价格改革，进一步放活价格。(9)加强库存核算。(10)加速补充企业自有流动资金。(11)加强

设施建设。(12) 继续清理"三角债"。(13) 进一步整顿批发流通秩序等。

在调查研究的基础上，商业部专门召开了20个大中城市一商局局长座谈会，讨论研究推动日用工业品批发企业改革问题。各级各地商业部门也普遍进行了调查研究，进行了一系列深化改革的探索。如上海市积极争取改善外部条件，1991年经上海财贸办、财政局、税务局、劳动局等部门研究决定，对上海百货、五金机械、家电交电(集团)、针棉织品、纺织品、文化用品等8家国营大型商业批发公司及其所属有条件的批发企业，实行"税利分流、税后还贷、税后承包"的综合配套改革试点。同时，把工作重点转向"深化企业内部改革，增强企业活力"上来。明确提出国营批发企业的业务经营要以提高经济效益为中心。改变长期以来一直强调发挥国营商业主渠道地位和蓄水池作用，把支持工业生产、安排好市场供应作为国营工业品批发企业首要任务的状况。经过一年的努力，批发企业效益滑坡的速度有所减缓。工作重点开始由过去以商品采购为主逐步转移到以商品销售为主。各批发公司都及时调整了经营重点，相应加强了销售力量。在市外销售方面，除了认真参加全国性商品供应会的交易活动外，还在不同地区和不同时间召开以小型和专业为特点的供货会，如1991年上海商品交易会，成交额近11亿元。在市内批发方面，加强了同区、县商业部门的密切协作，以及全面实行送货上门等办法，取得了较好效果。上海市的批发企业还向两翼渗透，采取计划衔接、自由选购、联营让利、代理代销等多种灵活的购销形式。主要有：(1) 投资型，就是批发商业向工业渗透；(2) 集团型，选择几个产品组织购销集团；(3) 代理型，与工业适当分工，进行联合；(4) 市场分工型，对一部分市场紧俏商品，向工业让利；(5) 松散型，就是工商、商商之间的联合，除保持和巩固原有的专业性联销集团外，各批发公司由原来主要对二级站调拨，逐步转向市内外、系统内外、市区郊区、大小生意一齐做。通过调查研究和组织试点，上海市9个批发公司的业务开始好转，1991年1月至9月份与上年同期相比，批发给市内的商品增长22%，库存总值下降17%。

武汉市商委同有关部门通过调查研究，确定了深化批发企业内部改革，转变经营机制作为批发商业改革的重点，拟定了《关于深化工业品批发企业改革的意见》，调整了公司领导班子，派出8个工作组协助公司制定内部改革方案。制定实施了企业内部人事、用工、分配制度的改革，并推进经营机制改革，强化管理，挖掘潜力。这项改革在市友谊公司实施后，取得了明显的成效。干部职工的精神面貌焕然一新，经营机制活了，经济效益大幅度提高。1991年上半年，该公司实现销售额8923万元，比上年同期增长64%，实现利润154万元，而上年同期却亏损33万元。市五金公司和工业品贸易中心实施改革后，也一举扭亏为盈，1991年上半年与上年同期相比较，销售额分别增长17.5%和32.2%，实现利润分别为5.7万元和34.1万元，而上年同期分别亏损44.3万元和103.2万元。

河北、河南省的商业部门分别与省计经委、财政厅、银行、劳动局等部门联合发出关于在重点集镇建立、完善工业品批发下伸点的意见和通知。内容包括：下伸点的隶属关系和组织形式，下伸点的固定资产建设；经营范围和经营形式；下伸点的有关政策；下伸点的人员配备和自身建设。通过在集镇建立批发下伸网点，解决了工业品下乡中存在的困难和问题，为工业品批发拓宽了渠道，扩大了省内工业品购销，也改善了农村工业品供应状况，促进了工农产品交换，密切了城乡关系。

天津市为了改变批发企业的困境，建立了两个企业集团：一个是以两站两司(百货站、文化站、百货公司、文化公司)为基础，组建天津日用工业品商业企业集团；另一个是以华联商厦为基础，组建工业品零售集团。天津日用工业品商业集团是以大、中型国营百货、文化用品批发企业为主体，在原来各企业自主经营、独立核算的基础上，本着自愿、互利、优势互补、共同发展的原则组建的，分为核心层、紧密层、松散层。集团各企业以主营百货、文化商品为主，兼营相关的日用工业品。经营方式以批发为主，批零结合，产销结合，远期合同和现货交易结合，经销、代销、代理、易货结合，同时组建以现货交易为主的固定的代购代销代储代运和结算功能齐全的日用工业品综合批发交易市场。集团将突破产销界限，向生产领域延伸；突破批零界限，向用户延伸；突破行业界限，向各行业延伸；突破内外贸界限，向国际市场延伸。

在市场上百业经商和激烈竞争条件下，在原来产品经济条件下设置的批发体制必然要受到冲击。批发企业的困难是客观存在的，而产地批发企业就格外困难。因此，在新的经济发展形势下，国营大中型批发企业必须从原来单纯的产地批发、独家经营、大集大散和行政机关附属物的框框中彻底解脱出来，逐步实现政企职责分开，作为一个独立的商品经营者，参与市场竞争，实现自主经营，自负盈亏，自我约束，自我发展，以适应有计划商品经济体制下商品流通的客观要求。批发体制改革，必须立足于大市场、大流通，彻底打破按行政区域建制的格局，以经济区域和商品自然流向为基础，下决心重建批发网络，引导批发企业向企业集团化发展，向工业渗透，向零售渗透。同一城市站司未合并的，要下决心撤并。长期亏损、复苏无望、无发展前途的企业，要抓紧转轨变型，向其他领域扩展，可以转办批发市场，也可以与零售合并，成为批发零兼营企业。县级批发企业，可以走商业总公司的路子，一套机构，两块牌子。

批发企业转换经营机制目前存在的问题是，旧的批发体制已打破，新的尚未建立起来，批发企业坐楼经商，等客上门的旧习尚存。因此，只作一些小补小修还解决不了根本问题的。出路是对原有这些批发企业动比较大的手术，从职能作用、经营思想、经营战略、经营方式、内部机制等各个方面做根本性的转变，其中，最为关键的是思想观念的转变。

四、发展商业企业集团，促进企业组织结构调整

1991年，国家体改委和商业部在发展商业企业集团方面，做了大量的调查研究工作。年初，在北京召开商业企业集团研讨会。年中，两部委在大连联合召开了商业企业集团经验交流会。年底，国家体改委在上海召开了全国十大商业企业集团经理座谈会，讨论了国家体改委提出的“关于在流通领域促进企业集团发展的意见”。意见内容包括：(1)组建的标准，以具有一定实力的公有制流通企业为核心，以贸易活动为主，以资产、资金和约束性契约为纽带，具有多层次的组织结构，多种经营功能。(2)组建的原则，坚持企业自愿和行政引导相结合，坚持“自愿、平等、互利、互补”的方针。流通企业集团是自主经营、自负盈亏的经济实体，必须实行政企职责分开。提倡组建跨地区、跨部门、跨行业、跨所有制的竞争性企业集团，不自我封闭，以利于全国统一市场的形成和多种经济成份的协调发展。提倡采取控股、参股等方式发展流通企业集团。(3)组建和发展流通企业集团工作，要在各级政府的领导下，接受有关综合部门的指导，有计划、有步骤地进行。目前成立流通企业集团应由国家和省、自治区、直辖市、计划单列市两级审批，集团公司的主管部门即为流通企业集团的主管部门，跨行业的流通企业集团，分别接受几个行业管理部门的业务指导。

国家体改委和商业部把上海新亚集团和大连食品集团作为全国商业企业集团的试点，发挥探索和带头作用。两部委还组织交流了大连食品集团、广东食品集团、上海新亚集团、北京东安集团等的经验，探讨了待研究和解决的问题。各地也发展了一批商业企业集团，对促进商业企业组织结构调整，增强国营商业的整体优势和更好地发挥主渠道作用起了好的影响。

发展商业企业集团还要继续做以下三方的工作：(1)形成投资决策中心。当企业集团资金调剂融通工作有了一定基础后，财务公司的建立是很重要的。建议国家金融管理部门研究解决企业集团投资中心的问题，并制定设立财务公司的标准。(2)随着商业企业集团的经营规模不断扩大和拥有资产的大幅度增加，集团应有对国有资产经营的权力。国有资产管理部门对跨地区的国有资产怎样授权给企业集团应有所规定，以打破区域界限，形成和强化国有资产新的经营管理体制，不断发展壮大集团实力，增殖国有资产。(3)对有进出口能力的企业集团，要批准其有自营进出口权。上述问题的解决，可在一些企业集团试点取得经验，然后向全国推广，达到合理调整企业组织结构的目的。

商业企业股份制试点正在有计划地进行。成立最早的北京天桥股份有限公司，已有8年时间，现在正不断完善。近几年来，武汉、西安、广州、上海、辽宁、黑龙江等省市和部分计划单列市、国营商业企业也在当地政府的统一规划下，进行了股份制试点。到1991年末，全国共有股份制商业企业942家。商业股份制主要有三种形式：(1)向社会公开发行股票。将原有资产重新评估折股，并向社会公开发行一部分股票，召开股东大会，组成董事会。如北京天桥股份有限公司、北京天龙股份有限公司、武汉商场、哈尔滨同记股份有限公司等。(2)股票公开上市，目前只有上海豫园股份有限公司一家。(3)法人之间互相持股、参股。武汉市粮油贸易中心就是由全国15个省、自治区、计划单列市的58家企业集股组建的。福建南平五交化批发股份有限公司则是在原南平二

级站基础上，吸收20多家县级批发企业投资建成的，但仍不规范。(4) 企业内部职工持股。如广州南方大厦、西安解放百货股份有限公司、四川绵阳五交化股份有限公司、上海新世界股份有限公司等。商业企业股份制以这种形式的数量最多。

五、进一步发展农村社会化服务体系，完善供销社民办机制

基层社是供销社的基础，没有基层社的兴旺发达，供销社就办不成农村经济的综合服务中心。因此，办好基层社极端重要。各地在这方面作了不少探索。

1. 重庆市部分供销社积极响应市政府的号召，实行"四放开"改革，成为全市首批试点单位。在试点成功的基础上，又在多数基层供销社推广。供销社在进行这次改革时，把经营放开作为"四放开"的基础和重点，作为价格、分配、用工放开的前提，根据农民生产、生活的需要，充分发挥供销社的优势，大力开拓经营服务领域，调整经营结构，扩销增效。他们做到：(1) 以农为本，为农服务，突出主业，搞好农资专营和废品收购及农副产品采购推销。(2)调整经营结构，拓宽业务范围。(3) 以三级批发公司进货为主，采取多种结算方式，开辟新的进货渠道，提高库存商品进销差率和适销率。(4) 不断改进经营方式，千方百计扩大销售，提高市场占有率。首批试点单位之一的璧山县大路区供销社，时间不长，就取得了明显成效。1991年1至9月份与上年同期相比，实现销售806万元，增长32.9%；利润增长2.3倍，上交税金增长27.6%，职工收入增长11.8%。到1991年底，重庆市已有257家独立核算的供销社企业实行了"四放开"，占总数的82.1%。"四放开"改革极大地推动了全市供销合作社各项工作开展，取得了较好的成效。

2. 山西省基层供销社进行联合尝试，有效地解决了"大系统与小企业"的矛盾。他们认为，关键在于加强供销社的联合。他们首先从县级供销社入手，从县联社的联合抓起。县是城乡经济的结合部，是工农产品交流中心，是商品流通枢纽。搞活搞好基层社，县联社起着关键的作用。他们选择全省区域经济最落后，供销社经营不景气的吕梁地区供销社进行综合改革试点。做了如下工作：(1) 转变观念，提高改革自觉性。全面进行党的基本路线和合作理论的教育，把思想统一到中央、国务院和省委、省政府对供销社改革的要求上来。(2)在管理体制和核算体制上突破。县联社作为经济实体领取法人登记执照，统管全系统的人、财、物以及购销业务活动，实现企业化、集团化经营。这一项改革，有效地改变了过去县联社只是进行一般工作指导的弱点，使县联社职能发生了质的转变，做到全县一盘棋。这项改革还有效地减少了过去存贷分户给供销社带来的资金沉淀，为国家节约了资金。(3) 专用基金集中使用。过去县属专业公司和基层社的各项专用基金，大多数分散使用，办不了大事。进行试点后，财务核算体制实行了"六集中"，即发展生产建设资金、科教基金、离退休统筹金、削价准备金、安全互助金、基层社发展基金，全部由县联社集中，统一规划，统筹使用，取之基层，用于基层。(4) 经营上县联社、基层社一体化、他们以县公司为龙头，工业品经营实行厂家进货、规模购进、成本分开、移库销售、让利基层；农产品经营实行内部调拨、规模销售、利益共沾、返利基层。吕梁地区依靠县联化、基层社一体化优势，全区供销社在1991年全省遭受百年不遇的干旱、农产品产量减产30%以上的严峻形势下，做到购销两旺。核桃、红枣、葵花籽等大宗农产品，都是县联社统一指挥、基层社收购、县公司加工销售。全区供销社通过收购农产品、组织小秋收和回收废品，在大灾之年为农民人均增收15元，显示出集团经营的力量。

3. 吉林省供销合作社抓"双卡"服务，搞好经营，搞活企业。"双卡"指两套卡片，一套是"农副产品收购服务卡"，另一套是"工业品销售服务卡"。供销社通过在服务对象中逐户建档立卡的形式，对农副产品，以解决卖难为重点，开展产前、产中、产后全过程服务；对工业品，以解决买难为重点，开展售前、售中、售后全过程服务。由于"双卡"服务是在农村第二步改革中应运而生，体现了供销社深化改革的方向，一出现就显示了旺盛的生命力。农民评价说："两张卡片在手，吃穿住用不愁"。在吉林省内，从发现典型到全省推开，大体经历了半年时间。1991年11月初，国家体改委和商业部联合在重庆召开搞好国合商业座谈会上，吉林省供销社介绍了这个经验，此后又在全国许多地方推开。不少地方，结合本地实际情况，采取了不同形式为农民服务、搞好企业，取得了好的成效。

4. 按照规范化的要求，积极发展各种专业合作

经济组织。不少地方通过调查研究，提出了组织规范化的要求。商业部在总结各地经验的基础上，制定了专业合作社和专业协会两个示范章程，使供销合作社的社会化服务工作前进了一步。到1991年底，全国比较规范的各种专业合作经济组织已达3.2万个。山东省供销社在社会化服务中，主要有两种做法：一种是县、乡党政领导委托供销社牵头，组织有关经济、技术部门共同服务。惠民县的中桥乡先后成立了农业生产服务队、农业技术服务站、果树服务站、测土施肥站等10个站，收到了很好的成效。另一种是县、乡党政领导出面组织，各部门明确分工，各司其责。如诸城县贾悦镇，由乡政府统一组织林业站、经营站、农机站等部门，明确各自的职责，共同为农民服务。在社会化服务中，供销社倡导、扶持、参与的各种专业合作经济组织，近年来在全国各地如雨后春笋般发展起来。

5. 村级综合服务站的建设，在数量和质量上有了很大的发展和提高。许多地方根据《村级综合服务站管理办法（试行）》精神，认真总结经验，制定规划和标准，保证了村级综合服务站建设的健康发展。浙江省供销社把办好村级服务站作为全年工作重点。到年底，全省系统建成综合服务站161个。这些村级综合服务站有的以原有的双代店、农资咨询服务部、村肥药站、棉麻集产站为基础改建扩建的，有的是新建的。其形式主要有：供销社与村合资联营；供销社与村合办联办；供销社为主、村里配合建立。山东省全年的工作重点也放在了村级综合服务站的建设上，把根扎到最基层，把服务送到千家万户。1991年4月，山东省开始组织学习推广吉林省“双卡”服务的经验。借此东风，省供销社选择18个工作基础好的县市，召开了专门会议作出部署，把村级服务站的建设与“双卡”、联户服务紧密结合起来，并及时制定下发了村级综合服务站的标准，使村级服务站从一开始建设，就纳入了规范化管理的轨道。到1992年3月，全省供销社系统已建立村级综合服务站2万多处，占全省行政村总数的20%多。其中文登市供销社已在全市40%以上的村建立了村级服务站，其服务由最初的“双卡”、“双册”购销业务，发展到了推广农业技术、维修农业机械、组织文化娱乐活动等农村生产生活的许多方面。山东省村级服务站建设的特点是，绝大多数都是与村党支部、村委会联合，以设在村的供销店或代购代销店为依托，充实服务力量，增加服务内容办起来的，服务站长一般由村支书和村委会主任担任，这样做投资少、见效快、基础较牢，是村级服务站建设的一条良好途径。

6. 积极兴办农副产品批发市场，参与市场的培育和建设。建立以批发市场为中心的农副产品流通体系在计划与市场相结合的经济运行中有着越来越重要的作用。我国8亿农民分散的小生产和城市众多分散的少量消费，决定了必须以批发市场来架起产销的桥梁。于是近年来办批发市场兴起了热潮。各种经济组织开展了竞争。供销合作社看到了这种形势，并积极参与了进来。几年来，供销合作社在全国办的批发市场有3800个，形成一定规模的有300多个。如河北省供销社系统建立、参与各类批发市场156个，年成交额超过30亿元。

供销合作社办的批发市场主要有4种：(1)本系统主办。这种批发市场的资金靠自筹，用于场地、交易棚、仓库、住宿等配套设施的建设。这种市场由供销合作社代工商、税务部门行使市场管理、税收等职能。同时，划清自营与行使管理职能的界限，自营部分单立帐户，不把管理与经营搅在一起。烟台市、重庆市的果品批发市场就是这种形式。河北省张家口供销社副食品公司在贸易货栈的基础上，建起了融经营、服务、管理于一体的大型农副产品批发市场，全国27个省市区，1600多个国营、集体、个体工商户在此购销，既为农民增加了收入，也搞活了供销社自身的经营。(2)供销社与有关部门联合办批发市场。有的是供销社出场地，双方投资并出管理人员；有的是供销社出场地、设施，工商行政部门负责市场管理；也有的是对方出场地，供销社投资，参与管理。供销社主动与市政府各职能部门协商，成立由工商局、副食品公司、公安、物价、卫生等部门参加的市场管理委员会，下设办公室，负责市场的管理、协调、服务工作，对市场实行“四统一”，即统一政策、统一票据、统一收费、统一管理。这种批发市场投资方多、管理得好、具有很强的生命力。(3)参与办批发市场。各地供销社通过集资入股、租赁摊位、进场经营、提供各种经营服务等方式，不同程度地参与了专业市场和批发市场的兴办。如河北省巨鹿县供销社在政府支持下，逐步在全县与有关部门办起了枸杞、槐米、红枣、废旧物资四大专业市场，年成交额2亿多元，供销社获利近百万元。

（刘俊英　执笔）

实行"四放开"，建立富有生机的国合商业企业经营机制

重庆市经济体制改革委员会

为了进一步搞活流通，搞好国合商业企业，我市从1991年初起，在国合商业实行经营、价格、分配、用工"四放开"。到1991年底，"四放开"改革由首批11户试点企业发展到500多家，推广面达85%左右。一年的实践证明，"四放开"改革对于企业经营机制的转换，活力的增强，效益的提高，都起到了明显的作用。

一、"四放开"的内容和做法

一是经营放开。在搞活主营业务的同时，允许企业根据自身设施、资金、人员等条件，扩大经营范围，调整经营方式，实行"一业为主，综合经营"。除专营、专卖和国家指定归口经营的商品外，其余商品可以经营。零售企业允许兼营批发、加工、服务业务；批发企业走批零结合、工商、商商结合、经营和服务结合、内外贸易结合的路子；根据市场需要，调整经营机构、宜大则大，宜专则专，突出经营特色。

二是价格放开。除国家定价的商品外，其余商品的零售价格全部放开。零售环节，由中央管理的6类19种商品仍按现行规定执行，其余商品价格由企业根据供求变化自行定价。批发环节，关系国计民生的重要生产资料、生活用品价格由国家定价，其余商品价格有计划、有步骤地放给企业自主作价。价格放开后，按照"价格要活，管理要严，明码标价，活价促销"的原则，实行统一管理，分级作价。放开价格的商品，由企业专职物价员核价，报主管经理审批执行；规模较大、经营品种较多的企业，可将部分商品作价权下放给分公司或经营部；少数风险较大、价格变动较快和积压滞销商品，可放到柜组浮动作价，企业实行差率控制或拨货计价的办法。

三是分配放开。在落实承包经营责任制的基础上，根据按劳分配原则，把职工收入与企业经济效益、劳动效率挂钩，采取适合企业特点的多种分配形式，拉开分配差距。职工原工资作为档案保留。企业与国家分配，坚持"三兼顾"，做到"三低于"，即兼顾国家、企业、职工三者利益，并使职工收入的增长低于企业销售、利润和上缴税利的增长幅度。凡达到"三低于"的企业，适度放宽奖金税和工资调节税，同时直接征收个人收入调节税。已经实行工效挂钩的企业，能确保完成承包任务并有承受能力的，可以改总挂分提为总挂总提，改"环比"为"定比"改单一指标挂钩为复合指标挂钩。未实行工效挂钩的企业，在保证完成承包任务，保证上缴税利比上年增长的前提下，以企业上年工资总额与企业销售收入挂钩，测算出百元销售额工资含量，企业按销售实绩计提工资总额，允许进入费用。一般中小企业实行工资总额与销售和利润总额双挂钩，即联销联利计酬，但与利润挂钩比例不得低于50%，联销联利的工资总额允许进入费用。企业内部分配，按照劳酬挂钩，责任到人的原则，实行工资全浮动，下保基本生活费，上不封顶的办法。

四是用工放开。按照“国家宏观调控，企业自主用工，多种形式并存，全员劳动合同”的要求，企业可根据生产经营需要，编报用工计划，经批准面向社会招考，择优录用。企业内部建立全员劳动合同制、干部聘用制和内部待业制。实行“三岗”，优化组合者为“在岗”，享受本岗位的分配办法；组合落选重新上岗者为“试岗”，只发基本工资加补贴，与“在岗”职工同工不同酬；“试岗”期满仍未达上岗条件或违纪下岗者为“待岗”，由企业组织学习、培训和参加劳动，按不低于民政救济标准发生活费。对待岗期满仍不能上岗的职工和严重违纪职工，企业有权按照有关规定予以辞退。街道和劳动部门应予以接收。

二、“四放开”的效果

“四放开”改革虽然时间不长，但效果比预料的好，使国合商业经营面貌发生了可喜的变化。

1. 促进结构调整，经营特色突出。零售企业分别朝“大而全”、“小而专”的方向调整，形成了一批特色商店；批发企业向多角化经营发展，市百货、五金、针织3家批发公司，开辟了3个大中型商场，使销售总额中零售比重上升10个百分点，百货站成立进出口分公司，开始把重庆产品销往非洲市场；商品结构趋于合理，增加了适销对路和名特优新商品，适销率提高5～10个百分点。

2. 坚持多劳多得，利益驱动机制形成。分配放开后，以部门联销联利和职工百元销售工资含量为主体的分配办法，打破了平均主义的“大锅饭”分配制度，把按劳分配，奖勤罚懒落到实处，调动了企业和职工的生产经营积极性。许多职工高兴地说：“现在好了，人人有定额，个个有含量，收入凭贡献，多劳就多得”。巴县白市驿区供销社，把职工收入与其提供的劳动数量和质量挂钩，分配时坚持比工作过硬，拉开差距。1991年第四季度，除国家规定的补贴外，职工人均月收入最高的305元，最低的36.5元；5位经理分店负责，与5个专业商店效益挂钩，高的237元，低的只有78元。由于严格执行分配方案，拿得多的理直气壮，收入低的无话可说。

3. 实行“三制三岗”，劳动管理加强。以“三制三岗”为内容的用工放开，开始在企业内部形成优胜劣汰的风险就业机制。据对部分试点企业调查，试岗、待岗人数虽仅占职工总数的1.5%，但教育面大。重庆商业大厦在用工制度改革中，内部待业12人，违纪辞退和开除3人，自动辞职6人，辞退辞职、内部待业率为4%，形成人人有压力，上岗靠竞争，落后将淘汰的局面，动摇了根深蒂固的“干好干坏一个样”的观念，开始打破“铁饭碗”的劳动用工制度，初步建立起企业内部优化组合的劳动机制。

4. 服务态度改善，经营热情高涨。用工分配制度的改革，促进了服务质量的提高。许多试点企业都出现了“三多三少”的好势头。一是遵守纪律、服从安排的增多，违章违纪、不服管理的减少；二是文明经商、优质服务的增多，对顾客“冷、硬、顶”现象减少；三是放弃休假主动加班的增多，请假溜号出工不出力的减少。职工的精神面貌有了较大的改观。

5. 经济效益提高，群众满意称好。从经济效益看，据对全市首批100户试点企业统计，1991年与上年比较，销售上升20.4%，利润增长19.4%，上缴税利增长22.2%，职工收入增长16.9%，明显高于全市国合商业面上的增幅。从社会效益来看，市场适销，商品增多，商品质量稳步提高，服务质量明显好转，市场物价稳定。据市物价局统计，全市衣着类、日用工业品价格、影响物价上涨不到0.2个百分点，群众比较满意。

瓦房店市的商业改革

辽宁省经济体制改革委员会
瓦房店市经济体制改革委员会

辽宁省瓦房店市在深化流通体制改革过程中，针对全市商业流通不畅、企业不活、效益低下等实际困难和问题，积极转变国营商业“包”、“保”市场的旧观念，树立以国营商业为主导带动多种经济成份商业共同繁荣市场的新观念；积极转变期望用行政手段重保国营商业，限制个体和其他商业发展的旧观念，树立多渠道竞争的新观念；积极转变固守原有的经营格局，依赖扩大计划分配，靠政府补贴的旧观念，树立商品经济大商业、大市场、大流通的新观念；积极转变等、靠、要的旧观念，树立发扬自主自强的新观念。并始终坚持以经济建设为中心，一心一意想买卖；坚持以开拓创新为前提，眼观六路找买卖；坚持以转换企业经营机制为手段，龙睛虎眼抢买卖；坚持以信誉为生命，搞好服务争买卖；坚持以追求效益为目的，精打细算做买卖，使全市商业企业充满了生机和活力，经济效益显著增长。1991年实现销售额4.7亿元，利润6199万元，分别比1990年增长22.5%和24.4%。并且，改造和扩建商业网点4.2万平方米，比建国以来商业网点建设投资总和还多。瓦房店市商业主要进行了以下几个方面的改革：

一、收拢五指，挤占闹市区

瓦房店市原有的商业网点布局，是按统配供应，包街包委，即按居住区划范围建立起来的，已不适应“大市场、大流通、大商业”的要求。瓦市国营商业敢于有进有退，扬长避短，合理调整网点布局，通过兼并、转让、改行、出租等方法，将地处偏远的10个微利、亏损小型门点让出去，收拢五指，形成拳头，集中力量挤占闹市区，发展功能齐全、设备新颖、具有现代化经营手段的大型商业网点。在近几年内共投资4500万元，于商业中心区兴建大厦、商场、浴池等大中型企业5处，经营面积42000平方米。其中，在扩建商业大厦的规划中，从整体效益出发，将邻街的五交化商店、信托商店等6个小企业合并，形成规模经营优势，1991年实现销售额1.05亿元，比改造前增长3倍，显示出国营商业雄厚的实力。目前，这个闹市区的大型商业群基本上为国营商业所占有，已形成国营商业新的优势。

二、实行企业兼并，优化组织结构

目前国营商业普遍出现的新情况、新问题，无不与企业组织结构、管理体制、经营方式有关。因此，针对瓦市一些包不下去、租不出去的包袱企业，从全局利益出发，打破行业、所有制和隶属关系的界限，大面积推行企业兼并，重新组合。到1991年底，先后有24家活不下去的小企业被8家优势企业兼并。组合后，不仅使劣势企业摆脱了困境，而且使优势企业得到了发展。兼并前这些小企业累计亏损400多万元，兼并后大部分扭亏为盈，扔掉亏损帽子，1991

年盈利110万元。

三、根据市场变化，调整行业结构

目前，瓦房店市个体商业发展迅猛，尤其是饮服行业中，这些个体行业门类全，网点多，与国营企业比具有灵活、善变等特点，大大冲击了国营的饮服行业。在这种情况下，这些国营企业认识到了彼之长，己之短，及时调整行业结构，将纯管理性的饮食公司撤销，把所属16个门点并入7个优势企业，除保留具有特色的4个饭店和两个较大理发店，归属重建的饮食服务公司外，其余门点改为经营五金、交电、百货、建材和家庭装饰用品的商场。对不适应继续发展经营的改为仓库、货场。这样做效果很好，充分体现了商品经济规律的要求，强化了市场适应能力。

四、放开经营品种，拓宽流通渠道

改革开放以来，打破了多年形成的固定商业流通模式，计划管理品种范围缩小，市场调节比重增大。瓦市各个商业专业公司适应新形势，突破固守行业和地区的界限，普遍实行一业为主、交叉经营、深购远销、异地购销，并积极参与国内、国际市场竞争。全系统已同上海、北京、深圳、江苏、广东等100多个地区520多家工商企业建立购销关系。几大商场、公司开展总代销、总经销的厂家有30多个。商业大厦还与香港、南朝鲜外商合资、兴办大富华游艺厅、嘉创服装加工厂；食品总公司与香港合资兴办天然饮料有限公司，对日本开展对虾、肉鸡、牛肉出口业务，年创汇100多万美元。

五、调整批发结构，重组批发新体制

为了适应新的商品流通形势需要，瓦市商业批发企业坚持走“巩固、调整、撤并、联合”的路子，把对批发企业的调整与整个国营商业调整结合起来，在调整中重建县级批发新体制。市五金交电公司根据自己经营情况较好、大件商品对外辐射力较强的特点，坚持以批发为基础，兼营零售业务，扩大零售网点。他们通过兼并、联合，把地理位置居于市中心的6处门点改建为经营五交化的专业零售商场(店)。同时利用样品室搞批零一体，采取多种经营方式，扩大了销售范围，争取了更多的客户。1991年销售额达到14041万元，实现利润190万元。百货、纺织品公司由于受到同行业共同面临的困难的影响，经营不景气，他们就以零售为主要经营方式，将百货公司并入商业大厦，纺织品公司并入瓦房店商场，借助大企业的实力发展自己。通过调整，初步解决了批发企业大库存、大机构、大架子的弊端。此外，在20多家小企业中，还开展了“零批一体型”、“零售带批发型”、“批发市场型”等多种形式批发业务。这种灵活的批零合一的经营方式，给瓦市商业批发企业带来勃勃生机。

六、规模经营、扩大市场占有率

通过商业组织结构调整，瓦市商业系统逐步形成了商业大厦、瓦房店商场、食品总公司3个联合体。由于规模大，人员素质好，势力强，能够左右当地市场形势，维护了国营商业形象，发挥了主导作用。以商业大厦为例。其前身是一个只有3000平方米的“破楼旧房”式的百货商场，通过投资扩建，调整结构，兼并了6家小企业，形成大规模的商业企业，内设13个商场，6个专业批发站，两个独立商店，经营品种4.6万种，组建30个观光景点和10个精品店中店，形成了实用与审美、购物与娱乐一体化的崭新格局。

七、政府转变职能，积极为企业服务

为了适应改革的需要，瓦房店市商业局本着“精简上层、充实基层”的精神，把3名副局长派到市商业系统的3个联合体，分别担任总经理职务。同时，又落实了企业应得的权利和义务。现在市商业局不再插手企业的经营事务，逐步把职能由管理型转为服务型。

瓦房店商业改革的实践，给了我们以下几点启示：

1. 通过人、财、物的优化组合，实现规模经营，能够使弱的企业变成强的企业，强的企业变得更强，具有更大的优势和实力。商业大厦、瓦房店商场、食品总公司3个联合体的从业人员占瓦市商业系统职工总数的60%，固定资产占有率为70%，销售额与利润也占瓦市商品交易额的50～60%，证明了国营商业在商业流通过程中可以发挥重要的作用。

2. 提高企业知名度，广招天下客。由于企业实力雄厚，名气大、信誉高，为其参与市场竞争提供了有利条件。商业大厦开业不久，就有许多厂家主动上门洽谈业务，现已与全国250多个厂、站建立了经贸关系，网络遍及全国，这样使商业大厦商品品种繁多、质优价廉，在顾客心中牢固地树立起良好的形象，销售额大幅度上升。

3. 瓦市的商业改革为解决县级批发企业和一部分小企业的生存问题找到了一条路子。大批发并入大零售，弱小门点并入大零售，可以批零兼营，方式灵活，优势互补，一方面人才得到交流，企业领导班子得到优化，另一方面在资金使用上发挥整体效益，特别是由于批量大，辐射力强，能够形成“气候”，左右当地市场。

4. 促进企业运用科学化、现代化管理手段。大的商业联合体实行规模经营，形成纵横网络的群体，他们在信息传递上运用微机控制，大大提高了信息的综合利用率；在内部管理上运用现代化手段，安装了监控商场的闭路电视，在收款、记帐、会计核算方面引入计算机程序，并提高服务质量，真正达到了简便，高速，顾客满意。

5. 研究商品营销，促进商业文化的发展。现代商品销售从某种意义上来讲是一种引导消费的活动。为了提高销售量，就要特别重视促销手段。现代化商业的发展，离不开商业文化，商业文化程度越高，企业素质也越高。在这些方面大企业有条件去研究公关学、美学、心理学、广告学，注重顾客心理，强化促销手段。他们通过各种形式的广告为企业宣传，在电台、电视台几乎每天都有几大联合体的声音和影像，在顾客心中留下了深刻的印象，发挥了广告效应。

（赵有志、马洪君、宋嘉革　执笔）

优选经营，系统管理，深化改革

兰州民主西路百货大楼

兰州民主西路百货大楼(以下简称民百大楼)是一个具有20年建店历史的老企业。现有700多名职工，4500平方米的营业面积。1991年，企业进入全省“放开经营、配套改革”试点的行列，在开放搞活，提高发展方面取得了新的突破。完成销售总额12754万元，比上年净增6372万元，增长100.9%；实现利润655万元，比上年净增476万元，增长265.43%；人均实现利税总额17025元，创历史最好水平，跻身于全国百家最大百货商店之林，1992年的前3个月，又有了新的开端，已经完成商品销售6902万元，比上年同期增长58.05%；实现利润330万元；比上年同期增长22.2%。我们的经营之道，集中起来，就是优选经营，系统管理，深化改革。

一、优选经营，争当竞争强手

1. 全面调整经营结构。民百大楼坚持“人无我有、人有我优、人优我新、人新我精”的经营战略，并按照“高档商品求精，中档商品求新，低档商品求优”的原则，把商品经营的视野放至五湖四海，把选择的对象放在名优厂商，先后与全国各地近700家生产和批发企业建立了相对稳定的货源关系，从而使大楼的名、优、新、特、精品达到全部经营品种的70%以上，构成了丰富多彩、琳琅满目的商品直观形象。目前，在兰州市场“人无我有”的商品已达1000余种，其中具有较大吸引力的“王牌”品种就有上百种，都是经久不衰、销量很大的领衔商品。这些商品由民百大楼实行“总代理”后，已经辐射甘肃城乡市场，对省内各种成份商业起到了联动作用。

2. 全面调整营销策略。我们把商品质量和销售手段融为一体，以高质求生存，以扩销求发展，逐步形成了迎合消费心理、动态变幻的销售形式。主要通过美化商品陈列，建立“店中店”，举办各种展销。1991年以来，根据不同季节、不同商品、不同消费，先后搞了上百次声势浩大的展销活动，平均每3天就推出一种新的销售形式。如“民百首届时装节”、“全国最畅销商品博览会”、“甘肃地产精品新品展销会”以及按季节开展的“春之序”、“夏之梦”等展销活动，有奖销售和全程服务活动，都取得了扩销增效的最佳成果；同时专门成立了由17名精通维修技术的人员组成的售后服务公司，并配备了5辆轻型送货车、1辆维修车。一年多时间，已为顾客免费送货上门13700（台）次，上门维修2070次，退换商品21335次，提高了服务质量，扩大了销售。

3. 全面调整内外关系。为了扩大民百大楼的社会影响，我们扩大了商品广告宣传，利用广播、电视、报刊先后举办了有奖征文、专场文艺晚会等活动。从而加深了人们对民百的印象。我们还捐赠18.9万元，在永登县通远乡兴建一座标准化小学，扶持贫困地区教育事业的发展。

二、系统管理，实现规范达标

随着改革的越深入，我们结合企业经营机制转换，坚持按照程序化、科学化、规范化的要求，强化经营管理。

1. 狠抓商品质量管理。我们先后制定并完善了

《抵制假冒伪劣商品条例》等一系列有效措施，建立了采购员档案和商品质量档案。规定采购员外出采购必须签订《采购员军令状》，以明确商品质量的责任，形成了相互制约的购销管理体系。对无商标、无生产许可证、无产品质量合格证、无价格审批单的“四无”商品，坚决不进不销，对采购计划实行“四定”，即“定品种、定质量、定产地、定人员”，形成了采购员进货、合同员审核、业务主办把关、主管经理审批，在途人员把好运输关、索赔员把好商品保险关、统计员把好数字关、保管员把好仓储管理关、营业员把好商品上柜关的“一条龙”经营管理体制，从而有效地抵制了假冒伪劣商品。为了以商品质量维护商品信誉，我们还对皮鞋、冰箱、彩电、收录机、黄金饰品等建立了商品质量“三包”(包修、包换、包退)信誉卡。由于在质量上不打折扣，不留漏洞，1991年被省质量局和省商业厅授予“商品质量信得过商店”称号。

2. 狠抓物价计量管理。我们重视价值规律，但是绝不随心所欲地乱定价格。我们除国家统一定价的商品外，一律实行花色差价、质量差价、季节差价等灵活作价的办法，而且各商品部必须实行价格申报制，由业务科统一核价。业务科配备专职及兼职的物价员进行物价监督，凡未经物价员核价的商品，一律不准上柜出售。

3. 狠抓财务资金管理。我们转变财会岗位的职能，由事后反映向事中控制、事前预测和决策转变。在经营分专划细的同时，对财务核算也划细、划小，以20个商品经营部、130个柜组为基础，实行以柜组为独立核算单位，单独计算盈亏，每日按时向各经营部门送“销售情况日报”，每旬提供“销售计划完成情况表”，月末向商品部、柜组提供“各项经济指标完成情况表”及“经营情况分析表”等。这样做使我们得到了及时、细致、准确的核算效果，为正确进行经营决策提供了依据。

在资金管理上，我们建立“内部银行”，实行“定额与融通”相结合。按照“以销定进、定额管理”的原则区别对待。择优供应，保证资金的满负荷运转。1991年，全大楼资金利税率由上年的45.47%上升到73.68%，结算资金占全部流动资金的比重由上年的11.2%下降到5.4%，资金周转为39.5天，比上年加快18.5天。

4. 狠抓科室协调管理。我们针对商品分专划细的要求，对科室工作也分专划细，明确职责，各负其责。总经理与各科室负责人签订科室目标责任书，机关科室负责人再与科员签订具体工作责任书，较好地解决了机关人浮于事的问题，提高了办事效率。

5. 狠抓人员素质管理。我们采用脱产培训、离岗分类短训、请部队军训等多种办法，先后培训管理干部、营业人员230人次。现在，全大楼干部、职工中具有大专以上程度的有29人，有中专以上程度的37人。营业员有90%获得了市劳动局颁发的中级营业员证书。我们在抓好业务培训的同时，还开展了“四有”教育和基本路线、基本国情的“双基”教育，并用《思想政治工作条例》和实施细则为检查标准，一级抓一级，逐步在全店形成了热爱共产党、热爱社会主义、热爱商业工作、热爱民百大楼精神支柱。

三、深化改革，彻底破除“三铁”

我们在配套改革中，从转换企业经营机制入手，毫不迟疑，毫不留情地砍了“三刀”。

第一刀砍“铁交椅”，干部实行聘任制。全体干部实行分级组合聘任制，49名中层干部均由总经理聘任，对受聘者由总经理签发聘书，并签订目标管理责任书。能者上，庸者下，连续2个月完不成考核指标，连续3个月达不到目标者，总经理有权予以解聘。

第二刀砍“铁饭碗”，职工实行全员劳动合同制。企业自上而下层层开展动态式优化组合，双向选择，实行试岗制和待岗制。对于组合下岗的人员，集中培训一个月，发70%基本工资，期满试岗3个月，只发基本工资，不享受福利。

第三刀砍“铁工资”，实行两次分配制。第一次分配，按劳动部门及企业的原分配方案执行，包括浮动工资；第二次分配，按试点目标完成情况进行分配。每月发放两次工资，月初、月末各一次。各柜、组既完成确保任务又完成试点目标者，可进行第二次分配。机关也按承担工作的能力大小分等享受第二次分配，一般低于营业第一线。从而打破了平均主义，充分调动了每个职工的积极性。

（闫怀颖　执笔）

深化改革抓管理，励精图治攀高峰

西宁市大十字百货商店

我们大十字百货商店座落于青海省会西宁市闹市地段。始建于1960年。目前，商店有职工516人，营业面积4800平方米，主要经营百货、文化用品、针织纺织、服装鞋帽、五金交电、钟表眼镜等10大类商品，经营品种达3万余种。党的十一届三中全会以来，我们坚持党的“一个中心、两个基本点”的基本路线，紧紧围绕提高企业经济效益和社会服务效益这个中心，依靠和团结全体职工，坚持企业改革，强化经营管理，不断开拓进取，走出了一条较为扎实的发展路子。为国家做出了较大的贡献。1991年商品销售额7693.41万元，比1978年的1423万元增长4.4倍；实现利润649.82万元，比1978年的85.4万元增长6.6倍。从1984年至1991年的7年间，商品销售和实现利润平均每年分别以16.67%和17.35%的幅度递增。在国家统计局公布的1991年全国32家重点百货零售商店主要经济指标对比中，利润率居第一位，毛利率居第二位，人均劳效居第十一位，流动资金周转率居第十八位。1988年以来，先后荣获省级先进企业、全国百货纺织品商业经营管理先进企业、全国商业计量先进单位、全省管理优秀企业、全省执行物价政策法规最佳商店、省市先进基层党组织、省市上缴税利贡献大户等荣誉称号。1991年经商业部审定、国务院企业指导委员会批准，晋升为国家二级企业，成为西北五省（区）零售百货商店中唯一获此殊荣的商店。我们的主要做法是：

一、坚持企业改革，转换经营机制

从1984年起，商店逐步在管理体制、经营方式、服务质量、分配办法等方面进行了一系列的配套改革，初步理顺了各方面的关系。一是在商店实行了经理负责制，明确了经理在企业的中心地位，同时充分发挥党组织的政治核心和保证监督作用。企业领导班子明确分工，责任到人。建立健全了职工代表大会的民主管理制度，党、政、工、团同心协力，形成了一个团结有力的班子。二是改革了经营管理体制。将原来的楼层管理改为店、部、组三级管理，层层落实了目标责任。即按照专业划细的原则，成立了6个商品部，强化了商品经营的专业性，并赋于商品部行政管理和经营管理的双重职能，下放一定的经营管理权限，即商品采购、奖金分配、营业组长任免、劳动力调配、残次商品处理等五权，使其成为进销存一体、专业经营和行政管理相结合的整体，享有一定的经营自主权。商店经理对商品部经理实行垂直领导，使行政管理和业务经营紧密结合，形成了既有统筹安排，又有分级负责，高效灵活的管理体系。为保证这项改革措施的落实，我们不拘一格选 用人才，提拔了18名政治业务素质好的中青年同志担任商品部和科室负责人，大大改善了领导班子的年龄、文化和专业知识结构。此外，我们还从加强服务质量管理入手，专设了全面服务质量管理办公室，对全店服务质量实行一体化管理。从1987年起开始推行全面服务质量管理，制定了服务规范21条和执行法、监督法、处理法等企业“三法”，实行动态管理，营业员挂牌上岗服务，做到了执行有记录，检查有标准，处理有依据，使规范服务得到落实。商店还重视加强班组建设，在柜组中设立物价、质量、卫生、安全、信息五员管理，并坚持每周班组讲评工作制度，从而大大增强了思想政治工作，促服务质量的实效性，提高了企业素质，推动了班组建设。在班组达标活动中，27 个班组中信得过班组 25 个，先进班组 12 个。三是划小核算单位，落实经济责任。商品部实行简易核算，年初核定指标，层层分解“八定”到部，“五定”到组，任务到人，定期考核，兑现奖罚。制定了企业经营承包责任制实施细则，对商品部和营业组进行“联销联优双考核”，即实行经济效益和社会服务效果双承包经营责任制，两项各占 50%，按完成情况计分算奖。为拉开分配档次，每月从每个职工工资中拿出 40 元同奖金捆在一起使用，按月考核，根据贡献大小进行奖罚，使按劳分配原则得到具体体现，激发了全店职工的积极性，同时也促进了各商品部、营业组及职工进一步重视“两效”的同步增长。四是强化了企业民主管理。在实行经理负责制的同时，进一步发挥职代会作用，凡企业的承包方案、购销计划、晋升工资、职工奖惩、奖金分配及福利待遇等重大问题都经职代会讨论、审议，并设立了“帮助经理工作意见箱”，职工想主人事、尽主人责，积极为企业发展献计献策。几年来，商店先后被省、市总工会评为“先进职工之家”。五是努力发挥企业的服务功能，实现经济效益和社会服务效益的同步增长。改革中，我们充分运用营业面积大、经营品种多、柜组分类细、基本设施全、地理位置好的客观条件，本着“两个文明”一起抓，从加强思想政治工作入手，党、政、工、团形成合力，齐抓共管，对职工深入进行“四有”教育，加强职工政治、业务素质的培养，持续开展各类内容丰富的优质服务和社会主义劳动竞赛活动，激励职工自觉树立全心全意为人民服务的思想，急顾客所急，想顾客所想，当好顾客“参谋”。商店在巩固原来 33 种便民措施的同时，对 30 多种小商品降低了零售起点，分别在各柜醒目处挂牌，并严格执行售出商品在一月内不脏、不损、保持原样，给予包换、包修、包退，开展大件耐用消费品售后建档跟踪服务，定期走访，维修到家，顾客购买商品如搬运困难，实行市内免费送货上门。另外，商店还专门配备了部份电视机、收 录机、手表等以供顾客在维修商品期内使用。1991 年，我店共为顾客退换各类商品 23007 件(次)，免费运送商品 259 次，维修家用电器 308 台（次），受到消费者赞誉，共收到书面表扬信 66 封，表扬意见 354 条，登报表扬 19 次，基本上做到了经济效益和社会服务效益的同步增长。

二、积极开拓市场，搞活商品经营

我店坚持以市场为导向，以效益为中心，转变观念，及时调整营销策略，调整商品结构，调整经营布局，使商店经济效益连续几年保持了好的发展势头。

1. 严把商品购进关，确保商品适销对路。随着企业自主权的扩大，商店直接向工厂自采商品的比重逐步增加。为确保商品的质量，适销对路，在购进中，一是制定“谁进货、谁负责，谁积压、谁受罚”的管理制度，实行购货“四定”(定人员、定路线、定地点、定计划)、“五会审”(商店业务经理、商品部经理、业务员、营业组长、管货员)，形成了店、部、组三级进货网，杜绝了假冒伪劣商品进店上柜，保证了购进商品的质量。1990 年在消费者评选中获得“消费者放心店”称号。二是在资金投向上，坚持区别对待，择优供应，保证“五个优先”，即：必备商品优先、换季商品优先、骨干商品优先、紧俏商品优先、节日商品优先，提高资金使用效能。三是在购进中，坚持勤进快销，多品种，小批量，以销定进，并立足当地，就近采购，增加品种，积极支持地方工业发展，努力开拓地方产品销售市场。1991 年地产品销售达 740 万元，对振兴我省、我市地方工业发展做出了一定的贡献。四是重视库存商品结构的调整，把有限的资金用在刀刃上，在对主要商品开展保本保利期管理的同时，经常对库存商品进行摸排，千方百计在用活资金上下功夫，加快了资金周转。1991 年商品资金周转 41 天，同比加快 3 天。

2. 举办各种类型的商品展销，充分发挥国营商业主渠道的作用。我们根据人民群众消费新动向，适时应季举办各类商品展销，仅 1991 年先后举办了 34 次不同规模的展销，增加销售 429.04 万元，做到展销不断，活动经常，对稳定繁荣市场起到了积极作用。

3. 努力发展横向联系，加强工商协作，积极开展商品联销和试（代）销业务。根据我省地处偏远，商品经济不发达，商品流通不畅的特点，我店陆续同全国各地的近 800 家工商企业建立了较为密切的业务往来关系，扩大了商品联展和试（代）销业务，充分利用外部资金，扩大经营；同时还发展名优商品供货基地，密切与名优厂家的关系。目前，我店已是“兰州长风电器集团”和“常州金狮自行车集团”的成员单位，并与青岛、苏州电冰箱厂等许多厂家建立了良好的供货关系，保证了我店所需货源。

4. 重视信息工作，加强广告宣传。配备信息专职人员，与全国120余家工商贸、商情中心建立了信息交流业务，定期编写《大百商情》、《内部信息交流》刊物，及时反馈市场营销动态，指导购销业务。同时，加强对商品的广告宣传，充分利用广播、电视、报纸传播快、覆盖面广的特点，坚持每日播发的商品信息不断。此外，还运用店内有线广播，定时向顾客宣传介绍新到商品。仅1991年，我店先后发送商品信息105条，不仅提高了企业知名度，而且增加了营销效果。

5. 合理调整商品布局，使企业面貌不断更新。这几年，我们根据市场需求变化和群众对换季商品的需要，加强了柜台商品的调整，扩大了适销商品的柜台面积和商品品种，还根据消费发展趋势增设了有关专柜，如淋浴器、装饰品等，做到品种齐全，档次齐全，便于选购。同时在商品陈列、环境美化上狠下功夫，使商品陈列清新美观、充满艺术性，店堂经营环境不断改观，吸引了众多的消费者来店参观选购。

通过改革，企业后劲有所增强，职工面貌明显改观。近年来，我店紧紧依靠广大职工，通过不断深化改革，强化管理，开拓经营，扩销促旺，使企业经济效益逐年大幅度增长，为国家建设积累了资金，作出了贡献。从1987年开始承包经营到1991年的5年间，我店共为国家上缴税利2295万元，与承包前5年相比，增长73.21%，补充自有流动资金72万元，企业留利部分也逐年增多。在保证完成承包利润的前提下我们还十分注意克服经营中的短期行为，为增强发展后劲，1987年～1991年5年里先后拿出留利300多万元，进行扩建改造，新建仓库楼2957平方米，在办公楼上加层增加仓库面积500平方米，装璜改造了营业一楼，购置了铝合金柜台货架，使购物环境更加舒适、优美。购买汽车3辆，进一步改善了运输能力，提高了效率。从1984年起，陆续改造增加营业面积近2000平方米，并根据消费趋势，1991年在3楼设立了服装自选厅。1992年还将拿出100万元，继续进行企业改造。从而使企业发展后劲显著增强，为今后进一步扩大购销奠定了基础。与此同时，商店还注意把改善职工生活条件放在重要位置上，为职工购房30套，“五小设施”建设齐全，方便了职工生活，使企业凝聚力日益增强，职工精神面貌振奋，激发了广大职工主人翁意识和经营积极性。

首都的“大菜篮子”
——大钟寺农副产品批发交易市场

北京市经济体制改革委员会

一、市场概况

北京市大钟寺农副产品批发交易市场，是由北京市海淀区东升乡大钟寺村与海淀区工商局合办的。它创建于1985年。占地5.2万平方米，拥有4个大型露天交易市场、一个封闭式水产交易大厅及各项服务设施，固定资产总额620万元。1991年市场成交量36536万公斤，其中蔬菜32164万公斤，成交金额33512万元，分别比1986年提高了22倍、24倍和61倍；市场总收入800万元，比1986年增长了20倍。市场兴办以来，累计向国家上缴税金900万元，吸引了全国近600个县的蔬菜生产者和经营者。并与其中大部分县建立了稳固的蔬菜购销关系。目前市场日成交蔬菜100万公斤，成交量占本市日上市蔬菜量的1/3。

二、市场特点

北京市大钟寺农副产品批发交易市场，冲破框框，实行“自主经营、自负盈亏、自我完善、自我发展”，建立了适合商品经济发展的新的市场经营机制，对外实行管理与服务相结合，对内做到责、权、利相统一，把市场办成为北京市最大的、具有双重性职能、设施配套齐备、引导产销等特色的批发交易市场。

1. 对外管理与服务具有“三性” 一是职能双重性。市场由区工商局派出小组负责监督，大钟寺村出地、出资、出人进行管理。对内市场有自主管理的权力，对外有代理工商部门管理市场的职能。在实施管理市场职能的过程中，市场治安组织在驻场民警、工商管理干部密切配合下，对混入市场进行违法犯罪活动的人给予严厉打击。仅1991年就查处各类案件2288起。对性质恶劣、屡教不改的不法分子，交由公安机关处理的有100多起，其中拘留14人；为买卖双方追回被盗、被骗商品、货款600多件次，追回货款4万多元。

二是设施配套性。根据市场管理服务型的特点，在建立健全综合服务配套设施上下功夫。目前，市场建有水果蔬菜批发交易大棚、封闭式水产副食品交易大厅、两幢两层简易服务楼房共8500平方米，内设商品货位、商品库房、服务用房380多间，并备有大量磅秤、防寒棉被、苫布，以及运输工具供客户使用。为了解决远途运销问题，开辟了铁路专用线。为了方便客户、保证信息畅通，市场投资30万元，安装了有10条长途线、200门分机的电话交换机。市场还特别增设了容量为200千瓦的小型变电站，以解决市场照明和冰柜等设施用电问题。市场投资15万元，建立了集装箱式垃圾站，以保持市场的清洁卫生。市场设有法律事务所；与农业银行合办了储蓄代办所；建有能容纳四五百人的附设食堂的旅馆，内有30多个中、低档饭馆、小百货商店等设施。

三是产销指导性。对首都市场蔬菜供求状况和淡旺季所需蔬菜品种、数量、价格等方面的情况，市场通过组织客户座谈，走访产地及经营大户，利用信件、电报、电话和刊物等形式，及时同客户沟通情况，了解货源、指导生产、引导购销。同时，市场每天将各类蔬菜成交量、成交价格，向市农业局蔬菜购销服务站电传，由他们向郊区县传播。

2. 对内管理实行“三制”　一是经理负责制。市场领导班子由14人组成。有关市场的发展规划及各项规章制度的建立等重大问题，经集体讨论决定后，由经理组织实施；副经理、责任经理在经理领导下，分口负责具体落实。对于市场的日常管理工作，如职工的使用、管理、奖罚，资金的调度使用等则由经理负责。

二是职工合同制。市场现有干部、职工240人，其中大钟寺村的农民137人。从社会上招聘的临时协管员104人。根据市场管理的特点，采取有进有出的合同制办法。不搞“铁饭碗”，对经过实践证明不适合从事市场管理服务工作的和违反市场管理规定的人员实行辞退。从市场开办以来，仅大钟寺村农民就先后被辞退20多人。

三是分配浮动制。大钟寺村对市场采取和村办企业一样的工分分配形式，单独核算、统一分配。村农工商公司按总经济指标和全部劳动力数核定工分分值，年终按各单位完成经济指标情况，最后确定各单位实际分配分值。经济指标完成情况好，分配增加，分值相应提高；相反，分配降低，分值也相应降低。超额任务指标分配，按超额部分40%上交村农工商公司、60%留给市场。留给市场的部分50%用于发展基金；40%增加人员福利，也可以奖金形式进行奖励；10%为领导基金，主要用于市场建设。个人分配按月借支，年终根据个人贡献大小、制度执行情况、出勤率等综合考核指标，民主评议确定基本分、贡献分，加上年限奖励分，扣除各月借支金额统一分红。聘用人员按月领取工资及浮动奖金，年终按贡献获得一次性奖励。

三、市场效果

北京市大钟寺农副产品批发交易市场兴办以来，不仅取得了明显的经济效果，也取得了显著的社会效益。主要表现在：

1. 丰富了首都人民的“菜篮子”，缓解淡季蔬菜供应紧张状况，满足不同消费者的多样化需求　以1991年成交蔬菜32164万公斤为例，按城市人口600万、日需蔬菜300万公斤计算，占全市日供应量的29.4%，相当于170～180万人的日蔬菜消费量。特别是在成交的蔬菜中80%是各种细菜，品种在30个以上，即使在严冬，来自广东、四川、云南等地的大量鲜、细菜也有10多个品种。

2. 减少了财政补贴　大钟寺农副产品批发交易市场的兴办，一不要国家投资，二不要财政补贴，它以综合服务形式，向购销双方提供交易场所，6年共成交蔬菜7.23亿公斤，其中90%来自外埠。如按6.5亿公斤测算：第一笔帐，以本市生产蔬菜每斤补贴9分钱计算，可以减少1.17亿元；第二笔帐，以一亩地生产蔬菜5000公斤计算，等于少种13万亩菜地；以北京市对新开垦菜田每亩补贴200元计算，等于市财政少补贴2600万元；第三笔帐，通过税金形式还为北京地方财政增收900万元。6年时间相当于财政少支出多收入1.52亿元。

3. 促进了农业生产、富裕了农民　据市场统计，最近两年，外地各类鲜菜上市量大幅度增加，有时一个品种的每天上市量即达十几万公斤。随着生产的迅速发展，农民收入相应增加。1986年生产蒜黄的不足100户的河北省定县大鹿乡小渡河村农民，1988年已经发展到350户，年产蒜黄200多万公斤。而农民平均每户仅此一项收入即达4500元，最高的上万元。

4. 实现了产销直挂，减少流通环节　市场的兴办为附近各单位带来了方便和实惠。截止到1991年底，在市场办理了“上货证”的集团消费单位，共有500多家。由于蔬菜新鲜、品种齐全、价格便宜，这些单位已经把市场作为日常购货的主渠道。产销直挂，减少了流通环节，降低了费用和损耗，消费单位及消费者个人都减少了支出。

最近，北京市政府决定，把大钟寺农副产品批发交易市场列入北京城市建设总体规划。准备在两三年时间内，把它扩建成占地7.6万平方米，建筑面积为5.2万平方米的新的大钟寺农副产品批发交易市场。届时，它将以现代化的崭新姿态，迎接全国乃至世界各国的朋友。

（李俊华　丁永顺　执笔）

蜀都大厦股份有限公司
——一个内地大型股份制企业的成功实践

成都市经济体制改革委员会

一、基本概况

蜀都大厦股份有限公司是以蜀都大厦为依托，以贸为主、综合经营、综合开发的跨地区、跨行业、跨所有制的资产一体化的大型股份制企业，是实行“独立核算、自负盈亏、依法经营、照章纳税”的经济实体。公司现有成都市国有资产投资经营公司、东方电站成套设备公司、四川长江企业（集团）公司、汇通城市合作银行、四川省人民银行以及西藏、四川阿坝、甘孜等民族地区的全民、集体股东单位共199家，已形成资产总额近两亿元。

作为公司依托的主体和公司象征的蜀都大厦，是目前我国西部地区最高（地面34层，高116米）、规模最大（建筑面积69000平方米）、功能齐全、设施先进、装饰豪华的综合性经贸大厦。可以为国内外客商建立贸易机构、开展经贸业务提供办公、食宿、金融、通信、会议、展销、娱乐等多项服务。在大厦楼顶上设立的高30米的成都电视发射塔（使大厦总高达146米），为成都地区提供了优质的电视视听效果。蜀都大厦不仅是成都市的一项重要基础设施、市政建设的一大景观，而且自1990年大厦建成并投入营运以来，已经成为成都市、四川省乃至西南地区开展对内、对外经济技术交流的一个重要窗口。

二、发展经历

公司从1980年起为筹建蜀都大厦而开始组建，11年来，公司紧紧围绕大厦建设和巩固完善股份制这两大主题，敢于开拓，勇于实践，经历了三个层次的发展。

1. 利用股份制，集资建大厦 为了沟通地方产品供销渠道，活跃成都市场，促进成都地方工业生产的发展，1980年初，成都市政府同意并批准了由市经委提出的关于建立成都市工业展销信托股份公司的请求报告。报告中明确了该公司是由各单位集资合股的股份公司。公司资金按入股自愿的原则，公司的资产属投资的各单位所有，任何单位不得平调或侵占。公司实行独立核算，自负盈亏。当时，公司在全国是起步最早的股份制企业之一。在内地，这种股份经济尚刚萌芽，人们的股份制意识淡薄，公司缺乏创办股份制企业的经验。为了解决建设大厦和缺乏资金的矛盾，公司在市委、市政府的支持下，充分运用股份制筹集资金的有效手段，一边集资入股，一边建设大厦。11年来，公司利用股份制筹措股金8700万元，保证了耗资近1.8亿元的大厦顺利建成，股东单位也从最初的几家发展到了199家。从而巩固和发展了股份公司。在集资、建设、运营的历程中，公司先后五次更名：“成都市工业展销信托股份公司”、“成都工业联营公司”、“成都经济开发公司”、“成都工业经济技术开发公司”、“成都蜀都大厦股份有限公司”。这五次更名，都反映了公司11年来不平凡的改革实践历程。

2. 理顺体制、健全股份制运行机制 公司在筹集资金建大厦的同时，把深化改革的重点放在了理顺开发公司与蜀都大厦股份有限公司的关系上。成都工业经济技术开发公司受市政府委托，作为蜀都大厦的筹建单位和发起股东，1986年以前和蜀都大厦是一体的。1986年大厦破土动工后，根据财政部门的要求，发起筹办单位需要1/4以上的股份承担责任风险。为此，开发公司与大厦在体制上分开了，经济上划断了。开发公司不仅作为筹建单位筹集资金建大厦，又作为最大的股东参与蜀都大厦股份有限公司的建立和管理。主要领导两头兼职，在实际工作中，产权关系不明确，工作责任不清，矛盾越来越多。为了理顺体制，维护股东的利益，保障股金增殖，成都市政府以文件形式，确认了大厦中成都市地方国有股的构成，成立了成都市国有资产投资经营公司，作为地方国有股的载体和承担国有股中贷款本息的偿还，并对开发公司的资产，本着不伤害股东利益和公平合理的原则，进行了清理和评估，并将其转移为地方国有股，经董事会审议后并入了蜀都大厦股份有限公司。这样，使体制得到了理顺，产权关系得到了明确，公司逐步成为一个统一的资产一体化的股份制企业。在这个过程中诞生的成都市国有资产投资经营公司，为成都市国有资产的评估和经营，提供了一个可依托的实体，促进了成都市的经济体制改革进一步深化；为提高国有资产运行效率，促进政企分开，打下了基础。

公司在明确产权关系以后，根据股份制企业的性质和特点，反复修改、完善了公司章程，建立了股东代表大会、董事会，并实行董事会领导下的总经理负责制，形成了一套政企分开、所有权和经营权分离的企业组织体制和自主经营、自负盈亏、自我约束、自我发展的企业经营机制。

公司的股东代表大会是公司的最高权力机构，代表股东利益行使公司资产所有权。股东大会每年举行一次，参与企业重大战略决策，审查董事会工作报告，审查董事会提出的财务预算、决算和股息、红利分配方案，协商推选或罢免董事会成员和监事会成员。

公司董事会是公司资产所有权代表的最高决策机构，它代表股东大会对重大问题作出决策。在公司的改革实践中，公司并不是将董事会看作是可有可无的“橡皮图章”，而是下大力气抓好董事会的建设。除了健全董事会领导班子外，还专门成立了董事会办公室，加强董事会的日常工作和股份管理。并在董事会中增加了专家董事和经营者的代表，增强了董事会决策的科学性和可操作性。常务董事会按章程规定至少每月召开一次，董事会每季度召开一次。董事们既作为决策者，从宏观角度考虑企业的长远发展，又作为建设的支持者，多方面地积极开展工作，为股份制道路铲除障碍。

董事会领导下的总经理负责制的建立，使公司的所有权和经营权分离，减少了行政干预，搞活了企业，为创造效益提供了条件。现在，公司的生产经营权、干部的人事管理权、工资及奖金分配权等企业应有的自主权都基本得到了落实，政府部门的行政干预已经有了明显的限制和弱化。

公司的监事会作为公司经营活动的常设监督机构，也正在筹备建立之中。它将使公司形成更加完整的领导体制和组织体制。

关于公司的股金所有权的主体分为三种：一是地方国有股，这是指地方政府投资和公司上交税利返还的资金所形成的股份；二是单位法人股，这是指各个国营、集体法人单位认购的股份；三是社会个人股，这是指城乡居民所认购的股份。从公司股权的组成来看，地方国有股和国营、集体企事业单位法人股占公司股权的95%以上，从而确立了公司的社会主义公有制股份经济性质。

公司实行“股东利益共享，风险共担，国家、集体、个人三者利益兼顾”的原则，按照股份制企业的有关规定，规范了税种、税率及其上缴渠道，为理顺国家与企业利益的分配关系提供了经验。为了保障股东权益，公司对建设期股金按当年银行利率作了增大股本的处理，协调了新、老股东间的利益关系。

3. 综合经营求生存，求发展 多年来，公司坚持边建设、边经营的方针，发挥股东单位的资金优势和物资优势，开展综合经营、综合开发，既摸索经营管理经验，又培养经营管理人才。现在公司已经形成了经营、服务、开发三大系统：一是以贸易公司、西南物资交易市场、贸易商场为主体的经营系统；二是以宾馆、餐厅、康乐、写字间出租和旅游为主体的服务系统；三是以房地产开发、新兴工业企业、投资项目咨询服务为主体的开发系统。公司为了求得发展，还实行了多种经济形式并存的“一司多制”的综合经济模式，总公司是股份制企业，下面又设中外合作企业、内联企业，以及控股下的股份制子公司，既为大厦开辟了资金渠道，又引进了先进设备和管理经验。

公司经过多年的艰苦奋斗，大厦顺利建成，其投资效益的增殖是显而易见的：在1991年大厦局部试营业的情况下，已经实现税利几百万元。

（张建华　执笔）

龙图公司股份制经济的发展及思考

合肥龙图集团实业公司

一、在改革中诞生 在竞争中发展

龙图集团实业公司是一个新型的、工贸结合的、法人持股的股份制商业企业。它诞生于1984年9月。公司由省酿酒工业公司、省食品工业公司、市工商银行信托投资公司、市烟草分公司、省建安公司合肥储运站、合肥酒厂、求康食品厂、好华食品厂、味精厂11家企业参股组成。1987年后，先后又有淮北市酒厂、濉溪县口子酒厂、明光酒厂、高炉酒厂、市保险公司、市二轻局供销公司、电冰箱总厂、江西共青羽绒厂等大中型企业申请投资入股。现在已经拥有股东23家，合计30股。并已经发展成为跨地区、跨行业、跨所有制的企业集团。

目前，公司由开业时的一个主商场，发展到12个营业单位，营业面积由1400平方米扩大到6000平方米，资产由190万元增长到1870万元，职工由100人增至435人，经营各类商品两万余种，已经发展成为规模较大，实力雄厚的股份制商业企业。

由于股份制企业实行民主决策、科学管理，经济效益不断提高。在商店如林，竞争激烈，市场疲软的情况下，龙图的销售额每年以1000万元的速度递增，利税也由1986年的51万元增长到1991年的310万元。以每年50万元的速度递增，6年上了6个台阶。各项效益指标居全省十大商场前三位。这就显示了股份制企业具有较强的竞争能力和旺盛的生命力。

二、企业具有生机和活力的原因

龙图集团实业公司在外部环境不断变化，市场竞争激烈的情况下，经济效益不断提高，企业规模由小到大，不断发展，企业充满了生机和活力。而这种生机和活力的原因在于：

1、股份制能够有效地集聚发展资金 企业的发展，对资金提出了新的要求，这种需求仅仅依靠财政和银行是难以解决的。而实行股份制是解决资金需求的一个有效办法，我们龙图就是用这个办法集聚了发展资金，很快形成了生产经营能力，壮大了企业规模。

2、股份制有利于民主和科学决策 企业在生产、经营和发展的决策方面，由于缺乏民主和广泛的信息，出现不符合实际的有之，造成失误的也不少见，而作为股份制企业的龙图，在经营决策方面却是通过一年两次的股东代表大会和不定期召开的董事会的讨论，在充分发扬民主的基础上作出的。这种决策制度和程序有三个特点：(1)经济利益息息相关，决策必然慎重；(2)公司受董事会领导，但董事会不是“婆婆”，董事会向股东负责，但不是上下级关系，能够较好地避免“长官意志”在决策中产生的某些片面性；(3)股东代表来自本省和外省的工业和金融界的企业家，他们思想开拓，信息灵敏，经验丰富。这些都有利于科学决策，避免失误，这是企业具有旺盛生机和活力的一个重要原因。

3、股份制有利于发挥股东单位的优势，培植企业的发展 法人持股的股份制公司，是参股单位的“利益共同体”，他们不仅从决策和管理方面关心企业的兴衰，而且从生产的要素方面培植公司的发展。例如，股东厂家优先提供名优产品，股东建筑单位优惠提供建筑服务以及股东单位提供的仓储、饭店、招待场所和信息等等，这种利益的一致性，产生了整体效应。

4、股份制适应了社会化大生产的要求 龙图是一种跨部门、跨地区，工商结合的新型商业实体，综观它在近几年的发展经验，证明它在社会化大生产中有着多方面的适应性：(1)适应了横向联合紧密性和稳定性的要求；(2)适应了生产要素（资源、管理、技术、劳动等）作用的充分利用的要求；(3)适应了信息及时利用的要求；(4)适应了新技术、新工艺及时开发的要求；(5)适应了股东企业之间扬长避短，优势互补的要求。正是由于这种广泛的适应性，培植了公司经济效益的提高和企业规模的不断壮大。

5、股份制是建立科学的产权制度的良好形式 股份制是一种复合产权结合的组织形式，股份制企业存在许多投资者，它的特点是投资者不能以单独股东的身份占有企业资产，企业资产为法人资产，归企业法人的代表董事会支配和处置。在股份制企业中，各投资者的财产所有权，通过股票这一产权证书得到确认，其资产收益以股金分红形式得到保证。它使产权明确而又使企业有充分的自主权。理顺国家与企业的产权关系，建立合理的科学的产权制度，对发展社会主义商品经济、对于深入企业改革都有着重要的意义。

6、主管部门强有力的领导是龙图公司健康稳定发展的重要原因 公司的行政和业务工作是由主管单位合肥市食品工业公司领导的，这在目前现行体制下是非常必要和重要的。党的政策、方针的贯彻和政府对企业的具体指导、需要通过主管部门上传 下达，没有主管部门领导和服务，甚至连个营业执照也领不到。在企业坚持社会主义道路、坚持依法经营，照章纳税，履行合同等方面，主管部门的领导作用也是非常明显的和重要的，是龙图兴旺发达，健康发展的重要原因。

三、完善股份制试点的几点建议

1、适时地制定地区统一的“章程”，以利于股份制企业的管理和发展，目前是无章可循，无所适从。

2、改善对股份制企业的管理。股份制企业和其它企业相比，有着多方面的不同点，按照股份制企业需要的环境条件，在合肥地区造就一个良好的“小气候”，就是要求经济管理部门在传统体制下，为股份制试点企业创造一个适应股份经济生长、发展的外界环境，建立一个具有指挥权力的能够统一协调的综合性的股份制试点机构，负责组织、协调、指挥整个试点工作。经济管理部门要以股份制试点为己任，积极主动做好配套改革。理论研究要与解决试点中的矛盾和问题结合起来，共同制订出具有可行性的可操作的实施方法。

3、创造条件，筹建股票市场，允许股票上市和流通，以推动股份制企业的发展。

4、股份制的试点要突破行业、地区、所有制的限制，突破“三不变”的原则，以使企业不断发展壮大，形成规模优势。

5、理顺企业利润分配关系。按照国际贯例，股份公司的利润应分成三部分：所得税、公积金和分红基金。不提取福利基金，奖金计入成本，也不从利润中开支。股份制应该依据这个惯例进行试点。目前企业负担过重，不利于将来实行利税分流，是否可以考虑：(1) 把所得税降低到33%，参照中外合资企业税资水平，一是股份企业要税后分红和还贷，二是便于吸收外资，开辟新途径；(2)取消能交基金和新增加的预算外调节基金，以区别股份制企业与其他企业的不同，理顺利益关系；(3) 把职工的福利、奖金和各种补贴列入工资范围，作为补偿生产过程中的劳动耗费，放在税前列支，以符合劳动者按劳分配、投资者按资分配渠道分开的原理，避免两者税后相互挤占利益的现象发生，有助于企业形成自我约束机制，可参照“三资”企业办法执行。

6、建议建立资产评估机构及完善股份制企业财务制度。股份制企业的产权是多元化的，有国家股、企业股（单位股）和个人股，产权界定极为重要，涉及到资产评估问题，评估又涉及到产权价值问题，用原始价、现行价？还是预计价？应该有个产权评估的机构和实施办法。伴随资产评估问题而需要解决的，是股份制企业财务标准化和规范化的问题。股份制企业涉及到的财务问题要比其他企业复杂得多，如股权设置、资产评估、股票发行、股息提取或红利分配、纳税、审计歇业以及财务公开等等，应该有个股份制企业财务管理办法，使股份制企业在财务处理上有个标准，以有利于推动股份制企业的发展。

（李朝锦　执笔）

基层供销社实行工业品承包经营责任制成效显著

新疆伽师县供销社

一、承包制使我县基层供销社摆脱了困境

伽师县是一个自然条件较差，农村经济基础薄弱的贫困县。全县有11个基层供销社，职工346人。由于种种原因，经营不景气，长期处于亏损或亏损边缘，有的资不抵债，濒于破产。截止1984年底，经核实，有问题商品损失116.6万元，有问题资金损失155.3万元，两项合计损失达271.9万元，占基层供销社全部流动资金的35%。因无力处理核销，全部挂在待处理损失帐上。企业管理混乱，发生短款短物人员262人，共计短款42.2万元。退休人员占职工总数的66%，年退休人员支出27.4万元，费用率高达11.2%。1984年底，全县11个基层供销社盈亏相抵后，亏损2.5万元，有3个基层供销社的亏损高达4.9万元，其余8个基层供销社处在盈亏临界点边缘。

如何寻找出路摆脱困境？经过多次调查研究发现，基层供销社缺乏活力，是长期吃“大锅饭”的结果。基层供销社把全部精力都用在工业品经营上，当时年销售总额仅为780万元，人均不足2万元，难以提高企业经济效益。形势所迫，只有通过改革，全面推行承包经营责任制，打破“大锅饭”，调动全体职工的积极性，群策群力，灵活经营，才能改变企业面貌。另一方面，由于工业品市场调节的品种逐步扩大，多渠道少环节流通体制格局的形成，面对激烈的市场竞争，基层社工业品经营体制的改革，也是市场条件变化的客观要求。

二、我县基层供销社实行承包制的做法

1985年县联社对全县11个基层社进行了治理整顿，深化改革。首先全面推行了承包经营责任制。承包经营责任制的形式，主要分两个层次进行。

1、县联社对基层供销社实行“定、包、奖、罚”的承包经营责任制。县联社是发包方，基层供销社是承包方。基层供销社主任向县联社承包，一定3年。以1985年为承包基数，第二年增加20%，第三年增加50%。第一期承包任务完成后，实行了第二期承包，第二期核定的指标任务是以前期承包指标为基数，年递增率为20%。核定每年购销任务、费用率、资金周转次数，利润额、摊销待处理损失额五项指标，年底进行考核。对承包主任实行奖罚制度，承包主任和行政人员实行浮动工资，月发固定工资的80%，20%做为浮动年底结清。对完成承包任务后的主任、行政人员补发浮动工资并发4个月工资额的奖金，超过40%任务的，增发2个月奖金，承包主任可在提取的奖金中得到比职工多一倍的数额；对完不成承包指标任务的主任、行政人员，浮动工资不发，承包主任承担欠交利润部分的10%罚款，并扣除本人职务津贴，连续2年完不成任务的承包主任，就地免职。以上办法都要认真兑现。

2、基层供销社工业品经营对职工实行“三定一保”，放管结合，风险抵押，灵活经营的承包经营责任制。承包指标分解到人，以打破“铁饭碗”，调动

职工的积极性，经营业务活动逐年扩大。“三定”即定资金，定商品销售额，定经营商品品种；“一保”即保证承包费及时上交。承包费包括：税金、利息、折旧费、利润劳保退休金、管理费，提留费用（承包人的工资、奖金自理），按月收取承包费。承包费一般按占用资金31～35‰收取。“管放结合”：“放”，即“四权下放”，下放进货权、定价权、用工权、资金使用权。“管”，即管经营范围、经营方向，坚持供销社的服务宗旨，配合工商、税务、物价部门加强管理，依法、照章经营，管定期盘点，管政治业务学习。“风险抵押”，即承包者必须向所在基层供销社交纳定额资金80%的现金或财产抵押，或者有担保人，方能承包，以避免非正常损失。“灵活经营”，即承包人可以按市场需求。开展经营活动，既可坐店销售，又可赶巴扎、摆摊设点，走村串户推销。

承包人的资金定额一般按8000～15000元核定，销售额按定额资金周转4次核定。经营品种按农民日常生活必需品不缺货断档为原则，一般按照500～1200种商品核定。按商品大类分工经营，少量品种可以交叉经营。

伽师县供销联社推行承包经营责任制的做法，一是专门抽调得力干部组成承包经营责任制领导小组，由一名主任和一名副主任亲自抓。首先抓职工的思想政治工作，讲清企业面临的困难，只有打破“大锅饭”才能搞活企业的道理，提高思想认识，积极参加承包。二是整顿和调整基层供销社领导班子，把有文化、年富力强、懂经营、会管理、讲核算、讲效益的能人选拔到领导岗位上，充分发挥承包主任的作用。三是成立县联购分销公司，办理批发，送货下乡，提供充足的货源；将收入的大部分返还基层社，一年可返还2万元。四是加强管理，做好服务，防止失控。对承包人进行思想教育，提高思想业务素质，定期盘点，定期交纳承包费，发现问题及时纠正，克服以包代管的现象；不断总结经验，逐步完善了现行的承包经营责任制办法。

三、承包6年，成效显著

伽师县基层供销社实行承包经营责任制6年来取得的成绩归纳起来有以下几点：

1、取得了显著的经济效益 第一轮承包由1985年至1987年，在这3年期间，对工业品经营实行“三定一保”的承包办法，167人承包，共占用资金133．6万元，年销售额达726万元，平均每年实现利润28．9万元，3年共得利润86．7万元，再加上农资供应，农副产品收购等方面的利润24．9万元，3年共实现利润105．6万元，使基层社初步摆脱了困境，在市场竞争中立住脚。第二轮承包由1988年至1990年3年，199人承包，共占用资金144．1万元，年销售额增加到1604万元，平均每年得利润31．2万元，3年共得利润93．6万元。

2、加强了企业管理。 实行承包经营责、权、利相结合，充分调动了职工的经营积极性，彻底解决职工长期吃企业大锅饭的弊端。实现了灵活经营，与个体户平等竞争。能按市场需要组织商品货源，根据群众的需求调整商品结构，做到适销对路，减少库存积压，减少商品损失和资金损失，从根本上杜绝了短款短物现象。

3、企业和承包者都得到了经济实惠。 通过6年承包，用实现利润卸掉了历史经济包袱258．4万元，有3个基层供销社修建了新的综合门市部和库房，不少的承包营业员修建了新的住房，买了摩托车，个人收入有了一定的增加。

4、基层供销社的工作重心逐步转向为农业服务，进一步壮大了经济实力。 通过改革，把设在农村的棉花收购加工场站、畜产品收购站都下放给了基层供销社，扩大了基层社的经济实力，也提高了为农服务的功能，开展了系列化服务。1990年供应化肥15366吨、地膜420多吨，建立“庄稼医院”农资服务站，开展了配方施肥，农机具修理、租赁，销售农药1361公斤，种棉花试验田200亩、伽师瓜试验田5000亩，使棉花由1984年亩产皮棉45斤提高到1990年的140斤，棉花收购总量由1984年4．1万担，增加到1990年的19．6万担。农村人均收入由1984年128元，提高到1990年的620元，其中通过供销社收购农副产品的收入就达360元。农村经济收入增加了，农村购买力增加了，供销社的购销量也扩大了。随着农村经济的不断繁荣，11个基层供销社都调整了经营机构，建立了“三站一室”的管理机构（即工业品服务站，农副畜产品购销、多种经营和联营站，农资供应服务站和办公室），做到了业务划专、核算划细、分级管理、单独核算，为分类管理、提高经济效益打下了良好的基础。

粮食流通体制改革迈出了新步伐

国家体改委流通体制司市场和商业体制处

1991年,粮食流通体制改革在价格体系、购销体制、市场建设、市场调控和企业体制等方面深化改革,取得了新进展。

一、调整粮油统销价格,在理顺价格体系方面迈出了重要一步

改革开放以来,我国多次提高了粮油等农副产品的收购价格,而定量供应城镇居民的粮油统销价格却从60年代中期以来一直未做调整,这就加剧了粮油购销价格倒挂、加重了财政补贴负担,粮油市场流通不畅和浪费粮食等一系列弊端。为解决粮油销售价格偏低的突出问题,国务院决定从1991年5月1日起,调整粮油统销价格。主要措施是:

——适当提高粮油统销价格。面粉、大米、玉米、中等质量标准品全国平均统销价格每500克提高1角;花生油、菜籽油等6种食用油实行购销同价,全国平均每500克提高1元3角5分。其他粮油品种的统销价格也相应调整。

——对职工给予适当提价补偿。国家机关事业单位每个职工每月基本工资提高6元,企业单位职工各等级标准工资均提高6元。对其他需要补偿的人员也适当给予补偿。

——此外,国务院还制定了严格控制粮油提价连锁反应、做好粮油供应工作、加强粮油票证管理、切实加强领导、周密部署等措施。

——在调整粮油统销价格的过程中,曾一度出现集中购买现象,调价前一个月(4月份)的粮食销量比上年同月增加107%,食油销量比上年同月增加246%,但总的讲,由于措施得力,准备充分,货源充裕,计划周密,宣传深入人心,人民群众比较理解,市场价格都比较平稳。这一重大价格调整措施的顺利出台,是在理顺粮油价格体系方面迈出了重要一步,对于发展粮油生产,搞活粮油流通,减轻财政负担,促进节约粮食等方面具有十分重要的意义。

二、发展三级粮食市场体系,初步形成粮食市场流通网络

粮食初级市场已遍及全国。在全国74000多个集贸市场中,大都有初级的粮食交易,市场交易的粮食数量已达200亿斤。有的省区还逐步使初级粮食市场规范化,如湖北省按有交易场所、有规章制度、有服务设施、有价格牌、有粮食寄存处、有落市粮收存处等六有条件建起的粮食初级市场达889个,成交量占全省社会粮(包括议价)成交总量的35%以上。粮食初级市场在广大农民和消费者之间搭起了调节供求的桥梁,起到十分积极的作用。湖北省汉川县马口镇粮管所负责人反映说:"马口镇是个长期缺粮的地方,每年缺粮300来万斤。粮食初级市场办起后,不用国家兴师动众地再组织大量人力物力调粮食,仅粮产区卖主送来市场成交的粮产品,就解决了马口缺粮问题。"

区域性粮油批发市场稳步发展。哈尔滨、九江、芜湖、武汉、长春、长沙、威海陆续建立了粮油批发市场。这些批发市场的建立,对疏通粮油流通渠道,搞好地区间粮油调剂,都起到积极作用。据不完全统计,截止到1991年11月,7个区域粮油批发市场的

粮食成交量约达80亿斤左右。除区域性粮油批发市场外，一些地、市、县也举办了一批粮油批发市场，各地政府对粮食市场建设都非常重视，在有关改革文件中都把粮油批发市场建设列为重要内容。湖北省人民政府还成立了粮食批发市场管理委员会，制订了全省粮食批发市场交易管理暂行管理规定，使粮食市场逐步走上规范化轨道。我国第一个郑州中央粮食批发市场从1990年10月开业，1991年参加市场交易的省份已达20多个，会员发展到近300家，合同覆约率达80%以上，成交量约15亿斤。该市场还引进了若干期货市场机制，保证金制度日臻完善，远期合同逐渐增多。目前，郑州粮食批发市场发布的粮食成交价格被称为"郑州价格"，对全国粮食市场起着指导价格的作用。

三、积极推广天津粮食企业改革经验，理顺粮食部门内部经济关系

天津市粮食部门实行的"政策性经营与正常经营分开，两条线运行"的改革措施，划清了国家粮油政策性补贴和企业经营性盈亏的界限，"亏损帽子一家戴，解放企业一大片"。把多年来实行的"平价粮食分散经营，亏损多头反映"的体制，改变为政策性亏损由市粮食公司一家承担，大量粮食经营企业实行代理经营自负盈亏。这是在现行体制下找到的一条转换粮食经营机制的路子。1991年5月，国家体改委、商业部、财政部在天津召开了全国粮食流通体制改革经验交流会，介绍和推开天津经验。会后有200多个地区和单位先后到天津取经。很多地区将天津经验与本地的实际结合起来，创造性地加以运用。武汉市实行"三个分开"即政策性亏损和经营性亏损分开，平价经营和议价经营分开，盈亏分开。山东省济宁市在当年9月份提出了《关于改革粮食经营管理体制的意见》，其总体思路，就是按照计划经济与市场调节相结合的经济运行机制的基本要求，以理顺关系、划清盈亏两条线为前提，以节流控亏、加强平价粮油经营管理为重点，以搞活企业、提高效益为中心，着重在转换机制上下功夫。他们坚持"加强管理、放开搞活、限期补亏"三位一体；坚持盈亏分离，平议齐驱，做到计划调控与市场调节相结合；坚持开源节流，增收节支，做到加强管理与放开搞活相结合；坚持标本兼治，着力治本，做到放宽政策与转换机制相结合；坚持下放权力，政企分开，做到经济体制改革与政治体制改革相结合。通过这项改革，建立起一个企业自主经营、自负盈亏、自我发展、自我约束的机制，搞活微观；同时也建立起一个委托与代理、货主与货栈相互制约、相互促进的平价粮油管理机制，强化宏观。到目前为止，全国有20多个地、市县开展了推广天津经验的试点。

四、突破单一经营模式，大力开展综合经营

随着平价粮油压销、提高销售价格和扩大粮油市场调节比重等改革措施的出台，粮食企业面临着更加激烈的市场竞争局面。江苏、山东、福建、广东等地粮食部门主动转变原来吃政策饭、补贴饭的旧观念，顺应形势的变化，积极开展"本业为主，多种经营"，发展精米、精面、精油生产，开发各种食品专用粉、精制米、营养米、高级烹调油、色拉油、调合油以及玉米制品、荞麦制品等新产品，开拓方便食品、营养食品、老年和儿童食品、民族风味食品的经营等等，努力满足各方面的需求，同时也增强了企业的活力，在市场竞争中发挥了主渠道的积极作用。据有关部门统计，农村粮站有半数以上开展了多种经营，城市粮店也有相当大的部分办成了粮油食品店，粮食系统开办的饮食服务、食品加工、饲料、养殖行业发展也很快。到1991年9月底，全国城乡粮店粮油食品经营量达到105亿斤，包括其它多种经营在内，综合创利9.36亿元，分别比上年同期增长8.9%和17%，城镇粮店向居民提供的粮油食品已占口粮实际消费量的18%左右，高的地区达到30%。从而初步改变了粮食部门过去单纯经营平价粮油的状况。为了进一步适应粮食流通改革后出现的新形势，1991年9月份，商业部在山东省烟台市召开了全国粮食系统发展多种经营工作会议，介绍推广了一批先进典型，提出了进一步搞活粮食企业，发展多种经营，提高经济效益，增强粮食企业发展后劲，更好地为工农业生产服务和为消费者服务的新要求。

五、放开粮食经营的试点有新的突破

广东、海南、福建三省基本实现粮食购销同价的粮改方案经国务院批准实施。广东省粮价调整后，如不包括挂钩化肥的平议差价，标二籼米每斤统销价已高于定购价9分左右；如包括挂钩化肥的平议差价，平价粮食已基本上实现了购销同价。海南省是继

1990年压销20%平价口粮供应指标的第一步改革后，又于1991年5月实施第二步改革计划，改国家定价为国家指导价，价格可以在一定范围内浮动，实行购销同价。深圳市继续实行粮食购销价格全部放开的改革。四川省广汉市、内蒙古卓资县等若干地区分别实行了粮价放开或购销同价、压缩平价粮销售的改革。现在看来，这些地方放开粮价经营的试点是成功的，成效也比较明显。具体表现在减少财政负担，缩小平价粮收支缺口，调动了农民种粮积极性，节约了粮食，促进了粮食市场流通等方面。同时，人们担心的粮价上涨现象并没有出现，海南省集贸市场粮食平均价格比改革前还略有下降。

六、完善三级粮价储备新体制

为增强国家对粮食流通的宏观调控能力，党中央、国务院作出了建立粮食专项储备制度的重大决定，成立了国家粮价储备局。这是改革粮食流通体制的重要步骤。1991年，在完善专项粮食储备制度和搞好专项粮食储备工作方面又有了新的进展，主要是：第一，在粮食大丰收的情况下，增加了国家专项储备粮的收购，基本解决了“卖粮难”，保护了农民种粮的积极性；第二，在安徽、江苏等省遭受洪涝灾害情况下，动用国家专项储备粮救灾，有力地支援了抗洪救灾斗争；第三，按照国务院关于专项储备粮既要管好，又要搞活的指示精神，组织了部份储备粮进出口串换业务，改善储备结构，提高经济效益和社会效益；第四，制定了《国家储备粮油管理暂行办法》、《国家储备粮油统计制度》、《国家专项储备粮食和商品储备粮油有关财务处理问题的规定》等项规章制度，使专项粮食储备制度进一步健全起来。第五，提出了建立三级粮食储备新体制的设想。

（任俊锋　执笔）

1991年物资体制改革情况

物资部政策体制法规司

在两年多的治理整顿过程中，物资体制改革一直没有停步，并且取得了一定成效。1991年，在治理整顿基本完成，全国经济体制改革的力度逐渐加大，物资供需形势趋于平衡稳定的有利条件下，物资体制改革坚持市场取向，努力发展物资流通的社会化、现代化，努力增强国家的指导和宏观调控，在以下十二个方面取得了较大进展。

一、明确了深化物资体制改革的基本思路

1988年开始治理整顿后，一些人对物资流通体制改革的方向产生了种种模糊认识。为了统一思想，加快改革步伐，1991年全国物资工作会议要求，深化改革要继续落实1988年国务院批转的《关于深化物资体制改革的方案》，并加以完善和提高。会议研究了物资体制改革的基本思路，按照社会化大生产、大流通的客观规律，根据计划经济与市场调节相结合的原则，结合物资流通的现状，确定深化物资体制改革的目标是：发展计划指导下的生产资料市场，建立高效、通畅、可调控的物资流通体系。这个思路集中起来就是要处理好四个关系：一是计划与市场的关系；二是主渠道与多渠道的关系；三是流通社会化与现代化的关系；四是行政手段与经济手段、法律手段的关系。为此要着重从以下十个方面做出不懈的努力：(1)改进物资计划管理，提高计划的科学性；(2)打破行政壁垒，建立统一市场；(3)发展以国营物资企业为主体的多渠道流通，推进物资流通社会化；(4)依靠科技进步和科学管理，加快物资流通现代化步伐；(5)科学组织流通，逐步实现物资流通合理化；(6)改革产需结合方式，相对稳定购销关系；(7)深化物资企业改革，增强主渠道的活力和实力；(8)改革生产资料价格体制，逐步取消价格双轨制；(9)加强物资流通法制建设和行业管理；(10)建立物资宏观调控体系，保证物资流通健康发展。

二、改进计划管理，加强了对重要物资的全社会综合平衡和宏观调控

对计划物资的分配，物资部实行了部长办公会议的集体审批制度，提高了物资分配的民主性、科学性，使计划物资得到合理配置和使用。1991年增加了对181个“双保”企业以及农业、国防、重点工交部门的计划物资分配数量；保证了202个国家重点项目的物资需求；紧急拨出物资4.4亿元，保证了抗洪救灾的需要。为解决多年来煤炭和冶金生产企业国家统配合同互欠的问题，物资部会同冶金部、中国统配煤矿总公司专门组织和协调两大类企业对各自需要的国家指令性计划的钢材、煤炭实行互保，效果很好。物资部门通过建立全国物资信息网络和实行每季定期的供需形势分析制度，加强了对全社会重要物资供求情况的平衡预测，指导生产与消费，并利用多种手段实行灵活有效的宏观调整。如1990年到1991年专项收购重点生产企业积压的重要产品，收购金额达43亿元；支持钢材、水泥出口，缓解了国内积压；根据铝产品增产和库存有余的情况，放宽了使用范围；鼓励利用水泥等建材供大于求的时机，大力兴修公路、水利等基础设施。

三、改革物流方式，推进物资流通的社会化、现代化

为了推动物资流通的社会化、现代化，减少物资库存，加速资金周转，提高社会经济效益，物资部和国家体改委共同抓了以配送为重点的无锡物资流通综合改革试点，其他20多个城市的物资企业也不同程度地开展了物资配送业务，主要形式有专项单品种配送、综合性多品种配送、并库配送、项目承包配送等。这些配送试点取得了明显效果。如无锡市燃料公司对100家重点耗煤户实行配送，使用户的煤炭库存11个月内下降了近50%，其中15家企业实现“零”库存，减少资金占用304万元；无锡机场扩建工程由物资企业配送水泥、木材、钢材，使这项工程做到了“三无”，即建设单位无专职采购员，工地无专门仓库，工程结束无余料。石家庄市实行水泥配送的4个单位，水泥库存普遍降低60～80%；烟台市金属公司实行钢材配送，使4家企业实现钢材“零”库存；广东洗衣机厂，年产量130万台，居全国第一，供销两头没有仓库。发展物资配送的社会效益已经越来越被社会各方面所认识，国务院领导同志要求物资部要抓紧这项工作，生产办和银行部门也已决定在资金方面给予支持。

物资部会同有关部门推广散装水泥的工作也取得了大的进展。1991年全国散装水泥供应量达到3115万吨，比1990年增长46%，散装率为12.8%，比上年提高2.3个百分点。水泥散装工作的开展，促进了水泥流通的社会化、现代化，节约了资源，有利于防止环境污染，具有明显的社会经济效益。

四、形成了多渠道并存的物资流通格局

1991年指令性计划的缩小，大市场大流通趋势的发展，生产集团的发展，进一步确立了物资流通多渠道并存的格局。第一条渠道是大企业或企业集团的供销机构，主要负责本企业的物资购销，占社会物资流通的比重约为50%；第二条是国营物资企业，负责组织通用物资的流通和大量中小企业的物资购销，1991年主要物资的平均市场占有率为33.3%，其中钢材为58.5%，木材36.4%，铜62%，铝50.3%，锌58.6%，橡胶63.7%；第三条渠道是生产主管部门的供销机构，主要负责补充供应本系统企业的专用物资，同时面向社会经营，所占比重不到20%；第四条渠道是个体、私营、集体经营单位，主要面向城市集体企业、乡镇企业和居民日常使用，所占比重约为2%，个别品种如木材（10%左右）、玻璃等所占比重略高。

五、指令性物资分配计划继续缩小，市场调节比重提高

1991年，16种主要物资国家计划供应量占国产资源的比重为26.9%，比1990年缩小2.1个百分点。其中钢材为29.4%，煤炭43%，铜22.9%，铝28%，水泥8.2%，木材28.9%，烧碱37%，均比上年有不同程度的缩小。物资企业经营中市场调节比重进一步提高。1991年物资系统的购进总额中有78.7%是自行组织的，比上年提高6.5个百分点；销售额中有83.4%是计划外物资，比上年提高5.9个百分点，其中钢材为81.5%，铜81.1%，锌83.5%，烧碱92.2%，橡胶88.3%，木材86.7%，机电产品92%。在国家指令性计划不断缩小的情况下，也存在着国家合同兑现率下降的问题。

六、改革了生产资料价格体制，“双轨”价差进一步缩小

利用物资流通秩序好转，供需矛盾缓和的有利时机，1991年国家陆续上调了一批计划内生产资料价格，对水泥、镀锡薄板和冷轧硅钢片实行了计划内外价格并轨，由于全社会供需比较宽松，这些调价未造成价格总水平大的波动。由于计划价格调整，市场价格下降，主要物资的计划内外差价进一步缩小，钢材差价率由1988年的45.9%降为10.3%，煤炭的差价率由1989年的167.7%降为41.1%、铜、铝、铅、锌及烧碱的差价率只有6～11%。价格调整存在的问题是，并轨产品定价权还由国家控制，没有考虑批零差价，少数物资出现计划内价格高出市场价格的价格倒挂现象，这些都在一定程度上影响了物资企业保供促销。为了消除价格混乱，促进价格并轨，许多地方物资部门对计划内外物资实行了均价供应，如27个省市对钢材实行了均价供应，上海等地对煤炭、有色金属、化工、橡胶也实行了均价供应。

七、发展了新的生产资料市场形式

一是试办了生产资料期货市场。1991年，物资部等有关单位举办了多次期货市场研讨会，并邀请一些外国专家来华讲座，使期货知识在流通和生产企业得到推广。1991年6月10日，有色金属工业企业与深圳市物资总公司联合投资兴办的深圳有色金属交易所成立。这家交易所参照国际惯例，采取了会员制度、集中场内交易制度、公开竞价制度、保证金制度和统一结算制度，交易品种为铜、铝、铅、锌、锡、镍、锑、镁8个品种，开业5个月，交易有色金属16823吨，成交金额2.21亿元，其中远期合同约占85%，在国内外产生了较大影响。物资部和上海市人民政府还筹建了上海金属交易所，已经拟定了《上海金属交易所管理暂行规定》等4个法规，建设了交易所场地，确定在1992年5月开业。二是试办了生产资料保税市场。为出口加工企业服务的深圳市保税生产资料市场于1991年5月12日开业。保税市场设有金属、建材、机电、化工医药、农资、纺织、包装物料和电子元器件等8个专业市场，由19家保税贸易行进行经营，以保税和免税的方式，组织供应深圳特区生产建设所需的进口生产资料。开业半年，共销售进口生产资料8060万美元，确定长期挂勾的用户202家。保税生产资料市场的设立对于改善“三资”企业物资供应，改善投资环境，具有重大意义。1991年，物资部还会同国家计委等有关部门对订货会制度进行改革，开始对木材、有色金属进行固定订货会地点、计划内外一起定和常年交易的批发市场试点。

八、组织重要物资稳定供需关系

相对稳定购销关系，使大企业之间专用和大宗物资的购销，在企业之间直接签订合同，稳定协作关系，实行定点定量供应，价格由供需双方自行商定；对于通用物资、用户需要多批次、小批量的物资由物资企业通过与生产企业的长期合作建立稳定的资源基地和掌握基本用户，这是物资流通领域计划经济与市场调节相结合的具体体现。1991年，在稳定钢材、有色金属供需关系方面取得了重大进展。物资部组织重点钢材企业和用户签订计划外钢材定点定量供应合同和协议379.4万吨，其中：汽车行业70万吨，计划外需要的钢材全部实现了定点定量供应；机电专用材料共27.1万吨（轴承7.6万吨，标准件3.1万吨，电焊条16.4万吨）；物资系统269.7万吨。物资部组织沈阳地区50多家重点企业与物资企业建立稳定有色金属供应关系试点，1991年共供应4000多吨。

九、积极组建和发展了物资企业集团

为了探索物资企业新体制，物资部、国家体改委和国务院发展研究中心1990年决定在苏州物资贸易中心、沈阳物资贸易中心，1991年决定在四川物资贸易中心进行组建综合商社式物资集团试点。试点在1991年取得了较大进展：一是初步显现新型物资企业雏型，苏州和辽宁集团拓展了传统物资企业的功能，现已初步具备了生产和生活资料营销、市场组织、资源与产品开发、信息、融资、外贸、科技开发、综合服务等多种功能，同时积极兴办实业，向房地产、旅游等新兴行业延伸，形成了依托贸易、多方位发展的特点。二是形成了多层次的组织结构和广泛的市场网络。苏州集团有紧密层企业25家，半紧密层企业60家，松散层企业100多家；辽宁集团有紧密层企业16家，半紧密层企业16家，松散层企业100多家，并在辽东、辽西、肇庆建立了3个跨地区的连锁公司；四川集团有紧密层企业18家，半紧密层企业23家，松散层企业100多家。三是显示了规模经济的优势，苏州集团销售额10.3亿元，综合利润1600多万元，分别比上年增长90%和120%；辽宁集团销售额7.3亿元，利润1050万元，分别比上年增长60%和30%。四是形成了各自的特色，辽宁和四川集团主要充当大型重工业企业和企业集团的交易中介作用；苏州集团在为大中型企业服务的同时开始把组织乡镇企业和小企业的供产销作为重要方向。除试点外，部属公司和各地方也出现了一些多种形式的物资集团，如洛阳物资集团、辽西水泥集团等。现在物资企业的组织结构同现代化、社会化的大生产大流通还不适应，需要加快组建和发展一批竞争能力强、实力雄厚的物资集团。

十、积极参与对外开放，努力改变国际贸易与国内流通分割的局面

1991年物资企业通过联合等多种形式冲击物

资、外贸部门分割壁垒，取得一些突破。物资部、经贸部、商业部所属公司联合在俄罗斯纳霍德卡市组建了中国实业开发投资公司，集内外贸于一体，共同开发俄罗斯的木材资源。中国黑色金属材料总公司在国外开展了期货交易的业务。黑龙江、吉林、辽宁、内蒙古、新疆、四川、云南等省区物资企业发展了边境贸易。许多物资企业通过与外贸企业联合等形式开展进出口业务，逐步进入了国际市场。物资部在天津保税区内组建了中国物资招商有限公司；在深圳的各物资公司进入了深圳保税生产资料市场。各级物资企业积极利用外资，物资部直属公司同外商进行合资的项目有23个，地方物资企业组建的“三资”企业20多家。物资企业还积极加强和改善对“三资”企业的物资供应，到1991年底，全国物资系统已有地市以上的外商投资企业物资供应服务公司79家，物资部向“三资”企业投放钢材8万吨，煤炭15万吨。目前物资流通领域引进外资还受政策的束缚，外贸部门对外贸经营权控制很严，这些都制约着物资企业进一步对外开放。

十一、物资供销机构的改革取得明显成效

1988年物资体制改革以后，农机、建设、汽车、机械、水电、交通、轻工、地质、农业、医药等11个部门的供销机构划归物资部，实行物资部与主管部门双重领导以物资部为主的体制。机构调整后，物资开始在更大范围内按照需要进行流通。物资部发挥统筹供应的优势，使有限的物资资源配置得更为合理得当，增强了国家的宏观调控能力。同时，由于加强了对这类物资企业经营管理的指导，11家物资供销公司在经营机制上也实现了重大转变，由单纯搞计划物资供应转 为大力开发市场资源，增强了对这些行业的保供促销能力。1991年，11家供销公司购进总额比上年增长24．9%，销售总额增长31．7%，远远高于实行双重领导以主管部为主的15家供销公司的增长幅度分别为8．8%和1．8%。目前存在的问题是，有4个部的供销机构尚未按照国务院决定实行双重领导以物资部为主的管理体制；个别部门还想恢复旧的部门自成体系的产供销一条龙体制。这既不利于加强宏观调控，不利于形成全国统一的生产资料市场，也不利于把企业推向市场，有待于通过深化物资体制改革来解决。

十二、深化物资企业改革，促进了企业机制的转变

1991年物资企业改革的重点是把企业推向市场，转变企业内部机制，增强企业活力。这项改革从两个方面同时开展；一是各级物资厅、局转变职能、转变作风，进一步还权于企业，由管理企业转向管理行业，由直接管理转向间接管理，由行政命令转向为企业服务。现在物资厅、局一般只管企业主要领导的任命、人员编制、工资总额、国有资产、法纪监督检查，企业内部机构设置、干部任命、用工、分配、经营，完全由企业自主，为企业转换机制创造了条件。二是企业内部改革以提高经济效益为中心，从调动人的积极性入手，按照“小管理，大经营”的改革思路调整机构设置，按照“三能”(干部能上能下，人员能进能出，分配能多能少)的改革思路打破“三铁”，动作较大，效果明显，并在物资系统形成了公认的社会气候。如中国物资储运总公司天津公司将原来20个工作效率低的管理部门撤销了13个，管理人员由245人调整为44人，原公司党政工班子9人中调整了8人；烟台市物资局系统1991年管理科室减少20个，人员减少191人，12名科长免职，6名工人被聘为公司领导，6名合同制工人被聘为科长，14名干部安排在工人岗位，分配结合工作实绩拉开了1到5倍的差距，实行重奖机制，高的年终奖1．5万元，少的1分没有。实行改革的企业对富余出来的职工都给予了政策出路，妥善安排。物资企业深化改革，转变机制，调动了职工的积极性，对1991年物资购销额的大幅度增长起了很大的促进作用。

(张国通　执笔)

积极探索物资配送，深化物资流通改革

无锡市经济体制改革委员会

1990年10月，我市被物资部、国家体改委批准为全国物资流通综合改革试点城市。之后，我市经过反复地调查研究和论证，确定了全市物资流通综合改革试点的基本思路和目标：以物资配送为突破口，扩大各种形式的联合，建立计划指导下统一的生产资料市场；加快物资流通产业的发展，推进物资流通的社会化、合理化、现代化，增强物资企业的综合服务功能，发挥物资企业的主渠道作用，逐步建立高效、通畅、可调控的物资流通体系。根据这一基本思路和目标，1991年我市重点抓好了物资配送工作，并以配送为突破口，努力带动了其它各项改革工作。

一、配送形式和进展情况

按照“自愿、可能、守合同”的原则，我市物资配送工作重点推行了6种配送形式，并取得了初步进展。

1. **综合性配送**。即生产、建设单位所需的各类生产资料，凡是需要物资部门配送的，由市物资局统一牵头，组织各专业公司实行综合配送。我们在全市选择15家重点企业进行试点，作为物资部门长期的保供对象。这15家企业1990年总产值为13.08亿元，税利1.2亿元。经充分协商，供需双方签订了“物资配送协议书”。综合性配送的物资涉及到5个大类，30多个品种。到1991年底，共配送供应钢材6270吨，有色金属1851吨，化工原料5666吨，煤炭93668吨，燃料油8300吨。

2. **全市性配送**。即对资源相对稳定的木材、水泥等品种，凡是用户需要的在全市范围内随时实行配送。有关公司成立了专业配送科和专业服务队，组织业务人员走访了全市主要用材大户，分系统召开了造船、房屋开发、建筑、包装等用户配送座谈会，随时按用户要求组织配送。其中，水泥配送结合推广使用散装水泥要求，充分利用物资部门拥有铁路专用线、专用运输车和中转库、流动库等专用设施，强化产、供、销、储、运一条龙配套，严格按工程进度配送。1991年共配送水泥11.6万吨，使全市散装水泥推广率达39.73%，配送木材16000立方米。

3. **单品种配送**。主要是煤炭、燃料油两个品种。市燃料公司对全市100家燃耗大户的消耗、库存、场地库房、锅炉设备等基本情况进行了调查摸底，并签订配送合同。1991年共配送煤炭44.75万吨，使百家企业的煤炭库存从年初的4.2万吨降为年底的2.3万吨；配送燃料油57700吨。在此基础上，又选择了15家大中型重点燃耗企业试行煤炭“零”库存，即由燃料公司将一定数量的煤炭存放在企业，作为周转库存，每隔5天配送一次、结算一次。

4. **行业性配送**。主要在全市化工、机电两个行业中进行。化工行业，由化轻公司与13家企业签订了配送协议，所需物资涉及到21个品种，总量达10357吨，到年底已经配送8717吨。机电行业，由机电设备公司与11家企业签订配送合同。1991年共配送轴承6万套，电焊条133吨，漆包线12吨，电动机48.8万元，工矿配件12.4万元。

5. **项目性配送**。主要是指对正在进行的市重点工程进行配送。1991年共与近10个单位签订了项目配送协议并实施了配送。

6. **地区性配送**。主要是指物资部门根据合理流向，科学布点，建立专业性或综合性的配送供应站，在一定的区域范围内，就地就近对生产建设企业所需物资开展配送服务。1991年机电产品先行一步，在蓉湖庄建立了地区性物资配送供应站，全面展开配送业务。到年底共为41家企业配送服务1800笔，配送各类产品35000台件，金额达310万元。

二、主要特点和基本做法

我市物资配送工作总的特点是：以各级物资库存为依托，以6种配送为主要方式，形成了对生产企业实行“开票、结算、服务”三上门，“质量、价格、时间”三保证，“品种、数量、产地”三满意的“三三制”配送特点。基本做法是：

1. 广泛宣传配送，形成内外共识。我市认真宣传配送意义：一是定期由市政府组织召开物资流通综合改革新闻发布会，请各有关部门的负责人、大中型企业的厂长（经理）、物资供销部门经理和新闻单位等有关人员参加，公布试点信息，通报改革进度；二是分系统、分层次召开各种类型座谈会，发改革简报，请实行配送的单位现身说教，从不同侧面宣传配送的意义；三是在物资企业内部层层进行发动和讨论，更新传统观念，明确改革使命，提高做好配送工作的自觉性。从而，为推进物资配送打下了良好的思想基础。

2. 扩大横向联合，多方筹措资源。我市是一个加工城市，原材料组织、产品销售两头在外。为此，各级物资部门注重大力发展各种横向联合，努力争当总经销、总代理，扩大资源的来源；同时加强与各供销部门的协作，把物资企业、工业供销经理部和生产企业的库存联为一体，搞活整个社会库存，共同保证了配送工作的顺利进行。

3. 实行优惠价格，促进配送发展。我市在试点中采用了让利、保本的办法，使配送物资的价格略低于市场价格，让用户切实感到实行配送的好处，积极配合做好物资配送工作。当然，这里也存在着物资企业承受能力的问题。对此我市明确提出，物资企业要通过优化进货渠道，提高管理水平，降低进货成本和扩大经营规模来取得效益，从而支持和促进配送的发展。

4. 多方挖掘潜力，调度搞活资金。资金短缺，配送企业不能及时承付货款，是配送中遇到的又一个问题。对此，在市政府统一协调下，积极争取银行参与支持配送。一方面增加临时贷款，保证配送物资货款的承付。另一方面，努力挖掘企业内部潜力。1991年共压缩库存资金3200万元，用于开发、组织紧缺资源。另外，我们还通过三方（或多方）结算的方式，帮助生产企业搞活资金。仅1991年一年就为无锡电缆厂解决三角债达222万元。

5. 改善基础设施，壮大企业实力。基础设施落后、设备老化，是我市物资企业的一个普遍问题，这与大力推行物资配送很不适应。为此，我市采取多种办法增加投入，壮大物资企业实力。1991年仅技术改造、增设网点等税前还贷就达1028万元。另外，全市物资企业还提取削价准备基金191万元，建成了50万吨动力配煤和输送线，更新了部分散装水泥运输车辆，这些都为物资配送提供了较好的基础设施和条件。

三、初步体会和今后打算

我市经过一年来的配送实践，有以下四点体会：

1. 物资配送符合物资流通体制改革的方向。我市物资配送工作的实践表明，搞好物资配送，是实现物资流通社会化、合理化、现代化的突破口。从发展趋势看，一是可以从根本上打破旧体制下的小生产方式和改变物资流通分散、低效率的运转状态，实现与社会化大生产相适应和相衔接的流通社会化；二是可以通过大库存中的各种产品的规格、品种、质量、数量等构成对生产的需要，促进流通库存结构的合理化，以及通过建立配送网络来促进流通产业布局的合理化；三是可以使有限的资源得到充分利用，满足社会的需求并达到最大的社会效益，从而最终提高物资流通的经济效益；四是可以有效地促进物资企业的技术、装备现代化，不断提高分拣、包装、装卸、档案和保管技术等，从而推进物资流通的现代化。因此，从这个意义上讲，搞好了物资配送，就是抓住了实现物资流通“三化”的牛鼻子，也就是坚持了物资流通体制改革的方向。

2. 物资配送有利于生产资料市场的健康发育。开展物资配送，有利于打破条块分割，较好地克服计划物资管理权下放后，地方、部门争原料、抢资源，采购人员满天飞等市场流通秩序混乱的状况；有利于国营物资企业改变经营作风，不断拓展市场，使物资企业和生产企业确立稳定的供需关系。同时，也有利于抑制经营活动中的不正之风，促进生产资料市场的规范化建设和管理，使生产资料市场沿着健康的道路发展。

3. 物资配送是降低社会库存的有效途径。物资配送作为一种先进的物流方式对物流格局、物流形式、库存形态及库存结构都有着很大的影响，可以从根本上改变库存结构，降低库存总量，是使生产企业走出库存高、周转慢、效率低的根本出路。如我市15家大中型燃耗企业，过去每家企业的煤炭库存都在万吨以上，实行“零”库存配送以后，工厂基本无资金占用，仅此一项，就为企业减少库存资金112万元。

4.物资配送能够充分发挥国营物资企业主渠道的作用。搞好物资供应，确保生产和建设需要，是物资企业的基本任务。通过开展配送服务，能够增强物资企业的吸引力和辐射力，在用户中树立了良好信誉。

（喻国荣　李良晟　王琦华
钱世强　执笔）

流通企业集团稳步发展

张昌鸣

企业集团是当前经济生活中的热门话题，一向被人们忽视的流通企业集团引起人们的关注，并且取得稳步发展。

一、流通体制改革深化的结果

1991年，不少流通企业纷纷要求组建流通企业集团。不少部门也下了很大力量研究这件事。商业部、物资部等相继召开了全国范围的研讨会，并且制定了本系统促进流通企业集团发展的意见。许多地方政府也为此制定了具体办法。同年11月份，国家体改委在上海召开了全国性的流通企业集团座谈会，分布在外贸、物资、商业、供销社等领域十几家著名的流通企业集团参加了会议。会议在交流经验的基础上，提出推动流通企业集团发展的设想。在国务院确定的第一批55家国家级企业集团中，中国化工进出口总公司和中国五金矿产进出口总公司均被列入，这标志着在企业集团的发展中，流通领域的企业集团得到了社会的重视和承认。

与工业企业集团相比，流通企业集团起步较晚，数量较少，其影响力还较小，许多流通企业集团还面临着巩固和完善的问题，但其生命力和发展势头已经显示出来。据不完全统计，现在近2000多个在工商局注册的企业集团中，有200多个流通企业集团，其中规模较大，发育较成型的有几十个，它们分布在商业、物资、外贸、旅游等行业。例如：上海新亚集团、北京东安集团、大连食品集团、苏州物资集团、辽宁物资集团、中国化工进出口总公司、中国五金矿产进出口总公司、天津立达集团、国旅集团、中旅集团等。这些集团在利用两个市场、搞好国际化经营方面，在发挥主渠道作用、增强国家宏观调控能力方面，在综合经营、提高规模效益，促进行业发展方面，在服务生产、方便人民生活方面，在打破条块封锁、促进市场发育方面等，都进行了卓有成效的探索。

流通企业集团的出现和发展不是偶然的。它是生产力发展的产物，也是流通体制改革深化的必然结果。长期以来，在高度集中统一的产品经济体制下，由于按照行政系统和行政区域管理经济，统一市场被人为地割裂开来，正常的流通渠道被政府的分配调拨所代替，流通企业被局限在狭小的经营范围内，并且经营自主权很小，不过是政府部门的行政附属物而已。这种格局势必造成流通不畅，效益低下的状况。改革开放以来，整个经济体制发生了深刻的变化，日益发展的大生产、大市场、大流通的形势，迫切要求提高流通企业组织化程度。

——社会化大生产发展的要求。改革开放以来，我国国民生产总值翻了一番，工农业生产发展迅速，农业生产的商品化和专业化发展很快，农产品的商品率由1978年的35．6%提高到1990年的70%以上。随着生产规模和商品化程度的扩大，流通规模也在扩大，各个产业部门之间，以及产业部门、金融部门之间的联系、协作日益增多，传统的流通企业组织形式远不适应。

——统一的大市场发展的要求。商品经济要求冲破行业和地域的界限，发展全国统一的大市场。那种内外贸分割、消费品和生产资料流通分家的状况，必然要发生变化。

——多元化的大流通发展的要求。过去那种基本上是国营流通企业的一统天下、行政调拨为主、经营方式单一的流通体制正在被多种经济成分、多条流通渠道、多种经营方式、开放的大流通格局所代替。新的流通格局必然产生新的企业组织形式。

既然流通企业集团是适应商品经济发展的大潮而出现的，那么它的成长就带有鲜明的时代特征。

考察现有流通企业集团的发展，大体有四种类型。

——自发成型。这是由完全靠市场调节的企业组建而成。这类集团在艰苦创业中形成，具有较强的凝聚力，比较规范，但目前规模还较小。

——转轨变型。这是由一些行政性公司，或者由带有某些行政职能的大公司转变而来，这类集团初创时就有较雄厚的资金基础和较大的规模，辐射范围广，但集团内部还缺乏必要的统一调度和综合管理能力。

——组合成型。这是按照企业自愿和政府引导相结合的原则，在政府的协调下，由若干个较大的企业联合而成，或由转轨变型的行政性公司和其它企业联合而成。这类企业起步时也有较强的实力，发展较为迅速。

——演变成型。某些由大型生产厂矿为核心的企业集团逐步发生变化，派生出新的经济实体为核心层，它主要负责销售本集团产品，从事进出口贸易，并且负责新产品开发研制，而原有大型生产厂矿成为紧密层的骨干企业。这种企业集团实际上已演变为流通企业集团。

当然，由于发展不平衡，在众多号称流通企业集团中，也有相当数量的松散的经济联合体，真正发育成型的尚属少数。在发育较为成型的流通企业集团中，我们看到了这种新型企业组织形式的生命力。

二、一批脱颖而出的流通企业集团

在1991年，率先进入国家级流通企业行列的是中国化工进出口总公司和中国五金矿产进出口总公司。中化集团从1988年3月开始筹建，1990年3月正式成立，现有集团成员155家，其中人、财、物由总公司直属领导或由总公司控股的紧密层成员45家。中化集团的主要成员由外贸企业、中化海外企业、国内石油化工生产企业、供销企业和科研院、校组成。在短短几年的时间，中化集团以国际化经营为战略目标，在开展贸工结合，扩大出口创汇；在推销出口商品，开展利用外资业务；开展对集团成员的融资业务等方面都取得了长足的进展。中国五金矿产总公司创立于1950年，长期担负着国家五金矿产品和建筑器材的进出口任务，目前已和100多个国家和地区发展了良好的贸易关系。40多年来，五矿总公司进出口累计总额900亿美元，为发展我国对外贸易事业作出了重大的贡献。随着改革的深化，1988年五矿总公司提出了贸工、贸技结合的方针，以国际贸易为主体，以五矿业务为基础，积极稳妥地发展实业，开拓高新科技产品，几年来，成绩突出，自营出口每年以179%的高速度递增。这两个大外贸公司进入国家级流通企业集团试点后，不仅有利于创造良好的内、外部条件，促进公司向国际化、集团化、实业化的方向迈进；而且会产生强大的连锁反应，带动更多的流通企业，特别是部属的大公司向集团化的方向转化。

苏州物资集团公司在国内已经颇有一些名气。它的前身是苏州物资中心。1990年，物资部、国家体改委、国务院发展研究中心联合发文，确定在苏州物资中心的基础上，进行组建综合商社式企业集团和规范化物资交易所的试点。在江苏省和苏州市政府的大力支持下，组建了苏州物贸集团公司。公司一成立，就面临着市场疲软、资金不足等重重困难，在顾衡如总经理的带领下，全体职工艰苦奋斗，在环境极为艰难的情况下，取得了经济效益全面增长的好成绩，并且形成了综合物资集团的雏形。苏州物资集团公司真正的大发展是在1991年，由于集团公司的综合优势，1991年销售额突破10亿元，而1990年只有5.4亿元，增长85%。利税总额每年平均增长70%以上。公司非物资经营效益约占1/3左右，形成了较强的综合功能。总经理顾衡如同志因为成绩卓著，被评为物资系统“五一”奖章获得者。苏州物资集团是自发成型的典型代表，他们在没有国家投资的情况下，艰苦创业，自筹资金，通过发展市场交朋友，以联合扩大实力，以综合经营发挥优势，由最初仅有资产230万元，职工93人，发展到如今总资产已达2.3亿多元，职工1100多人。充分显示了集团化的优势。

与苏州物资集团公司南北相呼应的，是北方的沈阳物资集团公司。这个公司也是物资部、国家体改委、国务院发展研究中心共同批准的进行综合商社式企业集团试点的单位之一。于1991年1月成立。辽宁物资集团的前身也是物资贸易中心，它的成长道路和苏州物资集团公司是一样的。经过短短几年的经营，物资销售额每年平均递增42.7%，固定资产原值达到2660万元，自有流动资金1900万元，银行融资能力1.5亿元，分别比开业时增加62.5%，

16倍和24倍。1991年，通过组建集团公司，其基本方针是发挥企业群体力量和整体优势，走出一条生产、科研、外贸、金融、流通一体化的道路。通过一年的努力，公司不仅初步形成核心层、紧密层、半紧密层和松散层的结构框架，而且在经营方式上有了新的发展和创造。例如：发挥流通企业衔接产需的桥梁和纽带作用，为生产企业解决供销难题，组织优势互补。向企业投资开发短缺产品资源，或协助企业加强技术改造，租赁设备。由流通企业出面，以实物供销的形式清理企业之间的债权债务。这些丰富多样的经营方式是单个的流通企业无法做到的。

为了扩大探索流通企业集团的范围，在国务院有关部门的具体指导下，四川省有关单位完成了在四川省物资贸易中心进行组建四川综合物资贸易集团公司试点方案的制定和论证，并进行了大量的试点准备工作。在1991年成为物资部、国家体改委和国务院发展研究中心的试点单位。四川省物资贸易中心在西南地区和全国物资贸易中心系统具有较大的影响。在试点中将通过多种途径，壮大集团实力，并在增强集团的资源开发、资金运筹和对外贸易功能方面，进行新的尝试。

上海新亚集团是全国商业部系统和上海财贸系统建立的一家大型饮食服务企业集团。它走的是另一种类型的成长道路。它是顺应改革与发展的需要，以16家市属饮食服务骨干企业为基础，以行业优势为依托，以振兴和发展上海饮食服务业为宗旨而组建起来的。新亚集团成立后，不断开拓经营，发展饮食服务市场。他们凭借集团的整体优势，采取了利用内资贷款和引进外资等手段，筹集资金近亿元，有计划地进行了核心层老企业的全面改造和8个核心层新企业的配套建设，不断增强集团的经营实力和企业的发展后劲，把上海的饮食服务业的整体水平向前推进了一大步。1991年初，商业部和国家体改委联合选择该集团进行流通企业集团试点。

上面只概略地介绍了一些流通企业集团的发展简况，象北京东安集团、大连食品集团、天津立达集团、中旅集团、国旅集团等都在1991年取得显著成绩。除了这些全国著名的流通企业集团之外，在各级政府的指导下，也发展了一批新的流通企业集团，虽然他们的规模还较小，但是发展势头很好。

三、广阔的发展前景

经过市场疲软的冲击之后，人们对于流通的重要性有了更为深切的认识。在第一批55个国家级企业集团试点中，属于流通企业集团的只有两个。这种极不相称的事实说明了什么？一方面反映流通的地位还没有受到足够的重视，另一方面说明流通领域本身改革还需加大力度。至今，虽然对于企业集团，也包括流通领域的企业集团的认识尚有争论。但改革的大潮已经为流通企业集团的实践展现了广阔的前景，我们从1991年流通企业集团的发展中已可见端倪。任何一种企业组织形式的活力来源于经济发展的需要。基于这个认识，至少有三个方面的理由可以证实流通企业集团的发展前景。

第一，随着改革的深化，国营大中型流通企业向何处去？人们都知道，国营大中型企业产生于传统体制中，无论从经营战略、内部机制、思想作风等都是具有典型的“官商”特征。改革愈深化，原有机制的弊端愈显露。农副产品和消费品资料市场调节的比重和作用最明显，时间也最早，所以商业批发企业，特别是原有的一级站和县级批发站，受到的冲击最大。现在这种冲击波已经强烈地波及到物资企业和外贸企业。事实很明显，仍然固守原有的体制和僵化的经营范围已没有前途，而发展流通企业集团不失为一条重要出路。从那些已经取得显著成效的流通企业集团中，我们看到了榜样。

第二，发展社会化大生产、大市场、大流通的需要。大生产决定要有大市场，大流通依赖于大市场。市场的主体是企业，企业的行为决定了市场的走向。当企业还是行政部门的附属物时，市场必然被条块所分割、扭曲。在商品经济发达的地区，比如苏南，在发育良好、辐射面广的市场背后，是千百万个独立的商品生产者和经营者。发展流通企业集团正是以“三跨”（跨地区、跨部门、跨行业）为主要特征，这种新型的企业组织形式的出现，本身就强烈要求冲破现行条块的界限，呼唤全国统一的大市场。从这个意义上讲，流通企业集团的作用比生产企业集团更为明显。

第三，考察日本、南朝鲜等国的经验，在经济发展水平滞后的国家，当其制造业还相对弱小的时候，可以利用大型流通企业集团（综合商社）的作用，发挥综合优势和协调功能，集贸易、开发、科技等于一身，到国际市场去竞争。并且为国内众多的小企业提供产前、产中、产后的服务，以及在利用熟悉市场的优势，分散银行的投资风险上，都将具有重要的意义。对这一点，天津立达集团已经为人们提供了成功的实践。

回顾1991年流通企业集团的发展，其势头令人欣喜，但存在的问题和障碍也令人深思。毕竟这种新型的企业组织形式还处于初创时期，需要扶持、引导，使其健康地成长。特别是和传统体制的碰撞，以及缺乏经验等种种因素，有些流通企业集团的发展受到挫折。实践向人们提出了许多要急迫解决的问题。主要有：

一是为了转变企业经营机制，以适应社会化大流通的需要，应当大胆地在流通企业集团中进行股份制试点。实行股份制固然可以广泛集资，而更重要的意义还在于创造一种机制，有利于真正实行政企职责分开，为企业集团长期稳定发展创造条件。不仅可以在现有的流通企业集团中试验，而且可以在发展更大规模和范围发展企业集团提供一种选择方式。

二是加快和金融资本的结合。流通企业集团是资金密集型的企业，现在资金不足已经成为所有流通企业集团的发展障碍，解决好这个问题不仅有利于企业集团自身的发展，而且有利于金融体制的改革和提高全社会资金的使用效益。

三是转换政府职能。尽管在理论上流通企业集团的发展应当冲破条条和块块的束缚，但在实际中，这种束缚还是严重地存在。特别是当流通企业集团发展到一定程度后，更迫切要求解决这个问题。

在新的经济发展阶段，流通的地位会愈来愈被社会所重视。流通企业集团——作为流通领域的劲旅必然会得到新的长足发展。

开拓发展的天津立达(集团)公司

天津立达(集团)公司总经理办公室

天津立达(集团)公司是经天津市人民政府和国家对外经济贸易部批准，于1981年5月8日正式成立的全民所有制企业。现在，已经由初期单一经营，发展成为以实业为基础、以出口贸易为先导、在海内外共投资兴办独资、合资合作企业88家的外向型综合性集团公司，成为天津市主要对外窗口企业之一。1991年被天津市政府授予外经外贸先进单位称号。1992年3月获经贸部颁发的全国经贸企业管理先进奖。

一、公司概况

公司拥有员工3000人，其中干部1254人，具有大专以上学历的占干部总数的70%，被聘任各类专业技术职称的干部占干部总数的72%，党团员占71%，形成了一支有国内外经济贸易、科技、外语、法律、金融知识和现代管理技能的各种专业人才的职工队伍。

公司具有外向型、综合性、多元化、实业型的特色。公司经营和投资范围包括：进出口贸易（含易货贸易）、国内商业贸易、金融证券、国际租赁、房地产业、建筑装修、矿产采掘、钢材加工、包装印刷、轻纺食品、水产养殖、旅游饭店、仓储运输、信息咨询等20多个行业，涉及第一、第二、第三产业各个领域。

公司拥有进出口经营权，外贸进出口业务实行自负盈亏。公司建立了花生进出口生产基地，樱桃谷鸭饲养基地，镁矿、白水泥、化工等商品出口基地。

公司有88家投资企业，以实业性投资为主，生产型企业占60%，兴办了陶瓷工业公司、薄壁钢管公司、水泥厂、镁矿、养虾场、食用菌工业公司、表业公司、化纤棉制造厂、棉纺厂、毛织品厂、食品工业公司、房地产公司、包装印刷工业公司等一批实体企业。

公司投资的88家企业中，独资企业18家，中外合资合作企业48家，国内合资合作企业10家。在天津建有国际商场、高级宾馆等。在北京、上海、广州、海口、深圳等地设有子公司或办事处。目前公司已经和2000多家海外客户建立了业务联系，发展了与美国、日本、泰国等国大财团、大客户的业务合作。在美国、日本、泰国、意大利等国家和香港地区兴办独资、合资企业12家。

公司于1991年开始在国内外建立连锁商店。1992年1月15日，公司在山西太原兴办的第一家连锁商店——太原立达国际商场建成开业。

1992年3月31日，公司的第二家连锁店——天津经济技术开发区立达国际商场正式开业。这两家商场按照国际通行的做法，实行统一经营决策，统一组织货源、统一调度使用资金，以减少环节，降低费用，并通过电脑化管理及时反馈信息。晋、津两地国际商场坚持同样的经营宗旨，把商场办成信息型、生产型、外向型的商场。他们保持格调高雅，保证服务一流。两家连锁店发挥互补优势，促进了津晋横向经济联合。

公司发起并组织了天津世界贸易中心协会，同年成为世界贸易中心协会的正式会员，同世界217个百万人口以上的城市世界贸易中心联网，可为全市工厂企业提供信息服务。

1990年公司接办了天津市证券公司业务。现在公司与20多个省市、近500家证券经营机构建立了业务关系，参加了全国证券交易计算机自动报价系统，并为甲级会员，被推选为中国证券业协会理事。

1991年本公司各类证券交易总额6.5亿元，1992年预计交易额可达25亿元。

1991年天津立达国际商场经过国家体改委批准，进行了股份制试点，首批发行定向股票3000万股。经市政府批准，公司已经向交通银行入股，成为交通银行的股东之一。

11年来，公司投资的不同类型的企业陆续建成投产，生产能力逐步形成规模，取得了良好的经济效益。1991年自有资产已近2亿元，年营业额15亿元（不含海外业务），利税6000万元，出口创汇4000万美元。

二、实事求是　开拓创新

公司从诞生之日起，就承担着各种社会风险和经济风险。因此在公司的发展过程中，坚持量力而行、实事求是的原则，先是以商养工、商工并重，逐步向实业为主的外向型企业发展。公司实行“短、平、快”的战略发展企业，以投资小型项目为主，以便取得经验、积累资金，为上大项目做准备。1985年以前公司的投资项目大部分控制在百万元左右，例如，1983年参与投资的中外合资企业天津化纤棉制造厂，总投资162万元人民币，当年建成投产，一年半收回了投资。现在累计实现利税2542万元，已经赚回了15个同等规模的工厂。

公司重视开发实验性新业务，敢于风险投入，发展生产。1985年计划兴建的天津国际商场，本是由市内各局为展卖自己的产品而集资兴办的百家商店。当时由于紧缩信贷，多数单位因筹措资金困难而退出。但这个项目已经被列为天津市政府改善城市人民生活的十件大事之一。消息已经见诸报端。当年公司只有150人，仅有几百万元资金。投资与否进退两难。公司领导人认为：竞争、挑战、压力是力量的源泉。“行动不一定成功，但不行动永远不会成功”。公司集中了人力、物力，顽强拼搏，终于筹措4630万元，投资建筑面积14700平方米的国际商场。仅历时一年，这个商场就正式开业了。经过5年经营，取得了明显的经济、社会效益，1991年已经收回全部投资。

公司注重信誉，真诚合作。公司投资参股的中外合资企业，原多为外方或中方其他股东经营管理。由于各种原因，有的长期亏损。为维护合资各方的利益，公司顾全大局先后接办了13个亏损企业。到1991年底，9个企业已经扭亏为盈，另外4个企业的亏损额也大幅度下降。

公司加强企业内部管理，对直属企业、主管企业和对子公司在投资决策、业务发展方向、资金、人事等方面，实行统一规划和管理。每个企业都实行独立核算，自负盈亏。实行分级管理责任制及经营承包责任制。实行领导离任审计制。规定干部直系亲属不许调入公司，防止裙带关系。实行“干部聘任制”、职工“招考录用制”、“岗位轮换制”等。

随着公司业务发展，知名度不断提高，“立达人”的工作作风也受到各界好评。公司始终坚持发扬艰苦朴素的优良传统，并注重培育发扬“爱我中华，开拓奋进”的立达企业精神，使职工对公司的发展有自豪感、荣誉感，把公司的发展和自己的前途紧密联系在一起。

组建商业集团　增强企业活力
——南昌商场不断拓宽经营领域

江西省经济体制改革委员会

南昌商场是江西省大型零售兼批发商业企业之一，现有职工651人，营业面积6000平方米，内设13个职能科室、12个商品经营、批发部，1个家电维修中心，94个经营柜组。经营商品达25000余种。近几年来，该商场深化内部改革，优化经济结构和注重实效，先后有偿地兼并了南昌青山路地下商场和南昌大众电影院，增加了营业面积，扩大了仓容，壮大了企业实力，为建立商业集团奠定了坚实的基础。

一、全省第一家商业集团

南昌商场是南昌市商业企业的佼佼者，它完全具备了资金、渠道、信誉、规模、管理等方面的优势：一是效益好。该商场近几年的销售额、实现利润、上缴税利等主要经济指标每年都以40%的速度递增，年人均创税利1.25万元。二是信息灵。现在他们已经和全国20多个城市近2000多家企业建立了信息网络，商业信息反馈敏捷。三是信誉高。他们优选进货渠道，基本杜绝了假冒伪劣商品，在消费者中信誉度高，先后被评为"全国实施计量法规先进单位"、"省市物价计量信得过单位"等光荣称号。四是管理善。建立和健全了一整套经营管理办法和奖惩规定，使商场管理基本走向了制度化、程序化、科学化。五是服务优。柜台服务、售后服务质量和水平堪称一流，被誉为全国"重合同守信用单位"。

南昌商场凭着它的优势，组建一个以南昌商场为依托，以各地县五交化公司为成员的较多层次的商业集团，条件已经成熟。这样不仅可以形成优势互补、以零促批的经济格局，同时这也是新形势下商业体制改革的必然趋势。1991年4月一个以南昌商场为核心，以高安、进贤、奉新、靖安、贵溪、樟树等8个县市五交化公司为集团成员单位，以资金、商品、经营、服务为联结纽带，全省第一家跨地区、跨部门的商业集团——南昌商场商业集团正式成立。

二、拓宽经营门路

南昌商场商业集团成立后，他们以家用电器为主，辅以服装、百货等商品，与各成员单位实行多种形式的联合，开拓经营。其做法是：

——联购分销。即由核心层企业南昌商场统一采购适销对路的商品，根据各成员单位经营规模、当地购买力、消费特征和销售情况，进行内部优惠批供，紧俏商品按计划比例分配，组织销售。集团成立以来，优惠提供给各成员单位的大宗商品有：彩电2537台，冰箱3010台，洗衣机1544台，电扇3403台，其它家电商品504台。

——联合展销。在集团的统一安排下，各成员单位全面开展业务展销活动，并以"全、优、廉、快"四字诀取胜，即品种的竞争，以全取胜；质量的竞争，以优取胜；价格的竞争，以廉取胜；时间的竞争，以快取胜。如商场以金星、乐华、赣新彩电等名优商品为主导，与集团各成员单位组织联合展销，既增加了集团各成员单位的信誉，又获得了较好的经济效益。

——联合服务。为方便群众，搞好售后服务，取信于民，集团内部狠抓服务质量。在服务体系上，普遍建立了门店管理、售后服务、家电维修等服务部门，实行服务工作配套管理，在服务方法上，坚持“三售”（售前、售中、售后）服务，“三包”（包退、包换、包修）服务，服务功能齐全；在服务项目上，坚持代卖、代购、代送、代邮以及建立数十项免费便民措施，方便了消费者。

——调剂余缺。各成员单位可根据互惠互利原则，相互协商，对不适合当地市场的商品和销小存大的商品，由南昌商场负责调剂。集团组建以来，共退调串换的商品有彩电124台、冰箱216台、价值45万余元。

为了增强集团的实力，他们还在提高“辐射力”、“吸引力”和“渗透力”上下功夫：一是集团采取“立足本地、面向全省、辐射全国”的经营方针，充分利用新闻媒介，积极开展集团形象的宣传和商品广告宣传，扩大影响，提高集团的知名度和辐射力。二是集团成员单位舍得投资，将店面装修一新，扩大营业面积，增加花色品种，采取举办各类商品大汇展、有奖销售、削价大酬宾等活动来吸引广大顾客，扩大销售，增加营业额。三是集团把商品供应的目标渗透到工厂、机关、学校、科研院所等社会集团单位，采取“走出去、请进来”的方法，定期召开供需洽谈会，把“上帝”请进来，或定期上门走访，通报商品信息，介绍新产品，以方便“上帝”，做活生意。

三、生意越做越红火

商业集团成立以来，为城乡市场提供了充足的货源。成员单位过去存在的资金沉淀、结构失调、商品积压等现象大有好转，集团各成员单位的生意越做越红火。

1991年，集团成员单位丰城市联营点，根据该市居民需求中高档商品的特点，及时组织适销对路的货源，仅华凌冰箱就销售300余台，完成销售额178万元，实现利润2.9万元，分别比计划增长73%和61%，成为该市经济效益最好的单位之一。进贤县五交化公司，参加集团仅5个月时间，销售额达128万元，比上一年销售额的40.63万元，增长了3.2倍，实现利润1.74万元，比上一年的7170元，增长1.4倍，该公司还被评为“无假冒伪劣商品”单位。

集团的组建，既带活了一批企业，也壮大了南昌商场自身的实力。1991年，南昌商场销售额首次突破亿元大关，实现利润553.85万元，分别比上年同期增长35.42%和76.49%。集团的8个成员单位完成销售额1568万元，实现利润32.5万元。同年，南昌商场被江西省人民政府授予“全省改革先进企业”称号。

（朱国荣、李树华、
刘　凡、黄　刚　执笔）

7 分配体制改革篇

1991年分配体制改革综述

国家体改委分配体制司

1991年的分配体制改革主要按照我国国民经济和社会发展十年规划和第八个五年计划的基本指导方针，围绕理顺国家、集体和个人以及中央和地方之间的分配关系来进行，以求形成合理的国民收入分配格局。为此，着重进行了企业分配制度改革、住房制度改革和社会保障制度改革，并从总体上对社会收入分配制度进行了研究。

一、在调整国家与企业的分配关系的基础上，进行企业分配制度改革

"八五"期间，经济体制改革的中心环节仍然是增强企业特别是国营大中型企业的活力。为此，国家进一步合理调整和改进指令性计划的范围与实施办法，进一步完善国家定价、国家指导价的价格形成机制，规范市场调节价的价格行为，健全价格管理体制，为解决某些重要生产资料国家定价偏低的问题，对这些产品价格进行了调整。对供求大体平衡的一般加工产品、供求弹性比较大的商品和耐用消费品以及非生活必需品，逐步放开价格，由市场调节。

为调动企业的积极性，同时兼顾国家、企业和职工个人三者之间的利益，中央决定"八五"期间继续实行承包制，但一定要完善。主要是完善企业留利办法，合理确定生产发展基金、福利基金和奖励基金的比例，增强企业发展后劲。对某些企业出现虚盈实亏的情况，要加以制止，防止国有资产流失。选择一批对国民经济全局有重大影响、符合国家产业政策、经营管理较好的大型企业和企业集团，实行投入产出总承包。为了给企业创造良好的外部条件，除国务院提出的改善企业外部条件的11条措施外，在1991年9月的中央工作会议上又增加了一条，即在国家财政还十分困难的情况下，仍决定把国营工业企业的所得税率降低到33%，使多种经济成分实现公平税负，创造一个平等竞争的环境。这项措施结合扩大利税分流、税后还贷改革的试点，将逐步落实到企业，分3年完成。

在调整国家和企业的分配关系的基础上，企业内部分配制度的改革围绕提高企业经济效益逐步推进。这项改革的目的，是要在企业内部造成一种激励机制，使得干部能上能下，工人能进能出，工资有高有低，充分体现按劳分配的原则，解决企业内部的平均主义问题，以调动干部和工人的积极性，使企业充满活力。

以转换企业经营机制为中心，将改革企业的人事、劳动以及工资制度作为重要的配套措施，是1991年企业深化改革的一个显著特点。北京、上海、辽宁、福州、徐州、重庆等省市都在进行转换企业经营机制试点中将改革人事、劳动、工资制度作为重要内容和突破口。企业人事劳动制度的改革，主要是搞好优化劳动组合，或称合理劳动组合，主要内容是加强生产第一线，减少富余人员。企业工资制度的改革，根据各试点企业的特点，由企业自行选择工资形式。多数试点企业选择了以岗位技能工资为主要形式的企业内部分配制度，向苦、脏、累、险岗位和一线生产职工倾斜，把劳动报酬与劳动贡献挂起钩来。

国家对企业主要是加强工资总额管理来进行宏观控制。

二、积极稳妥地推进住房制度改革

在国民经济和社会发展十年规划和“八五”计划纲要中明确提出：“要积极推进住房制度改革。逐步改变低租金、无偿分配住房的办法，促进住房商品化进程。要调动各方面的积极性，加快住房建设，形成国家、集体、个人三结合筹资建房的机制。住房制度的改革，要统筹规划、因地制宜、分类指导、稳步地向前推进。”1991年6月，国务院发出《关于继续积极稳妥地进行城镇住房制度改革的通知》又一次提出：“住房制度改革是经济体制改革的重要组成部分，也是人民群众十分关注的重大问题，其根本目的是要缓解居民住房困难，不断改善住房条件，正确引导消费，逐步实现住房商品化，发展房地产业。”

1991年城镇住房制度改革推进很快。中央、地方、企业和个人的积极性进一步发挥。许多城镇采取多种方式调整低租金；出售公有住房；实行新房新制度；在住房建设上推行国家、集体、个人三方共同投资体制，组织集资建房和合作建房；通过多种渠道筹集住房资金，建立住房基金等。这次推进住房改革的特点：一是体现了国家、集体和个人共同负担的原则，二是因地制宜、分散决策；三是坚持提租、售房、建房同时并举，形成一个提高租金，促进卖房，回收资金，加快建房的联带序列。

住房制度改革是邓小平同志1978年提出的，并在1980年进一步明确了城市建筑住宅、分配房屋的一系列政策。1984年、1985年国务院组织力量研究住房制度改革的思路和方法。1986年确定烟台、蚌埠、唐山3市为住房制度综合配套改革试点城市。到1991年全国有12个市、13个城镇进行了住房综合配套改革，还有300多个城镇进行了单项改革。特别是国务院批准上海这样一个特大城市于1991年5月1日在全市范围内推行住房制度改革，在全国各省市中影响比较大，纷纷加快研究和制定本地的房改方案，加强房改领导力量和建立健全组织。除上海外，又有北京、天津、辽宁、山东、浙江、江苏、陕西、河南等8个省市的房改方案上报国务院房改领导小组，准备在1992年陆续将房改推开。广州、成都、沈阳、武汉、哈尔滨、南昌、西安、重庆、宁波、深圳等省会城市和计划单列城市的房改都在向前推进，并且各具特色。一批国营大企业，把解决职工住房问题作为调动职工积极性、增强企业凝聚力的重要环节来抓。

1991年房改面不断扩大，房改方式实行租、售、建同时并举。各地区、各单位因地制宜创造了不少好经验。除了试点城市先行的提租补贴、出售旧公有住房外，集资建房大大发展。特别是一些贫困地区和微利企业很欢迎这种作法。第一，这种方式可以充分体现国家、集体、个人三方负担的原则，筹资渠道多，速度快，又不增加财政压力；第二，企业和个人都有积极性。由于这种方式见效快，深受无房户和住房困难户的欢迎。大家主动筹资，职工开始由攒钱买家用电器转到集资建房上来。目前，不少地区和企业又将集资建房转为合作建房。这样可以使住户取得产权，使居民筹资积极性更高。内蒙古自治区专门成立了集资建房办公室和住房合作社来抓这项工作。

1991年10月7日（国际住房日）国务院房改领导小组召开了全国第二次住房制度改革工作会议，陈锦华同志对房改工作进行了部署。在调整公有住房租金、新房租金交纳办法、住房建设、住房基金、住房金融和发展房地产市场等方面都提出了新的任务和要求。要求全国467个城市在1992年或1993年先后进入住房制度改革的行列。军队和铁路系统的住房制度改革都根据本系统的特点单独进行方案设计，与全国房改的进程同步。

三、社会保障制度改革正在向前推进

1991年的社会保障制度改革是以改革和建立社会养老保险和待业保险制度为重点进行的。这项改革同样按照国家、集体和个人共同合理负担的原则，在城镇各类职工中逐步建立社会养老保险制度，扩大待业保险范围，完善待业保险办法，实行多层次的社会保险。在农村，通过试点，逐步建立不同的老年保障制度。

1986年以来，我国已经开始在养老、待业、工伤、医疗等几方面的保障进行了改革尝试。1990年，在全民和大集体企业中试行了职工养老社会统筹的市、县已达2273个，占全国市县总数的96%，其中京、津、沪、福建、江西、吉林、山西7个省市实行了省级单位统筹。参加统筹的国营企业固定工5000万人，合同工1400万人，离退休职工1200万人，统筹率全国平均为18%左右。1991年4月，李鹏同志提出，社会保障制度改革和医疗制度改革要认真研究，提出意见，体改委要抓好这项工作。各地方、各部门都进一步组织了一系列的改革试点。如广东、江西在全省范围内试行国营企业固定工个人交纳一部分养老费用的试点；山西、河南、湖南、云南等省在50多个市县进行固定工交费试点；福建、江西、浙江等省的一些市县进行了企业补充养老保险试点；福建省在全省范围内对集体企业职工进行企业补充养老保险和个人储蓄性养老保险相结合的“双层”养老保险改革试点，并实行了省级统筹。民政部在富裕地区组织了农民养老保险试点，共有8000个村，涉及全国19个省、190个市、县的800个乡。1991年初，国务院又批准民政部在20个县开展连片的农民养老保险试点。保险公司开展对个体工商户、乡镇企业职工、“三资”企业中方职工、农村计划生育、民办教师、农民基层干部、农民合同工等多种形式的养老保险试点。

1991年6月，国务院颁布了《关于企业职工养老保险制度改革的决定》，进一步确定了我国实行多层次养老保险的体制；规定了企业应实行个人交纳一部分养老费用的制度；提出了养老保险由市、县统筹向省级统筹过渡的任务；明确了养老基金实行部分积累的筹资模式；规定了对养老基金的管理和监督办法。

在待业保险制度改革方面，从1986年开始实行国营企业按照工资总额的1%为职工交纳待业保险金制度，到1991年，全国累计有20万职工领取待业保险金。目前，全国企业中大约有20%的富余人员，总计2000多万人。对这些人员的处理，企业和各有关部门都在进行探索，有的企业实行了厂内待业，有的结合产业结构的调整进行人员的重新安置，完全推到社会上的不足1%。各省、自治区、直辖市人民政府根据各地不同情况，都在研究制定对大集体企业职工和外商投资企业的中方职工的失业保险办法。

医疗制度改革，目前仍处于试点阶段。1988年确定的丹东、四平、株洲、黄石4个试点城市中，四平市的公费医疗改革试点已经起步。1989年确定试点的海南省、深圳市正在制定方案着手实施。海南省社会保障制度改革（包括医疗制度改革）方案于1991年11月出台，1992年1月1日开始实施，国务院已经组织有关部门研究进一步推进医疗制度改革的问题。

四、全面研究社会收入分配制度改革

为了通盘研究分配制度改革问题，1991年9月，国务院决定成立国务院分配制度改革委员会。这个委员会的主要任务是从总体上研究社会分配制度改革问题，不仅要研究机关、事业单位和国营企业职工的工资制度，还涉及到其他各类人员的收入分配，并且要研究缓解社会分配不公突出矛盾的措施。例如，怎样正确处理好工资、奖金和其他收入的比例关系，从改变机制入手来解决如何体现按劳分配原则问题？怎样坚持以按劳分配为主体、其他分配方式为补充的原则，完善个人收入分配制度？等等。通过广泛深入的调查研究，将提出分配制度改革方案，报国务院批准后组织实施。

改革开放以来，我国收入分配的格局发生了很大变化，坚持以社会主义公有制为主体的多种经济成份并存，发挥个体经济、私营经济和其他经济成分对公有制的有益的补充作用，使得多年来单一的工资分配方式发生很大变化。国家、集体、个人三者利益分配关系在不断调整，1990年与1978年相比，农村居民人均纯收入增长3.7倍，扣除物价因素，实际收入增长2.1倍，平均每年增长9.9%，人均纯收入由1978年的134元增加到1990年的629.8元。城镇居民人均生活费收入1980年为412.44元，1991年增加到1713元。1991年居民收入增长速度与同年国民生产总值增长7%、城镇居民生活费用价格上涨5.1%等相适应，说明与国民经济的发展是协调的。虽然各种统计数字表明，人民收入在不断增加，生活越来越富裕，但是社会上对分配不公的不满程度也在增大。分配不公主要表现在两个方面：一是平均主义，二是收入过分悬殊。全面研究社会收入分配制度改革，主要应从这两个方面入手。

平均主义主要存在于党政机关和国营企事业单位中，这是工资制度改革要研究解决的重点。1985年工资制度改革以后，由于基本工资水平不高，津贴、奖金及各项福利费用的比例不断加大，使得平均主义得到强化。在国家机关、事业单位和国营企业中，工资差距太小，“脑体倒挂”的问题，仍未很好解决，不能充分体现按劳分配，从而压抑了广大干部、知识分子和工人的积极性。研究国家机关、事业单位和国营企业的工资制度改革，大原则就是要体现按劳分配，同时按照政企分开、政事分开的原则，来设计改革方案，使之能够有利于廉政建设，有利于提高政府效率，有利于发挥知识分子的作用，有利于企业经营机构的转换。

收入过分悬殊的问题，社会上反映比较强烈。对这一问题，不能够简单地以收入数量的多少来评价是否公平，必须从收入的形成机制上进行深入分析。从1991年7月开始，国家体改委根据国务院决定，组织各方面的力量对社会分配问题进行了抽样调查、典型调查和专题调查。

社会分配不公，在公有制为主体的体制内表现为平均主义和部门、行业间收入分配上的苦乐不均。主要表现在不同等的收入分配，不是在同等环境条件下通过不同等的劳动所取得，而是依照各单位、各部门的权力大小或行业特定的各种机会不同所致。在并存的多种经济成分中，所谓分配不公，主要是由于宏观经济政策，使得一部分人在一段时间内获得某种经营特许或优惠待遇，造成不平等竞争，而使得一部分人比较容易地获取高收入。或者由于在经济体制改革进程中，有些改革不配套，措施不完善，使得一些人利用新旧体制交替过程中出现的政策和管理上的空隙，获取高利。如利用价格体制的不合理、土地使用和管理制度不完善、社会保障制度不健全等等，使得一些人通过价格双轨制赚取平议价差；通过出租房屋和摊位赚取级差地租；通过牺牲社会利益，雇佣廉价劳动力来赚取高利。

通过调查，一般社会上反映的收入较多的个体工商户、私营企业经营者、走穴演员、从事第二职业的技术人员、企业承包者等，绝大多数是在政策允许的情况下，通过加时劳动、凭个人特殊技能或雇工收入获得高于职工平均收入几倍的收入。这种通过多种分配方式获得的个人收入，是与多种经济成份并存的新体制相适应的。它打破了多年来在个人收入分配方式上由平均主义一统天下的格局，调动了各方面的积极性，促进了劳动力的合理流动。一部分人先富起来，带动了大多数人共同富裕。要缓解社会分配不公，重点应该是改革现行的工资政策，按照有计划的商品经济的要求建立工资调节机制；理顺价格关系，推进比价合理化进程，减少个人收入受价格调整影响的因素；建立科学有效的市场竞争规则，使各类企业能够站在同一条起跑线上竞争；加强税收管理，完善税收政策；推进土地使用制度改革，使土地收益归国家所有；建立社会保障体系，改革住房制度；加强对社会收入分配的管理，对通过违法经营、以权谋私、假公济私获取高收入者利用经济的、行政的、法律的手段加以制止。

全面研究社会收入分配制度改革，仍在进行过程之中，1992年国务院分配制度改革委员会还将部署进一步深入研究的任务。随着经济体制改革的发展，分配制度的改革将作为一项重要的改革环节贯穿始终。

（周大力　执笔）

劳动就业服务企业的创办与发展

劳动部劳动力管理和就业司

劳动就业服务企业，是在劳动服务公司的基础上发展起来的。它是承担安置城镇待业人员任务、由国家和社会扶持、进行生产自救的集体所有制经济组织。

1979年创办以来，劳动就业服务企业（以下简称劳服企业）适应我国经济体制改革和劳动制度改革的要求，在各级人民政府和社会各界的大力支持下，为解决劳动力供大于求的矛盾，有效地开发利用丰富的劳动力资源，使人口压力转化为促进社会经济发展的动力，进行了有益的探索和实践，取得了良好的社会效益和经济效益，成为我国劳动制度改革中一项突出的成果。为平稳渡过80年代两次就业高峰，探索具有中国特色的劳动就业道路，作出了重大贡献。

一、劳服企业的产生和发展

影响我国就业状况的主要因素是人口自然增长率过高。新中国建立后的40年，人口数量翻了一番多，年平均增长率为18‰。特别是1962年至1973年人口大幅度增长，出生率高达28～43‰。1978年开始，60年代初出生的孩子陆续进入就业年龄，当年的生育高峰转化为就业高峰。同期，调整了上山下乡政策，有1700万知识青年返回城镇。1979年，城镇待业人员超出了正常年景的一半以上。安排这样多的劳动力就业，无疑要求生产资料必须以较快的速度增长，但是经过“文化大革命”的十年浩劫，国民经济遭受严重破坏，从根本上削弱了扩大就业的物质基础，使国力无法承受。同时，长期以来形成的把所有城镇劳动力包下来统一分配工作的不适当的做法，造成待业人员对国家的依赖，束缚了广大群众自行开辟就业门路的积极性，使就业问题更难于解决。城镇就业一度成为“一触即发”的社会问题，严重地困扰着国民经济的发展和社会安定的大局。

国以安为本，民以食为天。为了摆脱劳动就业的被动局面，1979年4月，李先念同志首先倡导要拨出一点资金，在大中城市兴办劳动服务公司，缓解就业压力。中共中央、国务院先后下达了中发［1980］64号、［1981］42号和［1982］2号文件，确定了劳动服务公司的性质、任务、提出了“在国家统筹规划和指导下，实行劳动部门介绍就业、自愿组织起来就业和自谋职业相结合的方针”（即“三结合”的就业方针），并强调要“广开门路，发展集体所有制经济”。在这种形势下，以就业服务为宗旨的劳服企业便应运而生了。

根据政府的倡导，1979年全国很多地区都发展了一些待业人员自愿组合、自筹资金开办的劳服企业，以组织起来的方式实现就业。这种就业方式，不是先投资办企业，有了工作岗位再通过招工吸收劳动力同生产的物质条件相结合，而是由待业人员组织起来，运用少量资金、简单工具，从事各种劳务，自力更生，艰苦奋斗，为自己创造就业岗位，并通过劳动积累创造财富，不断改善工作条件，逐步形成自我发展的能力。1991年底，全国劳服企业已发展到20万户，从业人员870万人，年生产经营总收入达1086亿元，创利税90亿元，拥有固定资产221亿元，自有流动资金185亿元。成为我国城镇集体经济的重要组成部门，与二轻、合作经济呈三足鼎立之势。劳服企业的出现，开拓出一条适合国情的就业道路，给我国的就业工作注入了生机。

1991年4月，经民政部批准，中国劳动就业服务企业协会成立，全体理事大会推选全国政协副主席马文瑞同志为名誉会长，选举劳动部副部长李沛瑶同志为会长。协会将发挥纽带和桥梁作用，围绕劳服企业的生产经营活动开展广泛服务。

这一切，标志着劳服企业从无到有，从小到大，迅速发展成为一支异军突起的经济力量，并以其安置就业和吞吐调节劳动力的特殊职能，形成了不同于一般工商企业的独立经济体系，成为劳动部门扩大就业的重要基地。

二、劳服企业的类型与管理

劳服企业是在社会各方面扶持下兴办的，它的类型大体有三种。一是由城市区街和县镇就业服务机构直接兴办，通过有工做工、无工学习、以工代赈、生产自救等方式，组织待业人员开辟生产服务门路而逐步发展起来的。1983年以前的初创时期，这是一种主要形式。二是由国营企事业单位、机关、团体、大专院校等为安置本单位职工子女和富余人员而扶持举办的单独核算的经济实体，开办初期由主办单位选派一些业务骨干，支持一些闲置的设备、场地与资金，帮助待业人员开发为生产、生活、科研、教学服务的项目，有了盈利再逐步偿还。这种形式后来居上，目前已成为劳服企业的主体，其企业数量占60％，安置人数占70％，经济效益占80％以上。三是由城镇待业人员自筹资金、自找场地、自选项目、自愿组合创办起来的，这种形式多集中在经济发达的大城市或东南沿海，也称为民办集体。

劳服企业享受一般集体经济应有的权利，履行应尽的义务，遵循自愿组合、自负盈亏、民主管理、按劳分配、职工集资、适当分红、集体积累、自主分配的原则，并接受国家计划指导。

在财产管理上，鉴于劳服企业不同程度地享受了国家的优惠政策，并得到了主办单位在物资等方面的扶持，因此除自有财产归企业全体劳动群众集体所有外，企业使用的国有资产按国家法律、法规界定与管理；主办单位扶持资金作为借款的，按合同分期偿还，作为股金或集资的，参与企业利润分配；个人的集资则归投资者所有，并根据国家政策和双方协议获取红利。

在管理体制上，按照国务院《劳动就业服务企业管理规定》，由劳动部门负责归口，实行分级分类管理，并由主办单位直接领导。各级劳动部门对劳服企业的归口管理由其所属就业服务机构负责。其职责不是归口管理人、财、物和产、供、销，而是制定规划，协调政策，开展服务，促进劳服企业发展与就业工作的衔接。

企业内建立职工（代表）大会制度，或成立管理委员会，实行民主管理。

三、劳服企业的地位和作用

劳服企业的崛起，为解决中国的就业问题开辟了一条开发利用劳动力资源、推动经济发展的有效途径，其作用充分体现在它的发展之中。

1. 安置了待业人员，保证了社会安定 1979年以来，劳服企业累计安置了1600多万城镇待业人员，现仍在劳服企业就业的有870万人，为解决就业问题、缓解就业压力作出了重大贡献。城镇待业率已由1979年的5.4％降至近几年的2.5％以下。

通过经济形式把待业人员，特别是女青年、残疾青年、失业者和就业条件较差的人组织起来参加劳动，使他们在艰苦创业中增强自信心和对社会的责任感，成为自食其力的劳动者，从而把不安定的社会因素转化为发展生产的积极力量，变家庭和社会压力为推动经济发展的动力。人民群众称赞说，劳服企业是一项上为政府分忧、下为百姓解愁的利国利民的经济事业。

2. 发展了生产，活跃了经济 劳服企业从创办起就着眼于社会效益，拾遗补缺，发展生产，扩大服务，在解决城镇普遍存在的“吃饭难、做衣难、住宿难、乘车难、修理难”问题，为国营企事业单位生产和生活服务，以及开发新产品，拓宽生产领域等方面显示了突出作用。在劳服企业中，工业企业占50％以上，这些企业从简单的生产方式起步，逐步改善生产条件，扩大生产规模，提高生产能力，有些已发展成年产值千万元以上、利润百万元以上、出口创汇百万美元以上效益比较好的企业；有些还被评为省级先进企业、国家二级企业、国家或部级质量管理奖企业。劳服企业生产出的数以万计的工业产品，既有列入国家重点科研项目和填补国家空白的产品，也有为大工业配套和人民生活需要的产品，还有些已经打入国际市场。其中232项被劳动部评为部优产品，14项被评为国家优质产品，被评为地方优质产品的数量就更多。劳服企业提供的各类产品和社会服务，丰富了人民生活，繁荣了社会主义商品经济，促进了国民经济发展，已成为城镇人民生活和国民经济发展中不可缺少的组成部分。

3. 创造了效益，增加了财富 劳服企业在完成就业安置任务的同时，逐步创造经济效益，积累财富，成为国家财源之一。据统计，1981至1991年，劳服企业累计向国家纳税240多亿元，超过同期国家财政拨付就业经费的16倍。一些省市，劳服企业缴纳的税金已占到地方财政收入的10～15%，成为重要的财源。有不少企业，大力开发适销对路的商品，增加产量，提高质量，创名优产品、出口创汇产品，为国家做出了贡献。

4. 培养了人才，发挥了“蓄水池”的功能 劳服企业将待业人员组织起来进行生产劳动，避免了向国营企业塞人的现象；而当国营企业需要人时，又把那些经过业务技术培训和生产锻炼的劳动者输送出去，提高了国营企业职工的素质。同时，还有些劳服企业承担起了富余职工的安置任务，帮助主办单位解除冗员的包袱，提高了劳动生产率，也使这些富余人员解除了后顾之忧。据统计，12年中劳服企业累计向社会生产建设部门输送出600多万人，安置富余人员120多万人。

四、劳服企业的生产经营机制

劳服企业在我国国民经济中的地位越来越引起人们的注目。特别是在治理整顿期间，劳服企业不但没有出现滑坡，反而稳定增长，究其原因，主要在于它没有照搬国营企业的模式，而是在艰苦创业中逐步建立起了有自身特色的经营机制。

1. “两多、两低”的经营特点 “两多”即产业分布多样化，经营方式灵活多样。劳服企业作为一项社会产业，突破了行业与区域的限制，遍布社会服务的各个领域和生产销售的各个环节，并将触角深深地扎在社会服务和经济运行的每个角落。这种多样化能充分发挥“东方不亮西方亮”的优势，跻身于激烈的市场竞争。经营灵活多样，一方面表现为以一业为主，兼营它业，而且经常调整经营方向，及时适应市场变化的要求，发挥“船小掉头快”的优势，避开现行体制的一些束缚；另一方面，也表现在使用和组织劳动力方式上的多样性，既有以工代赈、生产自救，也有就业前培训和在职培训，还有派出劳务，同时有相当一部分劳动力从事着正常的生产，为整个劳服企业创造着较高的效益。这种使用和组织劳动力的灵活方式，提高了对社会劳动力和在职富余劳动力的吸收弹性，使劳服企业在“先天不足”的情况下也具有了较强的竞争素质。

“两低”即资金构成和技术构成相对比国营企业低。如前所述，劳服企业走的是一条通过劳动积累创造就业岗位的开发利用劳动力资源的道路，这与国营企业依靠大量投资吸收就业具有显著不同的特点。由此决定了资金构成和技术构成低是劳服企业在初创时期乃至更长时期的一个重要特征，同时也是一个重要的推进力。“两低”保证了劳动力必然要对资金和技术在一定程度起替代作用，要求充分发挥人的积极性，体现劳动者的价值。由此使企业可以依靠较低的成本增强进入市场的竞争能力。当然，有一部分劳服企业经历了初创和巩固阶段以后，通过资金积累和技术改造，在资金与技术构成上不亚于甚至高于国营企业。这里谈到的“两低”，仅是针对劳服企业的整体而言。

2. “共存共亡”的企业意识 劳服企业既是改革的产物，又率先为改革创造了许多新鲜经验。许多劳服企业几乎是在一无资金、二无场地、三无先进设备的条件下白手起家的。然而它却在激烈的市场竞争中站住了脚，特别是在治理整顿期间，表现出旺盛的生命力。这其中可能有很多原因，但主要是劳服企业没有国营企业那种司空见惯的“大锅饭、铁饭碗、铁交椅”，职工与企业有着十分强烈的共存亡意识。由于劳服企业享受不到国家计划经济的优待，只能在计划的夹缝中顽强地拼搏，每个工人与干部在企业内部事实上都是风险均摊、身份平等的，因为他们都没有“国家职工”和“国家干部”的“铁饭碗”、“铁交椅”，一旦企业倒闭，无论是干部还是工人，都逃脱不了失业的命运。然而，正是这种命运与共、共存共亡的意识极大地增强了劳服企业的内部凝聚力，激励广大职工摆脱“二等公民”的地位，干出“大锅饭、铁饭碗、铁交椅”所干不出的奇迹。也正是这种意识，使劳服职工对企业倍加爱护，形成了以企业为家，急企业所急，想企业所想的自觉行为。职工与企业共存亡的强烈意识，是劳服企业经营机制最重要的特点。

3."创造效益与生产自救相结合"的群体模式 劳服企业与其它企业的根本不同之处在于它要兼顾社会效益与经济效益。然而，在激烈的市场竞争中，就是那些只顾经济效益的企业也难以生存，劳服企业如何体现这两个效益并重的特性呢？12年来的经验表明，不一刀切地把兼顾社会效益与经济效益的整体性质笼统地强求于每个劳服企业，而是根据每个地区或部门的情况，建立起创造效益与生产自救相结合的群体企业模式，以便实事求是地处理好两个效益之间的关系。在这方面，大同市等城市的就业服务部门提供了宝贵的经验。他们通过自办一些经济效益好的企业，为安置就业、生产自救型企业积累资金，形成了劳服企业内部的自我完善、自我发展机制。这种群体模式所形成的特有的经营机制，为劳服企业今后的发展提供了更广泛的适应性和更广阔的空间，同时也对劳动部门综合管理劳服企业提出了更高的要求。

4."谁办谁管谁受益"的利益机制 劳服企业在基本上没有国家投资的情况下，主要依靠社会集资创办，同时又受惠于国家政策和各方面的扶持。其资金来源主要包括主办单位投资、主办部门投资、从业人员个人集资等形式。这些资金有的是入股，实行股份制；有的是借贷，实行有偿使用定期归还；有的是以此取得安置就业和管理企业的权利。劳服企业财产多元化的形式，把投资者与投资创办的企业的利益紧密联系起来，形成了一种大家出钱办，共同关心共同管，企业发展集体受益的利益机制。这种机制，有利于调动劳动者和投资各方办好企业的积极性，有利于集体所有制经济特点的发挥。

五、劳服企业的发展规划和设想

劳动就业，是一项关系全局的重大经济与社会问题。在我国这样一个人口众多，人均自然资源相对短缺，资金不足的国情条件下，解决就业问题将是一项长期艰巨的任务。今后十年，是实现我国现代化建设第二步战略目标的关键时期。在这一时期，劳动就业工作和劳动力资源开发利用的状况，对于实现经济发展总体战略目标具有十分重要的意义。

做好劳动就业工作，是党和国家赋予各级劳动部门的任务，也是劳服企业光荣的历史使命。"八五"及今后十年，劳服企业面临着深化改革、搞好国营大中型企业所带来的复杂的就业形势，以及市场竞争的严峻挑战，同时，也带来进一步发展的大好时机。劳服企业要抓住这个契机，在巩固以往成就的基础上有一个新的发展。

今后十年，发展劳服企业的指导思想是：突出特色，坚持服务，提高效益，以业养业。为此，拟采取以下对策和措施。

1.全面贯彻落实国务院66号令 国务院66号令总结了劳动就业和劳动服务公司的历史经验，充分肯定了劳服企业的作用和成就，确立了其在国民经济和社会发展中的地位，明确了其性质、任务和管理体制，为劳服企业今后的发展提供了法律保证。各地区、各部门应根据实际情况，研究66号令的各项条款，制定本地区、本部门贯彻落实该项法规的实施细则。并通过实施细则的实行，加强企业管理，完善规章制度，落实各项扶持政策，维护企业合法权益，在巩固现有的老企的基础上，努力兴办一批新企业。

2.提高企业素质，加强自身建设 "八五"期间是劳服企业迈上新台阶的关键时期，要充分利用治理整顿和深化改革的有利时机，强化劳服企业管理，健全各项制度，不断提高经济效益；要加强分类指导，改善企业的发展环境，巩固生产自救基地，稳定从业人员队伍，并着力抓好龙头企业和高效益企业的建设，增强市场竞争能力和长期生存能力；要探索劳服企业开展横向联合的新形式，充分发挥劳服企业的群体优势和整体功能；要通过请进来，走出去等形式，发展外向型经济，扩大其在国内和国际市场上的活动空间；要提高劳动部门管理经济的水平，建立一支事业心强、懂经济、会管理的干部队伍。总之，提高素质是劳服企业"八五"期间开展各项工作的基础，是开创劳服企业发展新阶段的首要任务。

3.坚持为搞好国营大中型企业服务的方向 搞好国营大中型企业是"八五"期间的一项中心任务。劳服企业要紧紧围绕这项中心任务，为搞好国营大中型企业提供两方面的服务：其一，为安置消化企业富余人员服务。国营厂办劳服企业应在安置职工待业子女就业的基础上吸收一些主办单位的富余人员，组织这些人员开展生产自救、以工代赈、转业培训、劳务输出、临时服务等，减轻国营企业的冗员负担；其二，为转变企业办"社会"提供服务。企业办社会是国营大中型企业的一个沉重包袱，劳服企业应在生产服务、生活服务、社会服务等方面发挥优势，为企业的生产和生活提供便利，使国营大中型企业集中精力抓生产、创效益。

4. 发挥中国劳动就业服务企业协会综合指导和综合服务的功能 由于劳服企业现行管理体制的局限性，劳企协提供综合指导和服务的迫切性尤显重要。中国劳企协是全国劳服企业之家，其宗旨就是为劳服企业的生产经营提供服务。“八五”期间应重点开展的服务和指导项目有：窗口服务——为劳服企业发展外向型经济，开展跨地区经济合作提供咨询，设立窗口，开辟途径；信息服务——为劳服企业产品推销，新产品开发，科研成果应用，技术更新改造等提供咨询和信息通道；横向联系服务——为劳服企业提高档次，形成龙头企业或企业集团牵线搭桥、指导协调；以及法律咨询和金融服务，维护劳服企业的合法权益，扩大资金渠道。为此，要充分发挥各地区、各部门分会的作用，鼓励跨地区协作、交流和发展横向关系，打破地区、部门的界线，鼓励更多的劳服企业走出原有的小天地，登上国内、国际市场的大舞台。

（王英才　执笔）

劳动人事与工资制度改革取得进展

国家体改委分配体制司劳动工资处

1991年以来，我国劳动人事与工资制度改革迈开了新的步伐，取得了进展。

一、继续广开渠道，安排就业

1991年全国城镇新安排就业700万人，待业率保持在3%以下。不仅增加了新就业人员，还改变了就业结构。1991年全国城镇新就业人员总数的40%是靠集体所有制单位和个体、私营、三资等其他所有制单位安排的，扭转了以往单纯依靠全民所有制安排就业的局面。到1991年末，全国职工总数达到了14397万人，比上年增加337万人，增长2.4%，其中全民所有制职工10604万人，比上年增加258万人，增长2.5%；城镇集体所有制单位3591万人，增加42万人，增长1.2%；各种合营和外资企业单位职工202万人，增加37万人，比上年增长22.4%。个体户、私营企业和外资合资企业得到很快的发展，1991年全国有城镇个体户720万人，加上农村，全国的个体户已达1400万户，从业人员2000多万人，全国个体户上交国家的税金达180多亿元。私营企业发展到10.8万户，从业人员184万人，私营企业上交税收160亿元。全国有经注册的外商投资企业37189家，比上年净增12600户，增长46%，其中：中外合资企业22791家；中外合作企业8497家，外商独资企业5901家。

采取灵活的支持政策，进一步理顺管理体制，努力开拓国际劳务市场，加快发展我国劳务输出，是改革开放新形势下解决我国就业的一个重要渠道。1991年在世界上138个国家地区开展了劳务输出、工程承包，海外办企业等业务。业务范围遍及工业、交通、农业、建筑、科技、远洋航运（海员）、渔轮捕捞、医疗、房地产、及多种劳务、工程，共派出9万余人，仅派往港澳地区的就有1万多人。

二、企业的劳动制度改革向纵深发展

1991年底全国全民所有制单位的劳动合同制工人已达1500万人，占全民所有制单位职工总数的14.5%，比上年提高2.2%。城镇集体所有制企业也有300万职工实行合同制。还有北京、株洲、盐城、重庆、沈阳、青岛、上海等城市的部分企业试行全员合同制，即企业内全部职工包括原来的固定工都一律改为合同制。同时在部分企业的经营管理人员、工程技术人员中推行聘任制、招聘制。北京市至1991年有23户企业，共2万余职工试行全员合同制。株洲市有17家企业2.88万名职工实行全员合同制，全市实行了企业辞退职工，职工向企业辞职的"双向选择"的办法，涉及到2000多名职工。株洲市还在492个企业中，打破工人和干部的界限。实行严格的考核上岗，结果有1811名原任干部落聘，其中厂级干部152人；中级干部858人；另有1624名工人走上管理工作岗位。

部分企业在总结以往经验教训的基础上继续进行优化劳动组合或合理组织劳动，进一步搞好企业定员、定额工作，增强了企业生产第一线，建立竞争上岗制度。对于经考核不及格或生产工作不需要的人员，实行"待岗"、"试岗"或"下岗"制度。

三、劳动计划和工资制度的改革加紧进行

劳动工资管理体制改革的思路是：实行国家宏观调控，分级分类管理，改进计划方法。近年来，劳动计划改革主要有三个方面：一是对地区实行以国民收入、劳动生产率等相关经济效益指标控制职工数量；二是对实行工资总额与经济效益挂钩浮动的企业，不再下达用工指标，而以增人不增工资减人不减工资的办法控制；三是对经济体制综合配套改革城市和以市场调节为主的城市、地区，试行指导性劳动计划的管理办法。在劳动计划方法上把传统的对工资静止的绝对额的指令性计划指标，逐步改为动态的以不同地区、部门、企业经济效益为比例系数的相对的弹性计划，或间接的指导性计划。

近年来，各地根据不同产业部门、企业经营特点、管理水平及市场调节程度，分别确定不同类型企业的工资管理方法。如上海第二纺织机厂按照工资总额增长不超过上交利税的增长幅度，职工平均工资不超过劳动生产率提高的幅度来自行确定工资增长的幅度。山东博山水泥厂实行以吨水泥工资含量计算企业工资总额的办法。有些外向型、已经具有自我约束机制的企业，参照执行外资企业的工资分配制度。还有些企业对内部不同的分厂、车间，实行“一厂两制”和“一厂多制”的分配办法。

近年来，机关事业单位的工资制度也作了必要的改革。1984年建立的政府机关和事业单位的以职务工资为主的新的结构工资制，比以前有所改进。但由于没能作到正常增加工资，也出现一些问题，一是职工基础工资标准太低，多年来得不到调整，工龄工资每年只0.5元，并规定最多20元封顶，既少又不合理；二是机关事业单位工资水平多年来低于企业职工的平均工资水平。为此，1991年国务院作出决定，提高机关、事业单位工作人员的工龄工资和奖励工资，工龄工资由每年0.5元增加到1元，且不封顶；奖励工资由相当于1.5个月的工资增加到3个月。从而初步有限度地解决机关、事业单位工作人员工资待遇偏低的问题。

改革工资制度，需逐步建立工资正常增长机制。自改革开放以来，职工工资水平随着经济发展有了较大幅度的提高，但在年度之间发展不平衡。1980～1985年的第六个五年计划期间，原国家计划安排，全国职工实际工资平均每年增长2%，而由于这期间国民经济发展比原计划快得多，结果职工实际平均工资年增长达到4.2%。1986～1990年的第七个五年计划期间，国家工资计划原订实际工资平均每年增长4%，而实际仅增长2.5%，各年度之间也不平衡。以上说明，我们还未能做到职工工资随着国民经济的发展，建立有计划按比例地正常增长的机制。在改革开放的新形势下，实行社会主义市场经济，如何使职工工资随国民经济发展相应正常增长，实现本世纪末达到小康水平，是今后工资改革和计划体制改革的重要课题。

建立正常的工资增长机制，必须合理确定积累与消费的比例；工资计划切实体现工资总额增长幅度不超过国民收入的增长，职工平均工资增长不超过劳动生产率提高幅度的原则。1991年全国职工工资总额为3350亿元，比上年增加398.9亿元，增长13.5%，其中全民所有制单位职工工资总额为2629.8亿元，比上年增加305.7亿元，增长13.2%。全国职工平均工资为2365元，比上年增长10.5%，扣除职工生活费价格上涨因素，平均实际工资增长4.7%。这个增长幅度低于全民独立核算工业企业全员劳动生产率增长6.2%的幅度，同年全民预算内工业企业的销售收入比上年增长17.4%，实现利税比上年同期增长8.0%。从上述统计数看，1991年工资分配同经济效益基本保持适当的增长比例。但在一些企业单位中仍存在收入分配向个人倾斜的情况，一些单位保工资奖金和集体福利，而挤了企业生产发展基金。因此在宏观和微观分配中如何建立激励与约束结合机制的问题尚有待深化改革来逐步解决。

（奚中生　执笔）

引入竞争机制，搞好企业劳动人事、工资和保险制度改革

沈阳市经济体制改革委员会

为进一步增强企业活力，提高企业经济效益，我市进行了企业劳动人事、工资和保险制度改革，加快了企业经营机制转换。目前，全市进入劳动制度改革的企业已经有2330户。经过优化组合，裁减富余人员3.2万人，占71万名职工的4.5%，其中由企业内部安置的2.6万人。推向社会的1927人，已经有992人重新就业。在192个大中型企业的2.9万名全民干部中，实行了全员聘任制。有1336名管理技术人员被低聘或被解聘下岗。全市有915户企业进行了分配制度改革。通过三项制度改革，充分调动了广大职工的积极性、主动性和创造性，遏制了我市经济效益下滑的趋势，使我市的经济特别是工业生产在经历了一年多的低谷徘徊之后，开始稳步回升。1991年，全市完成工业总产值、销售收入、实现利税分别比上年增长10.6%、20.9%和44.2%。

我市推进企业劳动人事、工资和保险制度改革的主要做法是：

一、解放思想，转变观念，不断提高搞好“三项制度”改革的自觉性

市委、市政府根据我市是老工业基地，旧体制的沉积较深，商品意识淡薄等特点，从转变观念入手，把思想解放作为龙头工程来抓。一是强化改革宣传工作，通过多种形式宣传“三项制度”改革，使广大职工进一步认清搞好“三项制度”改革的重要性和必要性。二是加强改革的理论研究。三是加强思想教育工作，党政工团齐抓共管，引导广大职工认清面临的形势，加深对改革进入攻坚阶段的理解，摆正自己在改革中的位置，增强使命感，责任感和参与意识，主动地投入到改革实践中去。

二、制定政策，明确思路，充分发挥地方法规对改革的指导和规范作用

我市在搞好“三项制度”改革的过程中，十分注意发挥法规、政策的指导和规范作用，制定了《沈阳市国营企业试行全员劳动合同制暂行规定》、《沈阳市国营企业岗位劳动合同管理的实施意见》、《沈阳市全民所有制企业聘用（合同）制管理、技术人员暂行管理办法》、《沈阳市国营企业辞退职工和职工辞职暂行规定》、《沈阳市关于妥善处理企业富余人员的意见》、《待业职工再就业办法》、《待业职工接收管理办法》等一系列配套政策法规，作为指导改革实践的依据。这些政策法规的主要内容是：在企业人事制度改革方面，坚持先机关后车间（分厂）的原则，全面实行干部聘任制，破除“铁交椅”，打破职称界线和干部、工人的界限，择优选拔管理技术人才，形成干部能上能下的风险机制，在企业用工制度改革方面，实行全员合同制和合同管理，进行优化组合，破除“铁饭碗”，建立职工能进能出的竞争机制，在企

业工资制度改革方面，实行岗位技能工资，逐步增大工资、奖金的弹性部分，重点向一线的苦、脏、累、险岗位倾斜，向科技、销售岗位有突出贡献的人员倾斜，把个人收入同企业效益挂钩，按有效劳动进行分配，上什么岗拿什么工资，岗变薪变，逐步形成收入能高能低的激励机制。在保险制度改革方面，在试点企业要建立国家、集体、个人三者负担的职工养老保险。在社会上逐步推行待业保险，建立有效的社会保障体系，使职工下岗待业生活有保障。

三、抓好班子、从“头”动起，确保企业劳动人事、工资和保险制度改革的顺利进行

1991年，我市结合第二轮承包，对全市291户国营大中型企业领导班子的现状作了调查，对班子不齐不力，内耗严重，改革意识较差、长期打不开局面的企业领导班子进行了必要的调整和充实，共调整了690人，占企业领导干部总数的35%，其中，免职88人，降职22人，同时，把一批政治素质好、改革意识强，肯实干，敢于开拓的干部充实到企业领导班子中来。从而增强了企业领导者的紧迫感和责任感。对推动企业劳动人事、工资和保险制度的改革，起到了很好的作用。

四、分类指导，有的放矢，进行多样化试点

我市根据企业的不同情况，实行分类指导，进行多样化的试点，取得了预期效果。一是进行劳动人事、工资、保险制度的综合配套改革。1991年选择12户企业作为试点，建立了“企业职工”制度，实行全员劳动合同制，在定编、定额的基础上，进行优化组合，组合后的富余人员在厂内待业的基础上实行双辞（企业辞退职工，职工提出辞职）；改原来的等级工资制为岗位技能工资制，实行岗变薪变；职工个人缴纳3%的养老保险金，企业辞退的富余人员享受社会待业保险待遇。经过一段时间的试验，取得了明显的效果。目前这类试点已经扩大到30户企业。在已经进入试运行的6户企业，初步建立起了新型的劳动分配机制，较好地调动了职工的积极性。1991年实现利税和实现利润分别比上年增长17.6%和22%，工资使用效率明显提高，工资创利税和利润分别比上年提高6%和9.7%。二是进行模拟“三资”企业管理办法的试点。1991年先后选择13户企业进行试点。1991年，有12户试点企业（一户新建企业未计）实现利税和利润，比上年增长26.2%和40.17%。其中9户工业和建筑企业的劳动生产率比上年增长11.9%，3户商业企业的年人均劳动效率比上年增长41.4%。

五、转变职能，上下衔接，努力为企业创造良好的外部环境

我市把转变政府职能同“三项制度”改革结合起来，防止出现“下动上不动，谁动谁被动”、“政府职能不转变，企业机制难转换”的局面。市政府以强化间接调控，实行分层次管理为重点，着重解决政府对经济运行管得多、细、死的问题，进一步下放管理权限，减少职能交叉，简化工作程序，改变管理方式，增强服务功能，使宏观管理和调控适应微观搞活的要求。市委、市政府决定，对企业只管领导班子，承包合同、工资总额同效益挂钩比例和资产增殖，其余全部放开。同时，市政府还制定了缩编抽干的政策措施，制定了《沈阳市各级政府机关辞退工作人员暂行规定》。目前，在税务、工商、公安三个系统中已经有56名政府工作人员被辞退。

（尚武林　执笔）

改革促进了企业的全面发展
——包头纺织总厂内部分配和劳动人事制度改革介绍

内蒙古自治区纺织总厂

包头纺织总厂是内蒙古自治区的大型纺织骨干企业。自1985年以来，全厂进行了全面配套改革，特别是在内部分配和劳动人事制度等方面，进行了一系列大胆的尝试，理顺了生产关系，促进了生产力的发展，使企业各项经济指标大幅度提高。“七五”时期，总计完成工业总产值79677.55万元，销售收入74189.4万元，实现利润9951.82万元，上缴利税8665.51万元，比“六五”期间总计完成分别提高83.64%、101.4%、410%、52%；产品创优：从1987～1990年，创部优2个，自治区优8个，区行优13个；职工人均收入由1985年的951.6元/年，提高到1990年的2439.72元/年，提高了2.56倍。

一、废除“铁工资”，实行结构工资全额浮动制

1987年，我们对全厂246个工种、1000多个岗位进行了定员定额，整顿和优化了劳动组织。在此基础上，我们在全厂范围内实行了结构工资、全额浮动、质量否决制。这一工资制度的基本原则和构成是：

1. 基本原则 (1)“一脱两挂”。即职工的个人收入和原等级工资脱钩，和本人的劳动贡献挂钩，和全厂的经济效益挂钩。(2)兼顾三者利益。即保证国家积累，保证企业自我发展，保证职工收入在发展生产的基础上年年有所增长。(3)自主分配。核定的工资总额和可使用的福利基金都捆在一起，实行全额浮动制和质量最终否决。第四，工资分配同经济责任制考核挂钩。个人实际收入随经济责任制考核得分多少上下浮动，多劳多得，上不封顶，下不保底。

2. 结构工资的构成 我厂的结构工资是由岗位（职务）工资、工龄工资、岗龄工资、班组长津贴、专项补贴5个部分构成，除专项补贴外，全部实行全额浮动。

岗位（职务）工资。它是按照职工所从事岗位（或担任职务）的劳动复杂程度、繁重程度、责任大小等因素确定的，是结构工资中最主要的组成部分。工人划分为6岗。最高月工资175元，最低为94元。干部从厂长到办事员共分9岗，实行岗位系数浮动工资，厂长的岗位系数为4.5，处长为3.2，办事员为1.6。每月的利润基数确定为100万元，然后用总厂当月实际完成利润的万分之一乘以职务工资系数，所得数额为当月职务工资。

工人岗位工资

岗位	一岗	二岗	三岗	四岗	五岗	六岗
标准（元/月）	175	158	142	127	109	94

干部职务工资系数

职务	厂级	副厂级	正处		副处		职称		科员
			车间	处室	车间	处室	中	初	
系数	4.5	3.6	3.2	2.9	2.8	2.6	2	1.8	1.6

工龄工资。实行结构工资后，新老职工工资收入水平反差大，使老职工心理上感到不平衡。我们按照职工工作年限（工龄）的长短计发工龄工资，工龄每满一年可计发工资1元。

岗龄工资。为了鼓励工人长期坚持生产第一线，生产车间一至三岗的运转工人工龄满10年以上的，从第11年开始，每满1年可计发岗龄工资1元；四至五岗的运转工人，工龄满15年以上的从第16年开始，每满1年可计发岗龄工资1元。为了鼓励二、三线人员到第一线工作，凡从二、三线到第一线的人员，从上岗之日起，即可按规定享受岗龄工资。

班组长津贴。我厂规定，工段长津贴为35元/月，生产车间一至三岗运转班组长为25元/月，四至六岗和常日班组长为10元/月。

专项补贴。包括中夜班费、保健费、工具费、车补费、取暖费及各种专项补贴（这部分不浮动）。

3. 考核办法 对工人的考核：我们对全厂246个工种，1000多个岗位都制定了具体、明确的考核细则和得分标准，实行双百分考核制。考核指标中，质量指标划为100分，其它指标如产量、消耗、安全文明生产等划为100分。工人结构工资总额＝月结构工资（浮动部分）×（定额指标得分率×月质量得分率＋专项补贴）。对工段长、班组长除考核个人所承担的各项定额指标外，还分别用本单位的质量指标否决。工人在保证质量的前提下，只要完成各项定额指标，就可得到全部结构工资，超产还可以按规定的比例多拿。反之，产量低、质量差的就要受到扣罚。实行结构工资以来，工人月收入最高的达到500元，最低的分文没有。

对干部的考核：对所有的干部，我们都制定了详细的工作目标，也实行了百分考核。其中，对副处级以上的干部，还实行了部门（车间）质量指标否决。例如对车间主任除考核他所承担的本单位总的生产经济技术指标和工作质量指标外，还要用本单位的质量分数进行否决；又如机关副处级以上干部，要用总厂五项质量指标（断头、单产、下机一等品率、产品创优、产品实物质量）的得分进行否决；厂级、副厂级干部除了承担本人分管的生产技术指标和工作质量指标外，还要与全厂的经济效益挂钩，最后用全厂产品质量分数否决。这样副处级以上干部月实得结构工资总额＝职务工资×当月工作目标考核实得分率×总厂五项指标得分率（或本部门质量得分率）＋专项补贴。

二、砸烂“铁饭碗”优化劳动用工制度

总厂从1985年起，对新招工人实行了劳动合同制，使用单位和就业人员进行双向选择，互相制约。在坚持招工面向社会、全面考核、择优录用的原则下，颁布实施了辞退违纪职工制度，合同制工人保险制度，以及职工持证上岗制度。对固定工实行优化组合，对工作不好的固定工安排编外，或者学习培训，培训期间不发奖金，只发基本工资。对冗员的安置途径：一是35岁以下的青工由职教处进行专业培训，考试合格后才能上岗。一次不合格的给补考机会，补考不合格者，成为“待业职工”，待业期间只发60%的基本工资。二是对丧失劳动能力的老、弱、病、残人员，实行厂内退休制度，规定男50岁以上，女45岁以上提前退休。现已经有23名职工办理了内部退休。三是对年老体弱但是仍然能坚持上班的职工，安排到服务公司，开辟第三产业，实行自负盈亏。

三、搬走“铁交椅”，建立新型的干部聘任制度

总厂在改革企业干部人事制度方面，敢于率先碰硬，废除干部领导职务终身制和干部岗位终身制。我厂选拔、聘用干部，坚持一看成绩，不唯文凭；二看能力，不唯年龄；三看素质，不唯关系；四看开拓精神，不唯过去的工作经验。坚持实事求是、平等竞争的原则，对不胜任现职工作的干部区别情况予以调整；对有魄力、有能力的优秀人才，破格启用，其工资待遇随职务变动而变动，从事什么岗位（职务）拿什么工资，使干部真正做到能上能下。5年来，对28名不适应现职工作的干部（包括厂级干部和处级干部）调整到车间、班组当工人，对年老体弱又未到退休年龄实行离岗休息的有33人，从工人中选拔聘用的中层干部有27名。

由于破除了“三铁”，极大地调动了职工积极性，使企业管理迈上了新台阶。5年来，共受到国家、自治区以及地方各级部门的表彰奖励551项，其中：国家级34项，自治区级110项。1990年晋升为国家二级企业，成为我国少数民族地区纺织业第一个国家二级企业。

（乌日图　曲维克　执笔）

完善企业机制，探索全员劳动合同制配套改革

上海第二纺织机械股份有限公司

上海第二纺织机械厂是全国纺织机械制造业的大型骨干企业。1992年4月，该企业改制为“上海二纺机股份有限公司”。主导产品有纺纱机械、化纤机械和其他机械三大类。

1984年以来，二纺机先后推行了厂长负责制、全员综合承包、自营外贸、放开经营以及劳动工资制度等方面的改革。这一系列的改革，为企业注入了生机和活力，使企业得到持续发展。1990年实现工业总产值1.7亿元，实现利润4303万元，出口总值1697万美元，全员劳动生产率41030元/人；分别比1986年增长了57.3%，106.38%，691倍和150.55%。企业初步进入了自我积累、自我改造、自我制约、自我发展的良性循环，实现了振兴之目标。

进入90年代，上海二纺机的领导和职工在思考，怎样在国际国内两个更激烈的市场竞争面前赢得胜利，求得更快、更好的发展？为什么具有社会主义优越性的全民企业缺乏应有的活力？其深层的原因在哪里？他们结合自己所走过的历程，认识到：企业缺乏活力，固然有外部的经济环境与内部技术装备等方面的原因，但更主要的症结之一是原有的劳动人事制度长期沿袭下来的“三铁一大”的弊病，严重地阻碍了生产力的发展。

一、勇于探索，立足实践，形成改革思路

为了充分调动和发挥职工的积极性和创造性，促进企业经营机制的真正转换，我们提出了以实行全员劳动合同制为主体的劳动、人事、分配、保险、培训配套改革的思路。

改革的主要内容是：

1. **用工制度方面**　变国家用工为企业用工，改固定制、劳动合同制等多种用工制度为全员劳动合同制，企业与劳动者在平等自愿、协商一致的基础上，通过签订劳动合同，明确双方责、权、利，以法律形式确定双方的劳动关系；企业与职工可依据确定的情况和程序，实施解除合同或不可解除合同；对劳动合同解除或终止的职工实行社会待业。

2. **岗位聘用方面**　对签订了劳动合同的职工，按科学定员、平等竞争、发挥特长的原则，自上而下逐级岗位聘用，签订岗位聘约；未被聘用上岗或解聘的职工，即被列为下岗待聘职工；成立厂下岗待聘职工管理机构，负责待聘人员转岗培训、生产自救等日常组织管理、考核工作；待聘职工不实行薪级工资，不发奖金，只发档案工资和享受国家规定的劳保福利待遇。对下岗待聘期间经转岗培训仍不适应新岗要求；或给予两次上岗机会，本人不愿上岗，在一年内未被重新聘用上岗的职工，可解除劳动合同。

3. **工资制度方面**　——在岗位技能工资的基础上，转换新的“薪级工资”制。薪级制是一种“以岗划级、按劳定薪”的工资制度。确定职工工资的依据是：(1) 静态的岗位劳动差异（工作责任、劳动强度和劳动环境差异）；(2) 动态的职工实际劳动技能和

劳动成果；(3)职工在精神文明建设中的表现。据此拉大、拉开不同岗位和同一岗位不同职工之间的差距，建立起工资分配的激励机制。

——与企业发展、科技兴厂相适应，并考虑当前生产力的实际情况和人员的流向，在分配上体现向高技术、关键岗位，向责任重、风险大岗位，向脏、重、累与一线有定量指标岗位倾斜。

——在完善职工民主保证与监督制度，强化对各级干部的监察与自我制约的条件下，坚持各尽所能、按劳分配的原则，改进工资的确定与发放办法，克服分配上盲目攀比的消极因素。

——改变工资调整中普遍、平均升级的办法，职工工资每年评定一次，依据确定工资因素的变化情况，可升可降；平时根据岗位工作标准每月考核与工资实际发放数挂钩；并实行变岗变薪。

二、大胆实施、稳妥推进、顺利启动改革

1991 年 10 月 21 日我们公司的改革正式开始启动，具体分为签订合同、确定工资、聘用上岗 3 个程序开展工作。

1. **双向选择、签订劳动合同** 公司劳动合同的签约用了近两个月的时间。全部签约过程除个别打算自谋出路、调离企业的职工以外，其余职工均与企业签订了劳动合同。其中签订无固定期限合同的约占 88%，签订有固定期限的约占 12%。

在合同签约开始前，公司专门召开了由各部门党政工团领导参加的会议，公司党委从思想上作了动员，行政作了具体的部署；对合同签约过程中出现的各种疑难问题，公司领导及时研究协商解决，并在总体上把握整个签约进程。

各级党政工团领导，在签约过程中各司其职，密切配合，认真按照要求，组织本部门的工作。但在正式签约时，仍然暴露出诸如：拒签劳动合同；少数人员紧缺岗位职工要求调离企业；提出的条件协商不一致等等问题。为此，公司的业务部门把这一时期的工作重点，放在到各部门进行具体指导上，对反映出来的问题，本着平等协商的原则，及时妥善合理解决，保证了改革的顺利推进并维护了正常的生产秩序。

2. **按劳分配、实施工资改革** 在劳动合同的签约工作基本结束后，我们紧接着着手实施了工资改革方案。首先，根据方案确定各部门的总增资幅度，并分配到各部门；各部门根据“工资方案”结合实际及每个岗位职工的现实情况，初定每个职工的工资；然后，汇总上报“改革工作小组”审核，经过横向比较平衡，提出修改意见。第二轮，各部门根据提出的修改意见，作出调整，再报送“改革小组”审定，经过各专业条线纵比较，提出调整意见。第三轮，各部门最终根据横向、纵向比较后的意见，作最后一次修订，并上报认可。

3 **择优上岗，签订岗位聘约** 在实施工资改革的同时，我们全面进行了岗位聘约的签订，如同劳动合同的签订，我们从领导、组织等方面都做了大量的工作。并把握好两个关系：

一是处理好发挥特长和原岗聘用的关系。由于改革是在原固定制和合同制职工中进行，为了维护正常的生产经营活动和工作秩序，原则上绝大多数职工都在本部门内相关岗位上聘用。但在聘用时，又注意适当考虑职工的专业特长，对明显存在使用不合理的进行了转岗位聘用。

二是严格按标准聘用，做到任人唯贤。在聘用时，严格按预先制定的定员、定编标准，确定每个岗位的上岗人数；在确定上岗人员时，坚持由部门党、政、工会领导集体讨论决定，保证了上岗人员的质量，防止任人唯亲的现象出现。

目前，签订岗位聘约这项工作已基本结束，上岗的人员约占 95%，未签约的被列为下岗待聘的职工约 230 余人，占 5%。

4. **下岗待聘人员的安置** 随着岗位聘约的签订，我们公司 12 月中旬，正式成立了“待聘职工管理办公室”，吸收容纳多余劳动力。并对待聘职工进行了大量的思想工作和家访，稳定了下岗同志的情绪，并积极为待聘职工创造重新上岗的机会。目前，公司通过转岗培训充实一线、厂内待聘退休、劳务承包等途径安置了近 190 人，尚在下岗待聘的还有 40 余人。

劳动人事制度综合配套改革，使全公司上下精神振奋，各项工作出现了新的起色，各项经济指标有了大幅度增长，1991 年比上年工业总值增长了 56.10%，实现利润增长 26.78%，全员劳动生产率增长 36.04%。

引入竞争机制，改革企业用人制度

海南省海口罐头厂

海口罐头厂是一个拥有3000多名职工，年产值2亿多元的中型企业。1980年以前一直是海口市工业企业的盈利大户，是海口市的先进单位。从1981年起，企业连续5年亏损718万元，其中1985年亏损高达399万元，占全市当年亏损的82%，从盈利大户变为亏损大户。仅差2万元企业就亏空家产，破产倒闭。从1986年4月起，我厂大胆进行改革，使企业起死回生，5年迈出五大步。1986年减亏299万元，1987年减亏389万元，1988年扭亏为盈，实现利润240万元，1989年实现利润480万元，1990年实现利润600万元，5年共创税利2000多万元；今年1至8月，完成产值2.73亿元，创税利1300万元。5年的努力使我们厂从全市亏损大户变为盈利大户，并被轻工部定为全国轻工重点企业。

1987年我厂研制成功的椰树牌天然椰子汁，荣获国际专利产品金奖、国际博览金奖、中国食品博览金奖、中国保健食品金奖、国家级星火一等奖，产品畅销国内外市场，成为海南打入国际市场的拳头产品。近年创新的产品椰树牌菊花茶和矿泉水，又荣获国际博览会金奖，椰树牌石榴汁荣获国际博览会银奖。

我们厂之所以取得上述成功，一条成功的经验是在企业经营机制的改革中，突出了改革企业人事制度，实行干部聘用制，把竞争机制和激励机制引入企业，充分调动职工的生产积极性，有力地促进生产的迅速发展。

一、废除“终身制”，搬掉“铁交椅”

1981年至1985年，我厂连续5年亏损，“病根”在哪里？过去诊断为企业管理混乱，责任制不落实，劳动纪律松弛等等，但采取了许多对“症”治疗的措施，“病情”未见好转，亏损却逐年增大。这些教训告诉了我们：经营管理不善是“症状”，“病根”在于“一旧”（统管统分的旧体制）、“三铁”（铁饭碗、铁工资、铁交椅）的体制。严峻的现实提醒我们，如果不革除“病根”，工厂将走向倒闭。为此，我们从最富于竞争刺激的职务和待遇入手，大胆改革用人制度，引入竞争机制，从分厂长到班组长实行层层聘任，即总厂长任命副厂长及中层正职领导干部，中层正职领导聘任中层副职领导干部和管理人员、生产班组长；班组长聘任组员，聘期均为一年。未被正式聘任人员，酌情实行试聘、缓聘或不聘。由于这种办法是建立在公开、平等、竞争的基础上，而又突破了文凭、学历、编制、资历、台阶等的条条框框，加上履行严格的制度监督，能力和业绩的差异，在我厂已经成为竞争聘用成败最为关键的一环。

我们从以下两个方面进行了改革探索：

（一）实行能者上、庸者下，以“能”和业绩作为干部聘用的标准。

在我们厂，人人都有竞选班组长、分厂长、副厂长的机会，只要确有真才实学，我们总会用其所长，大胆聘用，做到人尽其才，才尽其用。原厂研究所所长郑子龙，带动科研小组，试制成功“世界首创”的天然椰子汁，我们便聘他为总厂副厂长。电工谭显铭，自学成才，解决了厂里许多电器设备的重大问题，同时又具备一定的管理素质，工作责任心强，我们便聘他为分厂副厂长和本企业的电器总负责人。在干部聘用制工作中，我们又宣布“四种人”不能用：一是作风不正派的人不能用；二是没有事业心的人不能用；三是“老好人”不能用；四是能力低，无开拓精神的人不能用。发现干部不称职的，就及时调整、解聘，另作安排。对于那些虽然没有犯过什么错误，但由于经营不善，造成企业亏损的领导，我们便予解聘。由于职位的设置始终处于一种竞争的环境之中，有活力和危机感，我厂干部能上不能下的旧观念已基本改变，大批有真才实学的专业技术人才和管理人才纷纷进入企业领导岗位。

（二）打开小门户，千里招贤才。

改革人事制度，我们倡导公平竞争，机会均等。1986年我厂改革方案一出台，就打破局部界限，向全省及全国发布“求贤状”，给任何能人一个公平竞争的机会。由于大胆引进，大胆聘用，大胆提拔使用，各地贤士纷至沓来，为海口罐头厂的领导层注入了活力和生机。厂办主任、厂长助理张春昌，来自四川，先后被聘为两个亏损分厂的厂长。他率先在全省实现菠萝速冻保鲜，开创了菠萝出口创汇的新路子。在竞争激烈的改革中，他促使两个分厂扭亏为盈。几年来，我们从省内外聘用了大批有真本领的人才，其中已有10人正式聘为科室或分厂负责人。在1992年的公开聘任过程中，全国除了西藏、新疆外，已有28个省市的60多人到厂报名参加竞选。人才的引进，使我们拥有一支全国同行业中居较高比例的科技人才队伍。

二、建立约束机制，加强聘用管理

为了加强对聘用干部的科学管理，在企业内部实行分权分级经营和推行竞选制后，我们相继建立了一系列约束机制，以加强监督。

（一）定期考核

德、能、勤、绩，是衡量一个干部好坏的标准。在实行岗位目标管理责任制中，我们以此为准绳，尤重效益指标、企业管理指标和精神文明建设指标的评比，每半年、年终各进行一次考核。考核办法是：(1)考勤记实；(2)学习考试；(3)民主评议；(4)民意测验等，以此对聘用人员进行定性和定量的评议和鉴定，并以此决定干部的任免升降。聘用期间考核不称职的，予以解聘和辞聘，而对缓聘或解聘、辞聘的人员，我们也酌情给予一定的民主测评，以鼓励他们参与竞争。

（二）建立奖惩任免制度，激励竞争

在推行干部聘用制过程中，我厂灵活地运用了赏和罚这两个字，即实行岗位责任制，并以合同形式明确奖罚办法和任免职规定。被聘者在任期内享受岗位待遇，行使相应的权力，也接受严格的监督。凡能者，可连任；有功者，予以重奖；失职者，视情节轻重，或罚或免或撤。如我们对保卫科科长的任免奖罚考核规定共20条。其中规定：“一年内失盗一次、或火灾损失一次2万元或累计损失达到2万元，科长免职。门岗人员一年累计迟到、早退、上岗时睡觉15次，科长免职”。对分厂厂长的奖罚免职规定和考核目标，既以经济指标为主要考核内容，又考虑到产品质量、制度建设、经营管理等方面。如对一分厂厂长任职奖罚免职规定共27条。其中规定“完成控亏指标奖8000元，扭亏为盈奖售一套新房95平方米。一年减亏达不到55万元给予免职”，“管理有漏洞，国家财产被盗2次给予免职”，“对职工的教育抓不紧，发生贪污受贿，勒索顾客等违法行为一次者，分管副厂长免职，发生二次者，正厂长免职”。对有功人员，我们制订了两种奖励办法，一是凡开发新产品经鉴定可投产的，一次性给研制人员5000元至10000元的鼓励奖；二是新产品投放市场销售后，按利润提取3～5%作为成果奖，直到产品被淘汰为止。由于奖惩任免制度健全，5年来，我厂共给39名科技人员奖励49万元，对产品质量达不到标准及其他违章违纪现象共罚款280人次，金额达26万多元；共免去不称职的科级干部17人，聘任了21名有实际工作能力的工人担任科室及分厂领导。由此，我厂干部工人想聘、争聘的竞争意识大大增强，从而激发了全厂上下的工作热情。

（三）民主和约束机制

我厂在体制上实行“分灶吃饭”，把车间改为12个分厂后，对各分厂采取了“三包六放权”，即包自负盈亏，包上缴利润或控亏指标，包缴管理费。总厂给分厂下放人、财、物、产、供、销六种权力。进行分级核算、分级用权、分级经营、分级决策。企业开

始由集权制向分权制过渡。为了防止“政出多门”和干部以权谋私、任人唯亲等弊端，我们放权不放任，在微观搞活的基础上，对各分厂实行“二监督三控制”，即财务监督和法律监督，控制工资发放、奖金发放和费用开支。由此，我们便相应地在厂内建立了纪检委员会、监察科、审计科、法律事务室和执法队5个职能机构，以行使监督。

三、配套改革，互相促进

我厂改革企业用人制度，实行干部聘用制，是同劳动制度改革、分配制度改革和加强思想政治工作、精神文明建设配套进行，互相促进，互相推动的。

（一）实行干部聘用制同劳动制度改革、优化劳动组合相结合

我们在推行干部聘用制时就明确提出要“淡化乃至打破干部、工人界线”。除了具备领导才能被聘用为厂里各级领导的工人外，对其他工人实行优化劳动组合制。即由班组长组合工人。对未正式聘任的人员。实行试聘或缓聘，试聘期间只发工资和奖金的60%。缓聘人员只发生活维持费，回家等待招聘。

（二）实行干部聘用制和分配制度改革相结合

我厂从1986年分灶吃饭，成立9个分厂后，就破除了吃“皇粮”的八级工资制，建立总厂对分厂，分厂对职工实行联产量、联质量、联消耗、联效益的“四联”全浮动工资制；取消了由总厂统发工资，统分奖金的老习惯，实行了三个拉开，即工资拉开，资金拉开，福利拉开，做到上不封顶，下不保底。1990年全厂职工平均收入比1985年提高3倍多，盈利高的分厂和效益最低的分厂对比，职工平均收入相差4倍多，但由于论功行赏有根有据，合理合法，绝大多数职工都没有什么意见。

（三）从实际出发，加强思想政治工作和精神文明建设

我们除了运用广播、墙报、宣传材料、座谈会等形式在全厂范围内开展动员和教育外，厂的各级领导还用更多的时间和精力与生产骨干、技术人员和班组工人促膝谈心，沟通思想，使他们看到旧制度的弊端，也看到改革的迫切性和重要性，并用改革5年的成就对职工进行活生生的形势教育，使职工对在改革中前进的企业更有信心，增强凝聚力，上下拧成一股绳，自觉投入企业改革和振兴的事业。

个体、私营经济在收入分配方面的情况和问题

国家体改委分配体制司综合处

长期以来,在"左"的思想影响下,我国个体、私营经济一直作为社会主义的异己,被排除在社会主义经济之外。直到改革前,国家对个体、私营经济基本上采取了"限制"、"改造",甚至"割尾巴"的政策。党的十一届三中全会以来,随着改革开放,人们对个体、私营经济有了新的认识。特别是党在十三大上提出的社会主义初级阶段理论;以公有制为主体,多种所有制形式并存,以按劳分配为主体,多种分配形式并存的理论,为个体、私营经济在社会主义阶段的长期存在奠定了理论基础,确立了个体、私营经济在社会主义经济中作为公有制经济必要和有益补充的重要地位。

改革开放以来的实践证明,个体、私营经济的发展对促进我国商品经济的发育,活跃城乡经济,繁荣市场,方便和丰富人民群众生活,以及吸收农村剩余劳动力,解决城镇就业问题起了十分积极的作用。当然,个体工商户和私营企业经营者的收入状况近年来一直是人们关心和讨论的热点问题。

一、个体、私营经济的发展和现状

1949 年,新中国成立时,从旧社会遗留下来的城乡个体工商业者约 3000 万人,其中城镇个体工商业者 724 万人,约占城乡个体工商业总人数的 24.1%。

国民经济恢复时期,城镇个体工商业得到迅速发展,1953 年从业人员达 898 万人,比建国初增加了 174 万人。

在社会主义改造浪潮中,个体工商业作为被改造的对象,被组织成各种形式的合作社。到 1957 年,城镇个体工商业者仅剩 16 万人。

1957 年后,国家对个体工商业的政策有所调整,个体工商业在一定程度上得到恢复,到 1963 年城镇个体工商业者达到 231 万人。

随着社会主义教育运动和"文化大革命"的到来,个体工商业再次成为被改造和"消灭"的对象。1978 年,城镇个体工商业者仅存 15 万人。在一些大城市,个体工商业者更是所剩无几。1978 年,北京个体工商业者仅剩 259 人,上海仅剩 8327 人,广州仅剩 2000 人左右。

党的十一届三中全会以后,个体、私营经济由恢复到发展,并逐步取得了合法地位。1979 年至 1990 年,城镇个体工商户由 31.6 万户增加到 394.3 万户,平均每年增长 25.8%。到 1990 年底,城乡个体工商户达 1328.3 万户,从业人员 2092.8 万人,注册资金 397.4 万元。1988 年国务院颁布了《中华人民共和国私营企业暂行条例》,使私营企业的发展取得了法律地位。

1991 年,全国城乡个体工商户 1416.8 万户,从业人员 2257 万人;注册资金 488 亿元,户均自有资金 3371.6 元;产值(营业额)2307.7 亿元,户均 16288 元。

1991年，全国私营企业10.8万户，从业人员183.9万人，其中雇工159.8万人，户均雇工14.8人；注册资金123.2万元，户均11.4万元；产值（营业额）214.6亿元，户均19.8万元。

二、个体工商、私营企业户的收入状况

个体工商户和私营企业经营者的收入状况透明度低，难以调查。根据国家统计局、国家工商局的调查和我们目前所掌握的情况，个体工商户户均年收入大约在3000至5000元之间，私营企业户户均年收入在4至5万元之间，私营企业投资者的人均年收入在2万元左右。个体私营经济的平均收入水平往往与人们的日常感觉出入很大，而且也难以真正说明问题，其原因是：

1. 城乡收入差距大。70%的个体工商户、80%的私营企业在农村，城镇中的个体工商户和私营企业分别占其总数的30%和20%。农村个体工商户的户均年收入在1500至3000元之间，城镇个体工商户的户均年收入在4000至6000元之间，大城市繁华地段的个体工商户年收入可达几万元甚至几十万元以上。

2. 不同行业的个体工商户和私营企业收入差距大。从事工业、建筑业和交通运输业的个体工商户户均年收入为6187元，从事商业、饮食、服务和修理业的个体工商户户均年收入为3580元。私营企业从事商业、饮食业、服务业、修理业的户均年收入为45884元，从事工业、建筑、运输业的年均收入为54522元。

3. 即使在同一行业中，也受经营能力、雇工数量、资金数额和地段差别等因素的影响形成较大的收入差别。总起来看，年收入在万元以上的个体工商户在城镇约占其总数的10%，在农村不超过其总数的5%。

此外，这里所说的收入不包括已经形成的固定资产价值。如果加上固定资产、流动资金和扩大再生产的投入，个体工商户和私营企业经营者的收入要大大高于上述数字。据国家工商局初步调查统计，在现已登记注册的私营企业中资产超过百万元以上的共有662户，雇工人数超过百人以上的有602户。

三、对个体工商户、私营企业主的收入分析

个体工商户和私营企业经营者的收入一般由三部分组成，即劳动收入、非劳动所得和非法所得。个体工商户和私营企业经营者一般既是经营者又是劳动者，多数人有技术专长或者个人专利技术，因此他们的劳动所得中应包括劳动、经营、技术等诸项因素。非劳动所得主要指对雇工剩余劳动的占有，资本收益等收入形式，其中对剩余劳动的占有是非劳动所得的主要部分，并且对雇主的收入水平有很大的影响。据辽宁省工商局的调查，有雇工的个体工商户的平均收入是没有雇工的个体工商户的平均收入的4.29倍。非法所得是指通过非法经营、偷税漏税等活动而获得的收入。

调查表明，大多数个体工商户和私营企业经营者的收入主要是由劳动收入和非劳动收入构成的，随着国家工商管理和税收征管体制的加强，非法所得在个体工商户和私营企业经营者收入中的比例越来越小。考虑到个体工商户和私营企业经营者在生产经营活动中，劳动时间长，劳动强度大，同时，国家没有向他们提供养老、医疗、住房方面的社会福利和社会保障，他们的日常费用开支通常大于其它社会成员，他们的收入水平略高于国营、集体企事业单位职工也是合理的。据国家统计局的收入水平调查，目前，个体工商户的收入排在承包租赁者、外企工作人员和出租汽车司机之后，列为第四位，收入水平是职工人均收入的1.8倍（见下表）。

1990年不同社会阶层或职业的人员收入

人员分类	人均收入（元）	为职工人均收入倍数
承包租赁者	8000	3.20
外企工作人员	7000	2.80
出租汽车司机	5000	2.00
个体经营者	4500	1.80
演员	4000	1.60
从事第二职业者	3700	1.48
离退休再就业者	2660	1.06
机关企事业单位负责人	2900	1.16
各类专业技术人员	2800	1.12
办事人员	2540	1.02
工人	2400	0.96
商业工作人员	2270	0.91
服务性工作人员	2200	0.88
离退休人员	1700	0.68

上海市在调查时，对个体工商户的收入结构进行分析。他们认为："首先，个体工商户是劳动者，应得一份劳动报酬，其份额相当于公薪职工的平均工资。1991年上海市在职职工年平均工资约3600元(包括基本工资、奖金、津贴等)。第二，超额劳动和经营管理的收入。个体户不仅劳动时间长，而且承担着经营管理工作，这部分超额劳动年收入约1000元左右。第三，投入资金的利息收入，1991年户均投资2752元，按当年银行利息12%计算，年资金收入为330元。第四，社会保障费用。个体工商户没有公费劳保，没有住房、交通和养老等待遇，仅以上海每一职工全年劳保福利费500元计算，同时考虑个体工商户每月100元的养老金，这样每年有1700元左右可纳入社会保险性收入。第五，经营风险补偿，经营并非一帆风顺。把上述五项收入加起来，个体户年均收入6000元是正常的，也是合理的。

但是，目前也确实存在一部分个体工商户和私营企业主挣钱容易，发财快的问题。从资金积累的速度上看，个体、私营经济的注册资金增长非常快。1986至1990年5年间，个体工商户的户均注册资金翻了一番，从户均1483.86元增加到2991.96元。私营企业的户均注册资金在1988至1991年4年间增加了0.41倍，从户均8.09万元增加到11.4万。典型调查得到的印象更为深刻，沈阳香蜜冷食品厂1987年成立，筹资12万元，1991年已有资金300万元，4年间资产增加了24倍。沈阳燕君经贸有限公司创建人1985年通过承包企业积累资金，筹建公司，6年时间积累起230万元的自有资金。黑龙江省大庆市的祁云，1979年以5000元开设小杂食店，在不到10年的时间，发展成为拥有资产100万元的百货店和大餐厅。北京用友计算机软件公司靠借贷起家，3年间成为拥有资金50多万，雇员100多名的高技术开发公司。在调查中发现，尽管大多数个体工商户和私营企业是早起晚归，小本经营，但几年的时间就变成拥有几十万元或者上百万元资产的"大款"的例子也不少。这些人挣钱容易，发财快的"诀窍"有多种多样，每个挣到了"大钱"的个体工商户和私营企业经营者都有他们各自的"发财史"。但从总体上，从政策上讲，主要有下述原因。

1. 国家在个体私营经济发展的初期给予了大量的扶植和优惠政策，鼓励和推动其发展，为个体私营经济的迅速发展创造了良好的条件。据对陕西省关中地区130户私营企业的调查，1986年这些企业的1487.6万元投资总额中，银行贷款为985.8万元，占66.3%。据辽宁省1987年对雇工21人以上的393户私营企业的调查，在总投资3506万元之中，自有资金占44.7%；银行贷款占31.8%；私人借款占23.5%。1988年对分布在11个省120个农村固定观察点中97家私营企业的调查表明：在平均3.2万元的最初投资中，借入资金2万元，占63%；自有资金1.2万元，占37%。在借入资金中，银行贷款为1.3万元，占65%。此外，各地政府还在经营场所、物资供应、税收政策等方面给予个体、私营经济以大量的支持。

2. 经济体制改革和新旧体制转换过程中形成的"宽松"环境给个体、私营经济的迅速发展提供了机会。小商小贩之所以能发大财，首先应归咎于公有制经济未能真正参与竞争。改革以来，我们一方面通过各项措施为市场的发育创造了条件，另一方面，公有制经济却依然在旧体制的束缚下迟迟不能进入市场，结果改革所创造的条件和形成的机会，大量地被非公有制经济利用了。以内蒙古蒙星公司的发展为例，1989年蒙星公司抓住内蒙古计生委准备购置小型B超，而国营医疗设备经营单位流通渠道不畅难以满足其要求的机会，通过两年间为该委代购300多台小型B超，迅速发展起来，并以举办国际医疗设备展销会等方式扩大影响，占领市场，待国营企业醒悟过来，蒙星公司已成为内蒙古医疗设备市场上独占鳌头的垄断力量。近年来，沿海开放地区个体、私营经济的发展大多属于这种情况。

3. 目前的公有制经济在很多方面也难以与个体、私营经济竞争。首先，个体、私营经济有充分的经营自主权，可以随时根据市场的要求、改变经营方式，经营内容。以时装销售为例，服装个体户可以在一种新款式刚上市时把价格订得很高，潮流一过马上降价抛售，及时脱手。而国营商业却被物价管理制度限制得死死的。其次，个体、私营经济内部管理严格，劳动生产率高，成本费用低。与个体、私营经济的生产条件和劳动强度相比，公有制经济中的职工几乎是"贵族工人"。最后，个体、私营经济的社会负担轻，很少为职工的医疗、养老和住房承担责任。相反，公有制企业社会负担重，成本费用高。从劳动生产率上比较，绝大多数相同规模和条件的公有制经济难以与个体、私营经济相竞争。在这种情况下，一些地方政府不得不对公有制企业采取"保护"措施，结果这种保护“落后”的政策又无形中使个体、私营经济得到了好处。以内蒙古的汽车客运业为例，由于国营汽车客运公司竞争不过客运个体户，政府不得不规定客运票价，阻止票价下跌，同时限制个体客运车的数量，这一措施无疑使已经进入的个体客运户轻而易举地得到了一块“超额利润”。

4. 偷税漏税、走私贩私、制造销售伪劣产品，以及非法竞争，与国营企业中个别职工相串通套取国家利益等非法经营活动，也是一部分个体工商户和私营企业经营者挣钱容易，发财快的重要原因。非法竞争和非法经营等问题，首先是与市场发育不成熟，市场管理手段不完善相联系的，这在商品经济发展的初期，特别是在经济体制改革过程中，新旧体制相互摩擦、转换的时期是难于避免的。但是，由于这是一部分个体、私营经济业主高收入和非法收入的源头，我们必须下大气力把这方面的工作做好。此外，随着改革的深化，国有企业与个体、私营经济打交道的机会越来越多，国家利益流失的可能性也越来越大，事实上，也正是国家利益的流失填满了一些个体、私营经济业主“大款”们的腰包。因此，如何保护国家利益，防止国家利益流失的问题，将会变得越来越突出。

四、加强对个体私营经济的收入管理

1. 与公有制企业不同，个体私营经济的运行和经营主要受市场规则的制约。它的收入除了自身的努力外，基本上取决于市场的供求和竞争状况。因此，理顺个体、私营经济的分配关系，使其收入逐步合理化，首先需要完善市场机制，使公有制企业能够充分地参与竞争，从而在根本上解决“小商小贩发大财”的问题。

2. 新体制不可能一下建立，市场机制也难以很快完善。因此，在进一步深化改革的同时，需要加强对个体、私营经济的工商、行政管理，健全完善法律、法规，强化审计、监督，促进个体、私营经济的健康发展，逐步使个体、私营经济的管理规范化。

3. 加强税收征管工作。对合法的经营收入如加强税收管理，严格按照现行规定足额纳税，个体工商户和私营企业经营者一般也难以发大财。福建省泉州市1990年将歌舞厅、酒家、金银首饰加工等6个高消费行业的税负一下提高了3倍，年增加税收700万元，几乎没有引起任何社会震动，价格没有出现大的上涨，也没有出现罢市、停业。这说明在加强个体、私营经济税收管理方面还是大有可为的。

4. 重视解决无照经营和“四假”企业（假集体、假校办、假民政、假新办企业）的问题。无照经营和“四假”企业是当前一部分个体工商户和私营企业经营者偷税漏税、获取非法高收入的重要手段。同时，对整顿市场秩序，促进个体、私营经济的健康发展造成了严重的消极影响。个体工商户中有句顺口溜：“有照不如无照，无照不如挂靠。”但是，由于这个问题涉及的人员多、范围广，清理困难，是当前工商、税务管理方面的一大难题。

（符学东　执笔）

缓解社会分配不公的一项有效措施
——运用税收杠杆，加强对高消费行业的管理

福建省经济体制改革委员会、福建省税务局

改革开放以来，我省个体经济、私营经济发展很快。到1991年底为止，全省共有个体工商户近30万户。当前个体工商户普遍存在着一个问题：没有规范、统一的会计制度。由此造成税收管征的困难很大，只能按定额征税。特别是歌舞厅、咖啡厅、酒家、发廊、个体旅社及金银首饰加工等6个行业，普遍存在收费高，而税负轻的矛盾。

为了进一步依法治税，堵塞漏洞，增加财政收入及缓解社会分配不公，我省各级税务部门认真落实江泽民总书记“七一”讲话中“关于对过高收入，要通过税收等形式加以调节”的精神，根据各级党政领导部署，税务部门在体改委等有关部门的配合和支持下，自1991年4月始，在全省各地通过推广我省泉州市调整特殊行业税负的做法，先后调整歌舞厅、酒家、发廊、个体旅社及金银首饰加工6个行业的税负，充分运用税收经济杠杆的调节作用，缓解社会分配不公矛盾，收到了明显的社会效益和经济效益。自全省实行这一做法后，仅这一项就为国家增加税收收入高达2500万元以上。

一、深入调查，采取措施

随着经济的发展和城乡居民收入的提高，近两年来，在我省特别是沿海地区，歌舞厅、咖啡厅、酒家、发廊、个体旅社及金银首饰加工等6个特殊行业成为经营热点，发展较快。由于这些新兴的行业严重地存在高利润轻税负的不正常现象，人民群众意见大，要求整顿的呼声较为强烈。针对这些行业所存在着的收费高、管征松、税负轻、社会背景较为复杂、进行纳税秩序的整顿有一定难度等共同特点，我省各级税务部门在当地党、政领导和有关部门的部署和支持配合下，组织税收、征管、专管人员深入各点，进行了大量的调查和突击检查工作。如在泉州市、石狮市调查中发现，有的咖啡厅店主的私帐中，3月份的营业额高达2.1万元，而原申报给税务部门的营业额却只有3000元。在某发廊，税务人员查获锁在老板抽屉里的实际营业额帐册，3月份营业额9001.27元，而填报的营业额却只有500元。据泉州市的调查测算，全市(含县区)1375家歌舞厅、咖啡厅、酒家酒吧、发廊、个体旅社和金银首饰加工场坊，每月缴纳给国家的税收仅有16万元。根据突击检查的调查报告计算，依照现行国家税法中的规定，每月应缴纳税款73.7万元，即全市一个纳税年度，光这6个行业就要少征收700余万元的税款。各地突击检查的结果是，这6个行业税负普遍偏低，定额税款只占应税实际负担的20%～30%。事实说明了若不改变过去对这些行业所采取的按其实报营业额定额计征税负的办法，将不利于个体经济的健康发展，也不利于社会分配不公矛盾的解决，而且还可能诱发社会不安定因素的产生、发展等等。为此，全省各级政府及时采取了相应的措施。这些措施主要有：(1)领导重视，周密部署。泉州市对高消费、高收入的6种特殊行业的专项检查试点工作取得成效后，省委省府领导极为重视，要求各地借鉴泉州市做法。省税务局及时召

开现场交流会，全面推广泉州的经验。各地根据本地实际，有的扩大到建筑、装璜、饮食、个体运输、粮行米市等行业进行清理，并以此契机，全面调整个体户的税收定额，把对特殊行业整顿专项检查和定额调整三项工作有机结合起来。(2)广泛宣传，大造声势。各级税务部门为了搞好专项检查，充分发挥舆论、宣传作用，教育引导纳税户自查自纠；利用宣传媒介多层次、多渠道地进行宣传。(3)部门配合，协同作战。全省各地贯彻省公、检、法、税等7个部门关于做好税检工作的联合通知，召开7个部门联络员会议，统一思想认识，发挥部门职能作用，保证税检和专检的顺利开展。

二、联系实际，调整政策

在重点突击检查的基础上，经过反复研究，全省各地按照沿海、山区和半山区半沿海的经济发展不同区域划分，对6个行业的税负计税标准分别进行了调整。以率先试点的泉州市为例。市税务局按照全市沿海、山区和半山区半沿海的经济区域，以全市定额的一定比例折扣，确定3个计税标准，同时区别城镇、经营规模、经营地段等不同情况，制订了全市统一调整方案。

1.歌舞厅税收定额。(1)对歌舞厅经营收入按座位计算，每天每个座位核定营业额20元，每月以25天计算，每个座位核定月营业额500元。(2)营业税按3%税率计税，所得税按5%带征率计算，城建税按经营所在地的适用税率分别计算，教育费附加按2%计算，个人收入调节税按座位分别核定：50位以下的以3人计算(歌星2人，法人1人)；51～80座位以4人计算(歌星3人，法人1人)；81座位以上以4人计算(歌星3人，法人1人)。核定的个人调节税按每人每月800元计征。

2.对酒家以常设桌数核定客流量，每桌10个席位，每个席位核定每天营业额30元；每月以25天计算，每桌月营业额核定为7500元。

3.咖啡厅营业以座位分档次核定，10人以下核定月营业额5000元；11～20人核定月营业额8000元；20人以上核定月营业额1万元。

4.发廊月营业额以座位核定，每个座位每月定为1200元。

5.金银首饰加工按每个师傅(允许带一个徒弟)每月核定营业额1200元。

6.个体旅社以床位核定月营业额，按照总床位70%的客流量计算征税。同时，全市根据不同地区的实际经济情况，规定了不同的课税标准，沿海经济区域按上述标准核定计征；半沿海半山区经济区域按上述标准的80%计征；山区经济区域按上述标准的60%计征。全市通过对6个行业调整税负计征标准后，使平均税负比原来增加了3倍多，全市月税款增加约57万元，一年约可增加税款700万元。此举得到了广大群众普遍欢迎，纳税户也都可以接受。

三、加强管理，完善措施

在今后的工作中，我们应进一步加强管理、完善措施：

1.要正确地进行治理社会分配不公的宣传，把握好治理的方针政策。要使各级干部和群众既明确治理分配不公的重要性，又明确社会分配不公与否的政策界限。要承认社会主义初级阶段还存在劳动收入和非劳动收入的区别。要认真宣传贯彻“保护合法收入，取缔非法收入，限制过高收入”的治理方针；既要允许非劳动收入依法存在，又要加强管理和调节，防止其膨胀。

2.继续加强和改进税收征管工作，逐步完善“6个特殊行业”以至整个个体工商户和私营企业的工商注册登记和税收征管制度。对“6个特殊行业”允许继续发展，但对其经营范围和经营条件要严格控制。要把具有“合格会计”和建帐制度列为特殊行业开业登记的条件。继续实行“定期定额”征税办法，采取由个人自报和民主评议相结合的方式，把该收的税收足收齐；并实行购买发票保证制度，个体户向税务机关购领发票，必须提供保证人或保证金，实行“验旧换新”的办法。

3.建立健全并积极推行个人收纳税申报制度，强化个人收入调节税的征管。重点是限制过高的非劳动收入。凡个人取得的应税收入达到国家征税标准的，都必须照章纳税。对个人收入调节税综合收入征税改为单项收入征税进行试点，加强源泉控制，实行分项按次计征，严格由所在单位代扣代缴办法。

4.开展税务专管员内部执法检查，切实增强内部监督制约机制，推进以法治税。

5.进一步深化征管改革。在有条件的地方设置个体税收专业机构，实行征管查分离。

（余利民　林敏文　执笔）

1991年社会保障制度改革迅速前进

国家体改委分配体制司社会保险处

我国的社会保障制度，是建国初期建立的，许多内容已经不能适应经济体制改革的形势发展，自1986年以后，进行了一系列改革，缓解了一些突出的矛盾，特别是1991年，这方面改革迈出了较大步伐。

一、养老保险制度的改革

1991年6月，国务院颁布了《关于企业职工养老保险制度改革的决定》，对一些问题做了原则性的规定，并提出了改革措施。这些改革的内容主要包括：

第一，确定了我国实行多层次养老保险的体制。即基本养老保险、企业补充养老保险和个人储蓄性养老保险相结合的体制。基本养老保险，由国家统一立法，在国营企业中强制推行，保费实行统筹。这部分保险，水平可以相对低一些，用于职工退休后的基本生活。企业补充养老保险，由企业根据经济效益决定，经济效益好的企业，可以为职工多保一些，效益不好的企业可以为职工少保一些，亏损企业也可以不为职工投保。保费记入职工个人帐户。个人储蓄性养老保险，由职工自愿参加。这三个层次，内涵各不相同：第一层次是国家统一政策，强制实施，体现的是平等的原则；第二层次是国家宏观指导，企业自主决策；第三层次是个人自愿参加。

第二，建立了个人交费制度。规定个人交纳一部分养老费用，是《决定》的重大突破。这就从根本上改变了养老费用完全由国家、企业包下来的办法，实行国家、企业、个人三方面合理负担。目前，个人交费不超过职工标准工资的3%，虽然不多，但是制度建立起来了，今后随着工资的增长，个人交费部分也可以适当增加。关于个人交费是否记入个人帐户问题，《决定》规定，个人交费部分进入统筹，不记入个人帐户。

第三，提出了养老保险由市、县统筹向省级统筹过渡的任务。目前，全国的国营企业基本都实现了以市、县为单位的养老保险统筹。但是，市、县统筹只是养老统筹的初级阶段，市、县范围小，企业和职工人数都较少，筹集的资金有限，调剂功能较弱，一旦遇到大的灾害和突发事件，市、县统筹又会陷入困境。因此，从市、县统筹向省级统筹过渡，是养老保险向更高的社会化程度前进的必由之路。

第四，明确了养老基金实行部分积累的筹资模式。按照一般道理，职工在职期间，应当把一部分资金积累起来，用于退休后的养老。但由于我国目前已有2300万退休职工和成千上万的即将退休的职工，这些职工过去都没有积累。如果采取完全积累型的筹资模式，国家和企业势必要花两笔钱：一笔钱用于养现在的退休职工；另一笔钱为现在的在职职工积累。这样做国家和企业都难以承受。考虑到我国的人口和职工的基数大，原有制度已实行40年，养老费用只能采取现收现付、略有结余、部分积累的筹资模式。

第五，规定了对养老基金的管理和监督。《决定》规定基金一律存入人民银行专户，专款专用，任何单位、个人不得擅自动用。对于管理费的提取，“要经过财政部门审核、基金委员会批准。”

1991年4月，李鹏总理指出，社会保障制度改革和医疗制度改革要认真研究，提出意见，体改委要抓好这项工作。近年来，有关部门、各地区对养老保险制度的改革组织了一系列试点，主要有：

1. 一些地区试行了国营企业固定工个人交纳一部分养老费用的试点。如，广东、江西省在全省范围内试行了固定工交费的试点；山西、河南、湖南、云南等省的50多个市县也试行了固定工交费的试点。

2. 进行了企业补充养老保险的试点。福建、江西、浙江等省的一些市县进行了企业补充养老保险试点。

3. 福建省在全省范围内开展了集体企业职工“双层”养老保险改革试点。集体企业职工养老保险实行了省级统筹。

4. 民政部在富裕地区组织了农民养老保险试点。到1990年末，全国有8000个村进行了农民养老保险试点，涉及全国19个省、190个市、县的800个乡。1991年年初，国务院又批准民政部在20个县开展连片的农民养老保险试点。

5. 保险公司开展了多种形式的养老保险试点。如：个体工商户的养老保险试点，乡镇企业职工养老保险试点，“三资”企业中方职工养老保险试点，农村计划生育养老保险试点，民办教师养老保险试点，农村基层干部养老保险试点，农民合同工养老保险试点等等。

各有关方面对养老保险制度的改革虽然做了不少工作，但仍存在着一些问题，其中有两个比较困难的问题：

第一，积累基金的保值、增殖问题。目前我国已经积累了116亿元的养老基金和待业基金。实行部分积累的筹资模式以后，积累基金将会越来越多，如何使积累起来的基金保值、增殖，是一个很大的问题。《决定》对养老基金保值、增殖的措施，只给了两个出路：(1)存入当地人民银行，按城乡居民储蓄利率计息；(2)积累基金的一部分可以购买国家债券。这两条措施，并不能完全保证资金保值、增殖。但是，目前我国没有比较完善的投资市场；没有投资自主权。在没有建立有效的资金保值、增殖措施的情况下，积累基金并不一定积累得越多越好，资金积累越多，国家为这部分资金保值、增殖的负担就越重。因此，要认真研究资金保值、增殖的渠道，在政策上扶持，为资金保值、增殖创造条件。

第二，管理体制的问题。《决定》规定“已由人民保险公司经办的养老保险业务，可以维持现状不变”，同时也规定：企业职工养老保险由劳动部门负责，国家机关干部、事业单位职工养老保险由人事部门负责，农民养老保险由民政部门负责。文件下达后，有的地方解释为，保险公司经办的集体企业养老保险“不许扩大”；有的地方对保险公司经办的“三资”企业、私营企业职工养老保险和个体工商户的养老保险也不许扩大，或不许经办。有的部门还提出：“农村养老保险的具体办法出台后，其它部门一律不许在农村开展新的养老保险。”

我们认为，政府部门对于职工养老保险有义不容辞的责任，社会保险是政府职能之一，政府应当管理。但这种管理，应当是宏观上的管理，即：管政策、管制度、管标准。政府部门不宜具体经办养老保险业务，更不应层层设立机构，增加人员，提取管理费。因此在管理体制上，要探索政事分开的路子。社会保险事业应当统一领导，统一政策，统一管理，统一经办。把社会保险事业分割开来的做法，不利于保险事业的发展。

二、待业保险制度的改革

我国待业保险制度是1986年建立起来的。它只是一种对国营企业职工建立的待业保险制度。国营企业按照标准工资总额的1%为职工交纳保费，国营企业中的四种职工在待业期间，可以领到一部分待业救济。这四种职工是：破产企业的职工，在企业停产整顿期间被精简的职工，被终止、解除劳动合同的职工，被企业辞退的违纪职工。救济标准为：职工标准工资的50%～70%。工龄5年以上的职工，可领待业救济24个月，工龄5年以下的职工，可领待业救济12个月。

从几年的实践看，我国待业保险的作用发挥得并不充分。5年来，全国累计只有20万职工领取待业保险费。在保费的收支方面，每年收取保费6～7亿元，支出1.7亿元左右，而直接用于待业人员的只有800万元，占支出总额的5%，而管理费提取却达5500万元之多，占支出总额的32%。

1991年12月，劳动部与国务院生产办公室联合颁发了关于《对关停企业被精简职工实行待业保险的通知》。通知规定，除原享受待业保险的国营企业的四种职工外，可享受待业保险的职工进一步扩大为经由有关部门批准关停的，已缴纳待业保险基金的企业中被精简的职工，待遇比照原规定。

此外，通知还规定这些关停企业在法定整顿期间，为组织职工开展生产自救和转业训练，需要待业保险金扶持的，可按有关规定办理。

三、医疗保险制度的改革

1991年度，医疗保险制度的改革工作仍然处在进行调查研究、摸清问题阶段。在一些地区也进行了个人交纳部分医药费的试点。

我国现行医疗体制存在的主要问题如下：

一是医疗费用完全由国家和企业包下来，职工个人没有交费意识。我国的医疗制度是在战争年代供给制的基础上，学习前苏联的经验建立起来的，职工就医，基本不交费用。这种制度，第一超越了社会主义初级阶段生产力发展的水平，第二超越了人们的思想觉悟的水平。无病呻吟、小病大养、一人公费、全家享受的现象十分普遍。

二是缺乏有效的制约机制，医疗费用增长过快，浪费较大。享受医疗、提供医疗的双方，也就是病人和医院，都不承担经济责任，经济责任都要由第三方——国家和企业来承担。在没有制约机制的情况下，医疗费用的增长很难控制。如1978年，公费、劳保医疗开支总计27亿元，1990年达276亿元。其中公费医疗，1978年开支4.8亿元，1990年达54亿元。特别是最近几年，医疗费用增长很快，1989年比1988年的公费医疗费净增长9亿元。

三是社会化程度的问题。公费医疗，实际上是政府保险，花多少钱，都由财政拨款。劳保医疗基本没有实行社会化，是企业自保。

四是覆盖面较窄。现行的医疗制度，只保障国家机关干部和全民、大集体企业的职工的医疗问题。对于小集体、新集体、私营企业和"三资"企业的中方职工，都没有医疗保障。对9亿农民，更没有医疗保障。

医疗改革有了初步进展。自1984年，财政部、卫生部联合提出加强公费医疗管理问题后，各地普遍试行了公费医疗费用与个人适当挂钩的办法。到目前为止，公费医疗与个人挂钩的面，已占享受公费医疗职工的50%左右。不少企业也效仿这种办法，试行了劳保医疗费用与个人挂钩。挂钩的办法主要有二种：一是不发医疗补贴，个人承担少量门诊药费；二是发给医疗补贴，即将公费医疗、劳保医疗的一部分费用发给个人，职工承担少部分医药费。与此同时，加强了对医疗费用的管理，主要有三种形式：一是享受单位管理医疗费，以加强享受单位的责任；二是将医疗费用包给医院代管，以加强医院的责任；三是享受单位、医院、公医办、市、县财政共同管理医疗费用，共同承担责任。采取这些措施后，对节约医药费开支起到了一定的作用，但医疗费用大幅度增长的趋势并未得到根本的扭转。

1988年底，医疗改革研讨小组确定丹东、四平、株洲、黄石四市为医疗制度改革试点城市。1989年，国务院在批转国家体改委的"改革要点"中，确定海南省、深圳市为社会保障制度综合改革试点省市。3年来，改革试点进展不大，只有四平市的公费医疗改革试点1991年4月起步，海南省社会保障制度改革（包括医疗制度改革）1991年11月下旬出台，1992年1月1日实施。

（何小培　执笔）

建立具有中国特色的新型社会保障制度

——海南省社会保障制度综合配套改革全面出台

海南省体制改革办公室

1991年10月至11月间，海南省省长刘剑锋同志以人民政府令形式先后颁发了《海南省职工养老保险暂行规定》、《海南省职工待业保险暂行规定》、《海南省职工工伤保险暂行规定》、《海南省职工医疗保险暂行规定》和《海南省公费医疗暂行办法》，明令自1992年1月1日起在全省正式付诸实施。这是在我国社会保障制度综合配套改革中，首次在一个省的范围以行政法规形式全面出台的重大措施。它标志着一个适应大特区社会经济发展需要的、社会保障与自我保障相结合的、兼顾公平与效率的、社会化程度较高的新型社会保障制度在海南省进入了实际运行阶段。

一、海南省社会保障制度改革的背景

海南省的现行社会保障制度是50年代初期建立起来的。1986年以来先后实行养老保险的市县统筹和公费医疗与个人利益挂钩等改革，并在国营企业职工中初步实行了待业保险。这些对于全省的经济发展和社会稳定起了重大作用。但是由于它是按照过去的苏联模式，在产品经济基础上建立起来的，自身存在许多局限性，经过几十年实践，尤其是近十几年的改革开放实践，其弊端日益明显：保障范围狭窄，社会化程度低，不利于企业间的平等竞争和职工的合理流动；国家与企业包揽过多，负担日益加重；职工个人自我保障意识淡薄；保障基金缺乏预筹积累，难于适应日益增长的保障给付需要，代际转嫁负担带来的利益冲突也日趋明显；权利与义务脱节，既缺乏内在运行机制，又不利于资源的有效利用；多头分散管理，政事、政企不分，监督机制甚微。因此，社会保障制度改革势在必行。

海南建省后，旧的社会保障制度与建立以市场调节为主的新经济体制的客观要求之间的矛盾愈加突出，改革更是迫在眉睫：

1、在特区优惠政策鼓励下，海南省出现多种经济成分竞相发展的新局面，只在国营企业职工中实施的现行社会保障制度已不能再继续下去。截至1991年底止，全省已办外资企业1500多家、内联企业5400多家、私营企业2600多家，共有职工20多万人，基本上尚处于社会保障门外。这些企业中多数由于不必缴纳社会保险费，获取了实为成本的超额利润。一旦合同（经营）期满外方离去，将把职工养老保障等包袱留给当地，成为棘手的社会问题。

2、建省以来，全民所有制企业虽有较大的发展，但是，现行保障制度形成的新老企业间社会负担的不平等，实际上抑制了全民所有制经济和刺激了非全民所有制经济的发展。据初步统计，1991年全省国营企业亏损面达1/3。国营工业企业内部待业职工达2万余人。“企业保障”的沉重负担和企业内部滞留的剩余劳动力不能走向社会，既使大中型企业难于搞活，也扼制了全省经济结构的调整。

3、随着企业改革的深化，产权的转让与企业的兼并、拍卖、破产以及股份化等已见诸行动，但“政府管工资，企业管保障”的旧体制却阻碍着企业走向市场与新陈代谢。改革社会保障制度已成为把企业推向市场，实现企业与政府二者功能同步转换，操作政企分开的前提条件和具体途径。

4、商品经济的发展，要求建立与完善市场体系，这方面也受到现行保障制度的牵制和影响。现行保障制度一方面扭曲了个人的消费结构，使之呈现出

相互独立的货币型与实物型的二元结构特征，与交换货币化、消费商品化的市场经济特征相抵触，使市场调节难于取得预期效果；另一方面混淆了社会保障的主体，使企业取代个人作为社会保障的主体，成为社会最基本的消费单位，以致形成个人消费结构缺失、社会消费结构膨胀的异常现象：个人手中多余的货币，不能投入住房、社会保险等商品经济中长期、大宗的消费项目，而企业则利用政府放权让利之机大兴福利攀比之风，使集团购买力超常增长。因此，无论是从建立市场调节为主的新体制和发展商品经济的长远目标来说，还是从实现改善消费结构，抑制通货膨胀，调节收入再分配的客观经济调控目标来说，都须努力推进社会保障制度改革。

二、海南省社会保障制度改革的做法与特点

海南省社会保障制度改革遵循综合配套、分步推进、新老衔接、平滑过渡的原则。首先从社会保障的核心——社会保险制度改革入手，然后推进以工资制度为中心的社会分配制度改革和以住房制度为中心的社会福利制度等配套改革，并积极推进与此密切相关的劳动、人事、财政、税收、价格、金融等配套改革，使新型社会保障制度逐步趋于完善。在改革步骤上，先城镇、后农村(含农场)；先企业，后机关。第一步先在全省国营、集体、内联、外资和私营等各类企业的约60万职工中实施，以后逐步扩大到城镇个体劳动者、行政事业单位和国营农场职工以及农民，最终覆盖全社会劳动者。在具体做法上，针对不同的对象采取不同的过渡办法(如养老保险采取老人老办法、新人新办法、中人中办法)，以利于新老制度的衔接和转换。

在改革思路和方案设计上，有如下主要特点：

1. 社会保障制度改革的方向：从特区社会经济发展的客观要求出发 按照中央给予的特殊政策，海南省要建立以市场调节为主的发展商品经济的新体制，企业和劳动力都要走向市场。引入市场机制的同时，也就带来市场风险。有风险才需要保险。改革的目标在于建立起在市场风险条件下，各类企业能够平等竞争和新陈代谢，劳动力能够合理流动和基本生活得到保障，有利于经济发展与社会稳定的社会保障制度。简而言之，就是要在大特区市场调节为主的新体制下，建立“企业能活能死，职工能进能出”的新型社会保障制度。

(1)打破全民、集体、外资、私营等各种经济成分、各类企业的界限，实行统一的社会保障制度。做到在社会保障面前，所有各类企业一律平等对待。改变企业社会保障负担畸轻畸重现象，促进企业间的平等竞争。具体地说，实行“三个统一”，即统一费率、统一办法、统一管理。例如，养老保险方面，我们将原来按在职职工工资和退休金两个基数计缴养老保险统筹费的老办法，改为统一以在职职工工资总额作为缴纳保费基数，规定退休人员不再承担缴纳保费的义务，从而减轻了老企业的负担，使新老企业在养老保险方面处在同一条起跑线上。

(2)打破干部与工人以及固定工、合同工、临时工等各类职工的身份界限，建立统一的社会化的保障制度。改变原有的按职工不同身份规定的“待遇制”福利保障办法，实施权利与义务统一的社会保险办法。即所有劳动者不论其身份如何、职务高低、在何类企业工作，只要按规定参加社会保险，履行缴费义务，即可享有应得的合法保障权利。做到在社会保障面前人人平等。社会保障管理机构为每个被保险人设立一个终生不变、全省通用的社会保险编码和详细记载其本人保费缴纳和保险金给付等有关数据的手册，被保险人在省内各单位之间流动时，其社会保险编码不变，保险手册继续有效，投保年限连续计算，其保费缴纳和保险金给付不受影响。从而有利于劳动力市场的发育、各类职工的合理流动和全省经济结构的调整。

2. 社会保障水平：与本省经济发展水平和人口发展状况相适应 在调查研究和设计改革方案的过程中，多数企业及其主管部门普遍反映：现行社会保险缴费太高，企业负担过重，应当降低费率；而社会保险管理部门则认为：目前费率偏低，不能适应日益增长的保障给付需求。因此，改革中首先面临的问题，是社会保障水平问题。即通过改革应当提高还是降低或者维持现行的社会保险费费率问题。

在改革方案设计中，我们将社会保障问题置于整个社会大系统之中，对全省的经济、人口与社会保障三者之间的发展状况与相互关系进行了全面研究和反复测算。不但研究本省的历史情况，而且对未来的发展作出预测；不但由方案设计人员进行测算研究，而且还邀请航空航天部710所的专业测算人员一道，运用电子计算机等现代化计算手段，以定性与定量相结合的综合集成方法，对本省今后60年的经

济、人口与社会保险三者的发展状况进行了模拟测算，使我们对于今后各个时期社会经济发展状况和社会保障所能达到的水平以及国家财政、企业、个人三者的经济承受能力等等，都基本上做到心中有数，彼此协调。改革出台实施时，不增加国家财政和企业的负担，职工个人缴费也从其承受能力出发，由低到高，分步到位。从而大大地提高了改革方案的可行性、科学性与合理性。

3. 社会保障手段：强制性与机制性相结合 过去实行的养老保险统筹，由于存在着退休金给付与保险费缴纳互不挂钩、权利与义务彼此脱节的“大锅饭”统筹弊端，尽管管理部门费尽九牛二虎之力，用了许多行政强制手段，但瞒缴、少缴、迟缴保费现象仍屡屡发生。其主要原因在于职工、企业和管理机构三者的物质利益缺乏内在的相互制约机制。在改革中，我们借鉴国外的经验，引入保险机制，建立保险金给付与保险费缴纳相挂钩、权利与义务相统一的新型养老保险制度。将单一的退休金给付改为基本养老保险金加补充养老保险金的结构性给付。基础养老保险金给付与基础保险费缴纳挂钩，以职工本人在职期间指数化平均工资作为给付基数，使基础保险金真正反映职工本人在职期间的全程贡献和基础保费的全部缴纳水平，成为对其一生累积劳动报酬的延期支付。补充保险费则直接记入职工个人专户，退休时连本带利转为其本人的补充养老保险金。因此，职工及其所在企业为其缴纳保费的时间长短、数额多少，将直接决定其退休后的养老保险金水平。权利与义务相统一的保险机制，促使被保险人自发地产生出要维护自身劳动报酬获取权利的自我保障意识，形成吸引与制约企业和个人按时足额缴费以及监督管理机构改善管理的内在动力，从而保证养老保险制度的正常、稳定、有效运转。

4. 社会保障管理体制：社会化、制度化、科学化

坚持社会化的管理目标。改变多头分散管理的现状，建立全省统一的社会化管理体系，以增强抵抑和分散风险能力，降低管理成本和提高管理效率，并促进企业与政府二者职能的同步转换，使社会保障由企业行为真正转化为社会行为。

贯彻制度化的管理要求。树立为企业和被保险人提供优质高效服务的管理思想。各项社会保障制度的具体实施，被保险人、企业和管理机构三大主体的行为和彼此关系，都以法律的准绳加以规范化、制度化，使新制度的运转不受人事变动和各种人为因素的干扰和影响，并有利于界定管理责任，提高管理水平，保证管理机构和管理人员的廉洁。

遵循科学化的管理原则。在社会保障管理机构设置上，做到政事、政企分开，拟法监督机构与实际操作机构分设，宏观间接管理与微观直接管理职能分管。建立统一的、多层次的、具有内在监督机制的结构性管理体制：

宏观领导层。成立全省社会保障事业的领导机构——省社会保障委员会，负责社会保障的拟法、监督工作和各项改革方案的设计工作。劳动、卫生、民政、财政、审计等部门分别负责各自有关的行政监督。

中观管理层。成立省社会保障局，作为各项社会保障事业的实际操作机构，具体行使各项社会保障职能。同时，分别成立养老、医疗、待业、工伤等各项社会保险基金委员会，由政府、企业、职工和社会保障专家等各方代表组成，依法对社会保险基金的收支营运情况进行监督。

微观执行层。设立市县社会保障局和基层社会保险办事处，具体经办保险费征缴和保险金给付业务。社会保险办事处根据企业和被保险人的分布情况分片设置，可以同时兼营辖区内金融储蓄和社会保险业务，一举多得。

5. 社会保险基金营运与保值增值：保险与金融结合，安全与效益兼顾 社会保险基金单纯采取存入银行和购买部分政府债券两种方式，是难于实现保值增殖目的的。借鉴国外的成功经验，应走金融与保险相结合的道路。即通过设立本省保险银行或委托非银行的金融机构，按照安全与效益结合的原则，以间接投资方式，投向那些风险较少、效益较好、有利于本省经济发展的项目，以保证社会保险基金的保值增殖。为此，政府对于社会保险基金的投资营运，应在政策和项目等方面给予必要的支持。还可以把社会保险制度改革与住房制度改革结合起来，利用社会保险基金的积累建设职工公共住宅，同时允许和鼓励职工用个人养老保险金帐户的积累购买住宅（以首期付款或分期付款形式）。这样，既可以解决当前住房改革中政府缺乏建房资金和职工缺少购房资金等两大难题，又可以较好地实现社会保险基金的保值增殖。

（周传业　执笔）

广东省“附加住院医疗保险”发展概况

广东省经济体制改革委员会

为了适应医疗制度的改革，1984年中国人民保险公司广东省分公司开办了“附加住院医疗保险”业务。之后，由开始的单一“团体人身意外伤害保险附加住院医疗保险”业务，逐步发展到包括“团体人身意外伤害保险附加住院医疗保险”、“简易人身保险附加住院医疗保险”等10多个主险附加住院医疗保险业务，基本上适应了儿童、中青年、老年人等不同年龄档次的人的医疗保障的需要。为方便群众治病、减少医药费的浪费发挥了积极的作用；为克服以往公费医疗、劳保医疗等制度的弊端，以及解决农村农民就医难的问题，开辟了一条新的途径，受到了地方党、政和社会各界的支持和欢迎。1991年底，全省“附加住院医疗保险”参加的人数达到303.92万人，医疗保险保额为21.6亿元，共收入保险费2376万元，“附加住院医疗保险”占人寿保险业务的比重已达3.63%，聚集了医疗保险基金2000多万元。

一、“附加住院医疗保险”的基本做法

目前，广东省开办的“附加住院医疗保险”按投保主体来划分，可分为“团体人身保险附加住院医疗保险”和“个人人身保险附加住院医疗保险”两大类。“团体人身保险附加住院医疗保险”的保障对象，以企事业单位的干部职工为主，即主要是原公费医疗、劳保医疗单位。已开办多年的有吴川、蕉岭两县。“个人人身保险附加住院医疗保险”的保障对象，主要是一些劳保医疗难以维持下去的企事业单位的干部职工，还有尚未享受公费医疗、劳保医疗待遇的城镇居民和农村农民。办得比较好的有顺德、化州等县。

顺德县是在农村合作医疗解体的情况下，于1987年起，推出“简易人身保险附加住院医疗保险”业务的。“简易人身险”是一种不验体的小额人身保险，既有死亡保险金给付，又有到期满时的保险金给付，既有保险保障，又有零存整取的储蓄特性。每份每月交1元，可投多份，期限分5年期、10年期、15年期、20年期、30年期5种，每份5年期死亡或满期给付至少62元，每份30年期死亡或满期给付至少839元。此项险种，在顺德县已有140多万份，投保人数19万，占全县人口的20.9%。购买“附加住院医疗保险”的前提是必须购买5份以上“简易人身险”。团体参加“附加住院医疗保险”，每人每年交28元；个人参加，则按年龄段划分，每人每年交24～36元不等。保险公司按一般住院医疗费的70%、意外伤害住院医疗费的80%给付，最高给付金额为3000元。对于农民来说，给付比例比原来合作医疗只报销50%要高；对企事业单位来说，住院医疗费支出大大减少。当地人均公费医疗、劳保医疗1990年的支出水平是300元，住院医疗部分为80元，即使打70%折扣也是56元，而参加“附加住院医疗保险”的单位，则只需每年为职工每人支出28元，降低了50%。因此，此项险种不仅为农民欢迎，也为企事业单位所欢迎。到1991年底，全县已有17万多人参加，其中，45%是团体参加，55%是个人参加，国营企事业单位参加人数占投保总人数的10%，卫生系统的14家医院也都以团体形式参加了“附加住院医疗保险”。

吴川县，1986年起试办团体人身保险附加住院医疗保险”业务，现在统保公费医疗人员有6000多人，城镇职工有3300多人。他们的做法是：由县财政局和县公医办核定当年享受公费医疗的人数，每人定额，将每人当年的定额分为两部分：一部分为门诊医疗费，拨到各单位掌握；一部分为团体人身保险及其附加住院医疗保险的保险费，按期拨给保险公司。团体人身保险和附加住院医疗保险的保额均定为2000元，目前费率为30%。住院医疗费由保险公司负责报销80%，个人自负20%。

蕉岭县自1986年1月开始办理“团体人身保险附加住院医疗保险”业务。截止1991年底，共承保64262人次。办法是，由县财政局和县公医办把每人的公费医疗定额核拨到各单位，各单位把所掌握的医疗经费分成三部分：第一部分是团体人身保险及其附加住院医疗保险的保险费，交给保险公司；第二部分按工龄或年龄分档次发给个人作门诊包干；余下的少部分为单位掌握的医疗基金。平均每人的住院医疗保额为2000～3000元，费率为25%。所用住院医疗费用，保险公司负担70%，剩余的30%由各单位从自己掌握的医疗基金中报销20%，病者自负10%。

二、“附加住院医疗保险”的主要管理措施

为了保证“附加住院医疗保险”业务的顺利开办，各地采取的管理措施主要有：①指定挂钩医院，定立合约。被保险人因病需入院治疗的，除危急病人和重工伤者外，只有到指定的医院或经同意转医的上级医院住院，保险公司才予承认。顺德县保险公司还与定点医院签订了“医疗保险管理合约”，其主要内容包括：规定双方的权利义务；对保户（患者）的病历、处方的保管；对住院的被保险人实行共同管理等，并指派专人进驻医院，直接行使管理权。②入院要办理手续。吴川县的办法是经挂钩医院开具通知书，病者单位同意，保险公司加盖公章后方可住院。③被保险人如是因犯罪、自杀而住院或死亡的，保险公司不负给付责任。④把好用药关，凡超出公费医疗规定的医疗费或药费范围的不予给付。吴川县公医办经常组织财政、卫生、监察、物价、保险等有关部门到挂钩医院检查，发现问题及时制止，情节严重的，通过县政府通报处理。蕉岭县保险公司加强对病案的核查，做到不惜赔、不错赔、不滥赔。如果是由于医院的医风和管理有问题而造成保险公司损失的，经保险公司警告无效者，取消其作为指定医院的资格，整顿后方予恢复。顺德县保险公司在业务量较大的两个县城医院设了专职驻院管理员，随时抽查病案，核对情况，对各乡、镇的定点医院，则由保险站人员定期上门检查。

三、“附加住院医疗保险”的社会效益

1. 进一步满足了广大群众日益增长的医疗保障需求。由于“附加住院医疗保险”中不包括门诊医药费，只保住院医疗，所以突出了重点，集中解决投保人医疗支出中最大的风险，以较少的保险费赢得可靠的保障，很受广大职工、农民的欢迎。目前，广东省已开办了“团体人身保险附加住院医疗保险”、“团体人身意外伤害保险附加住院医疗保险”、“简易人身保险附加住院医疗保险”、“中小学生平安保险附加意外住院医疗保险”、“少儿两全保险附加住院医疗保险”、“老人长寿保险附加住院医疗保险”等业务，保障面扩大到包括从6个月婴儿至百岁老人的广大城乡居民。仅1990年至1991年两年间，就处理住院医疗保险赔案66609宗，共支付医疗保障金2839.8万元。由于开办了“附加住院医疗保险”业务，不少县医院的病床周转率比往年提高了40%。

2. 促进了医疗监督机制的建立和健全。保险公司派出驻院代表对住院被保险人的医疗费用逐一审核，同时也对医院的医疗水平和医德、医风进行评定。被指定的医院信誉较高，医院不再靠开大处方和过量服务来提高经济收入。这样，既保证了投保人和保险公司的利益，又调动了医院的积极性。过去，顺德县的干部群众看病爱上广州，保险公司在本县指定了13家医院后，为医院争取了病人，医院收入得到增加。蕉岭县中医院曾因管理不善，造成医疗费长期严重超支，被保险公司取消了其指定医院的资格。后来，医院在经济效益急剧下降的情况下，努力改进作风，加强内部管理，保险公司又恢复了其指定医院的资格。至今该医院的管理和医药收费都比较正规，1/4的收入来自医疗保险。

3. 有效地控制和减少了医药费用的开支。由于保留了自保部分，投保人要自负20～30%的医药费用，这样，被保险人不得不关注医药费的开支。这与以往的公费医疗、劳保医疗、农村合作医疗中权利和

义务不统一的状况形成了鲜明对照。据统计，吴川县开办“附加住院医疗保险”业务以来，公费医疗的人均实际支出，1986年为116元，1987年为108元，1988年为113元（全省为207元），1989年为118元（全省为378元），1990年为132元（湛江市为434元，全省为378元），这在全湛江市乃至全广东省都是最低的。蕉岭县华侨农场1987年医疗费用支出32万多元，单位已无法承受。1988年该场参加了团体人身保险及其附加住院医疗保险，支出保险费1.4万元，加上门诊医疗费发放4万多元，全年医疗费支出共6万多元，比1987年度少支出26万多元。既节约了经费，又减轻了企事业单位处理医疗费用的工作量。顺德县大良镇府又管理区1989年的合作医疗费用开支为6万元，1990年为9万元。1991年参加附加住院医疗险统保后，全年医疗费实际开支仅为5.2万元，大大地减轻了集体经济负担。

4. 有利于新老医疗制度的衔接和过渡。由于参加“附加住院医疗保险”的人均保费每年支出只有30～60元，使原来实行公费医疗、劳保医疗的单位，还有钱用来支付报销门诊医疗费（一般都已按不同年龄或工龄段分发个人包干使用），用来报销住院医疗费个人自负部分，和用来补贴老同志的医疗开支。但是对于保险公司审核不能报销的开支，单位不予报销。这样，既不会由于实行新的保险制度，使干部职工特别是老同志产生降低医疗保障水平的威胁感，又能凭借保险公司客观公正的力量，解决单位想管又管不好的老大难问题，有效地控制了医药费开支。为此，1991年4月，中共广东省委书记谢非同志到顺德县视察，对保险公司开办“附加住院医疗保险”给予了充分的肯定，认为这件事办得好，并要求认真总结经验，逐步在全省推广。目前，各种“附加住院医疗保险”业务已经在全省各地普遍铺开。

（李伦树　执笔）

1991 年我国城镇住房制度改革概况

国务院住房制度改革领导小组办公室

我国住房制度改革在经历了十几年的探索和试点之后，1991 年取得了重大突破和实质性进展，结束了一段时期以来的徘徊局面，进入了全面推进城镇住房制度改革的新阶段。

一、调整领导机构

领导重视是住房制度改革取得进展和成功的关键。1991 年 3 月 19 日，国务院办公厅下达国办发〔1991〕19 号文件，即《国务院办公厅关于调整国务院住房制度改革领导小组组成人员的通知》。国务院住房制度改革领导小组组长由国家体改委主任陈锦华同志担任，副组长由建设部部长侯捷、国家体改委副主任刘鸿儒、中国人民解放军总后勤部副部长刘明璞同志担任，顾问由建设部总规划师储传亨同志担任。国务院房改领导小组的基本任务是：受国务院的委托，具体领导全国住房制度的改革工作，审议和协调房改中的重大政策问题，对房改进行统筹规划、指导试点、拟定政策、组织协调，为国务院决策提出建议，审批各省（自治区、直辖市）、各部门的房改方案。

国办发〔1991〕19 号文件明确规定，国务院住房制度改革领导小组办公室（以下简称国务院房改办）由建设部改设到国家体改委，作为国家体改委的一个司局级机构。国务院房改办具体负责办理国务院房改领导小组的日常工作。

国务院领导同志对房改十分重视，把房改作为经济体制改革的重要组成部分。调整后的国务院房改领导小组及其办公室进行了卓有成效的工作，使城镇住房制度改革在 1991 年迈出了新的步伐。

各省（自治区、直辖市）、市、县相应充实和加强了房改领导小组和房改办的力量，特别是上海、北京、天津、陕西、武汉、广州、深圳等省市较好地解决了房改机构和编制问题。

二、最大城市率先突破

1991 年 2 月 28 日，国务院正式批复了《上海市住房制度改革实施方案》。历经 14 个月的准备，《上海市住房制度改革实施方案》于 5 月 1 日正式出台实施。上海拥有 1276 万人口，是中国最大的城市，在上海市全面实施房改，是中国住房制度改革历史上的一个意义深远的大事，标志着房改在大城市的率先突破。

上海市采用“五位一体”的实施方案，具体包括：推行公积金，提租发补贴，配房买债券，买房给优惠，建立房委会。

1. **推行公积金**　公积金是一种义务性的长期储金。上海市借鉴新加坡的成功经验，在中国率先实行了公积金制度，这是我国住房制度改革方法的一项重大突破。具体办法是：职工个人及其所在单位每月按职工工资的一定比例缴交公积金，两者均归职工个人所有。1991 年职工和单位的公积金缴交率分别定为 5%，以后随着经济发展和个人收入的变化每年公布一次。公积金由上海市公积金管理中心负责归集、管理和使用，具体的归集和存贷业务由上海市公积金管理中心委托中国人民建设银行上海市分行房地产信贷部代理。改革初期，公积金实行低利率制，比照银行活期存款利率结算利息。对于公积金的提取和使用有明确的限制：个人提取公积金只能用于购买自住住房、自建自住住房、私房的翻建与大修；单位原则上可以有偿使用本单位职工结余的公积金，用于住房建设。建立公积金制度的目的在于，通过长期、强制性储蓄积累，提高职工家庭解决自住住房的能力，筹集和融通住宅建设资金。

2. **提租发补贴** 上海方案将原公有住房租金提高了1倍，达到每平方米居住面积0.42元，折合每平方米使用面积0.30元左右。在提租的同时，按职工工资或离退休费2%的比例核定补贴金额，逐月发放住房补贴。明确规定了补贴资金的来源，提租后增加的租金收入专项用于住房维修。另外还规定了必要的租金减免政策。

3. **配房买债券** 上海规定新分配使用的新旧公有住房，住户必须认购上海市住宅建设债券后，才能获得住房使用权，并须按规定缴纳房租。住宅建设债券由上海市人民政府担保，由公积金管理中心负责发行、使用和偿还。1991年债券认购基数为每平方米建筑面积20～80元，今后随物价指数的变动而调整。债券可按规定流通、转让，1991年发行的债券利率为3.6%，不计复利，5年后一次还本付息。

4. **买房给优惠** 单位分配住房时，实行先售后租的原则。符合分房条件的职工，买房给予优惠。新房优惠价按住房本身建筑平均造价计算，1991年定为每平方米建筑面积250元，占新房平均综合造价的1/3；旧房优惠价按住房本身建筑的重置价（即上一年新建同类住房的本身建筑造价）乘以成新折扣作为基价。分期付款者，首期付款不得低于房价的30%；分期付款年限为10～15年。优惠价房可以继承，购房款付清并住满5年的可以出售，售房收入按原个人购房款占当时平均综合造价的比例由个人与原产权单位分享。优惠价房出售后回收的资金，专项用于住房建设。国家给予一系列税费减免优惠政策。

5. **建立房委会** 成立"上海市住房委员会"，作为上海市人民政府推行住房制度改革的决策、研究、管理和监督机构。住房委员会实行委员制，其委员由市长任命。市住房委员会下设市房委会办公室和市公积金管理中心，负责处理日常工作。

能否取得广大群众的理解和支持是房改成败的关键。上海市组织了规模宏大的全体市民房改大讨论，认真听取群众的意见和建议，共对房改草案做了19处较大的修改，取得了人民群众的理解和支持。对全市职工1%抽样调查结果表明：对房改方案持赞成和可以接受态度的占84.6%，不赞成的占9.7%，持无所谓态度的占5.7%。上海全民讨论的方法，后来为许多城市所采纳。

上海房改方案的实施对全国的房改具有极为重大的影响和推动作用，即人们常说的"上海效应"：第一，结束了1989年以后房改徘徊不前的局面，上海方案出台之后，全国反映强烈，标志着新一轮房改高潮的开始。第二，以往的房改试点偏重于中小城市和县镇，而大城市的情况复杂、矛盾尖锐、问题突出。上海方案的出台标志着房改在大城市的率先突破。第三，上海采取了全面配套的住房制度改革，五项具体方案相互配合补充，形成一个有机整体。自上海方案出台后，各省、自治区、直辖市上报的房改方案均采用了上海模式，综合配套的住房制度改革的时机已基本成熟。第四，加强立法、建立规章，把房改纳入法制轨道。《上海市住房制度改革实施方案》经市人大常委会正式审议批准。市人民政府颁布了14个规章、共236项条款，分批下达了14个实施意见和细则，基本上形成了一套操 作性很强的房改政策体系，使新的住房制度一开始就有法可依、有章可循。第五，公积金制度开辟了新的稳定的住宅资金筹集渠道，1991年上海共筹集公积金4亿元左右，预计今后每年7.3亿元。目前上报国务院房改领导小组的各省、自治区、直辖市的房改方案都有公积金制，预计公积金制将在各省市普遍推开，成为适合中国国情的重要房改措施。我国的公积金制将从住房开始，逐步推广到养老和医疗保险，成为社会保障制度的重要内容。由于领导重视、群众支持、措施得力，上海房改方案实施后秩序井然，进展顺利，社会稳定，效果显著。

从总体上看，上海方案注重于筹资建房，机制转换的效果不够明显。实行公积金、配房买债券的基点在于有效地筹集住房建设资金。上海采取了小步提租补贴的办法，其提租幅度和水平远远低于早期实行房改的烟台、唐山和蚌埠。向职工个人出售的新房基价为每平方米建筑面积250元，加上鼓励一次性多付现款折扣，实际售价更低。而上海市区新建住宅的综合开发成本为每平方米建筑面积850～1700元，商品房平均销售基价为每平方米建筑面积1100～2200元。上海市没有提出划转和建立城市、单位、个人三级住房基金的要求和规定。上海方案出台后，许多省市"逆向攀比"，都采取小步提租补贴办法，租金都提到每平方米使用面积0.30～0.40元，售价大都定在每平方米建筑面积250元左右。有些原准备大幅度提租的城市和单位纷纷退缩，向上海方案看齐。致使新一轮房改的力度和机制转换效果普遍不大。目前上海已注意到这方面的问题，正在研究制定进一步深化改革的办法。

三、全国其他城镇房改取得新进展

据初步统计，截止1991年10月，全国共有12个城市、13个县镇进行了全面配套的住房制度改革，另外还有300多个城市和县镇进行了单项改革。

第二次全国房改工作会议后，国务院住房制度改革领导小组先后于10月5日、12月26日和12月29日正式批复了江苏省、天津市和陕西省的住房制度改革总体实施方案。江苏省在大灾之年毅然决定1992年全省11个地市同时启动房改。三大直辖市之一的天津市决定在1992年1月1日起实施房改。陕西省成立了各级住房制度改革委员会，下设办公室和住房资金管理中心，较好地解决了机构和资金管理问题。

烟台、唐山、蚌埠等早期试点城市的房改进展情况良好。1991年底，烟台市已从空转进入实转；唐山市实转起步，提租两步到位；蚌埠市正积极准备全面进入实转。深圳市房改迈大步，1991年每平方米使用面积平均月租金达到2.75元，新房售价每平方米建筑面积480元，旧房售价为每平方米建筑面积330元。

江西省房改已呈全面铺开之势，截止1991年底，共有5个市县进行了整体配套改革，9个县进行了模拟运转，39个市县实行了单项改革。北京市采取了“农村包围城市”的战略，截止1991年底，远郊11个区县的房改已全面铺开。其它实施房改的城镇也都取得了程度不同的进展。

四、总体规划，全面部署

1991年6月，国务院颁发了《关于继续积极稳妥地进行城镇住房制度改革的通知》，即国发〔1991〕30号文件。这是继国发〔1988〕11号文件之后，国务院颁发的有关城镇住房制度改革的又一重要文件。30号文件在充分肯定11号文件的基础上，总结了新的房改实践，在某些方面有所前进和发展：

第一，明确了住房制度改革的根本目的是要缓解居民住房的困难，不断改善住房条件，正确引导消费，逐步实现住房商品化，发展房地产业。

第二，提出了部分产权理论。明确提出按市场价购买公房者，购房后拥有全部产权；按标准价购买公房者，购房后拥有部分产权。

第三，实行新房新制度。为使新建住房不再进入旧体制，实行新房新租、先卖后租、优先出售或出租给无房户和住房困难户等办法。

第四，要求积极组织集资建房和合作建房，大力发展经济实用的商品住房，优先解决无房户和住房困难户的住房问题。

第五，明确提出了房改的属地原则：在同一市、县内的房改政策、办法和实施步骤应当统一，所有单位，不论隶属关系，都应服从当地人民政府对住房制度改革的统一部署。

第六，强调国家统一政策的严肃性。要求各地严格按照国家有关住房制度改革的统一政策规定执行，因特殊情况需突破国家统一规定和政策界限时，须经省、自治区、直辖市人民政府审查同意，由国务院房改领导小组和国家体改委核报国务院审批。

1991年10月7日是“世界住房日”。经国务院批准，国务院住房制度改革领导小组召开了“第二次全国住房制度改革工作会议”。由各省、自治区、直辖市主管房改工作的领导带队，房改办、体改委、建委、财政、人民银行负责房管的领导参加了会议。李鹏总理接见了部分会议代表，并做重要讲话。邹家华副总理两次到会，并在会议闭幕式上做了重要讲话。国务院房改领导小组组长、国家体改委主任陈锦华同志做了《认真总结经验，积极稳妥地推进城镇住房制度改革》的工作报告。会议还精选了江西省、内蒙古自治区、上海市、烟台市、唐山市、蚌埠市、成都市、深圳市、江西铅山县、河南巩义县、北京大兴县、黑龙江鸡西市、第二汽车制造厂、辽宁金城造纸厂、国营江南机器厂、武汉铁路分局、蚌埠棉纺织印染厂，以及烟台、蚌埠市的住房银行等19个典型经验介绍。这是在中国城镇住房制度改革的关键时期召开的一次重要的会议，确定了我国住房制度改革的目标、原则和政策，并就全国的房改进行了总体规划和全面部署。

1991年11月23日，国务院办公厅转发了国务院住房制度改革领导小组《关于全面推进城镇住房制度改革的意见》，即国办发〔1991〕73号文件。73

号文件是中国城镇住房制度改革的一个纲领性文件，标志着我国进入了全面推进城镇住房制度改革的新的历史阶段。

自1980年4月邓小平同志提出我国住房制度改革的总体构想至今，中国的城镇住房制度改革经历了12个年头。中国的房改历程可概括地分成两大阶段：第一阶段从1980年至1990年，这是中国房改的探索和试点阶段；第二阶段自1991年起，我国的房改进入了全面推进、综合配套改革的阶段。1991年是我国城镇住房制度改革的转折点，房改在这一年里取得了实质性重大进展。

我国城镇住房制度改革的目标、原则、政策和部署如下：

1. 住房制度改革的指导思想和根本目的 住房制度改革是经济体制改革的重要组成部分，是人民群众十分关注的重大问题。住房制度改革的基本指导思想是：按照社会主义有计划商品经济的客观要求，遵循计划与市场相结合的原则，逐步进行机制转换，实现住房商品化和社会化，创立具有中国特色的新的社会主义住房制度。

2. 住房制度改革的分阶段目标 "八五"目标：以改变住房低租金和无偿分配制为基本点；力争达到三项因素（维修费、管理费、折旧费）计算的房租水平；重点解决危房户、人均居住面积3～4平方米以下的困难户和无房户的住房问题；使人均居住面积达到7.5平方米，住房成套率达到40～50%；建立城市、单位、个人三级住房基金；通过改革建立机制转换的基础。

十年目标：到2000年努力达到以五项因素（维修费、管理费、折旧费、投资利息、房产税）计算的成本租金水平，使家庭消费结构基本趋于合理；人均居住面积达到8平方米，住房成套率达到60～70%；发展房地产市场，建立住房融资体系；加速机制转换，达到小康居住水平。

长期目标：达到以八项因素（前五项加土地使用税、保险费、利润）计算的商品租金水平；实现每户有一套舒适的住房，住房成套率大大提高；形成房地产市场和住宅融资体系；实现住房商品化和社会化。

3. 住房制度改革的基本原则 坚持租、售、建并举的原则。提高公有住房租金是住房制度改革的核心环节，向居民个人出售新旧公有住房是住房制度改革的基本措施，按商品租金和市场价格出租和出售公有住宅是住房商品化的重要标志。房改的最终目的是增加供给、解决居民住房问题，必须多方筹资，加快住房建设。要形成一个提高租金、促进售房、回收资金、加速建房的良性循环。

坚持政府、单位、个人三者共同负担的原则。房改必须体现三方共同负担的原则，充分发挥三个积极性。三者共同负担是整个机制转换过程中必须始终遵循的长期原则，要逐步扩大个人负担的比重。不仅在租房、售房上，而且在建房等环节上都要贯彻三方共同负担的精神。

坚持统一政策下的因地制宜、分散决策原则。住房制度改革的目标模式、原则政策、任务部署等大政方针必须服从中央的统一决策，各地不能各行其是。另一方面，我国地域辽阔、人口众多、情况复杂，各地在经济发展、消费水平、居住条件等方面的差异很大。因此，房改的具体步骤、办法和措施不能搞一刀切，只能走因地制宜、分散决策、方式多样的路子。

坚持机制转换原则。房改绝不仅仅是为了筹集住房资金，更重要的是机制转换和制度创新。机制转换的要点是：改变现有住房资金的筹集、分配和管理体制，从固定资产投资的指令性计划管理体制变为商品生产投资的指导性计划管理体制，从积累形式的计划分配变为消费形式的商品分配，从分散无序的资金筹集变为规范有序的资金筹集，在理顺各种资金渠道的基础上建立住房基金，实现住房资金的良性循环；建立规范化、可调控的住宅市场，充分发挥租金、价格等市场机制的积极作用，依据市场原则进行住宅商品的生产、交换、分配和消费；把目前大量的暗补转化为明补，纳入职工工资，通过逐步增加工资调整住宅消费比重，使消费结构趋于合理；发展房地产业及其相关产业，合理调整产业结构；发展房地产金融业，建立住房融资体系；实现住宅社会化经营管理，解脱企业办社会负担，创造劳动力合理流动的条件。

4. 住房制度改革的主要政策

第一，提租与补贴问题。合理调整公有住房租金是房改的核心环节，大幅度提租是不容回避的客观过程，房改的首要问题是要踏踏实实地作好提租工作，合理地调整租售比价。提租必然会涉及到居民的承受能力，补贴因而成为大幅度提租的必要条件。提租补贴是个长期过程，必须始终坚持"多提少补"的原则，要严格禁止"少提多补"，同样"只提不补"也是不现实的。要逐步加大个人负担的比重，起步之初由于提租基数较低，可适当加大新增租金中个人负担的比例。小步提租易于起步，但提租幅度普遍过小将延迟机制转换的时间，因此起步后要加大提租力度、加快提租步伐。文件要求1992～1993年至少将租金提到两项因素，有条件的市县和单位可大幅度提高房租，应争取达到三至五项因素。一些地区在理顺租金、小幅度提租时可以不补贴。对于低收入职工、离退休者、社会救济户和优抚户，在一定时期内可实行减、免、补政策。

第二，售房与产权问题。向居民个人出售新旧公有住房是推行住房商品化的基本措施之一。按一定的价格出售相应的住宅产权是目前售房的基本思路。以市场价购买住房者相应地获得全部产权，可以合法出租、出售、抵押、继承、赠予，目前只适用于少数高收入者。

按标准价向职工个人出售住宅部分产权是目前售房的主要形式，国务院文件对此已有明确规定。标准价包括住宅本体建筑安装造价和征地拆迁补偿费。按标准价购房者只能获得部分产权。部分产权强调的是永久使用权和继承权，主要是解决职工的自住问题，同时有受限制的出租、出售处分权和收益权。以标准价购得部分产权的住宅，住满5年后方可投入市场出租或出售，原产权单位拥有优先租用权或购买权，出租或售房的纯收益按政府、单位、个人的产权比例进行分配。按标准价出售部分产权是总结了十余年售房经验和教训的基础上形成的，比较符合目前的实际情况。但标准价和部分产权都是住房商品化过程中的临时措施，随着改革的深入，标准价应逐步提高向市场价靠拢，部分产权所包含的权益应相应增加，逐步接近全部产权。

为防止国有资产的大量流失，要严格禁止任何借口的贱价售房。不得在标准价基础上再搞七折八扣的优惠。最新颁布的国办发〔1991〕73号文件，在标准价售房问题上开了一个政策口子，考虑到居民的承受能力，在起步阶段，征地拆迁补偿费可暂由单位适当负担。因此按标准价售房最低不得低于住房本身的建筑造价。

目前社会上出售的商品房价格畸高，摊入了大量不合理的费用，要采取切实可行的办法把价格降下来，鼓励各地搞经济实用住宅的开发试点。

第三，新房新制度问题。为使新建住房不再进入旧的住房体制，从而加大改革的困难，对1992年1月1日起投入使用的新房（包括新竣工的住房和迁出腾空的旧公房），全面贯彻先卖后租、新房新租、有偿租房的原则，实行新房新制度。要在贯彻“多提少补”的原则下，较大幅度地提高新房租金，未能一步达到成本租金时，可采用认购住房债券或交纳租赁保证金、以息补租的辅助办法。为保证新房大幅度提租，规定新房提租补贴的资金来源，企业可全部进成本，机关、事业单位可全部列入财政经费预算。

第四，住房基金问题。中央文件一再强调建立城市、单位、个人三级住房基金，以便统一规划、融通、使用。要把基建投资中的住房投资划转出来，把住房修缮拨款固定下来，列入城市住房基金；把企业用于生产和住房消费的资金分列，建立规范化的单位住房基金；公积金是建立个人住房基金的有效方式，各地要正确引导，逐步推行。另外要通过提租、售房、收取租赁保证金、发行住房债券、组织住房储蓄等形式，广开住房资金筹集渠道。各级人民政府要切实做好住房资金的筹集和转化工作，凡是房改出台的城市，都要把住房基金建立起来，并把基金管好用活。目前许多省市都在当地住房制度改革领导小组或住房制度改革委员会、住房委员会下设立了住房资金管理中心或公积金管理中心，实践证明这是集中归集、规划、使用和统一管理住房资金的好形式。

第五，住房金融问题。我国的住房金融发展滞后。实践证明，没有住房金融的配套，房改起步后无法运作。目前迫切需要建立一笔集中调度、统筹使用、可供融通的住房信贷资金，循环滚动使用。区分政策性信贷和经营性信贷，并按其不同性质采用不同的管理体制和办法是切实可行的。对于经营性信贷，要充分发挥各金融机构的积极性，按现行规定拓展业务。随着房改政策的落实，将建立起一笔为数可观的有专项来源的政策性信贷资金。对政策性信贷，要划分出专项资金来源，单独核算、自主经营、自负盈亏、自求平衡、就地完税、国家在计划安排、信贷规模、利率、税收等方面给予优惠，由住房资金管理中心委托银行办理信贷业务，发挥地方政府和银行两个积极性。要大力开展抵押贷款、购房保险等金融业务。

烟台、蚌埠两市开办了住房储蓄银行，要继续积极探索，总结经验，扩大试点。建设银行和工商银行积极服务于房改。截止1991年10月，建行在全国共设立了1269个房地产信贷部，工商行在32个省、自治区、直辖市、计划单列市的分行建立了1000多个住房储蓄营业机构。

第六，住房投资和建设体制问题。要把现行由国家、企业统包的住房投资体制，转变为政府、单位、个人三方共同负担的投资体制。经过多年改革，情况已发生了很大的变化，1991年全国住房建设投资中，国家财政（中央和地方）约占23%，企事业单位筹资约占60%，个人出资部分约占17%。各地集资建房、合作建房发展很快，成绩显著。计划、金融、财政、税收、城建、规划、土地等有关部门应积极支持、扶持。要正确引导和改革现行房产开发建设体制，确立政府对房价的有效调控和制约机制，努力降低住房造价，搞好经济实用房的开发。

第七，住房管理问题。实现住房社会化经营管理，解脱企业办社会的负担，创造劳动力合理流动和生产要素重新组合的条件，是房改的基本目的之一。与住房商品化一样，住房社会化也是一个长期的过程：首先可在企业内部实行分离，把消费性住房与生产用房分开管理，专项核算，自成体系，独立运营；然后以信托方式把住房委托给社区或股份制住宅租凭公司经营管理，逐步实现住房社会化。

第八，房地产市场问题。房地产市场是社会主义市场体系的重要组成部分，建立规范化的房地产市场是房改的客观要求。在设计房改政策时，要充分考虑房地产业的发展和房地产市场的发育。要加强法制建设，逐步建立和完善一整套住房租赁、交易和租金价格管理的市场法规体系，把房地产市场纳入规范和法制的轨道，形成一个可调控的住房租凭、交易、抵押的房地产市场体系，充分发挥市场的积极作用。

5. **住房制度改革的近期部署** 中央要求近期内要在全国范围内全面推行城镇住房制度改革，形成全国房改的大气候。各直辖市、省会（自治区首府）城市、沿海城市和有条件的城镇要在1992年底以前率先进行全面配套的住房制度改革；其余的城市和县镇凡是有条件的，都要力争在1992年底以前起步。原来已进行住房制度改革试点的城镇、企事业单位要按既定政策、原则和办法继续推行和深化改革。

（张京 执笔）

上海市积极开展住房制度改革

上海市经济体制改革办公室

一

在整个80年代，上海市历届政府都把解决市民住房问题作为城市建设中头等大事来抓，并采取了以下几项措施：

——改革住宅建设体制，改变住宅投资由国家和地方财政统包办法，开拓了企业单位自筹资金建房的渠道，扩大住宅投资和建设规模；

——把解决居住特困户列为政府办实事的重要内容，集中力量来抓；

——推行侨汇房、一般商品房和补贴优惠价房的出售；

——调整非居住用房租金，将增收的租金主要用来补贴居住用房的维修、养护费用的不足；

——鼓励个人参与住宅建设，推行了“联建公助”、“民建公助”和组织“住宅合作社”等多种合作建房形式；

——开展对全市162万户直管公房居民家庭的居住、收入、租金等方面的普查，掌握房改的各项数据并进行分析研究。

上述改革措施对解决居民的住房问题起到了一定的积极作用。这一时期的住宅建设总量占上海建国后40年总量的70%，有80余万户居民分得住房，平均每年大修住宅190万平方米。但由于这些改革措施均是单项分别出台，力度有限，再加上历史上欠帐因素和现实的资金投入不足的影响，上海的住房问题依然十分突出。全市人均居住面积在4平方米以下的困难户仍有32万户，全市屋龄在60年以上的旧式里弄房屋多达2000万平方米，还有棚户、简屋124万平方米。广大人民群众迫切要求实行住房制度改革。

二

几十年来的实践证明，不对无偿分配和低租金的住房制度进行改革，就难以解决上海的住房问题。1990年初，上海市委、市政府决心在全市范围内深入住房制度改革，消除现存弊端，逐步实现住房商品化。3月，成立了由各相关部门同志参加的“上海住房问题研究小组”，具体负责房改方案的设计、优化工作。在方案初步定稿之后，根据市九届人大常委会第二十一次会议的决定和市委、市府的要求，先选择了17个单位先行对房改方案进行了讨论，依据这些单位的意见和建议，对方案做了10个方面的重大修改。当年底，《上海市住房制度改革实施方案（讨论稿）》、房改《宣传提纲》和朱市长的房改动员报告一并见报，正式提交上海市民讨论。根据对98个单位、5万人（占全市职工总数的1%）的问卷调查结果表明，对上海市住房制度改革持赞成和可以接受态度的占84.6%，不赞成的占9.7%，持无所谓态度的占5.7%。不赞成的人员主要是一些私房户、停工待工人员、退休职工、结婚无房户、能够分到房但还没有拿到手的人、提租补贴后增支较大的户等。

1991年2月8日，上海市九届人大常委会第二十四次会议原则通过根据市民意见又做了9处修订的房改实施方案，并相应作出决议，授权市人民政府确定具体的实施细则和实施时间。2月28日，国务院办公厅致函上海市人民政府，原则同意上海房改方案。函件指出：“上海市住房制度改革实施方案体现了党的十三届七中全会和国务院有关文件的精神，有利于深化住房制度改革。实施方案经过全市群众充分讨论，基础较好，易于起步，这对正确引导个人消费资金投向住房建设，调整消费结构、产业结构和启动市场有重要意义”。

三

1991年5月1日，上海市住房制度改革首先在市区正式实施。当年12月1日，上海郊县城镇也全面推开了住房制度改革。1991年6月，上海市住房委员会成立。它是在上海市人民政府领导下推行住房制度改革的决策研究、管理和监督的机构。它的职责是：负责住房制度改革方案的实施；研究提出住房制度进一步改革的政策和实施方案；参与住宅建设的规划、计划、建设和住房管理的决策；确定住房制度改革筹集资金的使用方向；制定住房分配管理办法，并对住房分配进行监督。市住房委员会现有资金管理、房屋租金、住房分配和房屋出售与管理4个专业委员会。市房委会下设办公室和公积金管理中心。与此同时，全市已有8个委办、10个区、8个县、45个局共71个单位建立了房委会。这些房委会均有1/3以上的群众代表。他们在房改中发挥着监督管理和决策咨询的作用。

上海市住房制度改革就其内容上讲具有“三个一点，五位一体”特点；目标上具有“转换机制和建房解困相结合”的特点；方式方法上具有“群众讨论，人大立法”的特点。房改实施以后，总的来看进展顺利，群众支持，社会稳定，效果较好。

上海住房制度改革的目标是：通过改革，逐步把住房的生产、交换、分配、消费纳入有计划的商品经济轨道，实现住房资金的良性循环，加快解决住房困难，改善市民居住条件。到本世纪末，使上海市区的居住目标达到人均居住面积8平方米以上，住房成套率60%以上，人均居住面积3.5平方米以上至4平方米居住困难户的住房问题大多数得到解决，大部分危房、棚户、简屋得到改造。

上海住房制度改革的基本原则是：(1)逐步实现住房商品化和自住其力，改变低租金、无偿分配住房的制度。(2)建立国家、集体、个人三结合筹资建设住宅的机制，改变由国家、集体包下来的建房办法。(3)建立公正、权威的推行住房制度改革的决策研究、管理和监督机构，纠正住房分配中的不正之风。

上海住房制度改革的基本内容是：推行公积金，提租发补贴，配房买债券，买房给优惠，建立房委会。

四

上海市住房改革方案出台后，具体实施情况如下：

全市推行公积金制度的单位共25945个，其中郊县单位5295个。职工455万人，其中郊县职工65万人。到1992年3月底，全市共归集公积金5.87亿元。1992年全年计划运用房改资金9亿元投入住宅建设，其中安排单位购建房贷款5亿元；为解决人均2.5平方米以下特困户安排2.5亿元专项贷款；个人购建房抵押贷款0.5亿元；支持市区危房、棚户、简屋改造一次性专项贷款1亿元。当年用房改资金计划开工住宅面积为150万平方米，其中计划竣工住宅60万平方米。

上海公房租金按《暂标》提高一倍计租后，每月增加租金收入951万元，其中市区直管公房706万元，系统公房138万元，郊县城镇公房107万元。到1991年底，全市共增收租金6015万元。在市区直管公房住户163.9万户中，参加租金汇交的共108.9万户，汇交率达63.4%。这次新增租金主要用于住房维修。市区直管公房提租后的新增租金，70%用于住房维修，10%用于旧房改建，20%用于零星危房改造。

房改以后，单位分配给职工的新旧住房，住户都要购买住宅建设债券。截止1992年3月底，全市共发行住宅建设债券0.4亿元。其中一些党政领导、社会各界人士和少年儿童在已有住房的情况下，自愿认购了7.8万元。

为鼓励职工购买住房，上海远洋运输公司、上钢一厂、上海电机厂和浦东化工厂等一批企业，积极出售优惠价房，到1992年5月底共约出售10万平方米。此外，还有不少单位筹备出售优惠价房，出现了出售优惠价房的好势头。

上海市的住房制度改革，现在只是跨出了第一步，要实现中央提出的改革目标，最终解决长期以来严重困扰上海的住房难问题，还有很长的路要走，有更多、更艰苦的工作要做。1993年至1995年上海市房改的指导思想现在初步定为：推进售房，提高租金，加大改革力度，努力转换机制，加快实现住房商品化和自住其力。

（李战军　执笔）

理顺住房资金渠道，推进住房制度改革

何　玉　波

我国城镇住房制度改革是经济体制总体改革中很重要的一部分，自从1980年邓小平同志提出出售公房，调整租金，提倡个人建房买房的改革总体设想以来，已经逐步在全国各地展开。我国住房制度改革的目标是按社会主义有计划商品经济的要求，实现住房商品化，使住房这个大商品进入消费品市场，实现住房资金投入产出的良性循环。这是涉及到方方面面、千家万户、诸多领域的复杂的、综合配套的改革，通过多年房改的实践可以发现，房改中最为关键的问题是资金问题，如果改革的结果未能形成住房资金的良性循环，那么要解决群众住房难的问题就无从谈起，国家和单位想要卸下社会住房的包袱也就没有可能，住房社会化的实现将会遥遥无期，因此解决住房资金这一问题成功与否会直接影响到住房制度改革最终目标的实现。

在我国已经进行住房制度改革的地区，都把住房资金问题的解决放在很重要的位置，这里面包括住房资金划转、筹集、管理、使用等一系列环节。实践已经表明，解决住房资金是住房制度改革的关键，也是建立新的住房制度的重要组成部分。

从全国整体情况看，解决住房资金的形式大体有这样几种：成立住房资金管理中心，建立住房储蓄银行，财政部门与房改部门积极配合，专业银行成立房地产信贷部。可以说房改处于探索阶段，筹集、使用、管理住房资金的各种类型都是有益的尝试，将来在总结、提炼之后必会形成我国独特的房地产资金市场。

一、财政部门积极参与，搞好原有住房资金的转化工作

国务院国发[1988]11号文件规定：住房制度改革所需资金要立足于现有资金的转化，就是要把围绕住房生产、经营、消费所发生的资金集中起来，在同级财政部门参与下分别进行核定，变无序为有序，使之合理化、固定化、规范化，建立城市(县镇)、企事业单位、个人三级住房基金。根据国务院这一文件的要求，各地财政部门对原有住房资金的划转都给予了积极的配合。这也正是财政部门在住房制度改革中能够发挥其作用的领域。住房制度改革涉及各部门、各系统，是利国利民、减轻国家与地方压力的具有深远意义的改革，所以各地方财政部门都积极参与了这项改革。1991年10月全国第二次房改工作会上，财政部副部长张佑才对各级财政部门认真研究、参与当地的房改工作又提出了进一步的要求。一些地区的财政部门对房改表现出了极高的热情。

烟台市是我国早期房改的试点城市之一，他们从1987年8月以“提租发券”的模式“空转”起步开始，到1988年11月全部进入“实转”，在没有过多增加财政负担的情况下，实现了改革低租金的目的，产权单位的租金净收入是改革前租金收入的4.5倍，使住宅基本上具有了简单再生产能力。在改革过程中烟台市财政局发挥了很大作用。他们在对我国现行住房制度存在的问题，如住房投资由国家包下来，以近似无偿的低房租供居民使用；国家不求收回投资，而是把住房作为一种福利待遇提供给居民，国家和单位还要承担着绝大部分住房维修费和管理费等

作出分析后，得出这样的结论：住房不实现商品化，必然影响到社会主义商品市场的完整性、统一性，阻碍经济的发展；住房资金只有按价值规律进行再生产运动，才能形成资金投入产出的良性循环，推动房地产业的发展，满足广大居民对住房消费的需求。要实现这一目的，就要有供给机制的转变，这涉及到职工个人之间利益分配的调整、国家与企业分配的调整。由于目前财政在国民收入分配中占主导地位，分配格局的调整必然直接或间接地影响财政，因此财政部门必须积极参与并充分发挥其职能，才能保证住房供给机制的顺利调整和转变。

成都市财政部门在房改中通过不断的探索总结出，建立新的住房资金分配体制和运行机制，就是要重构积累基金、消费基金的内涵和比例关系，把住房投资由积累形式的计划实物分配变为消费形式的商品货币分配，逐步纳入工资，因此财政部门在支持和参与住房制度改革过程中，要主动发挥财政的分配职能，做好住房基金的核定、划转和建立工作；要注重发挥财政的调控职能，引导个人消费，特别是盘活现有公房国有资产存量。从转变住房资金分配体制和建立住房租赁新机制出发，成都市财政部门在住房基金的建立和管理两方面有其独特的思路。在建立住房基金方面，他们的做法是单位相对封闭，立足原有资金的分离和转化，建立单位住房基金；用政策鼓励单位和个人，调整消费基金的分配结构，形成个人住房基金；用预算外"大专户"办法管理住房基金，强化财政分配，在资金增量中建立城市住房基金。这样强化了财政在住房投资融资中的分配职能，同时又减少了房改中在划转财政资金时出现的困难和矛盾。在管理方面，他们的做法是在搞预算外"大专户"管理住房基金的前提下，区分情况，实行分别管理、分开管理和专项管理，将"大专户"的财务管理、分配管理同资金的运用和投资融资管理分开，把住房资金作为专项资金，不与现在财政的吃饭钱搅在一起，财政再困难也不能去挤占。他们在确定了工作的指导思想后，具体操作首先是理顺财政与银行房地产信贷部、财政与住房资金管理中心的关系，责权利一致，各负其责；其次引导单位预算外资金流向，帮助行政事业单位建立单位住房基金，明确行政事业单位可以用预算外资金收支净结余的 10%建立单位住房基金，通过这种方式已在市级行政事业单位建立住房基金 100 余万元；再者 1990 年开始在财政上建立城市住房基金，现已累计建立城市住房基金 1510 万元。成都市财政部门与房改部门一起通过不断探索，很好地解决了建立城市、单位住房基金中存在的一些问题，为成都市加大房改力度、加快改革步伐作出了努力。

天津市的房改在 1991 年作了大量的前期准备工作，为其房改方案在 1992 年初顺利出台奠定了良好的基础。其中天津市财政部门在准备工作中做了大量有益的事情，1991 年 1 至 7 月份财政部门着手起草了《天津市住房公积金管理办法》、《天津市调整公有住房租金和发放住房补贴办法》、《天津市住房资金筹集使用管理办法》等 5 个细则。他们参与制定这些办法的中心目的，在于如何筹集房改资金和解决财政负担房改资金的能力问题。为了能够掌握第一手资料，天津财政部门还直接参与了房改资金的测算工作。他们充分发挥自身的优势，很短时间内顺利摸清了全市 1990 年国营、集体企业的单位数量以及职工人数、工资总额等情况，掌握了实行公积金制度和提租补贴后国家、集体、个人在经济上的负担情况，为方案的顺利实施作了前期的保证。

当住房制度改革深入后，随着租金的提高，财政相应缩减城市维护费中的修缮费以逐步使资金走上良性循环的轨道是非常必要的。但是天津财政部门考虑到由于房改在天津刚刚起步，全市要达到管理、维修、折旧三项租金水平，大体需要 1 亿元资金，而通过提租每年可收取居民住房房租 7900 万元，与实际需要数额还差 2100 万元，为了支持住房制度改革的顺利起步，天津市财政部门决定在房改初期暂不缩减这部分经费。由于住房资金涉及面广、数量大、渠道复杂，如何管好、用好这笔资金非常关键，特别在大城市这项工作比较复杂，工作量相当大，由财政部门一家承担有困难。经过实践总结，他们认为有必要成立一个住房资金的管理机构，专门从事住房资金的归集使用和管理，这个机构应具有一定的行政职能，在财务上实行独立核算、自求平衡，属事业性质。此机构接受财政部门的监督和业务指导，向财政部门报送收支计划和财务报表。财政部门在资金管理工作中把主要精力放在发挥好业务指导和监督的职能上。天津市财政部门在房改中热心做服务工作，为房改出谋划策，在使天津住房资金归集和使用的良性循环有一个正常的运行轨道和比较科学的管理体系方面作了有益的工作。

从全国的总体来看，各地财政部门均积极地参与了当地的住房制度改革，从方案的选择、制定，数据的调查、测算，方案、细则的执行，住房资金管理机构的设置等等方面，都不同程度地发挥了财政所具有的职能，支持了房改的推进。

二、金融系统发挥自身优势，搞好住房资金融通工作

对住房制度改革诸多配套改革之一的金融体制改革，国务院国发[1988]11号文件也有明确规定：住房制度改革，要广泛而有效地筹集和融通资金，建立一套科学的结算办法，金融系统必须进行相应的配套改革，……当地政府可委托银行设立房地产信贷部，专门办理有关住房生产、消费资金的筹集、融通和信贷结算业务，实行单独核算，自主经营，自负盈亏，自求平衡，单独缴税。国务院这一文件下达后，建设银行和工商银行两大专业金融机构分别积极行动起来，大张旗鼓地进行宣传，配合当地房改部门，推进住房制度改革，表现出了非常显著的筹融资职能作用。

成都市建设银行成立房地产信贷部的指导思想是“服务房改，利在地方”，融“服务、管理、经营”为一体，走出了一条兼顾地方经济利益的房改金融新路子。他们首先为房改提供了全方位的金融配套服务，形成了能够辐射全市，有利于房改单位就近开户，及时办理结算的服务网络，而且坚持开展上门收款服务，保证单位房改资金的安全和存入专户。他们拟定了《代收职工住房款的暂行办法》，共累计收回售房现金8000余万元，同时向参加房改的单位提供咨询服务。其次，通过服务加强了管理，信贷部始终坚持“支持房改与加强管理统一起来，把动用住房资金与理顺住房资金结合起来”的原则。他们按已批准的方案和有关规定理顺交存了4000余万元的住房基金，保证与充实了住房资金。同时他们采取“单位房改资金用一点，单位当年留利自筹一点，职工个人掏一点，政府税费免缓一点，房地产信贷部酌情贷一点”的办法，累计投放了16935万元的房改贷款，支持80余户房改单位按计划建成50余万平方米9127套职工住房，取得了良好的社会效益。第三，妥善经营，管好用活资金，实现资金自求平衡，至1991年底他们共吸收有关的各种住房资金存款28088万元，在资金运用上一直按照信贷为主、拆出为辅、不留缺口、自求平衡的原则，重点支持符合条件又建立了住房基金的房改单位，3年累计发放各类贷款20525万元，并且充分利用了资金使用的时间差和行际差，使信贷部的资金使用率始终保持在80%左右的高水平上。通过采取各种方法，信贷部至1991年底已用税后收益为成都市政府建立住房基金1578.4万元，形成了政府对住房解危解困的启动机制，很大程度上推进了房改。

广东省建设银行在深化金融改革为房改服务过程中，开拓了新的业务领域——“供楼”贷款业务，自1990年4月在江门市试办到现在，全省已有16个市分行和30个县(区)支行开办了此项业务，取得了较好的经济效益和社会效益，实践证明这是一种有益的尝试。通过实践，他们总结出开展这项业务的几点好处：第一，“供楼”贷款业务的开展有利于住房制度改革的推进，符合国家提出的房改要发挥中央、地方、企业、个人积极性建设住宅的方针，改变了长期以来住宅由国家包下来的单一渠道的投资体制，江门、佛山开办此项业务以来共发放“供楼”贷款3454万元，扶持购房9.8万平方米，效果良好；第二，有利于促进商品房的销售和建设，可以给发展住宅建设注入生机和活力；第三，有利于引导居民消费，吸存住宅建设资金，相对减轻了消费市场的压力。为了配合全省房改的全面推开，他们及时总结试点经验，反复征求意见、进行研究，于1991年四季度制定了《建设银行广东省分行房地产信贷部购房借款分期还款(供楼)试行办法》，颁发至全省建设银行。“供楼”贷款业务经过了试办和全面推广两个阶段，截止到目前，全省建设银行吸收“供楼”存款累计106408万元，存款余额19925万元，发放“供数”贷款累计32021万元，贷款余额24524万元，通过“供楼”贷款销售的商品房累计7728套，建筑面积52.6万平方米，解决了7700多户2.7万多人的住房困难，初步获得成效。“供楼”贷款业务，支持了住房商品化方针；帮助城镇居民解决了购房难的困难，受到群众、政府的欢迎和赞扬；活跃了房地产市场，使前几年滞销的房地产市场走出了低谷；开拓了银行新业务，建立了新型的银企关系，银行帮助开发企业打开商品房销售渠道，开发企业为“供楼”贷款提供房源，互相支持、互相配合、互相依存。广东建行“供楼”贷款业务的开展，是金融系统服务房改的一种积极有益的探索，它将会在未来的实践中不断完善。

工商银行系统以其强大的实力，也投入到住房制度改革的大潮中，为政府、为企业服务。重庆市工商银行很早就参与了房地产金融工作，到1991年在

信贷部已经开立住房基金专户1594户，存款余额达26621万元，累计贷款1.1亿元，支持单位和职工个人购建商品房23.6万平方米。他们在为房改配套服务的指导思想明确后，第一建立健全了服务体系，以现有机构人员为依托，形成了覆盖全市的机构、人员、网络一整套的服务机制；第二积极开展住房金融业务，充分运用银行筹资、融资功能，协助企业统筹安排、平衡协调，制定了“先存后贷，存一贷一，存一贷二，以存养贷，以存吸贷”的存贷款相结合的办法。几年来他们共向70多个单位提供建房贷款5596万元，建房12.44万平方米，为近20个单位提供购房贷款1621万元，购房3.6万平方米。他们在营运中始终坚持社会效益为主，在旧城改造、新区开发，为社会提供居民住房，在住房的生产、经营、流通、消费各个领域，都发挥了中介作用，尤其是对集资建房和一些特殊情况的需求，他们不仅在资金上支持，而且在利率和还款时间上也给予照顾。他们共为推行集资建房的企业提供贷款500万元，极大地支持了当地房改的进程。

太原市工商银行以一种崭新的姿态出现在房改金融配套的服务行列中。他们通过实践走出了一条“三合一”集资建房的房改新路子，开辟了筹集住房资金的新方法。太原市工商银行认识到，住房制度改革要改变住房无偿分配的福利制，将住宅纳入商品经济的轨道，就要改变多年来形成的低租金、等级分配的旧观念，而当前的实际是职工收入低、企业资金不足、国家财力有限，鉴于此他们确定了多方位筹集住房资金的方针，制定了职工集一点、单位拿一点、银行贷一点的“三合一”集资办法。几年来他们以这种方式共吸收存款3.5亿元，银行累计发放贷款16429.75万元，共建成商品房45万平方米，解决了6000多户职工的住房问题，改善了职工的居住条件，有效地促进了住房资金的良性循环。他们针对不同消费结构的消费需求，逐步推出了4种住房储蓄方式：一是鸳鸯卡，解决大龄青年结婚无房的突出矛盾，购买此卡即可获得住房使用权；二是解困卡，解决单位间住房苦乐不均的不平衡问题；三是寿星卡，针对老年人的心理、身体和生活需求，建造老人公寓；四是住房卡，面向社会公开出售。通过这一系列的措施，广泛地筹集、融通资金，为房改提供了方便、迅速、优质的服务。

西安市工商银行房地产信贷部，经过探索形成了自上而下的工作体系，到1991年年中，信贷部各项存款已达20654万元，各项贷款10997万元，共支持了22个项目，建造20多万平方米的商品房，解决了约4000户职工居民的住房困难。他们为了组织更多的住房资金，进行全市的普遍摸底，采取“存一贷二，存一贷三”的办法，按照这种办法企业可以优先取得贷款，解决建房资金的不足。由于信贷部的工作方法对头，极大地调动了企业分离住房基金的积极性，到1991年他们已吸收分离的住房基金3055万元。在分离住房基金的工作中，他们采取以下几种办法：首先，选择职工住房困难大、经济效益好的企业，分次分离，逐步到位；其次，对存贷款大户进行摸底调查，分类排队，分离住房基金；第三，动员企业算经济帐，多办理一些中长期贷款，利用利率杠杆调动企业建立住房基金的积极性。几年中，西安市工商银行房地产信贷部工作的中心任务是控制贷款总量，调整贷款结构。他们采取规模集中管理，贷款项目和贷款规模配套下批的做法，取得良好效果。到1991年年中住房的贷款占贷款总额的比例较1989年上升了4.6个百分点。信贷部通过实践摸索出发放单位购建房贷款应该掌握的几个原则，一是贷款项目必须有国家批准的正式计划；二是必须坚持职工先集资、企业拿一部分、银行贷一部分的办法；三是贷款必须坚持“安全性”，要有经济担保或抵押。在房改没有大规模展开的时候，信贷部的信贷资金实力不强，为了能集中有限的资金解决群众的住房问题，他们始终坚持优先支持房改试点企业购建商品房，优先支持城市新建住宅小区的开发建设，优先支持旧城“低洼地”改造，他们将好钢用在刀刃上，使有限的资金发挥了较好的社会效益，支持了西安市房改的顺利起步。

三、住房资金管理中心是筹集、管理、使用住房资金的较好组织形式

上述事实表明，财政部门与金融系统在住房资金的划转、筹集、管理、使用过程中有着非常重要的职能作用。但也正是由于他们这种职能部门的特性决定了他们的局限性，只能在住房资金的整体运转中完成部分工作而无法承担全部职责。这在客观上就要求形成一个具有宏观调控、微观营运管理职能的机构，负责对分散于各部门、各单位的住房资金进行统一的筹集、管理和计划使用。因此，住房资金管理中心的出现，是大势所趋，顺应了住房改革和社会

发展的需要。

住房资金管理中心是随着住房制度改革的不断深入而产生的一种对住房资金较为有利的筹集、管理、使用的组织形式。继国务院批准的上海房改实施方案中出现这种模式之后，天津、北京、江苏、山东、辽宁、陕西、河南等省市已向国务院住房制度改革领导小组报批的方案中，均要以住房资金管理中心这种形式来管理当地房改中所发生的住房资金。各地管理中心具有宏观管理与安排资金使用的双重职能，保证了房改中所集中起来的各项资金可以统一调度使用，专项用于住房制度改革所需要的各个方面，并且有利于较好地协调地方一系列围绕住房资金而发生的矛盾。从各地成立的住房资金管理中心来看，都是在地方政府住房制度改革领导小组或住房制度改革委员会的领导下工作，并且都是以事业性经济实体的形式出现，接受财政部门的监督、指导，与各专业银行是委托与被委托的关系，使“中心”与财政部门与银行的关系明朗化，减少住房资金筹集、使用过程中许多不必要的手续，真正使住房资金能够做到统一调度、使用。这样，一个地区可以集中资金解决住房最困难户，也为将来住房实现社会化打下良好的基础。

上海是我国特大城市中最先统一起步进行房改的地方，他们开了住房资金管理中心这一形式的先河。由于我国房改因地制宜、分散决策的政策界定和全国房改大气候、大环境等因素的制约，使得上海目前于“中心”里所发生的住房资金只有公积金和住房债券两项，即使如此到1991年底上海已归集资金4亿元左右，可以看出社会筹措住房资金的潜力非常大。由于“中心”是事业性的经济实体，不具备金融机构的职能，因此“中心”将信贷、结算等金融业务委托给专业银行负责，风险由“中心”(也就是政府)来承担，而专业银行将这笔资金的营业收入也全部转移给“中心”，“中心”再按一定的比例向银行支付手续费，这样资金的流向、效益完全由“中心”掌握，可以使资金在全市宏观的角度上统筹安排使用，真正做到住房资金取之于民用之于民。同时采用这样的形式也避开了金融机构之间目前存在的矛盾，由于是采取委托的形式，主动权就掌握在“中心”手里，以开户或比例分配的形式委托给专业银行承办业务，业务涉及到哪个专业银行就委托给哪家专业银行，减少专业银行之间的直接接触，不损伤任何一家专业银行对房改的热情，充分调动他们的积极性以支持房改的深入。从现在上海住房资金管理中心运行的情况看，对公积金的收缴、资金的宏观管理、资金使用的计划、对大额贷款的审查以及委托建设银行上海分行办理信贷、结算等业务各个方面，均显现出正常良好发展的趋势。

此外，天津、武汉等地的资金管理中心也已经相继成立。他们对住房资金实行分类管理，即：对城市住房基金实行统一集中管理和计划使用；对单位住房基金，其使用权不变，“中心”进行监督、检查；对个人住房基金，也就是公积金、住房建设债券等，“中心”进行营运管理，使资金增值。“中心”是以服务当地住房的生产、经营和消费为宗旨，进行住房基金管理、筹集与分配、平衡与协调的经济活动，履行聚财、理财、用财的权力和义务，实行单独核算、自求平衡。“中心”会同有关部门制定住房资金的筹集与使用计划，建立住房资金的预算、决算制度，对承办房改金融业务的金融机构和有关企事业单位及个人进行监督和检查住房资金政策执行的情况。在各地的房改实践中可以看到，住房资金管理中心是一种有效地筹集、使用、管理住房资金的好形式，是住房制度改革过程中管理和运用住房资金的方向，它对促进住房的生产、改善人民群众的居住困难将发挥越来越重要的作用。

1991年11月，根据全国第二次房改工作会形成的意见，国务院办公厅转发了“国务院住房制度改革领导小组关于全面推进城镇住房制度改革意见的通知”，即国办发[1991]73号文件，这个文件是国务院国发[1988]11号文件的补充和发展，进一步明确了住房制度改革中所应遵循的原则、政策，其中之一就是房改要始终坚持机制转换的原则，即要改变现行资金分配体制，把住房资金作为积累形式的计划实物分配变为消费形式的商品交换分配，使目前实际用于职工建房、修房的大量暗补资金转化为明补资金，逐步纳入职工工资；要通过财政、税收、金融等方面的配套改革，在理顺目前围绕住房所发生的各种资金渠道的基础上建立住房基金，逐步形成能够实现住房资金良性循环的运行机制；要通过调整产业结构，开放房地产市场，发展房地产金融和房地产业。可以看到，我们的房改是任重而道远，而住房资金这个关键性的问题涉及条条、块块，涉及许多部门和系统，是房改中的难点。为此，各部门、各系统应该协同合作、克服难关，共同完成我国住房制度改革的大业。

抓住机遇，敢探新路，全区铺开
——上饶地区开展住房制度整体改革

江西省上饶地区行署

一、基本情况

上饶地区位于江西省东北部，与安徽、浙江、福建三省接壤，总面积为22791平方公里。下辖两市（上饶市、德兴市）、十县（上饶县、铅山县、广丰县、弋阳县、玉山县、横峰县、万年县、波阳县、婺源县、余干县）。有23个建制镇，258个乡。全区总人口589.6万人（其中市镇人口为85.01万人）。

上饶地区是江西省全面开展城镇住房制度整体方案出台实转的地区。上饶地委、行署在全面总结铅山县试点成功的基础上，作出了1991年在全区全面开展房改的决定。

这一决定，得到了广大城镇人民的热心拥护和积极参与，取得了明显成效。截止1991年12月31日，全区共出售公房32914套，计建筑面积198.52万平方米，预收售房款11330.98万元，集资建房8437套，总建筑面积55.36万平方米，预收集资款4809.38万元，两项合计，全区回笼资金突破1.6亿元。加上1992年一季度扫尾结算款6000余万元，总计全区回笼资金2.2亿元。同时，全区共清退空关、多占房939套（处），面积4.57万平方米，换房314户，面积1.61万平方米。铅山县试点继续巩固、深化、完善、提高，1991年推出了7个配套政策，房屋开发又取得新进展。

二、主要作法

上饶地区住房制度的改革，归纳起来主要有以下做法。

（一）领导重视，建立责任制

全区房改从起步到实转，地委、行署和各县（市）党政主要领导同志始终重视房改工作，实施具体指导和解难释疑。同时从以下四个方面努力保证房改的顺利运转：

1. 建立了房改的责任机制。1991年3月在第一次全区房改会议上，行署专员刘德旺与各县（市）长签订了房改责任状，在房改工作上建立了最高行政纪律和责任制。同时，为了保证房改责任制能落到实处，地委、行署联合下发了《关于将住房制度改革工作列入创评先进县（市）活动的主要内容的通知》，地区房改领导小组下发了《关于开展住房制度改革工作目标责任考评活动的通知》，从而在全区建立了较为完善的房改工作目标责任管理制度，为全区房改顺利铺开奠定了基础。

2. 房改工作列入了党政的重要议事日程。行署常务会，地委、行署联席会多次专题研究了房改问题；地委、行署主要领导经常关注房改进展；在地直单位房改动员大会、房改运转报告会上，地区领导均出席会议，有力地促进了全区房改。各县（市）党政领导及时为房改排忧解难，真正做到多抓、多管、管好、管细。

3. 领导亲自撰文，为房改指明方向。1991年初，在全区房改铺开之际，地委书记卢联灿就亲自撰写了《坚定不移地走改革之路》的文章，阐述了从铅山县房改得到的启示，强调了全区全面铺开房改的重要性、必要性、紧迫性、现实性。在全区房改将进入实转之时，行署副专员陈椿年在《赣东北报》上发表了《写在房改运转之时》，阐述了全区房改进入运转后应该注意的问题，并就具体操作提出了要求，为房改的顺利推进起了重要作用。

4. 各级领导率先垂范，带头参加房改。全区房改进入实转后，地委、行署6套班子领导带头参加房改。许多党政领导还主动退出了空房关房、多占房。领导的行动，消除了群众等待、观望和疑虑情绪。

（二）建立健全机构，形成房改网络

地委、行署打破常规，1991年全区房改一开始，就迅速成立了地、市（县）一级常设机构——房改办，使全区房改的决策和各项措施落到了实处，并促使各县（市）政府相继正式成立了房地产管理局和房改办、房地产公司、房地产开发公司、房地产交易所、资金管理所、房地产信贷部等房改配套机构，保证了全区房改的操作和运转。目前，全区房改网络覆盖面达100%。

（三）统一政策，分散决策

房改涉及面广，政策性强，各地情况千差万别，又不能搞一刀切。为此，全区房改坚持统一政策，分散决策的原则。

1. 行署制定颁发了〔91〕98号《全区全面开展城镇住房制度改革的若干规定》，确立了“通过提租起步、售房、建房出成效，逐步向住房商品化过渡”的全区房改总体思路，形成“租、售、建、管”综合并举、联带序列的上饶房改特色。并制定了全区的提租、公房售价、建房计划、机构设置、建立基金等统一标准。

2. 全区在集中指导，总体平衡的基础上，允许各县（市）因地制宜、分散决策，选择不同的房改方案和实施步骤。12个县（市）中，铅山、波阳、玉山、横峰采取提补方案，一步将租金提到准成本租金水平；德兴、广丰、弋阳、余干、上饶县采取分步实施，起步不补的方案；上饶市、万年县、婺源县实行分步到位，小提少补的方案。12个县（市）的房改方案和实施步骤不同，但都坚持提租大于补贴的原则。

（四）强化房改宣传，把好舆论导向

房改涉及到千家万户的切身利益，为了使房改深入人心，家喻户晓，全区房改宣传围绕地委、行署提出的以“导向、时机、形式、力度”四个基本点为指导思想，展开了多形式、多层次的房改宣传工作。

1. 利用多种宣传工具，如广播、电视、报纸、简报等进行大张旗鼓的宣传。

2. 采取多种形式，如召开房改动员会，咨询报告会，开辟“房改天天谈”、“热门话题”、“大家谈”等专题，进行深入的宣传。

3. 根据房改进展情况，确定不同的宣传重点。全区房改一开始，就开展组织观看房改宣教片《冲出黑洞》的活动，宣传面达80%以上；当房改行将进入实转的前1个月，上饶电视台采用倒计时的方法，每天公布离房改实转的时间，使群众参与房改有了紧迫感。全区还组织召开了两次千人以上的房改咨询报告会和4次地、市老干部房改座谈会，解答各类疑难问题。

（五）协调各方关系，形成综合力量

房改是一项复杂的系统工程，涉及到方方面面，为了调动各方面的力量共同搞好房改，我们注意协调好两个关系。

1. 部门之间的关系。主要是协调好与房改有关的体改、财政、计划、物价、土管、金融、税务、城建、工商、监察等相关部门的关系。这些部门都给予了大力支持和配合。

2. 条块之间的关系。为了确保条条主管的单位参加当地房改，行署主要领导多次专门进行协调，地区房改领导小组还下发了《关于部分条管单位房改有关具体问题的通知》，并及时批复了8个条管单位的指导性方案，较好地解决了地市、条块交叉、同步辐射等难题，使条管单位都按属地原则积极参加了当地的房改。

三、全程管理

为了进一步推进房改，地区准备在房改全面推开的基础上，实行住房制度改革全程管理，并成立全区房改全程管理委员会。

住房制度改革全程管理的内容主要有:(1)计划管理,包括住房建设计划和物质需求计划;(2)财政管理,包括住房资金管理、财政财务管理和国有资产管理;(3)房改金融管理,包括各种存款、贷款的管理和存贷利率的管理;(4)价格管理,包括新房综合价、标准价、旧房重置价、标准价,并按年度制定和公布公房价格,住宅商品价,公布市场交易价和非住宅协议价,确定各个时期房改提租的幅度及制定房价;(5)加强住宅地的管理和利用,发展地产业;(6)房产管理,包括租赁管理,交易市场管理、公房的养护维修管理,以及房产品开发管理等;(7)城市建设管理,重点是住宅新区的开发管理,老城区的改造管理、规划管理、住宅设计管理、施工管理、建筑材料管理,住宅新区配套设施的建设管理等;(8)其他相关行业的管理;(9)房改自身的业务管理。

全程管理委员会对全区各县、市房改行使领导权,地区房改办在房改期间对各县、市房改各有关职能部门、各配套机构行使主管部门领导权。

地区各有关部门涉及房改的有关业务从原有分管业务中切块划出由管委会管辖。对应的科室及专业实行原主管单位与地区房改办双重管理。在不打乱原主管秩序,发挥各职能部门优势的前提下,形成综合力量,推进改革,逐步实现机制的转换与完善。

从实际出发，积极稳妥地推进住房制度改革

四平市人民政府

四平市是吉林省房改试点城市。全市房改方案已经于1991年10月1日起正式出台，实施后，运行顺利，反映正常，效果明显。现在，我市住房制度改革正朝着深入健康的方向发展。

一、房改的主要内容

《房改实施方案》的具体内容是：提租发补贴，分房买债券，买房给优惠，合作建住房，建立住房基金，加强房改领导。

1．**提租发补贴**　市区内直管和自管公房以使用面积计租。即使用面积平均每平方米月租金为0.40元。提租后，对租住公房的在职职工和离退休职工发给住房补贴。补贴额为标准工资的2％，一次核定，不做变动，逐月发给。原部分职工享受的25％的房租补贴相应取消。

提租发补贴后，对于社会救济户和离休老干部等，实行减免补照顾。社会救济户和无工作的烈士配偶等新增租金全免。抗日战争以前参加革命工作的离休老干部，新增租金扣除家庭补贴后，全部由单位报销；抗日后至建国前参加革命工作的，新增租金扣除家庭补贴后，由单位报销50％；已故离休老干部配偶无工作的，比照上述办法执行，有工作减半执行。

对于住房超标准的，实行超标加租。根据职工住房标准，超过规定标准建筑面积5平方米以上者，再提高两倍计租。

2．**分房买债券**　为了广筹住房建设资金，实行有偿分配住房。新分配住房的职工、居民要认购四平市住宅建设债券，取得住房使用权。

住房建设债券按建筑面积认购。认购基数为50元至80元。并根据住房所在地段相应增减。住宅建设债券年利率为3.6％，不计复利，5年后一次还本付息。对于生活有困难的分房户，经所在单位担保，可以分期认购住宅建设债券。动迁户等，也实行一定的照顾。

四平市住宅建设债券由四平市财政局担保发行，所筹资金专项用于四平市住宅建设，认购债券的职工所在单位可以有偿使用。

3．**买房给优惠**　为了鼓励职工购买住宅，逐步实现住房商品化，公有住房向符合分配住房条件职工、居民优惠出售。

向职工出售的公有住房执行标准价格。以工程建筑造价加征地或拆迁补偿费为基本标准价格。

现住户购买现住房，优惠标准价10％；一次付清房价款，优惠应售价的20％；可以实行分期付款购买住房，可以使用本人及直系亲属住房基金购买住房。贷款实行低息优惠。

职工购买住房后，产权归已，可以继承，住满5年以后可以出售。原产权单位有优先购买权，售房款由售房个人与原产权单位按比例分享。

4. **合作建住房** 凡具有本市市区常住户口的无房户、困难户职工、居民，在自愿的基础上，都可以加入住宅合作社建造自住住宅。合作建住宅，职工承担住宅工程建筑造价；由单位给予适当补贴，承担征地和拆迁补偿费及配套设施费用；国家适当减免有关税费，加以扶持。1992年，合作建房，个人承担部分以建筑面积计价，每平方米最低不低于300元。

合作建住房的产权归己，可以继承，住满5年以后可以出售。资助单位有优先购买权，售房收入由资助单位与售房单位共同按比例分享。

5. **建立住房基金** 凡是具有本市市区常住户口的在职职工，要按标准工资的一定比例建立个人住房基金，职工所在单位按一定比例给职工建立住房基金。1992年住房基金存储比例是：个人按标准工资3%，单位按标准工资2%。住房基金归职工个人所有，专项用于购买自住住房、翻建、大修私房和已购自住住房。

6. **加强房改领导** 要建立强有力的房改领导机构和工作机构，形成全市房改工作网络。同时加强房产行业管理，实行配套改革。

房改以来，我市群众在住房上有几个变化：第一、住房观念发生变化。认识到住房条件的改善，不能再单纯依赖国家和集体，个人也要投入一定的资金实现住房消费。第二、筹资渠道发生变化，到1991年底，职工群众筹资已达1500余万元，占全年住宅投资的30%，大大缓解了住房投资紧张状况。据测算，5年后，如房改方案全部到位，可筹集住房资金近亿元，加上各单位原有的住房投资，每年可建26万平方米住宅。到本世纪末，实现人均住房居住面积8平方米的目标，将大有希望。第三、住房消费水平发生变化。房改后，人们看到今后住房必须根据自己的经济能力来选择，出现腾大房，合理消费的势头。

二、房改的做法和体会

四平市房改《实施方案》已经正式运行，有了一个良好的开端。总结我市房改工作，我们有以下几点体会：

1. **领导重视是搞好房改的动力** 四平房改所以能够迈出实质性步伐，就是因为领导的重视和支持。省委、省政府的主要领导多次到四平市调查了解房改工作，亲自到四平市进行现场办公，帮助解决四平市房改中所遇问题。市委、市政府把房改工作列为我市1991年经济体制改革主要任务，列入市委重点抓好的两项工作之一，列入市政府工作日程。同时在房改中市委、市政府领导积极带头，以自身模范行动推动房改。在市级领导带动下，各级干部积极参加房改，市委、市政府两个机关最先办完提租补贴手续，带动群众自觉参加房改。

2. **群众参与是搞好房改的基础** 市委、市政府始终把动员群众参与房改作为成功的基础，切实抓好。从房改方案构思、形成到运行以至在房改的每一个阶段，每一个重大环节，都广泛放手发动群众，倾听群众意见，吸纳群众的建议，都让群众参与，因而得到了群众的理解和支持。人民群众了解房改的目的和作用，他们就会真心实意拥护房改，参加房改。

3. **实事求是是搞好房改的根本** 我市房改的方案坚持了实事求是的原则，从四平市实际出发，不急于求成，坚持了迈小步、不停步、不走回头路的方针，坚持了国家、集体、个人三者承受能力的结合，所以，房改方案出台后，群众反映正常，执行顺利，效果明显。

4. **提租补贴是搞好房改的核心** 实现住房商品化，核心是逐步使现有住房租金标准体现商品价值。四平市在房改中，以提高公房租金为核心，全面房改，使群众看到低租金的危害，看到今后租金的发展趋势，使得房改措施得以较为顺利落实。

5. **建立机构是搞好房改的保证** 四平市房改实践已经证明了这一点，改革一开始，我们就成立了强有力的房改办事机构，从有关部门抽调一批懂业务的同志抓房改工作，并从各方面，为他们创造了良好的工作环境，使四平房改进度快，效果好。

6. **解决住房困难是搞好房改的根本目标** 我市下力量抓好住宅建设工作，首先是组织群众参加合作建房，使那些住房困难、有钱买不到房的人，尽快住上可心的住房。积极组织解困，使住房困难户有望解决住房。立足资金转换，为多建住房做好资金准备。

（张文辉　执笔）

呼兰县加快房改步伐，促进经济发展

哈尔滨市经济体制改革委员会

哈尔滨市呼兰县是一个已有270年历史的老县城。全县辖8镇13乡，幅员面积2612平方公里，人口64.9万人，县镇居民25250户，人口11万人。呼兰县工业基础比较薄弱，经济较困难，是财政补贴县。1986年前，县镇居民住房大都为砖木结构的平房和土草房，楼房极少，也有相当数量的房屋破旧不堪，完好率仅达40%。1986年末，县镇人均住房面积只有5.6平方米，很多缺房户几代同堂，大多数青年结婚无房。县直房管处每年收取60万元的租金，只能维持维修管理人员开支，县政府每年要拿出40万元的资金，用于房屋维修。城镇建设落后，道路，给排水和其他基础设施都很差。

自1987年以来，县委、县政府大胆决策，采取单项突破的办法，推进住房制度改革。

一、呼兰县房改的几点做法

1. 出售公有旧住房。呼兰县直管房产23万平方米，其中住宅占81.4%。由于实行低租金，以租养房入不敷出。经过可行性论证，实行公有旧住房出售。具体办法是：按质论价，每平方米40～180元。在集资回收方面，采取分期付款和一次性付款两种形式。实行出售公有旧住房办法，共售出非临街的土草、砖草、砖瓦结构的三、四类住宅10.2万平方米，回收资金800万元。县房管部门用这笔资金建造10栋楼房，面积为2.8万平方米。其中，住宅1.3万平方米，公企和商服用房1.5万平方米。使县直管房屋完好率由过去的40%提高到1991年的70%以上。

2. 实行新房新租制度。新建房屋的月租金由原来的每平方米使用面积0.36元，提高到1.40元，基本达到了以租养房的目的。出租商服用房，实行协议租金，每平方米建筑面积月租金由原来的0.53元提高到8.02元，基本实现了商品经营。实行新房新租制度后，县房管部门的房租年收入由原来的60万元增加到150万元，初步形成了房产资金的良性循环。

3. 实行集资建房。自1987年至1990年，全镇有51个单位集资达12800万元，建成有上下水道和集中供热的多层楼房79栋，共31.8万平方米。有4632户，1.4万居民迁入新居，占全镇人口的13%。集资建房的主要形式有两种：一是部分产权即职工集资为主同单位适当补贴相结合的办法。一般职工集资占房屋造价的2/3左右，企业补贴1/3左右，实行部分产权，职工只有使用权，搬迁时退还房屋，返还集资款，室内自修公共部位和主体结构，由企业出资修缮。这样的楼房有8栋，造价821.5万元。居民375户，占住宅楼进户总数的12%。二是单位组织集资建设楼房，建设费用完全由职工个人集资。平均每平方米建筑面积造价300～400元，产权大部分为个人所有。用这种办法共建设楼房38栋，造价6384万元，居民2737户，占进户总数的59%。

4. 实行租赁保证金办法，职工交纳租赁保证金，每户交7000～10000元，起租进户，这样的楼房13栋，投资2130万元，安置707户，占进户总数的15%。

5. 鼓励个人营建私房。积极鼓励居民按照规划，利用原有的宅基地营建私房。自1987年以来，全镇共建私有房屋1752栋，9.8万平方米。按工程建筑面积每平方米250元测算，共投资2450万元。

二、呼兰县房改取得明显成效

呼兰县积极推进住房制度改革，大大地改善了居民的居住条件，使县镇人均住房面积由1986年的5.6平方米提高到1991年的8.3平方米，房屋完好率达到75%，新增住房面积等于建国初期县城住房面积的总和的一半。实行住房制度改革，还为全县经济带来了新的转机。

1. 促进了建筑行业发展。1987年前，全县仅有2家建筑公司和几个建筑维修队，职工仅千名。到1991年已经发展到8个建筑公司，职工7000多人。建筑建材行业产值占全县工业总产值的比重为16.9%，近3年实现利税500万元。建材业的砖厂和水泥厂生产有较大增加，年产红砖4000万块，水泥4.3万吨，绝大部分在县城内销，有时供不应求。近年来实现利税328万元。县城的建材商店由改革前的23家增加到130家，年营业额达1500万元。

2. 促进了第三产业发展。近年来，通过房改为第三产业提供房源39350平方米，兴办了686个商业网点。通过集资建房，形成了2公里长的商业一条街和一个商业服务完善的住宅小区。4000多万居民搬入新居后，装修房屋，添置家具、家电，使社会商品销售额明显增加，促进了相关行业经济的发展。

3. 安置了待业人员，促进了社会稳定。实行住房制度改革，促进了相关产业发展，全镇兴办了686个商业网点，共安置待业人员2894人，建筑业比1986年增加了6000人。几年来，共增加就业人员8894人，占城镇就业人数的15.6%，缓解了城镇就业压力，促进了社会稳定。

4. 减轻了财政负担，有效地转变了消费结构。自1987年以来，财政修缮房屋投资减少了160万元。改变了居民消费结构，使群众的消费资金从购买家电和高级衣料转向改善住房条件上来。几年来，共集资建楼31.8万平方米，群众集资12800万元，县财政没拿一分钱。

5. 改善了城镇环境。实行房改，人们搬入新居后，共拆除大小烟囱2300多座，采取集中供热的办法，大大减少了烟尘排放量。城市道路、给排水及其他基础设施也得到了明显改善。几年来，共铺设柏油路14公里，给水管网络遍布全镇，日供水量达万吨，铺设了地下排水管线10公里，集中供热网络供热面积达26万平方米，使城镇的环境和居民生活环境得到了明显的改善。

（张洪滨、王友顺　执笔）

集资合作建房千万间 国家企业职工俱欢颜

辽宁金城造纸总厂

辽宁金城造纸总厂座落在锦州市东25公里的大凌河畔。企业现有职工11000余人。是一个已有半个世纪生产经营历史的以亚硫酸镁盐法制浆造纸的国家大一型企业，现为我国最大的书刊印刷纸生产基地。

自党的十一届三中全会以来，这个厂为职工建造住宅54000平方米，1326套居室，解决困难户1000余户。但是无房户还有500多户，再加上1985年以来企业招收的青工3000多人陆续成家立业，每年又出现一大批新分户、新立户大约160多户，住房紧张的矛盾仍然十分突出。

为了解决职工的住房问题，他们从1987年开始，按着国家、企业、职工个人共同负担的原则，实行了集资建房和合作建房，共建造职工住宅96000平方米，1737套居室。5年建房数是解放后38年建房总数的77.5%，使绝大部分职工改善了住房条件，住房特困户已经全部解决。人均居住面积由1986年的4.47平方米到1991年末增长到8.7平方米，超前9年实现了我国到本世纪末，职工人均居住面积8平方米以上的“小康”水平。

一、从福利制建房迈入集资建房

1987年初，这个厂采取了向职工集资的办法进行建房。为了做好集资建房工作，他们把厂里的经济力量和职工缺房情况，向全厂职工交了底，说明只靠工厂那点钱建房子，10年、20年、30年也解决不了问题。要想很快有房住，就得自己拿点钱，和工厂一起合伙建房子。他们制订了具体集资方案。方案规定：凡夫妻双方系在本厂工作的，只要交建房资金1万元，就可得到56平方米的一套两室一厨一厅楼房。方案公布后，招来了部分人的非议，但是他们还是大胆地集资，结果不到3天，就有100多户职工填表报名。根据职工的报名情况，他们按着职工工龄的长短排了45户。交款那天，45户职工全部交齐了房款。第一次集资建住宅楼就是这样试验成功了。后来很多职工纷纷要求厂长多盖些集资住宅楼，就是老工人以及中层以上干部也都这样要求。于是他们根据职工的强烈要求，又集资建筑了7幢。

1987年至1989年3年间，他们采取集资办法，建造住宅楼8幢，共计387户，20250平方米。

二、从集资建房走向合作建房

集资建房从表面上看，职工的住房好像是做到了有偿分配，但实质上还没有真正从福利制住房中彻底地分离出来。因为向职工集资款到5年后还要如数还其本人，虽然不计利息，但是对企业来讲，也是个不小的负担。所以，他们意识到，只有彻底改变旧的住房制度，才能从根本上实现住房建设投入产出的良性循环。因此，1989年下半年，他们开始组织职工创办住宅合作社，实行合作建房。其主要作法是：

1. **搞好宣传教育，转变职工思想** 为了让职工认识合作建房的性质，他们首先向职工讲清合作建房的意义、作用和好处，以及它与商品房的区别；其次宣传今后住房制度改革的方向，就是向合作化、商品化、社会化的方向发展，不再搞福利制建房。通过合作建房的宣传，使全厂广大职工从思想上认识到买房合适，买房合算，晚买不如早买。从而转变了职工旧的住房观念。

2. **制订建房方案，明确产权归己** 1989年7月，他们根据职工思想转变的情况和职工购买合作住宅楼的人数，召集了财务、房产、基建等有关部门参加的会议，专题研究试办住宅合作社，建筑合作住宅楼的有关事宜，并且结合实际拟定了《金城造纸总厂建筑合作住宅楼实施方案》。方案规定，建筑合作住宅楼的主体土建工程由职工个人投资；外管网工程（包括上水接通、下水接通、供热接通、绿化、铺路、闭路电视天线安装、消防管路接通、照明线路接通等）均由厂方补贴投资。同时还根据楼层、住房面积确定了不同的价格。两室一厨一厅楼房，建筑面积为55.47平方米、56.52平方米，最高价格为18300元，最低价格为14500元。一室半厨一厅楼房，建筑面积为40.76平方米、44.46平方米，最高价格为14500元，最低价格为9500元。即每平方米平均价格为300元。这样，职工可以按照自己的经济承受能力来选择所需要的档次和楼层。方案还明确规定，凡职工购买合作住宅楼后，产权归己，可以继承，受法律保护，在一定时期内可以出售和转让。但继承、转让和出售的对象必须是本厂职工。这样既保护了职工的利益，又使合作建房处于可控状态。

3. **企业领导重视，带头支持子女购房** 住宅合作社是群众性的合作建房组织，它是在企业的领导下负责集资、建房、管房、维修等一系列工作。当住宅合作社章程和建房方案一公布，就引起了厂党、政领导的高度重视，并且厂党委还把合作建房工作当作工厂的一项重要工作纳入工作议事日程，明确一名副厂长主抓合作建房工作，并在基层配备了得力的工作人员。除此之外，厂各级领导还积极带头为自己的子女和亲属购买楼房。职工看到厂长的子女和党委书记的亲属都购买了合作楼房，全厂立即出现了入社热和购房热。

4. **汇集建房资金，抓好四个环节** 为了抓紧合作住宅楼的筹建工作，他们注意抓好四个环节。一是组织抓号工作，确定出正间和套间；二是要求购房者必须按着自己所购买的档次和楼层一次性交齐房款；三是抓好资金收储工作，保证购房户啥时交款啥时收；四是对汇集的建房资金在未转入建行之前要抓好利息结清退还工作。

5. **落实承包计划，加快施工进度** 为了保证合作住宅楼的施工进度和质量，他们成立了由11人组成的承包集团，并且厂部与承包集团签定了承包合同。合同规定：在保证施工质量的前提下，如果工期缩短一天承包集团受奖，否则受罚。两年来，他们采取合作建房的形式，共汇集个人建房资金2132.01万元，共建造住宅楼25幢，1450户，总建筑面积为75247平方米。这些住宅楼的建造都实现了当年集资，当年组织施工，当年交付使用。

6. **建立健全法规，加强售后管理** 随着住宅合作社房屋的增多，出现了合作住宅楼应如何管理的问题。他们的办法是：按照住宅合作社的章程，坚持集资、建房、分房、管修一条龙的原则，同其他公有住房一样将合作住宅楼管理起来。对楼房的公共部位（即走廊、楼梯、屋面防水，楼内下水等）采取了住户统筹资金，统一负担的办法，第一年每平方米建筑面积的维修费，每月暂收0.02元，然后按相关折旧率逐年递增。楼外的地下管路和公共设施，售后权属不变，由产权单位进行维修和管理。楼内的电器、暖气、自来水和管线等按专业归口进行维修和管理。同时，他们还建立了一整套的配套措施，比如，《住宅合作社房屋居住管理暂行办法》、《住宅合作社房屋产权管理细则》、《住宅合作社房屋维修管理暂行条例》、《住宅合作社房屋维修费缴纳办法》等等，从而使企业与职工个人合作建房的新生事物巩固和发展下去。

（杨玉秋　执笔）

积极推进城市土地使用制度改革

国家土地管理局政策法规司

1991年是土地管理工作由开创阶段转入深化改革和全面建设阶段的第一年，深化土地使用制度改革的任务被提到土地管理的中心地位。年初，在全国土地管理局长会议上，专题研究了土地使用制度改革，提出了稳步推进和深化改革的任务；年底召开了全国土地使用制度改革座谈会，总结了一年来改革的成绩、经验和存在问题。1991年，在党中央、国务院和各级党委、政府的领导下，在有关部门的支持下，经过土地管理战线全体人员的艰苦努力，土地使用制度改革特别是城市土地使用制度改革取得了显著成绩。主要体现在三个方面：一是土地有偿使用的范围进一步扩大；二是改革的内容迅速推向深入；三是通过举办土地使用制度改革市长研讨班，这项改革进一步提上政府工作的议事日程。

一、继续推进国有土地使用权出让工作

为了积极稳妥地把土地使用制度改革推向前进，3月，在全国土地管理局长会议上，专题研究了1991年及今后一个时期土地使用制度改革的问题。会议提出，1991年要认真贯彻《中华人民共和国城镇国有土地使用权出让和转让暂行条例》，继续抓好土地使用权出让工作。使国有土地使用权出让量在整个土地供应总量中所占比重逐渐增加。逐步扩大试点范围，以东南沿海城镇为重点，根据各地经济和环境条件，有计划地向内陆地区城镇扩展。有条件的地方，可在金融体制改革的支持下，实行由政府“统一征地、统一开发、统一出让”的土地供应办法。

1991年国有土地使用权出让形势蓬勃发展。一是出让工作最活跃的东南沿海，主要是广东、福建、海南、浙江、上海5省市。发展势头方兴未艾。海南、厦门、深圳、珠海、汕头5个经济特区和中山、佛山、东莞、惠州已全面实行有偿出让。二是国有土地使用权出让地域由东南沿海向东北沿海以及内地延伸。1991年山东青岛、烟台、威海、日照、淄博5市也全面推行土地有偿使用制度。辽东半岛的出让工作起步较晚，但1991年却成为对外出让土地使用权的热点地区。一些内地省份、地区也开展了出让试点，并取得了可喜进展。三是出现了外商投资开发经营成片土地的新形式。它经历了由低级到高级，由小片分散到集中连片，由单一的工业用地开发到工业、农业、基础设施综合开发的3个阶段，目前已形成相当的规模。

土地使用权出让地域由东南沿海向东北沿海以及内地扩展，使东北沿海及内地焕发了生机。黑龙江、湖北、河北、四川、新疆等省区进行了出让试点，广西、吉林等省出让工作正在积极筹备中。河北省1991年推出40多幅土地使用权供出让，这些地块遍及全省18个地、市。在辽东半岛上，来自日本、美国、新加坡、香港、台湾等地的客商相继到大连、营口、沈阳等地购买土地使用权投资建厂。在大连经济技术开发区，中日双方已达成一项协议，合资组建开发管理有限公司，成片开发总面积2.1695平方公里的“大连工业团地”。据不完全统计，3个城市与外商正式签定的土地出让协议已达19项，出让土地总面积137.9万平方米。

据不完全统计，截止到1991年8月底，全国有

17个省、区、市共有偿出让国有土地使用权1071幅，出让总面积2500公顷，收取出让金25亿元人民币。

1991年各地在进行土地使用权出让工作的同时，加强了有关方面的配套工作。四川省国土局与国有资产管理局联合发出通知，要求开展地价评估工作，成立地价评估机构，进行评估人员的资格认证。深圳市在进行土地使用权出让时，注意与住房制度改革协调配套，使住房制度改革得以顺利进展。其做法是：土地供应与住房供应模式相适应，将各类住房用地的供应纳入土地供应计划。福利商品房用地由市国土局免地价协议出让给房管局，由房管局负责组织建设、分配、经营、管理；微利商品房用地由国土局减地价协议出让给房管局；市场商品房用地一般采用招标、拍卖方式出让。深圳市土地使用制度改革不仅与住房制度改革协调配套，而且促进了住房制度改革。

二、清理整顿土地使用权自发交易市场

清理整顿划拨土地使用权自发交易市场（也称"隐形市场"）是1991年土地使用制度改革的一项重要工作。

近年来，随着有计划商品经济的发展和土地使用制度的改革，划拨土地使用权的自发交易市场非常活跃。其主要表现形式：一是房屋连同土地使用权一起出售，地价包含在房价中；二是出租房屋连同出租土地使用权，地租包含在房租中；三是以地易房、以地易物；四是以土地使用权为资本，进行联建、联营活动，建成后按一定的比例分配房屋或联营分红；五是单纯买卖土地使用权；六是直接出租土地；七是以土地使用权抵押债务。此外，还有在企业兼并中转让土地使用权等。

土地使用权自发交易市场形成的主要原因是：土地作为生产要素之一，各行各业都需要它。改革开放以前，单位通过行政划拨方式获得国有土地使用权，划地为牢，而且各单位占用的土地数量、地理位置不尽合理，一般来讲，土地的利用率也不高。改革开放以后，随着国民经济的不断发展，由于各项建设事业和人民群众生活的需要，不得不大量征用耕地，加上人口急剧增长和一些乱占滥用土地现象的发生，使我国的耕地面积愈来愈少，土地资源日渐紧张，土地的流动成为一种趋势，并逐步形成市场，各种形式的土地使用权交易行为应运而生。

土地使用权自发交易市场的特点：一是交易数量大。在市区繁华地段和城乡结合部尤为突出。首先表现在进行土地使用权交易的户数（单位、个人）多。据重庆市对繁华程度不同的3个街道390户调查，其中186户属私下转让、出租土地使用权，占总调查户数的47.7%。其次，是交易的土地使用权宗数多、面积大。这个市1989、1990两年发生土地使用权违法交易5000多起，房产面积约50万平方米。二是交易主体范围广。从土地使用权交易行为的主体范围来看，有公司、企业、其它组织和个人，也有各级党政军机关、事业单位和团体，远远超过了国务院第55号令所规定的范围。三是地价、地租高。据调查，房屋出租最高年租金，重庆达每平方米8600元，温州每平方米3000元，杭州、乐山每平方米2000元，高出当地政府规定的标准房租的几十倍，甚至几百倍。其高出部分主要是地租。四是发展呈上升趋势。杭州市调查了土地使用权转让、出租238例，发生在1988年、1989年、1990年的数量分别为30例、62例、146例，案例数量和转让、出租面积都在增加。

土地使用权自发交易市场的形成，应该说有它积极的一面，即有利于调剂土地余缺，提高土地利用率，促进土地资源合理配置。但是目前出现的划拨土地使用权的交易，绝大多数不是依法进入市场，而是搞私下交易，这种交易存在着严重的弊端：一是造成土地资产的大量流失，使应该由政府收取的地租流入单位和个人的腰包，据调查和测算，每年土地资产流失约100亿元；二是影响了城镇土地统一管理和统一规划；三是加剧了社会分配不公，助长了不正之风；四是诱发了土地投机，滋生了一些炒买炒卖地皮的不法分子，扰乱了社会主义经济秩序。因此，深化土地使用制度改革，正确引导划拨土地使用权的交易行为，是一项十分重要工作。

鉴于土地使用权自发交易的情况，国家土地管理局提出清理整顿土地市场，加强划拨土地使用权管理的要求。要通过清理整顿，把划拨土地使用权的自发交易引导到先办理出让手续、补交出让金，然后进行转让、出租和抵押的运行机制上来。重庆、杭州、抚顺、乐山、荆州、温州、延吉、哈尔滨、南昌、昆明以及辽宁等地根据国家局的要求，在调查研究的基础上，依据国务院第55号令，制定了管理办法或政策措施，相继开展了有组织分步骤的清理整顿，并

取得了成功的经验。为了总结推广试点经验，国家土地局于1991年12月召开全国土地管理局长会议和土地使用制度改革座谈会，对清理整顿土地市场进行了研究和部署。会后，这一工作以试点和扩大试点的不同层次很快在全国普遍开展起来。

三、举办市长研讨班，推动土地使用制度

在中共中央组织部、国家体改委等部门的积极支持下，国家土地管理局先后于1991年5月和11月，在广东省的珠海、深圳市和福建省的福州、厦门市举办了两期土地使用制度改革市长研讨班。研讨班交流了土地使用制度改革的情况与经验，深入学习了土地经济、法律理论，现场考察了4个城市土地使用制度改革的做法及成效。通过举办市长研讨班，使市长们认识到：土地使用制度改革是整个经济体制改革的重要组成部分。发展商品经济，按价值规律办事，对城乡土地实行有偿有限期的使用具有了客观必然性；深化经济体制改革特别是城市综合改革必须推进土地使用制度改革，进行土地使用制度改革也需要计划、财政、税收、金融等相关部门的配套改革；土地的有偿使用，为城市建设提供了稳定的资金来源。长期以来，城市基础设施建设资金严重不足，是困扰政府领导的一大难题。通过土地的有偿使用，不仅在经济上体现了国家对土地的所有权，而且不同程度地缓解了城市基础设施投资不足的问题。过去那种城市开发土地越多，政府背的财政包袱越重的状况得到扭转。珠海、深圳、福州、厦门等市党委、政府对土地使用制度改革十分重视，把它作为城市建设发展的龙头来抓。土地使用制度改革使这些地方基本实现了城市建设资金的良性循环，理顺了土地的经济权益关系，促进了市场体系的形成与完善。市长研讨班后，土地使用制度改革出现了新局面：

1、土地使用制度改革进一步提到政府工作的议事日程。参加研讨班的市长回去后都向市委、市政府作了专题汇报，对这项改革进行了认真的研究和部署，提出或修订了改革的规划和具体实施方案。

2、加快了土地使用制度改革的立法步伐。山东烟台、日照，浙江温州，湖北武汉，四川重庆、乐山等市发布了有关土地使用制度改革的地方法规或政策规定。

3、市长研讨班上介绍的经验，特别是珠海市土地管理“五个统一”给特区建设带来良好的经济效益和社会效益的经验受到各地广泛的重视，这些经验不仅在沿海，而且在内地一些城市迅速推开，在实践中各地又创造了不少更好的经验。

四、今后设想

我国土地使用制度改革的方向，是建设有中国特色的社会主义土地管理制度和土地使用制度，进一步展示土地公有制的优越性和强大生命力。朝着这一方向，90年代改革的基本目标是，根据初步建立社会主义有计划商品经济新体制的要求，在全面试行非农土地使用制度改革的基础上，逐步实现由无偿无限期使用向有偿有限期使用的转变，通过土地使用权的出让、转让、收取土地使用费等多种形式，实现对城镇土地和农村非农业用地投入产出的良性循环，加强土地开发利用，推动城乡建设并促进相关产业的发展。

土地使用制度改革是一场深刻的变革，涉及许多领域和经济体制改革中的一些深层次问题，需要具备经济、社会和理论、法律、技术等条件，难以在全国一下全面推开。根据5年来改革的情况和试点单位提供的经验，“八五”期间可以实行分梯度推进的战略。初步设想，分3个阶梯进行：

第一梯度是深圳、珠海、厦门、汕头、海南5个经济特区。特区内的土地使用制度改革要先行一步，加快步伐。在已有经验的基础上，进一步发展和完善土地市场，为全国提供规范办法。5个特区首先建立具有中国特色的土地使用制度和管理制度。

第二梯度是沿海开放城市和开发区。这一梯度也应加快步伐，可以土地有偿出让带动包括土地出租、抵押和农村宅基地、乡镇企业用地有偿使用在内的全方位的土地使用制度改革。

第三梯度是内地。重点清理整顿土地市场，加强划拨土地使用权转让、出租、抵押管理，以此为突破口，推动内地城市的土地使用制度改革。

（李新光　执笔）

梧州市改革土地使用制度

广西壮族自治区经济体制改革委员会

土地是人类赖以生存的非常宝贵的自然资源，是人们从事一切社会经济活动最基本的物资条件。“十分珍惜和合理利用每寸土地，切实保护耕地”，是我国的一项基本国策。随着城市建设和社会经济的发展，如何管好、用好、保护好土地资源，已经成为一个日益突出的问题。梧州市是一个山多、水多、耕地少，可供建设用地更少的地级市。近几年来，在建设用地中，一些单位和个人多征少用、早征迟用、征而不用，少批多占，甚至擅自占地，以及非法获取土地收益的行为屡见不鲜。这是长期以来，忽视土地的经济价值，实行城镇国有土地无偿、无限期使用制度的结果。据统计，梧州市“七五”期间，回收城市基础设施配套费仅为同期投放城市基础设施建设资金的1.6%，从而直接导致了城市建设资金匮乏，基础设施落后，严重制约了市政建设和社会经济的发展。所以，梧州市试行土地使用制度改革，已是势在必行。

在自治区土地管理局的指导下，梧州市人民政府责成市经济体制改革委员会和市土地管理局等部门，通过深入调查研究和大量的测算工作，以马克思主义的地租理论、中华人民共和国《宪法》、《土地管理法》和国务院、自治区颁发的关于城镇土地使用权出让转让的一系列重要政策为依据，拟定了《梧州市城镇土地使用权出让转让试行规定》讨论稿，并广泛征求了有关部门的意见，得到国家土地管理局的肯定和支持。自治区人民政府于1991年4月15日批准《梧州市城镇国有土地使用权出让转让试行规定》(以下简称《试行规定》)，于同年7月正式公布实施。

一、《试行规定》的主要内容

1. 实行城镇土地使用权出让转让制度，变无偿、无限期使用土地为有偿、有限期使用土地。集体土地必须经征用变更为国有土地后才能出让使用权。依法使用国有土地的单位和个人只有使用权没有所有权。

2. 建立土地商品化的流转制度。允许有偿取得的有限期的土地使用权横向流动。

3. 明确土地使用权是房屋所有权的基础，房地产市场实质上也是土地使用权市场。

4. 通过有偿出让或行政划拨“双轨制”取得，并且投入开发建设的资金已经超过投资总额25%以上的土地使用权可以转让，对土地使用权转让者发生增殖须收取土地的增殖费。

5. 对单位和个人未经办理土地使用权出让手续，已经将土地建筑物、其他附着物转让(出售、交换、赠与)或抵押，转让者和抵押人必须补交出让金，缴纳增殖费。

6. 对未办理土地使用权出让手续，已经将土地使用权出租或将地上建筑物、其他附着物出租(承包给单位或个人经营亦在此列)，或改变土地、建筑物、其他附着物的使用性质，用以自行、联合进行经营活动，原土地使用者必须办理申报登记手续，缴纳土地受益金。

7. 建立土地收益分配和投入制度。市土地管理局收取的土地使用权出让金、转让增殖费、受益金和使用费，按规定逐月上交市财政，作为市专项基金，专款使用，由市政府统一安排用于城市建设和土地开发。

二、《试行规定》的主要特点

《试行规定》从制定到实施，始终坚持这样四个原则：一是社会主义公有制的原则；二是计划经济和市场调节相结合的原则；三是国有土地使用权出让由政府垄断的原则；四是体现公平合理的收益分配和投放的原则。其主要特点，就在于能把原则性和灵活性有机地结合起来，把执行土地使用制度改革的政策与梧州市的实际紧密地结合起来，既考虑到了使用者的承受能力，又体现了"有偿"使用，赢得了全市人民的支持，实施改革有了广泛的群众基础。

1. 收取土地增殖费问题。随着经济的发展和城市基础设施的不断完善，土地使用权在转让过程中也将不断地增殖，这显然是政府大量投入的结果。尽管上级对收取土地增殖费尚无明确条文，《试行规定》从本市的实际情况出发，作出了相应的规定，即政府作为国有土地的所有者，从土地使用权转让过程中收回部分增殖费是必要的、合理的。这不仅可以抑制地价，抑制某些单位和个人通过炒卖土地使用权而从中牟取暴利，同时也有利于平衡国家在土地上的投入与产出。

2. 收取土地受益金问题。收取土地受益金，是针对一些单位和个人未办理土地使用权出让手续，而擅自将土地使用权出租或出租铺面而制定的，是一种缴纳部分土地出让金的变通办法。按照国家和自治区的有关现行规定，以行政划拨方式取得的土地使用权，既不允许出租，也不允许擅自改变使用性质；需要出租或改变使用性质的，必须补办手续，缴纳土地出让金。但是，根据梧州市的实际，欲一次性收取土地出让金很难办到，故采用收取一定数量的土地受益金的办法。

3. 收取土地使用费问题。《试行规定》只对私人住宅用地收取土地使用费。这样做，是从观念上体现国家是土地的所有者，使所有权在经济上得以体现。

4. 地价问题。根据国家土地管理局下发的指导地价表，梧州市列为三等，即该市商业用地应为每平方米9392元。《试行规定》从梧州市的实际考虑，仅定为每平方米4387元。因为地价过高，难以承受，反而会制约经济发展的步伐，也难以达到改革的目标。

三、实施改革的主要成效

梧州市开展土地使用制度改革试点的时间虽然短，但已经取得了良好的经济效益和社会效益。一是挖掘了土地资产效益的潜力，为城市经济建设开辟了新的财源。目前，梧州市已经成功地出让了国有土地6宗，面积约11000平方米，收取出让金计费金额近100万元；依法办理土地使用权转让10宗；完成土地使用费缴纳登记近10000家，并已经开始收费，年收费额约16万元。二是实行统一征地，为有限的土地资源实现优化配置提供了保证。统一征地面积共280多亩，为梧州市一些重点工程和技改项目及时提供了建设用地。由于实行统一征地，减少了征地时间，既防止了部分土地使用者趁机"敲国家竹杠"，又防止了损害农民集体的利益。三是找到了有效堵塞国有土地资产流失的途径。按《试行规定》第十二、十三、十四条规定，正在着手清查整顿非法土地市场，开始进行土地使用权出租登记和收取土地受益金的工作。四是使土地基本国策得到进一步贯彻，增强了人们合理使用土地的自我约束机制。通过土地使用制度改革，广大干部和群众逐步加深了对土地基本国策的理解，提高了维护社会主义土地公有制的自觉性，进而有效地克服了无偿、无限期使用土地的弊端，纠正了土地使用中的不正之风，同时加强了划拨土地使用权的管理工作。五是初步探索了城镇土地使用制度改革的路子，为面上的改革提供了有益的经验。梧州市率先改革国有土地使用制度的实践，激发了自治区各地改革土地使用制度的积极性，引起了各级人民政府对土地问题的进一步重视。

（汤茂烈　执笔）

8 地方改革篇

1991 年城市经济体制改革进展综述

国家体改委综合规划和试点司

1991 年，我国城市经济体制改革的基本态势，是以企业改革为中心，在培育市场、宏观调控、社会保障制度改革、对外开放以及区街管理等方面都取得了较大的进展，加大了城市综合改革的力度。9 月，国家体改委在成都市召开了城市试点工作座谈会，18 个省、自治区、直辖市的 37 个试点城市交流了搞好全民所有制大中型企业、转换企业经营机制的经验和体会。这次会议进一步明确了企业改革、特别是搞好大中型企业的改革仍然是城市经济体制改革的“重头戏”。这对于指导和推动城市经济体制改革工作将起到重要作用。

1991 年城市经济体制改革的进展，主要表现在：

一、抓住搞好全民所有制大中型企业这个中心，继续深化各具特点的企业改革

（一）围绕增强企业活力，进一步完善承包制

许多城市从调查研究入手，针对城市经济工作中的热点和难点，通过完善承包制，进一步落实企业自主权，增强企业活力。北京市把具有不同优势的全民大中型企业，选定了 6 种“上船”形式，由企业自主选择与国家的分配形式。到年底，全市有 400 家全民企业都登上一种改革之“船”，分批把企业推向深化改革、转换机制的第一线。丹东市通过政策导向，完善了配套性倾斜政策。他们从 1990 年 11 月开始，通过 2 个月的调查，基本摸清了企业存在的结构性疲软、资金紧张、负担过重、缺乏后劲、产品缺乏竞争力和企业自主权不落实等六个方面问题。对此，市政府制定了十个方面的 50 条政策，正式下发。同时，市体改委、组织部、经委、人事局联合举办“企业领导干部政策培训班”，包括各区县主管经济的副区长、副县长，市属全民企业的厂长（经理）、党委书记、纪委书记等 150 个单位 600 多人参加培训。这次丹东市人员最多、范围最大的培训班，为企业学好、用好、用足出台政策起到了指导作用。昆明市 1991 年初第一轮承包到期的工交企业中，80％签订了新一轮承包合同。对难以签订承包合同的企业逐个进行具体分析，找到了三条原因：一是企业对外部环境、市场变化情况摸不透，不愿承包；二是少数企业领导班子需要调整后再签合同；三是有的经营性亏损企业还无法签订合同。据此，市体改委与有关部门坚持实事求是的原则，采取一厂一策的办法，做好承包合同的收尾工作。到 1991 年底，第二轮承包合同签订 104 户，占总数的 91.2％。年底昆明市政府还召开了承包先进企业及个人表彰大会，兑现了政策。

福建省三明市推行了企业“双文明”承包。根据《企业法》规定的“企业必须两个文明一起抓”的精神，在落实新一轮承包中对企业实行了“双文明”承包。在承包内容上，物质文明方面主要包括产值，利润、以利还贷、固定资产保值增殖、企业上等级、新产品开发及创优创奖、产品质量稳定提高、安全生产等指标；精神文明主要包括思想道德建设、科学文化建设、治安廉政建设、职工福利、环境建设等内容。

在承包形式上，本着既“放水养鱼”，又促进企业多做贡献的方针，实行分类指导和量化管理，多形式承包。长沙市为了扭转企业亏损额较多的状况，对亏损企业进行分类排队，并成立支、帮、促工作队，层层建立了减亏、控亏、扭亏目标奖惩责任制，对确实扭亏无望的个别企业进行关、停。

为了进一步调动企业和职工的积极性，长沙市在完善工资总额同经济效益挂钩的同时，确定了橡胶厂等4家企业为第一批岗位技能工资改革试点。此外还推行了5个企业全额计件工资的办法，实行分配逐步向一线工人和苦脏累工种倾斜，使企业内部的劳动、分配、人事三项制度改革不断深化。上海第二纺织机械厂严字当头，强化管理，使一些“三资”企业反过来向他们学习严格管理的经验。上钢五厂依靠工人办厂，让每个职工都挑企业重担，“眼睛向内企业活，手心向下办法多”，引起了企业界的重视。一些城市还制定了比照乡镇企业试点、比照“三资”企业试点和劳动制度配套改革试点的方案，并确定了一批企业进行试点。

（二）围绕理顺国家和企业的关系和产权制度的改革，继续探索新的企业组织形式和管理体制

深圳市股份制企业改组、股票上市工作在1991年取得突破性进展。到年底，完成了11家股票上市公司的改组、批准工作，境内股票增量发行额为2.2亿元，并同时发行相应数量的人民币特种股票（B股）。市政府制定的股份有限公司暂行规定、管理细则、股票发行与交易管理办法等，对深圳市股份制企业、证券市场及对机构规范化、法制化管理起到重要作用。经中国人民银行批准，上海电真空公司首次向境外发行人民币特种股票（B股）1亿元、100万股，“电真空”公司也将由此成为我国第一家中外合资的股份制企业。1991年厦门市股份制改革试点的前期准备工作已基本完成，市政府颁发了股份公司的试点办法和管理原则，有关股份公司财务、会计以及违反股票证券管理规定处分办法等相应改革配套措施也已出台。在完成可行性研究工作的基础上，厦门市对多家拟试点企业进行资产评估、制定章程等准备工作，其中福联公司已正式改制，并发行内部股票。

丹东市注重完善和发展企业集团，形成地方特色的规模经济优势。为充分利用当地柞蚕资源和丝绸基础雄厚的优势，进一步提高产品出口创汇能力，在完善原东方柞蚕集团基础上正式组建了丹东柞蚕丝绸集团。昆明市在组建烟草机械、泵业、车床三个企业集团之后，又批准组建了塑料工业集团，形成了年产值过亿元的经济规模，促进了塑料工业生产要素的优化组合。深圳市112家集团公司、直属公司基本上都是集团性经营的企业组织结构，其中明确采用集团称号的有十几家。

厦门市继续推广完善税利分流改革试点。一方面把税利分流改革由预算内工业企业扩大到预算外企业和商贸企业，另一方面按照企业发展的实际进行调整和核定。支持税大利小、技改还贷重的企业，增加对企业的投入。对试点企业用企业留利、折旧等专业基金归还固定资产投资借款的，可免交能源交通基金和预算调节基金。

（三）企业兼并、调整企业组织结构取得新进展

企业兼并的实质是推进企业存量资产的重组和优化。深圳市在1989年就制定颁布了有关暂行规定，组成了领导小组，指导协调产权转让企业兼并工作。到1991年底，深圳市有43家企业实行了整体兼并，转让资产约1.6亿元。内地企业兼并工作也有较大进展。贵阳市在1990年31对66户工商企业兼并联合的基础上，1991年又有7对14户企业实行了兼并联合。昆明市结合贯彻企业划型、调整产业结构，不失时机地推动企业兼并。1991年有10对企业实行了兼并，部分企业兼并工作继续进行。长沙市1991年有11对工业企业按照互利互惠原则实行了联合和兼并，加快了产品结构调整的步伐。按照市场“品种多、规格齐、款式新”的要求，1991年开发新产品304种，其中省级以上新产品产值率达10%以上。急待发展壮大的杭州市属校办企业娃哈哈营养食品厂，兼并了连续3年严重亏损的杭州罐头食品厂。经过100天后，罐头厂就摘掉了亏损帽子，到年底盈利32万元，娃哈哈厂也新增利润157万元，并归还了原罐头厂的欠款2000多万元。舆论界称之为“百日兼并”，创造了奇迹。

实行企业破产制度的操作条件已经形成。由于企业破产法已经生效，全民企业破产有法可依；职工待业保险制度已经开始建立，初步具有为破产企业的职工提供生活保障的能力。但在实践中要推行强制破产还比较困难，原因在于债务人不愿意提出申

请破产。1991年，深圳市强制破产工作有很大进展：一是对1988年以来先后涉及的破产试点企业进行跟踪调查，对原试点中的具体问题妥善处理；二是重新开展破产选点工作，深圳市政府7月份召开全民企业强制破产工作会议，初步选出3家企业试点；三是积极进行宣传协调工作。破产试点工作难度较大，各方面的认识不完全一致，要利用各种机会开展宣传教育，并与法院、工商等部门进行协商勾通，逐步取得共识。

二、培育发展各类市场，进一步搞活流通

为了更好地扶持和规范企业的生存发展，各城市在建立新的市场体系、优化投资环境和完善市场秩序等方面进行了积极探索。抚顺市在流通体制改革中抓了4件事：一是把推进市场体系建设作为深化流通体制改革的突破口。他们相继组建了果菜、生产资料、日用消费品、小食品、药材参茸以及旧物市场等6个专业批发市场。到1991年底，全市有各类市场118个，其中1991年新建、改造12个。二是大力推进国合商业企业"四放开"改革试点。在学习重庆等地"四放开"经验的基础上，抚顺市各综合部门制定了26条扶持政策，确定了国合商业及县区基层供销社等9户企业为试点单位。市副食品公司所属东洲商场放开后，实行"资金退出、柜组承包、定额上交、照章纳税、经营自主、工资费用自理、盈亏自负"为主要内容的改革，调动了广大营业人员的积极性，当月销售额就比1990年同期增加14%。三是实行肉菜价格放开，改革肉菜购销体制。1991年初，抚顺市政府决定放开肉菜价格后，肉价基本平稳，主要副食品商店价格与农贸市场基本持平。蔬菜购销体制改革效果比较明显，本地自产菜计划调节比重由1990年的40%下降到15%，按可比口径计算，比1990年减少政策性补贴220万元。四是筹建商业企业集团，1991年筹建了以副食品公司为主体，跨地区、跨行业、跨所有制，具有完整法人地位的副食品企业集团。公司作为集团核心层，充分发挥利润中心、投资中心、信息服务中心、生产经营中心的功能，现在已有本市和外市，包括工业、农业、商业企业及个体户33个单位参加。

无锡、沈阳、石家庄兴起的生产资料配送中心，苏州进行了综合商社式集团的试点，在物资流通社会化，促进生产要素流动方面探索了新的路子。四川广汉市在保持市场物价基本稳定的前提下，于4月出台了粮油购销改革措施，实行"一步到位，全面放开"后，市场平稳。福建石狮市粮油购销改革也于8月出台，市场价格平稳、秩序稳定。长沙市根据市场情况，降低了160种产品的价格，取消了169个管价项目。指令性计划由过去的517种，缩小到保留铁路客运、卷烟、农膜和黄金4种，指导性计划有70余种，其余都实行市场调节。

深圳市在企业股份制改革的有力推动下，完善了证券交易管理办法，积极发展证券市场。1991年，证券交易所正式成立，证券交易机构及网点由1990年的3家机构、4个网点增加到17家机构、24个网点。证券交易管理办法的颁布实施以及上市交易股份公司的增加、企业债券的发行，标志着深圳市证券市场的形成和金融体制的改革已进入一个新的阶段。除深圳、上海两市外，内地城市的证券市场也有了一定的发展。到1991年底，长沙市各类证券公司和交易所有11家，年交易各类债券近2亿元。以人民银行为主的证券公司，为企业发行各种债券8500万元。国库券交易额达到1300多万元，并首批参加了全国证券协会。

三、社会保障和住房制度改革扎实深入

1991年社会保障制度改革，重点是在扩大退休养老、待业保险和公费医疗制度等方面取得了进展。长沙市社会保障制度改革有两个特点：一是社会统筹养老保险进一步完善。考虑到企业的承受能力，对养老保险的统筹比例作了适当调整，进一步提高了社会统筹养老保险的功能。二是合同工养老保险和待业保险进一步扩大。有3.3万合同工按照国家、集体和个人共同负担的原则实行了养老保险，覆盖面为80%，累计投保金额为117亿元。到1991年底，县以上全民和集体企业职工35.5万人全部参加了待业保险，收缴待业保险金余额达1600万元。为配合企业改革的深化，对关、停企业发放救济金27万多元。长沙市社会保障体系正向着多形式、多层次方向发展。

连云港市职工社会劳保统筹由原来全民企业，扩大到集体企业和"三资"企业的中方人员。据统计，连云港市已有1517个单位的5万多名劳动合同制工人实行了养老保险，有782个单位的15.3万名固

定职工参加了职工退休费用社会统筹，有12家“三资”企业1677名中方职工参加了养老保险，参加社会统筹的企事业单位的离退休人员共计为23.4万人。抚顺市城市各项保险改革不断发展，范围逐步扩大，国家、集体、个人共同负担的保险体系已具雏形。建筑安装企业职工社会统筹保险体系不断完善，并根据市政府决定其业务已正式归口人民保险公司经营。丹东市针对集体企事业单位统筹基金的提取和发放中存在的问题，适当调整了集体企事业单位养老统筹比例，促进了全市社会养老事业不断发展。到1991年底，全市有855户全民企业的23.4万人参加养老保险，有2500多名农民参加了农村社会养老保险。

针对医疗费用国家包得过多，医疗单位和职工享受者个人缺乏必要经济责任的弊端，长沙市对公费医疗进行了摸底调查，提出了“因病施治、合理用药”的原则，并制定了试行办法，为今后公费医疗制度改革作了准备。

根据国务院和各省市的部署，1991年房改工作起动较快。全国有8个城市全面出台了房改方案，有300多个城镇进行了单项改革。引人注目的上海房改方案，经过全体市民参加讨论后，于5月份开始实施。由于房改方案得到市民的普遍接受，被认为是上海住房建设走上良性循环的关键性一步。贵阳市通过走访上海、浙江考察房改工作，根据本市3年试点的经验，制定了全市住房改革方案。连云港市房改的基本思路可以概括为四句话，即“建立住房公积金、小步提租发补贴，新房分配收定金，职工买房给优惠”。通过国家和省房改工作会议后，进一步修改了改革方案，市建行专门建立了房改基金信贷部。

丹东市积极进行房改准备工作，对房改后职工承受能力进行了调查，并拟定了房改方案，进行了市区老区房改的试点。通过动迁户认购债券集资，对扩大面积和增加户型实行了个人按优惠价负担等办法，受到1500多户居民的欢迎，很快完成了动迁和资金到位工作。

四、积极进行城市政府管理经济的职能转变，增强城市的服务功能

长沙市为逐步建立起合理、高效的城区管理体制，发挥市、区两个积极性，按照人、财、物相统一，责、权、利相配套的原则，对市、区两级财政、房地产、环卫、城建、工商行政、商业、公安等10个方面的管理体制进行了初步理顺。通过市向城区适度下放权限，改变了市级集权过多、条块分割管理体制的弊端，逐步形成了以块为主、块条结合、分级分权管理的新格局。由于明确了分工职责，增强了区级政府对本区经济的综合平衡能力，加快了城市建设和旧城改造步伐，强化了社会治安和市场管理，为全方位、多层次地发展城市经济，增强省会城市辐射能力创造了条件。

地方宏观经济管理体制进一步健全。为了严格税收征管，加强廉政建设，1991年长沙市税收系统实行征收与检查“两权分离”的改革，城区32个个体集贸所已于5月份对外办公。长沙市金融系统以“稳定货币、搞活经济”为出发点，加强了宏观调控。他们率先实行了“从源头入手、付方启动、收款还欠、连环清理”的清理三角债办法，产生了良好的效果，得到了中央领导同志的充分肯定。全市清理三角债达4.4亿元，使部分企业摆脱了债务困扰。根据各专业银行及金融机构之间的资金状况和实际需要，人民银行进行了资金余缺调剂，增加了资金规模3700多万元。工商银行在资金规模非常困难的条件下，为了满足企业的资金需要，采取了“资金分期到位、连续滚动供应”的办法，解决了企业的困难。

抚顺市政府职能部门，在工作职能转换中，实行以管为主向以服务为主的方向转变。市劳动局围绕落实企业劳动用工、分配方面的自主权，先后制订了40多条政策，受到企业的欢迎。市工商局为搞活企业制订了38条政策，帮助企业催要货款达5400多万元。市税务局和财政局率先进行了“会计师事务所代理纳税申报制度”的改革，在全市320个企业实施一年来，发现税收问题260多个，财务核算问题500多个，审查补税24.7万元，退税5.8万元。这一改革在全国引起较大反响。

五、加快城市外贸体制改革和对外开放，推动外向型经济发展

1991年是实施外贸自负盈亏改革的头一年。厦门市通过贯彻全国外贸体制改革的精神，制定了相应的改革措施。如对外贸企业实行按15%征收企业所得税，实行税后承包办法，加强企业财务管理，落实退税资金、出口奖励金、建立出口风险基金等。1991年，厦门市外贸出口创汇首次突破10亿美元，

地方外贸企业发挥了积极的作用。杭州市在外贸实行以自负盈亏为主要内容的新体制后，进行了适应性调整，实现了两个突破，两个转变：外贸自营出口突破1亿美元，外贸企业实现从国家补亏到自负盈亏的转变；吸收外商投资总金额突破1亿美元，“三资”企业实现了从生长期到收益期的转变。

在对外开放方面，大连市向现代化国际城迈进步伐较快。到1991年底，累计批准外资项目1214个，合同金额25.7亿美元。杭州市钱江外商、台商投资区开始起步。近期启动的下沙区块已实现通路、通水、通电、通电讯。厦门市完善了外商投资管理服务体系，建立外商投资工作委员会，直接行使外商投资项目的市批和外商投资企业的管理职能，实现了政府涉外经济管理职能的融合，实行统一领导、一个机构对外。同时，建立了外商投资管理服务中心，既为外商提供投资项目审批后的建设投产服务，又为政府协调解决外商投资建设中的问题，减了办事环节，提高了效率。

六、城区综合改革试点稳步推进

自从1981年确立湖北沙市进行城市综合改革试点开始，10年来城市改革试点不断深入，范围越来越宽、内容越来越丰富，难度也越来越大。72个综合改革试点城市和一批单项改革试点城市勇于探索、大胆开拓，把中央的方针政策与本地实际情况结合起来，使城市综合改革试点取得了明显的进展。1991年，连云港市深化城区改革摆到了市政府议事日程。市体改委就城区改革情况进行专题调查。江苏省召开城区改革座谈会以后，连云港市对深化城区改革又提出了新的方案。

三明市二轻工业特别是街道工业发展进入新阶段。他们通过调查，认为必须把发展街道工业作为本市现阶段综合改革的重要内容来抓，在大力培植经济细胞中逐步健全城市经济管理体制。为此，他们针对搞活二轻企业的有关问题，制定并实施了发展街道工业的若干意见。这促使二轻工业有了新起色，产值和税收都比1990年增加了10%左右，并有三个县市建立了财政二轻周转金。1991年，三明市街道工业蓬勃发展，市区新办街道工业30多家，当年新增产值近80万元。

服务社会化是城区综合改革的一项重要内容。1988年国家体改委确定沈阳、武汉、黄石和南京为服务社会化工作试点城市，南京市鼓楼区又被确定为南京市试点区之一。为此，区委、区政府对服务社会化改革十分重视。自1989年以来，始终把服务社会化工作列入该区改革的重点。他们结合大力发展第三产业、培育和发展市场，不断完善服务设施、拓宽服务领域、提高服务水平，3年来取得较好的效果。区政府针对驻区党政机关多、驻军部队多、大企业多、高等院校多的特点，提出“管理就是服务”，尽力解决“诸难”问题，解除后顾之忧，在生产、生活上创造舒适、方便的环境。城区发展第三产业存在缺场地、缺人员、缺资金的困难，而第二产业中某些行业产品滞销、企业亏损、人员富余，因此许多城市把发展第三产业同产业结构调整结合起来，与城市改革结合起来。天津市为充分发挥北方商埠港口城市的作用，在1991年召开了第三产业发展研讨会，市政府制定了加快发展第三产业的若干政策规定，并确定了分行业发展规划。武汉市1991年第三产业已占全市国民生产总值的35.1%，这符合深化城市综合改革的发展方向，受到了群众的欢迎。

（许东　执笔）

坚持市场调节为主，国民经济蓬勃发展

中共苏州市委城市工作部
苏州市经济体制改革委员会

苏州市从本地的实际出发，在国家宏观计划指导下，积极发展市场调节，努力发挥市场机制的作用，国民经济蓬勃发展。在80年代的10年中，工农业总产值从130.66亿元提高到640.02亿元，增长3.9倍；国民生产总值从40.68亿元提高到202.14亿元，增长4倍。这两项指标，在全国大中城市中，已连续多年居全国第四位和第六位。1991年，虽然遭到了百年未遇的特大洪涝灾害，而国民经济仍然保持稳定协调发展，工农业总产值757.56亿元，国民生产总值235.10亿元，分别比上年增长18.37%和16.31%。

改革以来，苏州的经济运行发生了两个重要的变化：一个是指令性计划比重呈不断缩小的趋势，从1978年到1991年，全市指令性计划的比重，工业生产国家计划任务由60%左右下降到4%，外贸计划收购产品由100%下降到23.5%，物资计划供应由60%下降到5%，固定资产投资国家计划由80%下降到9%，地产工业品销售由基本上统购包销变为绝大部分依靠面向市场。另一个是经济发展呈不断加速的趋势，改革前的1952年到1978年，全市国民生产总值，年均递增仅7.9%，从1978年到1991年，年均递增16.6%。这两个重要变化的一个重要原因，就是实行了计划与市场相结合，在国家宏观计划的指导下，面向市场，积极培育市场，大力开拓市场，发挥市场调节的作用。

苏州市是怎样实行计划与市场相结合，积极发挥市场调节作用的呢？

一、政府培育市场，建设计划与市场相结合的“舞台”

没有发达的市场，便不可能发展社会主义的商品经济。苏州市坚持把培育市场作为实行计划与市场有机结合的基础性工作，牢牢抓住不放。到1991年底，全市城乡已建设各种类型的集中交易的常设市场561个。初步建成了一批骨干专业市场；初步形成了由集贸市场和各类中小商品市场组成的市场群体；初步构成了包括生产资料、金融、技术、劳务、人才交流、房地产、信息、建筑等基本配套的生产要素市场框架；初步编织起了内外对接的市场网络。

市场在促进苏州市经济发展中发挥了日益显著的作用，突出反映在保供、促销、带动、稳定、引发和联结这六个方面。一是保供，即保障了地方经济发展所必需的原材料供应，市场必需的商品供应和生产的资金供应；二是促销，即为地方工农业产品提供了稳定的销售基地，畅通了销售渠道，引导和促进了生产的发展；三是带动，即发展一个专业市场，带动了一个行业的生产发展，带动了一个地方的第三产业兴旺，带动了财政的增收和人民生活的提高；四是稳定，即通过发展市场，增加生产，实现了经济稳定、社会稳定；五是引发，即通过市场机制，引发了企业经营机制的改革，加速了企业由生产型向经营生产型转变；六是联结，即开放型的市场，有力地打破了块块、条条的分割和封锁，促进了城乡一体和各方面的联合，增强了城市组织经济发展的综合服务功能。

如吴江东方丝绸市场是国内最大的丝绸专业市场，日成交的丝织化纤面料已达20～40万米，吴江县400多家丝绸化纤织造厂年产1.7亿米面料中，有1.4亿米是通过这个市场销售的。靠了这个市场，全县的织造、印染、服装厂、生产经营、经济效益年年迈大步，古老的丝绸之乡焕发出了新的生机。这个市场所在的盛泽镇，1991年乡镇工业产值超16亿元，被誉为“华厦第一镇”。

在建设培育市场中，苏州市坚持由政府“搭台”，让企业“唱戏”，走政府主办、部门筹建、联合管理、四面招商、共同受益的路子。由各级政府规划主办市场，由政府的有关行业主管部门具体筹建市场，由政府的工商、税务、物价、公安等部门联合管理市场，有效地把市场置于国家指导、调控之下，保证有秩序的交易，平等的竞争，较好地处理管好市场与搞活市场的关系，保证管理协调、政策到位，活而不乱。市场实行全方位开放，广招八方客商，只要有身份证明和营业执照，不分地区、不分对象都允许进场交易；只要不违反交易规则，不论批发零售，不论现货期货，不论代购代销，都允许进行。在价格上，由国家定价的商品，允许在一定幅度内自主浮动；放开的商品，允许随行就市，自主定价。在市场交易中，支持多种经营形式，保护合理竞争，使交易双方互惠互利，共同受益。这样建设培育起来的市场，具有很大的兼容性和吸引力，较好地调动了各方面的积极性。

在建设培育市场中，苏州市坚持突出重点，集中精力办好大中型骨干市场。全市成交额达5000万元以上的专业市场有20个，其中1亿元以上的有10个。被誉为苏州“四大明星”市场的苏州物资贸易中心、吴江东方丝绸市场、常熟招商场、吴县渭塘珍珠市场，都是区域性或全国性的交易中心。1991年，吴江东方丝绸市场年成交额达9亿元，常熟招商场年成交额达4亿元，均比1990年增长50%以上。苏州物资贸易中心拥有为交易服务的各种现代化设施，占地75亩，建筑面积5万多平方米，可以同时容纳1万多人交易。这个贸易中心同全国30多个中心城市、9000多个物资生产经营企业建立了正常的贸易联系，年交易额逾百亿元。

在建设培育市场中，苏州市实行建设本地市场与向外地市场延伸并举，培育国内市场与开拓国际市场并举。不仅以各种方法吸引四面八方的客商来苏州交易，而且积极向外延伸，与外地市场建立起各种各样的业务联系，使苏州市场成为全国市场体系中的一个有机组成部分。同时，发动有条件的企业到全国各地去建立销售和采购网点。1985年初，中央决定将苏州开辟为沿海经济开放区。围绕大力发展外向型经济，苏州市积极开拓国际市场，以各种办法推进本地市场与国际市场的联结，包括发展与各经济特区、贸易口岸的各种横向贸易联合，兴办了100多家工商企业和办事机构，以它们作为中介通向国际市场；参加全国和各外贸口岸举办的国际交易会，扩大与外商的交易；从1989年起，每年9月举办“苏州丝绸旅游节”，吸引外商来苏交易；积极发展“三资”企业，已批准758家，通过外商的渠道直接进入国际市场交易，并在境外、国外试办企业，与国际市场建立直接联系。1991年苏州市外贸收购额为80.77亿元，比开辟为沿海经济开放区前1984年的7.34亿元，增长了10倍，居全国大中城市第三位。开放度也由10.8%提高到34.36%。近几年苏州市工业的增长部分中，有40%以上都是靠增加出口实现的。

二、发展横向经济联合，广开计划与市场相结合的渠道

商品经济的特点主要靠横向联合来组织。苏州市坚持把发展横向经济联合作为全市改革和发展中的一项经常性任务，常抓不懈。

不断提高横向经济联合的组织化程度。开始时横向经济联合都是由企业自发去搞的，继而由政府支持、鼓励企业去搞，进而由各级政府、各主管部门领导带领企业去搞，除了定期和不定期地由各级党政领导组团出访商谈横向经济联合外，对一些重大的联合项目也都由市委、市政府分管领导或有关部门领导亲自出马，协助企业洽谈签约。经过多年的努力，各级都逐步建立起了产供销、技术、资金等方面的横向经济联合网络。市、县（区）两级还建立并加强了经济协作委员会的工作，明确由其承担横向经济联合的规划、管理、组织、协调等职责。

不断扩大横向经济联合的区域。在市内，充分发挥市管县的优势，推动城乡经济联合的发展，使市区和6个县（市）成为一个经济上有机联系的整体，成为一个开放式的小型经济区。在市外，重点发展与上海和邻近地区的联合，同时把联合的触角伸向全国各地，并开始向境外、国外延伸，在全国各省、市、自治区中，在大陆的除西藏外，苏州都与之发展了横

向经济联合。

不断拓展横向经济联合的领域。从开始时产品的协作配套，逐步发展到生产、经营、科技、流通、金融、劳务、出口等各个领域。联合的形式也已经在产品扩散、来料加工、定点协作等松散型的单项联合的基础上，越来越多地发展合资合作经营，发展系统化、群体式、集团型的联合。目前双方有资金投入联合的企业有1700多个，组建的企业集团有44个。在此基础上，有些企业集团和大中型企业，正在积极发展为比较规范化的股份制企业。

横向经济联合对促进苏州市城乡经济发展的作用是十分明显的。依靠横向经济联合，把一些乡镇企业、小型企业间接地纳入了国家计划轨道；依靠横向经济联合，在全国各地建立了一大批原材料供应基地和产品销售市场；依靠横向经济联合，与各地贸易机构、金融部门、科研单位沟通了渠道。通过横向经济联合，苏州已经在外地建立起燃料、原材料基地100多个，产品销售网点2600多个，解决了全市70%的主要物资供应和65%的地产品销售，并引进了上千项先进技术和新产品。通过横向经济联合，新建了或发展壮大了一大批乡镇企业和城镇集体企业。苏州电扇厂1983年前年产量仅13万台，1983年后相继与全市城乡和外地的200多个企业进行了联合，并在此基础上建立了总厂和企业集团，在人员、场地基本上没有增加的情况下，1991年的产量提高到321.9万台，比1983年增长23.8倍，一跃成为全国电扇行业中的佼佼者。

三、大力发展集体所有制经济，增强计划与市场相结合的社会经济基础

改革以来，苏州市在继续积极发展全民所有制经济和适当发展其它经济成份的同时，把侧重点放在壮大集体所有制经济方面。从1978年到1991年，全民工业产值从38.59亿元发展到119.02亿元，增长了2.1倍；集体工业产值从20.82亿元发展到359.89亿元，增长了16倍。全民与集体的比重从64.96∶35.04变为24.85∶75.15。

拓宽集体所有制经济发展领域。苏州市把集体所有制经济发展的领域从二轻工业、饮食服务业，扩展到国民经济的各个领域，集体所有制企业不仅当好配角，有条件的也让其“唱主角”、“演大戏”。在发展集体所有制经济中，更积极支持乡村两级企业广开发展门路。现在，乡镇企业行业齐全，产品繁多，不仅生产一般产品，而且能生产高新技术产品，已经成为全市经济中强大的生力军。如张家港市的永兴钢铁集团有限公司，拥有75吨超高功率电炉，是目前全国最大的电炉。吴江医疗保健用品厂生产的手术巾，获得了美国“FDA”证书（美国联邦食品、药物、化妆品管理局是国际上公认的最有权威的药证管理机构），是江苏省第一家获得此类证书并享有美国海关进口产品免检的企业。1989年该厂又与美方合资建立了“爱克欣医用材料有限公司”，产品全部外销，1991年外贸收购额1.41亿元，比1988年增长1.3倍。

实行发展方式上的多样化。改革以来，苏州市创造了全民企业办集体企业，全民企业带集体企业，城市的全民企业以各种形式支持乡村、街道办集体企业，老的集体企业分蘖、繁殖新的集体企业，老的集体企业联办新的集体企业，大集体企业办小集体企业，事业单位办集体企业，市、县（区）、乡（镇）、村、居委会各级各个层次都来办集体所有制企业等多种形式，从而使集体企业遍地开花，越办越多，越办越好。

改进管理方法。各级政府、各有关部门都从集体所有制企业的特点出发，改进管理方法，多方面支持它们发展，让它们享有更多的经营自主权，把它们直接推向市场，并建立适合它们特点的承包办法和激励机制。尤其是对乡镇企业、街道企业、校办企业、民政福利企业以及由职工集资建立的新集体企业，都区别于全民和老的市、县属集体企业，采取灵活变通的措施，促进发展壮大。

四、转变企业经营机制，提高适应计划与市场相结合的能力

苏州市的企业大体上可分两大类，一类是乡镇企业、“三资”企业、城镇的街道企业和校办企业、民政福利企业。这一类企业都是改革以来，在发展商品经济的背景下建立起来的。从一开始，企业面向市场的经营机制，能上能下的人事机制，能进能出的用工机制，能多能少的分配机制已经基本形成。这一类企业都搞得比较活，政府对这一类企业的机制采取提倡、保护的态度，帮助其不断完善。另一类是全民大集体企业。这一类企业绝大部分在改革以前就存在，过去和现在仍然是政府各部门管理的重点对象，各

个方面的直接干预多，财政上缴和社会负担的任务重，“大锅饭”的积弊根深蒂固。改革以来，对这一类企业，苏州市政府坚持不懈地从积极改善外部条件和改革内部机制相结合上，促使他们搞活搞好，引导鼓励他们学习借鉴乡镇企业、“三资”企业的实用经验，把改革企业的营销机制作为企业放开经营的首要环节，努力解决企业面向市场的问题。改革企业的营销机制，着重抓了以下六个方面：一是进一步扩大经营范围，允许企业一业为主，多种经营，实行多元化经营和跨地区、跨行业经营。只要市场有需求，企业有条件，除国家专项特殊规定外，企业都可以自主的调整和扩大经营范围。二是改革企业内部组织体制，强化销售机构、开发机构和信息机构，使企业机构设置适应市场和商品经济发展的要求。三是实行销售总承包，把销售人员的工资、奖金、差旅费、各种补贴和业务活动费全部捆起来，统称销售费用，把销售额、资金回笼额与销售费用率挂起钩来。四是实行多种经营方式和多种经营手段。五是加强经营网络和销售基地建设，不断扩大销售阵地。六是强化经营决策。与此同时，有计划地实行全员劳动合同制、岗位技能工资制和社会保障制度等配套改革。

五、改善市级经济调控，解决影响计划与市场相结合的主要矛盾

实行计划与市场的有机结合，关键是要搞好经济调控。改革以来，苏州市围绕这个主要矛盾，积极改善市级的经济调控，把计划职能逐步转到管大局、谋大略、抓大事上来。

按照总量平衡的要求，确定好全市计划的大盘子。计划的大盘子管宏观的大指标，主要是国民生产总值、工农业生产增长率、外贸收购、固定资产投资、财政收入和城乡人民收入等指标，力争做到定好大比例，搞好大平衡，不出大问题。宏观的大指标中，除国家和省下达的指令性计划外，都是指导性的、弹性的计划，允许各系统、各县（市）、区从自己的实际出发具体安排，并可根据执行中的变化，适时地进行必要的调整。

按照全市计划的大盘子，解决好经济发展中的重大问题，以进取的姿态积极实现能源、原材料、资金等的大平衡。“六五”以来，国家计划分配给苏州市的电力严重不足，从1980年的19.73亿千瓦时减少到1991年的17亿千瓦时（不含统配高价电），而苏州市用电总量则从1980年的20.43亿千瓦时上升到57.7亿千瓦时，不足部分主要由地方自行解决。改革以来，地方共筹集资金9亿多元，用于向国家电厂投资8亿元；购买电网用电数1.1亿元；购买国家电力债券0.28亿元。地方电厂还自建78台机组，装机容量达27.45万千瓦。燃料不足也是苏州市经济发展的一大矛盾。1991年苏州市耗用煤炭已达到702万吨，而国家计划分配只有110.91万吨巨大的缺额都是依靠与产煤地区进行各种形式的联合协作来解决的。

按照市情的特点，制定好各个产业发展的大政策。主要是一、二、三产业的政策，一、二、三产业内部结构的政策，城乡经济布局的政策，以及经济发展的战略目标等。比如，根据全市已开始进入工业化中期的实际情况，制定的一、二、三产业调整的政策，促使第一产业的总量继续稳步增长，在三次产业中的比重逐步下降；第二产业总量继续保持较快增长，在三次产业的比重适当上升；第三产业加速发展，在三产业中的比重明显提高。从1978年到1991年，一、二、三产业的比重，由28.1：55.7：16.2调整到15.2：62.6：22.2。苏州市区根据风景旅游城市的特点和发挥城市综合功能的需要，第三产业发展的步伐更快，1991年在三次产业中的比重达到33.6%。市区的商业贸易、金融保险、技术服务、旅游等方面的发展尤为迅速。旅游业接待境外旅游人数，1978年为2.77万人，1991年达到26.32万人，增长8.5倍。以旅游业作为中介，促进了旅馆业、饮食业、交通运输业的繁荣，促进了国内外贸易的发展，促进了地方产品的销售，促进了经济、技术、文化的交流和合作。在第一产业内部，根据苏州人多地少、人均耕地只有0.9亩、人均粮田只有0.7亩的实际情况，把第一产业作为安定人心的产业来抓，制定了确保粮食总产稳定、大力发展多种经营的政策。从1980年到1991年，虽然耕地面积减少了4.1%，人口净增46万人，但人均拥有粮食产量始终稳定在900～1000斤左右，而多种经营却增长了1.7倍。在多种经营中，又特别注意发挥水乡的优势，使水产品产量猛增2.6倍，人均拥有量从20斤提高到68斤。第一产业内部结构的这种调整政策，保证了农业继续稳定发展，11年中农业总产值年均递增5.2%。对第二产业的内部结构，制定了优先发展轻工业、高新技术工业的政策，使轻重工业的比重由1978年的56.4：43.6调整为66.6：33.4，使电子工业、精密

机械、精细化工等行业的发展出现了新势头，新产品率、优质产品率逐步提高。

按照分级管理的原则，实行权放一格，促进管好与放活相结合。鉴于苏州市城乡大量的经济工作和社会事业不可能由市一级包揽直接管理的现实，实行权放一格，下放市范围内的各种审批权和制定、调整计划权。苏州市所管辖的6个县（市）基本上都享有市的各种审批权，让他们在全市总体计划的指导下，以块为主，放开手脚去发展。市的各个区和各个系统，也分别享有一定的审批权，让他们在一定的范围内自主管理、自谋发展。这样的管理比较切合实际，既可以调动下一级的积极性，又保证了全局经济管理的有效性。比如，1988年市向3个城区下放了520多家商业、饮食服务业企业；下放了部分城市建设管理权限，下放了财权，建立了区级财政，实行了区的财政包干体制，以及有关的各种审批权，大大加快了3个城区经济发展的步伐。从1988年到1991年的4年中，3个城区的工业、商业、劳务业的产值增长了1.2倍。随着3个城区经济的迅速发展，社会综合服务功能也大大加强，解决了不少长期存在的老大难问题。

（王继忱　执笔）

推行"一厂两制"是搞活国营大中型企业、发展地方经济的一条路子

甘肃省经济体制改革委员会
甘肃省城市集体经济开发公司

"一厂两制"是指在全民企事业单位中，利用自身人、财、物和技术优势，投资兴办为大工业配套的集体所有制企业，使之形成全民和集体相互依存、共同发展的企业群体。"一厂两制"中的集体企业是在全民企业扶持下逐步发展起来的，对改变我省全民大中型企业分散，与地方工业发展缺乏联系，产业组织结构不合理的现状起到积极的作用。它是搞活国营大中型企业、促进甘肃经济发展的一条重要路子。

一、安置待业青年，吸纳富余人员，提高企业的整体素质

全民所有制企业兴办集体所有制企业，不仅为安置本企业职工子女就业开辟了新的门路，而且还吸纳了部分社会劳动力和大企业的富余人员，既减轻了社会压力，又为大企业优化劳动组合、提高劳动生产率创造了条件。从1987年至1990年，在"一厂两制"经济组织中，累计安置待业青年16.3万人。同时还为大企业安置了大批富余人员。金川公司有4000多名职工进入集体企业，光工资支出一项一年就减少1000多万元。据我省有色金属工业系统统计，到1991年，全系统国营企业就有9035名全民所有制职工进入集体企业工作，包括相当数量的有技术专长的职工在内，使集体企业职工的整体素质也得到了提高。

二、拓宽生产经营领域，发展新的生产力，提高企业经济效益

我省大中型企业在兴办集体企业中，针对企业特点，利用优势、发挥特长，进行产品深度加工、系列开发和资源综合利用，取得了显著的经济效益。1991年全省"一厂两制"中的集体企业社会总产值达到21.37亿元。其中工业产值14.89亿元，占总产值的70%。实现利税2.29亿元。分别比1987年净增16.27亿元、11.64亿元和1.36亿元。金川镍都实业公司凭借金川有色金属公司的产品优势、资源优势和技术力量，经过几年滚动发展，生产经营规模不断扩大，已经形成了以铜制品和镍制品为主体的几十种产品，不少产品获得了部和省的名优产品称号，有些打入了国际市场。1991年社会总产值达3.64亿元，其中工业总产值3.18亿元，实现利税3500万元。工业产值相当于金川公司1977年的水平。5年来，国家没有投一分钱，通过发展"一厂两制"，已经使一个金川公司变为两个金川公司，单一的产业变为多种产业，大大地提高了金川公司的综合经济实力。

三、有利于国营企业组织结构调整和经营机制转换

"一厂两制"集体企业的产生和发展，改变了全民所有制企业内部的单一组织结构，在一个统一体中形成了一个与全民企业并存的、完全按照市场法则运行的、自主经营、自负盈亏的集体经济组织。两种所有制企业、两种不同的经营机制共处一个统一体中，相互依存、共同促进。一方面集体企业依托全民企业，得益于现代化大生产在技术、人才和现代管理上的优势，从一开始就有较好的发展基础；另一方面，集体企业自主灵活的经营方式也对大企业发生着巨大影响，从组织结构上的变化，引发了大企业在内部用工和分配制度上的变化，对全民企业经营机制上的转换起到了诱发和促进作用。

四、有利于国营企业资产存量的调整，提高资产的使用效益

目前国营企业资产存量呆滞、设备闲置的情况相当普遍，资产有效利用率不高，给国家造成很大浪费。发展"一厂两制"，可以使大量闲置或利用率不高的资产得到充分利用，并且还可通过有偿使用、有偿转让等形式，使国有企业资产保值、增殖。兰州石油化工机器厂通过采取有偿使用、分期归还的办法，为集体企业调拨旧设备、提供闲置厂房，扶持"一厂两制"集体企业发展。1982以来，将总价值254万元的设备有偿划拨给厂劳动服务公司，并提供部分厂房、场地给集体企业使用。厂劳动服务公司借助大厂提供的设备、场地，艰苦创业，不仅使自已发展成为拥有2000多万元资产，3000多名职工，有很强竞争力和知名度的省一级企业——兰州机械制造公司，而且在1989年就还清了大厂的设备款，使大厂的设备得到了更新。

五、"一厂两制"是发展甘肃地方工业的有效途径

甘肃的地方工业，尤其是地、县工业基础薄弱，严重地制约着全省经济的发展。建国初期，国家在甘肃投资形成了一大批实力雄厚的国营大中型企业。但由于条块分割，大工业发展与地方工业缺乏联系，以致造成"大大、小小"的局面。"一厂两制"的产生，打破了这种封闭发展的现状，为企业和地方共同发展建立了联系的纽带。近几年来，我省通过发展"一厂两制"，企业和地方开展了多种形式的合作，如联合投资办厂、企业转让技术、地方建厂生产、地方有偿向企业转让地皮、企业向地方扩散产品等等，在带动地县经济发展方面取得了显著成效。兰州市西固区委、区政府从本地区大中型企业比较集中的特点出发，抓住大中型企业大办"一厂两制"的有利时机，提出了"服务、依托、联合"的方针，发挥地区优势，走城乡经济一体化道路，振兴地区经济。他们采取多种形式与企业搞联合，现在企业与地方合作的项目达50多个，年产值近亿元。短短几年，西固区地方经济有了显著增长。1991年，区工业总产值、乡镇企业总产值和"一厂两制"集体企业总产值分别达到1.35亿元、5.02亿元和2.38亿元，分别比1986年增长了1.3倍、4倍和3.7倍；这三块实现利税7664万元，比1986年增长2.22倍；上缴税金2947万元，比1986年增长1.96倍，占区财政收入的38.9%。

我省通过"一厂两制"形式，共兴办了5600多户生产加工、商品经营和饮食服务企业。在全省5个高科技和经济开发区兴办的380多户企业中，"一厂两制"企业就达120多家，占整个小区企业数的1/3。兰州高科技产业开发区的兰花公司，金昌小区的镍都实业公司，连海小区的铝沙窗厂、化工厂，白银小区的无氧铜杆厂、塑料加工厂都已成为小区开发建设的骨干力量。

甘肃发展"一厂两制"的实践证明，全民所有制企业，特别是大中型企业发展"一厂两制"、"一厂多制"企业，是搞活、搞好企业，解放生产力，促进生产力发展的有效改革措施。它对于加快我省改革步伐，实现"以城带乡，以大带小，推动我省经济整体发展"的战略决策，有着光明的前景。

（梁兴中　张以湘　执笔）

结合贵州省情，探索与建设安顺试验区

贵州省经济体制改革委员会

一、以公有制为主体，建设多种经济成份共生繁荣的试验区

贵州地处云贵高原东部，气候宜人，自然资源丰富，尤其是水力、煤炭资源和磷、铝、汞、锰、锑等矿产资源储量丰富，品位高，在全国占有重要地位。但经济相对落后。党的十一届三中全会以来，从农村改革开始，逐步向城市深化，陆续出台了一些搞活企业、搞活经济的改革开放措施，工农业生产有了较大发展，初级市场开始发育，经济发展速度加快，人民生活得到改善。可是与全国相比，经济仍显落后，人均国民收入和人均国民生产总值列在全国之后。究其原因，除基础差、商品经济不发达、还存在一定的自给自足的自然经济、生产力水平低等外，所有制结构调整缓慢是其中之一。全民所有制经济比重一直居高不下，集体工业连续几年停滞不前，集体、个体经济比重不但远低于沿海发达地区，也低于全国平均水平。在1987年贵州工业总产值中，全民占76.13%，比全国高出16.4个百分点；集体占21.72%，比全国低12.9个百分点；个体、私营和其他经济成分占2.15%，比全国低3.51个百分点。这种所有制经构与我省省情及落后的生产力水平很不相适应，既不利于整个经济围绕市场来搞活，也不利于全民企业经营机制的转换。在认清省情基础上，省委、省政府明确，发展社会主义商品经济是贵州经济工作的主旋律；集体和个体经济是发展商品经济的两个最富活力的生长点。要改变贵州经济文化和社会发达程度远远低于东部的状态，靠国家象当年搞三线建设那样，集中巨额资金上大项目、办全民大中型企业已不可能，必须依靠自身的努力，调动各方面的积极性来加快经济的发展。因此大力发展集体经济和其他经济成份，建立适合生产力水平的所有制结构，是贵州省经济发展必须走好的一步棋。于是，省委、省政府于1988年4月决定安顺市为“深化改革，促进多种经济成份共生繁荣，加快发展”的试验区。

安顺市地处贵州中部，历史上是贵州中西部的物资集散地和手工业产品传统集中产区。解放后，轻工业发展较快，三线建设期间，建成以贵州航空工业总公司为主体的一批军工企业和中央、省属企业，是贵州省内开发较早的城市之一，集体经济有一定基础，但长期在“左”的影响下停滞不前。因此，确定安顺市为试点，在本省权限范围内和安顺市财力许可的条件下，以搞活集体经济为突破口，调整所有制结构，促进社会主义有计划商品经济的发展，对全省具有指导意义。

安顺试验区以公有制为主体、多种经济成分共生繁荣为试验主题，以搞活城镇集体经济为突破口，制定了一系列配套改革方案。取得了成效，达到了预定目标。

二、改善外部环境，建立集体企业自我发展机制的配套政策

1.对在合作化时期建立起来的城镇集体企业主要采取了四项政策：

一是建立集体经济发展基金。基金的主要来源是，对集体企业的流转税实行以1987年实现数为基数，超基数部分用以建立城镇集体经济发展基金。其

投放形式有两种：一是超基数部分税利，对集体工业企业和集体流通企业，分别返还70%和50%，作为国家股，在适当时候参加分红；二是建立基金管理委员会，对余下的部分，集中管理和使用，择优扶持企业进行技术改造。在具体操作上，按收支两条线的办法，税务部门依法征税后，由财政部门将超基数部分拨交基金管理委员会按规定返还和使用。

二是鼓励企业进行技术改造，开发新产品。老企业进行技术改造，其项目新增固定资产超原有固定资产净值1倍以上，或新增产品产值占当年总产值50%以上的，可视为新办企业，免征所得税3至5年，流转税可在1至2年内留在试验区纳入城镇集体经济发展基金。

三是集体企业用贷款进行技术改造，可视不同性质分别采取税前还贷或以税还贷的办法，抵税部分作为国家股，适当时候再参加分红。

四是实行所得税目标管理。即以1987年企业上交所得税为基数，超基数部分全部留给企业作生产发展基金，一定3年不变。

以上办法，概括为："依法征税，建立基金，择优扶持，记国家股，暂缓分红或分红再投入"（简称为"26字"，下同）。实行这个办法3年，基金已累计有386万元，国家计股132.5万元。用基金重点支持17个企业作匹配资金进行技术改造，引进资金达1100多万元。3年来，集体企业通过以上政策受益超过1000万元。随着企业自我发展能力的提高，企业的综合素质有了很大改善。市轻工系统所属40个集体企业，有36户进行了不同程度的技术改造。开发新产品、实施技改和新产品开发共87项，各方投入资金3672万元，产品结构调整步伐加快，产品质量有了提高。几年来多种产品获省级以上奖励43项，其中国家级和部级奖励13项，国际博览奖1项。对集体企业的扶持政策，发展了经济，也增加了财政收入，全市集体工商税1990年增加到1312万元，比1987年增长88%。

2. 在搞活老集体企业的同时，还制定了其他政策，大力发展新的集体经济组织。一方面，把"26字"政策扩展到新的集体企业，规定新办集体工业企业免征所得税3年至5年，其流转税可在1至3年内留在试验区内纳入城镇集体经济发展基金，也可酌情扶持新办企业。另一方面，鼓励和支持机关、事业单位、企业、学校、街道、农村，采取集资入股的办法，大办乡镇企业、街道企业、劳动服务公司等集体经济组织。特别鼓励军工企业、中央和省属大中型工业企业办集体企业，搞"一厂两制"。3年来安顺市新增集体工业企业112家。

安顺市周围有一批军工企业和中央、省属的大中型企业，过去，这些企业与地方经济的融合度很差，形成二元结构的强烈反差。在改革试验中，通过支持这些企业大力发展集体企业，形成了军工企业、中央和省属企业参与地方经济的动力机制和组织形式。实践证明，以发展城镇集体企业为突破口，不但搞活了老集体企业，发展了新集体企业，也为搞活国营大中型企业创造了新的模式。

三、多种成分共生繁荣的新型企业组织形式应运而生

国营安顺酒厂，在党的十一届三中全会前年产量不过700～800吨。几年前，该厂抓住市场机遇，打入了京津大市场，产品供不应求。企业面临上批量、占市场的大好时机。如果依靠当时在建的新厂，要3年后才能形成万吨生产规模。他们便以国营老厂为主导企业，不同经济成分，打破地区、行业界限，大跨度、多层次地采取兼并、承包、联营等形式，逐步组成有72个成员单位参加的企业集团。首先兼并了普定县国营陶瓷厂，从与本厂联营的天津销售点引进300万元资金，当年生产几百吨安酒，全部销往天津。接着又改造安顺猪鬃厂，建成了年产1千吨白酒的又1个分厂。市场刺激了生产，生产扩大驱动了进一步开拓市场。顺着这个良性循环的路子，集团经理李幼鸿又到镇宁自治县，大胆扶持当时陷于停产的80多家个体烤酒户。国家未投资1分钱，只由安酒集团付息贷款300万元（已全部还清），总厂派20多人实行产品质量标准、生产工艺、原材料供应、产品销售、产品价格、管理办法"六统一"的严格管理，到1990年生产能力已达6000吨，相当于新建一个大型的白酒生产基地。从而赢得了时间，扩大了市场。如果由国家建厂，则需投资6000万元，费时3年。这个闻名省内外的个体户酿酒一条街，成了安酒集团大发展的重要阶梯。他们称之为"借梯上楼"，国营经济借个体之梯，迅速更上一层楼。个体户也由于有了集团大靠山，借助国营企业原料来源、技术、设备、人才、市场等优势，跃入了新的生产层次，跳出了原来自给自足、自生自灭的窠臼，在生产力上产生了质变。

现在安酒集团资产的所有制构成是：国营占67%，集体占3%，个体占30%。总厂拥有10个分厂，分厂加入集团后发展速度及效益均增长10多倍。集团带动了安顺地区5县1市的商品经济发展。如镇宁自治县在酿酒户和县酒厂参加安酒集团前，财政收入只有470多万元，1991年超过了2100万元。1990年，集团总产量已由初建时的5000多吨，猛增至27000多吨，年创税利5276万元，成为全国销量最大的名优白酒生产基地之一。安酒集团的实践证明，国营企业的主体作用要靠在市场竞争中来体现，要靠与其他经济成分的优势互补来发挥。1991年以来，我们又把发展集体企业的办法移植到小型国营和个体、私营企业。个体、私营企业，只要其发展符合我省产业发展方向，与国营企业联合，就可以享受“26字”政策。多种经济成分共生繁荣使安顺市全民企业也得到较快发展，1990年与1987年相比，全民企业工业产值增长了92%。

四、管而有法，活而有序

在搞活公有制经济的同时，始终对非公有制经济采取积极引导、强化管理、促进其健康发展的方针。

在试验区建立之初，市政府专门制定了《关于保护和发展城镇私营企业的暂行规定》，放宽了私营企业和个体经济的生产经营范围，保护其合法地位和权益，解决生产经营发展中的土地、资金等问题，鼓励将个人所得用于扩大再生产，支持与国营、集体经济联合，享受部分优惠待遇。这些政策出台后，个体、私营经济也出现了较快的发展趋势。但是，在治理整顿期间，在发展私营和个体经济认识上出现了一些反复，使一些私营业主和个体户犹豫观望，有的甚至提出把全部资产交给国家。在这种情况下，省委、省政府认为，社会主义初级阶段的所有制应以公有制为主体，在不同的经济领域、不同的地区，各种所有制经济所占的比重应当允许有所不同。搞死容易搞活难，安顺市非公有制经济在全市经济成分中的比重并不高，其有益补充作用不是多了，而是很不够，仍需要按照省委“放心、放胆、放手”发展多种经济成分的方针，搞好非公有制经济的发展。首先是试验区发展个体私营经济的有关政策必须稳定和落实。由于政策稳定，打消了个体私营企业主的顾虑。在其较快发展的情况下，一方面积极引导，另一方面加强管理，双管齐下，兴利除弊。个体劳协和私营企业协会，在加强个体私营企业主自我教育、自我管理方面做了大量积极有益的工作，经常组织对个体工商户和私营企业主进行有关法制法规教育，强调守法经营、照章纳税，促进精神文明建设。特别是在改革试验过程中建立起来的我省第一家私营企业协会，得到了各级的肯定和社会各方面的大力支持。几年来，两个协会举办技术培训班29期，培训639人；举办互助储金会，帮助会员解决暂时资金困难；依法保护会员合法权益，协助处理侵犯会员合法权益事件25起，制止乱收费、乱摊派、乱罚款32起。较好地发挥了“自我教育、自我管理、自我服务”的作用。

在鼓励个体、私营经济健康发展的同时，工商税务等部门按照国家有关规定，加强了对个体、私营经济的管理和监督，建立了相应的管理制度。通过对个体工商户、私营企业主建制建帐，强化其纳税意识，不仅增加了税收，同时在解决就业、繁荣市场、稳定社会等方面产生了积极作用。由于政策稳定，个体私营经济保持了比较稳定和健康的发展趋势，对公有制经济起到了拾遗补缺的积极作用。目前，安顺市私营企业从无到有，1991年已发展到157户，从业人员近2000多人；个体工商户1990年发展到7468户，从业人员近万人，比1987年分别增长5.72%和28.8%；1991年达8487户，11401人。1990年全市个体私营交纳工商税收800万元，比1987年增长76.38%。

五、培育多种经济成分各展所长的市场体系

围绕多种经济成分共生繁荣的试验主题，在市场建设上也采取了一条多种经济成分一齐上的方针，使不同所有制经济在其最能发挥作用的领域各展其长。3年来，在发展集贸市场的同时，着重在培育资金市场和各类小商品批发市场上下功夫。

试验区经济发展中的最大难点是资金严重短缺。解决这一难题仅靠国家投资和银行贷款显然不够。为此，以全民和集体为主体，先后建立了1个信托投资公司和4个城市信用社。其服务对象，主要是集体企业和个体、私营企业。在信贷特别紧张的1990年，这几家非银行机构的贷款余额达4200多万元，其中城市信用社贷给集体工商企业贷款余额560万元，贷给个体工商户的贷款余额821万元，其

他贷款210万元，信托投资公司贷款余额2700多万元。这部分资金虽然有限，但发挥了不小的作用。一是起到了弥补国家信贷资金不足，支持集体、个体、私营企业发展的积极作用；二是在试验区完全自费改革的情况下，在一定程度上增强了政府对经济的调控能力；三是为下一步资金市场的发展奠定了基础。

小商品批发市场的建设则主要以个体和私营经济为主。采取了农民出土地，经营者集资，工商部门予以支持的办法，加快了市场建设的速度。同时，在市场内配套建立了金融、治安、邮电、旅社、运输等服务机构，并加强了规范化管理。使安顺市辖区内的各类消费品市场迅速发展起来。到1991年，共有消费品市场28个，专业市场4个。其中的小商品市场、农贸市场、大牲畜市场都成为贵州中西部的重要交易场所，每年吸引10多个省、区数千人常年进行贸易活动。试验区还注重用政策积极引导个体、私营经济由流通领域向生产领域转移或延伸，鼓励他们从事开发性产业，同时鼓励和引导农民、个体生产者参加流通。实践证明，这样做效果是好的。如安顺市的马掌钉的生产，原来一直是小打小闹，随着小商品批发市场的形成，马掌钉远销内蒙、新疆、青海、宁夏等地，小小的马掌钉业形成了规模，现已有200多盘红炉，近1000人进行生产。马掌钉生产规模的扩大，又带动了废钢材市场的兴旺。通过市场建设促进商品生产发展，生产发展刺激市场发育的办法，使安顺“商城”和轻手工业这两个优势相互推动，相互依托，有效地搞活了经济。

安顺市试验区建立以来，虽然遇到了严峻的经济环境和市县合并的特殊情况，但在“紧中求活，稳中求进”的思想指导下，运用试验区的各项政策，调动各方面的积极性，特别是企业的积极性，使经济保持了持续、稳定、协调发展和较快的增长，为今后的改革和发展奠定了坚实的基础。通过改革，以公有制为主体、多种经济成分共生繁荣的格局基本形成。在1991年的工业总产值中，全民占49.58%，集体占20.46%，城乡个体工业占8.66%，混合型工业占20.27%。与1987年比较，集体上升5.17个百分点，个体上升4.93个百分点。地方财政收入1990年达6500万元，比1987年增长93%，1991年达9454万元。

（王翰武　徐铁　执笔）

注：安顺市1990年与安顺县合并，本文所用数据，凡1990年与1987年比较数以1990年市县合并前的为主；1991年与1987年比较数为市县合并后资料。

1991年宁夏经济体制改革迈出新步伐

宁夏回族自治区经济体制改革委员会

1991年，在全国体改工作会议和中央工作会议精神的推动下，宁夏经济体制改革的份量加重，步伐加快，各项改革都有了新的进展。全年工业生产总值完成78.5亿元，比上年增长5.5%；地方财政收入完成6.8亿元，按可比口径计算，比上年增长5.8%。

一、深化企业改革取得了明显成效

新的一轮承包顺利完成。截止1991年上半年，大面积的企业续包已经基本完成。下半年，又抓了续包扫尾工作，扩大了续包面。全区签订新一轮承包合同的各类企业达2757户，实行目标管理的97户，续包面达87.4%。其中，地方大中型企业续包30户，占应包企业的71.4%；全民所有制工业企业269户，占80.5%；预算内工业企业139户，占88.6%；二轻集体企业189户，占70%；乡镇企业2012户，占71%。全面推行了企业承包全程管理，促进了新的一轮承包的健康发展。

着力抓搞好大中型企业工作。年初，自治区党委、政府组织有关部门紧紧围绕搞好企业特别是大中型企业，深入开展调查研究，制定了《关于进一步搞活企业的若干政策措施》(即四十条)，从落实企业自主权、启动市场、鼓励企业技术进步、开发新产品、转换企业经营机制、加强协调服务等方面提出了改革措施。下半年以来，自治区党政领导亲自率领工作组深入企业现场办公，对全区10个大中型企业进行咨询和诊断，帮助解决改革与发展的困难和问题。

开展了企业经营机制改革的试点工作。中央和自治区党委工作会议之后，在深化企业改革中进行了新的探索，提出了企业机制转换试点工作意见。体改委领导同志初步选择了银川涤纶厂、宁夏水泥厂、西北轴承厂、大河机床厂、银川起重机器厂、吴忠仪表厂、吴忠配件厂、吴忠塑料编织袋厂、宁夏电机厂等大中型企业，在放开经营、人事用工、工资分配、产品价格、技术改造等方面进行转换企业经营机制的试点。与此同时，还抓了一厂多制、股份制、企业集团等方面试点调查、方案准备工作。在青铜峡市19户预算内工商企业和自治区五交化、纺织两个公司开展了税利分流、税后承包的试点。青铜峡市实行税利分流、税后承包1年，实现利润、上缴所得税分别比上年增长23%和10.1%。

在全区41户工商企业实行股份制的基础上，去年又在宁夏铁合金厂等进行股份制试点。宁夏首家企业集团石嘴山陶瓷企业集团正式成立。

二、价格改革迈出了较大步伐

价格结构性调整步伐较大。对25年来一直稳定不动的平价粮油进行了较大幅度的提价，调价总额为8559万元。适度调整了铁路货运、钢材、原油等基础产品的价格，仅1991年上半年中央调价项目达32种，金额5971万元。粮油统销价格调整，实现了历史性的突破。价格体制改革继续推进，地方政府调价的自主权扩大。自治区调价商品价格和非商品收费共32项，金额达2588万元。价格管理工作也有了明显进展。继续实行了物价控制责任制，市县政府和有关部门双向控制，实现了物价指数不突破6%的控制目标。全区治理乱收费收到了成效。

三、社会保障制度改革开始全面推进

职工养老保险正在向集体、乡镇和私营、“三资”企业扩大。1991年，我区20个市县实现了以市县为单位的全民企业固定职工退休费用社会统筹，参加职工17.8万人，离退休职工3.8万人，分别占应参加统筹的76.7%和82%，已滚存结余养老基金804.9万元，均比上年有了较大增长。全民合同制工人养老保险走上了正轨，参加投保的合同制工人5.7万人，投保率达98%以上，滚存结余养老基金4301万元。全区有银川、贺兰、永宁、石嘴山、平罗、吴忠、青铜峡、灵武、中卫、中宁等10个市县实现了集体企业职工退休费用社会统筹。进行了新的探索和试点，在吴忠、盐池、石嘴山、中卫4个县开展了固定职工个人交费试点；在银川、吴忠、固原、青铜峡、中卫5个市县开展了劳动服务公司职工养老保险；自治区保险公司还对志愿兵、农村计划生育试行保险；部分县开展了救灾和社会保险相结合的农村救灾保险；农民养老保险也开始起步，平罗县前进乡对乡村干部实行养老保险，银川郊区红花乡民乐村开始进行农民个人养老保险试点。

四、住房制度改革开始起步

住房制度改革出现了新的起色。平罗、彭阳两县房改试点方案已于1991年6月出台，取得显著成效。平罗县年底前已出售公房3284套，占全部公房的72%，收回资金711万元；出租公房520套，占全部公房的18%，收取租赁保证金27.3万元，并适当调整房租标准。全区已有33户企业在小步提租不发补贴、合作建房、集资建房、出售公房等方面取得了一定的进展。银川市改造危房50多万平方米，加快了城市住宅建设步伐。继续加快住房商品化的进程，全区已出售公房43.1万平方米，收回资金2900多万元；集资7500多万元，解决了7000多户职工住房；发放建房贷款1.56亿元，改造危房50多万平方米，解决了2万多户居民住房；积累住房基金1260万元；已有1198个单位和个人开立了房改资金专户，自治区建行为配合房改，成立了房地产信贷部，全国房改会议之后，各地都正在制定或修订全区房改方案，进一步推动房改工作。

五、流通体制改革逐步深入，市场体系有了新的发展

国营商业继续推行年度市场目标管理责任制。在大中型商业企业实行二轮企业承包的同时，进一步坚持和完善国营小型商业企业改转租。去年，实行改转租的企业268户，其中实行改的99户、转的19户、租赁的140户。积极探索商业企业改革的新路子，在中卫县开展了批零合一试点，在区民贸大厦和民贸公司开展了批零联营的试点，取得了较好的成效。粮食企业完善了盈亏大包干的改革办法，进一步推动了粮油企业改善经营管理。

我区市场发展呈现多元化趋势。集贸市场发展比较快，全区有12个市县新建和改造市场35个，投资4039万元。城市集贸市场发展到238个，比上年增加10.2%；集市成交额7.5亿元，比上年增长22.4%，集市商品零售额占全区社会商品零售额的18.2%，集市农副产品交易额占全区农副产品收购额的43%。在新建市场中，大力发展各类专业、批发市场。银川市兴建了蔬菜果品、生资建材、粮油水产品、土特畜产品和综合等5个批发市场。各地的生产资料市场、房地产市场、劳务市场、信息市场、技术市场等都有了一定的发展。与此同时，各地都建立市场管理规则，加强了市场的管理。

六、宏观调控进一步加强

在宏观调控上，更多地运用利率、汇率、税收等经济杠杆来调节经济运行。

改进计划投资体制，认真实施了自治区产业政策具体实施办法；继续加强和改进固定资产投资管理，成立了基金办公室，加强对有关专项基金的统筹管理；对投资结构进行调整，增加了农业、煤炭、电力、交通、通讯等投资，克服多头审批、重复布点、盲目建设的现象。

深化金融体制改革。从1991年4月起，再次下调银行存、贷利率分别为1和0.7个百分点。积极开拓金融市场，建立了由各专业银行与其他金融机构共同参加的会员制金融中心机构——宁夏金融市场，已筹集资额基金3600万元。发展了债券市场，成立了宁夏证券公司，逐步增加债券种类，扩大债券发行，搞活债券的流通转让。改进了国债的发售方式，

发展承购、包销、代销、助销等形式。并适当增加企业债券和短期融资券的发行量，把企业引向市场。

继续完善财政包干体制，建立国有资产管理局，加强了国有资产的管理。

深化税制改革，加强征收管理。开征了固定资产投资方向调节税，停征了固定资产建筑税。在石嘴山市大武口分局推广了源泉控管，结合“征、管、查”分离，强化了税收基础管理，建立了全面反映和监督税收资金运动过程的税收会计运行机制。并在石嘴山、银川和吴忠市的三个税务所扩大试点。

进行企业工资制度改革探索。制定了企业工资制度改革的有关政策。进一步改进和完善了企业工效挂钩办法。对承包企业实行责任目标工资包干办法。改进企业浮动升级办法，开始试行企业考核增资考工晋级制度。进行了岗位技能工资制的试点。逐步建立健全企业的激励机制和自我约束机制，加强了对工资总额的宏观管理。

七、对外开放的步伐继续加大

推行了以自负盈亏为中心的外贸体制改革，进出口贸易有了较大增长。1991 年全区出口完成 8865 万美元，比上年同期增长 18%；进口完成 1257 万美元，比上年同期增长 75.8%。“三资”企业有了新发展。8 家“三资”企业，8 个项目共投资 309 万美元。国际贸易市场也有了新的扩大，又与俄罗斯、波兰等 10 个国家开展了经济贸易。尤其是 9 月的宁夏国际黄河文化节，促进了经贸合作领域不断扩大，仅 11 天的黄河文化节，进出口贸易突破 500 万美元，对外经济技术合作步入新的领域。9 个国家和地区的 18 家企业与我区洽谈，印度尼西亚、匈牙利、新加坡等国第一次来宁投资合作。横向经济技术协作进一步扩大。1991 年底，宁夏已与广东、天津、海南、深圳等 24 个省、市签订经济技术合作项目 272 个，完成协议合同 206 个。目前，自治区已在境外兴办了一批企业，其中仅在深圳的企业就达 14 户，拥有固定资产原值 6434 万元。

八、加强改革理论研究和制定“八五”改革规划

先后召开了搞活大中型企业、企业承包全程管理、社会保险制度改革、“八五”和今后 10 年改革思路等方面理论研究，在深圳举办了深化企业改革研讨会，开展了对宁夏 12 年改革开放成就的宣传教育等，使全区各级干部和广大群众进一步坚定了改革的信心，为深化改革、扩大开放奠定了基础。

加强改革规划的制定。从 1990 年第四季度以来，抓紧了“八五”和今后 10 年改革规划的研究与制定。总体规划和 20 个单项规划已经完成。正在编辑出版 20 万字的《宁夏九十年改革构想》。还完成了《中国企业承包实践——宁夏分册》的编辑出版工作。

（马生云　李文升　执笔）

深化城区改革，增强城区活力

江苏省经济体制改革委员会

我省设11个省辖市。市辖区42个，其中，29个城区、13个郊区，占全国市辖区总数的6.5%。全省城区面积1431平方公里，城区人口593万。随着城市改革的深入开展和城市商品经济的迅速发展，为了深入挖掘城市内部潜力，增强城市服务功能，更好地发挥城市的多功能中心作用，自1984年起，全省各市纷纷将改革引伸到城市内部，推进城区综合改革。围绕进一步增强城区活力，改革高度集权、条块分割的城市管理体制，扩大城区政府管理权限，发展城区经济，增强城区的综合管理服务功能。

一、全省城区改革进展情况

几年来，我省城区综合改革取得了显著成效，城区面貌发生了深刻的变化。

一是城区经济迅速发展。苏州市1991年全市3个城区的工业、商业、劳务业总值达19.41亿元，比改革前的1987年翻了两番。常州市戚墅堰区在城区改革中，实行"区带乡"体制以来，使城乡优势互补，经济共同发展，工业产值增长了4倍，外贸收购额增长了5.4倍，区财政收入增长了1倍。1991年，全省城区实现工业产值50.3亿元、商业销售额70亿元、财政收入6.68亿元，分别比上年增长30.9%、16%和6%。

二是城区服务功能显著增强。拓宽了服务领域，服务对象由区属单位扩展为驻区单位和群众，服务内容由生活服务扩展到生产、科技等方面的服务，服务方式由单项服务扩展为系列化服务，办起了"搬家公司"、"清洗公司"、"家教服务中心"和福利院、文化活动中心等服务实体，为居民提供了"衣、食、住、行、玩、生、老、病、死、残"系列服务。南京市已经初步形成了区、街道、居委会三级服务保障网络，多数街道建起了一厂（福利厂）一院（福利院）三站（老人活动站、伤残儿童日托站和精神病人医疗站）。

三是城市面貌迅速改观。通过向城区下放权限，城区的开发能力得到增强，由零星拆建发展到成街连片小区建设。加快了城市改造建设步伐，南京市5年来，市、区合力开发建设，建成居民小区59个，建造住宅803万平方米，10万多户居民喜迁新居。

四是城市精神文明建设得到加强。各城区坚持两个文明一起抓，利用城区财力，积极兴办少年宫、职工之家、文化站等精神文明设施，不少城区、街道开展"社区文化"，活跃群众精神生活，初步形成了区、街道、居委会三级文化网络。同时，条块结合、以块为主的社会治安综合治理得到了加强。

五是城区政府职能逐步完善。通过下放部分管理权限，强化了城区管理职能，初步形成了市、区两级政权和市、区、街道三级管理的新格局。城区经济管理部门得到充实，加强了城区经济工作的规划、协调、指导和服务。城区工作出现了三个转变：由被动应付型向主动建设型转变，由封闭型向开放型转变，由民政事务型向综合管理服务型转变。城区基本上改变了过去那种"无权、无钱、无手段"的状况，由市政府的"办事处"逐步变成为"管事有权力，办事有财力"的一级政府，初步具备了在经济管理、城市管理和社会管理三方面的职能。

二、推进城区改革的主要内容和做法

城区改革是一项寓城市综合改革之中的全新课题，没有现成的模式和经验可以借鉴，全省各市、区大胆探索、勇于实践，基本做法有以下几点：

1. **突出重点，把向城区放权作为改革突破口** 随着城市商品经济的迅速发展，城区政府在发展城区经济中的地位和作用越来越重要。各市在改革高度集权、条块分割的城市管理体制的过程中，把向城区放权作为突破口，努力健全城区政府功能，改变过去城区政府搞管理缺乏权力，搞经济缺乏活力，搞服务缺乏实力的现象，扩大和赋予城区在发展经济和城市管理服务等方面的权限：一是下放财权，建立区级财政。实行"核定基数，收支挂钩，比例分成，增收多分"或"递增包干，超收多留或全留，欠收自补"的财政体制，使区级政府的事权与财权得到了初步结合，调动了城区发展经济、生财、聚财、理财的积极性。二是下放商业服务网点，实行市管批发和大型、名特零售商店，区管中小零售商店和服务网点，调动了城区新建、改造商业设施的积极性。几年来，南京市各区新建商业服务网点 37000 多个，建成了 10 条商业街，苏州市零售商业下放城区以来，商业门点基本实现了"旧变新、小变大、亏变盈"。三是下放部分城市管理和建设开发权。把治安、环卫、绿化工作放到区里管，市管主干道、管规划和重点骨干工程建设，区管小街小巷、一般建设项目和辖区内的小区建设开发。健全了城市分级管理体系，增强了城区开发建设能力。实践证明，向城区放权，是搞活城区的关键措施。这样做加强了城区政权建设，调动了城区工作的积极性。

2. **明确指导思想，坚持以经济建设为中心** 发展经济是全党工作的中心，城区也不能例外。从区街企业的现状来看，其规模小、设备老、负担重、人才少，既没有国营大中型企业的倾斜政策，又缺乏乡镇企业那样的灵活机制，在激烈的市场环境中缺乏竞争力。因此，各市城区政府坚持把搞好区街企业，发展城区经济作为城区改革的中心环节来抓。一是深化企业改革，转变经营机制。盐城市城区积极试行集体企业股份合作制，有 92%的工业企业，90.3%的职工入股。从而，进一步明确了企业的产权关系，密切了职工与企业的关系，促进了区街企业的发展。改革 5 年来，该城区工业产值年递增 24.1%，区财政收入年增长 21.3%。许多城区企业积极引进乡镇企业经营机制，改革干部人事制度、劳动用工制度和分配制度，增强区街企业的市场应变能力。二是发展横向经济联合，走联合发展、科技进步之路。充分利用城区里大企业、科研单位集聚的优势，鼓励区街企业去"攀亲""结对"，引进新技术，开发新产品。苏州市沧浪区长城仪表厂，1988 年初建立以来，靠科技求生存、靠新产品求发展，使产值、利润年年翻番。为了解决城区用地困难，不少城区"飞"出城外，与郊区、郊县联营，兴办工业。南京市玄武区丹凤街道，"飞"出城外与郊区农民联营后，街道工业得到迅速发展，年产值由 40 万发展到 2100 万元，利润从 4 万增长到 206 万元。三是制定扶持政策。市里从资金、税收、人才引进等方面，支持区街经济发展，调动了城区发展经济的积极性。苏州市城区已经形成了"工业、商业、劳务业三个轮子一起转，区、街道、居委会三个层次一起上，内向、外向两个扇面一起张"的区街经济发展新局面。

3. **广开渠道，努力增强城区服务功能** 城区政府不仅要管好市政、环卫和治安，而且要为驻区企事业单位和人民群众提供良好的服务。各市城区把增强城区服务功能，当作城区改革的一项重要内容来抓。一是组织驻区的企事业单位的生活服务设施向社会开放，据南京市统计，已有 75.8%的驻区大单位的近千个公益设施向群众开放，缓解了城市一度突出的"入托难"、"家务难"等问题。二是兴办服务实体，办好实体促服务。无锡市崇安区建起了一定规模的活动服务中心 2 个，文化娱乐中心 6 个，老年活动室 82 个，青少年活动室 54 个，幼儿园、托儿所 107 个，便民服务站 37 个，服务项目有 563 项。三是大力发展第三产业，重点发展为生产和群众生活服务的行业。依托下放的服务网点，进行改造提高；培育和发展市场，为人民群众和工厂提供生活和生产服务。苏州市平江区丝绸市场自 1991 年 3 月初开办以来，已有 25 家国营大中型企业进场销售丝绸产品，开业一年，营业额已达 5766 万元，收缴管理费 46 万元，税收 22 万元，深受企业欢迎。四是推进事业单位企业化管理。为了增强事业单位活力，各城区试行事业单位企业化管理，推行承包责任制，实行事业经费"定额包干，增收分成"，服务项目"签订合同，明确责任"。从而，调动了事业单位的积极性。这样做，既充分发挥了事业单位设备、人才的潜力为社会服务，又增加了事业单位的收入，改善了职工的生活，促进了事业的发展。

4. **从基础抓起，不断深化街道体制改革** 全省有160个城区街道办事处，2579个居民委员会。各市把街道体制改革作为城区改革的重要组成部分来抓。他们把改革的重点放在完善街道管理职能，发展街道经济上。我省许多城市十分重视街道工作，苏州、无锡、镇江等市制定了深化街道改革的意见，进行了一些有益的探索。镇江市京口区推进街道财政体制改革，实行“核定基数，超收分档分成，欠收自补”体制，建立了街道财政所、税务所和工商所，增强了街道聚财、理财的积极性和市场管理能力。在扶持和发展街道经济中，苏州市实行“双挂”办法，即组织少数经济发达的乡镇和部分市区企业与街道、居委会实行单位挂钩、干部挂职，帮助街道和居委会发展集体经济。目前已有320个干部到街道挂职，签订帮扶项目441个，预计新增产值7300万元，新增利润620万元。为解决居民干部的来源问题，南通市崇川区开展了从辖区企事业单位中选调优秀职工参加所在地居委会的工作，开辟了居民干部的新来源。

5. **从实际出发，因地制宜探索多种改革路子** 我省城区有多种类型，有的区带乡，有的区不带乡，有的区以工业为主，有的区以商业服务业为主，还有的是科技、文教集中的区，而且经济水平、功能特点也各不相同。因此，在推进城区改革时，各市坚持从实际出发，因区而宜，唱好“地方戏”，不搞“一刀切”，探索多种改革路子。在发展城区经济中，从区情出发，扬长避短，发挥优势，确定各具特色的目标思路，在发展特色上下功夫。南京市6个城区针对各自的实际，形成了不同的改革和发展的思路，如下关区地处车站码头，大力发展商埠型经济；地处夫子庙地区的秦淮区，以发展旅游服务为先导，推进城区改革；白下区大力发展商业服务业，建设商业街，成为全市的商业区。

（钱伯华　许永奎　执笔）

坚持城区改革，完善城区功能
——关于沈阳市沈河区综合体制改革试点的调查

辽宁省经济体制改革委员会

沈阳市沈河区经过几年城区改革的试点工作，开始理顺市区关系，城区功能不断完善，增强了城区活力，促进了城区经济发展，发挥了城区一级政权在城市建设、管理和服务中的作用。实践表明，搞好城区改革，对于巩固城市基层政权、稳定社会、繁荣经济、方便人民生活，促进城市两个文明建设，都有重要意义。沈河区综合体制改革试点为城区改革提供了成功的经验。沈阳市沈河城区改革的主要内容和做法是：

沈阳市沈河区城区改革本着先易后难、循序渐进的原则，在城市建设、城市管理，文化、教育、卫生、计划管理体制、财政税收体制、商业管理体制以及劳动人事管理体制、城市综合管理和搞好社会化服务，全面发展全区社会经济文化事业等方面都进行了有益的探索。

一、扩大城区管理权限，完善城区职能

为了完善城区一级政权的职能，市政府先后在财税管理、工商管理、城建管理、建筑工程管理、房地产管理、交通运输管理、环境保护管理等方面下放了23项权力；在教育、卫生、文化、计划生育、商业、服务业管理等方面界定了市区职能分工，扩大了区的管理权限。承认区一级财政，建立健全区级财政体制。市对区实行“划分税种、核定收支、分级包干、超收分成，一定三年”的财政包干体制。财政超收部分，区在使用上享有自主权。建立和完善区税收征管查体系。完善区工商管理体制，区工商局作为区政府的职能部门，有权对区内企业和市场实行全面的行政管理和监督。经过权力的下放和调整后，区一级政府在财政税务、工商行政、司法、城建、城管、房产、交通、环保卫生、文化教育、商业服务等各方面，拥有了配套的权力，完善了城区政府的职能。在改革中，沈河区把完善政府职能、下放权限与区内各部门的自身改革结合起来，按照新的职能要求，调整区级机构。新组建的委、办、局由原来的56个科室，减少到40个，下降了28%，管理人员由原来的312名，减少到241名，下降23%。

二、调整区街分工、健全街道管理体制

市向区放权后，为了健全和加强城市管理的基础层次，沈河区逐步调整区街权限，明确和健全街道管理职能。一是把适合街道管理的城市管理权力放给街道。二是在街道实行了新体制，调整和完善了某些科室，建立了财政所、税务所、工商行政管理所、法律事务所和人民法庭，赋予了街道办事处部分工商行政管理和税收权力，按照保上富下的原则，街道试行了“划分税种、定收定支、收支挂钩、超收分成、一年一定”的财政管理体制。三是明确街道的重要职能是发展经济，增强经济实力。并为发展经济，搞活企业，方便人民生活，搞好社会治安等方面搞好综合服务。

三、发挥城区综合功能，开展全方位服务社会化

围绕政府职能的转变，沈河区把全方位社会化

服务作为改革的主要内容来抓。重点抓各类服务网点的建设，建立健全综合服务体系，用多内容、多层次、多形式的社会化服务，解决驻区企事业单位和人民群众在生产、生活中的诸多难题。一是抓便民组织的建设。在全市首创了高楼住户“十不出院”的经验，成立了便民代办事务所、便民综合服务部、居民生活服务站等多种便民服务组织，先后成立各类便民网点3000多个，兴办了老年人、残疾人、文化娱乐、青少年校外教育、居民医疗、民事纠纷调解等10余种服务网络。二是发挥区内企事业单位服务设施能力。通过制定政策，区内200多家企事业单位的食堂、浴池、幼儿园、招待所、液化气站等10多种服务设施向社会开放，直接受益达30多万人；三是区政府机关及事业单位，围绕全方位服务，开展甘当人民公仆活动。区政府各部门，面向辖区内各单位开展传递信息、业务咨询，举办培训班等服务，并简化办事程序，提高办事效率，自觉接受监督，转变了机关作风，改变了“冷、硬、顶”官衔作风，克服“门难进、脸难看、事难办”现象。

四、加强税收社会监督，建立协税护税网络

积极探索建立专群结合、查举结合的协税护税网络，使税收征管日趋制度化、规范化、法制化。一是改革了区税务分局内部管理体制。实行查管分设的保证监督体系；二是在全区16个街道办事处，按经济区域设立了7个中心税务所，负责征收税款、对办案人员业务指导和对举报案件及时查处；三是健全护税机构。区税务局设立税务检查室、税务法庭和税务治安办公室，全区建立了153个协税护税网络（明网、暗网2117个），参加人员达7081人，分设了个体户组织协税网、个体私营企业、会计协税网、代征单位协税网、地区管理部门协税网。仅1988年，共查处偷漏税案件389起，补罚税款68万元，对个体集贸税收共完成1477.8万元，比1987年增长70％；1989年共接到举报案件878人次，上案处理487件，补罚税款176.3万元，个体集贸税收共完成2279万元，比1988年增长54％。

五、大力发展区街经济，壮大区街经济实力

在试点中，沈河区注意把城区工作从单纯地抓民政、街道社会工作转移到以经济建设为中心的轨道上来，坚持以改革促进经济建设发展。他们首先成立了区经济工作领导小组，建立了由区政府、工业主管部门、工业公司和街道四级构成的生产调度体系，加强对全区经济发展的协调和指导，使经济发展在规划上、组织上、布局上趋于合理。其次，抓住机遇，按照国家产业政策，结合区街工业实际，进行适应性、开发性和战略性调整。即根据市场需要变化，在不增加大投入的基础上，对产品滞销的区街工业企业迅速转产，生产市场需求的“短、平、快”产品。1988年以来，全区300多家小型工业企业在调整中，开发适应市场需求的新产品100多种。并通过控制固定资产投向和“多并转、少关停”的方法，优先发展新兴产业、高技术产业和工艺技术先进、物资消耗低、附加值高、适销对路的产品。1988年底，该区接收了连续3年亏损的市属沈阳市钟壳厂，改建为康达制药厂。投入500多万元资金进行技术改造，很快研制出8大系列50多种新药，其中有3个品种属国内独家开发，成为全国第一家以生产中西结合药为主导产品的专业厂家，并实现了当年调整，当年生产、当年扭亏为盈。1990年，该厂完成产值1648万元，实现利润416万元。沈河区还从区街工业的发展战略出发，逐步实现区街工业从零散粗放管理向集约经营管理转变，从速度型向质量效益型、科技先导型和资源节约型转变。把整个经济调整延伸到发展科技规模型企业、组建企业联合体和开发工业小区上，初步形成了制药、特种环保设备、木工机械、呢绒服装、精细化工等68个规模型支柱企业。1990年，这68户企业完成产值3.5亿元，实现利润3194万元，分别占全区工业总产值和工业利润的41％和45％。

六、实行科技兴区、促进技术进步

在改革中，沈河区把改革和科技兴区结合起来。区成立了经济技术顾问团，聘请了一批大专院校、科研院所以及经济界、金融界的专家、学者担任顾问，直接参与全区重大经济发展项目的论证决策。近几年来，在调研论证的基础上，先后对近百个工业生产项目进行科学决策；选聘了一批中级以上技术人才担任各层次科技副职，区政府专门配备了科技助理，科技副区长、科技副局长，街道办事处设科技副主任。几年来，该区利用区内大专院校、科研单位集中

的优势，兴办了130余家民办科研机构，拥有科技人员850名，这些民办机构研制开发有竞争力的产品150余种，累计创工业产值8亿元，新增利润500多万元。全区还先后创办了173个技术开发经营机构，广泛开展了技术承包、技术咨询等活动。为了加速企业技术改造和科技成果的转化，该区还建立了区科技发展基金（按区财政总收入的1%提取），公司（局）科技发展基金（按年统筹事业费的20%提取），企业技术开发基金（按企业销售收入的1～2%提取）。目前该区引进各类科技人才已达2485人，全区科技人才占工业企业职工总数的比例由零上升到5.3%。科技兴区提高了企业技术装备水平。近几年用于科技投资达2390多万元，购入具有80年代先进水平设备200多台，进行大小技改项目170多项。科技兴区提高了企业产品水平等级，开发了一批具有80年代先进水平的产品，全区引进开发高新技术产品1500多个，其中有10个达到国际先进水平，30多个达到国内先进水平，6个填补了国内空白。

七、建立健全各类市场、促进经济繁荣

沈河区在城区改革中，把培育和发展市场作为发展社会主义有计划商品经济的基础建设来抓。他们先后建立了科技、劳务、房地产、消费品等市场。在组建科技市场中，该区注意发挥市、区、街三个层次的积极性，面向全社会开展了技术贸易、技术服务、技术成果转让，触角延伸10多个省、市，先后签订了98项合同，成交额达500多万元。在推进劳动制度改革中，该区取消了企业内部招工和离退休职工子女顶替这两项旧的制度，实行面向社会、公开招考，择优录用的招工办法，全面推行了合同制，开展了专业技术培训工作，发展区、街劳务市场，加强了劳务市场管理。几年来，该区劳务市场共安置待业人员11008人，对外介绍就业21463人。1988年，该区在全市首创了房产交易市场，开业当年就实现交易额970多万元。在建立消费品市场中，该区注意发挥地处市中心得天独厚的条件，把单一的农贸市场逐步建设和发展成为农贸、轻工、物资等综合性的、多结构的市场。特别注意发展专业批发市场。1990年仅用了一年多时间，就建成了有3700个摊位，面积2.2万平方米的五爱街大型轻工批发市场。目前，该市场日销售额达110～200万元，商品流通已辐射到全国各地。市场的发展带动了市、区经济繁荣。

八、强化城市管理、发挥各部门职能作用

在城区改革中，沈河区利用市区分工调整后赋予的权限，调整了机构设置，在建筑、环保、商饮服以及房产业实行了行业管理。在区政府的统一领导下，充分发挥区工商、公安、交通、环保、城建、街道的作用，整顿建筑工地345处，拆除违章建筑61处，整顿市场摊区564处，经更新改造，全区锅炉合格率达99.7%。全区共组建地区治保会16个，各街道办事处以经济实体为依托，均组建了地区治保会和治安巡逻队，全区可防性案件比过去明显下降。各部门发挥职能作用，改善社会环境。区房产局以集资联建、投资包建等形式，筹集社会闲散资金，建设住宅小区20个，为2万多户居民改善了居住条件。几年来，先后改造危房20多万平方米，破损房由原来的56万平方米下降到3万平方米。区商业部门几年来新建、改建了86处商业网点；建筑部门翻建了图书馆、文化馆、体育场、福利事业中心等一批文化设施，改建中小学教学楼21所。城建部门改造道路4万平方米，种植草坪17.3万平方米，摆放垃圾集装箱2455个，建设公厕246座，大大改善了城区社会环境。

九、坚持政策导向，促进个体私营经济的稳步发展

沈河区在改革试点中，坚持积极发展、正确引导和管理个体私营经济。在具体工作中，一是加强领导，成立了区发展个体、私营经济领导小组，由主管区长牵头，下设办公室，具体负责全区个体、私营经济的规划、指导、协调、监督、管理和服务。二是制订了《关于鼓励个体私营经济发展的若干意见》，规定对有关行业、业户和经营项目予以不同程度的减免税照顾。三是简化审批手续，区工商、税务等8个职能部门，实行一周一次集体办公，统一审批制度，凡具备开业条件的，一次性核准发照。四是改善投资环境，投资近3000万元，修建、扩建了市场交易大厅。五是建立了信息网络渠道，及时沟通、反馈各地的商品需求信息。六是加强了对个体私营经济的综合全面管理。几年来，沈河区个体私营企业户数已发展到7287户，年上缴税收3030万元，占区年实现税

收的10%。

十、加强精神文明建设，丰富群众生活

在深化改革中，沈河区大力加强社会主义精神文明建设。全区先后有15个街道办事处创办了地区文明市民学校，建立了816所分校，对群众进行了思想教育、形势教育、道德教育、文明教育，共有近14万名职工参加学习。在全区15个“窗口”行业、开展了文明服务竞赛活动，以及创文明单位和文明委活动。为丰富群众文化生活，大西街道办事处还创建了地区性文化协会，将驻街48个企事业单位、街办企业和居委会组织起来，使部分单位拥有的俱乐部、舞厅、图书馆、游艺室、篮球场等文化体育设施对全社会开放，先后组织了地区性舞会、文艺汇演、篮球赛、书法赛等活动。

沈河区实行综合改革以来，城市管理和综合服务功能显著增强，各项建设事业取得了巨大成就，城区面貌发生了显著变化。1990年和1984年相比，全区工业企业由370家发展到601家，增长了62.4%；工业企业固定资产原值由1283万元增长到4719万元，增长了268%；工业总产值由1.077亿元，增长到3.09亿元，增长187.2%；工业利润由1738.45万元增长到3875万元，增长122.9%。全区完成产值(收入)由3.627亿元增长到12.643亿元，增长248.6%；实现利润总额由3116.2万元增长到7427.4万元，增长138.35%；完成财政收入由6030.2万元增加到8193.2万元，增长35.87%。1990年沈河区超额完成了市政府下达的5000万元工业产值追加指标，工业产值、利润和财政收入三项指标均创区历史上最高水平。

吉林省各个部门通力合作抓改革

吉林省经济体制改革委员会

1991年，吉林省的经济体制改革工作在省委、省政府的领导下，各个部门与体改部门密切配合，通力合作，形成了较强的改革合力，使全省改革工作取得了突破性的进展：一是企业改革有新的进展。1991年全省先后有143户商业企业进行“四放开”的试点，有22户企业进行劳动制度综合配套改革的试点，有50户国营大中型工业企业进行放开经营、转换机制的试点。二是企业组织结构调整有新的进展，按照新的组织方式新组建了几个较大的企业集团。三是流通领域的生猪、蔬菜、粮食的价格改革和经营管理体制的改革有新的进展，生猪、蔬菜价格完全放开，由市场调节，粮食盈亏两条线的经营管理体制改革在9个市、县进行试点。四是住房制度改革有新的突破，四平市、延吉市的房改于1991年10月1日顺利出台。五是保险制度改革有新的进展，全民企业职工退休费由省级统筹，待业保险在部分地区和部分试点企业进行，大病医疗保险在四平市起步。六是县乡综合改革有新的进展，县乡综合改革向村级延伸，实行村级经济的综合开发，形成由县到乡、到村的一条线综合改革。

一、联合调查研究，共定改革方案

从1991年年初开始，各有关厅、局按照《吉林省经济体制改革十年规划和“八五”计划》和《吉林省1991年经济体制改革工作要点》的要求，在充分调查研究的基础上，制订与本部门本系统有关的改革实施方案。1991年元月，省政府召开全省企业组织结构调整工作会议，提出了《吉林省企业组织结构调整规划要点》。各个企业主管厅、局，按照会议精神和《要点》的要求，分别制定出本系统的组织结构调整规划。化工厅、冶金厅、医药局等部门制定的规划和实施方案受到省政府的表扬。省体改委会同省商业厅、粮食厅、财政厅等部门到重庆、西安、天津等地考察学习，结合本省的实际，联合制定了“关于商业企业实行“四放开”的试点意见”和“关于粮食经营管理体制改革的试点意见”。省商业厅、财政厅、物价局、畜牧局等部门与体制改革部门密切合作，深入实际调查研究，得出了吉林省生猪、蔬菜改革的几种方案，在充分论证的基础上，省政府最后采纳了价格放开，全部实行市场调节的改革方案，从而使生猪、蔬菜的价格和经营体制的改革一步到位，取得了较好的改革效果。省劳动厅把深化企业劳动、工资制度改革作为全厅的首要工作来抓。为了进一步推进企业经营机制的转变，他们与省体改委联合制定了“关于进行企业劳动制度综合配套改革的意见”，并选择22户企业进行试点。同时还制定了劳保、退休费由省级统筹以及待业保险等具体实施方案。据不完全统计，1991年一年，体改委与省直有关部共同制定各种改革方案20多个，其中大部分以省政府文件下发执行，这些方案为深化改革提供了操作规范，为指导全省改革工作，发挥了重要作用。

二、按照改革任务，制定配套政策

为了落实省委、省政府提出的进一步解放思想、搞活国营大中型企业、发展商品经济的要求，各个部门根据改革任务，相应制定一系列配套政策。国务院作出“进一步增强国营大中型企业活力的通知”之后，省政府结合本省的实际制定了搞活国营大中型企业的“18条”政策，省计经委、经贸委、财政厅、劳动厅、税务局、物价局、人民银行等7个部门，都分别制定了具体政策措施。据不完全统计，全省各有关部门围绕落实“18条”提出了134条具体落实措施。为了推进全省企业组织结构调整工作，落实规划要点，体改委会同有关部门制定了八个方面74条配套政策，省政府以吉政发［1991］37号文件下发执行。省物价局从企业改革实际和各方面的实际承受能力出发，将省管的591种商品中的475种商品，实行放开价格和放开部分环节价格，拿出了产品价格管理目录。省财政厅为了进一步增强企业自我积累、自我改造的能力，切实减轻企业的负担，提出了16条具体的政策措施。明确提出：对企业固定资产正常报废由企业自行决定；建立科技进步奖励基金；奖励基金允许摊入成本，增强科技三项费用支出，力争达到全部财政支出的1.5%。人民银行、工商银行为了开拓资金市场，广辟融资渠道，允许企业发行内部债券和向社会发行短期融资债券。企业内部债券期限不得超过一年，利率最高不超过银行同期居民定期储蓄利率的20%。社会短期融资债券期限为3个月、6个月和9个月，利率可在同档次储蓄利率的基础上，上浮10%。1991年11月，省委、省政府决定在全省选择50户国营大中型工业企业进行试点之后，省直各经济综合部门、企业主管部门都相应地提出了具体的政策措施，从而保证了试点工作的顺利进行。

三、建立改革目标责任制，狠抓项目落实

1991年省体改委及其他有关部门按照《改革要点》和省委、省政府领导的要求，把全年的改革任务进行分解，细化工作目标，把每项改革任务分解到各个部门、各个处室，有的具体落实到每个人的身上。对比较重大、具有突破性的改革项目，部门领导亲自负责。一些部门的领导同志把主要精力放在改革上，亲自带人外出考察，深入基层调查研究，亲自研究、起草改革方案，亲自到试点单位具体指导。因此使全省出台的一些重大改革，动得快、抓得实，效果好。

为了切实加强对改革工作的指导，各个部门都把改革试点工作当做重要工作来抓，几乎每个部门都有一批试点项目。省粮食厅会同省财政厅、体改委等部门，在学习借鉴外地经验的基础上，决定在全省选择9个市、县进行粮食经营管理体制改革的试点。粮食厅的领导同志亲自带队，组成试点工作组，深入到试点单位帮助具体指导。省建设厅的领导同志为了抓好四平市的房改试点工作，在不到半年的时间里，与有关部门的同志一起多次到四平市帮助制订方案，协调有关政策，解决试点中遇到的各种困难。

协调动作，抓好落实。省委、省政府每作出一项重大改革决策之后，各有关部门就积极行动起来，组织力量抓好落实。全省企业放开经营、转换机制试点工作会议一结束，省直各部门都立即召开党组会议或厅（局）务会议，传达会议精神，落实具体任务。然后，各厅（局）都组成专门工作组，深入到试点企业一户一户地具体落实。省纺织厅由一名副厅长带队，到开山屯化学纤维厂、吉林毛纺厂等企业蹲点调研，制定实施方案。省轻工厅分成两队深入到5家企业分别抓落实。在企业组织结构调整、发展企业集团的过程中，省体改委、工商局、财政厅、税务局和企业主管厅局密切合作，参与企业集团的论证、组建的全过程，为企业间相互联合，创造了各种方便条件。

四、加强舆论宣传和保证监督，为改革创造良好的社会环境

1991年，我省的经济理论研究单位，新闻单位与有关部门密切合作，围绕全省经济体制改革的重点问题开展理论研究和舆论宣传。1991年，吉林日报社、吉林人民广播电台、吉林电视台围绕企业组织结构调查、围绕完善企业承包制和企业放开经营、转换机制的改革，进行了3次较大的战役性宣传，报纸、电台、电视台都开辟出专栏和专题节目，进行连续报道，有的内容还被上级新闻单位采用。省劳动厅、劳动学会、省经团联、社科院、省委宣传部等部门和单位围绕如何搞活大中型企业，如何深化劳动、保险制度改革几次召开座谈会、研讨会，从理论和实际操作上进行研究探讨。《经济纵横》、《新长征》、《决策咨询》等刊物都发表了不少宣传改革的理论文章和经验文章。在舆论上形成了研究改革、宣传改革、支持改革的大气候。

省纪律检查委员会、省法院、检察院等部门进一步解放思想、转变观念，树立为经济建设服务的思想，为改革开放和发展商品经济“保驾护航”。1991

年省纪委专门作出了《关于纪检工作为经济建设服务的几点意见》，明确提出，对于涉及改革开放中做出贡献的人，而政策法律规定又不够明确的案件要慎重从事，不要轻易按违法犯罪追究；对不构成犯罪的，要坚决保护。在强调纪检、检察工作要保护改革者，鼓励大胆探索的同时，要严肃纪律、严格执法，对于破坏改革、阻碍改革，或以改革开放为名贪污受贿，损公肥私等违法犯罪行为，要坚持以法惩处，以保护改革的声誉，维护正常的经济秩序。

吉林省各个部门同心协力抓改革，形成了统一、协调、高效的改革合力，主要有以下几条原因：

第一，省委、省政府领导的高度重视。省委、省政府的领导同志多次到省外考察，深入本省的改革第一线调查研究，提出许多改革的新思路、新对策，同时，亲自给各有关厅、局出题目，下任务，提要求，督促、检查各个部门的改革任务完成情况，并把改革工作完成情况作为考核领导干部的重要依据。

第二，各个部门认识明确，行动自觉。各个部门的领导同志能够从改革大局、经济发展大局出发，敢于冲破部门的狭隘利益观念。在企业放开经营、转换机制的试点工作中，省劳动厅、人事厅和企业主管厅、局，积极主动地向企业下放原属部门审批的一些权限。劳动厅亲自抓的全省22户劳动制度综合配套改革试点企业，都在企业就业制度、保险制度、分配制度改革等方面迈出了实质性的步伐。这样一改，许多事情不必再报劳动部门审批，所以有的同志说这是劳动部门的自我改革。

第三，体改部门统筹协调，注意发挥各个部门的作用。省体改委在实际工作中感到，要想使改革工作顺利进行，必须抓好与各有关部门的协调；要想完成繁重的改革任务，必须靠各个部门的共同努力。因此，省体改委在制定重大改革方案、措施时，事先与有关部门沟通、反复征求、认真听取各个方面的意见，做到协调不通的改革措施不急于出台，对于属于主管厅、局管辖的单项改革内容（如粮食经营管理体制改革、劳动制度改革、生猪蔬菜放开价格的改革等）都主要以部门为主，首先让部门拿出改革意见，然后由体改委帮助协调论证，使各部门处于改革的主动地位，调动部门自觉改革的积极性。在部门与部门之间的有关政策出现 交叉、矛盾的时候，体改委负责沟通、协调，保持各类政策的统一性。

（赵立成　执笔）

广汉市综合经济体制改革取得重大进展

广汉市经济体制改革办公室

1991年广汉市综合经济体制改革进入了攻坚阶段，在四川省委、省政府的领导下，广汉市大胆试验，积极探索，主要进行了以下几方面的改革：

一、粮食购销体制和价格的改革取得初步成效

1. 粮油价格改革　(1)国营粮食企业的粮油收购、销售价格，实行国家指导下企业定价。原则上相当于或略低于市场价。(2)对粮油销价提高部分，采取国家、企业和个人都承担一点的办法。对原吃供应粮的人口，分别由财政或企业给每人每月8.40元的补贴。

2. 粮油购销体制改革　(1)免除广汉外调平价粮油任务（粮食2792万公斤，菜油435万公斤），同时取消上级财政对广汉的各种粮油补贴（共计1773万元）。今后从广汉调出粮油一律实行议价结算。原上级分配给广汉的"三挂钩"农用生产资料和收购定额资金继续保留，其价格和利息不变。对粮食生产者的"三挂钩"农用生产资料实行议价供应。(2)农业税和水利费改征代金为征收粮食实物，由财政部门价拨给粮食企业。(3)取消城市居民粮油凭证（票）定量供应规定。(4)国家通过国营粮食企业向农民收购粮油的任务改为指导性计划。(5)粮油购销实行以国营粮食企业为主的多渠道经营。(6)建立粮食风险储备。

3. 粮食企业转换经营机制改革　(1)粮食部门实行政企职责分开。粮食管理部门继续发挥行政管理的职能作用，搞好粮食购销的总量和经营调控，建立粮油储备，组织粮油市场，平抑粮价波动，改进和加强对粮食企业的管理服务。(2)改革和完善粮食企业的内部管理体制，增强激励机制和约束机制，粮食企业实行分类管理，分级核算，坚持责、权、利相结合，强化内部管理，并积极开展多种经营和粮油加工品的深度开发。

粮改以来，广汉市场平稳，经济生活正常，社会安定，各方利益关系基本理顺，市场机制正逐步发挥作用，朝着改革的预期目标接近。

第一，基本理顺各方利益关系，从而有利于促进粮食生产，减少国家财政负担。(1)1991年全市农民因此增收264万元，人均增收5.92元。(2)广汉市财政收支基本平衡（包括用于粮食风险储备），中央和省级财政减轻了负担。(3)企业负担略有增加。(4)城市居民略有增支。据估算，每人每月增支1.93元。

第二，初步形成了以国营粮食企业为主的，有供销社、私营企业和农民（含个体户）参加的粮食多渠道流通的局面。国营粮食部门主要以大批量加工和外销为主。1991年在全国粮食市场疲软的情况下，国营粮食部门收购粮食6000万公斤，油菜籽2186万公斤，分别占全市上市粮油的70%和51%。他们还努力开拓省外市场，同外省市签订了1亿公斤的购销合同和兑换合同，从而解决了农民卖粮难的问题。粮改后，其他国有经济、集体经济和个体（私营）经济也迅速介入，参与粮食经营的已达164户（不含农民小量经营）。这对形成粮食市场，解决粮食买难卖难也起到了积极的作用。

第三，扩大了农民经营自主权，使农民的这部分利益开始与市场联系在一起，这将有利于调整农村产业结构和产品结构。

第四，国营粮食企业积极进行机制转换的改革，逐步走出困境。1991年全市粮食工业实现产值1.28

亿元，利润428万元，分别比去年上升30%和12%，粮食商业开始改革时遇到了一些困难和问题，但目前已逐步走出困境。

二、国营企业普遍推行"税利分流、税后还贷、税后承包"制度，规范了国家与企业的关系

全市有45户预算内国营企业，其中工业企业18户，流通企业23户，其它企业4户。在80年代初期，这些企业就实行了承包经营责任制。但随着经济的发展和改革的深化，承包制的一些弊端越来越明显。从1991年1月1日起，全市45户国营企业实行了"税利分流、税后还贷、税后承包"制度。其具体做法是：

1. 规范企业税负，按计税利润的33%征收所得税。

2. 调整税后上缴任务，人均留利超过起点线的，企业税后利润上缴按原定1991年承包任务不变；达不到起点线的，适当调减上缴任务直至免缴，但所得税不退库。

3. 调整还贷办法。原有贷款按前两年还贷实绩平均数，税前税后各归还50%。如有新增利润，其增加留利优先用于还贷，并免征能交基金和预算调节基金，以鼓励企业多还贷。

4. 税后留利水平较高，原承包基数低，又没有还贷任务的企业，其超基数留利的20%上缴财政。

三、改革企业劳动、工资和社会保险制度，建立职工与企业的新型关系

1991年全市选择了5户国营企业和1户集体企业进行劳动、工资制度改革，在全市所有企业(包括私营企业)和各类职工中，实施养老保险和待业保险制度。

1. **劳动用工制度改革** 一是在省对广汉市劳动工资计划实行弹性计划管理的宏观调控下，企业自行决定用工数量，可以自主招工。二是在试点企业内部实行全员劳动合同制。变职工对企业的行政依附关系为劳动合同关系。打破干部、工人的身份界限，企业法人代表以普通职工身份与企业上级主管部门签订劳动合同，干部和工人均以普通职工身份与企业签订劳动合同，企业内部打破全民、集体、固定工和合同工的界限。三是企业与职工实行双向选择，企业有权对职工按合同规定解约、辞退；职工也有权按合同规定辞职另谋职业。

2. **分配制度改革** 一是继续实行全市国营企业工资总额同实现税利总挂钩。二是建立标准工资正常增长制度，根据省核定的全市标准工资增量，市对企业核定标准工资增量，企业在核定的增量内自主制定职工标准工资增长办法。标准工资作为档案工资管理，不作为职工实际劳动分配的标准。三是企业内部分配形式由企业根据生产特点自行确定。集体企业工资由劳动部门归口管理，分级调控，分类指导。

3. **社会保险制度改革** 主要是养老保险和待业保险制度改革，已经在全市普遍推行。

一是广汉境内的所有企业(包括集体所有制企业)均按全部职工的工资总额加离退休费总额的16%缴纳养老保险基金。全民企业在营业外列支，集体企业在税前提取。各类职工均按本人标准工资的3%，由企业代为扣缴基本养老保险金。基本养老保险基金按照"以收定支，部分积累"的原则，全市统一管理，统一核算。目前按当年征收统筹金额的3%提取积累金，并建立由有关部门参加的养老保险基金委员会对养老保险基金监督使用。二是把待业保险范围扩大到经企业批准自愿辞职的职工和行政、事业单位的合同制职工。全民和集体企业均按工资总额的1%，税前缴纳保险基金；行政事业单位、社会团体按照劳动合同制工人工资总额的1%缴纳待业保险基金。待业人员生活费基数为每月40元，工龄不满两年的按基数发放。工龄满两年的，每增加一年增发基数的5%，增发数原则上不超过发放基数。

除了以上三项改革外，广汉在农村改革方面，进一步完善服务体系，壮大了村级集体经济，发展了合作基金会等；在金融改革方面，建立清算中心，改进了专业银行经营管理，发展了各种信用社等；在扩大对外开放方面，建立了以吸引外资为目标的广汉工业开发区，在吸引外资方面取得了初步进展。

改革促进了广汉的发展。1991年，全市工农业总产值达27.65亿元(1990年不变价)，比1990年增14.4%；财政收入达8907万元，比1990年增10.01%；农民人均纯收入895元，比1990年增5.95%。

(郑大平 执笔)

9 农村改革篇

1991年农村改革综述

国家体改委农村经济体制司

1991年的农村改革是在前一年的基础上继续深化的一年，其突出的特点是：联产承包双层经营体制正向制度化方向发展；农产品流通体制改革迈出较大步伐，酝酿着更大的变革；县级综合改革成为农村改革中一个新的热点。

1991年中共中央、国务院就农村工作开了两个会议：3月国务院在济南召开全国农村经济工作经验交流会；11月召开的十三届八中全会，专门讨论农业和农村工作。十三届八中全会做出了《关于进一步加强农业和农村工作的决定》。国务院发出《关于进一步搞活农产品流通的通知》和《关于加强农业社会化服务体系建设的通知》。这些会议和文件对推动农村改革起着重大作用，尤其是十三届八中全会及其《决定》是继1979年十一届三中全会后第一次在中央全会上讨论农业和农村工作，这对于总结十几年农村改革经验，统一全党的认识，具有十分重要的现实意义和深远的历史意义。

一、联产承包制继续稳定完善 双层经营体制向着制度化方向发展

联产承包制是党的十一届三中全会以后逐渐发展起来的。十一届三中全会虽然吹起了农村改革的号角，但并没有提出全面实行联产承包制的计划和模式。以后，中央每年发出一个重要文件指导农村改革的深化。但人们的认识并不统一，尤其是对联产承包制的性质、特征存有多种模糊认识。1991年11月召开的党的十三届八中全会，是在联产承包制普及近十年后第一次在中央全会上来讨论这一问题，这对于统一全党对联产承包制性质的认识起到了巨大的推动作用。这些年来我国各级领导干部变动都很大，不少新近任职的领导同志不了解农村实行联产承包制的历史或者缺乏农村工作经验，或者没能系统地了解中央关于联产承包制的一系列政策，因此不少人搞不清联产承包制是集体经济的一种新的经营形式，对联产承包制与家庭经营、集体经济、社会化服务的关系也有种种似是而非的说法。经过十三届八中全会和全党上下广泛学习讨论《决定》，全党对联产承包制的性质有了相当统一的认识。《决定》中对此有较为规范准确的表述："把以家庭联产承包为主的责任制、统分结合的双层经营体制，作为我国乡村集体经济组织的一项基本制度长期稳定下来，并不断充实完善。把家庭承包这种经营方式引入集体经济，形成统一经营与分散经营相结合的双层经营体制，使农户有了生产经营自主权，又坚持了土地等基本生产资料公有制和必要的统一经营。这种双层经营体制，在统分结合的具体形式和内容上有很大的灵活性，可以容纳不同水平的生产力，具有广泛的适应性和旺盛的生命力。这是我国农民在党的领导下的伟大创造，是集体经济的自我完善和发展，决不是解决温饱问题的权宜之计，一定要长期坚持，不能有任何的犹豫和动摇。"

《决定》对联产承包制性质的这个规定与历年来中央关于联产承包制的一系列政策是完全一致的，充分显示了中央政策的稳定性、连续性和严肃性。正因为如此，十三届八中全会及其《决定》才成为稳定和完善联产承包制的巨大推动力。

在联产承包制普及后，人们一度曾对联产承包制到底是向单干发展，还是要建成双层经营体制，认

识是不统一的。从1990年6月的中央农村工作座谈会后，把联产承包双层经营体制作为农村的基本制度的指导思想才明确起来，之后稳定和完善联产承包制工作开始把双层经营体制作为一项基本制度，使之向规范化、制度化方向发展。1991年完善联产承包制的各项工作中都体现着这一精神。

（一）完善土地承包制度

稳定和完善联产承包制，首先要从其基本内容——土地承包着手。天津市提出要合理确定承包期，避免承包期过短或过长的弊端。种植业一般可定为3至5年；林果、水产承包期应长一些，如5至10年。为了解决人口变动后土地占有不均问题，各地因地制宜制定了不少土地调整和利益调整的办法，如“动帐不动地”、“帐面两田制”等办法。1990年全国实行“两田制”的比重达40%左右，其中大部分是“帐面”的两田制。一些发达地区实行地块分开的“两田制”，如天津市36%的村和43%的耕地实行了此种办法。江苏省70%以上的耕地实行“两田制”。各省还进行试点或有计划地进行土地调整，江苏省到1990年底70%的村完成了土地调整工作，山东省高密县全县调整承包地，调整面占耕地的70%，无一人为此闹意见上访。为了明确土地发包方与承包方双方的权利义务，天津市明确提出“实行有偿承包和有偿服务”，到1991年全市91%的村实行有偿承包，90.8%的村实行有偿服务，1990年全市两个有偿收费总计达1.9亿元，相当于当年以工补农资金的2.8倍。甘肃省张掖市承包土地有偿使用平均每亩收承包费1.58元。有的地方还对土地转包作了较为具体的规定，稳定了转包关系，促进了土地经营。如四川省蓬安县规定：一种办法是自愿协商转包集体认可，双方要有契约，一般转包期要定3年；一种是自愿把不种的土地交给集体，集体把这类土地调整集中，发展集体经济；一种是发动群团组织集体代耕。至1990年底全国有3403户转让承包土地560万亩。各地还加强了合同管理。江苏全省50%的乡村建立了合同管理机构，76%的村实行统一合同文本制。安徽宿县地区由各县市农经委牵头实行“统一合同格式，统一指导签定、统一归档管理”的制度，解决“指标不合理、立约不民主、履约不严肃”的问题。

在经济发达地区，土地规模经营在逐步发展。上海市1990年底规模经营面积达20.5万亩，占耕地的58%，占商品粮田的17%，有5%的村已基本实现商品粮田的规模经营。天津市集约型规模经营的村占村数的5.8%，占耕地的8.8%；江苏、广东的规模经营试点县内规模经营的面积都在稳步扩大。

（二）完善双层经营体制，加强统一经营层次建设

联产承包制的基本特征就是集体与农户双层经营，联产承包制不完善的主要之处是集体统一经营层次薄弱。所以各地都把加强统一经营层次做为完善联产承包制工作的重点。首先是加强集体的服务职能。据农业部统计，1990年村合作经济组织提供的机耕、排灌、种子和化肥的服务量占社会化服务总量的比重分别为42%、51%、72%和80%，分别比1985年提高16、15、28和27个百分点。河北省50%的村服务项目在3项以上，服务空白村由30%减少到20%。新疆实行农区统一种植计划、统一灌溉管理、统一植保和重大技术措施、统一耕播、统一农田基本建设；牧区统一生产计划，统一品种改良，统一防治疫病，统一草原基本建设，统一转场。现在新疆全区实行“五统一”的村达到59.8%。江苏省有48.6%的村建有综合服务站，比1990年增加7.6个百分点，39.8%的村有季节性专业服务站，比1990年增加5.3个百分点。浙江省有一半的村建立了集体统一服务组织和队伍。

其次是加强集体经济实力。在集体经济有一定实力的地方，加强对集体财产的管理。北京市几年来一直普遍开展审计工作，先后对23729个单位（包括企业和合作社）实施审计，平均每个乡镇88个单位。通过审计维护了集体利益，改善了经营管理。吉林省对村集体经济组织的财产实行“折股到户社有乡管”的办法，1988年抑制住了集体资金下降趋势，1990年村集体积累已达19亿元，比1988年增加11.8%。各地在发展集体经济时都采取了因地制宜、多种途径的方针。湖北省孝感地区利用自然和区位优势，打破地域、行业所有制界限，多途径增加集体积累。1991年与1985年相比，集体固定资产净值增长56.8%，集体统一经营纯收入增长1.67倍，60%的村对个体工商业户收服务管理费。广西的村集体经济经营形式多样化，包括统一经营、承包经营、合股经营、租赁经营等多种形式。江苏滨海县通过资源开发、劳务输出、村组企业、社会服务、积累增殖等5种办法增强集体经济实力。山区发展集体经济中

有一个共同经验就是集体组织统一开发资源，分户承包经营。河南省浙川县实行这种办法后，5年柑桔面积由2.7万亩发展到10.8万亩，全县有1/3的村实现户均一亩桔。

（三）明确组织形式，加强乡村合作经济组织的建设

联产承包制作为集体经济的新的经营形式，其集体经济是要有组织载体的，联产承包制的发包方也必须由一集体经济组织来承担，这就是村合作经济组织。近几年来，健全乡村合作经济组织机构也一直是完善联产承包制的一个重要内容。据农业部的统计，1990年村及村以下社区性合作经济组织已设置180多万个，比1985年增长70%左右，其中以村（原大队）范围内设置的40万个，占村总数的54%，以队（组）或联队为范围设置的149万个，占总队（组）数的33%。十三届八中全会决议明确规定：村级组织建设要“有一个具备集体经济实力，能够很好地发挥统一经营职能的乡村集体经济组织”，“乡村集体经济组织无论叫合作社、经济联合社或群众选定的其他名称，都要逐步健全管理机构和各项规章制度。”由于十三届八中全会《决定》对村合作经济组织建设提出了明确要求，不少省已经把其列入农村社教的验收标准之一，这对于促进乡村合作组织的建设会有切实的推动作用。全国人大法工委在答复福建省人大关于村合作社与村民委员会的关系时明确指出：“集体所有的土地依照法律规定属于农民集体所有的，应当由村农业生产合作社等农业集体经济组织经营、管理，没有村农业集体经济组织的，由村民委员会经营、管理。”人大法工委的答复是对《民法通则》和《村民委员会组织法》的权威解释。按这个解释，村合作社不但是合法的、必要的，而且没有的还应逐步建立起来。1990年浙江省省委、省政府发出《关于稳定和完善双层经营体制，切实加强村经济合作社建设的通知》后，全省已有72%的村建立和健全了村经济合作社。省工商局还做出规定：“村组经济合作社或经济联合社，凡确有具体生产经营服务活动，可予以登记发照”。苏州市村村建立了“村经济合作社”，每个社配备1名社长，2至3名副社长和1名主办会计，合作社一般下设两个服务站：农业综合服务站和经营管理服务站，合作社还对原生产队派出队长，其中专职的占$\frac{1}{3}$。河北省有96.6%的村设立了经济合作社。安徽省认识到自己在村集体经济组织建设方面落后的现实，已结合农村社教全面开展这项工作。

（四）加强制度法规建设，使联产承包制作为一种基本制度确立起来

1991年北京市以市委、市政府的名义发布了《关于加强乡村合作社建设、巩固发展集体经济的决定》，对乡村合作组织的一些基本经济关系、组织制度做了规定，为立法奠定了基础。浙江省将《村合作经济组织条例》提交省人大讨论。为了使承包合同的管理纳入法制化轨道管理，全国已有20多个省发布了地方性法规。其中广东、黑龙江的作法比较突出。广东省1987年颁布《农村合作经济组织承包合同暂行规定》后，又制定了《承包合同管理制度》、《承包合同签证的暂行规定》、《确认和处理无效合同的规定》、《处理合同纠纷的规定》等一共8个配套文件，有力地促进了农村承包合同管理工作的规范化、制度化。

近两年，联产承包制的完善工作正在全国各地扎扎实实地逐步推进，其中一个突出特点是由运动式、突击式、中心工作式的方法转变为常年坚持的经常性工作。河北省在这方面的做法很有代表性。河北承德地区从1989年提出“三位一体”抓标准村建设，实际上是组织建设、经济建设、思想建设一起抓，将联产承包的完善工作纳入统一的指标考核体系，年年分类提出新的要求，年年各项工作都有新的进步。通过这种扎实的工作，承德地区这样一个贫困落后山区没有集体企业的村只有16.6%，比许多经济发达地区的集体经济组织的作用发挥得还要好。河北省全省都在按类似的方法抓村组工作规范化，使全县各个部门都围绕村级经济、组织、思想建设形成合力，齐抓共管，效果十分显著。

二、农产品流通体制改革继续深入

1991年农产品流通体制改革继续深化，这表现在一方面对实行计划管理的农产品进一步理顺关系，利益结构进一步调整；另一方面对放开的农产品加强宏观调控，加强组织化种程度和市场体系建设。

1991年中央和国务院对农产品流通体制改革制定颁布了一系列文件。十三届八中全会《决定》中关于农产品流通体制改革的规定和国务院关于进一

步搞活农产品流通的通知是继 1987 年中央 5 号文件以来，中央对农产品流通体制改革的又一次系统规定，这两个文件的出台标志着农产品流通体制改革进入了一个新的阶段。虽然这两个文件没有 1985 年 1 号文件对农产品流通体制改革的轰动效应，但随着时间的发展，它们对农产品流通体制改革的推动作用将日益显示出来。

1991 年，国务院还就提高粮食统购价、调整粮食购销政策等发出专门文件。所有这些也都促进了农产品流通体制的改革。以平均每斤粮食提高 0.1 元的较大幅度提高粮食统销价，同时对食用油实行一步到位的购销同价，平均每斤提价为 1.35 元。这项改革非常成功，没有引起物价的全面上升，减少了国家对统销粮油的补贴。

1990 年食糖全面大幅度提价 45%以后，消费量下降，食糖在商业部门造成大量积压，食糖提价无法到位。鉴于此种情况，1991 年 11 月国务院进一步调整食糖购销政策，理顺工商、商商之间关系，由统购和指令性计划调拨改为放开经营，糖厂及各批发零售企业经营食糖的价格和渠道统统取消指令性计划，自由购销，放开经营，只是不允许个体户和私营企业批发食糖。

可以说，国家在粮食和食糖方面的这两项改革措施，是对农产品计划管理体制的进一步完善。在粮食购销体制改革方面，一些省市和县走在全国的前面。广东、海南两省 1991 年首先实行粮食购销同价。四川省广汉县放开粮食经营，除向农民征收农业税和承包费外，不再有合同定购任务，销价也同时放开。广汉县是产区第一个放开粮食经营的县；对全国都有启发作用。

面对大量由市场调节的农产品，农产品流通体制在此领域的变化更具有建设性和渐进性。这几年农产品流通体制改革在这方面从未停顿过，而且逐渐深化。1991 年这方面改革有这样一些特点：

（一）农产品市场体系建设出现了兴办大宗农产品专业批发市场的形势

农产品市场体系建设的发展历程显示出这样一个规律：由集贸市场→鲜活产品批发市场→大宗农产品专业批发市场。70 年代末、80 年代初出现的先是集市贸易，主要是面对消费者搞零售。开始时城乡集市中还有不少是农民自产自销的产品，以后变为以座商为主，并开始出现农产品的批发交易。1984 年以后鲜活产品批发市场在全国开始大量发展，至 1990 年全国已有 1340 个农副产品批发市场，除个别的外基本上是鲜活产品批发市场。鲜活产品批发市场大致分为产地批发与销地批发两种，其功能主要是批发，经销品种主要是鲜活农产品（包括果、菜、肉、鱼、禽等）。从 1990 年郑州开办中央粮食批发市场始，农产品的市场体系建设进入了第三个阶段，一些大宗的非鲜活农产品专业批发市场亦相继建立起来，尤其是在 1991 年形成高潮。现在粮食批发市场已形成 1 个国家级批发市场和 7 个省级区域性批发市场。另外，还有威海食油批发市场，成都、天津的生猪批发市场，天津、湛江的食糖批发市场等。这些大宗非鲜活农产品批发市场的建立，使一些由国家计划调拨的农产品的省际交易走上了正规的市场交易途径，这为今后农产品流通体制的进一步改革奠定了基础。

（二）打破地区封锁，与市场体系建设相结合

必须打破地区封锁，才能促进全国统一市场的形成。而在部分农产品放开经营后，各地为了维护本地的利益都设立了一些关卡，用收费方式保护本地利益，这些关卡成为农产品流通中的严重障碍。中央三令五申不许乱设关卡。1991 年陕西省率先清理、撤除关卡，省政府组织 1590 人次，对所有关卡进行清理，把原来 2473 个各类关卡，撤并为 171 个联合检查站和 13 个植保检查站，并严格规定其职责范围，不准随意扣留过往车辆和任意收费、罚款。同时，陕西省还取消了粮食、生猪、棉纱、羊绒、羊毛等出省报批规定。

（三）农工商一体化组织向深度和广度发展

农工商一体化组织是有计划商品经济的有效组织形式，它把农工商三者利益联成一体，大大加强了农业社会化服务体系建设，并且保护了农业生产者的利益，提高了农业的比较利益，是促进农业生产发展，改革农产品流通体制的有效途径。1991 年农工商一体化在各方面都有较大进展：

一是农工商一体化的面在扩大，全国各地都涌现出一批新的典型，各地都在本地的主要农产品中实行了一些一体化的措施。四川省在全国最早开展农工商一体化工作，在牧工商一体化方面，1979 年

他们首先从若尔益盖县试点，现在全省已有17个县（市、区）形成多种模式并取得经验。1991年底四川省开会提出要在全省40个县普遍推广农、工、商一体化的做法。农工商一体化面的扩大，一方面形成一批规模很大的一体化组织，如上海的大江公司就是一个畜禽饲养方面的一体化公司，1990年出口冻鸡1.3万吨，在国内市场上市的肉鸡相当于上海市肉鸡供应量的一半，总销售额达6.6亿元。北京市顺义县的生猪一体化组织，年屠宰猪40多万头，其利税总额已进入全国500家利税大户之列。河北省三河县、山东省招远县的养鸡一体化组织和浙江的嵊县长毛兔一体化组织，都是很有规模的。有的一体化组织在产品原料生产方面不断发展。如云南玉溪卷烟厂从1985年开始建立自己的烟叶生产基地，工厂与烟草公司、专卖局合并，形成农工商、产供销、人财物、内外贸一条龙的组织体系，有力地促进了烟叶生产的发展和质量的提高，使玉烟的产量、效益年年提高。

二是一体化程度加深，表现在：(1) 一体化组织的合同协议紧密化。如云南通海县蔬菜公司一方面签订外销合同，一方面与基层社签订分购联销协议，然后基层社又与1200个村合作社签订联营协议，并通过村合作社与2.5万农户签订合同。江苏射阳县医药公司与药材生产村订立长期协议，并在每年安排生产前与药材村签订产销合同，明确经济责任，双方违约都要赔偿。这些合同不但连接了双方利益，而且对生产起了指导性作用。(2) 普遍实行利润返还。不少一体化组织都定有利润返还制度，如上述射阳县医药公司1989年收购板兰根合同价为2元，而市价达20元，医药公司在销售后将超额利润返还给药农。(3) 一体化组织内部的利益调节措施，起到减少市场波动的作用。广东宝安县养鸡公司向香港出口的乌鸡，在香港市场上价格总是波动的，时赔时赚，养鸡公司向农户收购时总是保持一个较稳定的价格，使农民有稳定的收入。这种办法在北京顺义县的前鲁鸭场等一批一体化组织中也被广泛采用。有不少一体化组织还组建了风险基金，制定最低保护价，通过这些措施减少生产者风险，减少市场的波动。

三、乡镇企业制度改革的新进展

1989年以来，乡镇企业制度方面的改革取得了一些新的进展，主要是乡村集体企业承包制进一步完善；对个体、私营经济的管理有所进步；农村股份合作制有发展。

（一）乡村集体企业承包制进一步完善

各地在抓完善联产承包制、发展壮大集体经济的同时，也在完善乡村集体企业的承包制。其中比较有代表性的作法是推广江苏吴江县铜罗镇和无锡县东亭镇的经验。铜罗镇的作法是“五定”，即定产值目标（全部资产×投入产出率×120%）；定利润指标（包括固定资产利润率、资金利润率、劳均创利率）；定职工报酬（包括人均年工资、年终奖、超利奖）；定干部报酬（包括基本工资加职务津贴、利润奖、超利奖）；定上交利润，各企业税后净利的40%，超利的30%上交镇，镇按税前利润的10%用于社会性开支，其余用来发展工业生产。东亭镇的作法是：资产有偿使用，职工报酬两段分配，即以资金使用费代替原上交利润，以企业资金×银行利率确定上交，此为合作组织资产增殖收入，与地方政府财政收入相区别。职工报酬以净利润为“零”划为两段，前一段为基本报酬，净利为零时职工报酬在计税工资标准以下。第二段报酬，根据人均净利润分几个档次确定分配比例。先是江苏省在全省乡村集体企业中推广铜罗、东亭经验，之后，农业部也号召全国乡村集体企业学习两镇经验。

浙江省完善乡村集体企业制度时强调了三个方面的问题：一是把好分配关，在企业与职工的分配关系上必须严格按照职工收入的增长不高于人均创利税增长的原则；厂长收入与职工收入一般不要超过2倍；企业职工工资可先预付70%，其余到年终审计后再兑现。二是健全承包经营责任制，把企业考核与乡、村干部的考核结合起来，完善承包考核指标体系；下决心改变一脚踢的承包办法，坚持厂长负责、集体承包责任制。三是建立审计制度，加强财务监督，乡镇都要建立审计小组。

各地在社教中也注意了促进村办企业健康发展的问题。

（二）加强对个体、私营企业的管理，促进个体私营经济健康发展

近两年，各地在促进多种经济成分发展的同时，也逐步创造经验，加强了对个体私营经济的管理。浙江省比较重视这方面的工作，经验也较为丰富。从各

地做法看主要经验是：第一，建立健全规章制度。明确规定哪些人不能办个体、私营企业，或不准从事的行业和产品。第二，加强镇村管理。浙江诸暨市对个体私营企业收取村组发展基金。义乌县在乡、镇建立个体私营经济管理服务小组，在个体私营经济较多的村也建管理小组。乡、村管理小组一方面履行属地的管理和服务职能；另一方面协助工商、税务等职能部门做好工作。这种办法不但加强了对个体私营经济的管理，而且增加了集体收入，促进了集体经济的发展。第三，对个体生产进行行业管理。江苏吴江县北厍镇把全镇的个体铜字生产组织起来，成立"北厍镇铜字行业统一管理站"。进行合同管理；开票、收费管理（开发票的一律收15%的管理费）；统一规定最低限价，保护正常竞争。自从全镇实行行业管理以来，铜字生产由8村312户405人发展到16村456户480多人，产值增长47%。

（三）股份合作企业在一些地方发展较快

股份合作企业实际上包括三大类：一种是乡村集体企业吸收一些职工公有制合作社企业的因素，搞职工股份制；一种是乡村集体企业搞联营，变成股份制企业；一种是农户联办企业利用了股份形式，这其中包含多种所有制成分，有个人合伙企业，有合伙雇工的私人企业或有限责任公司，也有职工公有制的合作社企业。从1987、1988年起，山东周村、安徽阜阳、浙江温州开始进行股份合作企业试验。周村以乡村集体企业搞股份制为主，温州、阜阳是个人联合企业为主。1991年夏天，农业部农村改革试验区办公室在温州召开研讨会，讨论交流各地搞股份合作制的经验。由于国家对此一直没有系统的政策规定，更无法规可言，所以连股份合作企业的标准还有待研究。实际上各地的股份合作制企业中都包含了多种所有制企业，有个人合伙雇工的私人企业，有个人合伙不雇工的企业，也有真正职工公有制的集体所有制企业，但为数很少。

在这几年的乡镇企业发展中，出现了一批挂着集体企业牌子实为个人创办的私营企业，这些企业财产中有个人投入和积累部分，也有国家优惠政策所形成的积累。这种企业的财产所有权十分复杂，性质又不清楚，部门不好管理，企业领导人也不放心。针对这种情况，安徽省以阜阳为试验点，选择10家企业用股份制办法明确企业财产所有权，收到了国家、集体、个人三者都收益的效果。

四、县级综合改革的主要实践经验

县级综合改革从1984年以来获得一定进展。县级综合改革的实践经验主要包括以下几个方面。

（一）加强县级协调功能，形成发展经济的合力

改革以来，县级领导组织由一元化体制转变为分工明确的县委、人大、政协、政府、纪检五大领导机关。这种互相分工并有一定制约作用的领导体制是民主制建设的一大进步。但在这种分工制约体制形成后，如何以经济建设为中心，形成共同发展经济的合力，就成为县级经济管理体制中一个有待探索的新问题。为此，各地都有一些县创造性地成立了协调组织。山东寿光县组建10个县级专业协调领导小组（包括蔬菜、畜牧、养虾、果品、棉花、吨粮田开发、原盐和化工、外经外贸、乡镇企业、交通能源等方面），这些领导小组机构虚设，没有编制，但职责分明，手段配套，负责该方面工作的组织指导和关系协调。武清县把人大、政协、纪委、武装部与县委、县政府的领导组织在一起，建立了农业、工业、商业三个领导小组，吸收有关部门负责人参加，分别以农委、经委和财贸办公室为办事机构，这些领导小组在该项工作方面有协调、指导、决策的职能。

这些协调组织的具体做法各有特点，但都起到了很好的作用，收到了明显的效果。第一，使县级几大领导班子以经济建设为中心形成合力，互相监督、互相制约；第二，加强了部门之间的协调。这些年来随着社会主义商品经济的发展和国家宏观调控手段的加强，一些条条增加了垂直领导的强度；同时随着部门利益的形成，部门之间的扯皮推诿和争利现象也不断增加。加强县的协调组织，可在一定程度上协调部门关系，在县范围内协调部门的工作，使各部门在为全县经济发展中扭成一股劲；第三，有利于政府部门的职能转换。在机构未做大的调整前，通过建立协调组织这种"软"的组织，可以起到先理顺职能的作用。这种办法振动小，还可为以后所要进行的机构改革探索经验、奠定基础。

（二）加强县政府经济调节手段，促进县域经济协调发展

财政包干前，县对财政收入没有支配权，几乎所

有的经济调节手段都掌握在中央政府手中，县的独立经济利益也得不到充分体现。财政包干后，县形成自己的独立利益，发展经济有了动力，并且提出了建立县级经济调节手段的要求和可能。目前全国已有一些县进行了这方面的建设，为探索具有中国特色的社会主义县级经济管理体制取得了实际经验。在我国政府的宏观调控手段中金融、税收、价格等基本调控权在中央政府，县政府经济调节只有以财政调节手段为主。作为全局的宏观调控者只能是中央政府，但在本地企业的市场活动中，县政府作为地方政府可以用财政的手段促进本地经济的发展，增强该地区企业的竞争力。例如，武进县的农业发展基金中有一项是每年由县财政收入中提取4%。1989年至1991年3年间县财政用于农业的支出累计达9300多万元。由于县财政的大量投入，引导了社会资金对农业的投入，从而保证了武进县在工业高速发展的同时，农业也稳定增长。

除了县级政府的财政调节手段外，常熟市对大宗物资供应的组织协调，也是一种组织起来进入市场的好经验。

(三) 改革县属工业管理体制，增加县级企业的发展活力

一些地方在县级综合改革中积极探索县属工业企业管理体制的改革，已取得一些明显效果。顺德、昌邑、武清都有这方面的成功经验。顺德县从1987年开始进行县属工业管理体制改革，1990年后形成县经委→企业集团公司→企业的领导体制，用他们自己的话来说就是："公司管人财物（人是指企业领导人的任命，财是指企业上新项目的贷款由公司统贷统还，物是指企业财产的所有权），企业管产供销。"这种所有者代表的管理权与企业自主权的划分形象生动，并很有说服力。由于理顺管理体制，加上其他一些配套措施，全县县属工业总产值由1985年的5.8亿元增加到1991年的29亿元，1991年县属工业增长速度首次超过了镇办企业。

(四) 转变政府职能，加强农业社会化服务体系建设

农村改革的深入和农村商品经济的发展，要求县级政府有关部门转变职能，承担起组织县级农业社会化服务体系的任务，并且使农业生产向产前、产后的加工、销售部门延伸，围绕骨干产品和支柱产业形成农工商一体化、产供销一条龙的经济利益共同体。

四川省邛崃县是全国最早实行农工商综合经营的县之一。10多年来经过不断充实完善，现在已形成18个一条龙的专业公司，其中有10个是以十大商品生产基地（蚕丝、竹子、畜牧、肉类、茶叶、水果、木材、药品、粮食、渔业）为基础的10个专业公司，还有作为邛崃支柱产业的酿酒、化工、机械等三个公司。使该县形成了"围绕农业办工业，办好工业促农业"的颇有特色的工业发展道路。

(五) 向乡镇放权，探索条块关系的新体制

现在，许多地方乡镇的几站、几员都是厅下伸的腿，乡里是"看得见、管不着、使不了"。因此在县级政府经济管理体制改革中还有个向乡镇放权，理顺条块关系的问题。全国不少县已在这方面进行了改革，模式也多种多样。江苏省盐城市郊区伍佑镇的作法是分5种类型来理顺条块关系。一种是农技站、农机站、水利站、电管站、兽医站、农经站等民办公助单位，交权于镇，由镇直接管理；二是供销社、信用社等合作经济组织还权于民，恢复民办合作性质；三是粮管所、食品站实行行政管理以块为主，业务指导以条为主；四是财政所列入乡政府部门序列；五是税务、工商、交通、银行营业所等经济杠杆和管理执法部门以条管理为主，条块齐抓共管。伍佑镇的做法为向乡镇放权，理顺条块关系提供了比较符合我国法律和政策的经验，值得借鉴。

（张路雄　执笔）

联产承包制的完善和社会化服务的开展①

中共中央政策研究室农村组

一、深化农村改革重点的形成与贯彻

稳定完善以家庭联产承包为主的责任制和积极发展社会化服务，是深化农村改革重点的重要内容。党的十三届八中全会确定的深化农村改革的重点，是在近年来认真总结农村改革经验的基础上逐步形成的。

1990年12月，中共中央、国务院发出《关于1991年农业和农村工作的通知》，要求各级党委和政府认真抓好的第一项工作是："稳定完善以家庭联产承包为主的责任制，建立健全农业社会化服务体系。"并在明确宣布把以家庭联产承包为主的责任制、统分结合的双层经营体制作为农村的一项基本制度长期稳定下来、不断加以完善的同时，提出了稳定完善土地承包制、大力发展农业社会化服务体系、逐步壮大集体经济实力等方面的具体要求。

1991年3月初，宋平和田纪云同志在全国农村经济工作经验交流会上作了重要讲话，明确指出当前和今后一个时期深化农村改革的重点，是按照党的十三届七中全会的精神和党中央、国务院《通知》的要求，继续稳定完善以家庭联产承包为主的责任制，健全统分结合的双层经营体制，积极发展社会化服务体系，逐步壮大集体经济实力。同时，还要积极改革农产品价格和流通体制，疏通流通渠道，创造良好的市场环境。

以后，江泽民同志在庆祝中国共产党成立七十周年大会上的讲话和李鹏同志在七届人大四次会议上的报告，对深化农村改革的重点，也作了类似的表述。

在1991年11月党的十三届八中全会上通过的《中共中央关于进一步加强农业和农村工作的决定》和江泽民同志的讲话，将深化农村改革的重点规范为四句话：继续稳定以家庭联产承包为主的责任制，不断完善统分结合的双层经营体制，积极发展社会化服务体系，逐步壮大集体经济实力。还强调，努力推进农产品价格和流通体制的改革，也是深化改革的一个重要方面。

表述深化农村改革重点的四句话，是一个紧密联系、相辅相成的有机整体。要使以家庭联产承包为主的责任制长期稳定下来，必须妥善解决在实施过程中存在的集体统一经营层次比较薄弱、农业社会化服务体系不健全和集体经济缺乏实力等方面的问题。因此，本文也必然涉及这几方面的内容。

据中央政策研究室、农业部农村固定观察点办公室对全国7448农户的调查，有84.2%的农户认为"自实行家庭经营以来，越来越感到有些事情一家一户办不了或办不好"。感到有困难的这些农户在三大地带的分布上没有多大差别，东部为82.1%，中部为86.4%，西部为84.7%。这表明，家庭分散经营的困难在全国各地普遍存在。农民遇到的主要困难是缺乏资金、科技和良种，同时还有购买化肥、农药等生产资料难，农田基本建设难，灌溉和防治病虫害难，以及农产品卖难等。对如何解决这些困难，有

① 这部分内容因缺少全国性的统计资料，只好引用一些地方调查统计材料，以期从这些分散的材料中窥到全局的概貌。

57.3%的农户认为应该加强集体经济组织的综合服务，25.1%的农户认为应该强化国家有关经济技术部门为农业服务，16.5%的农户认为应该发展各种农民专业服务组织。据对这些农户所在的274个村的干部的调查，有84.5%的村干部认为集体为农户提供服务的最大困难是“集体经济实力弱，缺乏服务的物质条件”。1990年这274个村中，没有集体直接经营收入的村占40.8%。调查发现，这类村的集体经济组织的管理机构和规章制度很不健全，以至于形成有事无人办、办事无章可循和开展服务力不从心的局面，这是集体服务不能满足农户要求的重要原因。因此，调查中有88.1%的农户和76.6%的村干部主张建立健全乡村集体经济组织的管理机构。

调查结果表明，党中央确定的深化农村改革的重点符合广大农民和基层干部的要求，反应了他们的愿望，有利于巩固农村改革的重大成果，保持家庭联产承包责任制的长期稳定，能够进一步调动广大农民的积极性，把农村生产力提高到一个新的水平。

近年来，各地党委和政府按照中央的要求，结合本地的实际情况，抓住重点，采取了一系列措施深化农村改革，归纳起来主要表现在以下几方面：

1、全面总结农村改革经验，围绕改革重点系统地提出90年代农村工作的思路。比如陕西、河北、河南等省分别制定了深化农村改革、进一步加强农村工作、全面发展农村经济的决定。

2、围绕深化农村改革的重点制定专门文件，组织贯彻落实。比如青海省制定了《关于稳定和完善土地承包制的意见》和《关于农业社会化服务体系建设的意见》；安徽省作出了《关于加强农业社会化服务体系建设的决定》并提出了在全省建立健全乡村集体经济组织的意见；北京市作出了《关于加强乡村合作社建设，巩固发展集体经济的决定》；山西省提出了《关于进一步健全农村经济合作社，发展提高集体经济水平的意见》，等等。

3、深入调查研究，表彰先进典型，推动面上工作的开展。近几年山东省农村工作比较突出，在村级组织建设、社会化服务体系建设等方面涌现了一批先进典型，1990年8月的全国村级组织建设座谈会和1991年春的全国农村经济工作经验交流会均在山东召开，会后许多省纷纷组织前往考察学习。各地也十分注意总结本地的典型经验，对先进典型予以表彰。比如河南省1991年初专门发文表彰了200个发展农村集体经济的先进单位，山西省在1991年10月召开的全省健全和完善农村经济合作社经验交流会上表彰了31个村先进经济合作社。

4、加强统一领导，注重部门协调，形成共抓深化农村改革重点的局面。各级党委和政府加强了对深化农村改革的领导，各地出现了几套班子和有关部门齐抓健全双层经营体制和发展社会化服务体系的景象。比如山东省形成了有关方面齐抓社会化服务体系建设的“大合唱”，河北省委农工部、省农办、农行、供销联社、司法厅和粮食局联合发文保障村经济合作社的合法经济权益。各地在开展农村社会主义思想教育中，组织各方力量，解决农村的突出问题。

二、乡村集体经济组织基本制度的稳定与完善

十三届八中全会的《决定》指出：“把以家庭联产承包为主的责任制、统分结合的双层经营体制，作为我国乡村集体经济组织的一项基本制度长期稳定下来，并不断充实完善。”农村改革以来，随着时间的推移，家庭联产承包在实际运行中出现了一些新情况，遇到一些新问题，需要修补、完善。否则，就会影响这一基本政策的稳定。各地为了稳定和完善联产承包、双层经营这一乡村集体经济组织的基本制度，主要抓了稳定和完善家庭承包经营、充实集体统一经营的内容、壮大集体经济实力、健全乡村集体经济组织管理机构和规章制度以及发展农业社会化服务体系等方面的工作。

（一）在稳定的基础上完善家庭承包经营

各地十分注意把握稳定与完善的关系。一般都首先强调稳定，强调几不准、几不变、几稳定；然后再讲完善的办法，指出在什么条件下可以怎么做。比如，山西省为稳定家庭联产承包责任制，强调“三不准”，即不准未经批准擅自调整承包土地，不准收回已经到户的土地、牲畜和农具，不准搞一平二调；湖南省强调稳定土地承包权属、稳定承包关系、稳定承包期限，在此前提下，可以采取留机动田、动帐不动地、“两田制”等办法解决具体问题；河南省指出，稳定主要指土地集体所有权不变、农民拥有的使用权不变、家庭承包的形式不变、多劳多得的分配原则不变，完善主要指完善土地使用管理制度、完善集体统

一经营、完善承包合同；云南省及时纠正一些地方因人口变动而重新打散承包土地搞平均调整的倾向，1991年共完善、续签土地承包合同600多万份，进一步保证了稳定。

许多地方坚持“大稳定、小调整”的原则，对调整承包土地开了口子。比如，河南省在强调尽可能不调或少调的前提下，规定：地块过于零碎不便耕作的，可以按基本等质等量原则适当调整；因基建或修路占地、人口变动等确实需要调整的，经批准也可以调整；对严重损毁土地或长期撂荒的，可由集体收回转包；人均土地较多的，可以继续推行动帐不动地的“两田制”，少数确有条件发展适度规模经营的，也可以进行尝试等。无论采取哪种办法，都要经绝大多数群众同意、报县乡批准。青海、福建、河北等省对土地调整也提出了明确意见，调整的范围主要涉及：地块零散不便耕作的、人口变动过大的、农户无力经营而弃耕撂荒的、农转非和正式外迁人口的，以及有条件的地方实行“两田制”和适度规模经营。

一些市县的动作较大，在全市或全县范围内统一进行全面完善责任制的工作。比如，安徽省芜湖市于1991年春，在全市农村全面完善双层经营体制，抓了完善土地承包、建立提留制度、完善承包合同、清理集体财务、开展社会化服务、增强集体经济实力、健全集体经济组织等7项工作。到1991年5月，已有31.4%的村搞了以“两田制”为主要形式的土地调整，动地面积在10%左右。湖南省株洲县于1991年夏秋，在全县统一开展了完善耕地、山林、水面等各业承包的工作，对集体财产、合同履约和企业财务等进行了全面清理，建立了各项清册和一系列管理制度。各村民组根据预测今后10年净增人口计留8～10%的耕地作机动，保证耕地承包期稳定10年。辽宁的沈阳市、河北的遵化县、浙江的金华县、陕西的礼泉县、安徽的固镇县、泗县、灵壁县等地，都统一进行了土地调整、完善承包制的工作。这些市县一般先搞试点和调研，然后制定文件、成立专门机构、抽调干部下乡进村入户，发动群众民主拟定具体方案和制度，既有统一原则又不搞一刀切，得到广大农户的拥护，保证了农村稳定。通过调整和健全合同，土地承包期大都规定为10至15年。

（二）集体统一经营的内容逐步充实

针对多数地方集体统一经营层次比较薄弱的状况，各地在稳定家庭承包经营的基础上，逐步充实集体统一经营的内容，注重发挥乡村集体经济组织的各项职能作用，把农户需要集体统一办的事情办起来。1991年，各地除继续加强集体统一服务以外，在集体财产和各业承包管理、开发集体资源、兴办集体企业、开展农业基本建设等方面都作出了努力。河北、陕西等省在1990年底发出的关于深化农村改革、加强农村工作的决定中，都提出力争在三、五年内把双层经营体制充实完善起来，对集体统一经营的内容作了原则规定。

不少地方在集中进行农村社会主义思想教育和完善双层经营体制的过程中，注意把加强集体统一经营职能的各项工作落到实处。比如，湖南省对县以上派了工作队的村作统计，重签续签较为规范的合同394万份，完善乡村企业承包合同4.9万个，收回集体财产折价款2514万元，63.7%的村建立了经济合作社，81.9%的村建立了土地管理制度，兴办各种集体企业1.5万多个。陕西省咸阳市开展第一期教育活动的673个村，共清理出各类拖欠集体的款项711万元，收回608万元，回收率85.4%，不少县实行了集体资金“村有乡管”的制度，建立和完善了劳动积累工制度。湖南省株洲县在1991年秋的完善责任制工作中，重签续签各类承包合同近17万份，收取各业承包费1053万多元，集体收回各类欠款111万多元，村使用这笔资金发展了一批集体企业，兴办了一些多年想办而无力办的公益事业，修整山坝水坝6000多处、渠道147公里。安徽省芜湖市1991年春开展完善双层经营体制的238个村，全部建立了提留、积累制度，签订了23万多份承包合同。

江苏省常州市在1991年春的完善各业承包制的工作中，着重加强了对乡镇企业和多种经营的承包管理，改进了承包形式和内容，扩大了集体承包面，解决了承包指标不合理的问题。全市乡镇集体企业实行集体承包的比上年增加664个，承包产值增长35.1%，承包利润增长13%；多种经营承包上交总额增长28.2%。

（三）乡村集体经济实力逐步增强

各地普遍把逐步壮大集体经济实力列入重要工作日程，把它作为完善双层经营、强化服务功能、增强集体凝聚力、促进共同富裕的一件大事来抓。在具体做法上，普遍注意防止“一平二调”和“归大堆”的错误，主要是通过开发当地资源、兴办集体企业、合理收取提留、完善积累制度等途经，逐步增加乡村集体经济组织可以统一支配的财力和物力。

黑龙江省明确提出，从壮大村级集体经济实力入手，强化服务功能，完善双层经营。全省各地在1991年普遍作出决定、制定规划、加以落实。到1991年6月末，全省兴办小农场、小林场、小果园、小渔场、小加工厂等各类小企业9496个，村办企业产值比上年同期增长18%；全省累计出劳动积累工2800万个，比上年同期增长13%。

天津市从1990年开始，在全市范围内实行有偿承包和有偿服务，1991年实行土地有偿承包的村占总村数的91.7%，耕地面积占总耕地的85.6%；实行有偿服务的村占总村数的91%。土地承包费一般为亩纯收入的5%；服务费多数村按成本收，有1/3村按低偿收。1990年和1991年全市两个有偿收费分别为2亿元和1.9亿元。

浙江省有的地方对村级集体收入实行规范化管理。省人大常委会1991年7月批准了《宁波市村经济合作社集体收入管理暂行办法》，对集体收入的收取、使用、管理和监督等作了明确规定。温州市1991年6月发布的《关于加强村经济合作社建设若干问题的规定》，对壮大集体经济与财务管理，作出了20条具体规定。

从全国总的情况看，近年来壮大集体经济实力的途径较稳妥，成效较显著。据国家统计局统计，1990年和1991年，农民人均从集体统一经营中得到的收入分别为60.31元和66.1元，年增长率分别为6.52%和9.6%。

（四）乡村集体经济组织的管理机构和规章制度进一步健全

中共中央、国务院《关于1991年农业和农村工作的通知》明确要求抓好包括乡村合作经济组织在内的农村基层组织建设，健全乡、村合作经济组织的管理制度。十三届八中全会的《决定》又明确指出："乡村集体经济组织，无论叫合作社、经济联合社或群众选定的其他名称，都要逐步健全管理机构和各项规章制度。"1991年这方面工作的新进展主要是：机构设置面进一步扩大，部分省（市）的行政村几乎全部建社，一些省由试点转入全面铺开，组织建设的规范化和立法工作加快，有的地方对三级集体经济体制改革进行了新的探索。

北京市在1991年初发出关于加强乡村合作社建设的决定之后，行政村几乎全部建社，名称统一为村经济合作社，少数以自然村或村民组设置；广东省到1991年上半年，以村设社（包自然村和行政村）已将近100%；河北省已建成村合作经济组织4.87万个，占总村数的96.6%；天津市有96%的行政村建立合作经济组织；山东省8.9万个行政村已有90%以上成立合作经济组织。这些省（市）已有一定比例的乡镇建立了经济合作联社或总社。

江苏省到1991年已有78%的村和37%的乡开展了健全合作经济组织的工作。浙江省到1991年6月底已有75%的行政村健全了经济合作社，省有关部门起草了《浙江省村经济合作社组织条例》，建议提请省人大审议通过，温州、瓯海等市县已发布村经济合作社规范化的管理规定。河北省有关部门联合发文切实保障村经济合作社的合法权益。山西省到1991年8月底，共有84%的行政村建立了经济合作社，约有25%的乡镇建立了经济联合社，11月印发了《关于进一步健全完善农村经济合作社，发展提高集体经济水平的意见》和《山西省村级经济合作社示范章程草案》等文件，以使合作社的工作逐步走向制度化、规范化。

农村改革以后，全国不少地方的一些乡村集体经济组织，出于管理集体财产、兴办集体企业、开发集体资源、合理分配收益等各种动因，自发采取了某些股份制的经营管理方式。近年来，股份合作制受到普遍关注，广东、山东、浙江、安徽等省的一些地方已进行有组织的试验。到1991年，广东省宝安县有83%的自然村和48%的行政村实行股份合作制，广州市天河区有54.5%的行政村（含自然村）、江门市郊区环市镇有71%的管理区（相当于行政村）和67%的自然村实行了股份合作制。宝安县横岗镇已形成自然村股份合作社、行政村股份合作联社和镇股份投资公司三级组织，下级向上一级参股。

三、农业社会化服务体系建设的加强

早在1984年中央一号文件中，就明确提出"加强社会服务，促进农村商品生产的发展。"并强调指出："必须动员和组织各方面的力量，逐步建立起比较完备的商品生产服务体系，满足农民对技术、资金、供销、储藏、加工、运输和市场信息、经营辅导等方面的要求。这是一项刻不容缓的任务。"这个文件比较系统地阐述了建立服务体系的政策思想，对国家有关部门和单位、供销社、信用社、地区性合作经济组织等方面的服务工作都提出了明确要求。几年来，全国各地、各有关方面为此已做了大量工作，创造了许多经验，推动了农村经济的发展。但是，由于种种原因，服务工作尚不能满足农民的要求，大多数农户仍然感到在生产经营活动中存在许多困难。党中央、国务院对此极为重视，近年来的有关文件都把积极发展农业社会化服务体系作为一项重要工作来强调并提出原则要求，1991年国务院专门发出《关于加强农业社会化服务体系建设的通知》，对服务体系建设的方向和原则、各个方面的职责和作用等有关问题作出了明确的规范。

在党中央、国务院有关文件精神的指导下，近年来农业社会化服务体系建设进一步加强，各级党委和政府作了更多的组织领导工作，各有关方面作出了新的努力，以乡村集体经济组织为基础、国家经济技术部门为依托、社会其他服务组织为补充的农业社会化服务体系得到了充实和发展。

（一）乡村集体经济组织的服务职能进一步发挥

生产服务是乡村集体经济组织的一项重要职能，这种服务具有综合性、协调性和非盈利性等特点，有着其他服务组织难以替代的作用。近年来，各地通过完善双层经营体制、壮大集体经济实力、增强服务意识和建立健全服务组织，促进了集体服务职能的发挥。这方面工作的主要进展是：

1、建立服务组织，开展统一服务。浙江省已经建立经济合作社的3万多个村，大都把农业服务组织建设和开展“五统一”服务作为重点来抓。据统计，全省有72%的村对79%的耕地开展了统一服务，平均每村有6.4个专业服务人员。山东省各地普遍建立村级综合服务站（有的叫综合服务大院），下设若干服务小组，一般包括农田建设、水利灌溉、良种供应、抗旱排涝、机械耕作、病虫防治、畜禽防疫、物资供应、产品销售和技术培训10项服务内容，有80%的村能够提供6项以上的服务。

2、“双向承包”、“双保制”有所发展。部分地区开展的“双向承包”呈现出由“集体包服务、农民包任务”向着县与乡、乡与村、村与户层层承包扩展的趋势，试行的地方也逐渐增多，并与县、乡政府部门转变职能、强化服务的改革相融合。江苏、河南、河北、浙江等省的一些地方也已普遍推行。河北省遵化县1991年以来，县乡村户层层签订双向承包协议（或合同等）15万多份。黑龙江省集体保服务、农民保义务的“双保制”，1990年有33.6%的村实行，1991年增加到44%。

3、开展服务达标，强化村级服务。山东省淄博市淄川区从1989年开始广泛开展村级服务达标活动，1990年公布了组织建设、生产设施、资金管理、服务功能、规章制度、服务效果六项标准，保证了村级服务的落实，已成为山东省强化村级服务的一个典型。河北省1991年广泛开展村级服务达标升级活动，介绍了秦皇岛市、三河县、霸州市等地的做法，这些市县制定了具体的服务标准和升级考评办法，促使村级服务系列化、规范化。

（二）国家经济技术部门和单位强化服务功能

国家设立的为农业服务的经济技术部门和有关企事业单位，具有较强的经济技术实力，是农业社会化服务体系的依托，起着主导作用。近年来，各地通过机构改革、转变职能、兴办实体、理顺条块关系、协调各方力量等途径，强化了为农业服务的功能。

1、转变县级部门职能，兴办服务实体。为了强化县级涉农部门的服务职能，解决“农村有事无人干，机关有人无事干”的问题，许多地方近年来把县级机构改革提上了重要日程。山西的隰县、山东的昌邑县、河南的新郑县、内蒙古的卓资县、宁夏的中卫县、河北的辛集市和冀县等一批县（市）都进行了积极探索，通过精简合并机构、分离专业人员、创办服务实体等办法，转变了县直有关部门的职能。“农业发展我发展，我与农业共兴衰”，“围绕服务办实体，办好实体促服务”已成为各地涉农部门的行动宗旨，县级机构向“小政府、大服务”转变。

2、理顺条块关系，增强乡镇服务功能。不少地方通过简政放权，将县直条条管理的乡镇 机构，大部分下放到乡镇管理，以增强乡镇综合服务能力。安徽省采取这种方式普遍建立各种综合服务站，到1990年底，区乡建农经站的已占区乡总数的88%。山东省有108个县市区推广莱芜市经验，该市将市设在乡镇的26个分支机构的23个以不同形式下放到乡镇管理，以此为依托建立了293个系列化、多功能的服务实体。

3、组织有关部门，开展集团承包。许多地方组织几个相关部门，围绕科技推广和农业开发等项目，实行集团承包。行政、科技、物资三方面结合的“政技物”集团承包较为普遍。1990年山东省科委与供销社等部门组成承包集团，承包200万亩小麦开发，取得良好效益。湖北省襄樊市到1990年，组织了“政技物”承包集团189个，有2000多名农技人员、供销物资干部和560多名行政干部参加，承包各类作物350万亩。这种集团承包的服务方式，有利于各方结合、提高效益。

4、供销、商业和外贸等系统牵头组建企业实体，开展系列化服务。各地以这些部门和单位为依托，按产品或行业组建龙头企业，形成贸工农、产加销、农工商等一体化组织或农商联营企业，实现了从良种和生产资料供应、技术指导到产品加工、运输、销售的系列化服务。近年来许多地方都在发展这类组织，一个县有“几条龙”。山东省比较突出，诸城、荣城贸工农一体化和招远县农商合作服务体系的经验已产生广泛影响。

（三）各类民办服务组织方兴未艾

随着农村商品经济的发展和科学技术的推广，全国各地特别是经济不发达地区，近年来大量涌现农民自办或联办的服务组织，以及各种专业技术协会和研究会等民间科技服务团体。这些民办服务组织，在农业社会化服务体系中起着不可忽视的补充作用。据农业部调查，到1990年底，全国有各种专业协会和技术研究会7.7万个，专业性的生产服务组织41.9万个。专业技术协会有三种类型：一是单一技术服务型，二是技术生产服务型和技术经营服务型，三是科技开发型。据全国农村固定观察点办公室1991年初对274个村的统计，有48个村（占调查村的17.5%）建立有饲料加工、农田耕作、农产品销售等专业性服务组织340个，平均每村7.1个；有105个村（占调查村的38.3%）有农户办的良种繁育、饲料加工、农田耕作等专业性服务实体1049个，平均每村10个。民办服务组织发展潜力很大，1991年在全国呈增加的趋势，若干省的具体情况如下：

河北省1991年有专业技术协会8000多个，会员29万多人，涉及100多个专业。不少专业协会上联科研单位和大专院校，下联千家万户，有的已具相当规模，有的已成为经济实体。永年县的养蜂协会、河间县的国欣棉花研究会、新城县的西瓜协会等，都有较大影响。邯郸地区1991年针对农副产品卖难问题，在专业生产已成规模的地方，以县为单位建立起蔬菜、鸭梨、苹果、辣椒、烟叶、药材、养鸡、养鸭、养牛、养鱼等专业服务协会18个。全省已有农民服务联合体11.7万个，服务专业户近5万户。

浙江省的农民自我服务组织主要有四种形式，一是专业技术协会和研究会，二是专业生产合作实体，三是服务联合体，四是服务专业户。目前全省已有各类专业技术协会和研究会3300多个，茶农协会、水果研究会、食用菌协会等比较多。

安徽省到1991年已建立农民生产性专业服务组织62226个，其中农业14948个，运输业8241个，服务性合作组织23361个。农民自办的专业研究会和协会3496个，会员89129人。全省90%以上的乡镇已成立农民科协，会员近30万人。四川省已有农民兴办的专业技术性协会1.3万个，会员60余万。山东省已有农民服务专业户近30万户、联办服务组织7万余个，共37万多个，平均每个行政村4.2个。

（四）各种服务组织的配套协调发展

农业社会化服务体系建设是一项需要多方面、多层次协调配合的系统工程，它既需要各种服务组织主动发挥各自的特长，更需要相互之间的协调和配合。1991年，党中央、国务院的有关文件都要求各级党委和政府做好发展健全农业社会化服务体系的组织协调工作，要求有关部门从各方面积极予以支持。中国农业银行1991年发布了《关于进一步做好支持农业社会化服务体系建设工作的意见》，要求各地农业银行和信用社逐步增加对各种服务组织的贷款，并提出了四个方面的支持重点。各地党委和政府进一步加强了领导工作，提出了明确思路，采取了一系列措施，促使各种服务组织配套协调地发展。

青海省要求各地区全面规划，统筹安排，突出重点，协调各方，逐步形成多渠道、多层次、多形式的农业社会化服务体系；并根据本省的实际提出，要在稳定家庭联产承包责任制的基础上，强化乡镇级服务，健全村级服务，扶持农民自我服务，充分发挥县级有关部门服务的骨干作用；还制定了十项新的政策措施。

黑龙江省提出，力争用三、五年时间，建立起以县直有关部门和企事业单位为龙头，以乡直有关站所为纽带，以村屯为基础的上下贯通、专业对口、多层次、多形式的服务网络。具体工作，一是抓好县乡两级部门转轨变型强化服务，二是以村屯为基点大力兴办社区服务组织，三是围绕商品率高的大宗产品建立专业服务组织。

山东省的农业社会化服务体系建设已达到较高水平。经过几年努力，社区性合作服务组织逐步健全，县乡村三级服务组织基本配套，专业服务组织发展迅速，民间服务组织蓬勃兴起，各类服务组织日益实体化，已进入充实、完善、提高的新阶段。1991年，县级加强了综合协调，更好地发挥龙头、示范、组织指导作用；省、市（地）级服务已开始探索，各层次各类型的服务组织更加衔接协调；呈现出服务领域日益扩大、服务方式向利益共同体发展、服务组织向实体化发展和向高层次延伸的趋势；涌现了诸城市贸工农一体化、招远县农商合作、寿光县市场牵动流通服务、莱芜市简政放权强化乡镇服务、桓台县区域种植统一服务等一系列在全国具有影响的先进典型。省有关部门1991年选择了枣庄、日照两市和14个市地的一个有代表性的县进行农村社会化服务规范化试点，把农村社会化服务体系建设提高到规范化、制度化的新水平。

（张从明　谢义亚　执笔）

河北省农业社会化服务体系的发展概况

河北省经济体制改革委员会

1985年以来，我省把深化农村改革的重点，放在健全乡村合作经济组织、完善统分结合的双层经营体制、发育农业社会化服务体系建设上，取得了一定的成绩。

我省加强对农业社会化服务体系的建设，并把它作为深入农村改革的主要工作来抓。目前，一个以国家经济技术部门为主导，以乡村合作服务为基础，以农民自我服务为补充，逐步形成联结千家万户、覆盖各行各业、纵横交错、衔接配套的服务体系和网络正逐渐在全省形成。具体服务组织有以下几种：

一、村级服务

近几年，我们抓了建立健全村级合作经济组织、村级服务规范化管理和村级社会化服务达标竞赛活动，使村级服务工作大有起色。

现在全省有48734个村建立了合作经济组织。全省各类村级服务合作组织达17.6万个，其中主要干部同村委会、村党支部交叉任职的14512村。全省已有1.5万个村建立了农机队，3.5万个村建立了农业技术服务组。各村服务组织，从农民最急需的服务入手，因地制宜地开展多项服务，特别注重做好良种培育、机耕机播、浇水、植保等几项基础服务工作，并注意在服务过程中不断壮大自身力量，增强服务手段，逐步拓宽服务领域。初步统计分析，有50%多的村服务项目达到3项以上，其中25%的村达到5项以上，服务项目空白村由去年的30%减少到20%。

为了使村级服务逐步走向制度化、规范化，从1988年开始，我省不少地方普遍推行了服务卡片制。就是村合作社根据自身的服务实力，在年初把农民需要哪些服务，什么时间完成，达到什么标准，如何收费，如何奖罚等，与农户协商后填入服务卡片，由村合作社、监事会、农户三方签字盖章，三方各执一份，具有合同效力。并以些作为年终对村干部进行考核的依据。

二、乡镇服务

在加强村级服务的同时，全省普遍建立了乡镇级服务组织。现在乡镇级各种服务组织共有20106个。

乡镇服务的内容主要是一村一庄办不了的服务项目，如大型农田水利设施、架设输变电线路、引进繁育良种、供应生产资料、运销农副产品等。在这方面，我们主要抓了乡镇合作经济组织建设和驻乡业务部门的转轨变型。目前，我省已有2867个乡镇(占乡镇总数的85.3%)建立了乡镇经济联合社，下设农机、农技、经营管理等若干服务组织，在较大范围协调生产服务，对村级服务进行工作指导和监督。如冀县周村于1991年初创建农村经济综合服务中心，担负着1个镇、3个乡的经济综合服务。该服务中心下设7个服务部：(1)农资服务部，负责化肥、农药、农膜、各种机械的经营服务；(2)农技服务部，内设“庄稼医院”、门诊部、化验室等，负责测土、测虫、测肥、指导农户施肥用药等服务；(3)农机服务部，负责农具经营、修配、租赁及新型农具的引进和示范；(4)商品生产服务部；(5)农村经济信息服务部；（6）乡镇企业服务部；（7）生产消费服务部。

三、县级经济技术部门服务

几年来，我省强化县直经济技术部门服务功能，把一部分干部主要是科技人员从行政部门分离出来，成立服务性的技术经济组织，到基层搞有偿服务；围绕区域经济发展的需要，为农户和其他生产单位提供系列化服务，并连接乡、村、户各个层次、形成服务网络；围绕优势产业产品，兴办生产经营和科研一体化经济实体，提供产前、产中、产后“一条龙”服务，贯通产、供、销、运、储各个环节。逐步建立和完善农业社会化服务体系。目前，我省县级各种服务组织已发展到7595个。其服务形式大体有以下几种：

1. **转轨变型，兴办服务性经济实体** 鼓励经济技术部门的管理干部和科技人员从行政部门分离出来，兴办或充实经济实体，搞技术承包。采取逐步分离、逐渐过渡，最终成为独立核算、自负盈亏、自主经营的服务实体。并逐步向下延伸，加强与乡村服务组织的联系，在条件成熟的地、市，连网并网，形成系列化服务网络。三河县按照精简、统一、效能的原则，把农口各局的行政职能集中起来，并局设委建公司，使全系统105名科技干部离开了行政部门，组建了农业、林果、畜牧、水产、农机5个实体公司，实行了企业化经营。

这些经济实体围绕发展优势产品，实施产、供、销一体化服务，带动了优势产业和区域经济的发展。他们广泛收集经济信息和科技信息，研究市场的现实需要和潜在需要，全面分析本地自然、经济条件，确定重点发展的产品，据此，确定系列化服务的“龙头”。“龙头”指的是具有与市场有较稳定的联系，能为产品提供全程服务的技贸结合的经济实体。蔚县根据发展烟叶生产的需要，从农业局、科委等部门分离出一批技术人员，同烟草专卖局结合起来，组成烟草生产承包集团，以此为“龙头”，建立生产基础为“龙身”，向烟农提供从制种育苗、栽培管理、农资供应到采收烘烤、收购销售的系列服务。5年间，全县烟叶种植面积、烟叶产量、烟农收入均提高10倍。在烟叶系列化服务的带动下，全县又以10个技术经济实体为“龙头”，发展了蔬菜、药材、玉米育种、果品、肉牛、肉羊、煤炭、地毯、皮毛、建材等10个方面的专业化生产。

2. **组建专业合作社** 专业合作社一般都是以县某一经济技术部门为依托，联合从事各项专业生产的农户而创办的一种新型的专业性合作经济组织。省供销社系统以基层社为依托，融信息、物资、技术、加工、运输、资金、租赁、维修等功能为一体，开展综合服务。冀县依托县、乡供销社，建起53个专业合作社，涉及养殖、编织、蔬菜、食用菌等专业，1991年创产值2600多万元，入社农户增加收入1082万元。

3. **集团承包服务** 1985年以来，我省部分地、县农口部门，从搞技术承包入手，逐步发展到技术推广、物资供应和生产服务的相结合的集团承包，收到了明显的增产、增收效果。省供销社系统近年采取培养、招聘、引进等多种形式，发展起3000多人的农业科技队伍，并与153个科研单位、大专院校开展联合承包，已成为农民的主要依托。目前，全省农村承包集团已发展到2612个，参加承包的人员3.1万人，承包棉田2642万亩，林果249.9万亩，畜禽2538.3万只。承包集团已经成为大面积推广先进适用技术的重要形式，社会效益和经济效益都很显著。

4. **双向承包服务** 即县、乡、村、户层层明确任务目标，签订承包合同，上对下层承包农业生产资料供应和技术、资金等方面的服务，下对上层承包各种作物的种植面积、产量、定购任务及其它经济指标的完成。在实行双向承包中，县直有关部门根据农村经济发展的需要，制定出本部门全年支农计划，向县政府签订责任书，并将这些任务分解到各自的下属部门。责任书签订以后，建立相应的评议监督制度，保证各项服务计划的落实。邯郸市已普遍推行了双向承包，通过层层签订合同或责任书，把服务和任务，责任和利益，国家、集体和农户联结起来，把农业生产服务提高到了一个新的水平。唐山市300多个与农业有关的县直部门中，有273个制订了支农服务计划，其中242个部门已将服务规划落实到了乡镇。

5. **系统农协服务** 邯郸地区在完善集团承包的基础上，适应全区“1751”工程的需要，在有工程任务的县、乡村普遍建立了官民合办的农业服务协会（简称农协）。县、乡农协都由政府主管领导兼任会长，吸收有关部门负责人参加，并配有一定编制的专职干部（县农协8～9人，乡农协2～3人），村农协由村干部、农业技术员和科技示范户组成。层层采取集团承包方式，为项目区农户提供技术、资金、物资等配套服务。1991年全区100万亩工程田，小麦、棉花单产分别比1990年增长11.7%和15%，增加效益2.3亿元，57万户对口服务户，户均增收403元。1991年以来，邯郸地区又借鉴农协经验，建立了18个县级专业服务协会，服务面覆盖全区33.3%的乡、20%的村和8.7%的农户。

6. **基地建设配套服务** 即围绕商品基地建设，确定牵头单位，由牵头单位组织有关部门为基地提供系列化服务。自1987年以来，宽城满族自治县由农、林、水、牧4个主管局牵头领办了板栗、桑蚕、红星苹果、水产养殖、绒山羊、种子、蔬菜7个商品基地，成立了7个基地办公室，与商贸部门协调联动，为基地建设提供生产管理，物资供应、技术指导、产品销售和价格管理“五统一”服务。1991年年底，7个基地初具规模，商品率达到91.2%，实现效益2250万元，全县农业人口平均增收100元，其中桑蚕基地年产量占全省总产量的60%。

四、农民自办的各种服务组织

近年来，随着商品经济的发展，农民自办、联办的各种服务组织以及专业技术协会、研究会迅速发展，专业服务户发展到49906户，服务联合体发展到116871个。其中大部分从事机耕、机播、浇水服务，也有的从事信息和流通服务。目前，各种专业协会、研究会、专业合作社由1986年的3600多个猛增到28000多个。全省专业技术协会有8006多个，会员29万多人，涉及到种植、养殖、加工、储运等100多个专业。这些专业技术协会、研究会多是由农村中有专长、热心为群众服务的能人牵头，吸收同行业的农户自愿加入、自我服务的群众团体。他们从交流经验、切磋技术入手，逐步搞起良种供应、产品储藏、加工运销等配套服务。不少专业协会上联大专院校和科研单位，下联千家万户，也有一部分成为了经济实体。如永年县的养蜂协会、河间县的国欣棉花协会、新城县的西瓜协会为专业生产服务，影响较大，成为农业社会化服务的一支生力军。

（张有柱　执笔）

陕西省南郑县发展服务，脱贫致富

谢力东 段秦生

地处汉中盆地西南、巴山北麓的南郑县，过去是一个封闭、落后、贫穷的农业县。全县财政收不敷出，长期靠补贴过日子。农民生活贫困，吃粮靠返销，人均纯收入仅60来元。1978年实行土地承包责任制后，农民虽然吃饱了肚子，但贫穷落后的面貌并没有多大改变。

如何走出贫穷落后的困境？南郑县委、县政府围绕这一问题进行反复的调查研究，认识到要改变面貌必须从县情出发，发挥本地各种资源优势，调动千家万户脱贫致富的积极性，把发展个体、联户、专业户作为深化农村改革发展商品经济的重点，才能走出具有本县特色的路子。该县以此为突破口，认真实施“三五计划”、“千户工程”。“三五计划”即每年发展5000个户办、联户办企业，形成50个专业村，建成5个区域性的专业市场。“千户工程”就是每年发展具有一定规模的养猪、养牛、养鱼、养禽、点种木耳、香菇、药材等10个方面，年纯收入8000元以上的种养大户1000户。调动千家万户致富的积极性，使农村资源、奖金、技术、劳力得到优化配置和综合利用，促进农村产业结构的调整和商品经济的发展。到1991年底个体和联户企业发展到19109个，从业人员40290人，总收入34300万元；各类专业户发展到26249户，总收入5039万元。这些个体联合户、专业户占到全县总农户的35%，建成各类专业村147个，占全县村总数的29.2%，建成了5个专业市场。与1986年相比，农业总产值增长46.7%，达到2.2亿元；粮食总产增长6.87%，达到24198吨；乡镇企业总收入增长3倍，达到51944万元；多种经营总收入增长2.44倍，达到26403万元；农民人均纯收入增长1.01倍；达到561元，财政收入增长9.04倍，达到2亿元以上，成为西北首富县。

他们的主要做法是：

一、从实际出发，制定积极可行的政策措施

由于长期封闭、落后，不少干部群众商品经济观念淡薄，对办企业疑虑重重，怕担风险，信心不足。县委、县政府针对这一问题，认真贯彻有关农村经济政策，从实际出发，先后制定了一系列政策措施：资金上，放宽贷款、县财政给予贴息；生产资料上，化肥、农药、农膜、种苗、饲料实行优先供应和价格补贴；土地使用上，允许租用外耕地修建临时设施；税收上，对新发展的个体联户企业适当放宽税收规定；在注册登记上，有关部门一律简化手续方便群众，等等。这些政策措施为个户、联户、专业户的发展，提供了有利条件。

二、增加资金，大抓科技投入

南郑县在实施“三五计划”，“千户工程”中，切实增加资金和科技投入，不断增强发展后劲。在资金投入方面，采取国家、集体、个人一起上，多方筹资的办法。县、区、乡三级财政都建立了专项扶持基金，专款专用，并逐年增加。1986年以来，仅县财政投入农业的款项就达3571万元。农村信用社的农贷也向个户、联户、专业户倾斜。在科技投入上，一是抓了科技规划和科技开发工作。县上每年都安排一批

适合一家一户发展的科研项目，投放一定的人力和财力，进行专题攻关，使之尽快出成果并发挥效益。全县共开发推广农业科技项目59项。二是建立农村科普阵地，做好科技普及工作。县上投资30万元，建立了农民技术培训中心，各区、乡筹集资金，建立了各类科技咨询站（所）和区、乡农技培训学校，每年有计划地进行实用技术培训，印送科技资料，传递科技信息。据不完全统计，1986年至1989年上半年，县、区、乡开展各类技术培训2256期，培训24.4万多人次，接待技术咨询7.23万人次。三是积极推行科技承包。县、区、乡共组织330多名科技人员组成科技承包集团，并聘请西安高校科技开发集团的专家进行指导，与各类种植业、养殖业大户签订承包合同，先后落实技术承包项目49项，实行种粮、养猪、养牛、养禽、养鱼、柑桔、茶叶、食用菌、药材等科技单项承包或综合承包，促进适度规模经营。四是鼓励科技人员下乡领办企业，对个体、联户企业、专业大户进行科技成果的应用和推广。

三、加强服务体系建设，做好产前、产中、产后服务工作

随着个体、联户、专业户的蓬勃发展，县委、县政府下功夫抓了服务体系建设。一是建立健全多种服务组织，按照“适合什么，就发展什么，农民需要什么，就提供什么”的原则，因地制宜，分类指导，提供优质服务。他们还从当地生产水平实际出发，有什么条件就发展什么，哪个项目有优势就发展哪个，靠山的在山上做文章，傍水的在水中下功夫，有传统技艺的推陈出新，创出有时代特色的传统产品。全县还建立农技、种籽服务站68个，饲养业服务站61个，乡企、个体联户服务组织64个，法律咨询服务站68个。二是拓宽流通渠道，加强购销服务。首先抓好城镇市场建设，全县新建、改造市场42个；其次，抓了农民购销员队伍建设，县上成立了购销员协会，发展农民购销员4000多名，在县外建立了2000多人的购销员联系网。三是实行购销联营。商业、物资、供销、种籽部门充分发挥自身优势，向农村下伸网点70多个，为个体、联户、专业户提供资金、原料、技术、信息、销售等方面的服务。并在自愿互利的基础上，与个体、联户、专业户建立多种形式的产销联营、经济联合体和经济合作组织。个体户、农民购销员可以跨行业，在国营、集体企业和乡镇企业挂职、挂户、为多家搞购销。四是引导农民自我服务。在一些形成区域性专业生产的地方建立多种形式的研究会、协会及产销服务组织。全县共建立研究会、协会41个，发展会员2050人，民办的茶叶、柑桔、食用菌、藤编、花木等门类的购销服务组织65个。这些研究会、协会、购销服务组织是联系“小家庭”与“大市场”，“大社会”的桥梁和纽带，为繁荣全县经济，发挥了很好的作用。

四、加强领导，强化干部服务意识

为保证“三五计划”，“千户工程”贯彻落实，县上抓了三件事，第一，组织专门力量，深入平川、丘陵、山区进行了认真调查研究，并运用农业区划资料，在对全县资源分布状况，潜在优势进行全面系统分析论证的基础上，制定了实施方案。各区、乡又根据总体方案和本地的地理、资源、技术优势，确定发展方向、主攻重点，具体项目，层层落实到农户。同时，做好个体、联户、专业户的登记建卡立档工作，做到底子清，情况明，使“三五计划”、“千户工程”的实施建立在科学规划基础上。第二，转变作风，强化服务。县委、县政府组织20名领导包区，67个部门联乡，每年进行两次由主要领导挂帅，有关部门负责同志参加的农村经济工作大检查，进行现场指导，就地解决问题。区上干部实行“三三制”，乡上80%的干部包村包户。村组织干部和党员充分发挥模范带头作用，每个干部、党员包二至三户个体联户、专业户，包一户贫困户。第三，落实责任、奖罚兑现。县上把发展个体，联户、专业户作为考核干部政绩的一项重要内容。每年年初，上级与下级、领导与干部、层层签订责任书，落实任务，明确责任。并将每月15元固定奖金和15%的工资捆在一起与工作成效挂钩浮动，实行年终考核，超奖缺罚。这些措施极大地调动了干部群众发展服务，脱贫致富的积极性。

海南省农业综合开发试验区实行新体制开发模式

海南省经济体制改革办公室

海南省农业综合开发试验区，是由国务院领导同志倡议，海南省政府于1990年8月建立的。其总体目标在于充分利用海南丰富的土地、光热、海洋、森林和热带作物资源，采用成片开发、连片作业和“农工贸一体化，产供销一条龙”的开发方式，用好中央给了海南经济特区的优惠政策，吸引国内外的资金和技术，大力发展热带种植业、养殖业和加工业，积极开发海洋资源和林业资源，创建与发展高科技、高效益的综合型、外向型现代农业。在1991年中，海南省农业综合开发试验区作为一种新型的开发模式，在资金、技术、管理的综合投入、优惠政策、产业规划、土地管理、高科技运用、经营合作方式等方面进行了有意义的探索和试验。

一、新体制的特点

与传统农业的经营管理体制相比，海南省农业综合开发试验区新体制有如下突出特点：

1、试验区实行“资金、技术、土地、劳力、管理”等要素的综合投入法，使之合理配置，实现规模效益。

2、采用“公司＋农民”的生产组织形式。以商品经济本身的内在联系把农民联合起来，通过企业化来实现农业生产的社会化。

3、试验区内实行双重管理体制。1990年建立的海南省农业综合开发试验区管理委员会（正厅级事业单位）代表省政府在区内行使建设规划、土地审批、项目审批、工商登记和用工审批5项职能，其它事务则由当地政府管理。这样既保证了试验区的宏观管理，提高办事效率，又不打乱现有行政体系，而且不会导致机构人员的膨胀，避免国营农场“大而全、小而全”体制的弊端。

4、以工带农，以贸促工，形成“农工贸一体化，产供销一条龙”的新经济体系。通过建立完善的农副产品市场体系，改变以往农业生产、加工、销售相互脱节的经营方式，基本实现了以市场为导向来组织生产。

5、全面贯彻落实中央赋予海南经济特区的优惠政策。其中包括保护和鼓励投资、贸易、税收、土地、金融、人才、人员出入境等各项优惠政策的实行，使试验区的经济超常规发展得到了基本保证。

6、投资主体和经营方式的多样化。试验区内允许和鼓励国内、国外的投资者来开发种养业、加工业，既可以“分区开发、连片作业、倾斜投入、统一服务”，也可以“农户带土地入股，企业以资金、技术投入联合经营”，还可以是“企业组织千家万户农民联营开发”等方式。

二、新体制开发模式

试验区新体制运行一年多来，对各种开发模式进行了尝试，取得了农业综合开发的成功经验，形成了几种可行的开发模式。

1、成片开发模式。其特点是在较大面积的土地上，通过大量资金的投入取得规模经济效益。按照资金、技术、土地、管理等生产要素的不同组合方式，其中可分三种具体形式。

一是由国家出资金完成成片土地的征用、规划以及农业基础设施的建设，吸引国内外企业来设厂办实业的形式。例如琼山县狮子岭农副产品加工区被规划为综合性加工区，占地4000亩，由国家投资2000万元用于“三通一平”建设。至1991年底，第一期开发的400亩土地已完成“三通一平”工程，具备了投资办厂的硬环境，已有会海有机肥料厂和琼州饲料厂2个项目投产。

二是由企业出资金、技术和管理，当地出土地、劳动力，双方签订合同进行成片土地开发的形式。如民源海南公司与澄迈县美亭乡龙坡管区农民签订土地合同，建设一个面积5000亩的高科技农业综合开发试验小区。

三是由企业出资金，科研单位提供技术，当地农民带承包土地入股的合作开发方式。如海南华信集团公司投资140万元，由华南热带作物两院出技术，昌江县海尾、南罗、昌城、乌烈四个乡镇的1200个专业农户带总面积为2.1万亩的土地入股，开发种植腰果。土地入股年限为34年，从收获的第一年至第十五年，农民、海南华信集团公司、热作两院三方各以3：6：1的比例分得到利润，第十六年起按6：3：1比例分成。合作期满合，区内全部财产无偿归农民所有。

2、联营开发模式。其特点是由外来投资者投资（或由外来投资者与当地共同投资），当地出土地、科研单位出技术，农民出劳力进行联营开发，由外来投资者与科研单位共同管理，利润按合投比例分成。如岛西芒果有限公司投资75万元与昌江县七差乡联营种植芒果1100亩。

3、承包开发模式。其特点是：当地出土地、个人承包经营，由其中一方出资，收入按股份或约定比例分成。如由昌江县农业局提供土地，广东省农民刘秋枝个人出资70多万元承包开发土地1400多亩，兴办油甘基地。昌江县农业局和刘秋枝各占有30%和70%的股份；昌江县保平乡农民杨开文承包开发种植芒果40亩、人心果10亩、荔枝10亩，由县农业局投资2.1万元，杨开文从收入中偿还投资，并由双方商定每亩产量基数，杨开文向县农业局上缴基数的12%的产品。

三、1991年试验区新体制经济和社会效益明显

试验区初步规划了涉及儋县、澄迈、东方、乐东、琼山五县的6片试验区域，建立了联结生产、加工、销售纽带的海南省农产品批发市场，吸引了一批外引内联项目。1991年，试验区管理委员会批准立项51个，协议投资总额19180.6万元，全部项目建成投产，可实现工农业总产值近10亿元，出口总值近1亿美元。其中已批准立项的利用外资项目8个。合同项目总投资6291.75万美元，占项目协议投资总额的19.7%，合同外资金额2554.72万美元。内资项目43个，协议投资154060.10万元。动用试验区配套资金23130.1万元，自筹资金总额130929.4万元。至1991年底，共批准成立企业34家，其中国内独资、联营企业30家、协议投资额55622.7万元，外商投资企业4家。

（邵伯、周承志　执笔）

1991年农产品流通体制改革概述

国家体改委农村经济体制司城乡改革协调处

1991年，我国战胜了安徽、江苏、河南等部分地区遭受的严重自然灾害，仍夺得了农业生产的较好收成。全年实现农业总产值8008亿元，比上年增长3%。在主要农产品产量中，粮食略有减产，产量为43524万吨；棉花大幅度增产，产量达到566.3万吨，粮食、棉花都是在大灾情况下夺得的丰收年。油料、糖料、烤烟也有较大幅度的增长；肉、禽、蛋、奶、菜、果等全面丰收。全年社会商品零售总额9398亿元，比上年增长33.2%。城乡市场繁荣，人民安居乐业。党中央、国务院及时抓住这一有利时机，为加快农产品价格和流通体制和改革，相继推出一系列重大的改革措施。各地政府高度重视农村商品经济的发展和搞活农产品流通的工作，针对部分地区交替出现农产品"买难卖难"的问题，既抓生产又抓流通，取得了明显的成效。1991年，深化农产品价格和流通体制的改革，出现了全面推进的好形势。

一、党中央、国务院高度重视农产品流通体制改革

十三届八中全会第一次以全党决定的形式，明确了粮食价格改革的方向是放开经营，这在认识和理论上是一个重大的突破。在实践上成功地推出了一系列重大改革措施。

1. **调整粮食、食油统销价格** 为了调动农民生产粮食的积极性，自1979年以来，国家曾多次提高了粮食收购价格。但由于粮食销价一直未动，平价粮油购销倒挂的矛盾越来越突出，国家和地方财政补贴的负担日益沉重，并伴随出现了一些不合理的逆反现象。国家粮食定购价与市场价差距越拉越大；工农产品比价不合理，剪刀差重新扩大；粮食销价低刺激了消费助长了浪费；粮食价格补贴失控，粮食经营企业亏损严重等。为了解决这些问题，1991年4月，国务院作出了关于调整粮食、食油统销价格的决定。这一改革措施，由于准备充分，出台时机把握得当，调价后，购销、价格稳定，市场没有出现大的波动。在一定程度上缓解了购销倒挂的矛盾，减轻了国家财政的负担，为进一步深化农产品价格和流通体制的改革创造了良好的条件。1991年，国务院还先后批准了海南、广东、福建等三省实行购销同价的粮改方案，进一步推动了粮食购销体制的改革。

2. **调整粮食购销政策** 为了促使产粮区不断提高粮食商品率，缺粮区不断增加粮食的自给水平，缓解粮食总供给与总需求之间的矛盾，1991年初，国务院发出了关于调整粮食购销政策的通知，通知中规定，取消原定非农业销售每年递增、省际间"议转平"大米调拨的指令性计划和销区调入大米增加补贴，销区大米通过议价渠道调剂解决。为了稳定国家粮食定购任务，继续实行粮食调拨包干和奖售平价化肥、柴油和发放预定金的"三挂钩"政策。要压缩平价粮食、食油的销售，在保证基本口粮和定量供应之后，逐步把城镇食品、副食酿造和饲料等项用粮改为议价供应，食油要做到收支基本平衡。通知要求，调整粮食购销政策，要加强对议价粮、油经营的领导和管理，在保证完成国家粮食、食油定购任务的前提下，坚持多渠道经营，搞好市场调节，要按照经济区域和合理流向组织粮食流通。为了增加国家对粮食的宏观调控能力，要建立中央和省两级市场调节粮，根据情况进行吞吐，达到平抑粮价，调节供求，

稳定市场的目的。国务院的规定，对稳定粮食政策，增加国家粮食宏观调控能力，深化粮食流通体制的改革，起到了重要作用。

3. **对调出棉花实行奖励政策** 国家计划安排的省际间调拨棉花，是重点纺织企业原料的主要来源。但近两年由于棉花缺口较大，流通秩序混乱，国家计划调拨难以完成。为此，1991年10月国务院办公厅转发了国家计委等8个部门关于对调出棉花实行奖励政策的报告。报告规定，凡按国家计划安排的省间调拨棉（含中央出口棉和国家储备棉），每调入一担棉花，由调入省、区、直辖市在国家规定的现行棉花调拨价格的基础上给调 出省（区）奖励25元，用于发展棉花生产。奖励款由调入省、区、市自有财力解决，计入纺织企业成本，并可相应提高棉纺织品价格。报告下发后，对调动产棉区的积极性，鼓励棉花调出，促进棉花流通，起到了一定的促进作用。

4. **调整食糖经营管理政策** 1991年，我国食糖产量为780万吨，达到了历史最高水平，国内食糖市场形成总供给大于总需求的过剩格局。由此造成市场糖价下跌，糖农收益下降。为了保护糖业的发展，国务院于1991年11月发出调整食糖经营管理有关政策的通知。规定食糖的收购，调拨由指令性改为指导性计划，出厂价由国家定价改为国家指导价，工商企业可在国家指导价的基数上上下浮动10%。调拨价、批发价放活，零售价格放开。通知强调食糖价格放开后，为降低流通费用，要减少中间环节，实行多渠道经营。要逐步建立市场调节机制，增强国家调控市场的能力。通知下发后，商业部在天津、广州试办南、北两个区域性的食糖专业批发市场。对搞活食糖流通，调动各方面经营食糖的积极性，保护糖业的正常发展，起到了重要的作用。

5. **关于进一步搞活农产品流通的政策** 最近几年，伴随着农业生产的发展，农产品流通滞后的问题日益突出，这种状况已经不能适应农村商品经济发展的需要，迫切需要采取措施加以解决。1991年9月和10月国务院分别下发了关于搞活农产品流通和加强农业社会化服务体系建设的通知。通知中明确提出：随着农村商品经济的发展，要逐步减少指令性计划产品的管理，完善指导性计划产品的管理，进一步扩大市场调节的比重。通知规定除国家定购粮、棉、烟、蚕茧和4种中药材相继由国家指定部门统一经营外，食油、食糖等8种产品退出指令性计划，实行指导性计划，其它农产品全部实行市场调节。实践证明，国务院通知下发后，对完善农产品放管结合的购销政策，打破地区间的封锁，发挥供销社和国营商业在农产品流通中的主渠道作用，鼓励集体和个人进入流通领域，发展多渠道经营，推行产供销一体化的经营组织，建立和完善以批发市场为中心的农产品市场体系，都起到了积极的推进作用。

二、各地政府从抓流通入手，加快了改革的步伐

1991年，各地政府从农村商品经济发展的飞跃中更深刻地认识到，建立高效、畅通、可调控的农产品流通新体制，是深化农村改革的客观需求，是实现十年规划和“八五”计划的重要保证，也是解决农产品流通滞后深层次矛盾的重要出路。因此，都把农产品流通体制改革做为一项重要工作来抓。他们结合本地区的实际，着力解决经济生活中出现的新问题，出现了非常好的势头，正步入一个崭新的阶段。

1、**粮食部门加快了转换经营机制和粮食购销体制、价格的改革** 天津市粮食系统在市政府的直接领导下，为深化粮食企业改革，实行了“平价粮油统一经营，亏损集中反映”“政策性经营与正常经营分开，两条线运行”的新体制一举成功，1990年经济效益实现6000万元，1991年在多存6亿斤粮食的情况下，经济效益达到1400万元，取得了惊人的明显效益。为了推广天津市的经验，1991年5月，国家体改委、财政部、商业部在天津市联合召开了全国粮食流通体制改革经验交流会，天津市的经验在全国产生了积极的影响。会后，有200多个地区和单位到天津学习取经。全国产粮大户吉林省，学习天津经验，率先在9个市、县进行粮食企业转换经营机制的试点，实践证明试点企业按新机制运行后，加强了管理，注入了活力，取得了明显的经济效益。1991年1至9月份，试点市、县在平价粮划拨商业补贴后，从1990年同期亏损3926万元，一年扭亏为盈，实现盈利105万元。1991年下半年，湖南衡阳、山东济宁、陕西咸阳、湖北武汉市也竞相创造性地运用天津经验推行粮食企业转换机制的改革，从执行情况看普遍取得好的效果。四川省广汉市为了加快改革的步伐，1991年4月1日粮食、油料“一步到位、全面放开”。免除了国家上调粮油任务，同时取消上级财政对该市的6种粮油补贴，农业税、水利费改征实物，原国家下达广汉市的粮食定购任务改为指导性

计划，取消城镇人口粮油凭证（票）供应。粮油购销实行多渠道经营，“三挂钩”物资的平议差价款用于建立粮食风险储备。1991年，广汉市粮改运行的结果是农民人均增收14.75元，省财政减少支出653.61万元。出现的问题是，1991年粮食丰收，大量余粮进入市场，粮价下跌，曾一度出现“卖粮难”；粮改后，粮食企业销售量明显下降，粮食经营发生一定困难。针对这些问题，广汉市已采取在粮食收购中实行保护价，粮食企业广泛开展多种经营等措施，保护了农民种粮的积极性，增强了粮食企业在市场中的竞争能力。

2、**各地涌起兴办农产品专业市场和批发市场的高潮** 随着商品经济的发展，各地农产品专业市场和批发市场蓬勃兴起，1991年底，全国传统的城乡集市贸易已经发展到7.5万余个，其中，年交易额超亿元的有160多个，交易额在6～10亿元的就有10个。专业和综合的农副产品批发市场已经达到1600多家。对繁荣城乡市场，沟通城乡贸易，组织商品大流通发挥了极为重要的作用。从各地市场组建和运行情况看，其主要特点：一是各级政府加大了市场机制作用的范围和农产品在市场调节中的比重，进一步压缩了农产品计划管理的项目和品种，放宽了农产品价格管理的权限，为市场的建立和发展创造了条件；二是注重建立农产品流通的集散网络和市场体系。如山东省栖霞县榧村果品公司，在建立专业、批发市场的同时，同全国25个省、市和附近10个县160家单位建立起稳定的业务关系，解决了全县农民水果“卖难”的问题。1991年，该县农民依托市场成交北方水果2000万公斤，南方水果1000万公斤，成为山东省最重要的果品集散地之一。陕西省各级政府投资，大力兴办农产品流通市场，目前，“三级”市场已经遍布城乡。初步形成批零兼营，各具特色的农产品市场网络。1991年，市场交易规模和容量比1985年扩大了5倍。西安市太华路批发市场年成交肉鸡达400多万只，占全市肉鸡消费量50%以上。长武县的槐米市场，以其特有的风格，吸引了全国10多个省区的上万名客户，年销售额达700多万元。据有关部门统计，1991年陕西省农民拿到集市上出售的农副产品约占出售总值的40%。广东省普宁县为了加快农产品流通，最近两年迅速建立起以“两水”（水产、水果）、蔬菜、粮食、药材等大的专业市场为主体的市场网络。其商品购销覆盖了全国29个省、自治区和直辖市，全县没有出现农产品卖难问题。广东省高兴县以77个农产品批发交易市场为中心，在全县境内几百公里的公路两旁设置了3000多个果菜收购、批发零售兼营的收购站和销售点，农产品从滞销变为畅销；三是新型的较高层次的市场得到进一步发展。近年来，我国粮食市场试点工作逐步展开，全国已经开办了1个国家级批发市场和7个省级区域性的批发市场，以郑州批发市场为代表的八大市场，开创了我国粮食市场发展的新阶段。在试验初期，各市场的成交粮油总量就达到430万吨，尽管数量还比较少，所占比例还不大，但在调节供求，提供信息，搞活流通、稳定市场方面起了良好的作用，在向规范化市场前进中迈出了可喜的一步。此外，1991年威海市试办了食油批发市场；成都、天津试办了生猪批发市场；天津、广州试办了食糖批发市场；北京市试办了果品批发市场等，这些中央和区域性的批发市场，在搞活农产品流通中正在发挥出重要的作用，充分显示了市场机制的活力。

3、**积极支持发展产销一体化的经营组织** 随着农村改革的逐步深化，很多地区从实际出发，把农产品的生产、加工、销售放在一起，实行统一经营，农、工、商相互促进，收到明显的效果。广东省赣榆县农副产品资源十分丰富。但过去由于流通不畅，农副产品卖难的问题一直制约着该县经济的发展。为了将资源优势转化为商品优势，县供销社改革一买一卖的传统经营的服务方式，从发展商品生产基地和建立加工企业入手，逐步探索搞活农产品流通的新路子。经过努力已初步实现了以科技为先导，以市场为导向，以商品生产基地为基础，以加工经营企业为龙头的蔬菜、海产品，果品等农副产品产供销一体化经营组织。他们投资200万元，积极兴办一批骨干加工企业，如300吨的冷库、年产量为3000吨的食品酿造厂，投资不到半年加工出口无头对虾118吨，创汇71万美元。利用世界银行贷款60万美元，搞技术改造，引进日本设备，建起一座外向型的创汇企业——蔬菜冷冻厂，专门加工出口冻草梅等。目前，该县供销社系统已建成农副产品加工生产流水线5条，年加工能力达5000多吨，冷库5个，共1600吨位，农副产品储藏设施2.1万立方米，自备运输车80多辆，冷藏车3辆，初步形成了县有骨干厂，乡有卫星厂，具备生产、加工、储藏和销售综合服务能力的网络体系。山东省海阳县按照办实体，促服务，以服务促经营的思路，大胆改革果品产销体制，组建了海阳县果品集团联营公司，对全县果品的产、购、销三个环节实行一体化管理。他们选择了占全县果品产量85%的100多个村、建立了5万亩生产基地，通过产销合同，规定了双方责任、义务。该公司实行系列化服务，以基地为中心向全县幅射扩散。在公司内部实行果品收购四统一，即统一商标、包装；统一收购质量标准，统一收购价格；统一果树下树时间等。每到果品收购季节，按合同规定公司派专职人员，集中成员企业的全部运输车辆，统一携带包装材料，直接到果园验级收购，减轻了农民负担，保证了果品质量，提高了市场竞争能力，海阳县果品产销体制改革促进了全县果业的发展，1991年全县果业收入达到8500多万元，比1988年增长近一倍，实行联营利润104万元。

4、**加强了农村社会化服务体系的建设** 山东省招远县围绕县果品、畜产品、粉丝、花生、粮食等五大优势产品，组成了267个经济实体，这些经济实体从市场信息，生产、加工储运、销售等方面为农民提供系列化服务。这个县的农民有饲养家禽的传统习惯，全县肉鸡饲养量达到100万只，成为南部山区农民经济收入的主要来源之一。但千家万户分散的生产、使生产者在物资、技术和产品销售等方面遇到许多靠自身无法解决的困难。于是他们从购进种鸡开始，先后建立起年产1万吨的肉鸡专用饲料厂，购置了一次上蛋18万只的全自动电孵设备，建起了年产300万只肉鸡雏鸡的孵化场和年宰杀300万只的肉食鸡加工厂，还与农民联办起一处占地175亩，拥有2000套祖代种鸡和2.4万套父母代种鸡的大型肉食鸡繁殖场和5处年饲养量为8万只以上的肉食鸡饲养场，在全县发展了200多个养鸡专业户，成立了禽蛋食品总公司，配备了30多个养鸡技术员，提供了“五到家一扶持”的服务。即：送雏鸡到家，送饲料到家，技术指导到家，防疫治病到家，进行资金扶持。这样，肉鸡生产全部服务工作由供销社包下来。几年来，共发放雏鸡730万只，送饲料4600万公斤，防疫指导4800多人次，收购宰杀成鸡615万只，为农民增加纯收入1300多万元。目前，全县肉鸡饲养量达150万只，比1987年增长2倍。1991年，他们作为山东省唯一的成员公司加入了中、美、泰三国合资的北京家禽育种总公司艾维茵集团，并组织县内外200多集体、个体养鸡场、户成立起全国首家县级“艾维茵肉食鸡生产者协会”，雏鸡、技术等服务覆盖整个胶东。湖南省华容县，每个乡镇都成立了农技服务站，401个村建立了农技服务组，建立了6000余户的科技示范户。一个以县为龙头，乡镇为中心，村为纽带、户为阵地的四级农科网络已形成规模。华容县供销社在开展农村社会化服务中有一条很好的经验，他们围绕农业办工业，办好工业稳农业，农业发展促商业，使农产品能在县内就地加工升值。目前，县供销社商办工业达12家，年产值达4000余万元，在全省居第一位，使主要农产品在种植、收购到加工、销售成龙配套。农民种薄荷、棉花、蚕豆、养蚕，县里就办起薄荷厂，棉纺厂、粉丝厂和丝绸厂，解决了农民卖难，保护了农民生产的积极性。

5、**鼓励农民进人流通领域** 福建省建瓯县是全国商品粮和木材基地县，也是全省茶叶、果品重要生产基地，各种农副产品极为丰富。近年来，该县在发挥国合商业主渠道努力搞活农产品流通的同时，采取积极措施，大力扶持乡、村集体商业，县里明文规定，凡属放开由市场调节的产品，都鼓励和支持集体、个体经营，特别是鼓励和支持他们从事鲜活商品的经营，全县很快发展起一支万人的购销队伍并逐步形成了比较健全的农村购销网络。最近几年，在全国市场疲软，“卖难”现象迭起的情况下，他们较好地解决了卖粮、猪、果品难的问题，农民年人均纯收入达到800多元，实现了增产增收。湖南省兰山县是全省闻名的养猪大县。近两年，针对卖猪难，把当地生猪贩运户组织起来，成立了77个贩运集团，拥有汽车几百辆。各集团内部有信息员，收购员，推销员。根据市场行情，向农户商量作价，签定产、销合同，负责把生猪集中起来运到广州销售，贩运量从1988年的12万头，增至1991年的40多万头，彻底解决了该县卖猪难的问题。广东省高山县为了解决该县农民卖果品、蔬菜难的问题，组织起多层次的购销队伍进入流通领域。全县建立起集体、个体性质的果菜购销机构多达3000多个，购销人员将近3万人，使千家万户生产的果菜销往全国，并进入了国际市场。

6、**强化了流通设施的建设** 1991年，各地政府采取直接投资和多渠道集资的方法，加快了流通设施的建设。山东省苍山县是全省闻名的种植蔬菜的大县，最近几年蔬菜复种面积一直保持在30万亩以上，蔬菜总产量每年均超过10亿公斤。但是，过去因流通设施不足，销售渠道不畅通，烂菜的现象经常发生。为解决卖菜难问题，他们投资500万元，在县城和蔬菜的集中产区建起12处专业批发市场，又投资300万元对28处乡、镇集贸市场进行改造建设，并把那些摊点众多的田边市场，路边市场看作是大市场的延伸和扩展，充分加以利用。由于流通设施的改善，使时鲜的蔬菜能集能散，大大增强了吞吐能力，很少再发生烂菜现象。威海市每年水产品产量多达60多万吨，水果1.6亿公斤，为了缓解“储藏”“运输”难的矛盾，该市采取多渠道集资的方法，国营商业、乡镇、村办流通企业投入2.2亿元资金，用于新建仓储、冷冻、保鲜设施150余处，总储量达到3万吨。为了解决水产品的长途运输问题，采取优惠政策吸引外商投资1000万美元，引进了一批先进的冷藏船、冷藏车等流通设施，使近万吨鲜活对虾，鱼类、杂色蛤等水产品能销往香港和出口到日本，仅此一项年创汇达1000多万美元。为了鼓励农民从事长、短途贩运，市政府制定撤销关卡，取消各种滥收费，乱罚款等措施。1991年该市农民新投入流通的汽车就达1100多辆，其它机动车、拖拉机2万多辆，成为流通领域的重要力量。

7、**解决地区封锁的问题**　福建省宁化县全境都是山区、深山区。有7个乡与江西赣南地区的石城、广昌等县接壤，省际边界线达200多公里。过去宁化边界贸易受地区封锁和山区自然地理条件的制约，尽管两省毗邻地区有联姻和农副产品串换的传统和习惯，但一直形不成规模，随着山区商品经济的发展，宁化县率先打破封锁，加强了与毗邻省份的经济联系和交流。县政府成立了边界贸易促进会，7个边贸乡均设有边贸批发代理商，形成了比较健全的批发市场网络。该县县城还设有6个常年性的边贸展销馆，总面积达2500平方米，7个边贸乡也相应设立了边贸市场，全县基本形成以县边贸馆为中心向7个边贸乡延伸的比较庞大的边贸市场体系。针对边贸的特殊性，国合商业部门千方百计组织在赣南市场上适销对路的产品和名、优、特商品，在供应上采取不分内外，不限起点，批量批发，拆零供应，现货交易，期货预约，收购经销等方式，深受客商好评。随着边贸的发展，宁化县进一步调整边贸政策，对江西贩运农产品的个体户优先安排摊位，优先办理有关手续及提供必要的设施，免收或减收工商管理费，同时还采取扶持政策，对沿海和赣南来宁化投资、经商的个体工商户给予批地建房，租房、办证、发照、信贷、商品分配上的方便和优先照顾，鼓励他们在宁化经商，迅速打开了边境贸易的新局面。近几年，边界贸易额以15%的年递增速度发展。1991年，全县边界贸易额达到1.03亿元。江西赣南地区也积极撤销各部门滥设关卡189个，同时开放了与闽、粤、湘400公里边界上的110个集市，全地区集市贸易成交的粮食、食油、猪肉、鲜鱼等总量达30余万吨，成交额达11.6亿元。

8、**综合治理卖难**　陕西省针对现实农产品流通领域中的问题，制定了搞活流通的若干政策措施，如凡未经省政府批准设置的关卡一律视为非法，原定出省经市批的粮食、生猪、棉纱、羊绒毛、蚕茧等一律不再报批，直接向运输部门办理审批手续；农民进入流通领域从事农产品运销，凡推销供大于销的土特产品、鲜活商品的可减免税收；提倡国合商业和农业部门以乡镇企业的产品为龙头兴办一条龙的经济实体等。这些政策和措施为搞活农产品流通创造了宽松的外部环境。1991年陕西全省农贸市场由860多个迅速发展到2100多个，商品成交额从4.1亿元增加到30多亿元，全省农民在集贸市场上出售的农副产品占出售总额的40%以上。

综上所述，1991年农产品流通体制改革取得了较大的成绩。1992年，认真贯彻执行党中央、国务院的决策，不断深化农产品流通体制的改革，仍然是一项艰巨而繁重的任务。

四川省的农村合作基金会

四川省农牧厅

四川省的农村合作基金会，是指农村合作经济组织和承包经营户按照自愿互利原则组织起来的集体资金管理与融通服务相结合的资金合作形式。一般以乡（镇）为单位，依托农业经营管理站来组建。中共四川省委、四川省人民政府把兴办农村合作基金会作为深化农村改革和加快农业发展的一项战略措施来抓，切实加强了领导。到1991年底，全省已建立乡（镇）基金会5492个，占乡（镇）总数的64.2%；筹集合作基金16.2亿多元，平均每个基金会近30万元；全年累计投放资金22.9亿元，资金利用率稳定在80%左右。目前已普遍形成投资气候，产生明显的社会经济效益，引起了社会各方面的关注，在农村站住了脚跟。

一、合作基金会的发展过程

在四川省委、省人民政府的具体领导下，合作基金会大体经历了萌芽、试点推广和普遍发展三个阶段：

1983～1986年为基金会萌芽时期。在建立家庭联产承包制的基础上，全省农村实行了会计工作专业化和集体资金“队有乡管”的制度，即把分散在原人民公社基本核算单位的集体资金改由乡（镇）农经站统一管理与核算。部分乡（镇）农经站，针对农村资金紧缺的矛盾，在本乡范围内自发地开展了合作经济组织内部融资服务，对集体资金的横向流动做了有益的探索。

1987～1988年7月为试点推广时期。1987年秋收后，省委、省政府在完善农村双层经营制的会议上，提出了试办合作基金会，管好用好集体资金的任务。省政府及时转发了省农牧厅等单位在乐山市中区全福乡的试点经验和示范章程，要求各地参照全福乡的做法扩大试点，到1988年6月，全省共组建基金会1077个，占乡（镇）总数12.6%，筹集合作基金7400万元，会均6.87万元。

1988年7月至现在为普遍发展时期。在总结各地试点经验的基础上，中共四川省委第五届二次全委会作出了《关于建立农业发展基金和合作基金问题的决定》，对“两金”的性质、资金来源和管理体制作了明确规定，要求各地积极兴办，努力实现近期奋斗目标。接着，省委、省政府又举办了800多人参加的全省合作基金会干部培训班，推动了《决定》的贯彻执行。近4年来，全省农村合作基金会的集资、融资、收入和会员股金保息分红率同步增长，社会经济效益不断提高。1991年与1988年相比较，合作基金总额由19867万元增加到162299万元，增长7.16倍；投放余额由10217万元增加到138812万元，增长10.7倍；实现融资服务收入12135万元，资金收入率为9.57%；会员股金保息分红率为9.83%，比同期银行、信用社一年定期存款平均利率高2.27个百分点。基金会集资规模不断扩大，到1991年底，全省有461个基金会集资在50万元以上，有212个基金会集资在100万元以上，有12个基金会集资在500万元以上，最大的双流县东升乡基金会拥有资金1000万元。

二、合作基金会的地位与作用

合作基金会最重要的职能是按照价值规律的要求，通过资金中介服务、管好用好集体资金，解决好集体资金运行效益问题。建立合作基金会是改革集体资金管理体制，管好用好集体资金的最佳选择。基金会的作用主要体现在以下几个方面：第一，它使基金会的资金，按照信用有偿原则进行运转，从而使集体资金真正摆脱了“收不拢，管不住，用不活”的困境，并在运动中得到增殖。1991年，全省社区性合作社公积金比办会前的1987年增长114.9%，其中货币资金增长56.1%；集体股金增殖在10%左右，仅1991年村、社集体就得利7400万多元。第二，增加农业资金投入，缓解了农村资金紧缺的部分矛盾，1988年以来，全省基金会累计投放资金53.4亿元，在一些地方已经成为发展农村商品经济的重要支柱。据多点追踪调查，基金会每投放资金100元，使用者创收142元，集体得利9.8元，培植税源5.5元，收到明显的社会经济效益。第三，增强集体经济实力，促进了双层经营体制的完善。基金会有效地支持了村、社发展统一经营项目，增加集体收入和积累。1991年全省农村社区性合作经济组织统一经营收入18.05亿元，比办会前的1987年增长269.9%；村平均收入为2.38万元，有77.7%的村、社能够较好地进行运转。第四，促进科技兴农和资源开发，增强了农业发展后劲。合作基金会优先支持农业生产和农业服务体系建设，努力改善农业生产基本条件，积极解决农户和各种农业服务组织周转资金的困难，实现技物结合，促进新技术的推广。第五，通过融资这个特殊手段，加强了对农户生产经营活动的计划指导，减少了盲目性和损失浪费；第六，对促进农村金融体制的改革，活跃农产品流通，抑制农村高利贷的恶性发展，都起到了积极作用。

三、合作基金会性质、任务及其特点

当前四川的合作基金会，是指地区性合作经济组织和承包经营户，为了克服资金供求矛盾，提供资金中介服务，由他们按照自愿互利原则和集资入股方式组织起来，实行自主经营，民主管理，有偿借贷，保息分红，并提取一定的公共积累，以达到集资聚财，增加农业资金投入，促进农村商品经济发展为目的的一种资金合作组织。其主要任务是加强和改善村、社集体资金的管理，促进双层经营体制的完善；支持农村商品生产，特别是种养业的发展；开拓资金来源，加快农村建设，缓解农村资金紧缺的矛盾。合作基金会在资金的管理与运行机制上，实行信用有偿原则，对资金所有者投入和使用者借出的资金，都是有偿的，要按照资金的时间价值计算计息。同时以市场为导向，促使资金有组织地向高效益方向流动。

合作基金会具有社区性、管理服务性、融资内部性、非盈利性、股份合作性的特点。它是在集体资金基础上的再合作，具有明显的社会主义性质。它既不是国家金融机构，也不是农村第二信用社，它是农村合作经济这一主体经济形式的新成员，可以同其他合作形式共生共长，始终存在；在多种融资形式中，它独具特色，不与其他融资形式相互牵挂和相互攀比，争资金，争地盘，可以做到各司其责，共存共荣。

四、合作基金会资金来源与资金投放

增加农业资金投入的主体在农村。基金会有多种聚资渠道，应当全面落实集资政策，增强资金实力，逐步形成国家、集体、个人三结合的农业投资新体制。但从现实可能性和集资潜力来看，基金会最主要的资金来源，是村、社合作经济组织的新老积累。在初创阶段，主要是靠村、社原有的公共积累和应收未收的拖欠款项。近年来，按照有关政策和法规，在村、社普遍建立了集体资金积累制度，继续清收集体土地征用补偿费和被拖欠的其他集体资金，为基金会的发展提供了稳定可靠的资金来源。搞好资金投放，提高资金利用率，是基金会全部融资活动的中心环节。资金的投放要坚持有偿占有的原则；利息导向，适当浮动的原则；择优扶持，加速周转的原则；担保借款，按期回收的原则，并严格借款程序和手续，确保资金安全运转。基金会资金投放结构，力求与当地农村产业结构相适应，扩大资金服务领域。在此基础上，加强对种养业生产，农业服务体系建设，兴办集体企业的资金扶持，使资金始终处于良性循环的状态。

五、合作基金会经营管理的原则与内容

近年来，合作基金会按照合作制的一般原理去建立经营管理工作，强化了内部管理。基金会经营管理的主要原则是：(1)民主管理的原则；(2)自主经营的原则；(3)信用有偿的原则；(4)社会效益与经济效益相兼顾的原则。它有权独立自主地进行经营决策，并通过自己的经营管理机构去组织实施。基金会普遍实行了理事会领导下的业务主任负责制，由

业务主任行使法人职权，对违章干预而产生的经济损失，有权要求承担经济责任。基金会融资服务的过程，就是资金筹集——资金投放——资金回收——收益分配的运转过程。由此而决定的经营管理基本内容和主要环节是：(1) 资金筹集；(2) 资金投放；(3) 资金回收；(4) 财务管理；(5) 经济核算；(6) 收益分配。在收益分配上，坚持了统筹兼顾，少扣多分，让利会员，促进发展的方针，年终可分配总收入一般按双“二八”的比例进行分配，即在融资服务总收入中，农经站业务费用和呆帐准备金不超过20%；在纯收入中，基金会公积金和公益金的提留比例一般不超过20%，确保把纯收入的80%分给资金所有者。会员股金实行保息分红的制度，委托代管金只保息不分红。会员股金红息之和不得低于当地银行、信用社一年期存款利率；委托代管金按年初约定利率计息。

六、对策与措施

基金会的更大发展，将取决于外部条件的改善与内部管理机制的完善。首先要深化认识，加强领导，进一步动员和组织有关部门支持基金会的发展，为其创造更加良好的外部环境；第二，坚持正确的发展方向，按照集体资金管理与服务型的资金合作组织模式去发展，努力办出自身的特点，发挥其独特的优势；第三，实行抓管理促发展的方针，寓发展于管理之中，并分别情况，搞好分类指导；第四，健全村、社集体积累制度，提供稳定可靠而又源源不断的资金来源；第五；适当发展资金拆借业务，搞活资金融通；第六，实行正确的分配政策，促进增资扩股；第七，加强农经队伍建设，健全基金会管理机构，搞好政策业务指导，不断改善经营管理；第八，制订基金会的地方性法规或行政规章，明确其法律地位和法人位置，做到依法成立，依法管理，依法保护其资金财产和融资活动。做好这些工作，全省到“八·五”期末，可望筹集合作基金30～35亿元，到“九·五”期末，可望筹集40～50亿元，用于支持农业的发展。从而在全省农村建立起新的、适应农业和整个农村经济持续发展要求的农业投资新体制，并丰富农村合作制的形式与内容。

（罗蜀华　执笔）

1991年中国乡镇企业发展综述

国家体改委农村经济体制司城乡改革协调处

1979年以来中国农村改革最引人注目的成果之一，就是乡镇企业的发展。但是，乡镇企业的发展也自有其不平凡的经历。1984年至1988年，乡镇企业发展速度异常迅猛，其间最高时增长速度曾达51.6%（1984～1986年）。三年"治理、整顿"期间的前二年，乡镇企业增长速度下降，最低点为1990年的13.9%。乡镇企业个数在1989年的1～6月份期间，曾减少了80万个，企业从业人员减少最多时曾达600多万人。到1991年初，乡镇企业仍面临着资金紧缩、市场疲软以及全国性的三角债等多重因素的影响，困难重重，然而，随着国民经济形势逐步的好转、回升，以及政策上的松动，全国乡镇企业的发展也在克服了种种不利因素的过程中，出现了良好的生机。可以说，1991年，是乡镇企业在困难中稳定发展的一年。

一

1991年，全国乡镇企业的发展速度回升较快，全年乡镇企业总产值达11621.7亿元，比上年增长27.1%，占全国社会总产值的26.6%，占全国农村社会总产值的59.2%。其中，全国乡镇工业总产值达8708.6亿元，比上年增长29.5%，占全国工业总产值的1/3。到1991年底，全国乡镇企业拥有总资产5429亿元，其中固定资产原值为3385亿元，比上年增长24.5%。

乡镇企业对国家的贡献进一步增大。1991年，全国乡镇企业上交国家税金454.6亿元，比上年增长22.1%，占国家各项税金比重由1990年的13.9%上升到1991年的15.2%。除上交国家税金有较大增长外，提供以工补农资金86.5亿元，比上年增长19.3%，对农村各项建设事业投资121.5亿元，比上年增长6.6%。

全国的乡镇企业个数和职工人数在1989年、1990年连续两年下降之后，于1991年开始明显回升。1991年，全国乡镇企业数达1907.9万个，比上年增长3.1%；全国乡镇企业职工人数达9609.1万人，增长3.7%，已经超过了历史上乡镇企业职工人数最高水平的1988年的9545.5万人。全国乡镇企业职工人数占全社会劳动力的比重为16.5%，占全国农村劳动力的比重为22.3%。

乡镇企业的出口迅速增长。1991年，全国乡镇企业的出口产品交货总额达669.94亿元，比上年增长28%，占全国出口产品总额的比重为17.5%。如果加上当年乡镇企业中的工缴费收入118.91亿元，按外汇市场调剂价计算，等于1991年全国乡镇企业创汇130多亿美元。

乡镇企业的发展促进了全国市场的有效供给。1991年，全国乡镇企业克服市场疲软的状况，积极进行了产业结构调整，当年全国乡镇企业生产原煤3.38亿吨，比上年下降6%；发电量135亿度，与上年基本持平，略有增长；生产水泥7.299万吨，增长21%；机制纸及纸板602万吨，增长14%。值得注意的是，1991年全国乡镇企业交通运输量达463亿吨，比上年增长345%。这数字表现出乡镇企业的交通运输能力的增强，弥补了我国国营企业交通运力的不足。这是产业结构调整的显著结果。

一部分乡镇企业产品在全国工业产品中已占相当比重，有些已占据主导地位。这意味着乡镇企业在国民经济中的重要性。如原煤生产乡、镇企业占全国的比重为33.1%，水泥占28.4%，机制纸及纸板占

39.4%，服装占60%，中小农机具占80%，砖瓦占90%以上。乡镇企业已成为我国农村经济的强大支柱，国民经济的重要组成部分和中小企业的主体。

二

1991年，乡镇企业发展中的产业结构变化并不十分明显，值得注意的是，在乡镇企业总产值构成中，工业产值构成由上年的74.07%上升为74.93%，其他产业比重却略有下降，其中农业产值所占比重由上年的1.58%下降到1.54%；建筑业由10.16%下降到9.81%，运输业由6.88%下降到6.60%，商业由7.31%下降到7.12%。

虽然乡镇工业的发展，在"治理、整顿"的前两年，明显受国家宏观政策的硬约束。但是到1991年，随着宏观政策的松动和国民经济形势的回升，影响乡镇工业发展的关键因素——市场行为在显著增强。这一深刻的变化对乡镇工业内部结构和行业发展特点的不确定性都有着重大的影响，具体表现如下：

1989年、1990年，作为国家产业政策支持的乡镇工业中的能源工业都处于增长状态，乡镇企业发电量1990年增长3.3%，而1991年则与上年基本持平；乡镇企业煤炭产量在关停大批无证开采小煤矿的基础上，1989年增长7.2%，1990年增长2.8%，1991年却下降5.6%。同时，国家产业政策明确限制的高耗能、高耗粮工业的发展却呈相反趋势，1989年、1990年砖瓦工业生产连续递减，平均递减幅度在4%左右，而1991年却回升2%；高耗粮的造酒工业，1989年基本处于零增长，1990年仅增长5个百分点，到1991年，却增长20%左右。可以看出，宏观政策约束的软化导致了乡镇企业的市场行为增强。

在政策扶持的行业里，乡镇工业的发展也受市场需求所制约，产品产量的波动与宏观经济形势密切相关。例如，产业结构调整初期反复强调要优先发展的支农工业，在治理、整顿的三年中，呈明显的波动状态，中小农机具工业1989年下降3.6%，1990年则增长11.6%，到1991年，却又下降10.3%；农用化肥工业的波动曲线与之相似。这既说明了产业调整政策和乡镇工业市场行为的错位，同时又反映出农业形势增产不增收而导致对农用工业品需求的下降。

乡镇农副产品加工工业也是国家产业政策重点支持的产业。这一政策的出发点，是鼓励原料生产和加工工业在区位上的统一，从而有利于资源配置的合理性。1991年，乡镇工业生产罐头食品118.29万吨，比上年增长92%，食用植物油308万吨，增长13.2%，粮食2.17亿吨，增长29.9%，原盐347万吨，增长20.1%，乳制品8.91万吨，增长54%，糖24.49万吨，增长166.5%。由于农副产品加工工业传统布局偏于大中城市和国营企业，因此，乡镇农副产品加工工业的发展必然和传统布局发生冲突，在地区利益和部门利益相对突出的格局下，乡镇农副产品加工工业在国民经济中的比重难以得到根本改变，如制糖仅占全国比重的3.9%，原盐仅占14.7%。由此看来，乡镇农副产品加工工业大幅度的发展仍有相当困难。

1991年，乡镇建筑行业由于全国全社会固定资产投资的回升，产值达1140亿元，比上年增长17.1%，低于全社会固定资产投资回升幅度18.6%，但乡镇建筑行业产值已经高出全民所有制建筑行业产值110亿元，乡镇建筑行业已占全国建筑行业比重的二分之一以上。乡镇建筑企业个数自1989年以来连续下降的状况仍未得到改变，平均年下降2.54%；职工人数比1990年有所回升，为1384万人，回升2.8%；职工全员劳动生产率为8240元/年，增长14%，但仅为全民所有制建筑企业全员劳动生产率16070元/年的一半。由于乡镇建筑企业的工资成本、福利支出以及固定资产原值大大低于全民所有制建筑企业，所以，乡镇建筑行业的经济效益高于全民所有制企业，亏损面较小。

乡镇第三产业1991年实现产值1593亿元，比上年增长17.2%。其中，交通运输业产值766.8亿元，增长16.3%，商业饮食业产值826.2亿元，增长18%。交通运输业产值增长幅度高于1990年的11%，但低于1989年的22.3%的水平，原因在于，1989年铁路运价上涨，运输量从铁路向公路和水路转移。而1990年，则是由于国民经济的不景气，对交通运量的需求下降。1991年乡镇交通运输业产值回升则与国民经济形势好转有着必然的联系。乡镇商业饮食业的发展却是从1989年7.8%的最低增长点，逐步上升到1991年的18%，也是面临着市场的逐步复苏而出现的。但是，1991年乡镇第三产业的发展速度仍低于全国乡镇企业的平均发展速度，在整个乡镇企业产业结构中比重下降，说明乡镇第三产业的发展水平仍有待大幅度提高。

三

中国农村乡镇企业的发展，源自于中国农村的改革。随着中国经济体制改革的进一步深化，以及中央制订的各项对乡镇企业发展的鼓励和支持政策的出台，为乡镇企业的发展创造了良好的外部环境。从更深层的意义上说，自改革以来，中央对地方的不断地放权让利，以及财政包干体制的实行，使乡镇企业的发展与地方利益的关系更为紧密。各个地方都制订了相当灵活的乡镇企业发展政策。从江苏苏、锡、常地区、广东珠江三角洲地区、山东沿海地区和浙江温州地区的乡镇企业发展速度和各自不同的发展类型来看，地方政策在支持乡镇企业发展上起着十分重要的作用，从而也为其他起步较晚的地区提供了借鉴经验。1991年，全国乡镇企业回升较快的重要原因之一，也是由于许多省、市在鼓励乡镇企业发展方面，制订了许多优惠政策。

乡镇企业发展资金不足，这是全国乡镇企业面临的一个比较紧迫的问题，尤其是中西部地区。在解决乡镇企业发展资金问题上，各省都采取了较为积极、灵活的措施。一方面从乡镇企业税后利润或新增税金中提取一定比例，如广西自治区规定，乡村集体企业每年税后利润提取20%，上交所在乡、村，用于发展新的集体企业，吉林省长春市规定，从1991年开始，乡镇企业税收增长部分，拿出80%扶持乡镇企业发展，企业按规定上交乡镇的税后利润，要拿出60%作为乡镇企业发展资金。另一方面，一些省在财政上也增加了扶持乡镇企业发展资金的数额。黑龙江省政府决定，从1991年起，省财政增加扶持乡镇企业周转金数额，在原数额基础上，增加500万元，以后每年递增10%；广西自治区则把乡镇企业周转资金数额从每年500万元增加到2000万元，一定“五年不变”，主要扶持村办企业。

推进乡镇企业科技进步，积极开发新产品，推广先进适用技术，有计划地对重点骨干企业进行技术改造，这是各个地方对乡镇企业实行优惠政策一个主要内容。山西省政府从1991年起，每年从省、地（市）两级技改投资中划出5%用于乡镇骨干工业企业的技术改造。安徽省合肥市决定，乡镇企业允许税前从销售收入中提取3%作为新产品基金，新产品经有关部门认可后，可分别免征产品税、增殖税1至3年，浙江省为鼓励乡镇企业进行技术改造，简化审批手续，对符合国家产业政策的乡镇企业技改项目投资额在500万元以下，用汇100万美元以下的项目，可下放到地专署级甚至县级审批。各地还制定了鼓励科技人员到乡镇企业工作的政策。对分配到乡镇企业的大中专生，保证干部身份、城市户口等不变，并在工资、奖金等待遇上，给予相当的优惠。对于在乡镇企业工作的农村科技人员，成绩显著的，还可优先办理“农转非”。

乡镇企业发展之初一个典型的特征，就是原材料供给和产品销售两头面向市场。然而，由于地方利益和乡镇企业命运的息息相关，迄今为止，地方支持乡镇企业发展一个最有效的步骤就是将重点骨干乡镇企业的原材料供给纳入计划范畴。山西省每年划拨计划内钢材1万吨、木材3000立方米用于乡镇企业调剂使用。黑龙江省政府决定，对乡镇重点骨干企业特别是有一定生产规模的工业企业，生产部优、省优和名优特新产品的企业，出口创汇企业及经济效益好、利税大、对地方财政收入有重大影响的企业，要分别纳入省、地（市）、县生产和建设计划，在能源、原材料供应上给予必要的保证。陕西汉中地区行署则规定，从1991年起，把乡镇企业所需要的主要原材料、能源和专营物资列入全区统配指标，综合平衡，切块给地区乡镇企业局安排下达。由于地方政策中将计划内物资向乡镇企业倾斜，大大降低了乡镇企业的原材料成本，提高了乡镇企业的竞争能力，同时，也增加了地方的财政收入。

在鼓励乡镇企业出口创汇方面，由于和国家的外贸政策基本一致，地方在政策支持上毫不吝啬。有些地方对出口创汇的乡镇企业的待遇，采取和国营企业相同的政策。内地在这些问题上基本向广东、江苏、福建等省看齐，鼓励乡镇企业出口创汇，鼓励乡镇办“三资”企业，争取吸引外资。浙江省在制定鼓励政策时，还要求农行在有条件的县、镇开办国际金融业务代理机构，以此来促进乡镇创汇企业的发展。

关于乡镇企业的信贷政策，自1989年治理整顿以来，中央限制较多，尤其是在信贷规模和信贷投向的审批权限上，收的多，放的少。但是，地方在支持乡镇企业的信贷政策上，也采取了较为灵活的变通政策。例如河北省邯郸地区允许乡镇企业在多家金融机构开借款户头。黑龙江省则在对乡镇企业的信贷政策上，坚持倾斜政策，要求各地、县自1991年起，乡镇企业贷款总额应达到当年农行贷款总额的20%以上，并对有条件的重点企业可在银行部门的协助下，吸收股金或发行债券。

1991年，许多省、地（市）、县都制定了有利于乡镇企业发展的优惠的税收政策。武汉市规定，新办的乡镇企业，经税务部门批准，可在一定期限内减免税。湖南省的文件则要求，对一个村的村办集业利润总额不到2万元的，给予减免税照顾，鼓励村办企业滚动发展。广西自治区的税收政策更为明确，自治区对原乡（镇）、村集体企业减半征收所得税的规定，延长到1995年；乡镇、村新办集体企业，从投产之日起，免征产品税、营业税、增殖税1年和所得税3年；对到贫困地区办乡镇企业的外地企业和单位，其投资分得利润所得税免3年之后减半征收两年；科研单位、大专院校和乡村集体企业协作或联营，开发出口产品，出口产品占总产值40%以上，投产后3年给予免所得税优惠。

由于各级地方政府充分重视乡镇企业的发展，并采取了积极的政策措施，形成了各行各业支持乡镇企业发展的大气候，对今后的乡镇企业的发展产生了深远的影响。

四

政策环境和改革措施是促进乡镇企业发展的十分有利的外部条件，但是，应注意到乡镇企业自身经营机制的优越性，也是导致乡镇企业迅速发展的根本原因之一。这种灵活的经营机制既保证了乡镇企业在发展和竞争中的稳固地位，同时也为我国的城市工业经济体制改革提供了重要的启示。

首先，乡镇企业发展于改革之中，它主要依靠市场调节来组织、指导生产。在全国乡镇企业发展速度最快的1984～1987年，全国乡镇企业直接或间接纳入各级国民经济计划的部分，按产值计算仅占20%，到1991年，这一部分降低到5%以下。由于乡镇企业在原料来源和产品销售上面向市场，其要求乡镇企业在购买原料和推销产品上，必须采用灵活的手段和政策，并通过建立固定的经济协作关系和保证产品质量来维持自身的生存和发展。同时，也决定了乡镇企业的规模不能过大，也就是“船小好调头”。据有关部门对一些乡镇企业的调查表明，它们创办的时间大约在11年左右，其间有40%的企业更换了新产品，平均9个月就要变换一次。正是由于乡镇企业适应了市场瞬息万变的变化，从而减少了乡镇企业的亏损程度，提高了乡镇企业的竞争能力。

其次，乡镇企业植根于农村，职工的主体来自于广大的农民。农民与土地有着千丝万缕的联系，而且，实行承包制后，农民得到的每一块土地的使用权又成为自己的最大社会保障。当他们成为乡镇企业职工后，这块社会保障并没有失去。作为企业经营者，因为乡镇企业职工有着自己的土地、住房，不用考虑福利支出的压力，因此，可以降低企业工资、福利成本；作为农民，几十年来的城乡分割政策既形成了自身身份地位的低下，但也使自己并不会在市场竞争失败中；由于退出乡镇企业而形成身份变化的巨大心理压力。所以，乡镇企业虽然没有享受到城市国营企业的种种优惠福利政策，但是这种特殊的企业形态却导致了以下两个积极后果，一是企业在竞争之后的破产和关闭都是在自生自灭的方式中进行，1989年，企业减少最多时曾减少80万个，但并没有引起任何社会危机和社会震荡；二是企业内部在优化组合过程中的自然减员，也是在平稳的过程中进行，对农民和乡镇企业的经营者来说，这是十分普通和正常的现象。1989～1991年的三年治理整顿期间，最多时曾经有100万乡镇企业职工回乡务农，没有出现什么政治波动。中国的乡镇企业正是在这种优胜劣汰的竞争机制中求生存，求发展，求壮大。

第三，由于乡镇企业产生于计划外体制，并没有纳入宏观决策的管理范畴，因此，在企业的经营发展中，受行政干预较少，企业经营的自主权较多。在经营方式上，企业自负盈亏，独立核算，而且在经营形式上、率先采用了股份制、承包制和租赁制，对全国的工业体制改革产生了一定的影响。

第四，乡镇企业的经营目标十分明确，一是提供社区收入，二是发展企业规模，三是增加个人收益。乡村集体和农民的收入与企业的经济效益密切相关。因此，乡镇企业一方面要寻找能人，充分发挥企业经营者的才能和主观能动性；另一方面，在机构设置上，力求降低管理成本，提高管理水平，增加企业效益。据统计，1991年全国乡村集体企业行政管理人员大约占职工总数的10%左右，这与国营企业相比，大大减少了决策层次。

第五，乡镇企业内部分配机制比较灵活，基本上体现了“按劳分配”的原则，而且，乡镇企业在聘用高科技、高水平管理人才时，不惜重金，不受现行财政体制所束缚，因而，大大刺激了科技人才为乡镇企业服务的积极性。可以说，全国乡镇企业的发展以及技术水平和管理水平的提高，其重要原因之一，就是敢于以各种方式，高薪聘请城市的科技和管理人才。

由于乡镇企业经营机制的优越性，使乡镇企业在1991年，主要经济效益指标明显超过预算内国营工业企业。1991年，乡村集体企业每百元资金实现利税为17.4元，比上年增长2.9%，而预算内国营工业企业每百元资金实现利税为13.28元，比上年下降3.9%。1991年，乡村集体企业利税增长23%，增长超出预算内国营工业企业15个百分点。1991年乡村集体企业全员劳动生产率上升18.7%，而预算内国营工业企业仅提高6.2%。

五

乡镇企业在1991年发展速度迅速回升时，也面临着一些问题，如职工素质低，技术力量薄弱，管理水平不高，企业制度不够规范，企业设备陈旧，技改投入资金不足等。主要表现在以下几个方面：

1. 由于乡镇企业从起步之始，以增加投入的方式来扩大企业规模，并且过分地依赖外部政策条件的注入，如增加贷款、降低税率，适当地减免税照顾等，在同等条件下的市场竞争中，受自身管理水平的制约，发展的后劲不足。从1981年到1991年，乡镇企业每百元固定资产实现利税年平均递减1.8%，近几年递减速度加快，1986～1991年，年平均递减达4.1%。从主要经济效益指标看（见下表），总的递减趋势仍未得到根本改变。如任其下去，其结局将成为新的企业改革的难点。

乡、村两级企业主要经济效益指标

	每百元固定资产原值实现利润	每百元资金实现利润	每百元资金实现的利润税金	每百元总收入实现利润	每百元总收入占用流动资金
1985	22.8	18.1	29.7	9.4	19.4
1988	16.4	12.1	23.1	6.1	21.5
1989	12.5	9.2	19.7	5.0	23.1
1990	10.6	7.8	16.9	4.5	24.9
1991	10.9	8.0	17.4	4.3	24.3

2. 乡镇企业尤其是乡村集体企业的所有权和经营权之间的界限不清。一方面表现在社区性摊派增加，社区福利成为乡村集体企业的严重经济负担，同时，乡村两级基层组织对企业经营行为的干预，也弱化了企业自身的经营自主权；另一方面，企业经营者打着集体的招牌，侵吞集体资产，利用政策上对乡村集体企业的减免税优惠，中饱个人私囊，造成了严重的社会分配不公。

3. 乡村集体企业所有制属性的社区性，使乡村集体企业受地缘关系和血缘关系影响，以致于乡镇企业在初始阶段形成的体制优势，逐渐受社区内的人情、亲情关系所干扰，形成新的"大锅饭"体制。

4. 虽经"治理、整顿"，乡镇企业的产业结构的调整仍未达到效果，宏观政策约束的软化，地方利益动机的加强，以及市场需求表象的拉动，乡镇企业的重复性投资现象仍十分严重，与城市工业企业的同构现象依然突出。而且在地方政府、基层政府的鼓励下，盲目投资的热情仍有增无减，而与之相关联的企业收益却仍在下降。

5. 乡镇企业在地区之间发展不平衡，东西部差距拉大。1988年西部地区乡镇企业产值在全国乡镇企业总产值中的比重为9.5%，到1991年下降为4.2%；1988年西部地区乡镇企业总产值相当于东部地区乡镇企业总产值的14.2%，到1991年则降到只相当于6.5%。

总之，在目前的状况下，对乡镇企业所面临的问题应该有十分清醒的认识，尔后，才能在宏观经济政策上加以引导。

中国乡镇企业今后发展的道路还很漫长，面临的外部环境和自身的约束问题还相当严重，如何清醒地总结近几年乡镇企业发展的经验，并根据中国经济体制改革的特点去发展乡镇企业，仍是一个有待进一步探索和总结的问题。

发展社会主义公有经济的新形式
——顺德县镇办经济发展的调查

广东省经济体制改革委员会

改革开放以来，顺德县的社会主义经济建设取得了令人瞩目的巨大成就。从1978年到1990年，顺德县的工农业总产值从8.4亿元增长到66.4亿元（按80年不变价），年均增长18.7%，翻了3番多，等于一个顺德变成了7个顺德，国民生产总值从4.99亿元增长到19.78亿元，年均增长12.2%；国民收入从4.48亿元增长到20.4亿元，年均增长12.8%；财政收入从0.98亿元增长到4.19亿元，年均增长13.5%。预计1991年全县的工农业总产值（按90年不变价）可达119.2亿元，比1990年增长18.96%。

顺德县经济的崛起，很重要的是他们敢于坚持实事求是的思想路线，把改革开放的政策同本地的具体实际相结合，因地制宜，充分发挥人缘地缘优势，大力发展镇办集体经济，并走出了一条适应现阶段发展社会主义公有经济的新途径。

一、大胆探索社会主义公有制的实现形式

顺德县位于珠江三角洲，商品经济一向比较发达，县内十几个城镇工商业繁荣，每个镇中不乏能工巧匠和善于从事商品经济人才。乡镇企业也有一些基础和一定的优势。农村实行家庭联产承包责任制后，大批农村剩余劳动力转向工业，乡镇企业的发展面临着新的选择。这时的顺德人，没有把集体经济分散给个人，也没有把乡镇企业下放到村一级，并由个人承包经营；而是坚持发展集体经济，在办好原有社队企业的基础上，重点发展镇办集体企业，以此形成经济振兴的主体和骨干，带动和促进其它经济形式和经济层次的发展。

多年来，由于顺德人以发展集体经济为主，重点发展镇办骨干集体企业，不仅使顺德原有的乡镇企业稳住了阵脚，在商品市场的竞争中迅速发展和提高，而且使他们从新的战略高度着眼，以骨干企业为龙头，组织了企业集团公司，进一步增强了镇办骨干企业的经济实力。据统计，到1990年，顺德县镇办企业已拥有年产值超千万元的骨干企业108家，企业集团公司28家。这些骨干企业和集团公司的年产值达33亿元（按80年不变价），占全县工农业总产值的50%，占全县乡镇工业企业总产值的72%，有力地推动全县整个经济的振兴。

顺德县的实践证明：他们找到了适应我国社会主义现阶段坚持公有制经济，发展公有制经济的好形式。

二、建立新型的集体企业经营管理机制

顺德人在发展镇办集体经济的同时，积极探索转换集体企业的经营管理体制，并在实践中逐步形成和建立起一种新型的经营管理机制。它主要体现在以下几个方面：

（一）所有权、支配权、经营权相分离的机制

顺德县的镇办集体企业的所有权，明确规定为镇政府所有；支配权由镇政府属下的经济发展总公司掌握和管理；经营权全部放给企业，由企业全权行使。镇政府行使的所有权，主要从经济利益上实现其所有权的要求，即收取利润，不直接干预企业的生产经营活动，镇经济发展总公司所行使的支配权，主要是负责对企业实施产权的经营管理，控制和支配企业的资产运动，如处理企业的资产，集中企业的部分税后利润进行再投资，审批企业贷款和选拔企业的厂长（经理），同时，控制企业的工资总额及与经济效益挂钩的指标，对企业进行检查监督和考核，并为企业提供产、供、销等经营信息服务；企业则作为企业法人，对企业内部的机构设置、人事管理、劳动分配、产品定价等方面享有充分的自主权。

（二）按劳计酬的激励机制

改革开放之初，他们便把企业的职工月薪改为计件工资制。具体的做法，主要是在企业的毛利中提取一定的比例，作为企业的浮动工资总额；企业的利润与职工的收入形成水涨船高的关系；对企业的管理人员则推行岗位责任制，按考核指标的完成情况来核定计酬。继计件工资之后，他们又逐步推行利润承包责任制。企业在完成目标利润后，在减除国家税收和税后列支项目以后的纯利，可留在企业内部进行再分配。分配的原则是按比例安排的：企业的领导班子奖励基金为10～15%；职工的奖励基金为25～30%；职工的福利基金为20%；企业用于扩大再生产为40%。在具体分配上，厂长（经理）在完成利润目标和其它各项经济指标的情况下，其工资分配可以是企业职工平均工资的1至3倍；工人则实行按质、按量及联系消耗计件工资；管理人员根据岗位责任制计酬；供销人员实行联销计酬；对技术创新、企业上等级、创优产品，镇政府和企业都对有功人员给予奖励，对成绩显著者予以记功、工资晋升和享受各种政治荣誉或破格提拔使用等等。

（三）劳动面前机遇均等的竞争机制

顺德县将竞争机制引入企业的整个生产经营中，提倡靠真本事，靠硬功夫获得报酬。这方面的做法主要有以下四点：一是建立公开招聘企业管理人员制度。通过公开竞争，择优选拔企业行政管理干部和业务管理干部，把德才兼备的人员放到企业的各个领导岗位上去。二是把企业内部竞争和改革分配制度结合起来，本着质量和效率优先的原则，拉开合理的收入差距，彻底打破过去的平均主义，激发企业的广大干部职工潜在的劳动热情和聪明才干。三是制定鼓励“个人”冒尖的若干规定，把重点放在鼓励职工个人多发挥主观能动性和创造性上。四是开展劳动竞赛，激励广大职工通过劳动竞赛，不断提高劳动技能和树立积极向上、努力学习和工作的新气象，促进企业的劳动组合优化和生产力的更大发展。

（四）形成新的企业价值补偿机制

顺德县在兴办集体企业的实践中，不断改革镇办企业的成本制度，初步形成新的企业价值补偿机制。它与我国目前的国营企业的成本制度相比，有以下几点不同：一是企业的固定资产原价，既包括投资的款项，又包括整个贷款利息；既包括用于购买设备、厂房等有形资产的投资，又包括基建和设备安装等各项费用的开支；二是企业的固定资产折旧，是根据企业的承受能力分别不同情况确定的，一般是5至7年，最长不超过10年；三是企业的工资、浮动奖金包括一些单项奖励等开支，全部打入企业产品成本；四是允许企业按销售额分别比例提取新产品开发基金和风险及削价基金，列入企业成本开支。可以说，目前顺德县的镇办集体企业初步建立起了企业价值充分的补偿机制，基本上已将属于企业简单再生产的各项消耗全部打入生产经营成本，并通过成本回收维持企业简单再生产的资金。企业的利润则是在上缴国家各项税收后，在企业所有者和企业之间进行分配，从而形成社会扩大再生产和企业扩大再生产的资金来源。

三、促进了农村经济的发展和社会的稳定

顺德县大力发展镇办集体企业的实践证明，在社会主义初级阶段，在城乡结合的县里，由于整个社会生产力的总体水平不高，并且具有多层次、多层面和不平衡的特点，选择镇办集体经济作为多种所有制结构的主导，并把经济发展的重点放到镇办的骨干企业上，这是适应现阶段生产力发展要求的。主要表现在：

（一）有利于加快企业的科技进步

由于顺德县这种新型的集体企业其所有权是镇

政府的，企业以镇政府为依托，具有信誉高、规模大，财力、物力、技术力量集中等优势，有能力、也有条件利用本身积累、贷款、地方留成外汇以及兴办“三资”企业等形式和途径，引进国内外先进设备和技术，对企业进行技术改造和产品更新换代。据统计，顺德县从1980年以来，引进国外先进技术设备2万多台（套），总值近3亿美元，大部份用于镇办集体企业，使镇办集体企业基本能够按国际标准和国家标准来组织生产，大大增强了企业产品的开发能力和市场竞争能力，促进了农村商品经济的发展。

（二）有利于吸收国内外资金和技术，发展外向型经济

由于顺德县镇办骨干企业规模较大、经济实力较强、技术和管理水平较高，加上企业自身灵活的经营运行机制，使它对省内外和国内外都具有较强的吸引力，不仅有利于吸纳国内外资金和技术，而且有利于组织发展外向型经济。例如顺德县的北滘镇，仅几年时间，就把裕华、美的、南方厂为主的几家风扇厂发展成为初具规模的“风扇城”，吸引了香港吊扇大王翁裕先生，使他投资8500万港元与北滘镇（投资4500万元）合作建成“蚬华风扇厂”，年产值4亿元，出口创汇3500万美元。该镇成为广东甚至全国最大的风扇生产和出口基地。

（三）有利于带动各个经济层次的发展

顺德县镇办的企业普遍基础比较好，镇办骨干企业的发展，使他们把初加工的项目扩散到管理区和村办企业，这样就从人才技术、资金、管理上对区、村工业经济的发展给予了扶持。为区、村企业培养出一批企业管理人才，带动和促进农村各个经济层次的发展，有效地加快了农村经济现代化的进程。

（四）有利于促进农业、带动第三产业的发展

发展镇办集体企业，一方面为剩余劳动力较多的地区解决了农民的就业问题；另一方面为农田基本建设、引进优特稀品种、推广科研成果，提供资金来源。据统计，顺德县近10年来，乡镇企业为农业经济的发展提供资金超过3亿元。各地运用这笔资金设立了高产奖、科技进步奖等多种奖项及对使用化肥、农膜、购置农机具等多项补贴，对塘基和水利设施开展了全面整治，兴办农副产品出口生产基地100多个。与此同时，乡镇企业的发展和人民生活的改善，又带动了农村的商业、饮食服务业、运输业、维修业等第三产业的发展，促进了城乡经济的活跃和繁荣。

（五）有利于加强农村社会主义精神文明建设

顺德县镇办集体经济的发展，首先是增强了广大群众对集体经济的向心力；其次是与社会主义商品经济相适应的价值观念、竞争观念、科技观念、人才观念、时效观念等日益深入人心，并成为该县推动改革、促进开放的动力；再次是它的发展促进了文化教育、体育卫生、科技医疗、社会保险、计划生育、环境保护等各行各业的发展。该县先后被评为“全国基础教育先进县”、“全国幼儿教育先进县”、“全国体育先进县”、“全国计划免疫先进单位”、“全国食品卫生先进县”等光荣称号。此外，该县男女龙舟队和均安镇女篮多次扬威全国赛和国际赛，为国家、为广东、为顺德争得了荣誉。

（吴奕新　执笔）

1991年的县级综合改革

国家体改委农村经济体制司县级改革处

1991年县级综合改革工作的显著特点是：重视和加强县级综合改革的领导和研究，各地涌现了一批改革县级政府经济管理体制的典型经验。这预示着我国的县级综合改革事业，随着治理整顿阶段的结束和改革进一步加大力度，将进入一个加强领导、明确重点、统一部署、分散决策的新阶段，迎来又一次蓬勃发展的新高潮。

一、1991年县级综合改革的重大动向和事件

1991年以前我国的县级综合改革工作，一直处在各省分散指导、分散交流、分散研究的状态。各地多年实践说明，缺乏统一领导和共同的改革重点，已成为推进县级综合改革工作的突出矛盾。1991年，一些重大动向和事件，使这一状态得到改观。按时间顺序排列，它们是：

1. 当年1月，中央有关部门明确，国家体改委要行使“会同有关部门，指导县级综合改革工作”的职能。同时，在国家体改委内组建农村经济体制司，承担有关具体工作。表明县级综合改革工作受到高度重视，结束了缺乏统一指导的局面。

2. 同年4月，山东省县级经济管理学会、中国开发报社、山东省潍坊市政府共同举办“县级决策理论研讨会”。中央部分领导部门、研究单位、报社的同志和山东省地县三级的部分领导，就县在我国行政决策体系中的地位、决策范围、决策的性质、特点、决策的理论方法等问题，联系实际进行了讨论交流。这次会议从一个侧面反映出，县的改革和发展问题已渐引起社会瞩目，县的决策地位等问题受到领导机关和专家学者的重视。

3. 5月，江苏、山东、四川、辽宁、吉林、黑龙江、湖北、湖南、河南、河北、安徽、陕西等省的有关主管部门，对本地县级综合改革工作进行了系统回顾和总结。在指出县级综合改革的主要成绩和基本经验后，各地认为这项工作存在的主要问题是：(1)如何进行综合改革，思路上不很清晰，是否县级综合改革的内容，就等同于县内各项改革。(2)改革的目标、重点不明确。(3)从总体上看，改革试点与非试点在改革广度、深度方面区别不大。(4)超前探索阻力大，摩擦多，需要上级给予强有力的支持，制定必要的试点政策。(5)县的自主管理权限小，不能有效地统筹协调本地经济发展。(6)部分省的县级综合改革工作缺乏指导，走走停停。(7)对试点取得的一些经验吃不准，推广不力。从这些总结分析中可以看出，各地通过研究，摸清问题，为深化改革产生正确思路奠定了基础。同时也表明，明确县级综合改革的重点，明晰改革思路和指导方针，已成为统一指导县级综合改革工作所要解决的主要问题。

4. 同年7月，国务院研究室农村组、中国农业经济学会、全国农业区划办、山东省县级经济管理学会、山东省体改研究会、山东省昌邑县共同举办了“全国县城经济改革和发展研讨会”。这是研讨县城经济的第一次全国性会议。国家体改委、国务院发展研究中心、农业部、中国社会科学院、中国农业科学院、部分省的农村工作部门，以及各地20余个县的代表共120余人参加了会议。会议就县城经济的特点、地位、作用、经济类型、发展模式、体制状况等内容进行了研讨交流。代表们普遍认为，今后的宏观

决策中，要提倡“一手抓国营大中型企业，一手抓县”，把县的改革发展放在重要地位。山东省委副书记高昌礼同志在会上提出，农村经济从温饱型转向小康型这一阶段，农村改革和发展工作应围绕县这一层次进行。在新的经济管理体制和新的经济运行机制建设中，县是重要突破口，是大有作为的着力点。县的领导要在中央政策和方针指导下，从本地实际出发，唱好地方戏。在充实完善新体制和新机制的工作中，县的实践有不可替代的作用。会议还对昌邑县勇于探索，坚持不懈进行县级政府经济管理体制的改革表示肯定。这次会议引起新闻界重视。会后，新华社“经济参考报”发表了评论员文章。

5. 同年11月，中共十三届八中全会通过了《中共中央关于进一步加强农业和农村工作的决定》。《决定》指出：“县是城乡经济的结合部，对加强农业和农村工作至关重要。应赋予统筹经济发展，协调部门关系所必需的权力”。这一阐述表明，推动农村的改革和发展，强化农业这个国民经济基础，县级政府处在承上启下的关键层次。这一重要地位已受到中央的重视，县级领导必须把工作重心和主要精力放在农村工作上。其次，县的自主决策权限小，不利于县根据实际情况，因地制宜地组织经济活动。为此，指出了改革条块分割的县级政府经济管理体制的原则和方向。

6. 同月，李鹏总理在山东考察期间对县级改革问题发表重要谈话。他指出：“从山东和各地的试点经验来看，县乡两级政府的有关经济技术部门从政府系列中逐步分离出来，以多种多样的形式为农村提供多种多样的社会化服务，从行政机构逐步改变为经济实体，逐步做到自给自足，减少财政负担，最后向企业化转变，做到“小政府，大服务”，这可能是县级政府机构改革的一个方向”。李鹏总理用三个“逐步”，高度概括了各地县级经济技术部门职能转变进程的特征，充分肯定了各地的探索，指出了县级机构改革的思路和方向，这对一些敢冒风险，大胆进行县级经济主管部门转轨变型，走机构改革新路的试点县是个极大鼓舞，加快了前进步伐。同时，县级机构改革，也明确成为县级综合改革的重要内容。

7. 同年12月，根据国务院领导同志指示，中国行政管理学会、山西省体改委、山西省行政管理学会，在太原市召开“全国县级行政机构改革研讨会”。会议总结和充分肯定了该省隰县的改革作法。隰县依托政府涉农部门组建10个开发服务中心，行使“管理、经营、服务”职能。在10个“中心”的组织和参予下，该县用3年时间实现农业总产值、粮食产量、财政收入、农民人均收入“四个增长一倍”，全县96%的贫困户脱贫。同时，到1991年有318名行政干部在“中心”工作，“中心”上缴的财政收入，相当170名行政人员的工资费用与财政脱钩。国务委员陈俊生同志在会上指出：“隰县的改革尝试是成功的，对贫困县很有参考意义。它的“小政府，大服务”的改革尝试应作为是级行政机构改革的一个发展方向”。山西省委书记王茂林同志提出，改革县级机构，特别是贫困地区的县级机构，应给予特殊政策；县级机构改革，可以在中央、省、地条块管理体制没有大的变更情况下，采取过渡性办法，先行一步。这次会议反响强烈，隰县改革引起全国各地的重视。山西省决定分步推广隰县经验。一些地方也在原有工作的基础上，借鉴隰县经验，形成探索“小政府，大服务”的改革热潮。

8. 同月，内蒙古自治区党委和自治区人民政府召开“全区旗县级综合改革试点工作会议”。会议介绍了察右前旗、卓资县的改革经验，确定了今后旗县级综合改革试点的指导思想是：以精简上层、充实基层为手段，以转变职能、强化服务为重点，以在旗县级建立计划经济与市场调节相结合的经济运行机制和与之相适应的行政管理体制为目标，促进旗县区域经济持续稳定协调发展。会议提出，从1992年起，试点单位10%的行政事业人员要做出与财政脱钩的安排，3年内实现脱钩20%，非试点旗县也要在1992年开展精简消肿工作。会议认为，应大力提倡依托政府涉农部门，创办生产型、服务型、经营型实体的做法，以组织农牧民发展经济，并为今后的机构精简创造过渡条件。

9. 同月，河南省体改委、农经委、政研室召开全省县级综合改革研讨会，研讨新郑县的改革措施和今后全省县级综合改革的思路。新郑县把改革当作加快经济发展的总动力，进行了多方面的改革探索，突出的如对全县党政机关、事业单位股级以下干部实行选聘制，对国营和集体企业工人实行选聘。这些措施在全县带来极大震动、改变了干部职工的精神面貌。会上形成的共同认识是：县级综合改革的目标是建立适应社会主义有计划商品经济需要的，有利于工农结合、城乡一体，农工商建运协调发展的经济管理体制和具有县域特色的以市场为导向的经济运行机制，以及与此相配套的科教文卫和政治体制。

县级综合改革试点，要进行超前探索，为全面改革提供经验与借鉴，为此，省级领导机关必须在政治上和政策上保护、支持、指导试点县的实践。

10. 同月，国家体改委农村经济体制司和河南省巩义市政府联合召开“县级政府经济管理体制改革研讨会”。辽宁、河南、安徽、湖南、陕西五省体改委和海域、卓资、广汉、常熟、巩义等县级综合改革试点县的同志参加会议。会议交流了近几年县级综合改革的试点进展情况，总结分析了改革中的成绩，经验和问题，深入探讨了县级政府经济管理体制改革与县级综合改革的关系，认为目前县域经济发展的主要矛盾，是产品经济基础上的管理体制与有计划的商品经济发展的矛盾，因此要高度重视县级政府经济管理体制的改革。与会者对这项改革的具体内容、思路、目标发表了看法，会后，国家体改委关于1992年体改工作要点，对于县级综合改革工作提出以下要求：“深化县级综合改革，要以促进城乡结合和全县经济综合发展为目的，重点是搞好县级政府经济管理体制的改革，转变县级政府经济管理职能。各地可借鉴一些地方县级机构改革的经验，把发展经济与精简机构，减少财政补贴结合起来，鼓励县级经济技术部门的一些干部离开机关，组建各类服务中心和经济实体，为发展农村商品经济服务”。这为今后各地的县级综合改革工作在目的、重点、措施方面提出了指导性意见，标志这项改革已实现统一部署，县级政府经济管理体制改革将从局部探索迈入全面推进时期。

1991年上述新局面、新动向的出现和有关部门形成的指导性意见，不是偶然的。这是因为，随着治理整顿阶段的结束，日益稳定的社会经济环境下具备了加大改革力度的条件；县的财政状况逐年恶化，1990年已有5%左右的县是赤字县，5%左右的县为补贴县，县级综合改革必须要寻找解决减少财政补贴的办法；从县自身改革看，县级经济管理体制改革，是经济体制改革和政治体制改革、宏观改革与微观改革、城市改革与农村改革的共同结合部，因此，成为县域经济内外诸多体制矛盾的集聚点。所以，无论从全国改革着眼还是从推动县域经济进一步焕发活力出发，县级政府经济管理体制的改革都已势在必行。最后，从各地县级综合改革存在的问题和近期形成的思路看，明确县级政府经济管理体制改革为县级综合改革的重点，也是统一指导和分散决策相结合，中央和地方两个积极性相结合，共同推进县级综合改革走向深入的入口处。

二、县级政府经济管理体制改革的主要内容和经验

1991年，县级综合改革在实践中发展前进。县级政府经济管理体制改革作为重点，各地都涌现出一批探索和完善方面的典型。这为今后由点到面推动这项改革奠定了良好基础。

从各地实践看，县级政府经济管理体制的主要改革内容和经验包括六个方面。

1. 打破城乡界限和部门分割，推行农工商一体化的管理体制和经营组织形式，探索城乡经济协调发展的新途径。

四川省邛崃县是全国最早探索农工商综合经营的县之一。该县的农工商结合，产供销一条龙的经营管理体制，具有多种组织形式：(1) 专业性的管理经营形式，如造纸公司。(2) 产品性的管理经营形式，如果品公司。(3) 产品性的农工商综合经营形式，如肉鸭联合公司。(4) 行业性的管理经营形式，如农业部门的畜牧局和商业部门的食品公司联合组建的畜牧食品公司。邛崃县的经验是，建立农工商综合经营体制，要与经济管理体制改革和机构改革同步进行，要根据实际情况，制定具体的政策措施，以实现新旧体制的平滑过渡。他们采取的政策措施有：“四不变”，即参加农工商专业公司的企业所有制性质、独立核算体制、职工待遇、原业务渠道不变；“两保留”，即保留原机构的牌子和印章；“一承担”，即承担原部门的管理职能，以及赋予专业公司某些行政管理职能，给予部份专业公司定额财政补贴等。这些经验对其他地方都有一定的借鉴意义。

山东省诸城市积极推行贸工农一体化。即以国际国内两个市场为导向，以农副产品加工经营企业为龙头，以家庭经营为基础，通过社会化服务和利益吸引，使农工商贸结成风险共担，利益均沾、互惠互利的利益共同体。1991年全市从事农副产品加工经营的大小龙头企业已达800家，固定资产5亿多元，从业人员10万多人，1991年农副产品加工业创产值19亿元，占工业总产值近70%，畜牧业收入占农业总收入已达30.7%。

湖北枣阳市选定烟叶、黄红麻、啤酒大麦、葡萄、水果、水产、棉花、茶叶、生猪、鸡等产品实施农工商一体化经营。他们的特点是，对参加联合的企业，

实行“一统三分”，即统一组织生产，分产值，分利润、分税收；对参加协作的企业付给加工费或服务费；对租赁的企业由“龙头”直接组织经营，向对方付租金。这种办法可充分利用现有企业的各方面特长，避免增加新的投资，并用经济手段形成了农工商一体化组织的群体优势。

北京市顺义县将食品公司、副食品公司、畜牧局以它们从属的企事业单位合并组建畜禽集团总公司，具有管理、经营、服务三项职能，从而解决了多年存在的猪肉产销管理体制上的多头领导，条块分割，机构重叠的弊端，使生产、收购、加工、储藏、销售实行一体化的管理和经营。因而实现了生产者、经营者、消费者、国家四者利益的兼顾。

打破城乡分割，发展农工商一体化的作法，具有发育新型管理体制和经济组织的双重作用，现已成为县级综合改革中成就最显著，开展范围最广的一项改革。1991 年，黑龙江、河北等省在吸收典型经验的基础上，已开始进行大面积推广。

2. 改革县级工业管理体制，理顺政企关系，焕发各类所有制企业的活力。

我国大部分县的县属企业具有数量少，规模小，技术装备层次低，效益差、市场竞争能力弱等不足，同时又具有指令性生产程度低，与外部配套协作性强的特点，因而较早较深地与市场调节发生联系。另一方面，乡镇企业的快速发展和它的灵活机制，也给县属企业的管理、经营带来挑战。因此，县级工业管理体制必须适应这一状况，进行积极的改革。1991 年，这方面的主要作法和经验有：

(1)继续完善城乡通开，从部门管理转向全社会管理的改革。江苏省海安县针对城乡企业分开管理等弊端，本着“城乡一体，条块结合，责权配套，提高效率”的原则，于 1987 年成立县工业委员会，与乡镇企业局合署办公，主管全县工业经济。1990 年以后，对这一改革进一步完善，包括重新设置职能科室，设立行业公司，对行业公司及乡镇工业办公室实施目标责任考核等。促进了企业间横向联合，结构调整，加强了对乡镇企业的指导。1991 年工业总产值比上年增长 14.9%，销售收入增长 12.7%。

(2) 政企分开，间接管理。山东省昌邑县历经 7 年时间，三个阶段，将粮食、纺织、水产、商业、外贸等 14 个政府经济主管部门，于 1991 年改为具有法人地位和对成员企业全面负责的总公司。由总公司向政府承包，然后向成员企业发包，由县综合经济管理部门对总公司实行三方面的间接管理职能。一是宏观调控。包括发展规划、年度计划、行业规划等。二是监督检查。对承包指标完成进度，总公司投资方向，分配总额以及税收、审计、物价等方面履行这一职能。三是指导服务。指导总公司的产业发展方向，专业化协作，发展横向联合等。1988 年以后，相继组建了电力、酒类、丝绸、食品、煤炭、密封件 6 个企业集团，由 36 个成员企业和 51 个下属分支单位构成。县政府对总公司实行计划单列，由综合职能部门实行间接管理。目前，6 个企业集团起到了优化企业组织结构，形成规模经济，理顺部门关系和政企关系，提高企业效益，带动地方产业优势充分发挥的作用。

(3) 参照乡镇企业灵活经营，平等竞争等机制，转换县属企业经营机制。安徽省桐城县在促进政府职能由直接管理型向间接管理型转变的同时，对全县国营骨干企业的厂长人选实行招标后任命；普遍采用合同工制度；实行按件计酬、工效挂钩、联销计酬、销售承包等分配办法。另一方面，该县还把国营企业严格内部管理，强化质量意识的优势和特长引入乡镇企业，由县工经委对乡镇企业统筹管理，实行新产品开发和结构调整一体化，企业考核标准化，财务管理规范化。从而使国营企业与乡镇企业“双向引入，优势互补”，推进城乡工业一体化发展。

三、大力培育市场体系，积极探索计划与市场相结合的形式、途径、手段

我国县域经济相对城市经济而言，较早引入市场调节机制，因此，许多县（市）一直把政府建设、培育市场，市场带动、调节经济的方式，作为组织县域经济发展的重要工作去抓。苏州市所属的 6 个县（市），坚持政府搭台，企业唱戏，走政府主办、部门主办、部门筹建、联合管理、共同受益的路子，现已建立各类集贸市场、专业市场 480 多个，形成了以农村为基础，以县城为中心，以集镇为纽带的城乡市场网络。当地经济呈现出“市场兴、百业兴”的兴旺繁荣景象。山东省寿光县通过建立蔬菜专业市场，形成“四海集一市，五渠道八方”的蔬菜流通新格局。在蔬菜批发市场的辐射和作用下，该县已建立乡村蔬菜购销公司（站）400 多个，涌现联合体、个体户 1.7 万个，国营商业和供销社与全国 180 多个大中城市建立了稳固的联购联销关系。1991 年，全县蔬菜收

入达4.5亿元。在要素市场建设方面，一些县（市）也积极探索。河南省巩义市的作法是：大力建设地方各类金融组织，到1991年已建有地方信托投资公司、融资中心、城市信用社、房地产信贷部、国债服务部等机构，全市从事金融活动的机构已达383个。推行多种融资形式，如拆借资金、联营分成、内部集资、发行债券、吸收股份、租赁融资等。在发育其他要素市场方面，该市到1991年已建有技术、信息、产权交易、劳务、物资、房地产交易租赁等有形市场，将分散交易变成集中、公开、平等竞争的交易，使上述资源在一定范围内合理流动、配置，为促进企业搞活创造了较好的外部环境，大大减少了政府组织经济的负担。

4. 以转换政府涉农部门职能为突破口，积极探索县级机构改革的新路子。

县级综合改革以来，有一些改革试点县，本着党政分开，政企分开和精简、统一、效能的原则，对不适应商品经济的上层建筑大胆改革，在县级机构改革方面进行了有益的探索，创造出多种类型的改革经验。其中，一些地方另辟蹊径，从政府涉农部门入手，采取多种转换职能的方式，探索一条有别于单纯进行机构精简撤并的改革道路。广东省高要县，从1984年开始，把农口行政事业型的管理体制改革成“管理—服务—经营”型。涉农的12个部门或事业单位原行政事业职能不变，创办各种直接为农业商品生产服务的经济实体，实行“一个机构两个牌子”，“一个班子两套人马”。这一作法的特点是：机构未变但职能转变，人员身份未变但工作性质转变。这一经验在广东全省推广。

1991年，在以往建设县级农业社会化服务组织的基础上，在中央领导大力支持和肯定下，各地涌现出一些以转换政府涉农部门职能入手，组建经济实体探索机构改革新路的经验。如山西隰县、内蒙古察右前旗、湖南省华容县、吉林省辉南县等。它们的作法共同反映出从产品经济管理体制转为商品经济管理体制过程中，县级政府涉农部门应该而且可能先行做到转轨变型，走多种“小机构，大服务”之路。

其他类型的机构改革经验还有：昌邑县农、工、商、贸等经济主管部门逐步转变政府管理职能，扩大服务、经营职能，改为企业性总公司，内蒙古卓资县立足市场调节，改革企业产权后，通过三次调整，政府机构由42个减为14个，并在6个办公室合署办公，机关人员由700多人减为300人。福建省石狮市建市后，针对国营经济比重小，非国营经济以市场调节为主的实际，摆脱传统的行政管理观念，按照“小政府大社会”的思路，真正做到政府职能是规划、协调、服务、监督，使政府管政府应管的事，企业办企业该办的事。

上述经验表明，在市场调节进一步完善和企业改革走向深化的条件下，在财政困难的困扰下，县级机构改革已经走上了密切结合经济体制改革进程要求，立足实际，分散决策、多种形式的道路。多种类型的改革经验，为各地因地制宜积极推进这一改革准备了有利条件。机构是管理体制的载体，可以预料，县级机构改革的深入必将推动整个县级经济管理体制改革的进程。

5. 理顺县乡关系，健全和完善乡镇职能

商品经济的发展带来经济生活的多样化和复杂化，要求乡镇管理职能必须强化和完善。1986年以后，这项工作在全国范围内展开。一些先期探索的县，已经创出较为完善的经验。

辽宁省海城市按照“县事县办，乡事乡办，村事村办”的思路进行改革。他们的作法是：(1)划分县乡两级在农业、交通、乡镇企业、教育等方面的事权，确定双方的权责利关系。(2)分四种类型，将县设在乡镇的机构分别实行块块管理、条条管理和条块共管，并规定了具体的人财物管理权限。(3)对乡镇实行“自收自支、自求平衡、核定基数、差额缴补、超收部分比例分成”的财政包干体制。通过上述办法，使乡镇具备了自主行政、组织经济、管理社会的职能。

湖南省双峰县撤区并乡，将11个区、52个乡镇调整为16个乡镇。在向乡镇下放机构，改革条块分割管理体制时，实行以下办法和原则：(1)依法放权。对下放给乡镇的部门按照法律规定的一些权限，仍留在县。(2)依据部门具体职能的性质放权。对人、财、物全放到乡镇的部门，劳动工资指标控制权、进出部门调配权、申报技术职称审执权等仍保留在县主管部门。(3)依据乡镇建设需要和承受能力放权。对税务部门乡镇拥有干部职工奖惩建议权等。(4)坚持人财物、责权利相结合相统一的原则。

6. 扩大县级经济管理权限，赋予县统筹经济发展，协调部门关系的必需权力

1984年以来，全国先后有10多个省向试点县或全部县下放经济管理权限。在计划、基建、财政、金融、商业、工商管理、税收、劳动人事、价格、机

构设置、境内企业隶属关系等方面，扩大了县级自主管理权。这些措施顺应了县域商品经济迅猛发展的要求，有助于提高县政府统筹协调本地经济的能力。从趋向看，这也是改革产品经济基础上的条块管理体制，探索商品经济基础上的地方管理模式的前兆。这项改革今后要解决两方面的问题：一是有些权力或从未落实，或因治理整顿需要中途收回；二是放权要与宏观调控能力衔接，结合事权划分以及分税制改革来进行，从而兼顾合理性与可行性。因此，要在总结以往放权的成功经验基础上，在中央、省两级共同设计论证下，先行探索，以科学界定分层管理界限。

1991 年，县级综合改革除提供了县级政府经济管理体制改革的多方面经验外，还充分显示了这项改革的广度与力度。例如，四川省广汉市于 1991 年 4 月份出台了粮食价格及购销制度改革，为全国粮改提供了经验。一些县在住房制度、社会保障、企业制度改革方面，也取得宝贵的经验，对推动各地城乡改革都起到很好的启发示范作用。可以相信，今后的县级综合改革必将会有更大的发展，出现新的局面。

（马苏之　执笔）

坚持县级综合体制改革探索农工商一体化路子

邛崃县人民政府
邛崃县经济体制改革办公室

一

邛崃处于四川成都平原与邛崃山脉的接壤地带，素有“南丝绸之路第一站”，“天府南来第一州”之称。全县人口62万，耕地61.4万亩。自然条件好、资源丰富，宜种性广。但是由于长期以来，单一抓粮食生产，经济发展较差。自开展以实行家庭联产承包制为突破口的农村经济体制改革以来，邛崃取得了初步成效。1981年邛崃被省确定为农村综合体制改革试点县。10年来，我们紧紧围绕县级综合体制改革，大胆地进行改革和探索。建立了农工商综合经营体制，走出了一条农工商一体化的改革之路。改革的主要内容是：

1. **积极调整农村产业结构，相应建立专业商品生产基地** 邛崃县因地制宜，发挥资源优势，先后在全县范围内建立了具有相当规模的十大专业商品生产基地。1990年，全县发展良种桑园3万亩，成片竹林15万亩，三木药材2万亩，果园5.28万亩，林木44万亩，茶园2.4万亩，精养鱼池10万亩。年提供5000只至万只以上的养鸭专业户有150户，养猪专业户遍及全县40个镇乡。商品生产基地的发展，推动了农村产品加工业的振兴，促进了农业内部产业结构的调整。全县工农业产值的比重由过去的3：7变为7：3；粮经作物面积比重由92.73：7.27变为75.20：24.80；乡镇企业产值占农业产值的比重由占21.22%变为超过1.66倍；以农副产品为原料的乡镇工业产值又占全县乡镇工业总产值的69%。

2. **依托骨干企业和主要产品，建立农工商专业公司** 为使资源优势转化为商品优势，全县1980年开始组建了为专业户和专业生产基地指导、服务的10多个农工商专业公司。1983年全县依托骨干企业和主要产品，打破城乡、部门和所有制界限，组成了农工商结合的、产供销一条龙的专业公司。目前，造纸、蚕丝绸、畜牧食品、肉鸭、茶叶、林产品、糖酒、药品、粮油等专业公司已经初具规模。1990年，全县专业公司工业总产值占全县工业产值的55%，农民从基地种养业中直接获得的收入和专业公司返还的利润收入，年均每人达到393元。

3. **改革县级经济管理机构，建立新的经济管理体制** 县委、县政府及时地调整和改革了与商品生产不相适应、不相协调的，原来部门分割、层次过多的经济管理机构。对部分综合经济管理部门进行了合并和精简；一些专业经济管理部门则参与组建专业公司。目前，全县经济管理部门实行了由县计委、经委、财办“三署合一”的计经委和农经委并列，建立起专业公司行业管理的新的经济管理体制。同改革前相比，县机构减少39%，工作人员减少42%。

农工商综合经营体制改革的结果，适应了生产力的需要，促进了经济发展。1990年，全县工农业总产值达到9.7亿万元，比1980年增长3.41倍。其中工业总产值6.99亿元，增长6.86倍。农业总产值2.7亿元，增长1.07倍。乡镇企业总产值8.07亿元，增长2.083倍。财政收入4260万元，增长3.82倍。农村人均收入712元，增长2.35倍。1983年实现了工农业总产值翻一番，1990年又提前10年翻两番。1991年1～10月份，全县乡以上工业总产值完成5.44亿元，占年计划的93.42%，比去年同期增长25.95%。乡镇企业总产值完成8.92亿元，占年计划的89.5%，增长20%。粮油生产在战胜各种自然灾害的情况下仍然获得了大丰收，小麦、油菜、水稻总产分别增长6.64%、3.19%、4.19%。财政收入完成3869万元，占年计划的85%，比去年同期增长19.8%。

二

邛崃县的农工商综合经营体制，由于有农村专业商品生产基地的雄厚基础，有以主要产品和骨干企业为龙头组建的农工商专业公司作重要依托，加之有县级机构改革的重大突破作为重要保证，因而在县级综合体制改革和县级经济发展中，已经越来越显示出它的重要地位和作用。主要表现在：

1. **促进了“围绕农业办工业，办好工业促农业”的良好格局的形成** 目前，全县已经建成了以农业资源为原料的造纸、丝绸、食品、茶叶、酿酒、制药、化肥、林产品加工等规模较大的工业体系。近几年来从省外、国外引进新技术、新设备，建起了真丝针织厂、丝绸印染厂，万吨牛皮箱板纸厂，250万只肉鸭宰杀生产线等一批规模较大的企业。蚕丝绸公司实行了栽桑、养蚕、缫丝、织绸、印染、成衣一条龙生产，今年工业产值7000多万元、利润130多万元，分别占县属工业总额的18%和11%。一大批以农产品为主要原料的加工业迅速发展，又推动了各类专业生产基地的巩固和壮大。蚕桑基地的蚕农，今年养蚕量达6640张纸，比去年增长86%，蚕农每张纸净增收入100多元。1990年，农民从基地发展中获得的收入就占年总收入的55%。农工商综合经营体制，已成为邛崃经济发展工农互补的保证，农民致富的路子。

2. **发挥了各自优势，加强了经济联合，拓宽了流通渠道** 农工商综合经营体制，实行农工商一体化、产、制、销一条龙，一是有利于联合对外，发展生产。如造纸公司成立前，全县造纸企业分别对外，互相抵销，造成3万多担土纸积压，企业濒临倒闭。公司成立后，联合对外，联营联销，增强了竞争能力，使积压产品销售一空，年造纸产量由2000多吨增加到27000多吨。二是有利于农商联合，拓宽市场。如果品公司积极为全县果农搞好产前产中服务，使水果年产量达到2000多万公斤，同时以联销形式，积极向外销售水果，解决了一家一户难于外运远销的问题。三是有利于拳头产品带动系列产品。如酒类专业公司，以荣获国际金奖、久负盛名、畅销不衰的“文君酒”为拳头产品，带动了邛酒系列产品的蓬勃发展。1991年文君酒厂已生产各类曲酒13888吨，销售到期库存酒17000多吨。各类酒厂生产和销售系列酒2万多吨。

3. **推动了科技进步，完善了服务体系** 全县同行业的加工生产、经营企业都分别组成各类专业公司，集中科技力量，实行科技经费的统筹，进行技术改造和技术革新。例如造纸公司组织技术攻关，研制出获得国家专利的“全竹浆亚铵法”造纸新工艺，生产出代替木浆的新型包装纸板，建成了万吨牛皮箱板纸厂，为国内外用竹浆生产高档包装纸厂开辟了一条新路子，曾被邀请参加加拿大蒙特利尔博览会。专业公司还充分运用科技力量集中的有利条件，组织各种专业技术协会，形成相应的专业化服务体系，积极搞好社会化服务。例如果品公司以自己的科技人员为骨干，在各基地乡建成了果品协会，形成服务网络，通过加强技术指导，培训果农采取鉴评选优用营养系繁育起来的早熟温州蜜桔，获得了省优产品称号。

（林兆东　张思新　执笔）

发展县级工业，振兴县级经济

新疆乌苏县经济体制改革委员会

乌苏县是新疆维吾尔自治区北疆重镇，乌鲁木齐西部门户。幅员2.07万平方公里，聚居着汉、维、哈、蒙、回等22个民族16.96万人；境内有三条河流和雪山、冰川形成的固体水库灌溉着1800万亩农田、草场和林地；横亘南面的天山山脉，蕴藏着丰富的矿产资源，诸多名贵药材和稀兽珍禽。

党的十一届三中全会以来，乌苏县坚持以经济建设为中心，坚持四项基本原则，坚持改革开放，结合本地实际，在强化农业基础地位，确保农业生产稳定增长的前提下，充分利用现有的地理、资源优势，大力发展工业，初步形成了以能源、建材、食品、纺织、服装、靴鞋、机械加工为支柱的门类比较齐全、布局趋向合理的工业体系。特别是1987年以后，承包经营责任制的推行，为企业注入了生机和活力，企业管理水平、经济效益、干部、职工的管理素质和技术素质都有了新的提高。工业生产持续稳定发展，产值、利税、职工收入同步增长，经济实力明显增强。

1991年实现工业总产值2亿元，工业企业实现利润1168.6万元，分别比上年增长29%和20.9%。全县乡以上57家工业企业中，17个企业获三级计量证书，2个企业获二级计量定级，2个企业通过自治区二级企业标准验收，1个企业获自治区一级企业称号。在125个系列、1745种产品中，53%取得了产品合格证，4种产品获自治区优质产品称号，12种产品获自治区优秀产品称号。工业企业的发展，增强了县级经济实力，1991年县财政收入2250万元，比上年增长17%。

一、更新观念，提高认识，积极发展县级工业

长期以来，乌苏经济以农业为主，农牧结合，农牧业生产有着良好的发展基础，但工业生产发展十分缓慢，地域和资源优势得不到充分的利用和发挥，经济实力脆弱，形成了粮食年年丰产，财政困难不减的“高产贫困”的奇特现象。为了解决工业发展问题，县上多次组织县乡各级领导赴内地参观学习。通过与内地发达地区对比，我们看到了差距与落后，悟出了“无农不稳，无工不富”的道理，商品经济意识开始增强。同时，也进一步认识到我县地处北疆交通要道，又紧靠独山子、克拉玛依大工业区，具有交通、通讯便利等优越条件，但也面临着激烈的竞争，如果不改变过去那种单一抓农业，务农求稳的思想，只能更加贫困、更加落后，与发达地区差距还会拉大。强烈的危机感使我们统一了一个认识——县级工业是县级经济的重要组成部分，是实现农业现代化的重要经济支柱，是财政收入的主要来源，发展县级工业势在必行。在此基础上，确定了发展工业的指导思想，即：在确保农业稳定增长的前提下，大力发展煤、电、建材等基础工业和以农副产品为原料的加工工业，继而发展面向石油和石油化工大工业区的与之配套的第二、三产业。

二、加强对工业的领导

1、组织上，扩大经济部、经委的职责范围，组

成有县委、政府分管经济工作的副书记、副县长和经委、计委等经济部门领导成员构成的经济口，统一协调管理城市经济工作，改变了以往那种政府抓工业，县委抓农业的局面。

2、政策上，制定了全县工业发展规划，适时下发了《关于工业发展若干问题的决定》和《关于加强企业思想政治工作的决定》等一系列文件，确定了工业发展的指导思想和奋斗目标。对工业生产中的重大问题通过现场办公或集体研究进行正确决策，及时解决工业发展过程中的政策性和实际问题，为发展县级工业鸣锣开道。

3、协调服务上，发动各行各业为发展工业多做贡献，为企业创造良好的外部环境。县财政、体改委、物价、经委、计委、劳动、金融等综合部门都为企业排忧解难。如企业一轮承包期的1988—1990年期间，县金融部门为企业解决各种贷款4290万元，清理“三角债”400多万元；县财政在相当困难的情况下，仍拿出630万元间歇资金借给企业周转使用。

三、坚持以提高经济效益为中心，保持工业适度发展

从乌苏县工业起步晚、基础薄弱的实际出发，我们在指导思想上，不论情况出现什么变化，都不能脱离本县的实际，要因地制宜地制定自己的奋斗目标和措施，保持一定的发展速度，不轻易地提出工业降温。

保持适度的发展速度，首先必须始终坚持以农业为基础为工业的发展提供了充足的原料和广阔的市场，全县工业总产值中，仅粮、棉、油等以农副产品为原料的加工业的产值就占到70％—80％

其次，抓工业始终坚持两套班子两手抓。一手抓现有企业的挖、革、改，切实加强基础管理，广泛开展产品创优、企业升级以及职工的全员培训，全面的提高企业素质。二是狠抓新上项目，制定长期规划，实行远近结合，分期实施。首先发展煤、电、建材等基础工业和以农副产品为原料的加工业，继而进一步开拓视野，面向石油、面向铁路。根据市场需求和我们的投资能力，对经济效益好的企业积极进行技术改造和扩建，如将啤酒厂的生产能力由1万吨扩建到3万吨等，形成滚动式的发展。新上项目，要求起点要高，尽可能采用新设备、新工艺，并要形成一定的生产规模，基本上做到建一个，成一个，不背包袱。

四、坚定不移地贯彻改革开放方针

第一，放水养鱼，为企业创造宽松的外部环境。

放权。根据“一法”“三个条例”的精神，将属于企业的权利毫无保留地放下去，让企业自主经营，自负盈亏、自我改造、自我积累和自我发展。

让利。在保证财政收入每年有一定幅度增长的前提下，在县财政承受能力许可的情况下，尽可能地多给企业留利，使其增强扩大再生产的能力。同时，要求企业领导在承包经营过程中，不搞短期行为，积极地扩大对企业技改的投入，走以内涵为主的扩大再生产的路，提高企业的经济效益。以一期承包的39个企业为例，1987年企业留利367万元，上交各种税金219万元，1989年留利增加到687万元，税金也增加到289万元，而1987～1990年企业用于技术改造的资金就达1560万元，新增工业总产值2675万元。

兑现合同。对承包企业支持做好合同年终考核和兑现工作。对企业生产经营成果有条件的先审计后兑现，没有条件的先兑现后审计，最终以审计结果为准。

为企业服务。经济主管部门、职能部门以及金融部门经常地深入企业，帮助企业协调多方关系，解决企业的实际困难。

第二，加强企业内部配套改革。在企业中普遍实行了经济责任制、岗位责任制、结构工资制和企业中层干部任免制，车间到班组层层签订了经济责任书，不同工种、不同岗位都有相应的考核指标和奖罚办法，90％以上的企业打破了原来的档案工资，使个人所得与生产任务、产品质量、安全生产挂钩。

第三，加强横向经济联合。县委、县人民政府把开展多种形式的横向经济联合和技术协作当作振兴乌苏经济的一项战略措施来抓。我们的指导思想是：不计眼前得失，一切从全县工业发展大局出发，制定优惠政策。在横向经济联合中，要主动、要大胆、要有诚意和耐心，谈成了皆大欢喜，谈不成情谊在，一次不成看下次，眼下不成看未来，不以一时一事得失论成败。目前，我们县独立核算的工业企业中，有13家采取了不同形式的横向经济联合或协作，成功率达92.3％。全县工业产品中，具有联营和协作性质的品种近千人，产值占全县工业总产值的21％。

第四，不拘一格引进人才。为了引进人才，县委、县政府主要领导往往亲自出马，有时甚至请自治区和有关部门领导从中斡旋。据统计，几年来共引各种人才67人，其中城镇集体企业47人，乡镇企业20人。他们中有工程师、经济师、退休技术老工人。这些人有的正式调进，有的高薪聘请，有的是联营厂家派出。对引进人才，我们以诚相待，为他们解决农转非、子女就业、配偶的工作安置以及住房等生活问题，并经常组织他们座谈联谊，诚恳地征求意见，使他们感受到县上的真诚关怀，从而心情舒畅，满腔热情地为乌苏的经济发展充分施展才华。

五、抓住机遇，正确决策

当今经济发展，机遇与挑战，希望与困难同时存在，所以，一定要把握住决策的准确。正确的决策来自对党的政策及上级指示精神的理解，对市场的调查研究，对本地经济形势的正确分析。我们根据乌苏的实际，审时度势，勇于开拓，不失时机，果断决策，这也是乌苏工业能迅速发展的一个重要原因。

1. **看准项目，快上** 四棵树煤矿七号平峒、火电厂、啤酒厂、棉纺厂均是看准时机，争取时间，提前竣工的，因而取得了较好的经济效益。又如布鞋厂建厂前，县周围已有8家布鞋厂，但都不景气。我们认真地分析了他们不景气的原因，并详细地调查了布鞋的市场需求和行情，果断上马，半年就建成投产，现在已发展为产量居全疆第三位的厂家。

2. **依据实际情况决定** 发展县级工业，遇到条块束缚较多，如各业务部门都照条条规定办，县级工业就难以发展，县级经济也形不成一盘棋，因而必须从实际情况出发进行科学决策。我们将淀粉厂隶属商业局改为隶属粮食局，顺应了经济运行的内在联系。在全民所有制企业上马受阻较大的情况下，我们及时做出了“国营、集体一起上，适当向县乡集体企业倾斜”的决定，把有限的资金更有效的利用。县上一次拿出230万元扶持二轻集体工业发展；利用乡镇企业的政策及项目报批制度，先后上马了棉纺厂、针织厂和漂染车间。事实证明，国营企业跑了几年定不了项，而乡镇企业棉纺厂一年立项，当年施工，15个月便建成投产。

3. **在新上项目的同时，我们狠抓了技术改造** “七五”期间投入1700万元进行20个项目的技术改造，新增产值2800万元。1991年又完成了13个技改项目，投入1300万元，新增产值2000万元。

4. **调整产品结构** 面对市场销售疲软，我们不是坐等国家采取措施缓解疲软形势，而是以市场为导向，积极调整产品结构，加强产品质量管理，依靠自己的“拳头”产品在疲软的市场中杀出一条生路。皮鞋厂过去花色品种单调，从1989年下半年开始，新开发男女老板凉鞋，中老年凉鞋和童鞋等4个系列37个品种，8万双皮鞋一投放市场便销售一空。据统计，近几年调整产品结构中新增或改进产品430个，仅城镇九家集体企业产品花色品种就由690个增加到1050个。

5. **强化销售，开拓市场** 首先是企业领导把主要精力放在产品的销售上，强化产品销售意识，二是扩大产品销售队伍，推销人员由原来的60多人增加到200余人。三是增加城镇销售网点，拓宽产品销售渠道。四是加强市场调查，不断地研究城乡居民的收入和消费结构，使产品向多层次、多品种、多功能方向发展。五是定期召开洽谈会、定货会、用户座谈会，实行产品售后跟踪服务。目前我县的工业产品除满足本县居民需求以外，还部份销往南、北疆和河西走廊等地。

壮大村级集体经济
努力建设社会主义新农村

中共萧山市委员会

党的十三届八中全会通过了《中共中央关于进一步加强农业和农村工作的决定》,为建设具有中国特色的社会主义新农村描绘了广阔的前景,指明了前进的方向。正如江泽民同志所说,认真贯彻落实《决定》精神,这对于动员全党和亿万农民建设有中国特色的社会主义新农村具有重要意义。我们决心以党的十三届八中全会精神为动力,加快社会主义新农村建设的步伐。

一.建设社会主义新农村,是农村一切工作的出发点和归宿点

我们在近年来注重巩固发展村级集体经济,加强精神文明建设和基层组织建设的基础上,1990年下半年,抓住总结“七五”、部署“八五”的重要时机,按照中央农村工作座谈会议精神,结合我市的实际,在10月份召开的全市农村工作会议上,提出了要努力建设经济繁荣兴旺、思想健康向上、社会安定团结的社会主义新农村总体目标,并提出了“三新”的主要任务和“三个强化”的主要措施。即:农村改革要实现一个新进步,经济建设要登上一个新台阶,社会面貌要有一个新变化;强化集体经济建设,强化农村思想政治工作,强化基层组织建设。通过明目标、订措施、树榜样,在全市范围内开展了加强社会主义新农村建设的活动,并把这一活动与制订落实“八五”计划结合起来,与推动当前各项工作结合起来,取得了一定的成效。

1. **建设社会主义新农村,是深化农村改革,发展农村大好形势的需要**　80年代的改革开放,特别是“七五”时期的大发展,使我市农村经济和社会面貌发生了很大的变化。1990年,全市工农业总产值达87.6亿元,比“六五”末期增加1.9倍。就村一级来说,全市797个行政村集体可用资金每年以1000多万元的速度增加,1990年达到8840万元。特别是“六五”末期集体经济年收入在1万元以下的240个薄弱村,已有90%基本脱贫,其中有13个村集体年收入达15万元以上,跨入了较富裕村的行列。同时,农村社会面貌也发生了新的变化。但我们也清醒地看到了存在的问题,农村的改革还不够配套,农业基础设施比较脆弱,地区间经济发展不够平衡,社会事业的发展与各方面的要求还不相适应,群众对社会治安还不够满意。要解决好这些问题,发展农村大好形势,必须进一步深化农村改革,把各项工作真正落到实处。

2. **建设社会主义新农村,是教育引导农民坚定不移走社会主义道路的需要**　广大农民群众是建设社会主义的主力部队,只要这支队伍素质好、信心足、士气旺、干劲大,社会主义就大有希望。社会主义建设特别是改革开放带来的实惠,使广大农民群众深深感到党的政策好,社会主义好,他们有较高的思想觉悟,跟共产党走的信念是坚定的,干社会主义的决心是大的。但确实也有一部分群众存在一些模糊认识。由于社会上某些分配不公现象存在,使一部分群众对社会主义共同富裕产生一些疑虑。也有少

数干部想干社会主义，但对如何干好社会主义缺乏信心。我们认为要解决好这些问题，要提高干部群众的思想觉悟，关键在于教育引导，尤其是运用活生生的社会主义新农村建设的典型进行教育，使他们能够在看得见、摸得着的事实中提高觉悟，坚定信念，振奋精神。一些干部群众到江泽民总书记视察过的航民村参观以后，感到心情激动，信心倍增。航民村979人，312户农户，1990年实现利润1218万元，在那里，没有暴发户，没有贫困户，家家都是万元户，象这样的社会主义新农村令人向往。

3. **建设社会主义新农村，是巩固社会主义阵地、反和平演变的需要** 前一时期由于东欧剧变，苏联解体，对农村带来了一定影响。广大干部群众感到，开展反和平演变的斗争的确是当前一项紧迫的任务。但是，有的则认为反和平演变主要是上面的事，只要上面不变，下面就不会变，如果上面变了，下面不变也得变。当然，反和平演变关键在党的领导，特别是靠党中央坚定正确的领导，但是基础在基层，在广大的农村阵地。八中全会决定讲得好，没有农村的稳定和全面进步，就不可能有整个社会的稳定和全面进步；没有农民的小康，就不可能有全国人民的小康；没有农业的现代化，就不可能有整个国民经济的现代化。如果我们建设好千千万万个社会主义新农村，经济发展了，社会安定了，精神振奋了，农村的社会主义阵地巩固了，任何和平演变的图谋就不可能得逞，就能够抵御任何狂风恶浪，我们社会主义祖国就稳如泰山。

4. **建设社会主义新农村，是培养和造就一代有理想、有道德、有文化、有纪律的新型农民的需要** 改革开放使广大农民群众的商品观念、效益观念、科技观念、法制观念等得到增强，思想精神面貌发生了深刻的变化。但是，也有一部分群众富起来以后，产生了“小富即安”的思想，贪图安逸，讲求享受，缺乏远大的目标追求，缺乏艰苦奋斗的创业精神；也有部分群众集体观念淡薄，认为富起来“不靠集体靠自己，不靠政策靠本事”，表现在对“集体事业不关心，一门心思管自己”；也有部分群众遵纪守法观念淡薄，在一些地方，赌博、封建迷信、非法宗教和其它一些违法犯罪活动屡有发生。要解决这些问题，根本问题是要提高农民群众的素质。建设社会主义新农村，用共同富裕的美好前景来引导他们，用远大的目标来激励他们，用艰巨的任务来鞭策他们，动员和组织他们心往一处想，劲往一处使，奋发向上，不断提高自身素质，真正培养和造就一代新型农民。

二、建设社会主义新农村，关键在于打好三个基础

我们在实践中感到，只有不断壮大集体经济实力，不断加强精神文明建设，不断提高领导班子的战斗力，打好社会主义新农村建设的经济基础、思想基础、组织基础，才能不断推进社会主义新农村建设的步伐。近几年，我们围绕这三个基础做了一些工作，取得了一定的成效。

1. **巩固壮大集体经济的实力，为社会主义新农村建设打好经济基础** 总结我市一些先进村的经验，这些村共同的也是最显著的特点，就是始终坚持以经济建设为中心，不断巩固壮大集体经济。只因为他们有较强的集体经济实力作后盾，才使服务工作有能力，农业投入有财力，兴办公益事业有承受力，群众对社会主义有向心力，归结到一点，就是使新农村建设有强大的推动力。如何不断巩固壮大集体经济，我们注重坚持党在农村各项方针政策的稳定，不断完善统分结合的家庭联产承包责任制，做好统的服务工作，充分发挥农户分散经营的积极性和集体统一经营的优越性。在实践中主要抓了三个环节。一是增合力。针对部分群众对发展集体经济不关心、不放心和缺乏信心的状况，我们通过广泛宣传集体经济在新农村建设中的地位和给每个农户家庭带来的实惠，来激发广大群众对集体的关心；通过村级财务清理整顿和健全管理制度，使他们对集体经济感到放心；通过新农村目标规划的制订，增强干部群众搞好集体经济的信心和决心。二是引路子。我们从各地实际出发，提出了山水田林涂综合利用，农林牧副渔、工商建运服全面发展的集体经济发展方针，做好四篇致富文章。即：重抓乡镇工业，提高经济效益，发挥支柱作用；主攻山水涂，发展种养业，建立商品基地；完善农业三制一上缴制度，增强农业自我积累、自我调节、自我发展能力；开源与节流并举，加强对村级集体经济的管理。从而促进了村级集体经济的稳步发展，还逐步形成了南片半山区、中片沙地区、东片围垦区“各唱各的拿手戏，各打各的优势仗，各走各的致富路”的集体经济发展格局。三是给政策。为了改变集体经济发展不平衡的状况，从1987年以来，我们对集体经济薄弱村采取了必要的扶持措施，市财政每年拨出150万元有偿低息贷款，每年

供应平价电180万度，平价化肥300吨等等，还采取了机关、企业与村挂钩扶持的方法，来帮助薄弱村发展经济。

2. **切实加强精神文明建设，为社会主义新农村建设打好思想文化基础** 建设社会主义新农村，根本在于依靠党的领导，依靠干部群众自身努力。只有在党的领导下，不断提高干部群众的自身素质，使他们始终保持奋发向上、艰苦奋斗的精神风貌，引导他们把革命热情和科学态度结合起来，扎扎实实开展工作，社会主义新农村建设才有希望。因此，近几年来，我们紧紧围绕培养“四有”新型农民这个目标，着重抓了三方面工作，不断加强农村思想政治工作，把精神文明建设落到实处。一是树立榜样，鼓舞群众奋发向上的斗志。为了使干部群众学有榜样，比有方向，干有目标，1990年以来，我们按照“政治方向正，集体经济实力足，社会风气好，领导班子强”这四条标准，评选表彰了31个红旗村、标兵村，并树立了一批脱贫成绩显著的典型，大造声势，号召全市各村向他们学习，在全市农村开展了“学先进、争上游”的活动。1991年9月份，我们又组织红旗村、标兵村的党支部书记到上海、无锡、江阴等地的先进村学习取经，使他们拓宽视野，引导他们努力做到成绩面前不满足，不断进取攀高峰。还组织10多个集体经济薄弱村的党支部书记到山东九间棚村学习，并把带回来的录像片一个村一个村地放，激励他们立足自身艰苦奋斗，脱贫致富勇创新业的斗志。我们还把本地和外地先进榜样的事迹，在全市村党支部书记大会上作了介绍，使大家进一步看到了差距，增强了信心，振奋了精神，把学赶先进的活动引向深入。二是加强教育，提高广大群众自身素质。近年来，我们按照省里的统一部署，在农村深入开展社会主义思想教育，有针对性地做好群众思想政治工作，教育引导农民自觉坚持党的基本路线，增强国家观念、集体观念、法制观念。在社教中，我们围绕建设社会主义新农村，把自力更生、艰苦奋斗教育作为一项重要内容，教育群众不断发扬艰苦创业精神。我们在开展思想教育的同时，还注重抓好科技、文化教育，开展一些健康有益的活动，提高群众科学文化素质。三是正确引导，提高广大群众遵纪守法的自觉性。按照社会主义新农村建设的要求，为了造成一个安定团结的社会环境，我们注意加强社会治安综合治理。广泛开展普法教育，教育引导农民自觉抵制封建残余思想和资本主义腐朽思想的侵蚀，增强法制观念。开展“评三户”、“刹三风”活动，弘扬社会正气，狠刹歪风邪气，打击各种犯罪活动。

3. **提高领导班子的战斗力，为社会主义新农村建设打实组织基础** 基层党组织，特别是以村党支部为核心的村级领导班子，是新农村建设最前沿阵地的指挥员，是农民群众的“领头雁”。总结一些先进村取得成功的经验，非常重要的一条，就是要有一个自身过得硬、群众信得过的党支部书记，有一个配合协调、团结战斗的领导班子，有一支能够时时处处做群众表率的党员骨干队伍。近年来，我们主要做好四个方面的工作，来提高村级组织的战斗力。一是加强教育培训，每年举办一次村党支部书记的培训班，并利用乡镇党校阵地进行层层培训，提高基层干部的思想水平、政治水平、理论水平和工作能力。二是调整充实领导班子，特别是注重了干部下派工作。1989年，我们选派了154名机关干部到123个集体经济薄弱村任职，任期两年收到了一定的成效。三是抓好配套建设，按照强化党支部，完善村委会，建立合作社，配齐民青妇，加强村小组的要求，加强了村级组织配套建设，努力做到职责明确，制度健全，关系理顺，运转正常。四是培养新生力量，建立了村级后备干部队伍，注重发展新党员。两年来，仅123个干部下派村就发展了155名新党员。

建设社会主义新农村的工作，我们仅仅作了初步的探索，还需要作出更大的努力。我们要以党的十三届八中全会精神为指针，认真贯彻省委八届六次全会扩大会议精神，学习兄弟单位的先进经验，进一步提高认识，扎实工作，继续做好社会主义新农村建设这篇大文章。

10 科技教育体制改革

1991年我国科技体制改革综述

国家科委体制改革司

1991年，全国人民在党中央、国务院的正确领导下，认真贯彻执行党的一个中心、两个基本点的基本路线，顺利完成了治理整顿的基本任务。我国科技体制改革作为国家总体改革开放事业的一个重要方面，在巩固已有成果，总结以往经验的基础上，认真贯彻执行了"经济建设必须依靠科学技术，科学技术工作必须面向经济建设"的方针，在促进经济建设向依靠科技进步和提高劳动者素质转轨、推动工农业生产的科技进步、深化科研机构改革等诸多方面，都取得了新的进展，为加速整个国民经济形势的好转和全社会的科技进步作出了积极贡献。

一、我国经济发展战略正发生深刻的转变

党的十三大及其历次全会强调要把经济发展转到依靠科技进步和提高劳动者素质的轨道上来，这是在新的历史条件下高瞻远瞩的战略决策，进一步深化和发展了党的十一届三中全会以来的基本路线。各地、各部门在认真学习、深刻领会邓小平同志"科学技术是第一生产力"战略思想的基础上，积极采取措施，努力实现经济发展模式的战略转换。据1991年底的调查，全国已有24个省、自治区，12个计划单列城市以党委、政府决定或党代会、人代会决议等形式确立了科技兴省（区、市）的发展战略；在全国356个地（市）、2183个县（市）中，有229个地（市）、1009个县（市）提出了科技兴地、市、县的发展方针，分别占64%和46%。化工、林业、石化等十几个部门提出了依靠科技振兴行业的发展战略，另有不少部门也正在酝酿之中。许多地方和部门结合具体情况，出台了相应的政策，制定了规划和计划。依靠科技振兴经济已经成为举国上下的共同认识和自觉行动。

当前，各地、各部门落实科技兴省、科技振兴行业战略的几个主要特点是：

1. **注重科技是第一生产力的宣传** 实现经济发展战略的转变，首先是干部、群众思想观念的转变。各地各部门普遍把学习、宣传"科学技术是第一生产力"的思想作为实施科技兴省（行业）的一个十分重要的方面，努力提高各级干部、广大群众的科技意识。例如，广西壮族自治区决定把宣传科技第一生产力作为全区宣传工作的重点。一是解决各级领导班子尤其是党政一把手依靠和推进科技进步的认识问题；二是解决广大群众尊重知识、尊重人才、重视科技、依靠科技的认识问题；三是解决经济界依靠科技、支持科技和科技界面向经济、服务经济的认识问题。

2. **注重转轨和发展的结合，坚持在推动经济发展中实现战略转轨，在加速战略转轨中促进经济发展** 已提出科技兴省（区、市）发展战略的36个地方中，已有29个在深入论证的基础上，制订了科技促进经济发展的总体战略规划，并且结合当地经济发展的实际需要，实施了相应的科技兴工、科技兴农发展计划和配套政策措施。如陕西省实施的"51251工程计划"，湖南省实施的以推动企业科技进步为目的的"巨龙计划"，不仅产生了显著的经济效益，而且有力地促进了工农业生产向依靠科技进步的转轨。

3. **重视战略实施的集中统一领导** 在全国已

提出科技兴省（区、市）的地方中，有21个成立了由党政主要领导挂帅、各有关部门负责人参加的领导班子，统一负责科技兴省战略的组织、协调和实施，为加速实现经济发展的战略转轨提供了组织保证。例如黑龙江、山东、陕西等省的科技兴省领导小组，在推进本省科技兴省战略的实施中都发挥了十分重要的作用。

总的看来，当前实施科技兴省、科技振兴行业战略的发展态势是好的。但实践中也还有不少问题，主要是存在两个不平衡：一是地方和部门的不平衡，在全国44个省、自治区、直辖市、计划单列城市中，有36个明确提出了依靠科技进步振兴经济的发展战略，而在几十个国务院产业部门中，提出依靠科技振兴行业发展战略的还只是少数。二是认识和实践的不平衡，不少地方虽然提出了科技兴省的战略，但在许多方面还停留在口号上，规划、计划不落实，组织领导不落实，政策措施不落实，缺乏实实在在的行动。这些都有待于在今后的工作中提高认识，加以解决。

二、科研机构的改革进一步深化

1991年，我国科研机构坚决贯彻执行党中央、国务院关于科技体制改革的各项方针政策，深化内部管理制度改革，加强科技成果向现实生产力的转化工作，积极以多种形式进入经济、长入经济，克服了转轨变型中的各种困难，初步实现了运行机制的转变，在服务社会和发展自我两个方面都取得了新的进展。

1. **科研机构管理制度改革进一步深化，这主要表现在以下几个方面**　一是不少地方和部门加强了科研单位效绩的考核，使对科研机构的评价由凭印象上升到量化阶段，在管理的科学化方面迈出了一大步。天津市通过实行量化考核，将市属科研机构划分为4个类别，使先进的能够得到重点支持，使落后的能够及时发现问题和不足，迎头赶上，对促进科研机构的发展收到了良好的效果。二是一些地方在改革科研机构劳动人事制度和分配制度方面进行了积极的尝试。北京市在市属院所实行“三保一挂”承包和人员优化组合的基础上，又实行了全员聘任合同制，全体职工都要与单位签定聘任合同，未获聘任的退回人事部门待业。三是许多科研机构适应以经济建设为中心和市场导向的需要，积极调整内部组织结构，按照科研、生产、经营的不同特点和要求，重新设置内部机构，把具有不同特长的人员调整到最能发挥作用的位置上。科研机构管理制度的改革，对调动科技人员的积极性，促进科研机构转轨变型，都产生了积极作用。

2. **科研机构进入、长入经济的步伐进一步加快**

推动大部分科研机构通过多种途径进入经济建设主战场，转化科技成果，发展科技产业，是深化科技体制改革的重要方向。1991年，科研机构在进入、长入经济方面又迈出了新的步伐。据调查，科研机构已进入企业或企业集团的有400多个，有近50%的科研院所拥有自己的中试实验和生产场所，科研单位创办的技术经济实体近4000个，其中中外合资的占10%左右。一大批科研机构通过技术转让、成果转化、工程承包、咨询服务等多种途径面向经济建设，不仅使经费收入大幅度增加，科研条件得到改善，而且走出了一条能够充分发挥自我优势的发展道路。冶金部自动化研究院是冶金行业的骨干院所，自1987年开始面向社会承包自动化工程以来，横向合同收入已由每年2000万元发展到目前的2.2亿元，4年累计投入4000万元用于改善科研和生产手段。现在他们不仅闯过了求生存的困难时期，而且具备了承包大型自动化工程的能力。

3. **民办科技事业进人了蓬勃发展的新阶段**

民办科技是科技体制改革中涌现出来的新生事物，它在改革中孕育，在改革中发展，经过前几年经济困难的洗礼和考验，我国民办科技事业开始摆脱徘徊局面，获得了新的发展。据调查，全国民办科技机构现已发展到19000多个，其中集体性质的14000多个，个体的3000多个，私营的1000多个，从业人员近40万人，其中科技人员约22万人，比1990年都有了比较明显的增加。民办科技继续坚持了自愿组合、自主经营、自负盈亏、自我发展的灵活运行机制，保持了旺盛的发展活力。

当前，科研机构改革中存在的主要问题有：一是组织结构不合理的问题仍未很好解决，不利于将有限的科技投入集中用于基础研究及其它需要国家重点支持的项目上，不利于科技与经济的进一步结合，不利于人才分流。二是推动科研机构转轨变型，进入、长入经济的政策措施缺乏统筹设计、配套联动。三是人事制度、分配制度改革的力度不够，进展不大，还不同程度地存在大锅饭现象，不利于发挥和调动人才的积极性。

三、农村科技体制改革继续稳步深化

1991年，我国农村科技体制改革坚持大科技服务大农业的发展方向，围绕贯彻落实科技兴农的方针，努力转变农村科技工作运行机制，积极推动农业、科技、教育、供销等各个方面的联合，大力发展农村科技服务体系和管理体系，为完善农村双层经营体制，为农村经济的发展作出了重要贡献。

1. **在完善科技服务体系方面，坚持把疏通和拓宽科技输入农村的渠道作为首要目标** 一方面继续推动县及县以下科技机构调整方向，转换机制，加强科技成果的推广应用，向自主经营、自负盈亏、自我发展的技术经济实体发展。另一方面积极扶持发展各种形式的农民技术协会、研究会，提高农民吸收和运用科学技术的能力。同时，进一步动员科技人员深入农村生产第一线。1991年，科研机构、高等院校、企业、政府机关中的科技人员下乡支援农村经济建设的达51.7万人，活跃在农村的技术经济承包集团达16000多个，各类农民技术服务合作组织达9.4万个，参加的农户在200万户以上。由科技人员承包、创办的乡镇企业17000多个，有4亿多亩大田作物、1亿多亩经济作物实行了技术经济承包。

2. **农村科技管理工作进一步加强** 随着对科学技术重要性认识的加深，各级政府对农村科技管理体系建设更加重视，已初步形成了县、乡、村三级较为完善的科技管理网络。1991年，全国2183个县（市）中，已有1586个配备了科技副县（市）长；全国55700多个乡镇中，有21600多个配备了科技乡镇长，15600多个建立了科委，18200多个配备了科技专职干部，还有大量的村镇设立了科技村长。农村科技管理体系的加强，为科技成果大规模输入农村提供了组织保证。

3. **星火计划继续显示出依靠科技振兴农村经济的典范作用** 星火计划1985年实施以来，已安排技术开发和示范项目27000个，其中14000项已经完成，累计新增产值339亿元，创利税81亿元，向农村推广了100多种适用技术装备，为农村培训了650万名专业技术人才和管理人才。星火计划作为第一项直接为振兴农村经济服务的科技计划，它的成功，是改革和发展相结合指导思想的生动体现，在科技体制改革和科技促进发展方面都创造了宝贵经验。它适应农村生产关系的变革和农村商品经济发展的要求，在单一计划经济向有计划的商品经济的转化方面，在单一指令性计划向指令性计划与指导性计划相结合方面都进行了大胆的探索和实践，逐步形成了一套带有普遍意义的、计划管理与市场调节相结合的管理模式和机制。

四、企业科技进步工作取得了新的进展

依靠科技进步是提高企业效益的关键。1991年，各地各部门都把推动企业科技进步作为深化科技体制改革的一项重要内容，在建立企业内部机制和改善外部环境方面采取了一系列积极措施，企业科技进步有了新的进展。据统计，1991年全国大中型企业的新产品产值、销售收入和实现利税都创造了新的纪录。新产品产值达1357亿元，比上年增长40%，新产品销售收入1186亿元，比上年增长46%，新产品实现利税164亿元，比上年增长60%。企业科技进步在很大程度上得益于以下几方面的进展。

1. **企业科技进步的外部环境进一步改善** 不少地方和部门从地方和行业实际出发，建立了企业科技进步考核指标体系，并且纳入了企业承包合同和厂长任期目标中进行考核，出台了一系列有利于企业科技进步的政策措施，综合运用财政、金融、税收、物价以及质量、标准等多种杠杆，奖优罚劣，推陈出新，促进了企业产品更新换代，上水平，上档次。据调查，全国已有26个省、自治区、直辖市、计划单列市建立了衡量企业科技进步的指标体系，其中18个已作为企业承包内容进行考核。此外还有20多个地方开展了创建和评选科技进步先进企业活动。这些措施都有力地促进了企业的科技进步。

2. **企业技术开发和管理体系进一步健全** 在全国一万多个大中型企业中，有8000多个有了自己的技术开发机构，有5700多个实行了总工程师技术负责制，有近5000个建立了技术开发基金。不少地方和部门还制定了总工程师技术负责制条例和企业技术开发机构管理规范，使总工程师能充分行使职权，使企业技术开发机构做到了人员、任务、经费落实。允许企业从销售收入中提取1%用于技术开发这一政策的逐步落实，大大增加了企业的技术开发投入。石化公司实行这项政策后，每年技术开发费用增加了10多亿元，使得公司可以从行业当前和长远发展需要出发，有计划地组织实施重大的技术开发

和消化吸收项目，增强了技术开发和吸收能力。

3. **实施了一系列面向企业的科技开发计划** 国家实施的科技攻关计划和技术改造计划，每年都产生大批科技成果和装备并转移到企业。同时，不少地方和部门也实施了以推动企业科技进步为目标的科技计划。北京市实施的工业技术振兴计划，4年来已安排项目912个，投入8.2亿元，已完成564项，新开发产品680个，累计完成产值23亿元，实现利税3.1亿元，该计划的实施，对促进北京市产业结构调整和企业产品更新换代都发挥了显著作用。

企业科技进步问题是一个综合性问题，既有外部环境方面的，也有企业自身的。必须充分利用当前企业转换机制的有利时机，各个方面协同配合，共同创造一个有利的外部环境，使企业在实现机制转换的同时，实现向依靠科技进步的转轨，这是我国企业发展的唯一正确方向。

五、我国高新技术产业在改革中逐步发展壮大

发展高科技，实现产业化，使更多的科学技术成果转化为生产能力，对实现我国第二步、第三步战略目标具有十分重大的战略意义。在党和政府的重视和关怀下，在科技界以及社会各界的共同努力下，1991年，我国高新技术产业进一步发展壮大。

1. **以发展高新技术产业为宗旨的火炬计划取得可喜进展** 火炬计划实施近3年来，已累计安排了几百个项目，这些项目技术层次高，产业化潜力大，其中不少项目经过几年的开发和市场开拓，已初步具备了形成新产业的雏型。在火炬计划的带动下，不少地方积极创造条件，兴办高新技术产业开发区，吸引科技人才和科技成果。许多科研单位积极分流科技力量，运用自己的科技成果兴办产业。中国科学院计算技术研究所创办的联想集团公司，已经发展成为有一定影响的高科技企业，1991年产值已达几亿元，开发的高档微型计算机不仅占领了国内市场，而且已打入欧美等发达国家市场。

2. **高新技术产业开发区已进入全面发展阶段** 国务院在1988年批准建立北京高新技术产业开发试验区的基础上，1991年3月又批准建立了26个国家高新技术产业开发区，并赋予开发区相当优惠的扶持政策。兴办开发区，吸引了一大批科研机构、高等院校、大中企业前往兴办高新技术企业。目前，开发区认定的高新技术企业已达3500个，并且创造了显著的经济效益。成立最早的北京开发区，4年来已累计实现技工贸总收入100亿元，为国家缴纳税金4亿元，创汇1.33亿美元，不少企业人均产值达到几十万元。

3. **高新技术产业代表了我国经济的发展方向和未来** 高新技术产业的发展，需要全新的体制、机制和环境条件作支撑。国家科委、国家体改委已决定在开发区推进综合配套改革，通过企业产权制度、劳动分配制度、社会保障制度等方面的综合改革探索和试验，把开发区建成我国高新技术产业发展的基地，高新技术向传统产业扩散的辐射源，深化改革和扩大开放的试验区、示范区，走出一条有中国特色的，符合国际惯例的我国高新技术成果商品化、产业化、国际化的发展道路。高新技术产业开发区的改革将对我国高新技术产业的发展产生重要影响。

六、抓住机遇，坚定不移地继续把改革引向深入

1991年，我国科技体制改革在许多方面都取得了重要进展，这是值得科技界和全国人民自豪的，但是还应看到，我国科技工作中还有不少老问题，新矛盾。我们必须以中央2号文件精神和邓小平同志南巡讲话精神为动力，抓住当前深化改革、扩大开放的有利时机，进一步解放思想，开拓前进，本着胆子再大一点、步子再快一点的精神，采取切实有力措施深化科技体制改革，彻底冲破旧体制的制约和传统观念的束缚，进一步开拓和解放科学技术第一生产力，为社会主义现代化建设作出新的更加伟大的贡献。

1. **进一步完善科技工作的战略部署，推动我国科技事业在面向经济建设主战场、高技术研究及发展高新技术产业、基础性研究这三个层次上全面发展** 要继续坚持“面向”和“依靠”的科技工作方针，继续采取措施，动员更多的科技力量投入直接为经济建设服务的主战场，同时，还要高度重视基础性研究，保持持续稳定发展，努力攀登科学技术高峰，多出成果，多出人才。

2. **坚持稳定一头，放开一片，下决心实行人才分流** 我国有科研机构5000多个，分基础研究型、社会公益型、科技服务型和技术开发型几类。新形势下，基础性研究、重大工程、重大任务这一头，要坚决稳住，要始终保持一支精干队伍，持续稳定地进行

研究攻关，国家有计划地在人才、资金、物资方面给予充分的保证。对于其余大部分的科技力量，要大胆放开有关政策，充分发挥市场机制的调节作用，引导他们积极面向市场，从事技术开发、高新技术成果转化和科技服务工作，鼓励技术开发型机构走企业化道路，逐步形成服务社会和发展自我的良性循环。

3. **加速高新技术产业开发区的综合改革** 长期以来，大中型企业是国民经济的主体，80年代崛起的乡镇企业，构成了我国经济的重要一翼。90年代，我们要把发展高新技术产业放在突出位置，振起我国经济腾飞的强有力的另一翼。科技界要肩负起历史重任，把推进高新技术产业发展放在突出位置。

4. **在深化科技体制改革中，还要切实做好以下几方面的工作：**

——积极稳妥地推进科技组织结构调整，一是按照新的运行机制和管理规范择优组建一批国家研究所，从事基础性、共性技术研究和系统、配套的工程开发。二是促进大部分技术开发型、社会公益型、科技服务型的科研机构通过多种途径转化为独立的技术经济实体，他们可以进入企业或企业集团，可以自己创办科技企业或从事科技咨询服务，国家在政策上给予引导和支持。

——深化高新技术产业开发综合配套改革。国务院批准建立的27个高新技术产业开发区，是我国发展高新技术产业的重要基地，为了探索建立适应高新技术产业发展要求和国际规范的体制、机制和环境条件，必须在企业产权关系、分配制度、社会保障制度等方面实行更为大胆的改革，特别要试行多种形式的股份制，以取得经验，逐步推广。同时，还要选择有条件的地区，再建立一批高新技术产业开发区，扩大高新技术产业发展的阵地。

——大力加强科技成果的转化工作。一是要进一步放开搞活技术市场，加强技术中介机构建设，更多地组织科研单位、高等院校和企业参加的技术交易、技术洽谈活动。二是要强化成果转化的中间环节，建立一批中试基地、工程技术中心，为企业提供成熟的配套技术。三是要鼓励科研机构、高等院校创办经济实体，特别是到高新技术产业开发区、经济技术开发区、经济特区办企业，扶持发展集体、个体、私营性质的民办科技机构，直接转化科技成果。

——建立健全农村科技进步体制。要按照农村双层经营体制的要求，加强农村科技管理体系和科技服务体系建设，完善选派科技副县（市）长工作，开展县市科技达标，鼓励发展农业技术经济承包集团和各类农民技术协会、研究会。

——建立健全企业科技进步体制。在外部环境条件方面，要综合运用行政、经济、政策等多种手段，增强企业依靠科技进步的动力和压力。在企业内部，要建立技术开发机构、建立技术开发基金、健全科技管理体系，增强企业自身的技术开发和吸收能力。同时，运用计划的调控作用，鼓励科研机构、高等院校为企业服务。

——继续努力创造人尽其才的环境条件。促进人才和智力流动，允许业余兼职，鼓励科技人员通过为社会服务取得报酬。对做出突出贡献的科技人员实行重奖，允许从成果转化后的收益中提取一定比例作为报酬发给科技人员个人。

——进一步扩大国际科技交流和合作。鼓励科技人员到国外讲学、进修、工作。对直接参与高新技术成果商品化、产业化、国际化工作的科技人员，简化出国审批手续。欢迎在国外留学、工作、定居的科技人员回国工作，实行来去自由，往返方便的政策。赋予有条件的科技企业、企业集团和科研机构外贸自主权，鼓励它们与国外有关机构在国内外合资兴办科技机构和企业。

（杨咸武　执笔）

坚定不移地走“科技兴省”之路

黑龙江省科学技术委员会

随着经济、科技、教育体制改革的不断深化，黑龙江省委、省政府于1988年7月做出了《关于实施科技兴省战略方针的决定》，1989年组织了专门班子制定了《科技兴省实施方案》，从1990年开始启动运行。1991年“科技兴省”已在全省各地区、各部门、各行业的各个层次上展开，并且开始步上正常的运行轨道，显示了良好的发展势头。各方面的工作开始走上依靠科技进步和提高劳动者素质的轨道，促进了经济和社会稳定发展。1991年全省全社会总产值比上年增长4.2%；国民生产总值增长4%；财政收入增长1.7%；国民收入增长3.1%；农业在大灾之年夺得了丰收，粮食总产量达216.5亿公斤，超过年初预定指标的8.2个百分点；工业总产值增长5%；全省县以上独立核算工业企业实现利税，比上年增长7.6%；科技进步因素在国民经济增长中的比重，已由18.5%上升到22%。

一、“科技兴省”概况

实施“科技兴省”4年来，全省各地区、各部门认真落实推进“科技兴省”各项政策措施，在思想认识和实践行动上开始迈出了新的步伐，初步形成了一个“大合唱”的局面。主要表现在领导体制和领导方法上，正在形成一个在统一的目标下协调运行的机制。

各地、市和多数部门在“科技兴省”大目标下，建立了由主要领导负责，由计委、科委、教委、经委、农委、财政、金融等部门参加的领导体制。同时，许多地、市和部门建立了科技经济顾问咨询机构，加快了各级领导部门实现决策科学化、民主化、制度化的进程，提高了决策水平；在经济发展诸要素的位次上，各地、各部门开始把科技摆上首要的位置，以此带动和协调经济发展的其它要素。全省各级经济计划部门在安排国民经济计划中，已经把“科技兴省”作为指导思想，把科技工作纳入了整个国民经济和社会发展的计划。依靠科技进步成为实现计划的重要保证因素。一些地、市都实行了科技、计划全市一本账，过去各干各的，投资分散、重复的现象正被克服。长期以来一直没能解决好的科技与经济脱节的现象得到明显改善；在经济社会发展计划上，各地、各部门已开始把投资的方向和安排项目的重点转移到依靠科技进步的轨道上来。省计委在安排1991年国民经济计划时就明确提出，在投资结构调整上，要坚持保重点，在项目选择上，要优先安排那些既符合产业政策又体现技术进步的项目。近年来，省经委在安排技术改造和开发项目上，坚持按“提高技术起点”要求办事。财政部门已由过去的经济财政观点，转变为科技经济财政观点，工作重心正在转移到振兴科技，进而致富财政的轨道上来。金融部门在贷款的安排上，明确把技改贷款、科技贷款放在优先地位，贷款的重点向提高企业技术装备水平、支持企业开发研制新产品、促进科研成果转化上倾斜；在经济、科技发展的基础条件上，各地、各部门都把重点放在发展教育事业上，教育事业得到充实和加强。近两年来，全省教育系统广泛开展了以三教统筹、农科教结合为重点的农村教育综合改革，以增加职教因素为重点的农村教育改革试点，以岗位培训、实用技术培训为重点的成人教育改革，以开展科技服务为重点的高校与地方、企业联合协作，都取得了新的进展和成效。职工教育和农民教育发展较快。绝大多数地、市、县都和大专院校挂钩，或联办学校，或委托代培，为地方培养出一批“养得起、留得住、用得上”的技术人才。

二、“科技兴省”的主要做法

黑龙江省“科技兴省”主要做法是，搞好思想、组织、政策三项基础建设，实施“科技兴农”、“科技兴工”两个重点推进。

在思想基础建设方向，广泛、深入地开展了“科技兴省”、“兴市（区）”、“兴县”、“兴行业”的舆论宣传。1991 年 6 月省委决定在全省开展“科学技术是第一生产力”的专题学习讨论，各地区、各部门掀起了一个科技宣传热潮。各种形式的专题讲座、研讨会、培训班、演讲会、知识竞赛、“科技示范周”“科技宣传月”活动蓬勃展开。各新闻单位利用报纸、广播和电视，普遍开辟了专栏，增加了科技报导量。广大干部群众的科技意识明显增强。

在组织基础建设方向，各地区、各部门都建立了领导小组及其办事机构。省里建立了以省政府主要领导、主管领导和有关部门主要领导参加的“科技兴省”协调会议制度，下设“科技兴省”办公室，由省科委、计委、经委、农委抽调干部分别组成综合部、协调部、兴工办、兴农办，统抓全省“科技兴省”的组织实施工作。全省 14 个地市、69 个县（市）全部建立了由主要领导任组长的领导小组和有相关部门参加的“兴办”。省直有 56 个厅局建立了领导小组及“兴业办”。全省上下已经组成了上下贯通的组织领导体系，“科技兴省”已经纳入主干线，由部门行为上升为政府行为。

在政策基础建设方面，一方面强调用足、用好、用活现有政策规定，另一方面根据新的需要研究制定了一批新的政策规定。两年来，省政府先后出台了《关于推进科技成果转化的若干规定》等 4 项重大政策；省财政厅和科委联合制发了科技成果储备基金、科研单位建立中试基地等 4 项管理办法；省经委制发了工业企业新产品开发和技术开发等 3 项政策办法；省人事厅制发了为“科技兴农”“科技兴工”服务的 2 项人才政策。各地市、各部门在农业技术集团承包、开发新产品、推广新技术、开发高新技术、开展“双创”（创建科技进步先进企业和创建科技进步先进乡镇）活动、调动科技人员积极性等方面先后出台了 140 多项政策规定。

第一个重点推进是“科技兴农”。“科技兴农”是实施“科技兴省”的突破口，各级领导给予了高度重视，各部门给予了重点倾斜和支持。主要从五个方面组织推进：一是分不同作物的主产区总结推广了各自主产作物的模式化栽培综合技术，使玉米、小麦、大豆、水稻四大作物的平均亩产都跃上了一个新的水平。二是开展了以技术集团承包为主的高产攻关。省、地、县三级集团承包面积达到 2336 万亩，各项技术措施累计推广面积达到 2.54 亿亩（次），良种覆盖率达到 93%以上，增产幅度普遍在 10～15%以上。三是加强了农村科技服务体系的建设。有 50%的乡（镇）建立了农业技术综合服务站，有 29%的村建立了农业技术推广服务室。一些地市在县、乡、村三级建立了领导服务体系、资金融通服务体系、物资供应服务体系、技术指导服务体系，较普遍地建立了畜牧、农机、农牧等综合服务站。各种科技服务组织应运而生，并逐步向系列化全程服务发展。四是开展了农业技术培训。各地举办了各种类型培训班 4 万多场（次），培训基层技术人员和农民 400 多万人（次），平均每个农户有 1 名以上劳力受到适用技术的培训。参加“科普之冬”活动的总人数超过 1000 万人（次）。五是开展了“三杯一赛”（农田水利建设“黑龙杯”、农机更新“铁牛杯”、振兴畜牧业“兴牧杯”和“耕地培肥达标”竞赛）活动，调动了各方面的积极性，推进了农业基本建设，提高了农业生产的综合能力。

自 1990 年以来，黑龙江省连续两年获得农业大丰收。粮食生产突破多年徘徊局面，由 175 亿公斤跃上了 200 亿公斤新台阶。“科技兴农”起了重要作用。

从 1991 年开始，黑龙江省“科技兴农”在广度上已经在稳定发展粮食生产的基础上向畜牧业、乡镇企业、庭院经济等领域全方位推进。“科技兴牧”、科技兴渔”、“科技兴林”、“科技兴厂”（乡镇企业）活动全面展开。1990、1991 年农村社会总产值分别比上一年增长 16%、4.8%。在深度上，已经由各部门条条管理的技术推广、科技示范、科技培训向农科教结合推进。“科技兴农”已经由主要追求粮食增产，向调整农村产业结构、提高经济效益、提高农民素质、致富农民转变。

第二个重点推进是“科技兴工”。“科技兴工”是在诸多困难的经济环境下启动运行的。1991 年主要围绕“质量、品种、效益年”活动，大力推进企业科技进步，引导企业逐步走上依靠科技进步和提高劳动者素质的轨道。重点抓了“一个推进，三个强化”。“一个推进”是，在省、地市、行业三个层次上大力推进科技成果转化。科技、教育、经济、财政、金融部门联合组织了高校和企业双向考察、厂校合作活动，举办了科技成果展览交易会；医药、纺织等行业举办了技术交易会、新产品展销会；一些地市在纪念、庆节活动中，也都开辟了技术交易场所。从财政补贴、信贷优惠、新产品免税等方面，促成了一大批技术成果转让。1991年全省成交技术合同达1.1万多项，成交额达到3.38亿元。“三个强化”：一是强化了新产品开发的力度。从1991年开始推行“2211”技术开发计划，即每年开发2000种新产品，其中重大新产品200种，推广100项新技术，从大专院校、科研单位转让100项科技成果。当年经委口安排了4488万元，是1989、1990两年总和的2.3倍。1990、1991两年共开发新产品2534项，新增产值23.06亿元，创利税3.56亿元。二是强化了技术改造工作。技术改造规模有较大增加，1990、1991两年来，共投资32亿元，是1986至1989年4年总和的82%。从1991年起省政府从财政预算中拨出700万元，用于大中型企业技术改造贴息。两年来全省有903项技术改造项目投产达产，新增产值26.8亿元，新增利税6.03亿元，出口创汇1.64亿美元。三是强化了提高质量降低消耗的工作。在全省工交战线上开展了以提高质量降低消耗为主要内容，以对标达标为主要形式的挖潜增效活动，树立了97个标兵企业。实施了“名牌产品战略”，公布了10项措施和对名牌产品生产企业的17项优惠政策，向社会推荐了112个名牌产品。全省优质品率平均为30.8%，产品质量稳定提高率平均为91.6%。通过推广43项节能、节材技术，使每万元工业产值能耗由1990年的3.74吨标准煤下降到3.62吨标准煤，全省节约标准煤100多万吨。

“科技兴工”对促进工业生产回升、抑制经济效益下滑，起到了重要作用。在一些地市、一些企业新增的利税中，来自技术进步的因素已经达到80%左右。

南京地区建立科研生产中间试验基地的探索与实践

南京市经济体制改革委员会

怎样激发高等院校、科研单位的科技能量?地方企业如何吸引高等院校、科研单位的高技术?这是南京市科技体制改革需要解决的一个核心问题。经过几年的探索,南京市扶持了一批既不同于乡镇企业,又不同于校办工厂的新模式企业——科研生产中间试验基地。实践证明,这种新模式为高校、科研单位实现科研成果商品化、产业化,地方企业吸附高新技术,优化产品结构、产业结构,开辟了一条新途径。

南京地区共有高等院校 45 所,各类科研机构 329 个,各类专业技术人员 21 万多人,集中了江苏省 80%的高技术研究与开发力量,可谓人才荟萃。但是这些科技优势主要蕴藏在中央及省属在宁的高校和科研单位之中。这些单位每年开发的高新技术成果,由于缺乏中间试验手段,不少未能及时转化为生产力,限制了这些单位科研能量的进一步释放。

从南京地方工业来看,不少企业由于缺乏新技术、新产品而普遍缺乏后劲,生存和发展艰难。为了解决这个问题,南京市开办了技术市场,创建了高技术开发区,鼓励高校、科研单位的科技人员向地方企业流动等等,也收到了一定的效果。与此同时,他们一直期望找到一种具有新机制的模式。它既能直接地、主动地激发高校、科研单位释放科技能量,又确保地方企业能够经常地、有效地吸收高新技术。虽然地方企业技术力量薄弱,但是场地宽敞,辅助人员多、有生产手段。南京市政府根据这一特点,决定拿出一批中、小企业和乡镇企业供高校、科研单位选择,改建成生产中间试验基地。市政府的决定受到高校、科研单位及地方企业的欢迎。3 年多来,已有 10 多所高校、科研单位和地方企业,联建了 17 个科研生产中试基地。目前,已经有 20 多项科研成果在中试基地转化成商品,有的已在中试基地投入工厂化生产,有的已向社会转让。目前,南京市的 17 家科研生产中试基地,已创产值 3000 多万元,利税达 300 多万元,取得了良好的社会效益和经济效益。

在创建中间试验基地的过程中,市政府及有关部门倾注了极大的热情,给予了有力的支持。具体做法有四点:

一是“双向推动”。在高校、科研所与地方“联姻攀亲”,建立中间试验基地的过程中,市、县科委、体改委主动当好红娘,必要时市、县政府亲自出面组织协调。一方面积极推动企业到科研院所寻求新技术、新产品,一方面积极鼓励和吸引科研院所到地方寻找中试场所。在进行此项工作时,注意“吃透两头再牵头”,在双方有了合作意向时,再详细了解双方合作的条件,然后围绕中试项目的可行性、利润分配、资金、原材料、能源的保证、协议的形式等方面,为双方提供有效的服务。

二是政策导向。市政府于 1987 年制定了“关于在南京建立科研生产中间试验基地的若干规定”。文件规定:中间试验基地从事中间试验产品所得收入免征所得税;从事经营性生产所得税收入留给中试基地的部分,纳税有困难的给予减免税照顾;中试基地的资金如有困难,可以申请贷款,银行给予优先安排；中试基地的电力增容集资可减、缓和全免；用于实验、试制的原辅材料及燃料可纳入市调剂计划，物资部门予以优先解决等等。

三是计划支持。对中试基地的中试产品优先列入科技发展计划，分别给予拨款、贴息贷款和科技物资的支持。中间试验基地建立初期，市科委先拨专款扶持中试产品上马，以后又视产品不同类别，分别择优列入工、农业科技发展基金的项目计划或科技发展基金的项目计划。几年来，17家中间试验基地中有11个中试产品被列入各类科技发展计划，占中试产品总数的50%。

四是总结提高。市科技体制改革协调指导小组把组织建立中间试验基地当作社会发展的系统工程来抓，组织市计委、经委、科委、体改委、财政、税务、银行、物资、供电等部门的同志到现场办公，及时帮助解决资金、税收、材料、电力等问题。市科委的有关业务处、室具体负责中间试验基地的组织实施和日常管理。他们经常跟踪调查，注意研究情况，总结经验，不断完善中间试验基地的运行机制。

回顾南京地区建立科研生产中间试验基地的实践，有以下几点体会：

1. 必须根据中间试验基地的试点和要求布点选题。中间试验基地是一种特殊形态的企业，其试验项目有多变性、技术具有风险性、设备材料具有特殊性。因而，必须选择那些有资金来源、物质基础好、人员素质高、应变能力强的企业作为中间试验基地。不能把一般企业，尤其不能单纯出于"扶贫"的目的，把一些条件甚差的乡镇企业充作中间试验基地。中间试验基地的试验项目，在技术上应具有先进性、超前性和带动性。

2. 要尊重技术商品的价值。让高校和科研单位唱主角、掌实权、多得利。鉴于中间试验基地的性质和要求，必须确立高校和科研单位的主体地位。南京市所建的中间试验基地，在组织结构上，一般是科研方派厂长、总工程师及财会主管，地方企业派副厂长、供销人员和生产人员，实行董事会领导下的厂长任期目标责任制。在产品利润分配上，科研方、地方、中间试验厂、厂长基金一般按25∶20∶50∶5的比例来分配。技术转让费则由科研方、地方、中间试验厂按50∶25∶25的比例分配。各方认为，这样分配比较符合技术商品的价值，比较公平、合理，为大家所乐于接受。

3. 在兼顾中间试验基地自身经济效益的同时，必须注重其社会效益。中试基地的社会功能是向社会提供技术商品。创办初期，为了积累资金，抓住某个"吃饭产品"生产一段时间是可以的，但不能以此作为"金娃娃"抱着不放，一味追逐自身的经济效益，而要不断转让成熟的技术商品，促进高新技术的产业化，使中间试验厂真正起到高新技术"孵化器"的作用。

（柯皎　执笔）

科技教育把伊旗经济引上新路

中共伊金霍洛旗委员会
伊金霍洛旗人民政府

伊金霍洛旗地处毛乌素沙地东北边缘，是鄂尔多斯高原向黄土高原过渡地带，属于典型的大陆性气候，干旱多风，是一个受水土流失和风蚀沙化双重危害的地区。由于基础差，底子薄，1990年全旗尚有农区人均收入300元以下、牧区500元以下的贫困户15092户，60368人，分别占全区农牧总户人数的51.8%和51.3%。

伊旗这样一个自然条件差、经济文化落后的地区，在自身潜力未得到发挥、投入又受到自身经济条件限制的情况下，如何从根本上改变贫困落后面貌？旗委和政府在认真总结经验、分析旗情的基础上，结合考察、学习外地经验，提出了依靠科技教育，全面振兴伊旗经济的总体思路，在组织全旗各族干部群众反复讨论和请专家论证的基础上制定了《依靠科技教育，振兴伊旗经济的总体方案》和相应的15个配套方案。方案实施以来，使全旗的经济建设和社会发展取得了较大成绩。1991年，在遭受了我旗解放以来少见的自然灾害的情况下，粮食产量仍达到1750万公斤，其中依靠科技进步因素新增产粮食522万公斤，新增的产值占工农业总产值由1990年的19%提高到28.5%。全旗财政收入完成1360万元，比1990年增长53.5%。城乡人民生活有了进一步提高。全旗在原脱贫的基础上又有800个贫困户摘掉了贫困的帽子，320户解决了温饱问题，部分贫困村、社实现了整体脱贫。城乡居民储蓄存款余额达5041万元，其中农牧民存款余额1430万元，比1990年增长32.7%。

伊旗依靠科技教育振兴经济的主要措施是：以适用技术开发、科技成果推广和普遍提高全旗各族人民科学文化素质为重点，建立6个保证体系，即组织保证体系、投入流通体系、物资供应体系、科技培训体系、舆论信息体系和科技服务体系。强化6个结合，即从生态经济学的观点出发，抓好水利水保和植被建设，促进生态效益与经济效益、社会效益有机结合；促进农林牧各业有机结合；资源开发与国土整治结合；发展科技教育与文化、卫生事业结合；科技扶贫与计划生育相结合；物质文明与精神文明建设相结合。推广5个典型：红庆河乡宝林村以小水利带动整体经济的家庭综合经营模式；纳林希里乡从科技教育入手，全面实施区域性农牧业科技系列化服务的经验；新街乌兰特老亥村农林牧副渔五业并举，路、水、林、田四配套，发展生态农业的模式；纳林陶亥乡尔吉曼村治山治沟、控制水土流失大力种树种草，搞农牧结合的经验以及台格苏木昌汗淖嘎查利用当地资源创办嘎查企业、壮大集体经济、为民办实事的经验。建立十大基地，即畜牧业防灾基地、小商品粮基地、鄂尔多斯细毛羊基地、商品鱼生产基地、蔬菜生产基地、农作物良种繁育基地、水果生产基地、能源基地、肉奶蛋生产基地、灌木种子林基地。具体操作方法是：

1. 大张旗鼓地宣传动员，提高各族干部群众的科技意识。对《方案》以及配套方案通过召开动员会议和采取广播、电视、简报、展览、大幅标语等形式宣传动员，做到家喻户晓，人人皆知，使广大群众明确依靠科技发展生产的巨大潜力所在。

2. 层层分解指标，逐级落实任务。旗人民政府将《方案》中的各项指标量化后落实到乡、苏木、镇和村、嘎查、户，层层实现目标化管理。

3. 建立健全组织管理体系。成立“科技综合办”领导机构，由政府一名科技副旗长和一名挂职副旗长专抓此项工作，定期检查，定期解决出现的问题。

4. 完善科技服务体系。全旗15个乡、苏木、镇都成立了科技综合服务站和农、牧、林、水、农机分站。通过下放、归队、聘任、分配等形式，有184名科技人员到服务站工作，平均每乡12人，服务站主要搞农村牧区科技发展规划和农牧业生产的科技服务以及农牧民科学技术培训。

5. 狠抓科技培训，推广农牧业实用技术。加强农牧业职业中学教育，1991年扩大招生300多人，培养农牧业生产中的专业人才。此外，全旗购编培训教材5114册，培训农牧民1.6万人次，推广、开发、试验、示范了58个农牧业科技项目，使农牧业科技应用的范围进一步扩大。

6. 多方筹集，发展地方工业和乡镇企业，增加对教育、技术改造、电力、交通、邮电、农牧业资金、物资和劳动力投入共4000万元，从而增强经济发展后劲，加快脱贫步伐。

7. 狠抓《方案》中的10个基地建设，具体落实当年任务。

8. 积极发展教育、文化、卫生、广播、小集镇建设等项社会事业，共投资资金近300万元，使精神文明建设取得了新进展。

综上所述，1991年是我旗实施《方案》的起步年。通过一年的实施，已见到了明显的成效，使我旗的经济实力有所增强。实践证明，依靠科技教育振兴伊旗经济这一战略决策是完全符合伊旗客观实际的，是伊旗走向富裕、文明的必由之路，是全旗13万各族干部群众的共同意愿。

（赵宇飞　执笔）

依靠科技进步，振兴化工行业

化学工业部

一、确立“科技兴化”的战略方针，坚持把科技进步摆在化工发展的重要位置

化学工业的发展是以科学技术为先导的。化学工业作为基础产业，以品种多、服务面广、配套性强等为特点，为国民经济发展提供至关重要的多种原材料，为人民生活需求增添丰富多采的消费品。现代化工技术正由传统技术向高技术发展，化工技术已不再局限于以化学工程为主的传统技术，它的内涵正在不断扩大，已经包含进了新的物理方法、生物技术、信息技术、计算机技术和高级自动机械装置。化工技术同社会和经济的关系越来越密切，其所带来的新的高技术和化学产品能满足用户的特殊要求并带来极高的社会经济效益，因此，在未来的社会中，化工产品的竞争将愈来愈取决于化工技术发展的水平和速度，实质上变为技术上的角逐。改革开放以来，化学工业得到了长足发展，业已形成门类和品种基本齐全、布局基本合理、大中小相结合的工业体系，一些主要化工产品产量已居世界前列。但是，我国化学工业与世界先进水平相比，还存在着很大差距，还不能适应国民经济发展和人民生活水平提高的需要。

化学工业作为国民经济的基础产业，今后10年如何发展，化工部党组经过调查研究，征求了广大干部职工和科技人员的意见，认为今后10年世界科学技术将面临重大突破，科学技术对经济发展的作用日益增强，这10年是化工发展的关键时期，如能把握这个时机，采取正确的对策，制定明确的战略和部署，就有可能加快发展，缩短同世界先进水平的差距，为下一世纪化学工业的繁荣奠定一个好的基础。根据历史经验和现实发展，现代科学技术是化学工业赖以生存和发展的根基，是取之不尽、用之不竭的源泉。要保证化学工业持续稳定协调发展，必须把依靠科技进步振兴化学工业作为一项战略方针，长期不懈地贯彻下去。1990年，化工部党组在第一次全国化工科技进步工作会议上，作出了《关于依靠科学技术振兴化学工业的决定》，明确提出“科技兴化”的战略方针。这一方针的提出，主要从以下几方面考虑：

第一，现代科学技术的发展对化学工业提出了挑战。当今蓬勃兴起的新技术革命，导致生产力新的巨大飞跃，引起世界社会、经济形势的深刻变化，经济发展对科学技术的依赖程度大大增加，一个国家的科学技术水平，实际上是综合国力的标志。许多国家把增强科技实力、夺取科技优势作为自己的重要国策和重要发展战略，激烈的经济竞争日益成为科学技术的竞争。这场技术上的竞争对所有国家的经济都面临着严重挑战。从世界化学工业发展的趋势看，存在着同样的情况。80年代以来，一些发达国家为保持他们的技术优势，一方面不断调整自己科技发展策略，增加了投入，一些世界著名的化工公司也大幅度地提高了科研经费。另一方面，对一些先进技术和关键技术严格限制出口，加以垄断。我国化学工业同发达国家的差距，根本是科学技术的差距，化工的投入产出比很低，产品质量不高，综合能耗比发达国家高得多，固定资产增殖率和劳动生产率比发达国家低得多；产业结构、产品结构、企业组织结构不合理，高新技术尚未形成产业。如果我们还不急起直追，这些差距不仅不能缩小，而且有可能要继续扩

大。面对这种严重形势，我们必须有清醒的认识，有危机感和紧迫感。

第二，国民经济的发展对化学工业提出了更高的要求。近几年来，化工产品越来越不能适应国民经济发展的需要。首先是主要化工产品数量不足，供需矛盾突出，不得不依赖进口。据海关统计，1989年进口化工产品用汇达79亿美元，出口只有31亿美元，逆差近50亿美元。其次是产品品种少，目前只能生产37000个品种规格，仅为发达国家的一半，特别是高效农药，高档染料、涂料，精细化学品，专用化学品，以及高新技术的新产品，还不能满足需要。第三，产品质量低，应用性能差，化工优质产品产值率还不到50%，采用国际标准和国外先进标准的化工产品只占31%。随着国民经济和科学技术的发展，各部门对化工产品的要求越来越高，化学工业要为农业提供更多的高浓度复合肥、高效低毒农药、生物农药、植物生长调节剂、饲料添加剂等；为轻工、纺织、建材、机械电子、交通运输等部门提供高质量多品种的染料、涂料、合成材料、橡胶制品等；为国防建设和高新技术提供新型化工材料、高能燃料、高纯试剂等；为引进的重大成套装置提供配套的化工产品。如果我们不在科学技术上有所突破，不仅要阻碍化学工业的进步，而且要影响其它部门的发展，乃至拖国民经济的后腿。

第三，科技兴化是发展化学工业的现实选择。到本世纪末，化工总产值要比1980年翻两番，主要领域、主要化工产品要达到世界80年代的先进水平，难度是很大的。实现这个目标，根据化工以往投入产出比，需要大量资金，从国家财力来看，是有困难的。同时，化学工业的发展又需要大量能源。资金和能源将是长期制约化学工业发展的两大重要因素。因此，根本的出路是发展科学技术，提高投资效益，挖掘内部潜力，向技术进步要资金，要能源。

第四，实现科技兴化已经有了一定的基础。贯彻科技兴化的战略方针，化工行业有许多有利条件。最根本的是党中央、国务院对科技进步的高度重视。十一届三中全会以来，小平同志反复强调科学技术是第一生产力，中央提出了科学技术必须面向经济建设，经济建设必须依靠科学技术的方针，制订了一系列推进科技进步的政策和措施。江泽民总书记最近又指出："推动科技进步是全党全民的历史性任务"，进一步确立了科学技术在经济发展中的重要地位和作用；二是改革开放的总方针有利于继续学习和引进国外先进技术和管理经验；三是化学工业已经建立了相当规模的物质技术基础；四是化工行业已经拥有较强的科技力量，积累了一定的经验；五是化工部提出科技兴化的问题后，得到了各地的积极响应，许多地方做了大量工作。这一切都为我们推进科技兴化的战略方针打下了一个好的基础。

"科技兴化"战略方针涉及科学决策、战略构思、更新观念、建立相应的运行机制和组织管理体制，制订明确的目标、配套的政策措施等，其中心思想，就是要把发展化工科技放在重要位置，通过科学技术的先导作用，提高化工行业的技术水平和装备水平，降低物质能源消耗，实现产品结构和产业结构调整，实现化工生产由速度型向技术型效益型的转变。

二、依靠科技进步推动行业发展取得明显成效

近年来，化工行业生产建设所取得的进展，在很大程度是依靠了科技进步。"七五"以来，已取得1389项科技成果，开发出2400个新产品，获国家科技进步奖153项、国家发明奖27项、星火计划奖2项，仅"七五"期间就完成项目1000多项，其中可推广的占96%，已工业化的达54%。"七五"国家科技攻关开发新产品500多个，取得重大科技成果539项，其中达到80年代国际水平或国际首创的260多项，国内先进或填补国内空白272项，已有近70%用于工业生产或工程设计，取得直接经济效益达6亿元。为化学工业整体水平的提高和"八五"化学工业的发展提供了一批先进技术。化工科技攻关和技术开发，为行业解决了一批关键技术，为市场提供了一批新产品，为企业增加了经济效益。

在化肥行业，四川化工总厂年产20万吨合成氨国产化装置，经过3年艰苦奋战，于1990年12月24日化工投料试车成功。该装置的设备国产化率达82%，吨氨能耗可达700万大卡，达到了80年代国外节能型制氨技术水平。该装置比进口同类装置节省投资40%，可新增产值6000万元，新增利税4500万元，年节约电2亿度。该项目已获国家重大装备成果特等奖。以南化公司磷肥厂、大化公司磷铵厂为依托，组织研制的大型成套磷铵设备正通过满负荷生产考核和国家鉴定，设备国产化率达到78%。贵溪化肥厂年产24万吨磷铵装置是在消化吸收引进技术的基础上，做到了自行设计和关键设备立足国内

制造，使国产化率进一步提高到90%，最近已顺利试车投产。

“七五”期间，染料行业已完成中试并通过技术鉴定的有142个新品种及7项新技术、新工艺。已应用于工业化生产或中试生产，使染料行业新增产值22000多万元，新增利税4000万元，节约外汇约6000万美元，特别是高档染料品种的增加尤为突出。

农药行业，新开发25个农药新品种，开发了50个新制剂和4个新助剂，完成了9个适销对路的老产品的工艺改进和9个中间体的技术开发，为农药行业的技术进步和农药产品的结构调整作出了重大贡献，特别是保证农业丰收方面，挽回了较多的损失。

橡胶加工行业，完成了全钢丝载重子午线轮胎、轿车子午线轮胎、大型工程胎等工业化技术开发，使我国子午线轮胎的规格品种增加到20多种，产品质量达到一定的水平；在新型原材料开发方面，有了很大的突破，实现了引进子午线轮胎原料基本立足于国内；开发了10多种鞋用新型原材料，为制鞋业的发展及其制品出口创造了条件。此外，还开发了几十种重要的橡胶制品，满足了机械、电子、交通、轻纺等部门的配套需要，如彩钢涂料胶辊、节能型平皮带、阻烯导静电窄型三角带、印刷胶板、同步齿型带等。

胶磷矿采选技术方面，针对我国磷资源的赋存条件和采选过程中存在的实际问题，“七五”期间开展了科技攻关，现已取得6项攻关成果，其中4项获部级科技进步奖，已有2项成果应用于实际生产，取得直接经济效益近1亿元，其余4项攻关成果已在工程设计或基础设计中采用。

无机盐行业，“七五”期间相继开发了一批新技术、新工艺、新设备，如外循环式复极氯酸盐电解槽、三相法生产高锰酸钾和铬渣炼铁及综合利用等；开发了白炭黑、超微细碳酸钙、超细二氧化硅、高浓度硅溶胶、新颜料翡翠绿等20多种新产品，为无机盐产品的出口创汇作出了贡献（无机盐是出口创汇的主要行业之一，平均年出口品种140余种，出口量约80万吨，外汇收入约2.6亿美元，约占化工产品出口总额的22%左右）。

电子化工材料，主要开展了环氧塑封料、光刻胶、特种电子气体、超净高纯试剂等方面的工作，主要目标是为5μ技术用，为3μ、1μ技术打下基础。现5μ技术用的环氧塑封料已建成年产100吨第一家连续化中试生产线，其产品1989年起已进行试用，光刻胶已解决5μ用技术并提供商品化产品。电子特种气体和金属有机化合物已用来生产了9000万块集成电路，年内将突破1亿块。电子化工材料的发展为电子工业原材料国产化奠定了良好的基础。

彩色感光材料已完成彩色电影胶片由水溶向油溶，由常温向高温快速产品的更新。我国电影界已使用“乐凯”电影彩色负片拍摄整部故事片并获得成功，从此结束了长期进口电影彩色负片的历史。BR型彩色胶卷和彩色相纸国产化率已达80%以上，获得了国家科技进步一等奖。

三、紧紧围绕企业技术进步开展切实有效的工作

在依靠科技进步推动化工行业发展的过程中，我们一是依靠科研院所这支科研主力军；二是围绕企业这个技术进步的主战场，认真落实《化工部关于促进企业技术进步暂行规定》，围绕建立和完善企业技术进步管理体制，健全企业技术开发机构，建立科技开发基金，加强技术进步考核等中心任务，结合开展“质量、品种、效益年”活动，采取多种措施、开展了许多行之有效的工作。

为强化技术进步领导体制，许多企业建立了厂长领导下的总工程师技术负责制。据1991年对全国27个省市213家国营大中型化工企业的调查，建立了总工技术负责制的有154家，占总数的72.3%；有《总工条例》的139家，占总数的65.3%。

企业技术开发机构的建设工作不断发展，大多数化工企业技术开发机构有主管领导、有基金、有科研计划、有人员、有仪器设备。在被调查的213家企业中，有技术开发机构207家，占总数的97.2%。

企业对建立技术开发基金，有较高的认识和积极性，提取销售额的1%作为技术开发基金的工作，有了很大进展，在被调查的213家国营大中型化工企业中，建立了技术开发基金的有176家，占总数的82.6%。北京化工集团公司坚持从销售额中提1%作技术开发费，其中拿出1/4支持市属四个科研所，其余3/4用于企业。各省市化工厅局还纷纷建立科技开发基金，以此作为促进企业技术进步的重要手段之一。浙江省石化厅率先筹措了250万元科技开发基金，陕西省石化厅建立了农药、无机盐行业的技

术开发基金，四川省化工厅建立了精细化工发展基金等。各地采取不同方式，或专门制定企业技术进步考核指标，或将技术进步指标列入企业承包合同以及其它正常考核渠道，对企业进行技术进步考核。

在健全企业技术开发保障体系的同时，各地化工主管部门还注意狠抓了新产品的开发和投产，并取得了较明显的成效。沈阳市石化局几年来先后进行了“新产品开发年”等活动，1991年虽受全国市场疲软、效益下滑的影响，由于有100种新产品投产，创产值1.6亿元，利税4406.7万元，使1～9月产值、利税比1990年同期增长了4.9%和16.5%，新增效益的80%都是靠新产品实现的。

由于技术进步促进了化工企业的发展，在评选的“七五”期间108家国家级企业技术进步奖中有6家化工企业。最近，我部又评选出了122家部级技术进步奖企业，进一步鼓励和推动化工企业依靠科技进步求发展。

技术改造和技术引进给企业带来了新的生机和活力。我部1991年计划投产的9个限上项目，进展顺利，已完成绝大部分投资。前不久，部里召开了企业技术进步工作会议，制定了3年企业技术进步规划和技改大纲。

正是由于把企业技术进步工作放在突出位置，企业对技术进步重要性的认识有了提高，化工企业和行业的技术面貌才发生了较大变化。

四、认真抓好科技成果的推广应用

合成氨生产蒸汽自给项目和两水闭路循环，这两个列入国家计委和国家科委推广计划的项目，在较大范围内进行了推广，取得了新的进展。由于全国124个小氮肥厂进行了蒸汽自给节能改造以及其它节能技术改造，我国小氮肥行业全年节约的标准煤相当于一个中型煤矿的产量。

外循环式复极电解槽生产氯酸盐新工艺，已有8家生产厂签定了技术转让合同。以此计算，每年可节电4140万度，每年可为国家多创产值4100多万元。

化工行业推出的变压吸附、热管、化学清洗、烃类转化催化剂等一批新技术已列入国家重点推广计划，推广点已达150多个，其中变压吸附技术已在化工、冶金、石化等系统推广了近120套，取得了可观的经济效益，为推动各行业技术进步做出了突出贡献。

现在已列入国家科委3年滚动成果推广计划的项目有25个，推广实施单位达300多个；列入国务院生产办的重大推广项目有4个，这些项目都在积极的推广实施之中。

五、深化化工科技体制改革，加快科研院所“三进入”步伐，促进科研与生产相结合

1985年党中央做出科技体制改革决定以来，化工科技战线，包括部属科研院所和高等院校，地方化工院所和厂办研究所，认真贯彻科学技术工作必须面向经济建设的方针，在深化科技体制改革、探索科技与生产相结合的途径、开展科技攻关、推广应用科技成果、提高研究开发能力以及增强经济实力等方面都取得了较大成绩。特别是“科技兴化”战略方针提出的近2年来，化工科研单位又出现了新的面貌。

化工科研院所进一步完善了院所长负责制、技术经济承包责任制、技术职务聘任制。许多研究院所在保持优势技术领域的前提下，调整和扩大了研究开发领域，拓宽了任务来源和服务范围，开辟了科研经费的多渠道。积极进行内部配套的改革，对科研、中间试验、试验性生产、技术经营、产品供销等实行了分类管理，明确了责权利关系。许多单位在推行承包责任制中，注重研究任务的搭接和科研力量的组织，强调发挥整体优势，克服以包代管，努力搞好科研生产要素的优化组合，多出高质量的科技成果，面向经济建设主战场，在成果转化为生产力上做文章，以改革促发展。

科技体制改革促使了科研与生产的结合，也迫使科研单位转变观念，改变过去单纯科研型的封闭状态，采取成果转让、技术咨询、委托研究、合办科研生产联合体，进而发展“科工贸一体化”等多种形式进入、长入经济。“科技兴化”战略方针的提出，又为这种“进入、长入”经济发展增添了新的活力，科研与生产进一步结合的要求也更迫切，步伐也更快。为适应这一形势，1991年，我部在总结化工科研院所贯彻科技两个“必须”方针的基础上，进一步明确提出科研单位要“三进入”，即进入企业或企业集团，进入沿海经济开放区或经济特区，进入高新技术产业开发区。这是科研与经济相结合、科技成果转化为生产力的有效途径，也是科研单位提高科研开发水平、增强竞争能力的一项重要措施。据对1991年部

分科研单位“三进入”情况调查表明，进入企业或企业集团的有40家，占被调查科研单位总数的48.8%，而且有很多科研单位进入了不止一家企业或企业集团：进入沿海经济开放区的科研单位共有10家，占总数的12.2%；其中地方科研单位有4家，部属科研单位有6家，进入高新技术产业开发区的有7家，占8.5%，其中地方科研单位有2家，部属院所有5家。这项工作还刚开始，今后还要继续推进和扩展，加快加大步伐。

1991年9月为了总结化工科技体制改革经验，研究进一步落实“科技兴化”的措施，继续深化科技体制改革，转换运行机制，搞活科研院所，加快化工科研单位“三进入”的步伐，在实现化工第二步战略目标中更好地发挥主力军作用，我部在成都召开了化工科研院所、大专院校院所长会议。随后正式颁发了《化工部关于进一步深化改革，搞活化工科研院所，促进科研与生产相结合的意见》，提出要进一步简政放权，扩大科研院所的自主权等7部分共34条意见，为院所下一步发展指明了方向。

六、重视人才培养，充分发挥科技人员在加快化工发展中的主力军作用

科学技术竞争的落脚点，归根到底又是人才的竞争。依靠科技进步振兴化工，就必须要有一批能承担重任的科技人才，坚持把培育和造就化工优秀科技人才，充分发挥他们的主力军作用，作为促进化工发展的重要措施来抓。为了改变化工科技队伍出现人才断层、后继乏人的局面，几年来许多研究设计院所和大专院校采取措施，抓紧培养青年科技人员。

为了促进青年科技人员的成长，我部开设了青年科技开发基金，为鼓励优秀大学生立志服务于化工事业，我部设立了“科技兴化”奖学金，奖励部属及部分国家重点院校中的化工类专业大专生、本科生及研究生。同时，针对当前和今后一个时期化工科技人才“断档”问题，提出了化工系统各学科带头人和学科后备带头人名单，落实培养措施，建立相应人才库。

“科技兴化”方针，是贯彻“科技是第一生产力”指导思想在化工行业的具体体现，不仅是在过去化工发展基础上的一种纵深和横向的推进，而且是在新形势下，以全新观念、改革意识与有效手段实现化学工业发展宏图的一次战略转移。“科技兴化”的实施不可能一蹴而就，还需进行长期不懈的努力。“科技兴化”工作两年来的实践经验告诉我们，推进“科技兴化”战略的实施，一是要各级领导在思想意识与观念上来一个转变，深刻认识“科技是第一生产力”和“把经济工作真正转移到依靠科技进步和提高劳动者素质的轨道上来”等指导思想的重要意义，各级领导、各个部门在取得共识基础上才能形成合力，在全方位、在化工生产建设的各个行业及全过程以及领导的决策中，真正把依靠科技进步放在首要位置。二是紧紧围绕企业这一“科技兴化”的主战场，采取各种切实可行的措施，鼓励、推进企业技术进步。企业既是“科技兴化”的出发点、科技与生产的结合点，又是化工科技进步目标的落脚点。围绕企业这个重点开展工作，就会出成绩，出效益。三是要进一步解放思想，不断深化改革，扩大开放，努力开拓进取，勇于探索适合有计划商品经济发展的科技体制，完善运行机制和配套政策措施，充分调动科技人员的积极性和创造性，促进科技与经济建设的紧密结合。四是积极适应与充分利用好现行体制下的各种优惠政策，取得各方面的理解、重视、关心与支持，多渠道增加对科技的投入。五是坚持办实事，狠抓落实，明确责任，定期检查，及时总结典型经验，才能切实抓出成效，有力地推动化工各行业的发展。

依靠科技进步，发展煤炭行业

芮　素　生

煤炭是我国主要能源。1990年，煤炭占我国一次能源生产总量的74.2%，占一次能源消费总量的76.2%。煤炭工业的发展对我国国民经济的发展具有举足轻重的影响。党的十一届三中全会以来，煤炭工业坚持改革开放，认真贯彻“经济建设必须依靠科学技术，科学技术必须面向经济建设”的方针。重视发挥科学技术第一生产力的重大作用，大力加强煤炭行业新技术、新工艺、新装备和新材料开发。在行业机械装备制造，老矿挖潜技术改造和新井建设，煤矿安全事故防治和煤炭加工、综合利用中，大力组织技术攻关，广泛吸收、消化和推广应用国内外先进技术，使煤矿生产建设和安全技术面貌有了很大改变，煤炭工业现代化建设有了很大进展。促进了煤炭工业持续、稳定、健康发展。1989年全国原煤产量由1980年的6.2亿吨，提前一年突破年产10亿吨奋斗目标，生产原煤10.54亿吨，居世界第一位。1989～1991年全国原煤产量持续超过10亿吨。煤炭产量稳步增长，扭转了煤炭工业30多年来在生产上的被动局面，缓解了煤炭供应紧张的矛盾，使我国国民经济和社会发展对煤炭的需求基本得到保证，为我国现代化建设第一步战略目标的实现做出了贡献。

一、依靠科技进步，煤矿生产、建设和安全技术面貌显著改善

1. 大力发展采煤机械化，开发采用采煤新技术、新工艺、新装备，促进煤炭产量持续稳定增长

实现煤炭矿井生产工作面采煤机械化是带动全矿井机械化生产，现代化建设的关键，是煤矿科技进步的方向，也是煤矿增产的主要途径。1978年春邓小平同志听取原煤炭部的汇报后指出：“综采应作为发展目标来考虑，搞综采不单是提高产量问题，它把整个煤矿的面貌都改变了，不然安全问题，矽肺病问题，效率低的问题都不能从根本上解决”。在中央和国家的支持下，拨专款先后于1974年和1979年从国外引进了143套具有当时国际先进水平的综合机械化工作面开采设备。同时下大力量加强国内综采技术装备研究开发和引进消化制造，结合国情重视多层次发展综采、高档普采等机械化采煤技术装备和提高炮采工作面产量新技术。形成了较完整的研究、设计、检测、制造体系。目前，适合于不同煤厚，倾角，顶底板等地质采矿条件的采煤、掘进，运输机械化装备，基本可立足国内自我设计制造，有的产品，如薄煤层电牵引采煤机达到了世界先进水平。到1990年国内已拥有469套综采设备，有247个综采生产工作面，其中国产综采设备占全部综采产量的比重已由1981年的20.52%，上升到78.22%。1990年46个年产百万吨以上综采工作面中，国产设备已占二分之一。

综采是促进统配煤矿产量持续稳定增长的主要技术途径和生产手段。统配煤矿机械化程度由1975年的27.78%，提高到1991年的66.9%，其中综采机械化程度从3.2%，提高到39.3%。从1976年发展综合机械化采煤开始，到1990年全国统配煤矿原煤年产量增加了近1.5亿吨，而同期综采年产量增长达1.28亿吨，占到所增加回采产量的85%。1991年全国原煤产量10.84亿吨，其中统配煤矿生产原煤4.8亿吨，满足了国民经济建设发展和人民生活的需要，煤炭出口首次突破2000万吨大关，出口创汇达7.5亿美元，进入我国十大出口创汇行业。

2. 全国统配煤矿效率持续提高，坑木消耗逐年

下降 矿井生产效率和坑木消耗是煤矿生产的两个重要技术经济指标。80年代大力发展综采、高档普采等采煤机械化以来，1981～1990年全国统配煤矿原煤产量增加了1.45亿吨，生产工作面个数却由2276个减少到1978个，1990年机采工作面的平均工效是炮采等非机采面的3.3倍，其中综采达到6.13倍。若以1975年单产、工效核算，1990年相当于减少1500多个工作面，少用20多万回采工人。潞安局漳村矿机械化1991年工作面回采工效达39吨/工，矿井全员效率接近6吨，接近世界水平。

煤矿机械化生产技术装备发展带来了高产、高效，也大大降低了煤矿生产木材消耗。50年代末煤矿每年消耗国家近1/4的木材量。80年代由于回采工作面采用液压支架、单体液压支柱等金属支护新技术，井下巷道采用各种类型的金属支架和锚杆支护新技术，全国统配煤矿坑木消耗由1981年的89.49立方米/万吨(计划)，下降到1990年的48.53立方米/万吨。1990年与1981年相比，在产量增加的情况下，为国家节约坑木大约200万立方米，因木材供应不足而影响煤炭生产发展已成为历史。

随着煤矿机械化生产技术装备的发展，统配煤矿原煤全员效率不断提高。"七五"实现了"1"的突破，1986年达到1.001吨/工后，连年以0.05吨/工左右的幅度提高，结束了长期徘徊不前的局面，1990年达到1.217吨/工，比1981年提高了39.89%，大大缓解了煤矿用工多，坑木消耗大带来的一系列矛盾。

3. 煤矿安全生产状况得到显著改善，解放了大量的灾害压煤和"三下"下煤 80年代以来，由于发展机械化，采用新的支护技术装备改善了回采工作面顶板安全状况，大大减少了顶板冒顶伤亡事故。井下减人增效也减少了伤亡事故发生的机率。在矿井火灾、煤与瓦斯突出、二氧化碳突出、矿井水灾、顶板冲击地压等煤矿安全事故防治中，经过近10年的攻关研究基本摸清了各种灾害发生的机理、条件和过程，积极采用高新技术，研制开发了一系列先进配套的防治技术和装备。如在矿井火灾、瓦斯灾害防治方面，开发了综合防灭火系统、均压防灭火自动监控系统，为大同矿务局解放大量火区下压煤，实现火区下安全开采提供了有效技术途径，1991年1至10月份从火区下安全采煤150万吨。在矿井水灾防治方面，通过"七五"国家"华北型煤田奥灰岩溶水综合防治工业性试验"，为占全国原煤总产量60%以上的华北型煤田奥灰岩溶水防治，提供了水害水文地质特征、有效防治水措施和先进手段，研制出了地质雷达、槽波地震仪、钻孔遥测水位仪等11种仪器设备。从1985年到1989年10月采出受水威胁的煤炭110.52万吨，解放压煤8106.5万吨。

在"三下"采煤方面，进一步完善了地表移动和覆岩破坏规律理论，成功地开发了不迁村抗变形结构房屋等特殊开采技术，据58个矿务局统计，1982年以来每年开采铁路下、建筑物下、河流下"三下"压煤3000多万吨。

矿井生产机械化的大力发展和安全技术装备现代化水平提高，与推行"质量标准化、安全创水平"和安全目标责任管理等科学管理方法并举，综合防治，大大改善了煤矿安全生产状况。全国统配煤矿从1983年以后，百万吨死亡率连续8年递减，达到历史最好水平。到1990年统配煤矿百万吨死亡率比1980年下降了70%。大量的灾害压煤、"三下"压煤得到开采和解放，保证了矿井正常生产持续，稳步发展。

4. 发展煤炭洗选加工综合利用技术，煤炭多种经营出现新局面 发展煤炭多种经营，走出煤炭单一产品经济结构模式，提高煤炭工业企业经济效益是1986年原煤炭部党组提出的三个战略发展主体之一。80年代以来，煤炭科技紧紧围绕这一主体，大力开展煤炭洗选加工，综合利用技术开发，开展煤的燃烧和转化技术研究。在煤的洗选方面，研制出大型沉降过滤式离心脱水机等煤泥脱水装置，大型重介质旋流器选煤工艺及装备。并为中、小煤矿开发了简易选煤厂工艺及装备，开发完善了洗煤厂自动化设备与控制技术。在煤的加工、综合利用及燃烧、转化方面，开发了型煤、煤质活性炭和褐煤蜡提取技术，劣质煤、石煤和煤矸石流化床沸腾炉燃烧技术，煤矸石烧制彩色水泥，灰渣免烧制人造大理石及地砖技术。进行了扩大炼焦用煤的研究，使气煤配入量达50%以上，为宝钢大型焦炉提供了合理可行的配煤方案。另外，还建立了具有国内先进水平的煤种资源数据库，研究制定的中国煤炭分类标准为宏观指导煤的合理开发和利用提供了技术基础，并为煤矿企业年增亿元以上效益。

以上技术的开发和推广应用，推动了煤矿企业开始从单一产品经营向以煤为主多种经营的方向转变。到1990年统配煤矿入洗原煤量和入洗比重由1980年的1.14亿吨，占31.7%，增加到1.89亿吨，占 38.9%；筛选加工量和筛选比重由 0.93 亿吨，占 30.3%，增加到 2.82 吨，占 61.8%，改变了过去大量直销原煤的状况。煤炭综合利用和资源综合开发，建成了一批矸石发电、建材、焦化、气化、瓦斯利用、型煤等骨干企业，年产值超过 30 亿元。煤炭多种经营出现了新局面。

5. **依靠科技进步，煤矿现代化建设步伐大大加快** 大力发展以回采工作面综合机械化开采为龙头的矿井生产建设机械化技术装备，发展以高、新技术为起点的安全、通迅技术装备，煤炭加工综合利用技术。努力提高全行业的科学管理水平和职工技术素质。走出了具有中国社会主义特色的现代化建设道路。

矿井建设上，可以自行设计建设 400～500 万吨的大型现代化矿井，取得工效 5 吨，吨煤投资 133 元的先进设计指标。另外在露天开采中采用大型高效露天剥、采、运成套技术设备。80 年代建成了一大批机械化程度高、效率高的特大型矿井和露天煤矿，如年产 1500 万吨的平朔露天煤矿，400 万吨的东滩矿井、300 万吨的兴隆庄矿井。年产 400 万吨的大同贵石沟矿在我国首次实现矿井、选煤厂、热电厂同步建成投产，走出了一条矿井与厂、电、路同步建设的新路，标志着我国煤矿建设已接近世界先进水平。

矿井生产机械化特别是综采的发展，大大提高了工作面单产水平，为煤矿合理集中化生产，建设现代化大型、特大型矿井提供了可能。1986 年开始现代化矿井建设，从采煤、掘进机械化，质量标准化，矿井运输、地面储装设施、调度通讯现代化，机电管理正规化，管理科学化，职工教育培训正规化，思想革命化十个方面提出了现代化矿井建设标准。到 1990 年全国已分 5 批建成现代化生产局、矿，总计 16 个局，106 个矿。这些现代化矿井的设计能力约占全国统配煤矿设计总能力的 30%，而其实际出煤量占 41.58%；46 个百万吨综采队，有 43 个在现代化矿井；采煤机械化和掘进装裁机械化程度绝大部分在 85%以上，部分矿达到百分之百，其安全、效率等技术经济指标也远远高于统配煤矿平均水平。如现代化矿务局大同自 1988 年连续 4 年百万吨死亡率不超过 0.6；潞安 1991 年全员效率 4.188 吨/工，百万吨死亡率 0.59，改革 10 年来为国家上缴利税 4.91 亿元，相当于前 30 年的 2.25 倍。

现代化建设说明，长期受劳动密集传统生产习惯、粗放经营和产品经济影响的煤炭行业，正在依靠科技第一生产力，向技术密集型，质量效益和计划与市场经济结合型现代化工业转变。

二、依靠科技进步发展煤炭行业的几点做法

1. **坚持经济建设必须依靠科技进步的方针，确立科技进步在发展煤炭工业中的战略地位，把“依靠”落到实处** 1980 年全国生产原煤 6.2 亿吨，到本世纪末煤炭产量必须达到 14 亿吨，才能满足我国国民经济现代化建设发展速度对煤炭能源的需求。煤炭产量要以平均每年增产 3900 万吨的速度发展，靠加大投资强度建设新井是不可能的，统配煤矿增产增人这条路会愈走愈窄。靠资源加人力办乡镇煤矿，采煤率低，安全程度差，随着人民生活水平提高，这种落后的生产方式将难以解决人力资源，没有后劲，也难以稳产。另外，随着新井建设开采深度增加、强度增加，矿井生产建设和安全对技术进步的依赖越来越大，煤炭工业的发展只能走，也只有走依靠技术进步的路子。

——制定政策、方针，明确依靠科技第一生产力，发展煤炭工业的指导思想，确定煤炭科技进步的战略地位。12 年来煤炭工业先后召开了全行业四次科技大会，提出了一系列促进煤炭行业技术进步的方针、政策，以及重点攻关项目和科技推广计划。特别是 1986 年原煤炭部党组制定的煤炭生产、基本建设和多种经营“三个主体”的发展格局，提出了抓好安生、效率、现代化矿井建设“三件大事”的战略部署，从根本上确立了科技进步在发展煤炭工业中的战略地位。促进了煤炭科学技术进步，促进了科技发展与煤炭生产建设的结合。向先进的科学技术求发展，尤其是综采实践所取得的巨大效益，从根本上改变了煤炭行业过去那种认为不用科技照样出煤，煤炭生产就是人力加资源，属劳动密集型的观念。加强了煤矿这个传统基础工业也应是技术密集型，也需要用高新技术对其实施改造的新意识。

——坚持自立更生、艰苦奋斗、勤俭办矿，千方百计增加对科技开发、推广应用先进技术和企业技术改造的投入，向科技要产量，要速度，要安全，要质量，要效益。

国家对统配煤矿实行统产统销。由于煤价过低，煤炭售价与成本背离，煤炭企业大多数长期亏损经营，经济十分困难。在财力极为困难的情况下，统配

煤矿总公司仍决定自1990年开始从吨煤提取1角钱(每年约3000多万元)建立煤炭科技发展基金,主要用于支持行业重点技术开发项目,重要技术基础研究,实施推广项目补助,进行行业科技成果奖励。为了保证综采技术装备的更新和安全技术措施的落实,还争取到了吨煤1元综采设备更新改造资金和吨煤1元安全技术措施费用,对煤矿技术装备进行补助。允许新井建设中的科技研究经费,可从相应项目的初期基建投资中解决。

已建成的现代化矿务局和矿井,大部分都是千方百计挖掘内部潜力,自立更生、艰苦奋斗建起来的。目前许多矿务局都建立了科技发展基金,积极吸收和利用科研、院校等单位的科技力量,对本矿区的生产、安全技术难题进行联合攻关;大力推广采用新技术成果;自筹资金,对生产、安全关键环节进行技术改造实施科技兴矿。晋城矿务局原设计年产420万吨,1985年以来自筹资金8000多万元,发展综采、综掘,狠抓矿井薄弱环节技术改造,还是那三对矿井,到1988年原煤产量突破1000万吨,采煤机械化程度达到100%,全局效率达4.85吨/工,为全国当年最高。

2. **在科技体制改革中,坚持紧密围绕煤炭工业“三个主体”、“三件大事”和提高全行业经济效益这个中心,作为开展科技工作的基本指导思想** 煤炭科研以改革为动力,以各种形式,从不同层次进入煤炭经济建设主战场,发挥科技计划管理和技术市场调节的作用,促进科技与经济的结合。

——在行业技术开发方面,针对煤炭工业不同技术状况和对技术的需要,以煤炭生产、建设和安全方面带有全行业性的有重大经济、社会效益的关键技术问题为主,局部性的行业一般技术问题和行业重要应用技术基础研究为辅,按照国家攻关、行业重点、行业一般院(所)项目和行业应用基础研究四个层次进行科技攻关安排。“六五”以来全行业技术开发共取得科技成果2800多项,其中“七五”期间的成果是“六五”的2.2倍。有91项成果获国家科技进步奖或发明奖,其中“七五”是“六五”的2.4倍。

——在行业技术推广方面,1989年煤炭科技大会提出建立行业科技成果推广计划,从历年来3000项成果中,筛选出100项效益好,技术水平较高、量大面广的新技术(简称“100推”),列入行业重点推广计划。在推广工作中逐步形成了“三抓”(抓技术服务、培训和宣传)、“一办”(举办科技市场)、“两结合”(与企业技术改造、与各业务部门工作任务相结合)的工作思路。并注意组织成龙配套推广技术。

——在科研单位发展科技经营直接将成果转化为生产力方面,煤炭科学研究总院所属行业专业研究院所,探索出了“四个为主”发展科技经营的四条途径(以煤为主,以技术为主,以实业经营为主,以自主开发管理为主)。一是技术产品开发与产品制造、推销相结合技工贸“一条龙”。如煤科总院重庆分院85型瓦斯报警仪,自开发以来,生产销售了35000台,占全国市场的60%以上,创产值1820万,利润546万;二是工艺研究与工程承包相结合,如煤科总院北京建井所和煤化所,分别以特殊凿井和矿区二段炉气化技术为依托,进行技术工程总承包,既解决了现场技术难度较大的工程技术项目建设问题,又为科研单位创造了较好的经济效益;三是积极举办各种形式的技术市场,1985年以来共组织各类技术市场近百次,成交合同达8000多项,总金额4亿多元;四是广泛开展四技活动,“七五”以来共完成4000多项横向四技合同,合同额达1亿多元,煤矿企业从这些技术活动中取得的经济效益十几亿元,也大大增强了科研单位本身的经济实力。

——实行科研、设计、制造和生产的“三结合”。在行业科技攻关和技术引进中,科研(院校)、制造、生产“三结合”,充分发挥各自在技术开发,引进技术吸收、消化,新产品试制和工业性试验等过程阶段中的不同作用,提倡密切合作、积极配合、互相促进。并注意吸收和依靠外行业和外系统的技术力量。“六五”以来,顺利地完成了国家攻关、工业性试验、企业技术开发“一条龙”等重点科研项目和技术引进项目。

3. **立足国内自主开发,加强对外科技合作与交流,不断提高煤炭科研水平**

——立足国内自主设计和配套,引进国外关键测试技术和手段,“六五”以来加上国家下拨850万美元专款共投入1.38亿元,相继建设了采掘机械、安全、选煤三大试验检测研究中心,形成了煤矿采、掘、运输机械化,安全、通风监控,选煤技术装备及煤的气化、液化试验装置等15个测试系统,其中的20多个试(实)验室达到80年代国际水平,使煤炭科研、试验和检测研究能力总体水平,从过去60年代一跃进入80年代。大大提高了煤炭工业生产建设新技术、新产品、新工艺和新材料立足国内研究开发的起点和水平。缩短了科研周期,提高了科研效率。

——采取多种形式，开拓渠道，广泛开展中外煤炭科技交流与合作。一是中外双方合作，发挥各自优势，进行技术开发。赶超世界先进水平。如中波合作研究开发的达到80年代末国际先进水平的交流电牵引薄煤层强力爬地采煤机，冲击地仪防治预测预报仪等；二是引进消化国外先进技术为我所用，如获得高产高效的放顶煤综采工艺及装备；三是在合作研究中尽可能争取国外援助项目；四是引进国外智力讲学，或建立院际合作关系输送科技人员到国外接受培训；五是为科技人员开展国际技术、学术交流，参加国际会议和各种学术组织创造条件。“六五”以来共取得对外科技交流合作科研成果150多项，其中的大多数填补了国内空白，有些达到世界先进水平。

4. **大力加强行业技术管理工作，努力提高行业现代化管理水平**

——推行“质量标准化、安全创水平”，“质量标准化、矿井现代化”。全国统配煤矿几年来坚持矿井质量标准化建设，对矿井生产、建设、安全、节能、环保等，实行标准化管理，积极探索推行煤矿全面质量管理。实行矿井质量标准化达标升级。加强质量管理保证体系和管理系统建设。加强质量管理的宣传、教育和培训，推动了煤矿企业开始从速度和数量型向质量效益型的转变。

——依靠煤炭行业建立的国家和部级质量监督检验测试中心，对煤质、矿用机械、电器产品进行质量抽检、实行煤矿安全标志，监督和促进煤炭质量和煤矿用设备质量、可靠性的提高。切实加强质量标准化和管理现代化技术基础工作，加强技术标准化和计量等质量监督管理基础工作，建立健全各种质量监督标准化和计量管理条例、规章制度。将行业技术标准、计量和产品质量技术研究项目，纳入行业科技计划，提高标准、计量和产品质量的技术水平。

5. **加强煤炭科技队伍建设，全面提高煤炭职工队伍技术素质**

——加强科技队伍建设，充分发挥科研人员的积极性。长期以来我们十分重视煤炭科技队伍建设，在全行业各级领导和职工中，牢固树立尊重知识、尊重人才的思想意识；努力为科技人员创造良好的工作、生活条件；充分调动他们的积极性，鼓励他们热爱煤炭科技事业。广大煤炭科技工作者，坚持面向煤炭生产第一线，深入环境艰苦、条件恶劣、甚至要冒生命危险的煤矿井下，开展科研工作，不仅表现出了顽强的科技攻关精神，也表现出了献身煤炭科研事业艰苦创业的思想作风，为煤炭工业科技进步作出了很大贡献。

——加强各种技术培训和教育，全面提高煤炭职工的队伍技术素质。一是结合岗位技术培训、新技术引进、开发和推广工作，依托院校、科研和局矿厂的教育培训部门建立了包括综采机械化、煤矿安全、通讯等新技术培训，矿（厂）长、总工程师、科技处长和职工技术岗位培训等多种形式的各级技术培训中心、培训网点和职工教育学校。二是坚持有计划、有重点地对煤矿生产建设管理领导干部、技术管理干部和职工实行工作岗位培训和技术岗位培训，坚持领导和技术岗位持证上岗。不断提高行政领导干部、技术领导干部和广大职工的管理和技术能力与水平，适应煤矿现代建设的需要。三是在加强技术培训和教育的同时，开展群众性的技术革新和合理化建议活动，使学有所得，学有所用。全局工人初中以上文化程度1990年上升到93.5%，全员文化技术素质大大提高，有力地促进了安全生产和现代化设备的管理使用。

（本文作者系中国统配煤矿总公司
技术发展局局长）

依靠科技进步，促进油田持续高产稳产

大庆石油管理局

1991年大庆油田产原油5562.3万吨，超额0.4%完成国家计划，实现第十六年持续高产稳产。在油田勘探、开发建设中，科技进步起到了促进生产发展的主导作用，并已经形成了一套砂岩油田注水开发的地质理论和工艺技术系列，使油田开发的总体水平进入世界先进行列。在发展科学技术方面，主要做了以下工作：

一、围绕油田“八五”及“九五”稳产目标，组织配套技术攻关

为了实现“八五”及“九五”期间，年产原油5000万吨的奋斗目标，我局抓住油田勘探、开发建设中影响高产稳产和综合经济发展的技术关键，组织技术力量，对“聚合物驱油配套技术”、“喇萨杏油田高含水后期低渗透薄油层及表外储层挖潜配套技术”和“高效低耗油气资源综合利用配套技术”等10项配套技术、包括332个科研课题进行攻关。

在落实“八五”科技攻关任务中，1991年我局对10项配套技术当年编制出计划，并当年组织论证开题231个，开题率达69%，超额完成“八五”第一年开题60%的目标。

为了加快10项配套技术攻关的进度，又针对10项配套技术中的难点，突出提出了“攻三难、过三关、一推进”保稳产（薄层固井封窜、水淹层测井和找水堵水技术，推进地质综合分析研究工作），加快三次采油试验研究，再创科技新水平的要求。组成了以有关副局长或专业总工程师为负责人的3个攻关队。把计划进度、技术指标等逐项落实到人头，在人力、物力和资金等条件给予保证，定期进行检查协调，并明确提出实行重奖重罚，以此带动10项配套技术和局里科技任务的全面完成。例如，注聚合物驱油配套技术，继“七·五”期间的研究成果，在1991年取得较好进展，通过中区西部单、双层试验区注聚合物驱油试验，获得注1吨聚合物增油150吨，提高采收率10%的效果，超过方案指标。

二、从油田生产需要出发，引进和消化吸收国内外先进技术

改革开放以来，油田管理局先后从国外引进了一大批先进的技术装备。仅1991年就与国外签订了408份技术装备等订货合同。油田管理局十分注重消化吸收国外先进技术。引进的机械采油用电潜泵机组投入使用后，增油1200多万吨。为使电潜泵生产国产化，油田组织了技术攻关，现在已经形成了8条专业生产线，年生产7个系列500套产品的能力，配件国产化率达86%以上。

我局把生产与科研结合在一起，加强了与国内的科研院所、大专院校和厂矿企业的技术协作，开展横向联合。例如，与中国科技大学协作，研究完成了套管井井壁超声彩色成像测井及处理系统，现在已经投入生产应用，为准确检查井下套管损坏情况，提供了手段。又如：在1991年与石油勘探开发科学研究院、东北石油学院共同合作，在大庆榆树林油田打成了大庆第一口水平井——树平一井，进一步提高了油田的技术水平。

我局还建立了较为现代化的科学管理信息系统，勘探开发数据库已经初具规模。

三、建立健全科技攻关与管理体系，增强油田技术进步的整体功能

大庆油田从投入开发时起，就着手建立科技攻关机构，现在已经建立起以研究院、设计院和采油工艺、生产测井、钻井技术、油建施工技术研究所为骨干的13个专业技术研究院所，和28个地质、工程技术和试验大队。有科技人员5.46多万人，占职工总数的23%以上，其中研究生168人，本科生10436人，大专生11723人；高级职称1678人，中级职称10172人。直接从事科研工作的技术人员8190多人，基本形成了石油地质、勘探、开发等专业比较配套的科技人才群体。

我局十分重视科技、文教事业的发展，1991年油田的科技投资为14896万元，占销售收入的1.17%；职工教育投资938万元，分别比1990年增长6.1%和5.3%。在科学试验手段上，除有良好的现场试验条件外，已经建立各类实验室66个、检测中心8个，其中提高采收率等18个实验室达到国内先进水平；装备有国家科委统管的23种大型精密仪器126台（套），和其它较大型检测、试验仪器设备2270多台（套）。油田还十分重视科技人员的知识更新，1991年举办岗位培训班314期，培训专业技术人员10793人。委托定向培养研究生65人。还派出31个团组，177人次出国进行技术培训、设备考察验收和学术交流。同时，我局注重对青年科技人员进行培养，选拔了一批德才兼备的80年代毕业生，到各厂（公司）副总师或副处级岗位上，促使其在实践中锻炼成长。

为了使领导工作适应科技进步发展的需要，我局建立了局长领导下的总工程师技术负责制的科技管理体系。局设立了科技领导小组和科学技术委员会，由局长兼任组长和主任，总工程师任副组长和副主任，有关副局长、各专业总工程师、总地质师、主要研究院所的领导或主管技术工作的负责同志为委员。在局技术委员会下设立了勘探、开发、采油工艺等11个专业技术委员会，每个专业技术委员会一般由15～20人组成，由局各专业总工程师或副局长任主任委员，有关专业部处和二级单位的技术专家为委员。局属各二级单位，也都设立了技术委员会。在科技日常管理工作上，局设立了科技发展部，局有关专业部处都有负责管理本专业科技发展工作的领导和工作人员。各二级单位都设有科技科；矿或大队一般都设有技术室，配有工程师主管科技工作；小队多有技术革新组，基本形成了从管理局到小队的科技组织管理网络体系。

四、深化科技体制改革，加快油田科技进步

1985年我局结合油田经济体制改革的全面进行，配套开展了科技体制改革，实行了院所长负责制；建立不同层次的技术责任制，改革科技经费的使用管理办法；推行科研课题承包；开拓油田技术市场；创办科技生产联合体；实行科研课题分级管理、对承担技术难度大、水平高的科研课题组倾斜的政策等。通过几年来的改革，调动了科研单位和科技人员的积极性，收到了明显效果：一是1987年改革以来，年年超额完成科技任务，成果成倍增加，局级科研课题从313增加到1991年的693项；获奖科技成果从107增加为1991年的321项，其中有35项获得省、部和国家奖励。二是科技管理水平不断提高，组织“八五”10项配套技术攻关，1991年做到了当年组织开题论证、当年编制、当年开题率达69%；承担国家和省、部级科研课题，从18项增加为1991年的173项。三是加快了科技成果向生产的转化，推广应用率达80%以上。1991年局列入计划推广的科技成果154项，获效益1.49亿元。科技生产联合体已经建成投产50个厂（车间），年生产新产品148种，产值4200多万元，年获利润达620多万元。此外，有偿技术咨询服务已经普遍开展，1991年签订各类技术咨询服务合同196份，合同金额2400多万元，获效益1200多万元。

注重市场开拓，引进先进技术和人才

——云南电子设备厂依靠科技进步促进企业发展

云南省电子工业局

云南电子设备厂创建于1970年，现有700多名职工，3000多万元固定资产。就这么一个地处西南边疆、规模不大的企业，近几年来在高科技领域，在激烈的市场竞争中却获得迅猛发展，经济效益、社会效益都十分显著。该厂生产的微型计算机等产品已成为我国金融行业电子化的重要装备，1991年工厂（含分支机构）完成工业总产值1.48亿元，销售收入1.55亿元，实现利税2400万元，全员劳动生产率17.9万元/人，分别比上年增长41.3%、41.1%、34%和36.1%。各项主要经济指标再创工厂历史最好水平，产销、利税3年翻两番。1991年该厂晋升为国家一级企业。近一两年来，中央领导人来云南视察工作，都曾到这个厂，并赞誉这个厂为计算机产业的“南天一柱”。

云南电子设备厂已成为中国计算机产业的一个重点骨干企业。这个成功，正是企业在改革开放的形势下，始终不渝地坚持技术进步的结果。

一、注重市场的开拓

技术进步，无论是技术引进也好，产品开发也罢，必须紧紧围绕市场需求。市场是企业赖以生存和发展的基础，技术进步是企业生存发展的源泉。为此，云南电子设备厂自觉地以市场为导向，把市场开拓放在企业发展战略的首位。该厂在对我国计算机市场进行周密调研分析后认为：计算机产品作为投资类电子产品，其市场的成长与国家政策息息相关，在中国现代化进程中，作为现代经济活动的神经中枢的金融系统，必须首先电子化，而其客观条件也最具有建立计算机应用系统的条件。因此，工厂选择了银行电子化作为突破口，确立了以国家重大经济信息系统为服务对象的行业行销战略。近年来，他们先后投入了大量技术力量，与中国银行、国家外汇管理局、建设银行、工商银行等金融系统合作，成功地开发了我国外债统计监测系统、外汇管理系统及银行综合业务处理系统、信用卡业务系统、国际结算业务处理系统等25个大型计算机应用系统。加上优良的售后服务，使工厂在我国银行界获得了良好信誉。中国银行、国家外汇管理局全系统均采用了该厂生产的南天系列微型机。建设银行、工商银行也安装了一定数量的南天计算机。1991年南天与各银行合同成交额超过1.2亿元。1991年8月，与中国银行一次合同成交额就达5170万元。行业市场的开拓成功，为南天的发展提供了坚实的市场基础。

二、注重先进技术的引进

计算机是20世纪的高技术产品之一，具有技术先进、产品更新快等特点。为积极跟踪国际先进水平，创一流产品，满足市场需求，必须引进国外先进技术和装备。为此，该厂在“七五”期间，完成了从美国优利公司和意大利奥利维蒂公司的引进项目，并建立了良好的合作关系。该厂还利用意大利政府的低息贷款，引进了具有80年代国际水平的微机生产线。经过二次开发，工厂已成功地掌握微型机生产的光板测试、在线测试、高温动态测试及零件数控加工等关键技术，是国内第一个将上述技术用于计算机批量生产的厂家，处于国内领先地位。

三、注重人才的引进、培养和使用

云南电子设备厂在实践中深切体会到，市场产品的竞争是技术的竞争，而技术的竞争本质上就是人才的竞争。经济靠科技，科技靠人才，人才对于企业的发展至关重要。该厂早在70年代建厂初期，就打破清规戒律、门户之见，克服重重障碍，从全国各地的科研院所、高等院校、工矿企业中网罗了一批技术骨干，他们的绝大多数都已成为工厂的中坚力量，在工厂的成长和发展中起了决定性的作用。此外，工厂每年都接受不少大学毕业生。现在，大专毕业生已占工厂职工总数的46.7%。该厂在引进人才的同时，更注重人才的培养和使用。工厂对职工提供了良好的成才环境，积极支持职工参加各种学术交流活动和技术培训班，支持参加国内外的技术考察和培训。1986年到1991年该厂共派出国人员96人次，其中，1991年就达21人次。工厂鼓励职工通过函授夜校进修等自学成才，其中取得大专以上学历的就达51人。通过培养和工作锻炼，造就了一批技术业务骨干，现有专业技术人员占职工总数的62%。他们中大多数专业知识面广，实干精神强，已在工厂生产经营的各个岗位上发挥了主力军作用。为充分调动职工的积极性，使人才发挥出最大的才干，该厂从1988年至今，每年坚持各部门一年一聘制，实行宏观控制下的双向选择。在一定的竞争环境中，鼓励职工的拼搏、奋进精神，鼓励创造和谐的人际关系环境，号召职工互相理解，以事业来增强职工间的凝聚力。

四、注重产品的开发

云南电子设备厂在引进国外先进技术的同时，坚持贯彻引进、消化、开发、创新的方针，以引进促开发创新，加快自力更生的进程。通过引进，工厂开发了南天B系列、南天M系列微型机及南天BP8900银行专用终端、南天光栅数显表，这4项产品达到了国际80年代中、末期水平。工厂主导产品南天B系列微型机在国内同行业中首家通过了美国UL、加拿大CSA、西欧共同体TUV3项国际安全质量认证，为工厂向市场提供一流的产品奠定了坚实的基础。

由于注重产品开发，使南天B系列微机的深度国产化获得成功，生产成本降低，在1989年年底人民币外汇比价下调21%而国内同类产品相应提价的情况下，1990年工厂供给用户的B系列微机反而降价20%，深得用户称赞。

1991年，该厂与国内重要用户密切合作，共同研制开发南天高安全特种微型机并通过有关部门技术鉴定。为不断适应银行电子化的需要，他们还与用户密切合作，成功地开发出“南天BTOS工作站仿真IBM4700终端储蓄业务系统”。该项目的开发成功，拓宽了BTOS的应用领域，提高了南天在金融电子化中的技术水平和层次，使南天从微机领域进入了大机应用领域，在技术上领先一般厂家2至3年，引起了国内同行业及金融界广大用户的重视。

为开拓国际市场，使南天产品“走向世界”，该厂在1991年与美国优利公司合作开发亚洲终端系列产品，使该厂成为美国优利公司在亚洲地区的生产基地。工厂自主开发的南天BO8900银行外设终端也将作为美国优利公司强大的金融电子化成套设备的一部分进入国际市场。自主开发的为机床配套的光栅数显表也出口美国、法国、意大利等国。

（唐韵文　执笔）

发展“洛阳浮法”，依靠科技兴厂

洛阳玻璃厂

洛阳玻璃厂是我国目前唯一拥有三条浮法玻璃生产线的大型综合性玻璃生产企业。现有职工10300人，其中工程技术人员560人，固定资产原值3.49亿元，年生产能力为浮法玻璃587万重箱，工业技术玻璃100万平方米，玻璃纤维及其制品2000吨，玻璃球10000吨，日用玻璃制品20000吨。

改革开放以来，我厂依靠科技兴厂、走质量效益型的发展路子，使企业面貌发生了巨大变化。10年间，企业共上缴利税5.57亿元，相当于为国家赚回3个洛阳玻璃厂。我厂的主导产品浮法玻璃连续5次获全国行检第一，其中无色3毫米、5毫米浮法玻璃获国家银质奖。优质产品产值率达84.86%，1986年，获“六五”全国技术进步全优奖；1989年获“全国十年改革创新奖”，晋升为国家二级；从1985年起，连续5年获“全国思想政治工作优秀企业”称号；1990年，获“河南省企业技术进步一等奖”，并被评为河南省冶金建材厂“科技进步优秀企业”。

一、瞄准国际先进水平，以发展完善“洛阳浮法”为中心，大力推进技术进步，实现“洛阳浮法”四次技术突破

我厂始终坚持了一条“独立自主、自力更生、以我为主、博采众长，瞄准世界先进水平，完善和发展洛阳浮法”的方针，促进了企业科技水平的全面进步。

1．“从无到有”，开中国浮法玻璃工艺之先河

——早在60年代，我厂积极参与浮法工艺的研制试验，把原压延生产线改为浮法玻璃试生产线；

——1971年9月23日，成功地拉出了质量较好的浮法玻璃。使我国成为世界上唯一没有购买英国专利而独立自主研究发明浮法工艺的国家；

——1981年，浮法工艺正式通过继万吨轮、万吨水压机之后的第三项国家级鉴定，获国家科技发明金奖，被正式命名为“洛阳浮法玻璃工艺”，实现了我国浮法玻璃生产“从无到有”的突破。

2．“从小到大”，洛阳浮法实现更新换代

——1983年9月，我厂开始兴建我国第一个400吨级的第二代浮法玻璃生产线；

——1985年7月3日，第二代浮法玻璃生产线一次投产成功，从浮法一线日熔化量250吨发展到二线400吨；实现洛阳浮法“从小到大”的突破。

——1989年，围绕浮法二线建设的国家“六五”科技攻关项目“400吨浮法玻璃工艺及装备”，获国家科技进步一等奖。

3．“从旧到新”，垂直引上改浮法为老企业改造开创了先例

——1987年6月1日到12月8日，仅用半年工期，将我厂一条运行了23年，产量低、质量差、劳动强度大、工作环境差的垂直引上生产线改为垂直引上浮法。浮法三线改造工程顺利建成，投资额为3849.2万元，改造后的浮法三线，主要技术经济指标均达到或超过设计水平；

——投产3年来，共生产无色、茶色、蓝灰色浮法玻璃515.6万重箱，创产值25482万元，实现利润5293万元，相当于原引上线23年利润总和的2.5倍。

4．“从低到高”，建成一条标志中国浮法玻璃工艺最新技术水平的样板线。

——于1990年5月15日我厂对浮法二线进行

了全面改造，10月23日进入试产。工期5个月零8天，完成投资额近8000万元。这条线，集目前国内所掌握的新技术、新设备、新材料之大成，全线实行计算机控制，使洛阳浮法由半机械化、半自动化一跃而达到全自动机械化，是“洛阳浮法”工艺技术的又一次革命性飞跃和在高层次上的更新换代，也是中国浮法技术接近当代世界浮法最高技术的一个标志。

二、致力于开发、推广新工艺、新技术，不断丰富提高洛阳浮法总体技术水平

我厂大力开发、推广新工艺，新技术。“七五”期间，共开发应用了70余项，既保持了“洛阳浮法”的特色，又使“洛阳浮法”连上几个台阶。

1. 组织力量，自行开发新工艺、新技术、新材料，丰富洛阳浮法工艺技术宝库

首次成功地在我厂使用我国玻璃熔窑烘烤技术的一个重大突破的“大型玻璃熔窑热风烘烤新技术”，取得了十分明显的效果。

自磨机新工艺开发应用于硅质砂岩的加工，改锻烧、粗碎、中碎、细碎四段加工为一次加工。1984年4月该工艺通过部级鉴定。1988～1989年应用该工艺进行了砂岩矿扩建工程。

我们厂自行开发、设计了新型锡槽拉边机。

我厂和洛阳耐火材料研究院、山东耀华耐火材料厂合作开发了锡槽底砖新材质——超低水泥耐热砼烧成砖，此项技术已申请专利。

2. 积极采用国家科技攻关成果和科研成果，改善我厂工艺条件，提高企业装备水平和自动化程度

1988年我们与蚌埠玻璃工业设计研究院合作，开发出以柴油作燃料隔焰加热辐射管烘烤锡槽技术和装置。1990年用于完善改造后的浮法二线锡槽烘烤，减少了电加热装机功率，节约了电能，减少了投资。

1983年，我厂与西安交通大学合作，研究制作出玻璃板单点测厚仪，投入一线使用后效果显著。现在已经用到三线，效果很好。

1990年我们推广应用了秦皇岛光大自动化研究所研制的流量闸板自动控制系统，用于浮法二线自动控制玻璃液流入锡槽的流量，对提高玻璃成型质量，稳定锡槽作业，减少事故率和锡耗有良好效果。

1990年我厂又将秦皇岛玻璃研究院研制的原料水份测试仪，应用于浮法二线配料线，替代了进口。

三、认真消化吸收先进技术，加快引进技术装备的国产化，提高企业整体技术素质和玻璃深加工能力

1985年我厂将浮法二线建设时引进的退火窑、电子秤、混合机，进行了测绘、消化、翻版制造。有效地改善了企业整体工艺技术条件。

1990年我们将应用于浮法一线引进的玻璃液垂直搅拌技术和装置，在消化的基础上进行翻版制造，用于浮法二线完善改造工程。该技术在浮法一线使用6年的实践表明，玻璃液均匀性提高2～3个等级，产品一级品率明显提高。

1986年，我们又引进了具有国际80年代先进水平的国内第一条水平钢化生产线，年产75万平方米优质水平钢化玻璃，大大提高了我厂技术玻璃加工能力，满足了二汽东风、南汽131、济汽162、北京130、天津130、上海轿车及各种客车的配套，而且出口到澳大利亚，新加坡等国家和地区。

四、大力开发新产品，提高经济效益

我厂一直十分注意把开发新产品和品种作为技术进步的重点，通过技术引进、技术改造、技术开发来增加品种，提高质量。1987年以来，我们先后陆续开发了茶玻、蓝灰玻、8～12毫米浮法厚玻、渔杆基布、高温过滤布、玻璃家具等70多种新产品和新品种，共计为企业增利税达9610.16万元。1987年8月投入生产后，受到市场广泛欢迎。1987年11月通过省级技术鉴定。1988年获河南省优秀新产品一等奖，河南省科技进步二等奖。截止1990年底，我厂共生产茶玻734万重箱，仅此一项就为企业增利税8630万元。出口创汇320万美元。

1990年，蓝灰色浮法玻璃试制成功，并通过了省级技术鉴定。1991年试制成功的19万重箱蓝灰玻璃，大部分销往香港、台湾、南朝鲜和东南亚地区，效益显著。

在大力开发新产品的同时，我们加强全面质量

管理。1988年，我们投资300万元，建立计算机管理统计信息系统和决策支持系统，推进了企业管理现代化，使产品质量稳步提高。我厂产品优质品率已达82.51%，主导产品均为国优、部优、省优产品，其中浮法二线产品达到日本JISR3202——85标准。

调整产品结构，抓好技术进步，坚持走科技兴厂的道路

青海第一机床厂

我厂是国家机床重点骨干企业，是国家数控机床集团主要成员厂，有职工2000余名，固定资产4600多万元。十一届三中全会以来，我们坚持党的“一个中心，两个基本点”的基本路线，坚持“科技是第一生产力”的观点，狠抓技术进步和人才培养，大力发展新产品，逐步占稳国内市场，打入国际市场，使企业日益发展，经济效益和社会效益不断提高。

在市场疲软的情况下，怎样渡过难关，走出困境，这是许多企业普遍面临的一个严峻的问题。我厂多年的实践证明：从企业发展的大战略出发，始终不渝地致力于企业技术进步，实现发展的良性循环，是克服市场疲软的根本措施；以高新技术商品为龙头，调整和优化企业产品结构，增强企业竞争能力和应变能力，是闯过难关、摆脱困境的有效途径。

10年前，当国民经济在第一轮调整的时候，机床行业首先受到冲击，我厂受到的冲击更大。以X_{61}系列升降台铣床为主导的老产品销路越来越窄，产值、销售额、利润等主要经济指标急剧下降，从1981年开始到1984年企业连年亏损，经营生产陷入了困境。面对严重困难，我们决心抓好技术改造和技术进步，全力以赴抓新产品开发和产品结构的调整，开辟了一条以产品为龙头、依靠技术进步振兴企业的新路子。经过几年的努力，成功地开发出了10种类型的新产品90多个，其中以高技术产品加工中心为主导的机床新产品60余个。这些产品大都通过部、省级或国家级鉴定，达到80年代初、中期水平。先后有20多个新产品分别获得国家级、部级、省级科技进步奖或质量奖。

由于我们在第一轮国民经济调整以来能够把握机遇，果断决策，开发了一批高新技术产品和适销对路产品，积极调整和优化企业产品结构。因此，当国民经济再度调整的时候，我们已经有了一定的应变能力和回旋余地，经济效益也有了明显好转。“七五”期间，尽管可比产品的成本不可抗拒地上升，企业利税仍以平均每年16%以上的幅度增长。1990年实现利税494万元，1991年实现利税611万元，1992年任务饱满，企业走上了一条良性循环的发展道路。

随着技术实力增强，企业出口前景良好。产品销往30多个国家和地区，由东南亚、香港等老市场转向欧美市场，由出口劳动密集型产品转向出口技术密集型产品，并实现了高新技术产品加工中心向第三世界国家的技术输出。“七五”期间出口创汇比“六五”期间增长10倍以上，“八五”期间企业出口创汇将有进一步突破。

我们的主要做法是：

一、克服“三线”企业固有弱点，长期实施“以技术进步占领市场，提高经济效益和社会效益”的经营方针

在国家实行计划经济和市场调节相结合的体制下，企业要有自己特色的优势产品，才有竞争能力和应变能力。我厂地处边远“三线”，存在着地理位置偏僻，生产费用高，经济效益差等固有弱点。如果生产劳动密集型产品，很难做到物美价廉，形成竞争能力。而技术密集型产品和高技术产品附加价值较大，

价格比较优惠，可以对本地区不可抗拒的成本增长因素予以抵消，从而提高单位产品效益和企业整体效益。因此，我们决定依靠技术进步占领市场，使企业在地理条件不利的情况下，能够依靠高新技术吸引用户，提高效益，在市场竞争中取得自己的一席之地。

二、外引内联，强化企业的技术吸引和开发能力

为了加快产品开发速度，把技术进步的超前期抢上去，我们通过技术引进、合作生产、厂所挂钩、厂校挂钩、厂厂联合等多种渠道，提高本厂技术水平，收到了事半功倍的效果。

近几年来，我们与10多家国外公司进行了技术交流，引进了9种外国产品的软件技术，其中对4种产品进行了软件和硬件的配套引进。先后与法国的DUEOR公司、德国的BOHLE公司、HEK-ERIKOCK公司、匈牙利的SZIM公司合作生产了升降台铣床、数控工作台不升降台铣床、数控工具铣床、加工中心等产品。这些产品在我厂制造成功后，均达到或接近国外厂家要求的技术水平，一部分返销国外，一部分替代进口，销在国内，发挥了较好的社会效益。技术引进和合作生产产品起点高，使我们在开发数控高档产品方面走了捷径，赢得了时间。

随着国内横向联合的开展，我们与沿海、内地一些技术水平较高的厂所、院校进行了新产品的联合开发。几年来一直与北京机床研究所合作生产了JCS—013系列卧式加工中心。为了更好地把工厂与研究所的优势结合起来，促进产品开发，1987年我厂与大连组合机床研究所签订了联合开发FMS柔性系统的协议。该产品技术复杂，机、电、液的设计要求高，我厂缺乏自行开发能力，但由于我们已能批量生产加工中心，在制造能力上具有一定的优势，与大连组合机床研究所联合开发后，设计和制造能力均能满足项目要求。目前首期工程的QH_1—$FMC_8H_2D_{60}X_{12}$柔性制造单元已经完成试制，并进行了国家级鉴定。

三、跟踪行业技术发展趋势，把加工中心作为产品发展的主攻方向

随着现代科学技术在机床行业的推广应用，发达国家的机床行业普遍以数控机床、柔性制造单元、柔性制造系统以及工业机器人为主攻方向，并在新兴的无人化工厂投入使用。我国机床行业虽然基础比较薄弱，数控技术的应用起步较晚，但使用数控机床的用户越来越多，数控机床的销路越来越好。因此，我厂根据多年生产机床的优势和经验，积极跟踪本行业技术发展趋势，选择高新技术产品加工中心为主攻方向，从经营决策到产供销、人财物的各个方面突出发展加工中心这个重点。

四、循序渐进，步步深入，不断形成高中低档并存、全系列发展的技术优势

抓住主攻产品加工中心，先开发小型的，紧接着又开发中型和大型的；先开发复杂系数相对较低的单机，接着又开发可换工作台、可换刀库的柔性制造单元，然后再发展到复杂系数更高的多种单元组成的柔性制造系统。这样经过一个由小到大、由易到难、由低到高的发展过程，我们已经开发了工作台宽度400毫米、500毫米、630毫米、800毫米、900毫米、1000毫米、1250毫米等从小到大的全系列卧式加工中心及柔性制造单元20多个品种，从而使我厂已成为国内加工中心的最大生产厂家之一。

五、按产品发展规律办事，不断进行产品更新换代，使企业产品在市场上立于不败之地

根据产品生命周期原理，任何一个产品都要经历投入期、成长期、成熟期和衰退期这样几个阶段，同时在市场上要经过试销、广销、滞销和淘汰这样一个过程，即使是加工中心这样的高技术产品也是如此。为此，我厂不断进行产品的更新换代，在产品的新陈代谢中始终掌握主动权。近几年来，在老产品X_{61}系列升降台铣床的基础上更新换代，发展了新一代的X_{6125}系列升降台铣床14个品种。1989年以来，我们进一步将前几年开发的XH_{754}、XH_{755}、JCS—013等3种加工中心正式列入工厂的老产品名单（其中XH_{754}是国家金牌产品）。这表明我厂早期开发的加工中心已经定型，可以批量生产，满足市场和用户需求，同时也增强了我们更新换代的意识。

六、在主攻加工中心的同时，不断扩大技术领域，形成多元化、多层次的产品格局

在产品种类上做到多元化。不仅开发卧式加工中心、立式加工中心，而且开发五面加工中心、数控床身铣床、数控仿形铣床和“量体裁衣”的数控专用机床、升降台式铣床等多种类型的产品，满足市场和用户的多种需求。

在产品档次上做到多层次，不仅开发加工中心为主导的数控高档产品，而且开发X_{6125}系列升降台铣床为主导的中低档产品，从而适应了不同层次用户的需要，使企业在国内外市场上有了较大的回旋余地。

七、加快技术改造，扩大技术进步产品的生产批量

“七五”期间，围绕调整产品结构和扩大适销对路产品的生产能力，我厂在技术改造方面有了一定的突破。

1. 制定计划实事求是，执行计划的随意性小，计划投资1000万元，实际完成1061万元，完成计划的106.13%，技改项目以及考核的主要技术经济指标均按计划完成。

2. 项目实施的措施落实，资金投入的速度较快。总投资1000万元，第一年就投入400万元，第二年投入320万元，第三年投入280万元，5年的投资额在前3年就基本全部投入，赢得了时间，争取了主动。

3. 突出重点，把有限的资金用在刀刃上，解决企业的关键问题。新建3500平方米的恒温装配厂房，扩大了数控高档产品的装配能力。购置加工中心、三坐标测量机等一批比较先进的设备、仪器，提高了新产品的加工能力和检测能力。建立了7台加工中心组成的数控设备基地，为保证零件制造质量，提高生产能力，以及提高用户服务，创造了有利条件。

4. 自己武装自己，留用本厂生产的加工中心，结合技改项目的实施，把自己生产的加工中心留在生产线上使用，不仅可以验证考核本厂产品的质量、性能和经济效益，而且为数控高档设备的国产化作出了积极的努力。

5. 注重投资效益，增强企业后劲。“七五”技改计划完成后，我厂新产品开发、产值、利税、出口创汇等主要技术经济指标均比“六五”期间有了较大幅度的增长，并已形成年产100台以上加工中心和300台以上小型机床的生产能力，为企业的持续、稳定、协调发展奠定了基础。

八、重视培养高技术人才和提高职工队伍素质

企业能否设计制造出高水平的产品，归根到底还是在于能否培养和造就一批高技术人才和一支素质较好的职工队伍。我厂地处边远“三线”，条件艰苦，对人才的吸引力和凝聚力差，我们不仅加强了思想政治工作，更注意了人才的培养和使用。由于工厂始终注重技术进步，使广大知识分子和科技人员感到有用武之地，激发了他们的事业心和进取精神，多数知识分子和科技人员能够扎根高原，艰苦创业。为了促进科技队伍的技术知识更新，我们进行了重点智力投资，根据技术引进、合作生产项目的需要，选送一部分技术业务骨干到发达国家进修、培训、参观、考察，从而锻炼了一批既懂技术，又懂经营管理和外语的复合型人才。对生产一线工人，我们采用“滚雪球”的方法，让他们轮流到数控高档产品的试制和生产岗位上学习锻炼。对干得好的生产工人，根据工作需要，也可以选送国外培训或安装调试和维修机床。同时，我们还自己开办电大班、中专班、技工学校、高等教育自学辅导站以及各种类型的业余培训班，多层次、多渠道地开展职工教育，促进了职工队伍的技术知识更新，使之能够适应数控高档产品开发的生产的需要。

运用科技成果，发展清洗产业

蓝星化学清洗集团公司

蓝星化学清洗集团公司现在拥有233家分公司和联合体，固定资产1亿元，流动资金3000多万元，从业人员14500人，年产值达3.2亿元。公司本部设有专业生产厂、工程公司、研究所和其它配套服务机构40多个，有职工800名，固定资产3000多万元，流动资金300万元，年产值4000万元以上，年创利润1000多万元，共开发出部、省级鉴定成果19项，新产品6大系列151种。蓝星系列清洗（剂）技术已被国家科委列入《国家科技成果重点推广计划》。该公司成为我国清洗业中技术、人才、资金最为集中，生产规模最大，经济效益最好的科工贸一体化企业。1992年被正式批准进入国家高新技术产业开发区——兰州高新技术产业开发区。

公司的蓝星清洗技术、清洗剂已经输出到日本、乌克兰。它同日本BC公司、乌克兰生产力委员会分别在兰州、基辅成立了合资企业，在日本设有分公司，并同美国、新加坡、马来西亚、伊朗、澳大利亚、香港等国家和地区建立了紧密的合作关系。

“蓝星”在短短8年的时间里，发展速度快，效益高。最基本的一条，就是走科技兴业之路。

一、转变观念，坚持科技与经济结合

蓝星公司从创业开始，就坚持科技与经济紧密结合，以技术推广应用为核心，以科技成果商品化、产业化、国际化为目标，努力架设沟通科学技术与生产实践的桥梁，逐步形成了科研开发——生产经营——推广应用——科研开发的良性循环，取得了较好的成绩。

1. **突破“唯成果论”，重视成果应用** 蓝星公司突破以往只重视成果鉴定获奖，忽视应用转化的观念，把视野延伸到产品化、产业化方面。创业开始，就直接把曾获国家发明奖的LAN——5硝酸酸洗缓蚀剂技术应用于生产，并在生产实践中改进、提高。8年来，蓝星的创业者们上昆仑，下扬子，闯关东，走岭南，为全国广大企事业单位提供清洗技术服务，不仅自己获得了较好的经济效益，而且为服务单位清洗后，设备煤耗下降而节约能源约600万吨。公司先后承接并成功地清洗了扬子公司30万吨乙烯、45万吨芳烃装置、山西化肥厂30万吨合成氨装置，天津中河化工厂万吨顺酐装置等大型引进设备，为国家节约了大量外汇和成本交易费。

2. **不搞技术封锁垄断，加快技术扩散** 蓝星公司树立了开放的超越自我型的市场竞争观念，他们不怕别人“抢饭碗”，真心实意扶持竞争对手。他们通过办培训班，传播技术，使单项清洗技术已经推广到6000家，应用领域从石油化工拓展到电力、冶金、建筑、纺织、食品、机械、电子、交通等行业的设备清洗。并在全国28个省、市、自治区建立了233家分公司，构成了我国清洗产业网络。

3. **更新技术产品，开发引进并举** 在开发上，一是垂直开发，即按技术梯度由普通技术向高新技术方向发展，如清洗技术由当初清洗锅炉等，转向清洗大型引进装置，达到或超过国际先进水平；二是水平开发，即在同一技术水平上横向开发，使技术、产品系列化、多样化，如清洗技术由单一的化学清洗发展到物理清洗、超声波清洗、空洞清洗、PIG清洗等6种技术，产品增加到六大系列151种。在引进上，主要通过对外合作，引进了德国的高压清洗装置、乌克兰的管道快速修复及监测技术、日本的管道清洗技术、废弃物处理装置。经过消化吸收，增强了公司的技术力量，提高了技术水平。

二、深化改革，建立崭新的科技经营机制

蓝星公司在创业、发展的过程中，探索建立适应社会主义有计划商品经济发展的企业经营机制，使企业充满了生机和活力。

1. **面向市场，引入竞争机制** 蓝星公司是在商品经济中诞生、在市场竞争中发展的全民所有制企业。公司实行承包经营责任制，全员经营，全员推广，给每个人下任务，压担子；全体职工实行动态优化劳动组合，规定每年15%的淘汰率；实行效益工资制，把职工收入和贡献大小挂起钩来，拉开分配档次。真正做到干部能上能下，职工能进能出，收入有高有低。这种机制，增强了职工的责任感、危机感，提高了企业竞争力。

2. **面向生产，科研经营一体化** 蓝星公司把科研与生产紧密结合起来，以科研促生产，以生产促科研。首先，在课题的选择上，面向生产，以保证科研成果的应用价值。其次，在科研经费上，实行多渠道筹集。公司对下设的10个科研经营一体化研究所，提供60%的经费，其余40%通过科研人员对外承接课题、推广转让技术、提供技术服务和咨询收费等渠道补充，增强了科技人员的经营意识。第三是实行科技成果有偿转让，并对公司内部转让实行优惠，鼓励各单位使用新技术，既调动了科研单位和科技人员的积极性，又促进了生产能力的提高，使科研工作和生产经营相互促进，同步发展。

3. **强化管理，建立健全规章制度** 蓝星公司是一个新型高科技企业，便于从高起点上建立新型的、科学的管理机制。公司在对照比较、研究论证的基础上，制订了岗位责任制、工作程序、工作标准、安全生产、质量管理等几十项制度，建立了化学清洗的各项标准和施工条例，并采用了计算机等现代化管理工具，使各项工作实现严格化、经常化、标准化、科学化。

三、放眼全球，采取跨国经营的发展战略

随着我国对外开放的发展，蓝星公司积极参与国际竞争，向海外市场拓展，初步形成了外向经营的格局。

1. **发挥优势，广泛合作** 公司已同日本BC清洗会社、美国哈里伯顿公司、爱华达公司等10多家国外企业进行了广泛的经济技术交流与合作往来，建立了密切的合作关系。合作的内容，主要是发挥公司在清洗技术软件方面的优势，以技术为投资，与国外企业建立合资公司，共同承担海外清洗、防腐、水处理、环境保护工作；互派专家，进行技术交流与合作；向国外派遣研修生，为公司培养技术、经营管理人才；引进国外先进的清洗装置仪器；将本公司的技术、产品输出国外。

2. **积极承揽海外工程，开拓国际清洗市场** 目前公司已同乌克兰、印度尼西亚、科威特、伊朗达成了清洗工程承揽的意向。尤其在乌克兰，已收到清洗订单100多项。在膜科学技术、膜制备、苦咸水淡化、海水淡化装置方面，我公司亦具备国内一流的技术实力及人才储备，承担的由澳大利亚政府无偿提供援助的《甘肃水脱盐项目》第一期工程已经结束，并且已经大规模地应用到生产实践中，澳方对此很满意。下一步将巩固基础，扩大合作领域，实现跨国经营的战略。

（贾仲德　执笔）

我国高新技术产业发展的新的里程碑

——1991年火炬计划实施情况综述

国家科委火炬计划办公室

1991年是我国继续实施火炬计划，推动高新技术产业开发区蓬勃发展的一年。在这一年里，邓小平同志提出了"发展高科技，实现产业化"的战略号召，党中央、国务院作出建立26个国家高新技术产业开发区的重大战略部署，中央各部门和地方各级政府认真贯彻落实党中央、国务院的指示精神和决定，积极采取措施，组织实施火炬计划，办好开发区，使我国高新技术产业进入了一个新的发展时期。

一、大力开创高新技术产业发展的新局面

（一）中央重视火炬计划工作，把它列为我国经济和社会发展的一项重要任务

1991年，党中央、国务院多次重申了"科学技术是第一生产力"和"把经济建设真正转移到依靠科技进步和提高劳动者素质的轨道上来"的指示，特别是邓小平同志关于"发展高科技，实现产业化"的题词，极大地促进了有利于我国高新技术产业发展的舆论环境的形成。发展高新技术产业已成为党和国家发展国民经济的大事。党的十三届七中全会审议通过的《中共中央关于制定国民经济和社会发展十年规划和"八五"计划的建议》指出："要继续推进'火炬'计划的实施，办好高新技术产业开发区，促进高新技术成果的商品化和产业化，并加快向传统产业的扩散和渗透，大幅度提高劳动生产率"；全国人大七届四次会议批准的《国民经济和社会发展十年规划和第八个五年计划纲要》，又把继续实施火炬计划，办好高新技术产业开发区，发展高新技术产业列为一项重要任务。

（二）在各地建立26个国家高新技术产业开发区

为了贯彻落实中央关于国民经济和社会发展十年规划和"八五"计划的精神，进一步推进"火炬"计划的实施和办好的高新技术开发区，加快我国高新技术产业的发展，继北京新技术产业开发试验区之后，在各地已建立的高新技术产业开发区的基础上，1991年3月6日国务院正式批准了26个国家高新技术产业开发区并颁布了相应的优惠政策。这27个开发区（北京、武汉、南京、沈阳、天津、西安、成都、威海、中山、长春、哈尔滨、长沙、福州、广州、合肥、重庆、杭州、桂林、郑州、兰州、石家庄、济南、上海、大连、深圳、厦门和海南），少数设在沿海经济技术开发区或经济特区，绝大多数在内地智力资源十分密集的省会和自治区的中心城市，具有科技、教育力量雄厚、投资环境好、对外开放程度大等特点和优势。据不完全统计，在这27个开发区所在城市，科技人员为600万左右，科研院所5100多家，高等院校635家，聚集了全国一半以上的科研和教学力量。为了支持各地开发区建设和发展，国家划出了专用基建信贷，在税收、进出口等方面给予了与沿海特区大致相当的优惠政策。在"八五"计划的第一个春天，中央高瞻远瞩地采取这一重大战略部署，对于依靠我国自己的科技力量，科技与经济相结合，促进高新技术成果的商品化、产业化、

国际化，调整产业结构，推动传统产业的改造，提高劳动生产率，增强国际竞争能力，具有重要意义。

（三）召开全国开发区工作会议，明确开发区的发展目标和主要任务

为了贯彻和落实党中央、国务院的指示精神，1991年4月，经国务院批准，由国家科委主持召开了全国首届高新技术产业开发区工作会议。人大、政协、中央各部门的26个单位的负责人，27个开发区所在省、市政府及科委负责人参加了会议。江泽民、李鹏、李瑞环等党和国家领导人出席了会议，接见了会议代表。会议指出，“火炬”计划是发展我国高新技术产业的一面旗帜，它是一项以国内外市场为导向的指导性计划，重点在于指出方向，创造环境，典型示范，调动各方面积极性，共同奋斗。兴办高新技术产业开发区，是“火炬”计划的一个重要组成部分，它的任务是创造局部优化环境，把更多的科研院所、高等院校、企业和广大科技人员吸引到开发区创业，促进高新技术成果的商品化、产业化、国际化，使开发区真正成为发展高新技术产业的重要基地。并要求抓好以下几个方面的工作：(1)要认真做好规划，选好目标，突出重点。各地要根据本地区的优势与现有条件，确定优先发展领域、支柱产业和重点产品，争取经过5～10年的艰苦努力，形成具有不同产业特色的开发区。(2)要继续引导和推动科研院所、高校、军工企业进入开发区；要做好与“863”、“攻关”等科技计划的衔接；要继续争取银行的信贷支持和各级地方政府、各企事业单位和国家对开发区及火炬项目的投入。(3)要重点扶植一些高新技术行业和企业，使之逐步形成集团，形成规模，形成产业。(4)要认真贯彻落实关于简化高新技术企业有关人员多次出国手续的国办发(1990)9号文件，鼓励科技人员和商务人员走上国际市场；要大力吸引外资，创办外向型高技术企业，推动高新技术成果国际化。(5)要逐步建立健全社会化支撑服务体系，以便在开发区的科技开发、生产经营、市场开拓等环节之间，形成一个高效有序、充满活力、良性循环的运行体系。(6)要抓好开发区的综合改革试验，加大改革的份量，加快改革的步伐，通过产权制度、市场制度、企业制度、分配体制等方面的改革，进一步发挥市场机制的作用，完善企业经济机制，调动科技人员积极性，推动开发区建设的发展。

（四）突出工作重点，加强对发展高新技术产业工作的领导

1991年初，国家科委党组作出决定，把国家科委“八五”期间的工作重点转向火炬计划和高新技术产业开发区，并下发了[1991]国科发办字380号文《国家科委关于进一步加强对发展高技术产业工作的领导的通知》，成立了国家科委发展高技术产业领导小组，将原火炬中心与火炬办合并作为办事机构，以便加强对火炬计划和开发区工作的领导。此后，各地为了加强对火炬计划和开发区工作的管理，纷纷建立和健全组织管理机构。现在已有十几个省市成立了火炬计划办公室（或高新技术产业办公室），由专职人员负责，解决了以前只有兼职人员负责而导致力不从心的问题。广东省科委最近成立的火炬办，由7人组成，都是本科以上学历，三分之二具有硕士学位。湖南省科委，在目前人员少，编制紧张的情况下，专门成立了一个事业单位，受火炬办领导，负责项目的管理工作，解决了无机关编制的问题。

（五）进一步创造良好的政策环境

经过与国务院8个部门的18个司局，历时18个月之久的协调，终于完成了国家高新技术产业开发区优惠政策和高新技术企业认定条件和办法的制定工作，并由国务院批准实施，为开发区的建设与发展奠定了最基本的政策基础。在开始贯彻关于简化高新技术企业人员多次出国手续的国办发[1990]9号文的基础上，经过努力使中办[1991]8号文适用于高新技术产业开发区，以利于高新技术企业人员走向国际市场。国家科委和国家体改委下发了《关于深化高新技术产业开发区的改革，推进高新技术产业化的决定》，推动了开发区的改革工作。在全国首届开发区工作会议期间，草拟并讨论了《开发区管理办法》和《关于制定开发区十年规划和“八五”计划的若干意见》，为开发区的管理和制定发展规划提供了指导性意见。

二、高新技术产业开发区发展进入了新时期

（一）各地认真贯彻执行国发[1991]12号文件，开发区建设跃上了新台阶

自国发[1991]12号文下发后，各地政府把开

发区的建设纳入了重要的议事日程，表现出很高的积极性。把它作为调整产业结构，依靠科技振兴地方经济的一项重要措施，并根据本地区的基础和优势，积极组织力量，创办符合当地特点的高新技术产业开发区。

各地政府十分重视开发区的软环境建设，大胆吸取经济特区和经济技术开发区的政策经验。根据国发［1991］12号文的政策规定，在开发区基建计划、工商、财政、税务、物资、外贸、金融、海关、人事等方面制定了相关的配套政策；并且大部分开发区基本建立和健全了管理机构，建立了较完善的支持服务体系，为开发区建设跃上新台阶提供了政策上、组织上的保障。

与此同时，各地开发区的硬环境建设正热气腾腾地开展。各地政府积极采取措施，尽力筹集资金，建设开发区的厂房、生活设施。据对新批准的26个国家高新技术产业开发区统计，至1991年底，已累计投入基建资金36.42亿元，其中政府拨款3.9亿元，自筹11.57亿元，银行贷款7.8亿元，政策返还0.27亿元，外资投入12.88亿元。

一年来，经过政府、企业、科技人员的协同努力，全国开发区有了一个较高的发展速度。据对27个开发区统计，截止1991年底，高新技术企业数已达3419个，职工人数13.8万人。全年技工贸收入87.3亿元，比1990年增长45.3%；总产值71.2亿元，增长62.6%；利税总额11.9亿元，增长58.8%；出口总额7.1亿元，增长51.1%。

（二）加强宏观管理，保证开发区健康发展

为了推动全国开发区蓬勃、健康发展，国家科委组织力量，分批分期地对国务院新批的26个国家高新技术产业开发区的区域范围和面积进行了审定，同时对各开发区的管理机构、运行机制、建区宗旨和社会服务体系进行了检查，对开发区的发展规划和政策进行了初步审理。在此基础上，国家科委将分批颁发认定证书和认定标牌，以促进各开发区的规范运行和健康发展。到1991年底，已批准了22个国家高新技术产业开发区的区域范围和面积，另外4个开发区可望在1992年初批复。

经审定，26个国家高新技术产业开发区的区域明显趋于合理，面积不超过380平方公里，其中新建区不超过80平方公里。这使得开发区的建设，从项目、资金、人才和物力方面得以集中，速度和效率得以提高。

（三）全国创业服务中心的整体发展水平有了新的提高

当前全国创业中心发展十分迅速，已相继成立了近40家创业中心。1990年北京工作会议之后，各地积极探索，努力工作，使全国创业中心的整体水平发展到了一个新的高度。现有300多家企业和1000多项高新技术成果在创业中心接受孵化，第一批被孵化的企业已开始毕业。创业中心(不包括被孵化的企业)已形成亿元以上的固定资产和资金规模。1991年11月，由北京、天津、上海、武汉4家创业中心发起在天津召开了创业中心工作研讨会，有12个省市创业中心的代表参加了会议。此次会议进一步明确了创业中心在火炬计划中的地位、作用和任务，交流了经验，并对创业中心今后自身的建设、配套政策和发展等共性的问题进行了研讨。这次会议进一步推动了创业中心的建设和发展。

三、火炬计划项目顺利实施，进入抓项目出效益的阶段

（一）火炬计划项目实施情况

火炬计划项目是实施火炬计划的重要组成部分，是火炬计划的出发点和落脚点。经过3年的实施，火炬计划项目已进入了抓项目出效益阶段。截止到1991年底，国家级火炬计划项目共立项880个，总投入人民币46亿元，美元1.23亿元。项目完成后，预计可新增产值212.1亿元，年创利税55.1亿元，年创汇12.3亿美元，年节汇11.3亿美元。截止到1991年底，地方级火炬计划项目共立项1906个，总投入46.14亿元。项目完成后，预计可新增产值256.92亿元，年利税61.62亿元。经初步统计，1990年底，火炬计划项目已累计开发新产品2161种，实现新增产值75.30亿元，利税19.74亿元，创汇2.00亿美元。

火炬计划的顺利实施加速了科技成果的商品化和产业化，推动了高新技术向传统产业的转移，有利于我国产业结构的调整，充实了国内市场，填补了国内某些产品的空白，替代了部分产品的进口，给企业增添了活力，产生了一定的经济效益和社会效益。

（二）火炬计划项目的管理已逐步走向科学化和规范化

1991年8月，国家科委火炬办在沈阳召开了火炬计划项目管理工作研讨会。会上总结了3年来火炬计划项目的实施情况，交流了项目管理的经验，贯彻落实国家科委火炬办1991年制定的《国家级火炬计划项目管理办法》。经过3年的实践，火炬计划项目的申报、评审、立项、跟踪管理和验收已逐步走向科学化和规范化。火炬计划项目管理办法的制定，集中地表明了这一点。

目前，大部分省市都结合本地区经济发展状况，人才、资源优势，产品、产业结构调整，传统产业技术改造的规划进行项目的培养和选择，保证了火炬计划项目的质量。江苏省科委在培养和选择火炬计划项目时，实行几个优先，即大院大所、高校的科技成果转化为产品的项目优先；开发区科技型企业申报优先；企业与科技界联合开发的优先；能带动协作配套形成系列产品的优先；用于改造传统产业，影响面大的优先；出口创汇的项目优先；批量大、市场寿命长、经济效益好的优先。

1991年，各级科委在火炬计划项目的申报、评审和立项工作已基本走上正轨的基础上，把火炬计划项目的管理工作重点开始转向跟踪管理。火炬办采取保证重点，照顾一般，现场考察与定期统计报表相结合，微观管理与宏观管理相结合的办法，对开发区和火炬带的项目进行了重点跟踪，以了解情况，发现问题，解决问题，总结经验，提高项目的管理水平和能力。各地科委结合本地区的实际情况，制定相应的项目跟踪管理办法。辽宁省科委建立了项目档案，由地市科委管理重点项目，省科委采取听汇报和抽查办法定期了解项目发展情况，协调有关方面解决项目实施中所遇到的问题，保证项目的顺利实施。

（三）加强科技与金融的结合，拓宽资金渠道

火炬计划项目顺利实施的前提之一是保证有足够的资金投入。目前，除国家科委的领导和有关单位在大力拓宽中央金融机构的资金渠道外，外地科委的同志在促进科技与金融的结合，增加火炬计划的资金投入方面做了大量的工作，大部分科委与地方金融部门建立了良好的工作关系。他们与银行的同志对项目共同进行评估、审定，以发挥银行对资金管理、技术经济分析的长处，并使银行的同志更加了解和支持火炬计划项目的实施。沈阳市科委开展科技与金融对话日活动，组织项目承担单位与银行对话，增进了科技与金融间的沟通，收到良好的效果。1989年全市科技贷款5000万元，1990年1.54亿元，1991年达到3亿元。

随着火炬计划项目的增加和规模的不断扩大，国家科委深感引导资金的不足，目前采用的垫息或贴息办法已不能适应。1991年火炬办在征求了一些地方科委同志的意见后，决定建立火炬计划项目发展基金，吸引更多的地方财政支持火炬计划项目的实施，火炬办已制定了火炬计划项目发展基金的管理办法（试行），1992年可开始实施。

为了国家火炬计划项目的审批立项与银行下达年度资金计划更好的衔接，国家科委火炬办提前了火炬计划项目报批工作，于1991年12月完成了1992年国家级火炬计划项目的申报、专家评审和委内综合平衡工作。

四、积极推进开发区改革试点，加快开发区建设与发展步伐

（一）两委发布《决定》，坚决地、有步骤地推进开发区综合改革

为了贯彻落实党中央、国务院办好高新技术产业开发区的指示精神，1991年9月国家科委和国家体改委发布了《关于深化高新技术产业开发区改革，推进高新技术产业发展的决定》，进一步明确了开发区改革的基本方向、原则和思路。

为了推动《决定》的贯彻实施，摸索经验，指导全局，两委又选定具有一定条件和特点的北京新技术产业开发试验区、沈阳南湖科技开发区、武汉东湖新技术开发区、重庆高新技术产业开发区和中山火炬高技术产业开发区作为试点单位，对其综合改革进行重点联系。为此，1991年11月在北京召开了高新技术产业开发区综合改革试点工作会议。会议指出，开发区综合改革试点，以产权制度、分配制度、科技人才分流、计划管理与市场调节相结合等为重点，带动融资体系、社会保障体系和社会化支撑服务体系等方面的改革与发展。

综合改革试点，在产权制度方面要进行多种形式的股份制试点；在分配制度方面，要真正实行工资

总额与效益挂钩，落实企业人事劳动权、工资奖金分配权；在吸收科技人才和推进人才分流方面，要试行具有鼓励和吸引力的政策，从各类科研院所、高校分流出更多的科技人员进入开发区企业；在计划与市场相结合方面，要在加强宏观指导的同时，大力培养市场机制。

（二）大胆探索，积极推进各项改革试点

两委《决定》对开发区的改革起到了极大的推动作用。各地开发区根据《决定》的精神，结合自身实际，纷纷制定了各具特色的改革试点方案。如，北京高新技术产业开发试验区，以产权制度改革为突破口，解决向产业化、规模化发展中的突出问题；沈阳南湖科技开发区，重点在依靠现有工业基础和科技力量，发展高新技术产业，加快高新技术改造传统产业步伐方面积极探索；武汉东湖新技术开发区，以改造高新技术企业新的运行机制，形成充分发挥科技人才作用的良好环境，进一步扩大对外开放为主要内容；重庆高新技术产业开发区，突出社会保障体系的建设，同步推进产权制度改革，发展支柱产业；中山火炬高技术产业开发区，则以发展外向型高新技术企业，建立开放型的研究与开发体系，扩大对外开放，扩大利用外资，引进高新技术人才等为重点。

各地在制定试点方案的同时，也不失时机地推出了一些大胆的改革试点。主要有：(1)在明确产权关系的基础上，积极推动多种形式的股份制试点，如重庆进行的有限责任公司试点，允许企业职工集资入股，个人股最高可达49%；北京市拟对10多家企业进行股份合作制试点等。(2)进行社会保障制度改革试点，如重庆开发区试行了"按人储存积累方式保险为主，辅之企业现行退休制的双轨运行办法"的退休养老保险试点；武汉开发区实行了包括养老、工伤、待业保险在内的社会保障制度改革试点。(3)改革分配制度，对优秀企业和企业家实行重奖。(4)试行技术职称改革，有两种作法：一是按国家规定的要求，由市职改办切块下达指标，对开发区企业科技人员评定职称；二是实行企业自行评聘技术职称，在本企业有效。

五、火炬计划的国际化工作有了新进展

（一）初步形成了一批外向型高新技术企业，部分火炬产品进入国际市场

经过3年的努力，我国高新技术成果的商品化和产业化已迈出可喜的一步，有约2000个火炬计划项目已在实施，成立了一大批高新技术企业。在此基础上初步形成了一批外向型高新技术企业，出口创汇能力得以增强。据统计，27个国家高新技术产业开发区，1991年出口总额达7.15亿人民币，占总产值的十分之一强。一批火炬产品走入国际市场。如联想系列微型计算机至1990年底已出口1216.3万美元；江宁机械厂生产的B超诊断仪，北京华罂公司的空调制冷系统，重庆大学资环公司研制的水润滑标准橡胶套筒轴承等等。此外，我们已开拓了日本和美国的软件市场，我国的软件出口正不断扩大。

（二）开辟对外合作渠道，扩大火炬计划影响

为扩大火炬计划的对外交流和合作，特别是围绕在海外设点和在香港创办高新技术企业的问题，在原有工作的基础上，1991年开辟了一些对外合作的渠道。火炬办同电子科学研究院在德国的办事处、科招公司在法国的合资公司等国内现有驻外机构进行了接洽，讨论了通过适当办法来加强火炬服务事宜。火炬办与香港百宝工业有限公司，台湾菁英公司就共同在海外设点的问题取得了实质性进展，与香港光大、华润、中旅等香港中资公司洽商共同在港合作创办高新技术企业。此外，国家科委通过组团出访或接待海外代表团来访，加强了与日本、美国、法国、比利时、澳大利亚、新加坡、泰国和香港等国家和地区的联系与合作。

为向外界宣传火炬计划，火炬办编辑、印发了中英文对照的"九〇年火炬计划对外合作洽谈项目简介"、"计算机软件对外洽谈项目简介"和"中国高新技术企业开发区简介"等较为完整和系列化的资料。利用中国出口商品交易会这一对外"窗口"，组织火炬项目及产品参加1991年春秋两届广交会，设立火炬专柜，宣传火炬计划和我国高新技术产业，为项目承担单位提供了直接对外促销、了解市场反应、获取信息、开拓国际市场的方便条件，收到了很好的效果。参加国外展览是我国高新技术产业对外交流与合作的重要方式之一。1991年国家科委组织火炬项目参加了比利时的"第五届佛兰德国际高技术博览

会”和在港举办的“91′香港软件展览”，扩大了火炬计划的影响。

为了支持香港的繁荣和稳定，促进大陆高新技术及其产品出口，加速珠江三角洲高新技术产业的发展，国家科委、广东省人民政府、深圳市人民政府决定在深圳共同组建中国科技开发院。现已由国务院有关部门批准，正在筹建中。

六、火炬计划宣传培训工作得到了加强

1991年由于报刊、广播、电视都从不同的角度宣传了火炬计划，使火炬计划的知名度及人们的火炬意识得到了提高。特别是在国务院正式批准了26个国家高新技术产业开发区和全国首届高新技术开发区工作会议后，从中央到地方的报刊、广播、电视都增加了对火炬计划和高新技术产业开发区的宣传报道。如中央电视台在新闻节目中报道了国务院批准建立26个国家高新技术产业开发区的新闻发布会、全国高新技术产业开发区工作会议、深圳火炬及高新技术产品展交会、1992年国家级火炬计划项目专家评审会等。9月份中央电视台又播放了“火炬之光”的电视专题片，在社会上产生了一定的影响。1991年“火炬计划简报”共出版了46期，及时反映了各地实施火炬计划的情况，沟通了信息，介绍了国外发展高科技产业的做法，对促进各地火炬计划的实施起到了一定的作用。1991年首都新闻界对火炬计划作了大量的宣传报道，纷纷发表专访，有些报刊还设了专栏。如科技日报10月份开辟了“高新技术产业及开发区的理论与实践”栏目。经济日报专门开辟了“全国高新技术产业开发区巡礼”的系列报道。此外，火炬办还与有关单位一起编辑了几本文集和一些火炬计划及高新技术产业开发区宣传资料。

实施火炬计划，人才是关键。1991年各级科委抓紧了火炬计划人才培训工作。据不完全统计，1991年国内培训达2000人，国外培训也已安排和实施了3批60人分别到美国、日本和德国接受培训。培训中通过理论课程的讲授和讨论，通过实地参观考察上述3国的一些研究院所、大学、企业、商会、金融机构、政府部门、科技园区和创业服务中心，在比较和借鉴中使学员获得启发，开阔思路，扩大眼界，增长了知识。通过国内培训，对造就一大批有胆识、懂技术、会管理、善经营、勇于开拓的科技型企业家和高层次管理人员起到了积极作用。

（刘明　执笔）

1991年我国民办科技机构发展态势分析

北京科技管理研究中心

一

1991年，特别下半年，随着国民经济的逐步好转以及大的政策环境的逐步改善，以“两不”（不要国家投资，不要国家编制）、“四自”（自愿组合、自筹资金、自主经营、自负盈亏）为特征的我国民办科技机构，结束了近几年来徘徊不前的局面，出现了新的发展特点、发展趋势和令人鼓舞的发展形势。

（一）机构数量出现了新的突破

从1988年底到1991年上半年，我国民办科技机构数量基本上是在15000余家左右徘徊。而至1991年年底，数量猛增至20000家左右。据统计，北京、上海、天津、河南、广东、河北、云南、福建、山西、山东、海南、湖北、陕西等20个省、市、自治区和两个计划单列市及一个省会市，截止1991年年底，共有民办科技机构数15106家，从业人员283075人，其中科技术人员有193525人，占68.36%。同时，截止1991年年底，民办科技机构数超过1000家以上的省市有北京、辽宁、山东、河南、四川、云南、湖北等7个省市。其中北京仍为全国之冠，1991年年底，民办科技的机构数已达2500余家，从业人员60000余人，1991年的技工贸总收入达30余亿元，人均达到5万余元。

（二）多种所有制结构有了新的发展

我国的民办科技机构在所有制形式上，仍以集体所有制为主，并占有优势，但其它的一些经济成份发展迅速。在上述的15106家机构中，集体所有制为10892家，占72.1%；个体和个人合伙为2242家，占14.84%；私营为1105家，占7.3%；其它（如中外合资、股份制等）为867家，占5.74%。其中，有一部分省市，私人、个体科技机构发展较快。如：广东统计696家机构，集体所有占36%，私营占46.7%，个体占2.9%，中外合资占4.1%，其它形式的占9.5%；上海市统计683家机构，集体占56.6%，个体和个人合伙占31.3%，私营占12.2%；黑龙江统计341家机构，集体占18.47%，个体和个人合伙占71.84%，私营占8.79%，其它占0.9%。民办科技机构中的中外合资和股份制企业，目前主要是深圳、海南和浙江等地有所发展。

（三）人员结构的知识层次正在增高

我国民办科技机构是以科技人员为主体创办的科技与经济相结合的实体，主要从事科技成果的开发与商品化、产业化，因而除科技人员的比例在全国总体上达到68.36%外，近年来出现了一个可喜的现象，即一批高中级专家和青年研究生逐步参加这个队伍创业。据天津市统计，现有300家民办科技机构中，有从业人员6107人，其中科技人员4704人，占77.02%，而其中高中级科技人员又占科技人员的73.3%。据北京试验区统计，在中关村新技术企业（包括民办科技）创业的科技人员中，有博士、硕士毕业的研究生2200余人，占科技人员的7.85%。有少数民办科技企业，人员素质和水平都很高。这就为民办科技企业从事高科技成果的商品化、产业化和国际化奠定了重要基础。

（四）在投资方式上由科技人员集资的比重迅速增加

民办科技是靠“自筹资金”发展起来的。其自筹资金的方式有主办单位自有资金的投入、借贷、创办者投入、科技人员和职工集资等多种形式。在民办科技发展的初期，前两种方式为绝大多数。近几年来，随着人民生活水平提高，由创办者和科技人员集资投入的比重越来越大。据北京市对49家民办科技企业调查统计，有科技人员与职工参与集资的有36家，占调查企业数的73.4%；参加集资的科技人员和职工达408人，占这些企业职工数的54%；集资数额235.5万元，占这些企业注册资金总额的29.3%。还据我们对全国有关地区抽样调查74家民办科技机构，创办时的资金投入为968万，其中由主办单位自有资金投入的有15家，资金319万元，分别占20.27%和32.95%；主要由创办者投入的有17家，资金230万元，分别占22.97%和23.76%；由科技人员个人集资的有23家，资金170万元，分别占31%和17.56%；由借贷投入的16家，资金约203万元，分别占21.6%和20.99%；通过其它方式自筹的有3家，资金46万元，分别占4%和4.7%。

由于民办科技投资主体的多元化，所以科技人员要求理顺产权关系的愿望比较迫切。希望通过实行股份制和股份合作制，明确产权归属，调动职工的积极性，推动企业的发展。

（五）新产品开发和商品化的速度明显加快

目前，多数民办科技机构都意识到，要在激烈的市场竞争中站稳脚跟，关键必须有一至几个过得硬新技术和新产品。近几年来，半数以上的民办科技机构，每年基本上有新产品和新技术项目出台。据对天津、广东、宁夏、新疆、内蒙、云南、哈尔滨、保定等省市的不完全统计，共有民办科技机构3600多家，1991年共开发新产品、新技术2740项，即平均每个机构0.76项。同时，这些机构从产品开发、研制到投放市场，一般速度都非常快。如西安纤维仪器研究所开发研制的“原毛开松去杂机”，从开发研制到鉴定，前后仅用了3个月时间，鉴定会后立即签订了30台的供货合同，由于适销对路，竟出现了客户预先付款、排队等货的现象。

（六）产业化规模开始出现新的变化

随着民办科技机构研究开发水平的不断提高和投资环境的逐步改善，目前已有一批效益好、有拳头产品的机构脱颖而出，走上了发展规模经济的道路。除北京中关村的四通、京海、科海等几大民办科技公司外（四通、京海、科海1991年在北京地区的技工贸总收入分别是10.49亿、2.61亿、2.31亿元），目前各省市均出现了一批初具规模的民办科技企业，而且成长迅速，其比例约占机构总数的10%左右。据武汉市统计分析672家民办科技机构，已形成一定规模经济的有65家，占9.6%。据河南省科委统计分析全省1180余家民办科技企业，1991年其固定资产超过100万元以上者有100余家（其中500～1000万者有50余家），占8.47%。

（七）向高科技型企业发展，进入高新技术开发区

已初具规模的民办科技企业，目前多数均从事高新技术产品的开发和小批量试制生产，有些相继进入附近的高新技术产业开发区，成为执行“火炬计划”、发展高新技术产业的一支重要力量。北京试验区，是在原来民办的中关村电子一条街的基础上发展起来的，现有集体所有制的高新技术企业707家，占试验区企业数的53%；试验区上亿元以上产值的企业有6家，其中集体所有制企业（即民办）有3家，占50%。据对重庆、武汉、西安、济南、太原、南昌等6市统计，共有民办科技机构约2800余家，其中进入高新技术产业开发区的有330多家，约占12%，并成为这些开发区的一支骨干力量，参与高科技成果的商品化、产业化和国际化工作。

（八）逐步向农村发展

民办科技机构一部分向高科技型公司转化的同时，另有一部分向农村发展，科技人员在农村办所，从事技术成果推广，发展养殖业、种植业和加工业，为农业现代化服务。目前在云南、河北、湖北、浙江等地都有一些发展的势头。以浙江省丽水地区为例，现有各类民办科技机构近60家，从业人员近400人，主要由辞职的科技人员、离退休科技人员与农村的专业技术能手组成。几年来，共完成引进、开发、自行研究的科技项目150项，取得经济效益700多万元。其中该地区的缙云县有12个民办科技机构，近几年来在农村举办各类培训班117期，培训农民近8000人次，咨询服务1200多人次，印发各类资料12000多份，深受农民欢迎。其中缙云县的“兔业联户研究所”，1986年列了7个项目，由专业户实施，正值该年全县兔瘟严重爆发，由于该所努力，全县没

瘟死一只兔；该县柑桔研究所编出"缙云柑桔栽培百题问答"、"柑桔防冻技术措施十条"等资料，从建所至今，进行义务技术咨询2000多次，到现场指导679次，协助各村建立配药站19个，到各区、乡、村举办技术培训班95期，受训人数达6200多人次，被县科委授予先进民办科研所。

（九）越来越多的机构走与企业界结合的路子

民办科技的发展初期，主要是与乡镇企业结合，两者机制类似，是天然的盟友。随着民办科技水平的提高，现在越来越多的机构承担大中型企业的任务，与大中型企业结合。这样做的好处是：有利于解决民办科技机构科技成果转化中的资金困难，同时也有利民办科技的"两不""四自"原则向大中型企业和大院大所渗透扩散。据天津市统计，天津300余家民办科技机构中，1991年共完成各项科技开发项目896项。其中承担国家各计划内项目23项，占2.56%；完成大中型企业委托项目537项，占59.93%；完成乡镇企业和街道企业委托项目345项，占38.5%。目前许多大中型企业与大院大所、高等学校愿意与民办科技机构合作，认为民办科技机构讲信誉、速度快、效益好。例如，天津普辰电子工程有限公司在承担四川省重点工程——成都钢铁公司300立方米高炉自动化系统有关项目的设计时，该公司的总经理被任命为整个工程的副总指挥。

（十）民办科技的宏观管理有了进一步加强

目前，各省、市、自治区的民办科技机构，在业务上主要归口各省市科委及区县科委管理与指导；也有少数归口其它部门管理。为了加强对民办科技机构的宏观管理与指导，近些年来，相当一部分省市科委和区县科委作了艰巨的努力，争取了一些局部的发展环境与条件。如：上海市作出决定，民办科技要放开搞，重点抓两个区进行试验；云南省委常委会作出决定，允许党政机关工作人员带薪留职去创办、领办、承包、租赁乡镇企业、县办工业、民办科技企业和其它服务型企业；广东省已作了近一年的研究，准备就民办科技进行地方立法。在组织管理上，云南、广东、武汉、北京等省市，先后成立了民办科技机构管理委员会、管理办公室及科技企业办公室，配备一定数量的专职人员，加强了对民办科技机构的管理与指导；深圳、重庆、保定等市组建科技创业服务中心，负责民办科技机构的综合服务，并寓管理于服务之中，等等。

特别是1992年春天邓小平同志南巡讲话发表后，全国民办科技机构更呈现出一派生机勃勃的发展局面。据我们初步统计全国15个省和6个市，1992年1至5月，共新批民办科技机构近1000家，新增从业人员10000余人。如武汉市，1992年1至5月，就新批民办科技机构150余家，平均每天批一家；部分省市1992年头5个月新批的机构数，就比1991年的总数增长了20～25%。

二

在看到民办科技机构发展的有利形势一面时，也应该看到当前存在的一些困难和问题。

（一）我国发展民办科技机构的人文环境条件较差

由于传统习惯势力的影响，重理轻技，重义轻利，社会上许多人，包括我们一些管理部门在内，对于科技人员出来创业和经商，缺乏应有的正确认识，甚至存有某些误解和偏见。科技人员从高楼大院闯出来，从事科技成果的商品化和产业化，也是一种创造性劳动，其艰难程度在某些方面甚至比科学研究更大，更具有风险。同时，他们敢于闯出来，是经过一定的思想斗争的，在某些方面作出了一些牺牲，理应受到人们的尊重。可是前一段时间，除少数地区外，对他们理解的人太少，而指责的人又多，这也限制，那也不许，甚至把他们当作小商小贩对待，有的动不动就被抓起来，出现了许许多多的不公平待遇。这种情况，挫伤了一部分科技人员的积极性，制约了民办科技机构的迅速发展。

（二）发展民办科技机构的政策体系不够协调配套

由于民办科技机构是改革开放和新技术革命影响下的产物，具有一系列的新特点和新机制，并涉及到经济、科技、劳动、人事、金融等各个方面，需要有一套与之相适应的配套政策，才能健康发展。前几年，以各省、市、自治区科委为主，不同程度地制定了"民办科技机构管理暂行规定"或"暂行办法"，给予创办初期的税收优惠。但是这些政策既不完整，又不配套，特别随着治理整顿的进行，这些简易不配套的政策措施，又在许多地方不落实，不稳定，出现反复，一些大的原则方针，还往往被一些具体部门的具体规定所左右，甚至因人而异，这就导致民办科技机构的从业人员普遍产生一块心病：国家的大政策会不会变？因而顾虑重重，怕戴帽子，怕树大招风，严重地制约了民办科技机构上规模、上水平，发展规模经济。

（三）对民办科技机构的管理体系尚未很好形成

民办科技机构是按照“两不”、“四自”原则运行的，是社会上独立的技术商品生产者。但需要管理，并按其性质、特点来进行管理，而不能象过去对全民科研机构那样来管。这几年来，虽然不少地方科委系统逐步地加强了管理，但整个管理的原则不明确，管理的范围不清楚，如何与其它部门相互协调、齐抓共管缺乏统一的体系。这样，导致了从上到下，对民办科技机构发展中的一些重大问题无力解决，制约了民办科技事业的发展。云南省由省科委牵头，成立民办科技机构管理委员会，请科协、工商、税务、金融、人事、劳动等相关部门的负责同志参加，采用联合办公的形式，及时解决民办科技机构发展中的重大问题，既不需要增加人员、编制和经费，又能较好地协调有关部门的管理和服务活动，这是一种较为成功的管理体系模式，值得认真总结和推广。

（四）民办科技的硬支持环境有待改善

发展民办科技事业，既需要宽松的外部软环境，又要有一定条件的硬环境，其中主要是资金、场地、器材等。当前，民办科技机构在发展中碰到最大的困难，各地普遍反映，首先是发展资金短缺。特别在创办初期，自筹资金有限，规模小，信誉低，绝大多数机构尚不能从银行获得贷款，又没有风险资金可以申请，因而大多数是因陋就简，凑合着先干就行，小打小闹。为解决民办科技机构的硬环境条件，云南省于1991年下半年筹集资金1000余万，成立了我国第一家民办科技机构金融信用社，目前可调动资金上亿元，缓解了民办科技机构科技开发资金的困难。为了扶植民办科技机构初创时期的发展，为创业者减轻经济、行政负担，降低创业风险，武汉市在武昌区创办了“首义科技园”，1991年10月开业，目前已接纳民办科技机构41家。这些解决困难的办法，也是值得总结和推广的。

（五）民办科技机构的自身建设和管理有待加强

在我国民办科技机构队伍中，有一批管理得好的科技企业，如北京的四通公司、深圳的华为公司、湖北的鄂州建材设计院、云南的路达，等等。特别是北京的四通公司，近几年来在管理上进行了改革，从经验管理过渡到科学管理，从个人管理过渡到职能管理，从分散管理过渡到集中管理，从而保证了四通集团公司的高效益和高效率。同时，我们也看到，目前还有一大批民办科技机构自我管理没有走正轨，具体表现是：缺乏必要的严格的规章制度，随意性很大，有的甚至后院起火，闹分裂等等。这些也是影响民办科技机构上规模、上水平的重要原因之一，需要引起重视。1991年，浙江、山东、深圳等省市针对民办科技机构自身管理上这些问题，先后举办了管理干部和财会人员培训班，讲授有关工商、税收、劳动人事、市场经营等方面的政策规定以及财会方面的业务知识；对培训后的合格财会人员，深圳市财政局还颁发了会计证。这些做法，都收到了较好的效果。

（六）发展不平衡

目前，全国民办科技机构发展的形势，大体可分为三个层次：发展得好的省市是少数；发展得一般的是多数；还有少数省市本来有条件发展起来，可是由于当地领导思想不够解放，没有认识到发展民办科技事业对于科技人才分流、解放科技生产力，特别是推动科技成果商品化和产业化方面具有重要意义，他们老在那里“担心”、限制，结果失去了过去发展的时间和机遇。

我们认为，加强宣传教育，为民办科技机构树立良好的形象；加强调查和理论研究，尽快制定出推动民办科技事业发展的系统政策，为民办科技机构发展创造出良好的政策环境条件；逐步理顺宏观管理体制，形成以地方科委为主、其它部门协调配合与齐抓共管的体系；加强对民办科技的服务工作，为他们排忧解难，引导他们上规模、上水平，已经到了关键的时候了。

（李国光、王建华　执笔）

科技成果转化剖析

孔德涌

科技成果用于生产实践可转化为生产力。如果从基础研究开始到占有一定市场份额的商品为止，大致可划分成9个阶段。即，基础研究、应用研究、开发研究、中试（或样品试制）、大批生产、工业包装、商品包装、市场行销和成交。

旧的科研体制只要出论文、出样品就行了，是否能大批生产则不管。旧的生产体制只要出产品就行了，是否销得出去则不管。旧的商业体制对如何满足顾客要求，改进商品包装、市场促销不感兴趣。因此，从科研到成交，9个环节组成的长链中，由于不合理的旧体制，在某些环节上产生了梗阻，使得科技成果转化为生产力障碍重重。经过几年科技体制改革和经济体制改革，情况有了很大改观，但与形势要求还有相当差距。

当今世界正在经历着深刻而巨大的变化。产生这一变化的主要动因之一是当代科技的迅速发展，无论在深度、广度和速度上都达到了前所未有的高度。最近30年来的科技成果比过去2000年的总和还多。其影响所及，不但导致社会生产力的迅速提高，使得一些国家（地区）经济得到明显增长，而且也促使各国的综合国力对比发生巨大变化，国际关系随之出现格局性改变。

科技成果数量的迅速增长这是当代一大特点，更重要的是科技成果转化为生产力、转化为实际经济效益的时间日益缩短；在18世纪为100年，19世纪为50年，二次大战后为7年。现在，在一些新兴领域，例如微电子集成电路，其集成度每10年增加3个数量级。每隔4～7年，计算机速度上升10倍，体积缩小10倍，可靠性提高10倍，价格下降10倍。此外，消费类产品更新周期不到一年，生产投资类2～3年。所以，从科研成果到产生社会经济效益的时间大大缩短。

今日的世界也是一个充满矛盾和激烈竞争的世界。国际间的竞争，说到底是综合国力的竞争，关键是科学技术的竞争。在科学技术上落后，就会被动挨打。在即将来临的21世纪的前8年中，各国都面临着新的、更大的挑战和机会。在未来8年的科技发展中，尽管还有许多不确定因素，但总的情况和大致的脉络基本是清楚的。加速科技成果转化为生产力、转化为实际经济效益是个关键。了解世界各国在科技成果转化方面的经验和教训，无疑将对我国有很好的借鉴作用。

一、国外科技成果转化现状

人们往往以“英国的发明、美国的产品、日本的市场”来描绘3个发达国家科技成果转化的状况。以盒式录相机为例，是英国发明的，美国把它造出来了，但现在占领世界市场的却是日本的产品。这一模式，当然不能一概而论，但的确也说明了一些问题。

英国传统的学院式研究一直占统治地位。近年来虽然也办了不少“科学园”、“孵化器”、“技术园”等促进科技成果转化的机构，但收效不十分显著。英国也需要科技体制改革。

据美国“金融世界”等杂志报导，获得诺贝尔奖的美国物理学家、美国促进科学协会主席利昂·莱德曼根据对全国50所大学的250名科学家进行的非正式调查的结果证实，美国的产品和工艺革新落后于国外竞争对手，高技术产品进口首次超过出口；外国居民获得的专利权差不多占美国专利局授予的一半。造成这种局面的主要原因之一是科研与生产脱节。研究实验所往往被不适宜地塑造成校园的形象，为寻求知识而寻求知识，脱离实实在在的世界。另两个主要原因是，科研经费不足，而且分配不合理；以及高级管理人员不懂技术，对研究与发展管理不当。

美国国家安全与国际关系局局长迈柯比茨不久前在美国众议院作证时说，日本在促进技术商品化方面成效卓著，并介绍了日本主要采取的以下3项措施：

1. 宏观经济政策创造了技术商品化的有利环境。与美国相比，日本企业更能够以低投入获取高效益。例如，在不同的时期实行特定的产业政策。1980年，日本政府为减轻机器人制造业的风险，成立了日本机器人租赁公司，使中小企业能从政府那里得到低息贷款，而且实行机器人产业特别折旧制度。这些政策措施促使日本机器人迅速占领了国际市场。

2. 产业结构和企业行为给商品化提供了可靠保障。在国际上最有竞争力的企业，如汽车、家电、半导体、机床等企业起初都是在国内展开竞争，积极引进新技术、新设备，拼命研究开发新产品，因而能在同行业中占领制高点。在这种环境下锻炼出来的企业打到国际上，自然无往而不胜。

日本的经营管理体制保证了市场对于产品不断更新换代，使需求周期不断缩小。日本企业把满足顾客需求的着眼点放在不断提供新产品上。他们靠企业内部各个环节，诸如情报信息、设计、制造等的协调配合，从而缩短了产品的更新周期，为新技术进入市场提供了机会。

3. 有选择地促进商品化的产业政策，加速了技术商品化的进程。日本的零件制造厂和最终产品制造厂之间的技术转让渠道较为通畅，而且还经常共同研究与开发新产品。例如，日本的汽车制造厂一般不直接生产零部件，而是和数百个零件厂家联合，形成零部件生产网络。与美国不同的是，他们向这些零件厂的专项设备投资和融资，开展技术指导、人员培训等。因此，日本通过合理的宏观政策、产业结构和企业行为，从宏观到中观，一直到微观全面地促进技术成果商品化，取得了显著成效。

从企业机制角度来看，日本促进科技成果转化的机制称之为“纵横系列制”。“横向系列”也称为“综合集团组织”，是由数十家多种产业公司组成的排他性集团。这些企业行业交叉、相互持股，一般以大商社或大银行为核心。例如：三井、三菱和三和银团等。“纵向系列”是宝塔式的垂直结构。塔顶是个大制造厂，塔底是许多像车间、作坊式的小工厂，中间有若干层次大小不等的企业。各企业间具有供销关系，从原材料、零部件到最终产品，一条龙似的联合在一起。例如丰田汽车的大伞之下就有22个一级公司和数百个二级、三级公司。纵向系列集团也可属于横向系列集团，例如，丰田汽车集团又属于三井集团的24家公司之一。

日本这种“纵横系列制”，使系列内企业交叉占股，彼此依存、相互监督，防止短期行为和违法活动。系列内银行贷款优惠，保证了科研开发和产品批量化生产所需的大量资金。系列内开展科技协作与交流、共享科研基地、设备和信息，创造了单家企业难以具备的条件，避免了科研投入的重复和浪费。

从国外科技成果转化状况来看，日本是最成功的，这正是日本从战后迅速崛起的原因之一。英、美虽然稍有逊色，但比我国机制要强得多。因为我国几十年来一直沿用苏联的科研脱离生产的机制，经过10年改革，虽有很大改观，但体制和机制问题仍然是我国科技成果转化的最大障碍。

二、我国科技成果转化现状

用定量数据来描述技术进步对经济增长的贡献的方法很多，计算结果差异也颇大，本文不打算就此议题展开讨论。

用每年有多少成果被生产应用、科技人员介入生产实践活动情况、专利实施率、技术市场成交额以及高技术产品占出口总额的比例等指标也可描述转化状况。

1. 从1979年到1990年的11年中，全国共取得重大科技成果12万多项，分别受到中央和省市政府的奖励。其中有6649项成果获国家级科技奖。这些项目到报奖时所获经济效益已达2800亿元。科技成果的应用率从“六五”时期的69.9%，上升到“七五”时期的74.3%。这里的应用率指的是：用了就算。而大部分成果只在一厂、一地、一点应用，大面积、大范围推广的不是很多。例如，机械电子行业科技成果推广率超过30%，但大面积推广应用的只有5%。此外，转化为生产力的多为小成果、“短平快”成果，一些可以产生巨大经济效益的重大科技成果却因转化工作复杂而很少能应用于生产。这是目前我国科技成果转化的主要问题。

2. 从科技人员介入生产实践活动来看。全国1000万自然科学技术人员中，有400多万投身于工农业生产主战场，数十万科技人员对中小企业、乡镇企业进行智力支援；一大批技术开发型科研机构进入企业或企业集团，与企业结成科研、生产联合经营体1万多个，科研机构创办独资、合资技术经济实体3500多家；一批科研人员走上科技开发之路，创办科技企业，加快了科技成果向现实生产力的转化。据报导，我国科技企业已超过15000家，年营业额已达60亿元。

3. 专利制度的实施，使“知识产权”的思想逐步深入人心。专利权给发明的保护，不仅促进了更多的发明，而且加快了发明在生产中应用的步伐。据国家专利局统计，我国自1985年实施专利制度以来，已批准专利17万余项，其中已实施5万余项，实施率为20～30％。

4. 技术市场的兴起，促进了科技成果向生产部门的转移。根据技术市场的统计资料，1988年，技术转让成交项目数达26.5万项，比1985年增长近2.6倍，1991年，技术转让成交金额达94.8亿元，是1985年的4倍。

5. 我国高技术开发虽已具一定实力，但我国高技术产品的国际竞争能力甚低。据测算，80年代，我国高技术产品占出口总额的比例仅为2.7～4.9％，而台湾的相应数字却为14.3～17.5％。

从上述几方面的情况可大致看到我国科技成果转化的一般情况。总的来说，具有巨大经济效益的重大科技成果大范围的转化推广不够，高新技术的转化不够，而“短平快”的小成果小范围的转化还可以。

三、科技成果转化障碍因素分析

科技成果转化既有驱动力又有阻力。这一节着重分析阻力。驱动力将在若干建议一节中一并阐述。

阻碍科技成果转化的主要因素可归纳为：体制不顺、机制不灵、意识不强、投入不足和人才不活5个主要因素。

（一）体制不顺

体制不顺是影响我国科技成果转化的主要决定性因素。科技成果转化涉及科技、经济、教育以及政治各个领域。各个领域的体制改革不同步，带来从整体意义上讲的体制不顺；此外，各个领域内部的体制改革或多或少未走向成熟，也带来了从局部意义上讲的体制不顺。体制不顺的弊端，突出表现在以下几个方面：

1. 部门、地区和单位之间相互“割据”，缺乏“一盘棋”思想，严重影响重大科技成果的转化。主管计划的、生产和科技的部门长期以来缺乏协调和配合，即使同一部门，主管科技的与计划、技改和基建司、局之间也缺乏协调和配合。这种体制不理顺，科技和经济很难结合，需要各部门互相配合协作的重大科技成果的转化也仍然是障碍重重。

2. 政府和企业在科技成果转化中的责、权、利混淆不清。企业是国家的，盈亏由国家担保，企业缺乏动力来吸收应用科技成果。企业生产的产品由国家购销，优质不能优价，因而企业对提高产品质量不感兴趣。企业领导实行任期承包责任制，导致一些企业短期行为的发生，影响企业吸收使用新技术、新成果的积极性。

3. 科技力量布局不合理。科学院、高校、部委、地方、企业等都有自己的科技机构，全国县以上科研机构有5000多家，要靠政府养。造成重复设置，争经费，争项目，形成粥少僧多的局面，一些科技经费就象撒芝麻似地被撒掉了。

（二）机制不灵

科技成果转化是一项涉及个人、集体和部门的利益、责任和风险的复杂系统工程。而运行机制是个关键。前面已经提到，一些“短平快”的中小成果转化比较顺利，主要原因是市场有需求。市场需求产生的拉力促进了中小成果的转化。而一些重大的具有巨大经济效益的成果转化工作却步履艰难。例如：我国工业的单位产值能耗比国际平均水平高1/3左右。设备落后是主要原因。目前，我国电力供需矛盾十分尖锐，大部分电力都耗在风机、泵等异步电机及同步电机上。1979年全国就有风机230万台、水泵1300万台，12年后的今天就更多了。我国科技人员开发的电力电子异步机调速系统和同步机失步保护以及不减载自动再整步技术可节电百分之几十，经济效益十分可观，但多少年来推广范围很有限。我国发明的顾氏环制冷技术，可以不用破坏臭氧层的CFC致冷剂，实现高效、节能、无害。它用于中央空调可提高效率23.2％，用于冰柜，可节电28％，公害指数ODP值是常规空调器的三十三分之一。在当今世界普遍关注环境污染的时刻，这么好的技术却在国内无法大范围推广，将技术出口给英国生产商用酒柜制冷设备的 HCI 公司。类似的例子不胜枚举。

从上面几个例子中可以看到，该用计划机制来大力推动时，却没用或用得不力。该由市场机制去拉动时，却没有拉力或拉力很小。科技成果转化中的计划机制和市场机制都很重要，两者有机的结合才会构成灵活的、有效的转化机制。

（三）意识不强

意识包括科技意识和商品意识。由于几十年来长期处在计划经济体制下的产品经济环境之中，研究机构由国家养，研究成果当然属国家，怎么能当商品卖。商品观念极其淡薄。至于科技意识，由于教育和职业培训远远没有跟上经济发展的需求，劳动者素质与西方国家相比，相差甚远。全国 1 亿职工中，受过高等、中专和技工训练的不到 800 万，仅占全体职工的十二分之一。而更重要的是领导干部的科技意识。许多干部对待科学技术是：讲起来重要、干起来次要、忙起来不要。领导干部科技意识不强的原因是短期行为和实用主义所致。

（四）投入不足

现在世界上把研究和试验发展经费占国民生产总值的比例作为一项最重要的科技指标来衡量一国对科技的重视程度。由于这是一个相对值，与一国的穷富无关。

主要工业发达国家的研究和试验发展经费占国民生产总值的比例已向 3％迈进。1990 年，最高的是日本，达到 2.92％，其次是原西德，达 2.9％，美国排第三，2.8％。我国 1991 年的比例是 0.72％，比许多发展中国家都低。

（五）人才不活

科学技术是一类知识，必须通过知识分子运载才能变为现实生产力。如果人才不活，知识分子的积极性没能充分调动起来，既不会有大量科技成果产生，也不会有很多成果得到转化。所以，把人才放活，把知识分子积极性充分调动起来，这是个关键。

放活人才受到政治、经济和社会各方面因素的制约。虽在 1985 年的中共中央关于科技体制改革的文件中早就提出来了，但实际流动人数还是很少。

从上述五方面因素来看，要排除科技成果转化中的障碍并非易事，是个十分复杂的系统工程。

四、若干建议

从上面五个主要障碍因素的分析中可看出，最主要的还是体制问题。如果体制不顺，虽然各部门都很积极，但总体效果很差，你搞你的，我搞我的，重复浪费还不算，甚至互相抵消。要理顺体制，必须找到一种利益协同机制，它是排除各种梗阻，进一步深化改革的关键。

从宏观层次上来说，这是一个政治体制改革的问题，本文不作详细探讨。但总的思路应该是：明确划分各部门的职、权、利，通过法律形式加以固定和治理。

（一）以多种方式、多种渠道推行股份合作制

从微观层次来看，股份合作制是促进科技与经济有机结合的最好形式。股份制是当今世界经济发展普遍采用的一种比较成功的经济组织形式。它不仅有利于聚集社会资金，促进生产要素的合理配置，而且也是一种能为各方接受的分配方式。科技以参股的方式进入经济，也可能是促进科技与经济有机结合的一种有效形式。

按照自愿结合、利益共享、风险共担的原则，在各个层次上，以多种方式，多种渠道形成股份合作制。科研单位既可以以股东的身份进入企业或企业集团，进入经济特区或沿海开放区，进入高新技术产业开发区，也可以结合专门项目参股。任何科研单位还可以同时与多家企业建立股份关系。企业是科技成果转化的主体，企业真正搞活以后，一些实力雄厚的大中型企业，为了抢占未来的市场，对大院大所、高等院校取得的基础研究和应用基础研究成果，同样会发生浓厚兴趣，因此，不能排除一部分基础研究和应用基础研究成果也会成为大院大所的参股资本。

股份合作制可使科技投入体制多元化，改变过去由政府一家独包的办法，有利于增加科技投入。

股份制重视无形资产入股，科技成果以折股的形式实现技术的价值，知识产权得到了尊重。股份制引进了利益共享、风险共担的利益机制，每一个股东都会关心参股产品的社会效益和经济效益，会极大

地提高全民的科技意识和商品经济意识，有利于克服科技意识不强的弊端。

股份合作制促进了科研机构的合理分流，也为人才合理流动创造了条件。解放和发展科学技术第一生产力，关键在于把蕴藏在科技队伍中的巨大潜力释放出来，充分发挥广大科技人员的积极性和创造性，形成人才流动，人尽其才，才尽其用的机制和环境。

日本的纵横系列制中的纵向宝塔式结构我们可以借鉴。围绕一些具有巨大规模经济效益的产业或产品，可以组建一些大型企业集团。例如：汽车、飞机、自行车、声像电子等都可组成宝塔式大集团，集团内采用股份合作制的体制。这对促进我国科技成果转化定会起到难已估量的作用。

（二）大力发展第三产业

前面提到，从基础研究到市场成交共分 9 个阶段。要使每个阶段顺利地衔接起来需要大量的中介服务机构，包括提供各种信息、仪器仪表设备、原材料和各种服务等，以及提供信贷、保险和风险投资等金融服务。第三产业可以看作是加速科技成果转化的润滑剂和催化剂。为科技服务的第三产业与一般的第三产业还不同，它需要既懂科技又会经营的科技企业家。他们对市场最了解，有敏锐的眼光，他们能从市场的角度提出科技研究和开发的需求，是科技成果转化市场需求拉动的发动者。

我国的第三产业很不发达，只占国民生产总值的 26.4%，而西方国家已达 70%左右。为科技服务的第三产业更不发达。如果我们能花大力气好好抓一下，定会产生意想不到的效果。例如，大力发展贵重的、更新周期很短的高档商品的租赁业。像高档计算机、机器人、高级仪器设备等采用租赁办法比一次性购置的办法的市场大得多，效果也好得多。

从总体来看，我国的科技人才严重不足，而从局部来看，又有许多人才积压，积极性没能充分发挥。所以，要大力提倡人才分流重组，让一部分人流入为科技服务的第三产业中去。

（三）为人才的分流重组创造宽松的环境

我国人才一方面严重短缺，一方面又大量积压，原因是流不起来。住房、户口及人事档案制度都严重地妨碍了人才流动。对将近 12 亿人口的大国来说，这种户口及人事档案制又是必需的，否则，大量农村剩余劳力将涌向大城市，造成难以想象的灾害。但是，对具有相当学历以上的科技人才可以放开，利将远大于弊。当然，具体实施时，还需要一系列配套政策，也可以在局部地区进行试点。

（四）大力发展高新技术开发区

我国地域广阔，各地情况千差万别，制定统一的政策很困难。如首先在高新技术开发区实行一些特殊政策，积累一定经验后，逐步向更大范围推广，这是一条比较稳妥和可行的办法。经国务院批准的高新技术开发区有 27 个，地方省市批准的有 10 个，最近，地方上又涌现上百个高新技术开发区。这种热情应当充分鼓励，但由于高新技术开发区实行许多特殊优惠政策，因此，高新技术开发区的审批应严格把关。而且，应当采取灵活的管理办法，不应是“一锤定终身”，应当进行评价，不符合高新技术开发区标准的应当及时警告，如无改进，应及时撤销其名称和所享优惠政策。

社会主义事业是个崭新事业，改革开放是一个充满了创造性的过程，我们应充分利用人类历史上积累的一切有用的知识和经验，同时也要敢于去做前人没有做过的事情。

（本文作者系中国科技促进发展研究中心主任）

努力实现科技与生产的紧密结合

冶金部自动化研究院

我院是冶金工业部直属的多类型科研机构，现有职工1530人，主要从事自动化技术的研究和应用。

1985年开始的科技体制改革，在科研单位广泛地推行了课题组承包制，我院也不例外。但课题组承包的生命力是有限的，随着形势的发展，其局限性逐步暴露出来，企业所急需的高新技术及其产品越来越无能力解决，逐渐偏离了国民经济建设主战场。加之国拨事业费逐年减拨，到1987年底，我院的发展陷入了步履维艰的境地。

如何冲出这一困境？是向上伸手靠国家的“输血”来维持生存，还是主动将科技成果产品化或转化为承包工程的能力，在国民经济主战场上找到自己的位置，在取得社会效益的同时取得自身的经济效益，促使自己进入良性循环发展的轨道？我院选择了后者。实践证明，这是一条应用开发型科研院所的必由之路，也是一条应用开发型科研院所的成功之路。

自1988年我院科研合同额每年递增5000万元，1991年拥有合同量达到2.2亿元，是1987年的11倍，人均14.3万元。经济效益每年递增300万元，1991年达到1750万元，是1987年的3.5倍。1990年就已实现人均创利万元的目标。

4年中，通过鉴定的科研项目92项，其中44项获部以上成果奖。作为自动控制技术核心关键技术的分布式控制系统计算机网络技术，我院开发的低速网成功地应用于黄浦江过江顶管工程，获国家科技进步一等奖。同美国合作开发，我们自己生产的用于机器人和数控机床的交流伺服电机，填补了国内空白，能批量生产的至今只有我们一家。

“七五”期间，我院承包改造了20多座高炉，完成了40多个铝电解、铁合金炉和各种工业窑炉节能项目和国家重大节能技术改造项目（TRT系统）。完成了一批自动化系统工程项目，其中建立了五大样板工程。

这些标志着我院已经进入三电自动化系统工程总承包、技术总负责的阶段，成为国民经济主战场上一支不可缺少的力量。

短短4年中如何会有这样大的发展？主要靠党的政策，靠改革开放。

根据“科学技术必须面向经济建设”方针的要求，1988年我们就提出：要在国民经济建设主战场中，找到自己的位置，发挥关键作用。在自己的小范围内，实现科研与生产的紧密结合，搞科研生产一体化；在与生产企业的关系上，实现科研单位与生产企业的紧密结合，将自己的科技成果在同企业的结合中转化为现实的生产力。做到开发出的技术和产品都能应用于企业改造中的工程；在承包工程的同时开发出新的系统成套技术和先进产品。做到开发一项推广一片，把自己建设成为一个高新技术的实验基地和高新技术产品的中试基地。立足冶金，面向全国。为此，我们进行了四方面的改革。

一、运行机制的改革——改革的目的

长期以来我国实行的是高度集中的计划经济，国家分配多少，企业生产多少；企业生产多少，国家包销多少，不存在竞争对企业的威胁，生产手段及产品技术含量的高低对企业的好坏无关紧要。因而导致人们对技术的价值认识不足。这一切决定了一个科研单位要达到经济自立，进而形成自我发展的能力，就必须把技术成果转化成商品或工程应用的能力。要做到这一点就必须转变现行的运行机制。

我们对此的原则是：主要权力向院里集中，对各研究所适度放权，逐步收回专题组的经营权力。核心是实现科研生产、管理一体化，集中力量，形成拳头，提高面向主战场的能力。

第一，实现机构体制一体化。将原来各自行政独立、联系松散的研究室及下属仪表厂按专业归类组建了5个所，做到每个所都能实现科研、设计、产品（工程）和经营一体化。

第二，实现业务结构一体化，包括：机电一体化，“三电”一体化和机、电、工艺一体化。在组建各所时，考虑了机电专业配套，以便各所能够开发机电配套的产品。计算机应用、仪表检测、电气传动是我院的3个主体专业，简称“三电”，据此我们相应组建了系统所、仪表所和传动所，在全院范围内形成了“三电”一体化的专业结构。各类冶金工艺专业和机械液压专业，与“三电”一起构成了机、电、工艺一体化的专业结构，其中，冶金工艺和冶金设备作为辅助专业，有力地支持了“三电”自动化工程。

第三，改专题承包为大包干和总承包。大包干即以所为单位对院进行技术经济承包，所内按岗位落实责任制；总承包即“三电”一体化的工程项目实行总承包，也可以成立临时承包体进行总承包，也可以总承包后，把任务分解到各所，统一进行调度，确保任务的完成，彻底取消了课题组的承包权力。

第四，改群体经营方式为集散型的经营方式。课题承包实行的是群体经营方式，为与一体化、大包干、总承包相适应，我们创造了集散型的经营方式，即“三电”一体化的工程项目，重点工程项目由院统一承揽，各所能独立完成的工程项目由各所承揽，有力地加强了科研单位与生产企业的联系。

二、劳动人事制度改革——改革成功的关键

改革的最终目的是发展社会主义生产力，而生产力中最活跃、起决定性作用的因素是人。因此，劳动人事制度不改，一切改革都将是短命的，都将失去支柱。我们掌握的原则是既严格要求，又给出路，达到消化矛盾，理顺队伍，充分调动广大职工积极性的目的。

对干部每年进行一次严格考核，真正做到能上能下。4年中，有近20名干部被降职或免职使用。对职工实行优化劳动组合，始终保持有一定数量的动态的编余队伍。4年中，有71名职工曾被编余。对专业技术人员，我们也认真地实行聘任制，表现不好的不聘任。在1988年的评聘工作中，有2名高工和6名工程师落聘，而8名改革后培养的研究生则提前晋升，1991年又有12名突出者提前晋升。

三、分配制度改革——改革成功的基础

对此我们有三条原则：第一，政策向科研生产一线倾斜，使一线的平均奖高出机关后勤平均奖20%以上。对参加国家攻关项目、院里的中长技术和产品开发项目的人员，院里保工资保奖金，出了成果，除可直接拿到国家的奖金外，还可得到院里的特别奖（包括住房和奖金）。第二，政策适当向干部倾斜，在干部中实行奖金系数，使干部既有压力，又有动力，但主要还是强调奉献精神。干部实行奖励系数后，一线仍有30%以上的职工奖金超出干部中的最高奖。第三，吸引机关后勤的职工到科研生产一线去，鼓励一些有条件的单位进行半承包，逐步发展为全承包。最大限度地减少机关后勤人员。

四、管理体制的改革——改革成功的保证

一是领导体制的改革。主要是形成党组织保证监督、职工民主管理、行政领导院长负责的三位一体的领导体制。二是行政业务体系的改革。主要是建立了4个主干业务体系（即科研开发、产品制造、工程承包和经营服务）和5个业务保证体系（即质量计量、条件保证、生活服务、安全保卫和监察审计），严格按照体系进行管理。三是加强计划管理。院、所、室都要有长远规划和近期计划，按计划管理，定期检查执行情况。四是按制度进行管理。主要是建立配套的规章制度，严格按制度办事，树立制度的权威。靠法治，不靠人治。

在改革的过程中，我院始终把增强发展后劲和智力投资当作战略任务来抓。近年来，我们共培养硕士或博士研究生128人，他们已成为我院的中坚力量。通过多次举办各种学习班，为155名科技人员进

一步提高了外语水平，为659名科技人员更新了知识。4年中，我院自筹资金3925.7万元进行基础建设和基本建设。其中，投资1747万元，改建和新建了箱体、元件、电装、伺服、电仪表和PLC（合资）6条生产线，批量生产高新技术的中试产品；投资768.2万元，改造和新建了必要的实验室；投资400万元用于中长远课题的研究开发；投资1010.5万元建设了14000平方米的职工宿舍。

“改革——调整——稳定，再改革——再调整——再稳定”，随着社会的发展，改革也将是不断的过程。一体化改革解决了我院内部优化组合的问题，但要想从根本上解决科研与经济发展脱节的问题，还必须形成以高新技术为导向，以高新技术产品为基础，以系统成套技术为核心，以工程应用为目标的新型的工程化的电子产业。我院在产业化的道路上已迈出一大步，具备了工程化的电子技术产业的雏形。下一个目标就是发展高新技术产业开发集团，开拓出一条应用开发型科研院所科技体制改革的成功之路，使之真正成为国民经济发展的先导力量和主力军，从根本上实现科学技术与生产的紧密结合。

（于常友　执笔）

坚持科技体制改革，推动两个文明建设

河南省农业科学院

我院是一个综合性的农业科研单位，有小麦、粮作、经作、烟草、园艺、土肥、植保、畜牧等10个研究所，1个芝麻研究中心，1个实验中心、1个实验农场，8个管理职能部门。目前有职工1091人，科技干部601人，其中高级科技人员102名，中级科技人员229名。

1984年以来，我们紧紧围绕着面向河南经济，为发展农业生产服务这个中心，从实行所长负责制入手，一步步深化改革，成绩比较显著。据不完全统计，1986～1990年共取得获奖成果219项，其中国家级奖9项，省、部级奖70多项，这些成果大部分已经在生产上应用推广。

一、改革概况

我院的科技体制改革工作开始得比较早。大致经历了三个阶段：一是1984年开始试点探索所长负责制；二是1985年至1986年改革全面展开，实行所长负责制；调整科研方向与任务、开展技术开发，转化科技成果；三是1987年以来，把改革引向深入，坚持实行科研开发一体化，建立科技与经济紧密相结合的运行机制；注意配套改革，实行了所长、处长任期目标责任制、技术干部聘任制和经营管理的“四制”，即科技人员的课题承包责任制，干部工作职能责任制、工人劳动合同制及经济承包责任制。

二、改革研究所的领导体制和管理方法

改革领导体制，实行任期目标责任制，我们重点抓了三个方面的工作，就是掌握一个关键，理顺两个关系，抓住三个环节。

1. **掌握一个关键** 就是按照干部“四化”标准，选配好研究所的领导班子。我们院选配所领导班子时，第一，看其政治上的坚定性，团结进取和廉洁实干精神，工作实绩和群众基础等。第二，所长必须是学科带头人，在业务上能领得住。书记必须党性强，在政治上能起领导组织作用。双方能互相支持、互相尊重、齐心协力、共挑重担。第三，所长、书记尽量不互相兼职，各自集中精力抓好本职工作。

2. **理顺两个关系** 在党政关系上，明确所长是研究所的法人代表，对本所行政业务工作有“五权”，即人权、财权、物权、计划决定权、规章制度制订权，承担“三出两改善”，即出成果、出人才、出效益和改善科研条件、改善职工生活的任务。党组织起政治核心作用。主要工作是，领导本单位思想政治工作，抓好精神文明建设；抓好党的建设，发挥党支部的战斗堡垒作用和党员的先锋模范作用；参与研究所重大问题的决策。对行政业务干部的任免，由党政领导集体讨论决定。在处理所长负责制与民主管理的关系上，明确所长负责制不是所长一个人说了算，而是实行个人负责与民主管理有机结合的一种管理形式。有关研究所的规划、计划、机构、改革等比较大的决策，通过所领导班子会、学术委员会、职工会等形式，实行民主管理。

3. **抓住三个环节** 一是根据农业科研单位的特点建立目标体系。我们把“三出两改善”作为研究所所长的基本职责和任务，依据各所的基础情况和发展潜力，按照定性与定量、稳妥性与挑战性相结合等原则，把科研任务、经济效益、科研后劲、精神文明建设等纳入目标体系，制订了各所所长4年任期要达到的量化任务指标。出成果指标主要是指出成

果的数量、等级和承担重点课题的数量、进度等，特别是突出省、部级二等以上大成果的数量；出人才主要是指全员培训率和培养新型科研骨干、管理骨干的数量和质量；出效益主要指创社会效益和自身收入情况；改善科研条件和职工生活条件，主要指发展基金、集体福利基金、奖励基金的积累情况，以及用这些基金建设科研设施、购置科研仪器、改善职工生活福利的项目和标准。精神文明建设主要包括党的建设、领导班子建设、思想政治工作和文明单位建设等。各项任务指标经过自上而下、自下而上反复酝酿、讨论确定后，用《研究所所长任期目标任务书》形式固定下来，由院长与所长分别签字。二是做好目标实施的监测、运行工作。主要是结合每年的工作计划安排、半年工作检查、年终工作总结，以及各所的目标分解实施情况，及时进行检查督促，掌握进度情况，加强薄弱环节，补漏添缺，排忧解难，促进各单位目标任务的顺利完成。三是认真进行任期结束的考核验收和奖惩。院里专门成立了考评审计组织，首先根据目标体系，制订了具体考核方案，确定定量考核标准和定性考核的判定原则，并用同一个尺度对各单位的任期目标完成情况逐项审核。然后按照领导与群众相结合、定性与定量相结合、两个文明建设相结合等办法，先后经过自查自评、公开述职、民主评议、考核审计、领导审批、总结奖惩等程序分步进行。第一届考核和验收结果，表彰了完成任务好、成绩比较显著的土肥、畜牧、植保3个研究所，并给每个研究所领导班子发两千元奖金，对1个完成任务不太好的研究所，进行了书面通报批评。

三、实行以科研为中心，科研开发一体化，建立科技与经济紧密结合的运行机制

围绕科技与经济结合的问题，我们加强了科技成果的转化工作，先抓成果示范推广，进而又抓了科技开发。经过这几年的实践，我们总结出了实行以科研为中心，科研开发一体化的经验，摸索出了一条“抓好科研出成果，利用成果搞开发，通过开发促科研”的路子。

1. **调整方向与任务，加强科研工作** 几年来，我们根据农村经济向专业化、商品化发展，农村产业结构调整和新技术革命的需要，采取院、所结合，从清理研究课题入手，逐步调整了各研究所的方向任务，以促进和形成各自的优势和特色。在工作上主要抓了两件事：一是进一步调整了专业结构，合理安排三类研究的比例，使科学研究进一步适应农业生产的需要。新建立了芝麻研究中心、园艺所，加强了畜牧、农副产品加工、农村经济和生物技术等方面的研究工作，初步形成了以种植业、养殖业、加工业、果菜业和农业经济研究的科研新格局。二是围绕振兴农村经济的战略重点，集中力量，协作攻关，扭转课题“多、散、小、低”的状况。我们进行了课题的重新论证和省情分析，根据黄淮海平原、丘陵山区、淮南稻区三大区域的特点，于1986年形成了“四三九二”科研计划，以后又发展到育种、基地和后劲3个战略重点。经过几年的调整和完善，我院研究课题由原来的140余个减少到100个左右，从而保证了人力、物力和财力向重点科研任务上的相对集中，有力地促进了出大成果、创大效益。

2. **利用成果搞开发，加速科学技术向生产转移**

(1) 探索出科技开发的两种主要形式。一种是兴办各种不同类型的农业科技成果综合示范基地，组织多层次、多部门、多学科、多专业的科技力量，对现有成果进行组装应用。这类主要是以创社会经济效益为主，办成出效益、出样板、出成果、出人才、出经验的基地。为此，我院先后选派了10位同志到郾城、舞阳、太康、新郑、渑池等基地县任科技副县长。如郾城县科技综合示范基地，经过几年努力，探索出科技与生产相结合的“郾城途径”，3年推动全县粮食生产迈了三大步，一年增产1亿斤。目前，该基地已由郾城县扩展到漯河市。另一种是利用科技优势，兴办科技经济实体。这是属有偿性的开发经营。它把技术成果变成技术产品，服务于农村并取得自身的经济效益。目前，我院以自身的科技优势为主，兴办了复配农药、复配化肥、饲料添加剂、猪场、鸡场、疫苗车间等大小科技经济实体10多个，这些实体是科技开发创收的主要来源。1987年以来，全院通过科技开发创收，积累科技发展基金200多万元，对弥补当前科研经费的不足起到了一定的作用。

(2)逐步实行三分开的管理办法。为了处理好科研和开发的关系，我们实行了分类管理。科研和开发的管理机构要分设，人员要分流，管理要分开。在分类管理上我们采取的主要措施是：首先，加强领导，建立机构，组织队伍。院领导和所领导都有专人分管科技开发工作。同时，院成立了科技开发处，各研究所成立了科技开发部，培训了一批科技开发人员，在全院

形成了一支由50多名科技人员组成的科技开发管理、经营专职队伍。第二，制定了鼓励科技开发工作的优惠政策，在下乡补助、收入分配和职称、成果的评定等方面，对开发人员给予适当照顾。1988年，我们评出了一些开发成果奖。对部分下基地进行技术开发的科技人员，优先聘任了高级技术职务。在子女就业等方面也予以照顾。第三，给予必要的条件支持，包括每年列出成果推广和开发经营计划，并划拨专项经费，积极提供场地、房屋等。近年来，我们用于开发的周转金达90万元，并开辟了占地50余亩的科技开发区，建起了科技开发楼。第四，制定了开发经营管理的规章制度和开发收入的分配办法，明确了一些政策界限，保证开发工作沿着健康的轨道发展。

四、坚持人事教育制度改革，狠抓职工队伍建设

几年来，我院用改革的精神和办法，培养和造就新的人才队伍，着重做了三个方面的工作：

1. **采取多种形式，培养新一代科技事业接班人** 由于历史的原因，人才断层问题在我院比较突出，随着新的退休制度落实，问题显得更加严重。为此，我院把形成新一代科技骨干队伍作为一项战略任务来抓。采取的主要措施有：一是选拔中青年担任重点研究课题的主持人或第二主持人，让新的骨干挑重担。目前，全院30个重点课题中有27个由中青年担任主持人或第二主持人。二是设立院青年科技基金，由青年科技人员申报课题，并实行导师制。从1988年开始，已经上了3批青年基金项目，有6项顺利结束，23项正在研究中。三是开展青年优秀论文评选活动。同时，还试行了对重大科技成果和高水平科技论文的奖励制度。有的研究所选拔青年科技人员担任所里学术委员会委员，有的还坚持青年学术报告活动等。总之，是引导青年多出成果，早日成才。

2. **坚持继续教育，不断提高全员素质** 这方面主要是努力建立和完善科技人员继续教育的工作体系，在管理上进行了一系列的改革，基本上做到了有领导、有机构、有规划、有制度、有经费、有基地。把突出重点，培养中青年业务骨干和分类培训提高全员素质结合起来。在具体实践中，坚持长期培训与短期培训相结合，院内培训与院外培训相结合，组织进修与自学相结合。近年来，我院每年都拿出10万元左右资金，作为教育培训经费，同时，制定了有关规章制度，对继续教育的对象、学习时间、内容、形式、条件、奖惩、费用报销等都作了比较具体的规定，并把学习成绩记入本人业务考核档案，合格者颁发结业证书，作为技术职务评聘和管理职务任用的参考依据之一。几年来，院内每年平均举办脱产培训班8期，培训学员250名左右。每年平均选派中青年科技骨干到高等院校、科研单位或出国进修的20多人次。到目前为止，全院参加脱产培训的科技人员已达90%左右，其中参加过两次以上的占70%左右。处所级以上管理干部都全部参加过现代管理科学知识的培训。科研辅助人员参加农业广播学校学习或其他学习的近200人，全院各类人员的素质得到普遍提高。

3. **进行人事制度改革，调动职工的积极性** 在这方面，我们主要做了三项改革：一是进行职称改革（1986年至1988年），实行专业技术职务聘任制。首先经过逐级认真地考核评审，确定每个人的任职资格。其次，根据农村经济发展的需要和院里的实际情况，调整专业技术岗位设置，把科技人员有目的、有计划地引向经济建设主战场。第三，按照岗位要求，聘任相应的科技人员，并签订聘约，颁发聘书，顺利地结束了9个专业技术职务系列的评审和聘任工作，使高、中、初科技人员的平均年龄大为降低，结构发生了明显变化。二是进行职工管理制度改革，建立岗位责任制。根据全院的情况，自上而下层层建立了不同形式的岗位责任制，科技人员实行了自由组合的课题承包责任制，管理干部实行了工作职能责任制，工人实行了劳动合同制和经济承包责任制。三是对新选拔处、所级干部实行了试用期制度。从1988年开始，全院相继试用10多名中层干部，结果，有通过试用能胜任的，有的则不能胜任而又回到了原岗位。

四、改革资金管理办法，发挥现有资金的应有效益

1. **在预算管理上实行"四制"，对包干经费实行分类管理** 即：对各单位的人员经费、公用经费按人员和项目实行"包干制"，对科学研究、技术开发经费，按经费与任务挂钩的精神，每年拿出一定数额，按基金管理办法实行课题合同管理，称其为"基金制"。对开发性研究、技术示范推广经费实行"有偿

制”，对技术开发经营资金使用实行“借贷制”。对包干经费部分，结合各单位的不同情况实行分类管理，分别采取了全额包干、差额包干、定额包干、定项补助等 9 种管理办法。这样较好地保证了全院预算资金的合理、节约使用。连续 10 年，在国家预算拨款增长达不到各种支出增长的情况下，全院 15 个核算单位做到了收支平衡略有节余，保证了科研事业的发展和科研计划任务的完成。

2. **积极筹措资金，组织开展资金拆借，支持科技开发事业发展** 我们在解决这个问题方面，一是充分挖掘内部资金潜力，增加技术开发投入。几年来，主要采取挖掘历年经费结余，充分利用科技发展基金积累、从科研经费中适当安排等办法，为科技开发固定资产和周转金的投入筹措资金 270 余万元。二是通过贴息贷款增加固定投资 63 万元，借入周转金 123 万元。三是充分利用各单位的暂存闲置资金，开展单位之间调剂拆借。1987 年以来，已拆借资金 604 万元，既保证了技术开发的资金需要，又节约利息支出 10 万余元，增加科技开发效益近 150 万元。这种办法被《科技日报》称为“死钱”变“活钱”。

1991年我国教育事业的改革与发展

国家教育委员会

1991年我国教育战线以党的十三届七中全会精神为指导，大力加强党对学校工作的领导，进一步端正办学思想，坚定政治方向，巩固和发展了教育战线的稳定局面。治理整顿取得显著成效，教育秩序和环境得到进一步改善，教育结构调整有了新的进展，农村、城市教育综合改革、高等学校内部管理体制改革等各项改革正在深化，各级各类教育都在稳步发展。高校科研工作取得丰硕成果，教育国际交流得到进一步扩大，多渠道筹措教育经费使学校办学条件得到改善。根据国民经济和社会发展的总体要求，制定了全国教育事业十年规划和“八五”计划。

一、学校思想政治工作得到进一步加强，师生员工的精神面貌发生了可喜的变化

1991年，教育战线始终把学校德育和思想政治工作作为工作的重点来抓，强调全面贯彻落实教育必须为社会主义现代化服务，必须同生产劳动相结合，培养德、智、体全面发展的建设者和接班人的方针，进一步端正办学指导思想，把坚定正确的政治方向放在首位，全面提高教育者和受教育者的思想政治水平和业务素质，巩固和发展了教育战线的稳定局面。

高等学校党的建设得到进一步加强。国家教委召开了第二次全国高校党建会议，下发了《关于加强高校领导班子建设的意见》，调整、充实、加强了一大批高校校系两级领导班子。同时，加强了对高校领导班子的政治理论培训和思想作风建设，制定了高校党政领导干部深入师生联系群众的一系列工作制度。结合国际局势的急剧变化，重点开展了坚持党的基本路线，反对资产阶级自由化和防止和平演变的教育，积极动员广大师生开展抗洪救灾捐物捐款活动，在高校深入进行了社会主义和爱国主义教育。大学生和高中学生军政训练试点继续进行，暑假社会实践活动在各地党政部门领导的支持下也迅速发展起来，1991年暑假参加社会实践的学生已达100万人以上。还在一些高校组织青年教师和学生参加了农村的社会主义教育活动，使广大师生在改革开放的社会主义实践中受到了生动的教育。国家教委在各地组织高校教书育人报告团活动的基础上，召开了全国高等学校教书育人座谈会，总结了经验，表彰了一批先进典型。现在，高等学校德育和思想政治工作一度薄弱的状况有所改变，资产阶级自由化思潮在不少高校泛滥的局面得到遏制，广大师生的思想政治面貌发生了可喜变化，并且呈现了继续向好的方向发展的势头，政治上要求进步的人比以前多了，整个高校出现了近年来少有的稳定局面。

中共中央总书记江泽民同志1991年3月9日致信国家教委领导同志，指示要由浅入深、坚持不懈地对大、中、小学生进行中国近代史、现代史及国情的教育，体现了党中央对教育事业和青少年成长的关怀和期待。1991年中小学的德育工作突出贯彻江泽民同志的指示，教委制订并颁发了《中小学加强近代史、现代史和国情教育的总体纲要》，组织起草了中学语文、历史、地理学科贯彻上述纲要的实施意见，编写了有关教材和课外读物。“两史一情”教育已在全国各地逐步展开。国家教委还修订了《小学思想品德课教学大纲》和《中学思想政治课教学大纲》，并进行了小学思想品德课教学录像的展评与研讨活动，推动了小学思想品德课教学质量的提高。在全国

校外教育工作会议、潮州德育工作座谈会和抚顺学雷锋现场会上，交流并推广了上海等地开展社区教育的经验，潮州在改革开放环境中加强德育的经验和抚顺市27年坚持用雷锋精神培养接班人的经验。结合贯彻国务院批转的创造良好社会环境保护青少年健康成长的文件以及《未成年人保护法》的宣传实施，推动各地加强学校德育工作，重视青少年培养问题。围绕建党七十周年、辛亥革命八十周年等重要纪念日，结合抗洪救灾事迹宣传，在中小学普遍进行了多种形式的爱国主义和社会主义教育。

在发展职教工作中，也着重抓了学校的德育工作，召开了全国中等职业技术学校德育工作座谈会，形成了《加强中等职技学校德育工作的意见》等文件。5月，组织了全国中等职教学校学生“学雷锋活动周”活动，全国47万职技学校的学生走上街头为群众服务。

二、继续深化各项教育改革，逐步完善具有中国特色的社会主义教育制度

（一）农村、城市和企业教育的综合改革取得新的进展

1987年以来，国家教委在全国范围内选择若干地区进行教育综合改革的试点工作。目前此项工作进展顺利，呈现出蓬勃兴旺的发展态势。

从农村教育改革入手，推进城乡教育事业的全面改革，是80年代以来我国教育改革的一个重要思路。农村教育综合改革的目的在于使农村教育真正转到主要为当地培养社会主义建设人才，促进当地经济、社会发展和帮助农民走上致富的轨道上来。改革的主要内容是：基础教育实行地方负责、分级管理的体制；建立农业科技和教育相结合的机制；实行基础教育、职业技术教育和成人教育的统筹规划和协调；实施“燎原计划”。这一改革对于调动各级政府和广大农民的办学积极性，克服农村教育与当地实际需要脱节，促进农村经济的发展，都发挥了积极作用，取得了显著成效。1991年6月，在山东泰安召开了农村教育国际研讨会，中国农村教育改革的成就受到与会23个国家和9个国际组织人士一致的积极评价，许多外国代表高度赞扬中国创造了农村教育的好样板，表示要学习中国的经验。

以改革农村教育，提高劳动者素质为核心的“燎原计划”是农村综合改革的重要内容。1991年“燎原计划”已在全国955个县、3942个乡进行示范试点，涉及的农村人口近2亿人。在“燎原计划”实施地区，农村教育的普及和巩固程度明显提高，农村技术培训网络进一步发展和完善。据1991年对部分示范乡的抽样调查统计，小学入学率已达98.8%，小学毕业生升入初中的比率达92.3%。“燎原计划”实施地区中小学普遍引进职业技术教育因素，示范乡乡一级已全部成立农民文化技术学校，所辖70%的村也建起了农民夜校。“燎原计划”动员各级各类学校为发展当地农村经济出力献策，大面积提高了农村劳动者素质和迅速传播了实用农业科学技术。“燎原计划”实施3年来，取得了可观的经济效益。据统计，1988年至1990年，国家为“燎原计划”安排专项贷款1.8亿元，调动了地方配套资金5.94亿元，实施了计划项目共1万余个，推广实用技术1万余项次，新增产值达13.78亿元，总利税为1.95亿元。

我国进行城市教育综合改革的基本思路是：使各级政府高度重视城市教育工作，把教育事业放在突出的战略地位，使城市的经济建设真正转到依靠科技进步和提高劳动者素质的轨道上来；依据人才预测调整教育结构，主要为当地建设培养急需的人才；扩大地方政府的决策权和统筹权，理顺教育与计划、人事、劳动等部门的关系，实现各级各类教育的统筹，并与当地建设需要协调发展；继续强化思想道德品德教育，加强师资队伍建设，努力提高教育质量和办学效益，全面提高教育者和受教育者的思想和业务水平。国家教委在1991年12月召开了有100个市参加的全国城市教育综合改革经验交流会，并讨论明确了改革的内容、任务、目标以及方针和原则。1991年，全国共有15个城市、100多家企业进行了教育综合改革试点工作，取得了丰富的经验和较大的成绩。现在，城市和企业的领导干部对教育战略地位的认识有了明显提高；城市教育管理体制的改革不断深入，一些城市成立了由市级主要负责人领导的教育协调组织，进一步明确了管理权限，加强了政府部门的宏观统筹和调控职能；城市社会各方面积极参与教育的意识有所增强，许多城市建立了社区教育委员会，社区教育网络不断完善；中等教育结构经过调整，基本上扭转了过去单一普通文化教育的格局，逐步向着与本地经济和社会发展所需要

的人才结构相适应的方向发展。

（二）大力推行初高中招生制度的改革，全面实行高中毕业会考制度

为了全面贯彻教育方针，彻底变应试教育为素质教育，有效地提高小学和初中教育的整体质量，国家教委大力推行初高中招生制度的改革。山东省招远县的具体作法是：依据对各乡、镇和学校的全面评估成绩，将中专、高中和职高（专）招生名额分配到各乡镇和各学校；依据各乡镇和各学校所分名额，按照学生所报志愿和考试成绩以及全面素质状况，分别录取中专、高中、职高（专）新生。苏州市自 1984 年起取消初中招生考试，改由各区组织小学毕业会考，除两所重点中学先行择优录取外，其余 30 余所中学实行就近入学。1987 年取消重点初中，全部实行就近入学，1990 年又取消各区的毕业会考，由学校自行命题组织毕业考试。他们的体会是：巩固普及初等教育的成果，提高小学教育的质量，是改革初中招生制度的坚实基础；办好每所初中，大面积提高初中教育质量是保证初中招生制度改革顺利进行的关键；实现小学教育从应试教育向素质教育的转轨是改革初中招生制度的根本目的。还有辽宁省沈阳市改革初中招生制度、营口市改革高中招生制度的试点，都获得了国家教委的好评并向全国推广。

我国高中教育制度的一项重大改革——普通高中毕业会考制度，从 1990 年开始推广，到 1991 年已有 29 个省市实行。建立会考制度以前，我国还没有一套完整的、能够体现教育方针的、科学地考核高中毕业生资格的办法，人们实际上以高考升学率和高考成绩作为评价标准，这给高中教育教学工作带来不利影响，使普通高中陷入片面追求升学率的困境。国家教委从我国普通高中的性质、任务出发，建立了普通高中会考制度。于 1991 年 7 月下发了通知，全面实施《现行普通高中教学计划的调整意见》和普通高中毕业会考制度。会考制度的实行，保证了普通高中必须按国家规定的教学计划开课，每个高中学生必须学完全部课程并普通过会考才能毕业，这就从考试制度上防止了教学中的偏科现象。同时加强了高中教学的薄弱环节，各地普遍加强了劳动技术课和理、化、生实验课，也加强了基础知识和基本技能的教学，改善了教学管理，提高了办学效益，调动了大多数学校和师生的积极性，使高中教育的升学竞争变为办学水平的竞争。这项改革对于学校全面贯彻教育方针、大面积提高教育质量起到了重要的促进作用。

（三）积极进行高等学校内部管理体制改革的试点工作

进入 80 年代以来，我国高等教育得到了迅速发展，但这是在新旧体制转换的情况下进行的。随着教育改革的深化，现行学校管理体制尤其是人事、分配体制方面存在的弊病日益突出，如人员编制膨胀，队伍结构失调，分配不公和平均主义并存，束缚了广大教职工的积极性和队伍整体优势的发挥，严重阻碍着高教事业的进一步改革和发展。改革高校内部管理体制已经成为高等教育改革的关键环节，成为高教事业发展的内在要求。与此同时，我国正处于深化改革，扩大开放，加快建设步伐的有利时期，为高校内部管理体制改革创造了良好的外部环境和客观条件。近年来，国家教委在南京大学、东南大学和北京等地的高校中积极进行了校内管理体制改革的试点，取得了初步成效，积累了具有普遍意义的宝贵经验。1991 年 11 月，国家教委正式批复了关于对南京大学、东南大学进行校内管理体制改革的请示报告，同意学校提出的改革方案。改革的基本内容包括人事制度、分配制度以及住房、医疗、离退休保险制度，核心是人事、分配制度改革。改革的基本思路是：以人事、分配制度改革为龙头和突破口，将几方面改革有机结合，统筹考虑，配套实施，综合治理；在定规模、定任务、定编制的前提下，改革人事制度，实行工资总额包干，实行全员聘任，明确岗位责任，调整队伍结构，加强考核奖惩，实现目标管理，提高工作效率；改革校内分配制度，近期实行国家工资和校内附加工资双轨运行的复合工资制，强化工资的杠杆作用，建立正确的利益导向和激励机制；相应改革住房、医疗和离退休保险制度，建立由国家、单位和个人三者结合解决保险福利问题的新机制。通过上述改革，将责、权、利相统一，收入分配与效益和实际贡献相联系，调动教职工的积极性，启动学校内部的办学活力。北京市属高校内部管理体制改革是在北京工业大学和北京师范学院试点的基础上，于 1991 年全面推开的。北京市委、市政府对这一工作十分重视，确定了“改善待遇，转换机制，打破‘三铁’，提高效益”的改革指导思想，明确提出，通过改革把党的教育方针和知识分子政策落到实处，全面提高教育质量。一年来，北京市属高校从四个方面进行了改

革。一是健全、完善领导体制，除少数院校经批准继续进行校长负责制试点以外，多数学校实行党委领导下的校长负责制，着重理顺党、政、群的之间的关系，更好地发挥三方面的作用。二是实行教育目标责任制，根据办学任务，制定学校德、智、体全面培养人才的总体教育目标和工作目标，并将目标逐层分解，落实到各有关单位，并订立评议考核办法。三是实行教师、干部聘任制，在严格定编和定岗、定职、定责的前提下，依照“条件公开、平等公正、结构合理、择优上岗”的原则，对教师、干部实行聘任。四是实行全校工资总额包干和校内结构工资制，学校的编制和工资总额按规定核定，不得突破。校内结构工资分为基本工资、补贴工资、任务工资和奖励工资四部分。打破分配中的平均主义，鼓励教师、职工多做工作，做好工作。通过高校内部管理体制改革，调动了广大教职工的社会主义积极性，一个富有生机和活力的内部管理运行机制正在逐步建立。许多学校对干部做了调整，加强了领导班子建设，调整机构，共精简行政机构11个，教学机构28个。行政人员与教师、学生与教师的比例失调，学科结构性超编，教师队伍结构不合理的状况开始改变，优化了教师、干部队伍。在分配上，同层次人员月收入拉开了档次，人均月收入有所提高。

（四）改革高等农业院校和中等专业学校的招生制度，打通人才流向农村的渠道

近年来，高等和中等农业教育如何为农村和农业建设服务，各类专门人才如何流向农村这个广阔天地，成为教育战线面临的一大课题。在1991年初全国教育工作会议上，国家教委主任李铁映专门指出：今后教育改革重点之一是“要进一步改革高等和中等专业学校的招生和毕业生分配制度，重点疏通专门人才通向农村、通向基层的渠道。”同年6月，国家教委在浙江嘉兴市召开了全国中专改革招生分配制度为科教兴农服务座谈会。会议总结了1983年以来改革的基本经验和路子，强调了改革的必要性，肯定了改革的方向和成绩，并提出“八五”期间，必须加快农业及与农村建设有关的中等专业学校的招生和毕业生分配制度改革的步伐，增加为农村培养和输送中等专业人才的数量。到1991年，这项改革已从开始时几所学校扩展到上百所学校，由最初的几个省市发展到26个省市，“不包分配”的学生已占农业中专在校生总数的15%以上。高等农业院校也长期以来面临着“招不来、下不去、留不住”的“老大难”问题。单一的统招模式，一方面使得大量不愿学农的学生抱着无奈的心情跨入农大的校门；另一方面，大量立志务农的农村优秀青年又进不了农大的门。因此，要改变这一状况，除加强对在校生进行学农、爱农、立志务农的教育外，还必须改革招生和毕业分配办法。从1983年起，高等农业院校招收定向生、面向农职中对口招生、招收保送生、接收委托培养生等一系列改革措施相继出台，使来自农村的学生比例有了较大幅度的增长，也为农村特别是边远地区输送了一批人才。但是，通过上述办法招收的学生基本上仍是应届高中生，缺乏农业生产实践经验。1988年，山西农业大学率先提出从国家招生计划中拿出部分指标，直接从农村有实践经验的青年中招生；学生毕业时不包分配，仍回生产第一线；招生考试由学校单独组织、全权负责的改革方案，得到上级部门的支持。1989年改革试点扩大到西南农大、东北农学院、福建农学院等近10所农业院校，在考试形式上，出现了单独考试，参加部分高考科目加试“农业技术综合知识”和借用成人统一高考等3种类型。在毕业生就业形式上，出现了包分配与不包分配两种形式。这项改革得到国家教委和农业部的肯定并且进一步推广。1991年又有了新的进展，全国共有27个省、市、自治区的40所农业院校进行了试点，招生总数达2630人。这项改革从一开始就受到广泛的欢迎，为农村输送了一大批专门人才，同时也带动了高等农业教育的其他改革。

（五）高校科技跨入了经济建设的“主战场”

随着经济体制改革和教育科技体制改革的不断深入，高校的科技工作打破了以往的封闭状态，愈来愈和国民经济的发展密切结合起来，目前全国高校数以万计的教授和专家正活跃在农业、工业、交通、能源等各条战线，高校科技力量已经开始进入国民经济主战场。

许多高校以不同方式进入大中型企业或企业集团，有些高校与企业集团签订全面合作协议，成为企业集团的一员。如西安交通大学、西北工业大学、西安电子科技大学参加了黄河电子工业集团；西北工业大学、西北大学等参加了康纳高技术电子工业集团，陕西机械学院等加入了东方电气工业集团。据不完全统计，全国现有200余所高等学校分别参加了

340多个企业集团。他们根据企业集团内部的需要，开展科研活动，为企业技术进步做出了重大贡献。

更多的高等学校是通过接受国家和地方的委托科研任务或推广技术来帮助企业技术进步的。如北京科技大学先后接受了冶金部、上海市以及许多大中型钢铁企业的科研攻关项目，进行了矿石品位指标优化、冶炼、轧制以及计算机辅助设计管理方面的研究，取得了巨大的经济效益。“七五”期间，企业委托高校的科研项目逐年增长，1985年委托项目经费为1.24亿元，占当年高校科技总经费的20.7%；1990年委托项目经费达到4.2亿元，占当年高校科技总经费的30%。与此同时，1990年一年，高校向企业直接转让技术4840项次，比1985年增加了一倍。

以农业院校为主力的一些高校，以科技促进农村经济发展，成绩斐然。以60多所高等农业学校的教师为主的攻关队伍，在黄淮海平原、三江平原、长江中下游平原以及“三西”地区，开展了区域综合治理、治理盐渍、改良红壤、建设三北防护林等活动。在这些区域治理中，涌现出了象主持黄淮海平原综合治理成绩卓著的北京农业大学等一批典型，他们辗转大别山区、太行山区、秦巴山区，展开了科技扶贫。河北农业大学从1979年开始，组织全校15个专业的近百名教师、1000多名学生进驻太行山，推广、开发新技术，使那里的人民告别了贫困，踏上了小康之路。河北农大的创举受到国务院的表彰，他们开创的教学、科研、推广（生产）三结合的办学道路得到农业部的肯定和推广。“七五”期间，全国各类高校累计完成农业科技项目近万项，其中3000余项不同程度地应用于生产，5年间累计产生经济效益620多亿元。而且，全国各类高校还向农村派出了350多位科技副县长，建立农业推广示范基地780个，培训农村技术骨干约150万人。与此同时，全国高校还扶持着20000多家乡镇企业，为他们提供着整体配套的服务。

此外，依托于高校的高新技术企业和产业区正在崛起。据统计，全国高校共创办高新技术企业480个，其中近200个在各地的高新技术产业区内，目前产值已超过24亿元，出口额超过5亿元。由国家教委和浙江省政府联合创办的杭嘉湖绍高新技术产业区已见端倪。已有35所高校进入了该产业区，开发了88个新技术项目。目前，国家教委又与上海市政府合作，准备有步骤地组成高校集团力量进入浦东开发区，为这个经济特区的建设与繁荣贡献力量。

此外，高等学校综合改革的试点工作、教育投资体制的改革、各种形式的教学改革也在逐步深入，取得了明显的成果。

三、进一步扩大国际间教育的交流与协作，积极利用外资发展我国教育事业

改革开放以来，我国留学生派遣工作以扩大交流、学习国外先进的科学技术、适用的经营管理经验和有益的文化为目的，坚持博采众国之长的原则，面向世界各国派遣大批公派留学人员。实践证明这样做是成功的，以陈章良、冯长根为代表的大批留学回国人员，已在国内科研和经济建设中做出突出贡献。据统计，从1978年底恢复派遣留学人员工作以来，我国已先后向86个国家和地区派出各类留学人员16万多人。目前，学成回国的留学人员达5万多人，他们中90%以上是公派留学人员。为了给留学回国人员创造良好的工作和学习条件，我国先后建立了国家教委留学服务中心和7个留学回国人员工作站，278个博士后流动站。与此同时，我国还接受了来自美国、加拿大、日本、朝鲜、南亚国家、非洲国家等100多个国家和地区的3.5万多来华留学生。近年来，每年公派留学人员大体在9000人左右；自费留学人数每年2万人左右。各国来华留学生近3年来呈逐年上升趋势。1989年为3901人，1990年为8362人，1991年高达1万人左右。我国在向世界开放中，人才交流已形成有来有往的局面。

1991年，我国通过政府途径派出到国外任教的教师共167人。同时，中国有700所高校从国外聘请了文教专家和一般外籍教师来华任教。举办了76个国际性教育学术会议，国外与会人员2204人。除了政府间的教育交流之外，我国教育民间国际交流活动也日益呈现出兴旺景象。成立10年的中国教育国际交流协会已经同16个国家和地区的63个民间、半官方教育组织建立了交流合作关系。全国已有24个省、市、自治区先后建立了地方教育国际交流协会。60多个高校、教育团体和单位已成为中国教育国际交流协会的团体会员。10年来广泛开展了以各级各类学校教育为主，包括社会教育的全方位、多层次的教育交流。

自1980年我国恢复在世界银行的合法席位以

来，至1991年底，教育战线共利用世界银行贷款8.27亿美元，供各级各类教育事业上了8个大中型贷款项目。项目受益单位包括中央和地方所属的高等院校、中等专业学校363所，其中高等学校122所；受益领域涉及高等教育的理工、农医、经济、管理及其它有关学科、师范教育、中等职业技术教育、广播电视教育和教材印刷出版等。贷款项目取得了明显成效，主要表现在：新建、改建或扩建了一批实验室，接受贷款的重点高校分别建立了计算中心、分析测试中心和国家重点实验室，增强了教学与科研手段；培训了师资队伍，有目的选派了一批骨干教师出国进修，聘请外国专家来华讲课和合作研究；提高了教学与科研水平，接受贷款的高校近年来已取得一大批国家级和世界水平的科研成果，一定程度上促进和扩大了办学规模。

四、我国各级各类教育事业在治理整顿和改革开放中继续稳步发展

（一）基础教育方面，继续抓紧九年义务教育的实施

《义务教育法》颁布5周年之际，开展了“义务教育法宣传月”活动。1991年9～10月间，由全国人大组织了对18个省、区、市实施《义务教育法》情况的检查。总的来看，普及初等义务教育已取得显著成效。1991年，全国（不包括台湾、港澳的数字，下同）7～11岁学龄儿童入学率达到97.87％，比上年有所提高；小学毕业生升学率由上年的74.56％提高到77.71％，提高了3.15个百分点；中小学辍学学生比上年减少39万人，初中和小学的辍学率分别由上年的5.46％和2.77％，下降到5.38％和2.35％。

中小学教师队伍进一步充实，素质有较大提高。1991年有近38万大中专毕业生补充到中小学任教。小学、初中、高中专任教师学历合格率分别为80.7％、51.8％和47.2％，均比上年有所提高，其中小学提高最快，增长了6.8个百分点。此外，在学历未达到规定标准的教师中，有60.1万人取得了“专业合格证书”。

中小学布局调整取得初步成效。在人口较密集的农村，合并了一些规模小、布点过于分散的学校；在山区、牧区、边远地区为保证学生就近入学，增设了新校或办学点。经过调整，全国小学总校数减少了3.7万所，普通初中总校数减少了1345所。

幼儿教育继续发展。1991年全国幼儿园在园人数达到2209.3万人，比上年增加237万人。盲聋哑、弱智儿童等特殊教育进一步受到重视。1991年全国新增特殊学校140所，在校生8.5万人，比上年增加18.1％。

在教学工作方面，基本完成了义务教育教学计划、教学大纲的修订工作。通过广泛讨论，集中了几十万字的意见，正在进一步修订和完善。加强了中小学的劳动技术教育，研究制订了《普通中学职业指导教育实验纲要》，并在部分省市开展了初高中职业指导教育的试点工作，总结交流了农村初中教育改革实验联系校，开展劳动技术教育综合改革的经验。

中小学办学条件进一步改善。与上年相比，全国中小学（包括职业中学）新增校舍建筑面积2884.6万平方米，危房面积由2200万平方米降至1995万平方米，危房比例也由上年的3.06％降至2.75％。

（二）职业技术教育迅速发展

1991年年初，国家教委、劳动部等五部委联合召开了全国职教工作会议，10月国务院发布了《关于大力发展职业技术教育的决定》。目前各地都在抓紧贯彻落实全国职教会和《决定》精神，已有21个省、市、自治区召开了职教工作会议，部署本地区发展职教的战略任务。河南、河北等省主要领导亲自抓职教，制定了一系列具体政策措施，内蒙等地把1991年定为“职教年”。我国职教事业出现良好的发展势头。1991年，全国各类中等职业技术学校招生270.27万人，比上年增加23.64万人，占整个高中阶段招生总数的比例已达50.3％。各类中等职业技术学校在校生达685.5万人，比上年增加32.88万人。各种形式的职业技术培训蓬勃发展，共招收学员3718万人次。

在发展职教工作中，根据“分区规划，分类指导”的原则，加强了职业技术教育内部建设与改革，研究了少数民族地区、边远地区职教工作的特点与发展方针。在全国范围内认定了208所省重点职业中学，正在审定第二批省级重点职业高中的工作。在全国各中专学校逐步开展了办学水平评估工作。举办了18期职教管理干部和教师培训班，约800人参加了学习。成立了商业、建筑、农业等类专业的职高

教材教研组，加快职技教材的编写工作。

（三）普通高等教育规模继续稳定，治理整顿收到一定成效

1991年，全国普通高等学校招收本专科生61.99万人，比上年略有增加，在校生达到204.4万人。研究生招生2.97万人，与上年持平，其中博士生招生比例有较大幅度上升，高层次人才立足于国内培养有了积极进展。高等教育专业结构有所调整，工科、农林科、医药类招生比例略有增长，师范与去年持平，其他科类略有下降，320个长线专业暂停招生，社会急需的短线专业有所加强。对普通高校本科专业进行了初步清理，全国普通高校本科专业现有862种，国家批准的本科专业点有7470个。研究生教育调整后的专业总数为620种，有47种专业因划分过细，专业面过窄已被归并或删除。办学条件较差的部分高校得到充实，1991年公布的100多所教师和校舍未达到标准的学校中，有近一半进行了充实并已基本达标。

高校科技工作取得巨大成绩。在1991年度国家科技奖励项目中，高校占了五分之一以上。其中：在国家自然科学奖中，高校占了63.5%，是历次获奖比例最高的一次；在国家发明奖中，高校占了37.6%；在国家科技进步奖中，高校占了24.8%。以上情况表明高等学校在国内科技大军中不愧为一支重要的方面军。

（四）成人教育获得进一步发展

各地加强了岗位培训工作，职工参加文化学习和岗位培训的人数约占职工总数的三分之一，其中岗位培训人数占86%。体现了成人教育以岗位培训为重点的发展方向。1991年有56%的部委（总公司）开展了制定岗位规范的工作。农村成人教育紧紧围绕农村经济和社会发展的需要，以乡（镇）、村农民文化技术学校为基地，1991年有3657万人农民接受了技术培训，比上年增加1.4倍。扫盲工作的方针政策进一步明确，日益受到各级政府的重视，1991年全国共扫除文盲548万人，比上年多扫除151万人。召开了全国扫盲暨农村成人教育工作会议，表彰了一批先进个人、集体和学校。成人中等专业教育稳步发展，颁发《关于制订成人中等专业学校教学计划的原则意见》和《关于开展成人中等专业学校评估工作的通知》以后，成人中专加强了管理，提高了质量。在校生总数达到168.04万人，比上年增加9.25万人。成人高等学历教育经过治理整顿，办学规模和“乱办学”、乱发文凭”现象得以初步控制。普通高校举办的成人教育，增加了投入，加强了归口管理。成人高校调整、联合和办学水平评估工作取得了成效。1991年成人高等学历教育总规模比上年有所调减，校舍总面积比上年增长了7.56%，达到1975.46万平方米，教学仪器设备资产值比上年增长16.07%，成人高等学校的办学条件有了一定程度的改善。

（姜沛民　执笔）

农科教统筹结合在湖南

湖南省教育委员会

农村教育改革的一个重要任务是要解决教育与经济脱节，教育不能适应农民生产生活需要的问题。近年来，湖南通过实行农科教统筹结合，逐步实现了教育与农村经济发展与农民的富裕幸福的紧密结合。

一、农科教统筹结合的产生与发展

湖南的农科教统筹结合，是指在各级政府的统筹领导下，围绕发展农村生产力这个中心，把农业、科技、教育等各个部门的工作统一安排，把这些方面的力量组织起来，集中各家优势，形成合力，在供销、信贷等部门的支持下，共同抓好人才培训、农业技术推广和综合服务工作，推动农村经济的全面发展。这一新体制是在总结群众经验的基础上发展起来的。湖南是一个农业比重较大的省，农村推行家庭承包责任制取得成功之后，科技推广却显得缓慢无力。其原因是乡村严重缺乏科技人才，劳动者的文化科技素质低，难以接受和应用新的科技成果。农业、科技、教育等部门，都曾想要突破这一难关，并为此作出过不少努力。但是，由于管理体制上的限制，各走各的路，各使各的劲，结果都感到各自的短处难以克服，长处不易发挥，力不从心，事倍功半。针对这一情况，省委书记熊清泉在1988年召开的全省科技会议和省农村工作会议上，强调要加强县乡科技教育服务网络建设，要求每个县办好一所农职业技术中学，在乡镇要有一个技术培训和技术推广基地，建立起统筹各方力量，多位一体的技术培训和技术推广服务中心。在这一号召指引下，地处湘西南山区，被国务院批准为农村改革开放试验区的怀化地区，逐步将县属农职中学由教委一家办学，改为政府统筹、农委主办、教委主管、科技、财经等部门一道联合办学。农业部门一批有技术、懂经济、会管理的干部派到学校担任领导，一批有高、中级职称的农业技术人员调入学校任教或作兼职教师，与原来教育部门的教师合作，相得益彰。从当地资源和生产实际出发，较好地调整了专业设置和教学内容。通过政府统筹成倍地扩大了生产实习示范基地，加强了实践教学环节，有效地提高了教学质量和经济效益。同时也拓宽了办学的经费渠道和毕业生安置途径。对口扶植了大批学有一技之长的毕业生，使他们逐渐成为了专业户和科技示范户，增强了学校向周围农村辐射的能力和实力。在乡镇，他们以乡农校为依托，联合农业、科技及商业、供销、金融等部门在乡镇的站、办、社，建立农科教中心，加强对农民的技术培训和农业实用技术的推广。经过几年的努力，全区大规模地组织实施了25项“星火计划”、12项“丰收计划”、23项“燎原计划”和16项农业科技成果重点推广计划。科技成果推广率和入户率由原来的30%左右提高到了50%和60%以上，1990年全区实施各类农业科技推广计划共增产粮食1.52亿公斤，新增产值9700多万元，为农民增加收入近亿元。基层同志的这一创造，给省委、省政府领导很大的启示，认定农科教结合具有旺盛的生命力。1990年3月，省委责成省委政研室、省农经委、省教委、省科委等部门组成调查组，就农科教结合问题进行了近4个月的专题调查研究。在此基础上，省委常委、省政府的领导经过集体讨论，于1990年7月正式作出了《关于实行农科教结合加速振兴农业的决定》，提出了农科教结合的目的、目标、要求、途径及其有关的政策措施。

从此，湖南的农科教结合，便有组织、有领导、有目标地广泛开展起来，进入了一个新的发展阶段。

二、农科教统筹结合的内容

在实行农科教结合的过程中，湖南着重抓了这样几项工作：

（一）大力发展农村职业技术教育和成人教育

省里提出了“重点面向农村，学生不包分配，部门联合办学，县市政府统筹”的发展职业技术教育的方针，为职业教育的更大发展开辟了途径。1991年，全省已有各类中等职业技术学校577所，在校学生13万余人。1987年以来，为了使农职业中学办得更受农民欢迎，又抓了专业的改造，创办了面向广大农户的“农村家庭经营专业”。针对湖南农户一般只有几亩水田、一片旱地、一块山林或几分水面的实际，开设多门类多技术组合的课程，培养农户渴求的能种养、会加工、懂经营的新型劳动者。几年内，这个专业发展很快，1991年在校学生达到1.8万人，成为农职业中学中人数最多的一个专业。农村成人教育方面，在抓好46所县办农民中专的同时，全省99.6%的乡镇办起了农民文化技术学校，其中10%达到了合格乡镇农校和示范乡镇农校的要求，每个乡镇农校年培训近4000人次。

（二）在县乡建立农科教中心

县一级的中心一般以农职业中学或农民中专学校为依托，乡镇的中心大多以条件较好的农民文化技术学校或农林牧技术服务站为依托，由县乡党政领导牵头，把农技站、经管站、畜牧水产站、林业站、农机站、水利水管站、农电站、乡农校、农广校教学班、乡镇企业办，以及供销社、信用社等单位组织起来，开展科技示范、人才培训、技术推广、生产服务等活动。“中心”在依托单位的基础上，充实科技人员，建立、完善培训场所，开辟科技示范基地，形成实体。乡镇的“中心”由乡镇长兼任主任，设立1～2名副主任，各部门单位为中心成员。“中心”要按照“推广一项技术、培训一批人才，开发一个产业（产品），致富一方农户”的原则开展活动，发挥“示范、培训、推广、服务”的功能。为此，县乡两级农科教中心，普遍制订技术引进推广计划、人才培养培训计划和生产开发服务计划，使教育教学的各项活动同当地农业经济的发展紧密结合，按照县乡的中长期经济发展计划，瞄准资源优势和社会需要，改建和设置专业，有目的地培训人员，做到学以致用，用以致富。提倡农科教中心实行“上挂横联下辐射”，即上与农业科研单位、大中专院校挂钩，借助他们的力量，提高教学和科技开发的水平；横与有关部门，农、林、牧、渔场，工商企业“联姻”，增强中心的实力和作用；下与村、组、户建立长期培训、指导点，直接扶助发展专业协会、科技示范村、示范户。为了消除各有关部门的顾虑，湖南省政府明确宣布，建设县乡农科教中心，在于形成合力，而不是简单地合并。农科教中心各组成单位原隶属关系不变，经费渠道和投向不变。到1991年，全省已建立乡镇农科教中心800多个，占乡镇总数的四分之一。其中纳入省、地试点的260多个。这些中心普遍为发展当地经济发挥了重要的作用。实践证明，建立农科教中心，为农科教结合找到了最佳结合形式，是实行农科教结合的有效途径。

（三）充分发挥农业院校和科研单位的带头作用

在各级政府组织下，一大批县乡农职校与省、地（市）的农林院校和有关科研单位挂上了钩，在师资、信息、科研成果推广等方面求得帮助与指导。如长沙、汨罗农职业中专为了充分发挥校内基地的作用，请湖南农学院有关专家为他们设置了三条生态农业生产线，在学校教学、科研、实习中发挥了很好的作用，而且生产效益显著，吸引附近许多农民仿效。在挂钩对口支援中，一些农林院校和科研单位主动发挥龙头作用。湖南农学院选定了12所农职业学校为联系点，定期到这些学校指导工作。分布在各地市的农业中专，也都承担了对所在地区的县、乡农职校和农科教中心进行对口支援的任务，包括帮助开展教研活动、师资培训、编写乡土教材和引进推广新技术等，促进了农村经济发展和农民脱贫致富。怀化市桐木乡农科教中心在安江农校帮助下，1989年推广9项新技术，增加纯收入63万元；1990年又推广15项新技术，新增纯收入100万元，两年内该乡人均收入由484元增加到620元。

（四）抓好科教队伍、教材和农科教中心基地三大建设

在湖南农学院、湖南师大职业技术学院和湖南

轻工业专科学校，分别建立了农业、工业和服务几大门类的职业师资和科技人员培训基地，每年对口招生500人。从1990年起，为了解决乡镇农科教中心的专业课师资问题，又在5所农业中专学校建立了培训点，每年招生200人，实行定向培养。同时，省政府规定，从1991年起，国家计划分配的农业类大中专毕业生，优先带编制、带经费下到县乡农科教中心工作，编制由县市编制部门安排，经费由县市财政支出。教材建设方面，农职业学校覆盖面较大的19个专业，全省统一制定了教学计划，编写了教材。从1991年下半年起，又在组织力量进行修订，预计1992年秋季起，将重新颁发和出版。1991年，省、地、县、乡四级共投资3100多万元建设乡镇农科教中心，其中乡镇投入资金占60%以上。用这些资金，各地农科教中心加强了示范基地建设。每个"中心"一般都有几百平方米的教室和办公场地，有几十亩、百多亩甚至几百亩的果园、茶园、水面、苗圃和耕地。各地还注意努力把农科教中心办成技术经济实体，不断壮大自身的经济实力，实行自我积累、自我发展。现在，全省已建立的乡镇农科教中心，多数每年都有1～2万元的收入。

（五）增强部门的"结合"意识，建立健全农科教结合的领导体制

这是能否真正实现"结合"的关键。湖南省委、省政府明确指出农科教结合是振兴农业的一项战略措施，要求农科教等各家领导要有远大眼光和从大局出发的胸怀，克服狭隘的部门观念，解放思想，勇于改革，紧密配合，形成更好地为农村经济建设服务的"合力"，主动承担起应尽的职责，努力做好结合的文章。同时，省、地（市）都先后成立了农科教协调小组，主要任务是协助政府制定农科教结合的中长期规划和年度计划，研究相应的政策，协调有关部门的工作，办好试点，总结推广经验。省协调小组由分管教育和农业的副省长分别担任正副组长，教委、农委、计委、财政厅、农业厅、农业银行、供销社等部门的负责人为小组成员，下设办公室，由农科教三家派员组成。协调小组讨论和研究工作的过程，就是不断统一各家认识，形成"合力"的过程。怀化地区在统筹协调中，坚持了统分结合的原则。"统"是统筹一个部门办不好、办不了的事，将分散的力量扭在一起；"分"是尊重部门的分工职责和工作特点，做到渠道不乱，对口拨给的业务费不变，充分发挥部门的职能作用。省教委动员地、市、县教委主动配合农业、科技部门，在业务上加强指导，在人、财、物上尽力给予支持，舍得把多年经营起来的县、乡农职校交由几家共管。这样，保证了各有关部门的责任到位。

三、农科教统筹结合的作用和前景

农科教的统筹结合，在农村经济的发展中显示了巨大的作用。加快了人才培训和农民文化技术素质的提高，有效地促进了科技成果的推广和向生产力的转化，发展了农村多种经营，推动了优质新产品的开发，提高了农业产品在市场的竞争能力，提高了生产水平。1991年，全省乡镇农科教中心举办的实用技术培训班共培训农民400多万人次。怀化地区50多个乡镇办起农科教中心后，使全乡75%的农民掌握了一至二项经济效益较好的实用技术。华容县胜峰乡农科教中心，采取"立足资源定开发，围绕开发设项目，依据项目抓培训，跟踪培训搞服务"的方针，抓吨粮田、优质茶果、畜禽出口产品、水面利用、农村能源、庭院经济、冬季农业等七大项目的开发，办起了长、中、短培训班，两年来培训农民16900多人次。1990年，全乡粮食创历史最好水平，工农业总产值比上年增长18.8%，人均纯收入达710元，比上年增长100元，其中依靠科技进步增长部分占66%。1991年又有大幅度的增长。各地的农科教中心正在发展成为当地农业生产的综合服务中心。这就为建设农业社会化服务体系开辟了新的途径。1991年11月，湖南省政府常务会议提出，为认真落实党的十三届八中全会精神，全省要进一步深化改革，大力推进和完善农科教统筹结合的体制。要求在1992年有50%的乡镇建立起农科教中心，争取在两三年内，把所有乡镇农科教中心全部建设起来，同时，切实办好县农职业技术中学、农民中专、农业广播电视学校，有计划地建设起县一级的农科教中心。"八五"期间，做到每个村有几名受到中等农业技术教育的农民技术员，有一批科技示范户，所有的回乡初高中毕业生能够掌握某种专业技能，60%以上的农户能掌握1～2项新的实用技术，每个乡、村每年能推广1～2项新的科技成果，并开发出以科技为先导的新产业新产品。为此，1992年元旦刚过，省教育委员会、农村经济委员会、科学技术委员会就联合在怀化地区召开现场经验交流会，总结推广了怀化

地区、芷江县、怀化市桐木乡、华容县胜峰乡、长沙县双江乡等地实行农科教结合的经验。会后，湖南的农科教结合将会迈出新的步伐，在科教兴农中发挥日益重要的作用。

（罗春晖　邹卓鹏执笔）

不断深化教育综合改革，推动教育更好地为振兴城市服务
——沈阳市城市教育改革经验介绍

马甫生　郭剑平

沈阳是以机械工业为主、门类较为齐全的综合性工业城市，是东北地区的经济、文化、交通、金融和商业中心，是全国综合经济体制改革试点和计划单列城市之一，也是辽东半岛对外开放城市之一。为了适应中心城市经济和社会发展的需要，进一步提高人口素质，沈阳市委、市政府把教育摆在战略地位优先发展，初步形成了基本符合沈阳市实际的从幼儿教育到成人教育协调配套全面发展的整体框架，逐步走出了一条教育与经济、社会发展相适应的新路子。

一、把教育作为兴市之本优先发展

沈阳是全国的重工业基地之一，大中型企业比较集中，而且绝大多数都是在“一五”和“二五”时期建立和发展起来的。“三老两差”(产品老化、设备老化、技术老化、经济效益差、竞争能力差)的问题比较突出。之所以出现这样的现象，除了老企业比较多，长期没有得到很多的改造以及管理不善等原因以外，另一个重要原因就是职工素质不高。最近一些年，为了加快现代化步伐，许多企业不惜花费巨资从发达国家引进的技术和设备，有的成功了，有些却失败了。失败的重要原因之一就是因为使用这些先进设备和技术的人的观念、习惯和行为不适应现代生产的要求。

根据对本市的现状和一些现象的分析，沈阳市委、市政府认识到，教育是现代经济发展的重要基础，它既受经济发展的制约，又制约着经济的发展。一个城市，只有在较高水平上实现科学文化知识的普及，才有可能大面积地提高劳动者的职业素养和技术水平，进而不断提高劳动生产率和经济效益，因为经济的竞争归到底是技术的竞争，人才的竞争。为此，沈阳市委、市政府明确提出了“依靠科教、振兴沈阳”的发展方针，把教育作为战略重点优先发展，并决定由党政两个一把手亲自抓教育，市五大班子定期视察教育。“八五”期间，沈阳市委召开的第一个会议就是教育工作会议。为了使市委、市政府的正确决策被各部门接受，并变成自觉的行动，从1988年开始，沈阳组织全市所有局以上的领导干部，每人都在学校设立一个联系点，要求每人必须为学校办几件实事，解决几个问题，并作为年末考核干部的一项基本内容。

二、教育综合改革的初步实践

改革以前，沈阳市的教育与本市经济社会发展对它的要求不相适应，表现在：一是教育领导体制分割，不适应教育统筹发展的需要；二是教育结构不合理，不适应社会对人才的多种需求；三是教育部门“孤军奋战”，不适应教育社会化的要求；四是教育经

费短缺，不适应国民经济发展的需要。这些，是制约沈阳市教育事业发展的主要问题，也是影响教育更好地为社会主义建设服务的主要障碍。这个问题不解决，“服务和依靠”的问题就解决不了，那么，要解决这个问题，就必须改革。近几年来，沈阳市从以下几个方面进行了改革，取得了明显的效益。

（一）改革教育领导管理体制，逐步形成启动社会各方面为发展教育献策出力的机制

改革领导管理体制和运行机制，目的是启动社会各方面的办学积极性，在这方面，沈阳市主要做了以下工作：（1）集中领导，抓好决策环节。在组建教委，统管全市各级各类教育的基础上，成立了全市教育综合改革领导小组，加强对全市各级各类教育的领导和决策。（2）统筹规划，抓好协调环节。由市教委负责对全市各级各类教育统筹规划、组织实施和具体协调。（3）分口实施，抓好操作环节。四类教育根据各自的特点，分别由社会各方面，各部门负责实施。幼儿教育由全社会承担，城区坚持以教育部门办为示范，以单位办、集体办为主体，以私人办为补充，在农村则以乡办为中心，提倡村办，实行村办校管；基础教育以各级政府办为主，社会力量办学为辅，实行“分级办学，分级管理”，在农村实行“三级办学，两级管理”的体制，明确各级政府和村民委员会的责任，在城区实行“市区两级办学两级管理以区为主”的体制；中等职业技术教育实行企事业办学和教育部门办学并举，以企事业办学和联合办学为主；成人教育特别是岗位培训，坚持以行业和企事业办学为主，并充分调动各种社会力量办学的积极性；地方普通高等教育，以政府办学为主。（4）综合评估，抓好评价环节。建立和逐步完善教育督导评估制度，对各类教育进行督导检查评估。

（二）调整教育结构，使各级各类教育趋于合理，逐步形成教育与经济相适应，互为促进的机制

调整内部结构，就是按照当地的产业结构和技术结构调整教育的专业结构和层次结构，提高教育直接有效地为经济建设和社会发展服务的程度和能力，使有限的教育投资更快更好地转化为现实生产力。在调整教育结构时，沈阳市主要采取了以下几个原则：

第一，整体优化。以普及九年制义务教育为重点，大力发展基础教育；以发展中等职业技术教育为突破口，建立初、中、高级完整的职业技术教育体系。为使职业技术教育适应经济和社会发展的需要，市政府先后对各个行业进行了两次较大规模的调查，并以此为依据，确定职业教育发展规模、布局、专业结构和层次结构。1985年，把普通高中招生由每年2.5万人压缩到1.6万人，并对职业高中专业结构进行了调整，压缩了管理类专业，发展为第一线培养技工和其他从业人员的专业。对普通中专的专业设置也进行了较大调整，扩大了学校的服务领域。为使各类职业学校的规格层次与经济结构、劳动就业结构相适应，在培养目标上，对各类学校做了合理分工，同时，还加强了实践教学，使各类职业学校培养的学生真正“适销对路”，合格顶用，并建立了“教学、科研、生产、服务”相结合的、充满活力的办学体制，不仅加强了学生动手能力的培养，还提高了办学效益。调整、整顿、提高地方高等教育，重点培养区街企业、集体企业、乡镇企业急需的实用型、应用型人才。改革、发展以大中型企业为示范的岗位培训为主的成人教育，建立与沈阳市经济、社会发展相适应的整体优化的教育结构。

其次，是协调发展。一是教育内部各类教育必须协调发展，二是教育与经济和社会必须协调发展，三是教育要在财力承受得了的限度内适当超前。

再次，是突出重点。调整教育结构总的重点是大力发展职业技术教育。1991年，沈阳在中央和省有关部门的支持下，对高中、中专、职高和技校的招生工作进行了改革，实行“一考四录取”，受到了学生和家长的欢迎。各类教育内部的重点是：基础教育重点抓普及；职业技术教育重点抓适应；高等教育重点抓稳定；成人教育重点抓提高；农村教育重点抓三教统筹和农科教统筹，稳步推广“燎原计划”。

最后，是分步实施。沈阳市规划到1995年前后普及九年义务教育，分三步实施。在制定规划、明确标准、落实责任和督导评估的基础上，狠抓了薄弱环节。一是农村，抓了几个典型做示范，使农村中小学生辍学问题得到了有效控制，现在全市中学生流失率不到0.9%，小学生流失率不到0.1%；二是小学二部制，“七五”期间小学生净增9万人，通过新建、翻扩建校舍和内部挖潜等措施，使小学二部制控制在3%以内；三是薄弱初中，从1985年开始，市里下力量抓了薄弱初中的改造。1991年，为了彻底解

决薄弱初中的问题，推动普及九年义务教育，改革了初中招生办法，实行“对口直升”，调整了学校领导班子，充实了教师队伍，使薄弱初中的面貌有了明显改观。同时，市委、市政府转发文件，市纪委、监察局和教委明确纪律，公安、粮食、房产部门提出明确要求，社会舆论广泛宣传，学生名单张榜公布，使小学毕业生直升初中工作取得了明显成果。现在，全市70%的人口地区已进入实施普及九年义务教育阶段。

（三）全面贯彻教育方针，逐步形成方向坚定、方法得当、质量渐高的机制

改革教育教学是为了进一步提高素质，保证质量。沈阳市主要做了以下几方面的工作：(1)贯彻方针，主要体现在“三个坚持”上。一是把德育放在首位，坚持社会主义方向；二是以教学为中心，坚持全面发展加特长；三是面向大多数，坚持为两个文明建设服务。(2)社会各界参与，发展社区教育。沈阳市从1986年在黎明地区建立第一个社区教育委员会开始，经历了综合治理、校企共建、双向服务三个阶段。大体上有四种形式：以行政区划为核心的社会教育委员会，以大中型骨干企业为依托的整体化教育委员会，以学校为主体的学校教育委员会，以居民大院为单位的庭院教育委员会。共有社区教育组织600多个，遍布全市。在宣传教育、支持教育、监督教育和推动社会进步方面发挥了重要作用。(3)推广典型。先后推广了和平一小“全面发展加特长”、铁路五小“愉快教学”、于家房中学“培养合格建设者”和第一服装职高“校企联合”等一批典型，带动了面上的改革。(4)常抓不懈。一方面，为了使德育工作能够坚持经常，形成制度，变成硬任务，制定了德育教育系列化方案，进行试点和推广。另一方面，为了保证教学改革的不断深入，提高教育质量，还注意开展经常性的教学研究。

（四）改善办学条件，逐步形成优先发展、自我发展、竞争提高的机制

经费投入和师资队伍是完成教育目的的基本条件。为使教育综合改革顺利进行，沈阳市十分注重四个方面的因素：(1)注重认识因素，使教育优先发展。近几年重点做了三个方面的工作，其一是领导重视，把教育摆在战略位置。1990年，沈阳市由于财政欠收，各行各业普遍压缩经费5%至20%，唯独教育经费一点不减，并有所增长。市区委办局以上领导干部都与学校建立了联系点，市人大、市政协加强了对教育工作的监督和指导。其二是转变教育思想，每年侧重一个方面，开展教育思想大讨论，变单纯升学教育为全面素质教育。其三是提高全社会的教育意识，利用多种宣传媒介，在全市开展“让全社会都来关心教育”的专题大讨论，市长武迪生举办了题为“增强全民教育意识，加强基础教育”的新闻发布会，使社会各界普遍增强了发展教育事业的使命感和责任感。(2)增加投入，注重资金因素。1988年市委、市政府专门研究，提出“教育经费要以各级政府财政投入为主，多方筹集，综合调节”的原则，明确了四个方面十二条渠道。几年来教育经费逐年增加，沈阳市教育经费财政预算1985年至1990年，平均每年递增17.6%，1988年到1991年，净增1个亿，1991年达到了2.68亿元，1991年多方筹集资金1.9亿元，是财政预算的70.90%。现在已有28.3%的中小学、75.6%的中等职业技术学校由企事业单位办或校企联办。工会、共青团、妇联和体育等部门及社会团体还创办了木兰学校、共青团学校、绿茵学校、奥运学校等，过去那种完全依靠国家办教育的局面已经开始打破。(3)加强师资建设，注重人才因素。教师队伍建设，是教育内部的战略重点，为了建立起一支数量足够、合格稳定、结构合理、能够流动的教师队伍，沈阳市重点抓了师范教育基地建设、师资培训提高和调动教师积极性。从1988年底开始，在试点基础上，全市分三批逐步铺开了以校长负责制、岗位责任制、教师聘任制、结构工资制和校企分开为主要内容的中小学内部管理改革。对改革单位在编教师，政府平均每人每月奖励补贴30元。这些措施激发了学校的内在活力，推进了学校管理科学化、民主化进程，促进了优化组合和合理流动，极大地调动了学校和教师的积极性。(4)创造条件，注重环境因素。主要抓了两方面环境，一是校内环境，二是社会环境，创造一个整体优化的育人环境。

三、沈阳市进行城市教育综合改革的大体步骤

教育改革也和政治改革、经济改革一样，是一项复杂的社会系统工程，牵涉方方面面。因此，沈阳市在进行城市教育综合改革时精心组织，有计划、分阶段、按步骤地渐进、讲究战略和策略。沈阳城市教育

改革的过程，大体上经历这样四个步骤：一是单项试验，二是重点突破，三是综合配套，四是完善提高。所谓单项试验，就是选择带有牵动力的关键环节重点进行改革，突破前进；所谓综合配套，就是使教育几项改革和教育的总体改革与整个社会的改革相互配套，协调一致；所谓完善提高，就是在综合配套的基础上，使之完善并逐步规范化、制度化，形成良性循环。仅以学校内部管理改革为例，刚开始的时候，是单纯的校长负责制试点，主要是想解决一下学校内部的管理体制问题。这一改革为教育内部管理体制的改革和发展奠定了基础，创造了条件，开了一个头。但还有许多地方不完善。比如，校长并不能真正对学校实行全面的负责制，人权、财权、物权都落不到实处，学校仍然很死。这就是第一阶段，为单项试验阶段。为了真正解决改革中遇到的这些问题，启动学校活力，在单项试验的基础上，沈阳市又选择重点把改革向前推进了一步，向着校内改革的更深层次突破。即在校长负责制的基础上，实行了结构工资制，并普遍实行了岗位责任制、教师聘任制和校企分开制，使学校内部管理改革初步配套，较好地激发了学校的内在活力。这就是第二阶段，重点突破阶段。第三阶段，是综合配套阶段。改革走到了第二步以后，仍不完善，尤其是校内改革各项工作之间不协调，与整个社会的人事、工资制度改革不配套时，有磨擦，经常发生矛盾。为此，沈阳市进一步研究进行学校内部管理、职称评聘、教育教学和干部师资队伍建设四位一体的全面配套改革，使教师能进能出，干部能上能下，质量稳步提高，学校充满生机和活力。最后一步就是完善提高，使之形成制度，发挥出更大效益。

从沈阳的情况看，教育改革的主体现在已经发展到第二步，处于重点突破阶段。一部分正在向第三阶段迈进，争取使教育各项改革和教育总体改革能够与整个社会的改革完全配起套来。

四、沈阳市下一步教育综合改革的基本思路

沈阳市下一步改革的总体想法，就是如何使教育更好地适应国民经济和社会发展的需要。具体来说，将从以下四个方面着手突破：

一是加强对教育的统筹。进一步强化市教委的职能，真正实行委员会制，加强教委的宏观决策、统筹和协调力度。

二是加强教育为经济服务的时效。根据沈阳市调整产业结构的基本要求，调整教育结构，重点发展职业技术教育，特别是中等职业技术教育，为沈阳市四大支柱产业、八大主导产业和三个新的经济生长点的崛起及时输送合格顶用的人才。

三是加强劳动、人事、工资制度改革，逐步建立起思想端正、业务胜任、能进能出、能上能下、结构合理的教师队伍。将在定编、定岗、定员、定工作量的基础上，在中小学实行全员结构工资，多劳多得，优质优酬，彻底打破“大锅饭”和平均主义；为了进一步调动中青年骨干教师的积极性，将从职称指标中拿出四分之一左右的名额给中青年教师；为了防止评上高级职称以后缺乏动力，准备把高级职称的评与聘分开，按聘论酬；为了彻底解决教师队伍死水一潭，流动不起来的僵化局面，准备给点特殊政策，在科学设岗的基础上，把教师分为聘用、待聘和编外三个部分，分别对待，使教师队伍能够在教育内外双向流动起来，形成良性循环。

四是加强管理，稳步提高办学水平和教育质量。就是要振奋精神、眼睛向内，强化管理，提高水平。

常州市城市教育综合改革

常州市教育委员会

1986 年国家科委、国家计委、国家教委等17个部委在常州召开会议，确定常州市为全国社会发展综合示范试点城市，当年制定了市教育综合改革方案。1988年常州市被国家教委和江苏省政府分别确定为全国和省的城市教育综合改革实验城市，开始全面推行城市教育综合改革。

几年来，常州在理顺教育管理体制、建立新的教育运行机制、优化教育结构、深化改革、提高质量和效益等方面进行了积极的探索，促进了各级各类教育的健康稳步发展：1991年市区初等教育普及率为100%，小学升学率为99.84%，初中升学率为85.49%，普通高中毕业生升入大专以上学校人数占59.94%；中等职业技术学校与普通高中招生数之比为2.09：1，初步形成了城市辐射农村、职前职后沟通的多层次、多形式的职业教育网络；市区职工教育的培训和教育基地达19.4万平方米，常年培训职工26万余人次；有各类高等院校13所，其中全日制普通高校4所。1991年12月国家教委在常州召开全国城市教育综合改革经验交流会，30个省、市、自治区的教委（教育厅、高教局）和104个大中城市的负责同志实地考察了常州的城市教育综合改革，常州陈三林副市长向大会汇报了实施城市教育综合改革的经验和体会。

一

实施城市教育综合改革，常州首先是从加深对教育战略地位的认识，切实加强对教育工作的领导入手的。这方面主要抓了四项工作：

（一）确立加强教育的紧迫感，不断增强教育意识

过去常州经济、社会发展较快，得益于较好的教育基础。随着改革开放的进程，沿海兄弟城市加工工业水平提高，加工能力增强，内地资源产地的深加工能力也日益提高，这给以发展加工工业为主的常州的经济发展带来了很大压力，作为开放地区，提高开发、吸收、转化先进科学技术的能力已迫在眉睫；其次，面对国际敌对势力“和平演变”挑战，必须重视青少年的思想教育，而教育处于反和平演变的前哨；再次，随着教育战略地位在全国范围的逐步确立、各地的教育事业发展迅速，常州历史形成的教育和人才优势，面临着丧失的可能。在这种形势下，常州市委、市政府产生了加强教育工作的紧迫感，一致认识到要在各项工作中确立强烈的教育意识，通过培养全面发展的建设者和接班人，来促进城市的建设和发展，提高整个城市的文明程度。

重视教育和人才，常州历届领导有好的传统。早在“文革”后期，当时的领导就果断决策，从外地引进大批专门人才，为“六五”经济起飞和教育事业的发展作了人才准备。70年代末、80年代初，常州又依据地理位置上的优势，制定各种优惠政策，争取部、省到常州兴办高等教育，先后办起了江苏化工学院等3所部省高校及市办的工业技术学院，结束了常州没有高等教育的历史。“六五”、“七五”期间，市委、市政府又及时决策，调整中等教育结构、大力发展职业技术教育，改革和发展成人教育，依靠部、省和本市有关行业企业，恢复和兴办了16所中等专业学校，14所技工学校和18所成人大中专学校。以上几个加强教育工作的决策，不仅较好解决了城市经

济建设急需的专门人才和技术工人的培养，而且为实施教育综合改革奠定了基础，构筑了初步框架。

（二）明确领导职责，把教育工作放上重要议事日程

多年来，常州每年都专题召开市委常委会议和政府常务会议研究教育工作；每年召开全市教育工作会议，对教育发展的关键问题研讨并作出部署；市领导有各自的学校工作联系点。1988年应华夏基金会邀请，由市长、分管副市长、教育局长，以及市政府综合部门负责同志组成10人教育代表团，赴香港专题考察职业技术教育，以后又多次派员前往香港和其他国家考察城市教育。

《义务教育法》颁布后，市里每年都组织对基础教育的督导、检查。1990年市政府组织全市的县区乡镇分管领导，千里迢迢赴外地参观学习加强基础教育的经验。从1989年至1991年连续3年由市人大、政府、政协联合组织对义务教育的验收，严格按法律程序办事。市计划、财政、劳动、人事等政府职能部门也积极参与教育综合改革方案和教育发展规划的制定，并在政策上支持教育。

（三）摆正教育位置，真正把教育纳入经济社会发展的总体规划

常州1986年着手制定城市教育综合改革方案，经过“五年实践、十易其稿”，1991年正式由市政府作为经济社会发展的“八五”计划和十年规划的配套文件颁布实施，市人大通过的“工业振兴、农业丰收、科技兴市、社会发展综合示范试点和城市基础设施建设”等振兴常州的“五大计划”，也对教育和人才培养提出了具体的规划目标，明确把比较发达的教育事业作为经济、社会发展上新台阶的基础。

（四）保证教育经费的投入，为教育发展打好基础

党的十一届三中全会以来，常州虽经济发展较快，但由于财政体制的关系，地方财力十分拮据。尽管如此，他们仍确保地方财力用于教育的拨款逐年有所增加。1991年全市国拨普教经费由1985年的4841万元提高到9948万元，城市教育费附加达到4615.4万元，市区中小学勤工俭学的普及面达到100%，勤工俭学收入占到国拨经费的三分之一以上。另外，还通过多渠道、多形式集资增加教育投入。在80年代，常州筹集6500万元发展成人教育，筹集2650万元发展地方高等教育，集资2亿多元改造中小学校舍，消除中小学危房。在住宅小区建设中，住宅建设和配套学校“同步规划、同步设计、同步施工、同步交付使用”，10年来，市区共建新村配套中小学、幼儿园42所。1990年开始，常州又抓住世界银行贷款的机遇，努力按照邓小平同志“三个面向”的指示，规划和建设学校。世行贷款连同国配资金共5360多万元（人民币），4年内将全部投入教育建设。

在增加教育投入的同时，他们结合学校布局调整，撤并部分场地狭小，布点过密的学校，通过改建，形成规模效益。1987年以来，通过转让占地仅11亩的2所职业学校和占地仅2.6亩的聋哑学校，新建了占地93.6亩的刘国钧职教中心和占地29亩、设施较为完备的聋哑学校。现这两所学校已成为常州教育面向现代化的“窗口”学校。

二

常州实施城市教育综合改革，经历了边探索、边总结，逐步理清思路，逐步完善改革的过程，集中抓了5个关键环节。

（一）加强学习，逐步理清改革思路

市政府和教育部门的同志通过学习《中共中央关于教育体制改革的决定》等一系列有关教育改革的文件，特别是学习国家教委草拟的《中国教育发展和改革纲要》，逐步形成了实施教育综合改革的思路，这个思路是：确立五个“观念”，实行四个“综合”，突出一个“重心”，抓住两个“坚持”，建立一个“体系”。

五个观念是：牢固确立教育与经济双向服务的观念；立足于培养人、服务人、造就人、提高人的文明素质的观念；依靠社会办教育，办好教育为人民的观念；加强统筹、面向未来，争创一流的观念；以正确的教育思想和先进的科学技术推进教育发展和改革的观念。

四个综合是：教育改革与经济体制改革、政治体制改革的综合；基础教育、中等职业技术教育、高等教育、成人教育四块教育改革的综合，改善教育内外环境的宏观改革与加强教育内部建设的微观改革的综合；教育发展中硬件建设和软件建设的综合。

一个重心是：中等和中等教育以下的教育，把加强九年制义务教育和强化职业技术教育、发展成人

教育作为重点。

两个坚持是：坚持遵循党的教育方针，把坚定正确的政治方向和德育工作放在首位；坚持为地方经济和社会发展服务的方向。

一个体系是：建立主动适应常州经济和社会发展需要的、面向21世纪的，从幼儿教育到高等教育协调发展，职前职后教育相互结合、结构合理、内外开放、功能互补、充满活力，具有地方特色的社会主义教育体系。

根据以上思路，常州市还制订了《企业教育综合改革方案》、《常州工业技术改革方案》、《武进县农村教育综合改革方案》、《常州市“三优”工程实施方案》等4个配套方案，制订了“城市教育综合改革宏观课题”和“教育教学微观课题”两项软课题研究计划，在总结改革实践的基础上，对进一步深化教育综合改革作了新的布局。

（二）理顺教育管理体制，加强政府对教育的统筹

常州城市的基础教育，实行程度不同的“分级办学，分级管理”。在“区管乡”的地区，落实了乡镇和区共同管理基础教育的职能。同时，在政府统筹下，根据各学校和所在地区的特点，建立不同类型的社区教育，形成了“社会参与、关心学校教育，学校教育与社会教育结合，为社会服务”的新局面。

职业技术教育和成人教育初步形成了“地方为主、多方办学、分工负责”的体制。各行业在教育行政部门的指导下，参与本行业的职前职后教育，负责本行业的人才预测和教育规划，制定教育培训的规范、标准和评估条件，推进各行业、企业以及与教育部门的联合办学。

在理顺各块教育体制的同时，市的教育管理机构也作了相应改革。1989年，市成立了教育工作领导小组，下设办公室，办公室除负责归口管理高等教育外，还负责对全市各类教育全面规划、统筹协调；1990年，市成立成人教育办公室，归口管理全市的成人教育。1991年12月江苏省政府批准常州市建立教育委员会，同时撤销市教育局、市教育工作领导小组办公室、市成人教育办公室，以进一步增强政府对教育的宏观调控和统筹职能，加强和改善对全市各级各类教育的综合管理。

常州市形成了由政府牵头，教育行政部门和有关职能部门参加的定期合议制度。通过合议制度，妥善解决招生计划的安排、招生中的男女比例、学校布局规划、教师“民转公”等问题，而且促使职业技术教育、成人教育和部、省属大中专院校纳入地方经济和社会发展的轨道。特别是在政府统筹下，全市的中等职业技术教育做到了“统一布局、统一招生计划、统一招生、统一考核发证、统一安置毕业生”，成为促进各类中等职业技术学校健康发展的一条重要经验。

（三）明确政策导向，建立良好的教育运行机制

为创造良好的教育内外环境，常州着力抓5个教育运行机制的建立，即全社会重视、关心教育的动力机制；经济与教育依靠与服务的协调机制；催人奋进、促人学习的激励机制；坚持正确方向的教育内部管理机制和保障教育发展的调控机制。

这几年由市人大或市政府颁布了《常州市实施九年制义务教育检查验收细则》、《常州市关于制止中小学学生流失的意见》、《常州市中等职业技术教育实施意见》、《常州市加强成人教育管理的若干规定》、《转发市教育局〈关于建立常州市教育督导制度的报告〉的通知》等等。这些文件明确了各级政府、社会、企业、个人对教育工作的责任、义务和权利。在基础教育方面，政策规定了市、县（市）、区、乡镇、村各级的办学职责，使实施九年制义务教育的工作目标得到了较好落实。1991年常州遭受特大洪涝灾害，全市受损校舍44.7万平方米，出现新危房19.2万平方米，由于各级政府切实负起责任，保证了全体学生9月1日如期安全开学。在职业技术教育方面，有关政策对经费筹集、实验实习条件建设、专兼职专业师资配备等作了具体规定，促进了职业教育的发展和办学水平的提高，到1991年全市有4所职业高中通过重点职中“国标”验收，市区5所职中有4所列为省级重点职业高中。

（四）适应经济社会发展，调整和优化教育结构

常州市依据城市经济结构调整和人才结构、社会就业结构的变化，以及人的发展规律和教育规律，调整和优化教育结构。

基础教育的教育结构：保证每个适龄儿童少年接受九年制义务教育。在继续加强小学和初中，搞好布局调整的同时，扩建了市聋哑学校，新建了2所吸

收弱智儿童的启智学校。又探索新的办学模式，在1989年试办招收小学大龄毕业生的职业先修学校，1991年试办招收小学优秀毕业生的五年一贯制的教改试点班。

初中后的教育结构：根据本市“八五”期间初中毕业人数将逐年增加的实际，做好毕业生的合理分流，一方面继续大力发展职业技术教育，着力抓好以骨干示范学校为龙头的“中专校、技工学校、城市职业中学、农村职业中学、就业前培训”5个群体建设，同时适度发展普通高中，在市区基本普及高中阶段的教育。

高中后的教育结构：着重发展大专层次的职前职后职业技术教育，发展高级技工培训和大专层次的岗位培训，形成学历教育和非学历教育并举，统筹联合的地方高等教育结构。

在优化和调整教育结构中，常州抓了人才预测和规划工作。从1985年到1991年，进行了4次全市性的人才预测，建立了人才预测的滚动调整体系。特别是1990年，全市动员165个县（市）、区、局（公司）及其下属单位参加普查预测，在全市范围对各类专门人才的需求进行了“1991—1995—2000年”3个目标年度的预测，覆盖率达98%；对技术工人的需求进行了“1991—1994—2000年”3个目标年度的预测，覆盖率达95%。这次预测基本摸清了全市专门人才和技术工人的家底，制作了专门人才和技术工人近期、中期、长期需求总量和结构的模式，为制订教育发展的“八五”计划和十年规划，提供了科学依据。

（五）重视教育内部建设，提高教育质量

实施教育综合改革中，常州市一直强调教育要练好“内功”，1991年提出了“以正确的教育思想、教育理论为先导，以常规管理为基础，以课题改革为突破口，坚持加强师资队伍和学校干部队伍建设”的教育教学工作思路。

根据这一思路，教育内部着重围绕“五抓”练好内功。

一抓坚持方向，落实德育首要地位。常州各大、中专校和普通高中每学期安排学生参加社会实践，1991年市政府确定了20个学生社会实践基地，在市区聘请了10名学校德育顾问。连续3年举办高校思想政治工作研讨会，加强对高校思想政治工作的探索。各中小学全面开展了劳动教育和劳动技术教育，逐步做到了家庭劳动有岗位，公益劳动有基地。1990年起，市区各高级中学施行了“高一军训、高二农业劳动、高三社会实践”的系列教育。社会也参与学校的德育工作，通过家长学校、与企业和部队共建精神文明、社区教育委员会等形式加强了学校教育与家庭教育、社会教育的结合。

二抓常规管理，提高学校管理水平。在执行教育计划、控制学生作业总量、严格学籍管理等方面加强了对学校的有效监督。1991年在全市颁发、施行了中小学学科教学常规，加强了教学过程的常规管理，各校根据本校实际制订了具体的常规管理规定，基本治理了学校环境的“脏、乱、差”，在此基础上，各校又普遍进行了文明校园建设，根据思想性、教育性、艺术性相统一的要求不断优化、美化校园环境。

三抓教育科研和改革，提高教育质量。“七五”期间常州形成了市、县区、校三级教研、科研网络，到“七五”期末，全市有10多篇教育科研论文在全国、全省获奖，其中小学数学的《尝试教学法》、初中《平几入门教学》等课题获江苏省教育科研成果一等奖，《尝试教学法》还被评为全国优秀教育论著，作为有中国特色的教学法介绍到国外。

四抓规划，建好一批示范学校和特色学校。实施城市教育综合改革以来，常州市有计划地在全市建设一批示范学校。现在在小学、初中、普通高中、职业学校、中专校、技工学校都建成了各自体现常州教育水平，在学校管理、办学水平、师资、办学质量等方面起综合示范作用的学校。同时，又陆续建成了一批在体育、书画、文娱、电教、科技活动等方面的特色学校，使这些学校在完成教育任务的同时为学生个性特长的发挥打好基础。

五抓队伍建设，增强教育发展的后劲。常州重视学校领导班子的建设，挑选政治坚定、业务熟悉、有威信、能密切联系群众的中青年骨干教师充实学校领导班子，并建立了相应比例的后备干部队伍。对在职干部着力抓好政治、业务培训，还连续3年组织学校领导暑期集训。师范院校建设进一步加强，近几年先后投入600多万元新建常州师范学校，投入150万元改善武进师范学校的办学条件，抓紧进行了常州教育学院的搬迁扩建工程。全市制订了《中小学教师继续教育暂行规定》，对教师业务进修提出了明确要求。从1986年以来，全市有5200多名中小学教师通过脱产、半脱产、函授、自学考试等多种形式取

得大、中专学历证书，有500多名中小学教师取得教师专业合格证书。1991年，市区高中教师合格率为67.8%，初中为83.8%，小学为91%，幼儿园为59.8%。同年，常州又制定了《青年教师基本功达标考核意见》和《开展中青年教师基本功竞赛的意见》，为加快青年教师成长和中青年骨干教师脱颖而出创造条件。

实施教育综合改革的1986年至1991年之间，常州各类职业技术学校、大专院校、成人学校向社会输送中级管理和技术人员、技术工人2.8万人，大专层次的专门人才1.3万人，全市各类科学技术人员达11.92万人，占职工总数的21.19%，技术工人占职工总数的43%，科研型工厂发展到62家，工业产品获国家质量奖29只，获部省优质奖643只。对外贸易也有了较大发展，到1991年全市外贸收购总值为30.21亿元，比一年前增长31.8%。中央关于“把经济工作真正转移到依靠科技进步，提高劳动者素质的轨道上”的指示，正在逐步得到落实。

讷河县从农村发展需要出发，建立农村职业技术教育体系

黑龙江省讷河县教委

讷河县农村教育综合改革探索了一条农村教育促进经济、社会发展之路。我们实行三教统筹，建立两大教育系列，在基础文化教育中引进职教因素，使职业技术教育形成四级办学的体系。在讷河县，职业技术教育已经成为联结教育与经济的桥梁，成为促进经济发展、社会进步的支柱和动力。

发展职业技术教育要适应经济建设转轨的需要，促进科技进步和劳动者素质的提高。讷河县对农村人才需求进行调查分析，准确地看到了农村产业结构的调整，急需农业（种植业和养殖业）、农机、乡镇企业、农村管理干部、医务等5个系列的人才。测算到2000年，农村实现小康需要培养初级职业技术人才11万人，中级职业技术人才7200人，高级专业人才820人。县里根据上述5个系列、3个层次的人才需求情况，确定农村职业教育的体系。这种由农业经济结构确定人才结构，由农业人才结构再确定职业技术教育的专业结构和职业学校的层次结构，统筹安排农村职业教育，建立县、乡、村、户四级办学的全方位、多层次、多渠道的培养农村人才的大职业技术教育体系的做法，越来越受到社会的欢迎。

1. **县办职业教育中心** 讷河县把农业技术高中、农民中专、职业高中合办在一起，成为综合性职业学校，发挥一校多功能的作用。为了提高办学整体效益，进行了四个方面的改革探索：第一，改革办学形式。由教委与农业、畜牧业、水利和水产等部门联合办学，组建县农业、畜牧业技术推广中心、农科所共同参加的农科教结合的联合体，同时上挂高校和科研所。各联办单位为学校派出专业教师，提供经费和实习场所，共同办好学校的基地，共同确定专业设置、教学内容。第二，改革招生制度。根据人才培训计划，由农科教部门共同落实招生指标，实行定向招生、定向培养、定向使用，学校和联办单位与委托单位及各乡镇签定培养合同。第三，改革教学方法。讷河县根据职业教育的职业性，适应性和技能性的特点要求，加强实践环节，加强技能和动手训练，以生产实践为主要手段，完成技能技巧的培养任务。在教学计划安排上，政治文化课、专业课、实践课的比例为3：3：4，增加实践训练的环节，形成文化课为专业课服务，专业课为实践课服务的教学形式。实习活动采取校内外结合、集中分散结合、让学生更多地参加动手训练，掌握操作技能。第四，改革教学内容。为使教学内容适合当地生产需要，学校教师与科技人员协作，共同编写了一套当地适用的分工教材，使学生掌握适合当地特点的专业技术，增强学生开发和振兴讷河的适应能力。通过四个方面的改革，实现招生、培养、就业相衔接的办学体制，使学校成为农科教结合的依托地，成为全县人才培养基地，科学实验的基地，生产示范基地，技术推广的基地和咨询服务的基地，增强了办学效益。

2. **部门办职业学校** 根据城镇各系统的行业特点和经济发展所需要的人才，规划城镇各部门办职业学校。从提高职工素质，增强企业活力出发，调动部门办学的积极性，在办好部门职工学校的基础

上，开办职业高中班，把岗前和岗后职业技术教育结合起来，实行校企结合的办学形式，发挥本部门技术人才的优势，聘请技术人才作兼职教师，综合利用生产基地和设备，把部门生产基地作为实习场所。职高班面向本行业定向招生，开设急需的专业，毕业后由部门择优安排就业，对职工进行岗位培训。目前有10个部门办了职业学校，职高班37个，在校生1830人。实践证明：职工技术教育和职业高中教育相结合，是为本部门培养初、中级职业技术人才的有效的形式。

3. **乡镇办成人职业联校**　把乡镇岗前的职业教育和岗后的农民职业技术教育结合在一起，发挥办学的综合效益。为了办好乡镇成人职业联校，县里以巨和乡的成人职业联校作为试点，县农科教部门积极支持、帮助发展校办企业和建设生产基地，实行校企合一、站校结合的办学形式，在乡政府统筹下，学校与各站统一管理，统一规划，统一建设基地，统一进行培训，统一调配教师。学校办了职业高中班、初级职业班，为本乡培养了中初级职业技术人才和实用技术人才，使学校成为本乡人才培训、科技实验推广、生产示范、信息咨询服务的中心。成为本乡的农科教结合的最佳的依托形式。县农业、畜牧技术推广中心、农业科技推广学校和林业科技推广学校都利用这个阵地，组织讲师团，办班讲课，开展农民技术培训。现在全县已经有21个乡镇建起了成人职业联校，有职高班33个，在校生1251人，农业科技推广学校和林业科技推广学校学员308人，实用技术培训每年10万人次以上。

4. **村办教育综合体学校**　把村学校和村农校结合在一起，村科技服务室设在学校，使村学校成为综合性学校，它是三教统筹综合体，也是农科教结合的综合体。一校多用，发挥多功能的作用。学校设一名成人职业教育主任专抓农民的科技教育和学生劳动教育，进行统筹管理，学校的劳动教师和村的技术员共同承担人才培养培训和科技推广的任务，共同面向学生和农民，既对学生进行劳动教育，又抓农民的科技培训。学校的"三田一园"（良种田、高产示范田、实验田、植物园）基地，既是学生实习的课堂，也是村里科技实验推广的示范基地，还是村干部指挥生产的决策田。把学校办成社会主义教育、文化教育、技术教育、文体活动阵地。目前，我县已经有2/3的村建成综合体学校。

5. **科技示范专业户办家庭技术学校**　为了大面积普及农业科学技术，把先进的生产技术送到千家万户，提高科技入户率。从这个农科教结合的落脚点出发，选拔有一定农业科技基础理论知识和实践技能，家庭生产经营水平高的各类科技示范户的经营者，经农科教部门考核，发给家庭技术教师证书，以他们的经营场地和家庭住所作为教学场所，挂牌定为家庭技术学校。这样，家庭技术学校既是科技致富的示范户，又是传播农业技术的教育载体。家庭技术学校的生产经营项目，农民看得见，摸得着，学习积极性高，有很强的辐射效应和群带效应。通过带徒传艺、以一带十，开展面对面的实用技术培训，使农民接受得快、理解得深。每个家庭技术学校成为农民科学种田的信息交流、技术推广的窗口，其特点是依靠智能型的农民带动技术贫乏型的农民，最后成为共同富裕的群体。这种办学形式弥补了乡村的职业技术教育的不足，在促进农村经济发展中有着重要作用。全县正式命名的家庭技术学校已发展到1300多所。

6. **普通教育引进职教因素**　为贯彻教育与生产劳动相结合方针，把基础文化教育与职业技术教育相结合，在普通教育中，适当地引进职教因素，中小学建立教学、生产、科技推广的三结合的办学综合体，学校建起"三田一园"，小学开设劳动课，中学开设劳动技术课。为了进一步加强普通中学的职业技术教育，面向当地培养初级职业技术人才，通过改革学制，办4年制初中，把3年文化课和一年职业技术课分散到4个学年中去完成。学生在学好文化课的基础上，学习一定生产技术，毕业后考不上上级学校，回本地也是一个农业生产的初级人才。现在全县已经有26所4年制初中，由"六三"学制过渡到"五四"学制，到1995年全县全部过渡完毕。

讷河县实行政府统筹、社会办学的职业教育管理体制，促进了职业技术教育的大发展，培养了大批人才，提高了劳动者的文化科学技术素质，提高了科技成果转化率，种植业的新技术覆盖率达到85%。科技进步使全县社会总产值、粮食总产量和人均收入在3年时间内分别增长了35.9%、14.7%和42.1%。职业技术教育促进了农村经济全面发展。

（徐超　执笔）

11 对外开放篇

我国沿海对外开放进一步推向前进

国务院特区办公室研究室

1991年是我国第八个五年计划的第一年，也是治理整顿取得决定性胜利的一年。我国沿海地区积极开展国际经济技术交流，努力扩大对外贸易，外向型经济迅速发展，把改革开放工作进一步推向前进。

我国沿海地区认真调整产业结构，加强企业管理，采取有力措施扭亏增盈，使工业发展速度持续增长，经济效益显著好转。我国沿海的辽宁、河北、山东、江苏、浙江、福建、广东、广西、上海、天津这10个省、自治区、直辖市1991年的工业总产值（乡及乡以上工业）达13634亿元，占全国工业总产值的58.5%，比上年增长15.5%，高于全国的增长速度。其中增长速度最快的是广东省，增幅达27.3%。广东、福建、山东等省效益的增长较快，税利大幅度增加。如福建省1991年工业生产总值增长10.9%，产品销售收入增长16.37%，而税利的增长达15.5%，效益的增长大于产值的增长。1991年沿海地区的对外贸易也取得了较好的成绩。上述10个省、自治区、直辖市外贸出口总额达422亿美元，占全国出口总额的69.3%，比上年增长16%。广东、福建、浙江、江苏增幅较大，分别为30.7%、28.7%、28.6%和16.5%。1991年进一步实行外贸体制改革，各地外贸出口自负盈亏。为使外贸出口继续保持稳步增长，沿海地区努力调整出口产品结构，增加附加值较高的工业制成品出口，提高外贸出口效益。广东省为了降低成本，建立了核价制度，控制收购价格，采取“跟踪收购”办法，防止商品积压，加快资金周转，降低收购费用。1991年该省外贸出口达136亿美元，增长30%以上，达到了历史最好水平，出口总额及增长幅度均居全国首位。沿海地区外商投资仍然出现了大幅度增长的良好势头。1991年上述10个省、自治区、直辖市共批准外商投资项目10082个，协议利用外资95.9亿美元，实际利用外资39.2亿美元，分别比1990年增长66.3%、68.7%和48.8%。分别占全国的82%、87%和90%左右。不仅外商投资项目的数量有较大增长，而且外商投资项目的质量也有明显提高。新技术项目和规模较大的项目明显增多。福建省1991年外商投资项目1000万美元以上的有30多个，占新批准外商投资项目1219个的2.5%左右，而协议外资金额占35%。经济特区、沿海开放城市和沿海经济开放区外向型经济的迅速发展，更加令人瞩目。

一、经济特区迈入第二个10年的发展新阶段

1991年各经济特区在发展经济、利用外资、引进先进技术、扩大出口创汇、改善投资环境、提高经济效益方面又取得了新的进展。

（一）工业大幅度增长，工业生产力进一步增强

通过过去几年的建设，各经济特区的工业生产已初具规模，工业基础不断增强。现在已经形成了包括电子、机械、化工、建材、轻工、食品、纺织、服装、印刷等行业的现代化工业，生产企业达3000多家，产品达1000多种。1991年各经济特区积极进行治理整顿，积极调整产业和产品结构，加强工业管

理，以市场为导向，以提高经济效益为目标，积极开发适销对路产品，努力开拓国际和国内市场，工业生产仍然呈现出产销两旺的良好势头。深圳经济特区在调整产业结构和优化生产要素的基础上，与加工工业配套的原材料、新型材料、基础件、元器件的生产能力增强，提高了出口产品和整机产品的配套水平；具有现代科学技术先进水平的大中型企业增多，提高了国际竞争能力；规模较大、产值较高、创汇较多的企业不断增加，提高了经济效益，工业生产正在向技术上档次、产品上质量、经营上效益的目标迈进。珠海经济特区开始时侧重于发展旅游业，工业建设起步较晚，前几年兴建的工业企业陆续投产，工业生产增长较快，经济效益明显提高。1991年珠海的工业产值达96亿元，比上年增长60%。汕头经济特区加快了从劳动密集型产业为主向电子、化工、生物制品等技术密集型产业的转变，工业以较快的速度向前发展。1991年该特区的工业产值达35亿元，比上年增长82%，是各经济特区工业增长最快的一个。厦门经济特区在通过内引外联举办新的工业企业的同时，充分利用原有的工业基础，积极利用外资对老企业进行“嫁接”改造，加快了产品的更新换代，提高了工业生产水平。1991年厦门经济特区的工业产值达102亿元，比上年增长18.7%。综上所述，1991年深圳、珠海、汕头、厦门、海南5个经济特区的工业产值达524亿元，比上年增长33.2%，其中深圳的工业产值最多，达251.8亿元，占5个经济特区工业总产值的48%左右。

（二）调整出口产品结构，国际竞争能力进一步增强

各经济特区积极进行外贸体制改革，调整外贸策略，在国际市场竞争激烈的情况下，经济特区的外贸出口仍然取得了大幅度的增长。1991年5个经济特区的外贸出口达到62.6亿美元，约占全国出口总值的十分之一，比1990年增长28.5%。珠海、汕头、厦门经济特区外贸出口增长幅度都在30%以上。1991年各经济特区为了搞好外贸出口，采取了不少有效措施。一是各经济特区向内地转移信息、技术、资金，促进内地的资源开发，在内地建立出口产品基地，增加出口货源。如中国电子进出口总公司深圳工贸公司把“内地厂家——外贸公司——海外客户”三者的利益捆在一起，形成各自发挥自身优势、利益共享、协调发展、长期合作的局面。目前该公司出口货源的80%来自国内20多个省市的供应货源的厂家。二是改善出口商品结构，增加附加值较高的机电产品和工业制成品的出口。如深圳经济特区的出口产品结构已从初级产品向工业制成品转变，轻工、纺织、机电、仪表仪器等工业制成品出口所占比重达出口总额的70%以上。深圳经济特区1991年的出口总额达34.5亿美元，占5个经济特区出口总额的55.4%，比上年增长15%，创历史最好水平，出口产值已占深圳市工农业总产值的61%。三是逐步扩大出口商品生产基地，增加特区自产产品出口。1991年深圳自产产品出口额达23.5亿多美元，占出口总额的68.3%。四是发展外向型企业集团，涌现出一批出口创汇大户。如深圳的中华自行车集团、康佳电子集团、莱英达集团、华强三洋电子有限公司以及厦门的厦华电子公司等均逐步成为产品畅销国际市场的外向型企业集团，1991年这些集团的出口创汇均达1亿美元以上。五是积极开发新产品，不断提高产品质量，增强国际市场竞争能力。1991年深圳申请专利177项，鉴定科技成果71项，其中有19项达到世界先进水平，依靠科技进步开发新产品1000多种，其中600多种已投入批量生产。这些新产品都有较强的国际竞争能力，远销世界各地，增值10亿多元。六是积极开拓远洋贸易，努力开拓国际市场。据了解，深圳市已在全世界五大洲建立了80多个驻外机构和销售网点，出口产品销往70多个国家和地区，突破了远洋贸易3年徘徊的局面，远洋贸易额达4.45亿美元，占出口总额的13%。

（三）加强外商投资导向，外向型经济进一步增强

由于各经济特区靠近国际市场，交通便捷，软硬投资环境不断改善，一直是外商投资的热点，1991年又出现新的高潮。5个经济特区1991年新签外商投资项目2431个，协议外资金额27.5亿美元，实际利用外资11.1亿美元，分别比上年增长36%、60%和44%。汕头和海南经济特区新签外商投资项目的增长幅度都在60%以上，达到历史最好水平。外商投资结构和项目质量明显提高。到1991年底，5个经济特区累计批准外商投资企业10245个，协议外资金额141.4亿美元，实际利用外资66.4亿美元。深圳新签外商投资项目986个，协议外资金额11.5亿美元，实际利用外资5.8亿美元，分别比上年增长24%、66%和11.8%。到1991年底，深圳已批准外

商投资企业4555项，已经开业的外商投资企业4053家，协议外资金额超过100亿美元，实际利用外资38亿多美元。1991年经济特区的外商投资呈现了一些新的特点：一是生产性项目居多，技术档次提高。深圳经济特区1991年新登记的外商投资企业中，生产性的工业项目占93%，其中相当部分是高科技企业，属于光学晶体、集成电路、计算机软件、生物工程等高新技术项目约占三分之一。二是外商投资规模增大，跨国公司投资活跃。深圳1991年外商投资在500万美元以上的大中型项目占27.4%，平均每个项目的外资协议金额达112万美元，比1990年增加30%。其中中外合资的奥林巴斯照相机公司、外商独资的香港理光（亚太）发展公司等3家企业投资都在1亿元人民币以上。这些公司都具有国际的先进技术水平，生产国际市场竞争能力强的产品。日本的三洋、佳能、精工等跨国公司都在经济特区投资办厂。海南经济特区中外合资总投资为3.5亿人民币的海口锦纶浸胶帘子布厂和海口锦纶丝厂亦于1991年底动工兴建。三是外商投资企业经营情况良好，经济效益提高。1991年5个经济特区的外商投资企业出口达42.9亿美元，占全国外商投资企业出口的35.6%，其中深圳的外商投资企业出口达29.24亿美元，占全国外商投资企业出口的24.3%。深圳的外商投资企业经济效益大多良好，出现了一些年产值达10亿元，出口创汇1亿美元，年利润5000万元的企业。四是外商成片开发土地项目增加。如海南经济特区由熊谷组（香港）有限公司投资成片开发洋浦30平方公里土地的意向书已于1991年9月签字，1992年4月这个项目已经国务院正式批准。美国华盛顿投资集团开始开发琼山县首期500亩土地，每平方公里基础设施的投资标准不低于2.5亿元人民币；由美国美东纺机有限公司和海口市工业建设开发公司合资兴办的“美国工业村”已动工兴建，并已有一批外商前去投资；台湾华航公司与南朝鲜鲜京集团已获准在琼山县兴建华航综合开发区。五是台商投资更趋踊跃。除厦门经济特区台资企业占有较大比重外，1991年深圳新增台资企业286家，引进台资2.6亿美元，比1990年增加21.2%。台资在深圳已成为仅次于港资的第二大境外投资者。

（四）加强基础设施建设，投资环境进一步完善

工业用地、厂房、能源、交通、邮电、市政工程等基础设施是发展外向型经济的重要条件。经过过去10年的建设，经济特区的基础设施已有相当基础。但随着经济的发展，原有基础设施已不能适应新的需要。为了加强基础设施建设，进一步创造良好的投资环境，1991年各经济特区继续集中人力、物力、财力，转到新一轮的规模较大的能源、交通、机场、港口、车站等重点建设项目上来。有些重大工程项目已经竣工投入使用。如深圳加快了大亚湾核电站建设步伐，继1990年日车辆通过能力50000辆的皇岗口岸建成后，深圳国际机场和扩建的火车站已于1991年建成投入运行，同时还增建了一些小型电站。深圳的新水源及供水问题也正在着手解决。深圳1991年还建成布吉和北环两座立交桥，新建的总装机容量40万千瓦的电厂已全部建成并并网发电，特区内程控电话从19万门增加到21万门。深圳至东莞、深圳至惠州、深圳至南头的主干公路扩宽工程已全面展开，部分路段已经完工。广、深、珠高速公路、深圳盐田深水港亦已动工兴建。厦门从高岐到集美的跨海大桥也于1991年通车。汕头的海底供水管道亦竣工投入使用。珠海在搞好现有特区建设的情况下，加快了西部的开发建设，修筑了连贯公路，填海造出了一大片土地，修建了三灶机场，高栏港的建设亦于最近奠基动工。连接珠海、汕头、厦门通道的投资2亿元的汕头海湾大桥、海南旅游风景区三亚市的凤凰村机场、海南岛东路的高速公路，大广坝水利枢纽工程等都已动工兴建。除了加强基础设施建设外，各经济特区还十分重视软环境的改善，加强社会主义精神文明建设，加强民主和法制建设。有关部门加强了外商投资企业的管理，加强了外商投资的咨询和服务工作，提高了办事效率，简化了项目审批手段，认真处理外商投资企业的投诉，帮助现有外商投资企业解决生产经营中的困难，努力把现有外商投资企业办好。这些都为外商投资创造了更加良好的投资环境。

（五）总结前10年经验，迈出新的发展步伐

继1990年深圳、珠海建立10周年之后，1991年汕头、厦门两经济特区又迎来了开拓探索、创业奋进的10周年。10年光阴，沧桑巨变，汕头、厦门以崭新的面貌展现在人们的面前。汕头特区过去荒滩、沙丘一片，现在已经初步建成以工业为主、以出口为主、以外资为主的外向型综合性新城区。厦门过去是

封闭式的海岛城市，现在已经成为工业发达、经济繁荣、内外经济交流活跃的外向型经济的综合性经济特区，成为我国东南沿海对外经贸的重要基地和窗口。

汕头经济特区1981年11月创建时面积为1.6平方公里。走求实之路，开发一片，建设一片，投产一片，获益一片，滚动式地推进，使有限的资金较快地形成投资环境和生产力。在求实中开拓发展，投入少，产出多，效益高，是汕头经济特区的主要特点。到1990年底，投入产出比为1∶1.7。工业产值从1982年的40万元达到1991年的35亿元，增长了8740多倍，特区自产产品出口达70%以上，来自15个国家和地区的外商投资项目1211个，协议外资5.5亿美元，实际利用外资3亿多美元，到1991年8月已开业的外商投资企业521家，涉及电子、钟表、制药、制鞋、化工、机械、食品加工、陶瓷等20多个行业。外商投资企业的产值约占特区工业产值的70%左右。

厦门经济特区成立于1980年7月，1984年经国务院批准扩大到全岛，1989年又批准杏林、海沧两区为台商投资区，成为台商投资的热点，到1990年底，厦门已批准台商投资项目410个，投资额9.8亿多美元，分别占台商在大陆投资的六分之一和三分之一。到1991年1月，全市累计批准外商投资合同1171项，外商协议投资26.18亿美元，已建成投产的外商投资企业695家，分布在电子、纺织、机械、食品、化工、建材等各个行业，形成了以工业为主、工贸结合的外向型经济构架。1991年的工业生产总值达102亿元。10年来，厦门的国民生产总值增长近4倍，全市的国民收入增长3.6倍，人均国民收入从631元增加到3850元，增长了5倍多。

汕头市于1991年12月17日举行了经济特区建立10周年和区域扩大到全市的庆祝活动，江泽民总书记、田纪云副总理和温家宝候补书记以及全国政协副主席谷牧等党和国家领导人和国内外来宾参加了庆祝大会。厦门经济特区建立10周年庆祝大会于12月18日举行，江泽民、田纪云、温家宝、谷牧等党和国家领导同志和境内外来宾应邀出席。江泽民同志在庆祝大会上作了重要讲话。他说："坚持对外开放，在自力更生的基础上，积极发展与世界各国、各地区的经济技术交流和合作，是我国一项长期的根本政策，也是我国进行社会主义现代化建设的一个重要条件。深圳、珠海、汕头、厦门和海南5个经济特区，处在我国对外开放的前列，在我国发展对外贸易，扩大对外经济技术合作中，越来越发挥着窗口和基地的作用。经济特区建设卓有成效的实践，充分证明：党的十一届三中全会以来形成的、以经济建设为中心，坚持四项基本原则，坚持改革开放的基本路线，是完全正确的；邓小平同志倡导的举办经济特区、进一步开放沿海地区的决策，是正确的、成功的。"他强调指出："经济特区要认真总结经验，把各方面的工作推向前进。经济特区要从国民经济全局出发，合理地确定开发和建设规划，保证经济建设和对外开放更健康地发展。"现在，深圳、珠海、汕头、厦门4个经济特区已经经过了10年创业的历程，迈入了第二个10年把外向型经济推向更高层次发展的新阶段。

二、沿海开放城市和沿海经济开放区持续发展

（一）14个沿海开放城市

14个沿海开放城市坚定不移地贯彻治理整顿的方针，坚定不移地贯彻沿海经济发展战略，外向型经济持续发展，国民经济迅速增长。1991年大连、秦皇岛、天津、烟台（含威海）、青岛、连云港、南通、上海、宁波、温州、福州、广州、湛江、北海14个沿海开放城市乡及乡以上工业产值达4840亿元（当年价格），比上年增长16.4%，高于全国工业总产值和沿海10个省市区的工业总产值的增长。其中增长速度最快的是温州市，达30%，其次是宁波市，为27%，再次是广州市，达23%。1991年沿海开放城市工业生产发展的一个重要特点，是国营大中型企业经过加强管理和结构调整，生产逐步回升。上海市1991年工业产值达1201亿元，比上年增长14.5%，其中大中型企业新增产值占全市新增工业产值的三分之二。广州市大中型工业企业产值比上年增长21%，占全广州市工业总产值的61%。

1991年上述14个沿海开放城市的外贸出口达125亿美元，比上年增长14.7%，出口较多的是上海（出口总值达57.3亿元，增长8%）、广州（18.4亿美元，增长27%）、天津（16.0亿美元，增长－10%）、大连（10亿美元，增长49%）4市，其出口值占14市出口总值的80%以上。上海市出口总值

占国民生产总值的比重已达38%。南通市1991年深化外贸体制改革，努力开拓外贸多元化市场，进一步做好自营产品出口，实现外贸收购40.9亿元，比上年增长20.4%，自营出口2.53亿美元，比上年增长63%。1991年14个沿海开放城市进口总值达46.6亿美元，比上年增长26%。

1991年是14个沿海开放城市利用外商直接投资较快的一年，新批外商直接投资项目2732项，外商协议金额26.5亿美元，实际利用外资11亿美元，分别比上年增长72.5%、34.8%和－43%。截到1991年底，14个沿海开放城市累计已批准外商投资企业8300多家，外商协议金额118亿美元，实际利用外资48亿美元，分别占全国的20%、23%和21%，已有4322家外商投资企业建成投产。烟台市1991年批准外商投资项目243个，总投资4.05亿美元，协议外资2.08亿美元，分别比上年增长50%、165%和129%。其特点是：利用外资“嫁接”老企业进行技术改造的项目增多，1991年共批准老企业“嫁接”项目124个，占外商投资项目的66.7%；高新技术项目增多，1991年新兴办高新技术外商投资企业10家，主要涉及电子信息技术、机电一体化技术和原材料等，项目建成投产后，可实现产值14.5亿元，利润4.1亿元，税收1.5亿元，创汇1.5亿美元，73%的产品外销；经济效益显著的外商投资企业增多。1991年烟台市已批准建立外商投资企业434家，已投产的183家，实现产值12.2亿元，实现利税9312万元，出口创汇9603万美元，分别比上年增长1.66倍、2.08倍和1.76倍。其中有35家外商投资企业产值超过1000万元，31家企业出口创汇超过100万美元，15家企业利润超过100万元，盈利企业达70%以上。烟台市利用外商直接投资情况具有一定代表性。

（二）沿海经济开放区

长江三角洲、珠江三角洲、闽南厦、漳、泉三角地区、辽东半岛、山东半岛、河北秦、唐、沧等沿海经济开放区进一步实施沿海经济发展战略，在提高工业生产力，开发创汇农业、发挥乡镇企业在出口中的作用，发展外向型经济等方面，又取得了新的进展。辽宁省采取多种“嫁接”形式，积极利用外资改造老企业，到1991年已在机械、电子、石化、轻纺、建材、冶金、农渔等行业中兴办“嫁接式”企业300多家，使一些国营大中型企业得到了不同程度的改造，提高了辽东半岛的工业生产水平。

珠江三角洲经济开放区包括28个市县，面积达4.5万平方公里，占广东省面积的四分之一。这些地方积极发展来料加工企业、外商投资企业和国营、集体企业，发展外向型经济的基础进一步增强，现在已批准外商投资企业5000多家，约有三分之二的企业正式投产。惠州市已举办各类外商投资企业4000多家，合同金额16亿多美元，国际上有名的大公司如荷兰的菲利浦、日本的东芝、美国的唐德等公司已前去投资办厂。惠州市致力于发展起点较高的先进技术，初步形成了以电子工业为先导产业的工业体系，引进了电子新技术50多项，发展了电脑、多功能系列电话、高级汽车音响、多层电路板、人造皮肤、大屏幕彩色电视机等先进产品，有些产品已经畅销国际市场。1991年上半年该市的工业增长速度比上年同期增长54%。佛山市出口创汇超过1000万美元的外商投资企业就有6家。顺德县的蚬华电器制造厂每年有200多万台风扇销往国外。

闽南三角地区经济开放区包括33个县市，占福建省总面积的34.4%，占全省总人口的60%，是福建省对外开放的第一线。这些地方已投入几十亿元进行基础设施建设，投资环境不断改善。现在已举办外商投资企业2900多家，合同外资金额17亿多美元，兴办了乡镇企业几十万家，建立了几百个创汇农业生产基地，工农业总产值每年以12%的递增率向前发展，工农业比例已由原来的四比六变成现在的七比三。这个地区的国民生产总值、国民收入、工农业总产值均占全省的近一半，外贸出口占全省的61.5%，成为福建最繁荣富庶的地方。

（三）经济技术开发区

到1991年，各经济技术开发区已投入40多亿元资金进行各项基础设施建设，开发了30多平方公里的建设用地，建成了500多万平方米的工业厂房和其他建筑，能源、交通、电讯等生产经营设施基本配套。如天津开发区已建设公路30多公里，修建了铁路专用线和集装箱、散货货场，陆运水运自成系统，3平方公里工业区内的道路、电力、电讯、给水、建设用地、工业厂房等基础设施基本完善。各经济技术开发区还十分注意软环境的建设，制定了有关开发区的管理条例、法规，设立了工商税务、海关、金融、外汇、保险、储运、商检等机构，成立了外商投资服务中心，简化了办事程序，提高了办事效率，使外商能按国际惯例进行生产经营活动。

各经济技术开发区的工业生产力已有相当水平，现在已经投产的生产企业达1000多家，工业生产连续增长。1991年14个经济技术开发区的工业总产值达147.9亿元，比1986年增长48倍；比上年增长近80%，其中大连、闵行、广州、天津、宁波、烟台、福州、湛江等开发区的工业产值成倍增长。如大连开发区1991年的工业产值达22.4亿元，比上年增长1.35倍。各开发区的财政收入共达7.5亿元，比上年增长46.8%，各开发区的税收累计已达24亿元，企业利润累计达32亿元，经济实力大大增强，从过去的贷款开发开始转入偿还贷款本息。天津、闵行、大连、广州、宁波等开发区已经具备了采用自有资金投入、实现自我滚动发展的能力。开发区的经济效益和社会效益日益显著。现在已解决了14万人的就业机会，带动了周围乡镇农村经济的发展，推动老市区和其他腹地发展外向型经济，不断发挥“窗口”和“桥梁”作用。

各经济技术开发区已经成为各沿海开放城市比较集中的外商投资区域，外商投资迅速发展。1991年14个开发区新签外商投资项目409个，协议外资金额7.3亿美元，实际利用外资3.3亿美元，分别比上年增长34.1%、9.8%和1.1%。新投产外商投资企业287家，比上年增加58.6%。1991年外商投资较多的仍集中在大连、天津、广州、上海闵行和青岛开发区。增长幅度最大的是青岛开发区，1991年新批准外商投资项目比上年增长1.75倍；合同投资额和协议外资金额分别是前6年总和的1.1倍和1.98倍。截至1991年底，各经济技术开发区累计已批准外商投资项目1515个，协议外资金额53亿美元，实际利用外资6.7亿美元，已投产开业的外商投资企业853家。1991年外商投资企业产值达97.5亿元，比上年增加115.6%，占各开发区工业总产值的65.9%，已经成为开发区发展外向型经济的重要力量。

1991年各开发区积极开发在国际市场上有竞争能力的新产品，如微电子器件、通讯设备、微机软件、激光技术、生物工程、精细化工、精密仪器和医疗器械、新材料等先进技术产品，有一批已远销国际市场。烟台开发区已兴办了16家中外和中中合资合作高新技术企业和9家科研机构，开发了22个新产品，其中有卫星通讯设备、智能化仪表、飞机刹车盘、通用沥青炭纤维等，分别达到国内、国际先进水平，为扩大出口创汇创造了条件。1991年各经济技术开发区出口额达11.7亿美元，比上年增长71.4%，其中外商投资企业出口8.4亿美元，比上年增长115.5%，占开发区出口总额的71.8%。增长幅度较大的大连开发区1991年出口额达3.6亿美元，比上年增长2.1倍。

（四）上海市浦东新区

上海市浦东新区的开发开放，是我国90年代对外开放的重点，是跨世纪的工程。一年多来，浦东的开发开放迈出了坚实的发展步伐，呈现出一派令人振奋的景象。根据党中央、国务院关于浦东开发开放的战略决策，上海市制定了贯彻落实方案和分步实施规划，决定把浦东新区逐步建成具有合理的产业布局、先进的交通网络、便捷的通讯系统、完善的基础设施以及良好的自然生态环境的现代化新区。

一年多来，浦东集中力量进行了软硬投资环境的建设。目前浦东新区连接浦西的各项基础设施建设工程陆续开工。南浦大桥已经于1991年10月建成通车；连接浦东和浦西的第二座大桥杨浦大桥亦已动工，贯穿浦东新区的主干道杨高公路拓宽工程正在加紧进行，预计1992年内可以通车。每月可新增100万立方煤气的浦东煤气厂二期工程已经完成，外高桥新港区首期工程4个万吨级码头，外高桥电厂一期工程、通讯设施工程等都在加紧施工。在加强基础设施建设的同时，国务院和上海市已经制订了10多项政策法规，其中包括《上海外资金融机构、中外合资金融机构管理办法》、《关于上海浦东新区鼓励外商投资、减征、免征企业所得税和工商统一税的规定》、《关于上海浦东新区产业导向的投资指南》、《上海浦东新区土地管理若干规定》、《上海浦东新区外商投资企业审批管理办法》、《上海鼓励外省市投资浦东新区的若干规定》、《中华人民共和国海关对出入上海外高桥保税区货物、运输工具和个人携带物品管理办法》等，使浦东的开发开放工作从一开始就纳入法制化、规范化的轨道健康发展。

浦东新区的规划布局是，以市中心区浦东部分为中心，采取敞开式的布局结构，规划成各有侧重、相对独立的5个综合分区。一是外高桥－高桥分区。通过建设大型现代化港区和外高桥电厂，依托港区分块开发建设约10平方公里的外高桥保税区。集中发展自动化仪表和机械、电子元器件、家用电器、办公用品等技术先进、产品档次较高的出口产品。二是陆家咀－花木分区。包括建设28平方公里的陆家咀金融贸易区，大力发展金融、贸易、商业、对外服务、房地产业和咨询、信息等现代服务业，作为浦西外滩功能的延续。三是北蔡－张口分区。拟建成科学教育园区，重点发展高技术和新兴工业。四是庆宁寺－金桥分区。充分利用现有造船和导航仪器工业的基础，大力发展所需的配套工业。规划开发8.27平方公里，建成金桥出口加工区。五是周家渡－六里公区。现有上钢三厂和耀华玻璃厂，适当扩大船用钢板生产能力，发展轿车玻璃，为发展造船和汽车工业相配套。根据“全面规划，分步实施”的原则，浦东开发近期重点搞好外高桥保税区、金桥出口加工区和陆家咀金融贸易区3个小区。现正加快建设步伐，首期开发的10平方公里土地已经完成批租手续，开始向外出让。外高桥保税区的隔离设施已经建成并已通过海关验收。保税区内的40 000平方米的仓库和厂房已经动工兴建。陆家咀金融贸易区已经开整了2万平方米的建设用地，亚洲最高的“东方明珠”电视塔和重点楼宇已经动工建设。金桥出口加工区边搞建设，边引进项目，现在已批准了一批技术起点高、出口前景好的中外合资项目。现在浦东新区已经设立20多家国内外各类金融机构，其中有9家中外合资或外资银行；建立了180多家外商投资企业，投资总额达8亿美元，相当于浦东开放前10年总和的5倍，工业项目占96%以上，有一批著名的跨国公司如美国的杜邦公司、德国的巴斯夫公司等相继前去投资。还有200多个项目正在洽谈，其中有90多个项目已经批准。同时还批准了700多家内资企业，投资额达9亿多元，发展势头良好。

三、沿海地区的对外开放不断深化

对外开放是我国的一项必须长期坚持的基本国策，国务院非常重视，每年都提出切实有效的新措施推动全国的对外开放工作。1991年又提出了下列一些新的主要措施，推动沿海的对外开放不断向广度和深度发展。

(一) 进一步明确经济特区和经济技术开发区的发展方向

1991年10月9日到11日，李鹏总理深入到汕头和潮州市视察，听取了汕头市有关汕头特区建立10周年和扩大范围有关情况的汇报。李鹏总理说，汕头经济特区的工农业总产值10年翻了两番，成绩显著，发挥了经济特区的“四个窗口”作用。对汕头经济特区今后的发展方向，他指出，特区范围扩大后，首先要制定总体发展规划。要继续坚持以工业为主、工贸结合，努力发展外向型经济的方针，特区建设必须统一规划，分步实施，既要有开拓精神，又要实事求是，量力而行，发展什么产业，上什么项目，既要考虑地区发展的需要，又要有全国一盘棋的思想，还要考虑到国内外市场需求，防止重复建设，减少建设盲目性。经济特区的建设项目，起点要高些，应该重视发展高科技产业。汕头的超声仪器研究所把科研、生产、销售结合起来，科研和生产搞得生气勃勃，走出了一条新路子，特区要多发展一些这样的项目。在农业上要科学种田，发展生物工程，搞好主体农业，加速开发性、创汇性农业的发展。汕头经济特区还要加强老企业的技术改造。今后要继续坚持物质文明建设和精神文明建设一起抓，沿着社会主义方向，把特区越办越好。

1991年12月20日和21日，国务院在厦门召开了全国经济特区工作座谈会，田纪云副总理在会上指出，在指导思想上，经济特区要把速度与效益更好地统一起来，更积极调整产业结构和产品结构，加强对投资项目的宏观调控和引导，着力举办技术水平高、经济效益好的项目；在开拓国际市场，扩大对外贸易，吸收引进国外资金、技术，发展国际经济交往中，要思想更解放一点，胆子更大一点，步伐更快一点，并向高新技术方向发展；搞好国营大中型企业，特区也要走在前头，要加快转变企业的经营机制，使企业更有活力；特区要继续深化改革，探索深层次的经济体制改革问题，适应外向型经济发展的需要，进一步发挥特区在我国改革开放中的排头兵作用。经济特区建设一定要坚持“两手抓”的方针，继续加强社会主义精神文明建设。

1991年12月4日至6日，国务院特区办公室在上海召开了经济技术开发区工作座谈会，总结交流了开发区创办7年来的经验，明确了“八五”期间的发展目标和主要任务。会议指出：开发区“八五”期间工作总思路是：在已有成果的基础上，把工作重点切实转到上水平、上效益方面来，继续坚持以工业为主、以吸收外资为主、以拓展出口为主、致力于发展高新技术项目的方针，进一步发挥“窗口”作用和经济技术的“辐射”效应，再创新局面，攀登新高峰。为了实现“八五”期间开发区的奋斗目标，一要坚定不移地贯彻中央和国务院为经济技术开发区规定的“三个为主”的发展方针。二要认真加强管理，提高管理水平。三要紧紧抓住提高经济效益这个中心环节，增强自我滚动发展能力。四要依托老市区，服务老市区。五要坚持四项基本原则，两个文明一起抓。

（二）扩大经济特区的范围

1991年4月，国务院批准把汕头经济特区的范围从汕头市东部的龙湖片和东南部的广澳片扩大到汕头市区，面积从52.6平方公里扩大到234平方公里，成为仅次于海南、深圳的第三大经济特区。汕头经济特区范围的扩大，是我国扩大对外开放迈出的又一重大步骤，不仅对加强汕头经济特区的管理机构，理顺汕头特区的管理体制，加速汕头经济特区的发展有着重要意义，而且对进一步发挥“窗口”和基地作用，推动广东东部及内地广大腹地发展外向型经济也有重要作用。汕头经济特区面积扩大以后，行政区域也作了适当调整，汕头经济特区包括4个区，此外成立了揭阳、潮州两个市，已于1991年11月1日付诸实施。现在我国经济特区的总面积达34813.5平方公里，比1981年增加了100多倍。扩宽了外商投资的范围，增强了外商投资的吸引力。如汕头经济特区扩大范围实施后的11月份，外商投资合同金额达1.02亿美元，比10月份增加了1.2倍，外商投资项目素质也有显著提高。

（三）增设保税区

继1990年批准上海浦东外高桥保税区之后，1991年经国务院批准，又设立了天津港保税区和深圳的沙头角和福田保税区。这是我国进一步扩大对外开放的又一重要举措。这些保税区是经国务院批准的有一定范围的封闭式综合性对外开放区域，一般都靠近港口和交通要道，具有运输便捷的优势。深圳特区的福田保税区在新建的皇岗口岸附近，面积为1.35平方公里，沙头角保税区在沙头角区的东部，面积为0.2平方公里，天津港保税区位于天津港界内，面积为1.2平方公里。这些保税区要建立完善的隔离设施，实行经济特区的某些优惠政策，生产性外商投资企业的企业所得税减至按15%征收。保税区是国境以内、关境以外的区域，非保税区产品进入保税区视同出口，保税区产品进入非保税区视同进口。保税区内可以建立生产性的外商投资企业和中资企业，从事出口产品的生产制造。一般来说，这些企业生产加工的产品应当全部出口。国家规定统一经营的出口商品或实行被动配额的商品，一般不应在保税区内生产出口。经国家主管部门批准，保税区内可以设立贸易公司，从事转口贸易和为保税区内企业代理生产用的原材料、零配件进口和产品出口。保税区可以充分利用交通便捷和靠近国际市场的地缘优势，发展转口贸易、出口加工、仓储运输、分类包装等业务，促进外向型经济的发展。起步较早的沙头角保税区，已经开发工业用地10万平方米，竣工标准厂房11万平方米，已建立外引内联企业80多家，其中外商投资企业70多家，1991年9月保税区的工业产值已达6.2亿元，出口创汇8300多万美元，实现税利4400多万元。福田保税区已经形成了较好的投资环境，保税区内直通香港的高架桥和横跨港深珠高速公路的3号桥已全面竣工，供水、供电能力已经具备，100门程控电话可以直拨世界各地。已经开发出50多万平方米的建筑用地可供外商使用。福田保税区将建成一个以工业为主并具多功能的综合性区域，拟兴办一批以电子产品、计算机、集成电路为主的具有较高技术含量的企业，各项建设正在抓紧进行。天津港保税区现在已批准中外合资、外商独资和国内投资项目共55家，投资额达1.3亿美元，有一些项目正在洽谈和审批之中。保税区现在预约和出让土地面积达82万平方米，占保税区全部可出让土地面积的三分之二。天津港保税区1.2平方公里地域的隔离设施已经海关通过验收。

（四）建立保税生产资料市场

我国第一个保税生产资料市场于1991年5月在深圳经济特区建立并开始运作。这是经济特区深化改革、扩大开放的又一个新的探索。深圳经济特区外商投资企业比较多，过去这些企业生产所需的原材料、零配件大部分需要从国际市场进口，给生产带来诸多不便。建立保税生产资料市场，从国际市场进口钢材、水泥、木材、电子元器件、机械零配件等生产资料，实际上就是把国际生产资料市场搬到深圳，这里的外商投资企业等工业企业可以就地购买所需的原材料。这样既可以改善外商投资企业的生产经营条件，减少运输费用，降低生产成本，提高企业的经营效益，又可以掌握国际市场各种生产资料的价格行情，限制其用“高进低出”等手段转移利润，增加国家的税收。深圳经济特区保税生产资料市场有19个贸易行开业，经营建材、电工、机械等各种行业的生产资料。供应范围是深圳经济特区的外引内联等各类生产企业，这些企业购买保税生产资料市场的原材料生产的产品，如销往国外，所用原材料不征进口关税；如销往国内，需照章补税。深圳保税生产资料市场开业10个多月来，销售进口生产资料1.1亿多美元，供应特区内用户850多家。深圳保税生产资料贸易行，以优化对外商投资企业服务为宗旨，以微利经营为原则，生产资料价格一般比香港市场价格低5%～10%，有的还要低。如经营包装物料的轻工贸易行，直接从日本生产厂家进口纸张，比香港市场的价格便宜15%～20%。销售服务态度也比较好，不管生意大小，只要客户需要，都尽力给予解决，深受用户欢迎。

（五）培育和完善股票市场

建立股票市场，也是我国沿海开放地区深化改革和扩大开放的一项新的试验，既要符合国际惯例，又要有中国的特色，兴利除弊，创建有中国特色的社会主义股票市场，为现代化建设服务。1987年深圳经济特区建立了我国第一个股票市场。近几年来，深圳的股票市场经营管理制度不断完善，有些法规逐步出台，在探索中不断前进。1990年以前，深圳市先后有6家股份制企业的股票上市，向社会公开发行面值5亿元的股票。1991年是深圳证券市场打基础、扩规模、立规范、大转变的一年。这一年，深圳市政府颁布了《深圳市股票发行与交易管理办法》、《深圳市证券机构管理暂行规定》等一系列地方法规，使股票的经营管理更加规范化。同时，深圳证券交易所、深圳特区证券登记公司成立并正式开业，一些股票价格陆续放开，深圳股市呈现出股票自由起落局面。1991年11月有11家股份制企业被批准为深圳第二批上市公司，向社会发行面值2.2亿元的股票，结束了11个月的“熊市”，投资者热情高涨。新上市的11家股份制企业除发行人民币普通股（A股）外，还发行了专为海外投资者购买的人民币特种股票（B股），境外承销机构积极签订协议或意向书。有关B股的发行管理办法如《深圳市人民币特种股票管理办法》、《深圳证券交易所B股交易、清算规则》等规章，已经颁布施行。1991年上海市也成立了证券交易所，为股票上市创造了更为有利的条件，现在已有10多家股份公司的股票上市，除发行普通股A股外，也发行了一定数量的B股。现在深圳、上海两市的股票市场的管理不断完善，法规不断健全，正在向规范化健康发展。

1992年初，我国改革开放的总设计师邓小平同志及其他中央领导同志到深圳、珠海、上海等地视察，作了一系列极其重要的讲话。中共中央政治局召开了全体会议，对改革开放作出了重大部署。会议强调指出，必须坚定不移地贯彻执行党的“一个中心，两个基本点”的基本路线，抓住当前有利时机，加快改革开放的步伐，集中力量把经济建设搞上去，沿着有中国特色的社会主义道路继续前进。我们要继续搞好经济特区、沿海开放城市及其经济技术开发区和沿海经济开放区；调整产业结构，积极发展高新技术产业；逐步实现国际贸易多元化，进一步开拓国际市场；努力搞好国营大中型企业，提高经济效益；加强外商投资导向，更有成效地利用外资；要进一步解放思想，进一步进行改革开放的探索，扩大对外开放范围，拓宽对外开放领域，提高对外开放效益，进一步发展外向型经济，把对外开放提高到一个新水平。

（林其辉　执笔）

1991年我国外贸体制改革成效显著

经贸部政策体制司

1991年是我国外贸发展史上重要的一年。在这一年里，外贸体制改革迈出了转折性的一步。以取消出口补贴、外贸企业自负盈亏为核心的外贸新体制，经受住一年实践的考验，证明其强大的生命力。外贸体制改革取得了显著的成效。

1990年底，我国对外贸易面临着新的形势。3年承包经营责任制即将结束，下一步怎么办?最简单的办法，就是在原有条件下进行新一轮承包，但是，原来承包制中暴露出来的严重缺陷，将会进一步扩大。主要问题是企业间竞争条件严重不平等，因地区不同而设的不同外汇留成比例、不同换汇成本(以此决定出口补贴额)，直接导致了企业间抬价抢购、低价竞销行为，恶化了外贸经营环境。高留成地区的公司显然有"实力"去高价抢购货源，这又迫使当地企业也提价来保护自己的货源，恶性竞争愈演愈烈。另外，因为存在不同程度的出口补贴，企业对自负盈亏并不真正重视，包盈不包亏的现象普遍存在。因此，虽然承包时"包死"了盈亏基数，但超过这一基数的亏损部分又以其它形式出现。外贸远未走上自我约束、良性发展的轨道。

这些情况表明，外贸下一步体制改革必须走强调提高效益的道路。为此，决心必须大、措施必须硬。在经过半年多反复研究、测算、论证后，1990年底成型的外贸体制改革新方案坚决地采取了四个关键步骤：一是取消全部出口补贴，让外贸企业"断奶"促使它们将立足点放到自负盈亏上来；二是进一步调整汇率，并以此确定外贸企业财务上的硬约束机制；三是取消各地区外汇留成比例的差别，实行同类商品全国统一的留成比例；四是规范企业经营行为，实行跟踪结汇制度，严肃退税纪律，等等。这一改革方案体现了重视外贸效益的指导思想，即运用多种手段，促使外贸企业建立自我约束、自负盈亏机制，让外贸全行业的发展进入效益型轨道。

一年实践，成效明显。首先，外贸的经济效益明显好转。从全国情况分析，外贸企业流动资金周转加快（比1990年资金周转次数加快5.28%），出口费用水平下降（比1990年下降11.5%），出口成本得到控制。大部分外贸（工贸）总公司和一部分省市自负盈亏后有盈利；其余也大部分做到当年的盈亏持平。全国出口收汇增长幅度高于出口总额增长幅度约6个百分点，是多年来的第一次。这种效益好转情况是几年来没有出现过的。它集中地体现了新体制的积极效果，表明作为外贸细胞的企业活起来了，企业开始眼睛向内找效益，调整出口商品构成，大力改善经营管理。

其次，在讲求效益的基础上，进出口贸易保持增长势头，取得了比预料要好的成绩。原来预料外贸企业对新体制有个适应期，取消出口补贴后出口发展会在短期内受阻，出口额可能会下降。但是，1991年全年出口仍保持了逐月上升的趋势，并逐渐加快。全年完成进出口额1357亿美元，其中出口额719.1亿美元，进口额637.9亿美元，分别比1990年增长17.5%、15.8%、19.5%。同时，出口商品结构进一步优化，制成品出口占出口总额77.5%，比1990年提高3个百分点。这是可喜的形势。从世界范围看，我国进出口贸易占世界贸易总值的比例还很低，在企业自负盈亏基础上不断扩大对外贸易，将有利于我国外向型经济的发展;对全国经济的稳定、健康增长，也是有力的保证。

第三,进出口经营秩序明显好转,长时间治而不愈的出口商品“抢购大战”顽症，没有在1991年重演，同时出口外销价普遍提高；进口秩序也有所好转。

从总结经验的角度看,1991年外贸体制改革还有一个重要的经验,这就是重视调查研究、注意政策配套,较好地处理与有关部门协调一致的问题。体改方案在制定和最终出台期间，曾进行过广泛的调查研究；在听取了各地方、各部门的意见后,再三修订才定稿。方案公布之前和公布之初,经贸部又会同有关部委制定了近30个配套文件。在新的体制运行后,及时跟踪调查,先后改进了跟踪结汇的具体操作办法,完善了出口退税措施。这些都促进了外贸的平稳发展。我国经济体制改革已经进入了需要各方面综合协调才能取得实效的阶段，外贸体制改革只靠外贸部门的力量已经远远不够。

从外贸全局看，新的体制运行获得了一个良好的开端,但是外贸体制深化改革的任务还相当艰巨。尤其为适应加快改革开放的新形势，外贸体制改革关联和影响着其它行业的改革，这对外贸体制改革提出了更高的要求。从大的方面而言,今后外贸体制改革将集中在四个方面:(1)推进政企职能分离的改革，经贸行业管理机关转变职能，增强宏观调控能力，减少微观管理事务；(2)进一步完善出口体制，积极推动进口体制改革;(3)推动外贸企业完善承包经营责任制,转变企业经营机制;(4)切实推进贸工、贸农、贸商、贸技结合。

(邱希淳　执笔)

发展高新技术产业，加强管理，提高效益

天津经济技术开发区管委会

天津经济技术开发区（以下简称天津开发区）于1984年12月6日经国务院批准设立，在7年多的时间里，天津开发区紧紧围绕利用外资、引进先进技术、建立外向型工业区的主要目标，在发展高新技术产业、强化管理、提高经济和社会效益等方面取得了显著的成就。一个以国际贸易为先导，以现代化工业为基础，商业、金融和第三产业相应协调发展的外向型经济中心正在逐步形成，并已经显示出其强大的生命力。

一、把项目引进同技术引进结合起来，努力发展高新技术产业

截至1991年底，天津开发区共批准中外合资、中外合作和外商独资企业（以下简称“三资”企业）338家，累计投资总额5.9亿美元，其中注册资本为4.2亿美元，外商投资占注册资本的比例为61.3%，已开工投产的“三资”企业达175家。有日本、美国、南鲜朝、法国、德国、英国、台湾、香港、澳门等26个国家和地区的外商来到开发区投资设厂，外商实际投资累计1.7亿美元。项目发展呈现出规模不断扩大、档次和技术水平不断提高、外资产业投向日趋合理的喜人局面。根据开发区科技局及有关部门的严格审核，有14家企业被确认为高新技术企业，占引进外资项目的4.4%，如果把一般性先进技术企业和实用性先进技术企业考虑进来，技术先进企业的比例可达40%～50%。有相当一批企业不但自身从事基础研究，而且花大力气从事技术开发，推出了一批在国际上居领先地位的高技术产品。如福深康斯培克公司生产的机电一体化产品——“深透里昂自动监视系统”、华盛昌公司生产的高精度“平面二次包络环面蜗杆减速器”系列产品、利宝真公司生产的荣获全国第四届BCEIA金奖的“离子色谱电导检测器”、德普公司生产的“单克隆生物试剂”、三环乐喜公司生产的永磁材料——“钕铁硼”、澳津电缆公司生产的“通讯同轴电缆和光缆”、新光通信公司各类“单模光纤活动连接器”、中环三津公司生产的“工业用高分辨率显象管”、四通电脑公司生产的“电脑打字机”、安康公司生产的荣获第40届尤里卡世界发明博览会金奖的“能量型康复器”等产品和技术填补了国家和天津工业上的空白，在国际市场上享有很高的声誉。目前开发区已经形成了建材、食品、电子、日用化工、服装、机械加工、医药和医疗器械等产业门类。在这些产业部门中，知识密集型和技术密集型企业的比重不断增大，在产业结构演化的过程中，发挥着越来越大的作用。仅以上述14家高新技术企业为例：1991年这14家企业创产值2.32亿元、利税0.46亿元，分别占开发区总产值和利税总额的12.4%和14.6%。这14家企业的全员劳动生产率和人均利税分别为19.4万元和4万元，而同期全区的全员劳动生产率和人均利税分别为13.6万元和2.2万元。

近年来，随着投资环境的日益改善，天津开发区项目建设出现了集团化和成片开发的趋势，国际上知名度很高的跨国公司也纷纷驻足于此。如美国的摩托罗拉公司、日本的雅马哈株式会社、关西涂料株式会社、泰国正大集团、法国梅兰日兰公司，德国威娜公司、台湾统一工业公司、南朝鲜泰和株式会社，

香港太平洋邓禄普公司等。以上情况表明，外商的投资已经从早期以经济开发为主向以技术开发为主逐步转化，为开发区发展高新技术产业带来了新的机遇和十分有利的条件。

天津开发区发展高新技术方面的主要做法有以下几点：

一是在创办和发展过程中，始终把引进高新技术作为主要目标之一。我们在引进技术上坚持高起点，尽可能地设法引进国内需要的新技术、新设备，发展适合天津特点的新产品，为天津老企业的技术改造和全行业的技术进步服务。同时引进国外的科学管理方法，做好新技术、新管理方法的转移和传播工作，加速了科技转化为生产力的进程。

二是建立健全科技管理和监督机构，从开发区的特点出发，注重对高新技术项目的审批和高新技术企业的管理。为了实现以引进先进技术为主的方针，天津开发区在机构设置方面，建立了新技术开发部；1987年5月成立了企业化技术中心；1988年11月正式成立了科技处（现已改名为科技局和科技监督局），负责新技术产品出口的审查，组织对引进技术的消化及向内地转移方案的制订和实施；科技项目投资的引进，国内外科技交流；审批、管理民间科技企业、市场；组织科技成果鉴定、奖励，技术成果的推广应用等工作。

三是制定鼓励高新技术产业发展的法规和优惠政策，为高新技术企业提供更为适宜的投资环境。天津开发区根据国家的有关法规和政策，结合区内的实际，在税收、产品出口、原材料进口、土地使用、项目审批等方面颁布并实施了一系列优惠政策。为支持高新技术企业的发展，从1989年起，从开发区财政中支出200万元，并以每年20%的递增比例建立科技发展基金，推动科技向生产力转化。两年来，开发区先后以科技开发贷款、贴息贷款、优惠贷款等形式向7家企业贷款310万元，并积极支持了2个国家级火炬计划和4个市级火炬计划的实施。

四是注重科技人才的引进和培养，为高新技术企业的发展提供精良的智力资源。天津开发区十分重视人才的培养、引进和使用，并为他们提供良好的工作环境和生活条件。开发区培训中心定期开展对入区职工的岗前培训、专业技能培训、外语和法律常识培训。定期对专业技术人员进行技术市场、技术合同、专利、质量、标准化、计量等方面的培训。大胆吸引国内外的科技人才，利用出国进修、劳务出口、出国代培等形式，把工人和技术人员送往国外培训。到1991年底，已经有近500人回区工作。目前，开发区共有各类科技人员1629人，约占全区人口的9%，其中高级工程师119人，中级职称412人，初级职称及以下人员892人。这些专业人员对开发区的经济发展，尤其是在高新技术产业的发展中，发挥了十分重要的作用。

二、进一步强化管理，理顺关系，提高效益

就天津开发区目前所处的发展阶段而言，吸引资金、改善投资环境仍然是开发区面临的首要问题。因此，通过加强管理，理顺各方面的关系，逐步改善投资“软环境”，就成了开发区管理部门的主要工作。为此，天津开发区管理委员会把工作重心从早期的项目管理和基础设施建设逐步转移到区域的综合管理上来。

几年来，天津开发区在区域综合管理方面做了大量的工作：

一是建立一个既参照国际惯例，又能与原有体制接口的管理机构——天津经济技术开发区管理委员会（以下简称管委会）。管委会本着高效、精干的原则，设立了办公室、政研室、法制处、计统局、规划建设局、经贸处、科技局、文教卫生局、财政局、税务局、工商行政管理局等机构，依法行使各项行政管理职能。

二是依法治区，树立管理机构的良好形象。1985年7月，天津市十届人大二十一次常务会议审议通过了开发区管理条例、企业登记、劳动管理、土地管理4个法规；之后，管委会依据市人大的授权和开发区发展的需要，制定和颁布了40多项区域性行政管理规定，在环保、税务管理、劳动人事、房地产管理等诸多方面逐步实现管理的法制化。由于法制环境的日趋完善，大大增强了开发区对投资者的吸引力，外商普遍感到天津开发区政策和法律的透明度高，在这里投资安全性很高，获利可能性大。

三是强化管理人员的服务意识，提高管理人员的素质。管委会始终强调，政府在行使各项职能时要与服务结合起来，提出了“为投资者服务，让投资者赢得利润”等口号。为企业服务，为投资者服务，已经成为许多干部的自觉行动。

通过几年来的建设，天津开发区取得了较好的

经济效益。据统计，1991年，天津开发区实现工业产值18.7亿元，比上年增长140%，其中“三资”企业实现工业产值16.3亿元，比上年增长137%，出口产品产值达9.1亿元，占工业总产值的15%。在工业生产增长的同时，实现了效益同步增长，经济实力进一步增强。1991年实现利润3.1亿元，比上年增长137%，其中“三资”企业实现利润1.8亿元。有68%的“三资”企业实现了盈利，“三资”企业的全员劳动生产率达13.6万元，人均创利税2.2万元，主要经济效益指标已达到或接近中等发达国家的初期水平。1991年天津开发区外贸出口总额为1.1亿美元，比上年增长78%，其中“三资”企业出口额为1亿美元，比上年增长123%，人均创汇8000美元。天津开发区产品行销33个国家和地区，涌现了一批创汇大户，成为连接国际市场的重要通道。天津开发区的财政收入增长较快，1991年财政收入12022万元，比上年增长48%，其中税收收入11995万元，比1990年增长52%；财政支出11466万元，比上年增长64%。在财政支出中，除拿出相当比例用于滚动开发外，每年还可拿出少部分资金归还国家贷款。天津开发区在国家没有拨款的情况下，利用贷款等形式，通过集约化经营和开发，实现了开发区建设的起步和发展，资金运转开始步入良性循环的轨道，以投入1元人民币、引进2美元、产出3美元的高速度发展壮大，成为我国北方对外开放相对成功的典范。

（池长贵、宫道荣　执笔）

推行会计改革，规范企业行为
——深圳经济特区会计改革试点的做法和体会

广东省经济体制改革委员会

深圳市从1988年8月开始，进行了会计改革试点工作。1989年底制定了《深圳经济特区会计改革方案（试行）》（以下简称《方案》）。该《方案》得到财政部会计事务管理司的同意和广东省财政厅的正式批准后，从1990年1月起至今，已在全市21个主管单位和企业集团的1000多个独立核算单位进行试点，经过一段时间的实践，反映良好，普遍受到有关职能管理部门、企业和会计界的欢迎与支持。

一、深圳经济特区会计改革的主要内容和做法

随着经济体制改革的不断深化和经济特区建设的发展，原来赖以构筑会计理论和会计方法的一些基本前提和依据，已经发生了很大的变化。现行会计制度的一些主要特点：如行业垂直分割，强调目标计划，注重实物产量，制度的刚性过大，各项规定过细、过死等，往往和实际情况相脱离，随着时间推移，这种制度逐渐失去了它的合理性，与经济特区的经济现状和发展要求很不适应。改革现行的会计制度，探索和创立与经济特区的发展要求相适应的会计理论和方法，并使其逐步规范化、科学化和现代化，已提上了议事日程。

（一）明确会计改革的指导思想

为了适应特区经济的产权单一所有向产权多元管理变革、产品经济向商品经济变革这两大转变的经济大环境，贯彻和坚持会计真实、稳健和配比原则的三个基本点，《方案》立足于实现特区会计规范化、科学化、现代化和国际化的高度，设计和规划了特区会计改革的方针、政策。其指导思想和基本内容可概括为六个方面：

1. 创立具有法规性质的特区会计准则，作为特区范围内所有企业会计主体必须遵守的公认会计原则，以指导特区企业的会计实务；

2. 形成和产生以会计准则为指导，以通用会计制度为基础，以及企业会计制度的三个层次的新会计模式；

3. 规范深圳特区企业会计制度。《方案》中除邮电、铁路、银行以外的各行各业，都统一执行特区企业会计制度，组织会计核算；

4. 适应产权变动、股份制改造、组建企业集团等企业体制和经济体制改革，采用国际通用的“资产＝负债＋业主权益”会计方程式，由此带动会计核算体系的整体改革；

5. 贯彻和应 用会计稳健性原则，统一特区会计政策。允许采用快速折旧、存货成本与市价孰低法和计提坏帐准备等等；

6. 转变会计观念，促进会计从“事后算帐型”向“经营管理型”转变，增强会计的市场观念、竞争观念、效益观念和生产社会化观念，适应商品经济发展的需要。

（二）建立了新的会计模式

在充分调查研究的基础上，结合我国和深圳特区的具体情况，借鉴、吸收国际先进的理论和方法，我们建立了“会计法—会计准则—通用（标准性或示范性）会计制度—企业会计制度”这样一个会计模式。新的会计模式，对传统的会计模式既有改革，也有继承；同时，对国际上先进的会计理论和方法也尽可能做到有借鉴、有吸收。建立新的会计模式的主要目的，是保护国有资产、保存企业经济实力、保护投资者的权益；坚持真实与公正的原则，遵守国家的政策法令。新的会计模式比较切合深圳特区的实际情况和经济发展需要，同时也与世界上大多数经济发达国家和地区的会计模式比较接近，有利于进行国际经济交往和开展跨国业务。

（三）确立了深圳经济特区的会计准则

深圳经济特区会计准则的主要内容包括：企业独立原则、继续经营原则、会计期间原则、计量单位原则、真实性原则、一致性原则、重要性原则、稳健性原则、实现主义原则、配比原则、权责发生制原则、资本支出和收益支出区别原则、费用分配原则、折旧计提原则等等。在这些原则里面，对我们影响最大的有三条：第一是真实性原则，要求会计主体所提供的会计信息必须确实可靠，正确全面反映会计主体的经营情况和财务状况。第二是稳健性原则，要求会计主体在处理会计事项时，必须充分估计风险和损失，不高估资产或收益；对于预计会发生的损失应计算入帐，而对可能发生的收益则不预计列帐。第三是配比原则，要求会计主体在确定会计期间的经营成果时，必须贯彻权责发生制原则，把与本期收入相关的全部费用从本期收入中扣除，期内收入与其有关的成本、费用要一起计算入帐，配合一致加以确定。这三条原则的采用，在会计实务方面产生了广泛而深刻的影响。

（四）会计实务方面的改革

1. 外汇核算 《方案》规定，外汇按能反映外国货币实际价值的汇率入帐。这种方法可以解决现行外汇记帐汇率与实际价值严重背离，造成会计核算失实，从而产生的虚盈实亏的要纳税，实盈虚亏的不纳税，外汇买卖成了调节利润的工具等问题。

2. 存货估价 《方案》规定，年终存货盘存计价，采用历史成本（帐面成本）与市价孰低法进行估价。这种方法可以使企业的存货价值与现值基本一致，消除我市大部分企业尤其是承包企业、任期目标责任制企业里普遍存在的因存货价值虚假而引起利润虚假的问题。

3. 允许设置坏帐准备 在商品货币条件下，经济活动中总会有债权债务发生，风险是无法避免的。三角债、连环债等把企业拖得疲惫不堪。坏帐、呆帐总会有发生，企业必须实事求是地面对现实，设置坏帐准备。这种方法可使企业在真的发生了坏帐损失时，有相应的资金予以弥补，也使当期的利润较为真实，避免利润虚假现象。

4. 固定资产核算 《方案》对固定资产的核算作了较大的改革。一是明确了企业在兼并、租赁、拍卖、承包、清算、重整或股份化时，必须对固定资产的价值进行重估。这样做的好处在于出现以上情况，可以保障国家和企业的利益，避免出现私分、变相私分或侵占国家财产的情况。二是对用外汇购进的固定资产，因汇率调整，折合成本位币升幅较大时，允许对固定资产的帐面值进行调整，并相应调整固定资产计提折旧的基数，保证企业在固定资产报废时，有足够的资金更新设备。三是调整固定资产折旧年限，一般企业比照财政部1985年规定的，固定资产折旧年限缩短50%。某些企业如经批准，还可以采用加速折旧法，如年数总和法、余额递减法和首年多提法等。

5. 明确了界定销售实现的条件 怎样才算是实现了销售？在现行的理论和实践中存在一些含糊不清的问题，如在现行的商业会计中，销售与收款在时间一致时，采用“收付实现制”，不一致时，有些采用“权责发生制”，有些则不是。这就使得销售的确定带有较大的随意性，变成了调节利润的一种工具，同时，也很容易引起日后的经济纠纷。《方案》中明确了界定销售的几个条件（包括国内和国外），凡满足的，可作销量实现，结转有关利润费用等；反之，则一律不作销售实现。

6. “能源交通重点建设基金”和“国家预算调节基金”的会计改革 按照现行制度规定，“能源交通重点建设基金”和“国家预算调节基金”的征集范围，包括“更新改造基金”和企业税后利润形成的各种“基金”。从税后利润中征集“两金”，体现了国家与企业之间的利益分配关系，是可以的。但是从“更新改造基金”中征集，却缺乏足够的理论依据。“更新改造基金”是企业通过对固定资产提取折旧而形成的,不是企业当年新创造的价值,而是过去形成的物化劳动的转移,不宜参与分配。另外,“两金”的征集对象只是国营企业,对“三资”、集体、私营、个体企业均不征收,这也不符合税负公平的原则。《方案》对此进行了较大的改革。

7. 设立资本类科目 为了适应企业横向经济联合、合资、联营和股份制改革的需要,设立了资本类科目,反映和核算各方投资者的权益和企业的实收资本。

8. 设立了证券投资科目 随着股份制改革和金融企业改革的不断深化,深圳市多层次的金融市场逐步形成和发展,直接的资金市场将逐步变成企业资金的一个重要来源,同时也是吸引外资的一种更高级的形式。外资公司买了某一企业的股票,就等于投资了该企业,比起其他形式都方便、快捷得多。设立证券投资科目,用以反映和核算这方面的经济业务。

二、深圳特区会计改革试点的体会

《方案》与现行制度相比,不论从体例结构、会计模式、会计政策或实务处理等方面都有较大的改革,在试点过程中,产生了良好的效应。

(一)摸清企业家底,理顺产权关系

会计恒等公式是现代复式会计的理论基础,《方案》把“资金来源=资金运用”,改为“资产=负债+业主权益”,进而把“资金平衡表”改为“资产负债表”,使得企业的净资产、各所有者的权益和负债等情况一清二楚,产权关系也很明晰。同时克服了原国营企业“资金平衡表”中重复计算和虚列资产等问题。如“固定基金”中待转固定资产与专项工程支出的重复计算;未摊销的固定资产贷款利息列入专项工程支出等等。据石化总公司、深华工贸总公司、中航技深圳工贸中心等单位反映,这项改革不但使得企业的产权关系在会计报表中一目了然,而且使报表的分析工作更加方便、准确,同时还减少了工作量。

(二)维护国有资产的安全和增殖

深圳市企业多为负债经营,自有资金平均不足经营资金的20%,企业的固定资产大部分或绝大部分是靠银行贷款支撑起来的。原会计制度规定,固定资产贷款利息不计入成本。这样使企业的经营成果中含有大量的水份,从而造成国有资产的流失。以石化公司的一家内联企业为例,该企业每年固定资产贷款利息为250万元,如果这部分利息不计入成本,1989年的利润为60万元,可用于支付利息的资金仅剩26万元。事实上,该企业仅固定资产贷款利息一项,到1989年末,已经形成潜亏560万元,但是因为过去的报表上反映有利润,企业“三金”照提,奖金照发。目前该企业已经面临破产。如按《方案》规定执行,1990年该企业亏损200万元,这就真实地反映了企业经营的财务状况。

(三)控制了企业的“投资饥渴症”

深圳市企业的负债经营包括负债投资,过去习惯的做法是,对外投资的利息长期挂帐,等有投资回报时再摊销,所以助长了盲目投资的风气。有些企业领导热衷于搞外延扩大再生产,却忽视了存量资产的管理,不考虑企业自我承受能力。《方案》试行后,用于投资的借款利息,由投资者成本负担。使得企业在举债投资时,不得不考虑自己的承受能力。如石化总公司试行《方案》后,明显扭转了盲目投资的做法。公司领导注意花力气抓老企业的挖潜改造,搞好企业之间存量资产的优化组合;在研究新项目投资时,着眼于投资回报率、投资回收期、企业的承受能力和长远发展规划等问题,初步形成了企业发展的自我约束机制。

(四)结束多种记帐汇率并存,外汇核算失实的混乱局面

深圳市一些企业会计在外汇收支业务中,记帐汇率极不统一,有的按牌价,有的按调剂价,有的按实际发生价等,造成会计核算不能真实地反映企业的经营成果和存量资产的真实价值,出现了不少企业实盈虚亏、虚盈实亏、假帐真算、真帐假算等问题。试行《方案》后,企业按能反映该种货币实际价值的汇率记帐。实际上是统一到按调剂价作为记帐汇率,这就比较真实地反映了存量外汇的实际价值,结束了多种记帐汇率并存、外汇核算严重失实的混乱局面。万科股份有限公司、华侨城建设指挥部、深化工贸总公司、蛇口工业区、中航技深圳工贸总公司等单位,通过统一记帐汇率,加强了内部管理和企业指标的可比性,取得了较好的效果。

（五）化解企业短期化行为，增强企业的实力和活力

现行的会计制度规定，企业的存货计价采用“历史成本法”。在这种方法下，库存商品、原材料等按采购时的价格和有关的费用计列；在销售或发出时则结转相关的成本。在市场经济的条件下，商品价格变动较大，有些企业领导人对任期内购进的商品、原材料等，畅销的结转了当期的有关成本和利润，滞销的则积压在仓库，不积极处理，长期挂帐，造成企业利润虚增。试行《方案》后，存货计价采用“成本与市价孰低法”，使企业存货的价值与现值基本一致。如莱英达（集团）下属的琼胶公司，自1987年以来，积压琼脂3782公斤，按成本价每公斤237.13元计算，总价达896859.48元；但是目前市价每公斤仅70元。按《方案》规定调整库存后，发生差额632116.88元，占70.48%，据此重新调整当年的成本。

经济特区商业信用比较普遍，但随之也存在商业风险。坏帐、呆帐的现象时有发生，有些数额还比较大。《方案》试行后，企业可以根据实事求是的原则，对一年以上帐龄的应收帐款，计提一定比例的坏帐准备。莱英达（集团）下属的造纸、琼胶、物资3家企业，按规定可计提坏帐准备287万元，实际计提了81万元，列入当期成本。

以上的“消肿”措施，较为有效地遏止了企业的短期行为，增强了企业的活力和后劲。

（六）保障了企业技术装备的先进性，增强企业的竞争能力

固定资产是企业从事生产经营活动的物质和技术基础，在很大程度上决定了企业产品在市场上的竞争能力。《方案》对固定资产的核算进行了较大的改革，如调整固定资产折旧年限，一般企业比照财政部1986年颁布的固定资产折旧年限缩短50%；某些企业可以根据需要，经过批准后，采用加速折旧法。莱英达（集团）属下的造纸、金星、物资、化塑四家企业，采用加速折旧法，多提折旧109万元。又如，当汇率调整，升幅较大时，允许对固定资产的帐面值进行调整，并相应调整固定资产计提折旧的基数，使企业在固定资产报废时有足够的资金更新设备。

（七）保证财政收入有一个比较客观、可靠的依据

一个时期以来，由于会计核算失实，企业短期行为作祟，利润虚增的情况十分严重，虽然市财政可以在这些“利润”中取得一部分收入，但是更多的却留在企业，而且绝大部分已经转化为消费基金。表面上繁荣，背后却潜伏着危机。这次准备出台的《方案》，主要精神就是要贯彻真实性、稳健性、配比性等会计原则，使扭曲、失实的会计信息返朴归真，使经济管理工作能够建立在一个比较坚实可靠的基础之上。这个《方案》如果全面实行，对财政收入影响不大。其中的大部分政策、措施是属于“堵漏”和“消肿”性质，所要解决的是一些原来制度有规定，但不严密，可钻空子；或原来制度没有明确规定，引起了混乱的问题，把企业利润中的虚假成份去掉。真正作为减轻企业负担的减税让利政策只有一项，是对预算外企业的“折旧基金”部分，免征“两金”。由于“折旧基金”基数较小，实施这项政策，影响我市财政收入估计在3000万元以下。

三、加快会计立法，推动会计改革

会计改革是“牵一发动全身”的基础制度的改革，是一种带动利益机制转换的总开关。因此必须把会计改革放到经济体制改革的大环境中协调发展，以便和体制改革中的承包经营、产权转让、股份制改革和企业集团的改造统筹协调、同步进行。深圳特区的会计改革前后经历了3年的时间。尽管试点政策效应好，但是《方案》至今仍未正式颁布，不具备法规约束力，因而使得某些会计政策只能“纸上谈兵”，如销售收入的界定，外汇实际汇率记帐、免交“两金”等等，在税务审计时难以兑现，使企业及有关主管部门左右为难；也有些企业的财务会计置会计基本原则于不顾，我行我素。例如：深圳某股份公司通过“固定资产重估价”的途径，3年3次重估价，把原有几百万固定资产经过重估“增殖”到几千万，不但如此，该公司在“重估价”过程中，竟然把部分“固定资产重估增殖”当作“溢价收益”进行股东分配。这种违反会计基本原则，违反特区会计改革《方案》规定的行为，却未能得到纠正。因此，加快会计立法，强化会计法治，推广会计改革，已是特区会计改革中的当务之急。

1991年外商直接投资实现三个突破

经贸部外国投资管理司

1991年我国吸收外商直接投资工作继续稳步发展，实现了三个突破：批准外商直接投资企业项目突破1万家，协议利用外资金额突破100亿美元，外商投资企业出口额突破100亿美元。

一、1991年外商直接投资的基本情况

1991年我国共批准中外合资经营企业、合作经营企业、外资企业和海洋石油合作勘探开发项目合同12978个，比1990年增加78%，是历年来批准项目数最多的一年。协议利用外资金额119.77亿美元，实际投入我国境内的外资金额43.67亿美元，分别比1990年增长81.5%和25.2%。其中：中外合资经营企业8395个，协议利用外资金额60.8亿美元，实际投入22.99亿美元；中外合作经营企业1778个，协议利用外资金额21.38亿美元，实际投入7.64亿美元；外资企业2795个，协议外资金额36.67亿美元，实际投入金额11.35亿美元；海洋石油合作勘探和开发项目合同10个，协议外资金额0.92亿美元，实际投入金额1.69亿美元。

截止到1991年底，全国累计共批准外商直接投资项目42027个(其中外商投资企业41953个，海洋石油合作勘探开发项目74个，扣除已经解散、撤销、到期终止合同的企业，全国现有注册的外商投资企业37189家)，协议利用外资金额523.38亿美元，实际投入金额233亿美元。其中港澳地区投资企业31387个，协议规定投入外资326.58亿美元，分别占企业和协议外资金额总数的74.68%和62.4%；美国投资企业2004个，协议规定投入资金47.25亿美元，分别占企业和协议外资金额总数的4.8%和9%；日本投资企业1889个，协议规定投入资金38亿美元，分别占企业和协议外资金额总数的4.5%和7.26%；

1991年新批准的外商直接投资企业中，外商来自54个国家和地区，香港地区8502个，日本599个，美国694个，西欧162个，分别占1991年全国新批外商投资企业总数的65.5%，4.6%，5.3,%，1.2%；按协议金额分，香港72.15亿美元，日本8.1亿美元，美国5.48亿美元，西欧7.58亿美元，分别占全年协议利用外资金额总数的60.2%，6.8%，4.5%，6.3%。

我国沿海地区吸收外商投资占有极大比重，共批准外商投资企业10438个，占全国批准总数的80.4%，协议利用外资金额99.07亿美元，占全国总数的82.7%。其中广东省批准外商投资企业4554个，协议外资金额49.05亿美元，分别占全国总数的35%和40.95%，仍居全国各省、自治区和直辖市之首。居于第二位和第三位的福建省和江苏省，企业数为1219个和1138个，协议利用外资金额为14.49亿美元和7.37亿美元。

二、1991年外商直接投资的特点

1. **外资投向以生产性项目为主**　新批准的外商投资企业中，工农业生产性项目11957个，占全国当年批准项目总数的92%，吸收外资金额98.43亿美元，占利用外资金额总数的82.2%。其中工业企

业11632个，协议利用外资金额96.23亿美元，分别占全国外商投资企业和协议外资金额总数的89.6%和80.3%，其中机械、电子行业项目占工业项目比重为11.7%。1991年机电行业举办了一些较大项目，如深圳赛格日立彩色显示器件有限公司、金杯——通用汽车有限公司、洛阳北方易初摩托车有限公司。

2. **外商投资金额大幅度增长** 1991年外商实际投入金额情况有了很大变化，中外合资企业和中外合作企业的外资投入扭转了1990年下降的趋势，中外合资企业增长8.4%，中外合作企业增长1%，外资企业增长52.0%。

3. **外商投资企业经营情况继续得到改善** 到1991年底，已投产开业的外商投资企业达到20732家，开业企业雇用职工人数达280多万人。随着我国经济体制改革的不断深化，逐渐为外商投资企业的生产经营提供了更加宽松的环境，外商投资企业的经营效益日益提高。1991年外商投资企业工业产值1200亿元人民币，约占全国工业总产值的4.4%。全国涉外税收68.6亿元人民币（其中绝大部分来源于三资企业，不包括关税），比上一年增长57.7%。连同土地使用费等收入，来源于外商投资企业的国家财政收入预计超过100亿元人民币。

4. **外商投资企业出口比重明显提高** 外商投资企业进出口在连年增长的基础上，1991年又有新的增长，进出口总额达289.55亿美元，其中：出口120.47亿美元，比1990年增长54.2%，占全国商品出口总额的16.7%；进口169亿美元，占全国商品进口总额的26.5%。其出口产品中，工业制成品占93.5%，机电产品为第一位，占全国机电产品出口总额的28.8%。

外商投资企业的出口仍主要集中在沿海地区。沿海11个省市的外商投资企业出口116.5亿美元，占全国外商投资企业出口总额的96.7%，比1990年增长53%。广东省的外商投资企业出口79.2亿美元，占全国外商投资企业出口总额的65.7%。外商投资企业出口额在1亿美元以上的还有北京、天津、上海、福建、辽宁、江苏、浙江、山东等8个省、市。深圳、珠海、汕头、厦门、海南5个经济特区外商投资企业出口共计42.9亿美元，占全国外商投资企业出口总额的35.6%。

5. **外商投资企业净调出外汇上升** 1991年外商投资企业共调剂出外汇38.43亿美元，占全国调剂外汇成交额的比重由1990年的17%，上升到18.8%，增加1.8个百分点。调入外汇21.93亿美元。调入调出外汇分别比1990年增加71.5%和76.3%。净调出16.5亿美元，比1990年增加65.5%。

（杨小工　执笔）

多渠道、多形式利用外资改造老企业

李 伦 树

改革开放以来，广州市认真贯彻中央改革开放的一系列方针政策，充分发挥毗邻港澳、华侨众多、贸易口岸的优势，大力改善投资环境，在发展外向型经济中努力利用外资改造老企业，有效地给企业注入了新鲜血液，使广州工业的装备水平得到了提高，经济实力得到增强。

一、利用外资改造老企业的概况

开放改革之初，广州市根据自身的社会经济条件和需要，利用外资解决投资客商反映较大的“五难”问题（吃饭难、住宿难、通讯难、乘车难、娱乐难），新建和改造了一批中高档酒店；在国内首创了昼夜服务、扬手即停的出租小车、专线小巴；改造了广州市残旧的通讯设备，使全市电话拥有量从原来的几万门猛增至目前的30多万门，程控电话直拨世界242个国家和地区、国内500多个城市，同时还开办了移动电话、自动传呼机等现代化通讯服务。据不完全统计，广州运用外资投入市政、交通、能源方面建设的资金超过10亿美元，有效地改善了广州市的投资环境。随着广州市经济加入国际经济循环成份的比重不断增大，原有的工业基础已很难适应现代经济发展的要求，在过去30多年里，尽管广州已经形成了门类比较齐全、结构轻型化、并以轻纺工业为主体的工业体系，但由于固定资产更新慢，产业结构日渐落后，全市独立核算工业企业劳动密集型企业占六成以上，传统工业占主导地位，生产的产品中属于技术含量大、高档的产品仅占26.9%。同时，由于国家对企业再投入减少，特别是在治理整顿期间，国家严格控制固定资产的投资规模，因此，相当一部分企业只能在设备陈旧的情况下，靠拼人力、拼设备争取效益。面对这种情况，广州市在“七五”期间提出了国家投资一点、自己筹划一点，利用外资改造老企业的思路，市政府明确提出将利用外资重点引导到发展技术先进型、出口创汇型和其他生产性的项目上来，通过合资、合作经营、政府贷款、出口信贷等方式引进国外的资金、先进技术和设备、管理经验和人才，以及商品信息和销售网络，实行“借船出海”，加快广州市外向型经济的发展。为了给外商创造一个良好的投资环境，进一步调动国内企业利用外资的积极性，市政府在国务院颁布鼓励外商投资的二十二条规定后，制订、颁布了《广州市鼓励外商投资的实施办法》、《关于鼓励国内企业利用外资的优惠规定》等近10个配套措施和办法，从政策上鼓励外商投资改造老企业，调动了国内企业利用外资改造的积极性。1987年，广州市新办的外商投资企业，属生产性项目的占当年新办项目总数的87%，比改革开放之初增加了两倍多，外商投入生产性项目的合同资金约1亿多美元。这年用于全市投入企业技术改造项目用汇约1.04亿美元，除国家投资的2000多万美元外，其余都是通过利用外资方式解决的。

近年来，由于加强外资投向的引导，把利用外资重点转移到老企业技术改造上来，使外商投资于生产性项目的比重逐年上升，1988年为91.4%，1989年为93%，1990年为94.5%。在全市实际利用外资18.86亿美元中，属改造老企业的占了相当大的比重。全市工业现有35个行业大类，已有26个行业利用外资进行了技术改造，涉及面达74.39%；在384个市属国营预算内工业企业中，有30%以上的企业得到了较为全面、系统的改造。

二、利用外资改造老企业的具体做法

（一）制订规划、扩大交流，努力做好指导服务工作

为了使利用外资改造老企业的工作扎扎实实地开展，广州市政府根据本市老企业多、分布行业广的实际情况，不断加强对利用外资改造老企业的规划指导及服务工作。

1. **制订规划，定期编印项目，扩大对外招商** “七五”期间，广州市根据国民经济发展要求，结合世界经济产业结构调整和本市国民经济发展的需要，制订全市利用外资规划，并编制一批属老企业产权有偿转让、老企业技术改造项目，分别于1989年和1991年两次在香港举行的对外经济技术合作项目洽谈会和介绍会上对外公布，扩大了对外招商，加快了项目签约进度。如1991年9月份的项目介绍会上，属老企业技术改造签订合同、协议的项目总投资达2.35亿美元，其中“劲马”锅炉项目总投资达905万美元，通过利用外资引进设备、改进工艺、开发新产品，对有40年历史的广州锅炉工业公司进行较大规模的技术改造。

2. **利用穗港对口行业的交流，为老企业技术改造开辟广阔的合作领域** 广州市自1987年开展两地对口行业交流以来，先后有电子、机电、纺织、服装、钟表、珠宝、皮革、玩具、橡胶、塑料、包装、金融、印刷等行业开展了这项活动。其中钟表行业，在开展穗港对口行业交流的短短几年内，已对10个企业进行了技术改造，使出口创汇年均增长率约20%，其中机械表芯生产已经成为我国仅次于上海的第二大出口生产基地。

3. **做好指导、服务和协调工作，保证老企业利用外资进行技术改造的顺利开展** 广州市政府积极帮助企业解决和克服在利用外资改造老企业项目的过程中所遇到的问题和困难。如在治理整顿期间，先后组织了13个老企业利用香港中银集团贷款，以合资合作经营的方式进行技术改造，总投资达1.58亿美元，其中利用外资为5116.5万美元，受到了企业的欢迎。另一方面注意做好各方面的协调工作。如有一个企业要与外商合资办企业，中方想把合资企业作为自己的一个分厂或车间来管理，引起外方的不满。市主管部门积极进行协调，使中方企业及时纠正做法并切实履行涉外经济法规，尊重外商投资企业自主权。最后双方能够平等友好地进行合作。

（二）努力走出一条多渠道、多形式利用外资改造老企业的新路子

目前，广州市利用外资对老企业进行技术改造，已经形成了多形式、多层次的局面。区街、乡镇工业以搞“三来一补”起家，创办一批“小快灵”特点的项目，更新了设备，提高了技术，解决了劳动就业，并为国家增加收入和多创外汇。而一批“广字号”的国营企业，也通过各种形式利用外资，弥补了技术改造资金的不足，加快了改造的步伐。他们所采取的方式主要有以下几种：

1. **“一厂两制”的形式** 即在同一厂区内有两种不同体制形式的既有关联又相对独立的经济实体。采取此种方式，外商不用背负原企业的包袱，乐于接受，但要注意正确处理新老企业的相互关系，安排好老企业的生产、职工就业等问题。如中法合资经营的广州标致汽车公司，就是在原广州汽车制造厂内划出场地、厂房、设备及人员搞合资，通过全面引进法国的技术和管理，从1985年决定合资至1988年，便形成了年产组装标致汽车15000辆的生产能力，产品质量达到法国标致汽车水平。

2. **“分期改造”的形式** 对于原生产规模大、投资大，难以一步到位的老企业，采取在总体规划指导下，利用外资分期分批地、有步骤地进行技术改造。如广州钢铁有限公司是由50年代末建成的广州钢铁厂与外商合资兴办的，在做好总体技术改造规划前提下，公司对企业的有关车间、分厂分期分批地进行技术改造，提高了产品的质量和产量，改善了企业的管理，增加了出口。1990年仅钢材出口创汇就达1131万美元。

3. **“易地改造”的形式** 这对在市区内的老企业改造尤为重要。过去一些老厂设在市区内，废气、废水、噪音等给居民生活带来了较大影响。为了解决这些问题，通过“易地改造”，以原有企业的设备、技术、产品、商标、市场、资金等方式入股，利用外资引进部分生产线，进行边生产边另选择地方建新厂房，待新厂房建成后，再搬迁增加新的设备。广州宝洁有限公司是由我市具有60多年历史的广州肥皂厂，与美国P&G公司、香港和记黄埔（中国）有限公司合资经营的企业，就是采用先在原有厂房引进

安装部分生产线投入生产，然后在广州经济技术开发区选择地方兴建现代化新厂房，并增加新的设备和技术等，实现了原企业的易地改造，既节约了国家的技术改造资金及城市老企业搬迁所需资金，又使老企业焕发了青春，扩大了生产。

4.**“整体改造”的形式** 即是原有企业以全部的厂房设备等作价参与投资，举办合资或合作企业，对企业进行整体改造。如广州岭南饼干厂是经过自身技术改造，拥有先进的生产设备的饼干生产骨干企业，但其包装及辅助生产设备不配套，年出口交货量仅占生产总量的5%。为了进一步开拓国外产品市场，提高企业产品档次，采用全厂现有的固定资产作价与外商合资，成立广州积士佳食品有限公司，原企业的员工全部被录用，原有企业的债务也转由合资企业承担。

5.**“老企业产权转让”的形式** 即老企业经国有资产管理部门评估后，转让一部分或全部产权给外商。转让产权的出资额达到注册资本的25%以上的为合资、合作企业，全部转让的则由外商申请转为外资企业。如新亚饮料食品有限公司，是由广州亚洲汽水厂与新加坡美亚贸易（私人）有限公司合资的，首期投资中方以现有价值70万美元的一条瓶装生产线分两部分，其中49万美元作为中方投资，余下21万美元由外商现汇购买作为外商投资。

6.**“合资租赁”的形式** 即以企业的固定资产一部分作价投资组建合资企业，然后再由此合资企业采用租赁的方式租用企业余下的固定资产。如广州生力啤酒有限公司，是由广州啤酒厂与香港生力啤（广东）有限公司投资组建的，其中广州啤酒厂除以生产设备、厂房以及公共设施的一部分作价投资外，余下部分则由所组建的合资企业全面租赁，每年交付一定的租赁费。这对于广州啤酒厂在充分利用现有的生产能力、提高产品档次、增加出口创汇及改善企业管理等方面均有促进作用。

7.**“对外借款”的形式** 即由企业采用对外借款，特别是利用外国政府贷款利息低、还款期长等优点，引进先进技术设备进行技术改造。如广州造纸厂分别利用奥地利、芬兰等国的政府贷款对企业的五、六、七号纸机及废纸脱墨、机浆漂白、粗渣再磨等工艺引进设备进行技术改造，从而提高了技术水平。

8.**“补偿贸易”的形式** 即由企业引进设备技术，然后用所生产的产品进行偿还。如广州电梯厂就是采用这种方式，引进日立公司的先进技术，用该厂生产的对重块等产品偿还，使广日牌电梯的技术水平提高达到70年代末和80年代初的水平。该厂经过消化、吸收先进技术，自行设计、制造出新产品，现在已经派生出8个系列86种规格。广日牌电梯于1990年荣获建设部部优产品称号，被广东省经委批准为替代进口产品。

积极兴办“嫁接”企业 探索中小企业技术改造新路

宁波市经济体制改革委员会

一

近几年来，我市利用对外开放的优势，引进外资工作有了较大发展。在引进外资中，兴办“嫁接”企业已成为一条重要途径，取得了较好的成效。

所谓企业“嫁接”，就是利用国内老企业原有的建筑物、场地使用权、机器设备、工业产权、专有技术等生产要素，折价作股与外商合资，引进外资、技术和管理，对老企业进行更新改造，提高生产水平和产品档次，拓展内外销售渠道。截止1991年底，我市共批准外商投资企业437家，其中“嫁接”企业290家，占外资企业总数的66.4%，合同利用外资1.31亿美元，占合同利用外资总额的33.5%。据142家试产和投产的“嫁接”企业统计，1991年实现产值（营业额）14.65亿元，利润6700万元，税金2940万元，出口收汇4530万美元。

我市企业“嫁接”具有的特点为：

一是“嫁接”面不断扩大，“嫁接”企业已遍布城乡许多行业。二是“嫁接”层次不断提高。开始时“嫁接”的大多是乡镇企业，现在已发展到国营企业、大集体企业；开始“嫁接”的一般是小企业，现在已发展到中型企业；开始时“嫁接”的金额较小，现在已发展到大额度“嫁接”，合同利用外资500万美元以上的项目有3个，其中最大的是奉化第一陶瓷厂与香港宏基工程设备有限公司“嫁接”，合同利用外资1000万美元；开始时目的性不大明确，现在已朝有计划地改造老企业方向发展，三是“嫁接”方式多种多样。有的是用部分厂房、生产设备与外商合资，搞“部分嫁接”；有的是全厂转化为合资、合作企业，搞“全厂嫁接”；有的是一个企业分别与几个不同外商合资，搞“多向嫁接”。

二

兴办“嫁接”企业虽然时间还不太长，但已显示了生命力，不失为是发展经济的一条有效途径。

（一）为中小企业的技术改造开拓了新路

我市工业企业以轻型、小型、加工型、集体所有制占主体地位。为数众多的中小企业厂房陈旧，设备老化，工艺落后，产品单一，急需进行技术改造，但往往缺少改造资金，在技术、设备等方面存在困难。通过兴办“嫁接”企业，可以加速老企业的技术改造。因为第一，“嫁接”是缓解技改资金不足的有效措施。原宁波第二羊毛衫厂，原来只能生产低档次的羊毛衫和手套，亏损严重，技改资金又难以解决，企业到了难以生存的地步。1988年与巴西合资举办了甬美毛针织有限公司，利用外资42.8万美元，解决了技改资金不足的矛盾，迅速地对设备、工艺进行了更新改造，使企业面貌得到了根本改变。第二，“嫁接”是使技改项目完善配套的有效措施。有的企业虽然已进行了技术改造，但不够完善，“嫁接”以后，使原来已进行的技改项目更加配套，提高了技改的整体效益。第三，“嫁接”，是使企业上水平、产品上档次的有效措施。如宁波大中工艺玩具有限公司与外商合资后，产品质量、档次不断提高，品种规格由原来的近百种发展到近二千来种。第四，“嫁接”是调整生产结构的有效措施。如宁波无线电九厂，原是一家生产电源开关的小厂，因电源开关市场饱和，销售不畅，1988年与香港华英伦国际贸易公司合资，对产品结构进行了调整，生产的驻极体传声器，档次高，适销对路，很有发展前途。第五，“嫁接”是挽救困难企业的有效措施。如原宁波无线电三厂，因电唱机严重滞销，造成巨额亏损，兼并无人要，招标也无人投招，近400名职工的出路成了大问题，1989年以来先后与香港欣伦公司和香港隆盛实业公司合资兴办了欣华和瑞泰电子有限公司，改产节日彩灯和电阻，投产后，产品供不应求，使企业摆脱了困境。

（二）为吸引外资开拓了新路

兴办“嫁接”企业对于外商来说是一条投资的新路，因为它比办新企业投资省、见效快，不但有利于吸引中小外商前来投资，对实力浓厚的外商来说，同样的资金可以选择更多的投入方向，增加了获取利润的机会，减少了投资风险，有助于消除他们投资的后顾之忧。兴办“嫁接”企业对于我方来说，则是吸引外资的现实之路。现在外商来甬投资的热情很高，但我方往往难以筹措到必要的配套资金。利用企业现有的厂房、设备等作价与外商合资、合作办企业，可以缓解中方配套资金不足的矛盾，为积极吸引外资、扩大对外开放提供了更多的可能性。此外，兴办“嫁接”企业最大的优势还在于有可能实现中外两种优势的互补，提高项目的成功率。

（三）为现有企业向外向型经济转轨开拓了新路

兴办“嫁接”企业，一方面，企业享受了外资企业的优惠政策，具有了走向国际市场的条件；另一方面，通过引进先进的技术、设备和经营管理经验，使企业上规模、产品上档次，并可以借助外商的销售渠道，实现产品直接进入国际市场的目标。如我市电子系统，长期以来，由于基础差、规模小、技术弱、设备老化、产品门类缺、档次低，出口难度很大。近几年来，通过积极兴办“嫁接”企业，使产品品种增加、产品质量提高，愈来愈多地打入了国际市场。1986年只有9家出口企业，10个产品出口，创汇54万美元，到1991年，已有40家出口企业，增长了3.4倍，50多个出口产品，增长了4倍，创汇2624万美元，增长了47.6倍。通过兴办“嫁接”企业，还扩大了企业、职工与外商的接触面，有助于开阔视野，转变观念，并产生辐射作用，对于整个外向型经济的发展是极为有利的。

三

为了把利用外资兴办“嫁接”企业的工作推开，我市主要抓了这样几条：

（一）转变观念，提高兴办“嫁接”企业的共识

我市对利用外资“嫁接”改造老企业，也有一个从不认识到认识，从不自觉到自觉，从零零星星到有计划发展的过程。刚开始时，主要是三个认识不足：对“嫁接”企业的优势认识不足，热衷于引进外资办新企业；对外商的吸引力认识不足，认为他们对“嫁接”不会感兴趣；对自己的承受能力认识不足，担心财政承受不了，担心企业也不具备“嫁接”条件。此外，还存在姓“资”、姓“社”的顾忌。针对这些认识，市委、市政府明确提出，利用外资也要多渠道、多层次、多形式，“嫁接”是吸引外资、提高老企业技术装备水平、更大步地走向国际市场的一条有效途径，我们应该把资本主义有用的东西拿来为我们所用，各级都要把企业“嫁接”作为一项重要工作来抓，认真组织，精心安排，列出一批可以“嫁接”的企业名单，并要建立相应的工作机构。过后，市政府设置了外资局，市经委及所属各局也都建立了外经处，负责此项工作，有6个局的外经处与技改处合署办公，从组织上把技改和利用外资结合在一起，“嫁接”工作以更大的步伐开展了起来。

（二）积极拓宽利用外资实行“嫁接”的渠道

几年来，我市从实际出发，积极探索利用外资改造老企业的多种方法，主要有以下4种：

1.“引鸟筑巢”。我方推出希望“嫁接”的企业，通过各种关系吸引外资，这是一种比较普遍的做法。

如宁波继电器厂原是一家区属小厂，产品是通过深圳的中电公司和香港宏远公司外销的，后来宏远公司对该产品发生了兴趣，1990年7月被吸引直接到该厂投资，进行了技术改造，使继电器的年生产能力由合资前的100万只提高到600万只，外销比例由过去的20%提高到90%。

2."筑巢引鸟"。我方企业经过技术改造，具备了一定的技术装备水平后，以此作为投资，与外商合资办企业，引进更先进的技术和设备，使企业的技术水平和产品再上一个新的台阶。这实质上是更高形式的"引鸟筑巢"。如宁波无线电五厂1985年自行筹集资金进行技术改造，从日本引进立体声磁头生产设备和技术，成为磁头专业生产厂家之一。1989年7月该厂又在此基础上，与香港两家公司合资成立了佳乐电子有限公司，引进了高技术的自动转向磁头生产技术和关键设备，次年投产，使企业成为国内磁头生产一流水平的厂家。

3."以鸟引鸟"。通过办好现有已投产的"嫁接"企业，起好示范作用，吸引外商再投资或吸引其他外商投资。宁波科宁达工业有限公司是在1988年1月与美国特瑞斯特公司合资经营的，当年就获利140万元，创汇98万美元，劳动生产率比上年增长21%，次年产品就获得了国家金质奖。较好的效益，使特瑞斯特公司产生了再来宁波投资的愿望。

4."借资筑巢"。为了进一步拓宽"嫁接"渠道，从1988年开始，利用我市驻香港宁兴开发有限公司的渠道，积极吸收海外资金，返回投资改造我市老企业。近年来，用这种形式吸引的外资已达1282万美元，兴办了41家合资、合作企业，取得了较好的经济效益。

（三）积极提供有利条件，搞好服务，增强对外商兴办"嫁接"企业的吸引力

兴办"嫁接"企业要中外双方"两相情愿"。我们通过接触了解到，外商对兴办"嫁接"企业既有兴趣又有顾虑，顾虑中方母企业过多干预合资企业的自主经营，担心带来人员、设备的包袱。针对外方的顾虑，一方面，我们积极宣传"嫁接"企业的优势，增强外商办"嫁接"企业的兴趣；另一方面在不损害我方长远利益的前提下，积极解决项目配套资金，尽量满足外方对"嫁接"企业人员上的要求、妥善处理好老企业的承包基数等，努力为外商提供必要的条件。如中国银行宁波分行，几年来一直把促进外资改造老企业作为一项重要工作。项目刚开始洽谈时就提前介入，既为企业提供咨询，又提高了企业的信誉度，使外商感到放心，并为企业积极解决"嫁接"项目的配套资金。财政部门从发展经济的大局出发，对涉及到财政税收的问题通过协商加以妥善处理。

四

实践证明，利用外资"嫁接"改造老企业是一种行之有效的办法，已列为我市的一项重要工作。同时我们在工作中也感到，要进一步推进"嫁接"企业的发展，尚有许多问题需要加以认真研究和探索。

（一）关于"嫁接"企业的选择

目前我市的企业"嫁接"基本上还处于外商看中什么就"嫁接"什么的阶段，还没有很好地将吸引外资同调整优化我市产业结构或产品结构紧密地结合起来，带有较大的随机性和被动性，而且从总体上来看，知识密集型和资金密集型项目不多，高科技项目不多，这在发展初期可能是难以避免的，但要进一步发展，则应该有所规划，明确对象，加强引导和必要的调控，"嫁接"企业的选择，既要考虑外商的兴趣，又要考虑到我们自己的利益。

（二）关于影响财政收入的问题

由于合资企业能享受"二免三减半"的所得税优惠政策，因此现有的国营和大集体企业，特别是税利大户，搞了"嫁接"以后，对财政收入会不会有影响，这是一个普遍关心的问题。从我市的实际来看有3种情况：一是基本上没有影响，因为有的企业投入的厂房、设备等生产要素原来就是闲置的，或者是微利企业，原来的上交利润就很少；二是有较大影响，主要是一些税利大户，"嫁接"以后，上交利润会有较大幅度下降；三是一些亏损企业，搞了"嫁接"以后获得了新生，反而缓解了地方财政的包袱。无论哪一种情况，从长远来看，由于增加了投入，增强了后劲，有利于生产的发展和财政收入的增加。所以，首先要树立先予后取的观念，为增强企业后劲舍得作暂时的局部损失，但也要实事求是地考虑到财政的实际承受能力，对财政收入影响不大的企业可放开搞，对税利大户则要分期实施，以缓和对财政收入的冲击，也可从"嫁接"企业新增的税收中，划出一部分作为"以老养新"基金，用以解决企业承包基数等问题，使

"嫁接"工作走上良性循环发展的轨道。

（三）关于合资企业与中方母企业的关系

目前一些企业是"部分嫁接"，因而形成了"一厂两制"。由于管理体制、分配制度不一样，往往会产生矛盾，最突出的是新老企业职工的收入差别，合资企业职工的工资水平一般要比母企业职工高近一倍。我们觉得，"嫁接"企业与母企业应当有所差别，避免"嫁接"企业国营化；但差距悬殊也是不利的，要积极地进行调查研究，寻找减少矛盾的办法。目前，解决这一问题可采取的途径有：一是通过多向"嫁接"，最终实现全厂"嫁接"；二是加快母企业改革步伐，采用比照中外合资企业办法管理母企业等模式，使母企业向"嫁接"部分靠，变成一厂一制；三是采取多种利用外资改造老企业的方式，如建立中外合作企业，采用租赁制，或者通过向外商出让企业部分股份，向海外发行B种股票等办法，吸引外资改造老企业，以避开工资待遇、人员安排、管理体制等棘手问题。

（四）关于富余人员的安置

这是目前办"嫁接"企业的难题之一。我们觉得既要尊重"嫁接"企业的用人自主权，又要避免将过多的职工推向社会，可以采取多种办法来进行安置：一是经外商同意，由"嫁接"企业接收，再集中起来开辟新的经营门路；二是由老厂接收消化，或另行安排工作，或组织独立的经营实体，办成为"嫁接"企业配套服务的机构；三是由主管部门在本系统内，或由劳动部门面向社会，帮助做好富余人员的调剂工作；四是给符合条件的富余人员提前退离休。

推行一流管理，生产一流产品，创建一流企业

北京吉普汽车有限公司

北京吉普汽车有限公司为中美合资经营企业。其中，中方股本61.75%，美方股本38.25%。公司占地37万平方米，建筑面积18.6万平方米；拥有职工5250人，其中工程技术人员523人；各类设备2204台；固定资产原值4亿元。该公司是国内目前最大的轻型越野汽车专业生产厂家，轿车工业“三大三小”的重点企业之一，在1991年全国500家最大工业企业中排列第43位。

公司前身为北京汽车制造厂的一部分，于1984年1月正式合资开业。合资8年来，公司以“推行第一流管理，培养第一流人才，生产第一流产品，提供第一流服务，创建第一流企业”为奋斗目标，引进技术，引进资金，中美双方员工精诚合作，通过嫁接国外先进的工程和管理技术以及市场销售网络，对老企业进行了大规模的技术改造，取得了初步成功。

1991年公司生产汽车48230辆，销售收入24亿元，实现利润2.55亿元，全员劳动生产率达到49.67万元（1990年不变价），分别比合资前的1983年增长了1.7至9倍多。主要经济技术指标跃居国内同行业前列。在1984至1991年的8年中，累计生产汽车25万辆，平均年递增16.6%；销售收入79亿元，平均年递增37.9%；实现利润8亿元，平均年递增32.2%。

1．瞄准国际、国内两个市场，抓住有利时机，在较短的时间内实现产品升级换代，并在国产化的过程中上水平、上能力、促进企业技术进步。1985年9月公司投产了具有国际80年代水平的切诺基牌汽车，这一高水平、高起点车型的引进，结束了我国轻型越野汽车20年一贯制的历史，实现了公司产品的升级换代，而且“以产顶进”，满足了国内市场的急需。

以引进产品为龙头，围绕消化、吸收国外先进技术，从切诺基投产一开始，公司便集中主要技术力量开展了国产化工作。在公司内外大力协同下，1991年切诺基国产化率已经达到55%。根据全期计划，1994年之前将达到80%以上，即基本实现国产化。

在推进切诺基国产化的同时，公司根据市场需求，充分发挥引进技术优势，利用切诺基车型技术对老产品BJ212汽车进行了两轮年度型改进，先后推出了L型和N型汽车。与原212车型相比，体现改进项目近60项，在满足国家法规要求，提高整车平顺性、安全性、舒适性等方面，有了明显进步。投放市场后，深受用户青睐。新一轮的年度改进型—S型汽车将于年前问世。

以推进切诺基国产化、提高企业制造能力和制造水平为中心的“七五”技术改造工程已经基本完成。“七五”期间，公司共筹集资金5.6亿元，对企业进行了大规模的技术改造。昔日技术陈旧、装备落后的老旧企业，已经被一个技术装备先进、初具规模的轻型越野车生产基地所取代。

2．在引进、消化、吸收先进工程技术的同时，通过与外方合作经营，引进了先进的管理科学和竞争

机制，使企业在管理思想、组织机构、经营战略、运行机制等一系列方面发生了深刻变化，为建立中外合资经营企业管理模式进行了有益的探索。

领导体制：按照总合同规定，公司实行董事会制。董事会是公司最高权力机构，决定公司的一切重大问题。

总经理、副总经理受权负责公司经营管理工作。总经理、副总经理分别由中美双方担任，实行轮换制度，任期3年。

人事用工制度：实行了全员“劳动合同制”、干部“聘任制”、工人“组合制”、首长“单一负责制”等办法，并积极在社会上招聘、延揽人才，改善了干部职工素质，强化了劳动人事管理，提高了工作效率。

分配制度：实行了以岗位职务工资为主要内容的结构工资制度，基本上体现了“职酬、劳酬、责酬”相符的原则，发挥了奖勤罚懒、激励职工积极性的作用。

生产管理：全面推行标准作业计划，实现了均衡生产，主要总成部件与总装配生产做到同步；在汽车产量增长2倍的情况下，库存储备相对减少，流动资金周转天数由原来的百天以上降至60天左右；以制造工艺为中心的定置管理进步显著，初步实现了生产现场和工作环境的秩序化、规范化、文明化。

财务管理：实行一级管理，全面系统地推行了美国汽车公司的整套办法，并采用了电子计算机进行管理。

质量管理：引入了克莱斯勒公司的质量方针作为公司的质量方针。从原材料、外协零部件验收、工序质量控制到产品检测，建立了一整套质量管理和质量保证体系。对两种产品车的考核，采用了国际通用的CQA标准，有效地提高了产品质量。

售后服务：公司设有用户服务中心，主要产品实行“三包”。在国内30个省市（自治区）各主要大中城市建有维修网点，努力以完美无瑕的产品和服务满足客户的要求。

职工培训：建有培训中心，配备了计算机、语言等电化教育设施，并根据公司特点，自行编制了培训教材。按照以岗位职务培训为主体的指导思想，采取多种形式有计划、分步骤地对全体行政管理干部、工程技术人员及各工种工人开展了多层次的专业培训，对新招收的职工则实行了“先培训、后就业”的岗前培训制度。通过几年的努力，职工全员培训率达到100%。

计算机应用：1986年4月从美国引进、安装了PLAN-5000计算机网络系统。经过不断扩充，目前网上工作站数量已经达到70个，覆盖范围遍及公司各个部、室、车间；系统上已经有企业管理信息系统、项目管理信息系统、生产信息检索系统、网络通讯系统以及中西文应用程序等5个部分，通过计算机局部区域网结合成为一个整体，为公司科学管理和决策提供及时、准确、可靠的服务。在系统开发过程中，曾两次获得“北京市科技进步奖”，两次获得“北京市优秀管理成果奖”以及“北京市技术开发优秀项目奖”和“北京市优秀软件奖”等。

1986年，公司被北京市确认为“外商投资先进技术”型企业；1987年荣获对外经贸部授予的“全国对外经济贸易行业先进集体”奖杯；1988年获中华全国总工会颁发的“全国五一劳动奖状”；1988年开始连续4年被评为“全国十大最佳合资企业”；1991年荣膺全国外商投资“双优”企业、“十大高营业额企业”，汽车行业“七五”出口先进企业；在首次中国300家经营规模最大外商投资工业企业排序中名列第二。

创制优质产品，拓展国际市场

深圳中华自行车(集团)股份有限公司

深圳中华自行车（集团）股份有限公司，是由它的前身中华自行车有限公司和深圳莱英达集团公司、香港大环自行车有限公司合资兴办的，主要经营范围为生产装配各种类型的自行车及自行车零件、部件、配件及健身车等。它成立于1984年8月24日，1985年1月正式建成投产。当时公司的设计能力仅为30万辆/年。经过1986年的扩建和改造，设计生产能力达到50万辆/年。当年被国家经委、国务院机电出口办公室确定为出口基地。

1986年5月经深圳市政府批准，公司在香港设立了中华自行车（香港）有限公司，透过它向海外市场发出信息，并建立全球性的信息通讯网络。

1987年初，深圳市经委根据本公司的生产经营情况及发展前景，把原合资公司列为全市18个工业重点企业之一。同年7月被深圳市政府确认为“技术先进企业”。10月底，美国世稳自行车（香港）有限公司投资并参股，投资改善公司生产能力及提高生产技术，公司注册资本因此增至人民币2900万元，中、港、美各占1/3股权。合营期为30年。

1988年初，原合资公司通过进行扩建及改造，设计能力初步达到了100万辆/年。同年7月6日经深圳市政府批准，公司更名为“深圳中华自行车（集团）有限公司”。至此，中、港、美三方发挥各自优势，形成了以深圳为“厂”，香港为“店”，美国世稳公司打入欧美市场这一战略格局。年底，为强化公司的发展，公司董事会决定，运用历年的滚存利润进行扩大再生产。

1989年，随着公司对市场的把握及生产控制日渐成熟，生产能力也扩大到120万辆/年，原公司推广、实施了全面质量管理和标准化管理，使企业生产经营工作逐步程序化和规范化。

1990年6月，本公司顺利通过了晋升为国家二级企业和国家计量二级企业的验收。8月25日国务院 发展研究中心、《管理世界》、中国企业评价中心、国家统计局公布全国500家最大经营规模和最佳经济效益企业，本公司分别列第44位和第19位。1990年，公司出口自行车104.4万辆。占全国自行车出口量的27%；出口创汇达1.01亿美元，占全国自行车出口创汇总额的69%，成为全国自行车出口量最大的企业。

截止1991年7月底，本公司累计生产自行车总数为393.4万辆，出口自行车总数为342.2万辆，占总产量的87%；累积创汇2.8亿美元，累计税后利润为1.05亿元。1991年6月被《经济日报》、《中华工商时报》及国家有关部门专家评为1990年度“第四届全国十大最佳合资企业第一名”。1992年5月6日被评为1991年度“第五届全国十大最佳合资企业”第二名。

1991年11月份，公司在完成股份制企业改造的同时，向中国人民银行深圳经济特区分行申请，并获准面向社会公众公开发行股票。

深圳中华自行车(集团)股份有限公司以不断发展国际业务为方针，把创优质产品，建立一个国际上最大的自行车出口厂家，世界一流的百年企业作为本公司的经营目标。

公司极其注重国际市场的开拓和发展，以经济发达的第一、二世界市场作为自己的目标市场。早在公司创建之初，就制定了正确的产品经营方针和策略。在产品开发上，本公司通过海外信息系统及时反馈国际市场需求的有关信息，并据此来设计、制造产品。同时，也尊重客户的意见和要求，对产品加以修改和完善；使产品更加符合时代的潮流。现在，公司生产的主要产品有轻便郊游车、赛车、童车、爬山车和高级铝合金车共5大类、6000余款。1991年，各类自行车的总产量为143.3万辆，其中郊游车8.32%、童车1.33%、爬山车74.88%、赛车15.47%，为客户提供了充分的选择余地。

在产品销售上，本公司产品主要通过海外两家股东，建立和扩大海外销售渠道。首先，主攻贸易量大、信誉好的大客户，通过他们已有的零售网点，使本公司产品同国际市场渗透。其次，公司通过不同渠道收购了美国、澳洲和法国的多家经营自行车的专业公司，设立了自有的销售网点和营销机构，便于本公司产品直接进入欧洲国家的超级市场、联锁商店和大型百货公司。从1987年开始，公司的产品每年都参加在德国莱恩、美国安那罕，意大利米兰和英国伦敦举办的国际自行车博览会以及欧、美等地举办的地区性自行车展，扩大了本公司在世界自行车行业的影响，促进了产品销售。1991年出口自行车总销售量为122万辆，其中美国、加拿大36.63%、欧洲43.75%、澳洲5.44%、日本及国内14.18%。

几年来本公司除了生产多种世界著名名牌的自行车如：英国的MOORE LARGE、法国的MBK、瑞士的SCOTT、澳洲的APOLLO和美国的SCHWINN等，以世界名牌来促进市场开拓以外，还努力争创自己的优质名牌产品。1991年自有名牌的产品销售量已占总销售量的36%。

近年来，公司累计投资人民币11234万元，用于扩大生产规模，提高生产能力。现在，本公司已经拥有80年代先进水平的主要设备210台/套，其中包括：酸洗磷化线、喷漆线、物流系统、自动氩弧焊接设备和总装配线等，达到年产量180万辆的查定生产能力。

为了增强发展后劲，公司决定投资1.8亿元兴建龙华二厂。到目前为止，龙华二厂的基建和安装调试工程已接近尾声，1992年中便可投产。该厂的建筑面积达12万平方米。生产设备大部分是从日本、西德、荷兰等国专业自行车设备制造厂家引进的，一部分由公司和国内科研机构合作研制。整个自行车生产系统具有较高的自动化程度。

本公司作为全国最大的自行车出口基地，目前拥有各类工程技术人员及管理人员达615人，占职工总数的27.95%。其中有研究员1人，高级职称5人，中级职称17人，有较强的技术实力。公司设立了一个培训中心，合格师资有30多人。中心经常聘请美国、日本、英国、法国以及香港和台湾等国家和地区的专家前来授课。公司还经常地选送有较强专业技术水平的产品开发部门的人员到国外进行专业培训，参加每年举行的各种国际性自行车展览会。

公司十分重视技术改造和技术进步，制定并不断完善了产品开发程序，使产品设计完全进入全电脑程控设计，从产品定型、制图、技术确认，到制成样车，整个运作周期仅48小时，使公司的产品设计、成样技术、生产制造技术数据的确认，进入世界先进行列。仅1991年一年公司新产品开发设计达到1000多种规格和型号。公司除了与北京自动化研究所、华南工学院、清华大学等单位挂钩，进行电脑软体开发和生产工艺改进外，还在公司内部设专业工程开发小组，他们开发了具有90年代国际先进水平的全自动氩弧焊机，同时对喷漆、酸洗、总装等生产线进行技术改造，使其成为一流的生产装备。

本公司十分重视产品质量。建厂之初，公司就综合了国际先进国家的自行车质量标准，制定了本公司的产品质量标准-C.B.C.S，并推行全面质量管理，形成严密的质量保证体系。从产品设计、制造到成品出厂等各生产环节都设立了质量管理点，并在公司内部成立了自行车检测中心。引进开发了多功能全电脑控制检测设备。几年来公司自检的成车出口合格率达到100%。

崛起的一支通信工业新军

上海贝尔电话设备制造有限公司

一、公司的合资构成和基本概况

中比合营上海贝尔电话设备制造有限公司是我国邮电工业总公司、比利时贝尔电话设备制造公司（现称阿尔卡特贝尔）和比利时王国政府合作基金会三方合资组建的一个现代化电话设备制造企业。注册资本为2730万美元。其中邮电工业总公司占股份60%，比利时贝尔占32%，比利时政府占8%。

本公司现有职工1100余人，其中大专毕业以上的人员占职工总数的55.51%，具有高、中级技术职称的占工程技术人员总数的1/3。工作人员及工人都具有高中、中专或技校毕业以上的文化水平。公司拥有各种现代化固定设施、生产及测试设备、仪器仪表等共1600余台（套），固定资产原值约14 000万元。

本公司有较高的劳动生产率。1990年人均销售额达40余万元，1991年人均销售额达66万元，全年产值约10.8亿元。利税突破1亿元。公司荣获1989年及1990年度全国十大最佳合资企业（生产型）光荣称号。1991年3月又被上海市对外经贸委及外资委确认为知识、技术双密集型企业。

二、光荣而艰辛的历程

本公司从签订合同到验收，经历了下列几个重要阶段：

——1983年7月30日在北京人民大会堂签订合营合同，当时担任副总理的李鹏出席了签字仪式；

——1984年1月1日开始筹建工作；

——1984年6月23日公司正式成立；

——1985年9月30日组装生产线建成，较原计划提前一个季度开始生产印制板及机架；

一 1985年12月16日举行开工典礼，邮电部杨泰芳部长、比利时邮电国务秘书董特夫人、上海市刘振元副市长出席了开工仪式；

——1986年12月25日在安徽合肥市开通了第一个1240程控市话局；

——1989年4月国家计委会同邮电部和上海市政府对建设项目进行了正式验收。

公司在建立初期，也面临着市场和技术的双重考验。当时由于国际名牌厂商凭藉其名牌产品、技术成熟、低价销售、提供卖方信贷等优势，纷纷涌入国内市场并占据了部分重要城市，使新生的合营企业面临着激烈的竞争和销售困难；另一方面，公司的主要产品1240程控交换系统，虽然也是国际上80年代的最新产品，但是在它初次进入复杂的中国电话网时，技术上还有个适应和成熟的过程，特别要取得国内用户的了解和信任，需要有一个质量优良的样板电话局作为示范。在这段时间里，还由于订货数量不足，产量上不去，资金投入量大，成本高于售价等因素，使公司陷入亏损的困境。

经过各级领导及时采取了有力的措施，也得到广大用户的支持，加上全体职工团结一致、努力奋斗，本公司迅速打开了国内市场，站稳了脚跟。1988年开始大幅度增加产出，当年达到盈亏平衡。1989

年生产33.5万线，提前一年实现并超过额定年产量30万线的目标。1990年产出45万线。1991年在原有生产规模条件下增产1倍以上，达72万线。截至1991年9月底，公司已与国内28省市（共426市、县）签订410万线订货合同，开通投产285个长途、市内电话局，合计158余万线，并与各省、市邮电部门签订“八五”期间长期供货协议，包括市话和长途，其总数相当于1990年末我国现有程控电话总门数的1.8倍。公司的另一种产品SSU-12程控用户交换机已销售484个系统，共13万余线，分布在110个城市。

本公司不仅批量生产现代化电话网所急需的程控交换设备，而且培养了一支掌握了这种尖端设备的设计、生产、安装、调测和维修的技术力量，向80年代的数字通信、计算机软、硬件技术和微电子等尖端科技领域进军迈出了可喜的一步。

三、主要产品的开发经营及技术现状

1240程控数字电话交换系统，是80年代初开发的全分布控制、全数字的电话交换设备，它集数字通信、计算机软件技术和超大规模集成电路技术三大高科技于一体。目前已经遍布全世界30余国家和地区，成为国际上销售量较大的产品之一。经过中比双方共同努力，比较顺利地解决了进入我国电话网所遇到的一系列技术问题。经过了200余个长市话局的长期运营，并总结技术消化吸收、市场营销等方面的实际经验，可以证明这种产品性能好，并有着良好的发展前景。

1. 系统可靠性高。由于采用全分布控制方式，未发生过由于系统瘫痪而造成全局性的业务阻断。

2. 话务负荷忙时受理呼叫能力较强，特别适用于我国电话网话务量特别大的实际情况。

3. 设备结构配置灵活，通用性强，扩容方便。适用于各种类型和各种容量的电话局。

4. 与国内电话网种类繁杂的各种现有设备配合工作良好。

5. 机架、印制板等硬件品种少，有利于生产制造及维护、备件贮存。

6. 公司及部分用户的工程技术人员掌握了软件设计、调测和维护技术，已经能独立进行软件更新、修改和开发新软件包，有利于维护和跟踪用户不断提出的新功能的要求，适应业务发展。

7. 软硬件国产化进展顺利，其中的专用大规模集成电路、厚膜电路等尖端元器件，在国内已经能批量生产。公司开发的新版软件包已经投入现场使用，并返销给阿尔卡特的子公司。

8. 每线售价已降至1986年售价的50%，足以与国际竞争对手相抗衡。

9. 开始向国外出口成套设备。

四、加强国内外协作，合营内容向联合研究开发转变

合营公司对建立生产线内容较明确，特别对技术转让范围及期限均作了详细安排。通过中比双方坦诚相待、友好合作，各项建设及技术引进已经基本实现。目前已经从技术消化吸收进展到联合研究开发。公司已经派出部分技术骨干去比利时参加一些重大项目的研究开发工作，并取得了初步成果。

公司已经与上海及各省、市电子器件专业生产厂家建立了协作关系，批量生产符合1240技术标准的高质量元器件，以解决元件国产化问题。

（麦志强　执笔）

迅速发展中的我国国外经济合作事业

经贸部国外经济合作司

1991年，我国国外经济合作事业在深化改革、扩大开放的政策指引下，在经贸部强化宏观归口管理和指导下，再度取得令人鼓舞的成绩，又上一个新台阶。1991年全年新签承包劳务合同7641项，合同总额35.66亿美元，完成营业额22.63亿美元，分别比上年增长36.95%和21.20%，年末在外承包劳务人员9.1万余人，比上年增加3.3万余人。截止1991年底，我国已在140多个国家和地区开展承包工程和劳务合作，累计签订合同23450项，合同总额189.7亿美元，完成营业额119亿美元，派出各类承包劳务人员50余万人次。

同年，我国的海外投资事业稳步发展，前景良好。全年共批准各类非贸易性海外企业207家，协议总投资额75903万美元，其中中方投资额为36699万美元，占48.35%。截止1991年底，我国累计批准非贸易性海外企业1008家，协议总投资额31.53亿美元，其中中方投资额为13.94亿美元，占44.20%，分布在105个国家和地区。

1991年，世界形势发生重大变化，原有的政治格局不复存在，旧的经济体系日趋瓦解，新的世界秩序尚未形成。西方发达国家经济增长乏力，发展中国家发展不尽人意。但是，区域经济一体化步伐加快，跨国经营国际化势头高涨，国际承包劳务市场竞争加剧，给我国发展国外经济合作增添了新的困难。在这种严峻形势下，各国际经贸技术合作公司在经贸部及有关部门的宏观管理和指导下，不畏艰难、勇于开拓，审时度势，调整布局、加强管理，注重效益，在竞争中求生存、求发展。1991年国外经济合作事业仍发展迅速，主要有下述几个特点。

一、市场多元化战略

国际市场飘忽不定，此起彼伏，要想在竞争激烈的国际市场上站稳脚跟，占有一席之地，就必须实施市场多元化战略。既要巩固老市场、步步为营、稳步发展，更要努力开辟新市场，全方位开拓，所谓“东方不亮西方亮”。海湾战争给我们上了很好的一课。由于战争的突发，一派繁荣的中东承包劳务市场转眼变得死气沉沉，跌入谷底，给各国承包商带来灾难性打击，损失巨大。这是不可预测的战争风险，事情本身不足为奇。中东是我承包劳务的发源地，也是重点市场。几年前，经贸部倍感单一市场的脆弱，便指导国际公司将业务重点转移，变单一市场为多元市场。结果，中东战争的爆发，虽然受到一定损失，但就我国际公司整体而言，并未伤筋动骨，整个国外经济合作事业也无碍大局。中东市场的剧变，更使大家坚信实施市场多元化的必要性。

一年来，我各国际公司注重研究市场动态，悉心掌握市场特点，不断调整市场布局，逐步实施市场多元化战略。1991年，我国际公司在巩固原苏联市场的前提下，针对该市场特点，充分发挥各自的优势，扬长避短，积极开拓，并因地制宜、灵活多样地开展经济互利合作，取得了可喜的成绩。全年新签承包劳务合同400多项，合同总额约10亿美元，当年赴原苏联劳务人员超过2万人次，一跃成为我国外经济合作的第二大市场。我海外投资企业（非贸易性，下同）与承包劳务合作业务齐头并进，发展迅速，全年批准在原苏联举办60多家海外企业，我方投资均以设备、技术为主。随着外交关系的改变，我继续努力开拓东南亚市场，并把它列入重点开发市场之一。全年我与东盟6国共签订承包劳务合同190多项，合同金额1.7亿美元，取得了突破性进展，且市场前景令人乐观。中东市场是我互利合作的发源地，海湾战争结束后，我国际公司从长计议，调整经营策略，适时返回该市场，继续保持良好的合作关系。特别是赴科威特灭火队作出的卓越成绩，进一步树立了中国政府的形象和地位，显示了中国公司的实力，为巩固和发展中东市场打下坚实基础。在进一步巩固、挖掘非洲老市场的同时，大胆开拓南部非洲市场，取得满意成效。同港澳地区的经济合作健康发展，市场规模日益扩大，有关经济指标逐年增长，连续第六年成为我国第一大承包劳务市场。同西方发达国家的经济合作成绩喜人，1991 年新签承包劳务合同 510 项，合同总额 1.4 亿美元。国际公司还充分利用各自的业务渠道和地缘优势，重点开辟周边国家的互利合作及南美、南太平洋市场。

总之，1991 年是我着力开辟新市场的一年，全方位、多元化的新承包劳务市场格局基本形成，为我国对外经济互利合作业务全面、稳定、持续地发展提供了有利保证。

二、宏观协调管理战略

我国的国外经济合作事业主要由各个国际经济技术合作公司组织实施的。经过两年多的清理整顿工作后，我国目前共有 123 家（其中 6 家为外贸专业公司兼营承包劳务业务）国际公司经营国外承包工程、劳务合作业务。其中 61 家为国务院各有关部门的专业性公司，62 家为各地方综合性公司。这支队伍阵容整齐，各具特点，在国际承包劳务市场上异军突起，受到国外同行的瞩目。

但由于国际公司是改革开放的产物，这支队伍还很年轻，涉足国际市场时间尚短，加之公司内部机制不够完善，规章制度尚不健全，利益分配不相统一，在竞争激烈的国际承包劳务市场上，往往发生作为具有中国特色的承包公司群体不应发生的事情，具体表现在同一个市场，甚至同一个项目上的自相竞争、互相压价，抬高自己，贬低别人，造成鹬蚌相争，渔翁得利，肥水外流的局面，给国家带来不应有的损失，同时也在国际市场上留下不光彩的形象。为避免这种现象的继续发生，为维护国家和公司的利益，经贸部着重加强国别政策指导，强化宏观协调管理工作，采取了一系列行之有效的措施和办法，取得了良好效果。

一年来，根据国际承包劳务市场变化及我重点开拓市场的动态，结合国际公司经营战略，先后成立了“对周边国家经济技术协调组”，“科威特、沙特承包劳务协调组”，起草了台湾渔工劳务、新加坡劳务、香港劳务、日本研修生派遣工作，参与香港新机场投标，同蒙古、印尼、韩国、越南、柬埔寨等国家和地区开展经济合作的协调管理规定，同时，继续加强原有的协调小组的工作，改进有关协调管理规定，不断总结并推广行之有效的协调管理经验，例如：将我在巴基斯坦协调小组的有关协调管理规定转发有关驻外机构。并根据市场变化及业务开展状况，适时召开地区性或专业性小型会议，专门研究、协调解决工作中出现的影响全局或局部、或有代表性的问题。此外，自 1991 年 3 月 1 日起，实行了外派劳务人员许可证制度。经近一年的实践，这一措施既有利于主管部门宏观归口管理，又简化了出国人员审批手续，缩短了审批时间，防止了一些只顾局部利益的部门和单位，不按规定外派劳务的现象，达到了整顿外派劳务人员的秩序，维护了国家和公司的利益，使这项十分敏感、涉及面广、影响大的工作得到健康发展。

实践证明，加强宏观指导和协调，成立协调小组及制定必要的协调管理规定，有力地推动了我国外经济合作事业的健康展，具有中国特色的国际承包公司群体越来越受国际同行的侧目。

三、坚持一业为主　多种经营战略

国际公司要在国内、国际竞争日趋激烈的市场上立于不败之地，必须逐步改革经营机制。经贸部于 1986 年就提出了“一业为主，多种经营”的方针，要求国际公司在坚持一业为主的前提下，积极发展多种经营。即在努力拓展国际承包劳务市场的同时，各个国际公司应充分发挥各自的优势，搞联营、办企业、设分支机构、开发第三产业，有计划地开展多种经营，在政策允许的范围内，只要经济效益明显，都可以积极去做。多年的实践证明这一方针是正确的，得到各个国际公司的一致肯定和欢迎。坚持“一业为主、多种经营”的方针，国际公司以主业带动副业，以副业促进主业、共同发展，从而逐步扩大公司经营规模，壮大公司实力，为公司向实业化、集团化、国际化经营方向发展迈出了稳健的一步。

经贸部在指导国际公司坚持“一业为主、多种经营”方针的同时，努力为国际公司创造宽松条件，增强公司竞争能力。1991 年，经贸部充分肯定了自 1988 年国际公司试点经营三类商品进出口业务以来所取得的成绩和经验，在原有 17 家公司兼营进出口业务的基础上，又批准了 24 家主业经营状况在同行中位居前列、副业优势明显，整体经营能力较强的国际公司兼营进出口业务。这在我国现有体制的情况下，不能不说是一种突破性的尝试。在国际上，对外经济和对外贸易是交叉经营，相辅相成的。但在我国则截然不同，外经外贸公司是铁路警察、各管一段，谁也不准，也不敢越雷池一步。这在很大程度上制约了我公司在国际市场上开展业务，相对削弱了竞争能力。经贸部大胆尝试国际公司兼营进出口业务，引进资本主义国家的成功经验，走经贸结合之路。实践证明，这种改革是成功的。国际公司经营进出口业务，可以充分利用其在广大第三世界国家和地区开展承包工程、劳务合作及举办海外企业所建立的渠道、客户和市场。国际公司在广大发展中国家有诸多常设机构，有稳定的合作关系、有良好的信誉，有能吸收当地货币的能力，这些都是外贸公司所不具备的，也是我国贸易未能在这些发展中国家占有市场的症结所在。其次，国际公司兼营进出口业务，能有力地促进主业的发展。重庆、广州、中建等一批国际公司，有机地将主业和副业紧密联系起来，以经带贸、以贸促经、灵活经营，走出了一条经贸结合、共同发展的新路子。国际公司兼营进出口业务，还在一定程度上增大了国家贸易总量，增加了国家外汇收入，扩大出口市场，为扩大外贸拾遗补缺起到了积极的作用。此外，经贸部还抓了外经外贸公司业务交叉经营的试点。这种业务交叉经营指国际公司（含未授权经营进出口业务的国际公司）可进行易货贸易，外贸公司可承揽国外工程项目和外派劳务人员。这种经贸业务交叉经营方式，尽管尚在试验和摸索中，但已在实践的公司中引起强烈反响，予以充分肯定。尽管目前仅限于独联体等周边国家，但由于它符合国际上公司的一般做法，最主要的是能扩大公司的经营规模，能使公司获得良好的经营效益，一定会很快突破“禁区”。

四、跨国经营战略

海外投资，跨国经营是改革开放带来的一项新兴事业。进行海外投资和跨国经营，是当代生产社会化发展的必然趋势。在当今世界，科学技术迅猛发展，经济技术交流日益扩大，资金、技术、人力以及其他资源，早已突破国家间的界限，在国际范围内有选择地进行配置，以求得最佳的效益。联合国跨国中心专家认为，90年代乃至下一世纪，将是跨国经营的兴盛时代。一切高水平、高科技、大规模的贸易和投资活动都将以跨国公司为主体或载体进行，国际经济竞争也将以跨国公司间的竞争为主要形式展开。随着区域经济一体化步伐加快，跨国经营国际化已是大势所趋。在这种新的历史潮流中，我们只有继续扩大对外开放，积极参与竞争，才可能迎合潮流，抓住机遇，利用国际经济发展中所存在或可能提供的各种有利因素，最大限度地发挥自己的优势，扩大国际合作和分工，促进我国经济发展。

一年来，经贸部在继续加强指导我国的公司、企业及其他经济组织积极从事海外投资外，主要做了这样几项工作：(1)调查研究现有海外企业的经营状况，投资方向，投资方式，经济效益及发展海外企业潜在的优势和海外投资市场的发展前景。尽管这项工作尚未全面展开，逐个调查研究，但总的情况是清楚的，我国海外企业的主流是健康发展的，潜在的优势是巨大的，发展前景是乐观的。海外投资，跨国经营是当今世界经济合作的主旋律。(2)积极宣传举办海外企业从事跨国经营的重要意义。1991年11月初，由国务院研究室工交组、经贸部国外经济合作司、对外经济贸易大学等4家单位联合举办了“中国企业跨国经营政策研讨会”，邀请了部分大型企业集团，大型外经外贸企业（公司）以及国务院有关部门，部分大专院校和研究机构的专家和学者参加了会议。会上围绕进一步扩大对外开放的目标和任务，结合当前国际经济形势和国内经济发展的实际，认真总结了改革开放以来我国企业跨国经营的经验，分析了存在的问题和原因，探讨了今后拓展我国海外投资和跨国经营事业的途径，提出了各种建设性的政策建议，并在大力发展海外投资和跨国经营这一根本问题上取得了共识，统一认识。(3)向中央有关领导及有关部门，汇报我国海外企业发展情况，介绍海外企业取得的成绩。我国海外企业起步晚，发展快，经过12年的开拓，已初具规模。我国举办的海外企业特点主要有：能利用国外自然资源，弥补我国短缺资源；能利用国外先进技术和管理经验；能利用国外资金，用外国人的钱，赚外国人的钱；能带动国产设备材料出口，扩大出口市场；能促进国外承包工程，扩大劳务输出；有利于我国消化和转移国内过剩的加工能力，有利于加快产业结构和产品结构的调整；有利于加强南南合作。

（张文元　执笔）

1991年中国外汇管理体制改革概况

国家外汇管理局政策法规司

一

1991年是我国执行“八·五”计划的第一年，在党中央、国务院的正确领导下，3年治理整顿目标已基本达到，整个国民经济已开始向好的方向发展。与此相适应，我国的外汇外债形势也进一步好转，主要表现在：

1. **外汇收支状况良好，国家外汇储备大幅度上升** 1991年全国现汇外汇收入比上年增长25.2%；现汇支出比上年增长15.9%。国家外汇结存达到217.12亿美元，比上年末增长95.7%。主要原因一是贸易收支取得较大顺差，出口收汇比上年增长22.3%；进口用汇比上年增长12.8%。二是非贸易外汇收入达到历年来的最高水平。1991年非贸易外汇收支顺差达63.76亿美元，创历史最高纪录。

2. **借用外资有所增加，各项主要指标继续保持正常** 截止1991年底，全国外债余额为605.6亿美元，比1990年增加80.1亿美元，增长15.2%。其中中长期外债余额为502.6亿美元，比1990年增加44.8亿美元，增长9.8%；短期外债余额为103亿美元，分别占外债总余额的83%和17%；全年的外债还本付息额为127.9亿美元，比上年增加31.7亿美元；偿债率按照国际口径计算为8%；债务率约为85%。这两项债务指标都低于国际上公认的偿债率为25%和债务率为100%的安全警戒线。1991年我国对外筹资有如下两个特点：一是外债规模的增长速度比上年放慢；二是我国恢复了在国际金融市场上以发行债券的方式筹集资金。中国银行和中国国际信托投资公司分别于1991年6月和10月在东京市场发行了200亿和150亿日元的公募债券。在国内外引起了较大的反响。

3. **外汇调剂市场成交活跃，外汇调剂在支持企业发展生产、按期偿还对外债务、帮助外商投资企业实现外汇平衡等方面发挥了积极的作用** 1991年全国调剂市场成交额在连续几年大幅度增长的基础上又有了新的突破，1991年全国外汇调剂成交额达204.51亿美元，比上年增长了55.36%。从外汇来源方面看，贸易外汇留成调剂154.03亿美元，外商投资企业外汇调剂38.43亿美元；非贸易外汇留成调剂7.42亿美元。从外汇投向上看，用于进口原料、材料、辅助材料等用汇占59.67%；外商投资企业用汇占10.72%；偿还外债占10.25%。

二

1991年，为了配合外贸体制改革，加快外汇管理体制改革的步伐，我国在如下几个方面进行了大胆的改革：

1. **实行了出口收汇核销制度** 就是从1991年1月1日起，出口单位在将其商品出口前，要到外汇管理部门申领经外汇管理部门加盖“监督收汇”章的核销单。在货物报关时，出口单位必须向海关出示有关核销单，凭有核销单编号的报关单办理报关手续，否则海关不受理报关。货物报关以后，海关在核销单上和有核销单编号的报关单上加盖“放行”章。在此之后，出口单位要及时将有关报关单、汇票付本、发票和核销单存根送当地外汇管理部门以备核销。出口单位收汇后，再持解付行签章的核销单、结汇水单或收帐通知以及有关证明文件到当地外汇管理部门办理出口收汇核销手续。出口收汇核销制度的实施，促进了外贸部门及时收回出口外汇，提高了出口收汇率，加速了外汇资金周转，提高了外贸部门的经济效益，防止了截留国家外汇现象的发生。据统计，由于出口收汇核销制度的实施，全国1991年的出口结汇率(指出口收汇中卖给国家的比率)大幅度提高。

以海关统计的出口额为基准，全国的出口结汇率为73%，比1990年的全国出口结汇率68%提高了5个百分点。以经贸部的出口统计为基准，全国的出口结汇率为83%，比1990年的76%提高了7个百分点。仅此一项即可使国家多收汇30亿美元。事实证明，出口收汇核销制度的实施，对于促进及时、安全收汇起到了积极的作用，支持了外贸部门自负盈亏机制的实施，初步改变了出口单位只重出口忽视收汇的现象，加快了出口收汇的速度，减少了出口单位的资金占用量，提高了资金的周转次数，降低了企业的各项费用。

2. **改革了人民币汇率的调整机制，实行了有管理的浮动汇率制度**　为了贯彻落实《国民经济和社会发展十年规划和第八个五年计划纲要》中提出的“改革汇率形成机制、建立健全在国家管理下的灵活合理的汇率调节制度”，国家外汇管理局在总结改革开放以来人民币汇率制度改革经验的基础上，根据我国经济的发展状况和今后发展要求，在充分的调查研究的基础上，对我国的人民币汇率制度调整机制进行了重大的改革。从1991年4月9日起，对人民币汇率实行有管理的浮动汇率制。就是根据我国国民经济的发展状况，特别是对外经济发展的要求，参照国际金融市场上主要货币汇率的变动情况，对人民币汇率进行适时适度、机动灵活、有升有降的调整，改变了以往阶段性大幅度调整汇率的做法。为我国的汇率制度逐步适应计划经济与市场调节相结合的经济运行机制、更好地发挥汇率的调节作用，从而进一步促进我国的改革开放、加强同世界各国的经济交往和联系创造了有利的条件。同时也支持了外贸自负盈亏机制的建立，对扩大我国的出口创汇、促进外贸出口稳定增长、运用汇率杠杆合理调整国际收支提供了保证。

3. **实行了境内居民外汇参加市场调剂的新办法**　就是从1991年12月1日起，允许我国境内的中国公民以及定居在我国境内的外国人（包括无国籍人），将其收到的境外汇入汇款、存放在境内银行的外币存款或持有的外币现钞，按照国家外汇管理局当地分局通知的调剂外汇的买入价格出售给国家外汇管理局当地分局指定的银行。境内居民因私出境探亲、移居出境、出境留学和其它用汇，也可按调剂外汇的当天卖出价格到银行购买外汇。这一政策实施以后仅一个月，全国各地调剂中心就买入境内居民外汇2517万美元，卖出1104万美元。外汇买入大于卖出，平衡有余。

境内居民外汇参加调剂，第一，充分体现了国家的侨务政策，维护了华侨、归侨和广大侨眷的经济利益；第二，为境内居民手中的外汇买卖提供了合法的渠道，在一定范围内抑制了外汇黑市交易，维护了国家正常的金融秩序；第三，扩大了外汇调剂市场的外汇来源，通过居民外汇调剂业务的开展，将居民手中分散的外汇集中起来，用于国家的经济建设，提高了外汇资金的使用效益；第四，将原来由国家负责供应的境内居民因私出境用汇推向外汇调剂市场，减轻了国家外汇支出的负担，充分发挥了市场的调节作用。

4. **为了进一步加强借用国际商业贷款和对外担保的管理，我国制订并公布了《境内机构借用国际商业贷款管理办法》和《境内机构对外提供外汇担保管理办法》，增加了我国对借用国外资金管理的透明度**　使我国对借用国际商业贷款和加强对借用国际借用贷款的管理有了明确的法律依据。

另外，1991年面对国际金融市场的复杂形势，国家外汇管理局作为我国对外发行外汇债务的主要管理机关，对境外发债工作也做出了统一的安排，及时为企业提供各种信息，帮助他们安排好债务结构，降低了发债的成本。

5. **初步加强了对金融机构经营外汇业务的监督和管理**　据统计，到1991年底，我国境内办理外汇业务的金融机构共有国营银行总行11家，分支行1820家，外资银行分行39家，中外合资银行1家，外资独资银行1家，中外合资财务公司3家，国营非银行金融机构126家。基本上形成了一个以专业银行为主、多种金融机构并存的外汇金融体系。到目前为止，外汇总资产已超过1000亿美元。上述金融机构外汇业务的开展，对广泛筹集外汇资金、积极引进外资、支持国内经济建设和发展我国的对外贸易起到了积极的作用。为了加强对金融机构经营外汇业务的监督管理，国家外汇管理局各级分局认真贯彻执行了全国分局长会议的精神，坚持从严掌握的原则，在审批金融机构申办外汇业务和整顿、验收、换发“经营外汇业务许可证”等工作中，严格把关、坚持标准、依法验收，使经营外汇业务的金融机构在数量上得到了控制，外汇业务的经营管理水平有了一定的提高。

（刘志平　执笔）

90年代中国经济改革的国际经济环境

王海军

80年代末90年代初，国际政治和经济格局发生了战后以来最为深刻的变化。这一变化已经、并将继续对世界经济的发展和政治力量的平衡产生重大的和深远的影响。90年代是中国经济改革和经济发展的关键时期，正确分析和认识当前的国际环境，特别是世界经济发展的主要特点和基本趋势，对于我们抓住有利的国际环境，加快改革开放和经济发展的步伐具有重要的现实意义。

一、当前世界经济发展的主要特点

（一）美欧日经济三强的格局基本形成

从综合国力的角度来看，苏联的解体和东欧的巨变，使得美国成为当今世界上唯一的超级大国。美国虽然在战后几十年的长期军备竞争中拖垮了苏联，但自己也为此付出了沉重的代价。再加上资本主义经济发展不平衡规律的作用，日本和欧洲经济的迅速崛起，美国的经济地位已经相对削弱，世界经济呈现出美欧日三足鼎立之势。目前美国、欧共体和日本在世界国内生产总值中占2/3强，其中美国和欧共体各占1/4，日本占1/6左右。美国、欧共体和日本同时又是世界上最大的市场，其商品进出口额约占世界每年贸易总额的3/5。这经济三强也是国际金融的主体，他们拥有世界上最大的金融中心，以及最主要的国际储备货币。另外，他们在科学技术的主要领域也处于明显的国际领先地位。因此，世界经济三强的基本格局已经基本形成，这一格局将持续到下个世纪初期。值得指出的是，随着世界经济三强格局的形成和发展，美欧日之间的矛盾和摩擦也会有所上升，并趋于复杂化。

（二）世界经济集团化、区域化的步伐进一步加快

80年代后期以来世界经济发展的一个突出特点，是经济集团化、区域化的步伐进一步加快。

欧洲经济共同体在“三个同心圆”的发展上同时迈开了实质性的步伐。一是欧共体12国共同签署了经济政治同盟的协议，明确提出了经济一体化的目标、内容和时间表。二是与欧洲自由贸易联盟达成协议，从1993年1月1日起建立一个包括19个国家的“欧洲经济区”。三是同波兰、匈牙利、捷克和斯洛伐克签订了联系国协议，从而打开了东欧的大门。

美国、加拿大和墨西哥于1991年就建立北美自由贸易区的问题达成了协议。而美国总统布什认为，北美自由贸易区仅仅是第一步，下一步则是要建立一个北起阿拉斯加，南至火地岛的“泛美自由贸易区”。同时，拉美四国成立了“南锥体共同市场”，加勒比共同体也有了迅速的发展。

1991年9月在汉城召开的亚太地区经济合作会议，标志着亚洲和太平洋地区国家间的经济合作进入了一个新的阶段。

1991年6月，非洲统一组织的51个成员国在阿布贾签订了建立“非洲经济共同体”的协议。与此同时，“西非经济共同体”的16个成员国首脑一致同意加快西非地区经济一体化的进程。

世界经济集团化和区域化的影响是双重的。一方面，它确实在一定程度上加剧了集团或区域之间的贸易保护主义；另一方面，集团或区域内部国与国之间商品、资金、人员的自由流通，会促进这些国家和地区的经济发展，同时也加快了世界经济一体化的进程。

（三）世界经济发展不平衡性更加明显

世界经济发展的不平衡性自80年代中期以来出现了明显强化的趋势，这突出表现在以下几个方面：一是发达国家之间经济发展不平衡；二是发展中国家之间经济发展的不平衡；三是发达国家与发展中国家经济发展的不平衡；最后是东欧国家和独联体国家经济的不稳定。

发达国家之间经济发展的不平衡，主要表现在自80年代中期以来日本、德国经济保持着强劲的增长势头。尽管最近日本经济由于结构调整，其增长速度已有所趋缓，德国经济因为统一后要重建东部也受到了一定的影响，但是，从发展的角度来看，两国经济增长的潜力都很大，在今后相当一段时期内，两国的经济增长速度会高于经济合作与发展组织国家的平均增长速度。美国、加拿大、英国、澳大利亚等国家在经历了1990年下半年以来的衰退之后，其经济虽然已开始复苏，但是其回升之乏力和缓慢都出乎不少经济学家的预料。从总体来看，发达国家经济仍然是日本、德国稳步崛起，美国相对衰落的基本态势。

发展中国家之间经济发展的不平衡，主要表现在亚洲、非洲和拉丁美洲发展中国家经济发展之间的不平衡上。亚洲，特别是东亚地区，虽然近年来经济发展速度比前几年有所下降，但其增长速度仍然大大高于发达国家和其他地区发展中国家的平均经济增长速度。由于产业结构互补性强、市场潜力很大，政局又比较稳定，所以东亚地区在今后一段时期内，将是世界经济中最有活力的地区。拉美地区国家的经济在经过了多年艰苦的调整之后，目前已经出现了回升的迹象，这种趋势可望继续下去。但是沉重的外债负担和居高不下的通货膨胀率，仍然是困扰今后拉美地区经济发展的重大障碍。非洲国家的经济形势十分严峻，除了人口增长过快，以及受国际经济不景气的影响等原因外，政局动荡、边境冲突和1992年的严重旱灾都将对非洲经济产生不利的影响。

发达国家与发展中国家经济发展不平衡，突出表现在二者经济差距进一步拉大。首先，经济发展速度的差距拉大。战后以来，发展中国家经济增长速度一直高于发达国家。但是在80年代，这种状况正好颠倒过来了。发达国家国内生产总值年均增长率为3.2%，而发展中国家仅为2.7%。其次，人均收入的差距拉大。1960年占世界人口20%最富裕的人口的收入，是占世界人口20%最贫穷人口的收入的30倍。到1990年，这个差距增加到了90倍。第三，在国际资本流向和国际贸易条件等方面，也都发生了不利于发展中国家的变化。

前苏联和东欧国家自80年代末90年代初发生巨变之后，从经济上看，目前都处于结构调整和体制转轨的艰难时期。尽管程度不同，各国都普遍遇到了生产下降、通货膨胀、失业增加、人民生活水平下降等严重问题。在经济转轨过程之中，一些国家还存在着政局动荡，甚至出现了武装冲突的严重局面。显然，从长期形成的僵化的中央计划体制转向市场经济体制，从严重扭曲的经济结构转向比例合理、均衡发展的新型经济结构，不能不经过一段痛苦的、相当长的过渡时期。从目前的状况来看，东欧及独联体各国经济稳定和体制转轨的步伐也很不平衡。相比较来看，原东德的进度较快，其次是匈牙利、捷克和斯洛伐克、波兰。罗马尼亚、保加利亚和阿尔巴尼亚为第三层次，最后是独联体国家及南斯拉夫。从总体来看，东欧和独联体国家的经济正处于十分困难、动荡和复杂的过渡阶段，在90年代中期可望稳定下来，但经济结构调整和体制转轨能够在多大程度上实现，经济能否出现稳定增长的势头还很难预料。

（四）科学技术越来越成为影响经济发展的决定性因素

生产力是推动社会经济发展的决定性力量，而生产力的发展则越来越依赖科技进步。第二次世界大战以来，这一趋势更加明显。据估计，近30年来的科学技术的发明和发现，比过去两千年的总和还要多。而重要新技术出现的间隔时间大大缩短，科技成果转化为商品的时间进一步加快。特别是自70年代末以来，一场以信息技术、新材料和生物工程为主要内容的新技术革命席卷全球。技术贸易的迅速发展，高科技产业的蓬勃兴起，正在使国际贸易结构和产业结构发生深刻的变化。现代科学技术已成为社会生产力中最活跃的决定性因素，成为整个国家现代化的关键。据统计，在20年代，科学技术在经济增长中的比重约为20%左右。而到了80年代，在一些发达国家中，科学技术在经济增长中所占的比重已达60～80%。也就是说，经济增长的大约3/4是靠科学技术来实现的。正因为如此，目前很多国家都采取有力措施，加快科学技术的发展和成果的推广。

例如增加研究和开发投资，制订中长期科研发展规划，加强对科技发展的宏观管理与协调，建立高技术开发区，积极培养和引进人才等等。总之，90年代科技进步对世界经济的决定性作用将更为突出。

（五）国际资本市场供求关系趋紧

从整体来看，80年代是国际金融市场的黄金时代，国际金融市场的资金呈供大于求的局面。然而进入90年代以来，国际资金相对缺乏的问题变得越来越突出。

从需求角度分析：东欧国家和独联体各国因经济体制转轨，经济结构调整需要大量的资金投入；美国受双赤字的困扰，对外资需求和依赖进一步加深；欧洲统一大市场建设进程的进一步加快，将吸引更多的直接投资；东南亚地区经济继续健康增长，对外资的需求仍然很大；两伊战争之后，中东地区经济的恢复和重建也需要大量的资金。

从供给的角度来看，原来主要的几个资金输出大国和地区，由于种种原因，其资本输出的能力已远不如从前。如美国由于双赤字的压力，已成为资金净输入国；德国统一之后不得不为“消化”东部而投入大量资金；日本加强基础设施建设，改造环境，内需增加。资金外流减少；海湾国家的石油美元在海湾战争后已不再成为国际金融市场重要的资金来源。

国际资本市场供求关系的变化，将在一定程度上导致国际资本相对短缺的问题，从而对世界经济的稳定，特别是对发展中国家的经济发展产生某种不利的影响。

二、当前世界经济发展的基本趋势

第一，世界经济可望继续保持适度增长，同时，提高经济质量越来越成为发展的重点。

尽管90年代初世界经济的发展处于低潮，但是由于80年代初以来的发达国家和一些发展中国家经济调整已取得了一定成果，科技革命对经济发展的推动作用进一步增强，东欧和独联体国家经济恶化趋势的减弱，并逐步地稳定下来；以及经济区域化、集团化的影响等等，这些因素将有利于世界经济的发展。从整体来看，90年代世界经济发展速度可望与80年代(2.8%)持平，或者略高于80年代。值得指出的是，90年代各国开始追求持久稳定和有效率的增长目标，而不是一时的高速度增长目标。提高经济的整体竞争能力和生活质量，将成为经济发展的重点。

第二，各国之间的经济竞争更为激烈，同时国际间的经济协调也进一步加强。

随着战后两极格局的解体，90年代无论发达国家还是发展中国家都把更多的注意力集中到经济发展上来。在一定意义上来说，经济竞争已经成为各国之间竞争的最主要领域。90年代国际竞争无疑将更为激烈，同时也具有了一些新的特点。第一，经济竞争越来越与科技竞争交织在一起；第二，跨国公司越来越成为扩大国际市场的重要方式；第三，国家之间的经济竞争越来越带有浓厚的区域性和集团性的色彩。

随着经济竞争的加剧和贸易摩擦的增加，国际间经济的协调也会进一步加强。目前，发达国家之间通过各种形式已经建立起了一整套定期的经济协调制度，一些主要的贸易集团或组织内部也都在进一步完善其协调功能，各贸易集团和主要国家之间的“对话”也更加频繁和注重实效。总之，90年代世界经济将在激烈的竞争和艰苦的协调之间不断发展。

第三，经济结构的调整和经济体制的改革和转轨，将是90年代世界经济发展的突出特点。

从经济发展史角度来看，经济的增长总是伴随着经济结构的优化和经济体制的调整和变革。然而，在90年代世界经济发展过程中，经济结构调整和经济体制变革的作用将更为明显和突出。为了适应迅速变化的国际形势，提高经济的竞争力和掌握经济发展的主动权，目前世界各国都程度不同地在进行经济结构调整和体制的变革。例如，长期以来美国军事工业约占其整个工业的20%，其近1/3的企业直接同军火生产有关。在目前国际形势变化，军事订货骤减的情况下，调整产业结构已成为美国经济发展的一个十分迫切的问题。另外，西方国家为了振兴本国经济，一方面大力促进高科技产业和第三产业的发展，加快产业结构的升级，另一方面也加快了宏观经济政策调整的步伐，如进行金融体制和税制改革，调整财政收支结构等。欧共体在建立超国家经济协调体制方面已经迈出了历史性的步伐。

发展中国家经济在90年代面临着严峻的挑战。目前，许多发展中国家加快了经济结构调整和体制改革的步伐。例如，大力促进经济从粗放、外延式的发展向集约、内涵式的发展；根据国际市场的变化，及时调整其出口产品结构和产业结构；更加重视农业的发展;注意加强基础设施的建设;进一步扩大经济的对外开放程度,积极吸引外资,不断改善投资环境;在适当缩小国有经济比重的同时,注重提高国有企业的效率;加快价格改革的步伐,减少财政补贴,精简政府部门,更多地利用经济杠杆来实现经济稳定增长的目的;进一步加强发展中国家之间的联系,推进经济一体化的进程。

对于东欧和独联体国家来说,90年代将是一个历史性的关键时期。能不能实现经济的稳定,结构的调整和体制的转轨,不仅直接关系到这些国家经济的长期发展和社会的稳定,而且也在相当大程度上影响着世界经济和政治的稳定。目前这些国家纷纷采取了放开价格,将国营企业非国有化,实现本国货币的可兑换性,大力吸引外资,以及促进军事工业向民用工业转型等措施。但是,由于几十年中形成的结构扭曲和体制僵化问题根深蒂固,错综复杂,再加上政治上、民族关系和意识形态方面的矛盾和冲突,东欧国家和独联体国家经济调整和体制转轨的任务和难度是其他国家远远不能比拟的。

从长期来看,世界范围的经济调整,改革和转轨,将会有利于世界经济的稳定和发展,但是从中近期来看,也会带来许多的问题和矛盾,从而使世界经济发展过程中的不稳定因素有所增加。

三、抓住有利时机，加快我国改革开放和经济建设的步伐

国际经济政治格局的巨大变化,不仅使中国加快改革开放和经济发展的步伐变得更加迫切,同时也出现了加快改革开放和经济发展的有利时机和客观条件。

首先,世界大战的危险减弱,有利于我们集中力量,加快改革开放和经济建设的步伐。

战后形成的苏美两极对抗格局,是多年来世界局势动荡不安的根本原因,世界大战的危险一直是世界和平与经济发展的现实威胁。新中国建立以来,我国周边发生了朝鲜战争、越南战争、中印边境战争。后来苏联又在中苏和中蒙边境陈兵百万,并出兵侵占阿富汗和支持越南侵略柬埔寨等等,我国安全一直受到严重威胁,因此长期以来,不得不重视国防建设,而这必然会对我国经济建设产生一定的不利影响。两极格局的解体,缓和了国际紧张局势,使我国安全环境有了很大的改善,因此可以使我们集中精力加快改革开放和经济建设的步伐。

其次,在国际形势动荡不定,西方经济回升乏力的情况下,亚太地区相对稳定,经济持续增长。

国际格局的巨变,使得在冷战时期曾相对稳定的欧洲成为世界上最不稳定的热点地区之一。东欧和独联体国家经济危机、社会动荡、民族矛盾加深、领土纠纷表面化。西方国家经济衰退之后复苏乏力,欧美之间的矛盾有所上升。而亚太地区则相对稳定。柬埔寨、阿富汗问题和朝鲜半岛等亚洲地区的几大热点问题已逐步得到解决,或缓和下来。亚太地区的经济一直保持着健康增长的势头,从而使其在世界经济中的地位不断上升。

最后,我国与西方国家的关系得到了恢复和发展,同发展中国家的合作不断加强。

1992年以来,中国领导人出访了日本、欧洲,同美国恢复了高层接触。中美之间就保护知识产权达成了协议,中国与西方的关系有了明显的改善。在新的国际形势下,中国加强了与发展中国家的双边和多边合作,与周边发展中国家的关系有了进一步的改善和发展。

总之,90年代是一个充满机遇和挑战的时代,我们应该抓住有利的国际环境,加快中国改革开放和经济发展的步伐,推进中国现代化的历史进程。

附　录

1991年有关经济管理和经济体制的法律、法规目录

一、全国人大、人大常委会通过的法律及有关法律的规定

1. 中华人民共和国民事诉讼法 (1991年4月9日第七届全国人民代表大会第四次会议通过 1991年4月9日中华人民共和国主席令第31号公布)

2. 中华人民共和国外商投资企业和外国企业所得税法 (1991年4月9日第七届全国人民代表大会第四次会议通过 1991年4月9日中华人民共和国主席令第45号公布)

3. 中华人民共和国烟草专卖法 (1991年6月29日第七届全国人民代表大会常务委员会第二十次会议通过 中华人民共和国主席令第46号公布)

4. 全国人民代表大会常务委员会关于修改《中华人民共和国文物保护法》第三十条第三十一条的决定 (1991年6月29日全国人民代表大会第二十次会议审议通过 中华人民共和国主席令第47号公布)

5. 中华人民共和国水土保持法 (1991年6月29日第七届全国人民代表大会常务委员会第二十次会议通过 中华人民共和国主席令第49号发布)

6. 中华人民共和国未成年人保护法 (1991年9月4日第七届全国人民代表大会常务委员会第二十一次会议通过 中华人民共和国主席令第50号发布)

二、国务院发布或批准发布的有关行政法规

1. 技术合同仲裁机构管理暂行规定 (1990年12月30日国务院批准国家科委发布施行)

2. 中华人民共和国土地管理法实施条例 (1991年1月4日中华人民共和国国务院令第73号发布)

3. 大中型水利水电工程建设征地补偿和移民安置条例 (1991年2月15日中华人民共和国国务院令第74号发布)

4. 企业职工伤亡事故报告和处理规定 (1991年2月22日中华人民共和国国务院令第75号发布)

5.《专利代理条例》 (1991年3月4日中华人民共和国国务院令第76号发布)

6. 水库大坝管理条例 (1991年3月22日中华人民共和国国务院令第77号发布)

7. 城市房屋拆迁管理条例 (1991年3月22日中华人民共和国国务院令第78号发布)

8. 国务院批转国家民委等部门关于加强民族贸易和民族用品生产………… (1991年3月25日国发[1991] 16号)

9. 中华人民共和国1991年国库券条例 (1991年3月29日中华人民共和国国务院令第79号发布)

10. 工商行政管理所条例 (1991年4月1日国务院批准1991年4月22日国家工商行政管理局发布)

11. 中华人民共和国1991年特种国债条例 (1991年4月15日中华人民共和国国务院令第80号发布)

12. 禁止使用童工规定 (1991年4月15日中华人民共和国国务院令第81号公布)

13. 中华人民共和国固定资产投资方向调节税暂行条例 (1991年4月16日中华人民共和国国务院令第82号发布)

14. 企业名称登记管理规定（1991年5月6日国务院批准 1991年5月21日国家工商局发布）

15. 中华人民共和国产品质量认证管理条例（1991年5月7日中华人民共和国国务院令第83号发布）

16. 中华人民共和国大气污染防治法实施细则（1991年5月8日国务院批准 1991年5月24日国家环境保护局发布）

17. 中华人民共和国著作权法实施条例 （1991年5月24日国务院批准 1991年5月30日国家版权局发布）

18. 国务院办公厅批转财政部关于进一步贯彻会计法…………（1991年6月23日国办发［1991］37号）

19. 中华人民共和国外商投资企业和外国企业所得税法实施细则 （1991年6月30日中华人民共和国国务院令第85号发布）

20. 中华人民共和国防汛条例 （1991年7月2日中华人民共和国国务院令第86号发布）

21. 全民所有制企业招用农民合同制工人的规定 （1991年7月25日中华人民共和国国务院令第87号发布）

22. 中华人民共和国城镇集体所有制企业条例（1991年9月9日中华人民共和国国务院令第88号发布）

23. 道路交通事故处理办法（1991年9月22日中华人民共和国国务院令第89号发布）

24. 国家预算管理条例（1991年10月21日中华人民共和国国务院令第90号发布）

25. 国有资产评价管理办法 （1991年11月16日中华人民共和国国务院令第91号发布）

26. 农民承担费用和劳务管理条例 （1991年12月7日中华人民共和国国务院令第92号发布）

1991年经济体制改革重要文件目录

1.国务院关于调整粮食购销政策有关问题的通知（1991年1月12日　国发［1991］3号）

2.国务院办公厅关于加强经济体制改革协调工作的通知（1991年1月12日　国办发［1991］4号）

3.国务院批转卫生部等部门关于改革和加强农村医疗卫生工作请示的通知（1991年1月17日国发［1991］4号）

4.国务院批准国家计委、经贸部等四部门《上缴中央外汇额度管理办法》（1991年1月17日　国函［1991］1号）

5.国务院关于开展“质量、品种、效益年”活动的通知（1991年2月1日　国发［1991］6号）

6.国务院批准财政部、经贸部《关于改革和完善财务管理的若干意见》（1991年2月3日　国函［1991］3号）

7.国务院办公厅关于实行出口产品退税由中央财政和地方财政共同负担的通知（1991年2月3日　国办发［1991］7号）

8.国务院批转全国农业区划委员会关于进一步加强农业区划工作报告的通知（1991年2月7日　国发［1991］7号）

9.国务院批转国家旅游局关于加强旅游行业管理若干问题请示的通知（1991年2月12日　国发［1991］8号）

10.国务院批转国务院机电产品出口办公室关于“八五”期间进一步扩大机电产品出口意见的通知（1991年2月21日　国发［1991］10号）

11.国务院办公厅对上海市住房制度改革实施方案中若干政策问题的复函（1991年2月28日　国办函［1991］12号）

12.中共中央办公厅、国务院办公厅关于严格审批和整顿基金会的通知（1991年3月3日　中办发［1991］3号）

13.国务院关于批准国家高新技术产业开发区和有关政策规定的通知（1991年3月6日　国发［1991］12号）

14.国务院批转建设部等部门关于进一步加强村镇建设工作请示的通知（1991年3月8日　国发［1991］15号）

15.国务院关于加强外资企业重大项目审批工作的通知（1991年3月13日　国发［1991］14号）

16.国务院批转国家民委等部门关于加强民族用品生产供应工作意见的通知（1991年3月25日）

17.国务院关于调整粮油统销价格的决定（1991年4月4日　国发［1991］18号）

18.国务院关于扩大汕头经济特区范围的批复（1991年4月4日　国函［1991］20号）

19.国务院办公厅转发经贸部等部门关于积极发展边境贸易和经济合作促进边疆繁荣稳定意见的通知（1991年4月19日　国办发［1991］25号）

20.国务院办公厅转发经贸部等部门关于继续发展同苏联、东欧国家易货贸易若干意见的通知（1991年4月23日　国办发［1991］26号）

21.国务院办公厅关于禁止发放使用各种代币购货券的通知（1991年5月1日　国办发［1991］28号）

22.国务院关于严格控制农业生产资料价格的通知（1991年5月7日　国发［1991］22号）

23.国务院关于鼓励生产和使用国产先进技术产品若干问题的通知（1991年5月10日　国发［1991］24号）

24.国务院关于设立天津保税区的批复（1991年5月12日　国函［1991］26号）

25.国务院办公厅关于城镇和农村社会养老保险分工问题的复函（1991年5月15日　国办函［1991］24号）

26.国务院关于进一步增强国营大中型企业活力的通知（1991年5月16日　国发［1991］25号修改稿）

27. 国务院原则同意的《经济体制改革十年规划和“八五”纲要》（1991年5月18日　国家体改委体改办［1991］60号印发）

28. 国务院批转国家体改委关于1991年经济体制改革要点的通知（1991年5月20日　国发［1991］27号）

29. 国务院关于深圳市设立福田和沙头角保税区的批复（1991年5月28日　国函［1991］32号）

30. 国务院办公厅关于成立国务院职称改革工作领导小组的通知（1991年6月3日　国办发［1991］35号）

31. 国务院关于继续积极稳妥地进行城镇住房制度改革的通知（1991年6月7日　国发［1991］30号）

32. 国务院批转文化部关于文化事业若干经济政策意见报告的通知（1991年6月10日　国发［1991］31号）

33. 国务院办公厅转发财政部关于进一步完施《会计法》加强会计工作的请示（1991年6月23日　中华人民共和国国务院办公厅转发财政部）

34. 国务院关于企业职工养老保险制度改革的决定（1991年6月26日　国发［1991］33号）

35. 国务院关于严格控制企业继续生产积压产品的通知（1991年7月1日　国发［1991］35号）

36. 国务院关于清理整顿个体采煤的通知（1991年7月11日　国发［1991］37号）

37. 国务院关于成立国务院生产办公室的通知（1991年7月11日　国发［1991］36号）

38. 国务院批转国家计委关于试编两年滚动计划暂行办法的通知（1991年7月13日　国发［1991］38号）

39. 国务院关于整顿商品交易秩序严格结算纪律的通知（1991年7月19日　国发［1991］39号）

40. 国务院关于发行1991年国家投资债券有关问题的通知（1991年7月24日　国发［1991］40号）

41. 国务院批转农业部关于进一步办好国营农场报告的通知（1991年8月9日　国发［1991］42号）

42. 财政部、国家体改委关于印发《国营企业实行“税利分流、税后还贷、税后承包”的试点办法》的通知（1991年8月14日（81）财改字第4号）

43. 国务院办公厅转发经贸部、国家体改委关于中国化工进出口总公司在“八五”期间继续进行国际化经营的请示的通知（1991年8月26日　国办发［1991］51号）

44. 国家科委、国家体改委关于印发《关于深化高新技术产业开发区改革，推进高新技术产业发展的决定》的通知（1991年9月5日　（91）国科发改字640号）

45. 国务院关于加强审计执法几个问题的通知（1991年9月12日　国发［1991］45号）

46. 国务院办公厅关于成立国务院分配制度改革委员会的通知（1991年9月13日　国办发［1991］58号）

47. 国务院关于开展1991年税收财务物价大检查的通知（1991年9月14日　国发［1991］46号）

48. 国务院批转国家教委、国家科委关于加强高等学校科学技术工作意见的通知（1991年9月30日　国发［1991］48号）

49. 国务院批转国家计委等部门关于出口还贷和专项出口收汇上缴中央外汇问题请示的通知（1991年10月7日　国发［1991］49号）

50. 国务院办公厅转发农业部关于农村改革试验区工作几个问题请示的通知（1991年10月11日　国办发［1991］68号）

51. 国务院关于大力发展职业技术教育的决定（1991年10月17日　国发［1991］55号）

52. 国务院办公厅转发国家计委等部门关于调出棉花实行奖励政策报告的通知（1991年10月22日　国办发［1991］66号）

53. 国务院关于调整人民银行省、自治区、直辖市分行和部分海关领导干部管理体制的通知（1991年10月26日　国发［1991］56号）

54. 国务院关于加强农业社会化服务体系建设的通知（1991年10月28日　国发［1991］59号）

55. 国务院关于进一步搞活农产品流通的通知（1991年10月28日　国发［1991］60号）

56. 国务院关于调整食糖经营管理有关政策的通知（1991年11月7日　国发［1991］61号）

57. 国务院关于贸易性动物产品出境检疫管理体制的通知（1991年11月15日　国函［1991］76号）

58. 国务院办公厅转发国务院住房制度改革领导小组关于全面推进城镇住房制度改革意见的通知（1991年11月23日　国办发［1991］73号）

59. 国务院关于同意开放呼和浩特航空口岸的批复（1991 年 12 月 1 日　国函［1991］80 号）

60. 国务院关于同意福建东山港对外国籍船舶开放的批复（1991 年 12 日 1 日　国函［1991］81 号）

61. 国务院关于停止对企业进行不必要的检查、评比和不干预企业内部机构设置的通知（1991 年 12 月 5 日　国发〔1991〕65 号）

62. 国务院关于成立统一着装管理委员会的通知　（1991 年 12 月 5 日　国发〔1991〕66 号）

63. 国务院关于加强彩票市场管理的通知　（1991 年 12 月 9 日　国发〔1991〕68 号）

64. 国务院批转国家税务局关于进一步推进依法治税加强税收管理报告的通知　（1991 年 12 月 9 日　国发〔1991〕67 号）

65. 国务院关于进一步贯彻实施中华人民共和国民族区域自治法若干问题的通知　（1991 年 12 月 8 日　国发〔1991〕70 号）

66. 国务院批转国家计委、国家体改委、国务院生产办公室关于选择一批大型企业集团进行试点的请示　（1991 年 12 月 14 日　国发［1991］71 号）

67. 国务院关于加强再生资源回收利用管理工作的通知　（1991 年 12 月 26 日　国发〔1991〕73 号）

68. 国务院关于调整机关事业单位工作人员工龄津贴标准的通知　（1991 年 12 月 31 日　国发〔1991〕74 号）

（李尔华　整理）

1991年经济体制改革大事记

1月1日 江泽民总书记在政协新年茶话会上致词指出，过去的一年，治理整顿、深化改革取得明显成效；今后十年要沿着有中国特色的社会主义道路继续前进。

1月3日 《人民日报》报道，北京市10区县开始房改，主要形式是集资建房、新房新租、现住房小步提租等。目前纳入房改的住宅面积近1000万平方米，已收回资金4000万元。

1月3日 《经济日报》报道，天津市推广天津色织十二厂质量工资制的经验，走质量效益型新路。

1月4日 李鹏总理签发国务院令第73号，发布《中华人民共和国土地管理法实施条例》，自2月1日起施行。

1月7日 李鹏总理邀请部分企业厂长（经理）座谈时强调，开展“质量、品种、效益年”活动，要特别注意搞活大中型企业。

1月9日 《人民日报》报道，广州市自1989年10月全面实施房改方案以来，已取得可喜成绩。已有5万套房子申请参加房改，有1.5万余套已卖出。

1月12日 国务院发出关于调整粮食购销政策有关问题的通知，通过稳购、压销、调价、包干，缩小国家粮食收支缺口，使粮食流通走上健康发展的轨道。

1月12日 国务院办公厅发出关于加强经济体制改革协调工作的通知，要求各部门的改革措施出台前要经国家体改委进行协调，国家计委等6个综合部委局分管改革工作的副职任国家体改委的兼职委员。

1月14日 李鹏总理在天津考察时就如何提高企业效益提出8点意见，强调要加强企业管理，向管理要效益；企业要进行劳动保险制度、医疗保险制度、住房制度的改革。

1月14～19日 国家体改委在首钢召开搞活国营大中型企业研讨会，有24位企业的厂长（经理）参加。会议认为，应注意发挥企业的主观能动性。

1月15日 《经济参考报》报道，成都市推行多种形式的房改试点，使这项改革积极稳妥地深入开展。目前已建住房162万平方米，收回资金7300多万元。

1月17日 国务院批转卫生部等部门关于改革和加强农村医疗卫生工作的请示。

1月17日 国务院批准国家计委等四部门关于《上缴中央外汇额度管理办法》，由四部门下发执行。

1月17日 《人民日报》报道，中国人民银行日前公布《利率管理暂行规定》。

1月19日 《人民日报》报道，芜湖大米批发市场日前挂牌开张。

1月20日 国务院办公厅转发国家技术监督局、中国质量管理协会关于在全国开展学习武汉钢铁公司“质量效益型”企业发展道路的报告。

1月21日 物资部提出深化流通体制改革新目标，发展计划指导下的生产资料市场，建立高效、通畅、可调控的流通体系。

1月23日 全国农业工作会议提出，农村深化改革的重点是完善联产承包责任制。

1月23日 据报道，经国务院批准，我国的对外开放市县又增加44个，累计已达733个。

1月24日 新华社报道，上海浦东区开发迈开坚实步伐，以十大工程为先导的市政建设全面铺开。

1月24日 《人民日报》报道，我国外贸体制改革新方案出台。

1月24日 《经济日报》报道，我国外贸体制改革经过3年的实践，已发生历史性突破，逐步走上自负盈亏、实行代理制的道路。

1月28日 《经济参考报》报道，吉林省结合新一轮企业承包，选择棉纺、制袜、商业零售等3个行业的部分企业，开展资金利润率差额承包行业试验，为在较大范围内解决“死基数”与“活市场”矛盾提供了经验。

1月28日 辽宁物资集团公司日前在沈阳成立，探索在公有制基础上建立高效、通畅、可调控的物资流通体制。

2月1日 国务院发出关于开展“质量、品种、效益年”活动的通知。

2月1日 国家税务局等六部门最近联合发出通知，要求加强出口产品退税管理。

2月2日 《经济日报》报道，贵州省开辟企业产权转让市场，近百家企业的产权进行了转让。

2月3日 国务院批准财政部、经贸部《关于改革和完善外贸财务管理的若干意见》。

2月3日 国务院办公厅发出关于实行出口产品退税由中央财政和地方财政共同负担的通知。

2月3日 《经济参考报》报道，我国已成功地运用世界银行3亿美元的贷款，用于支持15个省区19个农村改革试验区的建设。

2月7～10日 全国企业工作会议在京举行。会议提出，要振奋精神，以提高经济效益为中心，开创企业工作新局面；搞活大中型企业，既要改善外部环境更要加强内部管理。

2月12日 《经济参考报》报道，国家对234户重点骨干企业1991年继续实行“双保”。

2月14日 《经济参考报》报道，“七五”期间我国集贸市场发展迅速，1990年末全国共有集贸市场7.38万个，比1985年增加20%以上；1990年全国集贸市场成交额达2245亿元，比1985年增长2.5倍。

2月20日 《经济参考报》报道，山东淄博矿务局因地制宜探索住房制度改革，推出“统一标准、半价出售、产权共有、不发补贴”的方案，增加了建房资金，缓解了住房难。

2月21日 国务院决定，任命洪虎为国家经济体制改革委员会副主任。

2月21日 国务院批转国务院机电产品出口办公室关于“八五”期间进一步扩大机电产品出口的意见。

2月21日 《经济参考报》报道，河北省实行企业承包全程管理，半年多来效果良好。

2月22日 国家统计局发布1990年统计公报，我国经济运行发生五大变化(农业生产突破徘徊局面，工业生产逐步回升，市场物价涨幅明显缩小，国际收入显著改善，城乡居民收入增加)，但经济形势还有严峻的一面，更应加大改革份量，促进经济效益的提高。全民工业企业已续签承包合同的，占承包已到期企业的88.6%。

2月24日 《经济参考报》刊登新华社消息，上海市今年将积极审慎地加大改革的份量，有六个方面的改革将出台新的措施。

2月25日至3月1日 国务院召开的全国经济体制改革工作会议在京举行。会议讨论制定《经济体制改革“八五”纲要和十年规划》和《1991年经济体制改革要点》。3月1日李鹏总理在讲话中强调，要加强对改革的领导，加快改革的进度。

2月26日 《经济参考报》报道，山东省农村已初步形成以县、乡、村、民四级服务为特征的、纵横交错的社会服务化网络。

2月26日 《人民日报》报道，湖南株洲市采取交纳抵押金等办法，使房改取得突破性进展。全市已有2.1万户、69.2万平方米的新旧住房实行了抵押，还出售公房0.6万套近30万平方米。

2月28日 国务院办公厅给上海市政府复函，经国务院领导同志批准，原则同意该市的住房制度改革实施方案。具体内容是：推行公积金，提租发补贴，配房买债券，买房给优惠，建立房委会。

3月2日 田纪云副总理在农村经济工作经验交流会上的总结讲话中指出，要把积极发展社会服务体系、健全和完善统分结合的双层经营体制，作为深化农村改革的重点。

3月2日 据全国外商投资企业登记管理工作会议透露，1990年我国新增外商投资企业7092户，累计已逾2.6万户。

3月2～5日 由国家体改委、国家计委和国务院生产委员会联合召开的企业集团工作会议在京举行。会议提出，全国将组建100个左右大型企业集团。

3月3日 中共中央办公厅、国务院办公厅发出关于严格审批和整顿基金会的通知。

3月3日 新华社报道，9年来烟草行业在专卖体制下，探索了一系列计划经济与市场调节相结合的改革模式，实践证明是行之有效的。

3月4日 李鹏总理签署国务院令第76号，发布《专利代理条例》。

3月4日 《人民日报》报道，中国石油化工总公司经过6年承包，已全面完成规定的目标，我国原油加工能力已跃居世界第四位。

3月6日 国务院发出关于批准国家高技术产

业开发区和有关政策规定的通知。

3月6日　中国综合开发研究院和《改革》杂志社在京举办"完善股份制和股票市场试点研讨会"，会议认为股份制是深化企业改革的重要课题。

3月9日　新华社报道，至1990年底全国个体工商户达1329万户，从业人员2092万人，注册资金397亿元，只相当于国营集体企业的2.3%。

3月11日　全国人事厅局长会议提出，要严格控制机构编制膨胀，要抓紧制定有关法规。

3月13日　国务院发出关于加强外资企业重大项目审批工作的通知。

3月14日　中国经济体制改革研究会在京召开部分经济学家座谈会。会议认为，加快改革步伐是解决深层次矛盾和困难的根本出路。

3月14日　《人民日报》报道，我国"七五"期间取得十大成就，其中之一是经济体制改革取得实质性进展。

3月17日　《经济参考报》报道，日前举行的深化企业改革与搞活大企业座谈会为搞活大企业献计献策，普遍认为，要加大改革力度，坚持市场取向。

3月18日　新华社报道，国务院最近批准设立26个高新技术产业开发区，加上过去批准的北京新技术产业开发试验区，共27个。

3月19日　国务院办公厅发出关于调整国务院住房制度改革领导小组组成人员的通知，陈锦华（国家体改委主任）任组长，领导小组的办事机构设在国家体改委。

3月21日　北京市召开工交战线领导干部大会，动员百万职工认真学习推广首钢经验，搞活大中型企业。

3月22日　李鹏总理签发国务院令第78号，发布《城市房屋拆迁管理条例》，自6月1日起施行。

3月26日　七届全国人大四次会议开幕，李鹏总理就十年规划和"八五"计划纲要作了报告，第五部分重点论述了经济体制改革的任务。

3月28～30日　国家体改委流通体制司在连云港市召开全国体改委（办）流通处长座谈会。

4月1日　经国务院批准，国家建材局和国家物价局通知，今起取消统配水泥价格双轨制，实行计划内外统一出厂价格。

4月3日　新华社报道，财政部决定，全面开放地市级以上城市的国债流通市场。

4月4日　国务院作出关于调整粮油统销价格的决定，自5月1日起执行。粮油统销价格调整后，给每个职工提高基本工资6元。

4月6日　国务院批复广东省政府，同意将汕头经济特区的范围扩大到汕头市区。

4月9日　七届全国人大四次全议闭幕。会议批准《中华人民共和国国民经济和社会发展十年规划和第八个五年计划纲要》，通过了《中华人民共和国外商投资企业和外国企业所得税法》自7月1日起施行。

4月15日　李鹏总理签署国务院令第81号，发布《禁止使用童工规定》。

4月15日　薄一波同志在全国个体劳动者第二次代表大会上讲话，重申鼓励个体和私营经济适当发展。

4月15日　《经济参考报》报道，一笔6～9个月以后供货的粮食交易合同于3月22日在郑州粮食批发市场签订，这是我国第一笔远期粮食交易合同。

4月16日　李鹏总理签署国务院令第82号，发布《中华人民共和国固定资产投资方向调节税暂行条例》。

4月17日　全国证券公司经理在杭州举行证券研讨会。据统计，目前全国已有专业证券公司46家，证券营业部700多个。

4月17日　新华社报道，山西省为深化改革将推出十项改革措施，并制定了十个文件。

4月19～23日　中国经济体制改革研究会在泰安市召开1991年年会。会议总结、研究了工作，修改了研究会章程，对当前改革中的一些问题进行了探讨。国家体改委主任陈锦华到会讲了话。

4月20日　由58家国内金融机构自愿组成的国债承销团，与财政部正式签订合同，承购包销25亿元国库券。

4月21日　经国务院批准，中国人民银行决定，今起适当降低存贷款利率，存款利率平均下调1个百分点，贷款利率平均下调0.7个百分点。

4月22日　《人民日报》讯，全国工商所已有2.82万个，正式工作人员25万人。经国务院批准，国家工商局发布《工商行政管理所条例》。

4月23日　武汉钢铁公司等10家企业荣获"七五"国家级企业技术进步奖。这是该奖自1985年设立以来首次评选的。

4月23日　《人民日报》讯，我国民办科技企业已有1.5万家，从业人员40万人。

4月23～27日 第二次全国国有资产管理工作会议在京举行。会议强调，改革要充分发挥公有制经济的优越性。李鹏总理26日在听取会议代表汇报时强调，要加强国有资产管理工作，提高企业经济效益。

4月26日 《经济日报》报道，技术市场兴办10年来，至今在全国各地已成大气候，1990年技术合同成交额达75.1亿元。

4月27日 《人民日报》报道，国务院生产委员会等单位最近下发《关于坚持和完善企业内部经济责任制的意见》。

4月29日 《人民日报》刊登《中华人民共和国海关关于进口货物实行海关估价的规定》，自5月1日起施行。

5月1日 国务院办公厅发出关于禁止发放使用各种代币购货券的通知。

5月3日 《经济日报》报道，重庆市改革商业零售体制，实行经营、分配、用工、价格"四放开"。

5月7日 国务院发出关于严格控制农业生产资料价格的通知。

5月7日 李鹏总理签署国务院令第83号，发布《中华人民共和国产品质量认证管理条例》。

5月8日 《人民日报》报道，苏州市走计划经济与市场调节相结合之路，已由消费城市成为经济大市，工农业总产值连续6年列全国大中城市第四位，仅次于京、津、沪三大市。

5月10日 国务院发出关于鼓励生产和使用国产先进技术产品若干问题的通知。

5月11日 北京市新技术产业科技贸易中心正式开业。这是全国首家高科技专业化市场。

5月11日 新华社报道，全国13个经济技术开发区共吸引外资项目1100个，合同金额20.8亿美元；已经投产的项目590个。

5月11～13日 国家体改委、商业部、财政部联合在天津召开粮食流通体制改革经验交流会，重点介绍推广了天津市粮食企业实行政策性经营和正常性经营两条线运行的经验。

5月12日 国务院批复天津市政府，同意设立天津港保税区。

5月16日 国务院发出修改后的关于进一步增强国营大中型企业活力的通知。

5月17日 江泽民总书记在莫斯科发表题为《走向二十一世纪的中国》的讲话，谈到了我国经济体制改革取得的巨大成就、经济体制格局发生的重大变化和90年代中国经济体制改革的方向。

5月18日 根据国务院的指示，国家体改委印发经国务院原则同意的《经济体制改革十年规划和"八五"纲要》，作为《国民经济和社会发展十年规划和第八个五年计划纲要》的配套文件。

5月20日 国务院发出批转国家体改委关于1991年经济体制改革要点的通知，要求结合实际情况，认真贯彻执行。

5月28日 国务院批复广东省政府，同意深圳市设立福田和沙头角两个保税区。

6月2日 《经济参考报》报道，近年来我国房改试点工作取得显著成就，已有12个城市、13个县镇房改全面展开，有20个省市的300多个城镇进行了单项房改。

6月3日 国务院办公厅发出通知，国务院决定成立国务院职称改革工作领导小组，罗干任组长。

6月6日 李鹏总理会见日本客人时说，中国经济改革总的方向是建立计划经济与市场调节相结合的运行机制。不论是计划方面还是市场方面，都需要有一个合理的价格机制。

6月7日 国务院发出关于继续积极稳妥地进行城镇住房制度改革的通知。

6月10日 国务院批转文化部关于文化事业若干经济政策意见的报告。

6月10日 《人民日报》报道，北京市积极推行职工待业保险，目前已有4371个单位214.2万职工参加。这是与全员劳动合同制相配套的。

6月10～12日 京、津、沪三市在京召开体改委主任座谈会，交流三市体改情况，探讨深化改革的有关问题。

6月11日 朱镕基副总理在辽宁调查研究时强调，要加强内部管理，搞活大中型企业。

6月13日 《经济参考报》报道，甘肃省用招标择优办法，选出18家中型工业企业进行"放开经营、配套改革"的试点。

6月17日 《人民日报》报道，我国金融市场日渐活跃，各种债券累计已发行1757亿元，1990年各地债券转让达135.8亿元。

6月17日 《人民日报》报道，合肥市市管县实施"城乡一体、优势互补、共同发展"的决策，思路清、成效大。

6月18日 国务院住房制度改革领导小组办公室和中国经济体制改革杂志社联合在京举办“住房制度改革新闻发布会”，通报了城镇住房制度改革思路和部署。

6月23日 《人民日报》报道，广西自治区国营商业坚持改革，放开经营，使其活力增强。

6月24日 《经济日报》报道，人事部最近下发了《经济员资格考试暂行规定》及其《实施办法》。规定经济员资格考试每年举行一次。

6月26日 国务院作出关于企业职工养老保险制度改革的决定。

6月26日 《人民日报》报道，国家物价局、国家技术监督局最近联合发文规定，从7月1日起，轻工产品实行优质优价。获国家金质奖的可加价15%。获银质奖的可加价10%。

6月26～28日 国家体改委、联合国开发计划署共同组织举办的“国有企业经营机制改革国际研讨会”在北京举行。

6月29日 七届全国人大常委会二十次会议通过《中华人民共和国烟草专卖法》、《中华人民共和国水土保持法》等。

6月30日 李鹏总理签署国务院令第85号，发布《中华人民共和国外国投资企业和外国企业所得税法实施细则》，自7月1日起施行。

7月1日 江泽民总书记在庆祝建党70周年大会上发表重要讲话，强调指出“必须建立适应社会主义有计划商品经济发展的、计划经济与市场调节相结合的经济体制和运行机制。”

7月1日 国务院发出关于严格控制企业继续生产积压产品的通知。

7月3日 深圳证券交易所开业。

7月4日 国务院选定辽宁省为清理“三角债”的试点单位，解决前清后欠问题。

7月11日 国务院发出关于清理整顿个体采煤的通知。

7月11日 国务院发出通知，决定撤销国务院生产委员会，成立国务院生产办公室。该办公室主任由朱镕基副总理兼任。

7月11日 新华社报道，全国比较规范的企业集团公司已达1600家，它们是按资产一体化原则组建的，实行人、财、物、供、产、销全方位联合。

7月13日 国务院批转国家计委关于试编两年滚动计划暂行办法。

7月17日 《经济参考报》报道，我国金融体制改革向纵向稳步推进，注意各项改革的配套、完善，拓展金融市场。

7月19日 国务院发出关于整顿商品交易秩序严格结算纪律的通知。

7月21日 《人民日报》报道，山东寿光县注意培育市场，带动生产发展，全县已有蔬菜批发专业市场14个，全年销往外地蔬菜11亿公斤。

7月22日 国家工商局发布经国务院批准的《企业名称登记管理规定》，自9月1日起实行。

7月24日 国务院发出关于发行1991年国家投资债券有关问题的通知。

7月24日 全国十大城市蔬菜产销体制改革经验交流会在哈尔滨市闭幕。国务委员陈俊生在会议总结中指出，搞好批发市场建设是深化蔬菜产销体制改革的关键。国务院决定今年发放5000万元贴息贷款，支持建设40个蔬菜批发市场。

7月24日 《经济参考报》报道，内蒙古呼伦贝尔盟经济改革试验区，经过3年改革试验，勇于探索，改革开放框架已经形成。

7月25日 李鹏总理签署国务院令第87号，发布《全民所有制企业招用农民合同制工人的规定》。

7月25日 经贸部发言人宣布，我国外汇总储备已超过300亿美元。

7月25日 《人民日报》刊登新华社讯，随着政治经济形势进一步稳定，我国积极稳妥推行经济体制改革，在企业、物价、住房制度等方面的改革迈出了新的步伐。

7月26日 江泽民总书记在全国外事工作会议上讲话指出，中国十年改革开放取得的巨大成就，证明社会主义制度是富有生命力的。

7月30日 全国人大法工委、国家体改委等部门联合召开纪念《企业法》实施三周年座谈会。

7月31日 新华社报道，江泽民总书记在天津考察时强调，要千方百计搞活国营大中型企业。

7月31日 李鹏总理同全国财政、税务工作会议代表座谈时指出，要千方百计增加国家财政税收，为改革开放创造更好的条件。

7月31日 物资部、国家体改委联合发文，原则同意江苏省政府报送的《无锡市物资流通综合改革试点方案》。

8月4日 新华社报道，重庆市最近又决定对国营批发企业实行经营、价格、用工、分配“四放开”。

8月5日 《经济参考报》报道，郑州粮食批发市场自1990年10月开业以来，粮食交易日趋活跃，已成交小麦、玉米、花生等粮油近4亿公斤。

8月6～9日 国家体改委在北京召开部分省市有关部门负责同志参加的农村改革座谈会，讨论了深化农村改革的问题。国家体改委印发了会议纪要。

8月7日 1990年中国500家最佳经济效益工业企业评价揭晓，首钢、大庆位居行业之首。

8月7日 《人民日报》报道，河北省采用“一厂一策”、“一事一议”办法，逐厂“会诊”、“开方”，帮助亏损大中型企业走出困境，取得成效。

8月9日 国务院批转农业部关于进一步办好国营农场的报告。

8月11日 全国乡镇企业财政工作经验交流会透露，1990年财政收入超过千万元的乡镇已达235个。

8月12日 国家体改委经济体制与管理研究所正式成立。该所是在原国家经委（后划归国家体改委）经济管理研究所的基础上组建的。

8月13～16日 国务院生产办公室、国家体改委召开的全国部分省市承包经营责任制座谈会在吉林省吉林市举行。会议资料表明，“七五”期间承包经营责任制对促进我国经济持续、稳定、协调发展起了巨大推动作用。

8月14日 财政部、国家体改委印发《国营企业实行“税利分流、税后还贷、税后承包”的试点办法》。

8月17日 《人民日报》报道，海南省推出养老、医疗、待业和工伤保障改革方案，强调国家、集体、个人共担风险。海南省已决定成立社会保障局。

8月17日 新华社报道，我国西部地区一批企业在沿海兴办的“窗口”，已成为这些企业开拓市场走向世界的跳板。近十年来已建“窗口”1500多个。

8月21日 中国市长协会在京成立。全国467个城市中的90%的城市成为团体会员。

8月25日 新华社报道，上海市把企业兼并作为搞活大中型企业措施之一，两年内已有143家工业企业被兼并，使近7亿元固定资产重新发挥效益，6万多名职工得到合理安置。

8月27日 国务院召开电话会议，朱镕基副总理要求深入开展“质量、品种、效益年”活动，并提出暂停对企业的评比升级活动，凡是与《企业法》相抵触的政策、法规、条例应当废止。

8月28日 中国证券业协会在京成立。这是我国证券业第一个行业自律管理组织。全国证券公司已有59家。

8月31日 新华社报道，上海市住房制度改革向郊县推进，12月1日开始正式实施。

8月31日 《人民日报》报道，财政部日前发出通知，同意一些国营大中型企业从销售收入中，提取技术开发费，最高比例不超过1%。

9月1日 《人民日报》报道，淄博市在第二轮企业承包中推行“基数分档、企业自选”办法，在完善承包制和搞活企业方面取得了明显成效。

9月2日 《人民日报》发表《要进一步改革开放》社论。

9月2日 《人民日报》报道，武汉市已有54家企业推行质量工资制，使职工的收入与产品质量好坏同步浮动。这一改革已取得较好经济效益。

9月2日 国家外汇管理局公布，1990年全国外债余额525.5亿美元，债务率为89.3%，偿债率为8.5%。

9月3日 全国企业工资工作会议提出，要抓住当前全国经济形势好转的契机，努力推进企业工资改革的深入发展。

9月5日 国家科委、国家体改委发出《关于印发＜关于深化高新技术产业开发区改革，推进高新技术产业发展的决定＞的通知》。《决定》进一步明确了开发区改革的基本方向、原则和思路。

9月9日 李鹏总理签发国务院令第88号，发布《中华人民共和国城镇集体所有制企业条例》，自1992年1月1日起施行。

9月9日 新华社报道，李鹏总理最近四次召开座谈会，就如何进一步搞活国营大中型企业问题听取意见，强调要通过深化改革、完善社会主义制度来解决有关问题。

9月10日 《人民日报》报道，我国横向经济联合势头良好，1990年协作金额200多亿元、新增利润86亿元。

9月10～14日 国家体改委召开的城市改革试点工作座谈会在成都举行，探讨进一步深化城市经济体制改革的思路。

9月12日 国务院发出关于加强审计执法几

个问题的通知。

9月13日 国务院办公厅发出关于成立国务院分配制度改革委员会的通知。该委员会是国务院非常设机构，其主要任务是从总体上研究社会分配制度改革问题，提出分配制度改革方案，报国务院批准后组织实施。

9月14日 《人民日报》报道，1988～1990年全国共批准“三资”企业项目18980个，外商实际投资93.2亿美元，为前9年的1.4倍。

9月16日 田纪云副总理在国务院召开的部分省市农村经济工作座谈会上强调，要稳定以家庭联产承包为主的责任制政策，要用改革的观点、改革的方法搞活农产品的流通。

9月17日 海关总署将从10月1日起实施《中华人民共和国海关对国家高技术产业开放区进出口货物的管理办法》。该办法规定了优惠政策和便利措施。

9月20日 上海市政府近日又颁布三个新的政策规章，加速浦东开放。

9月21日 新华社报道，改革开放使我国经济实力明显增强，1990年国民收入达14429亿元，12年平均每年增长8.4%；财政收入达3312.6亿元，40年间增长近50倍。

9月23～27日 中共中央工作会议在京举行，着重研究如何进一步搞好国营大中型企业问题，强调重点转换企业经营机制。会议决定采取12条措施，为搞好大中型企业创造良好的外部条件。

9月25日 全国劳动制度改革工作会议在京召开。会议提出“八五”期间劳动制度改革的重点是进行全员劳动合同制试点。

9月25日 新华社报道，我国12年价格改革有突破性进展，已经初步形成灵活的多种价格并存格局；市场机制增强，生活消费品中市场调节价格已占50%以上。

9月28日 新华社报道，全国各地已有431家生产企业有进出口经营权。

10月2日 《经济日报》报道，牡丹江市43家大中型企业转换内部机制，企业活力明显增强。

10月6日 新华社报道，国务院最近决定，自1992年4月1日起提高小麦定购价格，全国平均每50公斤提高6元。

10月7～11日 第二次全国住房制度改革工作会议在京举行，研究讨论了住房制度改革措施及近期工作安排。会议提出，积极稳妥地推进城镇住房制度改革，明年起实行新房先卖后租、新房新租等制度。8日，李鹏总理同与会代表座谈时指出，城镇住房制度必需改革。

10月8日 《人民日报》讯，郑州粮食批发市场一年来不断完善，对粮食流通体制改革产生了推动作用。已有20多个省市进场交易，成交量累计达60万吨。

10月8日 《经济参考报》报道，北京首家集体企业——北京时代机电新技术公司发行短期债券500万元。

10月9日 杨尚昆主席在纪念辛亥革命80周年大会上的讲话指出，改革开放已经深入人心，我们要继续推进改革开放。

10月9日 《人民日报》报道，改革开放12年中，我国城镇住宅建设投资2800多亿元，是前30年的6倍多，总计新建住宅15亿平方米。1990年人均居住面积已由1978年的3.6平方米提高到7.1平方米。世界银行认为是创纪录的。

10月9日 《经济参考报》报道，我国第一家铜交易所——金鹏铜交易所，日前在北京正式开业。这是探索有计划商品经济发展的尝试。

10月9日 《人民日报》报道，黑龙江省大面积推广“进档达标承包责任制”，全省1595个企业实行后效果显著，提高了经济效益，完善了承包经营责任制。

10月10日 经国务院批准，经贸部、司法部发表公告，重申禁止劳改产品出口。

10月11日 国务院办公厅转发农业部关于农村改革试验区几个问题的请示。

10月11日 人事部负责人在新闻发布会上说，我国政府机构改革和人事制度改革已取得初步成就，将用5年左右时间初步建立起国家公务员制度。

10月13日 新华社报道，为了深化住房投资体制改革，我国将全面建立国家、单位和个人三级住房基金，今后10年将筹集4950亿元建房。

10月14日 《人民日报》报道，物资部对国家重点建设工程湖北大峪口、黄麦岭矿肥基地建设，实行材料、设备“一条龙”联合承包，使工程进展顺利。这种做法尚属首次。

10月15日 朱镕基副总理在上海调查研究时指出，搞好国营大中型企业关键是深化改革，转换企业经营机制，强化企业内部管理。

10月15日 新华社报道，商业部和四川省政府将于10月25日在四川开办第一个肉类产品专业批发市场——成都肉类产品中央批发市场。

10月17日 国务院作出关于大力发展职业教育的决定。

10月21日 李鹏总理签署国务院令第90号，发布《国家预算管理条例》，自1992年1月1日起施行。

10月22日 国务院办公厅转发国家计委等部门关于对调出棉花实行奖励政策的报告。

10月23日 新华社报道，国务院房改领导小组最近批准《江苏省城镇住房制度改革实施意见》，从1992年一季度起，全省11个市实施这一改革方案。

10月25日 国家税务局局长在税收管理国际研讨会上说，今后10年我国税制将进行重大改革，逐步统一企业所得税，普遍实行增值税，健全地方税体系。

10月26日 国务院发出关于调整人民银行省、自治区、直辖市分行和部分海关领导干部管理体制的通知。

10月27日 新华社报道，江泽民总书记在浙江考察时强调，要把搞好国营大中型企业的各项措施变成群众的自觉行动。

10月27日 新华社报道，国家税务局日前发出通知，决定将在企业集团中推行增值税。

10月28日 国务院发出关于加强农业社会化服务体系建设的通知和关于进一步搞活农产品流通的通知。

10月28日 新华社报道，国家统计局从明年起，衡量我国各地发展状况的"尺度"不再是工业总产值，而是一套社会及经济发展综合性指标体系，包括10个领域133项量化指标。

10月29～30日 国家体改委、财政部、国务院生产办公室在重庆市召开全国税利分流座谈会，总结和交流税利分流试点的经验。

10月30日 七届全国人大常委会二十二次会议通过决定，批准武汉、九江、芜湖港对外国籍船舶开放。今后，授权国务院审批。

10月30日 《经济日报》报道，我国近年来畜产品供应日趋丰盛，很大程度上得益于已进行了10年的畜产品供销一体化。这一改革试验，为探索建立新的畜牧经济体制提供了经验。

10月31日 经国务院批准，新《海关出口税则》明年起实行，225种产品将降低进口税率。

10月31日 新华社报道，我国加快发展海外企业，已批准在101个国家和地区开办非贸易性企业901家，协议总投资24.7亿美元。

11月1～5日 国家体改委和商业部在重庆市共同召开全国搞好国合商业座谈会，交流了商业企业深化改革的经验，确定在全国推广重庆经营、价格、用工、分配"四开放"的经验。3日，田纪云副总理在座谈会上指出，搞好国合商业要靠深化改革；重庆"四开放"的经验，是商业改革的一个突破。

11月3日 《经济参考报》报道，我国房地产业发展迅速，目前已有1000多家房地产交易所，1990年交易面积3991万平方米。

11月4日 《经济日报》报道，哈尔滨市从1986年开始改革蔬菜产销体制，实行计划经济与市场调节相结合，收到了"价格稳定、四季常青"的成就。

11月7日 国务院发出调整食糖经营管理有关政策的通知。

11月8日 中组部、人事部最近作出《全民所有制企业聘用干部管理暂行规定》，可从工人中选拔聘用干部。

11月10日 新华社报道，我国出现第二个市场建设高潮，专业和批发市场已达1.2万多个。

11月10日 《经济参考报》报道，湖北省对茶叶等19种农副产品的经营进行改革，实行产供销一体化。

11月11日 全国粮食工作和粮食储备工作会议提出，加快粮食流通体制改革，建立健全社会主义粮食市场体系。

11月15日 中国企业改革与发展研究会在北京正式成立。

11月16日 李鹏总理签发国务院令第91号，发布《国有资产评估管理办法》。

11月17日 《经济参考报》报道，北京市推出6种深化企业改革形式，北京人民机器厂等6家大中型企业分别进行首批试点，以推动企业转换经营机制。

11月18日 新华社报道，经国务院批准又有14个城市对外开放。至此，全国已有747个市县对外国人开放。

11月21日 国家体改委经济体制与管理研究

所、中央人民广播电台理论部等单位在北京举办"宝钢杯增强企业活力理论与实践"征文颁奖大会。

11月22日 新华社报道，吉林省从转变政府职能、转换企业机制入手，50个大中型企业开展放开经营试验。

11月23日 国务院转发国务院住房制度改革领导小组关于全国推进城镇住房制度改革的意见，对房改的原则、政策、步骤作了规定。

11月24日 全国119万人首次参加全国经济员统考，标志着我国经济员资格考试制度的开始。

11月27日 《人民日报》报道：河南省郑州市试办农副产品期货市场，解除了该市农民的后顾之忧。

11月28日 "中国城市经济体制改革"新闻发布会在京举行。国家体改委副主任高尚全介绍了我国城市改革已经取得的实质性进展，"八五"期间和1992年经济体制改革的主要任务，并回答了记者提出的问题。

11月28日 《人民日报》讯，1991年我国物价改革迈出较大步伐，调整了原油、钢铁、铁路货运价格和粮油统销价格，扩大了市场调节范围，物价总水平保持稳定。

11月25～29日 中共十三届八中全会在京举行，审议通过了《中共中央关于进一步加强农业和农村工作的决定》，强调要坚定不移地深化农村改革，促进农村经济全面发展。江泽民总书记作了重要讲话。

12月1日 国务院发文批复，同意开放呼和浩特航空口岸。

12月1日 国务院同意福建东山港对外国籍船舶开放。

12月3～5日 国家民委经济司、国家体改委综合规划和试点司在京召开少数民族改革座谈会。

12月6日 杨尚昆同志在军委扩大会议上传达了邓小平同志关于市场经济的论述：市场经济不等于资本主义，社会主义也有市场；计划经济不等于社会主义，资本主义也有计划。这是对马克思主义政治经济学理论的一个重要发展，对我们探索社会主义经济体制具有重大的指导意义。

12月3～9日 全国计划会议在京召开。会议提出以调整结构和提高效益为重点，安排好1992年经济计划工作。

12月5日 国务院发出关于停止对企业进行不必要的检查评比和不干预企业内部机构设置的通知，规定停止企业升级。

12月5～7日 国家体改委生产体制司在京召开部分省市体改委（办）生产处长会议，研究了1992年企业改革的思路等问题。

12月7日 李鹏总理签发国务院令第92号，发布《农民承担费用和劳务管理条例》。

12月9日 国务院发出关于加强彩票市场管理的通知和批转国家税务局关于进一步推进依法治税加强税收管理报告的通知。

12月9日 李鹏总理在全国计划会议和全国财政工作会议上讲话指出，1992年要进一步深化改革和扩大开放。

12月9～12日 国家体改委农村体制司在河南巩义市召开部分改革试点县"县级政府经济管理体制改革研讨会"。

12月14日 国务院批转国家计委、国家体改委、国务院生产办公室关于选择一批大型企业集团进行试点的请示。55个企业集团将分别在国家和省级计划中实行单列。

12月15日 邹家华副总理在全国企业劳动人事、工资分配、社会保险制度改革经验交流会上强调，要进一步加快企业劳动人事、工资分配和社会保险制度改革。

12月15日 新华社报道，我国已使用外商投资213亿美元，开业企业已有1.7万家；引进外资推动了经济体制改革。

12月15日 《人民日报》报道，上海市蔬菜放开经营，实行"放、管、建"相配套的蔬菜产销改革措施，一个月来全市蔬菜价格平稳。

12月17～20日 国家体改委、中国人民银行在海口市联合召开"中国金融改革国际研讨会"。

12月18日 江泽民总书记在厦门经济特区建设十周年庆祝大会上讲话强调，举办经济特区的决策是正确的、成功的，我们要把经济特区办得更好；要使我国的对外开放出现新的局面。

12月19～21日 国家体改委、联合国开发计划署和首钢公司在北京联合召开"中国企业竞争力国际研讨会"。

12月21日 全国物价工作会议提出，1992年物价工作总方针是保持物价基本稳定，积极稳妥推进价格改革。

12月22日 全国企业技术进步工作会议结

束。经国务院同意，我国将采取12条政策、措施，全面推进大中型企业技术进步。李鹏总理21日在同与会部分代表座谈时强调，搞好国营大中型企业，一要深化改革，转换经营机制；二要加强管理；三要依靠技术进步。

12月24日　全国经贸工作会议结束。李鹏总理在同与会代表座谈时提出，要深化经贸体制改革，开拓国际市场，扩大对外贸易。

12月27日　《人民日报》报道，全国21个农村改革试验区发挥了四大功能（验证、探索、示范、积蓄），为全局改革提供了实践依据。

12月30日　《经济日报》报道，经国务院批准，天津市房改方案1992年1月1日正式实施。主要内容是：实行公积金制，分步提租发补贴，租房购买债券等。

12月31日　国务院发出关于调整机关事业单位人员工龄津贴标准的通知。

（李尔华　辑录）

1991年经济发展和改革开放统计资料

1991年，全国各地在党中央、国务院的领导下，改革开放迈出了较大的步伐，有力地推动了经济向好的方向发展，国民经济增长速度回升，通货膨胀得到有效控制，商业和外贸进一步发展，人民生活有所提高，为实现“八五”计划创造了一个良好的开端。

一、国民经济进入正常发展轨道，社会总供求基本平衡

1991年，国民生产总值比上年增长7.3%，其中：第一产业增长3.2%，第二产业增长11.4%，第三产业增长5.1%。国民经济的发展已经进入了正常发展的轨道。社会总供求基本平衡，主要比例关系有所改善。1991年，社会总需求为23358亿元，增长13%，现价社会总供给22458亿元，增长12.4%，供需差率为-4%，属于正常范围；需求结构有所改善，国外需求增长达28.4%，比国内需求增长10.3%高15.1个百分点，国外需求占总需求的比例由上年的14.4%上升为16.4%。在国民生产总值中，一、二、三产业的比例由1990年的28.0：44.3：27.6，转为1991年的26.9：46.2：26.8。在国民收入使用额中积累与消费的比例，由1990年的32.8：67.2，，转为31.9：68.1。在工农业总产值中，农、轻、重的比例由1990年的24.3：37.4：38.3，转为1991年的22.4：37.9：39.7。

表1 国民经济主要指标（一）

（绝 对 数）

指 标	单 位	1978年	1980年	1985年	1990年	1991年
一、全国人口	万人	96259	98705	105851	114333	115823
二、社会劳动者	万人	40152	42361	49873	56740	58365
#职工人数	万人	9499	10444	12358	14059	14508
三、国民生产总值	亿元	3588	4470	8558	17907	19759
#第一产业	亿元	1018	1359	2542	5017	5312
第二产业	亿元	1745	2192	3867	7929	9137
第三产业	亿元	825	919	2119	4947	5296
四、国民收入	亿元	3010	3688	7020	14384	16020
五、社会总产值	亿元	6846	8534	16582	38035	43584
#农业总产值	亿元	1397	1923	3619	7662	8157
工业总产值	亿元	4237	5154	9716	23924	28225
六、全社会固定资产投资总额	亿元		910.9	2543.2	4449.3	5278.5

续表

指 标	单 位	1978年	1980年	1985年	1990年	1991年
七、财政收入	亿元	1121.1	1085.2	1866.4	3312.6	3582.8
财政支出	亿元	1111.0	1212.7	1844.8	3452.2	3793.9
八、货物周转量	亿吨公里	9829	12026	18126	26207	27997
九、沿海主要港口货物吞吐量	万吨	19834	21731	31154	48321	53179
十、邮电业务总量	亿元	11.7	13.3	29.6	81.7	204.4
十一、社会商品零售总额	亿元	1558.6	2140.0	4305.0	8300.1	9415.6
十二、进出口总额	亿美元	206.4	381.4	696.0	1154.4	1357.0
出口总额	亿美元	97.5	181.2	273.5	620.9	719.1
进口总额	亿美元	108.9	200.2	422.5	533.5	637.9
十三、主要产品产量						
粮 食	万吨	30477	32056	37911	44624	43529
棉 花	万吨	216.7	270.7	414.7	450.8	567.5
油 料	万吨	521.8	769.1	1578.4	1613.2	1638.2
糖 料	万吨	2381.8	2911.2	6046.8	7214.5	8418.7
猪牛羊肉	万吨	856.3	1205.4	1760.7	2513.5	2723.8
水产品	万吨	466	450	705	1237	1335
布	亿米	110.3	134.7	146.7	188.8	166.5
机制纸及纸板	万吨	439	535	911	1372	1258
原 煤	亿吨	6.18	6.20	8.72	10.80	10.62
发电量	亿千瓦小时	2566	3006	4107	6212	6716
原 油	万吨	10405	10595	12490	13831	13957
钢	万吨	3178	3712	4679	6635	7057
成品钢材	万吨	2208	2716	3693	5153	5547
水 泥	万吨	6524	7986	14595	20971	24356

注：1. 1980年以后进出口总额为海关统计数。
2. 本表价值指标除邮电业务总量1980年以前按1970年不变价格计算，1985年、1990年按1980年不变价格计算，1991年以后按1990年不变价格计算以外，其余均按当年价格计算。

表 2　国民经济主要指标（二）

（指数和平均每年增长速度）

指　　标	1991 年为下列各年％				平均每年增长％	
	1978 年	1980 年	1985 年	1990 年	1979～1991 年	1986～1991 年
一、全国人口	120.3	117.3	109.4	101.3	1.4	1.5
二、社会劳动者	145.4	137.8	117.0	102.9	2.9	2.7
#职工人数	152.7	138.9	117.4	103.2	3.3	2.7
三、国民生产总值	297.2	256.2	157.9	107.3	8.7	7.9
#第一产业	196.8	188.1	126.6	103.2	5.3	4.0
第二产业	349.0	284.0	176.4	111.4	10.1	9.9
第三产业	339.5	297.0	163.3	105.1	9.9	8.5
四、国民收入	284.6	249.9	155.3	107.9	8.4	7.6
五、社会总产值	361.1	307.1	181.4	110.8	10.4	10.4
#农业总产值	210.1	192.6	130.7	103.7	5.9	4.6
工业总产值	444.9	374.2	212.1	114.2	12.2	13.3
六、全社会固定资产投资总额		579.5	207.6	118.6		14.3
七、财政收入	319.6	330.2	192.0	108.2	9.3	11.5
财政支出	341.5	312.8	205.7	109.9	9.9	12.8
八、货物周转量	284.8	232.8	154.5	106.8	8.4	7.5
九、沿海主要港口货物吞吐量	268.1	244.7	170.7	110.1	7.9	9.3
十、邮电业务总量	661.4	577.7	362.5	131.4	15.6	23.9
十一、社会商品零售总额	290.9	229.0	135.0	110.2	8.6	5.1
十二、进出口总额	657.5	355.8	195.0	117.6	15.6	11.8
出口总额	737.5	396.9	262.9	115.8	16.6	17.5
进口总额	585.8	318.6	151.0	119.6	14.6	7.1
十三、主要产品产量						
粮　食	142.8	135.8	114.8	97.5	2.8	2.3
棉　花	261.9	209.6	136.8	125.9	7.7	5.4
油　料	314.0	213.0	103.8	101.5	9.2	0.6
糖　料	353.5	289.2	139.2	116.7	10.2	5.7
猪牛羊肉	318.1	226.0	154.7	108.4	9.3	7.5
水产品	286.5	296.7	189.4	107.9	8.4	11.2
布	151.0	123.6	113.5	88.2	3.2	2.1
机制纸及纸板	286.6	235.1	138.1	91.7	8.4	5.5
原　煤	171.8	171.3	121.8	98.3	4.3	3.3
发电量	261.7	223.4	163.5	108.1	7.7	8.5
原　油	134.1	131.7	111.7	100.9	2.3	1.9
钢	222.1	190.1	150.8	106.4	6.3	7.1
成品钢材	251.2	204.2	150.2	107.6	7.3	7.0
水　泥	373.3	305.0	166.9	116.1	10.7	8.9

注：1．第三、四、五、十、十一项均按可比价格计算。

2．本表平均每年增长速度除全社会固定资产投资总额按“累计法”计算以外，其余均按“水平法”计算。

表 3 国民经济主要比例关系

单位：%

项　　目	1978 年	1980 年	1985 年	1990 年	1991 年
一、国民生产总值中三次产业比例					
第一产业	28.4	30.4	29.7	28.0	26.9
第二产业	48.6	49.0	45.2	44.3	46.2
第三产业	23.0	20.6	24.8	27.6	26.8
二、国民收入使用额中积累与消费比例					
积　累	36.5	31.5	35.0	32.8	31.9
消　费	63.5	68.5	65.0	67.2	68.1
在消费总额中					
居民消费	88.6	87.8	86.9	84.9	84.8
社会消费	11.4	12.2	13.1	15.1	15.2
三、工农业总产值中农轻重比例					
农　业	24.8	27.2	27.1	24.3	22.4
轻工业	32.4	34.3	34.3	37.4	37.9
重工业	42.8	38.5	38.6	38.3	39.7
四、农业总产值中农林牧副渔比例					
农作物种植业	76.7	71.7	63.0	58.5	57.2
林　业	3.4	4.2	5.2	4.3	4.5
牧　业	15.0	18.4	22.0	25.6	26.4
副　业	3.3	4.0	6.3	6.2	6.0
渔　业	1.6	1.7	3.5	5.4	5.9
五、基建投资中生产性与非生产性比例					
生产性投资	79.1	64.3	56.9	72.5	72.0
非生产性投资	20.9	35.7	43.1	27.5	28.0
#住宅投资	7.8	20.0	20.0	10.1	10.8
六、基建投资中农轻重投资比例					
农　业	10.6	9.3	3.3	3.9	4.1
轻工业	5.8	9.1	5.9	7.1	7.0
重工业	48.7	40.2	35.7	48.8	47.3
七、基建投资中能源交通投资比例					
能源工业	22.9	20.7	19.1	32.8	30.4
运输邮电业	13.6	11.2	15.9	12.2	15.2
八、财政收入相当于国民生产总值的比例	31.2	24.3	21.8	18.5	18.1
九、财政收入相当于国民收入的比例	37.2	29.4	26.6	23.0	22.4
十、预算外资金收入相当于财政收入的比例	31.0	51.4	82.0	81.8	79.5

注：本表价值指标按当年价格计算；第六、七项是按国民经济行业分的。

表4 国 民 收 入　　　　单位：亿元

年 份	国民收入	农业	工业	建筑业	运输邮电业	商 业	国民收入指数（%）	人均国民收入（元）
1978	3010	986	1487	125	118	294	100	315
1979	3350	1226	1628	130	121	245	107.0	346
1980	3688	1326	1804	185	126	247	113.9	376
1981	3941	1509	1840	193	131	268	119.4	397
1982	4258	1723	1948	209	147	231	129.2	422
1983	4736	1921	2136	259	166	254	142.1	463
1984	5652	2251	2516	303	205	377	161.4	545
1985	7020	2492	3163	409	259	697	183.2	668
1986	7859	2720	3573	514	320	732	197.3	737
1987	9313	3154	4262	637	384	876	217.4	859
1988	11738	3818	5416	783	460	1261	242.0	1066
1989	13176	4209	6241	774	547	1405	251.0	1178
1990	14384	5000	6610	839	787	1148	263.8	1267
1991	16020	5302	7677	975	850	1216	284.6	1392

注：本表绝对数按当年价格计算，指数按可比价格计算（下表同）。

表5 社 会 总 产 值　　　　单位：亿元

年 份	社会总产值	农 业	工 业	建筑业	运输邮电业	商 业	社会总产值指数（%）
1978	6846	1397	4237	569	205	438	100
1979	7642	1698	4681	645	209	409	108.5
1980	8534	1923	5154	767	250	440	117.6
1981	9075	2181	5400	747	257	490	122.8
1982	9966	2483	5811	912	286	474	134.4
1983	11131	2750	6461	1053	318	549	148.2
1984	13171	3214	7617	1263	388	689	170.0
1985	16582	3619	9716	1656	488	1103	199.1
1986	19045	4013	11194	2038	598	1202	219.4
1987	23034	4676	13813	2431	702	1412	250.3
1988	29807	5865	18224	2967	837	1914	290.0
1989	34519	6535	22017	2834	990	2143	305.7
1990	38035	7662	23924	3043	1535	1871	325.9
1991	43584	8157	28225	3545	1665	1992	361.1

表 6 国民收入中消费额和积累额（一）

单位：亿元

年 份	国民收入使用额	消费额	居民消费	农 民	非农业居 民	社会消费
1978	2975	1888	1673	1043	630	215
1979	3356	2195	1910	1212	698	285
1980	3696	2531	2223	1384	839	308
1981	3905	2799	2473	1572	901	326
1982	4290	3054	2688	1737	951	366
1983	4779	3358	2957	1941	1016	401
1984	5701	3905	3395	2232	1163	510
1985	7507	4879	4240	2728	1512	639
1986	8496	5552	4773	2994	1779	779
1987	9684	6386	5502	3381	2121	884
1988	12269	8038	6995	4166	2829	1043
1989	13596	9005	7761	4558	3202	1244
1990	14383	9663	8202	4713	3489	1461
1991	15908	10828	9178	5105	4073	1650

注：本表按当年价格计算（下表同）。

表 7 国民收入中消费额和积累额（二）

单位：亿元

年 份	积累额	按用途分		按性能分	
		生产性积 累	非生产性积累	固定资产积累	流动资产积累
1978	1087	781	306	783	304
1979	1161	744	417	838	323
1980	1165	635	530	893	272
1981	1106	518	588	778	328
1982	1236	574	662	969	267
1983	1421	746	675	1125	296
1984	1796	1056	740	1453	343
1985	2628	1640	988	1883	745
1986	2944	1887	1057	2196	748
1987	3298	2147	1151	2718	580
1988	4231	2720	1511	3360	871
1989	4591	3087	1504	2835	1756
1990	4720	2888	1832	3008	1712
1991	5080	3113	1967	3715	1365

表 8 工农业总产值

单位：亿元

年 份	工农业总产值	农 业	工 业	轻工业	重工业
1978	5634	1397	4237	1826	2411
1979	6379	1698	4681	2045	2636
1980	7077	1923	5154	2430	2724
1981	7581	2181	5400	2781	2619
1982	8294	2483	5811	2919	2892
1983	9211	2750	6461	3135	3326
1984	10831	3214	7617	3608	4009
1985	13335	3619	9716	4575	5141
1986	15207	4013	11194	5330	5864
1987	18489	4676	13813	6656	7157
1988	24089	5865	18224	8979	9245
1989	28552	6535	22017	10761	11256
1990	31586	7662	23924	11813	12111
1991	36382	8157	28225	13796	14429

注：本表按当年价格计算。

表9 工农业总产值指数（一）

（上年＝100）

年份	工农业总产值	农业	工业	轻工业	重工业
1978	112.3	108.1	113.5	110.9	115.6
1979	108.5	107.5	108.8	110.0	108.0
1980	107.5	101.4	109.3	118.9	101.9
1981	104.6	105.8	104.3	114.3	95.5
1982	108.8	111.3	107.8	105.8	109.9
1983	110.2	107.8	111.2	109.3	113.1
1984	115.2	112.3	116.3	116.1	116.5
1985	116.5	103.4	121.4	122.7	120.2
1986	109.7	103.4	111.7	113.1	110.2
1987	115.0	105.8	117.7	118.6	116.7
1988	117.3	103.9	120.8	122.1	119.4
1989	107.5	103.1	108.5	108.2	108.9
1990	107.7	107.6	107.8	109.2	106.2
1991	111.6	103.7	114.2	114.5	113.9

注：本表按可比价格计算。

表10 工农业总产值指数（二）

（1978年＝100）

年份	工农业总产值	农业	工业	轻工业	重工业
1978	100	100	100	100	100
1979	108.5	107.5	108.8	110.0	108.0
1980	116.7	109.1	118.9	130.8	110.0
1981	122.0	115.4	124.0	149.5	105.0
1982	132.7	128.4	133.7	158.2	115.5
1983	146.3	138.4	148.6	172.9	130.6
1984	168.5	155.4	172.8	200.8	152.0
1985	196.4	160.7	209.8	246.3	182.7
1986	215.4	166.1	234.3	278.5	201.4
1987	247.7	175.7	275.7	330.5	235.1
1988	290.5	182.6	333.1	403.5	280.8
1989	312.4	188.3	361.5	436.5	305.8
1990	336.6	202.6	389.6	476.8	324.8
1991	375.6	210.1	444.9	545.9	369.9

注：本表按可比价格计算。

表11 工农业总产值构成

年份	以工农业总产值为100			以工业总产值为100	
	农业	轻工业	重工业	轻工业	重工业
1978	24.8	32.4	42.8	43.1	56.9
1979	26.6	32.1	41.3	43.7	56.3
1980	27.2	34.3	38.5	47.1	52.9
1981	28.8	36.7	34.5	51.5	48.5
1982	29.9	35.2	34.9	50.2	49.8
1983	29.9	34.0	36.1	48.5	51.5
1984	29.7	33.3	37.0	47.4	52.6
1985	27.1	34.3	38.6	47.1	52.9
1986	26.4	35.0	38.6	47.6	52.4
1987	25.3	36.0	38.7	48.2	51.8
1988	24.3	37.3	38.4	49.3	50.7
1989	22.9	37.7	39.4	48.9	51.1
1990	24.3	37.4	38.3	49.4	50.6
1991	22.4	37.9	39.7	48.9	51.1

注：本表按当年价格计算。

二、人口增长控制较好，待业率继续下降

1991年，全国人口11.58亿人，比上年增加1490万人，增长1.3%；全国职工14508万人，比上年增长499万人，增长3.2%；全国城镇新增就业人数765万人，其中全民单位安置363万人、城镇集体单位272万人、其他所有制单位70万人、个体劳动者60万人；全民所有制企业合同工1535万人，占全民所有制职工总数的14.5%。1991年，全国城镇待业人员352.2万人，比上年减少31万人，待业率已由上年的2.5%下降为2.3%。

1979～1991年，全国城镇就业人数为8000万；农村由农业转向非农业的劳动力约1亿多人，其中：在乡村就地就业（离土不离乡）的9300万人、进入城镇就业的1000万人。

表12 人 口 数

（年底数） 单位：万人

年份	总人口	按性别分		按城乡分	
		男	女	市镇总人口	乡村总人口
1978	96259	49567	46692	17245	79014
1979	97542	50192	47350	18495	79047
1980	98705	50785	47920	19140	79565
1981	100072	51519	48553	20171	79901
1982	101654	52352	49302	21480	80174
1983	103008	53152	49856	22274	80734
1984	104357	53848	50509	24017	80340
1985	105851	54725	51126	25094	80757
1986	107507	55581	51926	26366	81141
1987	109300	56290	53010	27674	81626
1988	111026	57201	53825	28661	82365
1989	112704	58099	54605	29540	83164
1990	114333	58904	55429	30191	84142
1991	115823	59466	56357	30543	85280

注：1. 各年总人口包括大陆30个省、自治区、直辖市人口和现役军人。

2. 总人口、按性别分人口，1978～1981年为公安年报数，1982～1989年是根据第四次人口普查调整数，1990年、1991年为抽样调查推算数。

3. 按城乡分人口，1978～1981年为公安年报数，市镇总人口是指辖区内所有人口，乡村总人口是指县(不含县辖镇)人口。1982～1991年是根据第四次人口普查数据推算数。市总人口指设区的市所辖的区人口和不设区的市所辖街道人口；镇总人口是指不设区的市所辖镇的居民委员会人口和县辖镇的居民委员会人口；乡村总人口是指除市镇人口以外的人口。

表13 人口出生率、死亡率、自然增长率

单位：‰

年份	出生率	死亡率	自然增长率
1978	18.25	6.25	12.00
1979	17.82	6.21	11.61
1980	18.21	6.34	11.87
1981	20.91	6.36	14.55
1982	22.28	6.60	15.68
1983	20.19	6.90	13.29
1984	19.90	6.82	13.08
1985	21.04	6.78	14.26
1986	22.43	6.86	15.57
1987	23.33	6.72	16.61
1988	22.37	6.64	15.73
1989	21.58	6.54	15.04
1990	21.06	6.67	14.39
1991	19.68	6.70	12.98

注：1978～1981年是公安年报数，1982～1989年是根据第四次人口普查推算数，1990年、1991年是人口变动抽样调查数。

表14 社会劳动者人数

（年底数） 单位：万人

年份	社会劳动者人数	职工	城镇个体劳动者	乡村劳动者	指数(1978年=100)	年份	社会劳动者人数	职工	城镇个体劳动者	乡村劳动者	指数(1978年=100)
1978	40152	9499	15	30638	100	1985	49873	12358	450	37065	124.2
1979	41024	9967	32	31025	102.2	1986	51282	12809	483	37990	127.7
1980	42361	10444	81	31836	105.5	1987	52783	13214	569	39000	131.5
1981	43725	10940	113	32672	108.9	1988	54334	13608	659	40067	135.3
1982	45295	11281	147	33867	112.8	1989	55329	13742	648	40939	137.8
1983	46436	11515	231	34690	115.7	1990	56740	14059	671	42010	141.3
1984	48197	11890	339	35968	120.0	1991	58364	14508	763	43093	145.4

表15 各行业社会劳动者人数

（1991年底） 单位：万人

行业	合计	全民所有制单位职工	城镇集体所有制单位职工	其他所有制单位职工	城镇个体劳动者	乡村劳动者
全国总计	**58364**	**10664**	**3628**	**216**	**763**	**43093**
农、林、牧、渔、水利业	35017	785	43	1	2	34186
工业	9949	4471	1898	182	130	3268
地质普查和勘探业	99	99				
建筑业	2522	596	381	3	8	1534
交通运输、邮电通讯业	1515	625	187	2	46	655
商业、公共饮食业、物资供销和仓储业	3100	1050	830	8	489	723
房地产管理、公用事业、居民服务和咨询服务业	652	295	103	19	78	157
卫生、体育和社会福利事业	553	340	70		4	139
教育、文化艺术和广播电视事业	1497	1151	30		5	311
科学研究和综合技术服务事业	179	151	4	1	1	22
金融、保险业	234	154	54			26
国家机关、政党机关和社会团体	1137	947	28			162
其他	1910					1910

表16 第一、二、三产业社会劳动者人数

单位：万人

年份	社会劳动者人数	第一产业人数	第二产业人数	第三产业人数	构成（以社会劳动者人数为100）		
					第一产业	第二产业	第三产业
1978	40152	28313	6970	4869	70.5	17.4	12.1
1979	41024	28629	7241	5154	69.8	17.6	12.6
1980	42361	29117	7736	5508	68.7	18.3	13.0
1981	43725	29771	8033	5921	68.1	18.4	13.5
1982	45295	30853	8377	6065	68.1	18.5	13.4
1983	46436	31145	8711	6580	67.1	18.7	14.2
1984	48197	30862	9622	7713	64.0	20.0	16.0
1985	49873	31105	10418	8350	62.4	20.9	16.7
1986	51282	31212	11251	8819	60.9	21.9	17.2
1987	52783	31614	11762	9407	59.9	22.3	17.8
1988	54334	32197	12188	9949	59.3	22.4	18.3
1989	55329	33170	12012	10147	60.0	21.7	18.3
1990	56740	34049	12158	10533	60.0	21.4	18.6
1991	58364	34878	12471	11015	59.8	21.4	18.8

表17　职工人数

（年底数）　　单位：万人

年　份	合　计	全民所有制单位	城镇集体所有制单位	其他所有制单位	年　份	合　计	全民所有制单位	城镇集体所有制单位	其他所有制单位
1978	9499	7451	2048		1985	12358	8990	3324	44
1979	9967	7693	2274		1986	12809	9333	3421	55
1980	10444	8019	2425		1987	13214	9654	3488	72
1981	10940	8372	2568		1988	13608	9984	3527	97
1982	11281	8630	2651		1989	13742	10108	3502	132
1983	11515	8771	2744		1990	14059	10346	3549	164
1984	11890	8637	3216	37	1991	14508	10664	3628	216

表18　各行业职工人数

（年　底　数）

行　　业	绝对数（万人）			构成（以全国总计为100）		
	1985年	1990年	1991年	1985年	1990年	1991年
全　国　总　计	**12358**	**14059**	**14508**	**100**	**100**	**100**
农、林、牧、渔、水利业	834	840	829	6.7	6.0	5.7
工　　业	5557	6377	6551	44.9	45.3	45.2
地质普查和勘探业	106	100	99	0.9	0.7	0.7
建　筑　业	934	934	980	7.6	6.6	6.8
交通运输、邮电通讯业	766	797	814	6.2	5.7	5.6
商业、公共饮食业、物资供销和仓储业	1575	1812	1888	12.7	12.9	13.0
房地产管理、公用事业、居民服务和咨询服务业	307	387	417	2.5	2.7	2.9
卫生、体育和社会福利事业	342	392	410	2.8	2.9	2.8
教育、文化艺术和广播电视事业	962	1144	1181	7.8	8.1	8.1
科学研究和综合技术服务事业	131	152	156	1.1	1.1	1.1
金融、保险业	126	195	208	1.0	1.4	1.4
国家机关、政党机关和社会团体	718	929	975	5.8	6.6	6.7

表 19　城镇新就业人数

单位：万人

项　　目	1978 年	1980 年	1985 年	1990 年	1991 年
总　　计	**544.4**	**900.0**	**813.6**	**785.0**	**765.0**
一、就业人员主要来源					
城镇劳动力	274.9	622.5	502.3	340.0	295.0
农村劳动力	148.4	127.4	150.2	118.0	140.0
大学、中专、技校毕业生	37.7	80.0	88.5	168.0	173.0
其他	83.4	70.1	72.6	159.0	157.0
二、就业人员安置去向					
全民所有制单位	392.0	572.2	499.1	475.0	363.0
城镇集体所有制单位	152.4	278.0	203.8	235.0	272.0
其他所有制单位				35.0	70.0
从事个体劳动		49.8	110.7	40.0	60.0

注：1. 1980 年以前招收的城镇劳动力包括上山下乡知识青年。

2. 1990 年及以前各年全民所有制单位新就业的人数中包括了合营单位的人数。

表 20　城镇待业人员及待业率

年　份	城镇待业人　员（万人）	青年	待业青年占城镇待业人员比重（%）	城　镇待业率（%）
1978	530.0	249.1	47.0	5.3
1979	567.6	258.2	45.5	5.4
1980	541.5	382.5	70.6	4.9
1981	439.5	343.0	78.0	3.8
1982	379.4	293.8	77.4	3.2
1983	271.4	222.0	81.8	2.3
1984	235.7	195.9	83.1	1.9
1985	238.5	196.9	82.6	1.8
1986	264.4	209.3	79.2	2.0
1987	276.6	235.1	85.0	2.0
1988	296.2	245.3	82.8	2.0
1989	377.9	309.0	81.8	2.6
1990	383.2	312.7	81.6	2.5
1991	352.2	288.4	81.9	2.3

表 21　1979～1991 年城镇就业人数、农村劳动力转移和贫困人口变动情况

单位：万人

年　份	类　别	人　数	年　份	贫困人口
1979～1991	城镇新就业人数	8000	1979	20000
	农村劳动力由农业转向非农业（乡村）	9300	1991	3400
	农村劳动力转向城镇就业	1000		

表 22　非农业职工就业观念变化情况

年　份	全民企业就业比　重（%）	城镇集体企业就业比重（%）	乡镇企业就业比重（%）	个体、私营企业就业比重（%）
1980	56.9	17.2	24.4	1.5
1991	41.4	14.0	36.4	8.2

三、固定资产投资明显回升，投资结构进一步改善

1991 年，全社会固定资产投资 5278.5 亿元，其中：全民单位投资 3558.15 亿元，比上年增长 21.9%；集体所有制单位投资 628.59 亿元，比上年增长 18.7%；城乡居民投资 1091.76 亿元，比上年增长 9%。全年全民所有制单位基本建设和更新改造新开工项目 7.45 万个，比上年增加 1.8 万个。

1991 年，在全民所有制单位投资中，基本建设投资 2074.73 亿元（含车船购置费），比上年增长 21.8%；更新改造投资 996.85 亿元，增长 20.1%；商品房建设投资 243.31 亿元，比上年增长 31.1%；其他投资 243.26 亿元，比上年增长 22.2%。投资结构进一步改善，在全民所有制单位基建投资中，原材料工业投资所占比重由上年的 15.7%上升为 16.1%；运输邮电通讯业投资所占比重由上年的 12.2%上升为 14.1%；农、林、水投资所占比重由上年的 2.8%上升为 3.1%；能源投资所占比重由 30.1%下降到 28.4%。在更新改造投资中，用于节能、增加花色品种、提高产品质量、“三废治理”投资所占比重由 27.1%上升为 29.9%；用于增加产量的投资所占比重由 35.2%下降为 32.9%。

表 23 全社会固定资产投资总额 单位：亿元

时期（年份）	投资总额	全民所有制单位	集体所有制单位	城乡居民	乡村
“六五”时期	7997.53	5330.47	1012.00	1655.06	1527.46
1981	961.01	667.51	115.24	178.26	166.34
1982	1230.40	845.31	174.28	210.81	198.53
1983	1430.06	951.96	156.33	321.77	305.05
1984	1832.87	1185.18	238.69	409.00	379.11
1985	2543.19	1680.51	327.46	535.22	478.43
“七五”时期	19744.04	12493.37	2749.93	4500.75	3903.90
1986	3019.62	1978.50	391.74	649.38	574.82
1987	3640.86	2297.99	547.01	795.86	695.35
1988	4496.54	2762.76	711.71	1022.08	865.23
1989	4137.73	2535.48	569.99	1032.26	892.03
1990	4449.29	2918.64	529.48	1001.17	876.47
“八五”时期					
1991	5278.50	3558.15	628.59	1091.76	963.97

表 24 全民所有制单位固定资产投资总额

时期（年份）	固定资产投资总额（亿元）	基本建设	基本建设占固定资产投资比重（%）
“五五”时期	3186.22	2342.17	73.5
1978	668.72	500.99	74.9
1980	745.90	558.89	74.9
“六五”时期	5330.47	3410.09	64.0
1981	667.51	442.91	66.4
1982	845.31	555.53	65.7
1983	951.96	594.13	62.4
1984	1185.18	743.15	62.7
1985	1680.51	1074.37	63.9
“七五”时期	12493.37	7349.07	58.8
1986	1978.50	1176.11	59.4
1987	2297.99	1343.10	58.4
1988	2762.76	1574.31	57.0
1989	2535.48	1551.74	61.2
1990	2918.64	1703.81	58.4
“八五”时期			
1991	3558.15	2074.73	58.3

表 25 各行业基本建设投资额构成（一）
（以基建投资总额为 100）

时期（年份）	农林牧渔水利业	工业	地质和建筑业	运输邮电通讯业	商业饮食物资供销仓储业
“五五”时期	10.4	52.6	3.1	12.9	3.7
1978	10.5	54.5	4.1	13.6	3.1
1980	9.2	49.3	2.6	11.2	5.1
“六五”时期	4.9	45.4	2.4	13.3	5.2
1981	6.5	48.8	2.6	9.1	6.3
1982	6.1	46.9	2.3	10.3	6.5
1983	5.9	47.5	2.3	13.1	4.9
1984	4.9	46.0	2.0	14.6	4.7
1985	3.3	41.6	2.7	15.9	4.4
“七五”时期	3.3	51.7	1.4	13.0	3.2
1986	3.0	45.2	2.2	15.4	3.6
1987	3.1	50.8	1.7	14.1	3.6
1988	3.0	51.6	1.3	13.5	3.4
1989	3.3	53.0	1.2	10.7	2.9
1990	3.9	55.9	0.9	12.2	2.5
“八五”时期					
1991	4.1	54.3	0.9	15.2	3.8

表 26　各行业基本建设投资额构成（二）

时期（年份）	房地产公用事业居民服务和咨询服务业	文教卫生体育广播福利业	科研和综合技术服务业	金融保险业	其他行业
“五五”时期	4.1	3.9	1.7	0.9	6.7
1978	3.1	2.8	1.6	0.3	6.4
1980	6.0	6.3	1.7	0.5	8.1
“六五”时期	5.7	8.5	1.9	0.8	11.9
1981	3.0	7.8	2.2	0.7	13.0
1982	3.6	6.4	2.0	1.9	14.0
1983	3.3	8.2	1.9	0.6	12.3
1984	3.2	8.9	1.9	0.4	13.4
1985	11.0	9.5	1.9	0.6	9.1
“七五”时期	7.2	8.7	1.6	1.0	8.9
1986	9.3	9.9	2.2	0.7	8.6
1987	6.9	9.3	2.0	1.0	7.5
1988	8.5	8.4	1.5	1.2	7.6
1989	7.2	8.3	1.4	1.0	11.0
1990	4.8	8.1	1.2	0.9	9.5
“八五”时期					
1991	5.3	6.7	1.2	1.0	7.5

表 27　各行业基本建设投资额（一）　　单位：亿元

时期（年份）	总　计	农林牧渔水利业	工　业	地质和建筑业	运输邮电通讯业
“五五”时期	2342.17	243.72	1231.71	72.87	302.45
1978	500.99	52.63	273.16	20.49	68.04
1980	558.89	51.49	275.61	14.25	62.34
“六五”时期	3410.09	169.93	1546.97	82.59	455.13
1981	442.91	28.86	216.01	11.59	40.47
1982	555.53	33.73	260.60	13.11	57.21
1983	594.13	34.93	282.28	13.68	78.04
1984	743.15	36.50	341.59	14.96	108.46
1985	1074.37	35.91	446.49	29.25	170.95
“七五”时期	7349.07	242.50	3802.09	102.49	956.38
1986	1176.11	35.06	531.64	25.64	180.81
1987	1343.10	42.11	682.79	22.76	189.73
1988	1574.31	47.46	812.58	19.90	212.17
1989	1551.74	50.65	822.48	19.01	166.51
1990	1703.81	67.22	952.60	15.18	207.16
“八五”时期					
1991	2074.73	85.02	1126.65	18.37	316.02

注：本表按国民经济新行业划分，与旧行业分类资料不完全可比。（下表同）。

表 28 各行业基本建设投资额（二） 单位：亿元

时期（年份）	商业饮食物资供销仓储业	房地产公用事业居民服务和咨询服务业	文教卫生体育广播福利业	科研和综合技术服务业	金融保险业	其他行业
“五五”时期	87.35	95.12	90.36	39.83	21.00	157.76
1978	15.29	15.39	14.27	8.22	1.68	31.82
1980	28.57	33.81	35.35	9.48	2.89	45.10
“六五”时期	175.06	194.43	290.95	66.40	22.54	406.09
1981	28.01	13.23	34.29	9.81	3.08	57.56
1982	35.98	19.91	40.84	10.50	5.88	77.77
1983	28.93	19.34	48.85	11.32	3.36	73.40
1984	35.17	24.03	65.75	13.95	3.09	99.65
1985	46.97	117.92	101.22	20.82	7.13	97.71
“七五”时期	231.86	530.11	640.63	118.23	70.96	653.82
1986	41.92	110.00	116.49	25.39	8.20	100.94
1987	47.76	92.57	125.55	26.44	13.18	100.21
1988	54.26	133.86	132.16	23.39	18.90	119.63
1989	45.14	111.99	128.63	21.98	15.59	169.76
1990	42.78	81.69	137.80	21.03	15.09	163.28
“八五”时期						
1991	77.81	110.44	139.33	24.27	20.21	156.62

表 29 新建、扩改建项目基本建设投资额

时期（年份）	基本建设投资额（亿元）		比重（以投资总额为100）		时期（年份）	基本建设投资额（亿元）		比重（以投资总额为100）	
	新 建	扩、改建	新 建	扩、改建		新 建	扩、改建	新 建	扩、改建
“五五”时期	1291.01	910.79	55.1	38.9	“七五”时期	3418.15	3479.23	46.5	47.3
1978	286.62	187.58	57.2	37.4	1986	549.89	569.65	46.8	48.4
1980	290.24	237.49	51.9	42.5	1987	610.16	648.39	45.4	48.3
“六五”时期	1591.87	1622.67	46.7	47.6	1988	726.65	745.89	46.2	47.4
1981	218.27	209.49	49.3	47.3	1989	708.49	729.03	45.7	47.0
1982	269.90	264.95	48.6	47.7	1990	822.96	786.27	48.3	46.1
1983	272.47	271.39	45.9	45.7	“八五”时期				
1984	349.81	354.95	47.1	47.7	1991	994.50	876.38	47.9	42.2
1985	481.42	521.89	44.8	48.6					

表 30 生产性和非生产性基本建设投资额

时期（年份）	基本建设投资额（亿元）			比重（以投资总额为 100）		
	生产性建设	非生产性建设	住宅	生产性建设	非生产性建设	住宅
“五五”时期	1729.94	612.23	277.29	73.9	26.1	11.8
1978	396.24	104.75	39.21	79.1	20.9	7.8
1980	359.28	199.61	111.66	64.3	35.7	20.0
“六五”时期	1956.51	1453.58	726.99	57.4	42.6	21.3
1981	252.43	190.48	111.19	57.0	43.0	25.1
1982	302.90	252.63	141.05	54.5	45.5	25.4
1983	346.44	247.69	125.07	58.3	41.7	21.1
1984	443.40	299.75	134.50	59.7	40.3	18.1
1985	611.34	463.03	215.18	56.9	43.1	20.0
“七五”时期	4930.18	2418.88	934.73	67.1	32.9	12.7
1986	712.15	463.95	189.41	60.6	39.4	16.1
1987	880.30	462.80	181.24	65.5	34.5	13.5
1988	1038.08	536.22	204.37	65.9	34.1	13.0
1989	1064.07	487.67	189.39	68.6	31.4	12.2
1990	1235.58	468.23	170.32	72.5	27.5	10.0
“八五”时期						
1991	1493.08	581.65	224.73	72.0	28.0	10.8

表 31 农业、轻工业、重工业基本建设投资额

时期（年份）	基本建设投资额（亿元）			比重（以投资总额为 100）		
	农业	轻工业	重工业	农业	轻工业	重工业
“五五”时期	246.08	156.25	1075.46	10.5	6.7	45.9
1978	53.34	29.30	243.86	10.6	5.8	48.7
1980	52.03	50.89	224.72	9.3	9.1	40.2
“六五”时期	171.81	234.45	1312.52	5.0	6.9	38.5
1981	29.21	43.38	172.63	6.6	9.8	39.0
1982	34.12	46.45	214.15	6.1	8.4	38.5
1983	35.45	38.75	243.53	6.0	6.5	41.0
1984	37.12	42.43	299.16	5.0	5.7	40.3
1985	35.91	63.44	383.05	3.3	5.9	35.7
“七五”时期	242.50	549.51	3252.58	3.3	7.5	44.3
1986	35.06	82.25	449.39	3.0	7.0	38.2
1987	42.11	99.12	583.68	3.1	7.4	43.5
1988	47.46	123.26	689.32	3.0	7.8	43.8
1989	50.65	123.09	699.39	3.3	7.9	45.1
1990	67.22	121.79	830.81	3.9	7.1	48.8
“八五”时期						
1991	85.02	145.30	981.35	4.1	7.0	47.3

注：1985 年以后按国民经济新行业划分，农业不包括气象。

表 32 能源工业和运输邮电业基本建设投资额

时期（年份）	基本建设投资额（亿元）		比重（以投资总额为 100）	
	能源工业	运输邮电业	能源工业	运输邮电业
"五五"时期	489.90	302.45	20.9	12.9
#1978	114.70	68.04	22.9	13.6
1980	115.65	62.34	20.7	11.2
"六五"时期	695.73	455.13	20.4	13.3
1981	94.64	40.47	21.4	9.1
1982	102.23	57.21	18.4	10.3
1983	127.60	78.04	21.5	13.1
1984	165.96	108.46	22.3	14.6
1985	205.30	170.95	19.1	15.9
"七五"时期	2023.35	956.38	27.5	13.0
1986	267.08	180.81	22.7	15.4
1987	340.06	189.73	25.3	14.1
1988	411.56	212.17	26.1	13.5
1989	446.38	166.51	28.8	10.7
1990	558.27	207.16	32.8	12.2
"八五"时期				
1991	631.22	316.02	30.4	15.2

注：能源工业包括煤炭、电力、石油和炼焦及焦炭化学工业。

表 33 更 新 改 造 投 资

（按用途、构成和建设性质分）

单位：亿元

项　目	"六五"时期	"七五"时期	#1990 年	1991 年
全 国 总 计	**1495.22**	**3977.32**	**830.19**	**996.85**
一、按用途分				
生产性建设	1218.99	3318.11	702.33	851.54
节约能源	67.76	131.73	27.28	33.94
增　产	649.14	1474.26	291.95	328.40
增加品种	23.17	595.71	130.10	161.23
提高产品质量	77.84	221.74	52.00	82.59
治理废气、废水、废渣	26.66	72.65	14.76	19.99
其他生产性建设	374.42	822.02	186.24	225.39
非生产性建设	276.23	659.20	127.86	145.31
#住　宅	129.44	308.63	58.97	63.27
二、按构成分				
#建筑安装工程	766.69	1844.90	372.91	419.64
设备工器具购置	660.06	1845.99	397.36	468.66
#用于更新的设备	214.05	515.27	106.95	113.99
三、按建设性质分				
#新　建	93.19	220.05	45.62	49.24
扩　建	521.18	1803.59	370.35	439.71
改　建	768.86	1705.49	364.57	428.22
四、按资金来源分				
国家预算内投资	169.64	111.66	17.56	16.28
国内贷款	457.26	1436.89	269.55	411.81
利用外资	14.89	112.39	33.85	38.98
自筹投资	818.64	2081.22	455.37	489.18
其他投资	34.79	235.15	53.87	40.60

注：1981 年改建投资数字中包括部分"单纯建造生活设施"的投资。

表34 更新改造投资

（按隶属关系和国民经济行业分）　　单位：亿元

项　　目	"六五"时期	"七五"时期	1990年	1991年
全 国 总 计	**1495.22**	**3977.32**	**830.19**	**996.85**
一、按隶属关系分				
中央项目	381.79	971.78	228.46	267.14
地方项目	1113.43	3005.54	601.73	729.71
二、按国民经济行业分				
1. 农林牧渔水利业	30.88	51.16	10.07	16.41
2. 工　业	1097.75	3109.43	647.49	759.79
煤　炭	83.94	182.96	47.51	50.70
石　油	101.83	157.59	37.05	43.04
电　力	52.98	129.39	31.94	31.74
炼　焦	4.38	32.59	8.60	7.50
冶　金	97.81	352.97	6.31	78.43
有　色	38.46	124.81	25.19	26.83
化　工	130.42	384.22	91.16	105.09
森　林	4.36	19.94	4.38	2.72
建　材	74.62	191.24	31.80	31.91
机　械	171.48	518.12	106.20	106.09
电　子	36.00	100.67	23.57	24.80
纺　织	131.66	343.85	62.23	72.06
轻　工	151.74	543.49	108.66	136.29
其　他	18.07	27.59	6.87	42.59
3. 地质和建筑业	23.99	45.22	8.10	7.44
4. 运输邮电通讯业	160.23	336.35	80.22	107.43
5. 商业饮食物资供销仓储业	56.94	122.84	23.20	30.85
6. 房地产公用事业居民服务咨询业	59.14	195.65	36.22	43.73
7. 文教卫生体育广播福利业	23.02	36.33	7.81	7.91
8. 科研综合技术服务业	7.69	11.62	2.18	1.67
9. 金融保险业	6.43	9.92	1.72	1.96
10. 其他行业	29.15	58.83	13.19	19.66

四、财政收入稳定增长，赤字有所增加

1991年，全国财政收入3582.8亿元，比上年增长8.2%，比国民生产总值增长高0.9个百分点，属于收入比较好的年份。其中预算内收入3409.1亿元，比上年增长8.8%，中央收入1195.9亿元，增长0.5%，地方收入2213.2亿元，增长13.8%。全国财政总支出3793.9亿元，比上年增长9.9%。收支相抵，1991年财政赤字为211.1亿元，比上年赤字139.6亿元增加71.5亿元。

在国家预算收入和预算外收入构成中，中央收入比重继续下降，地方收入比重继续上升。1991年，在预算收入中，中央所占比重由上年的38%下降为35.1%，地方由62%上升为64.9%；在预算外收入中，中央所占比重由40.3%下降为39.6%，地方由59.7%上升为60.4%。

表 35 国家财政预算收入和预算外收入

单位：亿元

年 份	国家财政预算收入	中 央	地 方	国家财政预算外收入	中 央	地 方
1978	1121.12			347.11		
1979	1067.96	152.72	915.24	452.85		
1980	1042.22	166.74	875.48	557.40		
1981	1016.38	151.67	864.71	601.07		
1982	1083.94	218.45	865.49	802.74	270.70	532.04
1983	1211.16	334.22	876.94	967.68	359.90	607.78
1984	1467.05	489.66	977.39	1188.48	470.54	717.94
1985	1837.16	678.63	1158.53	1530.03	636.10	893.93
1986	2184.52	840.93	1343.59	1737.31	716.63	1020.68
1987	2262.42	799.36	1463.06	2028.80	828.03	1200.77
1988	2489.41	906.93	1582.48	2360.77	907.15	1453.62
1989	2803.81	961.43	1842.38	2658.83	1072.28	1586.55
1990	3134.34	1189.66	1944.68	2708.64	1073.28	1635.36
1991	3409.10	1195.90	2213.20	2850.00		

注：预算收入指国内部分。

表 36 国家财政收入和预算外收入构成

单位：%

年 份	以预算收入总计为100		以预算外收入总计为100		预算外收入相当于预算收入比 重
	中央	地方	中央	地方	
1978					31.0
1979	14.3	85.7			42.4
1980	16.0	84.0			53.5
1981	14.9	85.1			59.1
1982	20.2	79.8	33.7	66.3	74.1
1983	27.6	72.4	37.2	62.8	79.9
1984	33.4	66.6	39.6	60.4	81.0
1985	36.9	63.1	41.6	58.4	83.3
1986	38.5	61.5	41.2	58.8	79.5
1987	35.3	64.7	40.8	59.2	89.7
1988	36.4	63.6	38.4	61.6	94.8
1989	34.3	65.7	40.3	59.7	94.8
1990	38.0	62.0	39.6	60.4	86.4
1991	35.1	64.9			83.6

表 37 国家财政收支总额

单位：亿元

年 份	总收入	总支出	收支差额
1978	1121.1	1111.0	10.1
1979	1103.3	1273.9	−170.6
1980	1085.2	1212.7	−127.5
1981	1089.5	1115.0	−25.5
1982	1124.0	1153.3	−29.3
1983	1249.0	1292.5	−43.5
1984	1501.9	1546.4	−44.5
1985	1866.4	1844.8	21.6
1986	2260.3	2330.8	−70.6
1987	2368.9	2448.5	−79.5
1988	2628.0	2706.6	−78.6
1989	2947.9	3040.2	−92.3
1990	3312.6	3452.2	−139.6
1991	3582.8	3793.9	−211.1

注：国家财政收支中，包括国内外债务收入和用其安排的支出。

表 38　国家财政收支分项目数　　单位：亿元

项　　目	1978年	1985年	1990年	1991年
财政收入总计	**1121.1**	**1866.4**	**3312.6**	**3582.8**
各项税收	519.3	2024.8	2821.9	2986.1
企业收入	572.0	43.8	78.3	72.8
债务收入		89.9	375.5	455.0
征集能源交通重点建设基金收入		146.8	185.1	182.7
企业亏损补贴		−491.1	−578.9	−506.4
其他收入	29.8	52.2	430.7	392.6
财政支出总计	**1111.0**	**1844.8**	**3452.2**	**3793.9**
基本建设拨款	451.9	583.8	725.6	726.3
企业挖潜改造资金和新产品试制费	63.2	103.4	153.9	183.5
增拨企业流动资金	66.6	14.3	10.9	9.9
文教科学卫生事业费	112.7	316.7	617.3	699.1
#教育事业费	65.6	184.2	352.6	406.1
国防支出	167.8	191.5	290.3	330.3
行政管理费	49.0	143.6	303.1	347.8

注：由于实行第二步利改税办法，1985年以后，分项目收入数字与以前年度数字不可比。债务收入包括国外借款和国内债务收入。

五、金融形势比较平稳，存贷差进一步缩小

1991年，银行、信用社新增贷款3287亿元，其中国家银行贷款新增2895亿元，分别比上年多增加239亿元和164亿元，贷款余额分别增长19.9%和19.1%。全年银行投放流动资金贷款1881亿元，比上年少投215亿元。全年固定资产贷款共投放798.6亿元，比上年多投放360亿元。

1991年各项存款余额17573.42亿元，比上年增加3783.69亿元，增长27.4%。其中城乡居民储蓄存款余额达9110亿元，比上年末增加2076亿元，增长29.5%。存款增加额大于贷款增加额496.69亿元，而上年为贷大于存63亿元。

全年现金投放533.43亿元，比上年多投放233.43亿元，是历史上第二个高投放年。年末现金流通量比年初增长20.2%，高于上年增长12.8%的幅度。广义货币供应量比年初增长26.8%，略低于上年27.9%的幅度。1991年，黄金储备1267万盎司，外汇储备426.65亿美元。

保险事业进一步发展，1991年各类财产险承保总额28015亿元，比上年增长20%。

上海、深圳进行发行人民币特种股票（B种股票）试点。

表 39 国家信贷收支

（年底余额） 单位：亿元

项 目	1978 年	1985 年	1990 年	1991 年
资金来源总计	**1876.50**	**6430.87**	**16837.88**	**20613.90**
一、各项存款	1134.50	4273.03	11644.83	14864.08
企业存款	368.40	2071.53	3997.68	4918.10
财政存款	187.40	368.37	380.40	485.76
基本建设存款	109.60			
机关团体存款	159.80	325.76	614.78	752.78
城镇储蓄存款	154.90	1057.81	5192.58	6790.33
农村存款	154.40	449.56	850.26	1172.47
其他存款	—		609.13	744.64
二、债 券	—		91.99	134.06
三、对国际金融机构负债	—	78.18	185.71	184.67
四、流通中货币	212.00	987.83	2644.37	3177.80
五、银行自有资金	421.90	777.82	1315.83	1481.70
六、当年结益		70.30	165.87	453.78
七、其 他	108.10	243.71	789.28	317.81
资金运用总计	**1876.50**	**6430.87**	**16837.88**	**20613.90**
一、各项贷款	1850.00	5905.51	15166.36	18043.95
工业生产企业贷款	351.40	1160.08	3559.43	4235.76
物资供销企业贷款	215.60	80.83	652.95	696.77
商业贷款	1117.60	2649.30	5768.48	6691.19
建筑企业贷款	—	267.07	671.45	715.01
固定资产贷款	—	705.32	2245.75	3044.36
城镇集体及个体工商贷款	49.80	321.28	831.26	950.26
农业贷款	115.60	416.63	1038.08	1209.48
其他贷款			398.96	501.12
二、黄金占款	12.20	12.04	12.04	12.04
三、外汇占款	14.30	93.10	599.46	1228.11
四、在国际金融机构资产	—	88.69	258.96	261.96
五、财政借款	—	275.05	801.06	1067.84
六、其他支出		56.48		

注：从 1985 年开始，国家信贷收支包括建设银行数字；预购定金贷款、国营农业贷款和农村社队贷款合并为农业贷款。

表 40　农村信用社存款和贷款

（年底余额）　单位：亿元

项　目	1978 年	1985 年	1990 年	1991 年
各项存款合计	**166.00**	**724.90**	**2144.9**	**2709.34**
集体农业存款	93.80	71.92	106.4	135.87
乡镇企业存款	—	72.13	149.9	191.65
农户储蓄存款	55.70	564.81	1841.6	2316.67
其他存款	16.50	16.04	47.0	65.15
各项贷款合计	**45.10**	**399.96**	**1413.0**	**1808.64**
集体农业贷款	21.80	41.35	134.1	169.89
乡镇企业贷款	12.10	164.43	760.7	1007.31
农户贷款	11.20	194.18	518.2	631.44

表 41　城乡储蓄存款年底余额

单位：亿元

年 份	总 计	城镇储蓄	定期储蓄	农户储蓄
1978	210.6	154.9	128.9	55.7
1979	281.0	202.6	166.4	78.4
1980	399.5	282.5	228.6	117.0
1981	523.7	354.1	289.4	169.6
1982	675.4	447.3	365.2	228.1
1983	892.5	572.6	463.9	319.9
1984	1214.7	776.6	615.3	438.1
1985	1622.6	1057.8	841.2	564.8
1986	2237.6	1471.5	1189.3	766.1
1987	3073.3	2067.6	1647.9	1005.7
1988	3801.5	2659.2	2045.2	1142.3
1989	5146.9	3734.8	3102.5	1412.1
1990	7034.2	5192.6	4396.2	1841.6
1991	9110.0			

表 42　黄金和外汇储备

（年 底 数）

项 目	单 位	1978 年	1985 年	1990 年	1991 年
黄 金	万盎司	1280	1267	1267	1267
外 汇	亿美元	15.57	119.13	285.94	426.65

表 43　金融体制改革情况

类 别	单 位	数量
信托投资公司	家	377
租赁公司	家	9
证券公司	家	66
财务公司	家	17
外资银行分行	家	38
外资保险公司分公司	家	2
城市信用社	家	3000
农村信用社	家	60000
1991 年拆借资金	亿元	2400
到 1991 年底发行各种债券	亿元	2362
其中：债券余额	亿元	1713
到 1991 年底发行股票	亿元	48
债券、股票 1991 年市场交易额	亿元	600

六、价格改革迈出新步伐，市场物价总水平稳定

1991 年，国家先后有计划地提高了原油、成品油、钢材、生铁等基础产品和铁路货运价格，提高了城镇居民定量供应的粮食和食用植物油销售价格。价格调整的幅度虽然比较大，但市场物价仍然比较平稳。全年零售物价指数比上年上涨 2.9%；城乡居民生活费用价格总水平比上年上涨 3.4%，其中城镇上涨 5.1%，农村上涨 2.3%，35 个大中城市职工生活费用价格上涨 8%。工业品出厂价格总水平比 1990 年上涨 6.2%，其中原材料、燃料、动力购进价格总水平上涨 9.1%。按工业部门统计，冶金类产品上涨 14.2%，电力上涨 16.9%，煤炭上涨 13.1%，石油上涨 18.8%，建材上涨 6.1%，化学制品上涨 2.4%。1991 年固定资产投资价格比上年上涨 9.5%，其中建筑安装工程投资价格比上年上涨 9.7%，设备、工器具购置价格上涨 6.1%，其他费用价格上涨 16.8%。

表 44 各种物价指数

项 目	1991 年为下列各年%			
	1978 年	1980 年	1985 年	1990 年
职工生活费用价格总指数	**222.0**	**202.9**	**165.5**	**105.1**
消费品零售价格指数	222.8	202.5	164.6	104.5
服务项目价格指数	211.5	209.9	174.2	110.8
零售物价总指数	**207.7**	**192.1**	**162.0**	**102.9**
消 费 品	209.4	191.8	162.5	102.9
食 品 类	256.0	219.4	169.5	103.3
衣 着 类	147.3	148.0	152.3	104.1
日用品类	158.1	155.0	148.4	101.5
文化娱乐用品类	121.0	124.6	131.6	96.2
书报杂志类			276.0	100.8
药及医疗用品类	194.8	189.8	165.3	103.4
燃 料 类	189.1	187.6	172.1	115.6
农业生产资料	195.1	191.9	157.7	102.9
集市贸易消费品价格指数	**220.3**	**227.5**	**171.2**	**99.1**
粮 食 类	149.0	175.9	196.7	86.4
食用植物油类	152.1	166.0	183.5	95.2
鲜 菜 类	245.1	238.6	157.7	102.3
干 菜 类	184.2	188.6	167.1	108.6
肉禽蛋类	249.4	261.5	189.7	95.0
水产品类	374.3	336.2	176.3	101.1
鲜 果 类			138.7	104.0
干 果 类	249.2	241.1	171.4	97.0
日用杂品类	274.9	287.6	209.0	102.6
柴 草 类	318.8	303.0	207.7	97.0
农副产品收购价格总指数	**273.9**	**209.6**	**164.2**	**98.0**
粮 食 类	324.5	230.4	160.9	93.8
经济作物类	238.2	174.1	155.5	101.6
禽畜产品类	292.5	229.2	173.2	97.4
其他农副产品类	263.7	227.6	161.0	101.8

表45 各地区零售物价总指数和职工生活费用价格总指数

地区	零售物价总指数 1991年为下列各年%				职工生活费用价格总指数 1991年为下列各年%			
	1978年	1980年	1985年	1990年	1978年	1980年	1985年	1990年
全国总计	**207.7**	**192.1**	**162.0**	**102.9**	**222.0**	**202.9**	**165.5**	**105.1**
北京	238.5	219.5	174.5	108.5	231.8	214.8	172.5	111.9
天津	202.1	189.5	159.5	108.0	196.8	185.4	157.6	110.2
河北	196.9	184.6	159.2	102.8	206.9	189.8	159.2	106.6
山西	203.2	195.4	166.6	103.9	214.8	201.5	167.5	106.2
内蒙古	200.6	186.6	157.4	104.5	202.5	186.5	155.8	106.0
辽宁	214.2	199.9	167.6	104.1	227.0	206.0	169.8	106.0
吉林	218.3	202.7	165.0	105.1	233.0	213.2	168.8	107.1
黑龙江	219.9	204.6	163.5	106.5	213.2	210.1	166.8	108.2
上海	224.4	208.8	172.2	109.5	217.9	203.9	170.0	110.5
江苏	212.7	199.1	171.0	104.4	222.1	202.1	173.0	107.7
浙江	230.6	208.7	169.7	103.0	246.1	220.5	173.4	105.6
安徽	199.3	189.1	167.7	105.7	206.1	193.5	167.6	107.4
福建	228.3	211.3	172.3	103.6	249.8	228.9	178.6	104.6
江西	210.7	200.3	165.5	102.4	220.9	204.7	168.3	104.4
山东	188.0	180.1	158.7	104.7	201.7	190.6	164.1	106.2
河南	190.3	181.9	160.9	101.7	200.5	188.4	161.5	105.1
湖北	196.2	184.9	161.3	104.3	212.8	194.2	163.3	106.2
湖南	234.9	207.7	171.3	104.1	252.6	215.4	173.9	105.1
广东	254.9	228.0	176.4	100.6	278.2	242.9	181.6	102.3
广西	232.7	208.4	166.7	102.5	259.8	224.2	169.8	102.7
海南	—	—	—	103.1	—	—	—	104.0
四川	213.4	187.2	163.4	102.3	232.9	201.6	169.5	104.3
贵州	206.8	187.6	161.6	103.3	229.1	204.8	169.0	103.9
云南	200.6	188.3	163.0	103.7	210.8	193.3	163.4	103.8
西藏								
陕西	204.2	191.8	164.0	105.8	213.0	199.6	168.7	107.3
甘肃	200.1	188.7	162.4	104.6	223.3	204.4	168.4	105.7
青海	209.3	197.1	165.5	106.3	213.6	198.0	167.0	108.7
宁夏	206.0	192.2	163.4	105.7	221.0	201.3	168.1	106.9
新疆	197.6	183.3	159.2	108.0	204.1	190.7	162.3	109.3

注：全国零售物价总指数和职工生活费用价格总指数是按照全国统一规定的商品目录，根据各调查市县上报的商品零售价格和服务项目价格直接汇总计算的，而不是各地区相应指数的简单平均数或加权平均数。

表 46　价格管理分类统计（按产值计算）

类　别	比　重	1979 年		1991 年	
		国家管理	市场调节	国家管理	市场调节
农产品	%	92	8	24	76
轻工产品	%	95	5	30	70
重工产品	%	100	0	42	58

七、农业取得较好收成，乡镇企业稳定增长

1991 年，我国部分地区虽然遭到严重的自然灾害，但由于采取了有力的抗灾救灾措施，农业仍夺得了较好的收成。农业总产值 8157 亿元，比上年增长 3.7%。其中，种植业增长 1%，林业增长 7.8%，牧业增长 6.1%，副业增长 1.8%，渔业增长 6.7%。主要农产品产量中，粮食略有减产，但仍是历史上第二个高产年，棉花大幅度增产，油料、糖料、烤烟产量创历史最高水平；蔬菜、水果生产又获丰收。全年水产品产量比上年增长 8.3%；全国猪牛羊肉增长 7.9%；全国造林面积比上年增长 5.8%。

1991 年，全国农村社会总产值 190004.09 亿元，比上年增长 11%。乡镇企业总产值达 10847.06 亿元，比上年增长 20%；农村工业、建筑业、运输业和商业、饮食业产值占农村社会总产值的比重由上年的 53.9%上升到 57.1%，增加 3.2 个百分点。

农业的社会服务体系进一步发展，商品化生产的程度进一步提高，农村综合商品率已超过 60%。

表 47　农村社会总产值

指　标	1978 年		1990 年		1991 年	
	绝对数（亿元）	构成（%）	绝对数（亿元）	构成（%）	绝对数（亿元）	构成（%）
农村社会总产值	**2037.54**	**100**	**16619.21**	**100**	**19004.09**	**100**
农业总产值	1397.00	68.6	7662.09	46.1	8157.03	42.9
农村工业总产值	396.50	19.4	6719.73	40.4	8266.50	43.5
农村建筑业总产值	134.74	6.6	978.47	5.9	1142.32	6.0
农村运输业总产值	34.50	1.7	579.62	3.5	660.76	3.5
农业商业、饮食业总产值	74.80	3.7	679.30	4.1	777.48	4.1

注：本表按当年价格计算。

表 48　农　业　总　产　值

单位：亿元

年　份	农业总产值	农作物种植业	林　业	牧　业	副　业	渔　业
1978	1397.0	1071.6	48.1	209.3	45.9	22.1
1979	1697.6	1267.3	60.7	285.6	58.0	26.0
1980	1922.6	1378.1	81.4	354.2	76.0	32.9
1981	2180.6	1537.3	98.9	402.2	98.5	43.7
1982	2483.3	1750.3	110.1	455.8	115.9	51.2
1983	2750.0	1941.4	127.2	484.2	134.0	63.2
1984	3214.1	2195.1	161.6	586.2	186.2	85.0
1985	3619.5	2279.8	188.7	796.9	228.0	126.1
1986	4013.0	2498.3	201.2	873.5	275.6	164.4
1987	4675.7	2837.9	222.0	1065.8	325.1	224.9
1988	5865.3	3276.9	275.3	1597.6	393.0	322.5
1989	6534.7	3674.5	284.9	1797.4	429.1	348.8
1990	7662.1	4481.7	330.3	1964.1	475.4	410.6
1991	8157.0	4662.8	367.9	2156.3	486.6	483.5

表 49 农业总产值指数

（1978 年＝100）

年 份	农业总产值	农作物种植业	林 业	牧 业	副 业	渔 业
1978	100	100	100	100	100	100
1979	107.5	107.2	101.4	114.6	96.5	96.6
1980	109.1	106.6	113.7	122.6	102.4	103.9
1981	115.4	112.9	118.4	129.8	127.0	108.5
1982	128.4	124.5	128.5	147.0	154.8	121.8
1983	138.4	134.8	141.6	152.8	172.8	132.4
1984	155.4	148.2	168.5	173.2	229.9	155.8
1985	160.7	145.3	176.1	203.0	277.3	185.1
1986	166.1	146.6	169.8	214.2	332.6	223.1
1987	175.7	154.4	169.3	221.1	383.8	263.5
1988	182.6	154.0	173.4	248.5	431.6	294.1
1989	188.3	156.8	174.1	262.4	457.5	315.3
1990	202.6	170.3	179.5	280.8	474.9	346.8
1991	210.1	172.0	193.8	305.7	476.5	373.3

注：本表按当年价格计算。

表 50 农业总产值构成

（以农业总产值为 100）

年 份	农作物种植业	林 业	牧 业	副 业	渔 业
1978	76.71	3.44	14.98	3.29	1.58
1979	74.65	3.58	16.82	3.42	1.53
1980	71.68	4.23	18.42	3.95	1.71
1981	70.50	4.54	18.44	4.52	2.00
1982	70.48	4.43	18.35	4.67	2.06
1983	70.60	4.63	17.61	4.87	2.30
1984	68.30	5.03	18.24	5.79	2.64
1985	62.99	5.21	22.02	6.30	3.48
1986	62.25	5.01	21.77	6.87	4.10
1987	60.70	4.75	22.79	6.95	4.81
1988	55.87	4.69	27.24	6.70	5.50
1989	56.23	4.36	27.50	6.57	5.34
1990	58.49	4.31	25.63	6.21	5.36
1991	57.16	4.51	26.43	5.97	5.93

注：本表按当年价格计算。

表 51 粮食和经济作物播种面积

单位：万亩

年份	总播种面 积	粮食作物		经济作物	
		播种面积	占总播种面积%	播种面积	占总播种面积%
1978	255156	180881	80.3	21660	9.6
1979	222715	178894	80.3	22151	10.0
1980	219569	175851	80.1	23882	10.9
1981	217736	172437	79.2	26341	12.1
1982	217132	170194	78.4	28191	13.0
1983	215990	171071	79.2	26641	12.3
1984	216332	169326	78.3	28932	13.4
1985	215439	163268	75.8	33567	15.6
1986	216306	166399	76.9	30428	14.1
1987	217435	166902	76.8	31087	14.3
1988	217303	165184	76.0	32244	14.9
1989	219831	168307	76.6	31483	14.3
1990	222543	170199	76.5	32125	14.4
1991	224379	168470	75.1	35208	15.7

表 52　主要农产品产量（一）

单位：万吨

年 份	粮 食	#稻谷	#小麦	#玉米	#大豆	#薯类
1978	30477	13693	5384	5595	757	3174
1979	33212	14375	6273	6004	746	2846
1980	32056	13991	5521	6260	794	2873
1981	32502	14396	5964	5921	933	2597
1982	35450	16160	6847	6056	903	2705
1983	38728	16887	8139	6821	976	2925
1984	40731	17826	8782	7341	970	2848
1985	37911	16857	8581	6383	1050	2604
1986	39151	17222	9004	7086	1161	2534
1987	40298	17426	8590	7924	1247	2820
1988	39408	16911	8543	7735	1165	2697
1989	40755	18013	9081	7893	1023	2730
1990	44624	18933	9823	9682	1100	2744
1991	43529	18381	9595	9877	971	2716

表 53　主要农产品产量（二）

单位：万吨

年 份	棉花	油料	#花生	#油菜籽	#芝麻
1978	216.7	521.8	237.7	186.8	32.2
1979	220.7	643.5	282.2	240.2	41.7
1980	270.7	769.1	360.0	238.4	25.9
1981	296.8	1020.5	382.6	406.5	51.0
1982	359.8	1181.7	391.6	565.6	34.2
1983	463.7	1055.0	395.1	428.7	34.9
1984	625.8	1191.0	481.5	420.5	47.6
1985	414.7	1578.4	666.4	560.7	69.1
1986	354.0	1473.8	588.2	588.1	61.8
1987	424.5	1527.8	617.1	660.5	52.6
1988	414.9	1320.3	569.3	504.4	40.4
1989	378.8	1295.2	536.3	543.6	33.8
1990	450.8	1613.2	636.8	695.8	46.9
1991	567.5	1638.3	630.3	743.6	43.5

表 54　主要农产品产量（三）

单位：万吨

年 份	黄红麻	甘 蔗	甜 菜	桑蚕茧	茶 叶	烤 烟
1978	108.8	2111.6	270.2	17.3	26.8	105.2
1979	108.9	2150.8	310.6	21.3	27.7	80.6
1980	109.8	2280.7	630.5	25.0	30.4	71.7
1981	126.0	2966.8	636.0	25.2	34.3	127.9
1982	106.0	3688.2	671.2	27.1	39.7	184.8
1983	101.9	3114.1	918.2	26.8	40.1	115.1
1984	149.2	3951.9	828.4	30.6	41.4	154.3
1985	411.9	5154.9	891.9	33.6	43.2	207.5
1986	142.0	5021.9	830.6	33.6	46.1	137.4
1987	113.7	4736.4	814.0	35.4	50.9	163.6
1988	107.8	4906.4	1281.0	39.4	54.5	233.7
1989	66.0	4879.5	924.3	43.5	53.5	240.5
1990	72.6	5762.0	1452.5	48.0	54.0	225.9
1991	51.3	6789.8	1628.9	58.4	54.2	267.0

注：1989 年以后黄红麻按熟麻皮计算，1988 年以前按生麻计算，一般定额为二斤生麻折一斤熟麻皮。

表 55　主要农产品产量（四）

单位：万吨

年 份	水 果	# 苹果	# 柑桔	# 梨	# 葡萄	# 香蕉
1978	657.0	227.5	38.3	151.7	10.4	8.5
1979	701.5	286.9	55.5	143.8	12.6	7.4
1980	679.3	236.3	71.3	146.6	11.0	6.1
1981	780.1	300.6	79.8	159.3	14.8	12.6
1982	771.3	243.0	93.9	175.5	18.6	20.1
1983	948.7	354.1	129.6	179.5	24.7	20.7
1984	984.5	294.1	149.6	210.0	29.4	30.0
1985	1163.9	361.4	180.8	213.7	36.1	63.1
1986	1347.7	333.7	254.8	234.8	44.2	125.1
1987	1667.8	426.5	322.4	248.9	64.1	202.9
1988	1666.1	434.4	256.0	272.1	79.2	183.0
1989	1831.9	449.9	456.1	256.5	87.4	140.4
1990	1874.4	431.9	485.5	235.3	85.9	145.6
1991	2176.1	454.0	633.3	249.8	91.6	198.1

表56 主要林产品产量

单位：万吨

年份	橡胶	松脂	生漆	油桐籽	油茶籽	核桃
1978	10.16	33.8	0.22	39.1	47.9	11.3
1979	10.83	40.4	0.27	32.5	61.7	9.1
1980	11.30	42.1	0.25	30.3	49.0	11.9
1981	12.77	56.2	0.30	36.0	65.4	10.7
1982	15.26	47.0	0.29	33.9	49.4	10.3
1983	17.24	30.4	0.28	36.8	43.5	11.0
1984	18.88	36.9	0.23	36.2	53.6	12.8
1985	18.79	34.4	0.22	37.9	61.9	12.2
1986	20.97	41.6	0.31	34.6	43.8	13.6
1987	23.76	52.3	0.33	34.2	51.8	14.7
1988	23.98	46.1	0.33	35.9	46.3	17.7
1989	24.28	48.7	0.30	33.5	66.7	16.0
1990	26.42	43.5	0.27	35.1	52.3	14.9
1991	29.64	44.0	0.29	32.6	62.1	15.2

表57 大牲畜头数

单位：万头

年份	大牲畜年底头数	役畜	牛	马	驴	骡	骆驼
1978	9389	5023	7072	1125	748.1	386.8	57.4
1979	9489	5029	7135	1115	747.3	402.3	60.4
1980	9525	5088	7168	1104	774.8	416.6	51.4
1981	9764	5471	7330	1097	841.5	432.5	62.8
1982	10113	5833	7607	1098	899.9	446.4	61.0
1983	10350	6125	7808	1081	944.9	459.3	56.4
1984	10839	6403	8213	1098	996.0	479.0	53.0
1985	11382	6646	8682	1108	1041.5	497.2	53.0
1986	11896	6905	9167	1099	1068.9	511.3	50.4
1987	12191	7113	9465	1069	1084.6	524.8	47.5
1988	12538	7219	9795	1054	1105.2	536.6	47.2
1989	12805	7432	10075	1029	1113.6	539.1	47.5
1990	13021	7606	10288	1017	1119.8	549.4	46.3
1991	13193	7682	10459	1009	1115.8	560.6	44.1

表58 猪羊头数

年份	猪年底头数（万头）	肉猪出栏头数（万头）	肉猪出栏率（%）	羊年底只数（万只）	山羊	绵羊
1978	30129	16110	55	16994	7354	9640
1979	31971	18768	62	18314	8057	10257
1980	30543	19861	62	18731	8068	10663
1981	29370	19495	64	18773	7826	10947
1982	30078	20063	68	18179	7522	10657
1983	29854	20661	69	16695	6803	9892
1984	30679	22047	74	15840	6321	9519
1985	33140	23875	78	15588	6167	9421
1986	33719	25722	78	16623	6722	9901
1987	32773	26177	78	18034	7769	10265
1988	34222	27570	84	20153	9096	11057
1989	35281	29023	85	21164	9813	11351
1990	36241	30991	86	21002	9721	11282
1991	36965	32897	91	20621	9536	11086

注：肉猪出栏头数包括国家收购和集体、农民及其他单位出售和自宰。

表59 主要畜产品产量

单位：万吨

年份	猪牛羊肉产量	猪肉	牛肉	羊肉	牛奶	禽蛋
1978	856.3					
1979	1062.4					
1980	1205.4	1134.0	26.9	44.5	114.1	
1981	1260.9	1188.5	24.8	47.6	129.1	
1982	1350.8	1271.8	26.6	52.4	161.8	280.9
1983	1402.1	1316.1	31.5	54.5	184.5	332.4
1984	1540.6	1444.7	37.3	58.6	218.6	431.6
1985	1760.7	1654.7	46.7	59.3	249.9	534.7
1986	1917.1	1796.0	58.9	62.2	289.9	555.0
1987	1986.0	1834.9	79.3	71.9	330.1	590.2
1988	2193.6	2017.6	95.8	80.2	366.0	695.5
1989	2326.2	2122.8	107.2	96.2	381.3	719.8
1990	2513.5	2281.1	125.6	106.8	415.7	794.6
1991	2723.8	2452.3	153.5	118.0	464.4	922.0

表60 水 产 品 产 量

单位：万吨

年份	总产量	海水产品	#人工养殖	淡水产品	#人工养殖	年份	总产量	海水产品	#人工养殖	淡水产品	#人工养殖
1978	466	360	45	106	76	1985	705	420	71	285	238
1979	431	319	42	112	82	1986	824	476	86	348	294
1980	450	326	45	124	90	1987	955	548	110	407	347
1981	461	223	46	138	102	1988	1061	606	142	455	390
1982	516	360	50	156	120	1989	1152	661	158	491	417
1983	546	362	55	184	142	1990	1237	713	162	524	445
1984	619	394	64	225	180	1991	1335	784	190	551	459

表61 主要农业机械拥有量

项目	单位	1978年	1980年	1985年	1990年	1991年
农业机械总动力	万千瓦	11750.0	14746.0	20913.0	28707.7	29388.6
大中型拖拉机	混合台	557358	744865	852357	813512	784466
小型及手扶拖拉机	万台	137.3	187.4	382.4	698.1	730.4
大中型机引农具	万台	119.2	136.9	112.8	97.4	99.1
农用排灌动力机械	万台	502.6	563.0	616.3	848.6	894.0
总动力	万千瓦	4823.0	5491.0	5755.0	7129.3	7264.0
联合收割机	台	18975	27045	34573	38719	43996
农用载重汽车	辆	73770	137668	429554	624384	616637
渔用机动船	艘	47716	61022	172582	320927	329843
总动力	万千瓦	214.0	258.0	367.0	696.0	733.4

注：大中型拖拉机是指14.72千瓦以上的拖拉机。

表62 机耕地面积和灌溉面积

单位：万公顷

年份	机耕地面积	灌溉面积	机电灌溉面积	机电灌溉面积占灌溉面积比重（%）
1978	4067.0	4496.5	2489.5	55.4
1979	4221.9	4500.3	2532.1	56.3
1980	4099.0	4488.8	2531.5	56.4
1981	3647.7	4457.4	2523.1	56.6
1982	3511.5	4417.7	2514.5	56.9
1983	3357.2	4464.4	2526.5	56.6
1984	3492.2	4445.3	2506.2	56.4
1985	3444.2	4403.6	2462.9	55.9
1986	3642.8	4422.6	2503.1	56.6
1987	3839.3	4440.3	2482.5	55.9
1988	4091.4	4437.6	2608.3	58.8
1989	4259.3	4491.7	2610.7	58.1
1990	4825.5	4740.3	2714.8	57.3
1991	5019.0	4782.2	2762.8	57.8

表63 化肥施用量、小水电站和农村用电量

年份	化肥施用量（万吨）	农村小型水电站		农村用电量（亿千瓦小时）
		个数（个）	发电能力（万千瓦）	
1978	884.0	82387	223.4	253.1
1979	1086.3	83224	276.3	282.7
1980	1269.4	80319	304.1	320.8
1981	1334.9	74017	336.0	369.9
1982	1513.4	66256	253.0	396.9
1983	1659.8	62328	346.3	428.1
1984	1739.8	60062	361.5	464.0
1985	1775.8	55754	380.2	508.9
1986	1930.6	54136	387.9	586.7
1987	1999.3	51978	394.1	658.8
1988	2141.5	51558	428.9	712.0
1989	2357.1	50862	416.8	790.5
1990	2590.3	52387	428.8	844.5
1991	2805.1	49644	456.9	963.2

注：1. 化肥施用量按有效成份100%计算。
2. 农村用电量包括国家电网的供电量和农村自办电站的供电量，不包括在农村的全民所有制单位的用电量。

表 64　受灾和成灾面积

单位：万公顷

年份	受灾面积	#水灾	#旱灾	成灾面积	#水灾	#旱灾	成灾占受灾面积 %	年份	受灾面积	#水灾	#旱灾	成灾面积	#水灾	#旱灾	成灾占受灾面积 %
1978	5079	285	4017	2180	92	1797	42.9	1985	4437	1420	2299	2271	895	1006	51.2
1979	3937	676	2465	1512	287	932	38.4	1986	4714	916	3104	2366	560	1476	50.2
1980	4453	915	2611	2232	503	1249	50.1	1987	4209	869	2492	2039	410	1303	48.5
1981	3979	862	2569	1874	397	1213	47.1	1988	5087	1195	3290	2394	613	1530	47.1
1982	3313	836	2070	1612	446	997	48.6	1989	4699	1133	3936	2445	592	1526	52.0
1983	3471	1216	1609	1621	575	759	46.7	1990	3847	1180	1817	1782	560	781	46.3
1984	3189	1063	1582	1526	539	701	47.9	1991	5547	2460	2491	2781	1461	1056	50.1

表 65　乡镇企业基本情况

项　目	单位	1985年 合计	1985年 #乡村	1990年 合计	1990年 #乡村	1991年 合计	1991年 #乡村
企业单位数	万个	1222.5	156.9	1850.4	145.4	1907.9	144.2
企业职工人数	万人	6979.0	4152.1	9264.8	4592.4	9609.1	4767.0
占全社会劳动力比重	%	14.0	8.3	16.3	8.1	16.5	8.2
占农村劳动力比重	%	18.8	11.2	22.1	10.9	22.3	11.1
企业总产值	亿元	2755.0	2011.9	9581.1	6253.8	11611.8	7713.1
占全社会总产值比重	%	16.6	12.1	25.2	16.5	26.6	17.7
占农村社会总产值比重	%	43.4	31.7	57.7	37.6	59.2	39.3
农　业	亿元	59.7	59.7	151.3	151.3	179.3	179.3
工　业	亿元	1845.9	1478.0	7097.0	52406	8698.9	6518.3
建筑业	亿元	415.1	312.4	973.8	602.6	1140.6	720.5
运输业	亿元	191.6	50.4	658.9	88.6	766.8	99.9
商　业	亿元	242.7	111.4	700.1	170.8	826.2	195.1
出口产品总额	亿元		39.0		485.6		669.9
企业利税总额	亿元	424.8	279.9	1012.1	540.5	1188.4	664.7
上交国家税金	亿元	137.4	108.6	391.6	275.4	454.6	333.8
占国家各项税金比重	%	6.7	5.3	13.9	9.8	15.2	11.2
企业利润	亿元	287.4	171.3	588.0	232.7	687.6	284.7
乡村企业利润使用							
企业用于扩大再生产	亿元		79.4		128.1		162.8
用于支援农村各项建设	亿元		83.1		105.4		121.8
#农村福利事业建设	亿元		19.7		23.9		29.2
农村教育	亿元		6.0		14.7		18.1
小城镇建设	亿元		2.5		5.2		6.1
乡镇企业以工补农建农	亿元		30.0		77.8		86.5
企业固定资产原值	亿元	910.0	750.4	2857.1	2202.0	3385.2	2626.3
企业定额流动资金	亿元	770.0	590.1	1684.0	1296.7	2044.2	1593.1
银行贷款余额	亿元	352.4	188.0	1162.9	462.2	1443.8	531.1
#固定资产贷款余额	亿元	87.8	58.5	162.2	103.8	242.3	121.2
企业工资总额	亿元	472.1	301.4	1129.6	606.8	1305.1	706.5
企业全员劳动生产率	元/人·年	4247	4956	10893	13791	12680	16370
百元固定资产原值实现利税	元	46.7	37.3	35.4	24.5	35.1	25.3
百元固定资产原值实现产值	元	302.5	268.1	335.3	284.0	343.0	293.7
乡村企业亏损个数	万个		6.5		8.6		6.7
乡村企业亏损金额	亿元		8.5		47.4		42.7

注：1．本表按当年价格计算。

2．企业利税总额中包括税前列支 10%用于农村各项事业开支。

3．支援农村各项建设资金，仅为乡村企业税后利润用于农村各项建设开支

八、工业增长速度明显加快，工业劳动生产率稳定提高

1991年，全国工业总产值28225亿元，比上年增长14.2%，比1990年增长速度高6.4个百分点。其中乡及乡以上工业总产值为23121亿元，增长12.9%。在全部工业中，全民所有制工业增长8.4%，全民所有制工业新增产值占全部工业新增产值的比重由上年的37.8%提高到43.1%；集体所有制工业增长18%，个体工业增长24%，“三资”工业增长55.8%。全国大中型企业比上年增长9.2%。全员劳动生产率稳定提高，1991年比上年提高6.2%；预算内国营工业企业实现利税1420亿元，比上年增长8%，但实现利润下降14.2%；定额流动资金周转天数为124天，比上年加快6天，年末预算内国营工业产成品资金占用比年初下降1.7%。企业亏损面为29.7%，亏损企业亏损额比上年上升10.6%。

工业企业承包制由单一的上交税利指标承包转为综合指标（上交税利、技术进步、资产增殖、质量、消耗、成本、安全）承包。企业经营机制转换试点企业有1000多个。

表66 工业企业单位数和工业总产值

项目	单位	1985年		1990年		1991年	
		全部工业	#乡及乡以上	全部工业	#乡及乡以上	全部工业	#乡及乡以上
工业企业单位数	**万个**	**518.5**	**46.3**	**795.8**	**50.4**	**809.2**	**50.6**
一、按经济类型分							
全民所有制工业	万个	9.3	9.3	10.4	10.4	10.5	10.5
集体所有制工业	万个	174.2	36.8	166.9	39.1	159.1	39.1
#乡办工业	万个	21.7	21.7	22.9	22.9	22.9	22.9
城乡个体工业	万个	334.8		617.6		638.5	
其他经济类型工业	万个	0.2	0.2	0.9	0.9	1.1	1.1
二、按轻重工业分							
轻工业	万个	366.1	26.3	536.1	27.7	545.8	27.8
重工业	万个	152.4	20.0	259.7	22.7	263.4	22.8
三、按企业规模分							
大型企业	个		2321		3985		4258
中型企业	个		5590		9520		10578
小型企业	万个		45.53		49.09		49.16
工业总产值	**亿元**	**9716**	**8722**	**23924**	**19701**	**28225**	**23121**
一、按经济类型分							
全民所有制工业	亿元	6302	6302	13064	13064	14915	14915
集体所有制工业	亿元	3117	2303	8523	5590	10088	6594
#乡办工业	亿元	761	761	2441	2441	2913	2913
城乡个体工业	亿元	180		1290		1610	
其他经济类型工业	亿元	117	117	1047	1047	1612	1612
二、按轻重工业分							
轻工业	亿元	4575	4025	11813	9420	13796	10901
重工业	亿元	5141	4697	12111	10281	14429	12220
三、按企业规模分							
大型企业	亿元		2458		6549		7920
中型企业	亿元		1652		3726		4386
小型企业	亿元		4612		9426		10815

注：1. 其他经济类型工业包括全民与集体合营、全民与私人合营、集体与私人合营、中外合营、华侨、港澳工商业者经营、外资经营等工业。

2. 工业总产值按当年价格计算。

表 67　各地区工业总产值

（1991 年）　　单位：亿元

地　区	工　业 总产值	全民所有 制工业	集体所有 制工业	#乡办 工　业	村　办 工　业	城　乡 个体工业	其他经济 类型工业
全国总计	**28225.10**	**14915.41**	**10088.02**	**2912.66**	**2918.61**	**1609.54**	**1612.13**
北　京	885.43	523.23	266.35	80.89	113.93	14.49	81.36
天　津	782.83	437.61	265.03	65.52	153.63	9.56	70.63
河　北	1330.30	637.03	532.27	110.98	151.39	138.45	22.55
山　西	605.33	370.43	193.86	51.50	71.16	39.56	1.48
内蒙古	304.41	236.85	51.82	8.74	6.49	12.81	2.93
辽　宁	1858.03	1119.39	521.69	101.59	161.85	134.87	82.08
吉　林	615.63	442.24	133.32	26.95	20.86	37.46	2.61
黑龙江	979.66	792.26	156.87	27.55	24.90	25.55	4.98
上　海	1947.18	1263.13	401.60	110.74	141.56	1.50	280.95
江　苏	3161.60	1045.31	1842.83	749.65	565.39	112.97	160.49
浙　江	1795.30	528.86	1096.40	433.10	260.37	121.49	58.55
安　徽	766.09	437.73	249.97	77.92	38.72	73.43	4.96
福　建	655.67	266.70	208.19	41.15	64.74	39.40	141.38
江　西	498.90	315.99	139.17	43.76	32.09	40.14	3.60
山　东	2591.79	1028.50	1335.70	375.81	502.26	203.41	24.18
河　南	1216.50	646.34	410.79	80.11	134.64	150.45	8.92
湖　北	1134.14	713.36	360.28	98.42	77.52	48.19	12.31
湖　南	811.27	511.71	235.26	74.74	49.65	59.74	4.56
广　东	2507.10	958.80	827.69	231.93	192.19	115.85	604.76
广　西	420.44	298.73	87.79	23.30	8.15	25.61	8.31
海　南	56.80	40.38	4.81	0.75	0.28	2.39	9.22
四　川	1429.03	891.52	412.96	15.20	79.49	112.90	11.65
贵　州	248.33	190.18	33.10	12.34	2.39	19.91	5.14
云　南	392.94	300.61	79.96	14.18	18.06	10.44	1.93
西　藏	3.07	2.54	0.45	0.02	0.02	0.08	0
陕　西	499.38	343.11	111.23	26.37	34.55	37.62	7.42
甘　肃	313.05	243.34	55.82	16.84	8.10	12.90	0.99
青　海	60.89	51.17	8.28	1.07	0.94	1.42	0.02
宁　夏	73.39	57.46	12.33	3.80	0.82	2.77	0.83
新　疆	280.62	220.90	52.20	7.74	2.57	4.19	3.33

注：本表按当年价格计算。

表 68 各地区工业总产值构成

（1991 年）

单位：%

地区	工业总产值	全民所有制工业	集体所有制工业	#乡办工业	村办工业	城乡个体工业	其他经济类型工业
全国总计	**100**	**100**	**100**	**100**	**100**	**100**	**100**
北京	3.14	3.51	2.64	2.78	3.90	0.90	5.05
天津	2.77	2.93	2.63	2.25	5.26	0.59	4.38
河北	4.71	4.27	5.28	3.81	5.19	8.60	1.40
山西	2.14	2.48	1.92	1.77	2.44	2.46	0.09
内蒙古	1.08	1.59	0.51	0.30	0.22	0.80	0.18
辽宁	6.58	7.50	5.17	3.48	5.55	8.38	5.09
吉林	2.18	2.97	1.32	0.93	0.71	2.33	0.16
黑龙江	3.47	5.31	1.56	0.95	0.85	1.59	0.31
上海	6.90	8.47	3.98	3.80	4.85	0.09	17.43
江苏	11.20	7.01	18.27	25.73	19.37	7.02	9.96
浙江	6.36	3.55	10.87	14.86	8.92	7.55	3.63
安徽	2.71	2.93	2.48	2.68	1.33	4.56	0.31
福建	2.32	1.79	2.06	1.41	2.22	2.45	8.77
江西	1.77	2.12	1.38	1.50	1.10	2.49	0.22
山东	9.18	6.90	13.24	12.90	17.21	12.64	1.50
河南	4.31	4.33	4.07	2.75	4.61	9.35	0.55
湖北	4.02	4.78	3.57	3.38	2.66	2.99	0.76
湖南	2.87	3.43	2.33	2.57	1.70	3.71	0.28
广东	8.88	6.43	8.20	7.96	6.58	7.20	37.51
广西	1.49	2.00	0.87	0.80	0.28	1.59	0.52
海南	0.20	0.27	0.05	0.03	0.01	0.15	0.57
四川	5.06	5.98	4.09	0.52	2.72	7.01	0.72
贵州	0.88	1.28	0.33	0.43	0.08	1.24	0.32
云南	1.39	2.02	0.79	0.49	0.62	0.65	0.12
西藏	0.01	0.02	—	—	—	0.01	—
陕西	1.77	2.30	1.10	0.90	1.18	2.34	0.46
甘肃	1.11	1.63	0.55	0.58	0.28	0.80	0.06
青海	0.22	0.34	0.08	0.04	0.03	0.09	0.00
宁夏	0.26	0.39	0.12	0.13	0.03	0.17	0.05
新疆	0.99	1.48	0.52	0.27	0.09	0.26	0.21

注：本表按当年价格计算。

表 69 主要工业产品产量（一）

年份	化学纤维（万吨）	#合成纤维	纱（万吨）	布（亿米）	呢绒（万米）	丝（万吨）
1978	28.46	16.94	238.2	110.3	8885	2.97
1979	32.63	21.36	263.5	121.5	9017	2.97
1980	45.03	31.41	292.6	134.7	10095	3.54
1981	52.73	38.47	317.0	142.7	11308	3.74
1982	51.70	37.53	335.4	153.5	12669	3.71
1983	54.07	40.20	327.0	148.8	14291	3.69
1984	73.49	57.58	321.9	137.0	18049	3.76
1985	94.78	77.06	353.5	146.7	21816	4.22
1986	101.73	83.07	397.8	164.7	25187	4.72
1987	117.50	98.20	436.8	173.0	26538	5.19
1988	130.12	112.47	465.7	187.9	28609	5.10
1989	148.09	128.20	476.7	189.2	27962	5.23
1990	165.42	143.43	462.6	188.8	29505	5.66
1991	186.65	161.36	445.8	166.5	28276	5.92

注：纱和布均包括混纺，不包括代用纤维纱、布和手工纱、布及帘子布。

表 70 主要工业产品产量(二)

年份	丝织品（亿米）	麻袋（亿条）	机制纸及纸板（万吨）	糖（万吨）	啤酒（万吨）	卷烟（万箱）	原盐（万吨）
1978	6.11	2.90	439	227	40	1182	1953
1979	6.63	3.44	493	250	52	1303	1477
1980	7.59	4.10	535	257	69	1520	1728
1981	8.35	4.29	540	317	91	1704	1832
1982	9.14	5.00	589	338	117	1885	1638
1983	9.99	5.51	661	377	163	1938	1613
1984	11.78	5.48	756	380	224	2132	1642
1985	14.49	6.27	911	451	310	2370	1479
1986	14.99	7.60	999	525	413	2596	1761
1987	16.02	8.59	1141	506	540	2881	1764
1988	16.87	9.31	1270	461	656	3096	2264
1989	16.28	7.84	1333	501	643	3195	2829
1990	17.12	7.41	1372	582	692	3298	2023
1991	20.35	6.37	1258	631	813	3199	2353

表 71 主要工业产品产量(三)

年份	化学药品（万吨）	合成洗涤剂（万吨）	自行车（万辆）	缝纫机（万架）	手表（万只）	电视机（万台）	#彩电
1978	4.07	32.4	854.0	486.5	1351.1	51.73	0.38
1979	4.17	39.7	1009.5	586.8	1707.0	132.85	0.95
1980	4.01	39.3	1302.4	767.8	2215.5	249.20	3.21
1981	3.73	47.8	1754.3	1039.1	2872.4	539.41	15.21
1982	4.22	56.9	2420.0	1286.0	3301.0	592.01	28.81
1983	4.80	67.7	2758.2	1087.2	3469.0	684.01	53.11
1984	5.35	81.0	2861.4	934.9	3798.2	1003.81	133.95
1985	15.77	100.5	3227.7	991.2	5431.1	1667.66	435.28
1986	15.14	117.5	3568.3	989.4	7317.4	1459.40	414.60
1987	18.05	119.2	4116.7	970.0	6142.4	1934.37	672.72
1988	20.72	131.9	4140.1	983.2	6661.6	2505.07	1037.66
1989	20.83	146.6	3676.8	956.3	7275.6	2766.54	940.02
1990	22.10	151.4	3141.6	761.0	8352.6	2684.70	1033.04
1991	24.27	142.7	3626.6	734.5	7595.5	2622.10	1194.40

表 72 主要工业产品产量(四)

年份	收音机(万台)	照相机(万架)	家用洗衣机(万台)	家用电冰箱(万台)	电风扇(万台)	灯泡(亿只)
1978	1167.7	17.89	0.04	2.80	138	7.59
1979	1380.7	23.81	1.8	3.18	233	8.50
1980	3003.8	37.28	24.5	4.90	724	9.46
1981	4057.2	62.30	128.1	5.56	1050	9.66
1982	1723.9	74.23	253.3	9.99	919	10.73
1983	1998.9	92.56	365.9	18.85	1046	12.49
1984	2220.3	126.18	578.1	54.74	1771	14.12
1985	1600.3	178.97	887.2	144.81	3175	15.33
1986	1589.5	202.54	893.4	225.02	3529	16.09
1987	1763.8	256.70	990.2	401.34	3661	16.83
1988	1548.9	312.26	1046.8	757.63	4496	18.27
1989	1834.7	245.18	825.4	670.79	4992	20.80
1990	2103.0	213.22	662.7	463.06	5799	24.54
1991	1608.6	472.98	683.0	475.82	5947	27.26

表 73 主要工业产品产量(五)

年份	原煤(亿吨)	原油(万吨)	天然气(亿立方米)	发电量(亿千瓦小时)	#水电
1978	6.18	10405	137.3	2566	446
1979	6.35	10615	145.1	2820	501
1980	6.20	10595	142.7	3006	582
1981	6.22	10122	127.4	3093	655
1982	6.66	10212	119.3	3277	744
1983	7.15	10607	122.1	3514	864
1984	7.89	11461	124.3	3770	868
1985	8.72	12490	129.3	4107	924
1986	8.94	13069	137.6	4495	945
1987	9.28	13414	138.9	4973	1000
1988	9.80	13705	142.6	5452	1092
1989	10.54	13764	150.5	5848	1183
1990	10.80	13831	153.0	6212	1267
1991	10.62	13957	153.3	6716	1231

注:1. 原煤包括无烟煤、褐煤、烟煤,不包括石煤,1986年以后数字中包括个体产量。

2. 原油包括天然原油和人造原油。

表 74 主要工业产品产量(六)

年份	生铁(万吨)	钢(万吨)	成品钢材(万吨)	机制焦炭(万吨)	木材(万立方米)
1978	3479	3178	2208	3269	5162
1979	3673	3448	2497	3354	5439
1980	3802	3712	2716	3405	5359
1981	3417	3560	2670	3172	4942
1982	3551	3716	2902	3311	5041
1983	3738	4002	3072	3451	5232
1984	4001	4347	3372	3615	6385
1985	4384	4679	3693	3836	6323
1986	5064	5220	4058	4093	6502
1987	5503	5628	4386	4375	6408
1988	5704	5943	4689	4542	6218
1989	5820	6159	4859	4675	5802
1990	6238	6635	5153	5130	5571
1991	6720	7057	5547	5367	5796

注:1. 成品钢材已扣除钢铁工业内部重复加工的钢材。

2. 木材产量,1984年起包括了乡村集体生产建设用材和社员经过批准在集体林中砍伐的建房等用材,故数字与以前各年不可比。

表 75 主要工业产品产量(七)

年份	水泥(万吨)	平板玻璃(万重量箱)	硫酸(万吨)	纯碱(万吨)	烧碱(万吨)	合成氨(万吨)
1978	6524	1784	661.0	132.9	164.0	1183.5
1979	7390	2083	699.8	148.6	182.6	1348.2
1980	7986	2466	764.3	161.3	192.3	1497.4
1981	8290	2701	780.7	165.2	192.3	1483.3
1982	9520	3154	817.5	173.5	207.3	1546.3
1983	10825	3647	869.6	179.3	212.3	1677.1
1984	12302	4190	817.2	188.0	222.2	1837.4
1985	14595	4942	676.4	201.1	235.3	1718.8
1986	16606	5202	763.1	214.6	251.8	1672.9
1987	18625	5803	983.3	236.3	273.9	1940.6
1988	21014	7293	1111.3	260.9	300.5	1986.3
1989	21029	8442	1153.3	304.2	321.1	2068.1
1990	20971	8067	1196.9	379.5	335.4	2129.0
1991	24356	8596	1314.0	388.5	350.7	2196.1

表 76 主要工业产品产量(八) 单位:万吨

年份	农用化肥	#氮肥	#磷肥	化学农药	乙烯	塑料
1978	869.3	763.9	103.3	53.3	38.0	67.9
1979	1065.4	882.1	181.7	53.7	43.5	79.3
1980	1232.1	999.3	230.8	53.7	49.0	89.8
1981	1239.0	985.7	250.8	48.4	50.5	91.6
1982	1278.1	1021.9	253.7	45.7	56.5	100.3
1983	1378.9	1109.4	266.6	33.1	65.4	112.1
1984	1460.2	1221.0	236.0	29.9	64.8	118.0
1985	1322.2	1143.8	176.0	21.1	65.2	123.4
1986	1395.7	1159.2	234.0	20.3	69.5	132.1
1987	1672.2	1342.3	325.9	16.1	93.7	152.6
1988	1740.2	1365.3	369.2	17.9	123.2	190.4
1989	1802.5	1424.1	372.8	20.8	139.6	205.8
1990	1879.7	1463.6	411.4	22.8	157.2	227.0
1991	1988.2	1512.7	464.6	26.4	176.0	267.0

注:农用化肥按有效成份100%计算。

表 77 主要工业产品产量(九)

年份	电石(万吨)	轮胎外胎(万条)	矿山设备(万吨)	发电设备(万千瓦)	金属切削机床(万台)	汽车(万辆)
1978	123.8	936	24.29	483.8	18.32	14.91
1979	140.7	1169	26.37	621.2	13.96	18.57
1980	152.0	1146	16.25	419.3	13.36	22.23
1981	151.3	729	11.49	139.5	10.26	17.56
1982	167.5	864	15.82	164.5	9.98	19.63
1983	180.8	1271	20.16	274.0	12.10	23.98
1984	184.6	1569	25.81	467.4	13.35	31.64
1985	195.3	1926	31.43	563.6	16.72	43.72
1986	215.0	1924	30.06	722.4	16.37	36.98
1987	241.2	2333	29.72	941.1	17.22	47.18
1988	225.6	2991	38.36	1109.3	19.17	64.47
1989	246.1	3226	32.56	1174.0	17.87	58.35
1990	228.0	3209	31.38	1225.4	13.45	51.40
1991	228.4	3874	33.39	1129.2	15.08	71.30

注:1. 发电设备指500千瓦及以上的,包括水轮发电机组,汽轮发电机及燃气轮发电机。

2. 金属切削机床不包括台钻、砂轮机、抛光机。

表 78 主要工业产品产量(十)

年份	大中型拖拉机(万台)	小型拖拉机(万台)	内燃机(商品量)(亿瓦特)	铁路机车(台)	铁路货车(万辆)	铁路客车(辆)	民用钢质船舶(万吨)
1978	11.35	32.42	207.4	521	1.70	784	86.1
1979	12.56	31.75	214.0	573	1.60	856	80.9
1980	9.77	21.79	186.9	512	1.06	1002	81.8
1981	5.28	19.89	147.5	398	0.88	1159	91.6
1982	4.03	29.83	169.0	486	1.06	1153	102.5
1983	3.70	49.77	213.4	589	1.58	1230	129.4
1984	3.97	68.86	299.7	658	1.81	1200	165.4
1985	4.50	82.25	408.3	746	1.93	1447	221.9
1986	2.86	77.45	462.6	818	2.06	1522	175.7
1987	3.71	110.60	433.6	909	2.16	1791	178.0
1988	4.72	133.57	583.2	844	2.33	1980	160.2
1989	3.98	111.81	590.5	680	2.41	2000	142.0
1990	3.94	110.14	540.2	655	1.86	1866	141.0
1991	5.27	133.53	683.6	706	2.23	1674	154.2

注:大中型拖拉机是指14.72千瓦及以上的轮胎式和履带式拖拉机。

表 79 工业企业全员劳动生产率

(按1980年不变价格计算)

年份	劳动生产率(元/人·年)	指数(1978=100)
1978	11131	100
1979	11838	106.4
1980	12081	108.5
1981	11863	106.6
1982	12133	109.0
1983	13049	117.2
1984	14070	126.4
1985	15080	135.5
1986	15451	138.8
1987	16671	149.8
1988	18056	162.2
1989	18320	164.6
1990	18639	167.5

注:本表是指全民所有制独立核算工业企业(下表同)。

表80　主要工业行业全员劳动生产率

单位：元/人·年

行　　业	1989年	1990年	行　　业	1989年	1990年
煤炭采选业	4041	4047	化学工业	21627	22460
石油和天然气开采业	24767	29198	医药工业	36170	39222
黑色金属矿采选业	7592	7787	化学纤维工业	53243	59433
有色金属矿采选业	7417	7785	橡胶制品业	33251	33671
建筑材料及其他非金属矿采选业	6204	6647	塑料制品业	25515	25159
食品制造业	24933	25149	建筑材料及其他非金属矿物制品业	8530	8865
饮料制造业	15663	16925	黑色金属冶炼及压延加工业	19743	20673
烟草加工业纺织业	95522	101781	有色金属冶炼及压延加工业	25964	25176
缝纫业	17507	16981	金属制品业	15226	15413
纺织业	21756	23038	机械工业	15074	14543
皮革、毛皮及其制品业	13873	14279	交通运输设备制造业	18874	19366
木材加工及竹、藤、棕、草制品业	10342	9448	电气机械及器材制造业	25202	24225
造纸及纸制品业	17555	17652	电子及通信设备制造业	41191	42822
电力、蒸气、热水生产和供应业	26509	26584	仪器仪表及其他计量器具制造业	13660	13063
石油加工业	84644	84010			

表81　预算内工业企业主要财务指标

单位：亿元

指　　标	1985年	1988年	1989年	1990年	1991年
企业单位数（个）	39158	38480	38030	37774	37488
#亏损企业（个）	4185	4712	6212	11898	11124
固定资产净值平均余额	3057.80	4625.97	5329.17	5910.99	6823.44
定额流动资金	1467.03	2347.08	3069.49	3532.88	4060.87
#产成品资金	310.51	500.91	878.76	1140.31	1130.30
产品销售收入	4857.05	7983.97	9027.34	9445.24	11218.60
亏损企业亏损总额	26.78	63.08	136.60	286.03	310.48
利税总额	1182.06	1557.67	1558.91	1270.76	1419.60
实现利润	610.21	708.77	573.48	246.02	227.96
税金合计	571.85	848.90	985.42	1024.74	1191.64
#产品销售税金	557.13	813.40	934.20	985.46	
归还基建借款和专项借款利润	73.64	173.54	161.88	128.52	149.25
企业应留利润	210.56	276.05	236.99	151.37	158.02
可比产品成本比上年降低率（%）	−6.4	−12.3	−22.4	−7.0	−5.2
工业总产值（1980年不变价格）	4762.35	6247.99	6442.65	6553.01	11609.28

注：1. 本表历年数为财政部快报数。

2. 可比产品成本降低率，负号表示成本上升。

表 82　预算内全民所有制企业实现利润和税金

单位：亿元

年份	实现利润和税金	#工业企业	实现利润	#工业企业	税金	#工业企业
1978	1064.8	726.2	733.5	460.4	331.3	265.8
1979	1064.3	799.4	706.1	513.0	358.2	286.4
1980	1051.6	858.3	669.2	551.3	382.4	307.0
1981	1050.8	849.6	643.1	521.2	407.7	328.4
1982	1070.3	870.3	631.5	519.3	438.8	351.0
1983	1152.0	938.9	696.5	571.3	455.5	367.6
1984	1303.6	1025.5	788.9	614.6	514.7	410.9
1985	1693.7	1183.1	998.8	622.0	694.9	561.1
1986	1540.4	1188.8	795.1	571.5	745.2	617.3
1987	1846.6	1283.5	981.5	608.9	865.1	674.6
1988	2215.5	1516.7	1164.9	702.1	1050.6	814.7
1989	2233.5	1543.6	1001.2	573.1	1232.3	970.5
1990	1722.5	1200.2	491.5	252.9	1231.0	947.3

表 83　预算内全民所有制工业企业利税率和可比产品成本降低率

单位：%

年份	按资金计算	按固定资产原值计算	按销售收入计算	可比产品成本降低率	#地方工业
1978	24.0	24.2	26.7	4.9	4.8
1979	25.0	24.6	26.8	0.9	0.8
1980	26.4	26.0	26.9	−0.9	−0.8
1981	25.1	24.0	26.0	−1.0	−0.8
1982	24.0	22.6	24.7	−0.1	0.4
1983	24.0	22.0	24.5	0.2	0.4
1984	25.1	23.3	24.6	−2.0	−1.9
1985	26.4	24.8	24.0	−7.5	−7.3
1986	23.0	20.2	21.5	−7.4	−7.4
1987	21.9	19.4	19.6	−6.7	−7.2
1988	22.6	21.0	18.7	−15.5	−16.5
1989	19.3	19.8	16.9	−23.4	−23.8
1990	12.9	13.6	12.6	−7.8	−6.4

注：负号表示成本上升。

表 84　企业改革的基本情况统计

分类	单位	数量	分类	单位	数量
预算内工业企业实行承包制的比重	%	90	股份制企业（不包括“三资”企业和乡镇企业）	个	3200
其中：签订新一轮承包合同的企业占1991年承包到期企业数（3.3万个）的比重	%	95	其中：工业企业	个	1764
国营大中型企业进行经营机制转换试点的数量	个	1000	商业企业	个	942
1988年1630个企业集团整顿后的数量	个	1000	金融企业	个	171
税利分流试点企业	个	2000	建筑企业	个	57
关停并转和破产企业	个	1097	交通企业	个	26
其中：关闭企业	个	39	其他企业	个	240
停产和半停产企业	个	427	内部职工持股企业	个	2751
转产企业	个	229	法人持股企业	个	380
破产企业	个	2	向社会发行股票的企业	个	69
			股票上市企业	个	(36)

九、交通运输生产全面回升，邮电通信事业出现高速增长态势

交通运输生产情况好转，重点物资运输完成比较好，但交通运输建设仍不适应经济和社会发展的需要，全国短缺运力20%左右。据统计，1991年货物周转量比上年增长6.9%，其中铁路增长3.3%、公路增长1.2%、水运增长12.1%、空运增长24.4%；旅客周转量增长8%，其中铁路增长8.2%、公路增长6%、水运增长3.6%、空运增长30.4%；沿海主要港口货物吞吐量增长9.4%。

邮电通信事业增长速度加快。1991年全年完成的邮电业务总量比上年增长32.5%，特快专递、集邮等邮政业务的增长幅度都超过64%；无线寻呼、移动电话等电信业务的增长幅度均超过1倍。全国进入长话自动交换网的市、县达1046个，比上年增长17%。市内电话自动交换机容量已占市交换机总容量的97%，其中市话程控交换机容量比上年增长55%。

表85 各种运输线路长度

单位：万公里

年份	铁路营业里程	公路里程	内河航道里程	民用航空航线里程	国际航线	输油(气)管道里程
1978	4.86	89.02	13.60	14.89	5.53	0.83
1979	4.98	87.58*	10.78*	16.00	5.13	0.91
1980	4.99	88.83	10.85	19.53	8.12	0.87
1981	5.02	89.75	10.87	21.82	8.28	0.97
1982	5.05	90.70	10.86	23.27	9.99	1.04
1983	5.16	91.51	10.89	22.91	9.99	1.08
1984	5.17	92.67	10.93	26.02	10.74	1.10
1985	5.21	94.24	10.91	27.72	10.60	1.17
1986	5.25	96.28	10.94	32.43	10.76	1.30
1987	5.26	98.22	10.98	38.91	14.89	1.38
1988	5.28	99.96	10.94	37.38	12.83	1.43
1989	5.32	101.43	10.90	47.19	16.64	1.51
1990	5.34	102.83	10.92	50.68	16.64	1.59
1991	5.34	104.11	10.97	55.91	17.74	1.62

注：1. 铁路营业里程不包括地方铁路。
2. 带*号的是当年10月底普查数。

表86 货 运 量

单位：万吨

年份	货运量总计	铁路	公路	交通部门	水运	管道输油(气)量	民用航空
1978	248946	110119	85182	85182	43292	10347	6.4
1979	537508	111893	371036	81556	43229	11342	8.0
1980	546537	111279	382048	76017	42676	10525	8.9
1981	523764	107673	363663	71504	41490	10929	9.4
1982	548205	113495	379205	78777	44329	11166	10.2
1983	576887	118784	401413	79078	45058	11620	11.6
1984	716907	124074	533382	78868	46892	12544	15.0
1985	745762	130709	538062	76227	63322	13650	19.5
1986	853557	135635	620113	78549	82962	14825	22.4
1987	948229	140653	711424	79134	80979	15143	29.9
1988	982195	144948	732315	76509	89281	15618	32.8
1989	988435	151489	733781	69740	87493	15641	31.0
1990	970602	150681	724040	64664	80094	15750	37.0
1991	989621	152400	737800	66300	83800	15578	43.0

注：1979年以后公路运输量和1985年以后水路运输量都包括了个体及社会车船完成的运输量(以下各表同)。

表87 货物周转量

单位:亿吨公里

年份	货物周转量总计	铁路	公路	交通部门	水运	管道输油(气)量	民用航空
1978	9829	5345	274	274	3779	430	1.0
1979	11385	5599	745	268	4564	476	1.2
1980	12026	5717	764	255	5053	491	1.4
1981	12143	5712	780	253	5150	499	1.7
1982	13049	6120	949	303	5477	501	2.0
1983	14054	6647	1084	335	5788	534	2.3
1984	15694	7248	1536	354	6335	572	3.1
1985	18126	8126	1693	354	7700	603	4.2
1986	20148	8765	2118	369	8648	612	4.8
1987	22228	9471	2660	391	9465	625	6.5
1988	23825	9878	3220	421	10070	650	7.3
1989	25591	10394	3375	406	11187	629	6.9
1990	26207	10622	3358	360	11592	627	8.2
1991	27997	10968	3398	368	13000	621	10.0

表88 货运量和货物周转量构成

（以总计为100）

年份	货运量			货物周转量		
	铁路	公路	水运	铁路	公路	水运
1978	44.2	34.2	17.4	54.4	2.8	38.4
1979	20.8	69.0	8.0	49.2	6.5	40.1
1980	20.4	69.9	7.8	47.5	6.4	42.0
1981	20.6	69.4	7.9	47.0	6.4	42.4
1982	20.7	69.2	8.1	46.9	7.3	42.0
1983	20.6	69.6	7.8	47.3	7.7	41.2
1984	17.3	74.4	6.5	46.2	9.8	40.4
1985	17.5	72.1	8.5	44.8	9.3	42.5
1986	15.9	72.7	9.7	43.5	10.5	42.9
1987	14.8	75.0	8.5	42.6	12.0	42.6
1988	14.8	74.6	9.1	41.5	13.5	42.3
1989	15.3	74.2	8.9	40.6	13.2	43.7
1990	15.5	74.6	8.3	40.5	12.8	44.2
1991	15.4	74.6	8.5	39.2	12.1	46.4

表89 客运量

单位:万人

年份	客运量总计	铁路	公路	水运	民用航空
1978	253993	81491	149229	23042	231
1979	289665	86389	178618	24360	298
1980	341703	92122	222799	26439	343
1981	384763	95219	261559	27584	401
1982	428964	99922	300610	27987	445
1983	470614	106044	336965	27214	391
1984	530217	113353	390336	25974	554
1985	620206	112110	476486	30863	747
1986	688211	108579	544259	34377	997
1987	746422	112479	593682	38951	1310
1988	809592	122645	650473	35032	1442
1989	791373	113805	644508	31778	1283
1990	772682	95712	648085	27225	1660
1991	787808	94208	665200	26400	2000

表90 旅客周转量

单位：亿人公里

年份	旅客周转量总计	铁路	公路	水运	民用航空
1978	1743	1093	521	101	28
1979	1968	1216	603	114	35
1980	2281	1383	730	129	40
1981	2500	1473	839	138	50
1982	2743	1575	964	145	60
1983	3095	1777	1106	154	59
1984	3621	2046	1337	154	84
1985	4437	2416	1725	179	117
1986	4897	2587	1982	182	146
1987	5418	2843	2190	196	189
1988	6209	3260	2528	204	217
1989	6073	3037	2662	188	187
1990	5628	2613	2620	165	230
1991	6054	2827	2778	171	278

表 91 沿海主要港口货物吞吐量

单位：万吨

港口	1978年	1980年	1985年	1990年	1991年
总计	**19834**	**21731**	**31154**	**48321**	**53179**
大连	2864	3263	4381	4952	5472
营口	33	24	98	237	383
秦皇岛	2219	2641	4419	6945	7236
天津	1131	1192	1856	2063	2378
烟台	458	506	689	668	833
青岛	2002	1708	2611	3034	3055
石臼				925	1080
连云港	594	739	929	1137	1213
上海	7955	8483	11291	13959	14679
宁波		326	1040	2554	3390
汕头	153	176	201	279	355
广州	1050	1210	1772	4163	4668
湛江	947	1075	1231	1557	1666
海口	76	72	170	288	321
八所	307	278	388	431	350
三亚	45	38	78	37	37
其他中型港口				5092	6063

表 92 邮电局、所数及邮路长度

年份	邮电局、所（万处）	农村	邮路及农村投递线路（万公里）	航空邮路	长话电路（路）	电报电路（路）
1978	4.96	4.31	486.33	14.65	18801	8430
1979	4.96	4.30	481.23	16.16	20307	8785
1980	4.95	4.28	473.71	16.33	22011	9146
1981	4.96	4.26	466.02	15.85	23909	8808
1982	4.97	4.26	467.63	16.19	25961	9178
1983	5.02	4.37	472.09	15.55	28637	9467
1984	5.15	4.38	483.06	17.78	32354	9685
1985	5.31	4.50	498.21	22.65	37551	9916
1986	5.28	4.45	504.20	28.83	44085	10150
1987	5.29	4.43	503.30	29.23	53416	10564
1988	5.29	4.38	500.08	30.94	68460	11764
1989	5.31	4.40	491.54	29.15	87137	11391
1990	5.36	4.43	498.31	39.34	112437	11687
1991	5.40	4.43	497.48	39.26	151779	11933

表 93 邮 电 业 务 量

年份	邮电业务总量（亿元）	函件（亿件）	报刊期发数（万份）	电报（万份）	长途电话（万张）	市内电话（万户）
1978	11.65	28.35	11250	12748	18574	119.15
1979	12.55	30.80	12680	13495	20587	127.02
1980	13.34	33.13	16431	14663	21404	134.17
1981	19.52	33.88	18124	15938	22049	142.64
1982	20.41	33.94	19598	16071	23574	153.87
1983	22.26	35.21	22933	18075	26556	168.86
1984	25.03	39.48	28141	17414	31553	191.07
1985	29.60	46.78	30172	21898	38254	218.96
1986	32.86	49.59	28731	21109	42303	250.51
1987	38.84	54.79	31005	25027	51525	293.04
1988	54.00	59.77	27443	31224	64617	362.30
1989	64.81	57.28	17704	29730	85300	439.62
1990	81.65	54.87	20078	26818	116771	538.45
1991	204.38	52.11	23277	27068	172921	670.83

注：1. 邮电业务总量1980年以前按1970年不变价格计算。1981—1990年按1980年不变价格计算。1991年以后按1990年不变价格计算。

2. 邮电业务总量1981年数字按1970年不变价格计算为14.02亿元；1990年数字按1990年不变价格计算为155.54亿元

表94 邮电通信水平

项目	单位	1980年	1985年	1990年	1991年
一、全国邮电通信水平					
平均每人每年发函件数	件	3.4	4.5	4.8	4.5
平均每百人每年订报刊数	份	16.7	28.7	17.4	20.1
平均每百人拥有电话机部数	部	0.43	0.60	1.11	1.29
首都到省会平均长途电话电路	路	27.1	43.7	156.0	232.0
县以上城市装有电话自动交换机的比重	%	38.4	40.3	70.0	77.0
二、农村邮电通信水平					
设有邮电局、所乡（镇）比重	%	66.4	64.8	69.0	69.9
通邮路的乡（镇）比重	%	99.6	99.6	99.7	99.4
通邮路的行政村比重	%	96.5	96.3	96.4	96.4
当天看到省报的县市比重	%	41.9	39.9	35.1	34.4
已装电话交换机的乡（镇）比重	%	74.6	69.6	72.4	73.7
已通电话的乡（镇）比重	%	95.5	94.8	97.6	97.2

十、国内消费品市场销售基本正常，生产资料市场销售转旺

1991年，全国社会商品零售总额9415.6亿元，扣除物价因素比上年增长10.2%，比1979～1991年的平均年增长速度高1.6个百分点。其中，消费品零售额增长10.6%，农业生产资料零售额增长8.6%；城市消费零售额增长13.9%，农村消费零售额增长7.5%。

各种经济类型的商品零售额全面增长，全民所有制单位比上年增长11%，集体所有制单位增长4.7%（其中供销社为3.8%）；合营单位增长20.9%；个体增长15.2%；农民对非农民的零售额增长15.9%。

生产资料市场趋向活跃。1991年，全国物资系统购进生产资料2891亿元，扣除物价因素比上年增长19.1%；销售3129亿元，增长18.3%。深圳有色金属交易所开业，试办期货交易，粮食批发市场进一步完善。

城乡集市贸易进一步发展。1991年，城乡集市74675个，比上年增加2096个；集市贸易成交额2622.2亿元，扣除物价因素比上年增长18%。

表95 社会商品零售总额

（按用途分） 单位：亿元

年份	社会商品零售总额	消费品	市	县	县以下	农业生产资料
1978	1558.6	1264.9	474.1	380.4	379.3	293.7
1979	1800.0	1476.0	537.2	347.5	543.8	324.0
1980	2140.0	1794.0	664.6	399.4	661.0	346.0
1981	2350.0	2002.5	753.9	431.9	727.3	347.5
1982	2570.0	2181.5	809.7	471.3	789.7	388.5
1983	2849.4	2426.1	924.3	520.8	848.0	423.3
1984	3376.4	2899.2	1178.7	586.4	964.1	477.2
1985	4305.0	3801.4	1583.5	737.2	1189.7	503.6
1986	4950.0	4374.0	2018.0	902.0	1454.0	576.0
1987	5820.0	5115.0	2427.0	1030.0	1658.0	705.0
1988	7440.0	6534.6	3260.8	1264.3	2009.5	905.4
1989	8101.4	7074.2	3666.8	1329.5	2077.9	1027.2
1990	8300.1	7250.3	3888.6	1337.4	2024.3	1049.8
1991	9415.6	8245.7	4529.8	1491.2	2224.7	1169.9

注：1986年以前的市、县、县以下消费品零售额中不包括农民对非农业居民零售额。

表 96　社会商品零售总额

（按经济类型分）单位：亿元

年份	社会商品零售总额	全民所有制	集体所有制	合营	个体	农民对非农业居民零售额
1978	1558.6	851.0	674.4		2.1	31.1
1979	1800.0	971.8	776.4		4.3	47.5
1980	2140.0	1100.7	954.9	0.4	15.0′	69.0
1981	2350.0	1171.5	1050.6	1.1	37.4	89.4
1982	2570.0	1251.6	1131.4	1.6	74.6	110.8
1983	2849.4	1338.8	1189.5	3.6	184.5	133.0
1984	3376.4	1537.9	1337.2	7.6	323.7	170.0
1985	4305.0	1740.0	1600.3	12.7	661.0	291.0
1986	4950.0	1951.0	1804.0	15.2	804.8	375.0
1987	5820.0	2249.0	2079.6	18.8	1011.6	461.0
1988	7440.0	2935.9	2557.9	27.2	1324.0	595.0
1989	8101.4	3167.8	2689.7	36.3	1509.6	698.0
1990	8300.1	3285.9	2631.0	40.3	1569.6	773.3
1991	9415.6	3783.7	2826.2	51.5	1844.4	909.8

注：供销合作社零售额包括在集体所有制零售额中；合营包括各种不同经济类型的合营和中外合营。

表 97　社会消费品零售总额及构成

项　目	1978 年	1980 年	1985 年	1990 年	1991 年
消费品零售总额(亿元)	**1264.9**	**1794.0**	**3801.4**	**7250.3**	**8245.7**
食品类	655.8	918.1	2003.5	4014.2	4541.8
衣着类	278.5	413.7	717.4	1182.2	1324.3
日用品类	156.3	231.8	526.9	993.9	1149.7
文化娱乐用品类	42.2	73.5	292.9	443.0	501.7
书报杂志类	12.1	23.1	46.2	106.0	123.9
药和医疗用品类	64.7	65.8	106.2	292.0	352.9
燃料类	55.3	68.0	108.3	219.0	251.4
构成(以总额为 100)					
食品类	51.8	51.2	52.7	55.4	55.1
衣着类	22.0	23.0	18.9	16.3	16.1
日用品类	12.4	12.9	13.9	13.7	13.9
文化娱乐用品类	3.3	4.1	7.7	6.1	6.1
书报杂志类	1.0	1.3	1.2	1.5	1.5
药和医疗用品类	5.1	3.7	2.8	4.0	4.3
燃料类	4.4	3.8	2.8	3.0	3.0

表 98　城乡集市贸易情况

项　目	1978 年	1980 年	1985 年	1990 年	1991 年
集市数（个）	**33302**	**40809**	**61337**	**72579**	**74675**
城　市		2919	8013	13106	13891
乡　村	33302	37890	53324	59473	60784
集市贸易成交额（亿元）	**125.0**	**235.0**	**705.0**	**2168.2**	**2622.2**
城　市		24.0	181.0	837.8	1079.3
乡　村	125.0	211.0	524.0	1330.4	1542.9
粮油类	20.1	34.4	49.6	146.8	164.7
肉禽蛋类	21.2	42.1	140.1	618.8	705.5
水产品类	5.2	9.3	33.2	182.4	224.2
蔬菜类	14.3	21.5	48.8	264.2	331.9
干鲜果类	4.0	7.5	25.5	183.5	233.4
农业生产资料类	10.4	7.1	13.9	23.0	24.5
大牲畜类	20.9	26.5	32.6	38.3	43.6

注：1985 年及以前各年商品分类数字为乡村集市数，1988 年以后为城乡集市数。

表 99 社会农副产品收购总额

单位：亿元

项 目	1978 年	1980 年	1985 年	1990 年	1991 年
社会农副产品收购总额	**557.9**	**842.2**	**1680.0**	**3711.0**	**4161.9**
一、按商品来源分					
购自农民	530.1	797.7	1600.0	3524.0	3940.3
购自其他生产部门	27.8	44.5	80.0	187.0	221.6
二、按收购部门分					
商业部门收购	459.9	677.0	1072.0	2258.6	2453.2
#外贸部门收购	10.0	19.7	58.2	149.9	209.3
工业和其他部门收购	66.9	96.2	326.0	704.6	799.9
非农业居民向农民购买	31.1	69.0	282.0	747.8	908.8

表 100 社会零售商业、饮食业、服务业机构和人员

项 目	1978 年	1980 年	1985 年	1990 年	1991 年
一、机构（万个）					
零售商业	104.8	146.3	778.3	870.9	924.2
饮 食 业	11.7	29.9	135.3	151.1	160.4
服 务 业	9.0	26.0	153.4	163.9	176.0
二、人员（万人）					
零售商业	447.4	637.7	1796.0	2091.4	2198.7
饮 食 业	104.4	176.5	376.4	414.8	438.5
服 务 业	56.0	112.6	353.9	402.7	426.3
三、平均每一机构服务人口数（人）					
零售商业	914	672	135	131	125
饮 食 业	8189	3286	776	757	722
服 务 业	10645	3779	685	698	658
四、平均每一机构的零售额（万元）					
零售商业	13.01	12.08	4.20	7.04	7.16
饮 食 业	4.68	2.68	1.46	2.78	3.07
五、平均每一人员服务的人口数（人）					
零售商业	214	154	58	55	52
饮 食 业	918	557	279	276	264
服 务 业	1711	873	297	284	272
六、平均每一人员的零售额（万元）					
零售商业	3.05	2.77	1.82	2.93	2.63
饮 食 业	0.52	0.45	0.52	1.01	1.12

表 101 商业部门经济效益主要指标

指 标	1989 年	1990 年	1991 年
绝对数（亿元）			
全部流动资金年末占用额	4675.34	5545.36	6553.47
商业企业	4276.42	4938.49	5861.30
年末自有流动资金	468.77	556.14	560.58
年末银行借款	2793.68	3501.82	4168.72
年末固定资产原值	1263.54	1472.91	1733.36
商业企业	957.51	1078.77	1251.71
商业企业职工平均人数（万人）	988.19	1041.00	1106.15
商品销售总额	10927.57	11348.05	13054.24
商品销售毛利	946.12	861.68	1005.00
商品流通费	876.72	961.95	1103.83
商品经营利润	−42.86	−210.13	−203.02
实现利润（补贴前）	−47.14	−224.82	−275.19
亏损企业亏损额	251.82	354.12	400.35
缴纳税金总额	158.47	161.43	174.01
相对数（元）			
销售百元商品实现的毛利	8.66	7.59	7.70
销售百元商品开支的费用	8.02	8.48	8.46
销售百元商品实现 的利润	−0.39	−1.85	−1.56
商业企业全部流动资金周转天数（天）	128	138	160
每一职工销货额	110581	109011	118015
商业企业每百元流动资金实现的利润	−2.19	−6.29	−5.73
全部企业每百元资金实现的利税	2.06	−1.29	−1.22

注：本表包括各商业部门所属的商业企业和商办其他企业。

表 102 各类市场情况

类　别	单位	数量	类　别	单位	数量
城乡集贸市场	万个	7.5	房地产开发公司	个	3700
其中：交易额超亿元	个	162	房地产经营公司	个	4700
交易额 6～10 亿元	个	8	房地产交易所	个	1500
农副产品批发市场	个	1509	已有偿转让土地	公顷	2500
工业小商品批发市场	个	3400	市场调节生产资料占需要量的比重	%	80
工业消费品批发市场	个	1000	其中：市场调节煤炭	%	58
生产资料市场（年成交额 500 亿元）	个	1000	市场调节钢材	%	57.5
其中：钢材市场	个	294	市场调节有色金属	%	70
产权交易市场	个	8	市场调节木材	%	77.1
公物拍卖市场	个	12	市场调节水泥	%	88

十一、进出口全面增长，利用外资稳步增长

据海关统计，1991 年，全国进出口总额 1357 亿美元，比上年增长 17.6%。其中，出口 719.1 亿美元，增长 15.8%，“三资”企业出口 120.5 亿美元，增长 54.2%；进口 637.9 亿美元，增长 19.6%。扣除不收付外汇的进出口货物，出大于进 124.5 亿美元。外贸实行自负盈亏体制以后，进出口结构发生了变化，初级产品在出口总额中的比重由 1990 年占 22.6%下降为 22.5%，工业制成品和其他商品由 77.4%上升为 77.5%；初级产品在进口总额中的比重由 18.5%下降为 16.9%，工业制成品和其他商品的比重由 81.5%上升为 83.1%。

1991 年，新签利用外资项目 1.3 万个，协议金额 195.83 亿美元比上年增长 62%；实际使用外资 115.54 亿美元，比上年增长 12.3%。其中，外商直接投资协议金额 124.22 亿美元，实际投资 46.66 亿美元，分别比上年增长 77.8%和 24.3%。截止 1991 年末，在我国已注册的“三资”企业 37215 个，注册资金 460 亿美元，其中外商投资 262 亿美元。1991 年对外承包工程和劳务合作新签合同 32 亿美元，比上年增长 23%；完成营业额 20 亿美元，增长 28.3%。

沿海开放城市和经济特区对外开放成绩卓著。1991 年，工业总产值增长 22.7%（不包括海南特区），协议利用外资总额 61.26 亿美元，比上年增长 41.1%；协议外商直接投资 52.89 亿美元，比上年增长 45.5%。

随着对外开放，来华人员不断增加。1991 年，来华旅游人数达 3335.65 万人，比上年增加 589.47 万人，增长 21.47%；旅游收汇 28.45 亿美元，比上年增长 28.15%。

表 103 进 出 口 总 额

年份	按人民币计算(亿元)			按美元计算(亿美元)			年份	按人民币计算(亿元)			按美元计算(亿美元)		
	进出口总额	出口额	进口额	进出口总额	出口额	进口额		进出口总额	出口额	进口额	进出口总额	出口额	进口额
1978	355.0	167.6	187.4	206.4	97.5	108.9	1985	2066.7	808.9	1257.8	696.0	273.5	422.5
1979	454.6	211.7	242.9	293.3	136.6	156.7	1986	2580.4	1082.1	1498.3	738.5	309.4	429.1
1980	570.0	271.2	298.8	381.4	181.2	200.2	1987	3084.2	1470.0	1614.2	826.5	394.4	432.1
1981	735.3	367.6	367.7	440.3	220.1	220.2	1988	3822.0	1766.7	2055.3	1027.9	475.2	552.7
1982	771.3	413.8	357.5	416.1	223.2	192.9	1989	4155.9	1956.0	2199.9	1116.8	525.4	591.4
1983	860.1	438.3	421.8	436.2	222.3	213.9	1990	5560.1	2985.8	2574.3	1154.4	620.9	533.5
1984	1201.0	580.5	620.5	535.5	261.4	274.1	1991	7229.3	3830.6	3398.7	1357.0	719.1	637.9

注：1. 美元折人民币是按当年国家外汇管理局规定的比价计算的。

2. 1979 年以前为外贸部门数字，1980 年以后为海关数字。

表 104 人民币对主要外币年平均汇价

单位：人民币元

外币名称	外币单位	1985年		1990年		1991年	
		买价	卖价	买价	卖价	买价	卖价
澳大利亚元	100	205.58	206.60	372.68	374.55	413.19	415.26
奥地利先令	100	14.33	14.41	42.14	42.36	45.65	45.88
加拿大元	100	214.44	215.52	408.44	410.49	462.19	464.51
瑞士法郎	100	120.91	121.51	345.71	347.44	371.68	373.54
德国马克	100	100.73	101.24	296.42	297.90	320.88	322.48
丹麦克朗	100	27.94	28.08	77.35	77.74	83.25	83.67
芬兰马克	100	45.99	46.23	124.98	125.60	132.15	132.81
法国法郎	100	32.98	33.14	88.00	88.44	94.40	94.87
荷兰盾	100	89.28	89.72	263.02	264.34	284.94	286.37
挪威克朗	100	34.34	34.52	76.41	76.79	82.12	82.53
新加坡元	100	133.36	134.02	263.59	264.92	306.97	308.51
瑞典克朗	100	34.30	34.48	80.77	81.17	87.98	88.42
英镑	100	380.94	382.84	852.32	856.59	938.13	942.83
美元	100	292.94	294.40	477.18	479.57	530.94	533.60
港元	100	37.48	37.66	61.24	61.54	68.27	68.61
意大利里拉	10000	15.45	15.53	39.96	40.15	42.91	43.13
日元	100000	1242.62	1248.84	3314.97	3331.59	3950.31	3970.11
比利时法朗	10000	498.56	501.06	1433.07	1440.24	1558.84	1566.66

表 105 我国利用外资概况

年份	合计		对外借款		外商直接投资及其他	
	项目（个）	金额（亿美元）	项目（个）	金额（亿美元）	项目（个）	金额（亿美元）
签订利用外资协议额						
1985	3145	98.67	72	35.34	3073	63.33
1986	1551	117.37	53	84.07	1498	33.30
1987	2289	121.36	56	78.17	2233	43.19
1988	6063	160.04	118	98.13	5945	61.91
1989	5909	114.79	130	51.85	5779	62.94
1990	7371	120.85	98	50.99	7273	69.86
1991	13086	195.83	108	71.61	12978	124.22
实际利用外资额						
1985		46.47		26.88		19.59
1986		72.58		50.14		22.44
1987		84.52		58.05		26.47
1988		102.26		64.87		37.39
1989		100.59		62.86		37.73
1990		102.89		65.34		37.55
1991		115.54		68.88		46.66

表 106 对外签订和实际利用外资情况

投资方式	签订利用外资协议				实际利用外资	
	项目（个）		金额（亿美元）		金额（亿美元）	
	1990年	1991年	1990年	1991年	1990年	1991年
总计	**7371**	**13086**	**120.85**	**195.83**	**102.89**	**115.54**
一、对外借款	98	108	50.99	71.61	65.34	68.88
政府贷款	82	93	7.19	22.43	25.23	18.10
国际金融组织贷款	16	15	18.93	21.27	10.66	13.65
其他			24.87	27.91	29.45	37.13
二、外商直接投资及其他	7273	12978	69.86	124.22	37.55	46.66
合资经营	4091	8395	27.04	60.80	18.86	22.99
合作经营	1317	1778	12.54	21.38	6.73	7.63
外资经营	1860	2795	24.44	36.67	6.83	11.35
海洋石油合作勘探开发	5	10	1.94	0.92	2.44	1.69
初偿贸易			2.03	2.66	1.59	2.08
其他			1.87	1.79	1.10	0.92

表 107 沿海开放城市主要经济指标

指标	单位	总计		十四个沿海开放城市		四个经济特区城市	
		1990年	1991年	1990年	1991年	1990年	1991年
沿海开放城市							
工业总产值（1990年不变价格）	亿元	4407.5	5409.5	3990.2	4839.9	417.3	569.6
#"三资"企业产值	亿元	360.7	547.5	146.2	234.3	214.5	313.2
出口产品产值	亿元	850.3	1043.7	640.9	757.3	209.4	286.4
出口总值	亿美元	161.0	185.8	108.8	119.3	52.2	66.4
#"三资"企业出口总值	亿美元	39.0	53.0	14.7	22.3	24.3	30.8
进口总值	亿美元	78.6	80.0	36.9	46.6	41.7	33.4
利用外资新签协议合同数	个	6082	7893	4177	5153	1905	2740
#外商直接投资	个	3326	5033	1584	2732	1742	2301
协议合同外资金额	亿美元	43.43	61.26	25.09	32.70	18.34	28.56
#外商直接投资	亿美元	36.34	52.89	19.66	26.51	16.68	26.38
实际利用外资金额	亿美元	60.83	38.56	51.25	26.58	9.58	11.97
#外商直接投资	亿美元	25.89	19.51	19.34	10.88	6.56	8.63
外汇收入（银行结汇）	亿美元	145.5	170.1	127.0	143.5	18.5	26.6
#出口收汇	亿美元	129.0	149.2	115.9	129.9	13.1	19.3
旅游外汇收入	亿元（外汇人民币）	51.4	67.2	32.5	42.0	18.9	25.2
地方财政预算内收入	亿元	421.0	449.3	376.2	393.5	44.8	55.8

续表

指　　标	单　位	总　计		十四个沿海开放城市		四个经济特区城市	
		1990 年	1991 年	1990 年	1991 年	1990 年	1991 年
经济技术开发区							
工业总产值（当年价格）	亿元	85.4	148.4	85.4	148.4		
#“三资”企业产值	亿元	47.9	95.4	47.9	95.4		
出口总额	亿美元	6.11	11.74	6.11	11.74		
#“三资”企业出口额	亿美元	3.17	8.37	3.17	8.37		
进口总额	亿美元	3.00	6.94	3.00	6.94		
#“三资”企业进口额	亿美元	2.32	5.30	2.32	5.30		
实际利用外资金额	亿美元	3.88	3.39	3.88	3.39		
#外商直接投资	亿美元	2.55	3.37	2.55	3.37		

注：1. 本表均包括市辖县。

2. 十四个沿海开放城市包括威海市。

表 108　旅游事业发展情况

项　　目	1978 年	1980 年	1985 年	1990 年	1991 年
旅游人数（万人）	**180.92**	**570.25**	**1783.31**	**2746.18**	**3335.65**
外 国 人	22.96	52.91	137.05	174.73	271.13
华　侨	1.81	3.44	8.48	9.11	13.34
港澳和台湾同胞	156.15	513.90	1637.78	2562.34	3051.18
在旅游人数中：					
国际旅行社接待的	12.46	21.87	46.88	11.02	48.79
中国旅行社接待的	56.18	69.47	77.33	106.46	106.59
旅游收汇总额（亿美元）	**2.63**	**6.17**	**12.50**	**22.20**	**28.45**

表 109　接待外国旅游人数　　单位：万人

国　别	1985 年	1990 年	1991 年	国　别	1985 年	1990 年	1991 年
				泰　国	2.46	6.79	8.86
合　计	**137.05**	**174.73**	**271.13**	加 拿 大	3.52	4.76	6.93
#日　本	47.05	46.33	64.10	意 大 利	1.88	2.63	4.54
美　国	23.96	23.32	31.44	朝鲜民主主义人民共和国	2.23	2.79	7.78
澳大利亚	7.81	5.02	6.52	瑞　士	1.24	1.15	1.87
英　国	7.14	7.89	11.47	苏　联	1.77	10.78	28.49
法　国	3.90	5.07	8.60	新 西 兰	0.75	1.00	1.21
德　国	4.31	5.62	9.25				

注：1985 年德国旅游人数不包括原民主德国旅游者。

十二、人民生活进一步改善，收入继续增加

据抽样调查，1991 年全国城镇居民人均生活费收入为 1570 元，比上年增长 13.2%，扣除物价因素实际增长 7.7%；农村居民人均纯收入 710 元，比上年增长 3.5%，扣除物价因素实际增长 2%；全国职工工资总额 3323.9 亿元，比上年增长 12.6%；职工平均年货币工资 2340 元，比上年增长 9.3%，扣除物价因素实际增长 6.9%。

1991 年，城镇新建住宅 1.1 亿平方米，农村新建住宅 7.2 亿平方米；人均居住面积，城市由上年的 6.7 平方米增加到 6.9 平方米，农村由 17.8 平方米增加到 18.5 平方米。

1991 年，全国城乡各种社会救济对象得到国家救济的达 4869 万人次。全国已有 26.3%的乡镇建立了农村社会保障网络，城镇已建立起各种社区服务设施 8.9 万个。

表 110 人民物质文化生活状况

项目	单位	1978 年	1985 年	1990 年	1991 年
一、城乡居民收入					
农民平均每人纯收入					
（抽样调查）	元	134	398	686	709
职工平均工资	元	615	1148	2140	2340
城镇居民家庭平均每人生					
活费收入（抽样调查）	元	316	685	1387	1544
二、平均每人居住面积					
城市	平方米	3.6	5.2	6.7	6.9
农村	平方米	8.1	14.7	17.8	18.5
三、储蓄					
城乡居民年底储蓄存款余额	亿元	210.6	1622.6	7034.2	9110
平均每人储蓄存款余额	元	21.9	153.3	615.2	786.5
四、文化					
每百人拥有电视机	台	0.3	6.7	16.2	17.7
每百人拥有录音机	台	0.2	3.5	10.4	11.3
每百人每天有报纸	份	3.7	5.2	3.9	4.2
每个每年有图书、杂志	册	4.7	8.8	6.5	7.2
五、卫生					
每万人口有病床数	张	19.3	21.1	23.0	23.2
每万人口有医生数	人	10.7	13.3	15.4	15.4
六、就业					
城镇每一就业者负担人数					
（包括就业者本人）	人	2.06	1.81	1.77	1.75
农村平均每一劳动力负担人口	人	2.53	1.74	1.64	1.66
七、零售商业、饮食业、服务业					
平均每万人口有网点数					
（包括个体）	个	13.0	100.8	103.7	108.8
平均每万人口有人员数					
（包括个体）	人	63.1	238.7	254.4	264.4

注：平均每人居住面积中城市为城建部数字，农村为抽样调查数。

表 111 居民年平均消费水平

年份	绝对数(元)			指数(1978年=100)		
	全国居民	农 民	非农业居 民	全国居民	农 民	非农业居 民
1978	175	132	383	100	100	100
1979	197	152	406	106.7	106.9	104.2
1980	227	173	468	116.8	117.3	111.6
1981	249	192	520	124.9	126.5	121.2
1982	266	210	526	131.2	136.1	120.0
1983	289	232	547	140.2	148.5	122.3
1984	327	265	598	155.6	166.9	130.1
1985	403	324	727	176.1	190.0	141.4
1986	447	351	833	183.6	194.6	151.5
1987	508	389	991	194.1	202.8	165.6
1988	635	473	1281	207.4	215.2	177.4
1989	694	513	1394	205.7	213.2	173.8
1990	723	524	1477	210.2	212.2	184.0
1991	798	561	1686	226.6	223.9	203.2

注：1. 本表绝对数按当年价格计算，指数按可比价格计算。
2. 绝对数按国民收入使用额中用于居民个人的消费额和年平均人口数计算。

表 112 居民消费水平年平均增长速度

单位：%

时 期	全国居民	农 民	非农业居民
“五五”时期	4.8	4.1	4.9
“六五”时期	8.6	10.1	4.9
“七五”时期	3.6	2.2	5.4
1991年	7.7	5.5	10.4
1979—1991年	6.5	6.4	5.6

注：本表按可比价格计算。

表 113 城镇居民家庭抽样调查资料

项 目	单位	1981年	1985年	1990年	1991年
一、调查户数	户	8715	24338	35660	36730
二、平均每户家庭人口数	人	4.24	3.89	3.50	3.43
三、平均每户就业人口数	人	2.39	2.15	1.98	1.96
四、平均每户就业面	%	56.37	55.27	56.57	57.14
五、平均每一就业者负担人数（包括就业者本人）	人	1.77	1.81	1.77	1.75
六、平均每人全部收入	元	500.40	748.92	1522.79	1713.10
#生活费收入	元	458.04	685.32	1387.27	1544.30
1. 全民所有制职工工资	元			857.59	969.69
2. 集体所有制职工工资	元			170.39	177.89
3. 职工从工作单位得到的其它收入	元			99.11	116.90
4. 个体经营劳动者收入	元			18.71	25.06
5. 被聘用或留用的离退休人员收入	元			15.51	15.94
6. 其他就业者收入	元			3.79	5.40
7. 其它劳动收入	元			22.61	27.22
8. 财产性收入	元			15.60	19.72
9. 转移性收入	元			250.01	274.40
10. 特别收入	元			69.46	80.86
七、平均每人生活费支出	元	456.84	673.20	1278.89	1453.81

注：1. 生活费收入指居民家庭全部收入中扣除赡养、赠送支出和调查户记帐补贴，以及非家庭人口中的经常用饭人口所交的“搭伙费”后能用于安排家庭日常生活的实际收入。
2. 1981年数字是城市调查资料，从1985年起增加了县城调查，所列资料系包括城市和县城在内的城镇居民家庭抽样调查资料。

表 114　职工工资增长情况

项　目	1978 年	1980 年	1985 年	1990 年	1991 年
工资总额（亿元）	**568.9**	**772.4**	**1383.0**	**2951.1**	**3323.9**
全民所有制单位	468.7	627.9	1064.8	2324.1	2594.9
城镇集体所有制单位	100.2	144.5	312.3	581.0	658.6
其他所有制单位			5.9	46.0	70.4
在工资总额中：					
1.奖金和计件超额工资	11.3	70.3	208.6	537.8	627.2
全民所有制单位	11.3	60.9	154.7	443.6	517.5
城镇集体所有制单位		9.4	52.6	84.6	95.9
其他所有制单位			1.3	9.6	13.8
2.各种津贴				612.8	697.8
全民所有制单位	30.5	82.4	155.9	506.1	574.1
城镇集体所有制单位			27.9	99.6	113.7
其他所有制单位				7.1	10.0
3.加班加点工资				49.6	58.1
全民所有制单位		9.6	16.6	37.6	43.3
城镇集体所有制单位				10.5	12.3
其他所有制单位				1.5	2.5
平均工资（元）	**615**	**762**	**1148**	**2140**	**2340**
全民所有制单位	644	803	1213	2284	2477
城镇集体所有制单位	506	623	967	1681	1866
其他所有制单位			1436	2987	3468
实际平均工资指数	**100**	**113.2**	**139.0**	**156.7**	**163.1**
(以1987 年为 100)					
全民所有制单位	100	113.8	**140.4**	159.8	164.9
城镇集体所有制单位	100	112.5	**142.5**	149.6	158.1

注：1.1985－1991 年工资总额中包括肉类等价格补贴。

2.实际平均工资指数是按扣除职工生活费用价格变动因素计算的。

表 115 农民家庭抽样调查资料(一)

(基本情况)

项 目	单位	1978年	1980年	1985年	1990年	1991年
调查户数	户	6095	15914	66642	66960	67410
调查户常住人口	人	34961	88090	341525	321429	317816
平均每户常住人口	人	5.74	5.54	5.12	4.80	4.71
平均每户整、半劳动力	人	2.27	2.45	2.95	2.92	2.83
平均每个劳动力负担人口	人	2.53	2.26	1.74	1.64	1.66
平均每户年内新建房屋间数	间	0.11	0.23	0.30	0.19	0.21
平均每户年底使用房屋间数	间	3.64	4.06	5.11	5.61	5.46
平均每人年底使用房屋面积	平方米	10.17	11.59	17.34	21.04	21.88
#居住面积	平方米	8.10	9.40	14.70	17.83	18.49

表 116 农民家庭抽样调查资料(二)

(农民家庭平均每人纯收入)

项 目	1978年	1980年	1985年	1990年	1991年
平均每人纯收入(元)	**133.57**	**191.33**	**397.60**	**686.31**	**708.55**
从集体统一经营中得到的收入	88.53	108.37	33.37	60.32	66.09
从经济联合体得到的收入			3.69	2.44	1.97
家庭经营纯收入	35.79	62.55	322.53	576.27	588.52
其他非生产性收入	9.25	20.41	38.01	47.28	51.97
比重(以纯收入为100)					
从集体统一经营中得到的收入	66.3	56.6	8.4	8.8	9.3
从经济联合体得到的收入			0.9	0.3	0.3
家庭经营纯收入	26.8	32.7	81.1	84.0	83.1
其他非生产性收入	6.9	10.7	9.6	6.9	7.3

十三、科技经费投入增加，科技事业发展取得新的进展

1991年，全国科研机构、高等院校和大中型工业企业等单位用于科技的经费支出409亿元，其中用于研究与发展的经费142亿元，占国民生产总值的比重为0.72%。1991年末，全民所有制企事业单位共有各类专业技术人员2412.8万人，比上年末增长5.6%。全国县以上全民所有制独立研究开发机构5466个，高等院校办的2450个，大中型工业企业办的9525个，从事科技活动人员230.2万人，其中科学家和工程师149.1万人。全国共取得省部级以上重大科技成果23000项；获国家奖励的成果958项，其中国家自然科学奖53项，国家发明奖209项，国家科技进步奖502项。受理国内外专利申请50040件，授权专利24616件，分别比上年增长20.7%和9%。

1991年，国务院批准成立27个国家级高新技术产业开发区（包括先前批准的北京高新技术产业开发区），这些开发区将按新的经济体制运行。

我国技术开发出现良好势头，大中型企业依靠科技进步经济效益明显提高。1991年，我国企业技术开发出现新特点：(1)技术开发项目数量增加、投资强度增大，大中型企业全年技术开发项目达7.87万项，比上年增长7%，平均每项投资比上年增长10.3%；(2)技术开发活动的市场调节比重增大，根据市场需要、由企业自选的开发项目已占52.2%，

比上年增加1.6个百分点；(3)技术开发项目的起点提高，大中型企业全年共获专利1987件，占31.4%，投产使用率为88.3%。科技开发，技术进步，有力地促了企业经济效益的提高，1991年国营大中型企业新产品产值比上年增长39.5%，销售收入增长45.72%，实现利税增长59.12%。

科技市场活跃，交易额逐年增长。据不完全统计，1986年交易额为20.6亿元，1987年为33.5亿元，1988年为72.5亿元，1989年为81.5亿元，1990年为75.1亿元，1991年为94亿元，6年增长3.6倍，平均每年增长35.5%。

表117　全民所有制企事业单位专业技术人员数

项　目	1978年6月30日	1980年	1985年	1990年	1991年
专业技术人员总计（万人）	**434.5**	**527.6**	**781.7**	**1080.9**	**1711.3**
工程技术人员	157.1	186.2	340.4	510.1	496.9
农林业技术人员	29.4	31.1	45.1	55.1	46.3
卫生技术人员	127.6	153.0	216.1	272.0	275.8
科学研究人员	31.0	32.3	33.6	29.1	34.2
教学人员	89.4	125.0	146.5	214.6	858.1
构成（以总计为100）					
工程技术人员	36.1	35.3	43.6	47.2	29.0
农林业技术人员	6.8	5.9	5.8	5.1	2.7
卫生技术人员	29.4	29.0	27.6	25.1	16.1
科学研究人员	7.1	6.1	4.3	2.7	2.0
教学人员	20.6	23.7	18.7	19.9	50.2
平均每万名职工中专业技术人员（人）	**593**	**658**	**870**	**1045**	**1605**

注：1991年起专业技术人员包括企、事业单位（不含行政机关）人员数，教学人员包括社会和自然科技领域及小学教师人数。

表118　国家级重大科学技术成果项目数

单位：项

项　目	1985年	1986年	1987年	1988年	1989年	1990年	1991年
重大科学技术成果	10476	14915	11800	16552	20278	26829	32653
国家发明奖	185	26	225	217	150	224	209
国家科技进步奖	1761		806	515	504	505	502

十四、普通高等教育规模稳定，中等职业技术教育稳步发展

1991年，普通高等学校招收本、专科学生62万人，比上年增长1.8%；招收研究生3万人与上年持平；有320个长线专业点暂停招生，工科、医药、财经招生比例上升。各类中等职业技术学校教育稳步发展，在校学生占高中阶段在校学生总数的46.7%；普及义务教育有新的进展，学龄儿童入学率达97.9%，小学毕业生升学率达77.7%。成人高等学校招收本、专科学生44.7万人，成人中等专业学校在校学生增长5.8%，成人技术培训学校在校学生增长1.5倍。全年扫除文盲548.3万人。

高校教育改革取得新进展，教育在与生产、科研相结合，把科研成果转化为生产力和商品方面进行了有益的探索。

表 119　各级学校在校学生数

单位:万人

年份	总计	高等学校	中等学校	#中等专业学校	#普通中学	小学
1978	21346.8	85.6	6637.2	88.9	6548.3	14624.0
1979	20789.8	102.0	6024.9	119.9	5905.0	14662.9
1980	20419.2	114.4	5677.8	124.3	5508.1	14627.0
1981	19475.3	127.9	5014.6	106.9	4859.6	14332.8
1982	18790.2	115.4	4702.8	103.9	4528.5	13972.0
1983	18332.8	120.7	4634.1	114.3	4397.8	13578.0
1984	18557.7	139.6	4860.9	132.2	4554.2	13557.1
1985	18633.1	170.3	5092.6	157.1	4706.0	13370.2
1986	18692.1	188.0	5321.6	175.7	4889.9	13182.5
1987	18434.9	195.9	5403.1	187.4	4948.1	12835.9
1988	17988.5	206.6	5246.1	205.2	4761.5	12535.8
1989	17635.3	208.2	5054.0	217.7	4554.0	12373.1
1990	17553.1	206.3	5105.4	224.4	4586.0	12241.4
1991	17595.4	204.4	5226.8	227.7	4683.5	12164.2

注:中等学校未包括技工学校和工读学校。

表 120　平均每万人口在校学生数

年份	各级学校在校学生数占全国人口%	平均每万人口中			大中小学学生各占学生总数%		
		大学生(人)	中学生(人)	小学生(人)	大学生	中学生	小学生
1978	22.18	8.9	690	1519	0.4	31.1	68.5
1979	21.31	10.5	618	1503	0.5	29.0	70.5
1980	20.69	11.6	575	1482	0.6	27.8	71.6
1981	19.46	12.8	501	1432	0.7	25.7	73.6
1982	18.48	11.4	463	1374	0.6	25.0	74.4
1983	17.80	11.7	450	1318	0.7	25.3	74.1
1984	17.78	13.4	466	1299	0.8	26.2	73.1
1985	17.60	16.1	481	1263	0.9	27.3	71.8
1986	17.39	17.5	495	1226	1.0	28.5	70.5
1987	16.87	17.9	494	1174	1.1	29.3	69.6
1988	16.20	18.6	473	1129	1.1	29.2	69.7
1989	15.65	18.5	448	1098	1.2	28.7	70.2
1990	15.35	18.0	447	1071	1.2	29.1	69.7
1991	15.19	17.6	451	1050	1.2	29.7	69.1

表 121　高等学校和中等专业学校毕业生数

单位:万人

项　目	1987年	1980年	1985年	1990年	1991年
高等学校毕业生	**16.5**	**14.7**	**31.6**	**61.4**	**61.4**
工　科	5.7	4.4	9.8	19.6	20.6
农　林	1.7	0.5	2.1	3.3	3.1
医　药	2.7	1.8	2.9	4.3	4.6
师　范	3.5	6.2	9.4	19.1	18.7
文　科	1.2	0.6	2.2	3.4	3.0
理　科	1.3	0.8	1.9	2.9	2.7
财　经	0.2	0.1	2.4	6.6	6.5
政　法	…	…	0.5	1.2	1.2
体　育	0.1	0.1	0.3	0.4	0.4
艺　术	0.1	0.1	0.2	0.5	0.6
中等专业学校毕业生	**23.2**	**41.0**	**42.9**	**66.1**	**74.0**
工　科	3.1	5.8	8.4	12.9	15.8
农　林	2.7	3.2	3.1	3.6	4.8
师　范	11.3	20.9	16.8	23.4	24.8
医　药	4.4	5.4	5.2	9.4	10.4
财　经	1.4	4.7	7.2	12.6	13.9
政　法	—	—	1.5	2.0	2.0
体　育	…	0.1	0.2	0.6	0.7
艺　术	0.2	0.2	0.5	0.8	0.9
其　他	0.1	0.7	0.1	0.8	0.6

表 122　各级成人学校在校学生数

单位:万人

类　别	1981年	1985年	1990年	1991年
成人高等学校	**134.6**	**172.5**	**166.6**	**140.3**
广播电视大学	26.8	67.4	31.4	28.2
职工大学、农民大学	25.0	26.1	23.1	21.9
函授大学、夜大学	24.1	50.3	70.9	59.3
管理干部学院		4.0	5.4	5.2
教育学院	58.7	24.7	25.3	18.6
电大、函大、夜大普通专科班			10.5	7.1
成人中等学校	**820.7**	**547.0**	**1529.4**	**3423.6**
中等专业学校	444.1	134.7	158.8	168.0
中　学	376.6	412.3	88.5	89.9
技术培训学校			1282.2	3165.7
成人初等学校	**973.6**	**833.8**	**2282.1**	**853.6**
职工初等学校	68.1	11.6	47.2	34.7
农民初等学校	905.5	822.2	2234.9	819.0
#扫盲班	600.4	519.0	559.8	562.9

注:成人高等学校的学生数是本、专科学生数;成人中等专业学校1985—1991年的学生数是经批准列入招生计划,学制二年以上的学生数。

(根据国家统计局和其他部委提供资料汇编,陆涌华执笔)

中外专家、学者对提高中国企业国际竞争力的意见与建议

1991年，围绕增强企业活力、转变企业经营机制、搞好国营大中型企业这一改革的中心议题，国家体改委组织国内外的专家学者对如何提高中国企业的国际竞争力问题进行了专题研究。这项研究的主题是参考和借鉴国外关于企业国际竞争力研究与评价的方法和有关观点，探讨“八五”期间和未来10年中国企业尤其是国营大中型企业如何通过改善经营机制和内部管理体制、协调与驾驭外部环境，从而提高在国内和国际市场上的竞争能力等问题。现将中外专家学者的有关观点综述如下：

一

中外专家一致认为，提高中国企业的国际竞争力，必须“知己知彼”，注意吸收和借鉴国际市场竞争中其他国家提高和保持国际竞争力的经验与做法。因此在中国开展国际竞争力的比较研究对于转变企业经营机制和把企业推向国内、国际市场，并在市场竞争中提高其竞争力具有现实意义。外国专家指出，企业国际竞争力的比较研究和定量评价是目前国际上一个新的研究领域。这项研究已在国际社会产生了很大影响。国际竞争力从研究的内容可区分为国家的竞争力和企业本身的竞争力。国家竞争力即一个国家或地区全部企业表现出来的整体竞争能力。近几年，世界经济论坛和瑞士洛桑国际管理开发学院合作出版的《国际竞争力研究报告》对30多个国家和地区国际竞争力定量评估的结果表明，当今世界最有国际竞争力的企业，在发达工业国家中来自日本、美国、德国和瑞士、而在发展中的新兴工业国家和地区中则来自新加坡、香港、南朝鲜和台湾。这些国家和地区的企业之所以具有较强的国际竞争力，虽然各有各的做法，但企业具有适应国际国内经营与竞争环境变化、不断调整自身的活力则是其共同特点。

外国专家认为，中国企业具有进一步提高国际竞争力的明显优势和潜力，但是现行的体制障碍、影响着其竞争力的发挥和显现。中国目前正在着手进行的转变企业经营机制和把企业推向市场的改革，对于从根本上改善和提高中国企业的国内和国际竞争力将产生深刻影响。

中外专家都认为，在中国对外开放日益扩大的形势下，企业要走向国际市场，必须注重研究国际市场环境，掌握世界经济的发展和实力对比的变化，熟悉国外企业的行为方式及其有关的法律、税务、财务、金融等规则和制度，然后在经营机制和管理模式上进行相应的调整，尊重国际惯例，按国际惯例办事，这样才能有足够的实力参与国际市场的竞争，并在竞争中具有较强国际竞争力。企业走向国际市场，参加国际竞争类似于足球比赛。足球场上的比赛规则任何球队和球员都必须熟悉并遵守。不管每个球队用什么方法训练球员，但在赛场上必须在统一的规则下较量实力。因此，企业必须对竞争的外部环境和竞争对手有足够的了解，并据此建立企业的经营目标、经营战略、市场战略等。从这个意义上说，国外关于国际竞争力比较分析的方法及观点对中国搞好国有大中型企业，具有重要参考借鉴价值。

二

中外专家认为，国有大中型企业在国内是否具有较强的活力，在国际市场上是否具有强劲的国际竞争力，不仅关系到企业自身的发展与命运，而且也关系到中国经济体制改革的成败。

一个企业的竞争力强弱是活力大小的最基本、

最直接也是最现实的表现。搞好国有大中型企业,应把立足点放在增强企业的国内和国际竞争能力上。

中外专家认为,企业是否充满活力,是否具有竞争力,最终要通过市场来检验。一个企业活力的大小、竞争力的强弱,只有在适应、驾驭和协调市场环境的过程中才能充分地展示出来。因此,中国政府正着手进行的把企业推向市场的改革是提高其竞争力的重要的先决条件。企业只有通过国内和国际市场的竞争,才能充分激发自身的活力,改善和提高国内与国际竞争力。

外国专家认为,世界上不论发达国家还是发展中国家,也不论是市场经济还是计划经济,企业具有较强竞争力的另一个重要的先决条件,是政府和企业在权利、责任上必须分开。政府过多地干预企业,企业家介入政府都不是好事情。政府部门必须最大限度地减少对企业的行政干预,尽可能地减轻企业的经济和非经济负担,为企业创造良好的外部环境,如鼓励竞争、反对垄断、开发人力资源、基础设施建设等等。企业则应积极主动地创造条件,从过去基本上面向政府转向更多地面向市场,最后完全面向市场,在市场竞争中求生存求发展。中方专家也认为,近两年的实践证明,受"三角债"和市场疲软困扰小的企业,正是那些在产品的设计、生产、销售、价格和质量等环节上具有优势的企业。在治理整顿期间活力较强的企业,大多是能开拓国际、国内两个市场,善于适应、驾驭外部环境的企业。

外国专家认为,一个企业的竞争优势如何,固然与外部环境直接相关,但竞争能力的强弱最终还是取决于特定的经营机制。经营机制也就是企业与政府和企业内部各环节之间责权利关系不同的界定和排列组合。这种界定和排列组合,决定着企业内部资源的配置方式和配置效益,也决定着企业的凝聚力和应变能力,进而决定着其竞争力的大小。世界上不少成功的企业,不论企业的产权关系如何,共同的地方都是具有一个灵活而高效的经营机制。中国企业要具有较强的国际竞争力,必须在转换和选择企业经营机制上作出较大的努力,而似乎没有必要把过多的注意力集中在产权关系上。当今世界,无论私营企业还是国有企业,其获得经营活力和国际竞争力的基本前提条件,是具有从事国内和国际竞争的充分 的经营自主权和灵活的经营机制。在参加国际竞争力评估的 34 个国家和地区的企业中,既可以找到私营企业缺乏活力、竞争力很糟糕的例子,同样也可以找到国有企业具有较强活力和竞争力的例子。就中国而言,近年来也出现了一些具有较大活力和较强竞争力的国有企业,如首都钢铁总公司。中外专家把首钢作为典型进行了分析,认为近年来首钢之所以在增强活力和提高竞争力方面取得明显成效,就在于坚持国家所有的前提下,在政府与企业的责、权、利关系上进行了明确的界定,从而获得了充分的经营自主权,并开始初步形成有利于企业参与国内和国际市场竞争的经营机制。因此,讨论企业的竞争力,更有意义的是其经营机制,而不是产权关系。

三

在外部环境和经营机制一定的条件下,企业如何改善自身的国际竞争力呢?中外专家的讨论主要集中在以下几方面。

一是企业要善于将技术快速转化为产品。外国专家认为,日本企业具有很强竞争力的原因之一,就是善于将技术快速转化成产品,注重强调技术转化执行能力在提高竞争力中的作用。并认为日本企业在使技术转化成产品中,突出做好了以下几项工作:贯彻落实全面质量管理制度,努力缩短生产周期,提高生产速度,按质、按量、按时完成定货合同,注意提高综合经济效益;以最大限度满足顾客需求为原则,提供优质服务。

二是企业要把人力资源的开发,作为提高和保持竞争力的核心问题。企业竞争力的后劲来源于人力资源的开发。人力资源的开发程度在增强企业活力,提高竞争力方面的作用越来越明显。外国专家认为,某个国家企业未来的竞争力和后劲如何,将取决于其在人力资源方面拥有的优势。当今世界具有竞争力的企业,无不重视智力投资、人员培训、岗位练兵,同时也非常重视对教育模型的研究;并认为当今世界企业竞争力,已经不再主要取决于拥有原材料或低劳动力成本,而是主要取决于是否较其竞争对手更有能力去创造、获取和应用知识。

有的中方专家认为,影响企业竞争力的诸多因素都是通过技术作用于企业的,技术创新与利用取决于人力资源的开发程度,因此企业竞争力最终表现在人力资源的竞争。目前我们国家在这方面重视不够,将成为企业改革和拥有未来竞争力的一大隐患,应引起我们的足够重视。

三是分权管理,自主决策。外国专家认为现代企业为了提高其分析环境、优化决策的能力,应逐步从集权体制向分权体制变化。企业实行分权体制，可以充分发挥管理的民主性，使企业各个员工参与分析企业内外部环境，参与企业决策过程，激发员工努力工作的士气，使企业保持旺盛的活力。并认为企业实行自主决策的自由度越大，越有利于提高其竞争力。决策对一个企业的生存、发展、影响重大，企业要不断地进行决策，错误的决策并不可怕，没有决策对企业是最糟糕的。外国专家指出，近年瑞士国际竞争力趋于下降的重要原因之一，就是对欧洲的环境变化反应迟钝，没有作出相应的决策。

四是在战略和策略上灵活多变，这是有竞争力的企业的显著特点。外国专家非常看重企业的灵活性，他们强调具有强劲竞争力的企业在生产经营上是灵活多变的，在市场上表现为具有很强的开拓能力和应变能力。外国专家认为企业竞争力具有多维性，企业应善于把自己与竞争对手相比较，充分发挥自己的相对优势，采取灵活多变的竞争对策，无时无处不具有击败竞争对手的思想，这样才能不断增强企业活力或提高竞争力。因此不同的企业，根据自己的特点和优势应采取不同的竞争策略。例如：

1.灵活多变的生产线。瑞士手表公司之所以具有很强的国际竞争力，就在于其具有灵活多变性。它的柔性生产线可以生产出几百种不同型号、高度标准化的产品，来满足不同顾客的各种需求，而且拥有一套出色的推销技术，在推销自己产品的同时，善于引导人们的生活行为，不断向人们推销出新的社会生活方式。

2.树立国际眼光。美国的ABB公司的成功之处则是善于把地方经营战略与国际经营战略相结合，把近期经营战略与远期经营战略相结合，注意观察和研究外部环境，不断提高自身的应变能力，从而实现击败竞争对手，保持自我实力的目的。

3.梦想式管理。瑞士劳提克公司是从事生产经营计算机的公司，在国际市场具有很强的竞争能力。该公司利用各种手段激发人们的想象力和创造力，形成了灵活多样的管理方式，例如梦想式管理，鼓励公司领导应站很高看得远，大胆想象、敢于冒险。该公司的成功之处，就在于富于想象力和创造力。

除了上述几方面的讨论外，中外专家还就建立激励机制和淘汰机制与竞争力的关系，政企分开、所有权与经营权分离与竞争力的关系，企业活力与竞争力的区别与联系，如何建立中国企业竞争力的评估系统，如何制定中国工业企业活力的评估方法和标准，以及中国评估企业的统计口径如何与国际通用口径接口等问题进行了探讨。

（赵艾　整理）

改革开放名词解释

经济制度

经济制度是指某个社会中占主导地位的社会生产关系的本质及其基本形式，它构成该社会的经济基础，反映出一个社会的质的规定性。如社会主义制度，反映了社会主义生产关系的本质，基本特征包括生产资料公有制为主；按劳分配为主以及最终实现共同富裕等。资本主义制度则反映了资本主义生产关系。

经济制度的变革是生产关系的根本改变，如资本主义代替封建主义，社会主义代替资本主义。经济制度在建立以后，仍然有一个完善和发展的过程。经济体制改革则是对经济制度自我完善和发展的具体体现。

经济体制

经济体制是经济制度的具体形式，它是一定生产关系的具体形式或一定生产关系基础上的国民经济管理形式和管理制度。经济体制要受基本经济制度的决定和制约，是经济制度的具体体现。

经济体制因各国国情不同和历史发展阶段的不同而具有差异性。同一经济制度下经济体制可以发生变化，例如，在社会主义制度下，我们长期是一种高度集中的计划管理体制。改革开放以来，我们提出要建立社会主义商品经济体制。

经济体制的变革是在生产关系不变的前提下，进行管理体制或管理形式的改革和调整。

经济体制改革

经济体制改革，是在坚持社会主义制度的前提下，对束缚生产力发展的旧的经济管理体制进行调整和变革。改革是社会主义制度的自我完善和发展，是为了解放和发展生产力。过去，我国的传统体制在许多方面存在弊端：政企职责不分，国家对企业统得过多，管得过死，排斥和忽视价值规律，分配中存在严重平均主义，企业缺乏生机和活力。这种状况，使本来应该生机盎然的社会主义经济在很大程度上失去了活力，束缚了生产力的发展。因此，对这些问题进行全面改革，建立起具有中国特色的社会主义商品经济的新体制，解放和发展社会生产力，就成为我国经济体制改革的基本任务。

经济结构

经济结构是指国民经济各个部门以及社会再生产各个方面的构成及其相互关系。它包括产业结构、技术结构、企业结构、产品结构、投资结构、就业结构等。影响经济结构的主要因素是本国的经济和技术条件，对人力、物力、财力和自然资源的合理使用，部门行业之间的协调和相互促进等。判断经济结构是否合理的标准，主要是看它是否有利于发展社会生产力和是否有利于提高社会经济的效率与效益。

调整经济结构，提高经济效益，是我国90年代改革与发展的重要内容之一。

经济手段

经济手段是国家掌握的、用来控制和调节社会经济活动的各种物质力量和经济杠杆。它包括国家手中掌握的资金、外汇、技术和物资，以及国家运用价格、税收、利率、汇率等经济杠杆。其中经济杠杆是国家调节经济活动最常用的经济手段。经济手段与行政手段、法律手段、思想教育手段等构成社会经济管理的工具体系。

经济手段是利用利益导向来调节经济运行。它具有灵活、有效、直接的特点。充分运用经济杠杆调节经济，是社会主义商品经济的客观要求。

行政手段

行政手段是国家凭借政治权力和行政权威，按照行政系统、行政层次直接调控社会经济活动的发布的各种命令、指示、规章、制度等。它是以上级拥有权威和下级的服从为前提的，因而有明显的强制性；行政干预也显示出纵向控制的特征。这些特征决定了行政手段缺乏必要的灵活性。

在社会主义商品经济中，必要的行政手段是不可少的，但不能广泛使用。过多的使用行政手段必然束缚企业和个人的积极性，影响经济运行的效率。

法律手段

法律手段是国家调节社会经济运行所必需的各种经济法规以及相应的经济立法、经济司法等措施。经济立法是国家权力机关进行的关于经济法规的起草、审议、制定、颁布等过程。经济司法是国家权力机关运用国家强制力量保证法规实施的执法活动。

法律手段是社会生活的行为准则，具有普遍的约束力。运用法律手段调节社会经济活动可以调整各方面的经济关系，处理各种经济矛盾，解决各种经济诉讼，惩办经济犯罪，维护社会安定。而且法律手段具有严肃性、权威性和强制性。因此，法律手段就成为发展社会主义商品经济的一项重要基本手段。

指令性计划

指令性计划是国家计划机构制定和颁布的对计划执行者具有强制约束力的一种计划形式。它有三个特点：①强制性，计划一经制定和下达，就必须强制实施；②权威性，计划代表国家机关的意志，必须无条件执行；③直接性，计划任务直接下达执行单位。指令性计划是国家直接控制经济活动的主要手段，它具有及时有效、明确等优点。但也有缺陷，主要是主观性很强、忽视价值规律和缺少弹性。因此，逐步缩小指令性计划的范围和比重，是计划体制改革的重要内容。

随着社会主义商品经济的发展，指令性计划将逐步被国家订货合同形式所取代，使行政手段逐渐具有经济手段的特征。

指导性计划

指导性计划是由国家计划机构制定和颁发的不具有强制性的调控经济活动的一种计划形式。其特点是：①计划不具有强制力。执行单位可以根据实际情况和市场供求变化，在一定范围内灵活执行。②计划是有弹性的。指导性计划指标是粗线条的，可以有一定的弹性。③计划靠经济杠杆引导。它的实行主要不是依靠行政权力，而是通过经济杠杆来实现其指导作用。

指导性计划体现了计划性与灵活性的结合，是国家指导经济活动的重要手段。在社会主义商品经济条件下，随着市场体系的发育和完善，指导性计划的作用将得到更充分的发挥。

计划单列

计划单列是我国计划体制改革的一项内容，在国家计划中把某些重要的城市或企业的经济发展计划，单独列为一个户头的一种计划管理形式。

实行计划单列的城市，其省辖市的身份不变，但在计划管理上把它们视同省级计划单位，并在经济职能上享有省级管理权限，以便更充分地发挥这些城市作为经济中心的作用。计划单列的内容主要有：工农业生产、交通运输、邮电、固定资产投资、主要商品购销和分配计划、主要物资与能源分配调拨、外贸进出口、劳动、工资、财政、信贷、科学技术及社会发展计划指标等。

我国最先实行计划单列的是重庆市。现在有计划单列城市 14 个。

分税制

分税制是一种划分税种、分级征收的财税管理体制。它是在划分中央与地方的事权的基础上，将税种划分为中央税、地方税、中央与地方共享税三种基本形态，实行分级征税。这有利于调动中央和地方的积极性，增加税收工作的责任感，避免传统财税体制中种种职责不清的现象。

分税制是我国财税体制改革的一个方向。现行的财政包干体制将逐步向分税制过渡。从 1992 年起，我国将在辽宁、天津、新疆等 9 个省、市、自治区进行分税制试点。

复式预算

复式预算是一种把财政预算分开并分别平衡的财政管理体制。其具体内容是把财政的经常性预算与建设性预算分开，经常性预算坚持不打赤字、并略有节余的原则；建设性预算可以打赤字，但赤字必须通过举债来平衡，并保持在合理的水平上。从 1992 年起，我国全面推行复式预算办法。

复式预算是财政管理体制的一项重要改革，它有利于保持财政收支的综合平衡。有利于支持国家的重点建设。

所有制结构

所有制结构是指生产资料的各种所有制形式在整个社会经济中所占的地位、作用及其相互关系。一定社会历史阶段中的所有制结构，是由这一阶段的社会生产力状况决定的。

在我国现阶段，所有制结构呈现出以公有制为主体多种所有制形式共同发展的特征。具体说来，我国所有制结构的现状是：全民所有制（即国家所有制)、集体所有制、合作所有制、个体经济、私人经济、中外合资、合作和外商独资经济,以及混合所有制等。

所有制结构是随着生产力发展而变化的。我们的政策是在坚持生产资料公有制的前提下,积极发展各种所有制形式。

政企职责分开

政企职责分开是把政府组织的职能与企业的职能分开。它是相对于政企不分而言的。政府是国家政权组织的具体形式,其主要任务是管理国家和社会。企业是经济组织,其主要任务是搞好生产经营。两者是完全不同又相互联系的组织系统。

实行政企分开的实质,是要正确解决国家与企业之间的关系,关键是要减少政府对企业的直接控制和行政干预,使企业真正成为独立的商品生产者和经营者。因此,实行政企职责分开,是经济管理体制改革的主要内容之一。

经济实体

经济实体是独立从事生产经营活动,拥有一定自有资金,实行独立核算、自主经营、自负盈亏,具有法人地位的经济组织。其基本特征为:①拥有生产经营方面的自主权和经营权,独立地进行生产经营活动;②独立地进行经济核算,自负盈亏,对自己的经营成果承担全部经济责任并分享经济利益;③具有独立法人地位和权力,有权独立处理对外活动事务。

在我国,随着改革开放的发展,所有的企业和部分事业单位都将逐步成为经济实体。

经济效益

经济效益是指人们在物质生产活动中投入与产出之比例。在产品适销对路的前提下,投入一定量的劳动和生产要素,符合质量要求的产成品的数量越多,则经济效益越大,反之相反。

在商品经济条件下,生产必须讲求经济效益。只有在经济效益不断提高的条件下,企业才有竞争力,才能占领市场。因此提高经济效益,是发展社会主义经济的一条重要原则。

经济责任制

经济责任制是以提高经济效益为目的,把责、权、利密切结合起来的一种生产经营管理制度。它的特点:①以责为核心,以责定权、定利,责、权、利相统一;②国家、集体、个人利益相统一;③职工劳动所得同劳动成果相联系。实行经济责任制可以合理地组织劳动,更好地贯彻按劳分配原则,调动企业和职工的积极性。

在我国,我们先后在农业、工业、商业等部门先后实行了各种形式的承包经营责任制,就是经济责任制的一种重要形式。

企业集团

企业集团是指以大中型骨干企业、独立科研单位为主体,由若干个企业在平等、自愿、互利的基础上,按照共同制定的章程和协议组成的多层次组织结构,实行资产、经营一体化,从事综合性生产经营活动的经济组织。

企业向集团化方向发展,是商品经济发展到一定阶段的产物,是适应经济规模化和竞争国际化需要的必然趋势。

企业兼并

企业兼并是一个企业以有偿或无偿的方式获得其他企业的产权,从而使后者失去法人资格或改变法人实体的经济行为。兼并是产权转让的一种形式。

我国企业兼并的形式主要有:一是承担债务兼并,即兼并方以承担被兼并方净债务为条件接受其资产。二是购买式兼并,即兼并方出钱购买被兼并方的资产。三是股份式兼并,即通过购买被兼并方的股权实现兼并。四是无偿式兼并。这种方式多在国有企业之间进行,资产实行无偿划转。

企业兼并是商品经济发展过程中的必然结果,是促进经济效益提高和调整产业结构的有效途径。

承包制

承包制又称承包经营责任制。它是建立在所有权与经营权分离基础上,把责任、权力、利益结合起来,对资产经营负责的一种经营形式。承包制在我国工业企业从1987年开始全面推开,实行承包制的企业占企业总数的90%以上。现在多数企业已转到第二轮承包。

承包制的形式是多种多样的,有利润递增包干;基数包干、增长分成;基数包干、超额留用和定额亏损包干等形式。承包制的主要特点是以利益制约为契机,利用人们对物质利益的关心来调节国家、企业、个人的经济关系,调动企业和个人的积极性。

租赁制

租赁制是指在不改变企业资产性质的前提下,实行所有权与经营权的分离,把资产有期限地出租的一种经营办法。它是由出租方有条件地将资产交给承租方经营,承租方按合同规定交付租金后,实行自主经营。

我国租赁经营的形式主要有：①个人承租经营；②合伙承租经营；③全员承租经营等。无论何种形式，承租方均需出具一定比例的财产作为承租风险抵押。租赁期限一般为3～5年，也有更长期的租赁期限。

股份制

股份制是一种现代企业经营制度。它是指通过股份形式把分散的资金集中起来进行经营活动的方式。实行股份制的基本形式之一是股份有限公司，其分配形式是按股分红。股东以其拥有的股份参加管理、共享权益、共担风险。股份公司的最高权力机构是股东大会，最高经营决策机构是董事会，领导体制实行董事会领导下的厂长（经理）负责制。

在我国，股份制企业主要有股份有限公司和有限责任公司两种组织形式。前者是指全部注册资本由等额股份构成并通过发行股票筹集资本的企业法人。后者是指由两个以上股东共同出资，每个股东以其所认缴的股份承担有限责的企业法人。

股票

股票是股份企业发给股东作为入股凭证并借以取得股息或红利的一种有价证券。股票可以公开发行、买卖或转让，但不得退股。股票的买卖通常在证券交易所进行。股票是股东所有权的凭证，当企业破产清算时，股东凭股票分配企业剩余财产。股票的种类较多：①以股东享有的权益和承担风险的大小来分，可分为普通股和优先股。优先股有优先取得股息和分配破产企业剩余财产的权力，且股息是固定的，但一般没有选举权。普通股的股息是随企业盈亏状况而变动的，但有选举权。②股票可分为记名股票和无记名股票；③股票也可分为有面额股票和无面额股票等。

厂长（经理）负责制

厂长（经理）负责制是指由企业的厂长（经理）对企业的生产指挥和经营管理统一领导、全面负责的一种企业领导制度。根据《企业法》的规定，厂长是企业法人代表，代表法人行使职权，从而确立了厂长在企业经营管理中的中心地位。

实行厂长（经理）负责制，是我国企业领导体制的一项重要改革，它是社会化大生产和发展商品经济的客观要求，有利于提高企业的决策效率、管理水平和经济效益。

全员劳动合同制

全员劳动合同制是企业全体职工与企业在平等自愿、协商一致的基础上，通过签订劳动合同，明确双方责、权、利，以法律形式确立劳动关系，依合同法管理的新型用工制度。

实行全员劳动合同制，有利于企业和劳动者的“双向选择”，是转变企业经营机制和深化劳动用工制度的客观要求。

结构工资制

结构工资制是把工资分解为几个部分，分别确定各部分的工资标准，然后再组合起来确定工资数额的一种工资制度。1985年我国工资制度改革中，对机关工作人员和部分事业单位实行了以职务工资为主的结构工资制。其构成是职务工资、基本工资、工龄工资和奖金等，它的好处是可以把构成工资的几个因素分别规定条件和标准，予以考核，从而可以较好地体现各部分劳动量，更好地贯彻按劳分配原则。

岗位技能工资制

岗位技能工资制是根据工作岗位的性质和工作技能的高低，来确定职工的工资等级和增长幅度的一种工资制度。在我国部分企业中，已开始实行这种工资制度，其特点是主体工资是由职工的工作岗位（包括工作的复杂性、艰苦性和责任大小等）决定的，同时，对职工的技能及提高程度进行考核，作为确定工资的参考，这样就把职工对企业的贡献和工作能力同劳动报酬联系起来，有利于调动职工的积极性。

在改革过程中，岗位技能工资制将在更大范围内推广。事实上，这样一种工资制度，在国外许多国家如日本等已广泛采用。

待业

待业是就业的对称。国外一般称为失业。在我国待业最初的含义是指那些城镇人口在劳动年龄范围内有劳动能力、就业愿望并在劳动部门作了就业申请登记，而尚未安排工作或职业的现象。待业概念随着企业劳动人事制度的改革和《企业破产法》的实施，也有所扩大。现在也包括那些因企业破产而面临重新就业的职工。

待业是社会经济发展过程中的一个正常现象。在我国发展社会主义商品经济的过程中，我们将大力发展第三产业，扩大就业机会。但是不可能做到100%的劳动人口全部就业，总要有一小部分人暂时待业。现在，我国城镇待业率约在2.5%左右，是比较低的。

市场经济

市场经济是一种经济组织方式。在市场经济中，生产什么样的商品，采取什么样的生产方法，以及生产出来以后谁来使用这些商品等问题，都是依靠市场力量来决定的。市场是配置社会资源的基本手段和主要方式。同时，计划也具有很重要的作用。因为，市场虽然能调节大量的经济活动，但仍有许多不受市场调节的活动，如国防、教育、公共产品、环境保护等，需要政府通过计划来加以协调。

买方市场

买方市场是卖方市场的对称。它是指商品供给大于商品需求的市场状况。由于商品供大于求，商品价格趋于下降，从而有利于买方控制市场。在这种状况下，商品的卖方之间竞争激烈，希望尽快卖出自己的产品，而买方则在商品选择、讨价还价和购买上占有有利的地位。

买方市场的出现，是商品经济发展到一定阶段的产物。它能促使商品生产者加快技术进步，努力提高经济效益，增加商品品种规格，从而刺激社会生产力的发展。在我国，随着社会生产力的发展，在消费品市场上开始呈现出买方市场的某些特征。

卖方市场

卖方市场是买方市场的对称。它是指商品的需求大于商品供给的市场状况。由于商品需大于供，商品价格呈现上升趋势，从而有利于卖方控制市场。在这种情况下，买者争相抢购商品，导致价格上升；而卖方则尽可能以高的市场价格出售商品。这样，市场上买方选择余地很小，而卖方成了市场的主宰者。

卖方市场不利于企业的技术进步和劳动生产率的提高，同时还限制了消费的有效增长。在商品经济条件下，卖方市场会逐渐向买方市场转化。

市场体系

市场体系是指由商品市场、资金市场和劳动力市场等相互联系、相互制约的一个有机整体。在社会主义商品经济条件下，市场体系作为一个经济系统，主要包括：①商品市场。它在市场体系中居于基础地位，包括消费品市场、生产资料市场、技术市场、房地产市场等。②资金市场。它是市场体系的核心，包括短期资金市场和长期资金市场，以及外汇市场、黄金白银市场等。③劳动力市场。它是市场体系完善程度的重要标志。在社会主义条件下，劳动力不是商品，但它的流动应该而且必须通过市场来进行。

在我国，随着改革开放的不断发展，市场体系的发育和完善，是确定社会主义市场经济新体制的重要任务。

证券市场

证券市场是股票、债券等有价证券交易关系和交易场所的总和。它既包括具有固定交易地点和场所的证券交易所，也包括没有固定交易场所而进行交易的场外市场。从证券投资活动来看，它分为发行市场和流通市场。

发行市场又称一级市场，是各个企业、机构和政府发行各种证券的规划、推销、承购等阶段的全部活动过程。流通市场又称二级市场，是发行后的证券进行买卖、转让和流通的过程。

由于证券交易活动具有明显的投机性质，因此，世界各国都对证券交易有严格的法律规定和监督体系。我国目前已在上海、深圳开办了证券交易所。

技术市场

技术市场是技术商品交换关系和场所的总和，是实现技术商品开发、流通、应用、服务等于一体的社会化过程。一般说来，技术市场至少包括技术开发、技术转让、技术咨询、技术服务等四种主要形式。

技术市场是联系科技与经济的主要渠道，也是把技术商品化的过程，实行技术有偿转让与服务，有利于促进高新技术的商品化、产业化、国际化。

期货交易

期货是现货的对称。期货交易是指交易成立与货物交割在未来的不同日期进行，价格由成交双方议定。它一般适合于大宗商品、外汇、证券等交易活动，交易商品应具有量大、可贮存、标准化等特点。

期货交易的特点在于期货买卖双方按约定，在未来时期实现所有权的转让或让渡。一般说来，期货交易业务可以分为两大类：一类是以转移价格波动风险为目的的保值性业务；另一类是以盈利为目的的投机性业务。因此，期货交易应有一套完整的法律系统来加以管理。

通货膨胀

通货膨胀是指由于货币发行过多导致物价上涨的现象。它在现实生活中的表现形式有二种：一种是在价格管制的条件下，流通中的货币量过多不能直接反映在物价上涨上，只能表现为市场商品短缺、供求紧张、人们持币待购等方面；另一种是在非价格管制条件下，货币发行过多则直接表现在物价的全面上涨。通货膨胀是经济发展过程中的一种不良现象，世界各国政府均把治理通货膨胀作为自己的主要目标之一。

国家定价

国家定价是指对某些关系国计民生的重要商品包括能源、运输和某些基本消费品的价格，以及邮电、公共交通、水电、文教卫生等收费标准，由中央或地方物价部门分别统一规定其价格的价格形式，是国家计划价格的重要组成部分。它的优点是可以保持这些方面的价格稳定，对实现经济稳定增长有重要作用。缺点是，如果定价不合理，必然违背价值规律的要求，影响经济效益的提高。随着改革开放的发展，我国的国家定价的范围将大大缩小，国家指导价和市场价格的比重将逐步扩大。

国家指导价

国家指导价是由国家规定一个基准价、浮动幅度或限价，由生产经营者在国家规定的限度内自行决定的价格形式。它也属于国家计划价格的范畴。一般说来，国家指导价包括以下几种形式：①浮动价格，即由国家规定基准价和浮动幅度，由生产经营者在规定限度内自主定价。②限制价格，即由国家规定最高或最低限价（保护价），由生产者在限价范围内自主定价。③协议价格，即由物价管理部门、工商管理部门组织工业、商业、外贸及农业等产需各方协商议定的价格。

国家指导价有利于计划与市场的结合，有利于调动企业生产积极性。在改革过程中，国家指导价将继续存在和发展。

市场价格

市场价格是由生产经营者自主确定，随着市场供求关系而变化的价格形式。它是商品经济中最普遍和最灵活的价格形式，有利于发挥价值规律的作用，有利于增加适销对路产品的生产。但是，由于市场价格完全受市场供求关系的影响，如果宏观经济调控不当，有可能出现价格暴涨暴跌的现象。因此，适当保留一部分国家计划价格作为指导是必不可少的。

在经济改革过程中，随着商品经济的发展，市场价格将逐步扩大。

合同定购

合同定购是改革后我国对农产品以合同形式取代统购派购的一种收购形式。根据国家的需要，合同由商业部门与农民签订。合同规定商业部门向农民收购农产品时，要优惠供应农民一定量的生产资料或生活资料，农民则应按照合同规定保质保量完成出售农产品的数量。这种合同的特点是农产品收购与工业品供应同时规定，有买有卖、购销结合。合同一经签订必须严肃执行。

合同定购是我国对原有农产品统购派购体制的根本性改革，是一种由行政手段向经济手段的转化，推动了农村商品经济的发展。

家庭联产承包责任制

家庭联产承包责任制，是以农民家庭为单位对农业生产的最终成果承包的一种责任制形式。一般作法是将集体所有的土地等生产资料按人口或劳力比例分到农户经营。其分配特点是交够国家的，留足集体的，剩余全是自己的。在家庭联产承包制下，农民家庭的责、权、利关系明确，调动了农民的生产积极性。

现在我国广大农村普遍实行了家庭联产承包责任制，它是农民的伟大创举，是对集体经济的完善和发展，既坚持了土地等基本生产资料的集体所有制，又使农户有了生产经营自主权，这样就使集体经济的优越性和农民家庭的积极性同时得到充分的发挥。

乡镇企业

乡镇企业是农村中从事工业、建筑业、交通运输业、商业等非农产业的具有法人地位的经济组织的总称。它包括乡办企业、镇办企业、村办企业、联办企业及户办企业等。

乡镇企业是农村改革和商品经济发展的产物。在我国广大农村，乡镇企业已成为农村经济的支柱，有些乡镇企业已打入国际市场。现在乡镇企业的工业产值约占全国工业生产总值的三分之一，已成为我国经济商品化、工业化、现代化的一支重要力量。

非劳动收入

非劳动收入是相对于劳动收入而言。它是指那些依靠劳动之外的因素而取得的经济收入。如利息、股息、红利等以财产所有为基础获得的收益，以及个体和私人企业雇佣一定劳动力给企业主带来的部分收入。这些在政策和法律允许的范围内取得的非劳动收入为合法收入，受到法律的保护。那些以诈骗、贪污、走私等手段取得的非劳动收入，则属于非法收入，应该受到法律的制裁。

随着我国商品经济的发展，某些非劳动的合法收入将逐步增加，国家将通过个人收入所得税来加以调节。

社会保障制度

社会保障制度是国家依据法律规定，通过国民收入的初次分配和再分配，以各种形式对那些因各种原因而生活困难的社会成员提供物质帮助，以保证其基本生活需要的制度和办法。社会保障的主要内容：①社会保险。劳动者因生、老、病、死、伤残，失业等原因，出现生活困难，由国家有关部门按照社会保险的原则给予资助，以保证其生活不低于一定的水平。这种社会保险又可分为养老保险、失业保险、工伤保险等。②社会救济。因自然灾害或其他原因，使社会成员无法维持最低生活水平，由国家有关机构给予临时资助。主要是灾民救济、贫穷户救济等。③社会福利。为了使社会成员共同享有一定的福利待遇，由国家提供有关的照顾和方便，如免费医疗、优抚事业、社会福利院等。

社会保障制度，是现代文明的重要标志之一。随着社会主义商品经济的发展，社会保障制度的建立和完善是急待解决的重要课题。

住房制度改革

住房制度改革是指我国城镇住宅由原来的低租金、高福利的供给制向住房商品化的转化过程。改革开放以来，我们针对原有住房制度存在的住房严重短缺、分配不公、国家财政负担过重等弊端，从 1980 年开始了住房制度改革试点，1992 年全国住房制度改革全面起步。住房制度改革的原则是国家、集体、个人三者合理负担，实行提租发补贴、推行公积金、组建住宅合作社、出售商品房等多种办法。现在，全国各地住房制度改革方案已经或正在准备出台，在提租、售房、集资建房、建立住房基金、住房融资体系、发育房地产市场等方面都有了实质性进展。

住房作为商品已被越来越多的人所认识，并开始有许多人购买住房。住房制度改革对于促进建筑业和房地产业的发展，以及推动经济改革都将发挥重要作用。

第三产业

第三产业是划分社会经济结构的专门名词。最早出现在英国经济学家阿·费希尔的著作《安全与进步的冲突》中。现在世界上对各产业的划分没有严格的规定。我国从 1985 年开始，按三个产业划分社会经济结构。

第一产业：农业包括林业、牧业、渔业等。

第二产业：工业和建筑业。

第三产业：除第一、第二产业以外的其他行业，包括交通运输、邮电通讯，商业饮食、物资供销、仓储、金融、保险、教育、文化、娱乐等等。

对外开放

对外开放是相对于闭关自守而言的。它是指国家与国家之间的相互开放。随着人类社会的进步和商品经济的发展，国家之间相互依存、相互促进、取长补短已成为一种普遍现象。对外开放也成为各国谋求自身发展的重要国策。

我国的对外开放，是指在独立自主的前提下，积极发展同世界各国的经济技术交流与合作，包括扩展对外贸易、利用外国资金、引进先进技术、兴办外资或合资企业、发展对外承包工程和劳务合作，兴办海外企业和发展旅游业等。

实行对外开放，是我国的一项基本国策，它对于我国商品经济的发展和现代化目标的实现，都有重要促进作用。

经济特区

经济特区是中国实行改革开放政策的产物。1979 年起，我国先后开办了深圳、珠海、汕头、厦门、海南等 5 个经济特区。特区实行特殊的经济政策和管理体制：①特区建设以利用外资为主，所有制结构多样化；②经济运行以市场为主，发展外向型经济；③对前来投资的外商提供更多的优惠待遇和出入境方便；④赋予特区政府有较大的经济管理权限。

国际上也有类似于我国经济特区的作法，这些地区的种类和名称也不一样，如特别发展区、自由贸易区、自由区、加工出口区等。

我国开办经济特区，是利用外资、引进技术、发展经济，加快现代化步伐的有益尝试，是改革开放的一项重要措施。

三资企业

三资企业是中外合资企业、中外合作企业和外商独资企业的统称。中外合资企业是由中外双方共同投资组建的企业，双方共同经营，按股权比例承担盈亏风险和责任。中外合作企业是由中外双方以合同为基础组建的企业，其经营责任和风险等均在合同中明确规定，合作者出资形式多样化（不一定是资金），合作期满则投资本金收回。外商独资企业是根据中国法律在我国境内设立的全部资本均属外商投资的企业，外商独自经营、独负盈亏。

三资企业是我国吸引外资的主要形式之一，在我国各地有了很大的发展。

关贸总协定

关贸总协定是关税与贸易总协定的简称。它是协调和规范缔约国之间关税水平和贸易关系的一个国际多边协定，是各缔约国制定贸易政策方面应该共同遵守的原则和法规，在促进国际贸易自由化方面起着极重要的作用。1947年签订，1948年1月1日生效的关贸总协定，当时只有23个缔约国，现在已发展到103个缔约方。

关贸总协定的基本宗旨，是通过实施普遍的最惠国待遇，削减乃至取消关税和其他贸易壁垒，促进国际贸易自由化，以充分利用各国资源，加快成员国的经济增长，增加就业，扩大商品生产和交换。其基本原则是：①在国际贸易中实施非歧视性待遇；②缔约国只能采取关税保护国内生产，不得采用直接进口管制；③有关国家通过磋商，防止危害缔约国商务利益的事情发生；④为降低关税及其它贸易壁垒而举行的谈判进行组织工作。

（陈立　整理）

第一批试点企业集团名单

行业主管部门	数 量	企业集团简称（暂用名）	核心企业名称
机电部	16		
		解放汽车集团	第一汽车制造厂
		东风汽车集团	第二汽车制造厂
		重型汽车集团	重型汽车工业企业联营公司
		哈电集团	哈尔滨电站设备成套公司
		东电集团	东方电站成套设备公司
		上电集团	上海电气联合公司
		西电集团	西安电力机械制造公司
		东北输变电集团	东北输变电设备公司
		一拖集团	中国第一拖拉机工程机械联营公司
		长城计算机集团	中国长城计算机集团公司
		长江计算机集团	长江计算机(集团)联合公司
		振华电子集团	中国振华电子工业公司
		第一重型机械集团	第一重型机器厂
		第二重型机械集团	第二重型机器厂
		四联仪表集团	中国四联仪器仪表集团公司
		嘉陵集团	中国嘉陵工业股份有限公司
冶金部	4		
		攀钢集团	攀枝花钢铁公司
		鞍钢集团	鞍山钢铁公司
		武钢集团	武汉钢铁公司
		宝钢集团	上海宝山钢铁总厂

续表

行业主管部门	数量	企业集团简称（暂用名）	核心企业名称
纺织部	1		
		仪征化纤集团	中国仪征化纤工业联合公司
能源部	7		
		华能集团	中国华能集团公司
		华北电力集团	中国华北电力联合公司
		东北电力集团	中国东北电力总公司
		华东电力集团	中国华东电力联合公司
		华中电力集团	华中电业管理局
		西北电力集团	中国西北电力联合公司
		东北内蒙古煤炭集团	东北内蒙古煤炭工业联合公司
交通部	2		
		中远集团	中国远洋运输总公司
		长航集团	中国长江轮船总公司
化工部	4		
		吉化集团	吉林化学工业公司
		天津渤海化工集团	天津渤海化工集团公司
		南化集团	南京化学工业(集团)公司
		乐华胶片集团	乐华胶片公司
建材局	4		
		新型建材集团	中国新型建筑材料公司
		非金属矿集团	中国非金属矿工业总公司
		耀华玻璃集团	秦皇岛耀华玻璃厂
		洛阳玻璃集团	洛阳玻璃厂

续表

行业主管部门	数量	企业集团简称（暂用名）	核心企业名称
林业部	4		
		内蒙古大兴安岭森工企业集团	
		黑龙江大兴安岭森工企业集团	
		黑龙江森工企业集团	
		吉林森工企业集团	
航空航天部	6		
		西飞集团	西安飞机工业公司
		南动集团	南方动力机械公司
		上海航空工业集团	上海航空工业公司
		贵州航空工业集团	贵州航空工业总公司
		贵州航天工业集团	贵州航天工业总公司
		湖北航天工业集团	湖北航天工业总公司
经贸部	2		
		中化集团	中国化工进出口总公司
		五矿集团	中国五金矿产进出口总公司
医药局	2		
		东北制药集团	东北制药集团公司
		华北制药集团	华北制药厂
民航局	3		
		中国国际航空公司	
		中国东方航空公司	
		中国南方航空公司	
合计	合计55		

全国改革报刊名录

报刊名称	办刊单位	负责人姓名	职务	电话	办公地址	邮编
中国经济体制改革	国家体改委	肖英智	总编	3097726	北京市西城区西安门大街22号大院	100017
经济体制改革内部参考	国家体改委	肖英智	总编	330093～44	北京市宣武区里仁街10号	100054
证券市场周刊	国家体改委	王波明	主编	5007788-41	北京市工体北路亚洲大酒店写字楼二层	100027
经济管理文摘	国家体改委	祁文霖	主编	8322320	北京百万庄大街37号	100037
体改研究资料	河北省体改委	闫荣城		23347	河北省政府招待处西二楼205房间	050053
体改研究与实践	邯郸市体改委	李铁良	编辑	25663	邯郸市中华大街66号	056001
改革先声	山西省体改委	樊　碧	副主编	346019	太原市府东待101号6楼三层	030072
体改动态	内蒙古自治区体改委	葛力大		611122～727	呼和浩特市自治区党委院内	010015
经济体制改革	呼伦贝尔盟体改委			367202	呼伦贝尔盟行政公署院内	021008
改革之声	辽宁省体改委	刘洪侠	总编	367202	沈阳市和平区和平大街45号	110006
活力	黑龙江省人民政府	宋广英	主编	226240	哈尔滨市中山路202号	150001
上海改革	上海市体改办	唐秋生	副总编	3292662	上海市四川中路220号902室	200002
江苏体改	江苏省体改委	陆梅仙	副总编	304604	南京市北京西路68号	210024
改革与开放	南京市体改委	薛　超	主编	712866	南京市北京东路41号	210008
福建体改研究	福建省体改研究会			554163	福州市华林路28号	350003
江西体改	江西体改委	胡耀坤		224816	江西省政府大楼6楼	330046
改革大千	南昌市体改委			67777	南昌市经济大楼七楼	330008

报刊名称	办刊单位	负责人姓名	职务	电话	办公地址	邮编
体改纵横	山东省体改委	赵树元	主编	627488～402	济南市泉城路317号西楼401号	250011
临沂体改	山东省临沂地区体改委	桑树森	科长	312980	临沂市沂蒙路219号	276001
青岛体改	青岛市体改委	马佩玲		283512～465	青岛市沂水路8号	264000
改革与理论	河南省体改委	张文彬	主编	51997～2327	郑州市政三街1号	450003
河南体改内参	河南省体改研究会			552775～7911	郑州市政三街1号	450003
郑州体改	郑州市体改委	葛荣德	总编	447786	郑州市市政府北院	450007
改革纵横	湖北省体改委	石尚文	主编	811839	武汉市水果湖洪山路3号	430071
湖南经济	湖南省体改委	杨运煌	总编	212231	长沙市省人民政府院内	410011
改革导报	广州市体改委	吴 柏	总编	3330360～5622	广州市府前路1号4号楼6楼	510032
改革与战略	广西自治区体改委	孙可庸	主编	28841	南宁市新竹路30号	530012
改革时报	四川省体改委	张大明	主编	663704	成都市蜀都大道总府路	610016
经济体制改革	四川省社科院	林 凌	主编	669347～127	成都市青年宫省社科院内	610072
城市改革与发展	成都市体改委	张学果	主编	23207	成都市马道街75号	610015
谋略对策	成都市体改委			660327	成都市新华西路王家塘巷3号	610031
体改信息	重庆市体改委	韩 愈	副主编	352240	重庆市中山四路72－7号	630015
改革	重庆市社科院	蒋一苇	主编	878893	北京市石景山区八角北路甲72号	100045
陕西体改研究	陕西省体改研究会	刘根科	副主编	792225	西安市陕西省人民政府七楼	710004
经济改革	陕西省社科院	杨沛英	主编	54005～380	西安市小寨西路30号	710061
宁夏体制改革	宁夏回族自治区体改委	杨茂林	主编	33579	银川市解放西路217号	750001
改革与发展	新疆自治区体改办	张辛播	主编	228304	乌鲁木齐市中山路2号	830041
改革月报	浙江省体改委			752511	杭州市省府路政府大院内	310023
经济体制改革与发展调查研究	贵州省体改委			623943～2962	贵阳市贵州省政府大院	550001

中国经济体制改革年鉴（1992）
特邀编委、特邀编辑名单

（以姓氏笔划为序）

特邀编委

王建良（石家庄市经济体制改革委员会主任）

沐长贵（杭州市经济体制改革委员会主任）

陈寿冰（福州市经济体制改革委员会副主任）

张毓祥（太原市经济体制改革委员会副主任）

顾庭纲（无锡市经济体制改革委员会副主任）

徐承虹（济南市经济体制改革委员会主任）

曹希成（兰州市经济体制改革委员会主任）

潘慰农（苏州市经济体制改革委员会副主任）

特约编辑

于海珠	马洪君	车小方	王开基	王少立	王国尚
王　健	王翰武	石建湘	卢永奎	代　斌	刘　凡
刘渝平	汤茂烈	曲春临	朱　峰	初乃祯	冷玉琦
宋杨芳	李伟民	李希琨	李德军	杜怀彬	杨鸿荣
吴志明	何　洁	邹柏林	陈　广	陈少白	陈秀岩
陈祖耀	陈晓堤	张士斌	张发元	张学奎	张彩苹
陆　云	陆章浩	单印民	郑　早	尚武林	赵树忠
赵荣强	姚洪举	高自林	袁雪英	钱世强	梁　力
阎　宁	蒋有素	董恒宁	甄新生	翟广照	潘茂群

中国经济体制改革年鉴编辑部人员名单

主　任：李太友

副主任：杜　豪

编　辑：张艳华　郑宝华　高金利

宣传图片部分

宣传图片目录

蓝星化学清洗集团公司
深圳中华自行车(集团)股份有限公司
苏州电扇总厂
苏州香雪海电器公司
中山市威力洗衣机厂
石岘造纸厂
广州味精食品厂
天津印铁制罐公司
厦门新丽塑胶制品有限公司
天津立达(集团)公司
青岛市纺织品进出口公司
杭州江南贸工(集团)公司
延边朝鲜族自治州对外贸易进出口公司
无锡市物资局物资配送调度中心
山西省棉麻公司
北京市海淀区大钟寺农副产品批发市场
广州市花木公司
南昌商场
兰州民主西路百货大楼
延吉百货大楼
吉林省四平市住房制度改革开始实施
广西梧州土地管理体制改革迈出新步伐
甘肃省公路交通基础设施建设成绩显著
国营黄羊河农场

彩虹电子集团公司

CPT 锥生产线

调试车间一角

公司外景

彩虹电子集团公司是以陕西彩色显象管总厂为主体，以“彩虹”牌名优产品为龙头，以高技术、外向型为主导，以国内国际两个市场为竞争目标，实行工、技、贸进出口相结合，具有生产经营、科研开发、技术服务等综合功能的紧密型经济联合体。

彩虹电子集团公司由 14 个成员单位组成，拥有固定资产 16 亿元，职工 9000 余人，总占地面积 128.6 公顷，生产的“彩虹”牌彩色显象管不仅畅销国内而且还远销欧美和港澳地区，并以其高质量饮誉国内外。

陕西彩色显象管总厂年产 14〃、18〃(粗、细管颈)、21〃FS、22〃彩色显象管 290 万只，是国内产量最高、品种最多、配套能力最强的现代化综合性彩管制造企业。

地　　址：陕西省咸阳市 3 号信箱
电　　话：313112
电　　挂：1752
邮政编码：718021

全国首家发行B股

董事长、总经理薛文海
在首发B股签字仪式上签字

★ 中外合资 ★

上海真空电子器件股份有限公司

本公司是全国首次公开向境外发行人民币特种股票(B股),在浦东新区举办的中外合资股份有限公司。由6个工厂、1个研究所和5个附属机构组成。生产经营显象管等各类真空电子器件、配件、基础材料、生产线设备和电视机等真空电子器件应用产品。在改革开放方针指引下,面向海内外市场,发展外向型经济,为开发浦东、振兴上海而努力。

A股、B股样张

地　　址:上海浦东新区即墨路95-97号二号楼四层
电　　话:8842216
传　　真:8841212
邮政编码:200120

异军突起的音响世界
——哈尔滨赛格电子公司

公司宗旨：赛国格
赛人格
赛风格
赛品格

哈尔滨赛格电子公司是“南联北开”的新型电子企业，是生产音响产品的专业定点单位。目前拥有3个工厂，6个职能部、1个对独联体的贸易公司。本公司主要经营音响设备、视屏产品、无线电通信设备、电子计算机、电子元器件、玩具、汽化油炉，兼营按政策规定外贸企业代理易货换回的商品。公司部分产品已经占领国际市场。

公司的宗旨是：赛国格、赛人格、赛风格、赛品格。本公司愿为国内及国际新老朋友提供最先进的音响产品，带给您美妙的音响世界。

总 经 理：冯连弟
地　　址：哈尔滨市道里区上游街5号
电　　话：415733　415734　413730
电　　挂：2317
邮政编码：150010

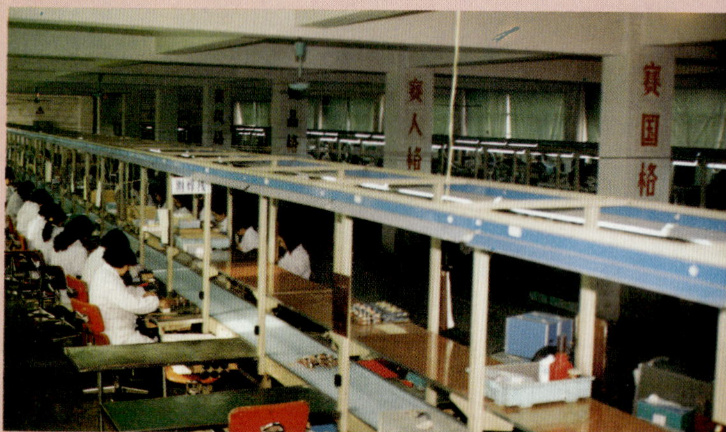

公司宗旨：“赛国格、赛人格、赛风格、赛品格”的标语张贴在生产现场

组合音响生产线

荣获中国质量协会颁发金杯奖的“SEG－9188”全功能电脑评分落地式组合音响

广东省珠海格力集团公司

公司总经理冼文

广东省珠海格力集团公司，是一家“以工业为主导，工贸结合、技贸结合、综合发展”的高科技集团性企业。目前共有属下企业 46 家，拥有 8000 多名员工和 5 亿多元固定资产，形成了电子、机械、轻纺三大工业支柱，同时还发展了房地产业、运输业和对外贸易等业务。

本公司现拥有在建房产 16 万平方米和待建土地 100 多万平方米；拥有自己来往香港的海上运输工具及与国内各地联运的业务；拥有代理广东省内产品和物资的进出口权，并在美国和港澳地区建立了商业机构。本公司以技术密集型工业为主，主要产品有：电脑软磁碟、各种音响产品、大屏幕显示器、片状元器件、铝电解电容、压缩机、空调器、风扇、特种漆包线、表壳成表、化纤布料、运动鞋等产品以及模具、五金、塑胶等产品和计算机软件产品。

总经理：冼文

地　址：中国广东省珠海市北岭工业区

电　话：886413

电　挂：9605

电　传：456226 GID CN

传　真：(756)－885701

公司外景

哈尔滨飞机制造公司

哈尔滨飞机制造公司总经理杨守文

地　　址:哈尔滨市平房区友协大街15号
电　　话:801122—3093
邮政编码:150066

Y12飞机是按照美国联邦航空条例和英国民航适航性要求自行研制的轻型多用途飞机,现已形成系列产品并出口斯里兰卡、老挝、秘鲁等国,开创了我国民用飞机出口的历史

Z—9A 直升机是引进法国宇航公司SA365N1型直升机技术专利生产的、具有80年代水平的轻型双发多用途快速直升机。

自行开发研制的HFJ1010F厢式货车将投入批量生产,并为松花江牌系列微型汽车增加一个新品种

江西汽车制造厂

现代化的微机管理

江西汽车制造厂是江铃汽车集团的核心企业。我厂具有近30年的汽车制造历史，现为国家二级企业。拥有6300余名职工，占地面积65万平方米。建有冲压、焊装、阴极电泳涂漆、总装等一批现代化生产线和生产车间，具有年产3万辆汽车的综合生产能力。我厂引进日本五十铃汽车公司的先进生产技术，所生产的江铃牌1.25吨轻型载货汽车，在历年国家进行的行业质量评比中均被评为一等品，荣膺1992年全国新产品、新技术博览会金奖。

汽车焊装生产线

江铃牌汽车

地　　址：南昌市包家花园　　电　　话：251034　　邮政编码：330001

韶关挖掘机制造厂

我厂生产的6立方米混凝土搅拌运输车正开出工厂大门

新产品WY1.5型微型挖掘机

韶关挖掘机制造厂是建设部定点生产混凝土机械的骨干企业之一,省级先进企业。现有职工1400多人,年产值1亿多元。该厂生产混凝土机械有30多年的历史,具有丰富的设计和制造经验,工艺先进,设备精良,检测手段完善。目前生产产品有JZ、JD、JS系列的混凝土搅拌机、混凝土搅拌输送车、混凝土泵、混凝土搅拌站、混凝土配料站、微型挖掘机、塔吊等。

JS 1500型双卧轴强制式混凝土搅拌机

地　　址:广东省韶关市十里亭
电　　话:883371—217
电　　挂:5001
邮政编码:512031

廣州柴油機廠

机电部何光远部长到厂视察并题词

地　　址：广州市芳村大道 129 号
电　　话：8891619
电　　挂：8722
邮政编码：510371

广州柴油机厂（原名协同和机器厂），是广东省机械行业历史最悠久的企业之一。因 1915 年试制出中国第一台船用柴油机而享有“华南第一家”的声誉。我厂占地面积 20 万平方米，1991 年固定资产净值为 2623 万元，工业总产值 7269 万元，销售收入 6955 万元。主要产品有 6300 型、6320 型和引进德国、丹麦跨国公司的 6T23L 型柴油机，分为船用主、辅机和陆用柴油发电机组三大类，功率范围从 250 千瓦到 2000 千瓦。我厂多种产品被评为省优、行业优称号。1988 年成为省级先进企业。1992 年初广州市人民政府决定我厂为首批 16 家“放开经营、综合改革”试点工业企业之一。

外国客人参观我厂制造的 6T23L 型柴油机

我厂自行设计、制造的 12V320 型 2000 千瓦柴油发电机组

塞上明珠——吴忠配件厂

厂长　郑思民

吴忠配件厂是机电部定点生产拖拉机内燃机配件活塞和活塞环的专业化工厂，国家二级企业。经过28年的建设与发展，已拥有职工1500多人，各种精良设备近700台套。产品销往全国各地，部分产品出口东南亚国家和地区。4125A、6130型两项产品获得部优，并有5项获得省优产品称号。

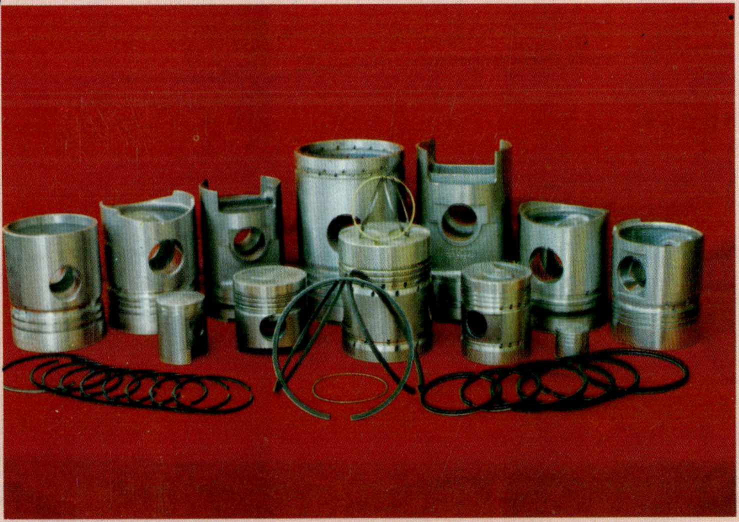

吴忠配件厂生产的部分活塞、活塞环产品

工厂外景

厂　　长：郑思民
地　　址：宁夏回族自治区吴忠市
电　　话：22811、22812
电　　挂：0253
邮政编码：751100

四　川　电　缆　厂

董事长兼总经理赖成树

四川电缆厂是机电部大型重点企业。经过53年的艰辛努力，特别是改革开放以来，我厂面貌发生巨变，先后从美、法、瑞士等国引进5条生产线和部份关键设备技术，进行了大规模的技术改造。到目前为止，我厂已拥有2亿8千多万元的资产。生产的高压架空输电线、电磁线、电力电缆等五大类、50余个系列、万余个规格产品畅销全国各地，部份产品远销菲律宾、巴基斯坦、新加坡等国际市场，1991年出口创汇724万元。

在深化改革中，我厂毅然选择了风险较大的股份制形式转换企业经营机制，改组为成都三电股份有限公司，并于1992年9月28日召开了首次股东会。

成都三电股份有限公司首次股东会

工厂大门

总　经　理：赖成树

地　　　址：四川成都眼桥

电　　　话：441712（总机）

邮政编码：610061

莱芜钢铁总厂

李景常厂长在现场查看产品质量

建设中的750立方米高炉

地　　址：山东省莱芜市
电　　话：823523
邮政编码：271104

莱芜钢铁总厂是一个从矿山、冶炼到轧材的钢铁联合企业，现为国家二级企业。我厂拥有普碳钢和特殊钢两条生产线，年产钢65万吨。产品共13大类80个品种200多个规格，主要有钢锭、钢坯、热轧圆钢、500毫米热带、铸造铁、焦化产品等。有17种产品获国优、部优和省优产品称号，产品畅销国内外。目前，我厂正在利用外资改扩建，总投资约20.6亿元。"八五"末期莱钢将成为年产百万吨钢的大型钢铁联合企业。

500毫米热连轧机在生产

公司总经理吴瑞林

30 万吨/年合成氨、52 万吨/年尿素装置

公司大楼

集团董事长俞永民

集团总经理陈涌庆

深圳市石油化工（集團）股份有限公司

SHENZHEN PETROCHEMICAL (HOLDINGS) CO., LTD.

深圳市石油化工公司大楼外景

深圳石油化工(集团)股份有限公司现有全资及中外合资、内联的工业、贸易、房地产开发企业共33家。主要工业有塑胶工业、精细化工、印刷工业、电器工业。主要经营石油及其制品、化工原料、染料中间体、塑料原料、橡胶、医药保健品、电子产品和仪器仪表等。房地产业已进入成长期。单班年产60万台蓝波—希岛空调项目已破土动工。集团参股的年产300万吨炼油厂将在“八五”期间建成投产。

地　　址:深圳市振华路11号
电　　话:344355
电　　挂:3111
传　　真:(0755)343844
邮政编码:518031

延邊石油化工總廠

厂长　车德源

延边石油化工总厂位于吉林省图们市曲水境内。厂区占地面积63.6万平方米。总厂所属的厂家、单位现有延边炼油厂、延边石化设计院、石化建筑安装公司、图们石化供销公司、延边石化供销公司、长春石化供销公司、珲春石化供销公司、精细化工研究所、劳动服务公司,形成了生产、设计、建安、科研、营销五位一体的综合高效多向联合的集团性公司的雏形。现有固定资产1.37亿元,职工1447人,其中专业技术人员225人,包括高工25人。

我厂主要产品有70#、85#汽油,0#、－10#、－20#、－35#柴油,6#抽提溶剂油,120#、200#溶剂油,聚丙烯。

我们竭诚欢迎海内外各界朋友、有识之士与我们合作。

延边石油化工总厂鸟瞰

催化裂化装置

哈尔滨医药集团股份有限公司

公司董事长兼总经理闫喜锦

总 经 理:闫喜锦
地　　址:哈尔滨市道里区 27 街 46 号
电　　话:411186
邮政编码:150010

YJF15 型硬胶囊分装机,每小时可装 9 万粒硬胶囊,是国内最先进的全自动分装机,该机已出口泰国。

口服液全自动制剂一连机

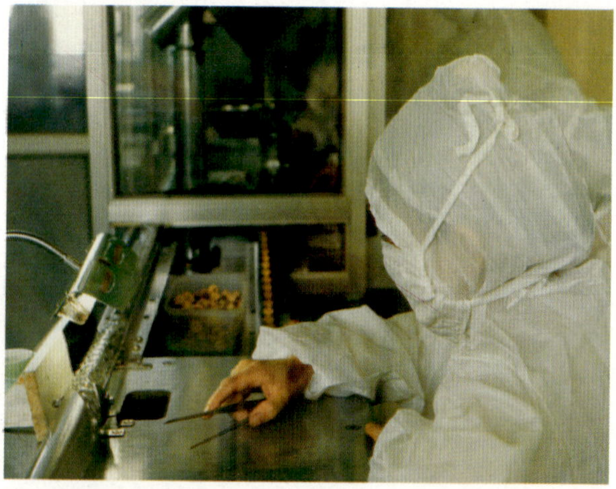

中药粉针剂生产流水线

深圳中华自行车(集团)股份有限公司

总经理施展熊

董　事　长:范惠明

总　经　理:施展熊

副总经理:卢金前、陈平安

地　　址:中国深圳市水贝工业区布心路

电　　话:530203、530204、530205、530206

电　　挂:3246

传　　真:530234

邮政编码:518020

深圳中华自行车(集团)股份有限公司是深圳莱英达集团公司与香港大环自行车有限公司、美国世稳自行车有限公司合资经营的专业自行车生产出口企业。目前拥有员工2000多人,年产150万辆自行车。

本公司致力于新潮自行车的开发和国际市场的拓展。主要产品有轻便郊游车、赛车、爬山车、高级铝合金车、童车、健身车等中高档自行车六大系列3000多个规格型号。产品销往美国、加拿大、西欧、大洋洲、日本等四大市场19个国家和地区,是中国自行车出口量最大的企业,也是国际自行车出口量名列前茅的厂家之一。1990年被评为“中国十大最佳合资企业”第一名、“深圳市经济效益十佳企业”第一名。

公司遵循“追求卓越,努力创新”的原则,发挥合资企业的优势,融汇中外管理精华,培养“中华”企业精神,不断提高整体素质,生产高品质优质产品,并采取多元化经营模式,建立自有的国际市场销售网络,竭诚为消费者提供最佳产品。

公司最新开发的碳纤维车架

1993年将上市的新车

不断开拓创新的苏州电扇总厂

集团公司总经理兼总厂厂长郦梅生

苏州电扇总厂始建于1970年，是江苏省首家电扇生产和出口的专业企业。我厂生产各式“长城”牌落地扇、台扇和吊扇等电风扇产品。产品获得国家银质奖。

近几年，我厂不断开拓创新，以我厂为核心建立了苏州长城电器集团公司，开发了通风、燃气、厨房、电热器具四大系列家电产品，年产量突破350万台，产值近6亿元，创汇超过1000万美元。同时，我厂积极发展外向型经济，率先在马来西亚、墨西哥创办了两家境外合资企业——苏马公司及苏科贝利公司。

苏州电扇总厂生产流水线

集团公司（总厂）大门

地　　址：苏州桃花大坞89号
电　　话：774848
邮政编码：215000

中山市威力洗衣机厂

工厂厂区鸟瞰

中山市威力洗衣机厂是主要生产威力牌洗衣机的生产厂家。我厂龙头产品为XPB20—S型双桶洗衣机，于1988年获得国家优质产品银质奖。产品出口10多个国家和地区。1991年，年产量及年销售量均达到128万台，创中国洗衣机行业生产的新纪录。1990年，我厂被评为国家一级企业。

注塑车间一角

总装车间

厂　　长：许继海
地　　址：广东省中山市孙文东路76号
电　　话：822363、824415、823921
电　　挂：2750
邮政编码：510031

石 岘 造 纸 厂

工厂投巨资建成整套电视差转系统，为丰富身居边远山区的职工和家属的业余文化生活服务

厂　　长：薛景文
地　　址：吉林省图们市
电　　话：(04436)3709
电　　挂：4258
邮政编码：133100
开户银行：吉林省图们市石岘工商行
帐　　号：4301

厂长薛景文陪同原国家科委主任方毅和轻工业部部长曾宪林参观轻工展览会石岘造纸厂展室

工厂办公区

石岘造纸厂座落在吉林省延边朝鲜族自治州图们市石岘镇，始建于1936年。1946年由东北人民政府军工部和东北日报社接管，1949年改名为东北第一造纸厂。

50多年来，石岘造纸厂从小到大，由弱变强。我厂现有职工6000多人；占地面积135公顷；主要机械动力设备3366台；固定资产1.2亿元；年产值1亿元；年浆纸等产品总产量10万吨；年实现利润1000多万元，已累计向国家上缴利税8亿元；产品品种有15种。其中，低定量新闻纸全国50多家报社争购，被评为国家银牌产品；双面胶版纸是轻工业部优质产品；化学商品木浆是吉林省和轻工业部优质产品，为全国40多家造纸厂生产其它文化用纸所必需；本色浆箱板纸在全国20多家包装装璜单位使用；粘合剂、酵母、酒精等综合利用产品在60多家石油、化工、建筑、国防科研单位均有常年订货，成为全国大型制浆造纸综合性企业之一。我厂被誉为全国轻工业优秀企业之一。

廣州味精食品廠

地　　址：广州市海珠区南石头南箕村西
电　　话：4416329
电　　挂：6199
邮政编码：510280

工厂办公大楼

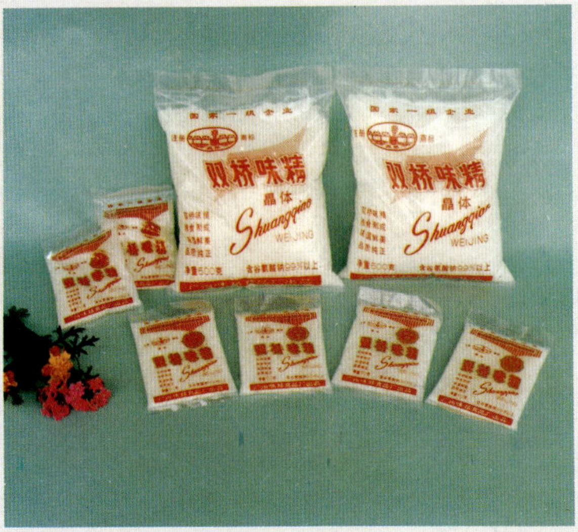

双桥牌 99%结晶味精，1988 年荣获国家优质产品金质奖

全国食品工业行业首家国家一级企业——广州味精食品厂大门

天津印铁制罐公司

出口印铁盘

地　　址：天津市南开区红旗路150号
电　　话：760384、763951
电　　挂：1460
电　　传：766890
邮政编码：300190

天津印铁制罐公司是全国印铁制罐行业规模较大的厂家之一，是国家二级企业。公司下属7个独立的经济实体。其中全民所有制企业有2个，集体所有制企业有2个，合资企业有2个，联营企业有1个。

产品结构分六大类：压力喷雾罐、皇冠牌瓶盖、出口印铁盘、各种压力喷雾剂罐、各种造型金属小商品包装，以及配套设备填充机等。主要产品曾获市优、部优及北京国际博览会金奖。

公司外景

天津立达(集团)公司

天津立达国际商场

立达(集团)公司投资的天津乐园宾馆

天津涉外居住小区——宾侨新村

天津立达(集团)公司是经天津市人民政府和中华人民共和国对外经济贸易部批准,于 1981 年 5 月 8 日成立的全民所有制企业。

公司现有 3000 多名职工和数亿元自有资产,已投资兴办独资、合资、合作企业 98 家。其中国内独资、合资、合作企业 39 家,中外合资、合作企业 45 家,在美国、日本、泰国、意大利、厄瓜多尔、俄罗斯、白俄罗斯、南斯拉夫等国家和香港地区兴办各类企业 14 家。公司在北京、上海、广州、深圳、珠海、海口、厦门、福州、青岛、大连、太原、呼和浩特、唐山、塘沽开发区等地设有子公司或联络处。本公司经营业务已向综合性、多元化、多层次发展,经营和投资范围包括进出口贸易、易货贸易、国内贸易、金融证券、国际租赁、房地产业、商业、建筑装修、水产养殖、矿产采掘、轻纺食品、钢材加工、旅游饭店,仓储运输等 20 多个行业。

地　　址:天津市和平区解放北路 157 号
电　　话:300002
邮政编码:300040

廣州市花木公司

绸灯厂绸灯车间

广州市花木公司是隶属于广州市园林局的事业单位。在改革开放中，我公司大力调整产业结构，积极发展第三产业。公司除经营花、鸟、鱼、虫外，不断扩大工艺产品的生产，开拓承接园林绿化石山工程等业务，同时还开办了商业饮食业。目前公司经营的花卉、盆景、石山、观叶植物和观赏鱼养殖基地已经初具规模；公司新研制的纸灯笼和传统名牌产品红绸灯远销东南亚和欧洲国家；公司现在还拥有初具规模可容纳1000多人的海珠花园园林式酒家以及与港商合作经营、设备一流的新光花园高级酒家。

海珠花园酒家厅房

经　　理：梁芝源
地　　址：广州市沿江西路143号
电　　话：8889718、8883750
邮政编码：510120

新光花园酒家

南昌商場

全国订货会盛况

南昌商场与港商联合开办经营部成立仪式

南昌商场是江西省大型综合性批零兼营的国营商业企业。本商场创建于1958年,现在共有11个商品经营部,1个家电维修中心,94个柜组。经营品种达25000余个,年销售额超亿元。自1979年以来,商场销售额和上缴利税两项主要经济指标平均每年以40%的比例同步持续增长。本商场曾被团中央和商业部联合授予"全国城市商业服务文明经营示范单位",荣获全国执行物价政策先进单位、江西省省级先进企业等称号。

名优产品展销

地　　址:南昌市叠山路287号　　邮政编码:330008

兰州民主西路百货大楼

兰州民主西路百货大楼
总经理范余祯

地　　址：兰州市城关区民主西路7号
电　　话：414772
邮政编码：730000

兰州民主西路百货大楼是一个老企业。现有职工2700多名，营业面积4500平方米。1991年本大楼列入全省“放开经营、配套改革”试点企业后，实行“优选经营，系统管理，深化改革”，取得了新的突破。销售总额、实现利润比上年增长100.9%和265.43%，人均实现利税创历史最好水平，跻身于全国百家最大百货商店之林。

民百大楼营业厅黄金首饰柜台

民百大楼营业厅化妆品柜组

座落在兰州商业中心地带的民主西路百货大楼

延吉百货大楼

总经理　徐永泰

延吉百货大楼是延边朝鲜族自治州最大的批零兼营商店，也是吉林省大型商店之一。

延吉百货大楼现有职工1300名，总建筑面积为41300平方米，其中营业面积近20000平方米，经营品种43000多种，年销售额近2亿元。1991年延吉百货大楼被国家统计局、中国商报社、中国商业企业管理协会命名为“全国百家最佳效益商店”，被吉林省工商银行命名为“特级信用企业”被吉林省消费者协会命名为“消费者满意商店”，连续6年被州、市人民政府命名为“重合同、守信用”企业。

营业厅内琳琅满目的商品

延吉百货大楼及正在扩建的新楼外景

总　经　理：徐永泰
地　　　址：吉林省延吉市
电　　　话：513529 邮政编码：133000

吉林省四平市
住房制度改革开始实施

四平市副市长、市房改领导小组副组长张文奎同志在房改实施动员会上讲话

四平市英城房屋开发公司

公司经理李金喜及该公司开发的铁东九马路小区街景一角

四平市英城房屋开发公司是预算内的房地产开发企业。几年来完成了四平市中央西路、南河、铁东九马路等几个小区的旧城改造工程，为改善居住条件、美化城市做出了贡献。

地址：四平市中央西路
电话：(0434)222472 邮政编码：136000

建设银行四平市中心支行
房地产信贷部

该信贷部成立于1990年末，主要服务于房产金融事业，为住房制度改革、城市建设和改善城市居民住房条件广筹资金。目前，各项业务工作得到迅速发展，为四平市的住房制度改革做出了积极贡献

主任：孟冰
地址：四平市铁西区仁兴街
电话：(0434)224531、(0434)226352

房地产信贷部外景

广西梧州市土地管理体制改革迈出新步伐

通过有偿出让取得土地使用权的广西梧州市“榜山之梯”一条街商品房小区，正在开发建设之中。图为该小区模型

梧州市是广西推行土地使用制度改革的试点城市。1991年梧州市开始全面实施城镇国有土地使用权出让和转让工作，建立起国有土地有偿有限期使用的新体制。该市加强对国有土地的管理，制定了外商投资开发经营房地产等方面的优惠政策。1992年4月，梧州市在深圳举办的经济项目洽谈会上，与外商签订合同及意向书达30多项，合计协议金额达7.6亿多元。

广西梧州市领导和市土地局负责同志正在研究土地使用制度改革工作

梧州市为加快改革开放步伐，于1992年4月下旬在深圳市举办经济项目洽谈会。图为洽谈会期间，市领导举行记者招待会

甘肃省公路交通基础设施建设成绩显著

河西标准化公路

截止 1991 年底，甘肃省公路通车里程达到 34776 公里，其中等级公路占到 67.95%；各种桥梁达到 3166 座 93161 延米，其中永久性桥梁占 98.45%；全省通公路和通汽车的乡镇分别占全省乡镇总数的 96.37% 和 98.51%；建成一批设施比较先进的汽车站点；民用汽车达到 115292 辆，客货运量在各种运输方式总运量中分别占 89%和 85.7%；交通工业、科研、教育、集体经济和精神文明建设取得了显著成效，标志着甘肃省公路交通建设进入了一个新的发展时期。

西兰公路太平沟加筋土档墙

兰州七道梁大型公路隧道

国营黄羊河农场

甘肃省国营黄羊河农场是1953年经政务院批准建设的甘肃最早的机械化农场。我场拥有土地16万亩，现有职工2644人

我场主要经营粮食作物、农副产品、啤酒花。兼营葡萄酒、饮料、汽车运输。每年生产粮食1300万公斤、黑瓜籽250万公斤、果品300万公斤、啤酒花250吨。有年产1000吨的葡萄酒厂一座。我场生产的啤酒大麦经七省区有关专家鉴定为优质产品，已远销国内十几个省市；黑瓜籽颗粒大，销往台湾、香港等地；金冠苹果以果大、味甜、色好获国优产品称号；红冠、金冠、苹果梨被评为甘肃省的优质产品。我场葡萄酒厂被法国奥朗日国际博览会吸收为荣誉成员，生产的莫高牌贵人香干白葡萄酒获甘肃优质产品称号。

农场场长兼党委书记
方玉昆

我场坚持转换企业经营机制，深化劳动、人事、分配制度改革，强化企业管理，多次受到上级表彰。曾被甘肃省委、省政府授予"全省经济体制改革先进集体"，并被甘肃省政府列为甘肃省首批50家试点企业之一，授予"科技兴农先进集体"等荣誉称号。

希望的田野

总场部一角

地　　址：甘肃省武威市
电　　话：(0935)2615
邮政编码：733008